ECONOMIA DE EMPRESAS
APLICAÇÕES, ESTRATÉGIA E TÁTICAS

Tradução da 13ª edição norte-americana

Dados Internacionais de Catalogação na Publicação (CIP)
(Câmara Brasileira do Livro, SP, Brasil)

McGuigan, James R.
    Economia de empresas: aplicações, estratégia e táticas/James R. McGuigan, R. Charles Moyer, Frederick H. deB. Harris; [tradução Lívia Koeppl e Priscilla Lopes, revisão técnica Peter Edward Mr. Wilson, Heloisa Bernardo, José Carlos Luxo e Marcos Antônio de Andrade]. - 3. ed. - São Paulo: Cengage Learning, 2018.

    1. reimpr. da 3. ed. brasileira de 2016.
    Título original: Managerial economics: applications, strategy, and tactics
    13 ed. norte-americana.
    ISBN 978-85-221-2535-7

    1. Administração de empresas 2. Economia de empresas I. Moyer, R. Charles. II. Harris, Frederick H. de B.. III. Título.

16-01923   CDD-510

Índice para catálogo sistemático:
1. Economia gerencial   338.5

ECONOMIA DE EMPRESAS
APLICAÇÕES, ESTRATÉGIA E TÁTICAS

Tradução da 13ª edição norte-americana

JAMES R. McGUIGAN
JRM Investments

R. CHARLES MOYER
University of Louisville

FREDERICK H. deB. HARRIS
School of Business
Wake Forest University

Tradução
Lívia Koeppl e Priscilla Lopes

Revisão técnica
Heloisa Bernardo
Professora adjunta do departamento de Finanças e Controladoria da Universidade Federal de Juiz de Fora

José Carlos Luxo
Professor de Finanças na Faculdade Insper

Marco Antonio de Andrade
Professor de Comércio Exterior na Universidade Mackenzie

Peter Edward Mr. Wilson
Professor de Avaliação de empresas, Finanças corporativas e Estratégia da Business School São Paulo (BSP)

Austrália • Brasil • México • Cingapura • Reino Unido • Estados Unidos

Economia de empresas
Aplicações, estratégia e táticas
Tradução da 13ª edição norte-americana
3ª edição brasileira
James R. McGuigan
R. Charles Moyer
Frederick H. deB. Harris

Gerente editorial: Noelma Brocanelli

Editora de desenvolvimento: Salete Del Guerra

Editora de aquisição: Guacira Simonelli

Supervisora de produção gráfica: Fabiana Alencar Albuquerque

Especialista em direitos autorais: Jenis Oh

Título original: Managerial economics

ISBN-13: 978-1-285-42092-9

ISBN-10: 1-285-42092-6

Tradução da 11ª edição: All Tasks e Angela Tourinho Nery

Tradução desta edição (textos novos): Livia Koeppl e Priscilla Lopes

Revisão técnica: Heloisa Bernardo (caps. 5, 6, 9, 12, 13, 14), Marco Antonio de Andrade (cap. 1), Peter Edward Mr. Wilson (caps. 2, 4, 7, 8, 11, 16, 17), José Antonio Luxo (3, 10, 15)

Revisões: Isabel Ribeiro, Marileide Gomes e Vero Verbo

Diagramação: Triall Composição Editorial Ltda.

Capa: Buono Disegno

Imagens da capa: Shutterstock/US 148 e Shutterstock/Rowpixel.com

© 2014, 2011 Cengage Learning
© 2017 Cengage Learning Edições Ltda.

Todos os direitos reservados. Nenhuma parte deste livro poderá ser reproduzida, sejam quais forem os meios empregados, sem a permissão por escrito da Editora. Aos infratores aplicam-se as sanções previstas nos artigos 102, 104, 106, 107 da Lei no 9.610, de 19 de fevereiro de 1998.

Esta editora empenhou-se em contatar os responsáveis pelos direitos autorais de todas as imagens e de outros materiais utilizados neste livro. Se porventura for constatada a omissão involuntária na identificação de algum deles, dispomo-nos a efetuar, futuramente, os possíveis acertos.

A editora não se responsabiliza pelo funcionamento dos links contidos neste livro que possam estar suspensos.

Para informações sobre nossos produtos, entre em contato pelo telefone
0800 11 19 39
Para permissão de uso de material desta obra, envie seu pedido para
direitosautorais@cengage.com

© 2017 Cengage Learning. Todos os direitos reservados.

ISBN 13: 978-85-221-2535-7
ISBN 10: 85-221-2535-X

Cengage Learning
Condomínio E-Business Park
Rua Werner Siemens, 111 – Prédio 11 – Torre A – Conjunto 12
Lapa de Baixo – CEP 05069-900 – São Paulo – SP
Tel.: (11) 3665-9900 Fax: (11) 3665-9901
SAC: 0800 11 19 39

Para suas soluções de curso e aprendizado, visite
www.cengage.com.br

Impresso no Brasil
Printed in Brazil
1. reimpr. – 2018

A minha família.
J.R.M.

A Sally, Laura e Craig
R.C.M.

A minha família e a Ken Elzinga.
F.H.B.H.

SUMÁRIO

Prefácio xxi
Sobre os autores xxv

PARTE 1

Introdução 1

CAPÍTULO 1

Introdução e objetivos da empresa 2
Desafio gerencial: Como alcançar a sustentabilidade:
Geração de energia elétrica da Southern Company 2
O que é economia de empresas? 4
O modelo de tomada de decisão 5
    A responsabilidade dos administradores 5
O que deu certo/O que deu errado: Saturn Corporation 6
    Risco moral em equipes 6
O papel dos lucros 8
    Teoria do lucro associado ao risco 8
    Teoria do lucro em desequilíbrio temporário 8
    Teoria do lucro associado ao monopólio 8
    Teoria do lucro associado à inovação 9
    Teoria do lucro associado à eficiência gerencial 9
Objetivo da empresa 9
    O modelo de empresas com maximização da riqueza dos acionistas 9
Separação de propriedade e controle: o problema principal-agente 10
    Objetivos divergentes e conflito de agência 11
    Problemas de agência 12
Implicações da maximização da riqueza do acionista 14
O que deu certo/O que deu errado: Eli Lilly deprimida pela perda da patente do Prozac 14
    Cautelas para a maximização do valor do acionista 16
    Direitos residuais 17
    Objetivos no setor público e nas entidades sem fins lucrativos (ESFL) 18
    Objetivos das entidades sem fins lucrativos 18
    O objetivo de eficiência nas organizações sem fins lucrativos 19
Resumo 19
Exercícios 20
Caso: Projetando um contrato de incentivos gerenciais 21
Caso: Valor para os acionistas da energia renovável eólica na Hydro Co.:
    A energia renovável é mais barata do que a proveniente do carvão? 22

CAPÍTULO 2

Conceitos fundamentais de economia 27
Desafio gerencial: Por que cobrar US$25 por mala em voos? **28**
Oferta e demanda: uma rápida revisão..29
    O preço de equilíbrio de mercado 29
    O paradoxo da água e do diamante e a revolução marginal...30
    Utilidade marginal e custo marginal determinam simultaneamente o preço de equilíbrio de mercado 31
    Curvas de demanda individuais e de mercado 31
    A função de demanda..32
    Produtos negociados..34
    Curvas de oferta individuais e de mercado 35
    Preço de equilíbrio de mercado da gasolina...36
Análise marginal..40
    Relações totais, marginais e médias..41
O conceito de valor presente líquido...44
    Determinação do valor presente líquido de um investimento 45
    Fontes de projetos de VPL positivo 47
    Risco e a regra do VPL 47
Significado e medição do risco 48
    Distribuições de probabilidade..48
    Valores esperados..49
    Desvio padrão: uma medida absoluta de risco 49
    Distribuição de probabilidade normal 50
    Coeficiente de variação: uma medida relativa de risco...51
O que deu certo/O que deu errado: Long-term capital management (LTCM) **52**
Risco e retorno exigido 53
Resumo...54
Exercícios 55
Caso: Gestão de receitas na American Airlines...56

PARTE 2

Demanda e previsão 59

CAPÍTULO 3

Análise da demanda 60
**Desafio gerencial: Reforma do sistema de atendimento médico-hospitalar
e os impostos sobre cigarros**..**60**
Relações da demanda 62
    Definição da tabela de demanda...62
    Maximização restrita de utilidade e demanda 63
O que deu certo/O que deu errado: Chevy Volt **66**
Elasticidade-preço da demanda...67
    Definição de elasticidade-preço 68
    Interpretando a elasticidade-preço: relação entre elasticidade-preço e receitas 71
    Importância da relação elasticidade-receita 77
Perspectivas internacionais: livre comércio e elasticidade-preço da demanda: iogurte Nestlé **80**
    Fatores que afetam a elasticidade-preço da demanda...80
Elasticidade-renda da demanda 81
    Definição de elasticidade-renda 81
Elasticidade cruzada da demanda 83
    Elasticidade-preço cruzada definida...84
    Interpretação da elasticidade-preço cruzada 84
    Leis de livre concorrência e elasticidades-preço cruzadas 84
    Um exemplo empírico de elasticidades-preço, renda e cruzada..86

Efeito combinado das elasticidades da demanda ... 86
Resumo ... 87
Exercícios ... 88
Caso: Precificação de camisas polo para golfe ... 90

CAPÍTULO 4

Estimativa da demanda ... 91
Desafio gerencial: Demanda por chocolates Sampler da Whitman ... 91
Estimativa estatística da função de demanda ... 92
    Especificação do modelo ... 93
Modelo de regressão linear simples ... 95
    Premissas subjacentes ao modelo de regressão linear simples ... 96
    Estimativa dos coeficientes de regressão da população ... 97
Uso da equação de regressão para fazer previsões ... 100
    Inferências sobre os coeficientes de regressão da população ... 101
    Coeficiente de correlação ... 104
    Análise de variância ... 105
Modelo de regressão linear múltipla ... 107
    Uso de programas de computador ... 107
    Estimativa dos coeficientes de regressão da população ... 107
    Uso do modelo de regressão para fazer previsões ... 107
    Inferências sobre os coeficientes de regressão da população ... 108
    A análise de variância ... 110
Resumo ... 111
Exercícios ... 111
Caso: Estimativa da demanda de refrigerantes ... 115

APÊNDICE 4A

Problemas na aplicação do modelo de regressão linear ... 117
Introdução ... 117
    Autocorrelação ... 117
    Heterocedasticidade ... 119
    Erros de especificação e medida ... 119
    Multicolinearidade ... 120
    Relações entre equações simultâneas e o problema da identificação ... 121
Modelos de regressão não linear ... 123
    Transformação semilogarítmica ... 123
    Transformação logarítmica dupla ... 123
    Transformação recíproca ... 124
    Transformação polinomial ... 124
Resumo ... 125
Exercícios ... 125

CAPÍTULO 5

Previsão econômica e de negócios ... 127
Desafio gerencial: Excesso de capacidade de fibra óptica na Global Crossing Inc ... 127
A importância da previsão ... 129
Selecionando uma técnica de previsão ... 129
    Hierarquia de previsões ... 129
    Critério usado para selecionar uma técnica de previsão ... 130
    Avaliando a acurácia de modelos de previsão ... 130
O que deu certo/O que deu errado: Calçados Crocs ... 130
Técnicas de previsão alternativas ... 131
Análise de tendência determinística ... 131
    Componentes de uma série temporal ... 131

Modelos fundamentais de séries temporais ... 132
Tendências seculares ... 133
Variações sazonais ... 136
Técnicas de alisamento ... 138
Médias móveis ... 139
Alisamento exponencial de primeira ordem ... 141
Técnicas barométricas ... 144
Indicadores líderes, retardatários ou coincidentes ... 144
Técnicas de *survey* e pesquisa de opinião ... 145
Previsão da atividade macroeconômica ... 146
Previsão de vendas ... 147
Modelos econométricos ... 147
Vantagens das técnicas de previsão econométrica ... 147
Modelos de única equação ... 147
Modelos de equações múltiplas ... 149
Previsão por consenso: pesquisa de previsão do livingston e blue chip ... 150
Análise estocástica de série temporal ... 150
Previsão com tabelas de *input-output* ... 153
Perspectivas internacionais: Previsão de vendas em longo prazo da general motors no mercado externo ... **154**
Resumo ... 154
Exercícios ... 155
Caso: Chegada de navios de cruzeiro no Alasca ... 158

CAPÍTULO 6

Gestão da economia global ... 163
Desafio gerencial: Crise financeira diminui o consumo doméstico e esmaga o investimento nos negócios:
A exportação para a China poderia significar uma recuperação? ... **164**
Introdução ... 166
Vendas de importação-exportação e taxas cambiais ... 167
O que deu certo/O que deu errado: Precificação para o mercado de exportação da Toyota ... **167**
Exposição ao risco cambial ... 168
Perspectivas internacionais: Colapso das vendas domésticas e para exportação da Cummins Engine ... **169**
Terceirização ... 171
Florescimento do comércio na China ... 173
A China atual ... 174
O dólar americano como moeda estrangeira e seu mercado ... 176
Fluxos e transações de importação-exportação — demanda por moeda ... 177
O preço de equilíbrio do dólar americano ... 178
Demanda especulativa, transferências governamentais e intervenção coordenada ... 178
Flutuações de taxas cambiais de curto prazo ... 179
Determinantes de tendências de longo prazo nas taxas cambiais ... 179
O papel das taxas de crescimento reais ... 179
O papel das taxas de juros reais ... 181
O papel da inflação esperada ... 182
Paridade do poder de compra ... 183
PPC oferece melhor parâmetro do tamanho comparativo da atividade comercial ... 183
O que deu certo/O que deu errado: Big Box. Varejistas dos EUA na China ... **185**
Paridade relativa do poder de compra ... 185
Qualificações do PPC ... 186
O que deu certo/O que deu errado: GM, Toyota e o Celica GT-S Coupe ... **187**
O uso apropriado da PPC: Um panorama ... 188
Índice da taxa cambial ponderada no comércio ... 189
Comércio internacional: uma perspectiva gerencial ... 192

Participações no comércio mundial e blocos de comércio regionais 192
Vantagem comparativa e livre comércio 194
Controle de importações e tarifas protecionistas 196
O caso da política comercial estratégica 197
Aumento do retorno sobre o investimento 199
Externalidade em rede 199
Áreas de livre comércio: União Europeia e Nafta 200
Áreas monetárias ótimas 200
Comércio intrarregional 201
Mobilidade do trabalho 201
Choques macroeconômicos correlacionados 202
Os principais parceiros comerciais dos EUA: o papel do Nafta 202
Comparação entre UE e Nafta 204
Mercados paralelos (cinzas), imitações e importação paralela 205
O que deu certo/O que deu errado: Ford Motor Co. e Exide Batteries:
  Os gerentes do país vieram para ficar? 207
Perspectivas sobre o déficit comercial dos EUA 207
Resumo 209
Exercícios 210
Caso: Prevendo as tendências de valor a longo prazo entre o dólar americano e o euro 211

APÊNDICE 6A

Gestão do risco cambial estrangeiro 212
Perspectivas Internacionais: Toyota e Honda compram capacidade de montagem nos EUA 213

PARTE 3

Produção e custo 215

CAPÍTULO 7

Economia da produção 216
Desafio gerencial: Iniciativas de energia sustentável examinadas: o que deu errado na
  desregulamentação do setor de eletricidade na Califórnia? 217
A função de produção 219
Insumos fixos e variáveis 220
Funções de produção com um insumo variável 221
Funções do produto marginal e do produto médio 221
Lei dos retornos marginais decrescentes 222
Retornos crescentes com efeitos de rede 222
O que deu certo/O que deu errado: Gargalos de produção na unidade montadora da Boeing 223
Produção de serviços e informação nos retornos decrescentes 225
Relação entre produtos total, marginal e médio 225
Determinação da utilização ótima do insumo variável 227
Receita marginal do produto 227
Custo do fator marginal 228
Nível ótimo de insumo 228
Produção com insumos variáveis múltiplos 229
Isoquantas de produção (constante de produto) 229
Taxa marginal de substituição técnica 231
Determinação da combinação ótima dos insumos 233
Linhas de isocusto 233
Minimização do custo sujeita a uma restrição de produção 234
Um processo de produção ótimo com proporções fixas 235
Processos de produção e linhas de produção 236
Avaliação da eficiência de um processo de produção 237

Rendimentos de escala 238
  Medida dos rendimentos de escala 238
  Rendimentos em escala crescentes e decrescentes 239
  A função de produção de Cobb-Douglas 240
  Estudos empíricos da função de produção de Cobb-Douglas na fabricação 240
  Uma análise em *cross-section* do setor industrial norte-americano 241
Resumo 243
Exercícios 244
Caso: Função de produção: empresa Wilson 247

APÊNDICE 7A

Economia da produção de recursos naturais renováveis e não renováveis, material avançado 248
Recursos renováveis 248
Recursos naturais não renováveis 252
Exercícios 256

CAPÍTULO 8

Análise de custos 257
Desafio gerencial: Uma General Motors mais improdutiva pode competir eficazmente? 257
O significado e o cálculo do custo 259
  Custos contábeis *versus* custos econômicos 259
  Três contrastes entre custos econômico e de contabilidade 259
Funções de custo de curto prazo e de produto 263
  Funções de custo médio e de custo marginal 263
Funções de custo de longo prazo 267
  Utilização ótima da capacidade: três conceitos 268
Economias e deseconomias de escala 269
  O percentual de aprendizado 270
  Deseconomias de escala 272
  Efeitos globais das economias e deseconomias de escala 273
Perspectivas internacionais: De que modo as empresas japonesas lidam com o problema do tamanho 273
Resumo 275
Exercícios 276
Caso: Análise de custo para móveis de terraço 278

CAPÍTULO 9

Aplicações da teoria de custos 281
Desafio gerencial: Como exatamente a informatização e a tecnologia da informação baixaram custos na Chevron, Timken e Merck? 281
Estimativa de funções de custo 282
  Problemas na definição e medida de custos 283
  Controle de outras variáveis 283
  A forma da função polinomial empírica da relação custo-produção 284
O que deu certo/O que deu errado: Boeing: custo marginal crescente dos aviões de grande porte 285
  Exemplos de funções de custo de curto prazo estimadas estatisticamente 286
  Estimativa estatística de funções de custo de longo prazo 287
  Determinação da escala ótima de uma operação 287
  Economias de escala *versus* economias de escopo 290
  Técnicas de engenharia de custos 291
  Técnica do sobrevivente 291
  Um alerta 292
Análise do ponto de equilíbrio 292

Método gráfico 293
Método algébrico 293
Algumas limitações da análise do ponto de equilíbrio e da análise de contribuição 296
Análise do ponto de equilíbrio *versus* análise da margem de contribuição 297
Uma limitação da análise de contribuição 298
Alavancagem operacional 298
Risco inerente à atividade empresarial 300
Resumo 300
Exercícios 301
Caso: Funções de custo 302

PARTE 4
Precificação e decisões de produção: estratégia e táticas 307

CAPÍTULO 10
Preços, produtividade e estratégia: concorrência pura e monopolista 308
Desafio gerencial: Ressuscitando a Apple no mundo dos tablets 308
Introdução 310
Estratégia competitiva 310
O que deu certo/O que deu errado: Xerox 311
Tipos genéricos de estratégia 311
Estratégia de diferenciação de produto 312
Estratégia baseada em custo 312
Estratégia de tecnologia da informação 312
O conceito de mercado relevante 314
A estrutura estratégica das cinco forças de Porter 315
Ameaça de substitutos 315
Ameaça de entrada 316
Poder dos compradores e fornecedores 319
Intensidade das táticas rivais 320
O mito da participação de mercado 324
Continuidade das estruturas de mercado 324
Concorrência pura ou perfeita 325
Monopólio 326
Concorrência monopolista 326
Oligopólio 327
Determinação da relação preço-produção na concorrência perfeita 327
Curto prazo 327
Maximização de lucro em face da concorrência perfeita em curto prazo: Adobe 330
Longo prazo 331
Determinação da relação preço-produção sob concorrência monopolista 333
Curto prazo 334
Longo prazo 334
O que deu certo/O que deu errado: A dinâmica da concorrência na Amazon.com 335
Despesas promocionais e de vendas 337
Determinação do nível ótimo de desembolsos relativos a despesas promocionais e de vendas 337
Intensidade ótima da propaganda 338
O valor líquido da propaganda 339
Mercados competitivos em condições de informações assimétricas 340
Informações incompletas *versus* informações assimétricas 340
Produtos de pesquisa *versus* produtos de experiência 340
Seleção adversa e empresa desacreditada 341
Seguros e empréstimos em condições de informações assimétricas: outro "mercado de limões" 343
Soluções para o problema de seleção adversa 343

Confiança mútua: mecanismos de garantia dão suporte ao intercâmbio de informações assimétricas 343
Reputação da marca como garantia 344
Preços especiais para bens não realocáveis 346
Resumo 348
Exercícios 349
Caso: Netflix e Redbox competem pelo aluguel de filmes 351

CAPÍTULO 11

Determinação do preço e do nível de produção: monopólio e empresas dominantes 353
Desafio gerencial: Intel, empresa de microprocessadores dominante, adapta-se à próxima tendência 353
Definição de monopólio 354
As fontes do poder de mercado de um monopolista 355
Retornos crescentes do efeito de rede 355
O que deu certo/O que deu errado: O erro da Palm com o Pilot 358
Determinação do preço e do nível de produção para um monopolista 359
Método da planilha: rendimento *versus* maximização dos lucros para camisas polo 359
Abordagem gráfica 360
A importância da elasticidade-preço da demanda 362
Mark-up ótimo, margem de contribuição e porcentagem da margem de lucro bruto 363
Componentes da margem bruta de lucro 365
Componentes da margem 365
Monopolistas e investimento em capacidade 366
Limitação de preços 367
Utilização da limitação de preço para dificultar as vendas de medicamentos genéricos 368
Monopólios regulamentados 369
Empresas de energia elétrica 369
**O que deu certo/O que deu errado: O que deu errado na Public Service
Company of Neww Mexico (PNM)?** 370
Companhias de gás natural 371
A fundamentação econômica para a regulamentação 371
Argumento do monopólio natural 371
Resumo 372
Exercícios 373
Caso: Diferencial de preços de produtos farmacêuticos: A crise do HIV/aids 376

CAPÍTULO 12

Determinação do preço e do nível de produção: oligopólio 378
**Desafio gerencial: O Android da Google e o iPhone da Apple estão ocupando o lugar da Nokia nos
smartphones?** 378
Estruturas do mercado oligopolista 380
Oligopólio nos Estados Unidos: participação relativa de mercado 380
Interdependência nos setores oligopolistas 384
O modelo de Cournot 384
Cartéis e outras formas de conluio 387
Fatores que afetam a probabilidade de conluio bem-sucedido 388
Maximização dos lucros do cartel e alocação de produção restrita 389
Perspectivas internacionais: O cartel da Opep 391
Análise de cartel: abordagem algébrica 396
Liderança de preços 399
Liderança barométrica de preços 399
Liderança de preços dominante 400
O modelo da curva de demanda "quebrada" 403
Evitando guerras de preços 403
O que deu certo/O que deu errado: Estratégia de produto bom-melhor-ótimo na Kodak 406

Resumo..409
Exercícios..409
Caso: Telefonia via satélite baseada na web desbanca os celulares Motorola 411

CAPÍTULO 13
Teoria dos jogos: táticas das melhores práticas 412
Desafio gerencial: Barreiras à entrada em grande escala de lojas de descontos com baixo custo: Southwest, Airline/Airtran **413**
Rivalidade oligopolista e teoria dos jogos...414
    Uma estrutura conceitual para a análise da teoria dos jogos..414
O que deu certo/O que deu errado: O WII U da Nintendo **415**
    Componentes de um jogo 416
    Jogos cooperativos e não cooperativos...418
    Outros tipos de jogos 418
Análise de jogos simultâneos 419
    Dilema do prisioneiro...419
    Estratégia dominante e estratégia do equilíbrio de Nash definidas..420
Fuga do dilema do prisioneiro...422
    Esquemas de punição e recompensa em diversos períodos em jogos de jogadas repetidas 422
    Resolução e o paradoxo da cadeia de lojas 423
    Abstenção mútua e cooperação em jogos repetidos do Dilema do prisioneiro...................425
    Efeitos da reputação bayesiana 426
    Estratégias vencedoras em torneios evolutivos em computador: olho por olho 426
    Garantias de correspondência de preços 428
    Padrões de mercado como mecanismos de coordenação 430
Análise de jogos sequenciais 431
    Um jogo de coordenação sequencial..432
    Equilíbrio perfeito de subjogo em jogos sequenciais...433
Rivalidade nos negócios como um jogo sequencial autoaplicável 434
    Vantagens do primeiro movimentador e segundo mais rápido...435
Ameaças e compromissos confiáveis...437
Mecanismos para estabelecer credibilidade...438
Garantias de reposição 439
    Garantias apoiam a credibilidade de compromissos 440
    Compromissos confiáveis de monopolistas de bens duráveis..441
    Obsolescência planejada..441
    Risco de desconto no pós-renda 443
    Preços de locação refletem riscos antecipados 444
Resumo...445
Exercícios..446
Caso: Perspectivas internacionais: Dilema do superjumbo 449

APÊNDICE 13A
Dissuasão de entrada e jogos de acomodação 452
Excesso de capacidade como uma ameaça confiável 452
Pré-compromissos com ativos não reutilizáveis 452
Regras de classificação do cliente...455
    Um papel para custos irrecuperáveis na tomada de decisões 456
    Mercados perfeitamente contestáveis...456
    Brinkmanship e guerras de atrito...458
Insights táticos sobre bolas de neve..459
Resumo...460
Exercícios..461

CAPÍTULO 14
Técnicas de precificação e análises 462
Desafio gerencial: Dar um preço ao Chevy Volt **463**

Uma estrutura conceitual para a precificação proativa, analítica-sistemática e com base em valor 464
Níveis de preço ótimo diferenciais 466
    Abordagem gráfica 467
    Abordagem algébrica 468
    Decisão de precificação de produtos múltiplos 469
    Precificação diferenciada e a elasticidade-preço da demanda 470
Precificação diferenciada em segmentos do mercado-alvo 474
    Segmentação direta com "barreiras" 475
    Tarifas otimizadas em duas partes 477
O que deu certo/O que deu errado: Dados ilimitados na Verizon Wireless 478
    Cupons 479
    Pacotes 480
O que deu certo/O que deu errado: Precificação em duas partes no Disney World 480
O que deu certo/O que deu errado: Clientes sensíveis ao preço resgatam 480
    Discriminação de preço 483
Precificação na prática 485
    Estrutura do ciclo de vida do produto 485
    Precificação por custo total *versus* Análise de contribuição incremental 487
    Precificação na Internet 489
Resumo 491
Exercícios 491

APÊNDICE 14A

A prática da gestão de receitas 494
Um processo de gestão de sistemas multifuncional 495
Fontes de vantagens de preço sustentáveis 496
Decisões de gerenciamento de receitas, material avançado 498
    Discriminação proativa de preços 498
    Realocação de capacidade 499
    Sobrelotação (*Overbooking*) ótima 501
Resumo 504
Exercícios 504

PARTE 5

Arquitetura organizacional e regulação 505

CAPÍTULO 15

Contratação, governança e forma organizacional 506
Desafio gerencial: Controlando a vertical: Ultimate TV versus Google TV 507
Introdução 507
O papel da contratação em jogos cooperativos 508
    Contratos com restrições verticais 509
    A função dos contratos comerciais 509
    Informações incompletas, contratação incompleta e oportunismo pós-contratual 512
Governança corporativa e o problema do risco moral 513
O que deu certo/O que deu errado: Prevendo a Grande Recessão com *workout* e *rollover* 515
    A necessidade de mecanismos de governança 515
O que deu certo/O que deu errado: Risco moral e quebras contratuais na Enron e WorldCom 516
O modelo do principal-agente 516
    A eficiência de acordos de contratação alternativos 516
    Capacidade criativa e o problema do risco moral na contratação gerencial 517
    Formalizando o problema do principal-agente 520
    Triagem e classificação de talentos gerenciais com contratos de incentivos otimizados 520

O que deu certo/O que deu errado: Por que as concessões de ações restritas substituíram opções de ações executivas na Microsoft? **522**
Escolhendo a forma organizacional mais eficiente...523
O que deu certo/O que deu errado: Cable Allies se recusa a adotar a WebTV da Microsoft como padrão do setor **525**
Perspectivas Internacionais: Economias de escala e *joint ventures* internacionais na fabricação de chips **527**
    Teoria do prospecto motiva *full-line forcing*..527
Integração vertical 529
O que deu certo/O que deu errado: Dell substitui integração vertical por virtual **531**
    A dissolução de ativos em uma parceria..532
Resumo..533
Exercícios..534
Caso: Borders Books e Amazon.com decidem trabalhar juntas...535

APÊNDICE 15A

Design de leilões e economia da informação... 537
Design otimizado de mecanismos...537
    Regras do serviço de filas 537
Primeiro a chegar, primeiro a ser servido versus último a chegar, primeiro a ser servido 538
    Loterias estratificadas para concertos..539
Leilões...540
    Tipos de leilão 540
    Maldição do vencedor em jogos de lances com informações assimétricas 541
    Revelação de informações em leilões de valor comum...542
    Estratégia bayesiana com design de leilão aberto 544
    Underbidding estratégico em leilões de valor privado 545
    Leilões selados com segundo preço mais alto: um mecanismo de revelação 547
    Equivalência de receita de tipos alternativos de leilão 549
    Abordagens contratuais para informações assimétricas em leilões on-line................................551
Mecanismos de revelação compatíveis com incentivos 552
    Revelação de custos em *joint ventures* e parcerias...553
    Custos excedentes em parcerias simples com divisão de lucros 553
    Mecanismo de revelação compatível com incentivos de Clarke-Groves....................................554
    Um contrato de incentivos otimizado...555
Perspectivas Internacionais: *Joint venture* de chips de memória: IBM, Siemens e Toshiba........................ **556**
    Implementação de contratos CI 557
Perspectivas Internacionais: *Joint venture* da Whirlpool para eletrodomésticos melhora a compra direta da Hoover pela Maytag... **557**
Resumo..558
Exercícios 559
Caso: Leilão de frequência...560

CAPÍTULO 16

Regulação governamental.. 562
Desafio gerencial: Limitação e comércio, desregulação e o Teorema de Coase **562**
A regulação da estrutura e conduta de mercado 564
    Desempenho de mercado..564
    Conduta de mercado..564
    Mercados disputados 565
Estatutos antitruste e sua aplicação regulatória 566
    Sherman Act (1980) 566
    Clayton Act (1914)..566
    Robinson-Patman Act (1936)..567
    Hart-Scott-Rodino Antitrust Improvement Act (1976)..568

Proibição antitruste de decisões de negócio selecionadas 569
    Colusão: fixação de preços 569
    Fusões que diminuem substancialmente a concorrência 570
    Diretrizes para fusões (2010) 571
    Monopolização 572
    Discriminação de preço no atacado 573
    Recusas de negociação 574
    Acordos de manutenção de preço de revenda 575
Restrições regulatórias de comando e controle: uma análise econômica 575
O que deu certo/O que deu errado: A necessidade de um centro de coordenação
regulamentado para controlar o risco de contraparte no AIG **577**
    O movimento de desregulamentação 578
Regulamentação de externalidades 578
    Negociação de Coase para externalidades recíprocas 579
    Qualificações do Teorema de Coase 580
    Impedimentos à negociação 581
    Resolução de externalidades por diretrizes regulatórias 582
    Resolução de externalidades por meio de impostos e subsídios 583
    Resolução de externalidades por meio da venda de direitos de poluição: limitação e comércio 584
Proteção governamental de empresas 585
    Licenciamento e permissão 585
    Patentes 585
A decisão de implantação ideal: licenciar ou não licenciar 585
    Prós e contras da proteção de patente e licenciamento de segredos comerciais 586
O que deu certo/O que deu errado: Lançamento atrasado na Aventis **587**
O que deu certo/O que deu errado: Licenças de tecnologia custam
à Palm sua liderança no ramo de PDAs **588**
O que deu certo/O que deu errado: Motorola: O que os olhos não viram o coração sentiu **589**
    Conclusões sobre licenciamento 590
Resumo 590
Exercícios 591
Caso: Fabricantes de artigos de luxo têm um interesse legítimo na manutenção
    do preço mínimo de revenda: Leegin V. Kay's Kloset? 593

CAPÍTULO 17

Análise de investimento de longo prazo **596**
Desafio gerencial: Renascimento industrial nos Estados Unidos:
Internalização de eletrodomésticos da GE **596**
A natureza das decisões sobre despesas de capital 597
Uma estrutura básica para orçamento de capital 598
O processo de orçamento de capital 598
    Geração de projetos de investimento de capital 599
    Estimando fluxos de caixa 599
    Avaliação e escolha de projetos de investimento a ser implantados 601
Estimando o custo de capital da empresa 604
    Custo da dívida 605
    Custo do capital próprio 605
    Custo do capital próprio externo 607
    Custo ponderado de capital 607
Análise custo-benefício 608
    Decisões de aceitar-rejeitar 609
    Análise de nível de programas 610
Etapas da análise custo-benefício 610
Objetivos e limitações da análise custo-benefício 612
Análise e avaliação de benefícios e custos 612
    Benefícios diretos 613

   Custos diretos..........613
   Custos e benefícios indiretos e intangíveis..........613
   Taxa de desconto apropriada..........614
  Análise custo-eficácia..........614
   Estudos de custo mínimo..........615
   Estudos de nível do objetivo..........615
  Resumo..........616
  Exercícios..........616
  Caso: Alívio fiscal e incentivos ao desenvolvimento industrial..........623

APÊNDICE A 623

  O valor do dinheiro no tempo..........623
  Introdução..........623
  Valor presente de um pagamento único..........623
   Obtenção da taxa de juros ou da taxa de crescimento..........625
   Valor presente de uma série de pagamentos iguais (anuidade)..........625
   Obtenção da taxa de juros..........626
   Valor presente de uma série de pagamentos diferentes..........627

APÊNDICE B 632

  Cálculo diferencial: técnicas em gerenciamento..........632
  Relação entre análise marginal e cálculo diferencial..........632
  Desafio gerencial: Um esqueleto no armário do Stealth Bomber..........633
   Processo de diferenciação..........634
   Regras de diferenciação..........635
  Aplicações do cálculo diferencial a problemas de otimização..........639
   Problemas de maximização..........640
   Derivada segunda e a condição de segunda ordem..........641
   Problema de minimização..........643
  Diferenciação parcial e otimização multivariada..........643
   Derivadas parciais..........644
   Problemas de maximização..........645
  Resumo..........646
  Exercícios..........646

APÊNDICE C 649

APÊNDICE D 653

  Respostas para os exercícios selecionados do final dos capítulos..........653

GLOSSÁRIO..........656

ÍNDICE REMISSIVO..........664

PREFÁCIO

ORGANIZAÇÃO DO TEXTO

A 13ª edição foi bastante atualizada, com 45 novas aplicações e dezenas de novos gráficos e tabelas. Respondendo às solicitações dos leitores, continuamos expandindo a revisão de fundamentos microeconômicos no Capítulo 2, empregando uma ampla discussão a respeito do preço de equilíbrio do petróleo e da gasolina, bem como a análise marginal de lâmpadas de longa duração e de dirigir um Mini-Cooper. Um símbolo de cata-vento destaca discussões de efeitos ambientais e sustentabilidade espalhados pelo texto. Outro recurso especial é uma extensa abordagem de gestão de empresas globais, comércio de exportação e importação, taxas cambiais, uniões monetárias e áreas de livre comércio, políticas comerciais e uma sessão ampliada sobre a China no Capítulo 6.

Diversas novas análises aparecem na 13ª edição (e o capítulo no qual elas aparecem está entre parêntesis): risco moral em equipes (1), demanda por um produto doce de marca (4), previsões em meio à crise financeira global (5), distribuição geográfica do valor adicionado de um iPad (6), estrutura de custo da GM depois do resgate financeiro (8), perda operacional de US$80 em TVs de tela plana (10), Chrome obtém ações (12), precificação do Chevi Volt e de e-books (14), bens de luxo e RPMs (16) e *insourcing* da fabricante de eletrodomésticos da GE (17).

Há um material mais abrangente sobre teoria dos jogos aplicada nos Capítulos 13, 13A, 15, 15A e no Apêndice Web D do que em qualquer outro livro sobre economia para empresas e uma abordagem única sobre gestão de receita (rendimentos) no capítulo 14A. A Parte 5 inclui os assuntos mais interessantes da governança corporativa, economia da informação, projeto de leilões e a escolha da forma organizacional. O Capítulo 16, sobre regulamentação econômica, inclui uma ampla discussão sobre política de limitar e negociar, taxas de poluição e a redução otimizada das externalidades. O Capítulo 17 agora começa com uma das principais decisões orçamentárias feitas pela GE para levar a fabricação de eletrodomésticos de volta para os Estados Unidos.

De longe, a característica mais distintiva do livro são seus 300 exemplos em boxes, os *Desafios gerenciais*, as explorações da prática corporativa da seção *O que deu certo/O que deu errado* e os exemplos de minicasos em praticamente todas as páginas, demonstrando para quê cada conceito analítico é utilizado na prática.

MATERIAL COMPLEMENTAR

No site da Cengage Learning, na página do livro, estão disponíveis os **apêndices web**. Eles podem ser utilizados também pelos professores como complemento à matéria do livro, já que estão em formato Power Point®. Acesse **www.cengage.com.br**.

PREPARAÇÃO DOS ALUNOS

O texto é elaborado para uso por universitários cursando os últimos anos e pós-graduados de primeiro nível em escolas de negócios, departamentos de economia, escolas de pós-graduação em gestão, administração pública e tecnologia da informação. Os alunos devem ter uma base sobre os princípios básicos da Economia, embora o Capítulo 2 ofereça uma boa revisão destes tópicos. Supõe-se que o aluno não tenha nenhuma experiência prévia com estatísticas; o desenvolvimento de todos os conceitos quantitativos empregados é independente.

O livro utiliza em alguns pontos conceitos elementares de cálculo diferencial depois de uma revisão dos conceitos básicos. No entanto, em todos os casos nos quais o cálculo é empregado, uma ou mais abordagens alternativas, como análise gráfica, algébrica ou de tabelas, também são apresentadas. Aplicativos de planilhas se tornaram tão dominantes na prática de economia gerencial que, agora, explicamos muitos conceitos de otimização neste contexto.

RECURSOS
Recursos pedagógicos da 13ª edição

A 13ª edição do *Economia de empresas* utiliza de forma ampla apoios pedagógicos para aprimorar o aprendizado individual dos estudantes. Os principais recursos deste livro são:

1. *Desafios gerenciais*: cada capítulo se inicia com um desafio gerencial que ilustra um problema de análise econômica de vida real enfrentado por gerentes e relacionado ao material a ser coberto no capítulo. Os professores podem utilizar as novas questões para discussão no final de cada *Desafio gerencial* para prender o interesse do aluno no início das aulas ou nos trabalhos de preparação da aula.
2. *O que deu certo/O que deu errado*: esta ferramenta permite que os estudantes relacionem erros e sucessos empresariais ao que acabaram de aprender e ajuda a alcançar a difícil meta do *insight* gerencial.
3. *Amplo uso de exemplos*: mais de 300 aplicações e exemplos do mundo real derivados da prática real são fornecidos e destacados em todo o texto. Tais exemplos ajudam a dar vida a ferramentas e conceitos e, assim, aprimorar o aprendizado do aluno.
4. *Símbolo de efeitos ambientais*: um símbolo de cata-vento destaca diversas passagens que discorrem sobre efeitos ambientais e sustentabilidade ao longo do livro.
5. *Exercícios*: cada capítulo contém um grande conjunto de análises de problemas. As respostas para os problemas selecionados e destacados como neste item ❺ são fornecidas no Apêndice D, no fim do livro. Problemas que podem ser resolvidos usando o Excel são destacados com o ícone do programa.
6. *Casos*: muitos capítulos incluem pequenos casos que estendem os conceitos e as ferramentas desenvolvidos para um contexto de situação real de uma companhia.
7. *Perspectivas internacionais*: em todo o livro, são fornecidas seções especiais de perspectiva internacional, ilustrando a aplicação de conceitos de economia gerencial a problemas enfrentados por gerentes em uma economia cada vez mais global.
8. *Resumos ponto a ponto*: cada capítulo termina com um resumo detalhado ponto a ponto de seus conceitos importantes.
9. *Diversidade de abordagens de apresentação*: conceitos analíticos importantes são apresentados de formas diferentes, incluindo análise gráfica, algébrica e com tabelas, para individualizar o processo de aprendizagem.

AGRADECIMENTOS

A diversos revisores, leitores e colegas que foram especialmente prestativos ao nos fornecerem muitos comentários válidos e sugestões em várias fases do desenvolvimento desta e de edições anteriores do livro. Entre essas pessoas estão: William Beranek, J. Walter Elliott, William J. Kretlow, William Gunther, J. William Hanlon, Robert Knapp, Robert S. Main, Edward Sussna, Bruce T. Allen, Allen Moran, Edward Oppermann, Dwight Porter, Robert L. Conn, Allen Parkman, Daniel Slate, Richard L. Pfister, J. P. Magaddino, Richard A. Stanford, Donald Bumpass, Barry P. Keating, John Wittman, Sisay Asefa, James R. Ashley, David Bunting, Amy H. Dalton, Richard D. Evans, Gordon V. Karels, Richard S. Bower, Massoud M. Saghafi, John C. Callahan, Frank Falero, Ramon Rabinovitch, D. Steinnes, Jay Damon Hobson, Clifford Fry, John Crockett, Marvin Frankel, James T. Peach, Paul Kozlowski, Dennis Fixler, Steven Crane, Scott L. Smith, Edward Miller, Fred Kolb, Bill Carson, Jack W. Thornton, Changhee Chae, Robert B. Dallin, Christopher J. Zappe, Anthony V. Popp, Phillip M. Sisneros, George Brower, Carlos Sevilla, Dean Baim, Charles Callahan, Phillip Robins, Bruce Jaffee, Alwyn du Plessis, Darly Winn, Gary Shoesmith, Richard J. Ward, William H. Hoyt, Irvin Grossack, William Simeone, Satyajit Ghosh, David Levy, Simon Hakim, Patricia Sanderson, David P. Ely, Albert A. O'Kunade, Doug Sharp, Arne Dag Sti, Walker Davidson, David Buschena, George M. Radakovic, Harpal S. Grewal, Stephen J. Silver, Michael J. O'Hara, Luke M. Froeb, Dean Waters, Jake Vogelsang, Lynda Y. de la Viña, Audie R. Brewton, Paul M. Hayashi, Lawrence B. Pulley, Tim Mages, Robert Brooker, Carl Emomoto, Charles Leathers, Marshall Medoff, Gary Brester, Stephan Gohmann, L. Joe Moffitt, Christopher Erickson, Antoine El Khoury, Steven Rock, Rajeev K. Goel, Lee S. Redding, Paul J. Hoyt, Bijan Vasigh, Cheryl A. Casper, Semoon Chang, Kwang Soo Cheong, Barbara M. Fischer, John A. Karikari, Francis D. Mummery, Lucjan T. Orlowski, Dennis Proffitt e Steven S. Shwiff.

A Robert F. Brooker, Kristen E. Collett-Schmitt, Simon Medcalfe, Dr. Paul Stock, Dhahab Dabirian, James Leady, Stephen Onyeiwu e Karl W. Einoff, pessoas especialmente prestativas na preparação da 13ª edição. A B. Ramy Elitzur, da Tel Aviv University, em especial, por sugerir o exercício para projetar um contrato de incentivo gerencial, e a Bob Hebert, da biblioteca de negócios da Wake Forest School of Business, por sua busca incansável por material de referência.

A Wake Forest University e a University of Louisville, pelo apoio dado, e aos colegas professores pelo estímulo e assistência contínuos durante a elaboração do manuscrito. A equipe da Cengage Learning por sua ajuda na elaboração e promoção deste livro. Ao executor literário do falecido Sir Ronald A. Fisher, F.R.S., ao Dr. Frank Yates, F.R.S., e ao Longman Group, Ltd., por permitir a inclusão neste livro da Tabela III de seu livro *Statistical tables for biological, agricultural, and medical research* (6ª ed., 1974).

SOBRE OS AUTORES

James R. McGuigan

James R. McGuigan é proprietário e opera sua própria empresa de investimento numismático. Antes dessa atividade, era Professor Associado de Finanças e Economia de Negócios da Escola de Administração de Empresas da Wayne State University. Ensinou também na University of Pittsburgh and Point Park College. McGuigan é formado pela Carnegie--Mellon University, tem um MBA pela Graduate School of Business da University of Chicago e Ph.D. pela University of Pittsburgh. Além de seu interesse em economia, ele é coautor de livros de gestão financeira, incluindo *Contemporary financial management*, com R. Charles Moyer. Seus artigos de pesquisa sobre opções foram publicados no *Journal of Financial and Quantitative Analysis* e na *Point Park College*.

R. Charles Moyer

R. Charles Moyer é formado em Economia pela Howard University e é MBA e Ph.D. em finanças e economia gerencial pela University of Pittsburgh. O professor Moyer é reitor do College of Business da University of Louisville, reitor emérito e ex-titular da GMAC Insurance Chair in Finance da Babcock Graduate School of Management, da Wake Forest University. Foi professor de finanças e chefe do Departamento de Finanças da Texas Teach University. Também lecionou na University of Houston, Lehigh University e University of New Mexico e passou um ano no Federal Reserve Bank de Cleveland. Ministrou aulas na Alemanha, França e Rússia. Além desse texto, Moyer foi coautor de dois outros livros sobre gestão financeira. Publicou artigos nos principais periódicos, incluindo *Financial Management, Journal of Financial and Quantitative Analysis, Journal of Finance, Financial Review, Journal of Financial Research, International Journal of Forecasting, Strategic Management Journal* e *Journal of Economics and Business*. O professor Moyer é membro do Conselho de Diretores da King Pharmaceuticals, Inc., Capital South Partners e Kentucky Seed Capital Fund.

Frederick H. deB. Harris

Frederick H. deB. Harris é professor da cátedra John B. McKinnon de Economia Gerencial e Finanças da School of Business, Wake Forest University. Suas especialidades são táticas de preço e planejamento de capacidade. O professor Harris ministrou cursos básicos de economia gerencial integrativa e matérias eletivas para vários níveis, de bacharelado a Ph.D, em escolas de negócios e departamentos de economia nos EUA, Alemanha, França, Itália e Austrália. Ele ganhou dois prêmios de Professor do Ano e dois de Pesquisador do Ano.

Outros reconhecimentos incluem prêmios de Docente Extraordinário pela revista *Inc.* (1998), Most Popular Courses pela *Business Week Online* 2000-2001 e Docente Extraordinário pelo *BusinessWeek's Guide to the Best Business Schools,* 5ª a 9ª edições, 1197-2004.

O professor Harris teve artigos publicados amplamente em periódicos de economia e finanças, como *Review of Economics and Statistics, Journal of Financial and Quantitative Analysis, Journal of Financial Markets, Journal of Operations Management* e *Journal of Industrial Economics*. De 1988 a 1993 foi membro do Comitê de Editores Associados do *Journal of Industrial Economics*.

Seu trabalho pioneiro na descoberta de preços foi bastante citado nos principais jornais e diversos artigos com colegas da área foram publicados no *Journal of Trading*. Além disso, ele faz benchmarks de precificação, processamento de pedidos e funções de planejamento de capacidade de grandes companhias contra técnicas de última geração na gestão de revendas e escreve sobre suas descobertas em jornais como *Marketing Management* e *Journal of Revenue and Princing Management* da INFORMS.

PARTE 1
Introdução

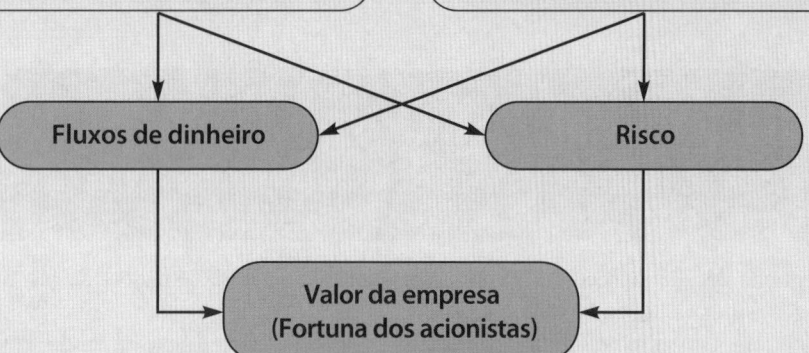

ANÁLISES ECONÔMICAS E DECISÕES

1. Análise de demanda
2. Análise de produção e de custos
3. Decisões de produto, preço e produção
4. Análise de gastos de capital

AMBIENTE ECONÔMICO, POLÍTICO E SOCIAL

1. Condições de negócio (tendências, ciclos e efeitos sazonais)
2. Condições de fator mercado (capital, mão de obra e matérias-primas)
3. Reações da concorrência e resposta tática
4. Arquitetura organizacional e limitações regulatórias

Fluxos de dinheiro

Risco

Valor da empresa (Fortuna dos acionistas)

CAPÍTULO 1

Introdução e objetivos da empresa

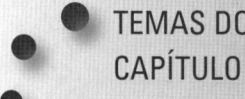

TEMAS DO CAPÍTULO

Economia de empresas é a aplicação da teoria e metodologia microeconômicas aos problemas enfrentados pelas pessoas que tomam decisões nos setores das instituições públicas, privadas e sem fins lucrativos. A economia de empresas auxilia os gestores na alocação eficiente de recursos escassos, no planejamento da estratégia corporativa e na execução de táticas eficazes. Este capítulo define o lucro econômico e o papel dos lucros na alocação de recursos em um sistema de livre empresa. A principal meta normativa da empresa – a maximização da riqueza do acionista – é desenvolvida juntamente com uma análise de como as decisões gerenciais influenciam os resultados para atender à demanda dos acionistas. Os problemas associados à separação entre propriedade e controle e aos relacionamentos entre agentes de grandes corporações são abordados.

Desafio gerencial

Como alcançar a sustentabilidade: Geração de energia elétrica da Southern Company[1]

Na segunda década do século 21, companhias em todo o cenário industrial estão buscando alcançar a sustentabilidade, que é uma metáfora poderosa, mas uma meta difícil. Sustentabilidade quer dizer muito mais do que um indivíduo estar de acordo com a sensibilidade ambiental, embora este comprometimento por si só esteja mais bem classificado do que qualquer outra resposta nas pesquisas de opinião sobre as preferências de norte-americanos e europeus. Sustentabilidade também implica capacidade de renovação e longevidade de planos de negócios adaptáveis às circunstâncias mutáveis. Mas o que exatamente a gestão deve buscar como um conjunto de objetivos para atingir esta meta?

A resposta da gestão ao combate à poluição ilustra um tipo de desafio da sustentabilidade. Por insistência do primeiro-ministro do Canadá durante a administração Reagan, o Congresso norte-americano promulgou um projeto de lei bipartidário de limitação e negociação para tratar das emissões de gás tóxico. Emissões de dióxido de enxofre e óxido nitroso (SO_2 e N_2O) causam chuva ácida, neblina e gelo, impondo danos a centenas de quilômetros por meio do vento até às árvores, superfícies pintadas ou rochosas e às pessoas que sofrem com asma. O Clean Air Act (CAA), de 1990, alterado em 1997 e 2003, permite direitos de poluição negociáveis (TPAs) a poluidores conhecidos. Também autorizou um mercado de leilões para os ativos dessas licenças. O site da Environmental Protection Agency (EPA) (www.epa.gov) mostra diariamente o equilíbrio e o preço de compensação de mercado desses novos ativos em balanços (por exemplo, US$250 por tonelada de fuligem). O sistema de limitação e negociação literalmente identificou pela primeira vez um preço pelo uso de algo que anteriormente era um recurso de propriedade comum que não tinha preço – em outras palavras, ar e água de chuva livres de ácido. Como resultado, grandes emissores de poluentes, como centrais elétricas e siderúrgicas,

[1] Baseado em Frederick Harris, *Alternative Energy Symposium*. Wake Forest Schools of Business (set. 2008); Acid Rain: The Southern Company, Harvard Business School Publishing, *HBS*: 9-192-060.

CAPÍTULO 1 Introdução e objetivos da empresa

agora arcam com um custo real por tonelada de fuligem carregada de SO_2 e N_2O, derivada da queima de carvão com alto teor de enxofre. Essas quantias foram rapidamente colocadas em planilhas projetadas para encontrar formas de minimizar os custos operacionais.[2] Não menos importante, cada poluidor recebeu poderosos incentivos para reduzir os custos de conformidade, diminuindo a poluição. Assim surgiu uma indústria[3] toda dedicada a desenvolver tecnologia de combate à poluição.

Os direitos de poluição negociáveis concedidos eram aproximadamente 80% da poluição conhecida gerada em cada planta em 1990. Por exemplo, a usina elétrica Belews Creek, de Duke Power, gerando 120.085 toneladas de fuligem ácida de óxido nitroso anualmente por queimar 400 carregamentos de carvão por dia, tinha permissão para 96.068 toneladas (ver Figura 1.1). Embora essa abordagem tenha "criado" uma quantia substancial de poluição, a transição gradual da legislação de limitação e negociação foi crucial para seu sucesso. Indústrias como as siderúrgicas e de energia elétrica tinham cinco anos para cumprir os requerimentos de emissão regulamentados, e, então, em 1997, as permissões iniciais foram cortadas ao meio. Duke Power inicialmente comprou 19.146 permissões para Belews Creek, por preços que variavam de US$131 a US$480 por tonelada, até que, em 2003, construiu um purificador de chaminés de 30 andares que reduziu as emissões de N_2O em 75%.

Outra grande empresa de energia, a Southern Company, analisou três opções de adaptação com base em um fluxo de caixa de menor custo: (1) comprar permissões, (2) instalar purificadores de chaminés ou (3) adotar tecnologia com alternância de combustíveis para queimar carvão com baixo teor de enxofre ou até mesmo gás natural mais limpo. Em um caso amplamente estudado, a Southern Company descobriu que sua imensa planta de Bowen, no norte da Geórgia, precisaria de um

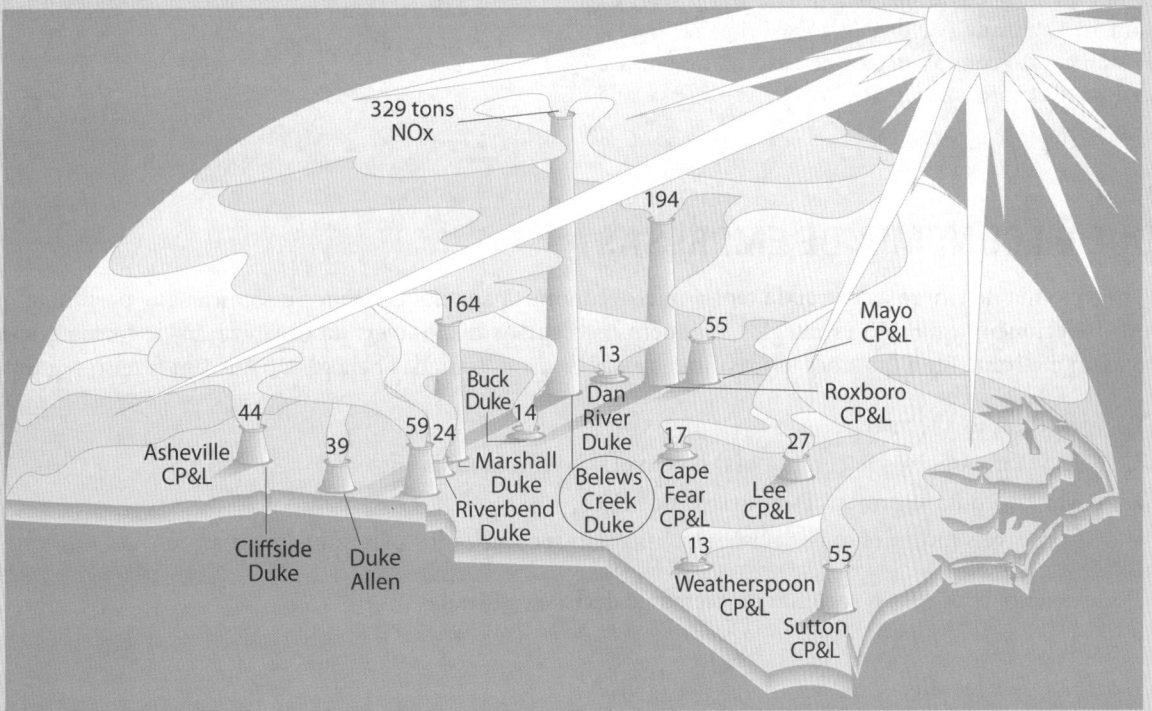

Figura 1.1 Óxido nitroso das plantas de energia movidas à carvão (Emissões diárias em toneladas, antes do Clean Air Act)

Fonte: NC Division of Air Quality.

---

[2] As multas da Agência de Proteção Ambiental dos Estados Unidos pelo descumprimento da lei, de US$2.000 por tonelada, sempre excederam muito os custos de permissões no mercado de leilões (US$131 a US$147 nos últimos anos).
[3] Esta indústria é chamada de Crédito Carbono, título lançado no mercado internacional que tem como principal objetivo auxiliar na redução do aquecimento global, que permite às indústrias e às nações reduzirem seus índices de emissão de gases do efeito estufa por um sistema de compensação. (N.R.T.)

purificador de US$657 milhões, que, depois das deduções de imposto por depreciação de equipamentos essenciais e outras compensações pela revenda de permissões em excesso, custaria US$476 milhões. Como alternativa, continuar queimando carvão com alto teor de enxofre da região próxima dos Apalaches e comprando as permissões necessárias no mercado de limitação e negociação eram projetados para custar US$266 milhões. E, por fim, mudar para um carvão com baixo teor de enxofre, enquanto adotar uma tecnologia de alternância de combustível custaria US$176 milhões. Todas essas análises foram feitas com base em valor atual e projeções de custo para 25 anos. O Capítulo 2 apresenta um rápido manual sobre o conceito de valor presente líquido (VPL).

A decisão da Southern Company de mudar para um carvão com baixo teor de enxofre foi amplamente celebrada como sensível ambientalmente e sustentável. Muitas empresas elétricas apoiam políticas de limitação e negociação, e lutam ativamente para que a legislação dos estados em que operam obtenha 15% de sua energia de fontes renováveis. Em um estudo de caso, no fim do capítulo, analisaremos várias alternativas de fonte de energia renovável por vento para gerar eletricidade.

A escolha de uma tecnologia com alternância de combustíveis para diminuir as emissões de gases foi feita por um acionista como algo para maximizar o valor da Southern Company por duas razões. Primeira, mudar para um carvão com baixo teor de enxofre minimizava os custos de conformidade do fluxo de caixa projetado sob o CAA, mas, além disso, a tecnologia com alternância de combustíveis cria uma flexibilidade estratégica (uma opção real), e isto, por si só, criava um valor adicional para os acionistas. Neste capítulo, veremos o que é e o que não é maximizar o valor de equidade capitalizado (valor para o acionista).

Questões para discussão

- Qual é o problema de externalidade básico da chuva ácida? Quais objetivos a gestão deveria alcançar ao responder ao problema da chuva ácida?
- De que forma a abordagem de limitar e negociar do Clean Air Act para a poluição do ar afeta a análise da Southern Company a respeito da propriedade comum que anteriormente não tinha preço (recursos de ar e água danificados pelas emissões das chaminés)?
- Como a gestão poderia cumprir o Clean Air Act? Ou a Southern Company deveria apenas pagar as multas da agência de proteção ambiental? Por quê? O que você decidiria?
- Qual das três alternativas apresentadas pela Southern Company oferecia maior flexibilidade estratégica? Explique.

O QUE É ECONOMIA DE EMPRESAS?

A economia de empresas extrai da teoria microeconômica aqueles conceitos e técnicas que permitem que os gestores selecionem a direção estratégica, aloquem os recursos disponíveis da organização de forma eficiente e respondam efetivamente a questões táticas. Todas essas decisões tomadas pela gestão buscam fazer o seguinte:

1. Identificar as alternativas,
2. Selecionar a opção que cumpra o(s) objetivo(s) da forma mais eficiente,
3. Levar em conta as limitações e variáveis de risco,
4. Os prováveis movimentos e decisões que possam ser realizados pela concorrência.

Por exemplo, considere o seguinte problema de decisão estilizada:

 **EXEMPLO** Expansão de capacidade na Honda e na Toyota

Honda e Toyota estão tentando expandir suas já substanciais operações de montagem na América do Norte. Ambas se defrontam com demanda crescente por seus veículos produzidos nos Estados Unidos, especialmente os modelos Toyota Camry e Honda Accord. Os dois modelos pontuam muito bem nos relatórios de consumo de combustíveis, de durabilidade e confiabilidade. A demanda por Accords usados é tão alta, que depreciam apenas 45% nos seus primeiros quatro anos. Outros veículos concorrentes podem depreciar até 65% no mesmo período. Toyota e Honda identificaram duas possíveis estratégias (S1 e S2) para atender à demanda crescente de Camrys e Accords. A estratégia S1 envolve expansão interna de capacidade com investimento de US$700 milhões na planta da Toyota de Princeton, Indiana; e na da Honda, em Marysville, Ohio. A estratégia S2 envolve compra e renovação de fábricas da General Motors. As novas plantas receberão igualmente incentivos públicos substanciais por meio de redução de impostos prediais. As plantas antigas já possuem enorme infraestrutura de fornecedores locais e alívio regulatório.

O objetivo dos dirigentes da Toyota é maximizar o valor hoje (valor presente [VP]) dos retornos futuros esperados (lucros) da expansão. Este problema pode ser resumido como:

Função Objetivo: Maximizar o VP do lucro (S1 e S2)
Regra de Restrição: Escolher estratégia S1 se VP (Lucro S1) > VP (Lucro S2)
Escolher estratégia S2 se VP (Lucro S1) < VP (Lucro S2)

Esta simples ilustração mostra como decisões de dirigentes acerca de alocação de recursos tentam maximizar o valor de suas empresas por meio de estratégias dinâmicas, ao mesmo tempo que respeitam as restrições éticas, legais e regulatórias.

O MODELO DE TOMADA DE DECISÃO

A capacidade de tomar boas decisões é a chave para um desempenho gerencial bem-sucedido. Todas as tomadas de decisões compartilham vários elementos. Em primeiro lugar, quem toma a decisão deve *priorizar os objetivos da organização*. Em seguida, deve *identificar o problema* que está exigindo uma solução. Por exemplo, o CEO da varejista de eletrônicos Circuit City pode observar que a margem de lucro sobre as vendas está em queda. Essa queda pode ter sido causada por erros de precificação, diminuição da produtividade de trabalho, ou utilização de conceitos ultrapassados de venda no varejo. Uma vez identificada a causa ou as causas do problema, o gestor deve realizar um *exame das soluções potenciais*. A escolha entre essas alternativas depende da *análise dos custos e benefícios relacionados*, e das limitações organizacionais e societárias que possam tornar uma alternativa viável ou não.

O passo final do processo, depois de avaliadas todas as alternativas, consiste em analisar a melhor alternativa disponível em termos de uma variedade de alterações nas premissas antes de fazer uma recomendação. Esse passo final importante é designado *análise de sensibilidade*. Conhecendo as limitações das ações planejadas à medida que o ambiente de decisão se altera, o dirigente consegue passar em seguida para uma *implementação da decisão*, monitorando cuidadosamente as variáveis negativas ou mudanças no mercado que não foram previstas. Esse processo de tomada de decisões em seis passos está na Figura 1.2.

A responsabilidade dos administradores

Em um sistema de livre iniciativa, os gestores são responsáveis por diversos objetivos. São eles os responsáveis por resolver problemas de forma proativa, além de preservar o modelo de negócios atual e de administrar conflitos de implantação e adotar processos para que novos modelos de negócios possam ser implantados com sucesso. A Research In Motion criou o melhor telefone celular internacional do mundo (Blackberry), mas perdeu o mercado à medida que a demanda dos consumidores evoluiu para os smartphones equipados com milhões de aplicativos. Os administradores criaram a estrutura e a cultura organizacional com base na missão da organização. A administração sênior é especialmente responsável por estabelecer uma visão com novas orientações de negócios e criar metas de crescimento para atingir seus objetivos. Além disso, os gestores coordenam a integração das funções de marketing, operações e finanças. Se os gerentes da planta não conhecem as margens percebidas para determinados segmentos focados pela equipe de vendas, eles frequentemente vão expedir e preencher pedidos aos clientes errados. Por fim, os administradores têm a responsabilidade crítica de observar as ações, motivar e monitorar suas equipes.

O QUE DEU CERTO • O QUE DEU ERRADO

Saturn Corporation[4]

Quando a General Motors (GM) lançou sua "companhia de carros diferente", J. D. Powers classificou a qualidade do produto 8% à frente da Honda, e os clientes gostaram do processo de vendas sem negociações. A Saturn alcançou a marca de 200 mil unidades vendidas, desfrutada pelo Honda Civic e Toyota Corolla em dois curtos anos, e chegou ao volume de 285 mil do Escort, da Ford, em seu quarto ano. Ao tornar os aspectos interpessoais do serviço ao cliente a prioridade número um e possuir um estoque superior e sistemas MIS (Sistemas de Informações Gerenciais), as concessionárias Saturn se mostraram muito lucrativas e rapidamente desenvolveram uma reputação como a empresa com maior lealdade dos clientes do setor.

No entanto, com o preço do modelo básico da Saturn US$1.200 abaixo dos US$12.050 dos compactos japoneses, a GM ganhava apenas US$400 de margem de lucro bruto por veículo. Em um ano típico, isso quer dizer que a GM estaria recuperando apenas cerca de US$100 milhões do seu investimento de capital de US$3 bilhões, um insignificante retorno de 3%. Compensando os 11% de custo de capital da GM, cada Saturn estava perdendo aproximadamente US$1.000. Esses números se comparam a uma margem de lucro bruta de US$3.300 por veículo em algumas das outras divisões da GM. Consequentemente, o fluxo de caixa não foi reinvestido na divisão Saturn, os produtos não foram atualizados e os modelos ficaram estagnados. Em 1997, as vendas estavam desmoronando em −9%, e em 1998 caíram mais 20%. Em 2009, a GM anunciou que fecharia permanentemente a divisão Saturn.

Os gestores da GM não tinham estabelecido o próximo modelo de negócios da Saturn, que teria transferido os jovens casais sem filhos para divisões mais lucrativas da companhia à medida que seus ciclos de vida pedissem por sedans maiores, minivans e SUVs. Em vez de trocar por Buick e Pontiac, os leais proprietários de Saturn na meia-idade procurariam trocar de veículo dentro da Saturn, e, ao não encontrar modelos esportivos maiores disponíveis, buscariam nas maiores importadoras japonesas, como o Honda Accord e o Toyota Camry. Depois de quase entrar em colapso, a Saturn apresentou um novo utilitário esportivo, um SUV eficiente e um cupê esportivo de alto nível. A GM abandonou a marca definitivamente em 2009.

---

4 Baseado em M. Cohen, Saturn's Supply-Chain Innovation. *Sloan Management Review* (verão, 2000), p. 93-96; Small Car Sales Are Back e Why Didn't GM Do More For Saturn?, *BusinessWeek*, 22 set. 1997, p. 40-42, e 16 mar. 1998, p. 62.

Risco moral em equipes

Habilidades de equipe e capacidade de motivá-las são amplamente conhecidas como os traços mais críticos de um gestor eficiente. Isso se aplica igualmente às equipes dos Seals, da Marinha, equipes de células fabris, equipes de gestão de marcas ou de consultorias. Por que isso acontece? Por que o trabalho em equipe é tão importante, e por que conseguir um bom trabalho em equipe é tão difícil? A essência do trabalho em equipe é a criação sinérgica de valor acima da soma das partes. Como indivíduos em uma equipe, podemos cada um "carregar o próprio peso", ou contribuir com mais do que isso, e combinar nossos esforços extras com os esforços extraordinários daqueles ao nosso redor. Assim como nos esportes, um esforço de 110% em equipes de uma companhia derrota oponentes mais habilidosos, e às vezes até aqueles com mais recursos. Mas, como um gestor consegue o comprometimento de uma equipe para empenhar 110% de esforço quando fazer menos não requer tanto sacrifício pessoal, e quando a fuga individual de alguém pode não ser tão transparentemente óbvia? Isso constitui o famoso problema do risco moral na formação de equipes.

Se as penalidades e sanções forem poucas e dispersas, somente a consciência moral pode induzir o trabalho em equipe com comprometimento, em vez do esforço reduzido associado à desmotivação.

Considere o seguinte exemplo de trabalho em equipe motivada a levar um produto ao mercado. Mack e Myer estão colaborando para o lançamento de um produto. Cada um deles tem habilidades específicas necessárias para obter o resultado máximo e um lucro bruto de US$100 se ambos "trabalharem duro", esforçando-se ao máximo pelo projeto. Neste caso, o custo pessoal de US$25 para cada um deixa um lucro líquido disponível de US$25 para cada. Se um deles folgar e reduzir os esforços unilateralmente, o retorno será reduzido e o lucro bruto cai 30%, e serão US$70 para serem divididos entre eles; mas o "folgado" reduz seu custo pessoal a US$0, gerando, portanto, um lucro líquido de US$35 para o "parasita" e apenas US$10 para o membro dedicado da equipe que trabalhou duro. Se ambos folgarem e não fizerem seus maiores esforços, o resultado entra em colapso, o lucro bruto cai para US$30, gerando para cada um apenas US$15 de lucro líquido. Essas recompensas são ilustradas na matriz de jogos da Figura 1.2, Painel A.

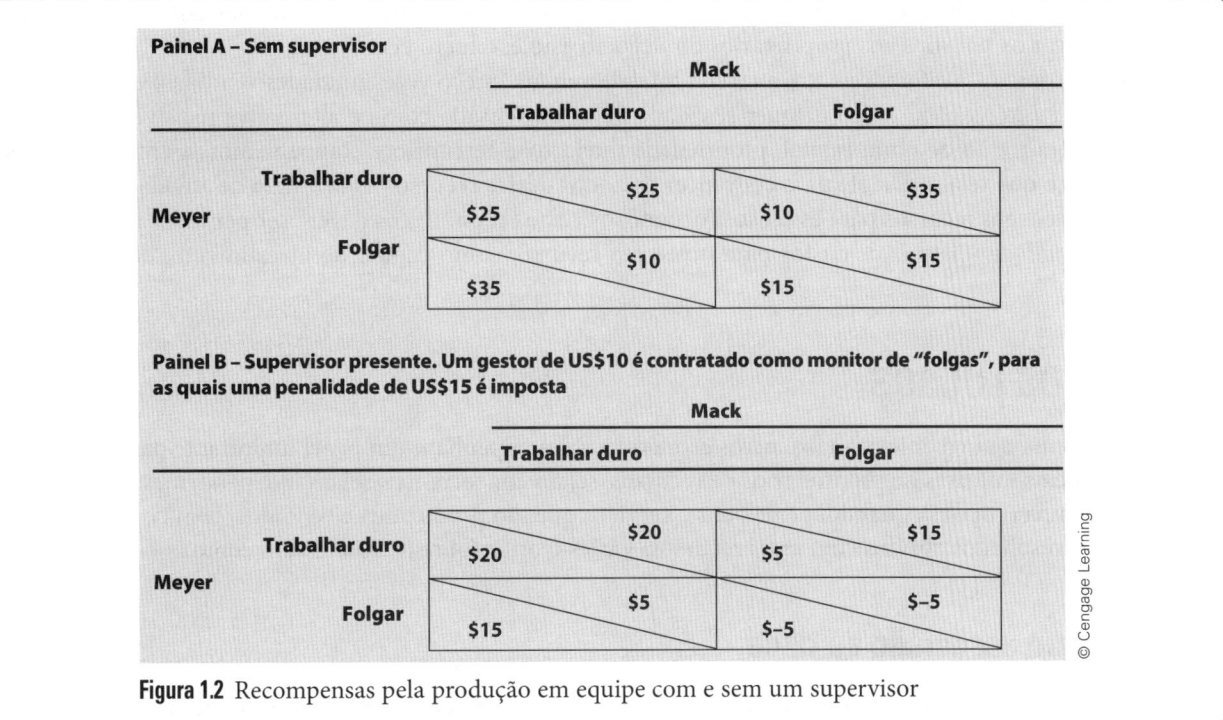

Figura 1.2 Recompensas pela produção em equipe com e sem um supervisor

E se esta for uma situação que ocorre apenas uma vez, e cada personagem deve decidir simultaneamente, sem saber a escolha de seu colega de equipe? Um dos insights da teoria dos jogos é que, na ausência de jogos repetidos envolvendo os mesmos membros da equipe, jogadores racionais vão ignorar efeitos de reputação e selecionar a ação cuja recompensa domine todas as outras. Neste caso, isso significa que cada jogador vai escolher "folgar", já que o retorno de US$35 ultrapassa os US$25, e o retorno de US$15 é maior que US$10. Em resumo, os resultados da ação "folgar" na coluna da direita dominam aqueles da coluna "trabalhar duro" (e assim também ocorre nas duas colunas da matriz de recompensas). Cada membro da equipe prefere, portanto, desertar (ao escolher folgar), não importa a escolha de seu colega; diz-se que folgar é uma estratégia dominante. Portanto, (folgar, folgar) surge como um resultado de estratégia dominante com grande previsibilidade.

Porém, se os dois fizerem isso, surge um trágico dilema. Na célula sudeste (folgar, folgar), a recompensa para cada participante é de apenas US$15 e o valor total adicionado é somente US$30. Os dois membros da equipe percebem, no entanto, que, se tivessem encontrado uma forma de obter cooperação um do outro, teriam um lucro líquido de US$50, mostrado na célula noroeste (trabalhar duro, trabalhar duro). Sua tomada de decisão otimizada individualmente (refletida pela estratégia dominante de desertar de acordos cooperativos) deixa US$-20 de lucro antecipado até que os participantes organizem a equipe de forma diferente. Como resultado, podemos esperar que os participantes desenvolvam mecanismos para contratação em torno do problema do risco moral a fim de conquistar o valor antecipado. Como isto pode ser alcançado?

E se a equipe tivesse contratado um administrador como supervisor do projeto para monitorar o trabalho e punir folgas? Separando US$10 do custo do pagamento de um gestor, restam US$40 de lucro bruto na célula (trabalhar duro, trabalhar duro), a serem divididos uniformemente entre Mack e Meyer. Nas células diagonais, o gerente agora penaliza o membro da equipe que foge de suas obrigações em US$-15. A recompensa para este desertor unilateral agora se torna (US$70/2 = US$35) - US$15 - US$5 = US$15, menos do que os (US$100/2 = US$50) - US$25 - US$5 = US$20 associados à decisão cooperativa de trabalhar duro. E este é um jogo de recompensas simétrico, portanto, ambos os participantes agora concluem a mesma coisa – isto é, vale a pena adotar um trabalho em equipe com cooperação múltipla e se esforçar totalmente. Já que cada jogador receberá apenas (US$30/2 = US$15) - US$15 - US$5 = US$-5, no caso de ambos fugirem de suas responsabilidades, e (US$70/2 = US$35) - US$25 - US$5 = US$5 no caso de seu trabalho duro ser unilateralmente vencido, cada um decide trabalhar duro. Na verdade, examinando a nova matriz de recompensas na Figura 1.2, Painel B, o par de opções (trabalhar duro, trabalhar duro) agora se tornou a estratégia dominante. Portanto, para concluir, o risco moral em equipes pode ser evitado. O que é necessário é ter um administrador como supervisor que imponha sanções para o comportamento preguiçoso dos membros da equipe que decidam parasitar.

Os gestores de uma economia capitalista são motivados a monitorar o trabalho em equipe devido à necessidade de maximizar os retornos aos proprietários do negócio, isto é, o lucro econômico.

Lucro econômico é a diferença entre a receita total de vendas (preço vezes unidades vendidas) e o custo econômico total. O *custo econômico* de qualquer atividade deve ser pensado como a alternativa mais valorizada dispensada. Para atrair mão de obra, capital, propriedade intelectual, território e equipamentos, a empresa precisa oferecer um preço que seja suficiente para convencer os donos desses recursos a abrir mão de atividades alternativas e comprometer seus recursos para esse uso. Portanto, os custos econômicos devem ser pensados sempre como *custos de oportunidade* – isto é, os custos para obter um recurso, como capital de investimento, de seu melhor uso alternativo.

O PAPEL DOS LUCROS

Em um sistema de livre iniciativa, os lucros econômicos desempenham um papel importante para orientar as decisões feitas pelos milhares de proprietários de recursos, sejam concorrentes, sejam independentes. A existência de lucros determina o tipo e a quantidade de bens e serviços que são produzidos e vendidos, bem como a demanda derivada dos resultados obtidos com esses recursos. Várias teorias sobre lucro indicam como isso funciona.

Teoria do lucro associado ao risco

Alguns economistas têm argumentado que os lucros econômicos acima de uma taxa de retorno normal são necessários para compensar os proprietários da empresa pelo risco que assumem quando realizam seus investimentos. Em virtude de os acionistas de uma empresa não terem direito a uma taxa de retorno fixa sobre seu investimento – isto é, eles são credores dos fluxos de caixa residuais após todos os pagamentos contratuais terem sido feitos –, eles precisam ser pagos por esse risco na forma de uma taxa de retorno maior.

A teoria do lucro associado ao risco é desenvolvida no contexto de lucros normais, no qual *normal* é definido em termos do risco relativo de investimentos alternativos. Os lucros normais para uma empresa de risco elevado, como os hotéis e cassinos de Las Vegas, uma empresa de biotecnologia farmacêutica, um explorador de poços de petróleo, devem ser maiores que os lucros normais de empresas que possuem risco menor, como concessionárias de saneamento básico. Efetivamente, o retorno médio sobre o patrimônio líquido do setor de hotéis/cassinos foi de 12,6% em 2005, comparado com 9% para o setor de saneamento básico.

Teoria do lucro em desequilíbrio temporário

Embora exista uma taxa de equilíbrio normal dos lucros em longo prazo (ajustada para o risco) que todas as empresas devem tentar obter, em qualquer momento as companhias podem se ver obtendo uma taxa de retorno em longo prazo acima ou abaixo do nível normal. Isso pode ocorrer por causa dos deslocamentos (abalos) temporários em vários setores da economia. Taxas de retorno no setor petroleiro subiram substancialmente quando o preço do petróleo dobrou, de US$75 na metade de 2007 para US$146 em julho de 2008. No entanto, esses altos retornos diminuíram acentuadamente no fim de 2008, quando as condições do mercado petroleiro levaram a um abastecimento excessivo e o preço do petróleo caiu para US$45.

Teoria do lucro associado ao monopólio

Em alguns setores, uma empresa é efetivamente capaz de dominar o mercado e obter taxas de retorno acima do normal durante um longo período. Essa capacidade de dominar o mercado pode surgir de economias de escala (uma situação na qual uma grande empresa, como a Boeing, pode produzir unidades adicionais da aeronave 747 a um custo menor daquele de empresas menores), controle dos recursos naturais essenciais (petróleo), controle de patentes críticas (companhias de biotecnologia farmacêutica) ou restrições governamentais que impedem a concorrência (proprietários de franquias de cabo). As condições sob as quais um monopolista pode auferir lucros acima do normal são examinadas em mais detalhes no Capítulo 11.

Teoria do lucro associado à inovação

A teoria do lucro associado à inovação sugere que lucros acima do normal constituem a recompensa de inovações bem-sucedidas. Empresas que desenvolvem produtos originais de alta qualidade (como a Porsche) ou que identificam com sucesso oportunidades de mercado únicas (como a Microsoft) são recompensadas com o potencial para lucros acima do normal. De fato, o sistema de patentes dos Estados Unidos é estruturado para asssegurar que essas oportunidades de retorno acima do normal proporcionem grandes incentivos para a inovação contínua.

Teoria do lucro associado à eficiência gerencial

Fortemente relacionada à teoria do lucro associado à inovação está a teoria do lucro associado à eficiência gerencial. Lucros acima do normal podem surgir devido a habilidades gerenciais excepcionais de empresas bem administradas. Nenhuma teoria do lucro pode explicar as taxas de retorno observadas em cada setor, e também não são mutuamente exclusivas. O desempenho do lucro é invariavelmente o resultado de muitos fatores, incluindo o risco diferencial, a inovação, as habilidades gerenciais, a existência de um poder de monopólio e o acaso.

OBJETIVO DA EMPRESA

Essas teorias de maximização simples do lucro como um objetivo da gestão são reveladoras, mas ignoram o *timing* e o risco dos fluxos de lucro. A maximização da riqueza dos acionistas como um objetivo supera essas duas limitações.

> **EXEMPLO** Maximização da riqueza do acionista: Berkshire Hathaway[5]
>
> Warren E. Buffet, ex-presidente do Conselho de Administração e CEO da Berkshire Hathaway, Inc., descreveu o objetivo de longo prazo da empresa como: "maximizar a taxa anual média de ganhos em termos de valores intrínsecos numa base por ação". O valor contábil da Berkshire aumentou de US$19,46 em 1964, quando ele adquiriu a empresa, para US$141.537 em 2013, numa taxa composta de crescimento de 20,3%. O índice Standard and Poor's 500 (S&P 500) experimentou crescimento de 9,6% ao longo do mesmo período.
>
> Os diretores da Berkshire são todos grandes acionistas. Além disso, ao menos quatro de seus diretores têm mais de 50% do patrimônio líquido de suas famílias investido na Berkshire. O pessoal interno possui mais de 47% das ações da empresa. Como resultado, a empresa de Buffet sempre colocou um alto prêmio no objetivo de maximização da riqueza dos acionistas.
>
> ---
> 5 *Annual Report*, Berkshire Hathaway, Inc., 2005.

O modelo de empresas com maximização da riqueza dos acionistas

Riqueza dos acionistas é medida pelo valor de mercado das ações de uma empresa, que é igual ao VP de todos os fluxos de caixa futuros esperados para os donos de ações, descontado da taxa de retorno exigida pelos acionistas, mais um valor para as opções embutidas da empresa:

$$V_0 \cdot (\text{Ações emitidas}) = \frac{\pi_1}{(1+k_e)^1} + \frac{\pi_2}{(1+k_e)^2} + \frac{\pi_3}{(1+k_e)^3} + \ldots + \frac{\pi_\infty}{(1+k_e)^\infty}$$
$$+ \text{Valor de opção real}$$

$$V_0 \cdot (\text{Ações emitidas}) = \sum_{t=1}^{\infty} \frac{\pi_t}{(1+k_e)^t} + \text{Valor de opção real} \qquad [1.1]$$

onde V_0 é o valor atual (presente) de uma ação (o preço da ação), π_t representa os lucros econômicos em cada um dos períodos futuros (do período 1 a ∞), e k_e é igual à taxa de retorno exigida pelos investidores. Alguns fatores distintos (por exemplo, taxas de juros e ciclos de negócios na economia como um todo) influenciam o preço da ação de uma empresa de maneira que se encontre além do controle do dirigente, porém, muitos fatores (como inovação e controle de custos) permanecem sob controle. O valor de opção real representa as economias de custo ou expansões de revenda que surgem da preservação da flexibilidade no plano de negócios que os gestores adotam. Por exemplo, a Southern Company economizou US$90 milhões ao cumprir o Clean Air Act, adotando uma tecnologia com alternância de combustíveis que permitia a queima de combustíveis alternativos (carvão, óleo combustível ou gás natural) sempre que o custo total de uma entrada se tornasse menor que outro.

Observe que a Equação 1.1 leva efetivamente em conta o *momento no tempo* (ou *timing*) dos lucros futuros. Ao descontar todos os lucros futuros à taxa de retorno exigida, k_e, a Equação 1.1 mostra que um dólar recebido no futuro vale menos do que um dólar recebido imediatamente. (As técnicas do desconto do VP são explicadas mais detalhadamente no Capítulo 2 e no Apêndice A.) A Equação 1.1 também fornece uma maneira para avaliar níveis diferentes de risco quando k_e é aumentado para justificar um risco maior. Por exemplo, se o fluxo de lucros futuros for altamente incerto (ou seja, é provável que ele divirja substancialmente de seus valores esperados), a taxa de desconto k_e pode ser aumentada para considerar esse risco. Portanto, quanto maior o risco associado aos fluxos de caixa futuros, maior será a taxa de retorno exigida para descontar esses fluxos de caixa e menor o VP. Em resumo, o valor para o acionista é determinado pelo valor, pelo *timing* e pelo risco dos lucros esperados da empresa.

EXEMPLO Decisões de alocação de recursos e riqueza do acionista: Apple Computer[6]

Na distribuição de seu sofisticado computador pessoal iMac e iPods de alta tecnologia, a Apple considerou três canais de distribuição. Por um lado, copiar o estilo direto ao cliente da Dell implicaria comprar componentes da Motorola, AMD e Intel, e, então, contratar produtores independentes para montar *just-in-time* o que cada cliente ordenasse, em vendas pelo telefone ou pela Internet. Alternativamente, ela poderia assumir compromissos de distribuição com varejistas eletrônicos, tais como a Computer Tree. Finalmente, podia comercializar seus produtos em suas próprias lojas. Esta terceira abordagem acarreta enormes investimentos de capital e baixa proporção de custos variáveis, especialmente se o varejista procura locais de alta visibilidade e precisa de grandes espaços.

Quando a Apple abriu sua 147ª loja na 5ª Avenida de Nova York, a localização deixava pouca dúvida acerca da alocação dos recursos da empresa nesta nova estratégia de distribuição. Essa loja ocupa um amplo espaço subterrâneo, com um cubo de vidro na superfície, desenhado pelo próprio Steve Jobs, entre o Central Park e o famoso Hotel Plaza. Os lucros da Apple neste corredor turístico com tráfego intenso vai contar com várias iniciativas: (1) teatros dentro das lojas para treinamentos e workshops dos programas de gravação de música ou edição de vídeos caseiros do iMac; (2) vários especialistas técnicos disponíveis para a solução de problemas sem tempo de espera; e (3) investimentos contínuos em uma das marcas mais valiosas do mundo. Pouco tempo depois da abertura da loja, a Apple obteve lucro operacional de US$151 milhões sobre as vendas de US$2,35 bilhões nas lojas Apple, uma margem de 6,4% em relação aos aproximadamente 2% da empresa como um todo.

---
6 Com base em Nick Wingfield. How Apple's Store Strategy Beat the Odds. *The Wall Street Journal*, 17 maio 2006, p. B1.

SEPARAÇÃO DE PROPRIEDADE E CONTROLE: O PROBLEMA PRINCIPAL-AGENTE

A maximização do lucro e da riqueza dos acionistas são conceitos úteis nos casos em que as decisões alternativas são facilmente estimadas. Esses casos incluem problemas do tipo programação do nível ótimo de produção, determinação de uma política de estoques otimizados dado algum padrão de vendas e instalações produtivas disponíveis, e a escolha entre comprar ou arrendar uma máquina.

No entanto, em outros casos em que as alternativas são mais difíceis de identificar, custos e benefícios menos claros ou os objetivos de proprietários e gestores não estão alinhados, os gestores frequentemente seguem os próprios interesses.

Objetivos divergentes e conflito de agência

À medida que firmas individuais e empresas controladas por poucas pessoas evoluem para sociedades anônimas, os proprietários (os contratantes) delegam a autoridade para a tomada de decisões a dirigentes profissionais (os agentes). Em virtude de os dirigentes-agentes em geral terem muito menos a perder do que os proprietários-contratantes, os agentes, muitas vezes, buscam níveis aceitáveis (em vez de máximos) de lucro e de riqueza do acionista enquanto se preocupam com os próprios interesses. Esse tema é conhecido como problema principal-agente ou "conflito de agência".

Por exemplo, quando os preços do petróleo caíram devido ao colapso do cartel Opep na década de 1990, os dirigentes da Exxon diversificaram a empresa por linhas de produto, incluindo o desenvolvimento de softwares para computador, que era um domínio em que a Exxon tinha pouco ou nenhum conhecimento especializado ou não possuía uma vantagem competitiva. Os dirigentes esperavam que a diversificação estabilizasse seus bônus executivos vinculados aos lucros trimestrais, e isto ocorreu. No entanto, a decisão de diversificar acabou causando uma queda contínua do valor da ação da Exxon.

Proteger os próprios interesses também pode fazer que os dirigentes se concentrem na segurança a longo prazo de seus empregos. Em alguns casos isso pode motivá-los a limitar a quantidade de risco, porque um desfecho desfavorável resultante do risco poderia conduzir à sua demissão. Porém, deixar de assumir riscos pode ser fatal em si mesmo. A Kodak é um bom exemplo. No início da década de 2000, seus executivos não quiseram assumir o risco de desenvolver os primeiros produtos de fotografia digital. Quando a demanda por produtos digitais elevou-se subsequentemente, a Kodak permaneceu com um número reduzido de mercados para seus filmes tradicionais. De modo análogo à Exxon, o valor das suas ações diminuiu drasticamente.

Por fim, o fluxo de caixa para os proprietários é corroído quando os recursos da empresa são desviados de seus usos mais produtivos para a concessão de benefícios aos dirigentes. Em 1988, a RJR Nabisco era uma empresa que havia se tornado inflada com recantos de férias corporativos na Flórida, uma grande frota de jatos executivos e muitos hangares e a fixação dos executivos em um novo produto de péssimo odor (o cigarro Premier "sem fumaça"). Essas escolhas dos dirigentes deixaram a RJR Nabisco com um valor substancialmente menor no mercado do que teria sido possível com decisões voltadas para uma melhor alocação de recursos. Reconhecendo o potencial para elevação do valor, a Kohlberg Kravis Roberts & Co. (KKR) iniciou um processo hostil de aquisição do controle acionário e adquiriu a RJR Nabisco por US$25 bilhões no início de 1989. O preço de compra oferecido aos titulares de ações ordinárias pela KKR foi de US$109 por ação, muito melhor que o preço de US$50 a US$55 antes da operação. Os novos proprietários agiram rapidamente e venderam diversos ativos da RJR de retorno reduzido, cortaram despesas operacionais e cancelaram o projeto Premier. Embora a transação fosse bastante alavancada com a contratação de financiamentos volumosos a taxas de juros elevadas, um fluxo de caixa maior permitiu à KKR liquidar os empréstimos em um período de sete anos, consideravelmente antes da programação.

Para forjar uma aliança mais próxima entre os interesses dos acionistas e dos dirigentes, algumas empresas estruturam uma maior proporção da remuneração de um executivo na forma de pagamentos baseados no desempenho. Por exemplo, em 2002, Michael Eisner da Walt Disney recebeu mais de US$20,2 milhões de remuneração a longo prazo (além de seu salário anual de US$750 mil) como gratificação por aumentar dez vezes o valor de mercado da Walt Disney, que passou de US$2 bilhões para US$23 bilhões nos seus dez anos como CEO.[7] Outras empresas, como Hershey Foods, CSX, Union Carbide, General Motors e Xerox, exigem que dirigentes e membros do Conselho sejam proprietários de uma quantidade substancial de ações da empresa como condição para pertencer ao quadro da empresa. A ideia por trás dessa cláusula contratual é alinhar os interesses financeiros dos dirigentes diretamente com aqueles dos acionistas. Em resumo, o grau de motivação que um dirigente terá para atuar segundo os interesses dos acionistas da empresa depende da estrutura de sua remuneração global, da ameaça de dispensa e do risco de aquisição do controle acionário por um novo grupo de proprietários.

---

7 That Eye-Popping Executive Pay. *Businessweek*, 25 abr. 1994, p. 52-58.

> **EXEMPLO** Custos de agência e reestruturação corporativa: O. M. Scott & Sons
>
> A existência de elevados custos de agência por vezes motiva empresas a reestruturá-las financeiramente para alcançar níveis superiores de eficiência. Por exemplo, a empresa O. M. Scott & Sons, antes uma subsidiária da ITT, foi comprada pelos dirigentes da Scott numa operação de alta alavancagem financeira (ou LBO – *Leveraged Buyout*, do inglês). Defrontando-se com altos pagamentos de juros e do principal em razão da transação de compra, e tendo o potencial de lucro diretamente da operação eficiente da empresa, os novos gestores proprietários rapidamente colocaram em marcha contratos contábeis e procedimentos operacionais moldados para aumentar a performance da Scott. Controlando níveis de estoques rigidamente e negociando mais agressivamente com fornecedores, a empresa se viu capaz de reduzir seu investimento médio em capital de giro de um nível inicial de US$75 milhões para $35 milhões. Ao mesmo tempo, planos de incentivo para a força de vendas levaram a aumento das receitas de US$160 milhões para um recorde de US$200 milhões.[8]
>
> ---
> 8 Uma discussão mais completa da experiência da Scott pode ser encontrada em Brett Dural, Life After DEbt: How LBOs Do It. *Fortune*, 13 mar. 1989, p. 91-92.

Problemas de agência

Problemas de principal-agente surgem da inerente característica não observável do esforço gerencial combinada com a presença de distúrbios aleatórios na produção em equipe. O desempenho profissional de funcionários fabricantes de peças de roupas é facilmente monitorado, mas o esforço de gestores não pode ser observável a um custo que não seja excessivo. A capacidade criativa para antecipar e resolver problemas de forma proativa – antes que eles surjam – é inerentemente não observável. Ainda assim, isto é o que gestores seniores fazem. Os donos de empresa sabem quando veem, mas geralmente não reconhecem quando está faltando, porque a capacidade criativa de um gestor normalmente é inseparável da boa e da má sorte. Portanto, os proprietários acham difícil saber quando recompensar gestores por boas reviravoltas e quando culpá-los por um mau desempenho.

A separação entre propriedade (acionistas) e controle (gestão) em grandes corporações permite que os gestores persigam metas, como a maximização de sua própria riqueza, o que nem sempre está nos interesses em longo prazo dos acionistas. Como resultado da pressão de grandes acionistas institucionais, como Fidelity Funds, com estatutos como Sarbanes-Oxley exigindo uma governança corporativa mais forte, e leis de tributos federais limitando fortemente a dedutibilidade do pagamento executivo, um número cada vez maior de corporações busca garantir que uma proporção maior do pagamento dos gestores ocorra na forma de bônus baseados em seus desempenhos. Elas estão fazendo isso (1) ligando os bônus dos executivos ao desempenho de companhias concorrentes similares, (2) aumentando os obstáculos de desempenho que desencadeiam bônus aos executivos, e (3) eliminando pacotes de rescisão que proporcionam lucros inesperados a executivos cuja performance fraca leva à tomada de controle ou sua própria demissão.

Pouco antes da crise financeira, CEOs das 350 maiores corporações dos Estados Unidos receberam US$6 milhões em 2005 como compensação mediana total direta. As dez companhias com os maiores retornos aos acionistas nos últimos cinco anos pagaram US$10,6 milhões em salário, bônus e incentivos em longo prazo. As dez companhias com os menores retornos aos acionistas pagaram US$1,6 milhões. A Figura 1.3 mostra que, entre essas 350 empresas, a remuneração total dos CEOs refletiu a lucratividade corporativa, subindo quando o lucro aumenta e entrando em colapso quando diminui. Na crise econômica global de 2008 e 2009, os salários dos CEOs caíram 63% nas companhias NYSE Euronext, bônus e aumentos foram congelados, cortados ou eliminados em 47% e 52%, respectivamente.[9]

---
9 NYSE Euronext 2010 CEO Reporrt. *NYSEMagazine.com*, set. 2009, p. 27.

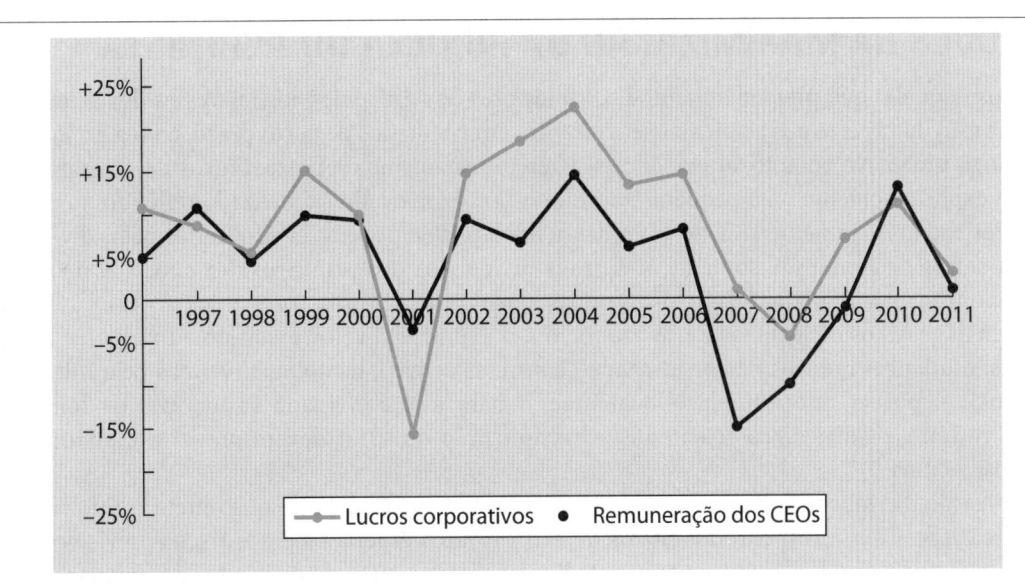

Figura 1.3 Tendências de pagamento de CEOs, 1999-2011
Fonte: Mercer Human Resource Consulting e The Hay Group.

EXEMPLO — Pagamento pelo desempenho dos executivos: General Electric[10]

Como exemplo representativo de um pacote de pagamentos baseado no desempenho, o CEO da General Electric, Jeff Immelt, tinha em 2006 um salário de US$3,2 milhões, bônus em dinheiro de US$5,9 milhões e ganhos em incentivos em longo prazo que se convertiam em opções de ações de US$3,8 milhões. A GE distribui opções de ações a 45 mil de seus 300 mil funcionários, mas decidiu que metade das 250 mil "unidades de desempenho" do CEO Jeff Immelt só deveria ser convertida em opções de ações se o fluxo de caixa da GE crescesse em uma média de 10% ou mais por cinco anos, e a outra metade seria convertida se o retorno aos acionistas superasse o retorno cumulativo total dos cinco anos no índice S&P 500.

Basear os pacotes de pagamento dos executivos no desempenho demonstrado em relação a indicadores do setor e da indústria se tornou uma causa célebre nos Estados Unidos. O motivo é que, em 2011, a remuneração total média de um CEO, US$10,6 milhões, cresceu para 258 vezes o salário do trabalhador médio norte-americano, de US$41.000. Na Europa, o número comparável é 38 vezes o salário do trabalhador médio, US$35.000, e um valor parecido é aplicado na Ásia. Portanto, o que os CEOs receberam nos Estados Unidos foi foco de muita discussão política pública, mesmo antes dos escândalos de pagamento da AIG e Merrill Lynch/Bank of America.

---

10 Baseado em: <http://people.forbes.com/rankings/jeffrey-r-immelt/36126>.

Em uma tentativa de mitigar esses problemas de agência, as empresas geram vários **custos de agência**, que incluem:

1. Doações de ações restritas ou opções de ações deferidas para estruturar a remuneração executiva de forma que os incentivos se alinhem à gestão com os interesses dos acionistas.
2. Audições internas e conselhos de supervisão contábil para monitorar as ações da gestão. Além disso, muitos grandes credores, especialmente bancos, agora monitoram indicadores financeiros e decisões de investimentos de grandes companhias devedoras mensalmente ou a cada duas semanas. Essas iniciativas fortalecem a *governança corporativa* da empresa.
3. Afiançar seguros de gastos e de responsabilidade por fraudes para proteger os acionistas da desonestidade gerencial.
4. Processos de aprovação interna complexos projetados para limitar a liberdade de ação gerencial, mas que impedem respostas rápidas a oportunidades.

IMPLICAÇÕES DA MAXIMIZAÇÃO DA RIQUEZA DO ACIONISTA

Os críticos daqueles que pretendem alinhar os interesses dos dirigentes aos interesses dos acionistas alegam que a maximização da riqueza dos acionistas se concentra em resultados de curto prazo, com a exclusão do investimento de longo prazo. No entanto, as evidências sugerem justamente o oposto. Fluxos de caixa de prazos mais curtos podem explicar somente uma pequena fração do valor de mercado capitalizado refletido no preço da ação da empresa. Por exemplo, somente 18% do valor das ações em 1988 podem ser explicados pelos dividendos esperados nos primeiros cinco anos, e somente 35% pelos dividendos dos primeiros dez anos.[11] A maximização da riqueza dos acionistas possui como foco o longo prazo, e não o curto prazo.

No consenso geral, os dirigentes que se propõem a maximizar o valor precisam administrar a mudança – algumas vezes, mudanças radicais na concorrência (empresas aéreas), tecnologia (vendas pela Internet) e regulação (cigarros) –, porém, precisam fazê-lo atentando para a lucratividade sustentável de longo prazo da empresa. Em resumo, os dirigentes orientados à maximização do valor devem prever a mudança e preparar planos de contingência.

A maximização da riqueza dos acionistas é um objetivo dinâmico explícito que reflete as informações públicas atualmente disponíveis a respeito dos fluxos de caixa futuros esperados e dos riscos previsíveis. Como tal, ela reflete as oportunidades de investimento estratégico que uma equipe de dirigentes desenvolve, e não apenas os investimentos preexistentes com VPL positivo. A Amgen, uma empresa de biotecnologia, tinha um valor acionário de US$42 milhões em 1983, apesar de não possuir vendas, fluxo de caixa, bens de capital, patentes, e ter segredos comerciais com pouca proteção. Em 2003, a Amgen teve receitas superiores a US$7,9 bilhões e um fluxo de caixa anual de US$2 bilhões. Em um intervalo de 20 anos, a Amgen desenvolveu e aplicou valiosas oportunidades estratégicas em biotecnologia.

O QUE DEU CERTO • O QUE DEU ERRADO

Eli Lilly deprimida pela perda da patente do Prozac[12]

Gigantes farmacêuticas como GlaxoSmithKline, Merck, Pfizer e Eli Lilly gastam uma média de US$802 milhões para desenvolver um novo remédio. Além disso, são necessários 12, 3 anos de pesquisa e teste de eficiência para efeitos colaterais, testes clínicos, produção e distribuição. Somente 4 em 100 moléculas candidatas ou compostos analisados seguem para análises investigativas de novas drogas. Apenas 5 em 200 dessas disponíveis novas drogas revelam suficiente eficácia em testes com animais para garantir testes em humanos. Fracassos clínicos ocorrem em 6 de 10 testes em humanos, e somente metade dos remédios apresentados ao FDA é finalmente aprovada. Em suma, a probabilidade composta de descoberta de remédios de sucesso é de somente 0,04 × 0,025 × 0,4 × 0,5 = 0,0002, ou dois centésimos de 1%. Aquelas poucas patentes que vão para as prateleiras das farmácias, especialmente aquelas que se tornam líderes de venda com muitos bilhões de faturamento, devem contribuir com lucro operacional suficiente para recuperar o custo de todos aqueles fracassos de pesquisa e desenvolvimento.

Em 2000, uma das patentes-chave do remédio líder de vendas da Eli Lilly, Prozac, foi cancelada por um regulador governamental e por um juiz federal. No espaço de um mês, a Eli Lilly perdeu 70% das vendas do Prozac para equivalentes genéricos. Embora esta empresa tenha vários outros remédios de sucesso, o preço de suas ações caiu 32%. O CEO da empresa, Sidney Taurel, reconheceu seu erro em não ter desenvolvido um substituto para o Prozac quando sua patente foi inicialmente desregularizada. Taurel então se moveu depressa a fim de estabelecer um novo conceito de gerenciamento na empresa. Agora, a cada novo remédio da Eli Lilly são direcionados uma equipe de cientistas, marqueteiros e experts em regulação para acompanhar seu ciclo de vida completo, da pesquisa ao término da patente. A função-chave de tais equipes funcionalmente integradas é efetuar análises de contingência e planejamento com cenários a fim de lidar com o inesperado.

---

12 C. Kennedy, F. Harris, M. Lord. Integrating Public Policy and Public Affairs into Pharmaceutical Marketing: Differential Pricing and the AIDS Pandemic. *Journal of Public Policy and Marketing*, outono 2004, p. 1-23; Eli Lilly. Bloom and Blight,: *The Economist*, 26 out. 2002, p. 60.

---

11 J. R. Woolridge. Competitive decline: Is a myopic stock market to blame? *Journal of Applied Corporate Finance*, primavera 1988, p. 26-36.

CAPÍTULO 1 Introdução e objetivos da empresa

EXEMPLO | A potencial lucratividade da Amgen é alcançada

A Amgen, Inc. usa biotecnologia de ponta para desenvolver produtos farmacêuticos e diagnóstico humano. Depois de um período de perdas iniciais durante sua fase como start-up, os lucros aumentaram gradualmente de US$19 milhões em 1989 para US$355 milhões em 1993, e US$670 milhões em 1996. Com a força da receita vindo dos royalties da venda de seu produto Epogen, um estimulante da produção de glóbulos vermelhos do sangue, os lucros saltaram para US$900 milhões por ano em 1999. Em 2009, a Amgen foi avaliada em US$60 bilhões, com a receita e o fluxo de caixa continuando a crescer nos últimos dez anos a uma média de 19% ao ano.

Em geral, somente cerca de 85% do valor do acionista pode ser explicado por até 30 anos de fluxos de caixa.[13] O percentual remanescente reflete o valor capitalizado das opções estratégicas para ampliar alguns negócios lucrativos, eliminar e abandonar outros, e manter, mas postergar, investimentos até que mais informações sobre outros projetos se tornem disponíveis. Essas fontes adicionais de valor de equidade são chamadas *opções reais embutidas*.

Precisamos abordar o motivo para o VPL e o valor de opção serem conceitos suplementares. O VPL foi criado para ligações de valor em que todos os fluxos de caixa são conhecidos e garantidos por contrato. Como resultado, a análise do VPL ajusta-se ao tempo e ao risco, mas ignora o valor da flexibilidade presente em alguns projetos de orçamento de capital, e não em outros. Essas opções embutidas conhecidas apresentam a oportunidade, mas não a obrigação, de empreender ações para maximizar o lado positivo ou minimizar o negativo de um investimento de capital. Por exemplo, investir em uma tecnologia de alternância de combustível nas usinas elétricas da Southern Company para queimar óleo quando estiver barato e gás natural quando estiver mais barato ainda. De forma similar, construir duas linhas de montagem menores, uma no Japão e outra nos Estados Unidos, permite que a produção do Honda Camry seja transferida à medida que as flutuações financeiras façam os custos caírem no país de uma planta em relação a outro. Em geral, uma companhia pode criar flexibilidade no orçamento de capital: (1) facilitando projetos com continuação por meio de opções crescentes, (2) saindo precocemente e sem penalidades por meio de opções de abandono ou (3) investindo durante um período de aprendizagem até que estejam disponíveis melhores informações por meio de opções de deferimento. O planejamento do cenário que deriva deste pensamento financeiro compara o valor de expandir, abandonar ou esperar com a perda de oportunidade de diminuir, manter ou investir imediatamente. A flexibilidade estratégica deste tipo expande-se somente do fluxo de caixa descontado para o VPL.

EXEMPLO | Valor de opção real atribuível à tecnologia de alternância de combustível na Southern Company

Noventa e seis por cento de todas as companhias empregam a análise de VPL.[14] Oitenta e cinco por cento empregam análise de sensibilidade para entender melhor seus investimentos de capital. Apenas 67% das companhias buscam o planejamento de cenário e a análise de contingência, que fundamentam a avaliação de opção real. Pequenos 11% das companhias calculam formalmente o valor de suas opções reais embutidas. Isso sugere uma oportunidade para gestores recém-treinados apresentarem essas novas técnicas de orçamento de capital para aprimorar o valor do acionista. A Southern Company calculou recentemente que essa opção real embutida por tecnologia que alterna combustíveis valeu mais de US$45 milhões em uma proposta de orçamento de capital de aproximadamente meio bilhão de dólares – portanto, a flexibilidade estratégica de uma opção real reduziu os custos em aproximadamente 10%.

---
14 Baseado em P. Ryan e G. Ryan. Capital Budgeting Practices of the Fortune 1000: How Have Things Changed? *Journal of Business and Management*, outono de 2002, p. 335-64.

---
13 JWoolridge, *op. cit.*

O comportamento de maximização de valor por parte dos gestores é também distinto do de satisfação própria. Dirigentes que agem assim buscam "atingir suas metas", como, por exemplo, atingir crescimento de vendas, retorno sobre investimentos ou *ratings* específicos quaisquer. Não os maximizadores de valor! Em vez de tentar alcançar padrões com 97%, 99% ou 99,9% de alavancagem e desalavancagem sem risco ou alcançar 9%, 11% ou 12,1% de retorno sobre o capital próprio, o gestor maximizador de valor se comprometerá com melhoras contínuas. A qualquer tempo em que os benefícios de uma atitude exceder seu custo marginal, ele o fará.

Cautelas para a maximização do valor do acionista

Os gestores devem se concentrar na maximização do valor ao acionista apenas se forem atendidas três condições. Essas condições exigem (1) mercados maduros, (2) ausência de informações assimétricas relevantes, e (3) custos conhecidos de recontratação. Agora discutiremos como uma violação dessas condições implica uma visão muito mais ampla do papel do gerenciamento na tomada de decisões da firma.

Mercados maduros Para que todos os efeitos das decisões gerenciais influenciem os fluxos de caixa de uma empresa, devem existir mercados futuros e a termo para seus insumos, produtos e subprodutos. Por exemplo, mercados a termo e futuros para petróleo e grãos de café permitem que a Texaco e a rede de cafés Starbuck's realizem análises do fluxo de caixa com projeções de custo mais precisas. Por uma pequena despesa de 3% a 5% conhecida antecipadamente, os dirigentes orientados à maximização do valor podem usar mercados a termo ou futuros para fixar seus gastos com insumos e evitar aumentos de custo inesperados. Esse aspecto abrangente dos mercados permite reduzir os respectivos preços que cobrem os custos da gasolina e do *cappuccino*.

EXEMPLO Créditos de despoluição na Duke Power[15]

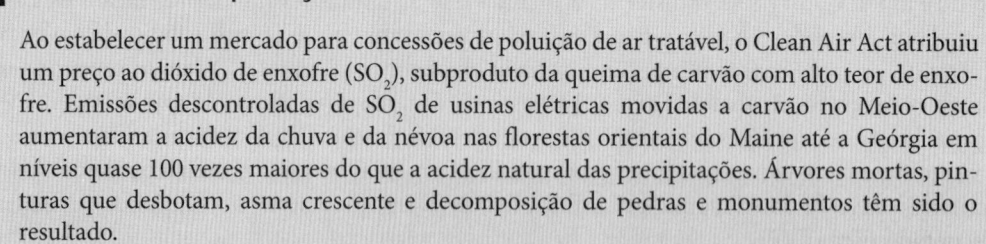

Ao estabelecer um mercado para concessões de poluição de ar tratável, o Clean Air Act atribuiu um preço ao dióxido de enxofre (SO_2), subproduto da queima de carvão com alto teor de enxofre. Emissões descontroladas de SO_2 de usinas elétricas movidas a carvão no Meio-Oeste aumentaram a acidez da chuva e da névoa nas florestas orientais do Maine até a Geórgia em níveis quase 100 vezes maiores do que a acidez natural das precipitações. Árvores mortas, pinturas que desbotam, asma crescente e decomposição de pedras e monumentos têm sido o resultado.

Para obter uma redução substancial da poluição pelo menor custo, o Clean Air Act de 1990 autorizou a Environmental Protection Agency a emitir direitos de poluição negociáveis (TPA) para os 467 poluidores responsáveis por aproximadamente 70% das emissões do ano anterior. As empresas de serviços públicos que poluíam começaram a negociar suas concessões. As companhias que conseguiam reduzir suas emissões por um custo baixo vendiam seus direitos àquelas que não conseguiam. Em outras palavras, aqueles que reduziam suas emissões a um baixo custo conseguiram vender as permissões que não precisariam àqueles que precisariam despender um alto custo para reduzir seus níveis de poluição. O resultado foi que o ar do país ficou 30% mais limpo ao menor custo possível.

Como resultado da maturidade desse mercado, empresas de energia elétrica, como a Duke Power, agora sabem qual linha de despesas incorporar em suas projeções de fluxo de caixa para os subprodutos de SO_2 ao operar com carvão com alto teor de enxofre. Os direitos podem ser vendidos por mais de US$100 por tonelada, e uma única planta de operações pode precisar de 15 mil toneladas de permissões ou mais. A comparação contínua entre instalar equipamentos de redução de poluição de US$450 milhões, utilizando combustíveis alternativos de custo mais alto, como carvão com baixo teor de enxofre e gás natural, ou pagar o preço de mercado por essas concessões agora pode ser explicitamente analisada e a solução de custo mínimo encontrada.

15 Baseado em Cornering the Market. *The Wall Street Journal*, 5 jun. 1995, p. B1; *Economic Report of the President*, fev. 2000, Washington, DC: U.S.G.P.O., 2000, p. 240-64.

Inexistência de informações assimétricas Problemas de monitoramento e coordenação no âmbito da empresa e problemas de contratação entre vendedores e compradores surgem, muitas vezes, por causa de informações assimétricas. Os gerentes de linha e os empregados podem não entender o que seus superiores pretendem. Um comunicado interno da Food Lion, desafiando os empregados a identificarem mil maneiras diferentes de economizar 1% de seus próprios custos, obteve economias não desejáveis no preparo e na armazenagem de alimentos. Dianne Sawyer, que apresenta um programa de telenotícias, gravou em seguida, secretamente, empregados nos balcões expondo peixes borrifando concentração ligeira de amoníaco para restaurar a aparência vermelha do salmão fresco. Evidentemente, este não era o comportamento que o alto escalão da Food Lion pretendia exibir aos clientes, fazendo-os acreditar que empregados excessivamente dedicados à redução de custos assim faziam regularmente aos peixes que consumiam.

Criar uma boa reputação perante clientes e empregados é uma maneira de as companhias lidarem com o problema de informações assimétricas, e os gestores precisam permanecer atentos aos efeitos da reputação sobre o valor dos acionistas. Discutiremos as implicações de informações assimétricas mais adiante, no Capítulo 10.

Custos de renovação de contratos conhecidos Finalmente, a concentração exclusiva no VP descontado dos fluxos de caixa futuros exige dos gestores a obtenção não somente de estimativas de receitas de vendas e despesas, mas também dos custos de *renovação de contratos futuros* de insumos essenciais. Os proprietários de times profissionais de beisebol têm enfatizado a importância dos custos de renovação de contratos conhecidos (envolvendo jogadores estrelas) para o valor de seus negócios. Um CFO, COO, CMO ou CIO frequentemente pode "deter" os proprietários da empresa quando chega o momento das revisões de contrato. Em outro caso, a Westinghouse assinou contratos de longo prazo para o fornecimento de varas de combustível para usinas nucleares sem possuir esse conhecimento. Após isso, o preço de mercado do urânio quadruplicou, e a Westinghouse recusou-se a entregar os produtos, sendo processada pelas empresas de energia. Gestores que buscam a maximização de valor devem antecipar e reduzir tais problemas de recontratação.

Na medida em que os mercados são incompletos, a informação é assimétrica ou os custos de recontratação são desconhecidos, os gestores precisam responder a essas questões a fim de maximizar a riqueza dos acionistas, em vez de focar simplesmente a maximização dos lucros.

Direitos residuais

Existe um consenso cada vez mais popular de que a principal obrigação dos dirigentes e do conselho de administração é devida aos acionistas, e não a outras partes interessadas. Os acionistas possuem um direito residual sobre os fluxos de caixa líquidos da empresa, depois de pagos todos os compromissos contratuais. Todas as demais partes interessadas (empregados, clientes, debenturistas, bancos, fornecedores, o fisco, a comunidade na qual as fábricas estão localizadas etc.) possuem retornos esperados *contratuais*. Se as expectativas criadas por tais contratos não forem atendidas, qualquer uma dessas partes interessadas terá pleno acesso ao direito contratual para assegurar tudo o que lhe for devido. Os acionistas também possuem direitos contratuais, mas estes simplesmente os qualificam para receber o saldo remanescente, isto é, o valor residual. Como consequência, quando os acionistas contratam um presidente e um conselho de administração, eles criam um dever fiduciário para usar os recursos da companhia com parcimônia a fim de maximizar o VPL dos direitos residuais. É isso que constitui o objetivo da maximização da riqueza dos acionistas.

No entanto, é preciso ficar claro que o valor da ação de qualquer companhia depende em grande parte dos efeitos da reputação. Subcapitalizar um plano de pensões ou poluir o ambiente resulta em perdas maciças de valor capitalizado, porque os mercados financeiros preveem (corretamente) que uma empresa como essa terá fluxos de caixa futuros reduzidos. Os custos de renovação de contratos e os custos para atrair novos empregados aumentarão, as autoridades tributárias reduzirão os incentivos fiscais oferecidos para a instalação de novas fábricas, os clientes poderão boicotar a empresa, e os custos de relações públicas, *lobby* e jurídicos dessas companhias certamente se elevarão. Tudo isso significa que os dirigentes orientados à maximização do valor devem se afinar cuidadosamente com os interesses das partes porque os interesses de seus acionistas assim o requerem.

Objetivos no setor público e nas entidades sem fins lucrativos (ESFL)[16]

O objetivo de maximização do valor desenvolvido para empresas do setor privado não constitui um objetivo apropriado no setor público ou nas entidades sem fins lucrativos (ESFL). Essas entidades possuem um conjunto diferente de objetivos por causa da natureza do bem ou serviço que fornecem e da maneira como são custeadas.

Existem três características das ESFL que as distinguem das empresas com fins lucrativos e influenciam a tomada de decisão na empresa. Primeiro, ninguém possui direito de receber lucro ou superávit em uma ESFL. A ausência de uma motivação por lucro pode exercer um sério impacto sobre o incentivo de atuar com eficiência. Segundo, as ESFL estão isentas do imposto de renda sobre o lucro. Finalmente, muitas entidades ESFL se beneficiam do fato de as doações que lhes são feitas serem dedutíveis do imposto de renda. Esses benefícios fiscais concedem uma vantagem às ESFL quando concorrem com empresas com fins lucrativos.

As ESFL incluem grupos de artes cênicas, museus, bibliotecas, hospitais, igrejas, organizações voluntárias, cooperativas, cooperativas de crédito, sindicatos, sociedades profissionais, fundações e organizações de beneficência. Algumas dessas entidades oferecem serviços para um grupo de clientes, como pacientes de um hospital. Outras prestam serviços principalmente aos membros, como os sócios de um clube de campo ou de uma cooperativa de crédito. Finalmente, algumas ESFL produzem benefícios para o público, como ocorre no caso de uma orquestra sinfônica local ou companhia teatral.

A característica mais importante que distingue as ESFL das organizações dos setores público e privado reside nas fontes de sustentação financeira. ESFL recebem uma grande porcentagem de seus fundos gerados externamente de contribuições voluntárias. Quanto maior a proporção de fundos externos recebidos como porcentagem da receita total, mais próxima se encontra a organização de ser uma ESFL pura. Caso contrário, quanto menor a porcentagem das contribuições em relação à receita total, mais próxima a organização se encontra de ser uma empresa ou órgão do governo. Por exemplo, por este critério, uma cooperativa de crédito deveria ter objetivos organizacionais muito similares aos dos bancos, enquanto a American Economic Association, uma associação profissional de economistas, aproxima-se mais de uma ESFL.

Os órgãos do setor público tendem a prestar serviços com caráter significativo de *bem público*. Em contraste com bens privados, como uma minibarra de chocolate, os **bens públicos** podem ser consumidos por mais de uma pessoa ao mesmo tempo e implicam custos elevados, visto termos aqueles que não pagam. Exemplos de bens públicos incluem a defesa nacional e o controle de enchentes. Se um sistema de mísseis antibalísticos ou de comportas para controle de enchentes for construído, aqueles que se encontram por trás do sistema não podem ser excluídos de sua proteção por se recusarem a contribuir para o custo. Mesmo se fosse possível cobrar preços de mercado, a indivisibilidade do consumo de um bem público torna bem reduzido o custo incremental (e, portanto, o preço eficiente) de mais um participante. Alguns bens, como instalações para recreação e as artes cênicas, possuem características tanto de bens privados como de bens públicos. Por exemplo, concertos e parques podem ser compartilhados (dentro de limites) e são parcialmente não exclusivos, à medida que artes cênicas de alto nível e instalações para recreação trazem prestígio e benefícios para a qualidade de vida de toda a comunidade.[17] Quanto mais oneroso for o custo em razão dos que não pagam, mais provavelmente o bem ou serviço será oferecido pelo setor público, em vez do setor privado. Pintores retratistas e treinadores pessoais oferecem acordos financeiros específicos em função dos serviços prestados. Apreciadores de música de câmara e usuários de quadras de tênis frequentemente se organizam em associações musicais e clubes que cobram mensalidades, mas os concertos sinfônicos ao ar livre e os grandes parques normalmente necessitam de algum tipo de financiamento público.

Objetivos das entidades sem fins lucrativos

Diversos objetivos organizacionais foram sugeridos para as ESFL, incluindo:

1. Maximizar a quantidade e a qualidade do produto sujeito a uma limitação orçamentária relacionada ao ponto de equilíbrio.

---

[16] Esta seção baseia-se em grande parte na obra de Burton A. Weisbrod, *The Nonprofit Economy*. Cambridge, MA: Harvard University Press, 1988.
[17] William J. Baumol; W. G. Bowen. *Performing Arts: The Economic Dilemma*. Brookfield, VT: Ashgate Publishing Co., 1993.

2. Maximizar os resultados preferidos pelos contribuintes da ESFL.
3. Maximizar a longevidade dos administradores da ESFL.

O objetivo de eficiência nas organizações sem fins lucrativos

A **análise de custo-benefício** foi desenvolvida para determinar qual é o grau de eficiência da alocação dos recursos públicos e das ESFL entre usos concorrentes. Em virtude de os gastos do governo e das ESFL serem normalmente limitados por um teto orçamentário, o critério realmente usado para a avaliação dos gastos para qualquer finalidade pública pode ser um dos seguintes:

1. Maximizar os benefícios para determinados custos;
2. Minimizar custos e alcançar, ao mesmo tempo, um nível fixo de benefícios;
3. Maximizar os benefícios líquidos (benefícios menos custos).

A análise de custo-benefício é somente um dos fatores que pesam na decisão final. Nela não são incorporados, entretanto, muitas das considerações mais subjetivas ou os objetivos menos quantificáveis, como o grau de razoabilidade que possam ter. As preocupações com esses temas devem ser introduzidas em outro estágio de análise, em geral por meio do processo político.

RESUMO

- Os gestores são responsáveis por resolver de forma proativa os problemas do modelo de negócios atual, definir objetivos de crescimento, estabelecer a visão e configurar a estratégia para negócios futuros, para o monitoramento da equipe e para a integração das funções de operações, marketing e finanças.
- A equipe está sujeita ao risco moral porque fugir das obrigações é uma estratégia frequente para membros considerados efetivos. Contratar administradores para monitorar a equipe pode eliminar o problema do risco moral e obter os melhores esforços mutuamente cooperativos de todos os membros da equipe.
- *Lucro econômico* é definido como a diferença entre *receitas totais* e *custos econômicos totais*. Custos econômicos incluem uma taxa de retorno normal do capital fornecido pelos proprietários da empresa. Os lucros econômicos existem para remunerar os investidores pelo risco que assumem, por causa das condições de desequilíbrio temporário que podem ocorrer em um mercado, da existência do poder de monopólio, e como prêmio para as empresas que são especialmente inovadoras ou altamente eficientes.
- O modelo de *maximização da riqueza do acionista* é atraente como um objetivo geral da empresa. É suficientemente flexível para explicar níveis diferentes de risco e diferenças na época de recebimento dos benefícios e da ocorrência de custos futuros. A riqueza dos acionistas captura o VPL dos fluxos de caixa futuros para os proprietários em projetos positivos mais o valor das opções reais embutidas. Os últimos têm um valor financeiro na flexibilidade estratégica.
- Os dirigentes podem nem sempre se comportar de uma maneira coerente com o objetivo de maximização da riqueza do acionista. Os custos de agência associados ao impedimento – ou pelo menos à atenuação – desses desvios do objetivo do principal-agente são substanciais.
- Alterações no desempenho da empresa, talvez sem relação com o empenho de um dirigente, combinadas com a natureza inobservável de sua ingenuidade criativa, apresentam um *problema principal-agente* de difícil resolução. Os proprietários raramente sabem quando culpar os agentes gestores pelo desempenho fraco da companhia ou dar a eles o crédito por performances fortes, que podem ter sido resultado do acaso.
- *Mecanismos de governança* (incluindo monitoramento interno por subcomitês nomeados por Conselhos de Administração e grandes credores, monitoramento interno/externo por acionistas detentores de grandes blocos de ações, auditoria

e análise de variância) podem ser usados para atenuar problemas de agência ao limitarem a flexibilidade dos dirigentes.
- A maximização da riqueza do acionista implica uma empresa voltar-se para o futuro, ser dinâmica e ter uma visão de longo prazo; prever e administrar a mudança; conseguir oportunidades estratégicas de investimento e maximizar o VP dos fluxos de caixa previstos pelos proprietários dentro dos limites legais, das leis administrativas e de padrões éticos de conduta.
- A maximização da riqueza do acionista é difícil de alcançar quando as empresas estão sujeitas a problemas relacionados a dados financeiros incompletos, informações assimétricas e custos de renovação de contratos desconhecidos. Na ausência dessas complicações, os dirigentes devem maximizar o VP dos futuros fluxos de caixa líquidos descontados para os credores residuais, ou seja, os acionistas. Se qualquer dos fatores complicadores estiver presente, os dirigentes precisam dedicar-se inicialmente a esses temas antes de tentarem maximizar a riqueza do acionista.
- As ESFL existem para fornecer um bem ou prestar um serviço desejado pelos seus principais contribuintes.
- As ESFL muitas vezes prestam serviços que possuem características importantes voltadas ao bem público. Bens públicos são aqueles que podem ser consumidos por mais de uma pessoa simultaneamente com pouco custo adicional e para os quais os consumidores que não pagam pelos bens é excepcionalmente difícil ou proibitivamente oneroso.
- Independentemente de seus objetivos específicos, as instituições públicas e privadas devem procurar fornecer seus bens ou prestar seus serviços de modo mais eficiente, isto é, ao menor custo possível.

EXERCÍCIOS
As respostas para os exercícios destacados estão no Apêndice D, no final do livro.

1. Uma das abordagens da Southern Company para cumprir o Clean Air Act foi adotar uma tecnologia com alternância de combustíveis. Você acha que essa flexibilidade estratégica teria valor para os acionistas da Southern Company? Por quê?

2. Explique alguns aspectos do conflito do acionista principal com os agentes gestores, conhecido como problema principal-agente. Para diminuir os problemas funcionais entre executivos seniores e acionistas, o comitê de compensações da diretoria deve se dedicar mais aos bônus e salários dos executivos (compensação em dinheiro) ou a incentivos de longo prazo? Por quê? Que papel cada tipo de pagamento desempenha na motivação de gerentes?

3. A lucratividade corporativa caiu 20% de 2008 a 2009. Que porcentagem de desempenho você usaria para desencadear bônus aos executivos naquele ano? Por quê? Quais problemas poderiam surgir com a contratação e manutenção dos melhores gestores?

4. No Desafio Gerencial da Southern Company, qual alternativa para cumprir o Clean Air Act cria o melhor valor de opção real? Como exatamente essa alternativa economiza dinheiro? Por quê? Explique por que instalar um purificador "queima" esta opção.

5. Empresas no setor de patentes farmacêuticas ganharam um retorno médio no valor de 22% em 2006, comparado com um retorno médio de 14% recebido por mais de 1.400 companhias seguidas pela *Value Line*. Qual das teorias do lucro você acha que explica melhor o desempenho do setor de medicamentos?

6. No contexto do modelo de maximização da riqueza dos acionistas da empresa, qual é o impacto esperado de cada um dos eventos a seguir sobre o valor da empresa? Explique por quê.
   a. Novos concorrentes estrangeiros entram no mercado.
   b. Exigências severas de controle da poluição são impostas pelo governo.
   c. Uma força de trabalho anteriormente não sindicalizada opta por sindicalizar-se.
   d. A taxa de inflação aumenta consideravelmente.
   e. Um avanço tecnológico importante é obtido pela empresa, reduzindo seus custos de produção.

7. Em 2008-2009, o preço de combustíveis e do diesel usados por companhias de frete aéreo caiu drasticamente. Como CEO da FedEx, você recebeu as seguintes propostas para lidar com a situação:

a. Reduzir as taxas de envio para refletir a redução de gastos.
b. Aumentar o número de entregas por dia em alguns mercados.
c. Fazer contratos de longo prazo para comprar combustível e diesel por um preço fixo nos próximos dois anos e definir os preços das entregas em um nível que cubra esses custos.

Avalie essas alternativas no contexto do modelo de tomada de decisão apresentado no texto.

8. Como cada uma das seguintes ações poderia afetar o valor do acionista?
a. A Southern Company adota tecnologia de troca de combustível nas suas maiores usinas de energia.
b. A Ford Motor Company paga US$ 2,5 bilhões pela Jaguar.
c. A General Motors oferece grandes descontos para estimular a venda de seus automóveis.
d. Taxas de juros crescentes causam um aumento dos retornos exigidos pelos acionistas.
e. Restrições às importações são impostas aos concorrentes franceses das vinícolas de Napa.
f. Ocorre uma queda repentina na taxa de inflação futura esperada.
g. Uma nova máquina que economiza mão de obra é comprada pela Wonder Bread e resulta na dispensa de 300 empregados.

CASO: PROJETANDO UM CONTRATO DE INCENTIVOS GERENCIAIS

A Specific Electric Co. pede para você implementar um contrato de incentivo de gratificação por performance para seu novo CEO e quatro vice-presidentes executivos (VPEs). Os cinco gestores podem tanto trabalhar duro com um custo de oportunidade pessoal de US$200 mil como reduzir seus esforços, evitando assim o custo pessoal. O CEO e os VPEs enfrentam três resultados possíveis: a probabilidade de sua empresa ter boa sorte é de 30%; média sorte, 40%, e má sorte, 30%. Embora a equipe gerencial possa distinguir os três "estados" de sorte à medida que o trimestre avança, o Subcomitê de Remunerações do Conselho de Administração (e os acionistas) não. Uma vez que o Conselho projete um contrato de incentivos, pouco depois ocorre a boa, média ou má sorte, e em seguida os gestores seniores decidem dedicar um esforço de trabalho alto ou reduzido. Um dos valores para o acionista listados abaixo será o resultado.

	Valor para o acionista (em milhões de dólares)		
	Boa sorte (30%)	Média sorte (40%)	Má sorte (30%)
Alto esforço do CEO:	$ 1.000	$ 800	$ 500
Baixo esforço do CEO:	$ 800	$ 500	$ 300

Suponha que a empresa tem 10 milhões de ações em circulação oferecidas a um preço inicial de US$65 por ação, o que implica um valor para o acionista de US$650 milhões iniciais. Por causa do esforço do CEO e dos VPEs e de a sorte da empresa não serem observáveis para os proprietários e diretores da empresa, quando o preço das ações da empresa cai para US$50 e o valor da empresa para US$500 milhões, não é possível distinguir se a empresa sofreu baixo esforço e sorte média, ou alto esforço e má sorte. Da mesma forma, não é possível distinguir baixo esforço e boa sorte do alto esforço e sorte média. Responda às seguintes questões a partir da perspectiva de um membro do Comitê de Remuneração do Conselho de Administração que está alinhado com os interesses dos acionistas e está decidindo sobre os planos de bônus para o CEO e os VPEs.

Questões

Questões destacadas com ● têm respostas no Apêndice D

1. Qual é o montante máximo que valeria a pena para os acionistas investirem para incentivar alto esforço o tempo todo, em vez de baixo esforço o tempo todo?

2. Se você decidir pagar 1% desse montante (da questão 1) como um bônus em dinheiro, qual nível de desempenho (que preço de ação ou valor para o acionista) na tabela deverá desencadeá-lo? Suponha que você decida incentivar o alto esforço por meio do pagamento de um bônus caso o valor da empresa se eleve a US$800 milhões. Qual crítica você tem a este plano de contrato de incentivo?

3. Suponha que você decida incentivar o alto esforço mediante o pagamento de um bônus apenas em caso do aumento do valor da empresa para US$1 bilhão. Quando e se a boa sorte ocorrer, quais duas críticas tem a este plano de contrato de incentivo?

4. Suponha que você decida incentivar o alto esforço quando, e se má sorte ocorrer, mediante o pagamento de um bônus quando o valor da empresa cai para US$500 mil. Quais duas críticas você tem a este plano de contrato de incentivo?

5. Se o esquema de remuneração precisar ser anunciado com antecedência, e você precisar optar por uma das três alternativas das questões 2, 3 e 4, qual delas escolheria e por quê? Em outras palavras, com base em informações incompletas, qual é a melhor decisão a ser tomada pelo Comitê de Remuneração do Conselho dedicado a agir de acordo com os interesses dos acionistas?

6. As auditorias financeiras são, basicamente, procedimentos de amostragem para verificar com precisão predeterminada as origens e aplicações das receitas e despesas da empresa; quanto maior a amostra, maior a precisão. Em um esforço para identificar o preço das ações que poderia gerar um bônus, quanto você, do Comitê de Remuneração, estaria disposto a pagar a um consultor de auditoria que pudesse examinar os fluxos de gastos e de receitas em tempo real e entregar previsões de informações perfeitas sobre a "sorte" da força de vendas da empresa? Compare o valor para o acionista com essa previsão de informação perfeita em relação à melhor escolha entre os planos de bonificação selecionados na Questão 5. Defina a diferença como o Valor Potencial da Previsão de Informação Perfeita.

7. Desenvolva um plano de incentivos baseado em ações para estimular o alto esforço. Demonstre que um milhão de opções de ações por um preço de exercício de US$70 aumenta o valor para o acionista em relação aos melhores planos de bonificação em dinheiro escolhidos na Questão 5.

8. Desenvolva um plano de incentivos que busque estimular o alto esforço ao conceder ações restritas. Mostre que meio milhão de ações concedidas a US$70 aumentam o valor do acionista em relação a todas as alternativas anteriores.

9. Trace o esquema de jogo para projetar esse contrato gerencial de incentivos otimizado entre as alternativas presentes nas questões 2, 3 e 4. Quem faz a primeira escolha? E quem faz a segunda? Qual é o papel da aleatoriedade? Qual contrato de pagamento de bonificação representa melhor resposta em cada ocasião? Qual contrato de pagamento de bonificação o Comitê de Remuneração do Conselho deve selecionar para maximizar o valor esperado? De que forma isto se compara com sua seleção baseada na análise de condições das questões 1 a 8?

VALOR PARA OS ACIONISTAS DA ENERGIA RENOVÁVEL EÓLICA NA HYDRO CO.:[18] A ENERGIA RENOVÁVEL É MAIS BARATA DO QUE A PROVENIENTE DO CARVÃO?

A despeito de uma década de apoio financeiro e sucesso considerável na Dinamarca, Alemanha e Reino Unido, a energia renovável nos Estados Unidos corresponde a apenas 7% a 8% do consumo total de energia. A hidrelétrica continua sendo a fonte de energia renovável mais bem-sucedida nos Estados Unidos, onde corresponde a 2,8% a um custo de US$0,89/kwh (ver Figura 1.4). Etanol e outros biocombustíveis somam 1,6%, e, surpreendentemente, as energias eólica e solar são bem-sucedidas para apenas 0,7% e 0,1%, respectivamente. Parte da explicação é que a União Europeia (UE) é mais ambiciosa, fixando um objetivo de crescimento de 20% do consumo de energia proveniente de fontes renováveis até 2020.

A energia elétrica renovável nos Estados Unidos precisa competir com a dos combustíveis fósseis convencionais, que têm uma média de custo de aproximadamente US$0,11/kwh no país. Turbinas de vento instaladas em terra, por exemplo, agora se tornaram tão baratas quan-

---
18 Baseado em Frederick Harris. *Alternative Energy Symposium*. Wake Forest University, 19 set. 2008.

to o carvão convencional e gás natural, por US$0,096/kwh e US$0,098/kwh, respectivamente, levando em conta a construção da planta, combustível, manutenção e outros custos operacionais (novamente, ver Figura 1.4). É claro que, com a coleta e armazenamento do carvão, este material se torna muito mais caro, por US$0,141/kwh. As grandes descobertas de gás de xisto nos Estados Unidos tornaram as usinas de energia movidas a gás natural em ciclo combinado mais baratas do que a de carvão, a US$0,092/kwh.

A energia solar continua sendo um grande desapontamento. Tecnologia e armazenamento fotovoltaico tiveram progresso, mas permanecem "em sua infância", já que a média de geração na rede elétrica relativa a uma capacidade potencial de 24 dias é de apenas 25%. Parques solares geradores de vapor têm um *fator de conversão de energia* ainda menor, de 20%. Consequentemente, embora a capacidade solar possa ser dividida em instalações individuais em telhados e os custos de transmissão sejam, portanto, muito mais baixos do que os da energia eólica e geotermal, a energia solar continua sendo a fonte de energia renovável mais cara, US$0,115/kwh. Com uma tecnologia muito melhor, geotermal e biomassa são grandes sucessos da energia renovável, custando US$0,098/kwh e US$0,115/kwh, respectivamente.

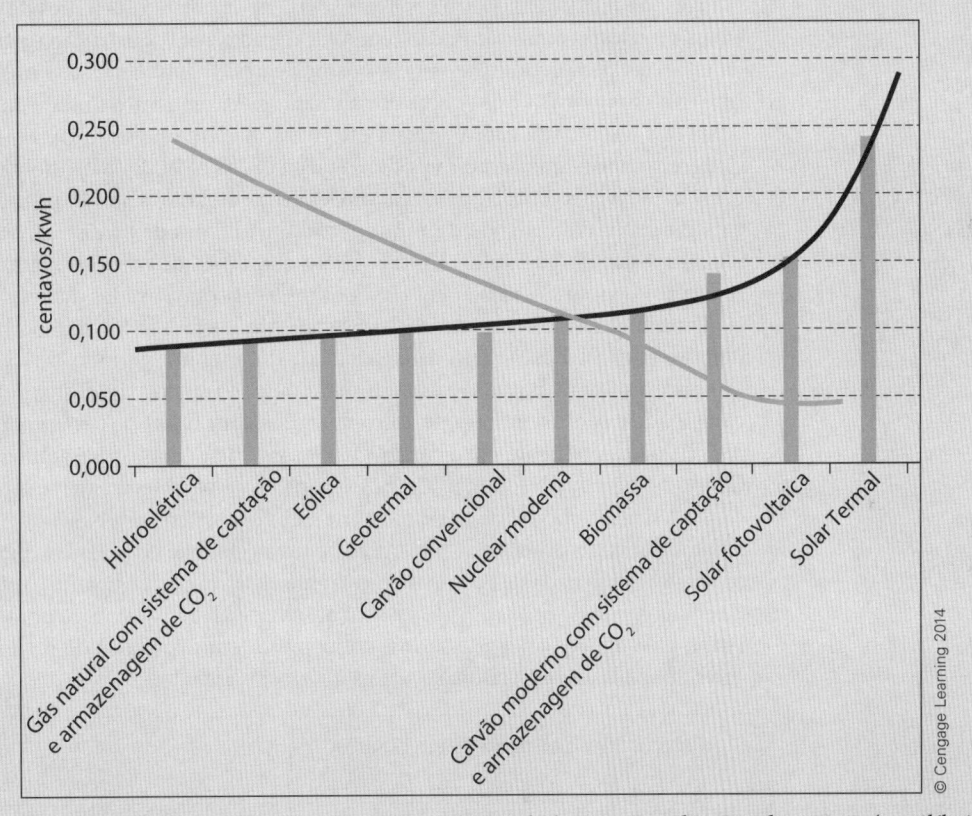

Figura 1.4 Custo médio da geração de eletricidade nos Estados Unidos 2012 (equilíbrio P = US$0,11/kwh)

Parques eólicos e enormes coletores solares já proporcionam 20% da geração de energia elétrica na Dinamarca e 15% na Alemanha. Hydro, uma companhia de alumínio da Noruega, estabeleceu projetos-piloto com turbinas de vento onde comunidades inteiras são autossuficientes em eletricidade. A 80 metros de elevação, a energia eólica de classe 3 (brisa constante de 22km/h) está disponível em quase todos os lugares do planeta, o que significa que o potencial mundial de energia eólica é de 72 milhões de megawatts. Ao se coletar apenas os melhores 5% dessa energia eólica (3.6 milhões de megawatts) torna-se-ia possível eliminar *milhares* de usinas movidas a carvão, 617 das quais operam nos Estados Unidos hoje.[19]

---

19 Usinas de queima de carvão mais antigas e menores, com capacidade de 500 megawatts, adotaram poucas tecnologias de combate à poluição. Usinas nucleares são muito maiores, gerando tipicamente 2.000 megawatts de eletricidade. A usina Belews Creek, de Duke Power, com 2.200 megawatts, é uma das maiores usinas movidas a carvão dos Estados Unidos (ver Figura 1.1). Depois da instalação de um purificador de chaminé de US$450 milhões, ela também é uma das mais limpas.

A chamada energia alternativa é: (1) renovável, (2) em abundante oferta local e (3) gera uma pegada de carbono pequena. Renováveis são fontes naturalmente reabastecidas, incluindo energias eólica, solar, hídrica, de biocombustíveis, de biomassa, geotermal, das marés, da corrente oceânica e das ondas. A energia nuclear não é renovável devido às questões de descarte de resíduos. Até agora, de longe, as fontes de energia renováveis mais bem-sucedidas são usinas hidrelétricas e biocombustíveis com base em etanol, cada uma correspondendo a cerca de 2% da energia mundial. Novas fontes de energia renovável, como eólica e solar, frequentemente são avaliadas com base no preço do óleo combustível, US$15, gás natural, US$6, e carvão, US$4 por milhão de BTUs (ver Figura 1.5). Uma tonelada de carvão com alto teor de enxofre gera aproximadamente 1 megawatt de eletricidade e 1 tonelada de dióxido de carbono (CO_2). Em 2008, a legislação de limitação e negociação da UE para reduzir as emissões de carbono impôs uma cobrança de US$0,023 por tonelada de emissão adicional de CO_2 acima do preço de compra do carvão, de US$0,085. Encontrar fontes de energia renováveis que tenham custos totais mais baixos do que os US$0,023 + US$0,085 = US$0,108 do carvão por 1 megawatt-hora (RE<C) é um objetivo lógico da política de energia.

Por que insistir em energia eólica e solar em vez de outras fontes de energia alternativa? A energia nuclear tem uma linha do tempo de décadas para construção e permissão, especialmente, de locais para depósito dos resíduos nucleares. Etanol feito com milho aumenta os custos com insumos animais e os preços dos alimentos. Além disso, o milho contém apenas um oitavo dos BTUs da cana-de-açúcar, cuja a oferta é abundante no Caribe e no Brasil. Infelizmente, o Congresso norte-americano impôs uma tarifa de US$0,54 por galão sobre o etanol de cana. Gás natural é 80% mais limpo do que carvão, e extraordinariamente abundante nos Estados Unidos, o maior usuário de energia do mundo, com 21 milhões de barris por dia (mbd), dos quais 13 mbd importados. Os Estados Unidos detêm quase 30% dos depósitos conhecidos de gás natural (e carvão) do mundo, mas apenas 3% das reservas comprovadas de petróleo bruto.

Uma turbina de vento de 0,6 megawatt, que custa US$1,2 milhão hoje, vai gerar US$4,4 milhões em VPL descontado da eletricidade durante um período de 15 anos, suficientes para energizar 440 domicílios do Leste Europeu ou dos Estados Unidos com 100% de utilização da capacidade e vento contínuo de 15 mph (milhas por hora).[20] A energia mecânica da turbina é convertida diretamente em energia elétrica potencial com uma bobina magnética geradora. Quando o vento não sopra, a Hydro demonstrou e patenteou uma tecnologia de variação que consiste em um eletrolisador de hidrólise que separa água em oxigênio e hidrogênio, um contêiner de armazenamento de hidrogênio e uma célula de combustível para converter a energia química hidrogenada de volta para a corrente elétrica (ver Figura 1.6). Com as três peças extras do equipamento, o investimento de capital sobe de US$1,2 milhões para US$2,7 milhões. Ainda assim, a energia eólica pode ser muito lucrativa, com períodos de recuperação total do custo antes de sete anos sob condições ideais de funcionamento.

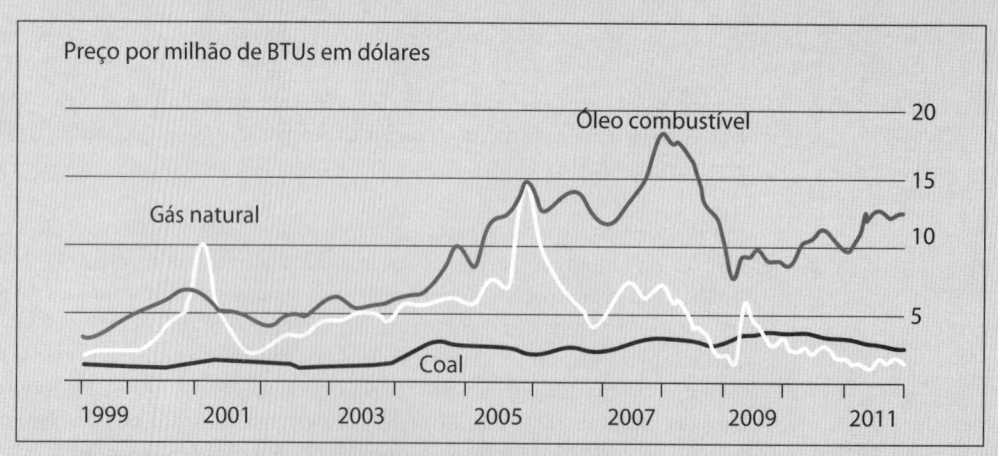

Fonte: Thomson Datastream; U.S. Energy Information Administration.

Figura 1.5 A energia renovável pode custar menos do que a de carvão?, 1999-2011

---

[20] 600.000 quilowatts/hora × taxas médias de eletricidade de US$0,11 × 24 horas × 365 dias é igual a US$578.160 por ano pelos 15 anos de vida útil esperados de uma turbina. Baseado em *Hydro: From Utsira to Future Energy Solutions*. Ivey School of Business, Case #906M44, 2006.

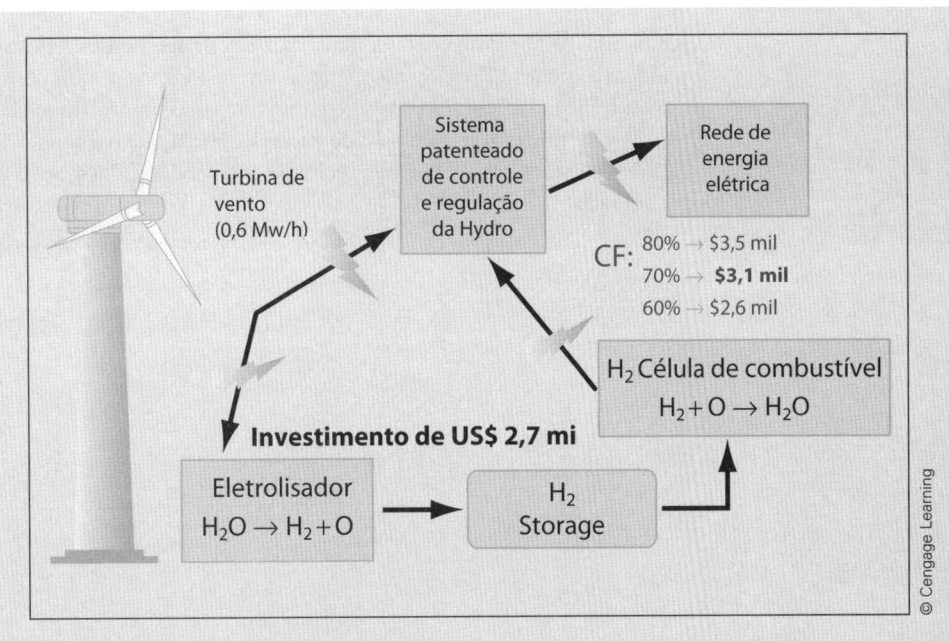

Figura 1.6 Eletricidade contínua da energia eólica

É claro que frequentemente as condições de operação com energia eólica são muito menores do que as ideais. Apesar da presença de vento em elevações ao redor do mundo, poucas comunidades querem turbinas de vento com mais de 80 metros de altura atrapalhando a vista de seus quintais. Instalações mais baixas resultam em menos vento, e, portanto, menos eletricidade. Além disso, a conversão de uma forma de energia para outra sempre queima energia. No processo de alternância da Hydro para converter energia mecânica da turbina em energia química no eletrolisador, e, então, em energia elétrica na célula de combustível hidrogênio, cerca de 30% da energia máxima que viriam direto para a rede elétrica do gerador da turbina quando o vento estivesse forte e constante são perdidos. Experimentos em muitas condições de vento em Utsira sugerem que o parâmetro de produção do projeto piloto da Hydro na Noruega tem um fator de conversão (FC) máximo de energia de 70%, com 60% mais típicos. Mesmo FCs mais baixos, de 45%, são esperados em condições típicas de funcionamento em outros lugares. Um fator de conversão de 70% cria US$3,1 milhões de eletricidade.

Questões

1. Como uma companhia de alumínio maximizadora de valor, a Hydro deveria investir em energia eólica à luz do projeto piloto de Utsira? Por que sim ou por que não?
2. Turbinas de larga escala aumentam a eletricidade mais do que proporcionalmente ao aumento nos custos. Uma turbina de 1 megawatt custa US$2,6 milhões, com os custos de equipamentos restantes inalterados, para um investimento total exigido de US$4,1 milhões para energizar aproximadamente 760 domicílios. A receita da eletricidade durante 15 anos sobe para US$7,2 milhões no VP. Qual fator de conversão permite a recuperação dos custos dessa turbina de larga escala?
3. Se o VPL do projeto Utsira for negativo e, mesmo assim, a Hydro seguir em frente e empregar os investimentos, quais obrigações éticas essa empresa terá com seus acionistas? Discuta o papel da responsabilidade social corporativa e planos de apoio para atender ao possível custo total do carvão, como na União Europeia, onde os créditos para uma tonelada de carbono às vezes aumentam os custos desse recurso em 25%.
4. Em que base o valor para o acionista possivelmente subiria se a Hydro investisse em projetos de energia eólica com VPL negativo?
5. A geração de energia elétrica é responsável por 43% do consumo de energia nos Estados Unidos. O carvão é o combustível predominante (38%), com a energia nuclear (19%) e o

gás natural (30%) fornecendo a maior parte restante. Fontes renováveis de energia correspondem a apenas 12%. Recentemente, T. Boone Pickens propôs converter a frota dos caminhões dos Estados Unidos para serem movidos a gás natural liquefeito (GNL) e usar energia eólica para substituir a produção de energia elétrica que perderia o GNL. Quais problemas de infraestrutura você acha que precisam ser resolvidos antes que o plano de Pickens possa ser adotado?

CAPÍTULO 2
Conceitos fundamentais de economia

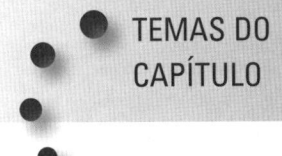

TEMAS DO CAPÍTULO

Alguns poucos conceitos fundamentais de microeconomia fornecem a base para toda e qualquer análise em economia gerencial. Quatro dos mais importantes são oferta e demanda, análise marginal, valor presente líquido, o significado e a medição do risco. Iremos rever como os determinantes de oferta e demanda estabelecem um preço de equilíbrio de mercado para gasolina, petróleo bruto e carros elétricos híbridos. As ferramentas da análise marginal são fundamentais quando um tomador de decisões busca otimizar algum objetivo, como maximizar as economias de custos ao trocar uma lâmpada (por exemplo, das incandescentes para fluorescentes compactas ou de LED). O conceito de valor presente líquido (VPL) faz fluxos alternativos de dinheiro ocorrerem em diferentes pontos do tempo diretamente comparável. Ao fazer isso, fornece a ligação entre o tempo e o risco dos lucros projetados de uma empresa e o objetivo da maximização da riqueza dos acionistas. A análise risco-retorno é importante para um entendimento das muitas combinações que os gestores podem fazer ao planejar novos produtos, expandir a capacidade ou terceirizá-la do exterior para aumentar os lucros esperados com o risco de uma variação maior dos lucros.

Dois apêndices abordam estes tópicos para aqueles que desejem conhecer mais detalhes analíticos e buscam exposição a ferramentas adicionais de aplicação. O Apêndice C desenvolve a relação entre análise marginal e cálculo diferencial. O Apêndice Web F mostra como os gestores incorporam informações de probabilidades explícitas sobre o risco de vários resultados em modelos de escolha individual, árvores de decisão, descontos ajustados ao risco, análises simulatórias e planejamento de cenário.

Desafio gerencial
Por que cobrar US$25 por mala em voos?

Em maio de 2008, a American Airlines (AA) anunciou que começaria imediatamente a cobrar US$25 por mala em todos os seus voos; não por bagagem extra, pela primeira mala! O preço do petróleo tinha praticamente dobrado, de US$70 para US$130 por barril nos últimos 12 meses, e os preços de combustíveis para aeronaves aceleraram ainda mais rápido. A nova política de bagagem da companhia era aplicada a todos os passageiros, exceto os da primeira classe e da classe executiva. Além das taxas adicionais da companhia sobre os sanduíches e lanches, introduzida no ano anterior, esse novo anúncio chocou o público. Anteriormente, apenas algumas poucas empresas com muito desconto e estruturas de rotas bem limitadas, como a People Express, cobravam separadamente por serviços alimentares e de bagagem. Como a American Airlines e muitas outras grandes companhias menosprezavam essa política como parte de sua campanha de marketing geral contra os grandes descontos das outras empresas, os executivos da AA enfrentavam um dilema.

A sobretaxa do combustível aéreo recuperou o aumento de custo variável médio ano após ano, mas o custo adicional variável (o custo marginal) permaneceu descoberto. Um simples cálculo esquematizaria o problema. Se os custos variáveis totais para um voo de 500 milhas em um avião de 180 lugares (737-800) haviam subido de US$22.000 em 2007 para US$36.000 em 2008, por causa dos custos adicionais de combustível de US$14.000, então as companhias com preços competitivos buscariam recuperar US$14.000/180 = US$78 por assento pelas sobretaxas de combustível. O aumento do custo médio de US$78 seria acrescentado ao preço de cada classe. Por exemplo, a tarifa supereconômica, de US$188, restrita às compras com 14 dias de antecedência com pernoites aos sábados, subiria para US$266. Tarifas da Classe M, que exigem uma compra adiantada de 7 dias sem pernoites aos sábados, subiriam de US$289 para US$367. Passagens econômicas sem restrições de compra subiriam de US$419 para US$479, e assim por diante.

O problema foi que, no segundo trimestre de 2008, o custo marginal para combustível aéreo tinha subido para aproximadamente US$1 para cada libra transportada por 500 milhas. Carregar 170 libras por um passageiro em 2007 resultava em custos adicionais de combustível de US$45. Em maio de 2008, o custo marginal do combustível era US$170 – US$45 = US$125 mais alto! Portanto, embora o aumento de US$78 pelo combustível estivesse contabilizando o aumento de gastos quando havia uma média de compra anterior de combustíveis mais baratos, compras atuais adicionais eram muito mais caras. Os gestores perceberam que deveriam focar nesse custo marginal muito maior de US$170 ao decidir sobre vendas extras de assentos e preços com altos descontos.

E, de forma similar, o US$1 marginal por libra para 500 milhas tornou-se foco de atenção ao se analisar o custo das bagagens. A primeira bagagem era levada gratuitamente segundo a política antiga, contanto que pesasse menos de 42 libras. Porém, esse peso máximo impunha US$42 de custo marginal em maio de 2008. Portanto, na metade daquele ano, a American Airlines (e agora outras das principais companhias) anunciou uma taxa de bagagem de US$25 pela primeira mala, com o objetivo de cobrir o custo marginal da bagagem referência na AA, que pesa 25,4 libras.

Questões para discussão

- Como a companhia aérea deve responder ao se deparar com uma mala com sobrepeso (mais de 42 libras)?
- Explique se cada um dos itens a seguir deve ou não ser considerado um custo variável que aumente com a venda de cada assento da companhia aérea: custos de bagagem, custos de equipe, comissão sobre venda de passagens, custos de estacionamento no aeroporto, custos alimentícios e custos adicionais com combustível por peso do passageiro.
- Se os preços dos combustíveis reverterem sua tendência de aumento e começarem a cair, as sobretaxas baseadas em custos médios variáveis vão acompanhar e superar os custos marginais. Como a companhia aérea poderia responder a isso?

OFERTA E DEMANDA: UMA RÁPIDA REVISÃO
O preço de equilíbrio de mercado

Oferta e demanda determinam simultaneamente o preço de equilíbrio de mercado (P_{eq}), que iguala a taxa de compra desejada (Q_d/t) com a taxa de venda planejada (Q_s/t). Ambos os conceitos respondem a intenções – isto é, intenções de compra e de oferta. A demanda é, portanto, um conceito potencial, frequentemente diferenciado do evento transacional de "unidades vendidas". Nesse sentido, a demanda é mais como o conceito de vendas potenciais do tráfego de clientes do que como o de contas a receber da renda obtida a partir de uma venda real. De forma análoga, a oferta é mais como o planejamento de cenário para operações do que como a produção, distribuição e entrega reais. Além disso, oferta e demanda são taxas explicitadas por unidade em um período de tempo (por exemplo, carros por semana em uma concessionária Chevy e as intenções de compra totais dos domicílios no mercado-alvo próximo). Portanto, P_{eq} é um conceito de equilíbrio e limpeza do mercado, um preço que iguala os níveis de fluxo de compras pretendidas com as vendas planejadas.

Quando o fluxo do pedido para comprar a determinado preço (Q_d/t) na Figura 2.1 se equilibra com o fluxo do pedido para vender por aquele preço (Q_s/t), surge o P_{eq}, mas o que de fato determina essa métrica de "valor" em um mercado? Dentre os mais antigos, pode-se encontrar respostas no conceito aristotélico de valor intrínseco de uso. Já que os diamantes garantem pactos nupciais e de paz entre as nações, eles fornecem grande valor de uso e deverão, então, exibir um alto valor de mercado. O problema com esta teoria de valor surge quando se leva em consideração os diamantes de zircônia cúbica. Ninguém além de um joalheiro pode distinguir a zircônia cúbica artificial do verdadeiro diamante, e, assim, os usos intrínsecos são idênticos. Contudo, os diamantes de zircônia cúbica são vendidos por muitas vezes menos do que as pedras naturais de igual grau e cor. Por quê? Uma dica surgiu ao final da Idade Média, quando os mosteiros católicos produziam Bíblias escritas à mão e as vendiam por altas somas (ou seja, US$21.000 em valores de 2006) para outros mosteiros e para a nobreza. Contudo, Guttenberg teve sucesso com uma bela cópia impressa "de produção em massa" que poderia ter exatamente o mesmo uso intrínseco, e, então, o valor de mercado caiu cerca de cem vezes, para US$250 em valores de 2006. Por quê?

O preço de equilíbrio de mercado resulta da interação de demandantes e ofertantes envolvidos em uma troca. Além do valor de uso que os demandantes preveem de um produto, o custo dos ofertantes também influenciará o preço de mercado observado. Enfim, então, o que os ofertantes do preço pedido mínimo exigem para cobrir seus custos é tão fundamental na determinação do valor em troca quanto qual o preço de oferta máximo que os compradores estão dispostos a pagar. As Bíblias de Guttenberg e os diamantes de zircônia cúbica são trocados por um "valor" mais baixo não em razão da ser intrinsecamente menos úteis, mas apenas porque a barganha entre compradores e vendedores destes produtos provavelmente será negociada para baixo até um nível que apenas cubra seu

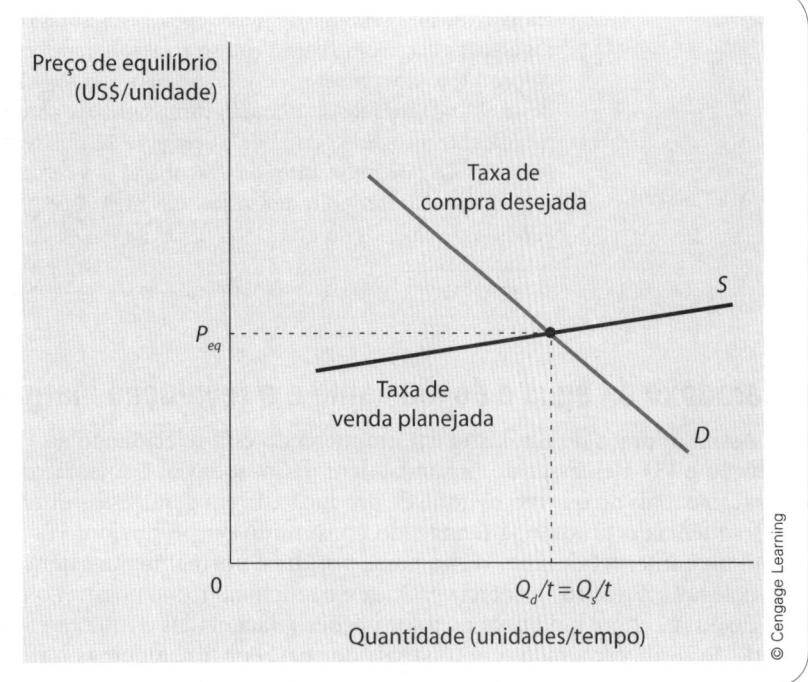

Figura 2.1 Oferta e demanda determinam o preço de equilíbrio de mercado

custo mais baixo, acrescido de um pequeno lucro. De outra forma, novos competidores devem entrar no mercado e conseguir sucesso ao pedir menos.

Mesmo quando o custo de produção e o valor intrínseco de uso são quase idênticos, os preços de equilíbrio de mercado ainda podem diferir notadamente. Um determinante adicional de valor ajuda a explicar o motivo. Os valores de mercado dependem da escassez relativa. Madeiras nobres são escassas no Japão, mas abundantes na Suécia. Ainda que o corte de madeira e as plainas da serraria custem o mesmo em ambos os locais, a floresta de madeiras nobres tem um valor de escassez como matéria-prima no Japão que não tem na Suécia.

Como outro exemplo, o óleo de baleia para uso em lâmpadas por todo o mundo permaneceu quase com o mesmo preço constante durante vários séculos, até que as espécies de baleias começaram a ser pescadas em níveis além de sua existência sustentável. À medida que as espécies de baleias começaram a escassear, os pescadores, que não gastaram nada em custos adicionais para melhorar os equipamentos ou em longas viagens, voltaram para casa com menos óleo em razão das pescas reduzidas. Com menos matéria-prima no mercado, o preço de insumo do óleo de baleia aumentou. Consequentemente, apesar de outros custos de produção inalterados, a escassez do produto levou a um preço final mais elevado. Resultados similares ocorreram no mercado de *commodities* para grãos de café ou suco de laranja, quando mudanças climáticas ou infestações de insetos nos trópicos fizeram com que as projeções de safra declinassem e o valor de escassez subisse.

EXEMPLO A descoberta da semente de jojoba causa uma queda nos preços de lubrificantes de óleo de baleia[1]

Até a última década do século 20, o lubrificante mais conhecido para maquinário de alta fricção com altas temperaturas repetidas, como palhetas das ventoinhas em motores a jato de aeronaves, superfícies de contato em ferramentas para cortar metal e caixas de engrenagem em mudanças automáticas era uma substância natural – o óleo de esperma de baleia. No início dos anos 1970, os Estados Unidos colocaram esse animal na lista de espécies em risco de extinção e proibiram a sua pesca. Com a crescente escassez desses animais, o preço no mercado mundial para o lubrificante de óleo de baleia chegou a quase US$200 por 1/4 de galão. As áreas de pesquisa e desenvolvimento de substitutos sintéticos do óleo tentaram encontrar um substituto, mas não conseguiram. Por fim, um cientista da Califórnia sugeriu o extrato da semente de jojoba como um lubrificante natural e ecológico. A semente de jojoba cresce como joio por todo o deserto no sudeste dos Estados Unidos, em árvores silvestres que podem ser domesticadas e cultivadas para gerar sementes por até 150 anos.

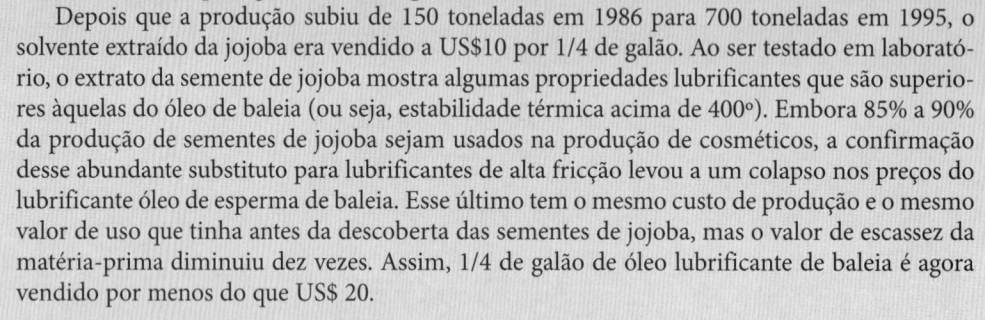

Depois que a produção subiu de 150 toneladas em 1986 para 700 toneladas em 1995, o solvente extraído da jojoba era vendido a US$10 por 1/4 de galão. Ao ser testado em laboratório, o extrato da semente de jojoba mostra algumas propriedades lubrificantes que são superiores àquelas do óleo de baleia (ou seja, estabilidade térmica acima de 400°). Embora 85% a 90% da produção de sementes de jojoba sejam usados na produção de cosméticos, a confirmação desse abundante substituto para lubrificantes de alta fricção levou a um colapso nos preços do lubrificante óleo de esperma de baleia. Esse último tem o mesmo custo de produção e o mesmo valor de uso que tinha antes da descoberta das sementes de jojoba, mas o valor de escassez da matéria-prima diminuiu dez vezes. Assim, 1/4 de galão de óleo lubrificante de baleia é agora vendido por menos do que US$ 20.

1 Baseado em Jojoba Producers Form a Marketing Coop. *Chemical Marketing Reporter*, 8 jan. 1995, p. 10.

O paradoxo da água e do diamante e a revolução marginal

Assim, o preço de equilíbrio em um mercado está relacionado ao (1) valor intrínseco de uso, (2) ao custo de produção e (3) à escassez do insumo. Além disso, todavia, a maioria dos produtos e serviços tem mais de uma utilização e mais do que um método de produção. E, em geral, essas diferenças estão relacionadas a quanto ou com que frequência o produto já tenha sido consumido ou produzido. Por exemplo, o acesso inicial a servidores de e-mail ou à internet durante várias horas por dia é normalmente essencial para se manter uma boa comunicação com colegas e parceiros comerciais. O acesso adicional torna possível o emprego de mecanismos de busca como o Google ou o Yahoo! em busca de informações relacionadas a uma tarefa. Maior acesso proporciona uma oportunidade de conhecer amigos em uma sala de chat. Por fim, algumas residências podem comprar mais horas ainda de acesso para quando surgir um súbito desejo de surfar na rede. Cada um desses usos possui o seu próprio valor distinto durante um *continuum*, começando com as necessidades e terminando com superficialidades não essenciais. Assim, o que um cliente pagará por outra hora de acesso à internet depende da hora adicional em questão. Quanto maior a utilização, menor o valor de uso restante.

Este conceito de **valor de uso marginal** que declina à medida que a taxa de consumo aumenta leva a uma visão convincente sobre o comportamento do consumidor. A questão foi posta, "Por que algo tão essencial à vida humana como a água é vendido por baixos preços de mercado, enquanto algo tão supérfluo como diamantes decorativos é vendido por altos preços de mercado?". A resposta inicial foi que a água é de produção barata na maior parte do mundo, enquanto os diamantes requerem busca e descoberta difíceis, mineração dispendiosa, transporte extenso e despesas com segurança. Em outras palavras, os diamantes custam mais do que a água, de modo que os preços mínimos de venda dos fornecedores ditam o valor de mercado mais alto observado no caso dos diamantes. Todavia, lembre-se de que a oferta é apenas um dos itens tão conhecidos do que Alfred Marshall chamou de "duas lâminas da tesoura", representando a oferta e a demanda. Você pode ferir com uma lâmina, mas não pode cortar papel, e usar apenas a oferta não permite que se explique plenamente o preço de equilíbrio de mercado.

O paradoxo da água e do diamante foi, então, reformulado com mais minúcias, "Por que os consumidores deveriam apresentar propostas com preços de oferta baixos por algo tão essencial como a água, enquanto apresentam propostas com preços de oferta altos por algo tão supérfluo como diamantes?". A solução do paradoxo depende da distinção do valor de uso marginal (**utilidade marginal**) do valor de uso total (utilidade total). Claramente, em algumas circunstâncias e locais, o valor de uso da água é enorme. Em um oásis no deserto, a água impede que se morra de sede. E mesmo em uma cidade típica, os primeiros poucos litros de algum líquido a cada dia têm a mesma função, mas isso se refere aos primeiros poucos litros. Os próximos cem litros por dia permanecem pelo valor de uso alto para beber, dar a descarga, cozinhar, tomar banho etc. Daí em diante, a água é usada para lavar roupas, regar gramados, lavar carros e outros fins menores. Sem dúvida, caso alguém indague às pessoas de uma residência típica norte-americana (que consome de 300 a 400 litros por pessoa por dia) que identifiquem o seu uso menos importante de água de cada dia, a resposta pode ser bem frívola – talvez algo como a água que corre pelo ralo da pia enquanto se escovam os dentes. Em outras palavras, o *valor de uso marginal* da água, em muitos países desenvolvidos, é a água que libera o consumidor do inconveniente de ligar e desligar as torneiras d'água duas vezes, em vez de uma. E é este valor de uso marginal a uma margem relevante, não a utilidade total de todos os usos, que determina a falta de vontade de pagar de um consumidor típico.

Utilidade marginal e custo marginal determinam simultaneamente o preço de equilíbrio de mercado

Alfred Marshall sabia das coisas; oferta e demanda determinam simultaneamente o preço de equilíbrio de mercado "como duas lâminas de uma tesoura". De um lado, a utilidade marginal determina o preço de oferta máximo que os consumidores estão dispostos a pagar para cada unidade adicional de consumo no lado da demanda do mercado. Do outro, o custo variável na margem (um conceito de custo adicional às vezes chamado de "custo marginal") determina o preço de venda mínimo que os produtores estão dispostos a aceitar para cada unidade adicional fornecida. A água tanto tem custo de produção menor quando é mais superficial do que os diamantes *a uma margem relevante*, e por isso o preço de equilíbrio de mercado da água é mais baixo do que aquele dos diamantes. A Figura 2.2 ilustra este conceito de valor de uso marginal para a água, variando dos primeiros poucos litros essenciais até a água que escorre enquanto se escovam os dentes.

Ao mesmo tempo, o custo marginal da produção de água permanece baixo por todos os 3.500 litros do consumo de uma residência típica. Em contraste, os diamantes exibem um custo marginal bem crescente mesmo em pequenas quantidades, e os clientes continuam a usar diamantes decorativos para usos valiosos bem altos mesmo fora da margem relevante (1 a 3 quilates), onde famílias típicas fazem as suas compras. Assim, os diamantes devem ser negociados por preços de equilíbrio de mercado que são superiores ao preço de equilíbrio de mercado da água.

Curvas de demanda individuais e de mercado

Já vimos que o preço de liquidação de mercado (P_{eq}), que determina a taxa desejada de compra (Q_d/t) igual à taxa de venda planejada (Q_s/t), é simultaneamente tanto o preço de oferta máximo que os demandantes estão dispostos a pagar (a "oferta") quanto o preço de venda mínimo que os vendedores estão dispostos a aceitar (a "demanda"). Mas o que determina Q_d/t e Q_s/t? A tabela de demanda (às vezes chamada de "curva de demanda") é a forma mais simples da relação de demanda. É simplesmente uma lista de preços e das quantidades correspondentes de

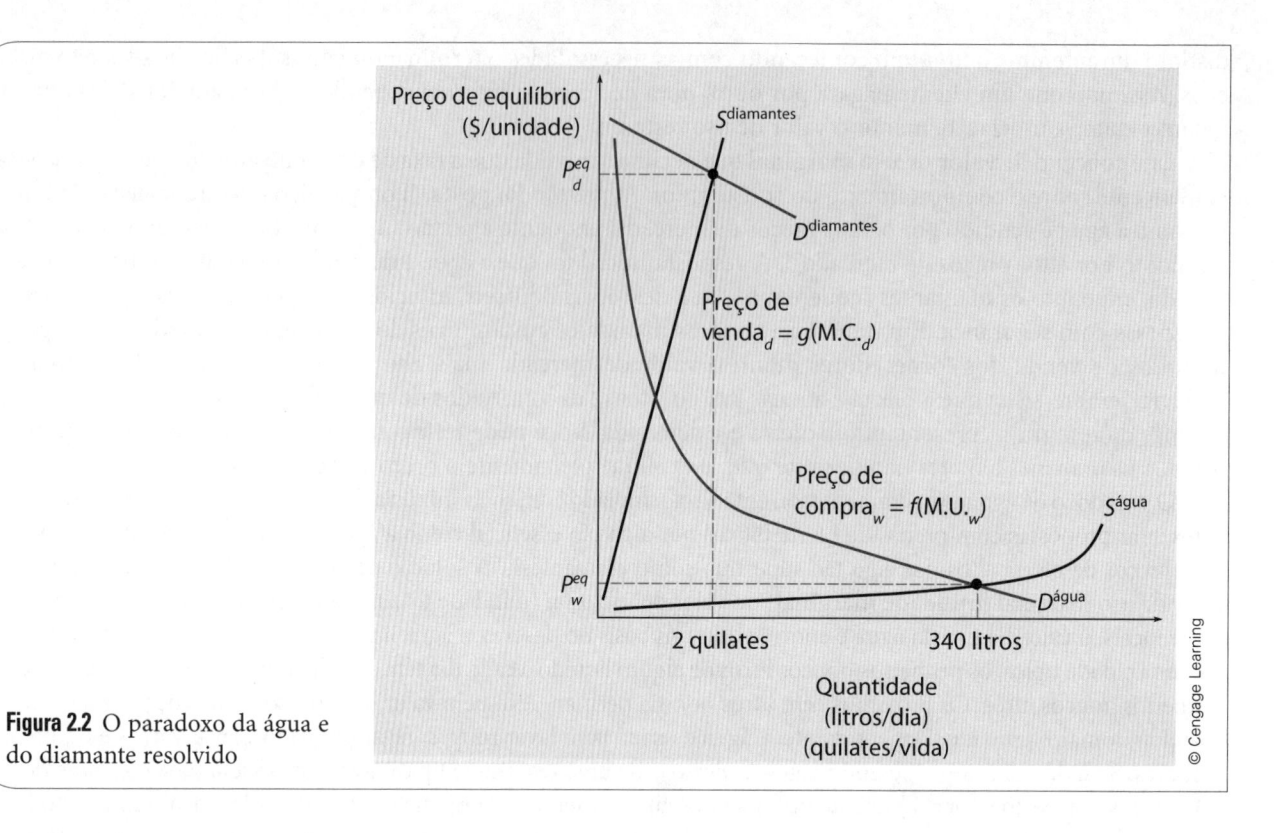

Figura 2.2 O paradoxo da água e do diamante resolvido

uma *commodity* que seria demandada por algumas pessoas ou grupos de pessoas a preços uniformes. A Tabela 2.1 mostra a tabela de demanda para pizzas de tamanho normal em um restaurante do Pizza Hut. Esta tabela de demanda indica que, se o preço for de US$9, os consumidores comprariam 60 por noite. Observe que, quanto mais baixo o preço, maior a quantidade que será demandada. Esta é a forma mais forte da lei da demanda – se um produto ou serviço é superior, uma família sempre vai comprar mais à medida que o preço relativo cair.

A função de demanda

A tabela de demanda (ou curva) especifica a relação entre preços e quantidades demandadas, *mantendo constante a influência de todos os outros fatores*. Uma **função de demanda** especifica todos esses outros fatores que a administração levará sempre em consideração, inclusive o projeto e a embalagem dos produtos, o valor e a distribuição do orçamento com publicidade de uma empresa, o tamanho da força de vendas, despesas promocionais, o período de tempo de ajuste para quaisquer alterações de preço, e impostos ou subsídios. Como consta detalhadamente na Tabela 2.2, a função de demanda para automóveis elétricos ou híbridos pode ser representada como

$$Q_D = f(P, P_S, P_C, Y, A, A_C, N, C_P, P_E, T_A, T/S...)$$ [2.1]

onde Q_D = quantidade demandada de (por exemplo, Toyota Prius ou Chevy Volt)
  P = preço do produto ou serviço (o automóvel)
  P_S = preço dos **bens substitutos** ou serviços (por exemplo, os populares Honda Accord ou Chevy Cruze movidos a gasolina)
  P_C = preço de **bens complementares** ou serviços (troca de baterias)
  Y = renda dos consumidores
  A = despesas com publicidade e propaganda feitas pela Toyota ou General Motors (GM)
  A_C = despesas com publicidade e propaganda feitas pelos concorrentes (por exemplo, a Honda)
  N = tamanho do mercado-alvo potencial (fatores demográficos)
  C_P = gostos e preferências dos consumidores por um meio de transporte mais ecológico
  P_E = valorização ou depreciação do preço futuro esperado para veículos híbridos
  T_A = período de tempo de ajuste
  T/S = impostos ou subsídios para veículos híbridos

TABELA 2.1 Tabela simplificada de demanda: restaurante pizza hut

Preço da pizza (US$/unidade)	Quantidade de pizzas vendidas (unidades por período)
10	50
9	60
8	70
7	80
6	90
5	100

A tabela de demanda ou curva de demanda lida apenas com a própria relação preço-quantidade. Mudanças no preço (P) do produto ou serviço resultarão apenas em movimento pela curva de demanda, enquanto mudanças em quaisquer dos outros determinantes da demanda na função de demanda (P_S, P_C, Y, A, A_C, N, C_P, P_E, e assim por diante) mudarão a curva. Esta distinção está ilustrada graficamente na Figura 2.3. A relação inicial de demanda é a linha DD'. Caso o preço original seja P_1, a quantidade Q_1 será demandada. Caso o preço caia para P_2, a quantidade demandada aumentará para Q_2. Se, todavia, as mudanças ocorreram em outros determinantes da demanda, espera-se que haja uma mudança de toda a curva de demanda. Se, por exemplo, forem aprovados subsídios para veículos híbridos, a nova curva de demanda poderá se tornar $D_1D'_1$. A qualquer preço, P_1, com $D_1D'_1$, maior quantidade, Q_3, será demandada em vez de no mesmo preço na curva original DD'. Da mesma forma, caso os preços de produtos substitutos, como Honda Civic e Chevy Cruze, diminuam acentuadamente, a curva de demanda mudará para baixo e para a esquerda. A qualquer preço, P_1, com a nova curva D'_2D_2, menor quantidade, Q_4, seria demandada do que ao mesmo preço tanto em DD' quanto em $D_1D'_1$.

Em resumo, o movimento pela curva de demanda é, em geral, mencionado como uma *mudança na quantidade demandada*, enquanto mantém constantes os efeitos de fatores que não sejam o preço que determina a demanda. Em contraste, uma mudança de toda a curva de demanda é, em geral, mencionada como *uma mudança na demanda* e é sempre causada por algum determinante da demanda que não seja o preço.

TABELA 2.2 Lista parcial de fatores que afetam a demanda

Fator de demanda	Efeito esperado
Aumento (diminuição) no preço de produtos substitutos[a] (P_S)	Aumento (diminuição) na demanda (Q_D)
Aumento (diminuição) no preço de produtos complementares[b] (P_C)	Diminuição (aumento) em Q_D
Aumento (diminuição) nos níveis de renda do consumidor[c] (Y)	Aumento (diminuição) em Q_D
Aumento (diminuição) no valor das despesas com propaganda e marketing (A)	Aumento (diminuição) em Q_D
Aumento (diminuição) no nível de propaganda e marketing dos concorrentes (A_C)	Diminuição (aumento) em Q_D
Aumento (diminuição) da população (N)	Aumento (diminuição) em Q_D
Aumento (diminuição) nas preferências do consumidor quanto ao produto ou serviço (C_P)	Aumento (diminuição) em Q_D
Aumentos (diminuições) de preço futuros esperados para o produto (P_E)	Aumento (diminuição) em Q_D
Período de tempo dos aumentos (diminuições) de ajuste (T_A)	Aumento (diminuição) em Q_D
Impostos (subsídios) sobre o aumento (diminuição) do produto (T/S)	Diminuição (aumento) em Q_D

a Dois produtos são substitutos caso um aumento (diminuição) no preço do Produto 1 resulte em um aumento (diminuição) na quantidade demandada do Produto 2, mantendo outros fatores constantes, como o preço do Produto 2, outros preços, renda e assim por diante ou vice-versa. Por exemplo, a margarina pode ser vista como uma boa substituta para a manteiga. À medida que o preço da manteiga aumenta, mais pessoas diminuirão o consumo de manteiga e aumentarão o consumo de margarina.

b Produtos que são usados em conjunto, seja na produção ou no consumo, são chamados de *produtos complementares*. Por exemplo, DVDs são usados em conjunto com DVD *players*. Um aumento no preço de DVD *players* teria o efeito de diminuir a demanda por DVDs, *ceteris paribus*. Em outras palavras, dois produtos são complementares caso uma diminuição no preço do Produto 1 resulte em um aumento na quantidade demandada do Produto 2, *ceteris paribus*. Da mesma forma, dois produtos são complementos caso um aumento no preço do Produto 1 resulte na diminuição da quantidade demandada do Produto 2.

c O caso de produtos inferiores – ou seja, aqueles produtos que são comprados em quantidades totais menores à medida que sobem os níveis de renda – será discutido no Capítulo 3.

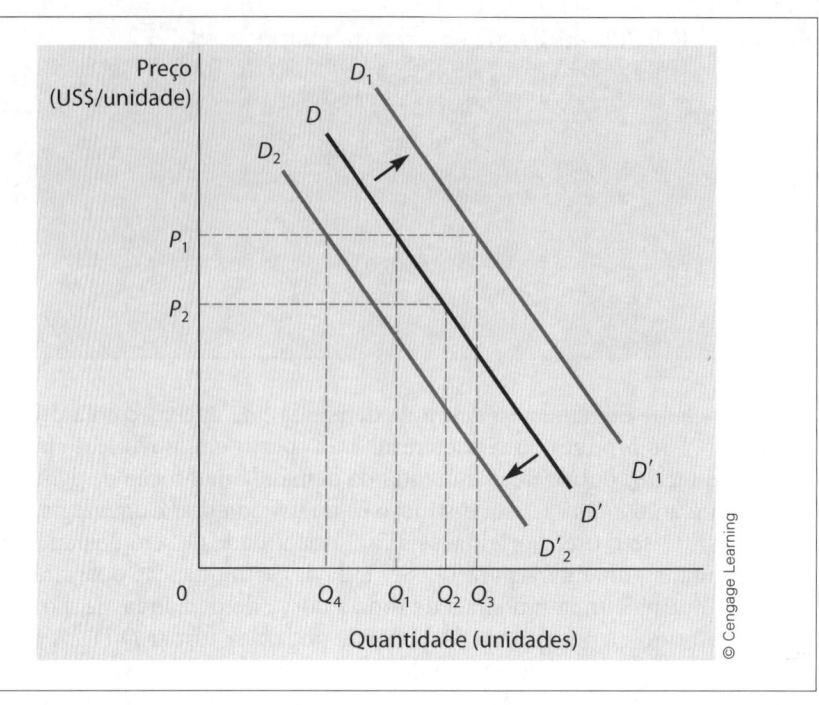

Figura 2.3 Mudanças na demanda

Produtos negociados

Além dos determinantes da demanda já mencionados, a demanda por produtos negociados em mercados estrangeiros também sofre influência de fatores externos, como as flutuações da taxa de câmbio. Quando a Microsoft vende software de computador no exterior, prefere ser paga em dólares dos Estados Unidos. O motivo por trás da preferência é que uma empresa como a Microsoft incorre em poucas despesas no exterior além de publicidade e, assim, não pode simplesmente confrontar contas a pagar e contas a receber em uma moeda estrangeira. Aceitar euros, iene do Japão ou dólares da Austrália como pagamento pelos pedidos de compra de software introduziria uma exposição ao risco de taxa de câmbio que a Microsoft teria que compensar sob a forma de preços mais altos do seu software. Em consequência, as exportações para o exterior da Microsoft são geralmente negociadas em dólares dos Estados Unidos e são, assim, ligadas inextricavelmente ao preço do dólar com relação às outras moedas. À medida que sobe o valor do dólar, os compradores do exterior devem pagar um valor maior em sua própria moeda para obter os dólares dos Estados Unidos necessários para a conclusão de um pedido de compra do software da Microsoft, e este valor de câmbio diminui a demanda de exportação. Da mesma forma, um valor mais baixo do dólar reduz o preço em euros ou ienes do produto, aumentando a demanda de exportação para o software da Microsoft. Mesmo em um grande mercado nacional como os Estados Unidos, as empresas geralmente descobrem que essas considerações de demanda de exportação são determinantes críticos de sua demanda total.

EXEMPLO — Taxa de câmbio causa impacto sobre a demanda: Cummins Engine Company

A Cummins Engine Company de Columbus, Indiana, é a maior fabricante independente de motores a diesel novos e de substituição para caminhões pesados e para o maquinário de construção, mineração e agricultura. GMC, Ford e Daimler-Benz são as suas maiores concorrentes, e 53% das vendas se dão no exterior. Os motores de caminhão a diesel da Cummins e da Daimler-Benz são vendidos por cerca de US$40.000 e €35.000, respectivamente. Durante a recessão de 2002, a Cummins sofreu reduções significativas no fluxo de caixa. Um motivo foi óbvio: motores a diesel de reposição não são necessários quando menos produtos estão sendo entregues e, portanto, poucos motores a diesel estão se desgastando.

Além disso, todavia, entre 1999 e 2002, o valor do dólar dos Estados Unidos (€ por US$) aumentou em 30%, de €0,85/US$ para €1,12/US$. Esta mudança no valor de câmbio significou que um motor a diesel da Cummins de US$40.000, que havia sido vendido por €34.000 em Munique em 1999, passou a valer €44.800, enquanto o diesel alternativo da Mercedes de €35.000 que havia sido vendido por US$41.176 em Detroit caiu para US$31.250 devido ao dólar dos Estados Unidos mais forte. A Cummins enfrentou duas opções não atrativas, e qualquer uma delas reduziria o seu fluxo de caixa. Poderia cortar as suas margens de lucro e manter as vendas unitárias, ou manter as margens, mas ver as vendas nacionais e do exterior caírem. A empresa escolheu cortar as margens e manter as vendas. Em 2005, o valor do dólar se desgastou, voltando a €0,85/US$, e o desempenho das vendas da Cummins melhorou notadamente. Nesse ínterim, a demanda pelos motores da Cummins foi afetada desfavoravelmente pela valorização temporária do dólar norte-americano

Em 2009, com o dólar a um valor fixo mais baixo de €0,64/US$, a Cummins Engine Co. mal podia acompanhar a demanda de exportações, já que o motor a diesel para a Europa custava €25.600 *versus* os €32.000 da Mercedes. De forma similar, em Cleveland, St. Louis e Atlanta, os motores a diesel de €40.000 da Cummins lutavam contra os substitutos de €54.688 da Mercedes. Que ótimo momento para ser uma companhia norte-americana competindo com fabricantes europeus.

Curvas de oferta individuais e de mercado

O que determina a taxa de venda Q_s/t? Como a tabela de demanda, a tabela de oferta é uma lista de preços e quantidades correspondentes que uma pessoa ou um grupo de vendedores está disposto a vender a preços uniformes, *mantendo constante a influência de todos os outros fatores*. Uma série desses outros determinantes de oferta que a administração geralmente necessitará levar em consideração estão em mais detalhes na Tabela 2.3. A **função de oferta** pode ser representada como

$$Q_s = f(P, P_I, P_{UI}, T, EE, F, RC, P_E, T_A, T/S...) \qquad [2.2]$$

onde Q_s = quantidade ofertada (ou seja, de automóveis norte-americanos)
P = preço dos automóveis
P_I = preço dos insumos (por exemplo, chapa de metal)
P_{UI} = preço de insumos substitutos não usados (por exemplo, fibra de vidro)
T = aperfeiçoamentos tecnológicos (por exemplo, soldadura robotizada)
EE = entrada ou saída de outros vendedores de automóveis
F = interrupções acidentais de oferta por incêndios, inundações etc.
RC = custos de ajustamentos regulatórios
P_E = mudanças esperadas (futuras) no preço
T_A = período de tempo de ajuste
T/S = impostos ou subsídios

TABELA 2.3 Lista parcial de fatores que afetam a oferta

Fator oferta	Efeito esperado sobre todo o preço
Aumento (diminuição) no preço de insumos (P_I)	Diminuição (aumento) na oferta
Aumento (diminuição) no preço de insumos substitutos não usados (P_{UI})	Diminuição (aumento) na oferta
Aperfeiçoamentos tecnológicos (*T*)	Aumento na oferta
Entrada (Saída) de outros vendedores (*EE*)	Aumento (diminuição) na oferta
Interrupções de oferta (*F*)	Diminuição na oferta
Aumento (diminuição) em custos regulatórios (*RC*)	Diminuição (aumento) na oferta
Aumentos (diminuições) de preço esperados futuros (P_E)	Diminuição (aumento) na oferta
Período de tempo de ajuste prolongado (reduzido) (T_A)	Aumento (diminuição) na oferta
Impostos (subsídios) (*T/S*)	Diminuição (aumento) na oferta

> **EXEMPLO** Nafta e os custos de mão de obra reduzidos das montadoras da Ford em Detroit
>
> O Acordo de Livre Comércio da América do Norte (North American Free Trade Agreement – Nafta) tornou possível comprar subconjuntos, como eixos e blocos do motor, de fornecedores mexicanos, inclusive da Cifunsa S.A., sem o pagamento de qualquer tarifa de importação quando as peças chegam aos Estados Unidos. Em virtude do fato de que as montadoras de automóveis do sindicato United Auto Workers (UAW) em Detroit também fabricam subconjuntos de eixos, a participação da mão de obra mexicana pode ser vista como uma participação substituta não utilizada do ponto de vista da Ford Motor Company. O Nafta de fato, diminuiu, o custo de insumos substitutos da Ford. Este fator significa que menos empregadores firmarão contratos trabalhistas com o sindicato UAW, em Detroit, e, em vez disso, levarão parte de sua produção para o sul, além da fronteira com o México. Menos demanda implica que salários de equilíbrio mais baixos serão oferecidos e aceitos pelo pessoal da linha de montagem do UAW. Por isso, o efeito indireto do Nafta foi uma redução nos custos de insumos para a mão de obra do UAW que a Ford Motor Co. utilizou. Como de costume, o custo de insumo mais baixo implica uma mudança da curva de oferta para baixo e para a direita, um aumento na oferta.

De novo, mudanças no preço (P) do produto ou serviço resultarão apenas na movimentação dada pela **curva de oferta**, enquanto as mudanças em qualquer das outras variáveis independentes (P_I, P_{UI}, T, EE, F, RC, P_E, e assim por diante) na função mudam a curva de oferta. Como acontece com a demanda, um movimento *pela* curva de oferta é mencionado como uma *mudança na quantidade ofertada*, enquanto se mantêm constantes os outros determinantes da oferta. Uma mudança da curva de oferta total é geralmente mencionada como *uma mudança na oferta* e é sempre causada por algum determinante de oferta que não seja o preço.

Preço de equilíbrio de mercado da gasolina

De abril a julho de 2008, norte-americanos acordaram para uma nova realidade a respeito da gasolina que afetou acentuadamente seus hábitos de direção e a política energética do país. O preço de um galão de gasolina comum disparou de US$3 para US$4,10 (ver Figura 2.4). No verão anterior, quando os preços da gasolina flutuaram em cerca de US$3 por galão, os norte-americanos cortaram levemente apenas os passeios de carro não essenciais. No verão de 2008, no entanto, não só as férias de verão, mas o trabalho urbano também mudou de forma extraordinária. Em geral, a demanda dos consumidores para a típica família urbana com duas pessoas encolheu de 16 galões por semana para 11,5 galões à medida que o preço subia. Como resultado, pela primeira vez na história dos EUA, os gastos com combustível das famílias norte-americanas caiu, apesar de um preço crescente nas bombas – isto é, 16 galões por semana por US$3 em 2007 ($Q3$) = US$48 > 11,5 galões por semana por US$4,10 em 2008 $Q3$ = US$47,15.

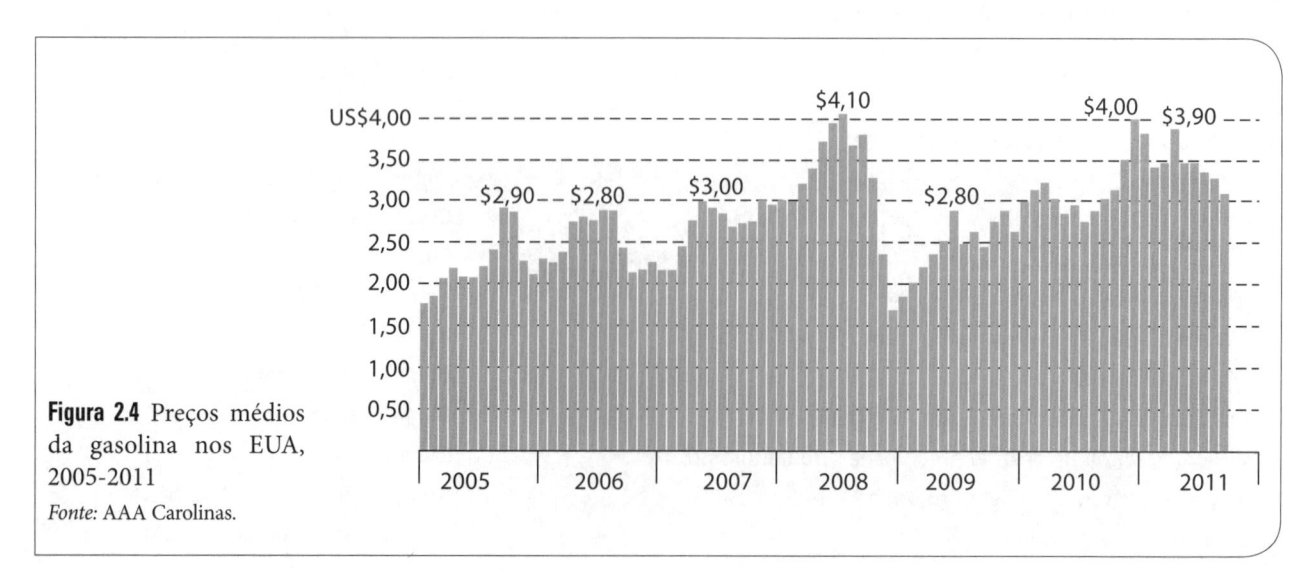

Figura 2.4 Preços médios da gasolina nos EUA, 2005-2011
Fonte: AAA Carolinas.

Vários determinantes de oferta e demanda foram identificados como possíveis explicações para o salto no preço de equilíbrio de mercado da gasolina. Primeiro, escreveu-se muito sobre o fato de que não foi construída nenhuma refinaria nova nos Estados Unidos em mais de 30 anos, sugerindo que a falta de capacidade de armazenamento das refinarias ou problemas nos gasodutos podem ter sido responsáveis. Uma queda na capacidade realmente movimenta a curva de oferta na Figura 2.2 para a esquerda, o que poderia implicar um preço de equilíbrio mais alto. Porém, não foram identificados nenhum fechamento de refinaria ou interrupções nos gasodutos naquele verão. O Departamento de Energia dos EUA descobriu que as refinarias obtêm apenas US$0,36 por galão do preço do produto final da gasolina para alcançar o retorno dos custos e um lucro. Portanto, as refinarias não poderiam ser responsáveis pelo aumento de US$1,10 no preço de equilíbrio entre julho de 2007 e julho de 2008.

Em segundo lugar, donos de postos de gasolina foram acusados de enganar os motoristas. Aumentos maiores no varejo também poderiam movimentar a curva de oferta da gasolina para a esquerda, elevando o preço de equilíbrio de mercado. Mas, novamente, descobriu-se que o aumento do varejo e, na verdade, toda a comercialização de gasolina acrescentaram apenas US$0,28 por galão ao preço de US$4,10, muito menos do que o que seria responsável pelo aumento de US$1,10 do preço de equilíbrio de mercado da gasolina naquele verão. Terceiro, impostos sobre o consumo da gasolina (destinados à construção de pontes e manutenção de estradas) são cobrados tanto pelo governo federal quanto pelos estaduais. Os impostos constituem uma média de US$0,41 por galão no país. Qualquer nova cobrança de taxas poderia ter movimentado a curva de oferta para a esquerda, resultando em um maior preço de equilíbrio de mercado. Em 2007, o Conselho de Assessores Econômicos do presidente George W. Bush explorou a cobrança de US$1 adicional de imposto por galão de gasolina para reduzir a dependência dos EUA de petróleo estrangeiro, mas não houve, de fato, nenhum aumento nos impostos. Então, o que foi responsável por esse salto nos preços da gasolina?

Como vimos, as variáveis das funções de demanda e oferta das Equações 2.1 e 2.2 que determinam o preço de equilíbrio de mercado podem ser agrupadas em três grandes conjuntos de fatores que afetam o valor de uso, o custo de produção e a escassez de recursos[2]. Já que as entradas de petróleo correspondem a US$2,96 do preço final da gasolina de US$4,10, a escassez de recursos era um candidato provável a explicar o aumento de US$3 para US$4,10. Preços do petróleo mais altos movimentam a curva de oferta para a esquerda, levando a um preço final mais alto. A Figura 2.5 mostra que, nas últimas três vezes em que o preço do petróleo ficou mais alto, ocorreram interrupções na oferta

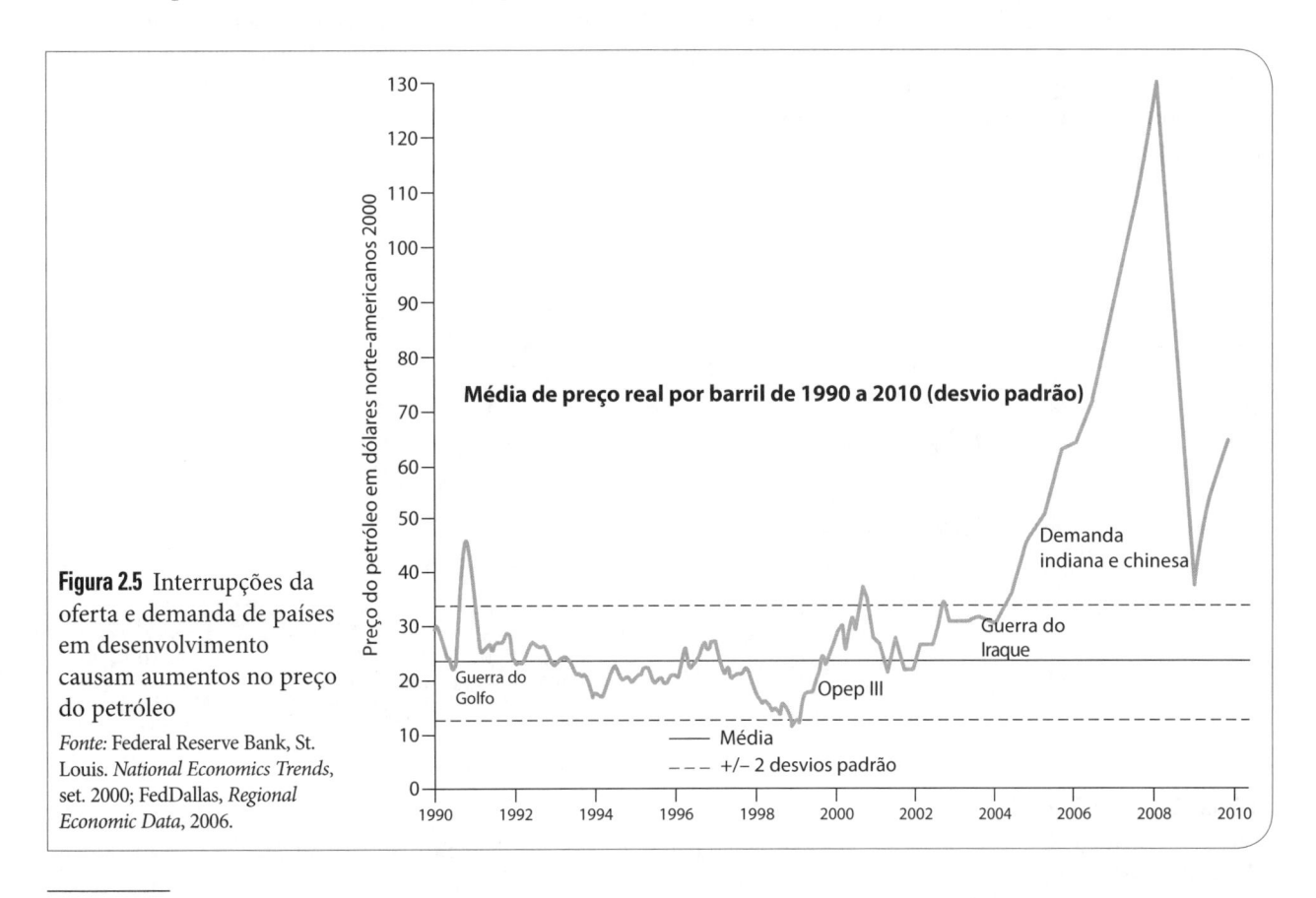

Figura 2.5 Interrupções da oferta e demanda de países em desenvolvimento causam aumentos no preço do petróleo

Fonte: Federal Reserve Bank, St. Louis. *National Economics Trends*, set. 2000; FedDallas, *Regional Economic Data*, 2006.

---

2 Dois fatores adicionais são a especulação e as intervenções do governo na forma de impostos, subsídios e normas regulamentadoras.

do mercado de petróleo bruto (por exemplo, durante a primeira Guerra do Golfo, no Kuwait, em 1991; durante uma era especialmente efetiva para o cartel da Opep, de 1999-2001; e durante a Guerra do Iraque, em 2004).

Em contraste, o aumento extraordinário do preço do petróleo, de US$40 para US$80 por barril, em 2006 e 2007 refletiu o aumento da demanda, especialmente por parte da Índia e da China. Juntas, Índia e China representam apenas 9% dos 85 milhões de barris por dia (mbd) do mundo, mas esses dois países vêm crescendo rapidamente. Uma demanda adicional de apenas 2% a 3% pode aumentar significativamente os preços de equilíbrio dos recursos de petróleo, porque em qualquer momento pode haver um estoque muito pequeno (fornecimento de 8-10 dias) circulando pela rede de distribuição de poços a bombas, a terminais, a petroleiros, a refinarias. No fim de 2007, à medida que a gasolina chegava a US$4,10 por galão nos EUA, US$9,16 na Alemanha e US$8,80 na Grã-Bretanha, os motoristas do ocidente cortaram o consumo drasticamente.

O preço do petróleo bruto a US$80 no final de 2007 foi o maior preço do mercado petroleiro até o momento? A resposta é "não". Em 1981, o preço de equilíbrio do petróleo chegou a US$36 por barril. Usando o índice de preços ao consumidor (CPI) dos EUA, já que as transações de petróleo em todo o mundo são realizadas em dólares, os aumentos cumulativos de preço entre 1981 e 2007 totalizam 228,8%, portanto, US$36 × um ajuste de inflação de 2,288 é igual a US$82 em 2007; e US$80/2,288 é igual a US$35 em 1981. Consequentemente, o preço de US$80 do petróleo no fim de 2007 era, na verdade, menor do que o preço ajustado pela inflação de US$36 em 1981, no auge da influência do cartel petroleiro da Opep II.

No entanto, no início de 2008, o preço de equilíbrio do petróleo continuava a crescer.

Quando o preço do petróleo passou de US$100, um grande número de especuladores adquiriu grandes posições no mercado futuro do petróleo, apostando em outro aumento de preço. A demanda especulativa (oferta) é sempre motivada pela expectativa de os preços de equilíbrio de mercado serem mais altos (mais baixos) amanhã. Aqueles que "vão além" e compram contratos futuros para ter entregas a preços acordados hoje estão apostando que o preço vai subir, e aqueles que "vendem" e subscrevem contratos futuros prometendo entregar com preços de hoje apostam no contrário. A longa direção da rede do comércio especulativo na primeira metade de 2008 se somou à demanda crescente da Índia e da China e levou o preço de equilíbrio do petróleo ainda mais acima, chegando a US$147 por barril em julho de 2008.

Diante da necessidade de recuperar seus extraordinários custos de entrada do petróleo, ExxonMobil, Shell e outros varejistas de gasolina aumentaram os preços regulares para US$4,10 por galão. Os consumidores norte-americanos decidiram abandonar seus SUVs, participar de excursões e tomar ônibus e trens para ir ao trabalho. O número de passageiros que usa o sistema de transporte público urbano aumentou 20% em questão de meses. Outros norte-americanos compraram carros híbridos, como o Toyota Prius. A Figura 2.6 mostra que 24.622 subcompactos Smartcar-Mini foram vendidos em 2008.

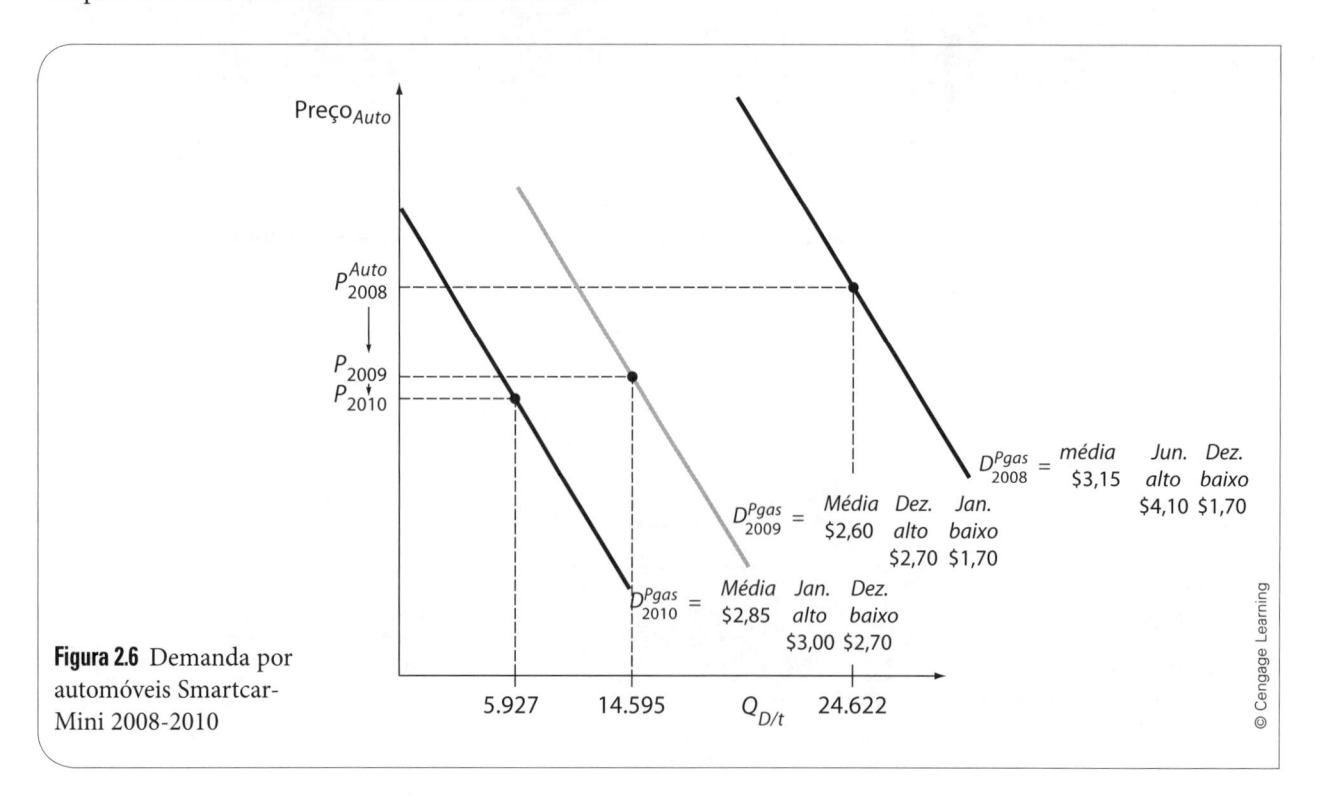

Figura 2.6 Demanda por automóveis Smartcar-Mini 2008-2010

Então, o lendário promotor T. Boone Pickens propôs converter a frota federal de caminhões de combustíveis derivados do petróleo para gás natural. Temendo um ataque por parte de substitutos viáveis, como carros híbridos elétricos e caminhões movidos a gás natural, os sauditas decidiram que o preço de equilíbrio do petróleo deveria ser diminuído, por isso reforçaram a produção de petróleo além da média de 8,5 mbd de 1990 a 2006. Em 2007 e 2008, a capacidade de produção saudita subiu até 10,5 e 10,9 mbd, respectivamente (ver Figura 2.7).

EXEMPLO Especulação coloca o preço do petróleo em uma montanha-russa na ExxonMobil e Shell

Com expectativas reversas sobre preços mais baixos do petróleo em um futuro próximo, a bolha especulativa desse setor explodia rapidamente. A despeito da demanda de mercado 5% *mais alta* nos últimos quatro meses de 2008 (de novo principalmente da China e da Índia), o preço de equilíbrio do petróleo caiu US$107, de US$146 o barril em setembro de 2008 para pequenos US$39 em janeiro de 2009 (ver Figura 2.8). No terceiro trimestre de 2009 (Q3), o preço do petróleo permaneceu US$75 por barril e a gasolina comum era vendida por US$2,74 o galão. A Figura 2.6 mostra que a demanda por veículos Smartcar-Mini caiu 10.000, para 14.595 em 2009, e mais 10.000, para 5.927 em 2010. Durante um período de três anos, a crescente demanda asiática, grandes expansões de capacidade, uma explosão financeira mundial (e depois o colapso) e compras especulativas seguidas de vendas especulativas levaram as companhias petroleiras e compradores de gasolina a um passeio de montanha-russa.

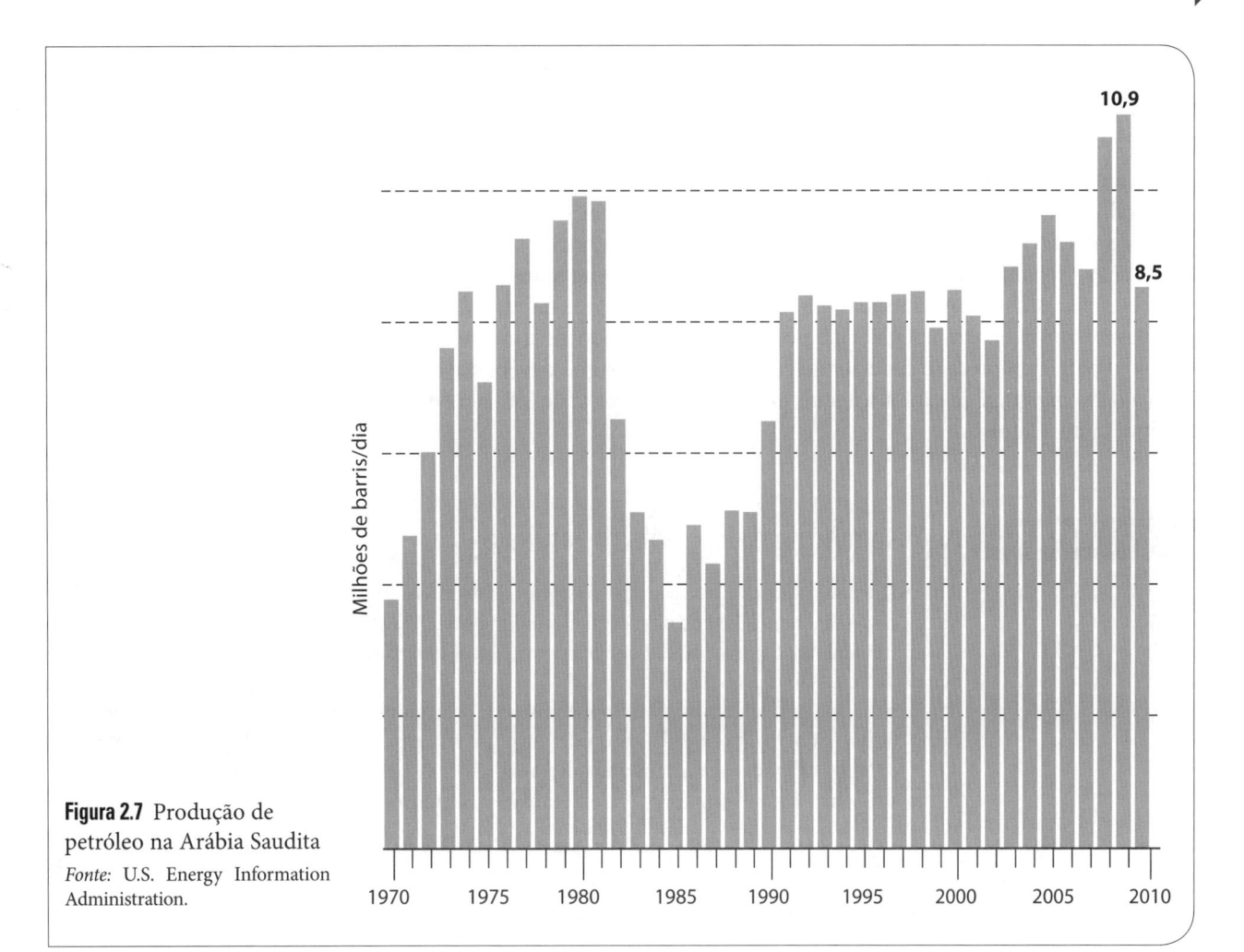

Figura 2.7 Produção de petróleo na Arábia Saudita
Fonte: U.S. Energy Information Administration.

Com a demanda dos norte-americanos por gasolina em queda e a capacidade de extrair e refinar em expansão, o preço de equilíbrio do petróleo finalmente entrou em caminho reverso. O colapso do preço do petróleo no final de 2008, ilustrado na Figura 2.8, de mais de US$100 por barril foi causado por uma combinação de aumento da oferta básica (levando a curva de oferta para a direita), crescimento de demanda lento e uma expectativa especuladora de que em breve os preços do petróleo ficariam menores (e não maiores). A capacidade dos sauditas finalmente cresceu para 12,5 mbd. A Arábia Saudita e o Kuwait também foram criaram, de forma pioneira, duas novas e gigantes instalações para refinamento. Nos dois anos seguintes, o petróleo manteve uma média de US$80/barril.[3]

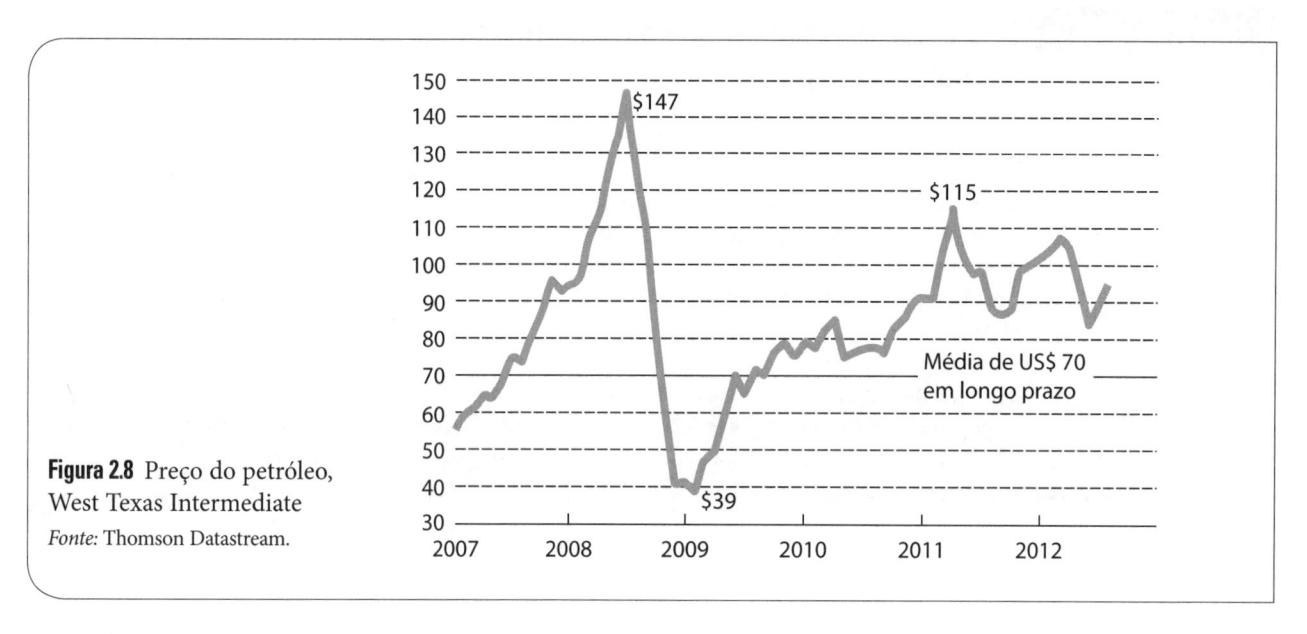

Figura 2.8 Preço do petróleo, West Texas Intermediate
Fonte: Thomson Datastream.

ANÁLISE MARGINAL

A **análise marginal** é um dos conceitos mais úteis em microeconomia. As decisões sobre alocação de recursos são geralmente expressas em termos das condições de equilíbrio marginal que devem ser satisfeitas para a obtenção de uma solução ótima. Um exemplo disso é a conhecida regra de maximização do lucro da empresa ao estabelecer a produção no ponto em que "o custo marginal é igual à receita marginal". Decisões de investimento de longo prazo (despesas de capital) também são tomadas usando-se as regras de tomada de decisão da análise marginal. O projeto deverá ser realizado apenas quando o retorno esperado de um projeto de investimento (ou seja, o *retorno marginal* para a empresa) é superior ao custo dos recursos que devem ser captados para o financiamento do projeto (o *custo marginal* de capital). Seguir essa importante regra de tomada de decisão marginal leva à maximização da riqueza do acionista.

> **EXEMPLO** Análise marginal do estaleiro Tenneco
>
> As decisões de alocação de recursos deverão ser tomadas pela comparação dos benefícios marginais (ou incrementais) de uma mudança no nível de uma atividade com os custos marginais (ou incrementais) da mudança. *Benefício marginal* é definido como a mudança no total de benefícios que são derivados da realização de alguma atividade econômica, tal como a construção adicional de navio nos estaleiros Tenneco. Por exemplo, a receita marginal (um benefício) derivada da produção e da venda de mais um superpetroleiro é igual à diferença entre a receita total, supondo que a unidade adicional não é vendida, e a receita total, que inclui a venda adicional. Da mesma forma, *custo marginal* é definido como a mudança nos custos
>
> Cont

---

[3] O Apêndice 7B explica por que um executivo do petróleo saudita teria preferido o preço tracejado da Figura 2.8, com o petróleo mantido abaixo de US$100 por barril, enquanto um texano ficou satisfeito em receber todo o rendimento extra do aumento do preço para US$147.

totais que decorrem da realização de alguma atividade econômica, tal como a produção de um projeto naval adicional, que inclui os custos de oportunidade, e, assim, podem não ser necessariamente iguais apenas aos desembolsos de capital. Talvez a equipe de projeto da Tenneco tenha uma oportunidade de obter lucro líquido mais alto como subcontratada nos projetos da Boeing. Nesse caso, o trabalho de concepção do projeto de construção naval rotineiro da Tenneco seria contratado de outras empresas de projeto de construção naval que podem se tornar subcontratadas de confiança da Tenneco.

De modo mais geral, uma mudança no nível de uma atividade econômica é desejável se os benefícios marginais excederem os custos marginais (por exemplo, os incrementais). Se definirmos *retorno marginal líquido* como sendo a *diferença* entre benefícios marginais e custos marginais, então uma condição de otimização equivalente é que o nível de atividade deveria ser acrescido até o ponto em que o retorno marginal líquido é zero.

Em resumo, a análise marginal orienta os tomadores de decisão quanto à determinação dos custos adicionais (marginais) e dos benefícios adicionais (marginais) associados com a ação proposta. A ação deverá ser realizada *apenas quando os benefícios marginais forem superiores aos custos marginais* (ou seja, se os benefícios marginais líquidos forem positivos).

Relações totais, marginais e médias

Rendimentos, custos, lucro e muitas outras relações econômicas podem ser apresentadas usando-se estruturas tabulares, gráficas e algébricas. Vamos usar primeiro uma apresentação tabular. Suponha que o lucro total π_T de uma empresa seja uma função do número de unidades produzidas Q, como demonstrado nas colunas 1 e 2 da Tabela 2.4.

TABELA 2.4 Relações de lucro total, marginal e médio

(1) Número de unidades produzidas por unidade de tempo Q	(2) Lucro total $\pi_T(Q)$ ($)	(3) Lucro marginal $\Delta\pi(Q) = \pi_T(Q) - \pi_T(Q-1)$ (US$/unidade)	(4) Lucro médio $\pi_A(Q) = \pi_T(Q)/Q$ (US$/unidade)
0	−200	0	–
1	−150	50	−150,00
2	−25	125	−12,50
3	200	225	66,67
4	475	275	118,75
5	775	300	155,00
6	1.075	300	179,17
7	1.325	250	189,29
8	1.475	150	184,38
9	1.500	25	166,67
10	1.350	−150	135,00

EXEMPLO Análise marginal e decisões de orçamento de capital: Sara Lee Corporation

O problema de decisão de orçamento de capital de uma empresa típica, como a Sara Lee Corporation, pode ser usado para ilustrar a aplicação das regras de tomada de decisão da análise marginal. A Sara Lee tem o seguinte cronograma de projetos potenciais de investimento (todos presumidos como tendo um risco equivalente) disponíveis:

Projeto	Investimento exigido (US$ milhões)	Taxa de retorno esperada	Investimento cumulativo (US$ milhões)
A	$ 25,0	27,0%	25,0
B	15,0	24,0	40,0
C	40,0	21,0	80,0
D	35,0	18,0	115,0
E	12,0	15,0	127,0
F	20,0	14,0	147,0
G	18,0	13,0	165,0
H	13,0	11,0	178,0
I	7,0	8,0	185,0

A Sara Lee prevê que o custo da captação dos recursos necessários para o financiamento desses projetos de investimento são como segue:

Bloco de recursos (US$ milhões)	Custo de capital %	Recursos cumulativos levantados (US$ milhões)
Primeiros 50,0	10,0	50,0
Próximos 25,0	10,5	75,0
Próximos 40,0	11,0	115,0
Próximos 50,0	12,2	165,0
Próximos 20,0	14,5	185,0

A taxa de retorno esperada destes projetos pode ser vista como o retorno marginal (ou incremental) disponível para a Sara Lee, à medida que realiza cada projeto de investimento adicional. Da mesma forma, o cronograma de custo de capital pode ser pensado como sendo o custo marginal de captação dos recursos necessários. Seguir as regras da análise marginal significa que a Sara Lee deverá investir em projetos adicionais desde que a taxa de retorno esperada no projeto seja superior ao custo marginal dos recursos de capital necessários para o financiamento do projeto.

O Projeto A, que oferece um retorno esperado de 27% e exige um desembolso de $ 25 milhões, é aceitável porque o retorno marginal é superior ao custo marginal de capital (10% para os primeiros $ 50 milhões de recursos captados pela Sara Lee). De fato, uma análise das tabelas indica que os projetos A até G atendem, todos, ao teste de análise marginal, pois o retorno marginal para cada um desses projetos é superior ao custo marginal dos recursos de capital necessários para o financiamento desses projetos. Em contrapartida, os projetos H até I não deverão ser realizados, pois oferecem retornos de 11% e 8%, respectivamente, se comparados com um custo marginal de capital de 14,5% para os $ 20 milhões em recursos necessários para o financiamento desses projetos.

EXEMPLO Análise marginal de um Minicooper *versus* um Chevy Volt

A expansão urbana e a fuga para os subúrbios resultou no aumento da média do transporte pendular nos EUA para 33 milhas. Com a densidade demográfica da maioria das cidades norte-americanas abaixo do que seria exigido para suportar amplas linhas ferroviárias e de metrô, típicas precisam encontrar formas econômicas para levar e trazer pelo menos um trabalhador de uma casa suburbana até o distrito empresarial central por dia. Um carro pequeno e com consumo eficiente de combustível, como o Minicooper, é uma alternativa. Outros modelos foram introduzidos recentemente – o Chevy Volt e o Nissan Leaf, ambos veículos elétricos que são recarregados depois de uma viagem de 40 milhas. Tecnicamente, o Leaf e o Volt são e-REVs, veículos elétricos com extensor de autonomia. Cada um contém um pequeno motor de combustão interna movido a gasolina que liga um gerador elétrico, mas, diferente dos híbridos, como o Ford Fusion e Toyota Prius, esses e-REVs não têm conexão mecânica entre o motor de gasolina e o sistema de transmissão. Em vez disso, o Chevy Volt viaja por 40 milhas com a carga contida em baterias de lítio-íon (L-íon) de 220, que são plugadas para um ciclo de recarga de 8 horas em 110 volts (ou 3 horas em 220 volts) no trabalho e em casa. Quando a bateria cai para um nível de 30%, o motor a gasolina começa a ligar o gerador e manter a energia da bateria.

Engenheiros automotivos calculam que cada milha viajada no modelo elétrico do Chevy Volt "queima" 0,26 kilowatt/hora de eletricidade. Portanto, a viagem média de 33 milhas exige 8,58 kwh de eletricidade. O preço da eletricidade nos Estados Unidos varia entre um período de pico na metade do dia e início da noite e um período mais barato no fim da noite, e de US$0,07 por kwh no estado de Washington a US$0,12 em Rhode Island. Na média, uma tarifa representativa noturna é de US$0,10, e diurna é US$0,13. Isso quer dizer que cada carga noturna de um Chevy Volt vai custar US$0,86 à família e a carga comparável durante o dia no trabalho será de US$1,12; um custo de operação total por dia de menos de US$2. Por 300 dias de trabalho, isso dá US$600 por ano. Em contraste, o Minicooper a gasolina roda 32 milhas por galão, então, a US$3 o galão, o custo operacional do Mini é de aproximadamente US$6 por dia, ou US$1.800 por ano. O uso de veículos e-Rev pelo trabalhador comum vai economizar US$4 por dia ou US$1.200 por ano em relação aos veículos populares com eficiência de combustível.

Com uma média de 41 milhas por galão sob uma variedade de condições de direção, o híbrido-elétrico Ford Fusion se qualifica para um crédito fiscal federal de US$3.400. Em comparação, com 238 milhas por galão, o Chevy Volt qualifica-se para um crédito fiscal de US$7.500 para compensar o custo adicional de US$12.000 pela bateria L-íon sobre o custo de uma bateria convencional. Como o pacote de bateria do Chevy Volt tem duração esperada de 10 anos, o custo de capital anual de US$1.200 da bateria é igual aos US$1.200 de economia de energia, mesmo sem o crédito fiscal federal. Até o momento, os volumes de vendas estão bem baixos, em parte porque os compradores de frotas (especialmente companhias de aluguel de veículos) estão esperando para ver se as baterias são duráveis, o que vai determinar o valor de revenda do Volt.

O lucro marginal, que representa a mudança no lucro total resultante de um aumento de uma unidade na produção, está demonstrado na coluna 3 da tabela. (Usa-se um Δ para representar uma "mudança" em alguma variável.) O lucro marginal $\Delta\pi_T(Q)$ de qualquer nível de produção Q é calculado ao se tomar a diferença entre o lucro total neste nível $\pi_T(Q)$ e em uma unidade abaixo deste nível $\pi_T(Q-1)$.[4] Ao compararmos as funções de lucro marginal e total, observamos que, para o aumento dos níveis de produção, os valores do lucro marginal permanecem positivos desde que a função de lucro total esteja aumentando. Apenas quando a função de lucro total começa a decrescer – ou seja, em $Q = 10$ unidades – o lucro marginal se torna negativo. Os valores da função de lucro médio $\pi_A(Q)$ constantes da coluna 4 da Tabela 2.4 são obtidos pela divisão do valor de lucro total $\pi_T(Q)$ pelo nível Q de produção. Ao compararmos os valores da função de lucro marginal e médio, observamos que a função de lucro médio $\pi_A(Q)$ está aumentando, desde que o lucro marginal seja maior do que o lucro médio – ou seja, até $Q = 7$ unidades. Além de um nível de produção de $Q = 7$ unidades, o lucro marginal é menor do que o lucro médio e os valores da função de lucro médio estão decrescendo.

Ao analisar a função de lucro total $\pi_T(Q)$ na Tabela 2.4, observamos que o lucro é maximizado a um nível de produção de $Q = 9$ unidades. Como o objetivo é maximizar o lucro total, então a decisão de produção ótima deveria ser a produção e a venda de 9 unidades. Caso seja usada a regra de tomada de decisão da análise marginal discutida anteriormente nesta seção, a mesma decisão (ótima) é obtida. Ao aplicar a regra a este problema, a empresa ampliaria a produção desde que o retorno marginal líquido – ou seja, a receita marginal menos o custo marginal (lucro marginal) – seja positivo. Na coluna 3 da Tabela 2.4, podemos observar que o lucro marginal é positivo para níveis de produção até $Q = 9$. Assim, a regra de tomada de decisão do lucro marginal indicaria que 9 unidades deverão ser produzidas, o que é a mesma decisão que foi obtida da função de lucro total.

---

4 O Apêndice A amplia a ideia de que a função de lucro total pode ser maximizada pela identificação do nível de atividade no qual a função de lucro marginal chega a zero.

As relações entre funções de lucro total, marginal e médio e a decisão de produção ótima também podem ser representadas graficamente. Um conjunto de funções *contínuas* de lucro, análogo àquele apresentado na Tabela 2.4 para valores inteiros discretos de produção (Q), está demonstrado na Figura 2.9. No nível de produção de equilíbrio Q_1, tanto os lucros totais quanto os lucros médios são zero. A função de lucro marginal, que iguala a inclinação da função de lucro total, adota o seu valor máximo em uma produção de Q_2 unidades. Este ponto corresponde ao *ponto de inflexão*. Abaixo do ponto de inflexão, os lucros totais estão aumentando a uma taxa crescente, e por isso os lucros marginais estão aumentando. Acima do ponto de inflexão, até um nível de produção Q_4, os lucros totais estão aumentando a uma taxa decrescente e, então, os lucros marginais estão diminuindo. A função de lucro médio, que representa a inclinação de uma linha reta desenhada desde a origem 0 até cada ponto na função de lucro total, adota o seu valor máximo ao nível de produção Q_3. O lucro médio necessariamente iguala o lucro marginal neste ponto, em razão de a inclinação da linha 0A, que define o lucro médio, ser também igual à inclinação da função de lucro total no ponto A, o qual define o lucro marginal. Finalmente, o lucro total é maximizado ao nível de produção Q_4, no qual o lucro marginal é zero. Além de Q_4, a função de lucro total é declinante e, assim, a função de lucro marginal adota valores negativos.

O CONCEITO DE VALOR PRESENTE LÍQUIDO

Para situações em que os custos e os benefícios ocorrem aproximadamente no mesmo momento, aplica-se a regra de decisão marginal (prosseguir com a ação se o benefício marginal exceder o custo marginal). Muitas decisões econômicas exigem que os custos sejam incorridos de imediato, mas que resultem em uma série de benefícios sobre vários períodos de tempo futuros. Nestes casos, a *regra do VPL* fornece orientação adequada para os tomadores de decisão.

O VPL de um investimento feito por uma empresa representa a contribuição daquele investimento ao valor da empresa e, assim, à riqueza dos acionistas. O conceito de VPL é usado para avaliar os fluxos de caixa gerados das atividades da empresa. Por isso, este conceito tem um papel importante no alcance da maximização da riqueza dos acionistas.

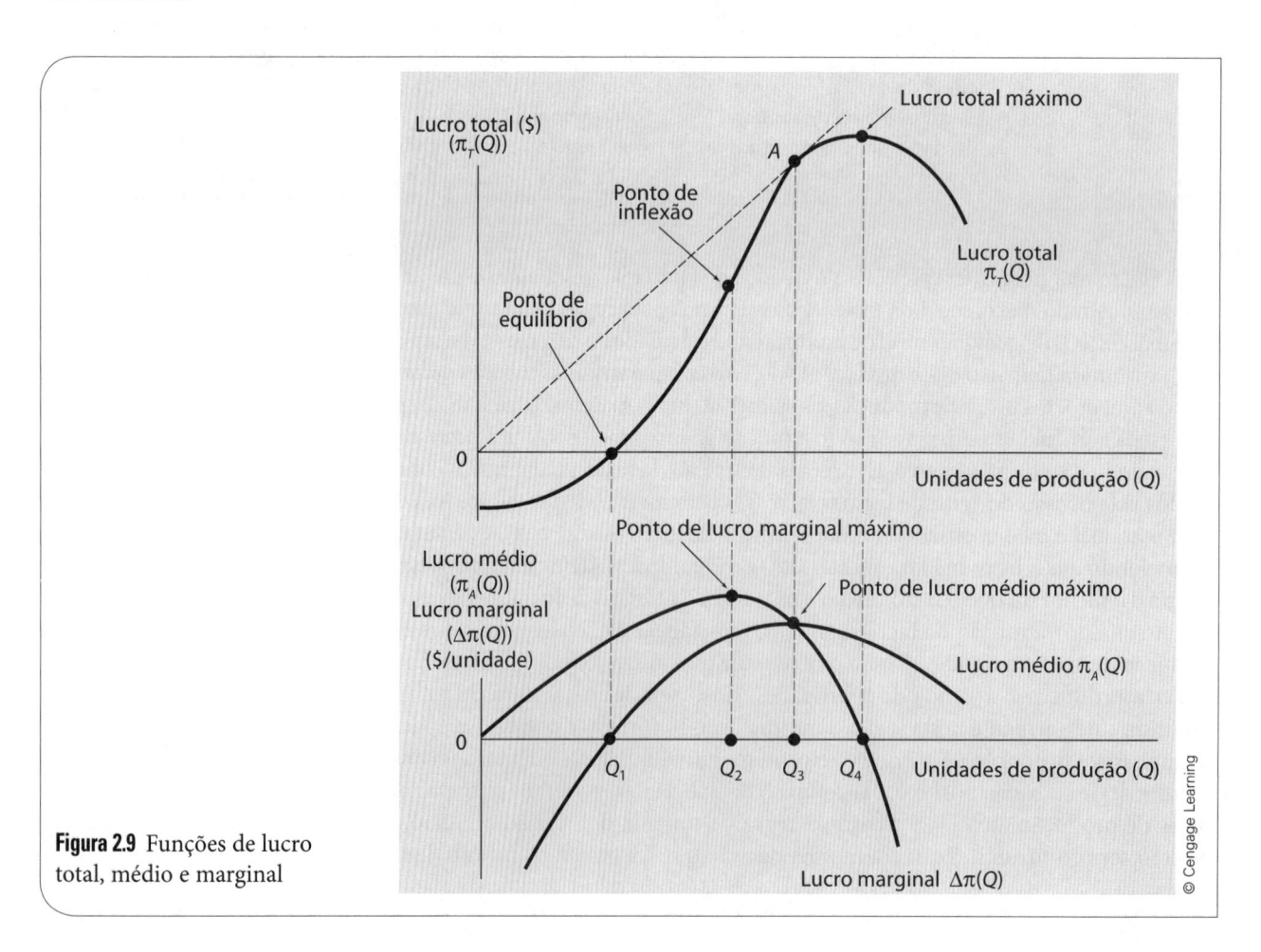

Figura 2.9 Funções de lucro total, médio e marginal

Determinação do valor presente líquido de um investimento

Para entender a regra do VPL, leve em consideração a seguinte situação: Você é responsável por investir US$1 milhão para dar suporte à aposentadoria de vários membros da família. Seu consultor financeiro sugere que você use esses fundos para comprar um pedaço de terra próximo a um trevo rodoviário de uma nova rodovia. Um diretor estadual de estradas confiável está certo de que o trevo rodoviário será construído e que, no prazo de um ano, o valor desse terreno aumentará para US$1,2 milhão. Por isso, você acredita inicialmente que este investimento não contém riscos. Ao final de um ano, você planeja vender o terreno. Você é aconselhado a investir US$1 milhão hoje, em antecipação pelo recebimento de US$1,2 milhão daqui a um ano, ou um lucro de US$200.000. Você deseja saber se este lucro representa um retorno suficiente para o seu investimento.

Você acha que é importante reconhecer que um retorno de US$1,2 milhão a receber daqui a um ano deve valer menos do que US$1,2 milhão hoje, porque você poderia investir seu US$1 milhão hoje para render juros durante o ano seguinte. Assim, para comparar um dólar recebido no futuro com um dólar em mãos hoje, é necessário multiplicar o dólar futuro por um fator de desconto que reflita as oportunidades alternativas de investimento que se encontram disponíveis.

Em vez de investir o seu US$1 milhão no empreendimento do terreno, você está ciente de que também poderia investir em títulos de um ano do governo dos Estados Unidos, que hoje oferecem um retorno de 3%, que representa o custo de oportunidade rejeitado ao se investir no projeto do terreno. A alíquota de 3% também pode ser vista como uma compensação para um investidor que concorda em adiar o recebimento de um retorno monetário por um ano. O fator de desconto apropriado, também chamado de fator de valor presente dos juros (FVPJ), é igual a

$$FVPJ = \frac{1}{1+i}$$

onde i é a compensação por adiar o recebimento de um retorno monetário por um ano. O **valor presente** (PV_0) de um valor recebido um ano no futuro (FV_1) é igual àquele valor vezes o fator de desconto, ou

$$PV_0 = FV_1 \times (FVPJ) \qquad [2.3]$$

No caso do projeto do terreno, o valor presente do $1,2 milhão prometido que se espera receber em um ano é igual a

$$PV_0 = US\$1,2 \text{ milhão} \left(\frac{1}{1+0,03}\right) = US\$1.165.049$$

Se investiu US$1.165.049 hoje para auferir 3% no próximo ano, você teria US$1,2 milhão ao final do ano. Você está certamente em melhor situação com o investimento de terreno proposto (supondo que seja realmente menos arriscado, como o investimento em títulos do governo dos Estados Unidos). Que situação melhor é essa?

A resposta a esta pergunta está no cerne dos cálculos de VPL. O projeto de investimento no terreno vale US$1.165.049 hoje para um investidor que deseja 3% de retorno neste tipo de investimento. Você, contudo, foi capaz de adquirir este investimento por apenas US$1 milhão. Assim, a sua riqueza atual aumentou, ao realizar este investimento, em US$165.049 (valor presente de US$1.165.049 do retorno da oportunidade de investimento projetado menos o investimento inicial exigido de US$1 milhão). O VPL deste investimento é US$165.049. Em geral, o VPL de um investimento é igual a

$$\text{VPL} = \text{Valor presente de retornos futuros} - \text{Desembolso inicial} \qquad [2.4]$$

Este exemplo foi simplificado ao se supor que os retornos do investimento foram recebidos exatamente um ano depois da data do desembolso inicial. Se o ganho pelo investimento no terreno estivesse dois anos distante, o FVPJ teria sido $1/(1,03)^2 = 0,942596$, e o VPL seria de US$1,2 milhões (0,942596) − US$1 milhão = US$131.115. A regra do VPL pode ser generalizada para cobrir retornos recebidos por qualquer número de períodos de tempo futuros com crescimento ou queda projetados e valores terminais como custos de recuperação ou escoamento. No Apêndice A, o conceito de VP é desenvolvido com mais detalhes, de modo a poder ser aplicado em composições de investimento mais complexas.

EXEMPLO A troca de uma lâmpada economiza US$30 e pode salvar o planeta[5]

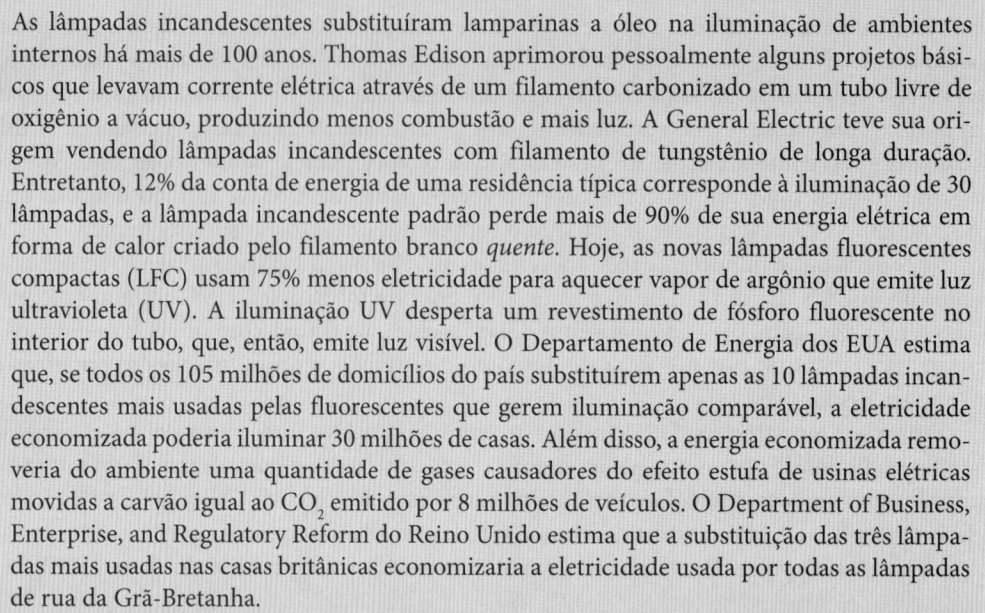

As lâmpadas incandescentes substituíram lamparinas a óleo na iluminação de ambientes internos há mais de 100 anos. Thomas Edison aprimorou pessoalmente alguns projetos básicos que levavam corrente elétrica através de um filamento carbonizado em um tubo livre de oxigênio a vácuo, produzindo menos combustão e mais luz. A General Electric teve sua origem vendendo lâmpadas incandescentes com filamento de tungstênio de longa duração. Entretanto, 12% da conta de energia de uma residência típica corresponde à iluminação de 30 lâmpadas, e a lâmpada incandescente padrão perde mais de 90% de sua energia elétrica em forma de calor criado pelo filamento branco *quente*. Hoje, as novas lâmpadas fluorescentes compactas (LFC) usam 75% menos eletricidade para aquecer vapor de argônio que emite luz ultravioleta (UV). A iluminação UV desperta um revestimento de fósforo fluorescente no interior do tubo, que, então, emite luz visível. O Departamento de Energia dos EUA estima que, se todos os 105 milhões de domicílios do país substituírem apenas as 10 lâmpadas incandescentes mais usadas pelas fluorescentes que gerem iluminação comparável, a eletricidade economizada poderia iluminar 30 milhões de casas. Além disso, a energia economizada removeria do ambiente uma quantidade de gases causadores do efeito estufa de usinas elétricas movidas a carvão igual ao CO_2 emitido por 8 milhões de veículos. O Department of Business, Enterprise, and Regulatory Reform do Reino Unido estima que a substituição das três lâmpadas mais usadas nas casas britânicas economizaria a eletricidade usada por todas as lâmpadas de rua da Grã-Bretanha.

A magnitude dessa economia de energia certamente é incrível, mas, a que custo? Comprada por US$0,50 cada, uma lâmpada incandescente de 60 watts com duração de 1.000 horas custa muito menos do que as lâmpadas fluorescentes, que criam os mesmos 1.050 lumens, duram 8.000 horas, queimam apenas 15 watts de eletricidade (*versus* 60), mas custam US$4,99.[6] Portanto, a comparação do custo pelo ciclo de vida depende de o custo extra de US$4,49 da aquisição da lâmpada fluorescente valer as economias de energia durante o ciclo. Técnicas de VPL são projetadas para responder a essas questões sobre o valor temporal do dinheiro (economias) que são prolongadas.

A Tabela 2.5 mostra os investimentos iniciais líquidos de US$4,49 e US$0,50 por lâmpada no período zero, os 45 kilowatt/hora (kwh) de energia economizados em uma média de 2¾ horas por dia pela lâmpada fluorescente, o custo representativo de US$0,11 por kwh de eletricidade,[7] e os US$0,50 adicionais da substituição anual da lâmpada incandescente (uso típico anual de uma residência norte-americana). Considerando uma taxa de desconto de 6%, o VPL da energia economizada anualmente de US$4,96, mais o custo de substituição de US$0,50 pela lâmpada incandescente evitado anualmente durante sete anos, gera um VPL economizado de US$33,59, que supera o custo de aquisição diferencial de US$3,99 da lâmpada fluorescente em US$29,60. A União Europeia achou esse VPL de US$30 economizado pela substituição de lâmpadas tão convincente (além da redução de CO_2), que não são mais permitidas a fabricação ou a importação de lâmpadas incandescentes nos países do bloco. A eliminação mais gradual de lâmpadas incandescentes nos EUA começou em 2012. Uma residência norte-americana média tem 30 lâmpadas, 10 das quais são usadas intensamente, uma economia potencial de US$49,60 + US$5 como fluxo de caixa por ano e um VPL economizado de US$296 em oito anos.

---

[5] Baseado em Stores Stock New Bulbs for the Light Switch. *Wall Street Journal*, 1 jul. 2011, p. D3. Disponível em: <www.energy.gov> e <www.energystar.gov>.

[6] A Philips tem discutido a cobrança de US$50 pelas lâmpadas de LED, com tecnologia ainda mais avançada e que duram praticamente 25 vezes mais do que as lâmpadas incandescentes.

[7] As tarifas elétricas para energia adicional variam por região, de US$0,07 por kwh no estado de Washington a US$0,08 na Carolina do Norte e do Sul, e US$0,12 na Califórnia, Nova York e ao redor da Nova Inglaterra. A eletricidade é muito mais cara na Europa por causa dos créditos de carbono exigidos para queimar carvão ou óleo combustível (a principal fonte de energia para as usinas elétricas). Por exemplo, na Dinamarca, a eletricidade custa US$0,36 por kwh.

TABELA 2.5 Economia de custos durante o ciclo de vida de lâmpadas fluorescentes compactas (LFC) (em US$)

	t = 0	t = 1	t = 2	t = 3	t = 4	t = 5	t = 6	t = 7	t = 8
									Valores no fim do período
Incadescentes	–$0,50	–$0,50	–$0,50	–$0,50	–$0,50	–$0,50	–$0,50	–$0,50	0
LFC	–$4,49	2¾ hr × 365 × 45 kwh × $0,11 = $4,96	$4,96	$4,96	$4,96	$4,96	$4,96	$4,96	$4,96
Diferença inicial de custo	–$3,99	VPL (8 anos de economia de energia de US$4,96 com d = 6%) = US$30,80							
		VPL (7 anos de custo de US$0,50 pela substituição de lâmpadas incandescentes com d = 6%) = US$2,79							
		VPL (economia durante o ciclo de vida) – diferença de custo ($30,80 + $2,79) = $33,59 – $3,99 = $29,60 por lâmpada							

Fontes de projetos de VPL positivo

O que faz que alguns projetos apresentem um VPL positivo e outros um VPL negativo? Quando mercados de produtos e outros fatores não são tão perfeitamente competitivos, é possível que uma empresa ganhe lucros acima do normal (rendas econômicas) que resultam em projetos de VPL positivo. Os motivos pelos quais estes lucros acima do normal podem ocorrer decorrem das condições que definem cada tipo de mercado de produto e o fator que o distinguem de um mercado perfeitamente competitivo. Os motivos incluem as seguintes barreiras à entrada e outros fatores:

1. Preferências do comprador para o estabelecimento de nomes de marca
2. Propriedade ou controle de sistemas de distribuição preferidos (tais como revendas exclusivas de automóveis ou *hubs* de linhas aéreas)
3. Controle de patente de projetos superiores de produto ou técnicas de produção
4. Propriedade exclusiva de depósitos de recursos naturais superiores
5. Incapacidade de novas empresas de adquirir os fatores necessários de produção (administração, mão de obra, equipamentos)
6. Acesso superior a recursos financeiros a custos mais baixos (economias de escala na atração de capital)
7. Economias de produção em larga escala e distribuição decorrente de
   a. Processos de produção de capital intensivo
   b. Altos custos de inicialização

Estes fatores podem permitir que uma empresa identifique os projetos de VPL positivo para investimento interno. Caso as barreiras à entrada sejam suficientemente altas (tais como uma patente sobre tecnologia de ponta) que impeçam qualquer nova concorrência, ou caso o período de inicialização para os empreendimentos concorrentes seja suficientemente longo, então é possível que um projeto possa apresentar um VPL positivo. Todavia, ao avaliar a viabilidade de tal projeto, o gerente ou analista deve levar em consideração o período de tempo provável em que os retornos acima do normal podem ser auferidos antes que surjam novos concorrentes e forcem os fluxos de caixa de volta a um nível mais normal. Em geral, não é realístico esperar ser capaz de auferir retornos acima do normal durante toda a vida de um projeto de investimento.

Risco e a regra do VPL

O exemplo anterior de investimento em terreno supôs que o investimento não continha riscos. Assim, a taxa de retorno usada para o cálculo do fator de desconto e do VPL foi a taxa sem risco disponível sobre um título do governo dos Estados Unidos com vencimento em um ano. E se você não acredita em seu consultor de investimento, que diz que a construção de um novo trevo rodoviário é uma certeza, ou não está confiante sobre a estimativa do consultor sobre o valor do terreno dentro de um ano? Para compensar pelo risco percebido deste investimento, você decide que vai querer uma taxa de retorno de 15% sobre o seu investimento. Usando uma taxa de retorno de 15% exigida no cálculo do fator de desconto, o valor presente do preço de venda de US$1,2 milhão esperado do terreno é de US$1.043.478 [US$1,2 milhão × (1/1,15)]. Assim, o VPL deste investimento cai para US$43.478. O aumento do risco percebido do investimento resulta em uma queda dramática de US$165,049 para US$121,571 no VPL de um investimento de US$1 milhão.

Um problema inicial enfrentado pelos gestores é a dificuldade de avaliação do risco associado aos investimentos e, então, a conversão desse risco em uma taxa de desconto que reflita um nível adequado de compensação pelo risco. Na próxima seção deste capítulo discutimos o conceito de risco e os fatores que afetam o risco de investimento e influenciam a taxa de retorno exigida em um investimento.

SIGNIFICADO E MEDIÇÃO DO RISCO

Risco implica uma chance de algum resultado desfavorável ocorrer – por exemplo, *a possibilidade de os fluxos de caixa reais serem menores do que* o retorno esperado. Quando uma série de resultados potenciais está associada a uma decisão e o tomador de decisões é capaz de atribuir probabilidades a cada um destes resultados possíveis, o risco é considerado como existente.

Uma decisão sobre investimento é dita como sendo *sem riscos* quando o resultado do investimento inicial é conhecido com certeza. Um bom exemplo de investimento sem riscos são os títulos do Tesouro dos Estados Unidos. Não existe possibilidade alguma de que o Tesouro deixe de resgatar estes títulos no vencimento ou de que fique em inadimplemento com relação a quaisquer pagamentos de juros devidos.

Em contrapartida, os títulos da US Airways constituem uma oportunidade de investimento *de risco*, pois é possível que ela fique inadimplente com relação a um ou mais pagamentos de juros e não tenha recursos suficientes no vencimento para resgatar os títulos pelo valor de face.

Em resumo, risco refere-se à variabilidade potencial dos resultados a partir de uma decisão. Quanto mais variáveis são estes resultados, maior o risco.

Distribuições de probabilidade

A **probabilidade** de que um resultado específico venha a ocorrer é definida como a frequência relativa ou *chance percentual* de sua ocorrência. As probabilidades podem ser determinadas de modo objetivo ou subjetivo. Uma determinação objetiva tem como base os resultados passados de eventos similares, enquanto uma determinação subjetiva é apenas uma opinião de um indivíduo sobre a probabilidade de um dado evento vir a ocorrer. No caso de decisões que são repetidas com frequência, tais como a perfuração de poços de petróleo em desenvolvimento em um campo petrolífero estabelecido, podem ser feitas estimativas objetivas razoavelmente boas sobre o sucesso de um novo poço. Em contrapartida, para decisões totalmente novas ou investimentos únicos, as estimativas subjetivas sobre a probabilidade de vários resultados são necessárias. O fato de que várias estimativas de probabilidade nos negócios são, pelo menos, parcialmente subjetivas não diminui a sua utilidade.

Usando os métodos objetivo ou subjetivo, o tomador de decisões pode elaborar uma distribuição de probabilidade para os possíveis resultados. A Tabela 2.6 mostra a distribuição de probabilidade de fluxos líquidos de caixa para dois investimentos da amostra. O fluxo de caixa líquido (FCL) anual estimado mais baixo para cada investimento – US$200 para o Investimento I e US$100 para o Investimento II – representa previsões pessimistas sobre o desempenho dos investimentos; os valores do meio (US$300 e US$300) poderiam ser considerados níveis de desempenho normais; e os valores mais altos (US$400 e US$500) são estimativas otimistas.

TABELA 2.6 Distribuições de probabilidade dos fluxos de caixa líquidos (FCL) anuais de dois investimentos (em US$)

	Investimento I		Investimento II	
FCL Possível ($)	Probabilidade	Probabilidade ($)	Probabilidade	
200	0,2	100	0,2	
300	0,6	300	0,6	
400	0,2	500	0,2	
	1,0		1,0	

© Cengage Learning

EXEMPLO Distribuições de probabilidade e risco: títulos da US Airways[8]

Leve em consideração um investidor que está pensando em comprar títulos da US Airways. Esse investidor deve atribuir as probabilidades associadas aos três possíveis resultados deste investimento, como demonstrado na Tabela 2.7. Estas probabilidades são interpretadas como significando que existe uma chance de 30% de que os títulos não estarão em inadimplemento durante a sua vida e que serão resgatados no vencimento, uma chance de 65% de inadimplemento de juros durante a vida dos títulos, e uma chance de 5% de que os títulos não serão resgatados no vencimento. Neste exemplo, não são considerados possíveis outros resultados.

TABELA 2.7 Possíveis resultados de investir em títulos da US Airways

Resultado	Probabilidade
Sem inadimplemento, títulos resgatados no vencimento	0,30
Inadimplemento sobre os juros para um ou mais períodos	0,65
Sem inadimplemento de juros, mas títulos não resgatados no vencimento	0,05
	1,00

8 O relatório anual da US Airways Corporation pode ser encontrado em <http://investor.usairways.com>.

Valores esperados

A partir destas informações, o valor esperado de cada alternativa de decisão pode ser calculado. Valor esperado é definido como a média ponderada dos possíveis resultados. É o valor que se espera que ocorra em média, caso a decisão (tal como um investimento) fosse repetida por várias vezes.

Algebricamente, o valor esperado pode ser definido como

$$\bar{r} = \sum_{j=1}^{n} r_j p_j \qquad [2.5]$$

onde $\bar{r}$ é o valor esperado; r_j é o resultado para o caso j, dentre n possíveis resultados; e p é a probabilidade de que o resultado j ocorrerá. Os fluxos de caixa esperados para os Investimentos I e II são calculados na Tabela 2.8, usando a Equação 2.5. Neste exemplo, ambos os investimentos têm valores esperados de fluxos de caixa líquidos anuais iguais a US$300.

Desvio padrão: uma medida absoluta de risco

O **desvio padrão** é uma medida estatística da dispersão de uma variável em torno de sua média. Ele é definido como a raiz quadrada da média ponderada dos desvios quadráticos dos resultados individuais em relação à média:

$$\sigma = \sqrt{\sum_{j=1}^{n} (r_j - \bar{r}_j)^2 p_j} \qquad [2.6]$$

onde σ é o desvio padrão.

TABELA 2.8 Cálculo dos retornos esperados de dois investimentos (em US$)

	Investimento I			Investimento II		
r_j	p_j	$r_j \times p_j$	r_j	p_j	$r_j \times p_j$	
$ 200	0,2	$ 40	$ 100	0,2	$ 20	
300	0,6	180	300	0,6	180	
400	0,2	80	500	0,2	100	
	Valor esperado: $\bar{r}_j$ = $ 300				$\bar{r}_{ii}$ = $ 300	

O desvio padrão pode ser usado para medir a variabilidade de uma alternativa de decisão. Como tal, ele fornece uma indicação do risco envolvido na alternativa. Quanto maior for o desvio padrão, mais variáveis serão os possíveis resultados e mais arriscada a alternativa de decisão. Um desvio padrão de zero indica que não há variabilidade, e, assim, não há risco.

A Tabela 2.9 mostra o cálculo dos desvios padrão para os Investimentos I e II. Estes cálculos mostram que o Investimento II parece ser mais *arriscado* do que o Investimento I, pois os fluxos de caixa esperados daquele são *mais variáveis*.

Distribuição de probabilidade normal

Os possíveis resultados da maior parte das decisões de investimentos são muito mais numerosos do que na Tabela 2.6, mas seus efeitos podem ser estimados ao supor uma distribuição de probabilidade contínua. Supor que há uma distribuição de probabilidade *normal* geralmente está correto, ou quase, e simplifica muito a análise. A distribuição de probabilidade normal é caracterizada por uma curva simétrica no formato de sino. Uma tabela da *função de distribuição de probabilidade normal padrão* (Tabela 1 do Apêndice B, no final deste livro) pode ser usada para o cálculo da probabilidade de ocorrência de algum resultado específico. A partir desta tabela, por exemplo, fica claro que o resultado corrente deverá estar entre mais e menos 1 desvio padrão do valor esperado em 68,26% do tempo,[9] entre mais e menos 2 em 95,44% do tempo e entre 3 desvios padrão mais e menos em 99,74% do tempo (ver Figura 2.10). Assim, um "evento 3 sigma" ocorre menos do que em 1% do tempo, com uma frequência relativa de 0,0026 (ou seja, 1,0 − 0,9974), e um "evento 9 sigma" quase não ocorre, com uma frequência relativa menor do que 0,0001. Não obstante, eventos extraordinários podem acontecer, e acontecem (ver o box seguinte sobre a LTCM).

O número de desvios padrão z que um valor específico de r se distancia da média $\bar{r}$ pode ser calculado como

$$z = \frac{r - \bar{r}}{\sigma}$$

[2.7]

TABELA 2.9 Cálculo dos desvios padrão para dois investimentos (em US$)

	j	r_j	$\bar{r}$	$r_j - \bar{r}$	$(r_j - \bar{r})^2$	p_j	$(r_j - \bar{r})^2 p_j$
Investimento I	1	$ 200	$ 300	$ −100	$ 10.000	0,2	$ 2.000
	2	300	300	0	0	0,6	0
	3	400	300	100	10.000	0,2	2.000
						$\sum_{j=1}^{3}(r_j - \bar{r})^2 p_j =$	$ 4.000
			$\sigma = \sqrt{\sum_{j=1}^{n}(r_j - \bar{r})^2 p_j} = \sqrt{4.000} = \underline{\$ 63,25}$				
Investimento II	1	$ 100	$ 300	$ −200	$ 40.000	0,2	$ 8.000
	2	300	300	0	0	0,6	0
	3	500	300	200	40.000	0,2	<u>8.000</u>
						$\sum_{j=1}^{3}(r_j - \bar{r})^2 p_j =$	$ 16.000
			$\sigma = \sqrt{\sum_{j=1}^{n}(r_j - \bar{r})^2 p_j} = \sqrt{16.000} = \underline{\$ 126,49}$				

---

[9] Por exemplo, a Tabela 1 indica a probabilidade de 0,1587 de um valor ocorrer que seja maior do que +1σ da média e uma probabilidade de 0,1587 de um valor ocorrer que seja menor do que −1σ da média. Por isso, a probabilidade de um valor *entre* +1σ e −1σ é de 68,26%, ou seja, 1,00 − (2 × 0,1587).

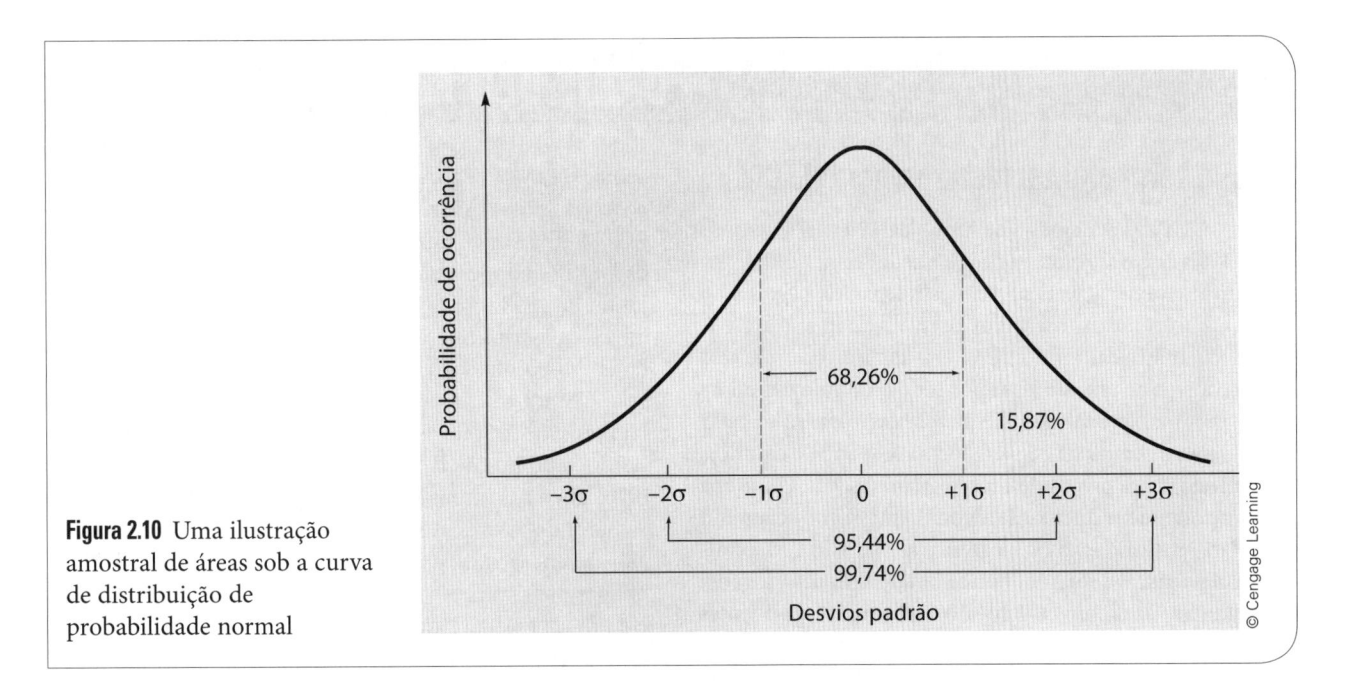

Figura 2.10 Uma ilustração amostral de áreas sob a curva de distribuição de probabilidade normal

A Tabela 1 do Apêndice B e a Equação 2.7 podem ser usadas para o cálculo da probabilidade de um fluxo de caixa líquido anual para o Investimento I sendo menor do que algum valor r – por exemplo, US$205. Primeiro, deve ser calculado o número de desvios padrão que US$205 está da média. A substituição da média e do desvio padrão das Tabelas 2.8 e 2.9 na Equação 2.7 chega a

$$z = \frac{\$205 - \$300}{\$63,25}$$

$$= -1,50$$

Em outras palavras, o valor do fluxo de caixa líquido anual de US$205 está 1,5 desvios padrão abaixo da média. A leitura da linha negativa 1,5 na Tabela 1 dá um valor de 0,0668, ou 6,68%. Assim, existe uma probabilidade de 6,68% de que o Investimento I terá fluxos de caixa líquidos anuais inferiores a US$205. De modo inverso, a probabilidade é de 93,32% (1 − 0,0668) de que o investimento terá um fluxo de caixa superior a US$205.

Coeficiente de variação: uma medida relativa de risco

Desvio padrão é uma medida apropriada de risco quando as alternativas de decisão que estão sendo comparadas são quase iguais em tamanho (ou seja, possuem valores esperados similares aos resultados) e os resultados são estimados como tendo distribuições de probabilidade simétricas. Já que o desvio padrão é uma medida *absoluta* de variabilidade, contudo, não é, em geral, adequado para a comparação das alternativas de tamanho diferente. Nesses casos, o **coeficiente de variação** fornece uma melhor medida de risco.

O coeficiente de variação (v) leva em consideração a variação relativa e, assim, é bem adequado para uso quando está sendo feita uma comparação entre duas alternativas de decisão de tamanhos desiguais. É definido como a razão entre o desvio padrão σ e o valor esperado $\bar{r}$, ou

$$v = \frac{\sigma}{r} \qquad [2.8]$$

O QUE DEU CERTO • O QUE DEU ERRADO

Long-term capital management (LTCM)[10]

A LTCM funcionou de junho de 1993 até setembro de 1998 como um fundo hedge que investiu capital privado altamente alavancado em estratégias de negociação de arbitragem nos mercados derivativos financeiros. A principal atividade da LTCM era analisar os contratos derivativos de taxa de juros por todo o mundo em busca de mínimas precificações equivocadas e então apostar enormes quantias na convergência subsequente daqueles contratos para preços de equilíbrio previsíveis. O *mispricing* poderia ser apenas de alguns centavos por cada mil dólares investidos, o que significava que a LTCM geralmente arriscava milhões ou até bilhões em uma jogada. Algumas vezes com cerca de 100 apostas independentes espalhadas por dúzias de diferentes mercados de títulos do governo, a LTCM parecia diversificada globalmente.

Em um mês normal, 60 de tais estratégias de convergência com posições em contratos de várias milhares de contrapartes renderiam dinheiro, e outras 40 estratégias com número similar de contrapartes perderiam dinheiro. Constantemente, os lucros se acumulavam. A partir de um patrimônio líquido de US$1 bilhão em fevereiro de 1994, a LTCM chegou a um patrimônio líquido de U$$7 bilhões em janeiro de 1998. A LCTM então pagou US$2,4 bilhões em uma única distribuição a terceiros, igual a 40% do retorno anual sobre o seu investimento (retorno do investimento – ROI). Logo depois disso, em agosto de 1998, o patrimônio restante de US$4,6 bilhões encolheu em 45% e então, um mês depois, encolheu outros 82% para menos de US$600 milhões. Em setembro de 1998, o fundo hedge foi assumido por 14 bancos de Wall Street, que injetaram US$3,6 bilhões para cobrir as dívidas da empresa e assumiram 90% da propriedade. O que deu errado?

Uma explicação possível é que tais eventos são totalmente esperados em um empreendimento tão arriscado, que dá 40% de retorno do investimento. Risco antecipado e retorno esperado estão bastante correlacionados positivamente. Todavia, o retorno anual da LCTM possuía um desvio padrão de junho de 1993 até junho de 1998 de apenas 11,5% ao ano, se comparado aos 10% para as 500 ações da S&P. A esse respeito, a volatilidade do retorno da LCTM era bem comum. Outra explicação possível é que os US$129 bilhões da LCTM no balanço patrimonial de junho de 1998 foram esmagados pelo excessivo valor de ativos e passivos fora do balanço patrimonial. Embora o tamanho absoluto dos números seja surpreendente (ou seja, US$1,2 trilhão em *swaps* de taxas de juros, US$28 bilhões em derivativos de câmbio e US$36 bilhões em ações), a proporção de 9% da LCTM dos ativos no e fora do balanço patrimonial era similar àquela de uma empresa típica de valores mobiliários (cerca de 12%). Mesmo a alta alavancagem financeira da LCTM (ativos de US$129 bilhões para patrimônio de US$4,7 bilhões = 26 para 1) era prática normal para operadores de derivativos.

O que parece ter dado errado na LTCM foi que um atraso das obrigações de dívida do governo russo em agosto de 1998 desencadeou um "voo pela qualidade" verdadeiramente extraordinário. A confusão geral no mercado de obrigações fez que a taxa de juros crescesse de forma instável a um desvio padrão de 36%, quando 3% era o normal. A LTCM foi capturada no lado oposto de muitas posições derivativas da taxa de juros, para as quais não havia negócio disponível a nenhum preço. Embora a LTCM tenha feito o "teste de valores limite" (*stress test*) em suas posições de negociação contra os assim chamados eventos 3 sigma (uma perda de US$35 milhões em um dia), esta volatilidade de agosto-setembro de 1998 demonstrou ser um evento 9 sigma (ou seja, uma perda de US$553 milhões em um dia).

Com investimentos massivos altamente alavancados e expostos a um evento 9 sigma, a LCTM sangrou US$2 bilhões em um mês. Como a exposição a riscos de liquidez de um portfólio normalmente diversificado era a culpada, muitas investidoras concluíram que a alavancagem teria de ser substancialmente reduzida como resultado dos eventos na LTCM.

---

10 R. Lowenstein, *When Genius Failed*. Nova York: Random House, 2000; comentários por Dave Modest, NBER Conference, maio 1999; Case Study: LTCM, *eRisk*, 2000.

EXEMPLO Medição relativa de risco: Arrow Tool Company

A Arrow Tool Company está levando em consideração dois investimentos, T e S. O Investimento T possui fluxos de caixa líquidos esperados de US$100.000 e um desvio padrão de US$20.000, enquanto o Investimento S possui fluxos de caixa líquidos esperados de US$4.000 e um desvio padrão de US$2.000. A intuição nos diz que o Investimento T é menos arriscado, pois a sua variação *relativa* é menor. À medida que aumenta o coeficiente

Cont.

de variação, assim faz o risco relativo da alternativa de decisão. Os coeficientes de variação para os Investimentos T e S são calculados como

Investimento T:

$$v = \frac{\sigma}{\bar{r}}$$

$$= \frac{\$20.000}{\$100.000}$$

$$= 0,20$$

Investimento S:

$$v = \frac{\sigma}{\bar{r}}$$

$$= \frac{\$2.000}{\$4.000}$$

$$= 0,5$$

Os fluxos de caixa do Investimento S possuem um coeficiente de variação maior (0,50) do que os fluxos de caixa do Investimento T (0,20); assim, mesmo sendo menor o desvio padrão, o Investimento S é o *mais* arriscado dentre as duas alternativas.

RISCO E RETORNO EXIGIDO

A relação entre risco e retorno exigido em um investimento em um ativo físico ou ativo financeiro (valor mobiliário) pode ser definida como

$$\text{Retorno exigido} = \text{Retorno sem risco} + \text{Prêmio pelo risco} \qquad [2.9]$$

A taxa de retorno livre de risco refere-se ao retorno disponível sobre um investimento sem risco de inadimplência. Com relação a títulos de dívida, a ausência de risco de inadimplência significa que os juros prometidos e os pagamentos do principal estão garantidos. O melhor exemplo de valores mobiliários sem risco são os títulos de curto prazo do governo dos Estados Unidos, como as letras do Tesouro. O comprador de um título de dívida do governo dos EUA sempre tem a garantia de receber os pagamentos *principal* e *de juros*, pois o governo norte-americano sempre pode imprimir mais dinheiro. O retorno sem riscos desses investimentos é igual à taxa real de juros mais a taxa esperada de inflação. O segundo termo da Equação 2.9 é uma potencial "recompensa" que um investidor pode esperar receber ao fornecer capital para um investimento de risco. Esse *prêmio pelo risco* pode surgir por inúmeras razões. A empresa que toma dinheiro emprestado pode não cumprir as suas obrigações contratuais de reembolso (um prêmio de risco por inadimplência). O investidor pode ter pouca preferência quando apresenta reclamações contra um tomador de empréstimo falido (um prêmio de risco com preferência). O investidor pode não ser capaz de vender seu título (um prêmio de risco de liquidez, como vimos no caso da LTCM), ou pode ocorrer antecipadamente uma amortização de dívida (um prêmio de risco do vencimento). Por fim, o retorno que o investidor recebe pode ser altamente volátil, superior às expectativas durante um período e caindo verticalmente abaixo das expectativas durante o próximo período. Os investidores, em geral, são considerados como *avessos ao risco*; ou seja, esperam, na média, ser compensados por todos e quaisquer destes riscos que assumem ao fazer um investimento.

EXEMPLO: Acordos de risco e retorno em ações, títulos, terras agrícolas e diamantes

Os investidores exigem taxas mais altas de retorno sobre valores sujeitos ao risco de inadimplência. Agências de classificação de riscos, como Moody's, Standard and Poor's, Duff and Phelps e Fitch, fornecem avaliações de riscos de inadimplência de muitos títulos privados sob a forma de classificação de títulos. A Moody's, por exemplo, classifica os títulos em uma escala de 9 pontos, de Aaa até C, onde os títulos classificados como Aaa apresentam o risco de inadimplência esperado mais baixo. Como pode ser visto na Tabela 2.9, os rendimentos dos títulos aumentam à medida que aumenta o risco de inadimplência, refletindo a relação positiva entre risco e retornos exigidos.

A tabela 2.10 também mostra que o investimento em diamantes teve retorno de 3%, enquanto o investimento em terras agrícolas rendeu 6,5%; em ações dos EUA foi de 10%; em ações de biotecnologia, 12,6%; e as ações de mercados emergentes tiveram retorno composto de 16% anualmente, de 1970 a 2010. Esse retorno composto anual reflete a variação dos retornos entre diamantes (mais baixos), terras agrícolas, ações norte-americanas, ações de biotecnologia e ações de mercados emergentes (mais altos).

TABELA 2.10 Relação entre risco e retornos exigidos

Título de dívida	Rendimento (%)
Bilhetes do Tesouro dos EUA	3,8
Títulos do Tesouro dos EUA (+ de 25 anos)	5,06
Títulos empresariais Aaa	6,49
Títulos Aa	6,93
Títulos A	7,18
Títulos empresariais Baa	7,80
Outros investimentos	
Diamantes	3,0
Terras agrícolas	6,5
Ações	
Todas as ações dos EUA	10,1
Ações de biotecnologia	12,6
Ações de mercados emergentes	16,0

Fonte: Board of Governors of the Federal Reserve System. *Federal Reserve Bulletin.*

RESUMO

- Oferta e demanda determinam simultaneamente o preço de equilíbrio de mercado. Os determinantes da demanda (oferta) que não sejam preços mudam a posição da curva de demanda (oferta). Uma mudança apenas no preço leva a uma mudança na quantidade demandada (ofertada) sem nenhuma mudança na demanda (oferta).
- O preço de oferta que os demandantes estão dispostos a pagar é determinado pelo valor marginal de uso da compra a ser levada em consideração. O preço de venda que os fornecedores estão dispostos a aceitar é determinado pelo custo marginal do produto ou serviço a ser fornecido.
- O preço de equilíbrio da gasolina flutua principalmente por causa de aumentos e colapsos nos preços do petróleo causados em momentos variados por interrupções e excessos de fornecimento, aumento da demanda de países em desenvolvimento e especulação.
- Mudanças no preço resultam em um *movimento* ao longo da curva de demanda, enquanto mudanças em qualquer uma das outras variáveis causam *gui-*

nadas da curva de demanda inteira. Portanto, "mudanças na quantidade demandada" ao longo de uma determinada curva de demanda resultam de mudanças de preço. Em contraste, quando alguém fala em "mudanças na demanda", está se referindo a deslocamentos da curva de demanda inteira.

- Alguns dos fatores que causam deslocamento da curva de demanda são mudanças no nível de renda dos consumidores, preço de bens substitutos e complementares, nível de propaganda, gastos dos concorrentes com propaganda, população, preferências dos consumidores, período de ajuste, impostos ou subsídios e expectativas de preço.

- O conceito de *análise marginal* exige que um tomador de decisões determine os custos adicionais (marginais) e os benefícios adicionais (marginais) associados à ação proposta. Caso os benefícios marginais sejam superiores aos custos marginais (ou seja, se os benefícios marginais líquidos são positivos), a ação deverá ser praticada.

- O *valor presente líquido* de um investimento é igual ao valor presente dos retornos futuros esperados (fluxos de caixa) menos o desembolso inicial.

- O VPL de um investimento é igual à contribuição daquele investimento ao valor da empresa, e, assim, à riqueza dos acionistas. O VPL de um investimento depende do retorno exigido pelos investidores (a empresa), que, por sua vez, é uma função do risco percebido do investimento.

- *Risco* refere-se à variabilidade potencial de resultados de uma alternativa de decisão. Pode ser medido pelo *desvio padrão* (uma medida absoluta de risco) ou pelo *coeficiente de variação* (uma medida relativa de risco).

- Existe uma relação positiva entre risco e taxas de retorno exigidas. Os investimentos que envolvem maiores riscos devem oferecer retornos esperados mais altos.

EXERCÍCIOS
As respostas para os exercícios destacados estão no Apêndice D, no final do livro.

1. Para cada um dos determinantes da demanda da Equação 2.1, identifique um exemplo que ilustre o efeito sobre a demanda por veículos híbridos de gasolina e eletricidade, como o Toyota Prius. Em seguida, faça o mesmo para cada um dos determinantes da oferta na Equação 2.2. Nas duas situações, o preço de equilíbrio de mercado aumentaria ou diminuiria? Considere substitutos, como híbridos Plug-in, o Nissan Leaf e o Chevy Volt, e complementos, como gasolina e baterias de computadores de lítio-íon.

2. Os preços da gasolina acima de US$3 por galão afetaram o que a empresa de locação de veículos Enterprise pode cobrar pelos vários tipos de locação de veículos. Os veículos utilitários [SUVs] custam US$37 com devolução em um dia e os subcompactos custam US$41 com devolução em um dia. Por que o preço de equilíbrio para os veículos utilitários seria menor do que o dos subcompactos?

3. A Ajax Corporation possui o seguinte conjunto de projetos disponíveis:

Projeto*	Investimento exigido (US$ milhões)	Taxa de retorno esperada (%)
A	500	23,0
B	75	18,0
C	50	21,0
D	125	16,0
E	300	14,0
F	150	13,0
G	250	19,0

* Nota: Todos os projetos possuem risco igual.

A Ajax pode levantar recursos com os seguintes custos marginais:

Primeiros US$250 milhões	14,0%
Próximos US$250 milhões	15,5
Próximos US$100 milhões	16,0
Próximos US$250 milhões	16,5
Próximos US$200 milhões	18,0
Próximos US$200 milhões	21,0

Use os conceitos de custo marginal e receita marginal desenvolvidos neste capítulo para obter um orçamento de capital ótimo para a Ajax.

4. A ESPN paga atualmente US$1,1 bilhão por ano à NFL em um contrato de oito anos pelo direito de exibir exclusivamente o Monday Night Footbal. Qual é o VPL deste investimento se a empresa controladora, Disney Company, tem uma taxa de juros de oportunidade igual a seu custo de capital de 9%? Fox e CBS concordaram em pagar US$712 milhões e US$622 milhões respectivamente por seis anos para exibir os jogos da NFC nas tardes de segunda-feira. Para quem valeu a pena?

5. A demanda pelos produtos da MICHTEC está relacionada à situação da economia. Se a economia se expandir no próximo ano (um crescimento acima do normal do PIB), a empresa espera vendas de $ 90 milhões. Caso ocorra uma recessão no próximo ano (uma diminuição do PIB), as vendas devem ser de US$75 milhões. Caso o próximo ano seja normal (um crescimento moderado do PIB), as vendas devem ser de US$85 milhões. Os economistas da MICHTEC estimam as chances de que a economia se expandirá, será normal ou estará em recessão no próximo ano a 0,2, 0,5 e 0,3, respectivamente.
   a. Calcule as vendas anuais esperadas.
   b. Calcule o desvio padrão das vendas anuais.
   c. Calcule o coeficiente de variação das vendas anuais.

6. Dois investimentos possuem os seguintes retornos esperados (VPLs) e desvio-padrão de retornos:

Projeto	Retornos esperados (US$)	Desvio padrão (US$)
A	50.000	40.000
B	250.000	125.000

Qual deles é o mais arriscado? Por quê?

7. A gerente da divisão aeroespacial da General Aeronautics estima o preço que pode cobrar pela prestação de serviços de lançamento de satélite para empresas comerciais. Sua estimativa mais otimista (um preço que não deve ser superior em mais de 10% das vezes) é de US$2 milhões. Sua estimativa mais pessimista (um preço mais baixo do que este não deve ser esperado por mais de 10% das vezes) é de US$1 milhão. A distribuição do preço deve ser aproximadamente normal.
   a. Qual é o preço esperado?
   b. Qual é o desvio padrão do preço de lançamento?
   c. Qual é a probabilidade de receber um preço inferior a US$1,2 milhão?

CASO   **GESTÃO DE RECEITAS NA AMERICAN AIRLINES[11]**

As companhias aéreas enfrentam uma demanda altamente cíclica; a American relatou lucratividade na forte expansão de 2006-2007, mas também houve grandes perdas na recessão de 2008-2009. A demanda também flutua diariamente. Uma das formas que a companhia tem para lidar

---
11 Baseado em Robert Cross. *Revenue Management*. Nova York: Broadway Books, 1995; e Frederick Harris e Peter Peacock. Hold my place please: Yield management improves capacity allocation guesswork. *Marketing Management*, outono 1995, p. 34-46.

com a demanda aleatória é por meio de análises marginais usando técnicas de gestão de receitas. A gestão de receitas ou "rendimentos" (RM) é um processo integrado de gestão de demanda, processamento de pedidos e planejamento de capacidade.

Ganhar pedidos em um setor de serviços *sem cortar preços* exige que as companhias criem valor percebido para classes segmentadas de clientes. Viajantes a negócios, por exemplo, pagarão por prêmios substanciais pela responsividade às suas solicitações de mudança de voo na última hora. Outros viajantes a negócios demandam confiabilidade de entrega e desempenho em tempo excepcionais. Em contraste, a maioria dos que viajam em férias querem serviço de qualidade por um preço mínimo. Embora apenas 15%-20% dos assentos da maioria das companhias aéreas seja para o segmento de negócios, 65%-75% da contribuição do lucro de um voo comum vem desse grupo.

O problema administrativo é que a capacidade da companhia aérea precisa ser planejada e alocada bem antes da chegada dos consumidores, geralmente antes de a demanda ser totalmente conhecida, ainda que o estoque pereça no momento da partida. Esse mesmo problema é enfrentado por hospitais, consultorias, emissoras de TV e gráficas; todos precisam adquirir e programar a capacidade antes que as demandas por cirurgias eletivas, equipes de gestão de crise, anúncios de TV ou o processo de impressão da próxima semana sejam completamente conhecidos.

Uma abordagem para minimizar o estoque não vendido e ainda capturar todos os negócios lucrativos de última hora é leiloar a capacidade ao proponente mais alto. Os leilões de eletricidade livre funcionam dessa forma: companhias de energia disponibilizam as ofertas excedentes faltando quinze minutos para a hora em que outros serviços concordam em entregar. No entanto, em companhias aéreas, os preços não podem ser ajustados rapidamente à medida que o horário de partida se aproxima. Em vez disso, os gestores de receita empregam grandes bancos de dados históricos para prever a demanda de clientes segmentados à luz das chegadas atuais no sistema de reservas. Eles analisam, então, o lucro marginal esperado por deixar na reserva outro assento da classe executiva em antecipação à demanda adicional de última hora e comparam essa informação "assento a assento" com o lucro marginal esperado ao aceitar uma ou mais solicitações de reserva adiantadas feitas por um viajante com desconto.

Suponha que, no voo de Dallas para Chicago das 9 horas da próxima segunda-feira, 63 dos 170 assentos da American Airlines foram "protegidos" para a primeira classe, classe executiva, e tarifas completas, mas apenas 50 foram vendidos; os 107 assentos restantes foram autorizados para venda com desconto. Três dias antes da partida, outra solicitação de reserva adiantada chega na classe com descontos, que já está lotada. A companhia deve realocar a capacidade e receber o novo passageiro? A resposta depende do lucro marginal de cada classe e da probabilidade prevista de demanda excessiva (além de 63 assentos) na próxima segunda para as classes executivas.

Se a tarifa completa de US$721 tem um lucro marginal de US$500 e a tarifa com desconto de US$155 tem US$100 de lucro marginal, o assento em questão não deveria ser alocado da classe executiva para clientes com desconto, a não ser que a probabilidade de ter o "estoque esgotado" na classe executiva seja menor do que 0,20 (correspondentes à provável incidência de cancelamentos ou ausências). Portanto, se a probabilidade de lotação é 0,25, o lucro marginal esperado para manter um assento vazio para outro possível cliente executivo é de US$125, enquanto o lucro marginal de vender aquele assento a um cliente com desconto é de apenas US$100 com certeza. Mesmo uma solicitação de assento pago adiantado e sem devolução da classe com desconto deve ser recusada. Toda companhia tem alguns pedidos viáveis que devem ser recusados porque a capacidade adicional deixada na reserva para chegadas antecipadas ou clientes de alto lucro não é "capacidade inativa", e sim uma oportunidade de rendimento prevista esperando para acontecer.

Neste capítulo, desenvolvemos a abordagem de análise marginal usada para resolver o problema de decisão de alocação de assentos da American Airlines. O apêndice do Capítulo 14 discute mais profundamente a aplicação da gestão de receita para ingressos de beisebol, teatro e estadia em hotéis.

Questões

1. Faça uma lista de alguns dos problemas que precisarão ser resolvidos se a American Airlines decidir cobrar preços diferentes para clientes na mesma classe de serviço rotineiramente.

2. Você esperaria que essas técnicas de gestão de receita, de cobrar preços diferenciados com base na disponibilidade de os clientes-alvo pagarem para mudar a responsividade do pedido, a confiabilidade de entrega, a frequência de agenda etc., tornariam, por exemplo, uma empresa de entregas, de saúde ambulatorial ou hoteleira mais eficientes? Por que sim ou por que não?

3. Às vezes, quando solicitações de reserva com muito desconto são "recusadas", os clientes recorrem à concorrência. Em outras, eles negociam e conseguem ser convencidos a "comprar" o serviço com tarifa maior, como o Economy Plus da United. Se a United presenciar poucos consumidores hesitando quando as solicitações de reserva em assentos mais baratos forem negadas, ela deve alocar a capacidade preexistente para garantir os poucos assentos (ou mais) para passageiros de última hora que pagam a tarifa completa?

PARTE 2
Demanda e previsão

ANÁLISES ECONÔMICAS E DECISÕES

1. **Análise e previsão de demanda**
2. Análise de produção e de custos
3. Análise de preços
4. Análise de gastos de capital

AMBIENTE ECONÔMICO, POLÍTICO E SOCIAL

1. **Condições de negócios (tendências, ciclos e efeitos sazonais)**
2. Condições de fator mercado (capital, mão de obra, terreno e matérias-primas)
3. Respostas da concorrência
4. Restrições externas, legais e regulatórias
5. Restrições organizacionais (internas)

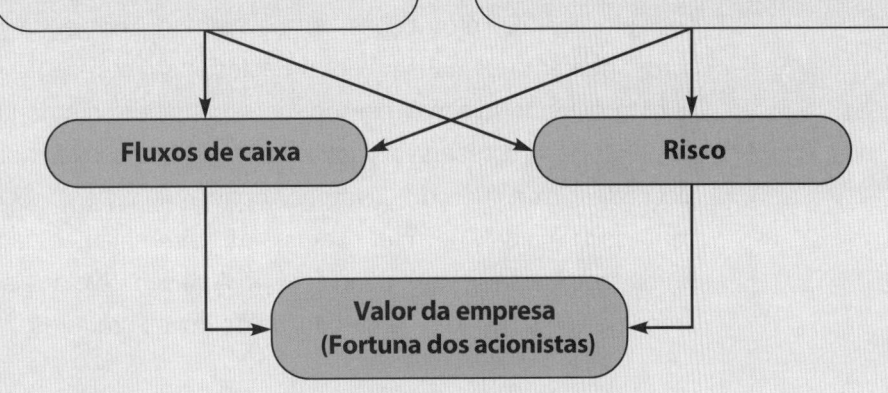

Fluxos de caixa

Risco

Valor da empresa (Fortuna dos acionistas)

CAPÍTULO 3

Análise da demanda

TEMAS DO CAPÍTULO

A NFL deveria acabar com o bloqueio e recontratar os juízes profissionais; os donos da NFL enfrentam uma demanda inelástica.

Steve Young, narrador esportivo, antigo quarterback dos San Francisco 49ers e vencedor do Super Bowl de 1994.

A análise da demanda atende a três objetivos gerenciais importantes. Primeiro, fornece o entendimento necessário para as equipes de marketing lidarem com a demanda. Segundo, ajuda a prever vendas unitárias para informar decisões operacionais; e terceiro, projeta a porção da receita do fluxo de caixa de uma empresa que vai para o planejamento financeiro. Este capítulo desenvolve a teoria da demanda e introduz as propriedades de elasticidade da função de demanda. Elasticidade-preço da demanda é uma medida da sensibilidade da quantidade demandada a mudanças nos fatores que influenciam a demanda, tais como preços, propaganda, promoções, embalagem ou níveis de renda. Analisamos o comportamento do consumidor ao selecionar hotéis e empresas de aluguel de veículo, estando sujeito a reembolsos e restrições orçamentárias em uma viagem de negócios. A demanda doméstica por gasolina nos últimos anos é amplamente discutida. Um estudo de caso sobre envio de cupons por mala direta por uma concessionária da Chevrolet examina os determinantes da elasticidade-preço de vários mercados-alvo. O Apêndice Web A desenvolve a relação entre o índice de preço de custo de vida e a introdução de novos produtos.

Desafio gerencial

Reforma do sistema de atendimento médico-hospitalar e os impostos sobre cigarros[1]

Quando o governo canadense aumentou os impostos sobre o cigarro o suficiente para elevar o preço por maço a mais de $4, o hábito de fumar entre adultos caiu 38%, e entre adolescentes ainda mais, 61%.

Em 1997, a mesma proposta ressurgiu como um mecanismo para financiar o "Acordo do Tabaco", pelo qual a Philip Morris, a Reynolds Tobacco, a Liggett e outros fabricantes de cigarros pagariam US$368 bilhões, ao longo de 25 anos, para obter imunidade em processos civis envolvendo danos pessoais e casos de dano patrocinados por entidades de classe. Os procuradores dos Estados Unidos haviam processado os fabri-

Cont.

cantes para recuperar os custos adicionais dos programas Medicare e Medicaid provocados pelas doenças relacionadas com o hábito de fumar. Com o acordo, os preços médios no atacado, de US$1,43, aumentariam em 62 centavos, resultando em um preço de US$2,05 (35%).[2] Alguns críticos da proposta insistem que o imposto sobre o cigarro deve ser maior (talvez US$1,50 maior) a fim de evitar que os fumantes jovens adquiram o hábito. O objetivo proposto para a redução do hábito de fumar é de 30% em cinco anos e 50% em sete anos.

Um elemento importante no debate sobre o aumento "ideal" do imposto sobre cigarro depende de quão sensível é o consumo em relação à mudança de preço. Uma medida excelente desta sensibilidade é a elasticidade-de-preço da demanda, definida como a mudança percentual na quantidade demandada que ocorre como consequência de alguma mudança percentual do preço.

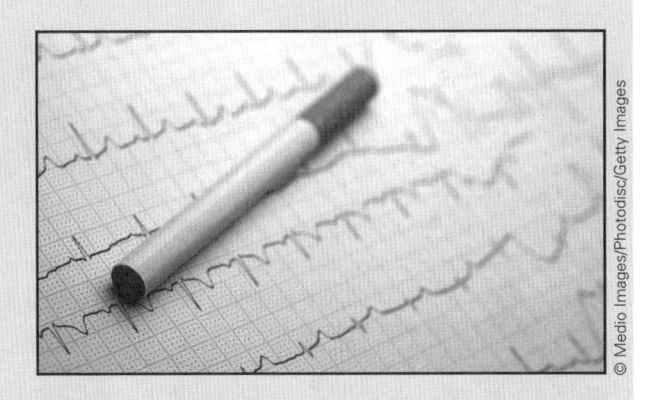

Impostos estaduais sobre cigarros nos Estados Unidos (julho de 2009)

Estado	Imposto (¢ por maço)	Colocação	Estado	Imposto (¢ por maço)	Colocação
Alabama	42	45	Nebraska	64	38
Alasca	200	9	Nevada	80	34
Arizona	200	10	New Hampshire	178	15
Arkansas	115	27	Nova Jersey	270	3
Califórnia	87	32	Novo México	91	31
Colorado	84	33	Nova York	275	2
Connecticut	200	11	Carolina do Norte	35	48
Delaware	115	25	Dakota do Norte	44	44
Flórida	133	22	Ohio	125	23
Geórgia	37	46	Oklahoma	103	28
Havaí	260	4	Oregon	118	26
Idaho	57	42	Pensilvânia	135	21
Illinois	98	29	Rhode Island	346	1
Indiana	95	30	Carolina do Sul	7	51
Iowa	136	19	Dakota do Sul	153	17
Kansas	79	35	Tennesse	62	39
Kentucky	60	40	Texas	141	20
Louisiana	36	47	Utah	69	36
Maine	200	14	Vermont	224	7
Maryland	200	12	Virgínia	30	49
Massachusetts	251	6	Washington	202	8
Michigan	200	4	Virgínia Ocidental	55	43
Minnesota	150	18	Wisconsin	252	5
Mississipi	68	37	Wyoming	60	41
Missouri	17	50	Dist. de Colúmbia	200	13
Montana	170	16	Mediana estadunidense	115	

Fonte: Tax Foundation.

Os economistas estimaram a elasticidade-preço da demanda por cigarros dos adultos como sendo de –0,4, indicando que, para um aumento de 10% no preço, pode-se esperar que a quantidade demandada caia 4%. Entre os adolescentes, no entanto, a elasticidade-preço é considerada muito mais alta (–0,6), indicando que, para um aumento de 10% no preço, pode-se esperar que a quantidade demandada caia 6%. Assim, um aumento de 35% no preço resultaria em uma queda de 21% no hábito de fumar entre adolescentes.

Já que uma redução de 21% está muito abaixo da meta estabelecida de 30% de redução do fumo entre adolescentes, o Congresso dos Estados Unidos decidiu, em 1999, subir a alíquota federal do imposto em mais 60 centavos. Legislaturas estaduais também se envolveram, tanto que, em 2009, o preço estava se aproximando de US$4 e muito mais alto em alguns estados. Nos últimos três anos, estados como Flórida, New Hampshire, Texas e Dakota do Sul adicionaram US$1 aos impostos de consumo do cigarro. New Jersey, Nova York, Wisconsin, Washington, Havaí, Rhode Island, Massachusetts, Vermont e Arizona, por exemplo, impuseram mais de US$2 por maço em impostos especiais, fazendo que chegasse a US$5 ou mais nestes estados.

No debate em andamento sobre a quantia necessária de impostos sobre o cigarro para recuperar os custos com assistência médica, os responsáveis pela política depararam com um conjunto complicado de dilemas. Por um lado, se o objetivo crítico é o de gerar receita para financiar os custos de atendimento médico, o imposto deveria ser exigido de forma a maximizar a receita tributária. Por outro lado, caso o objetivo fosse o de desencorajar hábitos de fumar, uma alíquota mais alta seria justificável. Em ambos os casos, contudo, o conhecimento da verdadeira elasticidade-preço da demanda é um elemento essencial desta importante decisão política. Neste capítulo, investigamos como calcular e usar essas relações.

Questões para discussão

- Pense em quando você era adolescente. Você era mais ou menos sensível ao preço do que é agora ao tomar decisões em relação ao consumo de gasolina quando se depara com um desconto ou aumento inesperado? Reflita sobre o porquê.
- E sobre decisões a respeito do consumo de pizza? Novamente, por quê?

---

1 Baseado em parte em Add $2 to the Cost of a Pack of Cigarettes e And Even Teen Smokers May Kick the Habit, *Business-Week*, 15 mar. 1993, p. 18; Critics Question Tobacco Pact's Effect on Teen Smoking, *Wall Street Journal*, 19 ago. 1997, p. A20; e Major Makers of Cigarettes Raise Prices, *Wall Street Journal*, 31 ago. 1999, p. A3; e Politicians Are Hooked on Cigarette Taxes, *Wall Street Journal*, 20 fev. 2002, p. A2.
2 O aumento de 35% do preço nos Estados Unidos pode ser calculado dividindo-se o aumento de US$0,62 do imposto pela média do preço original de US$1,43 e do preço após os impostos de US$2,05.

RELAÇÕES DA DEMANDA
Definição da tabela de demanda

Tabela de demanda é a forma mais simples do relacionamento de demanda. É apenas uma lista de preços e quantidades correspondentes de um produto ou serviço que seria demandado por alguma pessoa ou grupo de pessoas por determinado período a preços idênticos. A Tabela 3.1 indica que *quando* o preço por galão está a US$2,50, os domicílios urbanos dos EUA compram 18 galões por semana. A um preço de US$3,50, as residências-alvo compram apenas 14 galões por semana. Note que, quanto menor o preço, maior seria a quantidade semanal demandada. Esta relação inversa ou negativa entre preço e quantidade comprada é geralmente referida como "lei da demanda", que e trata do *movimento* abaixo de uma tabela de demanda única.

Um *deslocamento* das tabelas de demanda, como ilustrado na Figura 3.1, é bem diferente. As tabelas de demanda são deslocadas quando um dos determinantes da demanda, discutidos no Capítulo 2 e listados na Equação 2.1, muda. Por exemplo, a tabela de demanda para SUVs (que "bebem" gasolina) em 1999 refletia os baixos preços do combustível, um complemento importante na demanda de carros e caminhões pesados que consomem muita gasolina. Em 1999, com US$2 por galão de gasolina, a Ford vendeu 428.000 Ford Explorers por US$22.000 com US$4.000 de lucro cada. Em 2007, com o galão de gasolina por US$3,50, a Ford conseguiu vender apenas 127.000 Explorers, apesar dos grandes descontos, por US$19.000, que sacrificaram essencialmente os lucros.[3] O que mudou? Os gostos e preferências estavam caminhando em direção a meios de transporte ecológicos, mais sustentáveis (como o híbrido Toyota Prius). Porém, a principal diferença do período

---

3 Oil's Rise to $100. *Wall Street Journal*, 3 jan. 2008, p. A6.

TABELA 3.1 Demanda das famílias norte-americanas por gasolina

Preço (US$/galão)	Quantidade comprada (galões por semana)
4,10	11,5
3,50	14
3,00	16
2,50	18
2,00	20
1,50	22
1,00	24

Fonte: Household Vehicles Energy Use: Lated and Trends, Energy Information Administration, I. S. Department of Energy, various issues

anterior é que os preços da gasolina aumentaram para US$3,50 por galão. Como resultado, a demanda por SUVs que "bebem" gasolina, como o Ford Explorer, deslocou-se para baixo e para a esquerda. Em 2008, com os preços da gasolina passando de US$4,00 pela primeira vez nos EUA, o Ford Explorer vendeu menos de 30.000 unidades e foi retirado do mercado.

Maximização restrita de utilidade e demanda

O conceito de demanda baseia-se na teoria da escolha do consumidor. Cada consumidor enfrenta um problema restrito de otimização, em que o objetivo é escolher entre a combinação de bens e serviços que maximize a satisfação ou utilidade, sujeito a uma restrição no montante da renda (ou seja, do orçamento doméstico) disponível. Pense em um auxílio orçamentário para alimentação ou entretenimento concedido por seu empregador enquanto você está em uma longa viagem de negócios, ou, ainda, em um grupo de amigos que dividem essas despesas enquanto moram juntos. Nesse modelo de maximização restrita da utilidade, os economistas identificaram dois motivos básicos para o aumento na quantidade demandada resultante da redução de preços. Esses fatores são conhecidos como *efeito-renda* e *efeito substituição*.

Efeito-renda Quando o preço de um bem cai – por exemplo, o aluguel de um apartamento –, um efeito dessa queda é um aumento na renda real ou no poder aquisitivo do consumidor, conhecido como *efeito-renda da mudança de preço*. Por exemplo, se um indivíduo compra normalmente 56 m² a US$1.000 por mês, uma queda de preço para US$800 por mês permite que ele adquira a mesma metragem de residência por $200 a menos por mês. Essa

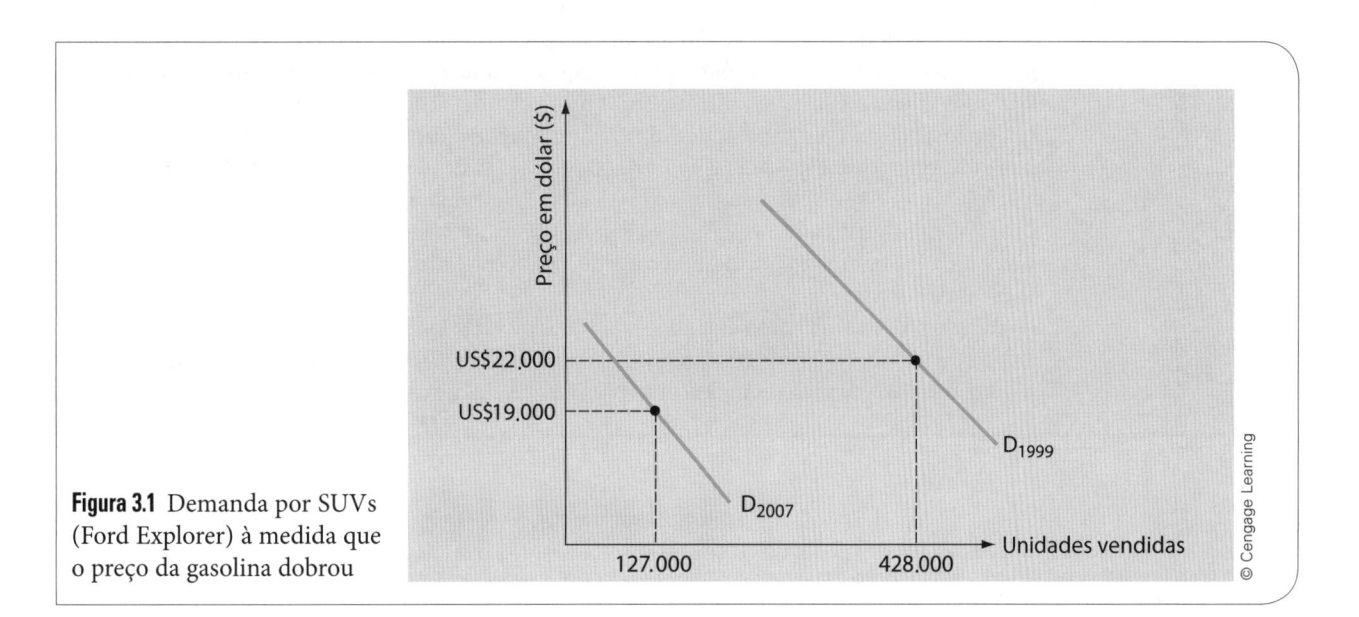

Figura 3.1 Demanda por SUVs (Ford Explorer) à medida que o preço da gasolina dobrou

economia de US$200 representa um aumento na renda real, que pode ser utilizado para adquirir maiores metragens de moradias (e outros bens superiores em relação à renda). Às vezes, o efeito-renda de uma redução de preço é minúsculo, pois apenas uma pequena parte do orçamento doméstico é gasto com o bem (como um pacote de sal comprado ano sim, ano não), mas outras vezes a mudança no poder aquisitivo é enorme. Considere uma jovem família que gasta 40% de sua renda disponível com moradia. Em geral, o sinal e a magnitude do efeito-renda de mudança de preço estão muito relacionados à decisão de posicionamento no plano de marketing de uma empresa (ou seja, se o produto é posicionado como luxuoso ou popular e para quem ele é direcionado). Famílias franco-americanas, por exemplo, gastam quase duas vezes mais de sua renda disponível com alimentos (22%) do que a família americana padrão (12%). Como consequência, podemos esperar que a quantidade demandada de itens de alimentação superiores, como vitela ou vinho, seja muito mais sensível a preço entre famílias franco-americanas.

Efeito substituição   Quando o preço de um bem como cinema cai, este se torna menos caro em relação a outros programas substitutos de entretenimento, por exemplo, refeições em restaurantes. Como consequência da queda de preço, o consumidor racional pode aumentar sua satisfação ou utilidade adquirindo mais do bem cujo preço caiu e menos dos substitutos. Esta situação é conhecida como *efeito substituição da mudança de preço*.

Suponha que o preço de entradas de cinema e salgadinhos e o de uma refeição em restaurante sejam, respectivamente, US$20 e US$30. Além disso, admita que um indivíduo adquira um ingresso de cinema e duas refeições em restaurante por semana para um gasto total semanal com entretenimento de US$80. Se o preço do cinema cair para US$16,67, alguns indivíduos podem decidir aumentar seu consumo para três filmes por semana e diminuir o consumo de refeições em restaurante para um por semana, o que exige o mesmo gasto total de US$80 por semana. Cada um desses indivíduos agora percebe que precisa privar-se de quase dois filmes por semana para bancar uma refeição em restaurante, por isso acabam cortando as saídas para restaurantes. Assim, vemos que uma queda no preço do cinema em relação ao das refeições em restaurante leva a um aumento na demanda por cinema, mantendo-se o poder de compra constante.

Em resumo, em função do impacto combinado dos efeitos renda e substituição, uma diminuição de preço sempre exercerá um impacto positivo sobre a quantidade demandada para bens e serviços luxuosos (para os quais o maior consumo é preferível à medida que o poder de compra aumenta). Neste caso, tanto o efeito-renda como o efeito substituição impulsionam o consumidor em direção a um aumento na quantidade demandada quando o preço cai.[4] Essa *lei da demanda para bens posicionados como luxuosos* quase nunca é violada.

EXEMPLO   Opções de consumo em uma viagem de negócios a São Francisco

Em uma viagem de negócios de duas semanas a São Francisco, seu empregador autorizou um orçamento de US$1.000 para suas despesas com acomodações e aluguel de carros, pelos quais você pode enviar recibos para reembolso. O preço de uma acomodação executiva é de US$100 por um local de 9 m² durante os dez dias, e o valor do aluguel de um carro de tamanho médio com estacionamento e gasolina é de US$100 por dia. Você planeja alocar US$700 para a hospedagem e usar o resto para alugar um carro no fim de semana, de sexta a segunda, para visitar o Yosemite National Park. Ao voar para São Francisco, entretanto, você encontra na revista da companhia aérea um cupom de desconto de US$30 por dia da Hertz que valerá pelas duas semanas da sua viagem.

A Figura 3.2 mostra como esse cupom de desconto da Hertz aumenta substancialmente seu poder de compra. De forma mais óbvia, agora que você enfrenta uma restrição orçamentária que reflete US$70 de preço com desconto para aluguel de carros (a linha com estrelas da figura),

Cont.

---

[4] Para bens e serviços *populares*, como apartamentos simples (para os quais o menos é preferível quando o poder de compra aumenta), os efeitos de renda real e de substituição têm impactos opostos e parcialmente compensatórios sobre a quantidade demandada. Contudo, o efeito líquido, mesmo no caso de bens populares, é geralmente de que, novamente, mais bens e serviços serão demandados à medida que o preço cair. Portanto, a lei da demanda também vale para a maioria dos bens populares.

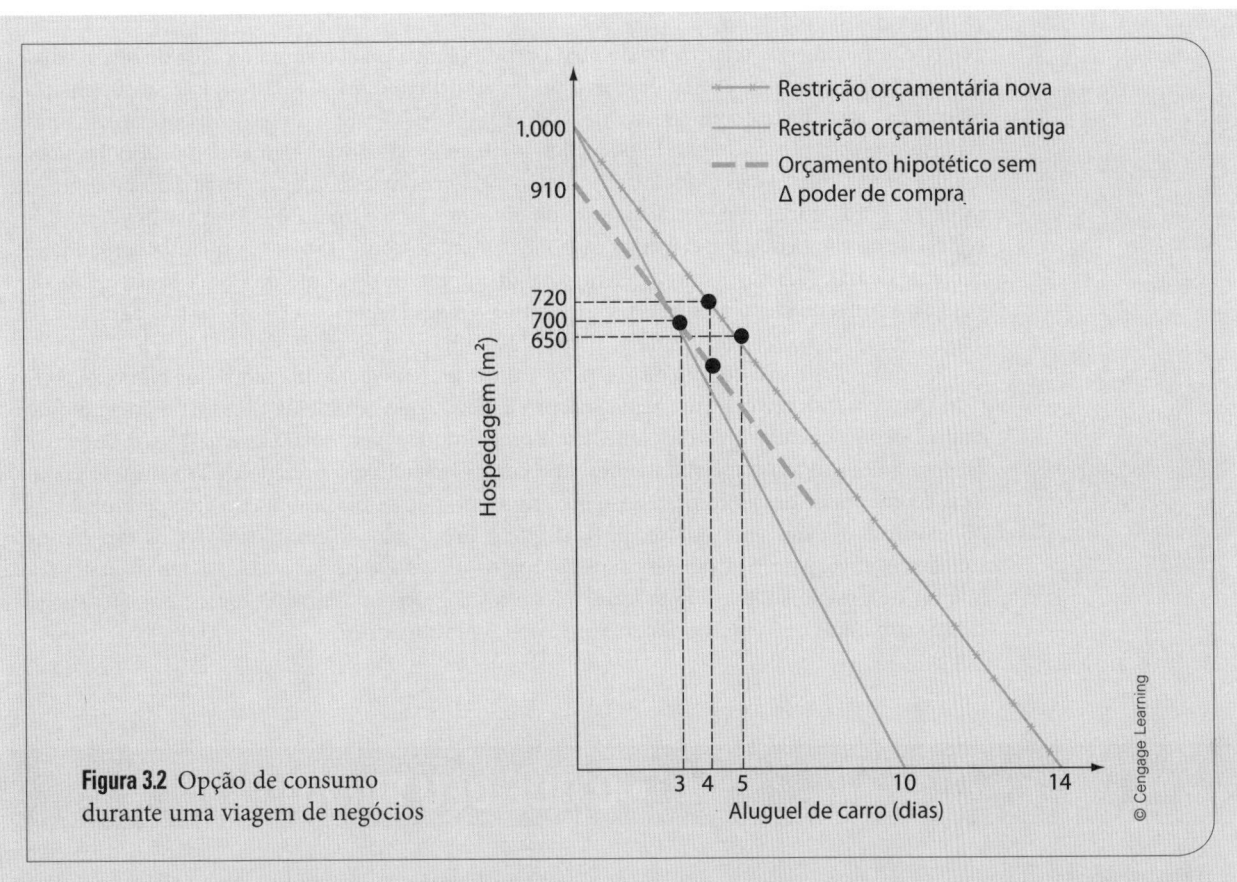

Figura 3.2 Opção de consumo durante uma viagem de negócios

Eixo Y: Hospedagem (m²) — valores 1.000, 910, 720, 700, 650
Eixo X: Aluguel de carro (dias) — valores 3, 4, 5, 10, 14

Legenda:
— Restrição orçamentária nova
— Restrição orçamentária antiga
-- Orçamento hipotético sem Δ poder de compra

um especialista em consumo que planeja gastar os US$1.000 no aluguel de um veículo (e dormir dentro dele) pode alugar um carro durante os 14 dias em São Francisco, enquanto antes apenas 10 dias estavam disponíveis com a restrição de orçamento inicial (a linha sólida). Se esse aumento do seu poder de compra proveniente da redução de preço de US$30 da Hertz *vai*, na verdade, desencadear vários dias adicionais de aluguel de carro (de três a cinco), permitindo que você talvez viaje pela ponte Golden Gate ou até o Vale do Napa em alguma noite, depende de inúmeros fatores.

Primeiro, a oferta de desconto da Hertz está disponível para todos os veículos ou apenas para subcompactos, como o Ford Focus? Se a resposta for a segunda opção, você pode optar por gastar seu poder de compra elevado em um quarto de hotel maior e melhor e consumir menos dias de aluguel daquele que você acredita ser um automóvel inferior. Por outro lado, se o cupom de desconto só valer para carros de luxo, a opção pode estar muito além do seu orçamento.

O segundo fator que determina se o desconto da Hertz estimula mais demanda é o fato de os custos alterados serem altos ou baixos. Isto é, você é membro do Avis #1 Club, um programa de fidelidade que ganha pontos para trocar por presentes na locadora Avis? Ou seu empregador já deixou pago um contrato não reembolsável com a Avis baseado em seu plano de aluguel para três dias? Ou um quarto de hotel pequeno é realmente inviável porque você precisa daquela sala separada da cama do quarto de 65 m² para conduzir reuniões de negócios? Se sim, os custos de transferência são muito altos para o desconto da Hertz ter um efeito positivo em sua quantidade demandada.

Com níveis mais baixos de custos de transferência, no entanto, poderíamos esperar que você substitua mais em direção ao aluguel de carro e menos à hospedagem, já que o preço relativo do aluguel cai de US$100 para US$70 por dia. Conceitualmente, a magnitude do efeito de substituição para longe do espaço de hospedagem e em direção a mais dias de locação de veículos (mais do que os três ou quatro dias originalmente planejados) depende da proximidade percebida dos substitutos, bem como do tamanho dos custos de transferência. As escolhas viáveis dentro do seu orçamento original são mostradas na linha pontilhada da Figura 3.2, com a restrição orçamentária hipotética, ilustrando o preço relativo de US$70 dos carros alugados.

Terceiro, e finalmente, o tamanho do efeito-renda (acima ou abaixo da escolha de quatro dias de locação de veículos), à medida que o poder aquisitivo aumenta da restrição orçamentária hipotética pontilhada (com preços de US$910 a US$70) até a nova restrição orçamentária externa (com preços de US$1.000 a US$70), depende do posicionamento dos veículos válidos da Hertz. Eles estão posicionados como o subcompacto inferior Ford Focus, como o mediano Ford Taurus que você dirige atualmente ou como o luxuoso Ford Mustang conversível? Se o Mustang conversível estiver disponível com desconto, talvez sua quantia demandada aumente de três para cinco dias. O efeito total do cupom de desconto de US$30 seria, então, de +2 dias, a soma do efeito de substituição positivo à medida que o preço cai (de três para quatro dias) e um reforço do efeito-renda positivo (de quatro para cinco dias).

Por outro lado, se o cupom da Hertz for válido somente para subcompactos que você considera básicos, talvez você faça negócios com a Hertz, mas realmente diminua o consumo de aluguel de veículos dos três dias antes de o preço mudar para dois dias e gaste seu poder de compra adicional em um hotel melhor, que custe US$860 pelo período de dez dias. O efeito total do cupom de desconto neste caso incomum seria de −1 dia, a soma do efeito de substituição positivo (de três para quatro dias), já que o preço relativo tinha caído, mais um efeito-renda negativo para contrabalancear (de quatro dias de volta para dois) à luz da natureza inferior do posicionamento do produto. Neste caso, a Hertz poderia ter focado em clientes da classe econômica que perceberiam o Ford Focus como superior.

O QUE DEU CERTO • O QUE DEU ERRADO

Chevy Volt[5]

O híbrido Toyota Prius, movido a eletricidade e gasolina e vendido a US$24.000, provou ser um bom candidato para os motoristas de 20 e poucos anos, mas os Yuppies revelaram uma preferência por Toyota Camry, Honda Accord, Chevy Malibu e BMW série 3, que custam de US$28.000 a US$38.000. A Chevrolet esperava capturar os jovens profissionais mais ecológicos com seu híbrido *plug-in*, o Chevy Volt, com uma faixa de preço planejada de US$33.000. No entanto, as baterias de lítio-íon necessárias para carregar o Volt se mostraram US$8.000 mais caras do que a Chevrolet tinha planejado.

O problema é que o público-alvo original do Volt provavelmente não teria a renda disponível necessária para comprar o produto por US$41.000 (US$33.000 + + US$8.000). Os consumidores ecológicos com mais dinheiro para gastar provavelmente também rejeitarão o Chevy Volt em favor do híbrido *plug-in* compacto Tesla, de US$52.000, que acelera como uma Ferrari e está indo muito bem entre os empresários do Vale do Silício. O posicionamento do Chevy Volt parece ter problemas em atrair qualquer base de clientes considerável.

---
5 Baseado em Briefing: The Electrification of Motoring. *The Economist*, 5 set. 2009.

Até aqui, consideramos a demanda para bens e serviços comprados em uma base de curto prazo. **Bens duráveis**, como roupas, móveis, veículos, eletrodomésticos e computadores, podem ser armazenados e consertados, em vez de substituídos depois de cada utilização. Por exemplo, um forno elétrico pode ser consertado várias vezes por um custo consideravelmente menor do que o da compra de um novo sistema aquecedor. Estilo obsoleto, conveniência e prestígio desempenham um papel de destaque na demanda de substituição de bens duráveis. Além disso, os consumidores podem questionar se sua renda será suficiente e estável o bastante para pagar as parcelas ou se serviços de reparo adequados estarão disponíveis durante a vida útil de um modelo descontinuado. Como esses fatores de expectativas aparecem na avaliação da demanda de substituição, a demanda por bens duráveis é mais volátil e sua análise é mais complexa do que análises similares de bens não duráveis.

Direcionamento, custos de transferência e posicionamento A taxa desejada de compra feita pelos consumidores pode ser acentuadamente afetada não só pelo preço, mas por outras várias decisões de marketing, como o direcionamento aos consumidores mais prováveis, estabelecimento de programas de fidelidade e o posicionamento cuidadoso do produto. Expandindo a Equação 2.1 para incluir essas decisões de marketing, temos uma função de demanda indicada como

$$Q_D = f(P, P_S, P_C, Y, A, A_C, N, C_P, P_E, T_A, T/S, \text{Direcionamento, Custo de transferência, Posicionamento}) \quad [3.1]$$

Vamos discutir cada um dos itens. *Direcionamento* é frequentemente o tema de amplas pesquisas de marketing, utilizando questionários, grupos focais e análises estatísticas. As companhias desejam conhecer as inclinações latentes sutis dos grupos de possíveis clientes-alvo antes de projetar suas promoções e campanhas publicitárias. "Conhecer seu cliente" suficientemente bem para escolher o alvo certo para um produto promissor é a primeira prioridade do marketing.

Programas de fidelidade que recompensam os compradores mais frequentes e com alta margem de lucro geralmente vão tentar garantir compras repetidas de clientes que percebem *custos de transferência* substanciais. O motivo é que vender uma grande quantidade ou com uma frequência maior para um consumidor regular economiza os gastos de venda. Uma regra de ouro da importância diz que custa cinco vezes mais atrair um novo consumidor do que vender mais para um cliente regular. A participação de um cliente regular no orçamento de uma empresa é mais importante para manter a lucratividade do que as métricas mais tradicionais de participação de mercado – isto é, a participação da empresa no mercado relevante.

Por exemplo, a Chrysler vendeu uma sequência de minivans para a geração *baby boom* ao oferecer carros perfeitamente posicionados promovidos com trocas supervalorizadas (acima do valor de mercado) para compradores frequentes que estavam envolvidos em um programa de fidelidade. As minivans Dodge Caravan e Plyouth Voyager ganhavam margens de lucro de US$6.100 em um carro de US$19.000, e as minivans Chrysler Town e Country, de US$30.000, quase US$10.000. Essas foram margens de lucro extraordinárias no cruel e competitivo mercado de veículos domésticos dos anos 1990. No auge da criação dos filhos da geração *baby boom*, as minivans da Chrysler Corporation eram o veículo vendido em maior volume nos Estados Unidos (569.449 em 1993).[6]

O *posicionamento* correto de um produto na percepção dos consumidores de um mercado de luxo ou popular é muito importante. À medida que o poder de compra aumenta, quaisquer bens ou serviços que os indivíduos-alvo percebam como inferior a um substituto preferível provavelmente vão passar por uma queda nas vendas. Portanto, os profissionais de marketing geralmente chegam a extremos para criar imagens de produtos e ligações com os clientes que os indivíduos aspirem. Porém, esse objetivo é um grande desafio, porque boas percepções são muito sensíveis às complexidades culturais e sociodemográficas. Em resumo, posicionamento envolve atributos, relações e imagens projetadas para estabelecer a percepção dos consumidores-alvo do seu produto em relação aos produtos ou serviços concorrentes. Isso precisa ser bem-feito e com cuidado.

ELASTICIDADE-PREÇO DA DEMANDA

Da perspectiva da tomada de decisão, a empresa precisa conhecer o efeito das mudanças em qualquer das variáveis determinantes de demanda. Alguns desses fatores estão sob o controle dos dirigentes, como preço, propaganda, qualidade do produto e atendimento ao cliente. Outros determinantes, incluindo renda e preços dos produtos concorrentes, não se encontram sob controle direto da empresa. Apesar disso, uma previsão eficiente da demanda requer que a empresa seja capaz de medir o impacto das mudanças nestas variáveis sobre a quantidade demandada.

EXEMPLO Olive Garden e revendedores Ford respondem à demanda deficiente

O restaurante Olive Garden prevê uma frequência de compra de 60 porções de lasanha por noite por um preço de US$11,99 e planeja suas operações de acordo com isso. Quando menos de 60 clientes chegam em determinada noite, o restaurante faz algo muito diferente do que um revendedor da Ford faria em circunstâncias parecidas. O Olive Garden reduz pedidos; menos bandejas de lasanha preparada são colocadas no forno e assadas. Em vez de baixar os preços

Cont.

---
6 Iacocca's Minivan: How Chrysler Succeeded in Creating One of the Most Profitable Products of the Decade. *Fortune*, 30 maio 1994, p. 112.

diante de uma demanda deficiente, o restaurante produz menos e aumenta o tamanho das porções. Por que faz isso?

Uma ideia depende da falta de consumidores em um restaurante que podem ser atraídos de última hora dando um desconto. A demanda por clientes do Olive Garden, em outras palavras, não é muito sensível ao preço, enquanto os estágios de preparação final de qualquer restaurante são bem flexíveis e podem ser ajustados facilmente. Em contraste, no ramo dos automóveis, a demanda dos clientes pode ser estimulada em curto prazo por grandes descontos no preço, enquanto a agenda de oferta no fim do ano do modelo é bem inflexível. A Ford Motor reúne e envia inúmeros carros em resposta aos pedidos de seus revendedores e insiste em uma política de não devoluções. Portanto, diante de uma demanda deficiente (abaixo da taxa de venda planejada), os revendedores da Ford tendem a reduzir os preços para limpar o estoque excedente.

Em suma, concessionárias de automóveis adotam descontos como seu mecanismo de ajuste primário, enquanto os restaurantes reduzem os pedidos. Fundamentalmente, o que causa a diferença nesses dois ramos de negócio? Em um caso, a quantidade demandada é muito sensível ao preço e a quantidade ofertada não (veículos no fim do ano do modelo). No outro caso, a demanda é insensível ao preço e a oferta é bem flexível (restaurantes). Esta diferença é caracterizada pela elasticidade-preço da demanda e da oferta.

Definição de elasticidade-preço

Em geral, a *elasticidade* deve ser pensada como a relação entre a porcentagem de variação da quantidade e a porcentagem de variação em um determinante, *ceteris paribus*. **Elasticidade-preço** da demanda (E_D) é, portanto, definida como:

$$E_D = \frac{\%\Delta Q}{\%\Delta P} = \frac{\Delta Q}{\Delta P} \times \frac{\text{Base } P}{\text{Base } Q}, \text{ ceteris paribus} \qquad [3.2]$$

onde

ΔQ = variação na quantidade demandada
ΔP = variação no preço

Os termos finais da Equação 3.2 mostram que a própria elasticidade-preço depende do inverso da *inclinação* da curva de demanda $\Delta Q/\Delta P$ (por exemplo, a sensibilidade parcial da demanda no mercado-alvo às variações de preço, *mantendo todos os outros determinantes da demanda inalterados*) vezes o nível de preço *posicionando P*, onde a elasticidade é calculada para as vendas unitárias Q na curva de demanda. Por causa da lei da demanda (por exemplo, a relação inversa entre o preço e a quantidade demandada), o sinal da elasticidade-preço própria será sempre negativo.

Quando a variação da porcentagem do preço (o denominador do primeiro termo da Equação 3.2) excede a variação da porcentagem em Q (o numerador), a própria elasticidade-preço calcula como uma fração, menos do que um valor absoluto. Essa falta de responsividade à demanda é descrita como "demanda inelástica". Quando o reverso inclui

$$|\%\Delta Q| > |\%\Delta P| \rightarrow |\varepsilon_p| > 1$$

a demanda é descrita como "elástica". Como os níveis de preço mais altos (e linha de base Q mais baixa) resultam em uma elasticidade cada vez maior, com o tempo, e preços suficientemente altos, todas as curvas lineares de demanda se tornam elásticas.

EXEMPLO Elasticidade-preço em vários níveis de preço ao longo das curvas lineares de demanda por gasolina e árvores de Natal

Para ilustrar, a demanda por gasolina da Tabela 3.1 e da Figura 3.3 é estimada a partir de dados da U.S. Consumer Expenditure Survey e varia amplamente por tipo de domicílio. Para residências urbanas com duas pessoas e sem filhos, a demanda é muito inelástica ao preço, medindo –0,56 em pontos de preço mais baixos como US$2,50 por galão. Isso quer dizer que, usando a Equação 3.1, com um aumento de preço de 40% (de US$2 a US$3), os galões consumidos por semana cairão em 22% (de 20 para 16 galões):

$$\frac{-4 \text{ galões}/18 \text{ galões}}{+\$1,00/\$2,50} = \frac{-22\%}{+40\%} = -0,56$$

Sob preços constantemente altos, como US$3, a elasticidade foi medida a –0,75. O motivo é que, embora o declínio adicional da taxa de compra desejada permaneça em aproximadamente 4 galões por dólar aumentado, a quantidade base teria caído de 16 para aproximadamente 12 galões, então, a variação na porcentagem Q agora vai aumentar substancialmente. De forma similar, a variação de porcentagem no preço para outro aumento de US$1 vai cair substancialmente, porque a base de preço é muito maior a US$3,50 do que a US$2,50.

De janeiro a julho de 2008, os preços da gasolina saltaram de US$3 por galão para US$4,10 em muitas cidades ao redor dos EUA. A despeito da temporada de pico dos motoristas, a quantidade demandada caiu de 14 galões por semana no verão anterior (ao preço de US$3 por galão) para 11,5. O número de passageiros usuários de transporte público aumentou, crescendo 20% naquele verão em várias cidades norte-americanas. As longas viagens rodoviárias de verão acabaram, e os americanos decidiram compartilhar carros, cortando essencialmente as idas ao trabalho de carro. A elasticidade-preço calculada para essa variação de US$3 para US$4,10 foi:

$$\frac{-4,5 \text{ galões}/13,75}{+\$1,10/\$3,55} = \frac{-33\%}{+31\%} = -1,06$$

Pela primeira vez na história dos transporte nos EUA, a demanda por gasolina foi preço-elástica![7] O que no verão passado tinha sido um gasto semanal em domicílios urbanos de US$48 (US$3 × 16 galões) caiu para US$47,15 (US$4,10 × 11,5 galões). Com $[\%\Delta Q] = |-32,7\%| > |\%\Delta P| = +30,9\%$, os gastos dos consumidores com gasolina e o rendimento total do varejo a partir das vendas de gasolina na verdade caíram (–1,8%) à medida que os preços cresceram.

Nos outros lugares ao redor do mundo, os altos impostos sobre combustível e o resultante preço de varejo mais alto da gasolina induziram muito menos condução de veículos do que no Reino Unido, representado na Figura 3.4, que mostra que os típicos preços de US$6 a US$8 no varejo da Europa e Reino Unido reduziram o consumo de combustível de um domicílio urbano típico de duas pessoas para 7 galões por semana. É claro, existem mais trens e outros meios de transporte públicos na Europa do que nos EUA, por isso, sem essa infraestrutura, os indivíduos norte-americanos têm poucos substitutos. Consequentemente, o preço auge de US$4,10 em julho de 2008 aumentou a sensibilidade ao preço (de E_D = –0,56 a US$2,50 para –1,06) e reduziu o consumo de 16 galões em –32,7% para somente 11,5 galões por semana.

---

[7] Os procedimentos acima para calcular a elasticidade-preço geraram uma *elasticidade arco*. Ela indica o efeito de uma alteração discreta no preço, de P_1 a P_2, sobre a quantidade demandada. A fórmula a seguir é usada para computar essa medida de elasticidade:

$$E_D = \frac{\left(\dfrac{Q_2 - Q_1}{\dfrac{Q_2 + Q_1}{2}}\right)}{\dfrac{P_2 - P_1}{\left(\dfrac{P_2 + P_1}{2}\right)}} = \frac{Q_2 - Q_1}{P_2 - P_1} \times \frac{P_2 + P_1}{Q_2 + Q_1} = \frac{\Delta Q}{\Delta P} \times \frac{P_2 + P_1}{Q_2 + Q_1}$$

Onde

Q_1 = quantidade vendida antes de uma alteração no preço
Q_2 = quantidade vendida depois de uma alteração no preços
P_1 = preço original
P_2 = preço depois da alteração

A fração $(Q_2 + Q_1)/2$ representa a quantidade média demandada no limite sobre o qual a elasticidade-preço está sendo calculada. $(P_2 + P_1)/2$ também representa o preço médio sobre esse limite. Como o pico permanece constante durante toda a tabela da demanda linear, mas o valor de $(P_2 + P_1)/(Q_2 + Q_1)$ muda, a elasticidade-preço a preços mais altos e menores volumes é, portanto, maior (em valor absoluto) do que a elasticidade-preço para o mesmo produto e mesmos demandantes em pontos de preço mais baixos e maior volume. E a elasticidade pode ser usada para calcular um preço que teria de ser cobrado para alcançar um determinado nível de vendas. Considere a NBA Corporation, que tem uma venda de 10.000 pares de tênis de basquete por mês (a US$100 por par) antes de um corte de preços feito por seu principal concorrente. Depois dessa redução, as vendas da NBA caíram para 8.000 pares por mês. A partir de experiências passadas, a NBA estimou uma elasticidade-preço da demanda abaixo de –2 nessa variação de preço e quantidade. Se a NBA deseja restaurar suas vendas para 10.000 pares mensais, determine o preço que deve ser cobrado. Mantendo $Q_2 = 10.000$, $Q_1 = 8.000$, $P_1 = $ US$100 e $E_D = -2$ o preço exigido P_2 é de:

$$-2,0 = \frac{\frac{10.000 - 8.000}{(10.000 + 8.000)/2}}{\frac{P_2 - US\$100}{(P_2 + US\$100)/2}}$$

$$P_2 = \$89,50$$

Um corte de preço de US$89,50 seria exigido para restaurar as vendas à 10.000 pares por mês.

Ao empregar alguns cálculos elementares, a elasticidade da demanda a qualquer *ponto de preço* ao longo da curva também pode ser calculada com a seguinte expressão:

$$E_D = \frac{\partial Q_D}{\partial P} \cdot \frac{P}{Q_D}$$

onde

$\frac{\partial Q_D}{\partial P}$ = a derivada parcial da quantidade em relação ao preço (o inverso do pico na curva de demanda)
Q_D = a quantidade demandada com o preço P
P = o preço em algum ponto específico da curva de demanda

Esta equação consiste em duas magnitudes: (1) um efeito da derivada parcial das próprias variações de preço na taxa desejada de compra (Q_D/t) e (2) um ponto de preço que (junto com uma linha de base Q_D) determina a variação percentual.

A função de demanda diária para árvores de Natal em estacionamentos na metade de dezembro pode ser usada para ilustrar o cálculo da elasticidade do ponto de preço. Suponha que aquela demanda possa ser escrita algebricamente como a quantidade demandada por dia:

$$Q_D = 45.000 - 2.500P + 2,5Y$$

Se alguém está interessado na determinação da elasticidade do ponto de preço quando o preço (P) é igual a US$40 e a renda pessoal disponível per capita (Y) é igual a US$30.000, empregando sua derivada parcial em relação a P, temos:

$$\frac{\partial Q_D}{\partial P} = -2.500 \text{ árvores por dólar}$$

Substituindo pelos valores relevantes de P e Y, vemos:

$$Q_D = 45.000 - 2.500(40) + 2,50(30.000) = 20.000$$

A partir da qual obtemos

$$E_D = -2.500 \frac{\text{árvores}}{\$} \left(\frac{US\$40}{20.000 \text{ árvores}}\right) = -5,0$$

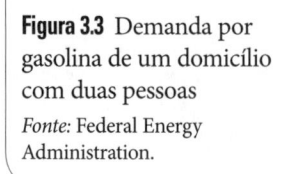

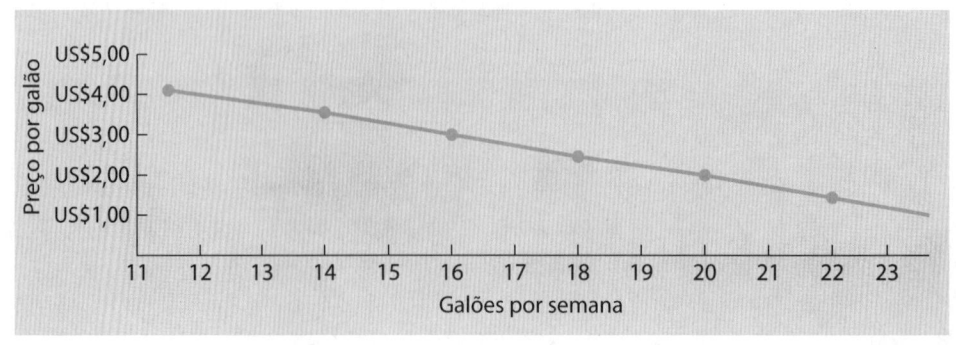

Figura 3.3 Demanda por gasolina de um domicílio com duas pessoas
Fonte: Federal Energy Administration.

Usando a derivada total da receita de vendas ($P \times Q(P)$) em relação a uma pequena redução de preço de P_0 para P_1, necessária para desencadear uma única venda adicional unitária além de Q_0, obtemos

$$\Delta TR/\Delta Q \text{ unidade única} = (\Delta P \times Q_0) + (\Delta Q \times P_1) \qquad [3.3]$$

Dividindo, então, por $P_1 \times Q_0$, temos a expressão muito útil,

$$\%\Delta TR = (\Delta P/P_1) + (\Delta Q/Q_0) \qquad [3.4]$$

$$\%\Delta TR = \%\Delta P + \%\Delta Q \qquad [3.5]$$

Isto é, o efeito percentual sobre a receita de vendas é a somatória *estabelecida* do percentual de variação no preço e nas unidades de vendas.

Por exemplo, se a Johnson & Johnson diminuir o preço do Band-Aid em 10% e a receita das vendas aumentar 24%, podemos concluir que as vendas unitárias devem ter aumentado em 34%, porque, aplicando a Equação 3.5,

$$24\% = -10\% + 34\%$$

Em nosso exemplo anterior, sobre a demanda por gasolina, se os preços subirem de US$3 para US$4,10 (30,9%) e a receita cair –1,8%, podemos concluir que as vendas tiveram uma queda de –32,7%.

Isto é, já que a elasticidade-preço da demanda é definida como $\%\Delta Q$ dividida pela $\%\Delta P$, quando $|E_D|>1$ e a demanda não é muito sensível ao preço (como a demanda de –1,06 por gasolina nos EUA com preços de US$3 a US$4,10), então, $\%\Delta Q$ deve superar $\%\Delta P$. Caso contrário, $|E_D|$ não seria maior do que 1. Nessas circunstâncias, aumentos de preço levarão a uma pequena queda nos rendimentos. Novamente, pela Equação 3.5,

$$-1,8\% = +30,9\% - 32,7\%.$$

EXEMPLO Steve Young na demanda por jogos da NFL

Assim, o que a citação de Steve Young no início deste capítulo quer dizer é que a demanda enfrentada por donos de times da NFL pela presença de bons juízes em jogos de futebol profissional é "relativamente insensível ao preço, mas se mantém inelástica". Portanto, a receita vai diminuir se os proprietários aumentarem os preços, mas não muito. Por isso, para o equilibrado Sr. Young, a NFL precisa atender às demandas por árbitros profissionais, sabendo que um aumento de preço é necessário para recuperar os modestamente altos salários e que os custos de encargos reduziriam levemente os lucros e os rendimentos dos proprietários.

Portanto, quanto menor/maior o valor absoluto da elasticidade-preço da demanda (na faixa elástica), menor/maior será a queda/elevação dos rendimentos a partir de um aumento/redução de preços. Como veremos a seguir, essa relação entre as mudanças na receita total quando os preços aumentam/diminuem e a elasticidade-preço calculada não é coincidente.

Interpretando a elasticidade-preço: relação entre elasticidade-preço e receitas

A elasticidade-preço pode levar em consideração valores de 0 a –∞ (infinito), como indicado na Tabela 3.2.

Quando a demanda tiver elasticidade *unitária*, uma variação percentual no preço P terá como correspondência uma variação percentual *igual* na quantidade demandada Q_D. Quando a demanda for *elástica*, uma variação percen-

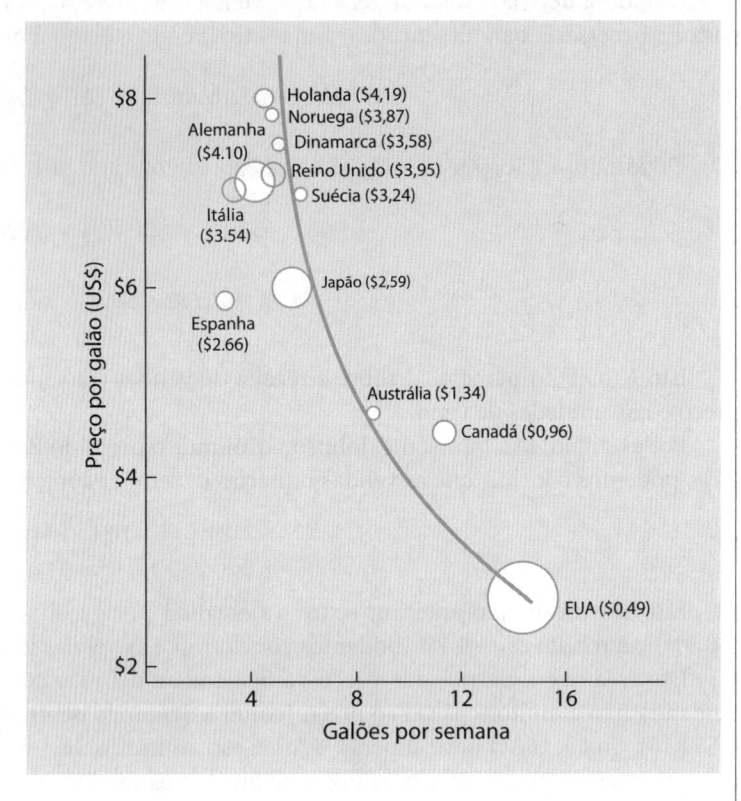

Figura 3.4 Demanda por gasolina de domicílios urbanos com duas pessoas no mundo, 2010 (imposto por galão)

Nota: O tamanho do círculo é proporcional à população.

Fonte: Worldbank.org e C.Knittel. Reducing petroleum consumption from transportation. *Journal of Economic Perspectives*, 26, inerno 2012.

tual de P será suplantada pela variação percentual de Q_D. Para uma demanda *inelástica*, a variação percentual de P resultará em uma variação percentual menor de Q_D. Os extremos teóricos da elasticidade perfeita e da inelasticidade perfeita estão ilustrados na Figura 3.5. O trigo classe AAA comercializado em janeiro é vendido no mercado de Kansas City à vista com demanda perfeitamente elástica para qualquer negociante de grãos. Os viciados em cigarros possuem demanda quase perfeitamente inelástica. No entanto, esses extremos raramente são encontrados. Em vez disso, eles exemplificam os limites da elasticidade-preço. O Painel A ilustra esse caso.

Os viciados em cigarros possuem demanda quase perfeitamente inelástica; suas quantidades demandadas são muito inflexíveis, não importa o preço, conforme indicado no Painel B.

A elasticidade-preço da demanda indica imediatamente o efeito que uma mudança de preço terá na receita total (RT) = gastos totais dos consumidores. A Tabela 3.3 e a Figura 3.5 ilustram essa conexão.

TABELA 3.2 Elasticidade-preço da demanda em valores absolutos

Intervalo	Descrição
$E_D = 0$	Perfeitamente inelástica
$0 < |E_D| < 1$[8]	Inelástica
$|E_D| = 1$	Elasticidade unitária
$1 < |E_D| < \infty$	Elástica
$|E_D| = \infty$	Perfeitamente elástica

---

8 O símbolo $|E_D| < 1$ indica que estamos nos referindo ao valor absoluto do coeficiente de elasticidade, em vez do seu valor negativo real. Esse símbolo (| |) é usado sempre que nos referimos a valores absolutos.

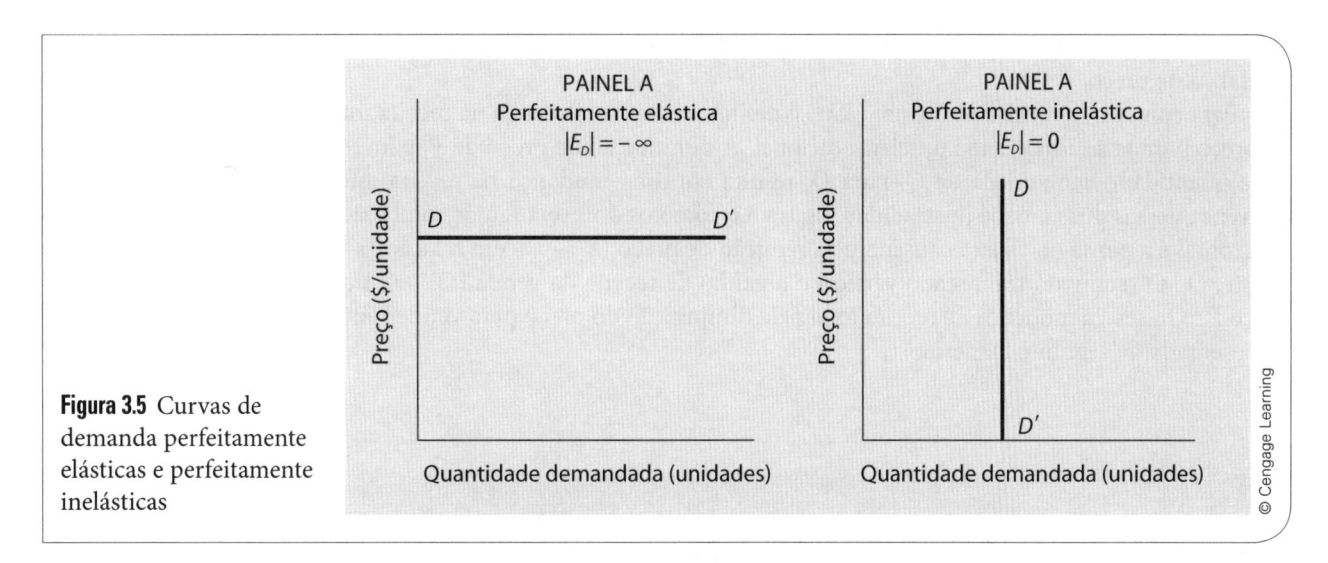

Figura 3.5 Curvas de demanda perfeitamente elásticas e perfeitamente inelásticas

PAINEL A
Perfeitamente elástica
$|E_D| = -\infty$

PAINEL A
Perfeitamente inelástica
$|E_D| = 0$

Quando a elasticidade da demanda for menor que 1 em valor absoluto (isto é, inelástica), um(a) aumento (diminuição) do preço resultará em um(a) aumento (diminuição) nos gastos totais do consumidor ($P \cdot Q_D$). Isso ocorre porque uma demanda inelástica indica que determinada porcentagem de aumento do preço resulta em menor diminuição percentual na quantidade vendida, o efeito líquido sendo um aumento nos gastos totais dos consumidores e, portanto, das receitas de vendas, $P \cdot Q_D$. Quando a demanda for *inelástica*, isto é $|E_D| < 1$, um aumento no preço de US$2 para US$3, por exemplo, resultará em um aumento da receita total de US$18 para US$24.

Em contraste, quando a demanda for *elástica*, isto é, $|E_D| > 1$, um(a) dado(a) aumento (diminuição) percentual do preço será mais do que compensada(o) por uma diminuição (aumento) percentual maior da quantidade vendida. Um aumento de preço de US$9 para US$10 resultará em uma redução do gasto total do consumidor de US$18 para US$10 (ver a Tabela 3.3).

Quando a demanda é de *elasticidade unitária*, determinada mudança percentual do preço é compensada exatamente pela mesma mudança percentual na quantidade demandada, e o resultado líquido é o gasto total constante do consumidor. Se o preço for aumentado de US$5 para US$6, a receita total permanecerá em US$30, pois a queda na quantidade demandada no novo preço apenas compensa o aumento de preço (veja a Tabela 3.3). Quando a elasticidade-preço da demanda $|E_D|$ é igual a 1, a função de receita total é maximizada e a receita marginal da diminuição dos preços pela venda de uma unidade adicional é zero. Nesse exemplo, a receita total é igual a US$30 quando o preço P é igual a US$5 ou US$6 e a quantidade demandada Q_D é igual a 6 ou 5.

Como mostrado na Figura 3.6, quando a receita marginal é igual a zero, qualquer preço mais alto do que P_2 resulta em uma função de demanda elástica. E a preços mais baixos, a demanda é cada vez mais inelástica. Novamente, então, o preço P_2 é um ponto central para o qual a receita total é maximizada quando a receita marginal é igual a zero.

TABELA 3.3 Relação entre elasticidade e receita marginal

Preço P (US$/unidade)	Quantidade Q_D (unidades)	Elasticidade E_D	Receita total $P \cdot QD$ ($)	Receita marginal (US$/unidade)
10	1		10	
9	2	−6,33	18	8
8	3	−3,40	24	6
7	4	−2,14	28	4
6	5	−1,44	30	2
5	6	−1,00	30	0
4	7	−0,69	28	−2
3	8	−0,46	24	−4
2	9	−0,29	18	−6
1	10	−0,15	10	−8

74 Economia de empresas

Essa relação também pode ser derivada graficamente analisando as variações da receita resultante de uma mudança de preço.

Para começar, a **receita marginal (RM)** é definida como a mudança na receita total resultante da diminuição de preço para fazer uma venda unitária adicional. A diminuição de preço de P_1 para P_2 na Figura 3.6 para aumentar a quantidade demandada de Q_2 para Q_1 resulta em uma mudança na receita inicial $P_1 A Q_1 0$ para $P_2 B Q_2 0$. A diferença nessas duas áreas é ilustrada na Figura 3.6 como os dois retângulos sombreados. O retângulo sombreado horizontal é a perda de receita causada pela redução de preço $(P_2 - P_1)$ em relação às unidades vendidas anteriormente, Q_1. O retângulo sombreado vertical é o ganho de receita da venda $(Q_2 - Q_1)$ unidades adicionais ao novo preço P_2. Ou seja, a mudança de receita total pela diminuição do preço para vender outra unidade pode sempre ser representada da seguinte maneira:

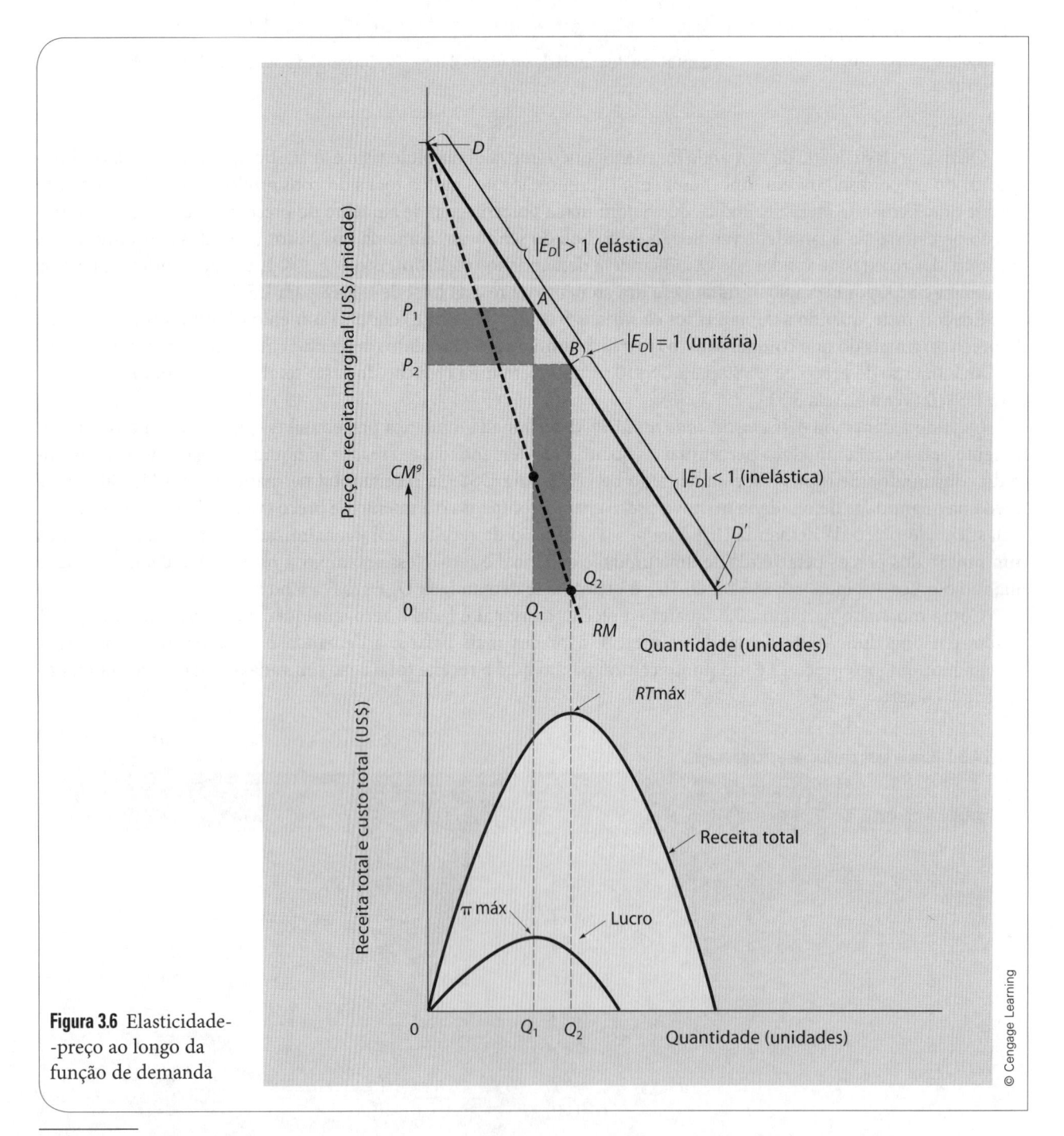

Figura 3.6 Elasticidade-preço ao longo da função de demanda

---
[9] CM significa custo marginal, explicado mais adiante. (N.R.T.)

$$RM = \frac{\Delta RT}{\Delta Q} = \frac{P_2(Q_2 - Q_1) + (P_2 - P_1)Q_1}{(Q_2 - Q_1)}$$ [3.6]

onde $P_2(Q_2 - Q_1)$ é o retângulo sombreado vertical, e $(P_1 - P_2)Q_1$ é o retângulo sombreado horizontal. Reagrupando os termos da equação, temos

$$RM = P_2 + \frac{(P_2 - P_1)Q_1}{(Q_2 - Q_1)} =$$

$$= P_2 \left(1 + \frac{(P_2 - P_1)Q_1}{(Q_2 - Q_1)P_2}\right)$$

$$RM = P_2 \left(1 + \frac{DPQ_1}{DQP_2}\right)$$

O quociente é o inverso da elasticidade-preço ao preço P_2 usando a quantidade Q_1. Para pequenas variações de preço e quantidade, esse número se aproxima da elasticidade-preço arco entre P_1 e P_2 na Equação 3.2. Portanto, a relação entre a receita marginal e a elasticidade-preço pode ser expressa algebricamente desta maneira:

$$RM = P\left(1 + \frac{1}{E_D}\right)$$ [3.7]

Por exemplo, uma calça jeans Lee por US$34 com $E_D = -1{,}33$ teria uma receita marginal pela redução do preço para alcançar uma ou mais unidades vendidas igual US$8,50:

$$RM = US\$34 \left(1 + \frac{1}{-1{,}33}\right) = US\$34(1 - 0{,}75) = US\$8{,}50.$$

Empregando esta equação, pode-se demonstrar que, quando a demanda possui elasticidade unitária, a receita marginal é igual a zero. Substituindo E_D por -1, a Equação 3.7 resulta:

$$RM = P\left(1 + \frac{1}{-1}\right)$$
$$= P(0)$$
$$= 0$$

EXEMPLO Provedores de conteúdo pressionam produtores e gravadores a reduzir preços

Produtores musicais e gravadoras pagam a compositores uma porcentagem fixa sobre vendas realizadas a título de royalty. Os dois grupos frequentemente diferem relativamente a preços e unidades de venda. Na Figura 3.6, a receita total pode ser aumentada reduzindo-se preços sempre que a quantidade vendida é menor do que Q_2. Vale dizer, a qualquer preço acima de P_2 (onde o custo marginal permanece positivo), a receita total continua a subir somente se os preços são reduzidos e unidades adicionais vendidas. Compositores e autores frequentemente, portanto, pressionam seus agentes de licenciamento e editores a reduzir preços sempre que a receita marginal permaneça positiva (isto é, até o ponto onde a demanda tenha elasticidade unitária). O produtor, por sua vez, desejará cobrar altos preços e vender menor quantidade porque lucros operacionais ocorrem com a receita marginal em excesso a custo marginal.

> A menos que o custo marginal seja zero, o editor sempre deseja receita marginal positiva e, portanto, um preço superior a P_2 (por exemplo, P_1).
>
> Quando a inovação das vendas de música digital pelo iTunes da Apple forçou a redução do preço para licenciar uma música aos compradores por menos de US$1 pela primeira vez, os compositores e autores ficaram satisfeitos, mesmo que os produtores musicais e as gravadoras não tenham ficado. Pesquisas recentes sugerem que um preço ainda menor do que os US$0,99 do iTunes, de US$0,60 e US$0,70 por download de música, maximizaria a receita.[10]
>
> ---
> 10 Baseado em Higher profits for the Major Record Labels. *Knowledge Wharton*, 20 jan. 2010.

Uma força de vendas comissionada e a equipe de gestão têm este mesmo conflito; pessoal de vendas desenvolvem frequentemente descontos ingênuos camuflados para tentar burlar uma política de preços da empresa. Reduzindo o preço de P_1 para P_2 visando estabelecer $|E_D| = 1$ sempre maximizará a receita de vendas e, portanto, maximizará as comissões totais pagas.

O fato de que a receita total é maximizada (e a receita marginal é igual a zero) quando $|E_D| = 1$ pode ser mostrada com o seguinte exemplo: Custom-Tees, Inc. opera um quiosque no shopping center Hanes, onde vende camisetas com estampas impressas pelos clientes. A função de demanda das camisetas é

$$Q_D = 150 - 10P \qquad [3.8]$$

onde P é o preço em dólares por unidade e Q_D a quantidade demandada em unidades por período.

A curva de demanda pode ser reescrita, em termos de P, como uma função de Q_D:

$$P = 15 - \frac{Q_D}{10} \qquad [3.9]$$

A receita total (RT) é igual ao preço vezes a quantidade vendida:

$$\begin{aligned} RT &= P \cdot Q_D \\ &= \left(15 - \frac{Q_D}{10}\right) Q_D \\ &= 15 Q_D - \frac{Q_D^2}{10} \end{aligned}$$

A receita marginal (RM) é igual à primeira derivada da receita total em relação a Q_D:

$$\begin{aligned} RM &= \frac{d(RT)}{dQ_D} \\ &= 15 - \frac{Q_D}{5} \end{aligned}$$

Para obter o valor de Q_D no qual a receita total é maximizada, iguale a receita marginal a zero:[11]

$$RM = 0$$

$$15 - \frac{Q_D}{5} = 0$$

$$Q_D^* = 75 \text{ unidades}$$

---
11 Para alguém ter certeza de que determinou os valores de P e Q_D para os quais a receita total é maximizada, em vez de minimizada, basta verificar a segunda derivada da RT para constatar se é negativa. Neste caso, $d^2RT/dQ_D^2 = -1/5$ e, portanto, a função de receita total é maximizada.

Substituindo esse valor na Equação 3.9 o resultado é

$$P^* = 15 - \frac{75}{15} = US\$7{,}50 \text{ por unidade}$$

A receita total, portanto, é maximizada quando $Q_D^* = 75$ e $P^* = US\$7{,}50$. Verificando:

$$E_D = \frac{\partial Q_D}{\partial P} \cdot \frac{P}{Q_D} = (-10) \frac{(7{,}5)}{75} = -1$$

$$|E_D| = 1$$

Importância da relação elasticidade-receita

A elasticidade frequentemente é a chave para os planos de marketing. Um gerente de produtos tentará maximizar a receita distribuindo um orçamento de marketing entre promoções de preço, propaganda, displays no varejo, descontos, embalagens, mala direta e cupons distribuídos dentro da loja. Saber se a magnitude da demanda é relacionada a cada uma dessas iniciativas de marketing, e a que nível, depende de estimativas cuidadosas das variadas elasticidades de preço da demanda, publicidade, embalagem, displays promocionais, e assim por diante.

EXEMPLO: A invasão da América pela VW

Atualmente, o Volkswagen (VW) Fusca é um elegante *coupé* esportivo de 200 hp e US$24.000 voltado para os mesmos Yuppies de 20 e poucos anos para os quais a BMW tenta vender seus veículos da Série 3. Nem sempre foi assim. Quando a VW entrou no mercado norte-americano com seus automóveis sem frescura, o Fusca original, o excesso do estoque europeu durante o Plano Marshall na década depois da Segunda Guerra Mundial ficava armazenado nos portos e terminais rodoviários esperando a exportação para um novo mercado, como os EUA. Consequentemente, a VW focou por um tempo qualquer estímulo de demanda que pudesse aumentar a receita. No mercado americano, a VW não tinha rede de revendedores e inicialmente promovia as vendas e os serviços somente nas docas de Bayonne, Nova Jersey; Charleston, Carolina do Sul; Los Angeles, Califórnia; e Houston, Texas. Já que a General Motors e a Ford também estavam começando a desenvolver veículos compactos, a VW decidiu entrar no mercado com o que parecia ser um preço promocional ridiculamente baixo de US$5.120 (na cotação do dólar de 2012). Como esperado, GM e Ford ficaram convencidas de que nada tão barato poderia ser percebido como um carro real. Ainda assim, a publicidade e o posicionamento foram um sucesso imediato, e em seu primeiro ano a VW vendeu bem mais de 400.000 Fuscas.

Dois anos mais tarde, um aumento de 25% no preço foi implantado. Embora a VW perca alguns potenciais consumidores por US$6.400, os US$1.280 adicionais por carro em todos os 384 mil veículos que ela continuou a vender compensam facilmente a perda de rendimentos das 16.000 mil vendas perdidas que poderiam ter sido feitas pelo preço original de US$5.120. Compare a grande área horizontal sombreada na Figura 3.7, que representa o aumento nas receitas, com a área sombreada vertical, de perda de receitas. A elasticidade-preço da demanda estava no intervalo inelástico da demanda. No quarto ano, a VW aumentou o preço em mais 20%, chegando a US$8.000, e novamente os rendimentos aumentaram.

Por fim, a US$9.600, a receita extra recebida pelo aumento de preço em todas as vendas restantes era suficiente para compensar a perda de receita das vendas que não ocorreram. A US$9.600, a elasticidade-preço atingiu o ponto de elasticidade unitária. A VW então seguiu com a construção de uma rede de concessionárias nos EUA. Essas mudanças aumentaram o potencial do tamanho do mercado no país e deslocaram a demanda por produtos da marca para a direita. Pelo mesmo preço de US$9.600, com uma rede de revendedores e maior quantidade base, a elasticidade-preço caiu (novamente dentro do intervalo inelástico), e a VW se encontrou de novo em posição para aumentar os preços.

Em 1968, 562 mil Fuscas foram vendidos ao preço de US$1.500 e as receitas se elevaram novamente (para US$843 milhões). Embora o produto continuasse barato (US$1.500 em 1968 correspondem a US$9.000 hoje), a legislação promulgada em 1996, em conjunto com a cruzada de Ralph Nader contra carros pequenos com motores na traseira, mais a gasolina barata, causaram uma perda de interesse pelo Fusca entre os consumidores. O mercado se voltou para Mustangs, Camaros e um novo e mais poderoso Superfusca. Em 1969, as receitas e preço do Fusca subiram uma última vez. A US$1.800, a receita foi de US$968 milhões (US$1.800 × 528.000 unidades vendidas). Vale dizer, a demanda permaneceu no segmento inelástico e, portanto, um aumento de US$1.500 para US$1.800 resultou em receitas totais superiores.

Uma lição gerencial ilustrada neste exemplo é que as empresas devem sempre procurar elevar os preços de quaisquer produtos na faixa inelástica de sua demanda. Diminuir os preços em tal faixa *aumentará* os custos (de produção e distribuição de unidades adicionais) e *diminuirá* a receita. É melhor tentar alcançar a elasticidade unitária aumentando preços, e, assim, aumentar a receita e poupar os custos de produção e distribuição. De fato, gestores perspicazes que buscam maximizar os lucros vão levar esses aumentos de preço direto para o intervalo elástico. Especificamente, um gestor como esse vai mover para a esquerda do ponto de receita máxima e elasticidade unitária (acima e além do ponto B em P_2 e Q_2 na Figura 3.6), com o objetivo de não produzir e vender unidades com uma perda operacional onde RM < custo variável.

Iniciando com uma produção igual a zero, uma empresa que maximiza o lucro somente diminuirá o preço para aumentar a receita enquanto a variação incremental da receita total (a *RM* na Figura 3.6) exceder a alteração no custo variável total (indicado como altura *CM*), isto é, a produção que maximiza o lucro sempre ocorrerá na região elástica da demanda da empresa – por exemplo, a um preço acima do preço de elasticidade unitária.

EXEMPLO Estimativa de elasticidade de preço do café varia pelo preço[12]

Um estudo sobre demanda por café confirma a relação entre níveis de preços e elasticidade-preço mostrada na Figura 3.6. Os autores descobriram que a elasticidade-preço da demanda variava de –0,16 em períodos mais tranquilos até –0,89 no nível de pico de preço. Portanto, usuários de café são aproximadamente nove vezes mais sensíveis a mudanças de preços a altos níveis do que a baixos níveis. Como esses são níveis de mercado, não de empresas, as estimativas de elasticidades, observando elasticidades-preço menor do que 1,0 em valores absolutos não contradiz o entendimento gerencial que é propiciado pela Figura 3.7. Isto é, as *empresas* sempre vão aumentar o preço até que a demanda não esteja mais na região inelástica, mas a soma de diversas demandas no nível da empresa pode resultar em uma elasticidade inelástica *de demanda de mercado*.

---

12 Cliff J. Huang, John J. Siegfried, Farangis Zardoshty. The Demand for Coffee in the United States, 1963-1977. *Quartely Review of Economics and Business* 20, n. 2, verão 1980, p. 36-50. Outras e mais recentes estimativas de elasticidade da demanda por café podem ser encontradas em Albert A. Okunade. Functional Forms and Habits Effects in the U.S. Demand for Coffee. *Applied Economics*, nov. 1992.

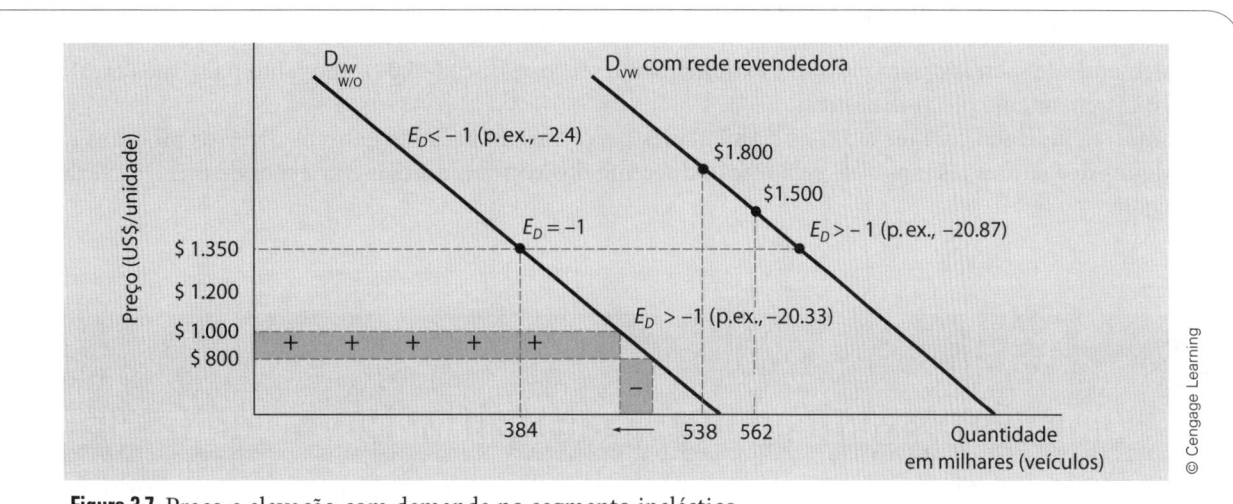

Figura 3.7 Preço e elevação com demanda no segmento inelástico.

TABELA 3.4 Elasticidades-preço empíricas

Bem/serviço	Elasticidade-preço da demanda de mercado	Bem/serviço	Elasticidade-preço da demanda de mercado
Bebidas alcoólicas (consumidas na residência)		Móveis	−3,04[a]
Cerveja	−0,84[b]	Artigos de vidro e de porcelana	−1,20[c]
Vinho	−0,55[b]	Utensílios domésticos	−0,64[c]
Licor	−0,50[b]	Transporte aéreo internacional	
Vestuário		Estados Unidos/Europa	−1,25[d]
Mercado	−1,1[a]	Canadá/Europa	−0,82[d]
Empresas	−4,1[c]	Recreação ao ar livre	−0,56[e]
Café		Almoços na escola	−0,47[f]
Comum	−0,16[g]	Calçados	−0,73[c]
Solúvel	−0,36[g]	Farinha de soja	−1,65[h]
Débitos em cartões bancários	−2,44[i]	Telefones	−0,10[j]
Visitas ao dentista		Têxteis	
Homens	−0,65[k]	Mercado	−1,5[a]
Mulheres	−0,78[k]	Empresas	−4,7[c]
Crianças	−1,40[k]	Pneus	−0,60[c]
Alimentos		Produtos de tabaco	−0,46[c]
Mercado	−1,0[l]	Tomates	−2,22[m]
Empresas	−3,8[l]	Lã	−1,32[n]

a Richard D. Stone and D.A. Rowe, "The Durability of Consumers' Durable Goods," *Econometrica* 28 (1960), p. 407–416.
b Dale Heien and Greg Pompelli, "The Demand for Alcoholic Beverages: Economic and Demographic Effects," *Southern Economic Journal* (jan. 1989), p. 759–769.
c H. S. Houthakker and Lester D. Taylor, *Consumer Demand in the United States*, 2nd ed. (Cambridge, MA: Harvard University Press, 1970).
d J.M. Cigliano, "Price and Income Elasticities for Airline Travel: The North Atlantic Market," *Business Economics* (set. 1980), p. 17–21.
e Russel L. Gum and W.E. Martin, "Problems and Solutions in Estimating the Demand for and Value of Rural Outdoor Recreation," *American Journal of Agricultural Economics* (nov. 1975), p. 558–566.
f George A. Braley and P.E. Nelson Jr., "Effect of a Controlled Price Increase on School Lunch Participation: Pittsburgh, 1973," *American Journal of Agricultural Economics* (fev. 1975), p. 90–96.
g Cliff J. Huang, John J. Siegfried, and Farangis Zardoshty, "The Demand for Coffee in the United States, 1963–1977," *Quarterly Review of Economics and Business* 20, nº 2 (verão 1980), p. 36–50.
h H. Knipscheer, L. Hill, and B. Dixon, "Demand Elasticities for Soybean Meal in the European Community," *American Journal of Agricultural Economics* (maio 1982), p. 249–253.
i J. Starvins, "Can Demand Elasticity Explain Sticky Credit Card Rates?" *New England Economic Review* (jul./ago. 1996), p. 43–54.
j D. Cracknell and M. Knott, "The Measurement of Price Elasticities—The BT Experience," *International Journal of Forecasting* 11 (1995), p. 321–329.
k Willard G. Manning Jr. and Charles E. Phelps, "The Demand for Dental Care," *The Bell Journal of Economics* 10, no. 2 (outono 1979), p. 503–525.
l M.D. Shapiro, "Measuring Market Power in U.S. Industry," NBER Working Paper, Nº 2212 (1987).
m Daniel B. Suits, "Agriculture," in *Structure of American Industry*, 7th ed., ed. W. Adams (New York: Macmillan, 1986).
n C.E. Ferguson and M. Polasek, "The Elasticity of Import Demand for Raw Apparel Wool in the United States," *Econometrica* 30 (1962), p. 670–699.

Fatores que afetam a elasticidade-preço da demanda

A demanda de mercado para móveis, é extremamente preço-elástica (–3,04), enquanto para café descafeinado (–0,16) é extremamente preço-inelástica.

Conforme indicado na Tabela 3.4, as elasticidades-preço variam bastante entre os diversos produtos e serviços.[13] Alguns dos fatores responsáveis pela reação diferente dos consumidores às variações de preço são examinados a seguir.

PERSPECTIVAS INTERNACIONAIS
LIVRE COMÉRCIO E ELASTICIDADE-PREÇO DA DEMANDA: IOGURTE NESTLÉ

As 27 nações da Comunidade Europeia praticamente eliminaram as barreiras comerciais e os bens fluem livremente e sem impostos de um país europeu a outro. A padronização crescente de produtos nesses mercados também reduziu as barreiras comerciais. O Acordo de Livre Comércio da América do Norte (Nafta), ratificado pelos EUA, Canadá e México, tem os mesmos efeitos. E o Acordo Geral de Tarifas e Comércio (Gatt) levou a uma redução mundial de tarifas e outras barreiras comerciais. Quais são as implicações sobre as estimativas de elasticidade-preço da demanda?

O livre comércio resulta em um efetivo aumento no número de bens substitutos disponíveis aos consumidores e empresas em qualquer país. Consequentemente, à medida que as barreiras ao livre comércio são derrubadas, a demanda vai se tornar mais inelástica ao preço para bens que historicamente não eram capazes de fluir facilmente entre os países. Os iogurtes e cremes da Nestlé agora viajam dos sítios fabricantes no centro da Inglaterra para Milão, na Itália, em 17 horas, enquanto os gargalos de processamento e transporte alfandegário já exigiram 38 horas. De forma parecida, a produção de ferro para cambotas e peças de motores para veículos norte-americanos agora ocorre principalmente no México, e as transmissões para Detroit são frequentemente construídas como subunidades no Japão. Os vencedores desse processo de globalização devem ser os consumidores, que terão uma variedade maior de produtos para escolher por preços ainda mais competitivos. Os perdedores serão as empresas que não conseguirem competir em um mercado global com base em custo, qualidade e serviço.

Disponibilidade e proximidade dos substitutos Os fatores determinantes da elasticidade-preço da demanda mais importantes são a disponibilidade e a proximidade dos substitutos. Quanto maior o número de bens substitutos, dentro de um mercado relevante, maior a elasticidade-preço da demanda por um produto, porque o cliente pode facilmente mudar para um bem substituto se o preço do produto em questão aumentar.[14] A elasticidade-preço da demanda para Band-Aids da Johnson & Johnson é alta porque inúmeras companhias oferecem produtos quase idênticos. A proximidade dos substitutos é um conceito relacionado, mas diferente. Sistemas de alimentação intravenosa oferecem substitutos distantes para pacientes de hospitais em choque ou incapazes de ingerir alimentos por qualquer outro motivo, por isso a elasticidade-preço da demanda para este produto é baixa. O pão branco da Sumbeam, no entanto, tem substitutos muito próximos de padarias, nas lojas ou de várias marcas concorrentes. Por isso, neste caso, a elasticidade-preço da demanda é alta.

Porcentagem do orçamento A demanda por bens de preço relativamente elevado tende a ser mais elástica em relação ao preço do que aquela por artigos baratos. Isso porque itens caros correspondem a uma proporção maior do orçamento de um indivíduo. Consequentemente, é de esperar que a demanda por apartamentos seja mais elástica em relação ao preço do que a demanda por brinquedos de crianças. Quanto maior a porcentagem

---

13 RTi é uma das muitas empresas de consultoria que fazem estimativas de elasticidade-preço. Você pode acessá-la em: <www.rtinesearch.com>.
14 A demanda por bens duráveis tende a ser mais preço-elástica do que a demanda por não duráveis. Isso ocorre por causa da pronta disponibilidade ou de substitutos relativamente baratos em muitos casos – isto é, o conserto de televisão, carro ou geladeira usados, em vez da compra de um novo produto.

do orçamento gasto com um item, maior o poder de compra liderado por uma redução no preço ou absorvido por qualquer aumento no preço. Ademais, quanto maior este "efeito-renda", maior a elasticidade-preço para leis normais.

Posicionamento como superior A forma como um produto é posicionado para os consumidores-alvo tem muito a ver com o fato de o lançamento no poder de compra associado com um desconto de preço resultar em um aumento substancial, moderado ou trivial (ou possivelmente uma queda) nas unidades vendidas. No programa de subsídios federais "Cash for Clunkers", de 2009, alguns veículos substitutos tinham direito a um desconto de US$5.000 se o consumidor entregasse um carro mais antigo e comprasse um mais eficiente em relação ao combustível. Como o programa não fazia distinção entre carros usados com alto valor e sucatas quase sem valor, a maioria dos participantes entregou "latas velhas" e recebeu um aumento de US$4.000 a US$5.000 em seu poder de compra. Os novos automóveis cuja demanda aumentou substancialmente eram sedans superiores tamanho família e SUVs híbridos, e não os carros médios e econômicos que aumentariam significativamente a eficiência do combustível. Isso não deveria ser surpresa, porque muitos dos veículos eficientes, como Ford Fiesta, Ford Focus e Chevy Geo, são vistos como produtos inferiores.

Período de ajuste Para responder à queda de preço, os possíveis consumidores precisam conhecer o desconto e arcar com o custo de ajustar suas agendas para completar uma compra durante o período de venda. Como os custos de busca e ajuste são altos para os consumidores se os preços da venda durarem apenas alguns minutos, a resposta da demanda às mudanças de preço é mais reduzida quanto menor for o período de ajuste. Promoções previsíveis do setor automotivo no final do ano-modelo que duram o mês de agosto estimulam muito mais demanda inelástica do que as vendas sem aviso-prévio da "Midnight Madness", que dura apenas algumas horas.

A demanda em longo prazo por muitos produtos também tende a ser mais elástica do que aquela em curto prazo por causa do aumento no número de substitutos eficientes que se tornam disponíveis ao longo do tempo. Por exemplo, as únicas alternativas disponíveis ao consumo de gasolina em curto prazo são não sair de carro ou usar alguma forma de transporte público. Com o tempo, à medida que os consumidores substituem seus carros, eles encontram outro substituto excelente para a gasolina – ou seja, veículos mais eficientes no uso de combustível.

ELASTICIDADE-RENDA DA DEMANDA

Entre as variáveis que afetam a demanda, a renda disponível dos clientes-alvo é uma das mais importantes. Analistas computam a elasticidade-renda da demanda de modo análogo à elasticidade-preço.

Definição de elasticidade-renda

A **elasticidade-renda** da demanda mede a alteração na quantidade demandada de algum produto como reação a uma variação na renda. Ela pode ser expressa como

$$E_y = \frac{\%\Delta Q_D}{\%\Delta Y}, \textit{ceteris paribus} \qquad [3.10]$$

onde ΔQ_D = variação na quantidade demandada
ΔY = variação na renda

Várias medidas de renda podem ser usadas na análise. Uma medida comumente empregada é a renda disponível do consumidor, calculada em base agregada, domiciliar ou *per capita*.

> **EXEMPLO** Direcionando um cupom de mala-direta em uma concessionária Ford
>
> Uma das principais etapas para ser uma concessionária automotiva bem-sucedida é desenvolver uma ampla base de dados sobre possíveis consumidores e compras repetidas. Essas bases de dados geralmente são usadas para direcionar o material promocional do fabricante a residências locais específicas que eles acreditam ser mais propensas a responder a propagandas de mala-direta. Suponha que a Ford decida oferecer US$5.000 de desconto em alguns modelos para residências selecionadas. Para enfatizar o papel do posicionamento na análise de demanda, vamos focar no efeito desses cupons de mala-direta sobre o sedan esportivo de quatro portas Ford Taurus. Suponha que o Taurus esteja passando atualmente por um excesso de estoque, com uma produção que excedeu as vendas recentes.
>
> Para quais clientes do banco de dados local a concessionária deveria direcionar um cupom de US$5.000 de desconto? Uma opção é um casal recém-casado de universitários que comprou um subcompacto Ford Focus recentemente em sua loja. A segunda opção é um jovem casal de origem alemã e que já possui um Taurus com quatro anos e mais de 135.000 quilômetros rodados e o usa para trabalhar ao lado de uma BMW vintage. A terceira opção é um casal de imigrantes franceses, ambos consultores de gestão, que utiliza transporte público mas recentemente fez um test-drive de um sedan Volvo. A opção final é um casal de aposentados que já teve um Taurus e comprou recentemente seu terceiro Ford Crown Vic, um sedan ampliado.
>
> Ao selecionar um cliente-alvo para o cupom de mala-direta, a equipe de marketing da concessionária avalia os custos de transferência, o posicionamento e o provável poder de compra. Embora os recém-casados possam desejar um sedan médio esportivo como o Taurus, sua utilização antecipada e o poder de compra não correspondem aos dos consumidores típicos do Taurus. O jovem casal de imigrantes franceses já aspira a um Volvo, o que implica que o posicionamento do Taurus é percebido como inferior. O casal aposentado tem uma grande lealdade à marca da Ford, mas um alto custo de transferência devido à utilização e necessidade de um veículo maior. Isso não ocorre com os yuppies alemães, que já gastam grande parte da renda disponível em automóveis e continuam a ver o Taurus como um bom candidato.
>
> A demanda projetada do casal de origem alemã é provavelmente mais elástica às alterações do preço na oferta. Seus custos de transferência são baixos porque atualmente eles consomem um substituto quase idêntico. Eles provavelmente vão achar o novo modelo do Taurus um bom candidato e a porcentagem de seu orçamento gasta em automóveis é a maior entre as quatro possíveis residências-alvo.

A métrica da elasticidade-renda é calculada como uma elasticidade-arco ou elasticidade pontual, da mesma forma que os cálculos da elasticidade-preço,

$$E_y = \frac{Y}{Q_D} \times \frac{\partial Q_D}{\partial Y}$$

dependendo se a alteração na renda for pontual (por exemplo, por muitos milhares de dólares ou uma porcentagem substancial da renda) ou uma alteração incremental em determinado nível de renda. (Releia a nota de rodapé 7 deste capítulo, para uma explicação sobre como calcular a elasticidade-arco *versus* a elasticidade pontual.)

Interpretação da elasticidade-renda Para a maior parte dos produtos, espera-se que a elasticidade-renda seja positiva, isto é, $E_y > 0$. Tais bens são conhecidos como *bens normais* ou *bens de renda superiores*.

Aqueles que possuem uma elasticidade-renda negativa são denominados *bens inferiores*. Estes são os bens adquiridos em quantidades absolutas menores à medida que aumenta a renda do consumidor. Itens de alimentação, como carne suína e feijão, ou automóveis compactos, são citados com frequência como exemplos de bens inferiores.

Conhecer o valor da elasticidade-renda da demanda para um produto específico é especialmente útil para o relacionamento de previsões da atividade econômica. Em setores que produzem bens com elasticidade-renda alta (como móveis inovadores), um significativo aumento ou diminuição da atividade econômica exercerá um impacto considerável sobre a demanda. O conhecimento das elasticidades-renda também é útil para o desenvolvimento de estratégias de marketing para os produtos altamente divergentes. Por exemplo, produtos que possuem uma elasticidade-renda alta podem ser promovidos como luxuosos e de estilo diferenciado, enquanto os que possuem uma elasticidade-renda baixa podem ser promovidos como econômicos.

EXEMPLO Elasticidades-renda: estimativas empíricas

Estimativas de elasticidade-renda da demanda têm sido feitas para uma grande variedade de produtos e serviços, como mostrado na Tabela 3.5. Note que as elasticidades-renda para produtos que são frequentemente percebidos como necessidades (por exemplo, muitos itens de alimentação, moradia) são menores do que 1, ao passo que elasticidades-renda para itens que usualmente são entendidos como de luxo (por exemplo, viagens à Europa) são superiores a 1.

TABELA 3.5 Elasticidades-renda empíricas

Commodity (bem/serviço)	Elasticidade-renda
Viagem à Europa	1,91[a]
Maçãs	1,32[b]
Carne bovina	1,05[b]
Frango	0,28[b]
Visitas ao dentista	
Homens	0,61[c]
Mulheres	0,55[c]
Crianças	0,87[c]
Moradia (aluguéis de baixa renda)	0,22[d]
Leite	0,50[a]
Laranjas	0,83[a]
Batatas	0,15[a]
Tomates	0,24[a]

a J. M. Cigliano, Price and income elasticities for airline travel: the North Atlantic market, *Business Economics*, set. 1980, p. 17–21.

b Daniel B. Suits, Agriculture, In: *Structure of american industry*. 7. editor (ed. W. Adams). Nova York: Macmillan, 1986.

c Willand G. Manning Jr. e Charles E. Phelps, The demand for dental care. *Bell Journal of Economics*, v 10, n. 2, outono 1979, p. 503–25.

d Elizabeth A. Roistacher, Short-run housing responses to changes in income. *American Economic Review*, fev. 1977, p. 381–86.

Elasticidade de publicidade A elasticidade de publicidade avalia a capacidade de as vendas responderem a mudanças nos gastos com propaganda, medida pela razão entre os percentuais de mudança das vendas e de mudança nos gastos com publicidade.

$$E_{pub} = \frac{\%\Delta Q_D}{\%\Delta PUB}, \text{ ceteris paribus}$$

Quanto mais alto for o coeficiente de elasticidade de publicidade E_p, mais as vendas serão responsivas a mudanças no orçamento de publicidade. Estar ciente dessa medida de elasticidade pode ajudar os gerentes de publicidade ou marketing a determinar níveis adequados de custos publicitários em relação a promoções de preço ou gastos com embalagem.

ELASTICIDADE CRUZADA DA DEMANDA

Outro determinante da demanda que afeta substancialmente a demanda por um item é o preço de um produto relacionado (substituto ou complementar).

Elasticidade-preço cruzada definida

A **elasticidade-preço cruzada** da demanda, $E_{cruzada}$, é uma medida da responsividade das alterações na quantia demandada (Q_{DA}) do Produto A às mudanças de preço do Produto B (P_B).

$$E_{cruzada} = \frac{\%\Delta Q_{DA}}{\%\Delta P_B}, ceteris\ paribus \qquad [3.11]$$

onde

ΔQ_{DA} = variação na quantidade demandada do Produto A
ΔP_B = variação no preço do Produto B

Interpretação da elasticidade-preço cruzada

Se a elasticidade-preço cruzada medida entre os itens A e B é *positiva* (como se espera em nosso exemplo manteiga/margarina ou entre produtos, como embalagem de plástico e folha de alumínio), os dois produtos são denominados *substitutos* entre si. Quanto maior a elasticidade-preço cruzada, mais próxima a relação entre os bens substitutos. Uma elasticidade-preço cruzada *negativa*, por sua vez, indica que os dois produtos são *complementares*. Por exemplo, uma redução significativa no preço de aparelhos de DVD provavelmente resultará em um acréscimo na demanda por DVDs.

Leis de livre concorrência e elasticidades-preço cruzadas

O número de substitutos próximos que um produto possui pode ser um fator determinante da estrutura de mercado. Quanto menor o número e pior a qualidade dos substitutos próximos que existem para um produto, maior o poder de mercado da empresa fabricante ou vendedora. Um aspecto importante nos processos de livre concorrência envolve a definição apropriada do mercado do produto relevante a ser usado para calcular as estatísticas referentes ao controle de mercado (por exemplo, participação de mercado). Um caso envolvendo a produção de celofane pela DuPont atribuiu importância a este tema. O mercado do produto relevante inclui apenas o celofane ou se refere ao mercado mais amplo de materiais de embalagens flexíveis?

A Suprema Corte[15] dos Estados Unidos considerou a elasticidade-preço cruzada da demanda entre o celofane e outros materiais de embalagens flexíveis suficientemente elevada para não acusar a DuPont de monopolizar o mercado. Se o produto relevante tivesse sido considerado como o celofane isoladamente, a DuPont teria, sem dúvida, perdido, porque fabricava 75% da produção do mercado, e sua única licenciada, a Sylvania, produzia o restante. Porém, quando outros materiais de embalagens flexíveis foram incluídos na definição do mercado do produto, a participação da DuPont diminuiu para um nível aceitável de 18%. A importância da definição do mercado do produto relevante e a determinação da elasticidade-preço cruzada da demanda entre produtos substitutos próximos são enfatizadas neste e em muitos outros casos.[16]

---

15 A Suprema Corte é a mais alta instância jurídica dos Estados Unidos; equivale ao Supremo Tribunal Federal no Brasil. (N.R.T.)

16 Ver, por exemplo, *U.S. v. Alcoa*, 148 F.2d., 416, 424; *Times Picayune Publishing Co. v. U.S.*, 345 U.S. 594; *Continental Can Co. v. U.S.*, 378 U.S., 441, 489. Ver John E. Kwoka e, Lawrence J. White. *The Antitrust Revolution*: Economics, Competition, and Policy. Nova York: Oxford University Press, 1999, para uma discussão mais detalhada de alguns dos temas econômicos envolvidos nas leis de livre concorrência.

EXEMPLO Por que pagar mais por papel de fax e clipes na Staples[17]

O que de fato constitui um substituto disponível tem tanto a ver com elasticidade-preço cruzada de empresas concorrentes como com a elasticidade-preço cruzada da demanda. Em uma proposta recente e acirrada de fusão, a Federal Trade Comission (FTC) argumentou que superlojas de artigos para escritório, como OfficeMax, Office Depot e Staples, são um mercado relevante e à parte de outros pequenos negócios varejistas desse ramo de artigos. A Office Depot tinha 46% dos US$13,22 bilhões de vendas das superlojas em 1996; a Staples, 30%, e a OfficeMax os restantes 24%. A Office Depot e a Staples se propuseram a uma fusão, o que criaria uma empresa com 76% do mercado. Tais fusões têm sido barradas muitas vezes sob a lei antitruste Sherman, que proíbe monopólios.

Entretanto, as duas empresas insistiram que seus competidores não eram apenas a OfficeMax, mas todos os canais de distribuição, incluindo pequenas papelarias especializadas, lojas de departamento, lojas de desconto, como a Target, clubes de compra, como o Sam's Club, vendedores por catálogos e alguns varejistas de computadores. Este grande setor de artigos para escritório é fragmentado, fácil de entrar (ou de sair), e imenso, alcançando US$185 bilhões. Por este último padrão, a fusão proposta envolveria os maiores *players* do setor, mas empresas com apenas 3% a 5 % do *market share*. Sob esta interpretação alternativa de mercado relevante, Office Depot e Staples deveriam prosseguir com a fusão.

Superlojas como a Home Depot e Lowes no segmento "faça você mesmo" de itens de construção, a PetSmart no de alimentos para animais, e Office Depot, OfficeMax e Staples criaram uma nova categoria de compradores poupadores de tempo nas cidades em que estão instaladas? Produtos de escritório são itens que os clientes *podem* detectar qualidade antes da compra e localizar justamente a combinação de qualidade-preço que desejam. Reputação de nomes de marca deveria então ter pouco efeito em compras repetidas no Office Depot e Staples. Neste caso, tem-se um fundamento lógico para ações antitruste? Os empreendedores de sucesso simplesmente criaram um novo segmento dentro do tradicional e relevante mercado de artigos para escritório?

O FTC efetuou dois conjuntos de testes para aconselhar os comissários que votaram pela rejeição da fusão. Preços para tudo, de clipes a papel de fax foram amostrados em 40 cidades onde Office Depot e Staples competiam, e em outras localidades nas quais apenas uma delas estava presente. Os preços eram significativamente maiores nas cidades com apenas uma delas. Aparentemente, a despeito de uma enorme rede de varejistas tradicionais, os consumidores almejados (por exemplo, secretárias responsáveis pelos suprimentos) estão mais dispostos a pagar mais por "grampos" na Staples.

Como Wal-Mart já demonstrou em outro setor da economia, os compradores seguirão para uma superloja a despeito de haver numerosos varejistas mais próximos deles. Assim, apesar da enorme oferta preexistente de fornecedores concorrentes operando em escalas menores, e da facilidade de entrada (e de saída), a competição para uma superloja vem somente de outra superloja. Como resultado, a Lei Sherman garante a recusa de fusões de grandes empresas no setor de artigos de escritórios. Embora lojas como Walmart possam se tornar "*category killers*" de seu próprio crescimento de vendas, o FTC decidiu barrar fusões de superlojas, que seriam uma forma de obter um status de quase monopólio.

---

17 Baseado em FTC Votes to Bar Staples' Bid for Rival. *Wall Street Journal*, 11 mar. 1997, p. A3.

TABELA 3.6 Elasticidades do uso da eletricidade

	Elasticidade-preço	Elasticidade-renda	Elasticidade cruzada (Gás)
Mercado residencial	−1,3	0,3	0,15
Mercado comercial	−1,5	0,9	0,15
Mercado industrial	−1,7	1,1	0,15

Um exemplo empírico de elasticidades-preço, renda e cruzada

Um estudo de Chapman, Tyrrell e Mount examinou a elasticidade do uso da energia por usuários residenciais, comerciais e industriais.[18] Eles levantaram a hipótese de que a demanda por eletricidade era determinada pelo preço, pelos níveis de renda e pelo preço de um bem substituto, o gás natural.

A Tabela 3.6 resume as elasticidades do uso de eletricidade em relação a preço, renda e preços do gás natural. Conforme indicado na tabela, a elasticidade-preço da demanda por eletricidade é relativamente elástica em todos os mercados, com a maior ocorrendo no mercado industrial. Estes resultados são consistentes com a observação de que muitas montadoras, usinas mecânicas e outros usuários industriais pesados passaram a utilizar eletricidade gerada internamente por meio de turbinas acionadas a gás quando os preços da eletricidade subiram. Os valores positivos da elasticidade cruzada mostram que a eletricidade e o gás natural são resultantes desses substitutos.

EFEITO COMBINADO DAS ELASTICIDADES DA DEMANDA

Quando dois ou mais dos fatores que afetam a demanda variam simultaneamente, as pessoas podem se interessar em determinar seu impacto combinado sobre a quantidade demandada. Por exemplo, suponha que uma empresa planeja aumentar o preço do seu produto no próximo período e preveja que a renda dos consumidores também aumentará nesse período. Espera-se que os outros fatores que afetam a demanda, como despesas de propaganda e os preços dos concorrentes, permaneçam inalterados no próximo período. Empregando a fórmula da elasticidade-preço (Equação 3.1), o efeito sobre a quantidade demandada de um aumento no preço será igual a

$$\%\Delta Q_D = E_D(\%\Delta P)$$

De modo similar, usando a fórmula da elasticidade-renda (Equação 3.11), o efeito sobre a quantidade demandada de um aumento na renda dos consumidores será igual a

$$\%\Delta Q_D = E_y(\%\Delta Y)$$

Cada uma dessas variações percentuais (divididas por 100 para torná-las na forma decimal) seria multiplicada pela demanda do período atual (Q_1) para se obter as respectivas variações da quantidade demandada causadas pelo aumento do preço e da renda. Supondo que os efeitos do preço e da renda sejam *independentes* e *cumulativos*, a quantidade demandada no próximo período (Q_2) será igual à demanda do período atual (Q_1) mais as variações causadas pelos aumentos de preço e renda:

$$Q_2 = Q_1 + Q_1[E_D(\%\Delta P)] + Q_1[E_y(\%\Delta Y)]$$

ou

$$Q_2 = Q_1[1 + E_D(\%\Delta P) + E_y(\%\Delta Y)] \qquad [3.12]$$

O uso combinado das elasticidades-preço e renda, exemplificado neste caso para a previsão da demanda, pode ser generalizado para qualquer conceito de elasticidade desenvolvido na seção anterior deste capítulo.

---

18 D. Chapman, T. Tyrrell e T. Mount. Electricity Demand Growth and the Energy Crisis. *Science*, 17 nov. 1972, p. 705.

EXEMPLO — Efeitos preço e renda: a Seiko

Suponha que a Seiko esteja planejando aumentar o preço de seus relógios em 10% no próximo ano e que economistas prevejam que a renda pessoal disponível aumente em 6% durante o mesmo período. De experiências passadas, a elasticidade-preço da demanda é estimada em aproximadamente –1,3 e a elasticidade-renda em 2,0. Admite-se que estas elasticidades devam permanecer constantes mesmo com as mudanças apontadas acima. A Seiko vende em torno de 2 milhões de relógios por ano. Determine a demanda prevista para o próximo ano (supondo que os efeitos da mudança de preço e renda sejam independentes e cumulativos). Substituindo os dados relevantes na Equação 3.12 obtém-se:

$$Q_2 = 2.000.000\ [1 + (-1,3)(0,10) + (2,0)(0,06)]$$
$$= 1.980.000 \text{ unidades}$$

A demanda prevista para o próximo ano é de 1,98 milhão de relógios assumindo que outros fatores que influenciam a demanda, como propaganda e preços dos concorrentes, permaneçam inalterados. Neste caso, o efeito positivo de aumento projetado na renda das famílias é mais do que compensado pelo declínio na quantidade demandada associada com o aumento de preço.

RESUMO

- As relações de demanda podem ser representadas na forma de tabela, gráfico ou função algébrica.
- A curva de demanda normalmente é inclinada para baixo, indicando que os consumidores estão dispostos a adquirir mais unidades de um bem ou serviço a preços menores (lei de ouro da demanda).
- O efeito total de uma redução de preço é a soma de um efeito de substituição positivo sempre presente e um efeito-renda (ou renda real) às vezes positivo, às vezes negativo, e possivelmente zero.
- A magnitude do efeito de substituição depende dos custos de transferência – isto é, a proximidade percebida dos substitutos. A magnitude do efeito-renda depende do posicionamento do produto e seu direcionamento a determinados consumidores que sejam propensos a achar a oferta de produto um bom candidato em vez de um bem inferior.
- Elasticidade refere-se à reação de uma variável econômica a mudanças em outra variável relacionada. Assim, *elasticidade-preço* da demanda refere-se à variação percentual da quantidade demandada associada a uma variação percentual do preço, mantendo-se constantes os efeitos dos outros fatores que influenciam a demanda. Diz-se que a demanda é *elástica* em relação ao preço se uma determinada variação percentual do preço resulta em uma variação percentual maior na quantidade demandada. A demanda é *inelástica* em relação ao preço se uma determinada variação percentual no preço resulta em uma variação percentual menor na quantidade demandada.
- Quando a demanda possui elasticidade unitária, a receita marginal é igual a zero e a receita total é maximizada. Quando a demanda é elástica, um aumento (uma diminuição) do preço resultará em uma diminuição (um aumento) da receita total. Quando a demanda é inelástica, um aumento (uma diminuição) do preço resultará em um aumento (uma diminuição) da receita total.
- Os preços devem sempre ser aumentados da região inelástica da demanda da firma, pois pontos de preço mais baixo resultará em redução da receita, apesar do aumento de vendas unitárias.
- *Elasticidade-renda* da demanda refere-se à variação percentual na quantidade demandada associada a uma variação percentual da renda, mantendo-se constantes os efeitos de outros fatores que influenciam a demanda.
- *Elasticidade cruzada* da demanda refere-se à variação percentual na quantidade demandada do Bem *A* associada a uma variação percentual no preço do Bem *B*.
- A magnitude da elasticidade-preço varia muito entre os clientes-alvo e os produtos por causa das diferenças (1) na quantidade e proximidade percebida de substitutos (também conhecido como custos de transferência), (2) na porcentagem do orçamento gasta com o produto, (3) no posicionamento do produto como superior para o mercado-alvo e (4) no período de ajuste.

EXERCÍCIOS
As respostas para os exercícios destacados estão no Apêndice D, no final do livro.

1. A Potomac Range Corporation produz uma linha de fornos de micro-ondas que custam US$500 cada e as vendas médias mensais foram de 6.000 unidades durante o ano passado. Em agosto, a empresa concorrentes mais próxima, a Spring City, cortou o preço do modelo mais similar ao da Potomac de US$600 para US$450. A Potomac notou que seu volume de vendas caiu para 4.500 unidades por mês após o corte promovido pela concorrente.
   a. Qual é a elasticidade-preço arco da demanda entre os dois produtos concorrentes?
   b. Você diria que as duas empresas são concorrentes? Que outros fatores poderiam influenciar a relação observada?
   c. Se a Potomac soubesse que a elasticidade-preço arco da demanda por seus fornos fosse −3,0, que preço esta empresa deveria cobrar para continuar vendendo a mesma quantidade que vendia antes do corte de preço da Spring City?

2. A elasticidade-preço da demanda por computadores pessoais é estimada em −2,2. Se o preço de computadores pessoais cair de 20%, qual será o aumento percentual esperado na quantidade de computadores vendidos?

3. A Olde Yogurt Factory reduziu o preço de seu popular "Mmmm Sundae" de US$2,25 para US$1,75. Como resultado, as vendas diárias deste produto subiram de 1.500 para 1.800 unidades. Calcule a elasticidade-preço arco da demanda de preços e quantidades anotadas acima.

4. A tarifa do Metrô na sua cidade acaba de aumentar de US$0,50 para US$1,00 a viagem. Como resultado, a autoridade de trânsito nota queda de 30% no uso do serviço.
   Calcule a elasticidade-preço da demanda por viagens de Metrô
   a. Se a autoridade de trânsito reduzir a tarifa de volta para US$0,50, qual seria o impacto esperado sobre o uso do serviço? Por quê?

5. Se a receita marginal de um produto for US$15 e a elasticidade-preço da demanda −1,2, qual será o preço do produto?

6. A função de demanda por bicicletas na Holanda foi estimada em

$$Q = 2.000 + 15Y - 5{,}5P$$

onde Y é a renda em *milhares* de euros, Q a quantidade demandada em unidades e P o preço unitário. Quando $P = 150$ euros e $Y = 15.000$ euros, determine:
   a. A elasticidade-preço da demanda.
   b. A elasticidade-renda da demanda.

7. Em uma tentativa para aumentar receitas e lucros, uma empresa está considerando um aumento de 4% no preço e de 11% em propaganda. Se a elasticidade-preço da demanda for −1,5 e a elasticidade-propaganda da demanda +0,6, você terá a expectativa de um aumento ou uma diminuição das receitas totais?

8. A Stopdecay Company vende uma escova dental elétrica por US$25. Suas vendas foram de 8.000 unidades por mês ao longo do último ano. Recentemente, a Decayfighter, sua concorrente mais próxima, reduziu o preço de sua escova dental elétrica de US$35 para US$30. Como resultado, as vendas da Stopdecay diminuíram em 1.500 unidades por mês.
   a. Qual é a elasticidade arco cruzada da demanda entre as escovas dentais da Stopdecay e da Decayfighter? O que isso indica a respeito da relação entre os dois produtos?
   b. Se a Stopdecay sabe que a elasticidade-preço arco da demanda para sua escova dental é de −1,5, que preço ela deve cobrar para vender o mesmo número de unidades que comercializava antes da redução de preço da Decayfighter? Suponha que a Decayfighter mantenha constante em US$30 o preço de sua escova dental.
   c. Qual é a receita total mensal média obtida com a venda de escovas dentais elétricas antes e depois da alteração de preços determinada no item (b)?
   d. O resultado obtido no item (c) é necessariamente desejável? Que outros fatores teriam de ser levados em conta?

9. A Sidney Transportation Company (STC) opera um sistema de ônibus urbano em New South Wales, Austrália. A análise econômica feita pela empresa indica que dois principais fatores afetam a demanda por seus serviços: o nível das tarifas e o preço do estacionamento na região central da cidade. A Tabela 1 apresenta informações disponíveis das operações de 2005. Previsões de tarifas futuras e preço do estacionamento a cada dia são indicadas na Tabela 2.

TABELA 1

Número médio de passageiros diários (2005)	Tarifa do percurso de ida e volta	Preço médio do estacionamento na região central
5.000	$1,00	$1,50

TABELA 2

Ano	Tarifa do percurso de ida e volta	Preço médio do estacionamento
2006	$1,00	$2,50
2007	$1,25	$2,50

Os economistas da STC forneceram as informações a seguir para que a empresa pudesse estimar o número de passageiros em 2006 e 2007. Com base na experiência passada, o coeficiente de elasticidade cruzada entre o número de passageiros de ônibus e o preço do estacionamento na região central foi estimado em 0,2, dada uma tarifa de US$1 pelo percurso de ida e volta. Não se espera que essa situação mude no caso de um aumento de tarifa para US$1,25. A elasticidade-preço da demanda é estimada atualmente em −1,1, dado um preço de estacionamento diário de US$1,50. Estima-se, no entanto, que a elasticidade-preço será alterada para −1,2 quando o preço do estacionamento aumentar para US$2,50. Usando esses dados, estime o número de passageiros diários médios para 2006 e 2007.

10. A empresa Reliable Aircraft fabrica pequenos aviões para lazer. Com base em experiências passadas, o volume de vendas parece ser afetado por mudanças no preço dos aviões e pelo estado da economia conforme medido pela renda pessoal disponível do consumidor. Os seguintes dados sobre vendas de aviões e preços de venda da Reliable e renda pessoal do consumidor foram coletados:

Ano	Vendas de aviões	Preço médio de aviões	Renda pessoal disponível
2006	525	US$17.200	US$610
2007	450	US$8.000	US$610
2008	400	US$8.000	US$590

a. Faça a estimativa da elasticidade-preço arco da demanda utilizando os dados de 2006 e 2007.
b. Faça a estimativa da elasticidade-renda arco da demanda utilizando os dados de 2007 e 2008.
c. Suponha que se espere que essas estimativas continuem estáveis em 2009. Faça uma projeção das vendas de 2009 da Reliable, assumindo que os preços dos aviões permanecerão constantes no nível de 2008, e que a renda pessoal disponível aumente em US$40 bilhões. Admita também que a elasticidade-renda arco calculada no item (b) é a melhor estimativa disponível de elasticidade-renda.
d. Faça uma projeção das vendas de 2009 da Reliable, dado que os preços de seus aviões aumentem US$500 em relação ao nível de 2008 e que a renda pessoal disponível aumente em US$40 bilhões. Admita que os efeitos preço e renda sejam *independentes* e *cumulativos* e que as elasticidades-renda e preço arco calculadas nos itens (a) e (b) sejam as melhores estimativas disponíveis dessas elasticidades para se utilizar na projeção.

11. As alíquotas de impostos federais sobre a gasolina variam muito no mundo desenvolvido. Os Estados Unidos têm os impostos mais baixos, de US$0,40 por galão (ou £ 0,07 por litro); o Canadá tem impostos de US$0,60 por galão; Japão e boa parte da Europa têm impostos de US$2 por galão, ao passo que o Reino Unido tem o imposto mais alto, US$2,83 por galão ou £ 0,50 por litro. Se o objetivo dos impostos sobre a gasolina é reduzir as perdas de tempo com congestionamentos em ambientes urbanos e a gasolina antes dos impostos custa cerca de £ 0,40 por litro, por que o imposto ideal no Canadá poderia ser 50% mais alto do que nos Estados Unidos? Qual seria a explicação para países vizinhos terem estimativas tão diferentes da elasticidade-preço da demanda por dirigir automóveis?[19]

12. Qual determinante conceitual da elasticidade-preço da demanda por automóveis é mais associado com as diferenças de custos de transferência entre os clientes-alvo do exemplo dos cupons de mala direta para concessionárias Ford (custos de transferência baixos para o casal alemão que trabalha em um Taurus antigo e custos altos para o casal mais velho que dirige um Crown Vics)?

13. Ilustre a relação entre posicionamento do produto e direcionamento de consumidores usando os fatos do exemplo do cupom de mala direta da concessionária Ford. Quais consumidores são os dois menos propensos a comprar um Taurus por essa razão?

---

19 Baseado em Fueling discontent. *The Economist*, 19 maio 2001, p. 69.

CASO

PRECIFICAÇÃO DE CAMISAS POLO PARA GOLFE

O ambiente é uma loja outlet Ralph Lauren e a linha de produto são camisas polo para golfe. Um gerente de produto e o gerente geral de vendas de Outlet estão analisando o preço com desconto a ser oferecido nas lojas outlet. Vamos trabalhar nessa decisão em um nível de uma cor de camisa de golfe vendida por loja por dia. A decisão a ser tomada é quão baixo selecionar um preço no início de determinado dia para gerar vendas por aquele preço no seu transcorrer. As informações de demanda, receita e custos variáveis são coletadas na tabela a seguir:

Quantidade vendida	Preço uniforme (US$)	Receita total (US$)	Receita marginal (US$)	Custo variável (US$)
0	50	0	0	28
1	48	48	48	28
2	46	92	44	28
3	45	135	43	28
4	44	176	41	28
5	42	210	34	28
6	40	240	30	28
7	38,31	268	28	28
8	36,50	292	24	28
9	34,50	311	19	28
10	–	–	16	28
11	–	–	13	28
12	–	–	10	28
13	–	–	7	28
14	–	–	4	28
15	–	–	0	28
16	–	–	(1)	28
17	–	–	(4)	28
18	–	–	(7)	

Questões

1. Identifique a mudança na receita total (receita marginal) da quarta camisa por dia. Qual redução de preço foi necessária para vender quatro em vez de três camisas?
2. Essa quarta camisa ganha um lucro operacional ou impõe uma perda operacional? De que tamanho?
3. Qual é a mudança na receita total por diminuir o preço para vender sete em vez de seis camisas de cada cor por dia? De que forma essa decisão de vender a sétima camisa é um "ponto de ruptura"?
4. Decomponha os componentes da receita marginal de US$28 pela venda da sétima unidade a US$38,31, isto é, quanto de receita é perdido por unidade de venda em relação ao preço que venderia seis camisas por cor por dia?
5. Calcule a receita total por vender da 10ª à 16ª camisa por dia. Calcule os preços reduzidos necessários para alcançar cada uma dessas médias de venda.
6. Quantas unidades vendidas por dia satisfariam um vendedor com bonificações baseadas em comissão?
7. Você recomendaria a diminuição do preço aos níveis exigidos para gerar vendas de 15 unidades por dia? Por que sim ou por que não? O que significa "vender a uma margem negativa"?
8. Com 14 camisas por dia, a margem é positiva. No entanto, qual é o lucro ou perda operacional sobre as 14ª, 12ª e 10ª camisas?
9. Quantas camisas você recomenda vender por cor por dia? Quais seriam, então, seus aumentos financeiro e percentual recomendados? Que margem financeira e margem percentual é essa?

CAPÍTULO 4

Estimativa da demanda

O capítulo anterior apresentou a teoria da demanda, os conceitos de elasticidade-preço, elasticidade-renda e elasticidade cruzada da demanda. Um gestor que pretenda aumentar o preço de um dos produtos da empresa precisa conhecer o impacto desse aumento sobre a quantidade demandada, a receita total e os lucros. A demanda é elástica, inelástica ou unitária em relação ao preço em toda sua faixa de aumento? Quanto crescimento das unidades de vendas pode ser esperado se a renda do consumidor aumentar como resultado de recuperação de uma recessão severa?

Governos e instituições sem fins lucrativos defrontam-se com questões similares. Qual será o impacto de um aumento no pedágio de uma ponte? O uso de automóveis para ir para o trabalho diminuirá 5%, 10% ou 20%? O aumento das taxas de vendas vai impulsionar a receita o suficiente para cobrir um déficit orçamentário projetado? Este capítulo discute algumas das técnicas e problemas associados a tais estimativas.

Desafio gerencial

Demanda por chocolates Sampler da Whitman

Sampler, marca da Whitman's, é uma caixa de presente com chocolates sortidos de boa qualidade e preço médio vendida por meio do canal de distribuição de drogarias. A Whitman's é uma empresa com 170 anos que agora pertence à Nestlé, que também possui as marcas Russell Stover Candies, Lindor e Ferrero Rocher, com os quais a caixa Sampler é exibida nos mostruários da Rite-Aid ou CVS. O mercado-alvo são "homens com problemas", que desejam levar algo inesperado para suas esposas e namoradas. A caixa Sampler de uma libra custa um quinto do preço da caixa de chocolates Godiva, com quatro unidades, mas é muito melhor em qualidade do que as barras das mercearias. No Natal e no Dia dos Namorados, o corredor de doces das farmácias é expandido com caixas de chocolate sazonais e de marcas privadas com desconto. A Whitman's tem caixas de US$9,99 e US$11,99, com chocolate tradicional e sem açúcar, com 340 g, e os preços são estáveis ao longo do ano.

Cinquenta e quatro observações bimestrais foram coletadas a respeito do mix de marketing da Whitman's, incluindo preço, propaganda, gastos promocionais com displays e opções de embalagens, bem como duas variáveis *dummy* (binárias) sazonais para o Natal (novembro/dezembro) e o Dia dos Namorados (janeiro/fevereiro).

Cont.

Você foi encarregado de estimar a resposta financeira das vendas de cada uma dessas variáveis. O modelo de regressão que melhor se enquadra é o log-linear:

Log$Vendas = 13,23 − 0,86logPreço
− 0,02logProp + 0,24logPromo
− 0,17Embalagem − 0,25N/D − 0,14J/F

onde R-quadrado é 0,54 e o índice t para cada variável são os seguintes[1]:

Preço 4,30; Prop 0,51; Promo 1,52; Embalagem −3,82; N/D −4,74; J/F −1,75. O Gerente-Geral pergunta a você como interpretar cada fator e qual recomendação de decisão, se houver, é garantida.

Mais tarde, você descobre que a variável binária de Embalagem 0/1 (que significa uma mudança para 14 bimestres da tradicional cor dourada da caixa de Sampler para vermelha) interage fortemente com os gastos da variável promocional Promo. Reestimando o modelo para incluir este efeito de interação, você obtém:

Log$Vendas = 11,65 − 0,90logPreço − 0,03logProp
+ 1,37logPromo + 1,59 Embalagem − 0,24N/D
− 0,14J/F − 0,13 Embalagem * Promo.

onde R-quadrado agora é 0,60 e o índice t para cada variável são os seguintes: Preço 4,53; Prop 0,65; Promo 2,35; Embalagem 2,26; N/D −4,83; J/F −2,67/ Embalagem * Promo −2,67. Interprete as mudanças e novamente faça recomendações.

Depois de classificar o papel da Whitman's nas vendas sazonais de doces, você percebe que o Gerente-Geral do produto Sampler não está surpreso com as suas descobertas. Ele responde facilmente à sua apresentação e à recomendação de continuar e manter os preços de US$9,99 e US$11,99 durante o ano e "não se adaptar" aos preços com desconto de outras marcas no Natal e Dia dos Namorados.

Questões para discussão

- O que é curioso inicialmente a respeito das variáveis binárias sazonais negativas e estatisticamente significativas para Natal e Dia dos Namorados?
- Agora que você entende o fornecimento competitivo de um produto sazonal de marcas privadas, explique os sinais negativos das binárias sazonais na função de demanda que atende ao desejo da Whitman's de manter os preços estáveis.
- Por que a Whitman's prefere manter preços estáveis durante todo o ano nesse mercado de caixas de doces altamente consagrado?
- Que papel a Whitman's devia se voluntariar a desempenhar no ramo das marcas de doces de seus parceiros de canal CVS e Rite-Aid no Natal e Dia dos Namorados?

---

[1] Índices t são testes de hipóteses estatísticas obtidos pela divisão dos coeficientes estimados por seus desvios-padrão. Com 54 observações e sete variáveis r.h.s., um índice t de 2,0 ou mais confirma estatisticamente efeitos significativos.

ESTIMATIVA ESTATÍSTICA DA FUNÇÃO DE DEMANDA

A tomada efetiva de decisões pode exigir a mensuração quantitativa de relações econômicas. *Econometria* é um conjunto de técnicas estatísticas disponíveis para estimar essas relações. As principais técnicas econométricas utilizadas para medir relações de demanda são a *análise de regressão e de correlação*. São apresentados o modelo simples (de duas variáveis) de regressão linear e os casos mais complexos de modelos de regressão linear múltipla e de modelos não lineares (discutidos no Apêndice 4A).

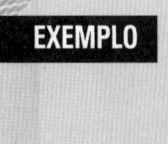

EXEMPLO Identificação de variáveis e coleta de dados: empresa Sherwin-Williams

A empresa Sherwin-Williams está tentando desenvolver um modelo de demanda para sua linha de tintas para pintura externa de casas. O economista chefe da empresa acredita que as variáveis mais importantes que afetam as vendas de tinta (Y) (medida em galões) são:

1. Gastos promocionais A (medidos em dólares), incluindo gastos com publicidade (rádio, TV e jornais), mostruários e folhetos nas lojas e programas de desconto aos clientes.

2. Preço de venda P (medido em dólares por galão).
3. Renda disponível por família M (medida em dólares).

O economista chefe decide coletar dados sobre as variáveis em uma amostragem de dez regiões de venda da empresa que são equivalentes em população.[2] Dados sobre vendas de tintas, gastos promocionais e preços de vendas foram obtidos no departamento de marketing da empresa. Os dados sobre renda disponível (*per capita*) foram obtidos na Secretaria de Estatísticas do Trabalho. Os dados são exibidos na Tabela 4.1.

[2] Um tamanho de amostra de dez observações foi escolhido para simplificar os cálculos. Amostras muito maiores são utilizadas em aplicações reais. A precisão desejada e o custo da amostragem precisam ser levados em conta ao se determinar o tamanho ótimo da amostra a ser adotada em um dado problema.

Especificação do modelo

O próximo passo consiste em especificar a forma da equação ou do modelo, que indica a relação entre as variáveis independentes e a(s) dependente(s). Normalmente, a forma funcional específica da relação de regressão a ser estimada é escolhida para refletir com o máximo de precisão as verdadeiras relações de demanda. Representar essas relações por meio de um gráfico geralmente vai mostrar se uma equação linear ou logarítmica é mais adequada, ou mesmo outras transformações. Veja o Apêndice 4A para uma discussão sobre essas transformações.

Modelo linear No exemplo da Sherwin-Williams, um modelo de demanda linear seria indicado assim:

$$Q = \alpha + \beta_1 A + \beta_2 P + \beta_3 M + \epsilon \qquad [4.1]$$

onde α, β_1, β_2 e β_3 são os parâmetros do modelo, e ϵ o termo de erro para refletir o fato de que o valor observado da demanda raramente será igual ao valor previsto pelo modelo. Os valores dos parâmetros são estimados usando-se as técnicas de regressão descritas mais à frente neste capítulo. A teoria da demanda implica que o preço (P) teria um impacto negativo sobre os galões de tinta vendidos (Q) (isto é, à medida que o preço aumenta a quantidade demandada diminui, mantendo-se constantes todas as demais variáveis), e que os gastos promocionais (A) e a renda (M) exerceriam um impacto positivo sobre as vendas de tinta.

As estimativas dos parâmetros podem ser interpretadas conforme explicado a seguir. Se reescrevermos a Equação 4.1 para determinarmos P, o intercepto da *função de demanda inversa* resultante identificará o preço máximo que pode ser cobrado.

TABELA 4.1 Dados da empresa Sherwin-Williams

Região de vendas	Vendas (Y) (× 1.000 galões)	Gastos promocionais (A) (× US$1.000)	Preço de venda (P) (US$/galão)	Renda disponível (M) (3 US$1.000)
1	160	150	15,00	19,0
2	220	160	13,50	17,5
3	140	50	16,50	14,0
4	190	190	14,50	21,0
5	130	90	17,00	15,5
6	160	60	16,00	14,5
7	200	140	13,00	21,5
8	150	110	18,00	18,0
9	210	200	12,00	18,5
10	190	100	15,50	20,0

O valor de cada coeficiente β proporciona uma estimativa da variação da quantidade demandada associada a uma variação de *uma unidade* da variável independente, mantendo-se constantes todas as demais independentes. Os coeficientes β são equivalentes às derivadas parciais da função de demanda:

$$\beta_1 = \frac{\partial Q}{\partial A}, \quad \beta_2 = \frac{\partial Q}{\partial P}, \quad \beta_3 = \frac{\partial Q}{\partial M} \quad [4.2]$$

Lembre-se de que a elasticidade da demanda linear em relação ao preço é definida como

$$E_D = \frac{\partial Q}{\partial P} \cdot \frac{P}{Q} \quad [4.3]$$

Agora, substitua a Equação 4.2 nesta expressão para obter

$$E_D = \beta_2 \cdot \frac{P}{Q} \quad [4.4]$$

As Equações 4.3 e 4.4 indicam que a elasticidade-preço da demanda linear depende tanto da sensibilidade do mercado-alvo ao preço ($\partial Q/\partial P$) quanto do posicionamento do preço do produto por unidade vendida (P/Q).

Modelo exponencial multiplicativo Outra relação de demanda comumente usada é o modelo exponencial multiplicativo. No exemplo da Sherwin-Williams, ele seria especificado desta maneira:

$$Q = \alpha A^{\beta_1} P^{\beta_2} M^{\beta_3} \quad [4.5]$$

Esse modelo é muito utilizado por causa da facilidade de ser estimado. Por exemplo, a Equação 4.5 pode ser transformada em uma relação linear simples expressa em logaritmos (e adicionando-se o termo relativo ao erro), como segue:

$$\log Q = \log \alpha + \beta_1 \log A + \beta_2 \log P + \beta_3 \log M + \varepsilon \quad [4.6]$$

e os parâmetros $\log \alpha$, β_1, β_2 e β_3 podem ser estimados por qualquer pacote estatístico computacional. O apelo intuitivo dessa forma funcional exponencial multiplicativa baseia-se no fato de que o impacto marginal de uma variação de preço sobre a quantidade demandada depende não apenas da variação de preço, mas também de todos os outros determinantes da demanda – isto é, todos os elementos do mix de marketing, a renda do domicílio do consumidor, e assim por diante.

As funções de demanda na forma exponencial multiplicativa possuem a característica vantajosa de que as *elasticidades são constantes* ao longo da faixa de dados empregados para estimar os parâmetros e são iguais aos valores estimados dos respectivos parâmetros. No exemplo da Sherwin-Williams, a elasticidade-preço da demanda é definida como

$$E_D = \frac{\partial Q}{\partial P} \cdot \frac{P}{Q} \quad [4.7]$$

Diferenciando a Equação 4.5 em relação ao preço, o resultado é

$$\frac{\partial Q}{\partial P} = \beta_2 \alpha A^{\beta_1} P^{\beta_2 - 1} M^{\beta_3} \quad [4.8]$$

Portanto, usando a Equação 4.7,

$$E_D = \beta_2 \alpha A^{\beta_1} P^{\beta_2 - 1} M^{\beta_3} \left(\frac{P}{Q}\right) \quad [4.9]$$

Substituindo a Equação 4.5 por Q na Equação 4.9 e cancelando os termos que se anulam, obtemos

$$E_D = \beta_2$$

Isto é, as funções de demanda exponencial multiplicativas têm preço e outras elasticidades constantes. Essa propriedade contrasta fortemente com a elasticidade de uma função de demanda linear, que muda continuamente durante todo o intervalo de preço ou renda da curva de demanda. No entanto, os analistas de precificação da Sherwin-Williams são capazes de nos dizer que a mudança percentual da quantidade demandada, tanto para um aumento quanto uma redução, ambas de 10% do preço, é constante em 15%. E a mesma resposta pode ser aplicada a pontos de preço ainda mais diferentes em casos de liquidações ou outras promoções relacionadas. Então, o modelo de demanda exponencial multiplicativa é adequado.

MODELO DE REGRESSÃO LINEAR SIMPLES

A análise nesta seção é limitada ao caso mais simples de uma variável independente e uma variável dependente, em que a forma da relação entre ambas é *linear*.

$$Y = \alpha + \beta X + \epsilon \quad [4.10]$$

X é usado para representar a variável independente, e Y, a variável dependente.[3]

EXEMPLO Vendas lineares, não exponenciais da Global Crossing Inc.[4]

Em 2002, os provedores de redes de telecomunicação, como a Global Crossing e a WorldCom, estavam otimistas demais quanto ao crescimento do tráfego de telecomunicação, impulsionado pelo crescimento projetado da Internet. De modo muito semelhante à adoção do televisor em cores, a penetração da Internet nos lares americanos mostrou um padrão clássico de crescimento exponencial em forma de S, impulsionado pelos usuários precoces (1994-1996), seguidos então por um longo período de crescimento muito mais lento, quase linear, da demanda. A aquisição e a instalação de redes de cabos de fibra ótica, ainda que o crescimento exponencial da demanda permanecesse sem diminuição, levaram a uma rápida saturação de um mercado que teria sido mais bem descrito com uma tendência temporal linear:

$$Q = \alpha + \beta_1 A + \beta_2 P + \beta_3 M + \beta_4 T + \epsilon$$

em que T é o tempo (2006 = 0, 2007 = 1, 2008 = 2, e assim por diante). O efeito dessas projeções da demanda na Global Crossing é examinado no Desafio gerencial no início do Capítulo 5.

4 Baseado em Adoption Rate of Internet by Consumers Is Slowing, Has Growth of the Net Flattened? *Wall Street Journal*, 16 jul. p. B1.

---

3 Letras maiúsculas X e Y representam a designação das variáveis aleatórias, já as minúsculas, valores específicos das variáveis aleatórias.

Figura 4.1 Linha de regressão teórica

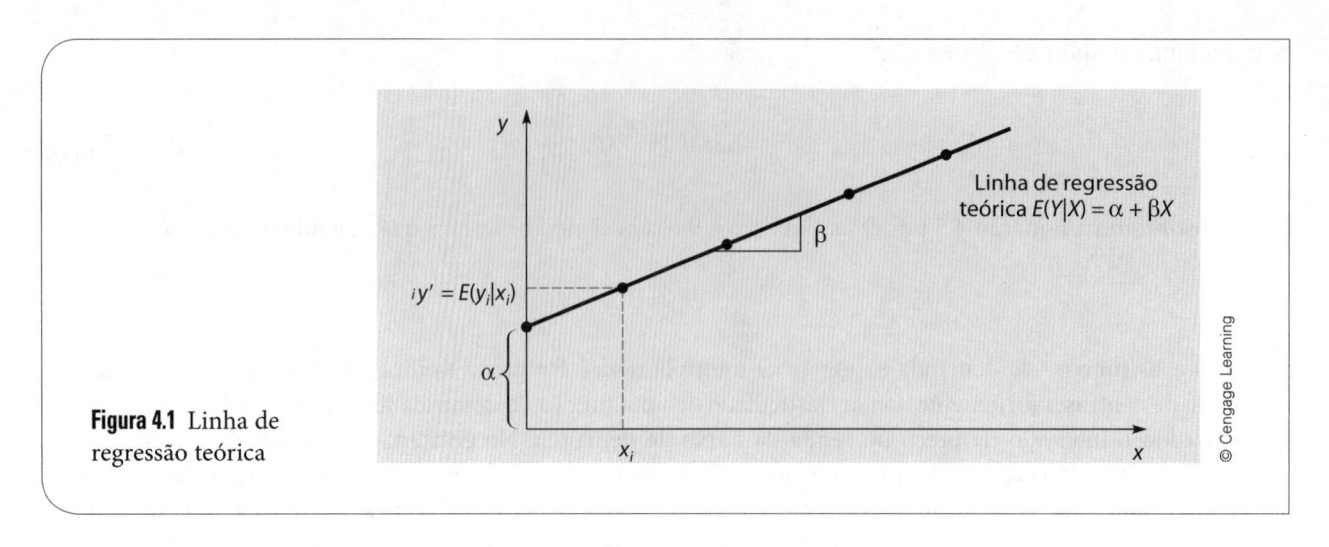

Premissas subjacentes ao modelo de regressão linear simples

Premissa 1 O valor da variável dependente Y é considerado como o de uma variável aleatória, que depende de valores fixos (isto é, não aleatórios) da variável independente X.[5]

Premissa 2 Uma relação teórica em linha reta (ver a Figura 4.1) existe entre X e o valor esperado de Y para cada um dos valores possíveis de X. Essa linha de regressão teórica

$$E(Y|X) = \alpha + \beta X \qquad [4.11]$$

possui uma inclinação β e uma interseção α. Os coeficientes de regressão α e β constituem parâmetros de população cujos valores são desconhecidos, e desejamos estimá-los.

Premissa 3 Associada a cada valor de X existe uma distribuição de probabilidade $p(y|x)$ dos valores possíveis da variável aleatória Y. Quando X for igual a um valor x_i, o valor de Y observado será obtido da distribuição de probabilidade $p(y|x_i)$ e não estará necessariamente na linha de regressão teórica. Conforme ilustrado na Figura 4.2, alguns valores de $y|x_i$ são mais prováveis do que outros, e a média $E(y|x_i)$ está na linha de regressão teórica. Se ϵ_i for definido como o *desvio* do valor y_i *observado* em relação ao valor teórico y'_i, então

$$y_i = y'_i + \epsilon_i$$
$$y_i = \alpha + \beta x_i + \epsilon_i \qquad [4.12]$$

ou, em geral, a *relação de regressão linear* (conforme ilustrado na Figura 4.3) torna-se

$$Y = \alpha + \beta X + \epsilon \qquad [4.13]$$

onde ϵ é um termo de distúrbio ou erro estocástico com média zero.

Supõe-se que o termo de distúrbio (ϵ_i) seja uma variável aleatória independente [isto é, $E(\epsilon_i \epsilon_j) = 0$ para $i \neq j$], que é normalmente distribuída com um valor esperado igual a zero [isto é, $E(\epsilon_i) = 0$] e uma variância constante igual a σ_ϵ^2 [isto é, $E(\epsilon_i^2) = \sigma_\epsilon^2$ para todo i].

Juntas, as premissas 1 e 3 implicam o termo de distúrbio N $(0, \sigma_\epsilon^2)$ não correlacionado com as variáveis independentes no modelo de regressão.

---

[5] Valores estocásticos (isto é, aleatórios) da variável independente à direita são examinados no Apêndice 4A, na seção sobre equações simultâneas.

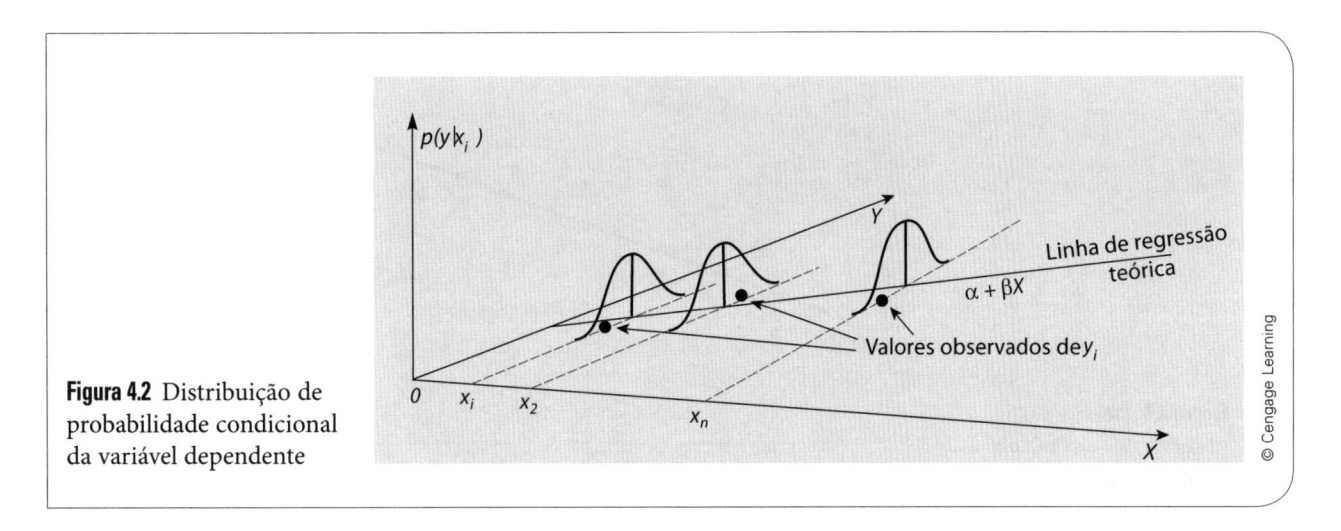

Figura 4.2 Distribuição de probabilidade condicional da variável dependente

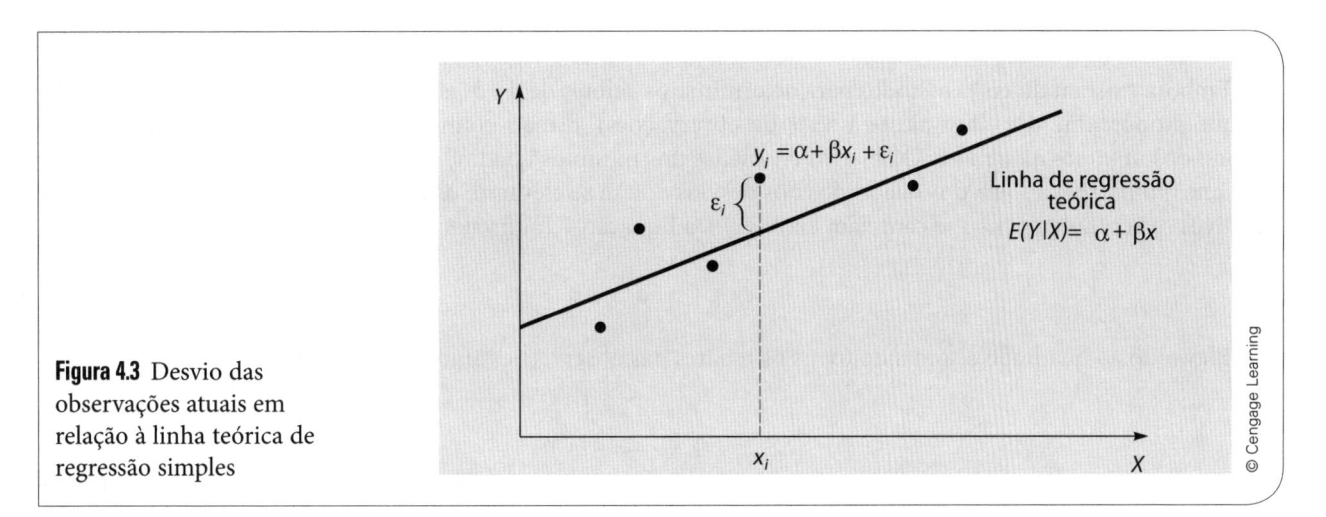

Figura 4.3 Desvio das observações atuais em relação à linha teórica de regressão simples

Estimativa dos coeficientes de regressão da população

Depois de o modelo de regressão ter sido especificado, os valores desconhecidos dos coeficientes de regressão α e β da população são estimados usando-se *n* pares de observações amostrais $(x_1, y_1), (x_2, y_2),..., (x_n, y_n)$. Esse processo envolve a identificação de uma *linha de regressão da amostra* que melhor se ajuste à amostra de observações que o analista colheu.

As estimativas amostrais de α e β podem ser indicadas por *a* e *b*, respectivamente. O valor estimado ou previsto de Y, $\hat{y}_i$ para um dado valor de X (ver a Figura 4.4) é

$$\hat{y}_i = a + bx_i \qquad [4.14]$$

Indicando por e_i o *desvio* do valor *observado* y_i em relação ao valor *estimado* $\hat{y}_i$, obtemos

$$y_i = \hat{y}_i + e_i$$
$$= a + bx_i + e_i \qquad [4.15]$$

ou, em geral, a *equação de regressão da amostra* torna-se

$$Y = a + bX + e \qquad [4.16]$$

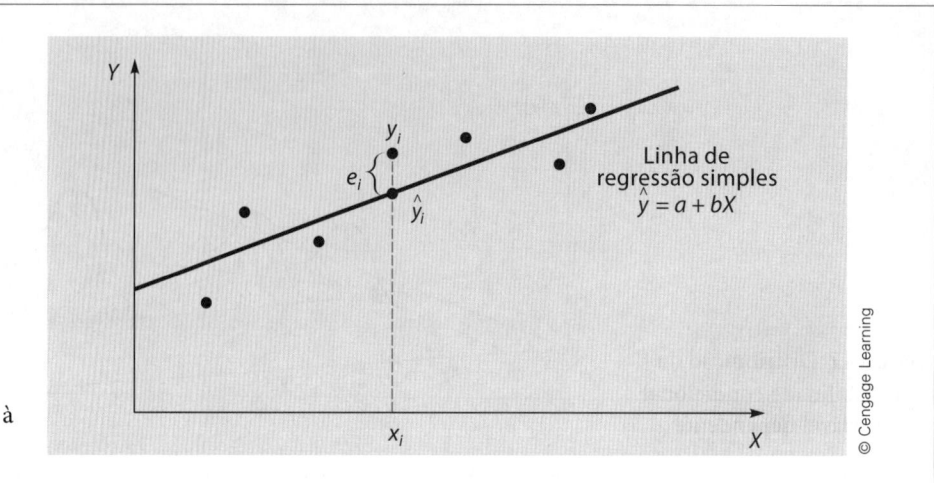

Figura 4.4 Desvio das observações em relação à linha de regressão

Embora existam diversos métodos para determinar os valores de *a* e *b* (isto é, determinar a equação de regressão que proporcione o melhor ajuste à série de observações), o mais conhecido e amplamente empregado é o método dos *mínimos quadrados*. O objetivo da análise dos mínimos quadrados consiste em determinar valores de *a* e *b* que *minimizem* a soma dos quadrados dos desvios e_i. (Ao se elevarem os erros ao quadrado, erros positivos e negativos se acumulam e não se cancelam entre si.) Da Equação 4.15, o valor de e_i é dado por

$$e_i = y_i - a - bx_i \qquad [4.17]$$

Elevando ao quadrado e somando todos os *n* pares das observações amostrais, obtém-se

$$\sum_{i=1}^{n} e_i^2 = \sum_{i=1}^{n} (y_i - a - bx_i)^2 \qquad [4.18]$$

Usando o cálculo, os valores de *a* e *b* que minimizam essa soma de desvios ao quadrado são dados por

$$b = \frac{n\Sigma x_i y_i - \Sigma x_i \Sigma y_i}{n\Sigma x_i^2 - (\Sigma x_i)^2} \qquad [4.19]$$

$$a = \bar{y} - b\bar{x} \qquad [4.20]$$

onde $\bar{x}$ e $\bar{y}$ são médias aritméticas de *X* e *Y*, respectivamente (isto é, $\bar{x} = \Sigma x/n$ e $\bar{y} = \Sigma y/n$), e onde os somatórios incluem todas as observações ($i = 1, 2,..., n$).

EXEMPLO Estimativa dos parâmetros de regressão: Sherwin-Williams (continuação)

Retomando o exemplo da empresa Sherwin-Williams, suponha que apenas os gastos promocionais sejam usados para prever as vendas de tinta. O modelo de regressão pode ser representado pela Tabela 4.1. Esses dados são reproduzidos aqui nas colunas 1 a 3 da Tabela 4.2, e aparecem na Figura 4.5.

A inclinação estimada da linha de regressão é calculada conforme a seguir, usando-se a Equação 4.19:

$$b = \frac{10(229.100) - (1.250)(1.750)}{10(180.100) - (1.250)^2}$$

$$= 0,433962$$

De modo similar, usando-se a Equação 4.20, o intercepto é estimado como

$$a = 175 - 0,433962(125)$$

$$= 120,75475$$

Portanto, a equação para estimar as vendas de tinta (em milhares de galões) com base em gastos promocionais (em milhares de dólares) é

$$Y = 120.755 + 0,434X \qquad [4.21]$$

e está indicada na Figura 4.5. O coeficiente de X (0,434) indica que, para um aumento de uma unidade de X (US$1.000 em gastos promocionais adicionais), as vendas esperadas (Y) aumentarão em 0,434 ($\times$ 1.000) = 434 galões em uma determinada região de vendas.

TABELA 4.2 Folha de trabalho para a estimativa da equação de regressão simples: Sherwin-Williams

Região de vendas	Gastos promocionais ($\times$ $1.000)	Vendas ($\times$ $1.000 galões)			
(1)	(2)	(3)	(4)	(5)	(6)
i	x_i	y_i	$x_i y_i$	x_i^2	y_i^2
1	150	160	24.000	22.500	25.600
2	160	220	35.200	25.600	48.400
3	50	140	7.000	2.500	19.600
4	190	190	36.100	36.100	36.100
5	90	130	11.700	8.100	16.900
6	60	160	9.600	3.600	25.600
7	140	200	28.000	19.600	40.000
8	110	150	16.500	12.100	22.500
9	200	210	42.000	40.000	44.100
10	100	190	19.000	10.000	36.100
Total	1.250	1.750	229.100	180.100	314.900
	Σx_i	Σy_i	$\Sigma x_i y_i$	Σx_i^2	Σy_i^2
	$\bar{x} = \Sigma x_i/n = 1.250/10 = 125$				
	$\bar{y} = \Sigma y_i/n = 1.750/10 = 175$				

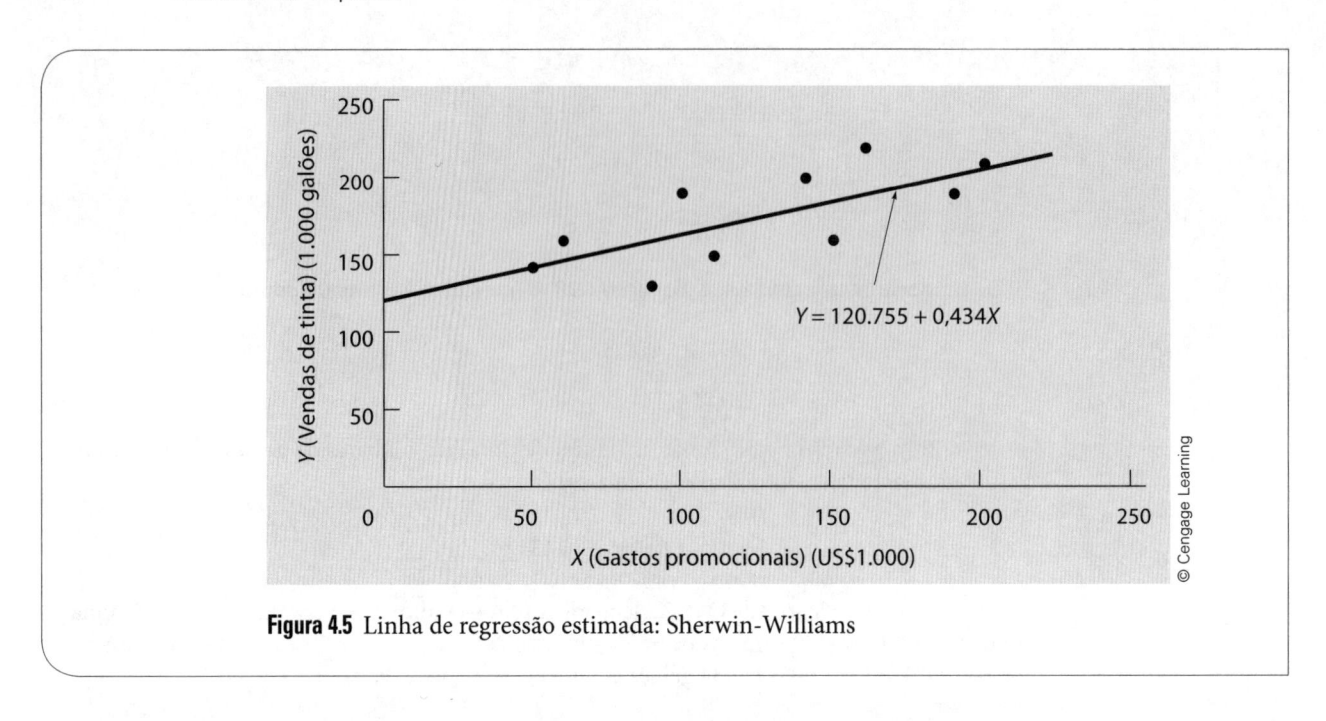

Figura 4.5 Linha de regressão estimada: Sherwin-Williams

USO DA EQUAÇÃO DE REGRESSÃO PARA FAZER PREVISÕES

Uma equação de regressão pode ser usada para fazer previsões do valor de Y, dado um valor específico de X. Isso é feito substituindo-se o valor específico de X, x_p, na equação de regressão da amostra (Equação 4.14):

$$\hat{y} = a + bx_p$$

onde $\hat{y}$ é o valor esperado hipotético para a variável dependente da distribuição de probabilidade $p(Y|X)$.[6]

Suponha que uma pessoa esteja interessada em estimar as vendas de tintas da Sherwin-Williams para uma área metropolitana com gastos promocionais de US$185.000 (isto é, $x_p = 185$). Substituindo-se $x_p = 185$ na equação de regressão estimada (Equação 4.21), o resultado é

$$\hat{y} = 120{,}755 + 0{,}434\,(185)$$
$$= 201{,}045$$

ou 201.045 galões.

É necessário ter cautela no uso dos modelos de regressão para previsão, particularmente quando o valor da variável independente situa-se *fora* da faixa de observações a partir da qual o modelo foi estimado. Por exemplo, aqui não conseguimos ter certeza se a previsão de vendas de tintas baseada no modelo de regressão linear será razoável para os gastos promocionais de US$300.000, já que US$200.000 foi nosso maior valor de amostra. Fatores como rendimentos decrescentes e a existência de níveis de saturação podem fazer que as relações entre variáveis econômicas sejam não lineares.

Uma medida da precisão da estimativa por meio da equação de regressão pode ser obtida calculando-se o desvio padrão do erro de previsão (também conhecido como **erro-padrão da estimativa**). O termo de erro e_i foi definido na Equação 4.17 como a diferença entre o valor observado e o valor previsto da variável dependente. O desvio padrão do termo e_i é baseado no somatório dos quadrados dos erros (SQT) Σe_i^2. normalizado pelo número de observações menos dois:

$$s_e = \sqrt{\frac{\Sigma e_i^2}{n-2}} = \sqrt{\frac{\Sigma(y_i - a - bx_i)^2}{n-2}}$$

---

6 O valor esperado do termo de erro (e) é zero, conforme indicado anteriormente na Premissa 3.

ou, quando esta expressão é simplificada,[7]

$$s_e = \sqrt{\frac{\Sigma(y_i^2 - a\Sigma y_i - b\Sigma x_i y_i)^2}{n-2}}$$ [4.22]

Se as observações estiverem concentradas bem perto da linha de regressão, o valor de s_e será pequeno e os erros de previsão tenderão a ser pequenos. Inversamente, se os desvios e_i entre os valores observados e os valores previstos de Y forem razoavelmente grandes, tanto s_e quanto os erros de previsão serão grandes.

No exemplo da Sherwin-Williams, substituindo-se os dados relevantes da Tabela 4.2 na Equação 4.22, o resultado é

$$s_e = \sqrt{\frac{314.900 - 120,75475(1.750) - 0,433962(229,100)}{10-2}}$$

$$= 22,799$$

ou um erro-padrão de 22.799 galões.

O erro-padrão da estimativa (s_e) pode ser usado para construir *intervalos* de previsão para Y.[8] Um intervalo *aproximado* de previsão de 95% é igual a[9]

$$\hat{y}_i \pm 2s_e$$ [4.23]

Retomando o exemplo da Sherwin-Williams, suponha que queiramos construir um intervalo aproximado de previsão de 95% para as vendas de tinta em uma região de vendas com gastos promocionais de US$185.000 (isto é, $x_p = 185$). Substituindo $\hat{y} = 201,045$ e $s_e = 22,799$ na Equação 4.23, obtemos

$$201,045 \pm 2(22,799)$$

ou um intervalo de previsão de 155,447 a 246,643 (isto é, de 155.447 a 246.643 galões) para promoções na faixa de US$50.000 a US$200.000.

Inferências sobre os coeficientes de regressão da população

Para amostras repetidas de tamanho n, as estimativas amostrais de α e β – isto é, a e b – tenderão a variar de amostra para amostra. Além da previsão, muitas vezes uma das finalidades da análise de regressão consiste em testar se o parâmetro de inclinação β é igual a algum valor específico β_0. Uma hipótese padrão é testar se β é igual a zero.[10] Nesse tipo de teste, a preocupação consiste em determinar se X exerce um efeito significativo sobre Y. Se

---

7 Esta fórmula é aplicada ao caso de regressão simples na Equação 4.16. As variáveis adicionais são anexadas ao modelo de regressão linear, os graus de liberdade no denominador da Equação 4.22 tornam-se cada vez menores: $n-3$, $n-4$, $n-5$ etc.

8 Um intervalo de previsão *exato* de 5% é uma função do tamanho da amostra (n) e de quanto x_p se aproxima de $\bar{x}$, e é dado pela seguinte expressão:

$$\hat{y} \pm t_{k/2, n-s} s_e = \sqrt{1 + \frac{1}{n} + \frac{(xp - \bar{x})^2}{\Sigma(x_i - \bar{x})^2}}$$

onde $t_{k/2,n-2}$ é o valor da distribuição t (com $n-2$ graus de liberdade) na Tabela 2 (Apêndice B) na parte final do livro.

9 Para um valor grande de n ($n > 30$), a distribuição t se aproxima de uma distribuição normal, e o valor de t para um intervalo de previsão de 95% é cerca de 1,96, ou aproximadamente 2. Os métodos de aproximação proporcionam resultados satisfatórios para a maioria das aplicações.

10 O parâmetro intercepto α é de menor interesse na maior parte dos estudos econômicos, e será excluído de análises adicionais.

β for zero ou próximo de zero, a variável independente X não trará nenhum proveito prático para a previsão ou explicação do valor da variável dependente Y. Quando $β = 0$, a variação de uma unidade de X faz que Y varie zero unidades, e, portanto, não exerça efeito sobre Y.

Para testar hipóteses sobre o valor de β, a distribuição amostral da estatística b precisa ser conhecida.[11] Pode ser provado que b segue uma distribuição t com $n - 2$ graus de liberdade.[12,13] A média dessa distribuição é igual ao verdadeiro coeficiente de regressão subjacente β, e uma estimativa do desvio-padrão pode ser calculada como

$$s_b = \sqrt{\frac{s_e^2}{\Sigma x_i^2 - (\Sigma x_i)^2/n}}$$

[4.24]

onde s_e é o desvio-padrão do erro na Equação 4.22.

Suponha que desejemos testar a hipótese nula

$$H_0: β = β_0$$

em relação à hipótese alternativa

$$H_a: β \neq β_0$$

no nível de significância de $k = 5\%$.[14] Calculamos a estatística

$$t = \frac{b - β_0}{s_b}$$

[4.25]

e a decisão consiste em rejeitar a hipótese nula se t for menor que $-t_{0,25,n-2}$ ou maior que $+t_{0,25,n-2}$, onde o valor $t_{0,25,n-2}$ é obtido da distribuição t (com $n - 2$ graus de liberdade) na Tabela 2 (Apêndice B).[15] Sugere-se que as aplicações empresariais do teste de hipóteses mantenham k pequeno (isto é, menor que 1% ou 5%). Não se pode justificar a criação de um plano de marketing baseado em propaganda e *displays* no varejo custando milhões de dólares em despesas promocionais, a menos que a estimativa da demanda transmita um grau de confiança muito elevado de que as despesas promocionais na realidade "incentivarão" as vendas (isto é, $β \neq 0$). Existem muitas outras formas potencialmente mais efetivas para gastar dinheiro com marketing.

No exemplo da Sherwin-Williams, suponha que desejamos testar (ao nível de significância $k = 0,05$) se os gastos promocionais representam uma variável útil para prever as vendas de tinta. Na realidade, desejamos realizar um teste estatístico para determinar se o valor da amostra – isto é, $b = 0,433962$ – é significativamente diferente de zero. As hipóteses nula e alternativa são

$$H_0: β = 0 \text{ (não existe relação entre } X \text{ e } Y\text{)}$$

$$H_a: β \neq 0 \text{ (relação linear entre } X \text{ e } Y\text{)}$$

---

11 Além de testar hipóteses sobre β, podemos também calcular intervalos de confiança para β de forma similar à Equação 4.23, usando a distribuição por amostragem de β.

12 Um teste t normalmente é usado para testar a significância de parâmetros de regressão individuais quando o tamanho da amostra é relativamente pequeno (30 ou menos). Para amostras maiores, testes de significância estatística podem ser realizados usando a distribuição de probabilidade normal padrão, da qual a distribuição t se aproxima no limite.

13 *Graus de liberdade* são o número de observações além do mínimo necessário para calcular um dado coeficiente ou estatística de regressão. Em um modelo de regressão, o número de graus de liberdade é igual ao número de observações menos o número de parâmetros (αs e βs) sendo estimados. Por exemplo, em um modelo de regressão simples (duas variáveis), um mínimo de duas observações é necessário para calcular a inclinação (β) e o intercepto (α) – portanto, o número de graus de liberdade é igual ao número de observações $n - 2$. Para serem estimados três parâmetros, é necessário $n - 3$, e assim por diante.

14 O *nível de significância* (k) usado no teste de hipóteses indica a probabilidade de se tomar uma decisão incorreta por meio da regra, isto é, rejeitar a hipótese nula quando ela for verdadeira. Por exemplo, com $H_0: β \geq 0$, fazendo $k = 0,05$ (isto é, 5%), indica-se que existe uma possibilidade em 20 de concluirmos que há um efeito quando nenhum efeito estiver presente, ou seja, uma possibilidade de 5% de resultados "positivos falsos".

Pesquisadores médicos que tentam identificar estatisticamente terapias significativas que poderiam salvar vidas e aqueles que se empenham em pesquisa e desenvolvimento (P&D) e tentam identificar produtos inovadores potenciais preocupam-se mais em reduzir o risco de "negativos falsos", isto é, de concluir que nada obtiveram quando sua pesquisa poderia salvar uma vida ou uma empresa. Portanto, pesquisadores médicos e os envolvidos em P&D muitas vezes realizam testes de hipótese com $k = 0,35$ (isto é, com uma confiança de 65% de que a hipótese nula $β = 0$ deveria ser rejeitada). Eles esperam aumentar de 5% para 35% a probabilidade de falsos positivos (isto é, irão concluir que β é positivo para um tratamento ou terapia e pode ajudar o paciente quando, na verdade, $β = 0$). Esse nível de significância é preferível não porque eles desejam criar falsas esperanças, mas porque uma tolerância maior a falsos positivos reduz a probabilidade de decisões "negativas falsas" que poderiam surgir se concluíssem que $β = 0$ quando, na verdade, β é positivo. Em termos definitivos, a questão de qual nível de significância escolher deve ser decidida pelo custo relativo dos positivos falsos e negativos falsos em uma dada situação.

15 Testes *unicaudais* também podem ser realizados. Para testar $H_0: β \leq β_0$ em relação a $H_a: β > β_0$, calcula-se t com a Equação 4.25 e rejeita-se H_0 no nível de significância k de $t > t_{k,n-2}$, onde $t_{k,n-2}$ é obtido da distribuição t (Tabela 2 do Apêndice B) com $n - 2$ graus de liberdade. De modo similar, para testar $H_0: β \geq β_0$ em relação a $H_a: β < β_0$, calcula-se t usando a Equação 4.25 e rejeita-se H_0 ao nível de significância de k se $t < -t_{k,n-2}$.

Em virtude de terem ocorrido dez observações na amostra usada para calcular a equação de regressão, a estatística amostral b terá uma distribuição t com 8 ($= n - 2$) graus de liberdade. Da distribuição t (Tabela 2 do Apêndice B) obtemos um valor de 2,306 para $t_{0,025.8}$. Portanto, a decisão consiste em rejeitar H_0 – em outras palavras, concluir que $\beta \neq 0$ e que uma relação estatisticamente significativa existe entre as despesas promocionais e as vendas de tinta se o valor calculado de t for menor que $-2,306$ ou maior que $+2,306$.

Empregando a Equação 4.24, s_b é calculado como

$$s_b = \sqrt{\frac{(22,799)^2}{180.100 - (1.250)^2/10}}$$

$$= 0,14763$$

O valor calculado de t usando a Equação 4.25 torna-se

$$t = \frac{0,433962 - 0}{0,14763}$$

$$= 2,939$$

Como este valor é maior que $+2,306$, rejeitamos H_0. Portanto, com base na evidência da amostra, concluímos que ao nível de significância de 5% existe uma relação linear positiva entre gastos promocionais e vendas de tinta.

EXEMPLO — Os jeans Lee e os de outras marcas são complementos ou substitutos?

Para impulsionar as vendas de varejo, os comerciantes geralmente descobrem que promoção, displays e variedade são quase tão importantes quanto o preço correto. A VF Corporation, empresa matriz proprietária dos jeans Lee, está considerando se vai adicionar ao seu portfólio uma nova marca luxuosa de jeanswear, 7 for All Mankind. Uma questão que eles esperam responder com a estimativa de demanda é se seus jeans Lee seriam comprados sozinhos ou se o consumidor típico também compraria um par de outras marcas, como Guess ou 7 for All Mankind. Por outro lado, os jeans da 7 for All Mankind poderiam canibalizar as vendas dos jeans Lee? Em resumo, esses dois produtos são percebidos como complementares ou substitutos? A companhia coletou dados de vendas, preço e informações socioeconômicas do mercado-alvo por 48 trimestres; os valores atuais das variáveis são $Q_{LEE} = 50.000$, $P_{LEE} = US\$20$, $P_{LEVI} = US\$20$, $P_{GUESS} = US\$35$, Renda disponível $= US\$80.000$, População total do mercado-alvo $= 100.000$. Abaixo estão listados os resultados da estimativa de demanda (estatísticas t estão entre parênteses):

$Q_{LEE} = 133.500 - 1.250 \ P_{LEE} + 450 \ P_{LEVIS} - 571,43 \ P_{GUESS} - 1,25$ RENDA $+ 0,50$ POP

(3,0)   (–9,1)   (4.3)   (–1,5)   (–16,4)   (4,97)

$R^2 = 0,92$ $SQT = 184.000.000$

Como é possível ver facilmente, a elasticidade-preço da demanda é estatisticamente significativa, já que o valor absoluto do índice t –9,1 é maior do que o valor crítico 99% de 3,55. Essa elasticidade-preço é calculada como $-1250 \times$ preço atual/vendas atuais unitárias $= -1.250 \times US\$20/50.000 = -0,5$. Essa elasticidade-preço numérica e inelástica sugere que a Lee introduziu alguns custos de transferência eficientes e estabeleceu uma identidade de marca que constrói lealdade dos consumidores e os deixa insensíveis aos aumentos de preço. A elasticidade da renda também é estatisticamente significativa a $-1,25 \times US\$80.000/50.000 = -2,0$, sugerindo que a VF não deve posicionar seu produto em lojas de departamento sofisticadas de shoppings

> suburbanos, como Macy's e Neiman Marcus; em vez disso, deve vender seus jeans por meio da Dillard's e JCPenney. Como esperado, o sinal do preço dos jeans da Levi é positivo e estatisticamente significativo, sugerindo que os jeans Lee e Levi são substitutos.
>
> E os jeans de outras marcas? Se os dois produtos saem das lojas juntos, a VF pode querer exibir e promovê-los juntos. Se não, talvez os jeans da 7 for All Mankind devam ser vendidos por canais de distribuição na Internet ou lojas de varejo especializadas, como Barney's, de Nova York, para não canibalizar as vendas dos jeans Lee na Dillard's e JCPenney. A equipe de marketing também coleta dados sobre o tamanho potencial (POP) do mercado consumidor-alvo a cada trimestre e o controla com base em seu tamanho. Substituindo os efeitos das mudanças no preço de calças de marca com dados históricos da Guess, a estimativa de demanda é –571,43. Multiplicando esse coeficiente estimado pelo preço médio de US$35 e dividindo por 50.000, temos uma estimativa da elasticidade-preço cruzada de –0,40. Porém, o índice t de –1,5 revela que a elasticidade-preço cruzada estimada é estatisticamente significativa, diferente de zero, com um nível de confiança de apenas 84%. Essa descoberta implica que, na verdade, os jeans Lee e os jeans de marca não são substitutos e a VF Corporation pode parar de se preocupar se um produto pode canibalizar as vendas do outro.

Coeficiente de correlação

Na análise de correlação linear, podemos determinar a força ou o grau em que duas variáveis tendem a variar juntas. Em outras palavras, analisamos até que ponto valores elevados (ou pequenos) de uma variável tendem a se associar com valores elevados (ou pequenos) da outra variável. Na análise de correlação linear, é desnecessário identificar as variáveis como dependentes ou independentes. A medida do grau de associação entre duas variáveis é denominada *coeficiente de correlação*. Existindo n pares de observações da população, (x_1, y_1), (x_2, y_2), ..., (x_n, y_n), o coeficiente de correlação da amostra é definido como

$$r = \frac{\Sigma(x_i - \bar{x})(y_i - \bar{y})}{\sqrt{\Sigma(x_i - \bar{x})^2 \Sigma(y_i - \bar{y})^2}}$$

e, quando essa expressão é simplificada, é calculado como

$$r = \frac{n\Sigma x_i y_i - \Sigma x_i \Sigma y_i}{\sqrt{[n\Sigma x_i^2 - (\Sigma x_i)^2][n\Sigma y_i^2 - (\Sigma y_i)^2]}} \qquad [4.26]$$

O valor do coeficiente de correlação r varia de +1, para duas variáveis com correlação positiva perfeita, a –1, para duas variáveis com correlação negativa perfeita. Os gráficos (a) e (b) da Figura 4.6 exemplificam duas variáveis que possuem correlação perfeita positiva e negativa, respectivamente. Um coeficiente de correlação positivo indica que os valores elevados de uma variável tendem a ser associados a valores elevados da outra variável, enquanto um coeficiente de correlação negativo indica a situação oposta – valores elevados de uma variável tendem a ser associados a valores pequenos da outra variável. Poucas relações, se houver, entre variáveis econômicas possuem correlação perfeita. A Figura 4.6(c) ilustra uma correlação nula – não existe relação perceptível entre os valores observados das duas variáveis.

O exemplo da empresa Sherwin-Williams pode ser usado para ilustrar o cálculo do coeficiente de correlação da amostra. Substituindo as quantidades relevantes da Tabela 4.2 na Equação 4.26, obtemos o valor de

$$r = \frac{10(229.100) - (1.250)(1.750)}{\sqrt{[10(180.100) - (1.250)^2][10(314.900) - (1.750)^2]}}$$

$$= 0{,}72059 \text{ ou } 0{,}721$$

para a correlação entre as observações amostrais dos gastos promocionais e das vendas de tinta.

Figura 4.6 Coeficiente de correlação

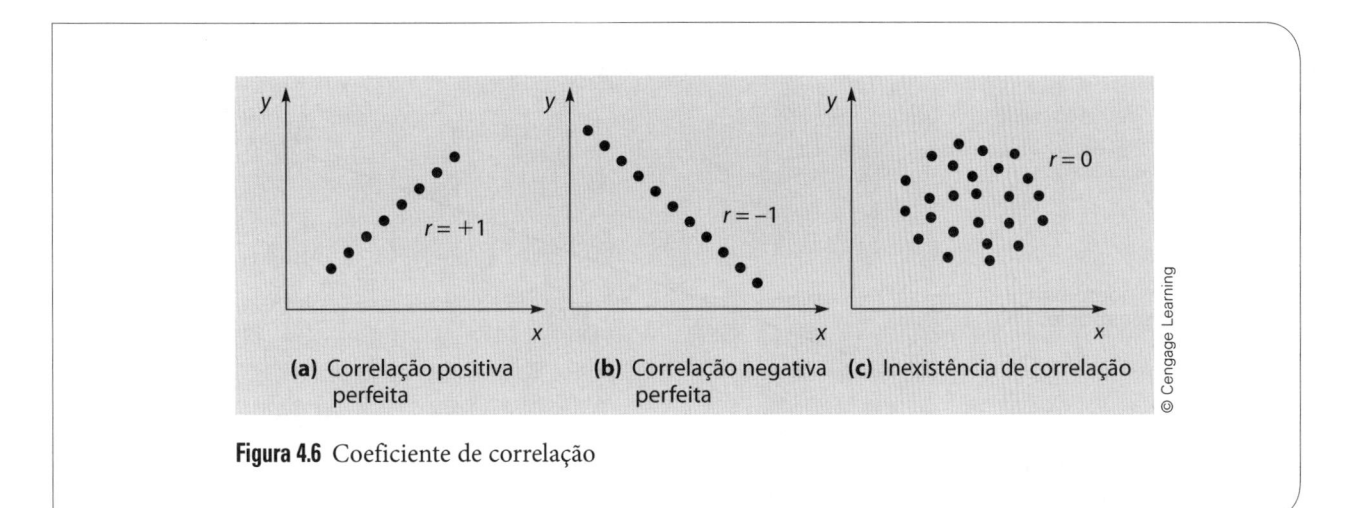

Análise de variância

Outra medida conveniente da "adequação" geral do modelo de regressão à amostra de observações é o r-quadrado.

Iniciamos examinando uma observação típica (y_i) na Figura 4.7. Suponha que queiramos prever o valor de Y para um valor de X igual a x_i. Sem levar em conta, por enquanto, a linha de regressão, que erro acontece se usarmos o valor médio de Y (isto é, $\bar{y}$) como a melhor estimativa de Y? O gráfico mostra que o erro envolvido, denominado "desvio total", é a diferença entre o valor observado (y_i) e $\bar{y}$. Suponha que agora empreguemos a linha de regressão da amostra para estimar Y. A melhor estimativa de Y, dado $X = x_i$, é $\hat{y}_i$. Como consequência da utilização da linha de regressão para estimar Y, o erro de estimativa foi reduzido à diferença entre o valor observado (y_i) e $\hat{y}_i$. No gráfico, o desvio total ($y_i - \bar{y}$) foi dividido em duas partes – a parcela não explicada do desvio total ($y_i - \hat{y}_i$) e a parcela do desvio total explicada pela linha de regressão ($\hat{y}_i - \bar{y}$), isto é,

$$\text{Desvio total} = \text{Erro não explicado} + \text{Erro explicado}$$
$$(y_i - \bar{y}) = (y_i - \hat{y}_i) + (\hat{y}_i - \bar{y})$$

Se decompusermos o erro total de cada observação na amostra usando esse procedimento e então somarmos os quadrados de ambos os membros da equação, obteremos (após algumas simplificações algébricas):[16]

$$\text{SQ total} = \text{SQ não explicada} + \text{SQ explicada}$$
$$\text{SQT} = \Sigma e_i^2 + \text{SQE} = \text{SQN} + \text{SQE} \qquad [4.27]$$
$$\Sigma(y_i - \bar{y})^2 = \Sigma(y_i - \hat{y}_i)^2 + \Sigma(\hat{y}_i - \bar{y})^2$$

Outra medida conveniente da "adequação" geral do modelo de regressão à amostra de observações é o r-quadrado.

Agora podemos usar essa análise da soma dos quadrados para ilustrar uma medida da adequação da linha de regressão às observações de amostra. A amostra do **coeficiente de determinação** ou r-quadrado (r^2) é igual à relação entre a SQ Explicada e a SQ Total:

$$r^2 = \frac{\Sigma(\hat{y}_i - \bar{y})^2}{\Sigma(y_i - \bar{y})^2} = \frac{\text{SQE}}{\text{SQT}} \qquad [4.28]$$

---

16 Uma convenção usual em estatística consiste em representar a "soma dos quadrados" por "SQ", ou, mais precisamente, a "soma dos quadrados totais dos erros", "SQT".

Figura 4.7 Desdobramento do desvio total

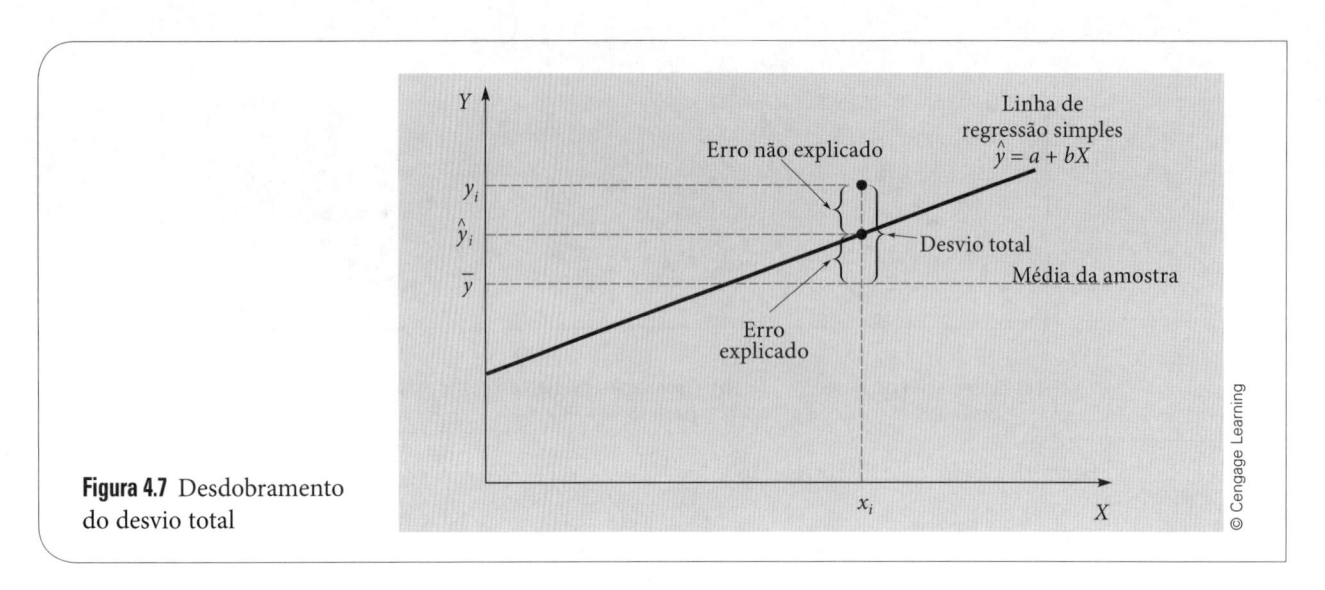

TABELA 4.3 Cálculo das SQs explicada, não explicada e total para a Sherwin-Williams

i	x_i	y_i	$\hat{y} = 120{,}75475 + 0{,}433962\, x_i$	SQ explicada $(\hat{y}_i - \bar{y})^2$	SQ não explicada $(y_i - \hat{y}_i)^2$	SQ total $(y_i - \bar{y}_i)^2$
1	150	160	185,849	117,702	668,171	225,000
2	160	220	190,189	230,696	888,696	2.025,000
3	50	140	142,453	1.059,317	6,017	1.225,000
4	190	190	203,208	795,665	174,451	225,000
5	90	130	159,811	230,696	888,696	2.025,000
6	60	160	146,792	795,665	174,451	225,000
7	140	200	181,509	42,373	341,917	625,000
8	110	150	168,491	42,373	341,917	625,000
9	200	210	207,547	1.059,317	6,017	1.225,000
10	100	190	164,151	117,702	668,171	225,000
				4.491,506	4.158,504	8.650,000*
				$\Sigma(\hat{y}_i - \bar{y})^2$	$\Sigma(y^i - \hat{y}^i)^2$	$\Sigma(y_i - \bar{y})^2$

* "SQ total" difere ligeiramente da soma da "SQ explicada" e "SQ não explicada" em razão de arredondamento.

O r^2 mede a proporção da variação na variável dependente que é explicada pela linha de regressão (a variável independente) e varia de 0, quando nenhuma parcela da variação de Y é explicada pela regressão, a 1, quando toda a variação de Y é explicada pela regressão.

A Tabela 4.3 mostra o cálculo das SQs explicada, inexplicada e total para o exemplo da Sherwin-Williams. A SQ explicada é 4.491,506, e a SQ total é 8.650,000; portanto, pela Equação 4.28, o coeficente de determinação é

$$r^2 = \frac{4.491,506}{8.650,000}$$

$$= 0{,}519$$

Em suma, o modelo de regressão, tendo gastos promocionais como a variável independente, explica cerca de 52% da variação das vendas de tinta na amostra. Observe também que r^2 é igual ao quadrado do coeficiente de correlação, isto é, $r^2 = 0{,}519 = (r)^2 = (0{,}72059)^2$. Para o modelo de regressão linear múltiplo, o teste F é usado para testar a hipótese de que todos os coeficientes de regressão são zero.

Os componentes de r^2 podem ser reconfigurados em uma relação F

$$F = \frac{\text{SQE}}{\text{SQN}/g.l.} \quad [4.29]$$

para checar se a equação de regressão estimada explica uma proporção significativa da variação na variável dependente. A decisão é rejeitar a hipótese nula de falta de relação entre X e Y (por exemplo, sem poder explanatório) com um nível de significância de $k = 5\%$ se a relação F calculada for maior do que o valor $F_{0,05;1;n-2}$ obtido pela distribuição de F na Tabela 3 das Tabelas Estatísticas (Apêndice B). Portanto, formando a relação F, obtemos

$$F = \frac{4.491,506}{4.158,5/8}$$

$$= 8,641$$

O valor de $F_{0,05;1.8}$ da distribuição F (Tabela 3 do Apêndice B) é 5,32. Portanto, rejeitamos, ao nível de significância 5%, a hipótese nula de que não existe relação entre gastos de promoção e vendas de tinta. Em outras palavras, concluímos que o modelo de regressão *explica* uma proporção significativa da variação das vendas de tinta na amostra.

MODELO DE REGRESSÃO LINEAR MÚLTIPLA

Uma relação linear com duas ou mais variáveis independentes é conhecida como *modelo de regressão linear múltipla*. No modelo (completo) geral de regressão linear múltipla, a variável dependente Y é, por hipótese, uma função de m variáveis independentes $X_1, X_2, ..., X_m$, e apresenta a forma

$$Y = \alpha + \beta_1 X_1 + \beta_2 X_2 + ... + \beta_m X_m + \epsilon \quad [4.30]$$

No exemplo da empresa Sherwin-Williams, as vendas de tinta (Y) foram consideradas por hipótese como função de três variáveis – gastos promocionais (A), preço (P) e renda familiar disponível (M) (ver a Equação 4.1):

$$Q = \alpha + \beta_1 A + \beta_2 P + \beta_3 M + \epsilon$$

Uso de programas de computador

Usando álgebra matricial, procedimentos similares àqueles explicados para o modelo de regressão linear simples podem ser empregados para calcular os coeficientes de regressão estimados (αs e βs). Uma variedade de programas de computador pode ser usada parra fazer estes procedimentos.

O resultado desses programas é amplamente padronizado para incluir os coeficientes de regressão estimados, estatísticas t dos coeficientes individuais, R^2, análises de variância e Teste F de significância geral.

Estimativa dos coeficientes de regressão da população

Do resultado fornecido pelo computador (na Figura 4.8), obtém-se esta equação de regressão:

$$Y = 310{,}245 + 0{,}008A - 12{,}202P + 2{,}677M \quad [4.31]$$

O coeficiente da variável P ($-12{,}202$) indica que, *na igualdade das demais condições*, um aumento de preço de US$1 reduzirá as vendas esperadas em $-12{,}202 \times 1.000$, ou -12.202 galões em uma determinada região de vendas.

Uso do modelo de regressão para fazer previsões

De modo análogo ao modelo de regressão linear simples, o modelo de regressão linear múltipla pode ser usado para fazer previsões em um ponto ou um intervalo. As previsões em um ponto podem ser feitas substituindo-se os valores específicos das variáveis independentes na equação de regressão estimada.

No exemplo da Sherwin-Williams, suponha que estejamos interessados na estimativa de vendas em uma região onde as despesas promocionais são de US$185.000 (isto é, $A = 185$), o preço de venda (P) é US$15 e a renda familiar disponível é de US$19.500 (isto é, $M = 19,5$). Substituindo esses valores na Equação 4.31 obtemos

$$\hat{y} = 310,245 + 0,008(185) - 12,202(15,00) + 2,677(19,5) = 180,897 \text{ galões}$$

Incluir uma, duas ou todas as três variáveis independentes para prever $\hat{y}$ depende do erro médio de previsão (neste caso, $185.000 - 180.897 = 4.103$) nesta previsão e nas previsões subsequentes feitas a partir da amostra.

O erro padrão da estimativa (s_e) referente aos dados constantes da Figura 4.8 pode ser usado para criar intervalos de previsão para Y. Um intervalo de previsão *aproximado* de 95% é igual a

$$\hat{y} \pm 2s_e$$

Para uma região de vendas com as características citadas no parágrafo anterior (isto é, $A = 185$, $P = US\$15,00$ e $M = 19,5$), um intervalo de previsão *aproximado* de 95% para as vendas de tinta é igual a

$$180,897 \pm 2(17,417)$$

ou de 146.063 a 215.731 galões.

Inferências sobre os coeficientes de regressão da população

A maioria dos programas de regressão testa se *cada uma* das variáveis independentes (X_s) é estatisticamente significativa para explicar a variável dependente (Y). Isso testa a hipótese nula

$$H_0: \beta_i = 0$$

em relação à hipótese alternativa

$$H_a: \beta_i \neq 0$$

A regra para decisão é rejeitar a hipótese nula de não relação entre as vendas de tinta (Y) e cada uma das variáveis independentes a um nível de 0,05 de significância, se o respectivo valor t de cada variável for menor do

Var. dep.: VENDAS (Y)	N: 10	R múltiplo: 0,889	R múltiplo ao quadrado:			0,790
R múltiplo ao quadrado ajustado:	0,684		Erro padrão da estimativa:			17,417
Variável	Coeficiente	Erro padrão	Coeficiente	Tolerância padrão	T	P(bicaudal)
CONSTANTE	310,245	95,075	0,000	.	3,263	0,017
DESP. PROMO. (X_1)	0,008	0,204	0,013	0,3054426	0,038	0,971
PREÇO DE VENDA (X_2)	−12,202	4,582	−0,741	0,4529372	−2,663	0,037
RENDA DISPONÍVEL (X_3)	2,677	3,160	0,225	0,4961686	0,847	0,429

Análise de variância

Fonte	Soma dos quadrados	DF	Quadrado médio	F-Liberdade	P
Regressão	6829,866	3	2276,622	7,505	0,019
Residual	1820,134	6	303,356		

Figura 4.8 Dados fornecidos pelo computador: Sherwin-Williams

que $-t_{0,025;6} = -2,447$ ou maior do que $t_{0,025;6} = +2,447$. Conforme mostrado na Figura 4.8, somente o valor t calculado para a variável P é menor do que $-2,447$. Portanto, concluímos que somente o preço de venda P é estatisticamente significativo (ao nível de 0,05) para explicar as vendas de tinta. Essa inferência pode determinar que os planos de marketing para esse tipo de tinta devem se concentrar no preço, e não nos efeitos dos gastos promocionais ou da renda disponível nos domicílios analisados.

EXEMPLO Demanda estimada para veículos novos

Registros de carros novos adquiridos recentemente variam ao longo do tempo de modos previsíveis. Esse raciocínio da teoria econômica pode identificar variáveis explanatórias a serem incluídas em um modelo empírico da demanda de um novo carro. Primeiro, a demanda de quaisquer produtos duráveis aumenta com o aumento da população do grupo de consumidores analisado. Portanto, deve-se, ou ter em conta o tamanho da população como uma variável explanatória ou, alternativamente, dividir os registros pela população, assim criando uma variável dependente da demanda *per capita* de um novo carro, como na Tabela 4.4. Em segundo lugar, muitas das aquisições de carros novos são financiadas, de modo que a entrada em dinheiro e as taxas de financiamentos próprios são tão importantes como o preço de venda para motivar uma decisão de compra durante um mês em vez de outro. Em terceiro lugar, é de esperar que mudanças na renda disponível afetem as decisões de uma família para trocar de carro. Renda doméstica mais alta estaria associada com demanda ampliada por carros superiores. Eventos geopolíticos, como a Guerra do Golfo, com as concomitantes elevações nos preços da gasolina, também afetam a demanda por veículos, já que a gasolina é o complemento primário do consumo de automóveis. Finalmente, a introdução de um modelo novo e popular amplia decisões de compra subsequentes, de modo que vendas elevadas no período anterior têm efeito positivo nas vendas no período corrente. Estes efeitos positivos defasados de vendas anteriores devem se reduzir à medida que se vai afastando do momento daquela introdução do produto que motivou a febre inicial nas vendas.

A Tabela 4.4 aponta os resultados empíricos. Esses modelos exponenciais multiplicativos são similares às Equações 4.5 e 4.6. Assim, a variável dependente e cada uma das variáveis explanatórias estão na forma logarítmica, o que leva a que os parâmetros estimados devem ser interpretados como elasticidades da demanda (elasticidade-preço, elasticidade-renda, elasticidade-taxa de juros, elasticidade-entrada em dinheiro etc.).

TABELA 4.4 Estimativas de mínimos quadrados dos determinantes da demanda *per capita* de veículos novos na Grã-Bretanha

Variáveis Explanatórias	Coeficiente (índice *t*)
Constante	$-15.217(-5,66)$[a]
Log-Preço	$-0,341(2,25)$[b]
Log-Entrada em Dinheiro	$-0,105(-1,78)$
Log-Taxa de Juros	$-0,436(5,31)$[a]
Log-Renda	$1,947(10,94)$[a]
Binários para a Crise do Petróleo	$-0,146(-4,45)$[a]
Log-Carro Novo$_{t-1}$	$0,404(3,24)$[a]
R^2 ajustado	0,965
Durbin-Watson	2,11
F	91,62
N	20

Notas: Estatística-*t* entre parênteses. Testes de hipóteses são unicaudais.
a, b Significância estatística a níveis de 1%, 5% e 10%, respectivamente.
Fonte: Baseada em *Managerial and Decision Economics*, 17 jan. 1996, p. 19-23.

Os pesquisadores que realizaram este estudo encontraram, antes de tudo, que a demanda de mercado para registros de carros novos *per capita* era inelástico a preço (−0,341), sugerindo algum poder substancial de precificação para vários modelos. Em seguida, a elasticidade-entrada em dinheiro foi de −0,105, o que significa que um aumento de 20% na entrada levaria à queda de 2,1% na demanda (isto é, 0,20 × −0,105 = −0,021). Como esperado, um aumento de 50% nas taxas de autofinanciamento, digamos, de 6% para 10%, levava a um declínio de 22% na demanda de carros novos (isto é, 0,5 × −0,436 = −0,22). Automóveis parecem ser elásticos quanto à renda (1,947), de modo que um aumento de 10% na renda disponível resultava em aumento de 19,5% na demanda de carros novos. Falta de gasolina e tempo de espera nas filas para sua compra levaram a 14% de redução na demanda por carros novos.[17] Finalmente, um período defasou a demanda; Carros novos$_{t-1}$ tiveram um efeito positivo significativo sobre as compras atuais, com o coeficiente entre 0 e 1, conforme o esperado.[18] Em termos gerais, este modelo explicava 96% da variação ao longo do tempo das vendas de carros novos *per capita*.

---

[17] A única exceção é que a variável binária (0 ou 1) é adicionada diretamente no modelo de regressão, sem logaritmizá-la, porque o logaritmo de zero é igual ao infinito negativo e, portanto, de valor indefinido em programas de regressão. Com isso a elasticidade da demanda com respeito ao evento 0/1 é $e^\beta - 1$ (neste caso, $e^{-0,146} - 1 = 0,864 - 1 = -13,6\%$). Daí, concluímos −14%.

[18] Em contraste, um coeficiente maior que 1 (ou menor que −1) para a variável de demanda defasada implicaria uma dinâmica inerentemente instável de crescimento exponencial acelerado da damanda (ou queda).

A análise de variância

Técnicas similares às descritas para o modelo de regressão linear simples são usadas para avaliar a capacidade de explicação *geral* do modelo de regressão linear múltipla.

O coeficiente de determinação múltipla (r^2) é uma medida da "adequação" geral do modelo. O valor de R múltiplo ao quadrado de 0,790 na Figura 4.8 indica que a equação de regressão com três variáveis explica 79% da variação total da variável dependente (vendas de tinta).

O valor de F-ratio na Figura 4.8 é usado para testar a hipótese de que as variáveis independentes ($X_1, X_2, ..., X_m$) explicam uma proporção significativa da variação da variável dependente (Y). Utiliza-se o valor de F-ratio para testar a hipótese nula:

$$H_0: \text{Todos os } \beta_i = 0$$

em relação à hipótese alternativa

$$H_a: \text{Pelo menos um } \beta_i \neq 0$$

Em outras palavras, estamos testando se pelo menos uma das variáveis explicativas contribui com informações para a previsão de Y. A decisão consiste em rejeitar a hipótese nula ao nível de significância k se o valor de F fornecido pelo computador for *maior* que o valor $F_{k,m,n-m-1}$ da distribuição F (com m e $n - m - 1$ graus de liberdade). A Tabela 3 (Apêndice B) fornece os valores de F-ratio.

No exemplo da Sherwin-Williams, suponha que se queira testar se as três variáveis independentes explicam uma proporção significante (ao nível de 0,05) da variação na renda. A regra de decisão é rejeitar a hipótese nula (de não haver relação) se o valor F é maior do que $F_{0,05,36} = 4,76$. Como $F = 7,505$, rejeitamos a hipótese nula e concluímos que as variáveis independentes são úteis na explicação das vendas de tintas com (1 − 0,019) = 98,1% de certeza.

RESUMO

- Estimativas empíricas das relações da demanda são essenciais para a empresa atingir sua meta de maximização do valor da riqueza dos acionistas. Sem boas estimativas da função de demanda com que se defronta uma empresa, ela não poderá tomar decisões a respeito do preço e da quantidade a ser produzida que maximizem o lucro.
- Técnicas estatísticas são consideradas de grande valor e relativamente econômicas como um meio para realizar estimativas estatísticas da função de demanda. Análises de regressão são frequentemente usadas para estimar estatisticamente a função de demanda por um bem ou serviço.
- O modelo linear e o multiplicativo exponencial são as duas relações funcionais mais usadas nos estudos de demanda.
- Em um modelo de demanda *linear*, o coeficiente de cada variável independente fornece uma estimativa de uma variação na quantidade demandada associada à variação de uma unidade da variável dada, mantendo-se constantes todas as demais variáveis. Esse impacto marginal é constante em todos os pontos da curva de demanda. A elasticidade de um modelo de demanda linear em relação a cada variável independente (por exemplo, a elasticidade-preço e a elasticidade-renda) não é constante, mas varia ao longo de toda a faixa da curva de demanda.
- Em um modelo de demanda multiplicativo exponencial, o impacto marginal de cada variável independente sobre a quantidade demandada não é constante, pois varia ao longo de toda a faixa da curva de demanda. Contudo, a elasticidade de um modelo de demanda multiplicativo exponencial em relação a cada variável independente é constante e igual ao valor estimado do respectivo parâmetro.
- O objetivo da *análise de regressão* é desenvolver uma relação funcional entre a(s) variável(is) dependente(s) e independente(s) (explicativas). Após uma relação funcional ser estabelecida (isto é, a equação de regressão), a equação pode ser empregada para realizar previsões a respeito do valor da variável dependente.
- A técnica dos *mínimos quadrados* é usada para estimar os coeficientes de regressão. O método dos mínimos quadrados minimiza a soma dos quadrados das diferenças entre os valores observados e estimados da variável dependente para a amostra de observações.
- O teste t é usado para testar a hipótese de que uma dada variável independente é útil para explicar variações da variável dependente.
- O teste F é usado para testar a hipótese de que todas as variáveis independentes ($X_1, X_2, ..., X_m$) da equação de regressão explicam uma proporção significativa da variável dependente.
- O *coeficiente de determinação* (r^2) mede a proporção da variável dependente que é explicada pela equação de regressão (isto é, variáveis independentes).
- A presença de associação não implica necessariamente causalidade. Testes estatísticos somente podem estabelecer se existe ou não uma associação entre variáveis. A existência de uma relação econômica de causa e efeito deve ser inferida a partir do raciocínio econômico.

EXERCÍCIOS

As respostas para os exercícios destacados estão no Apêndice D, no final do livro.

1. Considere o exemplo da empresa Sherwin-Williams discutido neste capítulo (ver a Tabela 4.1). Suponha que uma pessoa esteja interessada em desenvolver um modelo de regressão simples com as vendas de tinta (Y) como variável dependente e o preço de venda (P) como variável independente.
   a. Determine a linha de regressão estimada.
   b. Dê uma interpretação econômica aos coeficientes angular (b) e intercepto (a) estimados.
   c. Teste a hipótese (ao nível de significância de 0,05) de que não existe relacionamento (isto é, $\beta = 0$) entre as variáveis.
   d. Calcule o coeficiente de determinação.
   e. Realize uma análise de variância da regressão, incluindo um teste F da significância geral dos resultados (ao nível de 0,05).
   f. Determine, com base no modelo de regressão, a melhor estimativa para as vendas de tinta em uma região de vendas na qual o preço de venda é US$14,50. Construa um intervalo de previsão *aproximado* de 95%.
   g. Determine a elasticidade-preço da demanda a um preço de venda de US$14,50.

2. A Pilot Pen Company decidiu usar 15 mercados de teste para examinar a sensibilidade da demanda por seu novo produto a diversos preços, como mostrado na tabela a seguir. Os gastos com propaganda foram idênticos em cada mercado, os quais tinham aproximadamente o mesmo nível de atividade empresarial e populacional.
   a. Usando um modelo de regressão linear, estime a função de demanda para a nova caneta da Pilot.
   b. Avalie esse modelo calculando o coeficiente de determinação e realizando um teste t da significância da variável preço.
   c. Qual é a elasticidade-preço da demanda ao preço de US$0,50?

Mercado de teste	Preço cobrado	Quantidade vendida (milhares de canetas)
1	0,50	20,0
2	0,50	21,0
3	0,55	19,0
4	0,55	19,5
5	0,60	20,5
6	0,60	19,0
7	0,65	16,0
8	0,65	15,0
9	0,70	14,5
10	0,70	15,5
11	0,80	13,0
12	0,80	14,0
13	0,90	11,5
14	0,90	11,0
15	0,40	17,0

3. Em um estudo sobre a demanda por unidades residenciais, o assessor municipal está interessado em desenvolver um modelo de regressão para estimar o valor de mercado (isto é, o preço de venda) das propriedades residenciais em sua jurisdição. Ele considera que a variável mais importante que afeta o preço de venda (medido em milhares de dólares) é o tamanho da residência (medida em centenas de pés quadrados – ft^2). Ele escolheu aleatoriamente 15 casas e mediu tanto o preço de venda quanto o tamanho, conforme consta da tabela a seguir.

Observação i	Preço de venda ($\times$ US$1.000) Y	Tamanho ($\times$ 100 ft^2) X
1	265,2	12,0
2	279,6	20,2
3	311,2	27,0
4	328,0	30,0
5	352,0	30,0
6	281,2	21,4
7	288,4	21,6
8	292,8	25,2
9	356,0	37,2
10	263,2	14,4
11	272,4	15,0
12	291,2	22,4
13	299,6	23,9
14	307,6	26,6
15	320,4	30,7

a. Coloque os dados em um gráfico.
b. Determine a linha de regressão estimada. Dê uma interpretação econômica do coeficiente angular estimado (*b*).
c. Determine se o tamanho é uma variável estatisticamente significativa para se estimar o preço de venda.
d. Calcule o coeficiente de determinação.
e. Realize um teste F da significância total dos resultados.
f. Construa um intervalo de previsão *aproximado* de 95% para o preço de venda de uma casa que tem área de 1.500 ft².

4. A Cascade Pharmaceuticals Company desenvolveu o modelo de regressão a seguir, com dados de séries temporais dos últimos 33 trimestres, para um de seus remédios contra gripe vendido sem receita médica:

$$Y = -1,04 + 0,24X_1 - 0,27X_2$$

onde Y = vendas trimestrais (em milhares de caixas) do remédio contra gripe
X_1 = gastos de propaganda ($\times$ US$1.000) trimestrais da Cascade com o remédio
X_2 = gastos de propaganda dos concorrentes para produtos similares ($\times$ US$10.000)

Informações adicionais a respeito do modelo de regressão:

$$s_{b_1} = 0,032 \quad s_{b_2} = 0,070$$
$$R^2 = 0,64 \quad s_e = 1,63 \quad \text{Estatística } F = 31,402$$

Estatística Durbin-Watson (d) = 0,4995

a. Qual das variáveis independentes (caso haja alguma) aparenta ser estatisticamente significativa (no nível de 0,05) para explicar as vendas do remédio contra gripe?
b. Que proporção da variação total de vendas é explicada pela equação de regressão?
c. Realize um teste F (ao nível de 0,05) da capacidade de explicação geral do modelo.
d. Que informações estatísticas adicionais (caso existam) são úteis para a avaliação desse modelo?

5. A General Cereals está usando um modelo de regressão para estimar a demanda pelo Tweetie Sweeties, um cereal matinal para crianças em forma de apito revestido com açúcar. A seguinte função de demanda (exponencial multiplicativa) está sendo empregada:

$$Q_D = 6.280 P^{-2,15} A^{1,05} N^{3,70}$$

onde Q_D = quantidade demandada em caixas de 280g[30]
P = preço por caixa, em dólares
A = gastos de propaganda, em dólares, no horário diurno da televisão
N = proporção da população com menos de 12 anos

a. Determine a elasticidade-preço em um ponto da demanda por Tweetie Sweeties.
b. Determine a elasticidade-propaganda da demanda.
c. Que interpretação você daria ao expoente de N?

6. A demanda por hadoque foi estimada como

$$\log Q = a + b \log P + c \log I + d \log P_m$$

onde Q = quantidade de hadoque vendido na Nova Inglaterra
P = preço por libra de hadoque
I = uma medida da renda pessoal na região da Nova Inglaterra
P_m = um índice do preço da carne e aves

Se $b = -2,174$, $c = 0,461$ e $d = 1,909$,

a. Determine a elasticidade-preço da demanda.
b. Determine a elasticidade-renda da demanda.

c. Determine a elasticidade-preço cruzada da demanda.
d. De que modo você caracterizaria a demanda por hadoque?
e. Suponha que a renda disponível deva crescer 5% no próximo ano. Com todos os demais fatores constantes, preveja a mudança percentual da quantidade de hadoque demandada no próximo ano.

7. Uma estimativa da função de demanda por móveis residenciais produziu os seguintes resultados:

$$F = 0{,}0036 Y^{1{,}08} R^{0{,}16} P^{-0{,}48} \qquad r^2 = 0{,}996$$

onde F = gastos com mobília por domicílio
   Y = renda pessoal disponível por domicílio
   R = valor de construção residencial privada por domicílio
   P = quociente entre o índice de preço de mobília e o índice de preço ao consumidor

a. Determine as elasticidades preço e renda em um ponto para mobília residencial.
b. Que interpretação você daria ao expoente de R? Em sua opinião, por que R foi incluído na equação como uma variável?
c. Se você fosse um fornecedor do fabricante de mobília, teria preferido ver a análise realizada em unidades físicas de vendas ou em receita em dólares? Como esta mudança alteraria a interpretação do coeficiente de preço, estimado, no caso como –0,48?

8. Considere novamente o exemplo da Sherwin-Williams discutido neste capítulo (ver Tabela 4.1). Suponha que uma pessoa esteja interessada em desenvolver um modelo de regressão múltipla com as vendas de tinta (Y) como variável dependente e os gastos promocionais (A) e o preço de venda (P) como variáveis independentes.

a. Determine a linha de regressão estimada.
b. Dê uma interpretação econômica aos coeficientes angulares estimados (b_s)
c. Teste a hipótese (ao nível de significância de 5%) de que não existe relação entre a variável dependente e cada uma das variáveis independentes.
d. Calcule o coeficiente de determinação.
e. Faça uma análise de variância da regressão, incluindo um teste F da significância geral dos resultados (ao nível de 5%).
f. Com base no modelo de regressão, determine a melhor estimativa para as vendas de tinta em uma região de vendas na qual as despesas promocionais são de US$80.000 e o preço de venda é US$12,50.
g. Determine o ponto promocional e as elasticidades-preço dos valores de gastos promocionais e preço de venda indicados no item (f).

9. O assessor municipal (ver o Exercício 4) considera que a adoção de mais variáveis independentes na equação de regressão pode aumentar o poder explicativo do modelo.
   Além da área, o assessor julga que o número total de cômodos, a idade e se a casa tem uma garagem anexa podem ser variáveis importantes que afetam o preço de venda. Esses dados para as 15 unidades residenciais selecionadas aleatoriamente aparecem na tabela a seguir.

a. Usando um programa de regressão informatizado, determine a equação de regressão estimada com as quatro variáveis explicativas indicadas na tabela.
b. Dê uma interpretação econômica para cada um dos coeficientes de regressão estimados.
c. Qual das variáveis independentes (se for o caso) é estatisticamente significativa (ao nível de 0,05) para explicar o preço de venda?
d. Que proporção da variação total do preço de venda é explicada pelo modelo de regressão?
e. Realize um teste F (ao nível de significância de 5%) da capacidade explicativa geral do modelo.
f. Determine um intervalo de previsão *aproximado* de 95% para o preço de venda de uma casa de 15 anos que tem 1.800 ft², sete cômodos e uma garagem anexa.

Observação i	Preço de Venda ($\times$ US$1.000) Y	Área ($\times$ 100 ft²) X_1	Número Total de Cômodos X_2	Idade X_3	Garagem Anexa (Não = 0, Sim = 1) X_4
1	265,2	12,0	6	17	0
2	279,6	20,2	7	18	0
3	311,2	27,0	7	17	1
4	328,0	30,0	8	18	1
5	352,0	30,0	8	15	1
6	281,2	21,4	8	20	1
7	288,4	21,6	7	8	0
8	292,8	25,2	7	15	1
9	356,0	37,2	9	31	1
10	263,2	14,4	7	8	0
11	272,4	15,0	7	17	0
12	291,2	22,4	6	9	0
13	299,6	23,9	7	20	1
14	307,6	26,6	6	23	1
15	320,4	30,7	7	23	1

CASO

ESTIMATIVA DA DEMANDA DE REFRIGERANTES

A demanda pode ser estimada com dados experimentais, dados em séries temporais ou regressão cruzada. A empresa Sara Lee gerou dados experimentais em testes nos quais o efeito de uma logomarca nas vendas da camisa do time campeão da NFL, os Carolina Phanthers, era monitorado cuidadosamente. Previsores de demanda geralmente se baseiam em dados em séries temporais. Em contraste, dados em regressão cruzada aparecem na Tabela 1. Consumo de refrigerantes em latas *per capita* ao ano é relacionado ao preço por pacote de seis latas, renda *per capita* e temperatura média para todos os 48 estados contíguos aos Estados Unidos.

QUESTÕES

1. Estime a demanda por refrigerantes usando um programa de regressão múltipla de seu computador.
2. Interprete os coeficientes e calcule a elasticidade-preço da demanda de refrigerantes.
3. Omita o preço da equação de regressão e observe o viés introduzido no parâmetro estimado para renda.
4. Agora, omita tanto o preço como a temperatura da equação de regressão. Um plano de marketing para refrigerantes deveria ser moldado de forma a realocar a maioria das máquinas de bebidas para vizinhanças pobres? Por que sim ou por que não.

TABELA 1 Demanda por refrigerante

	Latas *per capita* anual	Preço por pacote de 6 latas	Renda *per capita*	Temperatura média °F
Alabama	200	2,19	13	66
Arizona	150	1,99	17	62
Arkansas	237	1,93	11	63
Califórnia	135	2,59	25	56
Colorado	121	2,29	19	52
Connecticut	118	2,49	27	50
Delaware	217	1,99	28	52
Flórida	242	2,29	18	72
Geórgia	295	1,89	14	64
Idaho	85	2,39	16	46
Illinois	114	2,35	24	52
Indiana	184	2,19	20	52
Iowa	104	2,21	16	50
Kansas	143	2,17	17	56
Kentucky	230	2,05	13	56
Louisiana	269	1,97	15	69
Maine	111	2,19	16	41
Maryland	217	2,11	21	54
Massachusetts	114	2,29	22	47
Michigan	108	2,25	21	47
Minnesota	108	2,31	18	41
Mississippi	248	1,98	10	65
Missouri	203	1,94	19	57
Montana	77	2,31	19	44
Nebraska	97	2,28	16	49
Nevada	166	2,19	24	48
New Hampshire	177	2,27	18	35
Nova Jersey	143	2,31	24	54
Novo México	157	2,17	15	56
Nova York	111	2,43	25	48
Carolina do Norte	330	1,89	13	59
Dakota do Norte	63	2,33	14	39
Ohio	165	2,21	22	51
Oklahoma	184	2,19	16	82
Oregon	68	2,25	19	51
Pensilvânia	121	2,31	20	50
Rhode Island	138	2,23	20	50
Carolina do Sul	237	1,93	12	65
Dakota do Sul	95	2,34	13	45
Tennessee	236	2,19	13	60
Texas	222	2,08	17	69
Utah	100	2,37	16	50
Vermont	64	2,36	16	44
Virginia	270	2,04	16	58
Washington	77	2,19	20	49
Virginia Ocidental	144	2,11	15	55
Wisconsin	97	2,38	19	46
Wyoming	102	2,31	19	46

APÊNDICE 4A

Problemas na aplicação do modelo de regressão linear

INTRODUÇÃO

Quando os modelos de regressão linear simples e múltipla foram examinados no Capítulo 4, apontamos diversas premissas a respeito da natureza das relações entre as variáveis. De que modo podemos determinar se as premissas estão sendo observadas em uma dada situação? De que modo a violação das premissas afeta as estimativas dos parâmetros e a precisão de previsão do modelo? Que métodos existem (se existirem) para superar as dificuldades causadas pela impossibilidade de aplicação das premissas em uma dada situação?

A econometria fornece respostas a algumas dessas questões, mas não a todas. Alguns dos problemas que podem invalidar os resultados de uma regressão simples e exigir análises posteriores incluem os seguintes:

1. autocorrelação;
2. heterocedasticidade;
3. erros de especificação e medida;
4. multicolinearidade;
5. relações entre equações simultâneas e o problema da identificação;
6. ausência de linearidade.

Todos estes problemas são tratados neste Apêndice.

Autocorrelação

Em muitos problemas de modelagem e previsão econômicas, os dados empíricos existem na forma de uma série temporal – uma série de observações das variáveis obtidas em ocasiões distintas. Por exemplo, podemos estar interessados em prever as vendas totais de televisores (no mercado interno dos Estados Unidos) adotando a renda disponível como variável independente em um período de dez a quinze anos. Pode surgir um problema denominado autocorrelação ao empregarmos dados de uma série temporal.

Lembre-se de que uma das premissas subjacentes ao modelo de regressão (especificamente a de número 4) é que o termo de distúrbio e_t deve ser uma variável aleatória independente. Em outras palavras, supomos que cada erro sucessivo e_t seja independente de erros anteriores e posteriores, de modo que a equação de regressão não produza um padrão previsível dos valores sucessivos do erro. A existência de um padrão significativo nos valores sucessivos do termo de erro constitui a **autocorrelação**. Valores sucessivos do erro podem ter autocorrelação positiva ou negativa. A autocorrelação positiva ou a negativa, como mostrado na Figura 4A.1 (a) e (b), é inferida sempre que distúrbios sucessivos tendem a ser seguidos por distúrbios com o mesmo sinal e com o sinal oposto, respectivamente.

A autocorrelação negativa reflete um processo de excesso e falta do tipo de compras de bens de consumo armazenáveis. Se uma família comprar uma quantidade excessiva de cereal em uma semana, provavelmente comprará menos do que a média na semana seguinte e novamente mais do que a média na outra semana.

A autocorrelação positiva pode resultar da existência de variações cíclicas e sazonais das variáveis econômicas. Outra causa da autocorrelação positiva são as tendências de autorreforço nos padrões de

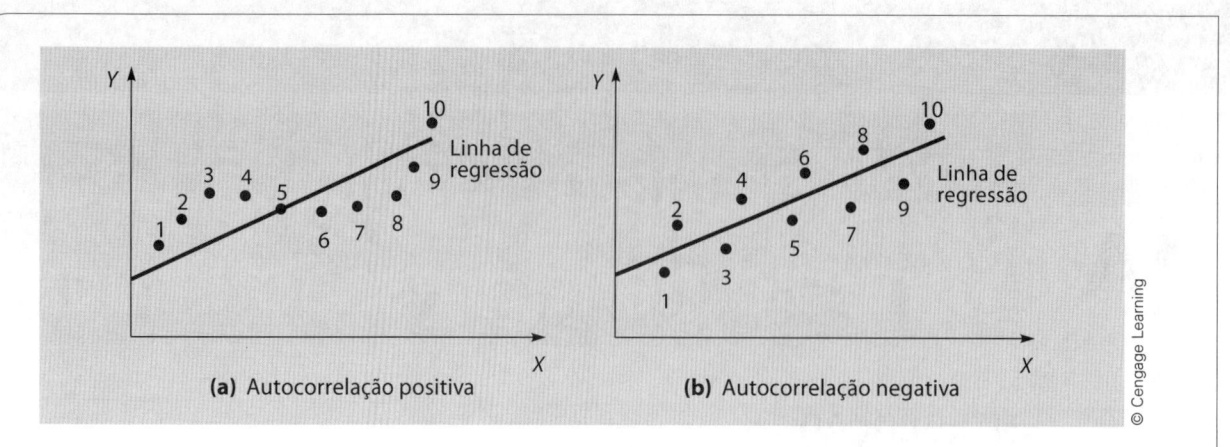

Figura 4A.1 Tipos de autocorrelação (os números 1, 2, 3, ..., 10 referem-se a períodos de tempo sucessivos)

compra dos consumidores – por exemplo, em lojas de roupas. Se as echarpes da Hermes estiverem na moda, os dados para cada semana sucessiva de vendas estarão muito acima da tendência do que na semana anterior, até que o modismo diminua e o estilo Hermes saia de moda. A autocorrelação positiva ou negativa pode também existir se variáveis explicativas importantes forem omitidas na equação de regressão ou se existirem relações não lineares.

Como cautela ao se trabalhar com dados de séries temporais, os distúrbios (valores e_t) devem ser examinados para se determinar a aleatoriedade. Testes estatísticos também encontram-se disponíveis para verificar a autocorrelação. Uma técnica comumente usada é a estatística Durbin-Watson. Ela é calculada desta maneira:

$$d = \frac{\sum_{t=2}^{n}(e_t - e_{t-1})^2}{\sum_{t=1}^{n} e_t^2} \quad [4A.1]$$

onde e_t é o termo de erro estimado no período t, e e_{t-1} é o termo de erro no período $t - 1$. A estatística Durbin-Watson testa a autocorrelação de primeira ordem, isto é, se o erro no período t depende do erro no período precedente $t - 1$. O valor de d varia de 0 a 4. Se não existir autocorrelação de primeira ordem, o valor esperado de d será 2. Valores de d menores que 2 indicam a possível presença de autocorrelação positiva, enquanto valores de d maiores que 2 indicam a possível presença de autocorrelação negativa.

A presença da autocorrelação conduz a diversas consequências indesejáveis nos resultados da regressão. Primeiro, embora as estimativas de α e β não sejam distorcidas, o método dos mínimos quadrados irá estimar erroneamente as variações amostrais dessas estimativas. [Um estimador não será distorcido se seu valor esperado for idêntico ao parâmetro da população sendo estimado. Os valores calculados de a e b são estimadores não distorcidos de α e β, respectivamente, porque $E(a) = \alpha$ e $E(b) = \beta$.] Em particular, o erro padrão (s_e na Equação 4.22) será maior ou menor dependendo da existência de autocorrelação positiva ou negativa. Como resultado, o uso da estatística t para testar hipóteses a respeito desses parâmetros pode resultar em conclusões incorretas sobre a importância das variáveis individuais (isto é, independentes). Além disso, os testes r^2 e F são inválidos quando há autocorrelação.

Há diversos procedimentos para lidar com a autocorrelação.[1] Caso se possa determinar a forma funcional da relação de dependência nos valores sucessivos dos resíduos, as variáveis originais podem ser transformadas por uma estrutura de defasagem de tempo para eliminar esse padrão. Outra técnica que pode ajudar a reduzir a autocorrelação consiste em incluir uma nova tendência linear ou variável temporal na equação de regressão. Um terceiro método consiste em calcular as primeiras diferenças na série temporal de cada uma das variáveis (isto é, $Y_{t+1} - Y_t$, $X_{1,t+1} - X_{1,t}$, $X_{2,t+1} - X_{2,t}$ e assim por diante) e então calcular a equação de regressão usando essas variáveis transformadas. Um quarto método consiste em incluir variáveis adicionais da forma X_1^2 ou $X_1 X_2$ na equação de regressão. Normalmente, um desses procedimentos dará resultados satisfatórios compatíveis com a premissa dos erros independentes.

---

[1] Ver D. Gujarati. *Basic Econometrics*. Nova York: McGraw-Hill, Inc. 2007, Capítulo 12, para uma discussão muito mais detalhada dos procedimentos usados para lidar com a autocorrelação.

Heterocedasticidade

Ao se desenvolver o modelo de regressão dos mínimos quadrados usual, uma outra premissa (Premissa 3) é de que os erros possuem uma variância constante. O afastamento desta suposição é conhecido como **heterocedasticidade**, indicado sempre que existe uma relação sistemática entre o valor absoluto do termo de erro e o valor de uma (ou mais) das variáveis independentes.

Uma forma de heterocedasticidade é ilustrada na Figura 4A.2. A poupança feita por um domicílio é postulada como uma função da renda do domicílio. Neste caso, é provável que será encontrada maior variabilidade na poupança de domicílios com renda elevada em comparação a domicílios com baixa renda, simplesmente porque os com renda elevada possuem mais dinheiro disponível para uma poupança potencial. Outro exemplo que surge frequentemente com dados de vendas intrassetoriais é que a variância do erro em lojas varejistas, divisões ou empresas de grande porte excede a variância do erro de empresas menores.

Em muitos casos, essa forma de heterocedasticidade pode ser reduzida ou eliminada dividindo-se todas as variáveis da equação de regressão pela variável independente que se supõe causar a heterocedasticidade. Outro método para lidar com a heterocedasticidade consiste em calcular os logaritmos dos dados. Novamente, essa transformação altera a forma do relacionamento hipotético entre as variáveis. Técnicas mais avançadas e generalizadas de mínimos quadrados podem explicar a variância do erro não uniforme e preservar o relacionamento hipotético original.

Erros de especificação e medida

Erros de especificação podem surgir sempre que uma ou mais variáveis explicativas significativas não se encontrem incluídas na equação de regressão. Se a variável omitida for moderada ou altamente correlacionada com uma das variáveis explicativas incluídas na equação de regressão, o regressor afetado será estimado com distorção. A omissão de uma distorção de variável pode levar a super ou subestimação dos verdadeiros coeficientes de regressão.

A direção da distorção nos parâmetros estimados deve sempre ser diagnosticada. O parâmetro mal estimado para $X_1(b_1)$ pode ser escrito como a soma do parâmetro verdadeiro (β_1) com o efeito da variável omitida j, que depende de β_j e do coeficiente de correlação $r_{1,j}$

$$b_1 = \beta_1 + \beta_j r_{1,j} \qquad [4A.2]$$

Caso se saiba que o sinal provável do coeficiente de correlação entre a variável omitida e a variável explicativa incluída ($r_{1,j}$) é positivo, e se o efeito hipotético da variável omitida sobre a variável dependente (β_j) for positivo, o parâmetro estimado será distorcido positivamente. Por exemplo, omitir a renda familiar de uma estimativa da demanda por aluguel de carros de luxo provavelmente distorcerá positivamente o parâmetro relativo à variável do preço, pois uma renda mais elevada e o preço pago pelo aluguel de um carro de luxo por uma semana provavel-

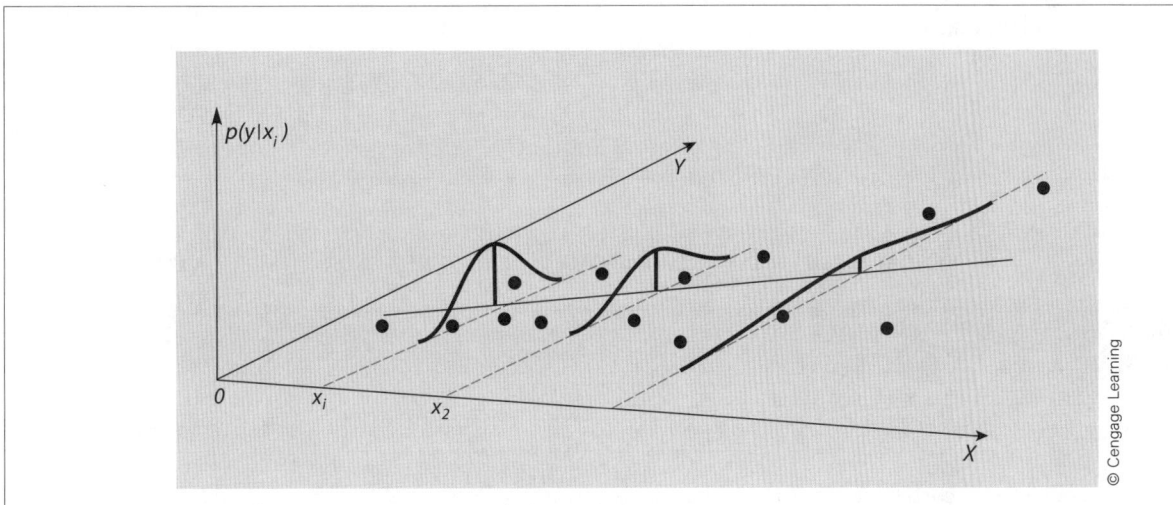

Figura 4A.2 Ilustração de heterocedasticidade

mente possuem correlação positiva, já que a renda familiar em si é considerada, por hipótese, um fator determinante positivo do aluguel desse tipo de carro. Por sua vez, nos dados sobre a demanda de tinta da Sherwin-Williams, o coeficiente de correlação entre a renda disponível e o preço é de −0,514 (ver a Figura 4A.3). Omitir a renda disponível dessa estimativa da demanda na Figura 4.8 conduziria a uma distorção negativa do efeito estimado do preço sobre as vendas. Embora esses diagnósticos da distorção da variável omitida nunca substituam um modelo completo especificado corretamente, eles permitem uma decisão muito mais fundamentada baseada em dados incompletos.

Às vezes, uma variável substituta próxima está disponível e pode ser usada no lugar da variável omitida. Quanto mais próxima a substituta, melhor a estimativa, porque as variáveis substitutas sempre introduzem algum erro de medição. Erros de medição da variável dependente não afetam a validade das premissas subjacentes ao modelo de regressão ou as estimativas de parâmetros obtidas pelo método dos mínimos quadrados, porque esses erros tornam-se parte do resíduo geral ou do erro não explicado. No entanto, um erro de medição nas variáveis explicativas introduz um componente estocástico nos Xs e pode fazer que os valores do termo de erro e_i fiquem correlacionados aos valores observados dessas variáveis explicativas. Consequentemente, a suposição de que os termos de distúrbio constituem variáveis aleatórias independentes (Premissa 3) é violada, e as estimativas dos coeficientes de regressão resultantes dos mínimos quadrados (α, β) ficam distorcidas.

Técnicas de estimação de equações simultâneas, discutidas mais adiante representam um método para lidar com as variáveis explicativas estocásticas. O erro de medição também pode ser modelado caso a forma do erro nas variáveis X possa ser especificada.

Multicolinearidade

Sempre que existe um grau elevado de intercorrelação entre algumas ou todas as variáveis explicativas em uma equação de regressão, fica difícil determinar as influências distintas de cada uma das variáveis explicativas sobre a variável dependente, porque os desvios-padrão (s_b) de seus respectivos coeficientes de regressão se tornam grandes. Sempre que duas ou mais variáveis explicativas são bastante correlacionadas (ou colineares), o teste t deixa de ser um indicador confiável da significância estatística das variáveis explicativas individuais. Sob tal condição, o método dos mínimos quadrados tende a resultar estimativas muito instáveis dos coeficientes de regressão de uma amostra para a outra. No entanto, a presença da **multicolinearidade** não necessariamente invalida o uso da equação de regressão para fins de previsão. A equação pode indicar previsões confiáveis do valor da variável dependente, desde que o padrão de intercorrelação entre as variáveis explicativas se mantenha no futuro.

Existem inúmeras técnicas para lidar com a multicolinearidade: usar amostras maiores, remover tendências das variáveis ou empregar logaritmos. No fim, entretanto, o ponto mais importante é diagnosticar a presença da multicolinearidade para que testes de hipóteses insignificantes não sejam atribuídos erroneamente para enfraquecer relações de causa e efeito. Por exemplo, considere as variáveis usadas para explicar as vendas de tinta no exemplo da Sherwin-Williams. Os coeficientes de correlação entre cada uma das variáveis estão indicados na Figura 4A.3. Observe o grau elevado de intercorrelação (em termos de valor absoluto) entre gastos promocionais e preço de venda e entre gastos promocionais e renda disponível, indicando que os desvios-padrão das estimativas desses três coeficientes podem estar superestimados.

	VENDAS Y	DESPESAS DE PROMOÇÃO X_1	PREÇO DE VENDA X_2	RENDA DISPONÍVEL X_3
VENDAS Y	1,000			
DESP. PROMO. X_1	0,721	1,000		
PREÇO DE VENDA X_2	−0,866	−0,739	1,000	
RENDA DISP. X_3	0,615	0,710	−0,514	1,000

Figura 4A.3 Coeficientes de correlação: Sherwin-Williams

Relações entre equações simultâneas e o problema da identificação

Muitas relações econômicas caracterizam-se por interações simultâneas. Por exemplo, o reconhecimento de relações simultâneas está no núcleo dos planos de marketing. Os gastos de propaganda otimizados para uma linha de produtos, como as meias Hanes Her Way, dependem das vendas (isto é, da quantidade que a Hanes espera vender). No entanto, as vendas também dependem, obviamente, da propaganda; uma campanha de anúncios particularmente eficaz que consegue atender a uma alteração aleatória da moda apreciada pelos clientes aumenta substancialmente as vendas. E esse aumento de vendas eleva os gastos de propaganda. Vendas (isto é, demanda) e propaganda são determinadas simultaneamente.

Ao tentar estimar os parâmetros de equações simultâneas usando modelos de equações simples, encontramos o **problema de identificação**.

Por exemplo, ao desenvolvermos funções de demanda a partir de dados empíricos, defrontamo-nos com problemas que surgem por causa do relacionamento simultâneo entre a função de demanda e a função de oferta. Suponha que a demanda possa ser expressa como uma função do preço (P), da renda (M) e de um erro aleatório ϵ_1

$$Q_d = \beta_1 + \beta_2 P + \beta_3 M + \epsilon_1 \quad [4A.3]$$

e a oferta possa ser expressa como uma função do preço, dos custos dos insumos (I) e de um erro aleatório ϵ_2

$$Q_s = \alpha_1 + \alpha_2 P + \alpha_3 I + \epsilon_2 \quad [4A.4]$$

ou, rearranjando,

$$P = \frac{-\alpha_1}{\alpha_2} + \frac{1}{\alpha_2}(Q_s - \epsilon_2) - \frac{\alpha_3}{\alpha_2} I \quad [4A.5]$$

Em virtude de a quantidade demandada ser igual à quantidade ofertada na condição de equilíbrio de mercado (isto é, $Q_d = Q_s$), podemos substituir Q_s na Equação 4A.3 pela Equação 4A.5 para obter

$$P = \frac{-\alpha_1}{\alpha_2} + \frac{1}{\alpha_2}(\beta_1 + \beta_2 P + \beta_3 M + \epsilon_1 - \epsilon_2) - \frac{\alpha_3}{\alpha_2} I \quad [4A.6]$$

$$P = \frac{1}{\alpha_2 - \beta_2}(-\alpha_1 + \beta_1 + \beta_3 M + \epsilon_1 - \epsilon_2 - \alpha_3 I) \quad [4A.7]$$

Os valores observados de P na Equação 4A.7 são, obviamente, uma variável explicativa estocástica, porque estão correlacionados com o termo de distúrbio da função de demanda ϵ_1. Uma regressão comum sobre mínimos quadrados da Equação 4A.3 (a função de demanda) viola, portanto, a Premissa 3, de que os termos de distúrbio devem ser independentes dos Xs – isto é, $E(P_i \epsilon_i) = 0$. Como resultado, o coeficiente do preço β_2 na Equação 4A.3 estará distorcido.

Para constatar por que isso ocorre, lembre-se de que as combinações preço-quantidade produzida realmente observadas resultam de uma interação das curvas de oferta e demanda em determinada ocasião. Isso é ilustrado na Figura 4A.4. Se D_1, D_2, D_3 e D_4 representam as verdadeiras curvas de demanda em quatro ocasiões diferentes, e S_1, S_2, S_3 e S_4 as curvas de oferta correspondentes, uma pessoa equivocar-se-ia seriamente ao concluir que a verdadeira relação de demanda era representada por DD', além de ser geralmente inelástica, quando na realidade a demanda era muito elástica e móvel (conforme ocorria com a curva de oferta). Durante os quatro períodos de tempo sucessivos nos quais as combinações preço-quantidade produzidas foram observadas, as curvas de demanda e de oferta se deslocaram. Lembre-se do Capítulo 3, que dizia que, para obter uma estimativa verdadeira da função de demanda real, é necessário manter constantes os efeitos de todas as demais variáveis nas funções de demanda, permitindo que somente o preço e a quantidade demandada variem.

Em que circunstâncias podem ser feitas estimativas empíricas válidas da função de demanda? Se a curva de oferta se deslocar e a curva de demanda permanecer constante, as combinações observadas preço-quantidade produzida vão traçar a verdadeira curva da demanda. Isto é ilustrado na Figura 4A.5. Por exemplo, se avanços tecnológicos estivessem sendo introduzidos na produção de placas de memória para computador durante os períodos 1, 2, 3 e 4, a curva de oferta se deslocaria para baixo e para a direita, de S_1 para S_4, traçando a curva de demanda efetiva.

Se ambas as curvas mudaram durante o período de tempo considerado, identificar a curva de demanda requer mais do que apenas os dados de saída de preço disponíveis. Em outras palavras, outras variáveis, como renda e propaganda, que podem causar um deslocamento da função de demanda, também precisam ser incluídas no modelo. Técnicas alternativas de estimação estatística, como a dos mínimos quadrados em dois estágios, precisam ser frequentemente usadas para separar deslocamentos da curva de oferta de deslocamentos da curva de demanda.[2]

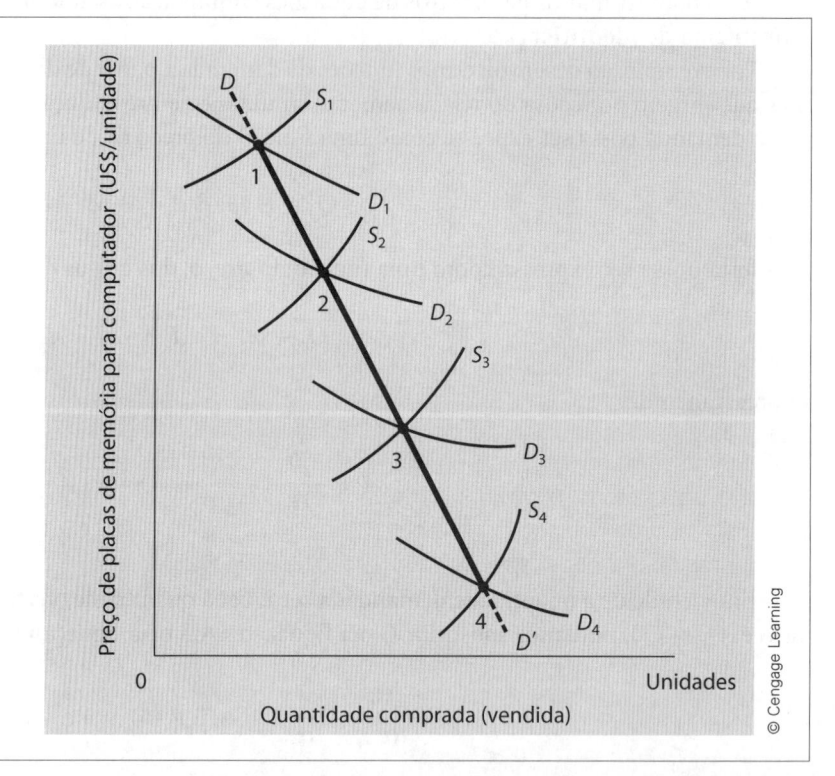

Figura 4A.4 Quantidade de placas de memória para computador compradas (vendidas) com deslocamento da oferta e da demanda

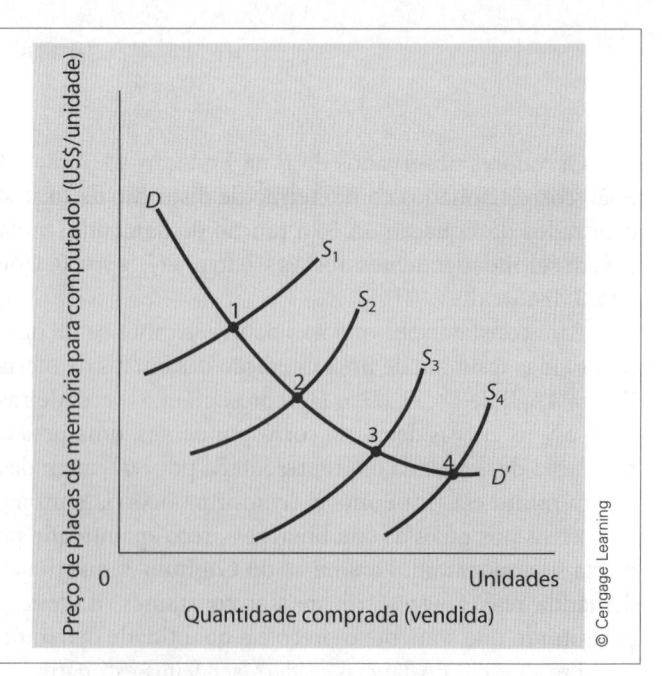

Figura 4A.5 Quantidade de placas de memória para computador compradas (vendidas) com demanda estável e oferta em deslocamento

---

2 Uma discussão sobre esses processos de estimação alternativos está além do escopo deste livro. O leitor deve recorrer a Gujarati, op. cit., capítulo 18.

MODELOS DE REGRESSÃO NÃO LINEAR

Embora os relacionamentos entre muitas variáveis econômicas possam ser representados satisfatoriamente por um modelo de regressão linear, há situações nas quais um modelo não linear é claramente exigido para retratar as relações de modo adequado. Há vários modelos disponíveis para lidar com essas situações. As transformações aqui discutidas incluem as transformações semilogarítmica, logarítmica dupla, recíproca e as polinomiais.

Transformação semilogarítmica

Algumas vezes, quando suspeita-se de heterocedasticidade, a variável dependente pode ser mais bem estimada empregando-se o logaritmo de uma ou mais das variáveis independentes. Por exemplo, modelos de regressão cruzada, que usam o tamanho da empresa como uma das variáveis independentes, muitas vezes empregam o logaritmo do tamanho da empresa por causa dos problemas potenciais causados pela inclusão, na mesma equação, de empresas com ativos de US$10 milhões e de outras com ativos de US$10 bilhões.

Uma transformação semilogarítmica com a forma

$$Y = a + b \log Ativos + cX + Dz \qquad [4A.8]$$

é estimada com técnicas padrão de quadrados mínimos.

Transformação logarítmica dupla

Vimos no Capítulo 4 que um modelo exponencial multiplicativo (ver a Equação 4.5 e a Tabela 4.4) muitas vezes é usado em estudos da demanda. Uma função de regressão com três variáveis exponenciais pode ser representada como

$$Z = AV^{\beta_1}W^{\beta_2} \qquad [4A.9]$$

Funções exponenciais multiplicativas como essas podem ser transformadas em relações lineares aplicando logaritmos em ambos os lados da equação para obter

$$\log Z = \log A + \beta_1 \log V + \beta_2 \log W$$

EXEMPLO **Elasticidade constante da demanda: Pepsi**

Se os dados sobre refrigerantes do Caso, no final do Capítulo 4 (veja Tabela 1) representam unidades de venda ao nível da empresa, os analistas de marketing da empresa (Pepsi) podem confirmar que os coeficientes da elasticidade-preço têm sido similares em diversos momentos nos anos recentes. Se os mesmos resultados de estimativas constantes de elasticidade foram levantados em estudos detalhados de elasticidade-renda em localidades de alta e de baixa renda, então uma especificação da demanda como a da Equação 4A.9 e uma estimativa logarítmica dupla dos dados da Tabela 1 seriam indicadas. Os resultados para tal estimativa são dados abaixo:

Log Q = 1,050 − 3,196 LogPreço + 0,221 LogRenda + 1,119 LogTemperatura

 (1,72)   (−4,92)   (1,19)   (4,23)

$SSE = 0,111 \qquad R^2 = 0,671$

Números entre parênteses são estatísticas t.

Figura 4A.6 Transformações recíprocas

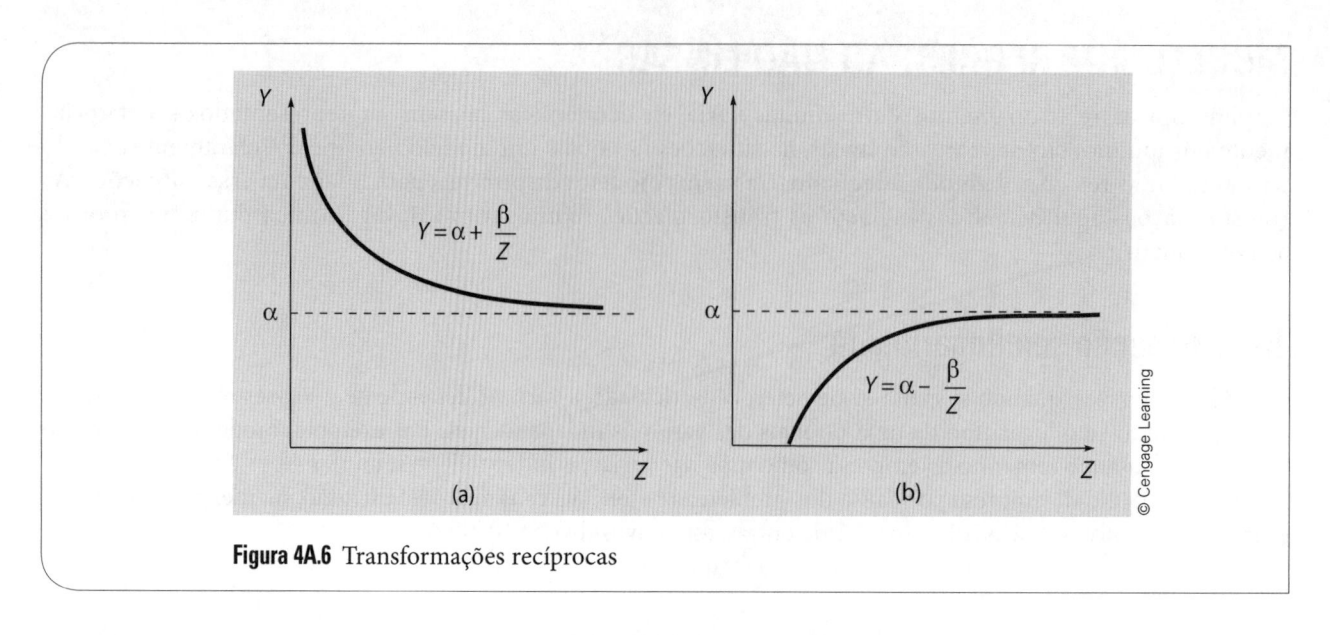

Transformação recíproca

Outra transformação útil em relacionamentos que possuem um comportamento assintótico consiste na transformação recíproca. Os dois casos possíveis estão indicados na Figura 4A.1. Na Figura 4A.6(a) o relacionamento é do tipo

$$Y = \alpha + \frac{\beta}{Z} \qquad [4A.10]$$

e, na Figura 4A.6(b), é da forma

$$Y = \alpha - \frac{\beta}{Z} \qquad [4A.11]$$

Definindo a transformação $X = 1/Z$, as Equações 4A.10 e 4A.11 resultam nos respectivos modelos de regressão linear simples:

$$Y = \alpha + \beta X + \epsilon$$

e

$$Y = \alpha - \beta X + \epsilon$$

cujos parâmetros podem ser estimados pelo método usual dos mínimos quadrados.

Transformação polinomial

Conforme será visto no Capítulo 8, a função custo-produção para uma empresa muitas vezes é indicada segundo um padrão quadrático ou cúbico. Esse relacionamento pode ser representado por meio de uma função polinomial. Por exemplo, uma função polinomial de terceiro grau (isto é, cúbica) pode ser representada como

$$Y = \alpha + \beta_1 Z + \beta_2 Z^2 + \beta_3 Z^3 \qquad [4A.12]$$

Adotando-se $X_1 = Z$, $X_2 = Z^2$ e $X_3 = Z^3$, a Equação 4A.12 pode ser transformada no seguinte modelo de regressão linear múltipla:

$$Y = \alpha + \beta_1 X_1 + \beta_2 X_2 + \beta_3 X_3$$

O método usual dos mínimos quadrados pode ser empregado para estimar os parâmetros desse modelo.

RESUMO

- Vários problemas metodológicos podem ocorrer ao se aplicar o modelo de regressão linear de equação única. Eles incluem autocorrelação, heterocedasticidade, erros de especificação e medida, multicolinearidade, relações de equações simultâneas e não linearidades. Muitos desses problemas podem invalidar os resultados da regressão. Em alguns casos, encontram-se disponíveis métodos para detectar e solucionar tais problemas.
- Em virtude do relacionamento de equações simultâneas entre a função de demanda e a função de oferta para determinar o preço e a quantidade de equilíbrio do mercado, os econometristas devem ter muito cuidado ao estimar e interpretar as funções de demanda empíricas.

EXERCÍCIOS

1. Suponha que um fabricante de aparelhos domésticos está realizando uma análise de regressão, com dados trimestrais, sobre fatores que afetam suas vendas. Uma equação de regressão foi estimada entre vendas de aparelhos (em US$) como variável dependente, e a renda disponível e novas construções de casos como variáveis independentes. Os testes estatísticos do modelo mostraram valores t elevados para ambas as variáveis independentes, em conjunto com um alto valor do coeficiente r^2. No entanto, a análise dos resíduos indicou haver substancial autocorrelação.
   a. Aponte algumas possíveis causas dessa autocorrelação.
   b. Como essa autocorrelação afeta as conclusões relativas à significância das variáveis explicativas individuais e o poder geral de explicação do modelo de regressão?
   c. Acaso uma pessoa use o modelo para previsão de vendas de aparelhos, como essa autocorrelação afeta a precisão dessas previsões?
   d. Que técnicas poderiam ser usadas para remover essa autocorrelação do modelo?

2. Um gerente de produto tem revisado as despesas de vendas (isto é, propaganda, comissões de vendas, e assim por diante) associadas à comercialização de uma linha de produtos para limpeza doméstica. O gerente suspeita que deve existir algum tipo de relacionamento envolvendo rendimentos marginais decrescentes entre as despesas de vendas e as vendas resultantes geradas por esses gastos. No entanto, após examinar as despesas de venda e os dados relativos às vendas para várias regiões (todas as regiões são similares em potencial de vendas) indicadas na tabela e no gráfico, o gerente está indeciso quanto à natureza da relação.

Região	Despesas de Venda (US$000)	Vendas (100 mil unidades)	Log (despesas de venda)	Log (vendas)
A	5	1	3,6990	5,0000
B	30	4,25	4,4771	5,6284
C	25	4	4,3979	5,6021
D	10	2	4,0000	5,3010
E	55	5,5	4,7404	5,7404
F	40	5	4,6021	5,6990
G	10	1,75	4,0000	5,2430
H	45	5	4,6532	5,6990
I	20	3	4,3010	5,4771
J	60	5,75	4,7782	5,7597

a. Usando o modelo de regressão linear

$$Y = \alpha + \beta X$$

onde Y são as vendas e X as despesas de vendas, estime α, β e a estatística r^2 pela técnica dos mínimos quadrados.

b. Usando o modelo da função exponencial

$$Y = \alpha X^\beta$$

aplique a transformação logarítmica dupla para obter uma relação linear que possa ser estimada pela técnica dos mínimos quadrados.

c. Aplicando a técnica dos mínimos quadrados, estime α, β e a estatística r^2 para o modelo transformado (linear) no item (b). (Observe que os logaritmos das variáveis X e Y necessários para os cálculos são dados na tabela.)

d. Com base na estatística r^2 calculada nos itens (a) e (c), que modelo aparenta proporcionar uma melhor adequação dos dados?

e. Que implicações o resultado do item (d) possui para a possível existência de uma relação de rendimentos marginais decrescentes entre vendas e despesas de vendas conforme sugerida pelo gerente?

f. Que outras transformações das variáveis podemos tentar para proporcionar uma melhor adequação dos dados?

3. a. Usando os dados da Tabela 4.1 para a empresa Sherwin-Williams, estime um modelo de demanda exponencial multiplicativo (ver a Equação 4.5) para as vendas de tinta.

   b. Compare os resultados do item (a) (isto é, estimativas dos parâmetros, erros padrão, significância estatística) ao modelo linear desenvolvido no Capítulo 4.

4. A tabela a seguir apresenta dados sobre vendas (S), propaganda (A) e preço (P):

Observação	Vendas (US$)	Propaganda (A)	Preço (P)
1	495	900	150
2	555	1.200	180
3	465	750	135
4	675	1.350	135
5	360	600	120
6	405	600	120
7	735	1.500	150
8	435	750	150
9	570	1.050	165
10	600	1.200	150

a. Estime os seguintes modelos de demanda:
   (i) $S = \alpha + \beta_1 A + \beta_2 P$
   (ii) $S = \alpha A^{\beta_1} P^{\beta_2}$

b. Determine se os valores estimados de β_1 e β_2 são estatisticamente significativos (ao nível de 0,05).

c. Baseado nos valores de R^2 e F-ratio, qual modelo proporciona o melhor ajuste?

5. O analista da prefeitura (ver Exercício 9 no Capítulo 4) está preocupado com uma possível multicolinearidade entre as variáveis de tamanho (X_1) e número de quartos (X_2). Calcule o coeficiente de correlação entre estas duas variáveis e diagnostique a magnitude do problema da colinearidade.

CAPÍTULO 5

Previsão econômica e de negócios

Com mais de 50 modelos nacionais de automóveis já à venda nos Estados Unidos, não parece provável que a indústria automobilística japonesa conquiste uma grande fatia do mercado norte-americano.

Business Week, 1958 [Em 2012, Toyota e Honda ficaram em segundo e quarto lugar na venda de carros].

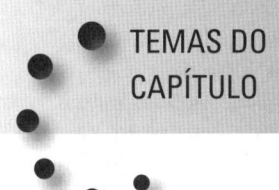

TEMAS DO CAPÍTULO

Prever a demanda ou os custos dos insumos é quase sempre muito difícil. No entanto, é uma das principais preocupações dos gestores, já que o valor da ação de uma empresa depende da correta previsão dos componentes dos fluxos de caixa estimados. No contexto das empresas, as previsões não dependem apenas de preços, da propaganda e de táticas de resposta a empresas rivais, mas também da taxa de crescimento econômico, do nível das taxas de juros, da taxa de desemprego, do valor do dólar no mercado de câmbio e da taxa de inflação. Neste capítulo discutimos os pontos fracos e fortes de várias categorias de técnicas de previsão, incluindo análise de tendências, técnicas de nivelamento, indicadores barométricos, pesquisa de opinião e métodos econométricos de séries temporais.

Desafio gerencial
Excesso de capacidade de fibra óptica na Global Crossing Inc.[1]

A capacidade que as redes de fibra óptica dos Estados Unidos têm de transmitir dados e sinais de voz em alta velocidade numa ocasião já excedeu tanto a demanda da Telecom, que 97% da capacidade instalada nos Estados Unidos era "fibra silenciosa" ociosa. De fato, se todo o tráfego na rede da Telecom dos Estados Unidos fosse roteado em Chicago, apenas um quarto da capacidade dessa fibra óptica da cidade estaria em uso. Com todo esse excesso de capacidade no mercado, provedores da rede de fibra óptica, como Global Crossing Inc., viram seu poder de fixação de preços entrar em colapso. Uma conexão de dados de 1 megabyte entre Nova York e Los

Cont.

Angeles, que em 1995 custava US$12.000 por ano, caiu em 2010 para US$3.000 e em 2002 para US$1.200. Conforme as receitas de vendas caíam, mais de 50 companhias de rede da Telecom procuravam proteção contra os pedidos de falência requeridos pelos seus credores.

Como se desenvolveu essa situação extrema de excesso de capacidade? Em primeiro lugar, uma inovação na tecnologia de compressão de sinal provocou essa capacidade de ultrapassar o crescimento de mercado. Entre 1995 e 2003, uma grande multiplexação por divisão de comprimento de onda (em inglês, DWDM) expandiu a capacidade de transmissão de um único fio de cabo de fibra óptica de 25.000 e-mails de uma página por segundo a 25 milhões por segundo, um aumento de milhares de vezes. Além disso, no entanto, provedores da rede Telecom, como Global Crossing e WorldCom, foram extremamente otimistas em relação ao crescimento do tráfego da Telecom, alimentado pelo crescimento projetado da Internet, e, dessa maneira, continuaram instalando cabos adicionais.

A UUNet, subsidiária da WorldCom, previu que a utilização da Internet continuaria dobrando a cada 100 dias. Esse crescimento exponencial de mais de dez vezes por ano (1.333%), na realidade, foi uma extrapolação do crescimento de vendas que a UUNet vivenciou em 1995-1996.

Quando o Departamento de Comércio e a Comissão Federal de Comunicações dos Estados Unidos repetiram essa previsão, os provedores de Internet continuaram comprando e enterrando os cabos de fibra óptica em excesso. Entre 2001 e 2002, a capacidade total de fibra óptica cresceu de 8.000 gigabytes por segundo para 80.000; mas, em 2003, a taxa de crescimento da demanda havia diminuído (de 1.333%) para apenas 40% por ano. A falha da Global Crossing em prever essa diminuição da demanda provou-se desastrosa.

Como vimos no Capítulo 4, a penetração da Internet nos lares estadunidenses seguiu um clássico padrão em forma de S. Inicialmente, a Internet experimentou um crescimento exponencial pelos primeiros utilizadores, depois, um crescimento linear, e, por fim, um crescimento fracionário. Essa curva de penetração em forma de S é ilustrada na Figura 5.1. Ela abarca apenas oito anos para a televisão em cores (1947–1955) e para o acesso direto à Intenet (1993–2001), alcançando aproximadamente 60% dos lares estadunidenses. Contudo, as adoções às televisões em cores atingem, então, uma parede, necessitando de mais 30 anos para alcançar 98% de penetração. O mesmo ocorre com a Internet; os clientes que não adotaram no começo as conexões de banda larga de alta velocidade resistem a adotá-las agora. Consequentemente, o crescimento de demanda provavelmente permanecerá baixo na Europa e Estados Unidos.

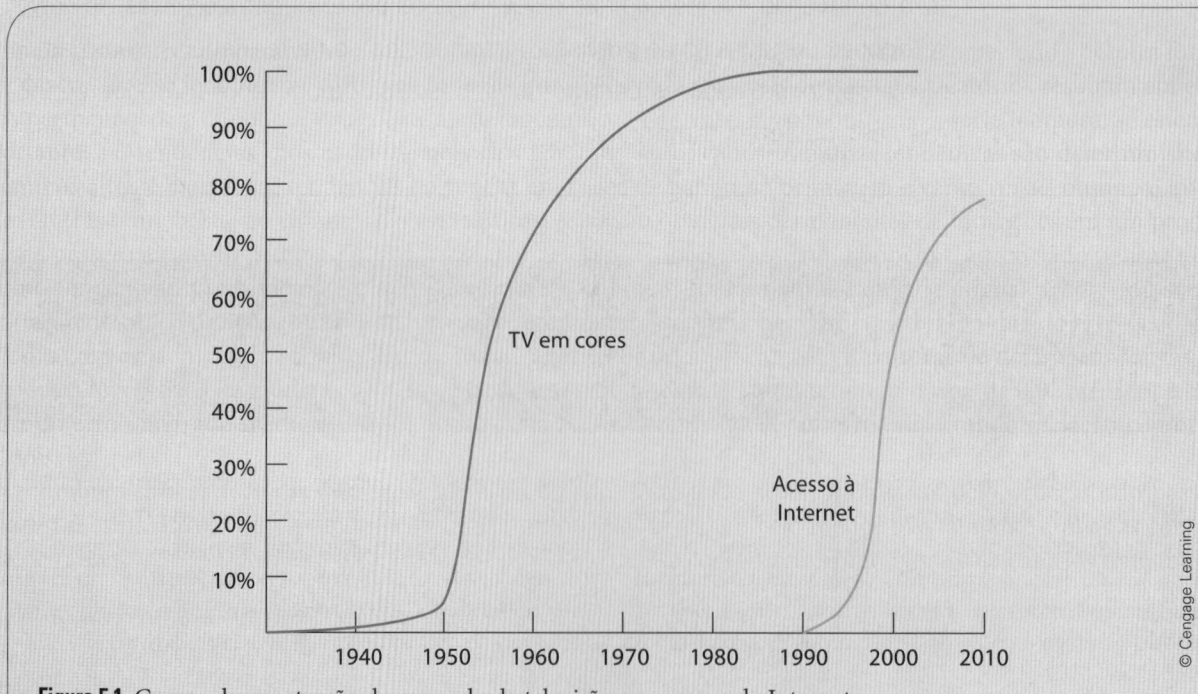

Figura 5.1 Curvas de penetração do mercado da televisão em cores e da Internet

> **Questões para discussão**
>
> - A previsão fornece projeções muito úteis para produtos e serviços já estabelecidos, mas ofertas recém-introduzidas mostram resultados de sucesso completamente diferentes. Cite alguns produtos que estouraram com um crescimento exponencial de demanda logo após sua introdução no mercado. E os produtos que foram completamente ignorados?
>
> - Você consegue enxergar características comuns entre produtos novos e os já estabelecidos que podem se provar úteis para uma previsão econômica?
>
> ---
> 1 Com base em Adoption Rate of Internet by Consumers Is Slowing. *Wall Street Journal*, 16 jul. de 2001, p. B1; Has Growth of the Net Flattened?. *Wall Street Journal*, 16 jul. 2001, p. B8; Behind the Fiber Glut. *Wall Street Journal* 26 jul. 2001, p. B1; e Innovation Outpaced the Marketplace. *Wall Street Journal*, 26 set. 2002, p. B1.

A IMPORTÂNCIA DA PREVISÃO

Prever corretamente futuras oportunidades de negócios é uma das funções mais importantes da gerência. A previsão de vendas é necessária para que gerentes de operações planejem níveis de produção futuros adequados. Os gerentes financeiros precisam de estimativas não apenas dos lucros de vendas futuras, mas também dos dispêndios e gastos em bens de capital. Também devem ser feitas previsões das condições de crédito para que as necessidades de caixa da empresa possam ser alcançadas com o mínimo custo possível.

Administradores públicos e gestores de instituições sem fins lucrativos também devem fazer previsões. Funcionários de altos cargos do governo, que administram cidades, por exemplo, preveem o nível de serviços exigido por seus vários departamentos durante o período de orçamento. Quantos policiais serão necessários para lidar com os problemas de segurança pública da comunidade? Quantas ruas necessitarão de reparos no próximo ano e quanto isso vai custar? Como deve ser feita a matrícula escolar do próximo ano em cada nível escolar? O administrador do hospital deve prever as necessidades de assistência médica da comunidade, além da totalidade e dos custos de tratamentos gratuitos de pacientes.

SELECIONANDO UMA TÉCNICA DE PREVISÃO

A técnica de previsão usada em determinada situação depende de uma série de fatores.

Hierarquia de previsões

O maior nível de agregação econômica que normalmente é previsto é o da economia nacional. A medida usual da atividade econômica global é o produto interno bruto (PIB); contudo, uma empresa pode estar mais interessada em prever alguns componentes específicos do PIB. Por exemplo, a preocupação de uma empresa de máquinas e ferramentas é com a fábrica e o gasto com a necessidade de equipamentos. Estabelecimentos do varejo preocupam-se com níveis futuros e mudanças na renda disponível das pessoas, ao invés de com estimativas do PIB global.

Os próximos níveis na hierarquia de previsões econômicas são a previsão de vendas industriais, seguida da previsão de vendas das empresas individualmente. Uma previsão simples, individual, deve utilizar a estimativa de vendas da indústria e relacioná-la à participação de mercado esperada da empresa individualmente. A participação de mercado futura deve ser estimada com base em participações de mercado históricas, assim como em mudanças estimadas previstas em estratégias de marketing, novos produtos e mudanças do modelo, e os preços relativos.

Dentro da empresa, a hierarquia de previsões também existe. Os gestores frequentemente estimam as vendas regionais e da companhia inteira, além das unidades vendidas por linha de produto. Essas previsões são usadas pelos gerentes de operações para planejar os pedidos de matérias-primas, a necessidade de contratação de funcionários, os cronogramas de entrega e as decisões de ordem de produção. Além disso, os gerentes de marketing usam as previsões de vendas para determinar a otimização das alocações da força de vendas, estabelecer metas de vendas e planejar promoções. A previsão de vendas também constitui uma parte crucial da previsão financeira do gerente a respeito das necessidades de caixa da empresa. Previsões de longo prazo para a economia, indústria e a empresa são utilizadas no planejamento dos gastos em bens de capital de longo prazo para fábricas e equipamentos, e para planejar o direcionamento geral da empresa.

Critério usado para selecionar uma técnica de previsão

Algumas técnicas de previsão são muito simples, baratas em sua implementação e uso, e mais adequadas a projeções de curto prazo, enquanto outras são extremamente complexas, exigem um tempo significativo para desenvolvimento e podem ser bem caras. A técnica usada em um caso específico depende de uma série de fatores, incluindo os seguintes:

1. O custo associado ao desenvolvimento de um modelo de previsão,
2. A complexidade das relações que estão sendo previstas,
3. O período de tempo da previsão (longo prazo ou curto prazo),
4. O tempo de espera necessário para se tomar decisões com base na previsão,
5. A acurácia necessária em um modelo de previsão.

Avaliando a acurácia de modelos de previsão

Ao se determinar a acurácia ou a confiabilidade de um modelo de previsão, é necessário levar em conta a magnitude das diferenças entre os valores observados (reais) (Y) e os previstos ($\hat{Y}$). Várias medidas da acurácia do modelo estão disponíveis. Por exemplo, na discussão sobre análise de regressão do Capítulo 4, o coeficiente de determinação, ou R^2, foi usado como medida da "qualidade do ajuste" dos valores previstos do modelo em relação aos padrões dos dados atuais. Além disso, o erro quadrado médio (EQM),

$$\text{EQM} = \sqrt{\frac{1}{n}\Sigma(Y_t-\hat{Y}_t)^2} \qquad [5.1]$$

é frequentemente usado para avaliar a acurácia de um modelo de previsão (no qual n é o número de observações). Quanto menor o valor de EQM, maior a exatidão.

O QUE DEU CERTO • O QUE DEU ERRADO

Calçados Crocs[2]

Em 2002, um sapato colorido feito de espuma, muito leve e praticamente indestrutível, surgiu no mercado. Da noite para o dia, tornou-se uma sensação, e 100 milhões de pares foram vendidos em sete anos. A empresa previu um crescimento de vendas de dois dígitos para os cinco anos seguintes e fez uma oferta pública inicial muito bem-sucedida que levantou US$200 milhões. O novo capital foi reinvestido para impulsionar a capacidade de produção da Crocs. Mas, então, a grave recessão mundial de 2008-2009 atingiu a empresa, tirando-a do mercado. Ninguém precisava de substitutos para uma novidade praticamente indestrutível que não ajudaria a arrumar um emprego. Em um ano (2007-2008) a empresa oscilou, foi de um lucro de US$168 milhões a um prejuízo de US$185 milhões. Após vários anos reduzindo gastos, a Crocs novamente voltou a ser uma empresa lucrativa, com menos de um décimo da capacidade de produção anterior.

---

[2] Com base em Once-Trendy Crocs Could Be on Their Last Legs. *Washington Post*, 16 jul. 2009, p. C2.

TÉCNICAS DE PREVISÃO ALTERNATIVAS

O economista gerencial deve escolher entre uma vasta gama de técnicas de previsão. Estas podem ser classificadas nas seguintes categorias gerais:

1. Análise de tendência determinística
2. Técnicas de nivelamento
3. Indicadores barométricos
4. Técnicas de pesquisa de opinião
5. Modelos macroeconômicos
6. Análise de séries temporais estocásticas
7. Previsão com tabelas *input-output*

ANÁLISE DE TENDÊNCIA DETERMINÍSTICA

Os dados coletados na previsão do valor de determinada variável podem ser classificados em duas importantes categorias – de série temporal ou em cortes transversais. **Dados de série temporais** são definidos como uma sequência de valores de uma variável econômica em diferentes períodos de tempo. **Dados em cortes transversais** são uma variedade de valores de uma variável econômica observados no mesmo período de tempo, como os dados coletados em um censo com vários indivíduos da população. Independente do tipo de modelo de previsão a ser utilizado, é necessário decidir se os dados de série temporal ou transversal são mais apropriados.

Componentes de uma série temporal

Na análise dos dados de série temporal, o tempo em anos, meses ou semanas é representado no eixo horizontal, enquanto os valores da variável dependente ficam no eixo vertical. Na Figura 5.2, as variações que são perceptíveis em séries temporais podem ser decompostas em quatro componentes:

(a) *Tendência seculares*. São tendências de longo prazo que causam mudanças em uma série de dados econômicos (linha contínua no Painel (a) da Figura 5.2). Por exemplo, em análises empíricas de demanda, fatores como aumento da população ou evolução das preferências do consumidor podem resultar em tendências de aumento ou diminuição da série da demanda ao longo do tempo.

(b) *Variações cíclicas*. São grandes expansões e contrações em uma série econômica que geralmente duram mais do que um ano (linha tracejada no Painel (a) da Figura 5.2). Por exemplo, o setor industrial da construção parece experimentar expansões regulares, seguidas de contração na demanda. Quando estão presentes variações cíclicas, as estimativas da regressão que utilizam dados brutos serão distorcidas, devido à presença de autocorrelação positiva. Deve-se ter cuidado ao especificar uma estrutura de defasagem apropriada para remover essa autocorrelação.

(c) *Efeitos sazonais*. Variações sazonais que duram um ano tendem a se tornar mais ou menos consistentes a cada ano. Os dados no Painel (b) da Figura 5.2 (linha não contínua) mostram uma variação sazonal significativa. Por exemplo, dois terços das vendas anuais da Hickory Farms' (varejista de comidas típicas para festas) ocorrem entre novembro e janeiro.

(d) *Flutuações aleatórias*. Por fim, uma série econômica pode ser influenciada por fatores aleatórios imprevisíveis (linha contínua no Painel 9(b)) da Figura 5.2), tais como furacões, enchentes e tornados, assim como ações governamentais atípicas, como congelamento de preços e salários ou uma declaração de guerra.

Figura 5.2 Flutuações seculares, cíclicas, sazonais e aleatórias de dados em série temporal

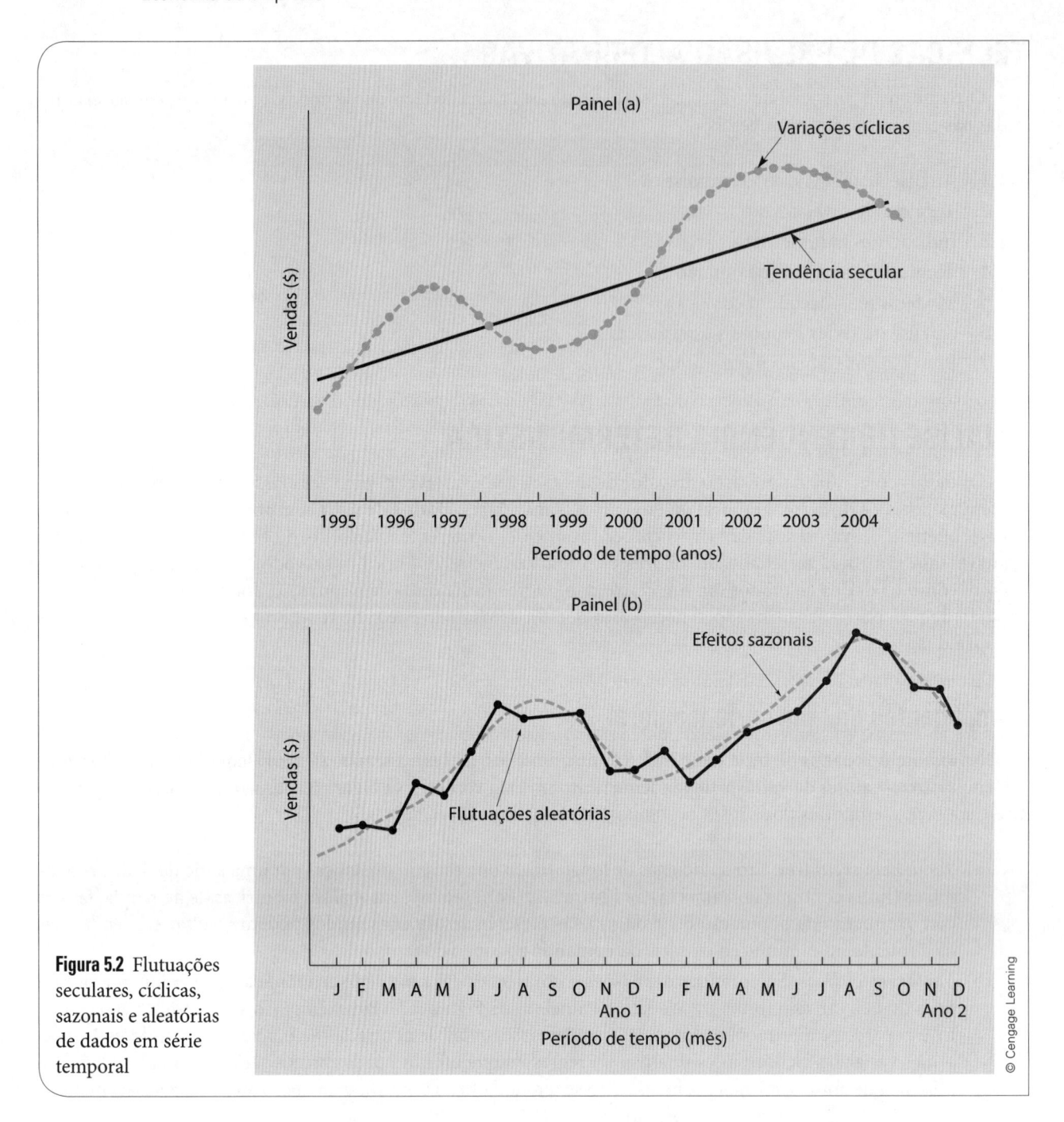

Modelos fundamentais de séries temporais

O modelo de séries temporais mais simples estabelece que o valor previsto de variação para o próximo período será o mesmo valor de variação para o período atual:

$$\hat{Y}_{t+1} = Y_t \qquad [5.2]$$

Por exemplo, considere os dados de venda da Buckeye Brewing Company, mostrados na Tabela 5.1. Para prever as vendas mensais, o modelo usa as vendas *reais* de cerveja, 2.738.000 barris, ocorridas em março de 2007, para prever o valor de abril.

TABELA 5.1 Vendas mensais da Buckeye Brewing Company (milhares de barris)

Mês	Ano		
	2012	2013	2014
Janeiro	2.370	2.446	2.585
Fevereiro	2.100	2.520	2.693
Março	2.412	2.598	2.738
Abril	2.376	2.533	
Maio	3.074	3.250	
Junho	3.695	3.446	
Julho	3.550	3.986	
Agosto	4.172	4.222	
Setembro	3.880	3.798	
Outubro	2.931	2.941	
Novembro	2.377	2.488	
Dezembro	2.983	2.878	

Quando as mudanças ocorrem devagar e a previsão que se faz é para um período de tempo futuro relativamente curto, um modelo como este pode ser muito útil. No entanto, como a Equação 5.2 exige ter conhecimento das vendas mensais, o analista que faz a previsão pode se deparar com a tarefa de acelerar a coleta dos dados reais. Outro problema com este modelo é que ele não prevê a incorporação de promoções especiais pela empresa (ou seus competidores), que podem causar grandes discrepâncias nas vendas.

Na Tabela 5.1, um exame posterior nas vendas de cerveja da Buckeye indica uma pequena tendência ascendente – na maioria dos meses, as vendas de cerveja são maiores do que os mesmos meses do ano anterior. Em segundo lugar, notamos que as vendas são, de certa forma, sazonais – vendas de cerveja são altas nos meses de verão e baixas no inverno. A tendência dos recentes aumentos que provocam aumentos adicionais na venda de cerveja pode ser incorporada ajustando levemente a Equação 5.2 para se obter:

$$\hat{Y}_{t+1} = Y_t + (Y_t - Y_{t-1})$$ [5.3]

Por exemplo, usando este modelo, a previsão de vendas da Buckeye para abril de 2014 seria:

$$\hat{Y}_{t+1} = 2.738 + (2.738 - 2.693)$$
$$= 2.783(000) \text{ barris}$$

Outros modelos de previsão que incorporam tendências e efeitos sazonais como esses são discutidos nas próximas duas sessões.

Tendências seculares

Mudanças a longo prazo em uma série temporal econômica podem seguir diferentes tipos de tendências. Três casos possíveis são exemplificados na Figura 5.3. Uma tendência *linear* é mostrada no Painel (a), Painel (b) e Painel (C), representando tendências *não lineares*. No Painel (b), a série temporal econômica segue um padrão de *crescimento constante da taxa*. Os ganhos de muitas corporações seguem este tipo de tendência. O Painel 9 (c) mostra uma série temporal econômica que exibe uma taxa de crescimento em declínio. As vendas de um novo produto podem seguir este padrão. Caso ocorra saturação no mercado, com o tempo pode haver um declínio da taxa de crescimento.

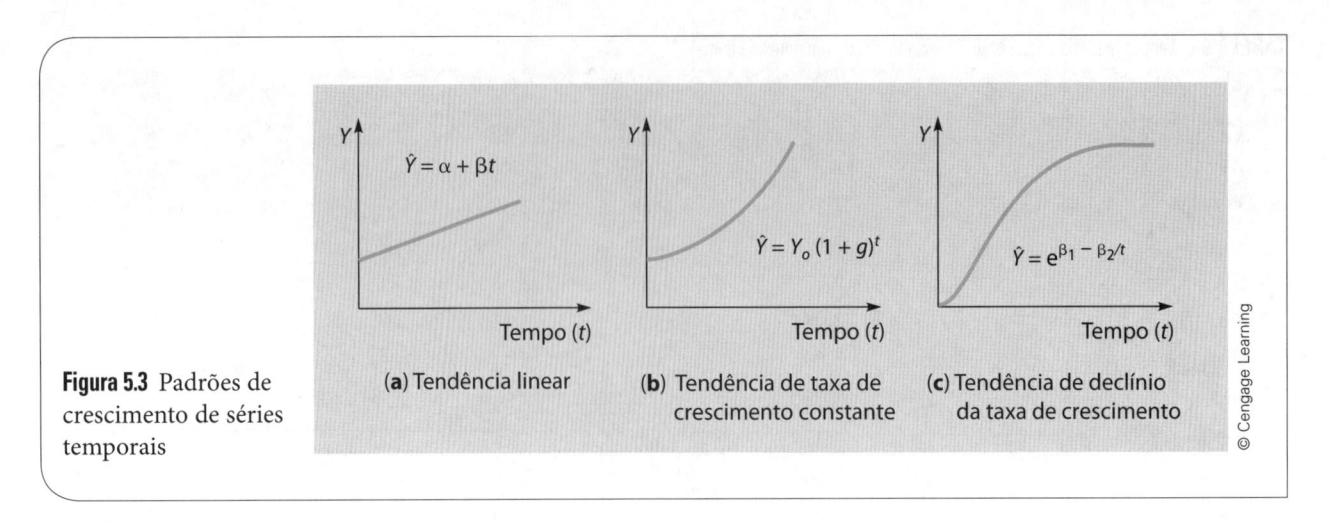

Figura 5.3 Padrões de crescimento de séries temporais

(a) Tendência linear: $\hat{Y} = \alpha + \beta t$
(b) Tendência de taxa de crescimento constante: $\hat{Y} = Y_0 (1 + g)^t$
(c) Tendência de declínio da taxa de crescimento: $\hat{Y} = e^{\beta_1 - \beta_2/t}$

Tendência linear Uma tendência linear pode ser estimada utilizando uma análise de regressão de mínimos quadrados, a fim de obter uma equação dareta que "se encaixe da melhor forma" (para uma discussão complementar sobre a técnica dos mínimos quadrados ver Capítulo 4). A equação na forma geral da tendência temporal linear é dada por:

$$\hat{Y} = \alpha + \beta t \qquad [5.4]$$

onde $\hat{Y}$ é a previsão ou valor previsto para o período t, α o intercepto de Y ou termo constante, t uma unidade de tempo e β uma estimativa desse fator de tendência.

EXEMPLO Previsão da tendência linear: Prizer Creamery

Supõe-se que alguém queira prever as vendas mensais de sorvete da empresa ganhadora do Prizer Creamery de 2007. Uma linha de tendência de mínimos quadrados pode ser estimada levando em conta os dados de venda de sorvete dos últimos quatro anos (48 observações mensais), conforme exemplificado na Figura 5.4. Supõe-se que a equação dessa linha é calculada para ser

$$\hat{Y}_t = 30.464 + 121{,}3t$$

onde $\hat{Y}_t$ = vendas de sorvete mensais previstas em galões no mês t
30.464 = número de galões vendidos quando $t = 0$
t = período de tempo em meses (no qual dezembro de 2002 = 0, janeiro de 2003 = 1, fevereiro de 2003 = 2 e março de 2003 = 3 ...)

O coeficiente (121,3) de t indica que é possível que as vendas aumentem em média de 121,3 por mês. Com base nessa linha de tendência e ignorando os efeitos sazonais, as vendas de sorvete previstas para agosto de 2007 ($t = 56$) seriam:

$$Y_{56} = 30.464 + 121{,}3(56)$$
$$= 37.257 \text{ galões}$$

Essa previsão sazonal não ajustada é dada pelo ponto (⊙) de agosto de 2007 na linha de tendência da Figura 5.4. Como se vê no gráfico, as vendas de sorvete estão sujeitas a variações sazonais. Mostraremos a seguir, ainda nesta seção, como este efeito sazonal pode ser incorporado à previsão.

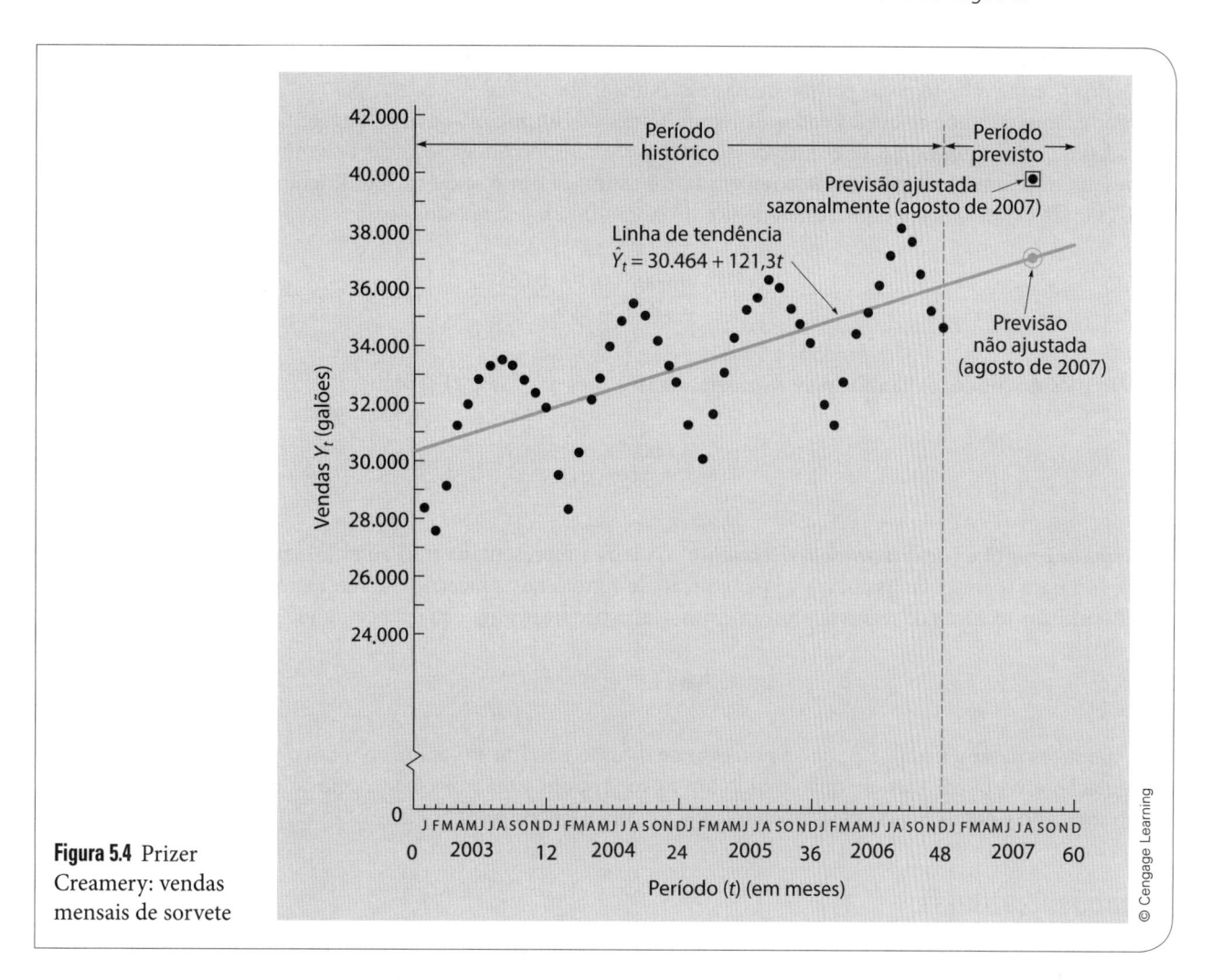

Figura 5.4 Prizer Creamery: vendas mensais de sorvete

É fácil e pouco dispendioso fazer uma previsão de tendência temporal linear, mas geralmente ela é simples demais e inflexível para ser usada em muitas circunstâncias de previsão. A taxa de crescimento da tendência temporal linear é uma alternativa.

Tendência com taxa de crescimento constante   A fórmula para a taxa de crescimento constante de um modelo de previsão é:

$$\hat{Y}_t = Y_0(1+g)^t \qquad [5.5]$$

onde $\hat{Y}_t$ é o valor previsto para o período t, Y_0 o valor inicial ($t = 0$) da série temporal, g a taxa de crescimento constante por período, e t uma unidade de tempo. O valor previsto da série temporal no período t ($\hat{Y}_t$) é igual ao valor inicial da série (Y_0), composta à taxa de crescimento (g) para t períodos. Como a Equação 5.5 é uma relação não linear, os parâmetros não podem ser estimados diretamente com o simples método dos mínimos quadrados. Contudo, se tomarmos logaritmos de ambos os lados da equação, temos:

$$\log \hat{Y}_t = \log Y_0 + \log(1+g) \cdot t$$

ou

$$\hat{Y}'_t = \alpha + \beta t \qquad [5.6]$$

onde $\hat{Y}'_t = \log \hat{Y}_t$, $\alpha = \log Y_0$; e $\beta = \log(1+g)$. A Equação 5.6 é uma relação linear cujos parâmetros podem ser estimados por meio de técnicas padrão de regressão linear.

Por exemplo, supõe-se que os dados de lucros anuais dos últimos 10 anos da Fitzgerald Company tenham sido coletados e que a Equação 5.6 se encaixado aos dados de acordo com as técnicas dos mínimos quadrados. A taxa de crescimento anual dos ganhos da companhia foi estimada em 6%. Se os rendimentos desse ano da empresa ($t = 0$) são de US$600.000, no próximo ano ($t = 1$) os rendimentos previstos serão:

$$\hat{Y}_1 = 600.000(1 + 0.06)^1$$
$$= US\$636.000$$

Do mesmo modo, os ganhos previstos para daqui a dois anos ($t = 2$) seriam:

$$\hat{Y}_2 = 600.000(1 + 0.06)^2$$
$$= US\$674.160$$

Tendências com taxa de crescimento declinante A curva representada no Painel (c) da Figura 5.3 é particularmente útil para representar as curvas de penetração de vendas nas aplicações de marketing.

Ao utilizar técnicas de regressão linear, é possível especificar uma equação estimada na forma semilog,

$$\log \hat{Y}_t = \beta_1 - \beta_2(1/t)$$

e recuperar os parâmetros β_1 e β_2 desse processo de difusão não linear conforme o novo produto se espalha entre a população-alvo. β_1 e β_2 medem quão rápido um novo produto, uma nova tecnologia ou extensão de marca penetra no mercado e então o satura lentamente (cada vez mais lentamente).

Variações sazonais

Quando as *variações sazonais* são introduzidas em um modelo de previsão, seu poder de previsão a curto prazo pode ser melhorado significativamente. Variações sazonais podem ser estimadas de várias formas.

Método Ratio-to-Trend Uma abordagem é o método *ratio-to-trend*. Ele presume que o valor de tendência é *multiplicado pelo* efeito sazonal.

EXEMPLO Previsões ajustadas sazonalmente: Prizer Creamery (continuação)

Lembre-se de que no exemplo sobre a Prizer Creamery, discutido anteriormente, uma análise de tendência linear (Equação 5.4) produziu a previsão de vendas de 37.257 galões para agosto de 2007. Esta estimativa pode ser ajustada para efeitos sazonais da seguinte maneira. Supõe-se que, durante um período de mais de quatro anos (2003-2006), o modelo de tendência tenha previsto os padrões de vendas de agosto mostrados na Tabela 5.2 e que as vendas reais tenham ocorrido conforme indicado. Esses dados mostram que, na média, as vendas de agosto foram 7% maiores que o valor de tendência. Consequentemente, a previsão de vendas de agosto de 2007 deve ser ajustada sazonalmente, *acrescentando* 7% a 39.865. A previsão ajustada sazonalmente é mostrada pelo ponto (□) sobre a linha de tendência na Figura 5.4. Se, contudo, o modelo previu que as vendas de fevereiro de 2007 ($t = 50$) seriam 36.529, mas dados similares indicaram que as vendas de fevereiro seriam 10,8% inferiores à tendência média, a previsão seria ajustada *para baixo*, para 36.529 (1 − 0,108) = 32.584 galões.

TABELA 5.2 Venda de agosto dos sorvetes da Prizer Creamery

Agosto	Previsão	Real	Real/Previsão
2002	31.434	33.600	1.0689
2003	32.890	35.600	1.0824
2004	34.346	36.400	1.0598
2005	35.801	38.200	1.670
2006	37.257	–	–
			Soma = 4,2781
	Fator de ajuste = 4,2781/4 = 1.0695 (i.e., 1.07)		

Variáveis binárias (*dummys*) Outra abordagem que incorpora efeitos sazonais no modelo de análise de tendência linear é a utilização de variáveis binárias. Uma variável binária é aquela que normalmente adquire um de dois valores – 0 ou 1. Variáveis binárias, no geral, são usadas para capturar o impacto de certos fatores qualitativos em uma relação econométrica, tais como sexo: masculino-0 e feminino-1. Esse método presume que os efeitos sazonais são adicionados ao valor de tendência. Se uma série temporal leva em conta dados trimestrais, o modelo abaixo pode ser usado para ajustar-se a efeitos sazonais.

$$\hat{Y}_t = \alpha + \beta_1 t + \beta_2 D_{1t} + \beta_3 D_{2t} + \beta_4 D_{3t} \qquad [5.7]$$

onde D_{1t} = 1 para observações de primeiro trimestre e 0 caso contrário; D_{2t} = 1 para observações de segundo trimestre e 0 caso contrário; D_{3t} = 1 para observações de terceiro trimestre e 0 caso contrário; α e β são parâmetros a ser estimados por meio de técnicas de mínimos quadrados. Nesse modelo, os valores de variáveis binárias (D_{1t}, D_{2t}, D_{3t}) para observações do quarto trimestre de cada ano (período base) seriam iguais a zero. No modelo estimado, o valor $\beta_2 D_{1t}$ representa o impacto de uma observação do primeiro trimestre D_1 nos valores da previsão, Y_t, em relação à previsão da classe omitida (quarto trimestre), quando D_{2t} e D_{3t} assumem o valor de 0.

A introdução dessa tendência e dos fatores de sazonalidade em um modelo de previsão deve melhorar significativamente a capacidade do modelo em prever pontos decisivos de curto prazo na série de dados, contanto que os fatores de causa históricos não tenham mudado significativamente.[3]

Os modelos de previsão de tendência de série temporal discutidos nesta seção podem ter um valor substancial em várias áreas de negócios. No entanto, esses modelos não procuram relacionar alterações em uma série de dados às causas subjacentes aos valores observados na série. Por exemplo, a série de oferta de moeda nacional por vezes provou-se muito útil para prever a pressão inflacionária na economia. Contudo, definições muito restritas de oferta de moeda nacional têm se expandido gradualmente para incluir linhas de crédito de cartões bancários, as quais se tornaram uma medida mais importante do poder de compra doméstico. As pesquisas de inflação com base em medidas restritas de suprimento de oferta monetária hoje em dia renderiam grandes erros entre inflação prevista e real (ver Figura 5.5).

---
[3] Para uma discussão mais extensa sobre essas questões, ver F. Diebold, *Elements of Forecasting*, 4. ed. Cincinnati: South-Western College Publishing, 2007.

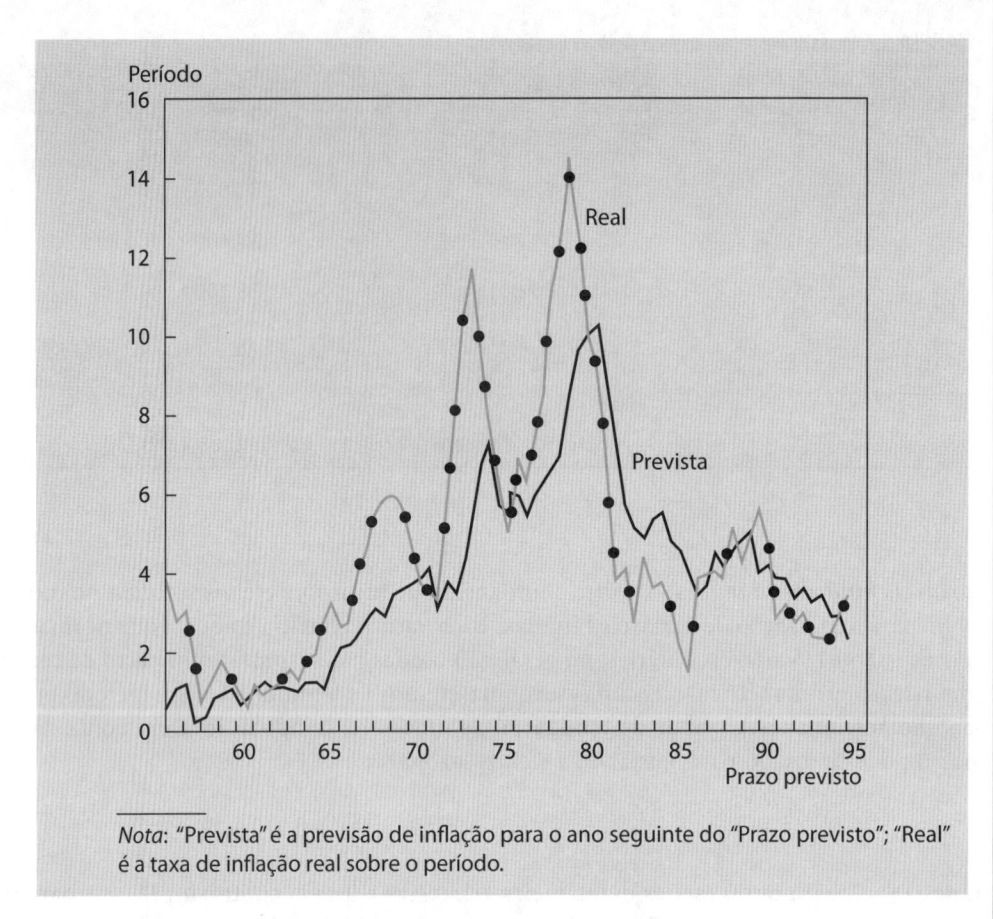

Figura 5.5 Inflação real e prevista

Nota: "Prevista" é a previsão de inflação para o ano seguinte do "Prazo previsto"; "Real" é a taxa de inflação real sobre o período.

Fonte: Federal Reserve Bank of Philadelphia, Business Review, maio/jun. 1996.

TÉCNICAS DE ALISAMENTO

Técnicas de *alisamento* são outro tipo de modelo de previsão, que presume que um padrão repetitivo subjacente pode ser encontrado nos valores históricos da variável que está sendo prevista. Essas técnicas tentam eliminar as distorções que surgem da variação aleatória nas séries tirando uma média das últimas observações feitas. Dessa forma, são mais eficazes quando uma série de dados tende a se alterar lentamente de um período para outro com poucas mudanças. Prever o preço de imóveis seria uma boa aplicação para as técnicas de *alisamento*. Prever o preço da gasolina não. As técnicas de *alisamento* são baratas para se desenvolver e operar.

EXEMPLO Variáveis binárias e ajustes sazonais: Value-Mart Company

A Value-Mart Company (pequena cadeia de lojas de descontos e de departamento) está interessada em prever as vendas trimestrais para o próximo ano (2008) com base na Equação 5.7. Utilizando os dados de vendas trimestrais dos últimos oito anos (2000-2007), prevê-se o seguinte modelo:

Cont.

$$\hat{Y}_t = 22{,}5 + 0{,}25t - 4{,}5D_{1t} - 3{,}2D_{2t} - 2{,}1D_{3t} \qquad [5.8]$$

onde $\hat{Y}_t$ = vendas previstas (US$ milhão) para o trimestre t
22,5 = vendas trimestrais (US$ milhão) quando $t = 0$
t = período de tempo (trimestre) (no qual: quarto trimestre de 1999 = 0; primeiro trimestre de 2000 = 1, segundo trimestre de 2000 = 2 ...)

O coeficiente de t (0,25) indica que é esperado que as vendas aumentem em média US$0,25 milhão a cada trimestre. Os coeficientes de três variáveis binárias (–4,5, –3,2 e –2,1) indicam a mudança (isto é, redução, já que os coeficientes são negativos) nas vendas no primeiro, segundo e terceiro trimestres, respectivamente, influenciadas pelos efeitos sazonais. Com base na Equação 5.8, a previsão das vendas trimestrais da Value-Mart para 2008 são mostradas na Tabela 5.3. Só nesta base, a Value-Mart teria pedido uma contagem de estoque (inventário) do que se provou ser um desastroso biênio 2008-2009.

TABELA 5.3 Previsão de vendas trimestrais da Value-Mart (2008)

Trimestre	Período de tempo t	Variável binária D_{1t}	D_{2t}	D_{3t}	Previsão de vendas (US$ milhão) $\hat{Y} = 22{,}5 + 0{,}25t - 4{,}5D_{1t} - 3{,}2D_{2t} - 2{,}1D_{3t}$
1	33	1	0	0	26,25
2	34	0	1	0	27,80
3	35	0	0	1	29,15
4	36	0	0	0	31,50

Médias móveis

Médias móveis são uma das técnicas de *alisamento* mais simples. Se a série de dados possui grande aleatoriedade, uma previsão de análise de tendências, como a que discutimos na seção anterior, tende a gerar previsões com grandes erros ao longo do tempo. Em um esforço para minimizar os efeitos desta aleatoriedade, pode-se fazer uma média com as observações recentes, a fim de se chegar a uma previsão. Este é o método das médias móveis. Uma série de valores observados são escolhidos, suas médias computadas, e essa média serve como previsão para o próximo período. No geral, uma média móvel pode ser definida como:

$$\hat{Y}_{t+1} = \frac{Y_t + Y_{t-1} + \cdots + Y_{t-N+1}}{N} \qquad [5.9]$$

onde $\hat{Y}_{t+1}$ = valor previsto de Y para um período no futuro
Y_t, Y_{t-1}, Y_{t-N+1} = valores de Y observados em períodos $t, t - 1, ..., t - N + 1$, respectivamente
N = número de observações na média móvel

Quanto maior o número de observações N utilizadas na média móvel maior o efeito de *alisamento*, já que cada nova observação recebe menos peso ($1/N$) conforme N aumenta. Logo, no geral, quanto maior a aleatoriedade na série de dados e mais lentos os eventos que caracterizam um ponto de inflexão dos dados, mais preferível é a utilização de um número relativamente grande de observações passadas para se fazer a previsão. O período mais apropriado para a média móvel é aquele em que a escolha de N minimiza o erro na raiz do erro quadrado médio (Equação 5.1)

EXEMPLO | Previsões de média móvel: Walker Corporation

A Walker Corporation está examinando o uso de várias técnicas de *alisamento* para prever as vendas mensais. A empresa coletou dados de vendas por 12 meses (2006), conforme mostramos na Tabela 5.4 e na Figura 5.6. Uma técnica sob análise é a média móvel de três meses. A Equação 5.9 pode ser usada para gerar as previsões. A previsão para o período 4 é computada por meio de uma média dos valores observados para os períodos 1, 2 e 3.

$$\hat{Y}_4 = \frac{Y_3 + Y_2 + Y_1}{N}$$
$$= \frac{1.925 + 1.400 + 1.950}{3} \quad [5.10]$$
$$= 1.758$$

Da mesma forma, a previsão para o período 5 é computada como:

$$\hat{Y}_5 = \frac{Y_4 + Y_3 + Y_2}{N}$$
$$= \frac{1.960 + 1.925 + 1.400}{3} \quad [5.11]$$
$$= 1.762$$

TABELA 5.4 Tabela de previsão de vendas da Walker Corporation com média móvel de três meses

		Vendas (US$1.000)		Erro	
t	Mês	Real Y_t	Previsão $\hat{Y}_t$	$(Y_t - \hat{Y}_t)$	$(Y_t - \hat{Y}_t)^2$
1	Janeiro de 2006	1.950	–	–	–
2	Fevereiro	1.400	–	–	–
3	Março	1.925	–	–	–
4	Abril	1.960	1.758	202	40.804
5	Maio	2.800	1.762	1.038	1.077.444
6	Junho	1.800	2.228	–428	183.184
7	Julho	1.600	2.187	–587	344.569
8	Agosto	1.450	2.067	–617	380.689
9	Setembro	2.000	1.617	383	146.689
10	Outubro	2.250	1.683	567	321.489
11	Novembro	1.950	1.900	50	2.500
12	Dezembro	2.650	2.067	583	339.889
13	Janeiro de 2007	–	2.283	–	–
					Soma = 2.837.257
		EQM = $\sqrt{2.837.257/9}$ = US$561(000)			

Note que, se subtraímos $\hat{Y}_4$ de $\hat{Y}_5$, temos como resultado a mudança na previsão de $\hat{Y}_4$, ou

$$\Delta \hat{Y}_4 = \hat{Y}_5 - \hat{Y}_4$$
$$= \frac{Y_4 + Y_3 + Y_2}{N} - \frac{Y_3 + Y_2 + Y_1}{N} \quad [5.12]$$
$$= \frac{Y_4}{N} - \frac{Y_1}{N}$$

Ao adicionar essa mudança a $\hat{Y}_4$, a expressão alternativa abaixo para $\hat{Y}_5$ pode ser derivada:

$$\hat{Y}_5 = \hat{Y}_4 + \frac{Y_4}{N} - \frac{Y_1}{N} \qquad [5.13]$$

ou, no geral,

$$\hat{Y}_{t+1} = \hat{Y}_t + \frac{Y_t}{N} - \frac{Y_{t-N}}{N} \qquad [5.14]$$

que indica que cada previsão de média móvel é igual à última, $\hat{Y}_t$, mais o efeito ponderado da observação mais recente, Y_t/N, menos o efeito ponderado da observação mais antiga, que foi abandonada, Y_{t-N}/N. Conforme N se amplia, o efeito *alisamento* aumenta, porque a nova observação, Y_t, tem um pequeno impacto na média móvel.

Conforme a Tabela 5.4, a previsão da Walker para janeiro de 2007 ($t = 13$) é US$2.283.000. Repare também que a raiz do erro quadrado médio(REQM) (em inglês, RMSE) do período de três meses (N) da média móvel é US$561.000.

Alisamento exponencial de primeira ordem

Uma das críticas feitas à média móvel como técnica de *alisamento* é que ela normalmente confere peso igual (peso de $1/N$) a todas as observações usadas no preparo da previsão, mesmo que quase sempre seja a intuição que

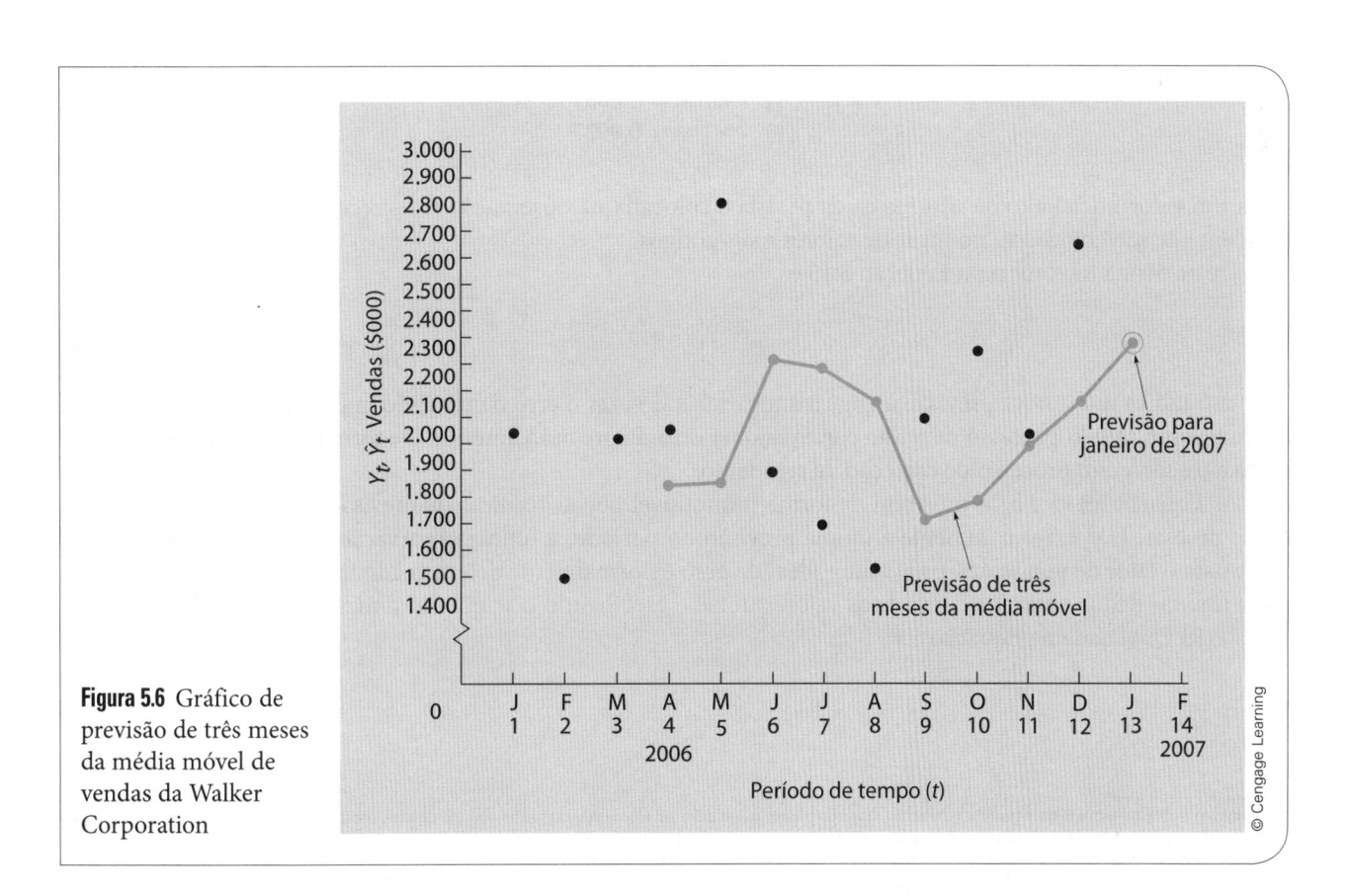

Figura 5.6 Gráfico de previsão de três meses da média móvel de vendas da Walker Corporation

indique a possibilidade de que a observação mais recente contenha informações mais imediatamente úteis do que as observações mais antigas. O *alisamento* exponencial é projetado para superar esta objeção.[4]

Considere o modelo de previsão alternativo abaixo:

$$\hat{Y}_{t+1} = wY_t + (1-w)\hat{Y}_t \qquad [5.15]$$

Esse modelo considera a observação mais recente como *w* (algum valor entre 0 e 1, inclusive), e a previsão antiga como 1 - *w*. Um *w* grande indica que um peso significativo está sendo colocado na observação mais recente.[5]

Utilizando a Equação 5.15, uma previsão para $\hat{Y}_t$ também pode ser elaborada como:

$$\hat{Y}_t = wY_{t-1} + (1-w)(\hat{Y}_{t-1}) \qquad [5.16]$$

Substituindo a Equação 5.16 pela 5.15, teremos:

$$\hat{Y}_{t+1} = wY_t + w(1-w)Y_{t-1} + (1-w)^2 \hat{Y}_{t-1} \qquad [5.17]$$

Continuando esse processo de substituição de antigas previsões, obtemos a seguinte equação geral:

$$\hat{Y}_{t+1} = wY_t + w(1-w)Y_{t-1} + w(1-w)^2 Y_{t-2} + w(1-w)^3 Y_{t-3} + \cdots \qquad [5.18]$$

A Equação 5.18 mostra que a fórmula geral (Equação 5.15) para uma média móvel exponencialmente ponderada é uma média ponderada de todas as observações antigas, com os pesos definidos por uma progressão geométrica:

$$w, (1-w)w, (1-w)^2 w, (1-w)^3 w, (1-w)^4 w, (1-w)^5 w, \ldots \qquad [5.19]$$

Por exemplo, um *w* de 2/3 produziria a seguinte série de pesos:

$$\begin{aligned} w &= 0{,}667 \\ (1-w)w &= 0{,}222 \\ (1-w)^2 w &= 0{,}074 \\ (1-w)^3 w &= 0{,}024 \\ (1-w)^4 w &= 0{,}0082 \\ (1-w)^5 w &= 0{,}0027 \end{aligned}$$

Com um valor inicial alto de *w*, uma carga pesada é colocada na observação mais recente e pesos que declinam rapidamente são colocados, no lugar de valores mais antigos.

Outra forma de elaborar a Equação 5.15 é:

$$\hat{Y}_{t+1} = \hat{Y}_t + w(Y_t - \hat{Y}_t) \qquad [5.20]$$

Isso indica que a nova previsão é igual à antiga mais *w* vezes o erro da previsão mais recente. Um *w* próximo a 1 indica um rápido processo de ajuste para qualquer erro da previsão anterior. De forma semelhante, um *w* próximo a 0 sugere um processo de correção de erro lento.

As Equações 5.15 e 5.20 mostram de forma indiscutível que as técnicas de previsão exponenciais são muito fáceis de usar. Elas exigem somente a última previsão do período, a última observação do período, além de um valor para o fator de ponderação, *w*. O fator ideal de peso é normalmente determinado fazendo-se previsões sucessivas usando dados passados com vários valores de *w*, e escolhendo o *w* que minimiza a raiz do erro quadrado médio (REQM) dada na Equação 5.1.

---

[4] Quando os dados apresentam uma tendência linear ao longo do tempo, os modelos de *alisamento* exponencial duplos e mais complexos geralmente produzem resultados mais satisfatórios do que modelos de *alisamento* exponencial de primeira ordem. Ver Diebold, *op. cit.*

[5] Quanto maior a magnitude da correlação serial (correlação de valores a cada ano), maior o valor ideal de *w*.

EXEMPLO Alisamento exponencial: Walker Corporation (continuação)

Considere novamente o exemplo da Walker Corporation discutido anteriormente. Supõe-se que a empresa esteja interessada em produzir previsões de vendas por meio da técnica de *alisamento* exponencial de primeira ordem. Os resultados são exibidos na Tabela 5.5. Para ilustrar a abordagem, será utilizado um peso exponencial *w* de 0,5. Para começar o processo, é necessário fazer uma previsão inicial da variável. Essa previsão pode ser uma média pesada ou uma previsão simples, tal como a Equação 5.2:

$$\hat{Y}_{t+1} = Y_t$$

A abordagem posterior será utilizada. Logo, a previsão para o mês 2, feita no mês 1, será de US$1.950.000 ($\hat{Y}_{t+1}$ = 1.950). O valor da previsão do mês 3 é (utilizando a Equação 5.20):

$$\hat{Y}_3 = 1.950 + 0,5(1.400 - 1.950)$$
$$= 1.950 - 275 = US\$1.675.000$$

De forma semelhante, a previsão do mês 4 é igual a:

$$\hat{Y}_4 = 1.675 + 0,5(1.925 - 1.675)$$
$$= US\$1.800.000$$

As outras previsões são calculadas de forma similar.
Como vemos na Tabela 5.5, a previsão de vendas da Walker para janeiro de 2007, usando a técnica de *alisamento* exponencial de primeira ordem, é US$2.322.000. Além disso, a raiz do erro quadrado médio (REQM) desse método de previsão (com *w* = 0,50) é US$491.000.

TABELA 5.5 Walker Corporation: Previsão de vendas com *alisamento* exponencial de primeira ordem

		Vendas (US$1.000)		Erro	
t	Mês	Real Y_t	Previsão $\hat{Y}_t$	$(Y_t - \hat{Y}_t)$	$(Y_t - \hat{Y}_t)^2$
1	Janeiro de 2006	1.950	–	–	–
2	Fevereiro	1.400	1.950	–550	302.500
3	Março	1.925	1.675	250	62.500
4	Abril	1.960	1.800	160	25.600
5	Maio	2.800	1.880	920	846.400
6	Junho	1.800	2.340	–540	291.600
7	Julho	1.600	2.070	–470	220.900
8	Agosto	1.450	1.835	–385	148.225
9	Setembro	2.000	1.642	358	128.164
10	Outubro	2.250	1.821	429	184.041
11	Novembro	1.950	2.036	–86	7.396
12	Dezembro	2.650	1.993	657	431.649
13	Janeiro de 2007	–	2.322	–	–
					Soma = 2.648.975

REQM = $\sqrt{2.648.975/11}$ = US$491.000

TÉCNICAS BAROMÉTRICAS

Os modelos de previsão de série temporal discutidos anteriormente presumem que os padrões futuros de uma série econômica podem ser previstos projetando-se uma repetição de padrões passados, mas poucas séries temporais econômicas exibem variações cíclicas consistentes o bastante para se fazer uma projeção de previsão confiável. Por exemplo, a Tabela 5.6 expressa por que a previsão do *ponto de virada* de um ciclo de negócios se mostra tão difícil. Embora a média de duração dos ciclos de negócios os Estados Unidos do pós-guerra seja de 70 meses (de pico a pico), três ciclos duraram 100 meses ou mais, enquanto outros tiveram uma duração curta, com 32 e até mesmo 18 meses. Contudo, os economistas já perceberam há muito tempo que, se fosse possível isolar os conjuntos de séries que exibem uma estreita correlação, e se normalmente uma ou mais dessas séries temporais conduzisse(m) (de maneira consistente) à série temporal que interessa ao analista, então essa série condutora poderia ser usada como preditivo ou barômetro.

No entanto, o conceito de previsão condutora ou barométrica não é algo novo;[6] a previsão barométrica atual baseia-se bastante no trabalho feito pelo National Bureau of Economic Research (http://www.nber.org). O modelo de previsão barométrica desenvolvido nesta instituição é usado principalmente para identificar futuras alterações nas *condições gerais de empresas*, ao invés das condições de uma indústria ou empresa específica.

Indicadores líderes, retardatários ou coincidentes

Os indicadores econômicos podem ser classificados como condutores, coincidentes ou retardatários, dependendo do *timming* relativo aos picos e baixas dos ciclos de negócios (ver Figura 5.7)

TABELA 5.6 Duração dos ciclos de negócios nos Estados Unidos (em meses)

		Contração*	Expansão†	Ciclo de negócios‡	
Outubro de 1945	Novembro de 1948	8	37	88	45
Outubro de 1949	Julho de 1953	11	45	48	56
Maio de 1954	Agosto de 1957	10	39	55	49
Abril de 1958	Abril de 1960	8	24	47	32
Fevereiro de 1961	Dezembro de 1969	10	106	34	116
Novembro de 1970	Novembro de 1973	11	36	117	47
Março de 1975	Janeiro de 1980	16	58	52	74
Julho de 1980	Julho de 1981	6	12	64	18
Novembro de 1982	Julho de 1990	16	92	28	108
Março de 1991	Março de 2001	8	120	100	128
Novembro de 2001	Dezembro de 2007	8	73	128	89
Julho de 2009		19		92	
Ciclo médio pós-guerra		11	59	69	69

* Meses de um pico a outro.
† Meses do pico anterior até a baixa.
‡ Meses da baixa anterior até a próxima baixa e meses do pico anterior até o próximo pico.
Fonte: U.S. Business Cycle Expansions and Contractions. National Bureau of Economic Research. Disponível em:< www.nber.org>.

---

6 Andrew Carnegie a usou para contar o número de chaminés que expeliam fumaça em Pittsburgh, e, assim, prever o nível de atividade nos negócios e a demanda por aço.

Figura 5.7 Indicadores barométricos

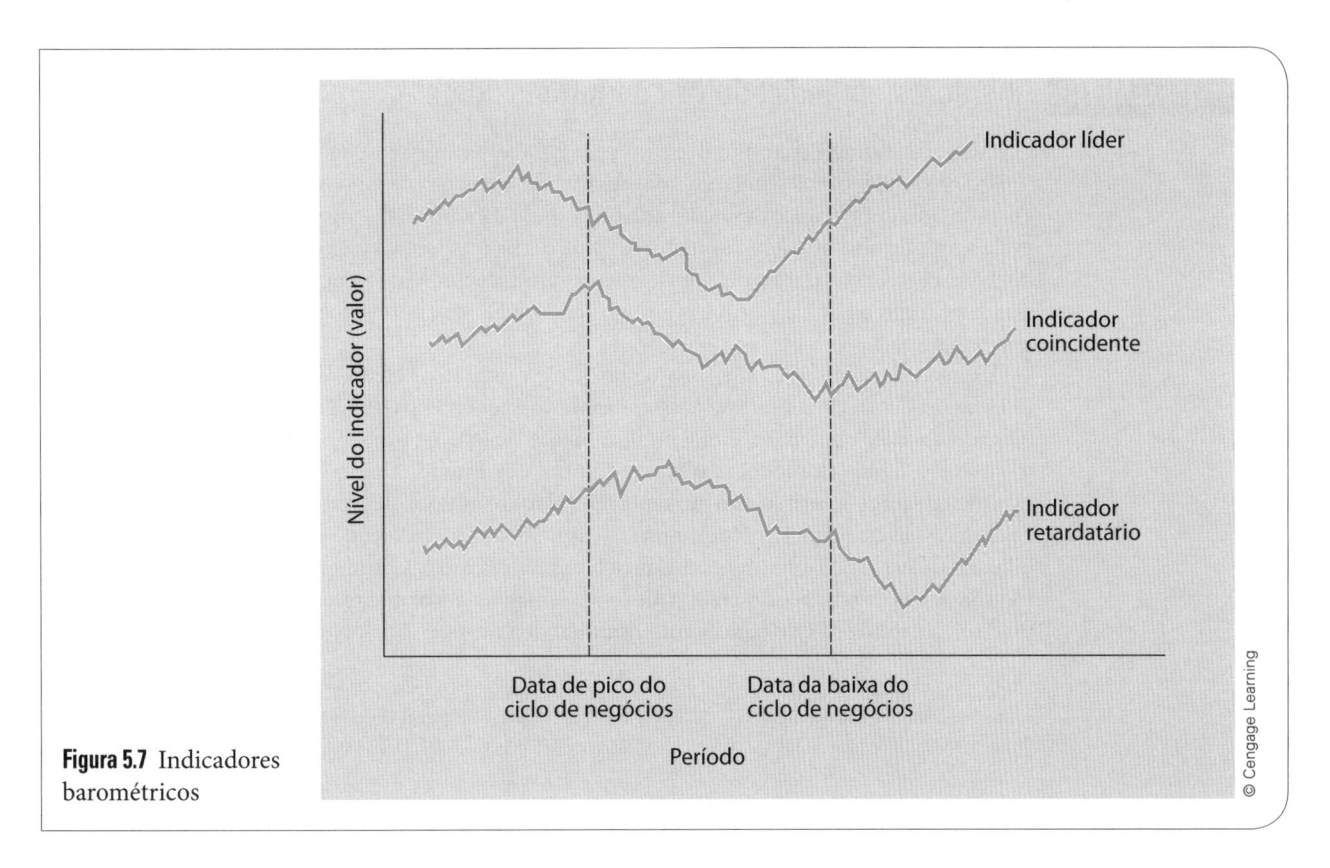

O Conference Board, um instituto de pesquisa privado sem fins lucrativos de Nova York, identificou 11 séries que tendem a conduzir picos e baixas dos ciclos de negócios, 4 séries de indicadores coincidentes e aproximados de atividade econômica e 7 séries que podem defasar os picos e baixas da atividade econômica; e, faz, ainda cálculos para cada série e média condutora ou *defasagem* da série em relação aos picos e baixas da atividade econômica.

A lógica para o uso de várias das séries listadas nessa tabela é óbvia. Muitas delas representam compromissos com níveis futuros de atividade econômica. Os alvarás de construção antecedem o início das construções das casas e os pedidos de bens duráveis precedem sua produção real. O valor de cada um desses indicadores depende da variabilidade de duração do *condutor* (*defasagem*). Indicadores condutores ou retardatários preveem a direção das alterações futuras na atividade econômica; e revelam pouco ou quase nada sobre a magnitude dessas mudanças.

TÉCNICAS DE *SURVEY* E PESQUISA DE OPINIÃO

Técnicas de *survey* e pesquisa de opinião são outras ferramentas de previsão que podem ser úteis em previsões de curto prazo. Empresas privadas normalmente planejam ampliações para melhorar fábricas e equipamentos com antecedência em relação aos gastos efetivos; consumidores planejam gastos com automóveis e educação antes da compra efetiva; e governos em todos os níveis preparam seus orçamentos antes de gastar.

O maior valor das técnicas de *survey* e pesquisa de opinião é que podem ajudar a descobrir se há mudanças no gosto dos clientes ou se executivos estão começando a perder a confiança na economia; as técnicas de pesquisa são aptas a descobrir essas tendências antes que seu impacto seja sentido.

> **EXEMPLO** Alterações em indicadores condutores líderes[7]
>
> O Index of Leading Economic Indicators, que pode ser acessado em http://www.conference-board.org,[8] está constantemente sob análise de agências de previsão privadas e públicas. Quando uma série parece desatualizada ou começa a gerar sinais enganosos, uma substituição pode surgir de um consenso das melhores práticas na previsão de negócios. Os pedidos de bens duráveis não concretizados dos fabricantes foram recentemente removidos do Index e substituídos pelo spread da taxa de juros entre o rendimento dos bônus dos títulos do tesouro de 10 anos e 3 meses.
>
> O spread da taxa de juros é uma tentativa de capturar os efeitos da política monetária no ciclo de negócios. Uma *título de longo prazo* rende pelo menos de 1,21% a mais do que o *rendimento do título do tesouro*, o que implica menos de 0,05 de probabilidade de recessão quatro trimestres à frente. Contudo, se o Banco Central dos Estados Unidos (FED) apertar o crédito, essa taxa de juros a curto prazo aumenta 0,82% sobre as taxas de longo prazo, e a probabilidade de recessão aumenta em 50% ou mais. Com um spread da taxa de juros em 2,40%, a probabilidade de acontecer uma recessão quatro trimestres à frente aumenta para 90%. Esse novo indicador das condições de crédito deve suplementar eficazmente em geral escasso terceiro preditor, a medida M2 do suprimento nacional de moeda.
>
> ---
> 7 Baseado em Makeup of Leading Indicators May Shift. *Wall Street Journal*, 11 ago. 1996, p. A2.
> 8 Conference Board é uma proeminente associação comercial de grandes corporações que coleta, analisa e distribui dados de ciclo de negócios.

Previsão da atividade macroeconômica

Algumas das pesquisas mais conhecidas e disponíveis pelas fontes governamentais e privadas incluem:

1. *Planos de gasto para instalações e equipamentos* – Pesquisas de intenção de mercado relativas a gastos com instalações e equipamentos são conduzidas por McGraw-Hill, National Industrial Conference Board, Departamento de Comércio dos Estados Unidos, revista *Fortune*, Comissão de Títulos e Câmbios (Securities and Exchange Commission), e uma série de associações comerciais individuais. A pesquisa da McGraw-Hill, por exemplo, é conduzida duas vezes por ano e cobre todas as grandes corporações e empresas de tamanho médio, divulgando planos para gastos em ativos fixos, assim como para gastos com pesquisa e desenvolvimento. Mais de 50% de todos os novos investimentos são contabilizados pela pesquisa da McGraw-Hill.

A pesquisa de gastos com instalações e equipamentos do Departament de Comércio dos Estados Unidos é conduzida trimestralmente e publicada regularmente na *Survey of Current Business*. A amostra é maior e mais abrangente do que a usada na McGraw-Hill.

A National Industrial Conference Board mapeia compromissos de apropriações de capital feitos pela diretoria de mil empresas produtoras. A pesquisa divulga planos de gastos em capital fixo (Capex) que deverão ser feitos em algum momento do futuro e para os quais foram reservados fundos. É especialmente útil para empresas que vendem intensamente a produtores, e pode ajudar na escolha do ponto de virada para gastos com instalações e equipamento. Essa pesquisa é publicada em *Survey of Current Business* e pode ser acessada em: <http://www.bea.doc.gov>.

2. *Planos para alterações no nível de estoques e expectativas de vendas* – As expectativas de executivos sobre as vendas futuras e suas intenções sobre alterações em níveis de estoque são relatadas em pesquisas conduzidas por Departamento de Comércio dos Estados Unidos, McGraw-Hill, Dun & Bradstreet e, National Association of Purchasing Agents. A pesquisa desta última, por exemplo, é conduzida mensalmente, utilizando uma grande amostra de executivos de compras de ampla gama de empresas produtoras em diversos lugares geográficos e atividades industriais.

3. *Planos de gastos de consumo* – As intenções dos consumidores de comprar produtos específicos, incluindo eletrodomésticos, automóveis e casas são relatadas pelo Survey Research Center da University of Michigan (<http://www.isr.umich.edu/src/>) e pelo Census Bureau. A pesquisa deste último, por exemplo, visa descobrir vários aspectos dos planos de gastos dos consumidores, incluindo renda, ativos líquidos e não líquidos, a probabilidade de efetuar compras futuras de bens duráveis e dívidas que eles possam ter.

Previsão de vendas

Técnicas de pesquisas de opinião e *survey* também são usadas para a previsão de vendas da empresa em um nível menor. Abaixo, algumas variações da pesquisa de opinião utilizadas:

- *Pesquisa da força de vendas* – Algumas empresas fazem pesquisas com seus próprios vendedores, a fim de saber suas expectativas em relação a vendas futuras de áreas geográficas e linhas de produtos específicas. A ideia é que funcionários que têm mais contato com os clientes finais podem ter percepções importantes sobre as condições futuras do mercado.
- *Pesquisas de intenção de compra* – Algumas empresas (especialmente indústrias de bens duráveis) conduzem suas próprias pesquisas sobre compras específicas. Considere um vendedor de carros que busca uma relação "cliente para sempre" com seu mercado-alvo. Esse vendedor, ou mesmo uma empresa de móveis que busque o mesmo objetivo, pode conduzir uma pesquisa por correio para estimar a intenção de compra da família com relação à troca de carros ou móveis.

MODELOS ECONOMÉTRICOS

Outra ferramenta de previsão que pode ser usada pelo economista gerencial é a modelagem econométrica. Econometria é uma combinação de teoria, análise estatística e modelo matemático construída para explicar as relações econômicas. Os modelos econométricos podem variar no nível de sofisticação, de simples para extremamente complexo. As técnicas econométricas para estimativas de demanda foram discutidas no Capítulo 4.

Vantagens das técnicas de previsão econométrica

Os modelos de previsão baseados na metodologia econométrica possuem um número de vantagens significativas sobre a análise de tendências de séries temporais, modelos barométricos, *survey* e técnicas com base em pesquisa de opinião. A maior vantagem é que eles identificam variáveis independentes (como preço ou gastos com propaganda em um modelo de demanda) que o gerente consegue manejar.

Outra vantagem é que eles preveem não apenas a direção da mudança em uma série econômica, mas também a magnitude dessa mudança. Isso representa uma melhora substancial sobre os modelos de projeção de tendência que falharam em identificar pontos de virada, e os modelos barométricos, que não preveem a magnitude das mudanças esperadas.

Modelos de única equação

A forma mais simples de modelo econométrico é o de única equação, que desenvolvemos no Capítulo 4 para explicar a demanda para a empresa de tintas Sherwin-Williams. Uma vez que estimamos os parâmetros da equação de demanda, o modelo pode ser usado para fazer previsões da demanda de tinta para pintura de casa em determinada região.

EXEMPLO: Previsões de única equação: a demanda de público para jogos da NFL[9]

Welki e Zlatoper relatam um modelo que explica os maiores determinantes da demanda de público para jogos da National Football League (NFL). Esse modelo de previsão pode ser usado pelo time para planejar os momentos mais oportunos para promoções especiais e para prever a demanda de itens vendidos nas lojas autorizadas do estádio. As seguintes variáveis foram usadas para estimar o modelo:

PÚBLICO	público do jogo
PREÇO	preço médio do ingresso
LUCRO	renda *per capita* real
COMPCOST	preço de estacionamento para um jogo
HMTMRECORD	proporção de vitórias na temporada do time como mandante no dia do jogo
VSTMRECORD	proporção de vitórias na temporada do time como visitante no dia do jogo
JOGO	número de jogos da temporada regular jogados pelo time da casa
TEMP	temperatura alta no dia de jogo
CHUVA	variável binária 1 = chuva, 0 = sem chuva
COBERTURA	variável binária 1= ambiente coberto, 0 = ar livre
DIVRIVAL	variável binária 1 = times na mesma divisão, 0 = times que não são da mesma divisão
CONRIVAL	variável binária 1 = jogo de conferência, 0 = jogo fora da conferência
NONSUNDAY	variável binária 1 = jogo que não ocorre no domingo, 0 = jogo ocorre no domingo
SUNNIGHT	variável binária 1 = jogo transferido para domingo à noite para cobertura da ESPN, 0 = outra situação
BLACKOUT	variável binária = 1 se jogo é bloqueado para transmissão da TV local, 0 = outra situação

Variável independente	Sinal esperado	Coeficiente estimado	Estatística-T
INTERCEPTO	?	98.053,00	11,49
PREÇO	–	–642,02	–3,08
LUCRO	?	–1,14	–3,12
COMPCOST	–	574,94	1,34
HMTMRECORD	+	16.535,00	6,38
VSTMRECORD	?	2.588,70	1,05
JOGO	?	–718,65	–3,64
TEMP	?	–66,17	–1,27
CHUVA	–	–2.184,40	–1,23
COBERTURA	?	–3.171,70	–1,66
DIVRIVAL	+	–1.198,00	–0,70
CONRIVAL	?	–1.160,00	–0,58
NONSUNDAY	+	4.114,80	1,74
SUNNIGHT	+	804,60	0,28
BLACKOUT	–	–5.261,00	–3,15

> Esses resultados indicam que as condições climáticas têm pouco impacto no público dos jogos. Os fãs parecem preferir jogos ao ar livre em vez de em estádios cobertos. As rivalidades entre os jogos da conferência e da divisão não parecem ter muito impacto na demanda. Preços mais elevados impactam negativamente no público, nas a demanda parece ser inelástica nos níveis de preço atuais. A qualidade do time, conforme medido pelo percentual de vitórias, tem um impacto positivo significativo no público. Um modelo similar a este pode ser usado como base de previsão de demanda para qualquer tipo de evento atlético.
>
> 9 Baseado em A M. Welki e T.J. Zlatoper. U.S. Professional Football: The Demand for Game-Day Attendance in 1991. *Managerial and Decision Economics*, set.-out. 1994, p. 489-95.

Modelos de equações múltiplas

Embora em muitos casos os modelos de única equação possam especificar com precisão a relação examinada, é frequente que as inter-relações sejam tão complexas, que um sistema de várias equações se torna necessário. Isto pode ser ilustrado por meio da análise de um modelo simples da economia nacional:

$$C = \alpha_1 + \beta_1 Y + \varepsilon_1 \qquad [5.21]$$

$$I = \alpha_2 + \beta_2 P_{t-1} + \varepsilon_2 \qquad [5.22]$$

$$T = \beta_3 \, PIB + \varepsilon_3 \qquad [5.23]$$

$$PIB = C + I + G \qquad [5.24]$$

$$Y = PIB - T \qquad [5.25]$$

onde C = gastos de consumo
I = investimento
P_{t-1} = lucros; um período defasado
PIB = produto interno bruto
T = taxas
Y = renda nacional
G = despesas do governo

As Equações 5.21, 5.22 e 5.23 são comportamentais ou estruturais, enquanto as 5.24 e 5.25 são de identidade ou de definição. Uma vez que os parâmetros de um sistema de equações foram estimados,[10] as previsões podem ser geradas substituindo valores conhecidos ou estimados para variáveis independentes no sistema e resolvendo a equação para chegar a uma previsão.

Modelos complexos da economia dos Estados Unidos Um número de modelos econométricos complexos de múltiplas equações da economia dos Estados Unidos foi desenvolvido e usado para prever a atividade empresarial. Informações de três desses modelos e as técnicas de previsão que empregam são resumidas na Tabela 5.7. Como podemos ver, alguns dos maiores modelos econométricos ainda dependem grandemente do julgamento de sua equipe de economistas.

---

10 Ver D. Gujarati. *Basic Econometrics*. Nova York: McGraw-Hill, Inc. 2007, Capítulo 12, para uma discussão muito mais detalhada dos procedimentos usados para lidar com a autocorrelação.

TABELA 5.7 Características de três modelos econométricos da economia dos estados unidos

	Modelo		
Característica	Wharton Econometric Forecasting Associates	Chase Econometric Associates	Townsend Greenspan
Número aproximado de variáveis estimadas	10.000	700	800
Horizonte de previsão (trimestre)	2	10–12	6–10
Frequência de atualizações de modelo (vezes por ano)	12	12	4
Data do primeiro modelo de previsão regularmente emitido	1963	1970	1965
Técnicas de previsão			
(a) Modelo econométrico	60%	70%	45%
(b) Julgamento	30%	20%	45%
(c) Métodos de série temporal	–	5%	–
(d) Análise de dados atuais	10%	5%	10%

Fonte: S. K. McNees. The Record of Thirteen Forecasters. In: *New England Economic Review*, set.-out. 1981, p. 5–21; e A. Bauer et al. Transparency, Expectations, and Forecasts. In: *Federal Reserve Bank St. Louis Review*, set.-out. 2003, p. 1–25.

Previsão por consenso: pesquisa de previsão do Livingston e Blue Chip

O Banco Central da Philadelphia (Livingston surveys) e o Blue Chip Indicadores Econômicos em Aspen, no Colorado, realizam pesquisas semestrais relativas às previsões que os principais economistas dos Estados Unidos fazem sobre desemprego, inflação, preço de ações e crescimento econômico.

Os 50 ou 60 economistas pesquisados regularmente representam um corte transversal de grandes corporações, do governo, bancos, sindicatos, bancos de investimento e universidades. As pesquisas elaboradas pelo Livingston e pelo Blue Chip têm sido usadas por muitas corporações e agências governamentais que elaboram orçamentos federais e estaduais, a fim de padronizar a expectativa nos negócios com relação a crescimento econômico e inflação.

Já que é uma previsão por consenso abrangente, o levantamento de dados do Livingston e do Blue Chip tende a ser mais estável com o tempo do que qualquer outra pesquisa individual. Usando novamente como referência a Figura 5.5, fica evidente que os economistas subestimaram os altos e baixos da taxa de inflação.[11] A Figura 5.8 indica o recorde das previsões do Livingston e do Blue Chip em prever importantes expansões e recessões. Como podemos ver, os economistas previram bem recessões e expansões relativamente moderadas, mas não rápida e precisamente recessões como as de 1974-1975, 2001, e a severa de 2008-2009.[12]

ANÁLISE ESTOCÁSTICA DE SÉRIE TEMPORAL

Por fim, consideremos duas abordagens de previsão que se aproveitam das interdependências dos dados na área de negócios: análise de série temporal estocástica e análise *input-output*. A análise de tendência determinística, discutida anteriormente, preocupava-se em extrapolar as recentes tendências determinísticas dos dados (exemplo

---

[11] Baseado em H. Taylor. The Livingston Surveys: A History of Hopes and Fears. *Business Review*. Federal Reserve Bank of Philadelphia, maio-jun. 1996, p. 15–25.
[12] Baseado em K. Kliesen. The 2001 Recession. *Federal Reserve Bank St. Louis Review*, set.-out. 2007, p. 45–67.

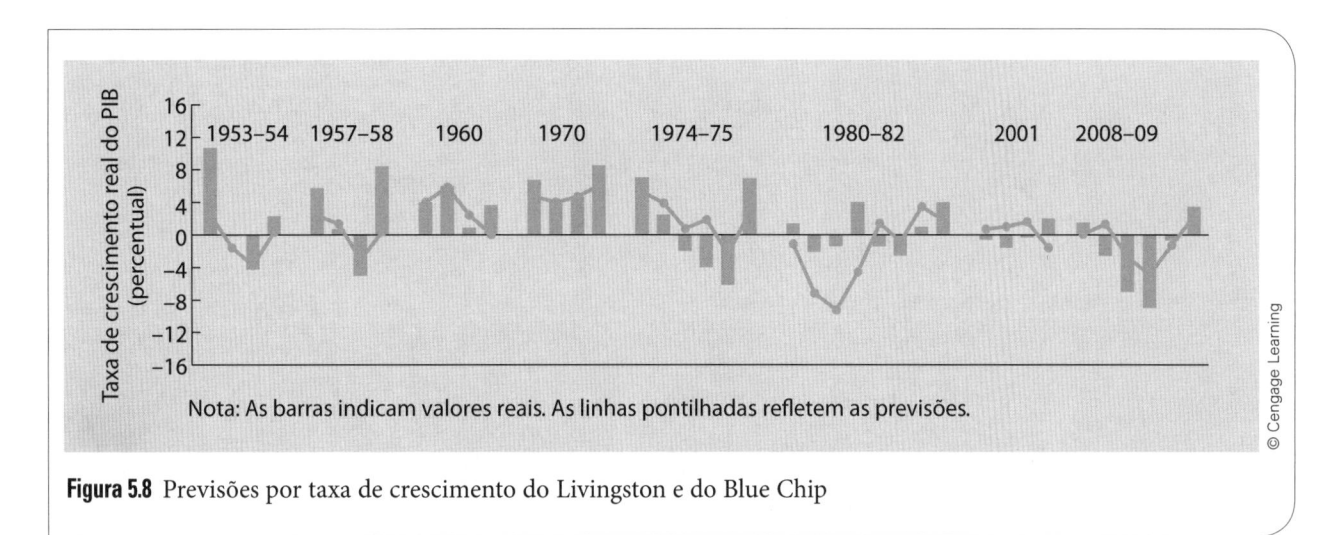

Figura 5.8 Previsões por taxa de crescimento do Livingston e do Blue Chip

Nota: As barras indicam valores reais. As linhas pontilhadas refletem as previsões.

efeitos sazonais e tendência temporal de crescimento populacional). Em contrapartida, a análise de série temporal estocástica tenta remover tendências temporais determinísticas, e, em vez de modelar, estima e, com sorte, replica o processo estocástico, gerando os padrões restantes do dado em períodos sucessivos de tempo – ou seja, os padrões de autocorrelação restantes. Autocorrelação foi discutida no Apêndice 4A.

Considere um processo autorregressivo simples de primeira ordem, com desvio positivo α,

$$y_t = \alpha + \beta y_{t-1} + \varepsilon_t \qquad \varepsilon \stackrel{iid}{\sim} N(0, \sigma_\varepsilon^2) \qquad [5.26]$$

onde, por hipótese, β = 1 e ε_t é o ruído branco puro, delineado de forma independente a cada período com média zero, variância constante e distribuição normal (um IID, distribuído identicamente e de forma independente, distúrbio). Conforme o Painel (a) da Figura 5.9, quando α é igual a zero, essa série não tende a se reverter a algum valor em particular (não "reverte à média"). Ao contrário, tal série desvia-se, e é inerentemente não previsível, ou seja, o último valor realizado y_t é a melhor previsão para o próximo valor realizado da série.

Similarmente, quando α for não igual a zero, y_t não tem nenhuma tendência de reversão a média para qualquer linha de tendência em particular; cada inovação pode resultar em uma nova linha de tendência, conforme ilustrado no Painel (b) da Figura 5.9. Esse é o famoso modelo de "passeio aleatório" (*random walk*), aplicável aos preços de ações. Sob a hipótese dos mercados eficientes, o preço da ação como y_t na Equação 5.26 é "totalmente informativo", no sentido de que incorpora toda a informação publicamente disponível, o que pode ser útil na previsão do preço da ação para o próximo período. Para aqueles que fazem previsões na área de negócios, a dificuldade é que os preços de mercadorias, as taxas de câmbio, taxas de juros e, possivelmente, outras variáveis macroeconômicas, como PIB real e o índice de preços global, também podem exibir essas propriedades de passeios aleatórios.

Variáveis que se comportam como passeio aleatório apresentam vários problemas ao se tentar fazer uma previsão baseada em análise de regressão por mínimos quadrados ordinários (MQO). Por um lado, duas variáveis que se comportam como passeio aleatório com desvio positivo (negativo) quase certamente exibirão uma correlação espúria. Já que cada série apresenta uma tendência ascendente (tendência decrescente) e não reverte à sua média, uma estimativa MQO sobre duas variáveis geradas pelo processo na Equação 5.26 irá indicar uma relação positiva significante entre as variáveis quando não há relação causal entre elas. Por exemplo, mesmo quando o PIB real e o índice de preços global da economia (o deflator de preço do PIB) têm choques aleatórios que podem não ter relação alguma, e mesmo que o crescimento real e a inflação tenham determinantes estruturais não relacionadas (ex. crescimento populacional *versus* expansões monetárias), o *t-score* em uma simples regressão de MQO de PIB real sobre o índice de preços pode facilmente ser alto como 12,0 (ou seja, 99% de confiança em uma relação positiva). Isso pode enganar o previsor que busca utilizar os principais indicadores para um plano de negócios; imagine vender aos superiores da sua empresa a ideia de que, por causa da inflação alta, a companhia pode esperar um expressivo crescimento de demanda real no próximo período. Eles podem muito bem mandá-lo tirar uma licença não remunerada ou até mesmo demiti-lo.

Figura 5.9 Passeio aleatório ilustrado

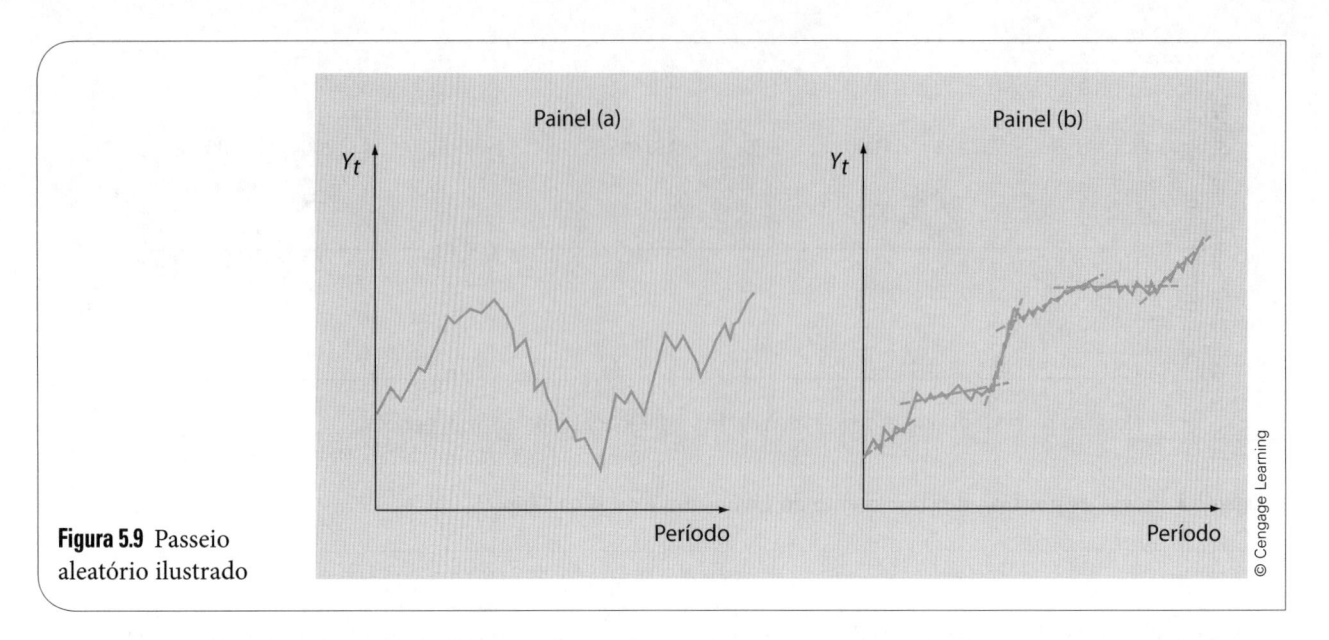

É claro, nem todas as séries temporais na área de negócios exibem essas propriedades de passeio aleatório. Por exemplo, a lucratividade e os lucros de uma empresa revertem à média em resposta à entrada e saída de concorrentes sempre que estes se movem substancialmente acima ou abaixo da média ajustada ao risco para a indústria, e, portanto, os lucros e os ganhos não são um passeio aleatório.[13] Logo, é crucial saber se os dados com que se trabalha são ou não gerados por um processo de passeio aleatório.

O segundo problema apresentado pelos passeios aleatórios é que o nível de y_T, depois de um número de períodos T é:

$$y_T = y_0 + \sum_{i=0}^{T}(\alpha + \varepsilon_{T-i}) \qquad [5.27]$$

$$= y_0 + T\alpha + \Sigma\varepsilon_t \qquad [5.28]$$

a soma cumulativa do parâmetro de desvio mais todos os erros do ruído branco vão até o período T. Outra forma de descrever esse fenômeno é dizer que todas as inovações para variáveis de passeios aleatórios resultam em efeitos permanentes; o choque apenas continua acumulando, e não enfraquece conforme a série temporal se estende. Portanto, as "tendências" nos dados de negócios têm dois significados. Algumas tendências são determinísticas, como os altos e baixos nas tendências de vendas em trajes de banho na primavera e verão *versus* outono e inverno. Outras tendências, no entanto, são estocásticas; estas são os efeitos permanentes de inovações em um processo de passeio aleatório como a Equação 5.28. Já que esses $\Sigma\varepsilon_t$ não se anulam, também é apropriado pensar neles como tendências. O problema é que a variação de y_t como a série temporal alongada é igual a $T\sigma_\varepsilon^2$ – ou seja, a variação do preço de ações ou taxa de juros não tem limite! Isso torna bem difícil reduzir a raiz do erro quadrado médio com as técnicas de previsão que vimos até agora. Por exemplo, mesmo estruturas de defasagens longas em modelos regressivos de mudanças do preço de ações frequentemente apresentam R^2 baixo, de 0.02 até 0,05, e uma raiz do erro quadrado médio (REQM) muito grande. Novamente, tal série sofre uma grande variação conforme T cresce.

Embora muitas técnicas avançadas além do escopo deste texto sejam motivadas pelo processo do passeio aleatório estocástico,[14] dois métodos simples já introduzidos abordam pelo menos parcialmente ambas as complicações anteriores. Em primeiro lugar, todos os processos que se comportam como passeios aleatórios têm, muitas

---

13 Ver E. Fama e K. French. Forecasting Profitability and Earnings. *Journal of Business*, abr. 2000, p. 164-75.

14 Uma introdução relevante a técnicas adicionais para análise de séries temporais estocásticas é a de F. Diebold. *Elements of Forecasting*, op cit (nota 3) Para uma abordagem mais avançada, consultar W. Enders. *Applied Econometric Time-Series*, 3. ed. Nova York: John Wiley e Sons, 2009.

vezes, decaimento lento das funções de autocorrelação. Diz-se que o processo de passeio aleatório autorregressivo AR(1) de primeira ordem com desvio α na Equação 5.26 é *integrado de ordem um* – escrito como I(1) – porque o coeficiente da primeira defasagem autorregressiva é, por hipótese, β = 1. De fato, essa função específica de autocorrelação de primeira ordem nunca decai. Consequentemente, a estatística Durbin-Watson introduzida na Equação 4A.1 e na Figura 4A.1 pode ser usada para detectar a presença de uma severa autocorrelação em tais variáveis. A estatística Durbin-Watson definitivamente cai bem abaixo de 2,0 em dados gerados pela Equação 5.26 – ou seja, fica abaixo de d_L para séries autocorrelacionadas de forma positiva, e acima (4-d_L) para séries autocorrelacionadas de forma negativa, geradas por um processo como o da Equação 5.26, com β = –1. Dessa forma, é possível utilizar a estatística Durbin-Watson como um instrumento de diagnóstico, que detecta a possibilidade de um processo de passeio aleatório ser não reversivo à média.

Além disso, a propriedade I(1) de um passeio aleatório AR(1) implica que, tomar a primeira diferença de preço ou taxa de juros na Equação 5.26,

$$\Delta y_t = \alpha + (\beta - 1)y_{t-1} + \varepsilon_t \qquad [5.29]$$

nos deixaria com um processo reverte à média – isto é, um processo que reverteu ao parâmetro de desvio α –, na verdade, β = 1. É fácil estimar a primeira diferença da série temporal na Equação 5.29, ou, de modo geral, estimar um vetor de autorregressão das primeiras diferenças,

$$\Delta y_t = \alpha + (\beta - 1)y_{t-1} + \sum_{t=1}^{\infty} \Delta y_{t-1} + \varepsilon_t \qquad [5.30]$$

e testar se a hipótese nula β = 1 é verdadeira ou falsa.[15] Se for verdadeira, qualquer série com essas propriedades deveria ser diferenciada e incorporada nas regressões de previsões como primeiras diferenças, não como níveis.[16]

Se a situação, como descrito nas Equações 5.27, 5.28 e 5.29, referir-se a ambas as variáveis, dependentes e explicativas, todo o modelo de previsão deve ser especificado como primeiras diferenças. Neste caso, diz-se que essas duas séries são **cointegradas** e exibirão um comovimento não espúrio uma com a outra, cuja presença poderia revelar-se bastante importante para alcançar o objetivo padrão da previsão de baixo REQM.

PREVISÃO COM TABELAS DE *INPUT-OUTPUT*

Outra abordagem que aproveita as interdependências transversais entre vários produtos intermediários e finais de indústrias é a análise *input-output*. Ela permite que o previsor rastreie os efeitos de um aumento na demanda de um produto em outras indústrias. Um aumento na demanda de automóveis levará, primeiro, a um aumento na demanda por aço, vidro, plástico, pneus e tecido para revestimento. Além disso, impactos secundários vão ocorrer conforme o aumento na demanda por tecidos para revestimento, por exemplo, exija um aumento na produção de fibras usadas para fazer o revestimento. A demanda por maquinário também pode aumentar como resultado da demanda de tecido, e, dessa forma, o padrão continua. A análise *input-output* permite que o previsor faça um rastreio através de todos esses efeitos interindustriais que ocorrem como resultado do aumento inicial da demanda por automóveis. O Bureau of Economic Analysis do Departamento de comércio dos Estados Unidos produz um conjunto complexo de tabelas especificando a interdependência de várias indústrias na economia.[17]

---

15 Esses testes podem ser realizados com a estatística *t* no (β – 1) parâmetro, sobre y_{t-1}, mas requer a utlização de um conjunto modificado de valores críticos Dickey-Fuller. Ver Apêndice B, Tabela 7.

16 Se β = 1 for rejeitado, cada série em questão deve ser especificada novamente, com as segundas diferenças testadas exatamente da mesma maneira. Se, no caso, β = 1, as segundas diferenças devem ser incorporadas, em vez das primeiras. Se nem as primeiras nem as segundas diferenças indicarem uma série I(1) ou I(2), o previsor avança usando os níveis dos dados originais.

17 Tabelas mais recentes de *input-output* podem ser encontradas em 16 grupos de indústrias e nas 432 indústrias detalhadas em Input-Output Tables, no website do U.S. Bureau of Economic Analysis, disponível em: <www.bea.gov>.

PERSPECTIVAS INTERNACIONAIS
PREVISÃO DE VENDAS EM LONGO PRAZO DA GENERAL MOTORS NO MERCADO EXTERNO

A General Motors tem um amplo sistema de previsão para suas operações na América do Norte e no mercado externo, implementado por sua equipe corporativa de economia e planejamento de produto. O processo gera previsões de curto e longo prazos para o mercado de automóveis nos Estados Unidos e para o mercado externo. Segue uma discussão sobre o processo de previsão para o mercado externo.

A General Motors produz previsões para a venda de automóveis em quase 60 países. Esses países variam no número de carros por cada 1.000 pessoas (densidade de carros), de menos de 10 a mais de 500. O principal fator usado para explicar o crescimento da densidade de carros é o nível e a mudança de renda em cada país. Na primeira etapa do processo de previsão, é estimada a relação macroeconômica entre variáveis econômicas chave, incluindo níveis de renda e venda de veículos motorizados. Especificamente, são feitas estimativas sobre a elasticidade-renda da demanda em cada país. A segunda etapa tenta monitorar as mudanças ao longo do tempo nas relações estabelecidas na etapa 1.

A terceira etapa consiste em consultas entre a equipe econômica e planejamento de produto e a equipe de marketing de cada operação externa da GM. O objetivo desta fase é identificar em cada país os fatores especiais que podem exigir uma modificação significativa nas previsões geradas pelos modelos econométricos. Por exemplo, no começo e em meados dos anos de 1980, sentiu-se que certas políticas voluntárias restritivas adotadas pelo governo japonês iriam pressionar a demanda em até 50%, em relação às previsões do modelo econométrico. Quando essas barreiras políticas foram removidas, a venda de carros japoneses disparou até os níveis previstos pelo modelo econométrico. Mais recentemente, a entrada da China na Organização Mundial do Comércio causou uma mudança ascendente na rede de exportação de carros para esse país, projetada para o futuro (exportações menos importações).

A etapa final fornece modelos de cenários alternativos futuros, que refletem o impacto das principais mudanças no ambiente econômico, para o qual não se dispõe de informações completas. Por exemplo, a GM desenvolveu um esquema de cenários para abertura do mercado chinês, no qual o Buick é uma marca de luxo muito bem-sucedida. Conforme foi previsto, em 2011 as vendas da GM no mercado chinês, em rápida ascensão, superaram as vendas nos Estados Unidos. Para deduzir a previsão do fluxo de caixa das vendas externas, a GM deve modelar (e gerenciar) sua exposição aos riscos da taxa cambial, discutida no Capítulo 6

RESUMO

- Previsão é um prognóstico relativo ao futuro valor de algumas séries temporais econômicas.
- A escolha da técnica de previsão depende do custo de desenvolvimento do modelo de previsão, da complexidade da relação sendo prevista, do período de tempo para a previsão, da exatidão exigida pelo modelo, e do tempo de espera necessário para se tomar decisões com base em determinado modelo.
- Os dados usados na previsão podem estar na forma de uma série temporal – ou seja, uma série de observações de uma variável em um conjunto de períodos passados – ou ser em cortes transversais – isto é, são feitas observações em um determinado período de tempo para retirar amostras de indivíduos, empresas, regiões geográficas, comunidades ou outro conjunto de unidades observáveis.
- Modelos de previsão de tendências determinísticas são baseados na extrapolação de valores do passado para o futuro. Modelos de previsão de série temporal podem ser ajustados para tendências sazonais, seculares e cíclicas dos dados. Modelos de previsão de séries temporais estocásticas investigam o processo de geração de aleatoriedade nos dados subjacentes.
- Quando um dado possui grande nível de aleatoriedade, *técnicas de alisamento* como médias móveis e *alisamento* exponencial podem melhorar a acurácia da previsão.
- Nem os modelos de análise de tendências nem as técnicas de *alisamento* são capazes de identificar as principais mudanças futuras na direção de uma série de dados econômica.

- As *técnicas barométricas*, que empregam indicadores condutores, defasados e coincidentes, são projetadas para prever mudanças na série temporal, mas não são adequadas para prever a magnitude dessa mudança.
- *Técnicas de survey e pesquisas de opinião* são frequentemente úteis na previsão de variáveis como o capital gasto pela empresa e os principais planos de gastos do consumidor, além de ajudar a gerar previsão para produtos específicos ou previsão de vendas regionais para a empresa.
- Os *métodos econométricos* buscam explicar as razões para mudanças em uma série de dados econômicos, usando esse modelo quantitativo, exploratório, para fazer previsões para o futuro. Modelos econométricos são uma das ferramentas de previsão de negócios mais úteis, mas tendem a ser caras para ser desenvolvidas e mantidas. Seu benefício concreto depende do sucesso em reduzir a raiz dos erros médios da previsão em ambientes de previsão que não possuam amostragem.
- As tendências em dados de negócios são determinísticas ou estocásticas. Tendências estocásticas, introduzidas por variáveis que seguem o processo de passeio aleatório, como preço de ações, exigem um diagnóstico cuidadoso e métodos especiais.

EXERCÍCIOS
As respostas para os exercícios destacados estão no Apêndice D, no final do livro.

1. A equipe de previsão da Prizer Corporation desenvolveu um modelo para prever as vendas dos seus veículos para neve equipados com almofadas pneumáticas. O modelo especifica que as vendas S variam conjuntamente com rendimentos pessoais disponíveis Y, com a população com idade entre 15 e 40, representada por Z, e, *inversamente*, com o preço dos veículos para neve, P. Com base em dados passados, a melhor estimativa desta relação é

$$S = k\frac{YZ}{P'}$$

onde k foi estimado (com dados antigos) para totalizar 100.
   a. Se Y = US\$11.000, Z = US\$1.200 e P = US\$20.000, qual seria o valor previsto para S?
   b. O que acontece se P for reduzido a US\$17.500?
   c. Como você desenvolveria um valor para k?
   d. Qual é a potencial fraqueza deste modelo?

2. a. Fred's Hardware e Hobby House esperam que suas vendas aumentem a uma taxa constante de 8% por ano nos próximos três anos. As vendas atuais representam US\$100.000. Faça uma previsão de vendas para cada um dos próximos três anos.
   b. Se as vendas de 2003 totalizam US\$60.000 e US\$100.000 em 2007 (um período de 4 anos), qual terá sido a taxa de crescimento composto anual?
   c. Cite alguns perigos em se empregar um modelo de previsão com taxa constante de crescimento.

3. O Metropolitam Hospital estimou sua necessidade média mensal de de leitos como

$$N = 1.000 + 9X$$

onde X = período de tempo (meses); janeiro de 2002 = 0
N = necessidade mensal de leitos

Presuma que não se esperam novas aquisições nessa área em um futuro próximo. Os fatores de ajustes mensais e sazonais que seguem abaixo foram estimados utilizando dados dos últimos cinco anos:

Mês	Fator de ajuste (%)
Janeiro	+5
Abril	−15
Julho	+4
Novembro	−5
Dezembro	−25

a. Faça uma previsão da demanda por leitos do Metropolitan para janeiro, abril, julho, novembro e dezembro de 2007.

b. Se os valores abaixo, reais e previstos para a demanda por leitos em junho, tivessem sido registrados, qual fator de ajuste sazonal você recomendaria para prever as futuras demandas para junho?

Ano	Previsão	Atual
2007	1.045	1.096
2006	937	993
2005	829	897
2004	721	751
2003	613	628
2002	505	560

4 A Stowe Automotive está considerando a oferta da Indula de construir uma fábrica de peças de automóveis no país. Em preparação para a decisão final, os economistas da Stowe trabalharam bastante e construíram um modelo econométrico básico para a Indula, a fim de ajudá-los a prever os níveis futuros de atividade econômica. Por causa da natureza cíclica da indústrias de peças automotivas, as previsões de atividade econômica futuras são muito importantes para o processo de decisão da Stowe.

Os lucros corporativos P_{t-1} para todas as empresas de Indula estão em cerca de US$100 bilhões. O PIB nacional é composto pelo consumo C, investimento I, e gastos do governo G. Antecipou-se que os governos federais, estatais e locais de Indula iriam gastar algo em torno de US$200 bilhões no próximo ano. Levando em conta uma análise da recente atividade econômica em Indula, presume-se que as despesas de consumo sejam de US$100 bilhões, mais 80% do rendimento nacional. O rendimento nacional é igual ao PIB, menos as taxas T. Estima-se que as taxas representem cerca de 30% do PIB. Por fim, os investimentos em empresas têm, historicamente, se igualado a US$30 bilhões, mais 90% dos lucros corporativos do ano passado (P_{t-1}).

a. Construa um modelo econométrico de cinco equações sobre o estado de Indula. Este deve incluir uma equação de consumo, de investimento, de receita fiscal, uma equação que represente a identidade do PIB e renda nacional.

b. Presumindo-se que todos os termos de erro aleatórios tenham média zero, resolva o sistema de equações até chegar aos valores do próximo ano, previstos para C, I, T, PIB e Y. Dica: é mais fácil começar resolvendo a equação de investimento e então trabalhar nas substituições adequadas das outras equações.

5. Uma empresa apresenta a demanda exemplificada na tabela abaixo.

Ano	Demanda atual	Média móvel 5 anos	Média móvel 3 anos	Alisamento exponencial ($W = 0,9$)	Alisamento exponencial ($W = 0,3$)
2000	800	xxxxx	xxxxx	xxxxx	xxxxx
2001	925	xxxxx	xxxxx	–	–
2002	900	xxxxx	xxxxx	–	–
2003	1.025	xxxxx	–	–	–
2004	1.150	xxxxx	–	–	–
2005	1.160	–	–	–	–
2006	1.200	–	–	–	–
2007	1.150	–	–	–	–
2008	1.270	–	–	–	–
2009	1.290	–	–	–	–
2010	*	–	–	–	–

*Valores futuros desconhecidos para previsão.

a. Preencha a tabela por meio de previsões baseadas em uma média móvel de 5 anos, de 3 anos e um *alisamento* exponencial (com um $w = 0.9$ e um $w = 0.3$). *Observação*: A previsão por *alisamento* exponencial pode começar supondo-se que $\hat{Y}_{t+1} = Y_t$.

b. Utilizando as previsões de 2005-2009, compare a acurácia de cada método de previsão com base no critério de REQM.

c. Que previsão você utilizou para 2010? Justifique.

6. A divisão de análise econômica da Mapco Enterprises estimou a função de demanda para sua linha de cortadores de grama como

$$Q_D = 18.000 + 0{,}4N - 350P_M + 90P_s$$

onde N = ao número de novas casas construídas na área de mercado primário
P_M = preço do cortador da Mapco
P_S = preço do cortador concorrente da Surefire

Em 2010, espera-se que 15.000 novas casas sejam terminadas na área de mercado primário. A Mapco planeja um custo de US$50 pelo seu cortador. A Surefire espera vender seu cortador por US$55.

a. Sob essas condições, faça uma previsão de vendas para 2010.
b. Se a concorrência baixar o preço do cortador Surefire para US$50, que efeito isto causará nas vendas da Mapco?
c. Que efeito causaria nas vendas da Mapco se houvesse uma redução de 30% no número de casas finalizadas (ignore o impacto da diminuição de preço do cortador da Surefire)?

7. A Questor Corporation apresentou o seguinte padrão de vendas em um período de 10 anos:

Ano	Vendas
2004	121
2005	130
2006	145
2007	160
2008	155
2009	179
2010	215
2011	208
2012	235
2013	262
2014	*

*Valores futuros desconhecidos para previsão

a. Compute a equação de uma linha de tendência (similar à Equação 5.4) para esses dados de venda, a fim de prever as vendas do próximo ano (manter 2004 = 0, 2005 = 1 etc. como variável de tempo). O que essa equação prevê de vendas para o ano de 2014?

b. Use um modelo de *alisamento* exponencial de primeira ordem com um w de 0.9 para prever as vendas do ano 2014.

8. A Bell Greenhouses estimou que a demanda mensal por sua terra adubada seria a seguinte:

$$N = 400 + 4X$$

onde N = demanda mensal por sacos de terra adubada
X = período de tempo em meses (março de 2006 = 0)

Presuma que este fator de tendência permaneça estável no futuro previsível. A tabela abaixo contém os fatores de ajuste sazonais mensais, que foram estimados usando dados de vendas reais dos últimos cinco anos:

Mês	Fator de ajuste (%)
Março	+2
Junho	+15
Agosto	+10
Dezembro	−12

a. Preveja a demanda por terra adubada da Forecast Bell Greenhouses para os meses de março, junho, agosto e dezembro de 2007.
b. Considerando que a tabela a seguir mostra as vendas de terra adubada da Bell Greenhouses previstas e reais para abril em cinco anos diferentes, determine o fator de ajuste sazonal que deve ser usado para prever a venda de abril de 2008.

Ano	Previsão	Real
2007	500	515
2006	452	438
2005	404	420
2004	356	380
2003	308	320

9. A Savings-Mart (cadeia de lojas de desconto e departamento) comercializa móveis para terraços e jardins. O lucro é sazonal, com altas vendas durante os trimestres de primavera e verão, e baixas vendas nos trimestres de inverno e outono. A empresa desenvolveu o seguinte modelo de previsão de vendas trimestrais:

$$\hat{Y}_t = 8{,}25 + 0{,}125t - 2{,}75D_{1t} + 0{,}25D_{2t} + 3{,}50D_{3t}$$

onde $\hat{Y}_t$ = vendas previstas (US$ em milhões) no trimestre t

8,25 = vendas trimestrais (em US$ milhões) quando $t = 0$

t = período de tempo (trimestre) no qual o quarto trimestre de 2002 = 0, primeiro trimestre de 2003 = 1, segundo trimestre de 2003 = 2 ...

$D_{1t} = \begin{cases} 1 \text{ para observações no primeiro trimestre} \\ \text{do contrário, 0} \end{cases}$

$D_{2t} = \begin{cases} 1 \text{ para observações no segundo trimestre} \\ \text{do contrário, 0} \end{cases}$

$D_{3t} = \begin{cases} 1 \text{ para observações no terceiro trimestre} \\ \text{do contrário, 0} \end{cases}$

Faça uma previsão das vendas de móveis para terraços e jardins da Savings-Mart para cada trimestre de 2010.

10. Utilize a série mensal do Índice de Preços ao Consumidor (todos os itens) dos dois anos anteriores para produzir uma previsão do IPC para os próximos três anos. A precisão da sua previsão é maior ou menor nos próximos 36 meses do que os 12 meses à frente? Justifique e compare sua resposta com a do Modelo Macro da Moody, disponível em: <http://www.economy.com/>.

CASO

CHEGADA DE NAVIOS DE CRUZEIRO NO ALASCA

Os meses de verão trazem tempo quente, fauna abundante (ursos) e turistas às cidades costeiras do Alasca. Skagway, no topo da Inland Passage, era, no século 19, a porta de entrada para o Yukon. Hoje em dia, a cidade atrai diversos navios de cruzeiro por dia; literalmente, das 10 às 17 horas, milhares de passageiros desembarcam na cidade de 800 habitantes para viver a experiência de cruzar a fronteira do Alasca. Alguns sobem a montanha em trens a vapor, enquanto outros passeiam pela cidade e gastam dinheiro em galerias de arte, restaurantes e lojas de suvenires. A Câmara de Comércio de Skagway está tentando decidir qual forma de transporte, tendo como referência a tabela de estatísticas de chegada de habitantes (a seguir), deve receber a mais alta prioridade nas promoções turísticas da próxima temporada.

Questões

1. Represente em um único gráfico os dados brutos de chegada para cada meio de transporte em relação ao tempo. Qual meio de transporte cresce mais rápido? E qual cresce de maneira mais lenta?
2. Represente em um único gráfico o logaritmo de chegadas para cada meio de transporte em relação ao tempo. E agora, qual parece crescer mais rápido?

3. Logaritmos são especialmente úteis para comparar as séries com duas escalas divergentes, já que 10% de crescimento não parece mudar muita coisa, independente do nível inicial. Quando níveis absolutos são importantes, os dados brutos são considerados mais apropriados, mas quando taxas de crescimento são o que importa, escalas logarítmicas são melhores.
4. Agora, crie um índice que represente o crescimento de chegadas em cada meio de transporte dividindo o primeiro (menor) número em cada coluna pelos números restantes na coluna. Represente em um único gráfico este índice para cada meio de transporte em relação ao tempo. Qual meio cresce mais rápido?
5. Ao se formular um modelo de dados de chegada do passageiro em navio de cruzeiro ao longo do tempo, um modelo não linear (talvez um exponencial multiplicativo) seria preferível a um modelo linear de chegadas em um navio de cruzeiro em relação ao tempo? E se for o caso da chegada de passageiros por meio de balsa em relação ao tempo?
6. Estime o duplo-log (log linear) do modelo de tendência temporal para o registro de chegadas de navios de cruzeiro contra o log de tempo. Faça uma estimativa do modelo de tendência temporal linear das chegadas de navios de cruzeiro contra o tempo. Calcule a raiz quadrada do erro médio entre o valor previsto e o real da chegada dos navios de cruzeiro. A raiz quadrada do erro médio é maior para o modelo de tendência temporal de duplo-log ou para o modelo de tendência temporal linear?

Estatísticas da chegada de visitantes de Skagway				
Ano	Cruzeiro	Balsa	Rodovia	Avião
1983	48.066	25.288	72.384	3.500
1984	54.907	25.196	79.215	3.750
1985	77.623	31.522	89.542	4.000
1986	100.695	30.981	91.908	4.250
1987	119.279	30.905	70.993	4.953
1988	115.505	31.481	74.614	5.957
1989	112.692	29.997	63.789	7.233
1990	136.512	33.234	63.237	4.799
1991	141.284	33.630	64.610	4.853
1992	145.973	37.216	79.946	7.947
1993	192.549	33.650	80.709	10.092
1994	204.387	34,270	81.172	10.000
1995	256.788	33.961	87.977	17.000
1996	299.651	35.760	86.536	20.721
1997	438.305	27.659	91.849	11.466
1998	494.961	31.324	100.784	20.679
1999	525.507	31.467	92.291	15.963

Os dados estão disponíveis em um arquivo de Excel no website do livro.
Fonte: The Skagway News, 16 nov. 1999.

Previsão do preço da madeira serrada

Questões

1. Uma das variáveis mais importantes que deve ser prevista com exatidão para projetar o custo de construção de uma casa unifamiliar é o preço das vigas de madeira extraídas dos pinheiros do sul. Use os dados a seguir para prever os preços da madeira serrada para os próximos dois e quatro anos. Compare a acurácia da previsão de pelo menos dois métodos de previsão alternativos.

Índice de preços da madeira serrada			
2012	244,5	1985	100,0
2011	200,6	1984	101,3
2010	190,0	1983	101,2
2009	177,1	1982	93,8
2008	196,8	1981	96,4
2007	205,1	1980	95,2
2006	192,5	1979	99,0
2005	173,2	1978	90,9
2004	160,0	1977	77,9
2003	137,1	1976	67,7
2002	134,5	1975	58,3
2001	140,2	1974	60,5
2000	146,4	1973	58,3
1999	176,3	1972	47,6
1998	168,4	1971	41,9
1997	182,7	1970	37,4
1996	168,7	1969	41,3
1995	162,7	1968	37,3
1994	168,9	1967	32,9
1993	163,2	1966	33,0
1992	137,5	1965	31,6
1991	123,9	1964	31,4
1990	121,7		
1989	118,9		
1988	111,5		
1987	105,8		
1986	100,7		

Os dados estão disponíveis em um arquivo de Excel no website do livro.
Fonte: Forest Product Market Prices and Statistics, Annual Yearbooks. Random Length Productions.
(várias questões)

Previsão durante a crise financeira global

As causas e consequências da crise financeira global (CFG) são numerosas e ainda hoje discutidas calorosamente.[18] Um dos catalisadores foi claramente o colapso do mercado imobiliário dos Estados Unidos em 2007-2008. O Federal Reserve desempenhou seu papel, estimulando grandemente a economia durante 2004-2007, quando a bolha imobiliária estava se formando. Mais tarde, o FED apertou as condições de crédito durante todo o ano de 2007 e no começo de 2008, mesmo o Banker's Roundtable tendo reportado que a demanda por empréstimo havia "despencado". O Congresso desempenhou seu papel ao redigir a legislação que encorajou as pessoas com perspectiva real de pedir um empréstimo hipotecário ia adquirir um imóvel. Até mesmo empréstimos para hipotecas de alto risco foram concedidos a pessoas sem renda, trabalho fixo e bens (os chamados, em inglês, Ninja loans). Mutuários de renda intermediária desempenharam seu papel buscando o financiamento de casas muito maiores do que suas

---
18 Ver Getting Up to Speed on the Financial Crisis. *Journal of Economic Literature*, 50, n. 1, 2012, p. 128-50.

possibilidades. Os corretores financeiros receberam gordas comissões ao facilitar essas transações com aprovação dos bancos, enquanto as autoridades reguladores dos bancos faziam vista grossa.

No final, a CFG resultou um enorme fracasso dos mercados de capitais, que provocou o que se chamou Grande Contração. O PIB dos Estados Unidos caiu em proporções jamais vistas desde os −20% observados na Grande Depressão, de 1929 a 1932. No último trimestre da gestão presidencial de George W. Bush (2008Q4), o PIB real caiu para incríveis −9%. A confiança das empresas e o investimento privado desabou −37%, de 2007 a 2009, embora o consumo tenha caído −2%. Cumulativamente, foram perdidos quatro anos de crescimento do produto potencial e aproximadamente US$1,7 trilhões, de modo que o PIB real dos Estados Unidos foi, em 2011Q4, de US$13.3 trilhões, valor observado pela primeira vez desde 2007Q4. O que causou esse evento cataclísmico? Foi falta de governança corporativa ou deve-se culpar a falha de integridade das empresas?

Em certo sentido, a ação pauliana está subjacente à crise financeira global. Títulos hipotecários que combinavam financiamento prime e subprime (com subprime apresentando entradas de pouco valor e muito risco de inadimplência) foram "empacotados" e vendidos como títulos de dívida considerados nível A. Pior ainda, os compradores da dívida então retiraram as *tranches* de fundos, "reembalaram" esses empréstimos hipotecários de grande risco e os venderam a compradores do mundo todo, também classificados como títulos nível A. É possível argumentar que isso constitui uma ação pauliana, mas, no mínimo, tais transações violam a integridade do mercado, pela qual os executivos seniores de banco e corretoras foram os responsáveis.

A integridade de mercado é sempre definida como relativa às expectativas de mercados justos e organizados por parte dos seus participantes. Nos mercados acionários, por exemplo, Aitken e Harris (2011) argumentam que os participantes do mercado esperam que os reguladores proíbam a manipulação do mercado, utilização de informação privilegiada e conflitos de interesses em *front running*, praticados por corretores que agem como diretores e agentes.[19] No entanto, no mercado de dívidas, seus participantes esperam a evidenciação parcial, o conflito de interesses desenfreado e a deturpação e manipulação intencional. Normalmente, pessoas bem informadas pegam o telefone e revelam informações bancárias não auditadas, não disponíveis ao público, a fim de aprimorar sua posição de barganha ante o preço do título negociado. No entanto, essas negociações sobre o "corte" garantido pelos riscos percebidos do título ocorrem entre profissionais sofisticados, com efeitos poderosos na reputação de repetidos contratos de compra e acordos bilaterais.

O contraste entre mercados de ação e mercados de títulos não poderia ser maior. No primeiro, compradores e vendedores do varejo, com acesso a nem mais nem menos informações divulgadas publicamente, encontram negociantes anônimos e sofisticados em transações cambiais altamente controladas. Esses negociantes *on-exchange* têm o apoio de câmaras de compensação para mitigar o risco da contraparte. Os preços postecipados ficam disponíveis para imediata execução dos corretores, cuja função é evitar conflitos de interesse graves. Os preços negociados são informativamente eficientes, em parte porque os deslocamentos de preço atribuídos à manipulação de mercado são vigiados, detectados e, frequentemente, impedidos. Dessa forma, o que é justo e eficiente no mercado acionário reflete as mais altas expectativas de integridade dos seus participantes.

Contudo, o oposto permeia o mercado de tútulos, e aí é que surge o problema da hipoteca de alto risco. Compradores altamente experientes de títulos hipotecários sabem que os vendedores comercializam e misturam *tranches* de títulos com taxas de inadimplência mais altas do que suas classificações A− deveriam transmitir. Normalmente, menos de 1% dos mutuários de altas hipotecas falham no seu pagamento. É comum que hipotecas de alto risco apresentem inadimplência em apenas 4% de todos os casos.

Como o preço das casas caiu 27% em todo o país em 2007-2009, e uma casa típica passou a custar apenas 73% do seu valor de compra de 2007, esses percentuais de inadimplência representaram 3,5% para hipotecas básicas e 13% para as de alto risco. Era mais barato abandonar

---

19 M. Aitken e F. H. de B. Harris. Evidence-Based Policy-Making for Financial Markets. *Journal of Trading* 6, 3, verão de 2011, p. 22-31; e F. Harris. Panel Discussion of a Proposed Framework for Assessing Market Quality, 6, 3, verão de 2011, p. 69-89.

uma casa que valia menos do que os 80% de sua hipoteca e permitir que o banco a executasse, do que continuar efetuando os pagamentos e torcer por uma melhora do mercado imobiliário.

Mais despejos levaram a mais vendas forçadas, e mais vendas forçadas fizeram que estados como Califórnia, Flórida, e municípios como Phoenix e Las Vegas, sofressem uma queda de –45% no preço das casas. Consequentemente, conforme a GFC se aprofundava e as taxas de inadimplência pioravam, os envolvidos com títulos hipotecários sabiam como aplicar "cortes" mais profundamente aos *tranches* de títulos misturados que estavam sendo conduzidos de forma fraudulenta. Em novembro de 2007, o "corte" de 7% sobre os títulos hipotecários tornou-se 45% em novembro de 2008. Ainda assim, esse reconhecimento não conseguiu impedir a destruição do patrimônio familiar associado com bens imobiliários. Dessa forma, junto com os efeitos negativos no patrimônio, surgiu uma perda maciça da confiança do consumidor e das empresas. Uma família típica começou a relutar em adquirir bens duráveis, até mesmo uma torradeira, e a economia seguiu uma espiral negativa, numa espécie de queda livre.

Questões

1. Uma governança corporativa mais forte e maior integridade empresarial poderia fazer a diferença? A resposta a contrafatuais é sempre incerta, mas faz pensar sobre como os eventos podem se desenrolar de forma diferente. Uma suposição: e se mais executivos seniores se recusassem a se desligar de uma ação pauliana de vínculos avaliados de forma errônea?

2. E se um maior monitoramento por parte de executivos do meio corporativo prevenisse os corretores de hipoteca de arquivarem solicitações de hipoteca claramente fraudulentas?

3. Imagine que gestores de risco seniores tenham perguntado qual seria a contrapartida necessária para avançar na compra de títulos hipotecários assim que se tornasse evidente que suas taxas de inadimplência foram grandemente subestimadas. Todos os mercados, especialmente os financeiros, lidam de forma transparente com um ajuste de preços suficiente. No entanto, suponha que executivos seniores de bancos tenham sido pressionados por respostas diretas a respeito do quanto deveria ser um "corte" tão fraudulento em títulos transmitidos. É possível que essa situação pudesse ter sido evitada?

CAPÍTULO 6

Gestão da economia global

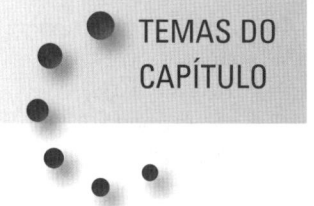

TEMAS DO CAPÍTULO

Hoje em dia, em vários continentes, os planos de negócios envolvem cadeias de suprimento estrangeiras, fabricação *offshore* e marketing direcionado. Muitas empresas norte-americanas, alemãs, japonesas, taiwanesas e coreanas envolvem-se com investimento estrangeiro direto e fabricação por meio de subsidiárias do exterior. Outras negociam a fabricação do produto a preços baixos, mas com alta qualidade de produção, com parceiros terceirizados em países como China, México, Portugal, Brasil, Indonésia e ilhas do Caribe. Ainda assim, compram peças, acessórios e componentes pré-montados de empresas estrangeiras. Quase todas as empresas enfrentam competição das mercadorias importadas e fabricam um produto para exportação para vender no mercado estrangeiro. De fato, os mercados para exportação estão aumentando a fonte primária do crescimento de vendas para muitos fabricantes dos Estados Unidos. Este país é o maior importador/exportador do mundo; 32% do PIB dos Estados Unidos estão comprometidos com transações de importação/exportação. China e Alemanha representam, respectivamente, a segunda e a terceira maior fatia do comércio global. Uma análise cuidadosa e a previsão exata dessas compras e vendas internacionais fornecem informações essenciais para o desenvolvimento da capacidade de planejamento, do cronograma de produção, precificação, promoção e dos planos de distribuição em muitas empresas.

Neste capítulo, mostramos como os gerentes incorporam análises dos ciclos da taxa de câmbio em seus planos de negócios de três a cinco anos. Investigamos como o comércio internacional de mercadorias e serviços, além dos fluxos internacionais de capital, determinam tendências de longo prazo para as taxas de câmbio. A paridade do poder de compra fornece outro modo para avaliar essas tendências de câmbio de moedas estrangeiras e incorporar fluxo de caixa das vendas líquidas de exportação no planejamento do cenário dos negócios. Depois, exploramos as razões e os padrões de comércio na economia mundial, com especial atenção aos blocos regionais de comércio e economias emergentes, tais como União Europeia, Nafta, China e Índia. O capítulo é encerrado com as perspectivas sobre o déficit no comércio dos Estados Unidos. Nossa atenção será completamente direcionada a uma abordagem de gestão para o comércio e a política internacionais.

Desafio gerencial
Crise financeira diminui o consumo doméstico e esmaga o investimento nos negócios: A exportação para a China poderia significar uma recuperação?

O Produto Interno Bruto (PIB) dos Estados Unidos, uma medida da atividade empresarial agregada, é de US$15,7 trilhões. Para entender este panorama, é possível analisá-lo sob três perspectivas: (1) o tamanho em relação a outras grandes economias, como China, Japão e Alemanha; (2) o tamanho relativo de elementos do PIB dos Estados Unidos; e (3) a amplidão gigantesca dos seus trilhões. O valor um trilhão (1.000.000.000.000) é 1.000 vezes maior que o PIB de um bilhão de adultos na China continental; e 3.000 vezes maior que o orçamento anual de uma típica universidade (US$333 milhões). Ou seja, 15,7 trilhões são realmente um valor muito alto.

A China apresentou o segundo maior PIB mundial em 2012, US$7,5 trilhões, utilizando taxa de câmbio nominal estrangeira de CNY 6,34/US$ em meados de 2012. Japão, Alemanha, Brasil e Reino Unido são as próximas cinco maiores economias mundiais, com, respectivamente, US$5,9 trilhões, US$3,6 trilhões, US$2,8 trilhões, US$2,5 trilhões e US$2,4 trilhões. O caso da China é especialmente interessante, porque não se negocia a moeda chinesa com livre flutuação nos mercados cambiais. Pelo contrário, o governo chinês insistiu em sancionar uma taxa de câmbio oficial (CNY 6,37/US$) que pode variar diariamente em até 0,5% – a chamada flutuação controlada.

Ao dividirmos o PIB de 2011 dos Estados Unidos, US$15,7 trilhões, pela população do país, 314 milhões, a renda *per capita* deste país é de US$50.000, enquanto a da China, no mesmo período, é US$5.539 (US$7,5T/população de 1.354 bilhões).

Contudo, o Fundo Monetário Internacional (FMI) estimou que, se o rendimento chinês fosse avaliado em relação aos preços que prevalecem nos Estados Unidos, a China seria uma economia de US$11,4 trilhões. Esses valores corrigidos transmitem a quantidade comparável da atividade dos negócios que ocorre na China, embora com menor renda, e, logo, *markups*, margens e preços bem menores do que nos Estados Unidos.

Como os US$15,7 trilhões do PIB dos Estados Unidos se dividem entre seus vários componentes de C + I + G + Líquido X, é também esclarecedor pensar sobre o gerenciamento das exportações. O consumo (C) é, de longe, o maior componente do PIB norte-americano, contabilizado para além dos US$11 trilhões – do total de US$15,7 trilhões nos últimos anos:

$$\text{PIB} = (C + I + G) + \text{Líquido X}$$
$$2012\ (11{,}1T + 2{,}1T + 3{,}1T) + (-0{,}5T)$$
$$\text{Exportação} - \text{Importação}$$
$$(2{,}2T - 2{,}7T)$$
$$= 16{,}242T \quad + (-561T)$$
$$= \text{US}\$15{,}7T$$

Essas proporções do PIB dos Estados Unidos (71% de consumo, 13% de investimento, 20% do governo, 14% de exportação e 18% de importação) não caracterizariam o rápido desenvolvimento de economias emergentes, como China e Índia, nas quais o investimento (I), como proporção do PIB, é muito mais alto (47% e 35%, respectivamente), nem de economias movidas à exportação, como Alemanha, Coreia do Sul e Holanda, nas quais as exportações constituem 35%, 43% e 65% do PIB, respectivamente. Mas, com 32% do PIB, a atividade de importação e exportação empregou muitos norte-americanos, e este fato foi crucial para escapar da severa recessão de 2008-2009. O U.S Federal Reserve manteve taxas de juros reais próximas de zero entre 2009-2012 não apenas para estimular o investimento e o empréstimo nos negócios, mas também para manter baixo o valor do dólar norte-americano, estimulando, desta forma, a exportação dos Estados Unidos. A Cummins Inc., de Columbus, Indiana, é exemplo de um fabricante de motor a diesel cuja parcela de 59% das vendas no exterior é muito sensível a flutuações da taxa de câmbio.

Recentemente, o crescimento da exportação contribuiu para a maior parte do crescimento real do PIB Estados Unidos: + 38% de +0,4% de crescimento em 2010 + 1,5% de –2% crescimento em 2009 + 0,88% + +1,7% de crescimento em 2008. Como resultado, o crescimento da exportação ofereceu uma das únicas saídas de emergência da severa recessão de 2008-2009. Lembre-se de que o consumo doméstico (C) despencou em US$220 milhões e o investimento em US$400 bilhões. Como resultado, em um curto prazo, o crescimento da exportação, juntamente com o déficit orçamental de uma agressiva política fiscal do governo (G), foram os escolhidos pela administração do presidente Obama para deter o desemprego e impulsionar a recuperação.

Quais eram os sintomas da recessão de 2009 nos Estados Unidos e que desafios os gerentes enfrentaram como resultado disso? Primeiro, o PIB dos Estados Unidos contraiu por quatro trimestres consecutivos [–2.7% em 2008 (Q3), –9% em 2008 (Q4), –6.7% em 2009 (Q1) e –1% em 2009 (Q2)]. Isto nunca tinha acontecido, desde que as estatísticas de rendimento nacional começaram a ser coletadas no final da Segunda Guerra Mundial. Desta forma, a recessão foi severa e persistente. Segundo, o desemprego disparou, aumentando acima de 10% em 2009 (Q3), quando 4% a 5% constitui uma taxa "natural" de desemprego em uma economia como a dos Estados Unidos, integralmente empregada. Isto raramente aconteceu, apenas uma vez desde 1947 (no auge da recessão de 1982). Por fim, a produção industrial diminuiu em 17 de 18 meses.

Um primeiro desafio foi entender as origens desta crise no consumo, investimento e produção industrial. O consumo de bens duráveis caiu porque a maioria dos lares estadunidenses é agora acionista de fundo mútuo, e o patrimônio desses acionistas perdeu US$2,4 trilhões durante 2008. Desta forma, os lares norte-americanos sofreram uma redução massiva em recursos, equivalente a toda a economia do Reino Unido. Não é, pois, surpreendente, que o consumo de eletrodomésticos, móveis, automóveis e outros bens duráveis tenha caído 5% em 2009, depois de desabar 40% em 2008. O consumo de não duráveis também declinou 3%, depois de cair 11% em 2008.

O investimento em negócios também caiu 20% em meados de 2009, depois de desabar 51% no começo de 2009 (Q1) e 41% em 2008. As compras para estoque foram, em especial, reduzidas. Por quê? (1) O fluxo de pedidos começou a declinar, sugerindo que as previsões de unidade de vendas deveriam ser drasticamente cortadas, (2) os custos de energia aumentaram vertiginosamente em meados de 2008, aumentando o índice de preços do produtor em 10%, (3) a demanda de exportação do Japão e da União Europeia caiu pela metade, refletindo uma recessão mundial de – 2%.

O único ponto positivo foi a China, que continuou a apresentar um rápido crescimento. O PNB chinês cresceu 9% em 2009, 10,1% em 2010 e 9,2% em 2011. As vendas do varejo chinês cresceram 17% durante um período de três anos, num momento em que a maior parte do mundo desacelerava até quase parar. Em grande medida, a China não é uma máquina de exportação como a Coreia do Sul ou a Holanda. As exportações representam 27% do PIB chinês, mas, pela primeira vez, em 2011 a China administrou um déficit comercial nas exportações, representando $110 bilhões a menos do que as importações. Nos últimos dez anos, as exportações líquidas representaram apenas um décimo do crescimento econômico chinês. A demanda das famílias começa a acelerar conforme a China muda seu padrão de vida de país em desenvolvimento para país desenvolvido. Como resultado, as exportações dos Estados Unidos para a China têm continuado a crescer de 2008-2011, de US$60 bilhões para US$80 bilhões, US$98 bilhões e US$107 bilhões, mesmo com a severa recessão dos Estados Unidos e suas consequências.

A expansão das exportações tem sido complementada pelos gastos federais massivos com infraestrutura e produtividade, aumentando os treinamentos e as instalações. As reduções no imposto federal, em 2007, levaram as famílias a pagar suas dívidas com cartão de crédito, em vez de fazê-las sair para gastar mais e repor utensílios. Ironicamente, depois disso as empresas de cartão de crédito marcaram essas famílias como maiores riscos de crédito e prontamente cortaram seus limites de crédito, o que induziu ainda maior precaução com as compras. John Maynard Keynes descreveu esta situação como uma clássica armadilha de liquidez, em que o consumo e o investimento declinam em forma de espiral, apesar da política fiscal e monetária projetada para melhorar a liquidez das famílias.

Custos de empréstimos mais baixos também podem aumentar a capacidade das empresas de financiar suas necessidades de capital de giro. Infelizmente, para os Estados Unidos e Japão, as taxas de juros de curto prazo já são próximas de zero (0,1% a 0,4%); e, assim sendo, as políticas monetárias tradicionais de fato não têm espaço para estimular essas duas economias gigantes. O Federal Reserve, então, adotou a **flexibilização quantitativa**, que compra instrumentos como obrigações do tesouro, T-Bond (*treasury bond*), de longo prazo, como 10 anos, a fim de reduzir os custos de financiamento de hipoteca e estabilizar o mercado imobiliário.

Tentaram-se iniciativas de *políticas de crédito* engenhosas, mas provaram-se largamente ineficazes em liberar mais empréstimos bancários. Os banqueiros mostraram-se teimosos em ampliar o crédito a negócios de pequeno e médio portes que sobrevivem desses empréstimos de um estágio do ciclo de negócios para outro. Tendo perdido muito dinheiro em 2004-2007, ao estenderem além do limite o crédito, banqueiros e

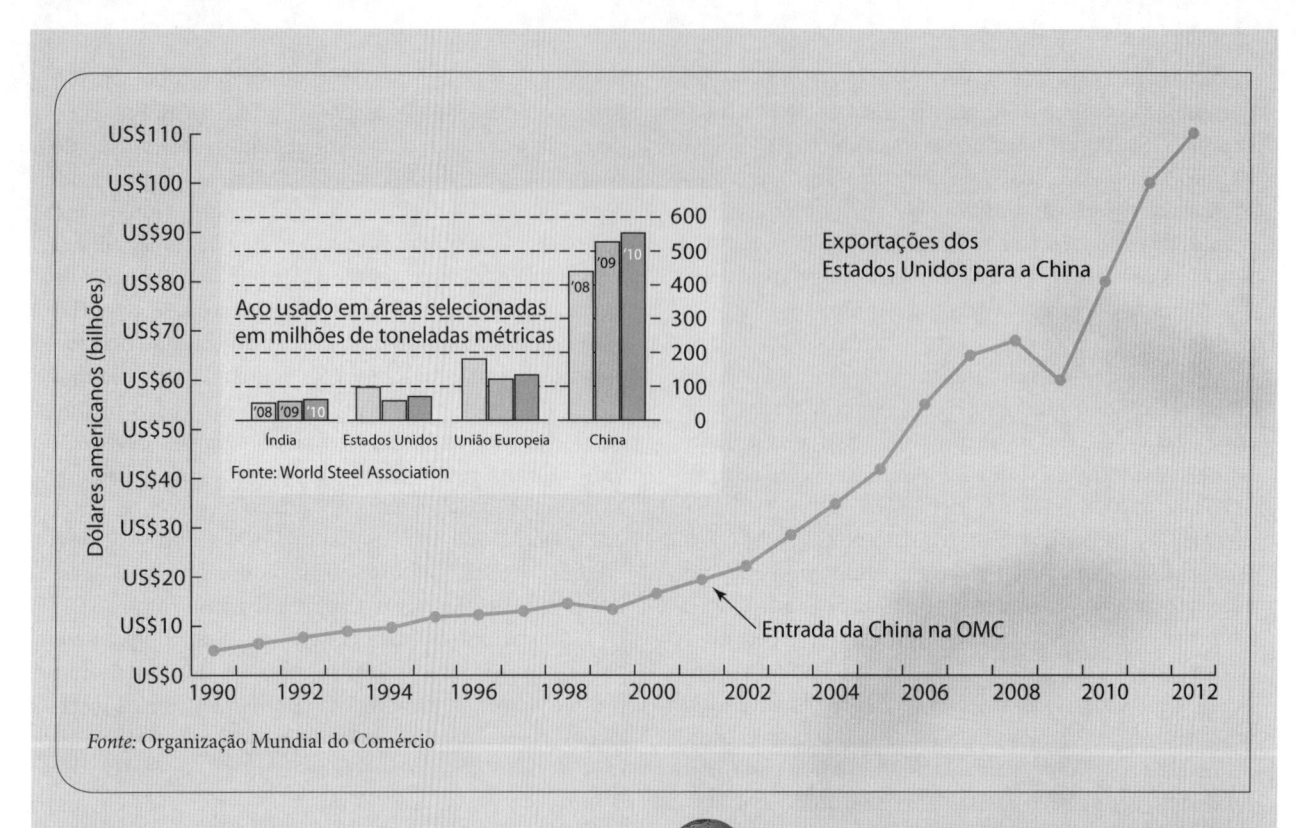

Aço usado em áreas selecionadas em milhões de toneladas métricas

(Gráfico de barras: Índia, Estados Unidos, União Europeia, China — anos '08, '09, '10)

Fonte: World Steel Association

Exportações dos Estados Unidos para a China (Dólares americanos em bilhões, 1990-2012)

Entrada da China na OMC

Fonte: Organização Mundial do Comércio

entidades reguladoras de bancos estão exagerando quando concedem apenas subempréstimos. Como resultado, as condições de crédito dos bancos ficaram apertadas justamente quando as empresas precisam fazer estoques para fomentar novas vendas para clientes recorrentes.

Nesse cenário, apenas o gastos federais com o componente do governo do PIB (G) e níveis maiores de exportações, especialmente para Índia e China, mantêm a perspectiva de reiniciar a expansão econômica. Pela primeira vez, mesmo em 2010 e 2011, as exportações dos Estados Unidos para mercados emergentes excederam as exportações para mercados desenvolvidos.

Questões para discussão

- Identifique alguns motivos que mostram por que o setor de exportação permanece tão crucial para a recuperação da Grande Recessão de 2008-2009 dos Estados Unidos.
- Por que, em 2009, as famílias norte-americanos não conseguiam comprar sequer uma torradeira?
- Por que as empresas dos Estados Unidos tendem a lucrar primeiro com o aumento das exportações?
- O dólar americano em alta prejudica as exportações dos Estados Unidos? Por quê?

INTRODUÇÃO

A redução das barreiras comerciais e a abertura dos mercados às importações estrangeiras pelo mundo aumentaram a pressão competitiva sobre os fabricantes que dominavam suas indústrias domésticas. Tênis e outros tipos de calçados que eram produzidos em grandes fábricas na Grã-Bretanha e Estados Unidos agora vêm da Coreia do Sul, China e Itália. O mercado de automóveis e peças, antes dominado por empresas como Ford, General Motors e fornecedores de peças automotivas como Magna, agora se faz cada vez mais presente no Japão e na China. Além disso, a Toyota possui 15 montadoras e fábricas de peças na América do Norte, 4 na América do Sul, 6 na Europa, 4 na Índia e no Paquistão, e 28 em outros países da Ásia. No varejo, o McDonald's opera em mais de 100 países, Walmart vende US$217 bilhões no mercado estrangeiro, e as vendas internacionais da Coca-Cola, Kellog, Gilette e Pampers excedem as realizadas nos Estados Unidos. A Boing e a Microsoft são os dois maiores exportadores dos Estados Unidos, mas outras exportações importantes deste país incluem filmes, equipamento elétrico, maquinaria pesada, serviços de contabilidade e de consultoria e franquias do varejo.

De forma similar, terceirizar vários componentes e peças separadas para empresas estrangeiras tornou-se uma prática padrão dos fabricantes dos Estados Unidos, na gestão da cadeia de suprimentos. A cada três dias, chegavam do Japão para montagem final da Boeing de Everett, em Washington, perto de Seattle, as asas para o novo Boeing 787 de 300 assentos, feitos para viagens de longa distância. A Chrysler tem a possibilidade de escolher para suas minivans blocos de motor do México, peças eletrônicas desenvolvidas em Taiwan, ferramentas de máquinas de rolamento na Alemanha, e montagem final no Canadá. Os móveis de madeira "feitos nos Estados Unidos" hoje em dia incluem peças estrangeiras, feitas no Canadá, México e Oriente Médio, totalizando 38% do valor adicionado. Ou seja, quando 32% da produção canadense e 25% da mexicana ou malaia fluem para os Estados Unidos como importação, pode-se dizer que muito do fluxo do produto final apresenta componentes já montados agora na posse de empresas nos Estados Unidos. Isto explica, em grande parte, por que quase um terço do lucro das corporações dos Estados Unidos vem de operações no exterior. O mundo dos negócios necessita verdadeiramente da gestão de economia global.

VENDAS DE IMPORTAÇÃO-EXPORTAÇÃO E TAXAS CAMBIAIS

Conforme mostrado no exemplo anterior, vendas de importação-exportação e margens de lucro são muito sensíveis a mudanças nas taxas cambiais. Durante o período 1980-2012, as taxas de câmbio estiveram quatro vezes mais voláteis do que as taxas de juros, e dez vezes mais voláteis do que as taxas de inflação.

A Figura 6.1 mostra que as taxas de câmbio de £/$ e DM/$ na década de 1980, a taxa cambial (TC) de ¥/$ nos anos de 1990 e a de €/$ nos anos 2000 foram particularmente voláteis. Analisar e prever os efeitos do fluxo de caixa em mudanças de taxa cambial tão grandes (por vezes chamadas "risco cambial") fornecem informações cruciais para operações de marketing e planos financeiros de empresas como Boeing, Microsoft e IBM, assim como ChemChina, Toyota e Volkswagen.

O QUE DEU CERTO • O QUE DEU ERRADO

Precificação para o mercado de exportação da Toyota[1]

Em fevereiro de 2002, um dólar americano (US$) correspondia a ¥135. O Toyota Celica GT-S Coupe, um carro esporte popular, feito no Japão e enviado para revendedores nos Estados Unidos, era vendido por US$21.165, ou seja, cada venda efetivada trazia quase ¥3 milhões (isto é, ¥2.857,275) em receitas de venda. Dois anos depois, em 2004, o dólar valia apenas ¥104. Esta depreciação de 25% do dólar fez que as exportações do Japão aos Estados Unidos se tornassem potencialmente bem menos lucrativas. Para recuperar os custos e receber a mesma margem de lucro no Japão, a Toyota precisou precificar o GT-S Coupe de 2004 em US$27.474, a fim de novamente obter o valor de ¥2,857.275.

Ao invés de aumentar abruptamente o preço de tabela do seu cupê esportivo e tentar limitar a erosão da fatia de mercado por meio da ênfase na potência, estilo ou qualidade da fabricação, a Toyota optou por reduzir as margens de lucro. Especificamente, um pequeno aumento de US$390 no preço, para US$21.555 do Celica GT-S de 2004, auferiu apenas ¥2.241,720 de retorno ganho na sede em Tóquio (¥615.555,000 menos do que 2002). A abordagem minimalista da Toyota ao aumento de preços baixou as margens de lucro, mas preservou a fatia de mercado estrangeira do Celica.

Empresas diferentes reagem de formas distintas aos desafios apresentados por flutuações de mercado tão severas como essas. A General Motors e a Ford tendem a manter margens e sacrificar fatias de mercado, enquanto a Toyota, cortar margens para aumentar a fatia de mercado. Em parte por causa dessas decisões de precificação, entre 1985 e 2012 a fatia de mercado da Toyota referente à América do Norte subiu de 5% para 16%, enquanto a da General Motors caiu de 45% para 19%. Teria sido uma abordagem correta para a Toyota com 60% dos lucros oriundos de exportação e uma abordagem oposta para a GM? Se estivesse assessorando a Toyota hoje em dia, você recomendaria que enfatizasse altas margens e a rentabilidade atual ou margens reduzidas e um crescimento na fatia de mercado mais à frente? Que papel desempenha a escala de produção e a economia de custos de comercialização com base em penetração de mercado?

---

1 Baseado em *Ward's Automotive World*, várias questões.

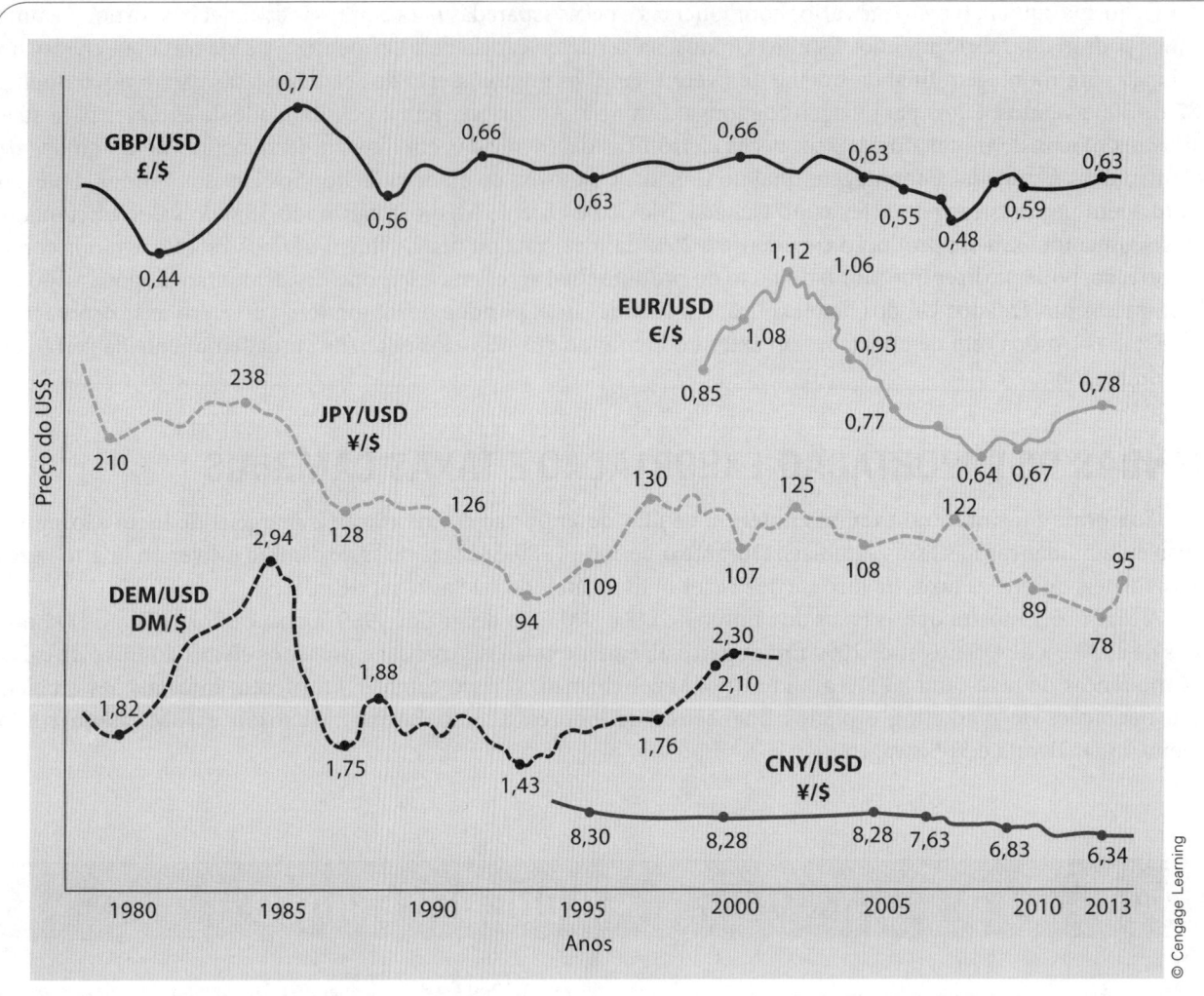

Figura 6.1 Taxa de câmbio estrangeira (FX Rates): o valor do dólar americano em comparação com as principais moedas

Exposição ao risco cambial

As exposições ao risco cambial são de três tipos: exposição ao risco de transação, exposição ao risco de conversão e exposição ao risco operacional.

Exposição ao risco de transação ocorre quando um acordo de compra com preço fixo ou um contrato de vendas (uma "transação" específica) faz que a empresa se comprometa a fazer pagamentos futuros ou aceitar contas a receber em moeda estrangeira. Durante o período de tempo que compreende executar o contrato e fazer ou receber de fato os pagamentos, a empresa está exposta ao risco cambial de transação. Muitos derivativos financeiros, como *FX forward*, *swaps* e contratos de opção surgiram para ajudar os tesoureiros corporativos a criar garantias que reduzem a exposição ao risco de transação a um custo modesto (algo em torno de 5%), delimitado e fixado com antecedência. O Apêndice 6A explica os mecanismos dessas coberturas financeiras.

Em segundo lugar, a **exposição ao risco de conversão** ocorre quando os ativos ou passivos estrangeiros de uma empresa são afetados por tendências persistentes na taxa de câmbio. Os livros contábeis no país doméstico devem ser ajustados de acordo. Foi necessário contabilizar uma fábrica de montagem de US$100 milhões da Volkswagen localizada nos Estados Unidos no balanço da sede alemã quando o dólar americano caiu de 1,12 €/$ em 2001 para 0,64 €/$ em 2008 (ver novamente a Figura 6.1). Essa exposição ao risco de conversão no valor de €48 milhões [(€1,12 − €0,64)/$] × US$100 milhões é facilmente compensada com um *hedge de balanço*, que iria combinar o prejuízo patrimonial da fábrica da Volkswagen nos Estados Unidos, em euros, a uma redução equivalente

CAPÍTULO 6 Gestão da economia global

> **EXEMPLO** Subsidiárias da GM sofrem perda cambial
>
> Em 2011-2012, uma parceira da GM, a Greely Auto, tinha entre seus tops de vendas três modelos de carros chineses. No entanto, o preço do dólar estava subindo vertiginosamente. A crise da dívida europeia tinha implementado a proposta *flight to quality*, na qual investidores estrangeiros movimentavam grandes somas de dinheiro para os Estados Unidos. Esses fluxos financeiros fizeram subir o preço do dólar no mercado cambial em 15%. Lucros provindos das subsidiárias estrangeiras da GM foram reformulados em valores mais baixos em dólares nas declarações de rendimento e balanços da empresa-mãe, com sede nos Estados Unidos. Mesmo que seus modelos fossem líderes de mercado, a GM reportou que os lucros nas subsidiárias estrangeiras caíram de US$550 milhões para US$395 milhões "devido a perdas em moeda estrangeira".

dos custos, em euro, de passivos nos Estados Unidos (digamos, uma queda de €112 a €64 milhões custa US$100 milhões em planos da previdência para trabalhadores norte-americanos). A intenção é não modificar a posição do ativo líquido na divisão da Volkswagen dos Estados Unidos. No geral, a menos que isso incomode financeiramente a empresa-mãe, a tal nível que o ativo estrangeiro amortize importantes ameaças colaterais, comprometidas com empréstimos a empresas, geralmente são ignorados os ajustes de balanço como esses, feitos em subsidiárias estrangeiras, devido ao risco cambial.

Por fim, as flutuações cambiais que resultam em mudanças substanciais na operação de fluxo de caixa das subsidiárias estrangeiras, como as que ocorreram com o Celica GT-S da Toyota, são exemplos de **exposição ao risco operacional**. Estas exposições são mais difíceis proteger (hedge) do que aquelas a risco de transação, e mais difíceis de prever do que exposições ao risco de conversão. Como resultado, as exposições ao risco operacional necessitam de mais atenção do gestor e de uma análise extensa.

Por um lado, a deterioração das receitas de vendas de exportação de subsidiárias estrangeiras é apenas um lado do problema posto pela alta da moeda doméstica. Além disso, dependendo da viabilidade da competição global, as exposições ao risco operacional também podem envolver uma deterioração substancial das vendas domésticas. Quando uma moeda doméstica se torna mais valiosa (apreciada), competir com produtos importados fica mais barato na moeda do mercado doméstico. Essas relações são bem ilustradas pelos negócios domésticos e para exportação da Cummins Engine Co.

PERSPECTIVAS INTERNACIONAIS
COLAPSO DAS VENDAS DOMÉSTICAS E PARA EXPORTAÇÃO DA CUMMINS ENGINE[2]

A fabricante norte-americana Cummins Engine Co. é líder na produção mundial de peças sobressalentes para motor a diesel para caminhões. Como todos os fabricantes de equipamentos duráveis, a receita da Cummins é altamente cíclica, e declina abruptamente quando há crises econômicas. Se as famílias compram menos aparelhos, roupas e móveis, menos transporte por caminhão é necessário para levar o estoque dos depósitos para as prateleiras do varejo. Menos transporte significa menos quilometragem para os caminhões, e menos quilometragem de caminhão significa uma demanda menor para peças sobressalentes de motor a diesel. Por exemplo, na severa recessão de 2008-2009, as vendas da Cummins caíram 29%, as margens operacionais desabaram de 9,6% para 4,5%, e o fluxo de caixa despencou 49%, de US$5.54 para US$2.85 por ação. Como a economia dos Estados Unidos melhorou no fim de 2009 e em 2010, as vendas e o fluxo de caixa da Cummins aumentou rapidamente (ver Figura 6.2). Esse período mostrou um dos padrões habituais de lucro e vendas cíclicas. Mas não durante o período 1999-2001, quando as vendas da Cummins caíram 15%, as margens

Cont.

desabaram de 9,4% para 4,3%, e o fluxo de caixa mergulhou de US$2,58 para US$0,82 por ação. Não houve recessão nesse período. Que fatores foram responsáveis por esse colapso anterior das vendas, margens e fluxo de caixa da Cummins?

Com uma fatia de mercado de 70%, a Cummins Engine compete domesticamente com a empresa número 2, Caterpillar (20%) e com a Detroit Diesel (10%). Contudo, a Cummins também vende 50% de suas peças sobressalentes para motor a diesel no mercado de exportação, competindo primeiramente com a Mercedes-Benz. O preço do euro, pelo qual um motor a diesel da Cummins pode ser vendido em Munique ou Roterdã (e ainda assim recuperar seu preço de custo, mais um pequeno lucro), é tão importante para o fluxo de caixa da Cummins quanto os custos dos insumos metálicos de produção ou as negociações salariais com a United Machinists Union. Um motor a diesel da Cummins de 835 polegadas quadradas, Série N, no valor de US$44.750, foi vendido por aproximadamente €38.000 em 1999, e novamente em 2004 por toda a Europa. Nesses anos, a taxa de câmbio entre o euro e o dólar americano permaneceu em aproximadamente 0,85 – ou seja, €0,85 por dólar. No entanto, no período de tempo intermediário, o dólar americano valorizou substancialmente. Em 2001, o seu valor tinha subido 27%, de €0,85 para €1,12 (ver novamente a Figura 6.1)[3].

O efeito da valorização do dólar de 1999-2001 nas vendas para exportação da Cummins foi catastrófico. Para a Lufthansa Airfreight, empresa alemã de transporte por caminhões, comprar um motor a diesel da Cummins em 2001, com o dólar no pico, era necessário desembolsar €1,12/$ × US$44.750 = €50.120! O equipamento não havia mudado. O serviço oferecido não havia mudado. A garantia também não. O diesel exportado dos Estados Unidos para a Alemanha (que anteriormente era precificado em €38.037) havia simplesmente encarecido em €12.083 unicamente porque a moeda euro dos compradores europeus havia se tornado bem menos valiosa em relação à imensa valorização do dólar americano. Um aumento de preços tão grande como o dos produtos para exportação da Cummins fez que itens concorrentes, como o diesel de €40.000 da Mercedes-Benz, se tornassem substancialmente mais atrativos para os compradores europeus do que antes da mudança na taxa cambial. Além disso, em 2001, a Mercedes-Benz viu uma grande oportunidade

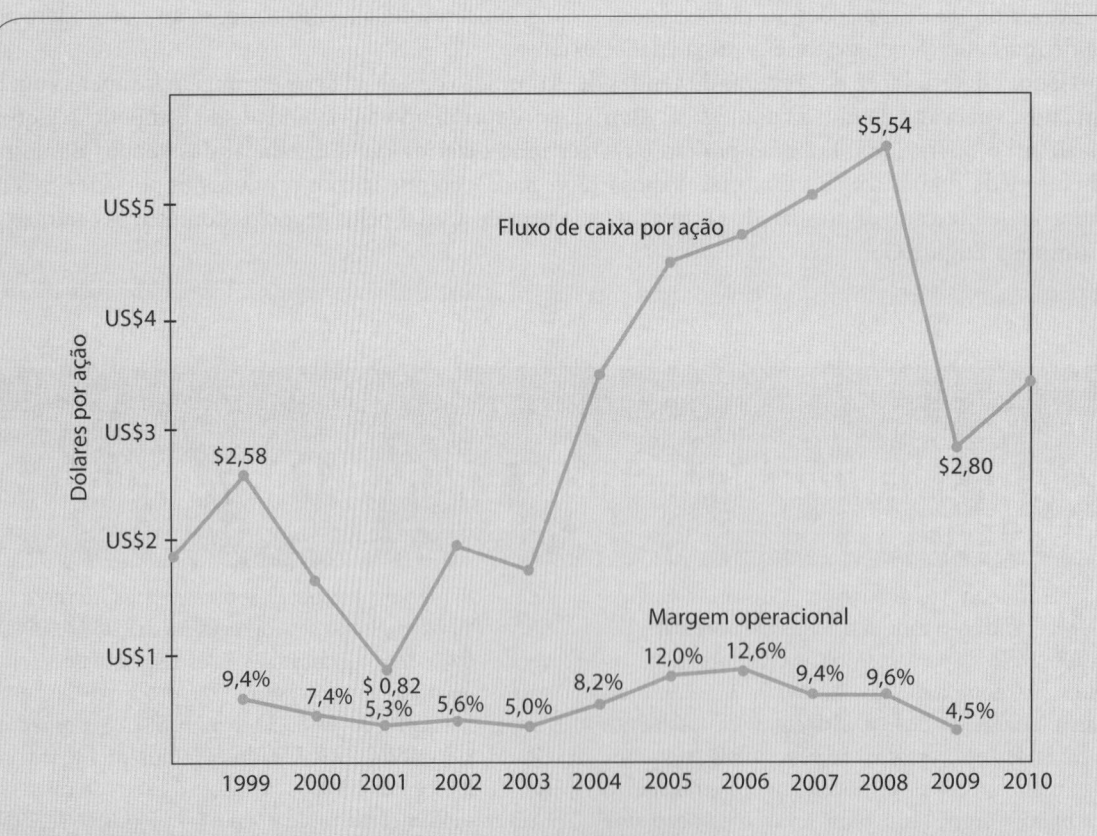

Figura 6.2 Fluxo de caixa e margens de operação da Cummins Engine
Fonte: Baseado em *Value Line Investment Survey, Ratings and Reports*, 23 out. 2009.

para vender suas próprias peças sobressalentes no território natal da Cummins, os Estados Unidos. Uma peça importada para motor a diesel fabricada pela Mercedes-Benz (vendida em Boston, Cleveland e Chicago por €40.000/0,85 = US$47.059 em 1999 e novamente em 2004) poderia cobrir custos e renderia um pequeno lucro se vendida a apenas US$35.714 (€40.000/1,12) em 2001, com o dólar no pico. Não surpreende que as peças da Mercedes-Benz tenham vendido tão bem nos Estados Unidos naquele ano. A Cummins foi forçada a barganhar muito mais com seus clientes domésticos fiéis e precisou cortar suas margens. Logo, em resposta à abrupta valorização de 27% do dólar, não apenas as vendas para exportação da Cummins caíram, mas também as domésticas desabaram (assim como suas margens). Essas exposições ao risco operacional de flutuações na taxa cambial exigem uma atenção substancial da gestão, porque são de magnitude incerta e têm duração imprevisível, o que as torna mais difíceis de ser minimizadas do que os riscos de transação.

A consistente depreciação do dólar americano, ocorrida entre 2001 e 2008 (ver Figura 6.1), colocou em vantagem as empresas norte-americanas de bens comercializáveis, como automóveis, VCRs, aviões e motores a diesel. A uma taxa de €0,64/US$, o motor a diesel da Cummins era vendido a €28.640 na Alemanha, enquanto a Mercedes vendia seu produto nos Estados Unidos por US$62.344. Quando o dólar se fortaleceu ante o euro, em 2010-2012, a uma taxa de €0,80/US$, as exportações nos Estados Unidos caíram vertiginosamente, enquanto as importações aumentaram imensamente, e o déficit comercial dos EUA (exportação menos importação) influou de –US$350 bilhões para –US$620 bilhões.

2 Baseado em *Value Line Investment Survey*, Part III: Ratings and Reports, várias questões.

3 O percentual da taxa de câmbio foi calculado como a diferença de um período para outro, dividida pela taxa cambial média do período. O motivo para esse procedimento intermediário foi para que, quando a taxa cambial €/US$ voltasse em 2001/2004 a algo próximo do seu nível original (isto é, €0,85/US$ em 1999 e 2004), o cálculo do ponto médio rendesse um ajuste de redução de –27%, igual e oposto ao aumento de 27% de 1999-2001.

TERCEIRIZAÇÃO

Um efeito permanente de toda pressão competitiva internacional sobre os fabricantes nos EUA em meados de anos 2000, de alta do dólar, foi a dedicação irrestrita ao corte de gastos. Com entregas precisas e a tempo de componentes, ordem de produção e outras técnicas simples de fabricação, as empresas dos EUA reduziram os custos de estocagem e os refugos, e cortou o tempo do ciclo de fabricação o suficiente para estimular em 25% a produtividade, de 2001 a 2005.[4] Ou seja, a proporção de mercadorias fabricadas com gastos de produção cresceu em firmas como Cummins, Caterpillar, General Electric e Boeing. Um dos motivos foi a melhoria nas técnicas de gestão de operações; outro, terceirização da TI, um processo de montagem menos complexo, e ter encarregado o manejo de matérias-primas a países como México, Coreia do Sul, Malásia e, atualmente, Índia e China.

Um laptop Hewlett-Packard é 95% terceirizado, com componentes de oito países, entregues diariamente para montagem em uma fábrica de Xangai, e, então, despachados num frete noturno por avião a Memphis, para que a FedEx os envie diretamente a clientes no dia seguinte (ver Figura 6.3). A terceirização não é algo novo. Empresas dos EUA, como Merck, DuPont e IBM, têm terceirizado serviços há décadas para a Alemanha, França, Irlanda e, atualmente, Índia, a fim de ter acesso a funcionários especializados para empregos analíticos em P&D. Além disso, a fabricação básica, que exige pouca qualificação e oferece empregos de baixos salários, mudou de lugar, da Europa para a América no final do século XIX e, a partir da metade do século XX, para o Canadá, México, Brasil, Portugal, e, mais recentemente, para a Malásia, Tailândia, Índia e China.

Um dos motivos é que os custos de transporte de Xangai para Nova York para um recipiente de 12 metros com capacidade para 6.000 peças somam apenas US$8.000 (US$1,35 por peça) para uma viagem de 30 dias pelo oceano através do Canal do Panamá (ver Figura 6.3), e apenas US$10.000 (US$1,70 por peça) pelo serviço intermodal de 20 dias através da baía de Long Beach, e, então, pelo transporte em caminhões norte-americanos. Dada sua alta proporção de valor, os laptops da Hewlett-Packard garantem o custo de frete aéreo de um Boeing 747, US$50.000, para ir de Xangai ao centro da FedEx, em Memphis, Tennessee, adicionando o valor aproximado de US$2 por laptop (ver Figura 6.3). Em todos os tipos de carga, o transporte marítimo adiciona apenas 3% a 4% ao preço estipulado de um produto – tão pouco como 2,5% ao preço de transporte de uma camiseta da China até Europa.

---
4 Baseado em Lean and Unseen. *The Economist*, 1º jul. 2006, p. 55-56; e Murray Weidenbaum. Outsourcing: Pros and Cons. *Business Horizons*, 2005, p. 311-15.

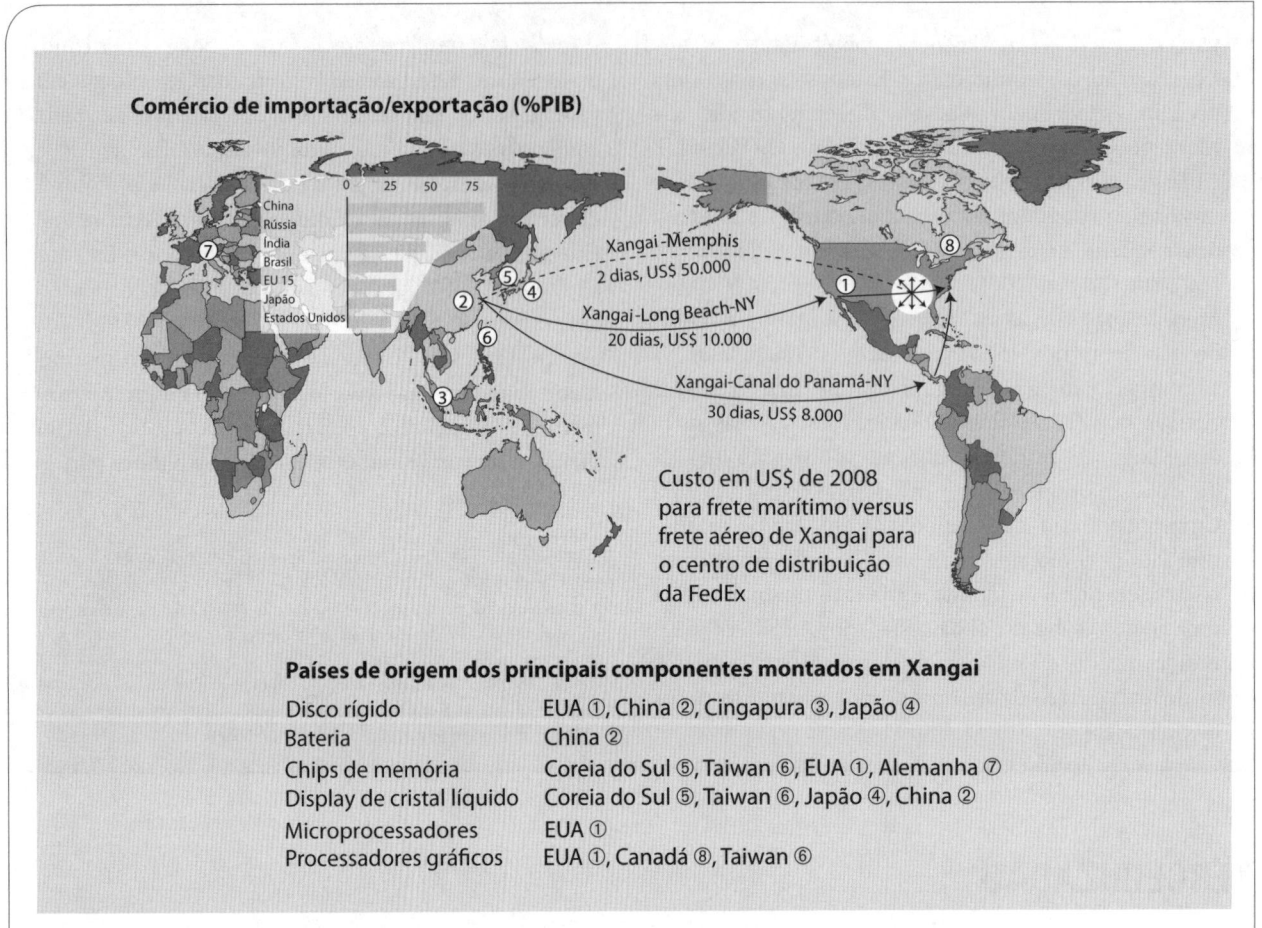

Figura 6.3 Custos de terceirização de transporte e fontes de componentes para um PC da HP

Fonte: The Economist, 9 ago. 2008, p. 64; *Wall Street Journal*, 9 jun. 2005, p. B1; World Trade Organization; e Thomson Datastream.

Contudo, a terceirização exige alguns custos adicionais. Os custos extraterritoriais totais incluem gastos com uma cuidadosa seleção de fornecedores, proteção à propriedade intelectual e compensação para gerentes expatriados. A Hewitt Associate LLC estima que transferir um funcionário norte-americano do nível de diretoria para Pequim ou Xangai exige US$190.000 de compensação adicional e US$60.000 de subsídio para moradia, relativo ao local de trabalho. Por uma estimativa, trabalhos de *call-center* na Índia, que pagam US$5 a hora, ou serviços em fábricas na China que pagam US$2 a hora, exigem outros US$12 por hora para cobrir esses custos de terceirização adicionais para expatriados. Uma questão crucial é se os trabalhadores de fábrica domésticos nos Estados Unidos estão disponíveis por US$14 a US$17 por hora. Na média, a resposta é "não"; o custo de produção total dos trabalhadores de fábricas nos EUA foi, em 2008, de US$24,59 por hora. Sendo assim, a terceirização como forma de reduzir o custo de produção vai continuar uma prática recorrente, a menos que acordos salariais *em dois níveis* permitam começar com salários mais baixos.[5]

Terceirizar o trabalho para fabricantes estrangeiros por meio de contrato tem, no entanto, tanto a ver com competitividade na importação quanto com exportação de empregos. O tempo de comercialização e a capacidade de inovar rapidamente tornaram-se mais importante na fabricação de automóveis do que, por exemplo, o custo de montagem da próxima remessa de transmissões de três velocidades. Se a Toyota, a Nokia e a Advanced Micro Devices (AMD) introduzissem grandes inovações em produto em cronogramas de dois anos, seis meses e três semanas, respectivamente, e se esses ciclos se tornassem a chave para a aceitação do cliente, então a GM, a Motorola e a Intel não teriam escolha a não ser acessar as pessoas e os processos que correspondam a esta potencialidade. Se

---

[5] Department of Labor, Bureau of Labor Statistics dos EUA. *International Comparisons of Hourly Compensation Costs in Manufacturing, 2008*, 26 mar. 2009, p. 6.

essas pessoas forem engenheiros de software indianos, funcionários de fundição mexicanos e operários chineses, então a melhor esperança para os trabalhadores dos EUA é vender a essas economias em desenvolvimento asiáticas e europeias tratores da International Harvester, aparelhos da GE, aviões da Boeing, servidores de rede Cisco, assim como consultoria em gestão, assistência bancária e serviços legais que essas economias de baixos salários necessitam nesse estágio de desenvolvimento.

Como o dólar enfraqueceu persistentemente em relação ao euro durante 2003-2009 (ver novamente a Figura 6.1), os exportadores norte-americanos vivenciaram uma reviravolta e lucraram com a alta das vendas na Europa. Sete por cento das unidades da IBM reportaram 11% de crescimento de vendas em 2003-2004, o que foi atribuído a flutuações das moedas. De forma similar, a Colgate-Palmolive e a Microsoft, respectivamente, reportaram dois terços de um aumento de vendas de 20% na Europa e nove décimos de um aumento de vendas de 12% na Europa, no Oriente Médio e na África, atribuídos aos preços baixos que surgiram nos países devido ao enfraquecimento do dólar americano.[6]

FLORESCIMENTO DO COMÉRCIO NA CHINA

Uma incrível história se desenrola na República Popular da China (RPC), ao longo dos sistemas fluviais dos rios Amarelo, Yangtze e Rio da Pérola e em megacidades portuárias, como Xangai, Guangzhou, Dalian e Zhuhai. Três décadas atrás, a China contabilizava míseros 0,6% do comércio mundial, apesar de sua força de trabalho altamente capacitada e da imensa população de um bilhão de pessoas. A economia chinesa é amplamente reconhecida como a que mais cresce no mundo nessa primeira década do novo milênio (10% a 15% anualmente, de 2000 a 2010), e tem crescido de 7,5% a 9% desde então.

Atualmente, a China contribui com 42% do crescimento do PIB mundial. A produção chinesa de aço alcançou 627 milhões de toneladas em 2010, enquanto a dos EUA, Japão, Índia e Alemanha produziu 181, 107, 68 e 43 milhões de toneladas respectivamente. As vendas do varejo chinês aos consumidores domésticos cresceram 14% por ano de 2004 a 2007, e num ritmo de 17% de 2008 a 2009, quando o resto da economia de consumo do mundo estava desacelerando abruptamente.

A China gerou mais de 9% do crescimento real do PIB por ano, de 1995-2011, e a fatia chinesa do comércio mundial tem aumentado mais de dez vezes nas últimas décadas. O comércio de importação e exportação mundial cresceu US$4 trilhões, o equivalente a 54% da economia da China, avaliada em US$7,3 trilhões. A fatia de comércio (importação + exportação) entre a China e os EUA aumentou de 14%, levando em conta todo o comércio norte-americano de 2003, para 25% em 2011, margem apenas menor que os principais parceiros comerciais dos Estados Unidos, México e Canadá, com 26% e 33%, respectivamente.[7] O crescimento atual da economia chinesa é algo sem precedentes, devido a sua longevidade e à magnitude de dois dígitos.

Os maiores parceiros comerciais da China são Japão, Taiwan, Estados Unidos, Coreia do Sul e Hong Kong. As principais categorias de exportação são roupas para Hong Kong; maquinário, brinquedos, móveis, calçados e roupas para os Estados Unidos; tecidos para o Japão; e equipamento de telecomunicações para a Alemanha. De fato, 80% da importação de calçados dos EUA e 60% da de móveis vêm agora da China. No entanto, no caso dos móveis, essas importações equivalem a apenas US$15 bilhões, incluídos nos US$70 bilhões de consumo de móveis nos EUA; a grande maioria dos móveis consumidos no país continua sendo feita nos EUA e em outros países. Em muitos casos, as fábricas chinesas montam os componentes em instalações que surgiram como investimentos em *joint venture* da China International Trust and Investment Corp da RPC com multinacionais taiwanesas, japonesas, europeias e estadunidenses.

Um bom exemplo é o laptop da HP montado em Xangai pela Quanta Computer, um parceiro taiwanês na cadeia de suprimentos da HP (ver Figura 6.3). Componentes da unidade de disco vindos do Japão, chips de memória da Alemanha, displays de cristal líquido da Coreia, microprocessadores dos EUA e processadores gráficos de Taiwan são enviados à China na noite após a HP confirmar a transação com ordem de montagem. Todos esses itens contam nas estatísticas de comércio como importação chinesa. Quando os laptops chegam à porta do cliente final, seu custo total de entrega é categorizado como exportação chinesa e importação dos EUA.

---

6 Dollar's Dive Helps U.S. Companies. *Wall Street Journal*, 21 abr. 2003, p. A2.
7 Federal Reserve Bank of St. Louis. *National Economic Trends*, 2 jul. 2012, p. 18.

Em uma operação similar para os iPads da Apple, estima-se que apenas US$10 do preço final do produto, US$275, representem valor agregado na China.⁸ A Samsung e a LG, empresas sul-coreanas, ao fornecerem a tela de exibição e os chips de memória, contribuem com US$20 de valor agregado. A engenharia, o design de produto, o software e o marketing da Apple contribuem com US$110 de valor agregado, e mais US$82 de lucro obtido. Novamente, no momento de entrega nos EUA, o valor total, US$275, é contabilizado como importação do país, mesmo que a Apple tenha adquirido os componentes de vários estágios da produção ao redor do mundo.

Ao pagar salários de US$2 por hora aos trabalhadores da linha de montagem, a China se tornou rapidamente a maior fabricante de televisões, computadores, brinquedos, bicicletas, aço e móveis de madeira. Na última década, as multinacionais dos EUA empregaram 1,1 milhão de trabalhadores britânicos (um aumento de 8%), 1 milhão de canadenses (aumento de 6%), 904.300 de mexicanos (aumento de 17%), 505.300 brasileiros (aumento de 47%), 943.900 chineses (aumento de 262%) e 453.300 trabalhadores indianos (aumento de 642%).⁹ O fluxo de importações chinês reflete os bens e serviços necessários para sustentar um crescimento impressionante – isto é, maquinário elétrico e aviões dos EUA; aço da Coreia do Sul; automóveis e substâncias químicas do Japão; borracha, minério de ferro, navios e cimento da Austrália.

De *joint venture* com a Ford Motor em relação a peças de automóveis à construção de aeronaves com a McDonnell Douglas, as empresas estrangeiras historicamente têm tomado precauções ao estabelecer seu coinvestimento na China.¹⁰ Um entusiasmo desenfreado, justificado pelo crescimento dessas oportunidades imperdíveis, foi equilibrado com as ameaças à propriedade intelectual. Dois eventos em 2000 e 2001 levaram a uma situação diferente. Em 2001, a China juntou-se à Organização Mundial de Comércio (OMC), concordando em reduzir algumas restrições de investimento estrangeiro e respeitar as normas da OMC referentes à proteção de patentes e direitos autorais. Um ano antes, o Congresso dos EUA normalizara as relações comerciais ao conceder à China o status de nação mais favorecida, o que removeu várias tarifas dos EUA.

Como resultado direto, desde então foram iniciados com o país 57.000 projetos de investimento chineses, além de outros investimentos diretos com outros parceiros estrangeiros. A produção chinesa de peças de automóveis tem crescido nos últimos cinco anos, de ¥315 a ¥960 bilhões, com cerca de 35% da produção sendo exportada para a Ford Motor e outros parceiros.¹¹ No geral, em 2008–2011, as exportações chinesas cresceram 47%, enquanto as importações, 60%. Somente os EUA importaram mais mercadorias do que a China.

A China atual

A China atual é o exemplo perfeito de contrastes que não diferem muito dos vivenciados por outras nações de rápido crescimento ao longo da história. Com o PIB duplicando a cada cinco ou seis anos, e crescimento populacional de menos de 1% (cerca de 10 milhões por ano), o padrão de vida das províncias da costa leste chinesa está aumentando rapidamente (ver Figura 6.4). O que acelera o desenvolvimento chinês e possibilita este espetacular e quase sem precedentes recorde de crescimento econômico?

Se a China fosse simplesmente uma plataforma de exportação para corporações multinacionais buscando economia de gastos na montagem de bens manufaturados, a resposta da OMC seria suficiente. É instrutiva nossa discussão sobre a montagem do laptop da HP em Xangai na seção anterior. No entanto, é um erro considerar a China como uma máquina de exportação do patamar da Coreia do Sul. Nos últimos dez anos, as exportações líquidas representaram um crescimento de apenas 10% do PIB real chinês.¹² Em vez disso, uma pesquisa recente da Booz Allen descobriu que a China era considerada um país confiável para o desenvolvimento e a compra de produtos, mais do que Canadá, Europa, América Latina ou Índia.¹³ Além disso, algumas das maiores empresas estatais chinesas, como a ChemChina, estão globalizadas e competindo contra outras multinacionais como empresas privadas.¹⁴ Em 2008, algumas empresas estatais chinesas (SOEs – state-owned enterprises), como PetroChina, State Grid Corporation e China Mobile, conseguiram, com sucesso, uma licitação para executar serviços extraterritoriais nas Filipinas e adquiriram operações da empresa de telefonia Paktel no Paquistão.

---

8 Trade Statistics: iPadded. *The Economist*. 21 jan. 2012, p. 84.
9 U.S. Firms Eager to Add Foreign Jobs. *Wall Street Journal*, 22 nov. 2011, p. B1.
10 Ver James McGregor. *One Billion Customers*: Lessons from the Front Lines of Doing Business in China. Nova York: Wall Street Journal Books, 2005.
11 Chinese Car-Parts Makers Expand. *Wall Street Journal*, 12 jun. 2009, p. B2.
12 Rebalancing the World Economy: China. *The Economist*, 1º ago. 2009, p. 65-66.
13 Baseado em base na pesquisa da Booz Allen Offshoring Business Network, *Forbes* (3 de setembro de 2007), p. 56.
14 Special Report: China's Business Landscape. *The McKinsey Quarterly 2008*, n. 3, p. 1-6.

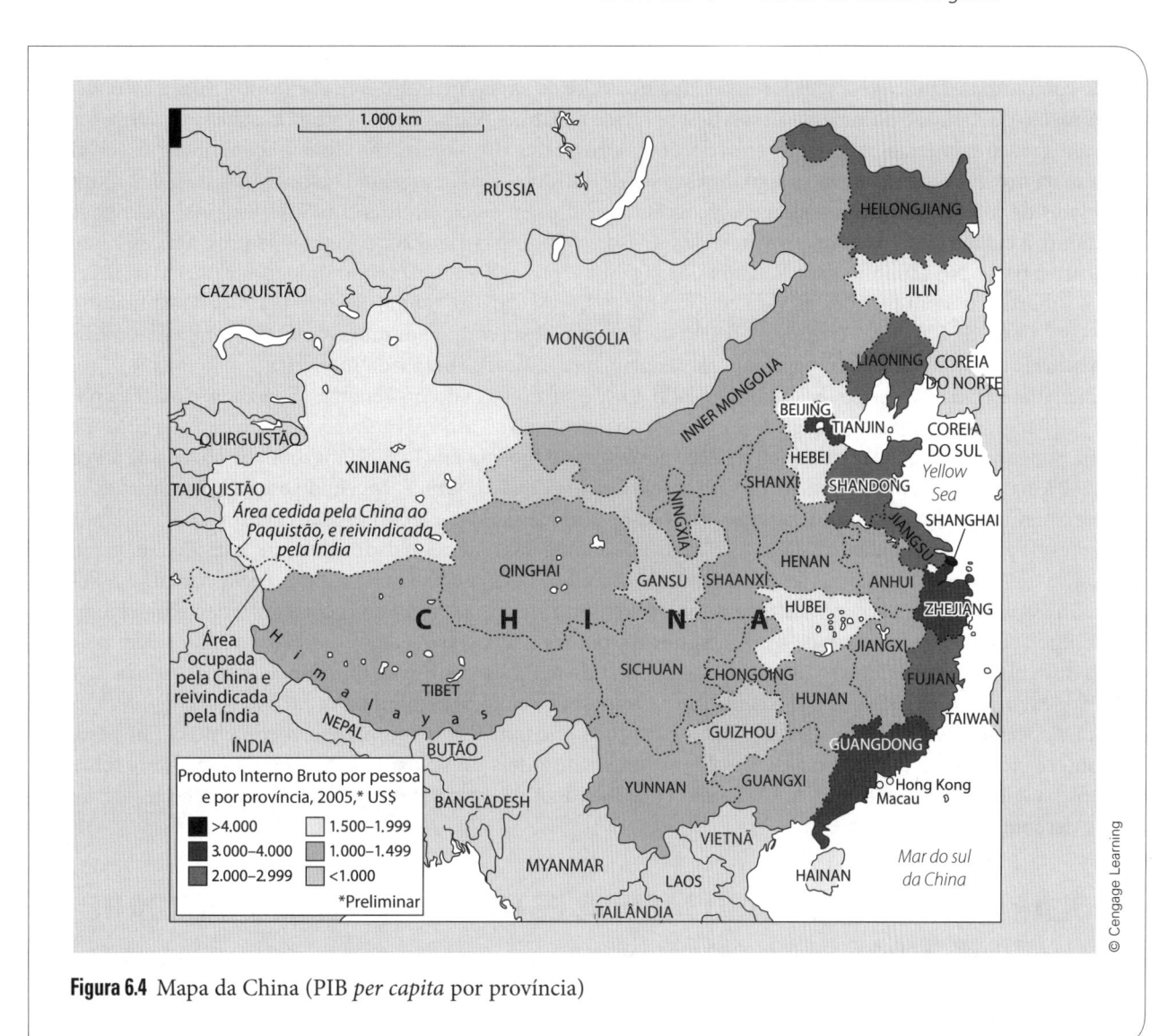

Figura 6.4 Mapa da China (PIB *per capita* por província)

Além disso, outra parte importante da resposta a esse crescimento sem precedentes da China é a liberação dos direitos de propriedade. Em 1978, foi concedido a donos de start-ups chinesas o direito ao fluxo de caixa residual de seus pequenos negócios. Em 1980, foi dado a moradores de áreas urbanas o direito de uso e apropriação residual correspondente a três acres por um período de 99 anos. Os direitos de propriedade continuavam nas mãos do Estado, mas esses "detentores de recursos" se tornaram titulares da locação a longo prazo de suas terras e pequenos negócios (especialmente fábricas de pequeno porte). Em 1998, foram concedidos direitos de posse ainda mais amplos à propriedade urbana.[15] Os chineses agora podem comprar, vender e utilizar para investimento não apenas residências e apartamentos, mas também espaços comerciais anexos.

A classe média criada por esses novos acordos de direitos patrimoniais está se expandindo rapidamente. É possível dirigir pelas cidades costeiras da China oriental, pela estrada a sudoeste de Xangai, e ver apenas mansões de alvenaria produzidas em massa (*McMansion*) quilômetro após quilômetro do caminho para Hangzhou, 150 km à frente. O padrão se repete de forma sinistra. Cada fazendeiro com três acres arrenda um deles para um aspirante a dono de fábrica. Metade do acre abriga a *McMansion* do dono da fábrica; na outra metade fica a fábrica. Em outra metade do acre localiza-se a *McMansion* do fazendeiro, e, talvez, uma terceira e outra pequena fábrica estabelecidas em 2,5 dos 3 acres. Alguns lotes de jardim sobrevivem no espaço restante. Na moradia vizinha, exatamente o mesmo padrão se repete. As casas de três andares são todas feitas com o mesmo material, tijolos e concreto, e a mão de obra para construção é muito barata. Pegue qualquer saída da estrada e você verá em todas as direções mais enclaves de

---
15 Ver A Survey of China. *The Economist*, 25 mar. 2006, p. 1-41.

três acres como este. Ocasionalmente, esses padrões *McMansions* densamente povoados são interrompidos por um grande complexo de fábricas com 10 acres, ou uma nova cidade em construção, com escritórios, lojas e escolas.

A região de Xangai é claramente a mais desenvolvida na China. Várias províncias da costa leste chinesa sempre lucraram com o comércio expandido em relação às províncias do interior. As Zonas Econômicas Especiais de Xiamen, na província de Fujian, ao longo do Estreito de Taiwan, e de Guangzhou, na província de Guangdong, do outro lado de Hong Kong, têm vantagens geográficas, culturais e econômicas similares, exigidas pelo governo. Entretanto, a cidade de Xangai, na província de Jiangsu e adjacente a Hangzhou, capital da província de Zhejiang, é um caso à parte. No caminho para Xangai ou Hangzhou é possível encontrar comunidades planejadas mais afastadas e suburbanas, com padrões de vida equivalentes a "novas cidades" como Reston, perto de Washington, DC, e Sun City, perto de Phoenix, Arizona. A região de Xangai é desta forma em muitos sentidos, enquanto mais províncias rurais na China ocidental permanecem amplamente intocadas pela vida moderna.

Shanghai e Hangzhou estão localizadas no lado norte e sul do delta do rio Yangtze. Hangzhou, capital da província de Zhejiang, abaixo de Xangai, era a maior cidade do mundo no século XIII até a primeira metade do XIV. A baixa dinastia Song tornou a cidade sua capital de 1123 até a invasão mongol em 1276. Hangzhou era conectada a Pequim por 1.260 km distante da parte nordeste da China pelo Grande Canal da China, concluído em 609. Atualmente, é uma próspera metrópole do tamanho de Atlanta, famosa pela indústria leve e pelos espaços verdes, com 4 milhões de habitantes na área metropolitana. Está em 18º lugar no ranking das maiores cidades chinesas, considerada menor do que Xangai (19 milhões), Pequim, na China Central (12 milhões), Guangzhou (10 milhões) e Shenzhen (9 milhões).

O investimento em uma infraestrutura massiva é outra marca admirável no corredor Shanghai–Hangzhou. Nos últimos cinco anos, estações de trem, aeroportos, pontes e túneis parecem ter sido construídos. Um planejamento de decisões centralizado feito por oficiais do partido agiliza a criação de uma ampla infraestrutura *right-of--way*. Por exemplo, a avenida que liga o centro ao aeroporto de Hangzhou é alinhada com empresas *high-tech,* como HP, Sony e Siemens. Desobstruir terrenos antes ocupados e acumular lotes para desenvolvimento de infraestrutura acontece com tal segurança e rapidez na China, que contradiz a dificuldade de se conseguir acordos sobre tais projetos na Alemanha, Japão e EUA. O desafio constitucional de questionar publicamente as decisões de uso de terra é desconhecido na China.

O DÓLAR AMERICANO COMO MOEDA ESTRANGEIRA E SEU MERCADO

Para entender melhor a flutuação controlada em muitos países em desenvolvimento, explicaremos primeiro como determinar as taxas cambiais de países com flutuação livre da taxa de câmbio. O equilíbrio de mercado, demanda e oferta nos mercados cambiais são baseados no fato de que os fabricantes como Cummins Engine incorrem muitos são de seus gastos em locais de fabricação doméstica. Desta forma, fabricantes dos EUA tendem a exigir que os pedidos de compra para exportação sejam pagos em dólares americanos. Esta política de contas a receber exige que compradores dos motores a diesel da Cummins residentes em Munique negociem simultaneamente em moeda estrangeira e nos mercados de motores a diesel.

Para comprar uma peça da Cummins, os clientes de Munique (ou seus intermediários financeiros) vão fornecer euros e exigir dólares, para garantir a moeda exigida no pedido de compra e ordem de pagamento aguardados pelo departamento de logística da Cummmins Engine. Essa demanda adicional pelo dólar e o suprimento simultâneo de euros fez que o preço do dólar ficasse mais alto do que normalmente seria. Dessa forma, o preço de equilíbrio do dólar como moeda estrangeira (em euros por dólar, no eixo vertical da Figura 6.5) aumentou. No geral, qualquer aumento como esse, inesperado nas vendas para exportação, resulta em uma grande apreciação da moeda doméstica (no caso, o US$).

De forma similar, qualquer diminuição imprevista nas vendas para exportação resulta em depreciação da moeda doméstica. Por exemplo, em 2001-2005, o colapso das vendas para exportação da Boeing Aircraft, em comparação com a Airbus, da Europa, contribuiu para a queda do dólar ante o euro durante esse mesmo período (ver novamente a Figura 6.1). Mas esta tendência cambial negativa do dólar ajudou a Cummins Engine, assim como a Boeing, a estabilizar suas vendas e fluxo de caixa doméstico e no exterior. Com o dólar valendo poucos euros, o custo em dólares das importações dos EUA da Mercedes-Benz e Airbus tornou-se mais dispendioso, enquanto as exportações norte-americanas em euros, feitas pelos representantes de vendas da Cummins e Boeing, tornaram-se mais baratas. Esse ajuste automático de autocorreção de taxas cambiais flexíveis, em resposta ao desequilíbrio do fluxo comercial, é um dos principais argumentos para a adoção de uma política de flutuação livre da taxa de câmbio.

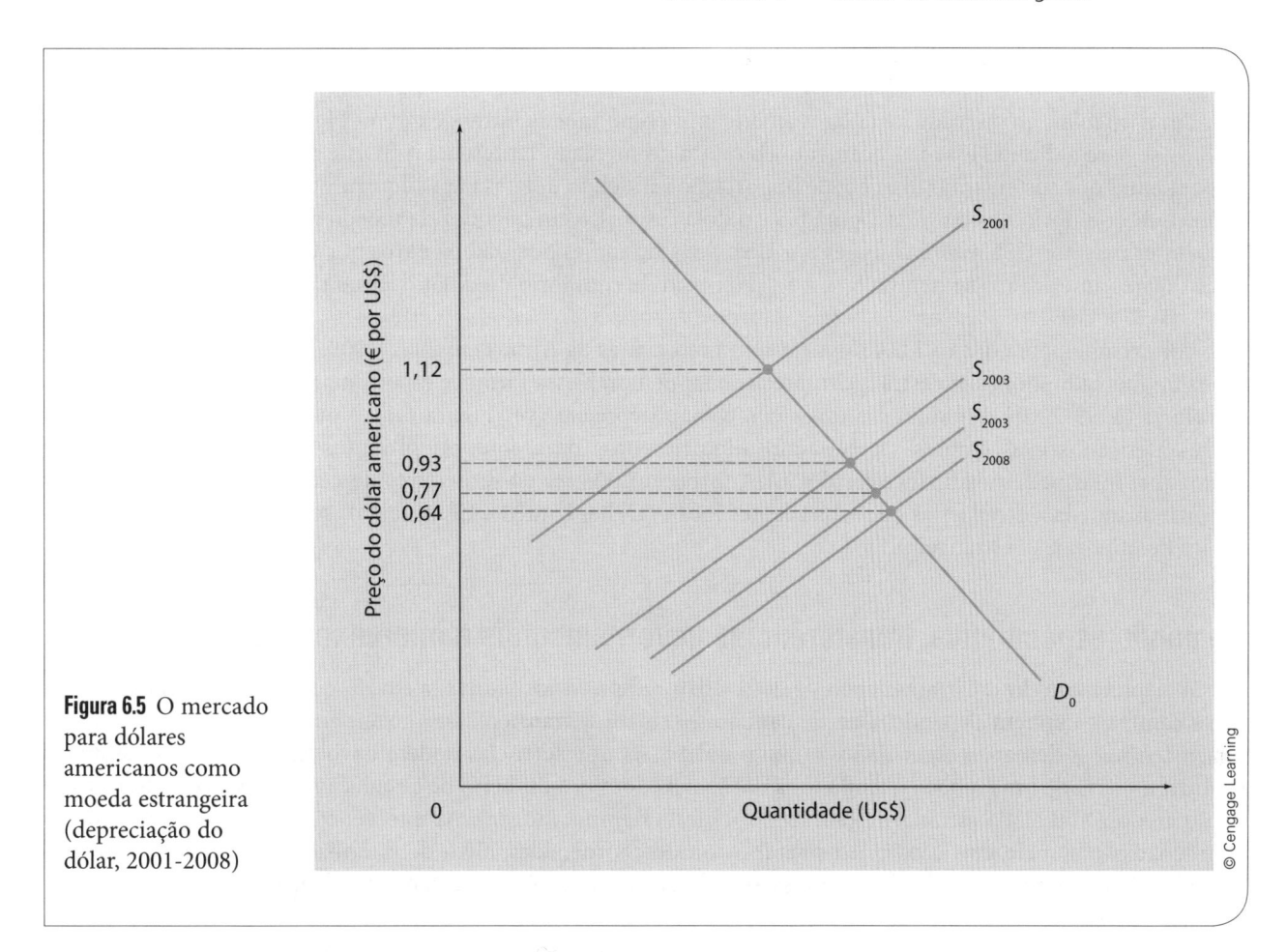

Figura 6.5 O mercado para dólares americanos como moeda estrangeira (depreciação do dólar, 2001-2008)

Fluxos e transações de importação-exportação — demanda por moeda

Para examinar mais de perto esses efeitos, vamos mudar o argumento e traçar o fluxo monetário que ocorre quando norte-americanos demandam bens importados. Os revendedores da BMW podem ter alguns itens em estoque, mas imagine que um grande e inesperado número de *babyboomers* deseje recuperar sua juventude comprando conversíveis esporte da BMW. Assim como a Cummins Engine prefere receber os pagamentos em dólares americanos, a BMW deseja receber em euros. Logo, os pedidos de compra da BMW devem vir acompanhados por pagamentos em euro. Como isto é feito? Primeiro, o revendedor local da BMW em Charlotte, Carolina do Norte, pede uma transferência bancária do Bank of America (BOA). O BOA debita da conta em dólares do revendedor, autoriza, então, o pagamento do saldo de caixa em euro do próprio banco e faz uma transferência bancária em uma soma equivalente à filial de Munique do Deutsche Bank, para depósito na conta da BMW. O comprador que fez a importação e o vendedor estrangeiro fecharam negócio em suas moedas domésticas em troca de um belo carro novo. Na conta de negociação da mercadoria do balanço de pagamentos dos EUA seria mostrada uma transação de importação adicional contabilizada no preço de compra do BMW conversível.

Se o BOA falhasse em antecipar a transação de importação e a solicitação de transferência bancária em euro, sua carteira de moeda estrangeira estaria, agora, desequilibrada. Os saldos em euro devem ser restaurados para apoiar antecipadamente futuras transações de importação-exportação. Portanto, o BOA contata (eletronicamente) os mercados de câmbio de moedas estrangeiras e demanda euros. Embora o banco dos EUA possa pagar com carteira de moeda estrangeira uma oferta excedente em qualquer moeda, geralmente paga em dólares americanos. Em especial, caso não ocorra nenhum fluxo de importação ou exportação inesperado (e sem imprevistos do fluxo de capital), o BOA paga em dólares americanos. Logo, uma demanda inesperada de importações alemãs por parte dos EUA ao mesmo tempo eleva a demanda por euros e (como o lado negativo da mesma transação) aumenta a oferta de dólares americanos nos mercados monetários estrangeiros.

O preço de equilíbrio do dólar americano

Em particular, no mercado de dólares americanos como moeda estrangeira (ver Figura 6.5), a curva de oferta desloca-se para a direita. Esse deslocamento da oferta do mercado representa o BOA e muitos outros bancos correspondentes que sustentam transações de importação vendendo dólares para adquirir outras moedas estrangeiras. O preço de equilíbrio no eixo y da Figura 6.5 é o dólar expresso em quantias de moeda estrangeira – por exemplo, libras esterlinas por US$, *yuans* chineses por US$, *yens* japoneses por US$ ou euros por US$. Como o fornecimento de dólares americanos aumentou S_{2001} a S_{2008}, o preço de equilíbrio do dólar declinou continuamente de €1,12 a €0,93, €0,77 e €0,64.

Por exemplo, para que os EUA importassem mais aviões da Airbus em 2002-2005, a oferta de dólares americanos no mercado monetário estrangeiro precisou aumentar. Dessa forma, a espetacular valorização dos três anos anteriores (1999-2001) diminuiu e o dólar começou a depreciar (ver Figura 6.1). Novamente, os consumidores norte-americanos e as empresas precisaram adquirir euros para comprar produtos importados da França e Alemanha. Intermediários financeiros dos EUA fornecem dólares no respectivo mercado como divisas, a fim de adquirir as moedas estrangeiras que seus clientes locais (Delta, United e Continental) solicitaram para essas transações de importação estrangeira.

Demanda especulativa, transferências governamentais e intervenção coordenada

A depreciação do dólar americano de 2001-2010 reflete vários fatores, além da demanda por transação. As taxas cambiais também dependem de demanda especulativa, transferências governamentais e intervenções do banco central. A demanda especulativa é muito volátil. As transferências podem envolver amortização da dívida (reduzir a oferta de uma moeda quando uma nação devedora tira dinheiro de circulação e o devolve ao tesouro da nação credora) ou ajuda estrangeira (aumentar a oferta de uma moeda). As intervenções do governo podem ser coordenadas por meio de vários bancos centrais ou descoordenadas, além de esterilizadas ou não esterilizadas. **Intervenções esterilizadas** envolvem transações de compensação no mercado de obrigações do governo. Por exemplo, o Federal Reserve pode vender dólares nos mercados monetários estrangeiros, mas, então, dar meia-volta e adquirir a moeda vendendo um volume igual em dólares de T-bonds para investidores japoneses ou chineses, deixando o abastecimento de dólares no câmbio internacional praticamente intocado.

Qual é o peso proporcional desses fatores na determinação do valor de equilíbrio de uma moeda? Uma primeira perspectiva importante é que apenas uma de cinco transações em moeda estrangeira sustenta um fluxo comercial de importação ou exportação; as outras quatro sustentam fluxos de capital internacional. Em 2011, por exemplo, o volume médio diário de transações em moeda estrangeira nos 43 maiores mercados de moeda estrangeira apresentava o valor de US$4 trilhões. O volume médio diário de exportação mundial era de US$50 bilhões. Dessa forma, o volume em dólar de fluxo de moeda estrangeira ultrapassa o volume, em dólar, de fluxo do comércio estrangeiro em 80 para 1. Portanto, as flutuações diárias da taxa cambial refletem não os fluxos comerciais de importação-exportação, mas os de capitais internacionais, muitos dos quais são especulativos e transitórios.

Portanto, em razão do volume considerável de transações, a intervenção em mercados de moedas estrangeiras por qualquer banco central quase não tem possibilidade de afetar o valor de equilíbrio de uma moeda. Por exemplo, vejamos o caso do Banco do Japão. Em junho de 2012, este banco central tinha, oficialmente, reservas de moedas estrangeiras (a taxas de câmbio já estabelecidas) equivalentes a US$1,3 trilhão.[16] Em comparação, a China tinha US$3,2 trilhões, e o Banco Central europeu, US$813 bilhões, enquanto o U.S. Federal Reserve, US$148 bilhões em reservas de moeda estrangeira.

Suponha que o Banco do Japão tenha decidido iniciar a depreciação do yen japonês (JPY) para aumentar a competitividade do seu setor de exportação. Ao investir um terço de todas as suas reservas, ou US$400 bilhões, a intervenção do Banco do Japão seria facilmente sobrecarregada pela absoluta enormidade dos US$4 trilhões de capital móvel que inundam diariamente os mercados de câmbio internacionais. De fato, as reservas oficiais de todos os bancos centrais totalizam apenas aproximados US$8 trilhões, iguais ao *valor de dois dias* de transações em moeda estrangeira.

É necessário, portanto, uma *intervenção coordenada* de vários bancos centrais com grandes reservas para que se tenha uma chance real de afetar permanentemente o valor de uma moeda. Uma intervenção coordenada como esta

---

[16] International Monetary Fund. *International Reserves and Foreign Liquidity*, várias questões.

ocorreu como resultado do Plaza Accords, em 1985, quando as nações do G-7 (Estados Unidos, Grã-Bretanha, Japão, Alemanha, França, Itália e Canadá) concordaram com a venda continuada de dólares americanos durante 1986 e 1987. A Figura 6.1 mostra que esta intervenção foi efetiva em baixar as taxas cambiais do dólar em comparação com a libra esterlina (GBP – *great britain pound*), o yen japonês (JPY) e o marco alemão (DEM – *german deutsche mark*).

Flutuações de taxas cambiais de curto prazo

Os determinantes de tendências de longo prazo, trimestrais ou anuais, da demanda de transações são fundamentalmente diferentes dos das flutuações diárias da taxa de câmbio. Os movimentos da taxa de câmbio de curto prazo, semana a semana, dia após dia, ou a cada hora, são determinados pela atividade de arbitragem nos mercados de capitais internacionais e pela demanda especulativa. Às vezes, os eventos atuais levam os especuladores a estimular a demanda e sustentação de uma moeda (uma posição comprada), e, às vezes, acontece o inverso (uma posição vendida). De forma comportamental, cada especulador tenta adivinhar o que os outros vão fazer, e com frequência ocorre certo tipo de comportamento de debandada com base nas expectativas voláteis de investidores.

Arbitragem é o ato de comprar, por um preço muito baixo, ativos reais, mercadorias, ações, notas promissórias, empréstimos ou mesmo televisões, IPods e sandálias, e revendê-los a um preço alto em outro lugar. A atividade de arbitragem é provocada por violações temporárias das condições de equilíbrio de arbitragem, o que equaliza, por exemplo, taxas de juros reais de retorno sobre títulos governamentais de 90 dias (ajustados para qualquer diferença em caso de inadimplência). Quando tais condições não se mantêm, pode haver oportunidades para lucro de arbitragem, com a atividade arbitrária ocorrendo rapidamente, em grande volume, e continuando até que as condições relevantes de equilíbrio de arbitragem sejam restabelecidas. Novamente, a grande magnitude da inundação de US$4 trilhões por dia de fluxo de moeda internacional rapidamente fecha (dentro de horas ou mesmo minutos) a janela da oportunidade de obter lucro pela arbitragem no comércio com taxas cambiais. Caso os preços de compra e venda e condições de entrega possam ser combinados simultaneamente, a transação é considerada como arbitragem pura. Se a segunda transação é postergada, frequentemente a atividade é chamada de **especulação**.

DETERMINANTES DE TENDÊNCIAS DE LONGO PRAZO NAS TAXAS CAMBIAIS

As tendências de longo prazo nas taxas de câmbio são bem diferentes. Compreender as forças que colocam em funcionamento as oscilações induzidas das taxas de câmbio nas vendas e margens de lucro que constituem a exposição de risco operacional é crucial para gerir de forma eficaz negócios de exportação. E, já que os negócios de hoje em dia são quase que universalmente sujeitos a uma competição intensa e efetiva de importação, o mesmo vale principalmente para negócios domésticos. As tendências trimestrais e ou anuais das taxas de câmbio dependem de três fatores: taxas de crescimento reais, taxas de juros reais e taxas de inflação de custo esperadas. Discutiremos cada um desses determinantes a seguir.

O papel das taxas de crescimento reais

Como já vimos, um principal determinante das flutuações anuais da taxa de câmbio, na Figura 6.1, é a direção do fluxo comercial líquido. O aumento imprevisto nas importações diminui o valor da moeda local, enquanto o imprevisto aumenta este valor. O estímulo subjacente em tais disparidades no fluxo comercial pode ser baseado tanto em ciclo de negócios quanto em produtividade. Em uma expansão, o consumo doméstico (incluindo o consumo de importação) aumenta, fazendo que aumentem as exportações dos parceiros comerciais de um país; em uma contração doméstica, o consumo de importados diminui, fazendo que essas exportações caiam.

Durante os anos 2002-2006, o PIB dos EUA cresceu 1,8%, 2,5%, 3,6%, 3,1% e 2,7% em termos reais (isto é, ajustado pela inflação, ver Tabela 6.1). Os EUA tiveram uma aceleração econômica. Nesses mesmos anos, por outro lado, o PIB real da região do euro exibiu o anêmico crescimento de 1%, 0,8%, 1,9%, 1,8%, e, finalmente, 3,2%. Embora as taxas de crescimento do Canadá sejam comparáveis às dos EUA, México e Japão, elas apresentaram um crescimento mais lento do que os EUA (ver novamente a Tabela 6.1). Entre os cinco maiores parceiros comerciais de exportação dos EUA, apenas a China crescia mais rápido que os Estados Unidos (9,1%, 10%, 10,1%, 11,3% e 12,7%). Essas tendências na taxa de crescimento levaram os EUA a ter um aumento no fluxo de importações de bens como automóveis, tecidos, mobiliário e eletrônicos, ao mesmo tempo que causou no país um declínio nas

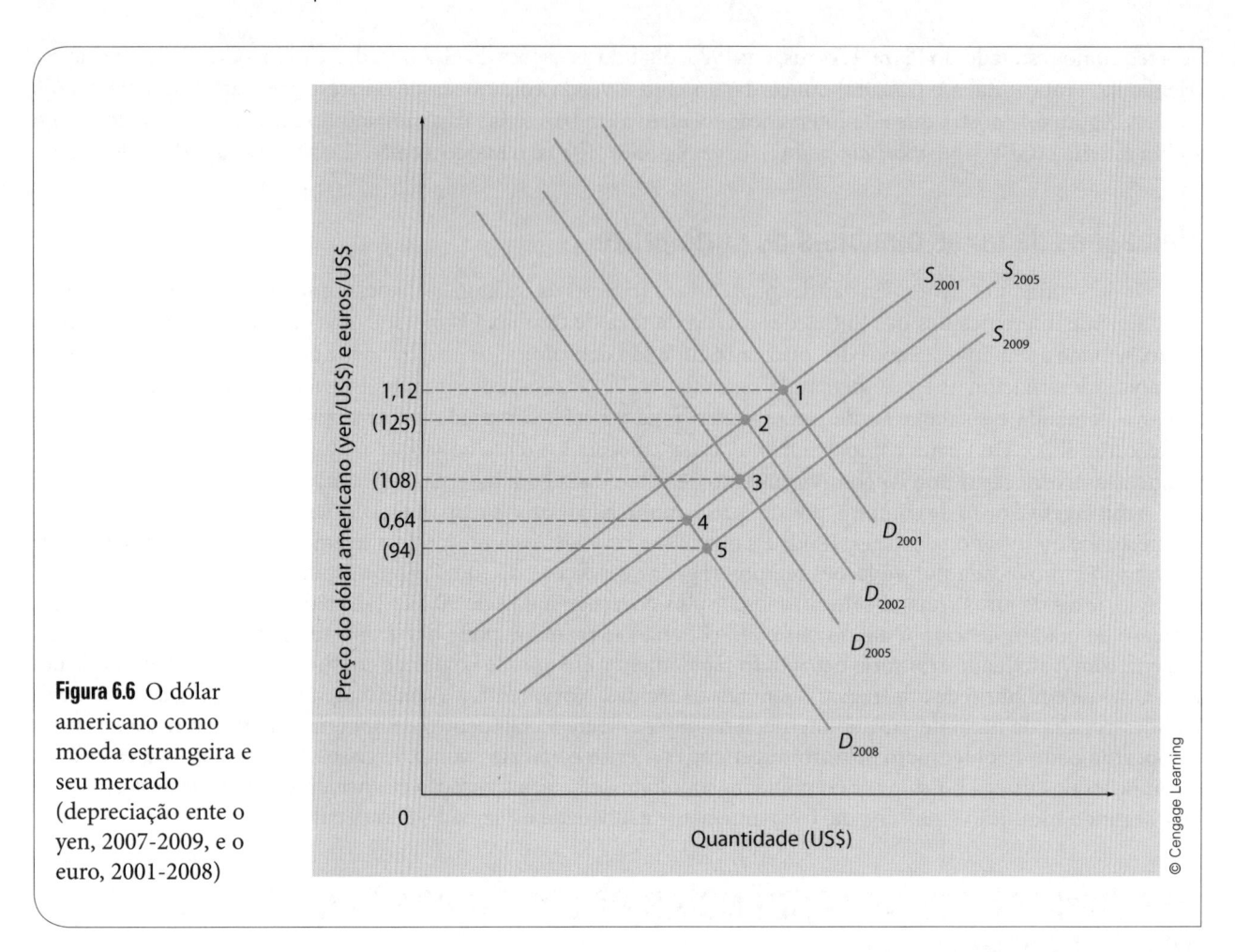

Figura 6.6 O dólar americano como moeda estrangeira e seu mercado (depreciação ente o yen, 2007-2009, e o euro, 2001-2008)

exportações de bens como software para computadores, PCs, grãos, filmes, aviões, serviços profissionais, aparelhos médicos e motores a diesel; isto em todos os países, exceto a China.

Conforme caíam as exportações líquidas dos EUA (exportações em queda menos importações em alta) entre 2002-2007, o dólar se depreciava; desta forma, nesse período, ano após ano os compradores estrangeiros precisaram adquirir menos dólares para concluir transações de compra com empresas norte-americanas, como Microsoft, IBM, Archer Daniels Midland, Boeing, McKinsey e Cummins Engine. No mercado de dólar americano como moeda estrangeira, conforme mostrado na Figura 6.6, o declínio da exportação líquida dos Estados Unidos diminuiu a demanda por dólares; D_{2001} deslocou-se para baixo até D_{2002} e para D_{2005} e D_{2008}. Ao mesmo tempo, o aumento da compra de importados estrangeiros por norte-americanos melhorou a oferta de dólares. Ou seja, no mercado de dólares como moeda estrangeira, S_{2001} deslocou-se para a direita até S_{2005} e S_{2009}. Esses deslocamentos levaram a uma depreciação do dólar americano durante o período 2001-2008. Em suma, a queda nas exportações e o aumento das importações levaram a um declínio do preço do dólar em comparação com o euro, de €1,12 por dólar em 2001 até €0,64 por dólar em 2008; e em comparação com o yen, de ¥125 por dólar em 2002 até ¥94 por dólar em 2009. O colapso dessas taxas cambiais de €/US$ e ¥/US$ são descritas na extrema direita da Figura 6.1.

O contínuo declínio no valor do dólar ameaça arruinar a competitividade das exportações chinesas e japonesas, e depreciar um grande volume de ativo no balanço patrimonial mantido pelos bancos centrais da China e Japão. Em particular, em 2009, os chineses (em US$1,6 trilhões) e japoneses (em US$550 bilhões) mantiveram, sozinhos, mais de US$2 trilhões em reservas oficiais de dólares americanos. Como resultado, em 2008-2009 essas duas nações e mais alguns outros bancos centrais de países em desenvolvimento da Ásia compraram regularmente centenas de bilhões de títulos do Tesouro dos EUA numa tentativa de reforçar o valor do US$.[17]

---

17 Ao aceitar notas promissórias T-bill e T-bonds em troca de reservas oficiais de dólares, os bancos centrais da China, Japão e Cingapura reduziram eficazmente o suprimento de dólares americanos em circulação. Um abastecimento reduzido de US$ implica um maior preço de equilíbrio.

> **EXEMPLO** Desaceleração europeia diminui exportações da DuPont
>
> A política *Beggar thy neighbor* tornou-se o slogan da política comercial no período mercantilista de 1500 a 1750, durante o qual tarifas punitivas e outras formas de protecionismo comercial isolaram as economias de cidades e províncias. Atualmente, porém, em vez de tentar atingir a autossuficiência, a maioria das nações está em melhor situação, reconhecendo a mútua interdependência, encorajando atividades de exportação e importação, e tornando-se especialistas em concordância com a vantagem comparativa. Nesse ambiente de comércio mais livre, vizinhos prósperos são os melhores.
>
> Uma desaceleração econômica europeia reduz as vendas de exportação dos fabricantes e multinacionais dos EUA. Não apenas a Cummins Engine, com 28%, mas também a Sun Microsystems (36%), DuPont (39%), e mesmo a Wrigley Chewing Gum (41%) e o McDonald's (37%), conseguem grande parte de suas receitas na Europa. Pelo índice S&P 500, 20% das receitas de vendas das empresas dos EUA são oriundas de vendas na Europa. Os carregamentos de produtos químicos da DuPont dos Estados Unidos para a Europa, por exemplo, declinaram 20% em uma base anual de recessões europeias, como as de 2002-2003 e 2008-2009.

TABELA 6.1. Determinantes de transação de tendências de taxas cambiais a longo prazo

	Estados Unidos			Alemanha/ território do euro			Japão			China		
	PIB Real	r Real	PPI	PIB Real	r Real	PPI	PIB Real	r Real	PPI	PIB Real	r Real	PPI
1995	2,7	3,1	1,9	2,0	3,2	2,0	1,9	1,3	−0,6	10,5	−6,7	14,1
1996	3,7	2,5	2,7	1,0	1,4	1,0	2,6	0,5	−1,4	9,6	0,7	6,8
1997	4,5	3,3	0,4	1,9	1,4	1,8	1,4	−1,1	0,2	8,8	5,8	2,0
1998	4,4	4,0	−0,8	2,7	2,5	0,5	−2,2	0,0	0,3	7,8	5,5	−0,9
1999	4,8	3,1	1,8	2,9	1,9	3,9	0,0	0,5	−0,9	7,6	4,6	−0,8
2000	4,1	3,1	3,8	4,0	2,3	7,1	2,8	0,9	−0,2	8,4	2,9	2,4
2001	1,1	0,9	1,9	1,9	1,9	2,0	0,2	0,8	−0,7	8,3	2,7	2,8
2002	1,8	0,1	−1,3	1,0	1,0	−0,1	0,3	1,0	−0,9	9,1	3,5	1,3
2003	2,5	−1,1	3,2	0,8	0,3	1,4	1,5	0,34	−0,5	10,0	1,5	3,1
2004	3,6	−1,1	3,6	1,9	0,0	2,3	2,7	0,03	1,4	10,1	−0,7	7,5
2005	3,1	0,1	4,9	1,8	0,0	4,1	1,9	0,33	2,0	11,3	1,5	4,6
2006	2,9	3,0	3,2	3,2	0,9	2,0	2,0	0,0	−0,9	12,7	−1,8	3,6
2007	1,9	3,4	2,7	2,8	1,2	2,3	2,3	0,6	−0,7	14,2	−1,5	4,2
2008	0,0	−0,8	2,2	0,3	1,3	2,3	−1,2	−0,7	−0,9	9,6	−3,1	4,9
2009	−2,6	0,9	−2,5	−4,1	0,9	−3,7	−6,3	1,7	−4,3	9,2	3,5	−3,3
2010	2,9	−1,3	1,7	1,7	−0,8	2,5	4,0	0,9	−0,9	10,3	0,0	4,6
2011	1,8	−2,7	5,5	2,0	−1,5	5,6	−2,4	0,5	−0,2	9,1	−1,1	4,3

Notas: PIB Real refere-se à taxa de crescimento do Produto Interno Bruto, ajustado para mudanças de preço pelo deflator do PIB Real. r Real refere-se à taxa de juros de curto prazo da dívida do governo menos a porcentagem anual de mudança nos preços de consumo. PPI é o percentual anual de variação nos preços ao produtor.

Fonte: Federal Reserve Bank of St. Louis. *International Economic Trends*, ago. 2012.

O papel das taxas de juros reais

O segundo fator que determina tendências de longo prazo nas taxas cambiais são as taxas de juros comparáveis ajustadas pela inflação. Quanto maior a taxa de juros real numa economia, maior é a demanda pelos ativos financeiros oferecidos por esta economia. Se um investidor japonês, alemão ou suíço pode obter rendimentos maiores (para um risco equivalente) das obrigações do Tesouro dos EUA do que das do governo japonês ou da Euromoney, detentores de capital estrangeiro vão tratar rapidamente de rebalancear suas carteiras para incorporar mais ativos dos

EUA. Desde que o New York Federal Reserve Bank leiloou novas T-bills; a J.P. Morgan garantiu a subscrição de uma nova emissão da DuPont; a Merrill-Lynch vendeu T-bills, T-bonds e títulos da DuPont no mercado secundário (revenda); e todos os departamentos de liquidação da Bolsa de Valores de Nova York do Departamento de Câmbio de Nova York passaram a exigir pagamento em dólares americanos, o investidor estrangeiro que desejar ativos financeiros dos EUA deve, primeiro, adquirir dólares americanos para completar suas transações de compra. Desta forma, uma taxa de juros real maior nos Estados Unidos (com relação às taxas europeias, japonesas e britânicas) implica entrada de capital internacional nos EUA e aumento da procura e valorização dos dólares americanos.

O que realmente importa no desencadeamento desses fluxos de capitais internacionais é a expectativa do investidor sobre o valor da taxa de juros doméstica auferida quando o capital investido no exterior é resgatado e os juros pagos são convertidos novamente na moeda doméstica do investidor. Qualquer diferença entre taxas de juros nominais menos taxas de inflação média de consumo no país estrangeiro *versus* o país natal aproxima esse rendimento pós-resgate (ver a coluna *r* Real na Tabela 6.1). Em meados de 1999, os T-bills norte-americanos de três e seis meses renderam em média 5,3%, com uma previsão de inflação de 2,2%, devolvendo, então, 3,1% após um ajuste para inflação. Um ano depois, na metade de 2000, a taxa de rendimento real continuou a 3,1% nos Estados Unidos (isto é, 6,5% – 3,4%). No área do euro, as taxas de juros de curto prazo também aumentaram durante esse período, de 3,0% para 4,4%, mas assim o fez também a inflação antecipada, crescendo de 1,1% em meados de 1999 para 2.1% até a metade de 2000. Em consequência, a taxa de juros real de curto prazo aumentou na Europa, de 1,9% para 2,3%.

Com 120 pontos base favorecendo o investimento em ativos dos EUA em 1999 ($[0,031 - 0,019] \times 100$), 150 pontos base em 1998 e 190 em 1997, o capital estrangeiro literalmente inundou de T-bills e outros instrumentos cambiais de curto prazo. Por exemplo, entre 1996 e 2000, fundos de investimento e empresas europeias, como a britânica Amoco, de petróleo, outra britânica, a Telecom, a BASF, Bayer e UBS-Warburg aplicaram US$650 bilhões em investimento estrangeiro direto (IED – em inglês: FDI –*foreign direct investment*) nos Estados Unidos. Essa cifra de quatro anos excede a metade de todo o IED pela Europa nos Estados Unidos nos últimos 50 anos. De modo a refletir um fluxo de capital tão enorme, a demanda pelo dólar aumenta, na Figura 6.6, causando a abrupta valorização do dólar em 1999, 2000 e 2001, mostrada nos gráficos de taxas cambiais da Figura 6.1.

Em 2002, contudo, após os ataques de 11 de setembro de 2001, em meio à recessão dos EUA, que durou três trimestres, a taxa de juros real dos Estados Unidos caiu 0,1%, a taxa mais baixa em 40 anos, e então assim continuou até chegar em 1,07%, em 2003, e 1,11% em 2004. Previsivelmente, com base nesse fator de taxa de juros real, o dólar desabou em relação ao euro (ver Figura 6.1). Em 2008-2009, as taxas de juros reais nos Estados Unidos novamente ficaram negativas (ver Tabela 6.1), e o dólar mergulhou ao seu nível mais baixo em relação ao euro, €0,64 por US$ (ver novamente a Figura 6.1).

O papel da inflação esperada

As expectativas inflacionárias fornecem um importante terceiro determinante de tendências de longo prazo nas taxas de câmbio. Suponha que você esteja aderindo a um contrato de longo prazo para repor motores a diesel instalados numa frota de caminhões durante os próximos três a cinco anos. Você estaria inclinado a se aproximar e entrar em negociação com a Cummins Engine, cujos custos de materiais, recentemente, têm sido baixos, sua produtividade e corte de gastos tiveram um aumento substancial e cuja pressão do sindicato por negociações pode estar diminuindo? Ou você preferiria um substituto como a Daimler, da Mercedes-Benz, que apresenta o inverso de todos esses fatores, sugerindo a forte possibilidade de um surto de tendência inflacionária nos custos de insumos que sustentam o preço a ser negociado por um motor a diesel alemão nos próximos anos à frente?

O custo da inflação é geralmente comparado entre economias por meio de um exame do índice de preços ao produtor. De 2003 a 2008, a mudança de porcentagem nos preços aos produtores nos EUA foi de 3,2%, 3,6%, 4,9%, 3,7%, 2,7% e 2,2% (conforme mostrado na Tabela 6.1), ao passo que, na área do euro, os preços ao produtor aumentaram menos – ou seja, 1,4%, 2,3%, 4,1%, 2,0%, 2,0% e 2,3%. Claramente, o preço mais baixo em um contrato a preço fixo de longo prazo para peças de reposição a diesel não estaria disponível na Cummins, empresa estabelecida em um país que vivencia inflação mais alta de custos. Consequentemente, as vendas de exportação dos EUA de bens e serviços, como as peças da Cummins, iriam diminuir.[18]

---

18 Eventualmente, se persistirem os diferenciais da inflação de custos ao produtor entre Estados Unidos e Alemanha, empresas de exportação-importação especializadas em transações de bens de capital entre esses dois países vão se juntar à demanda emergente por produtos dos EUA, comprar peças de reposição a diesel mais baratas nos EUA e revendê-las com lucro na Alemanha. Esta atividade de arbitragem com mercadorias, discutida na próxima seção, limita a extensão em que tais diferenciais de custos podem persistir por longos períodos de tempo.

Na Figura 6.6, todas as demandas D_{2002}, D_{2005} e D_{2008} pelo dólar americano deslocam-se para baixo, e o dólar deprecia ainda mais. De fato, a hipótese de paridade do poder de compra (PPC, em inglês: PPP – *purchaising power parity*), discutida na próxima seção, sustenta que a arbitragem de bens em produtos como motor a diesel vai continuar até que a taxa cambial €/US$ se ajuste suficientemente para baixo, a fim de refletir inteiramente o diferencial de inflação. Ou seja, o diferencial de custo da inflação entre Estados Unidos e Europa em 2003, de 1,8% (3,2% – 1,4%), no índice de preços ao produtor que favorecia a Europa, deveria, de acordo com a PPC, depreciar o valor do dólar em aproximadamente 1,8%. E foi exatamente o que aconteceu ao longo dos cinco anos após esse período, até que finalmente, em 2008, as duas taxas de inflação ficaram aproximadamente iguais.

PARIDADE DO PODER DE COMPRA

Quando não há custos de transporte significativos, impedimentos legais ou barreiras culturais associadas à circulação de mercadorias ou serviços entre mercados, o preço de bens e serviços deveria ser o mesmo de um mercado internacional para outro. Esta conclusão é conhecida como *a lei do preço único*. Quando diferentes mercados representam diferentes países, a lei do preço único estabelece que os preços sejam os mesmos em cada país, depois de fazer a conversão apropriada de uma moeda para outra. Alternativamente, é possível dizer que as taxas de câmbio entre duas moedas serão iguais à razão dos índices de preço entre os países. No comércio internacional e nas finanças, esta relação é conhecida como o modelo absoluto da paridade do poder de compra.

A *paridade absoluta do poder de compra* implica que, diferencialmente, um maior preço da inflação de base em um lugar em relação a outro (que resulta, por exemplo, em uma duplicação dos preços dos EUA para bens como automóveis, aviões e IPods) vai resultar, basicamente, numa depreciação da moeda dos Estados Unidos. Por exemplo, se depois de um período prolongado de inflação de preço nos EUA alguém precisar de US$200 para comprar um livro que antes da inflação custava US$100, e se editores japoneses continuarem a imprimir e vender o mesmo livro (em inglês) pelo valor inalterável de ¥10.000, este livro será produzido no Japão e exportado para os EUA, baixando o dólar. Como isto ocorre? Tais importações feitas pelos EUA necessitam de uma demanda pelo yen japonês para concretizar a compra, e o suprimento de dólares para sustentar essas transações de importação continuará crescendo até que a taxa cambial reflita o preço das quedas do dólar, de ¥10.000/US$100 = ¥100/US$1, até chegar a ¥10.000/US$200 = ¥50/US$. Neste ponto, para adquirir o livro, os dois preços serão o mesmo nas duas economias, divididos pela nova taxa cambial. Em suma, arbitradores de bens das cadeias de suprimento globais impedem que os preços de custo nos Estados Unidos e Ásia sejam diferentes por tempo muito longo.

> **EXEMPLO** Birkenstocks à venda barato!
>
> As sandálias Birkenstocks dão um bom exemplo de mercadoria na qual se aplica a paridade de poder de compra. Em agosto de 2008, as Birkenstocks eram vendidas por €57 em Roma e €60 em Paris. De forma similar, usando a taxa de câmbio nominal de £0,6/US$, vemos que os preços de Londres e Nova York eram quase idênticos, £40 e US$70. As diferenças eram pequenas demais para cobrir o transporte e gerar um lucro por arbitragem. Não fosse este o caso, empreendedores arbitradores comprariam barato as sandálias em determinado lugar e as revenderiam com desconto em outro, fazendo que os preços convergissem. A Birkenstock deu sua autorização a revendedores de muitas partes do mundo para que comercializassem o produto com várias faixas de preço. Tornou-se uma luta constante impedir que falsificações do produto fossem compradas em Hong Kong, onde o preço é equivalente a US$58, para revenda em Sydney, onde o preço equivale a US$98. Contudo, a PPC prevê que pode surgir atividade de arbitragem entre Hong Kong e Austrália até que os preços se equalizem.

PPC oferece melhor parâmetro do tamanho comparativo da atividade comercial

A paridade do poder de compra ajuda os gestores a responder à difícil pergunta sobre quão grande são as oportunidades de negócios no exterior. Por exemplo, a economia chinesa tornou-se imensa em comparação à do Japão, até recentemente considerada a segunda maior economia. Para relacionar a economia japonesa de ¥470 trilhões com a dos EUA, é só dividir pela taxa cambial nominal do mercado – JPY78 por US$. Dessa forma, em 2011, a economia japonesa era equivalente a uma economia de US$6 trilhões. Contudo, o mesmo procedimento não se aplica à China, porque a "flutuação controlada" do CNY está longe de ter uma taxa cambial com equilíbrio de mercado.

A fim de abordar a questão de encontrar um critério proporcional para medir o PIB chinês, uma alternativa é a taxa cambial implícita na paridade do poder de compra (PPC). A paridade do poder de compra absoluta estabelece a hipótese de que, havendo tempo suficiente de ajuste, as mercadorias comercializadas, como pneus, sandálias, motocicletas, laptops, iPods e minérios de ferro, terão preços após os impostos para os quais:

$$Preço_{Moeda\ local\ A} = Preço_{Moeda\ local\ B} \times PPC\ Implícita\ TC_{A\ para\ B}$$

Por exemplo, a uma taxa cambial subentendida pela PPC, os iPods da Apple devem ser vendidos nos Estados Unidos e Reino Unido pelo mesmo preço após os impostos. Então, um iPod Silver Classic da Apple com 120 gigabytes de memória vendido na Amazon dos EUA por US$225, e na Amazon do Reino Unido por £164, implica uma taxa cambial PPC de US$1,37/£:

$$\$225_{US} = £164 \times PPC\ Implícita\ TC_{\$\ para\ £}$$
$$\$225_{US} = £164 \times \$1,37/£$$

Novamente, US$1,37/£ não é uma taxa de câmbio de mercado (isto é, a libra esterlina está comandando US$1,60, conforme estabelecido nas negociações em Nova York). Tampouco um iPod da Apple é o modelo perfeito de bem negociável. A Apple empenha-se com grande zelo em segmentar seu mercado em vários países, assim como fazem outros fabricantes de produtos de marca. Além disso, as preferências dos clientes estrangeiros (por exemplo: enguia crua no Japão) e a competição estrangeira no varejo (por exemplo: fast-food do McDonald's em Les Halles, no centro de Paris) podem ser atípicas. Contudo, para determinar os milhares de cálculos de taxas cambiais implícitos na PPC no comércio EUA-China, o Fundo Monetário Internacional (FMI) calcula uma taxa cambial PPC subtendida para a China de 4,18 yuans para o dólar americano, ou, analogamente, US$0,239 por valor CNY do Yuan.[19] Em outras palavras, segundo o padrão da PPC, a "flutuação controlada" oficial da taxa de câmbio, CNY6,34 por US$ ou US$0,158 por CNY, deprecia o yuan em 41%.

A PPC implícita no tamanho da economia chinesa atualmente é, então, muito maior do que US$7,3 trilhões; está próxima de US$11,3 trilhões. Isto representa 14% de toda a economia mundial em relação à dos EUA, 19%.

A Tabela 6.2 mostra os ajustes da PPC ao tamanho estimado de várias economias. Em países onde o custo de vida (CV, em inglês: COL – *cost of living*) é menor do que na China, Coreia do Sul, México, Turquia e Polônia, os ajustes da PPC aumentaram as estimativas do PIB. Onde o CV era mais alto, como Japão, Alemanha e Reino Unido, os ajustes da PPC diminuíram o PIB estimado. Por exemplo, com preços em vigor nos Estados Unidos, a atividade comercial na economia australiana não é de US$1,5 trilhões, mas apenas US$0,9 trilhões.

Como a China cresceu tão rápido durante a Grande Contração de 2008–2009 e quais suas consequências? Um dos motivos é que a China introduziu os maiores estímulos fiscais no âmbito mundial (13% do PIB) e bruscamente relaxou as condições de crédito no final de 2008 e começo de 2009.[20]

No entanto, outro motivo é que a economia chinesa está quase atingindo os padrões de vida de países desenvolvidos, com uma expectativa para, talvez, metade da população localizada na parte oriental, nas províncias costeiras. Isto não seria tão significativo caso ignorássemos o fato de que a China tem 1,34 bilhões de clientes em potencial. Cerca de 170 milhões de pessoas (igual à metade da população dos EUA) se tornaram recentemente "classe média", com salários ajustados à PPC chinesa, de mais de US$20.000. Essas famílias desejam consumir produtos domésticos e importados dez vezes mais do que dez anos atrás. De forma agregada, o consumo chinês representa, agora, 35% do PIB em comparação aos 50%, 60% da maioria das nações asiáticas e aos 70% da América do Norte e Europa Ocidental. Como esta disparidade atesta, as oportunidades de vendas de produtos ocidentais adaptados ao mercado chinês serão extraordinárias.

---

19 Fundo Monetário Internacional. *World Economic Outlook Database*, jul. 2012.
20 Rebalancing the World Economy: China. *The Economist*, 1º ago. 2009, p. 65-66.

TABELA 6.2 PIB por país ajustado à PPC de 2011

	PIB nominal (US$ trilhões)	Custo de vida % dos EUA CPI – U(%)	PIB ajustado à PPC (US$ trilhões)
EUA	15,1	100	15,1
China	7,3	71	11,3
Japão	5,9	149	4,4
Alemanha	3,6	107	3,1
Reino Unido	2,4	132	2,2
Austrália	1,5	157	0,9
Coreia do Sul	1,1	80	1,5
México	1,1	64	1,6
Turquia	0,8	56	1,1
Polônia	0,5	59	0,8

© Cengage Learning 2014

O QUE DEU CERTO • O QUE DEU ERRADO

Big Box. Varejistas dos EUA na China[21]

Embora alguns aspectos de se fazer bons negócios em negociações no exterior sejam óbvios, outros são mais sutis. Os japoneses moram em residências muito pequenas, enquanto a crescente classe média chinesa possui uma metragem quadrada mais parecida às das residências estadunidenses, e podem preencher esse espaço com móveis, eletrodomésticos e acessórios domésticos em dois anos e meio de casas suburbanas de alvenaria ao longo da rua. Contudo, a Home Depot, Best Buy e Mattel encerraram suas malogradas operações de varejo na China em 2011-2012, depois de cinco anos de prejuízo.

Os motivos são esclarecedores. A Home Depot achou que os suburbanos chineses gostariam de elaborar, aos fins de semana, projetos de melhoria em suas casas. Contudo, as taxas salariais para um comerciante qualificado na China, embora estejam crescendo, ainda são de apenas US$2 por hora, muito menos do que os US$5 por hora no México, e bem abaixo dos US$29 por hora pagos a trabalhadores nos EUA. Ou seja, potenciais clientes da indústria do "Faça você mesmo" (em inglês, DIY – *do-it-yourself*) veem poucos motivos para não contratar pedreiros ou carpinteiros sempre que necessários, e, portanto, nem ao menos consideram a possibilidade de realizar eles mesmos tais tarefas.

De forma similar, depois de despachar para suas nove lojas na China seu estoque normal de máquinas de café expresso, computadores, televisores e aparelhos de som, a Best Buy descobriu que os clientes queriam mais opções de máquinas de lavar e ar-condicionado de janela, incluindo mais escolhas de cores e tamanhos não familiares aos estadunidenses. Todo varejo é "local". Compradores estrangeiros podem tentar emular o estilo de vida europeu e norte-americano, mas também querem variantes de produto que se encaixem em seus próprios estágios de desenvolvimento e em sua própria cultura.

Isto é algo especialmente recorrente na Índia, onde um segmento bem menor da população urbana ainda não conseguiu alcançar rendimentos de classe média, e indianos ainda mais pobres apresentam diferenças culturais massivas com o ocidente. Como resultado, em 2010-2011, mesmo os carros compactos da Tata Motors, parte do gigante conglomerado indiano em torno da Tata Steel, não se saíram muito bem em relação aos tradicionais carrinhos motorizados de três rodas e motocicletas.

---
21 Baseado em *Home Depot*: Chinese Prefer "Do-It-For-Me", 15 set. 2012, p. B1.

Paridade relativa do poder de compra

Uma forma menos restritiva da lei do preço único é conhecida como **paridade relativa do poder de compra**. A hipótese da PPC relativa estabelece que, quando as taxas cambiais entre duas nações estão em equilíbrio, em comparação com determinado período, as mudanças nas taxas diferenciais de inflação entre elas serão contrabalanceadas por iguais, mas opostas, mudanças na futura taxa de câmbio à vista.

A paridade do poder de compra exata é:

$$\text{Relative PPP}: \left(\frac{S_1}{S_0}\right) = \left(\frac{1+\pi_h}{1+\pi_f}\right) \quad [6.1]$$

onde S_1 é a taxa de câmbio à vista futura e esperada no período de tempo 1, S_0 a atual taxa à vista, π_h a taxa de inflação doméstica esperada (Estados Unidos), e π_f a taxa de inflação estrangeira esperada.

Se se espera que os preços dos EUA aumentem 2% durante o próximo ano, no qual é esperado que os preços na Europa aumentem 3%, e caso a taxa cambial à vista (S_0) seja de US$1,30/€, então a paridade do poder de compra relativa implica que a taxa à vista esperada para o euro em um ano (S_1) seja:

$$S1/\$1{,}30 = (1 + 0{,}02)/(1 + 0{,}03)$$
$$S1 = \$1{,}30(0{,}990291)$$
$$= \$1{,}2874$$

Espera-se que a taxa de inflação europeia, superior a 1%, resulte no declínio do futuro valor à vista do euro em relação ao dólar, em aproximadamente 1%.[22]

As linhas tracejadas na Figura 6.7 indicam paridade do poder de compra entre a moeda europeia, mais forte, que formou o euro, e o dólar americano, respondendo pela inflação cumulativa nos Estados Unidos e Alemanha de 1973 a 2000. Durante esse período, o índice de preços ao consumidor na Europa aumentou de 67,1 para 137,2 (um aumento de 104%), e o índice de preços ao consumidor nos Estados Unidos cresceu de 49,3 para 166,7 (um aumento de 238%). Portanto, fazendo novamente referência à Figura 6.7, o dólar estava substancialmente acima do seu nível de paridade do poder de compra em 1984-1986 e novamente em 1999-2003. Em cada caso, seguiu-se um declínio acentuado em relação às moedas europeias. Entre 2001 e 2009, por exemplo, o dólar perdeu 54% do seu valor em relação ao euro (ver Figuras 6.1 e 6.7). Desde então, o US$ recuperou quase 20% do seu valor anterior, reaproximando, novamente, a paridade do poder de compra.

Qualificações do PPC

Os cálculos da paridade do poder de compra podem ser muito sensíveis no ponto de partida da análise. Em 2000, a taxa cambial ¥/US$ calculou ¥107/US$, enquanto em 2002 o valor médio do dólar caiu para ¥130/US$ (ver Figura 6.1). Entre 2002 e 2009, os EUA inflacionaram em 22% e o Japão deflacionou em 2%. O ponto de partida

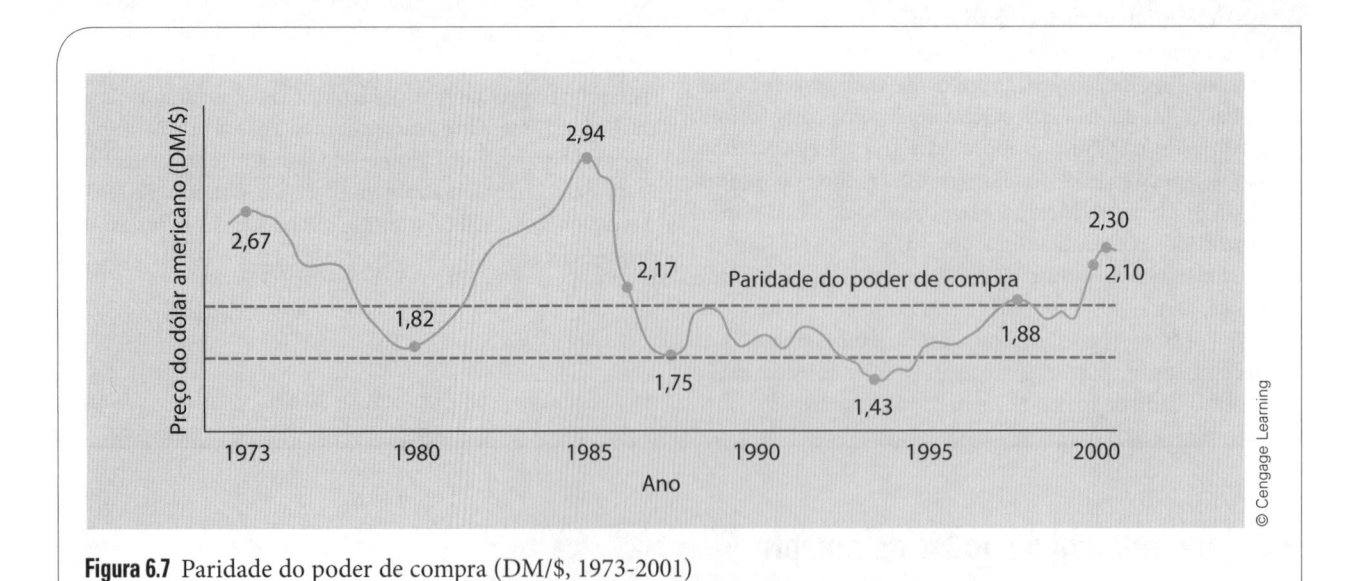

Figura 6.7 Paridade do poder de compra (DM/$, 1973-2001)

---

22 Várias outras condições de paridade nas finanças internacionais são discutidas em R.C. Moyer, J. McGuigan, R. Rao, e W. Kretlow. *Contemporary Financial Management*, 12. ed. Cincinnati: Cengage/South-Western, 2012, capítulo 22.

de 2000 para um cálculo da PPC relativa implica a taxa cambial de 2009 prevista por uma PPC de ¥86/US$ (bem próxima ao atual valor de ¥89/US$), enquanto o ponto de partida de 2002 implica uma taxa cambial de 2009 prevista de ¥110/US$. Claramente, a diferença não é trivial, e muitas hipóteses de PPC como essas vão depender do ano pelo qual o analista escolhe começar. A Figura 6.7 destaca esta formação mostrando um grupo muito amplo de taxas cambiais implícitas pela hipótese da PPC.

Além disso, diferenças de preferências interculturais (como a aversão islâmica ao vestuário feminino ocidental ou a propensão ao futebol americano) podem dar um curto-circuito nos ajustes da PPC. Políticas comerciais diferentes também podem causar violações da lei de preço único, da qual depende a PPC. Caso a Europa apresente subsídios de agricultura e barreiras comerciais muito mais altos para safras estrangeiras do que os EUA, esta política pode prevenir os fluxos comerciais e subsequentes ajustes na taxa cambial conjecturados pela PPC.

Ninguém nunca executou sozinho uma arbitragem comercial cambial com base em hipóteses de previsões da paridade do poder de compra. A arbitragem cambial é desencadeada por eventos imprevistos que geram oportunidade de lucro temporário, que duram apenas algumas horas ou dias. Os fluxos comerciais motivados por arbitragem em bens e serviços previstos pela PPC em resposta a diferenciais de inflação, por outro lado, são um processo de prazo bem maior, que requer vários trimestres, ou mesmo anos. Empresas com uma proporção substancial do seu total de vendas para o exterior devem avaliar essas tendências de longo prazo das taxas de câmbio. Por exemplo, a percepção de que o dólar estava bem acima dos níveis de paridade do poder de compra em 1999-2003 deve ter influenciado a produção e as políticas de precificação da Cummins Engine no começo do século XXI.

O QUE DEU CERTO • O QUE DEU ERRADO

GM, Toyota e o Celica GT-S Coupe[23]

Como vimos no começo do capítulo, a Toyota tende a preservar unidades de vendas cortando as margens de lucro do yen quando sua moeda doméstica se fortalece. Em contrapartida, a GM frequentemente aumenta o preço de tabela para exportações no momento em que o dólar fica mais forte, a fim de preservar o valor de dólar dos seus ganhos em subsidiárias estrangeiras, quando registrados nos balanços e declarações de renda da empresa nos Estados Unidos. De 1980 a 1984, por exemplo, a GM aumentou os preços do Opel em 48%, conforme o dólar se fortalecia em 47%. A renda depreciada das transações de venda na Europa, em moeda estrangeira, foi quase que perfeitamente absorvida pelo aumento nos preços de tabela. É claro, isto implicou um crescimento excepcional de 95% (48% + 47%) no preço de venda em Frankfurt, Munique e Colônia. A Opel Division da General Motors achou difícil explicar para potenciais clientes alemães por que os preços de venda deveriam essencialmente dobrar em um período tão curto.

Por que a GM e a Toyota têm precificações e políticas de aumento de preços tão diferentes entre si? Há suspeita de que a Toyota buscou maior volume de vendas para realizar economias de escala ou para tirar vantagem das curvas de aprendizado na redução do custo de unidades conforme o volume cumulativo aumentasse. A fábrica da Nissan em Smyrna, Tennessee, por exemplo, é anunciada como a linha de montagem mais eficiente dos EUA, com a produtividade dos trabalhadores quase 35% maior do que a média das fábricas da GM. Além disso, as iniciativas de qualidade total de fabricação (em inglês, TQM – *total quality manufacturing*) realizaram muito mais economia de custos na linha de montagem da fábrica à medida que mais veículos passam por inspeções de qualidade sem requerer retrabalho. Conclui-se que Toyota, Honda e Nissan certamente são empresas movidas a exportações. É frequente que 60% das vendas da Nissan sejam geradas no exterior (45% delas inteiramente nos EUA).

A General Motors, por outro lado, apresenta 72% de vendas domésticas, 12% para exportação e 16% para produção estrangeira, em divisões como a Opel, na Europa, e a Holden, na Austrália. Em consequência, a GM não foca em marketing nem no planejamento de operações para exportação e vendas no exterior. Entretanto, cada empresa deve sempre analisar sua concorrência no mercado de importação. Ao compensar aproximadamente metade dos movimentos desfavoráveis da taxa de câmbio (envolvendo uma valorização do yen) por meio de uma redução das margens de exportação, todos os fabricantes japoneses de automóveis aumentaram suas fatias de mercado à custa da GM. Com uma fatia de mercado de 45% em meados dos anos 1980, a GM encolheu sua participação para 19%, enquanto a Toyota, com a mesma porcentagem e crescendo cada vez mais, tornou-se a maior empresa automobilística do mundo por vários trimestres de 2009. Em 2011, a GM ficou com 19% da fatia de mercado, a Ford com 17%, a Toyota com 15%, Honda com 11%, Chrysler (agora uma divisão da Fiat) com 9% e Nissan com 8%.

---
23 Baseado em General Motors and the Price of the Dollar. *Harvard Business School Publishing*, 1987.

Nos últimos seis anos, de 2004 a 2009, as vendas da Cummins e seus fluxos de caixa triplicaram por causa do declínio do dólar ao longo de quase uma década. Gestores podem, e com frequência utilizam as taxas cambiais da PPC para avaliar a força ou a fragilidade de uma moeda estrangeira, usando este conhecimento como um dado dentro do seu plano de negócios de três a cinco anos.

O uso apropriado da PPC: Um panorama

Estar em sintonia com as tendências de taxas de câmbio no ambiente de negócios internacional não permite um ajustamento, mas, sim, um melhor planejamento do volume de produção em médio prazo, precificação proativa, mercados-alvo e canais de distribuição segmentados, que podem oferecer vantagens em termos de lucro. Algumas empresas tornam essas considerações o foco dos seus planos de negócios e prosperam em mercados internacionais; outras são menos bem-sucedidas.

A arbitragem em mercadorias requer infraestrutura logística, como terminais de transporte, redes de distribuição, relações de varejo confiáveis e campanhas de marketing transnacional eficazes. Sem essas peças no lugar, os mercados internacionais podem permanecer um tanto segmentados, impedindo, deste modo, a completa convergência de preços de produtos idênticos entre Estados Unidos e Japão, nações da UE, Estados Unidos e Reino Unido, e até mesmo entre EUA e Canadá. Diferente da arbitragem que ocorre em mercados financeiros, a de mercadorias subjacente à PPC pode levar meses, anos, ou mesmo décadas. Como resultado, a variação de preço para mercadorias semelhantes ao redor do mundo é maior (frequentemente 10 vezes maior) do que a de um determinado período dentro de uma economia.[24]

Contudo, no curto prazo, a rigidez nos preços de mercadorias, combinada com o comportamento de manada dos especuladores de taxas cambiais, seguidores de tendências, provoca taxas cambiais nominais que ultrapassam ou não seus níveis de equilíbrio ao se ajustarem à demanda ou a choques cambiais. Para evitar este problema, muitos analistas realizam comparações transnacionais dos níveis de preço ou estatísticas comerciais que utilizam estimativas de paridade do poder de compra para o período anterior a 15 anos.

Por exemplo, se observarmos que, em junho de 2004, três metros de calha de calibre 0,019 são vendidos em lojas da DIY nos Estados Unidos por US$3,36, e que o valor da libra esterlina é US$1,80/£ (isto é, £0,55/US$), é errado presumir que a calha com preço idêntico deveria ser vendida a £1,84 no Reino Unido (isto é, US$3,36 × £0,55/US$). Mesmo que a libra esterlina estivesse valendo £2,10, o aparente lucro de arbitragem de (£2,10 − £1,84) × US$1,80/£ = US$0,47 por 10 metros não seria possível. Em consequência, não faz sentido a pressa para organizar

---

EXEMPLO Índice de paridade do poder de compra do Big Mac[25]

Os hambúrgueres Big Mac, vendidos em 120 países ao redor do mundo, são tão próximos, ou mesmo idênticos, à forma como foram idealizados pela corporação McDonald's, ainda que gerentes de vários países tenham completa discricionariedade ao estabelecer o preço dos lanches. Se o índice da PPC do Big Mac para um hambúrguer em Atlanta e nos subúrbios de Paris (isto é, US$4,25/€3,33) apenas se igualar à taxa cambial atual de US$1,30/€ em 2012, nenhuma das moedas é taxada como supervalorizada. Contudo, com um McDonald's suburbano, localizado além da periferia de Paris, vendendo o lanche por €2,73, a hipótese da PPC do Big Mac implica que o euro está substancialmente supervalorizado (em 22%) − €3,33/€2,73 = 122%.

As relações do Big Mac não são consideradas uma aplicação perfeita da hipótese da PPC relativa por vários motivos: (1) os 17% do imposto sobre o valor acrescentado (IVA) da União Europeia excede os 6% a 10% de imposto sobre as vendas, típico da maioria dos estados dos EUA; (2) o aluguel e os serviços de utilidade pública em Paris excedem em valor os de Atlanta; e (3) o grau de competição na indústria de *fast-food* pode não ser equivalente nos dois países. Apesar dessas considerações, a depreciação constante do euro em relação ao dólar, US$1,34/€ a US$1,20/€ na primeira metade de 2012, sugere que a economia do hambúrguer tem algum mérito.

25 Baseado em The Big Mac Index. *The Economist*, 28 jul. 2012, p. 66.

---

24 C. Engel e J.H. Rogers. How Wide Is the Border? *American Economic Review* 86, 1996, p. 1.112-25; e Goods Prices and Exchange Rates. *Journal of Economic Literature* 35, 1997, p. 1.243-72.

a distribuição e exportação da calha dos EUA ao Reino Unido cada vez que a taxa de câmbio excede ou cai. Em vez disso, seria preciso multiplicar o preços dos EUA, US$3,36, por um valor de £0,63/US$ de paridade do poder de compra da libra durante 1990-2004 (ver Figura 6.1). Isto implicaria que as calhas, vendidas nas lojas inglesas por £2,12, não seriam consideradas muito caras em relação aos EUA. E, levando em conta os intervalos de confiança em torno das condições da PPC, deveria ser considerado consistente o preço inglês de £2,12 + ou − 10% (£1,91 − £2,33) com a ausência de oportunidades de arbitragem em calhas.

Índice da taxa cambial ponderada no comércio

A Figura 6.8 mostra o valor do dólar americano em relação às moedas dos maiores parceiros comerciais dos EUA de 1981 a 2012. Esta taxa cambial ponderada no comércio, às vezes chamada taxa cambial efetiva (TCE, em inglês EER − effective exchange rate), calcula o valor médio ponderado do dólar em relação a 19 moedas, cujos pesos são determinados pelo volume de importação mais exportação entre EUA e cada um dos seus parceiros comerciais. A TCE para os Estados Unidos é, então, definida como:

$$\text{TCE}_t^\$ = \sum_i e\text{I}_{it}^\$ w_{it} \qquad [6.2]$$

na qual W_{it} é a proporção relativa do comércio total de importação e exportação de e para um país i no período de tempo t.

De 1995 a 2001, a média ponderada do dólar americano valorizou substancialmente. Os três fatores que determinam tendências de longo prazo em taxas cambiais estavam envolvidos nesta situação. As taxas de crescimento reais nos EUA caíram nesse período, em relação aos seus maiores parceiros comerciais, o que fez as importações declinarem. As taxas de juros reais em T-bills dos EUA eram altas e continuavam subindo, em relação às taxas dos mesmos parceiros comerciais. Por fim, a inflação de custos no índice de preços ao produtor dos EUA, pós-Segunda Guerra Mundial, era baixa em relação aos maiores parceiros comerciais do país. Dessa forma, o capital fluiu para os Estados Unidos e o negócio de exportação do país aumentou dramaticamente.

Assim como para seus concorrentes japoneses e europeus nos anos 1980, o comércio de exportação forneceu o mecanismo de crescimento para várias empresas dos EUA nos anos 1990 e em 2005-2008. O painel (a) da Figura 6.9 mostra que, de 1970 até final dos anos 2000, a parcela de exportação relativa ao PIB dos EUA cresceu de 5% a 18%.

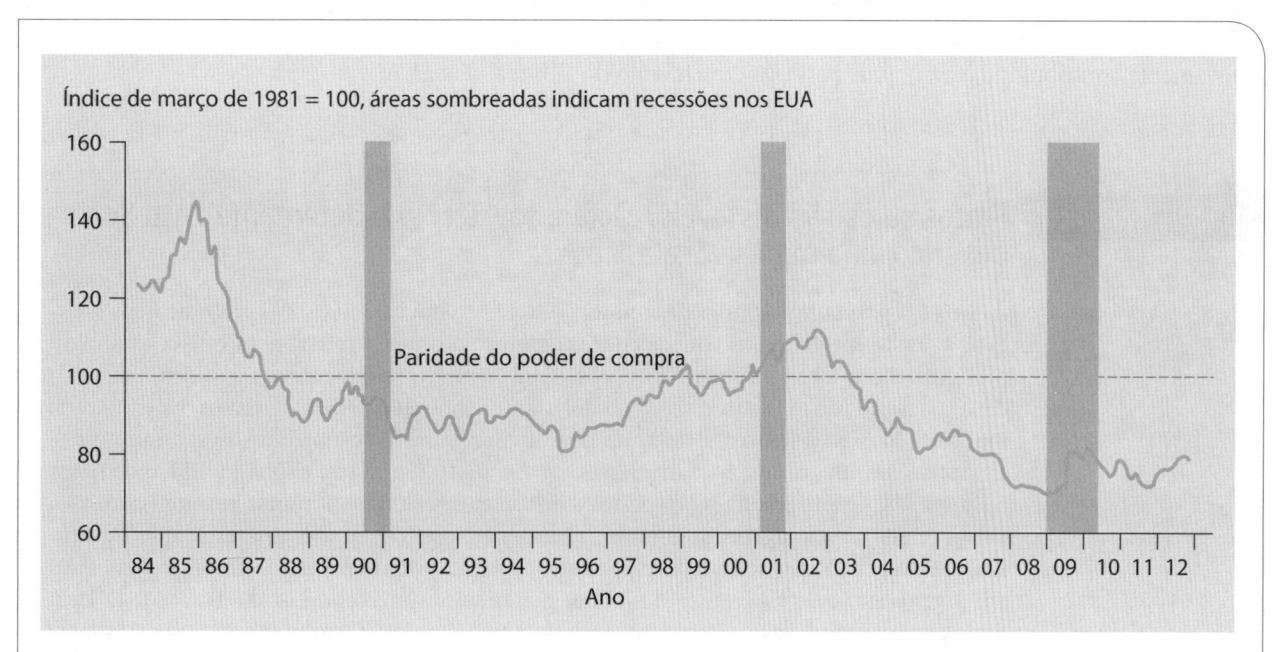

Figura 6.8 Índice da taxa cambial ponderada no comércio, dólar americano (1984-2012)
Fonte: National Economic Trends. Federal Reserve Bank of St. Louis, periódico trimestral.

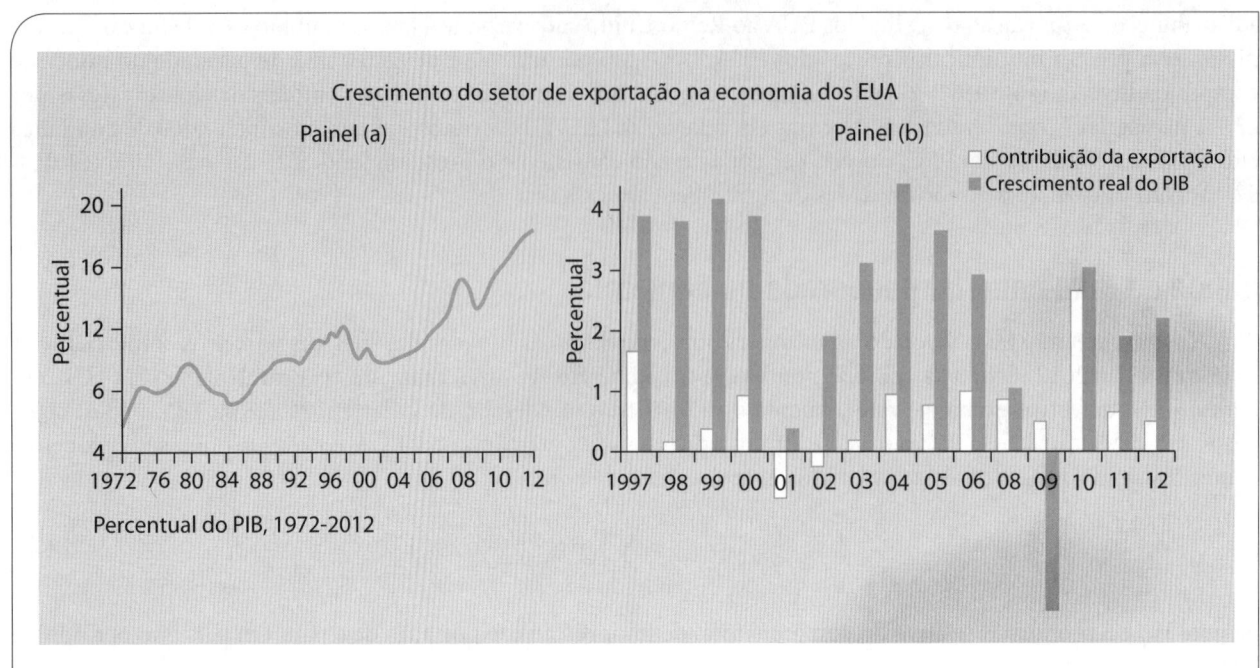

Figura 6.9 Crescimento do setor de exportação na economia dos EUA
Fonte: U.S. Department of Commerce. Bureau of Economic Analysis.

Em 1997, um terço do crescimento do PIB real dos EUA era atribuído às exportações. Entre 1994 e 1997, a contribuição da exportação ao crescimento do PIB duplicou. Entre 1998 e 2002, o setor de exportação dos EUA sofreu uma queda [ver Figura 6.9, Painel (b)], primeiro, porque o valor do dólar valorizou sobre a paridade do poder de compra (ver Figura 6.7). Contudo, mesmo em seus valores de pico mais recentes de ¥134 em meados de 1998, DM2,30 na metade de 2000 e €1,12 em 2001, o dólar americano ainda estava muito abaixo do seu espetacular pico de ¥238 e DM2,94. Esta perspectiva histórica pode se provar útil, porque foram necessários apenas 34% de depreciação do dólar em 2001–2004 para reativar o setor exportador dos EUA. O painel (b) da Figura 6.9 mostra que, com exceção de 2009, no auge da recessão global, as exportações aumentaram de forma gradual durante 2004-2011, excedendo 14% do PIB, e novamente contribuindo para grande parte do crescimento do PIB real dos EUA.

EXEMPLO: Pratos sujos são instáveis? Dixan, Joy, Dawn e detergente Patti Scala genérico, da empresa Scala S.p.A.

Às vezes, a paridade do poder de compra (PPC) falha em caracterizar o preço de itens idênticos à venda em diferentes moedas porque alguns fatores complementares no consumo ou produção são imóveis. Casas exclusivas são um fator fixo; pratos sujos são outro. Em julho de 2001, depois de uma valorização do dólar americano de 35% em dois anos, valendo cada um 2.275 liras e 1,18 euros, habitantes de um vilarejo na Toscana viram-se servindo montanhas de comida, vários tipos de massas e *primi piatti* (entradas) a uma multidão de turistas dos EUA. Como resultado, os pratos sujos se empilharam em muitas pias italianas.

Como em outros lugares do mundo, a louça suja da Itália acabava necessitando de *patti scala* (detergente), e a Scala S.p.A, de Castrociel0, na França, fornecia um detergente Patti Scala genérico, com fragrância de limão, por meio de mercadinhos da Toscana. O Patti Scala genérico de 1.900 liras competia diretamente com o Dixan, marca popular de detergente que custava 2.600 liras, e ambos apresentavam embalagens de plástico de 750 ml. O que é extraordinário, à primeira vista, nesses dois preços italianos é que, em julho de 2001, as 1.900 e 2.600 liras se igualaram a US$0,84 e US$1,14, respectivamente, custando muito menos que detergentes semelhantes à venda em lojas dos EUA (por exemplo, a Harris Teeter vende detergente genérico por US$1,80, e Joy, Palmolive e Dawn custam US$1,99, US$2,49 e US$2,79, em tamanhos comparáveis (ver Tabela 6.3). Isto significa que a Joy, a Palmolive e a Dawn deveriam antecipar essa erosão massiva de suas fatias de mercado dos EUA, devido à invasão de preços baixos dos importados italianos da Dixan?

TABELA 6.3 Detergentes concorrentes nos Estados Unidos e Itália

Marcas dos produtos	Preço em junho de 2001 (US$)	Volume por unidade (ml)
Joy	1,99	740
Palmolive	2,49	739
Dawn	2,79	740
Dixan (junho de 2001)	1,14 (2.600 lira) + 30% transporte = $1,45	750
Dixan (junho de 1999)	1,56 (2.600 lira) + 30% transporte = $2,03	750
Produtos genéricos		828
Detergente Harris Teeter	1,80	828
Patti Scala (junho de 2001)	0,84 (1.900 lira) + 30% transporte = 1,09	750
Patti Scala (junho de 1999)	1,15 (1.900 lira) + 30% transporte = 1,48	750

A resposta é não, definitivamente, por três motivos. Primeiro, é claro que os clientes nos EUA da Joy, Palmolive e Dawn não reconhecem a marca Dixan. Seria necessário que a Dixan fizesse propagandas e uma campanha promocional massiva para superar as barreiras de marca e entrar no mercado norte-americano. A arbitragem internacional de produtos e a plena conquista da PPC é parcialmente impedida pelos custos de troca de consumidor impostos pelos investimentos nos nomes das marcas.

Segundo, mesmo na ausência de produtos de marca, a PPC pode deixar de se manter no mercado de detergentes genéricos porque pratos sujos são imóveis. Mesmo que os ingredientes químicos, a fragrância de limão e os amaciantes de mãos do Patti Scala, da Scala S.p.A. sejam praticamente idênticos aos do detergente Harris Teeter, e apesar da disponibilidade de produto do Patti Scala, ao valor de 1.900 liras na Itália, deve-se incorporar os custos de transporte nessas comparações de preço. O preço de custo do Patti Scala nos EUA seria de 1.900/2.275 liras = US$0,84, mais, talvez, 30% do custo de transporte – ou seja, US$1,09. Ainda assim, pode-se perguntar, sensatamente: por que os preços de detergentes genéricos diferem tanto entre si, de US$1,09 a US$1,80 através de vários países?

A resposta está no reconhecimento de que a paridade do poder de compra é uma hipótese sobre dinâmicas de preço de longo prazo. As taxas cambiais frequentemente ultrapassam/não alcançam seus níveis de equilíbrio e, em consequência, a relação dos preços do varejo em uma economia e os preços de varejo ajustados à taxa cambial em outra devem ser computados durante vários anos. Por exemplo, dois anos antes, a lira italiana era mais forte do que no verão de 2001; especificamente em junho de 1999, o dólar americano valia apenas 1.665 liras, contra as 2.275 liras de junho de 2001. Com preços de varejo sugeridos iguais tanto em 1999 quanto em 2001 para Patti Scala e Dixan, o primeiro custava (1.900/1.665 liras =) US$1,14 + 30% de custo de transporte = US$1,47. Esse preço unitário na Itália fica muito mais próximo ao preço de unidade do Harris Teeter's, US$1,80. Além disso, o Dixan, com (2.600/1.665 liras =) US$1,56 + 30% de custo de transporte = US$2,03 tem preço quase idêntico ao do da marca Joy, que custa US$1,99.

Concluindo, campanhas de marca bem-sucedidas, a imobilidade de complementos e uma taxa de câmbio temporária que ultrapassa/não alcança podem criar brechas significativas no preço final de produtos semelhantes, vendidos a diferentes moedas.

COMÉRCIO INTERNACIONAL: UMA PERSPECTIVA GERENCIAL
Participações no comércio mundial e blocos de comércio regionais

A Figura 6.10 mostra que durante as duas últimas décadas o fluxo de comércio de importação e exportação para e dos EUA cresceu até atingir 32% do PIB; as exportações do país representam 14% do PIB, ou cerca de US$2 trilhões, em bens e serviços, 59% dos quais atualmente destinados a mercados emergentes. Algumas nações são ainda mais ativas nas exportações. Em 2011, a Alemanha e a China exportaram cerca de US$1,5 trilhões, o que representa imensos 35% do PIB alemão e 28% do chinês. As exportações britânicas representam 27% do seu PIB, as mexicanas 35%, canadenses 43%, sul-coreanas 43%, malaias 93% e holandeses 177%!

Os Estados Unidos é também o segundo maior exportador e maior importador na economia mundial. Ou seja, os EUA geram a maior parcela dos US$35,8 trilhões no comércio bilateral mundial (10,4%), compreendendo 8% de todas as exportações e 13% de todas as importações. A Figura 6.11 mostra que os nove países com maiores fatias do comércio mundial em 2011 foram China (10,2%), Alemanha (6,4%), Japão (4,7%), França (4%), Holanda (4%), Itália (3%), Reino Unido (3%), Bélgica (3%) e Canadá (2,5%). Embora essas grandes nações comerciais sejam predominantemente de economias ocidentais desenvolvidas, as próximas cinco maiores são predominantemente compostas por economias asiáticas de rápido desenvolvimento: Coreia do Sul (2,6%), Hong Kong (2,3%), Rússia (2,3%), Espanha (2%), Cingapura (2%), México (1,9%), Taiwan (1,5%) e Índia (1,4%). No geral, a Organização Mundial do Comércio incluiu 154 nações que concordaram em dividir estatísticas de comércio, coordenar a liberalização de políticas comerciais (isto é, abertura de mercados) e resolver cooperativamente suas disputas comerciais em concordância com as regras e procedimentos da OMC.

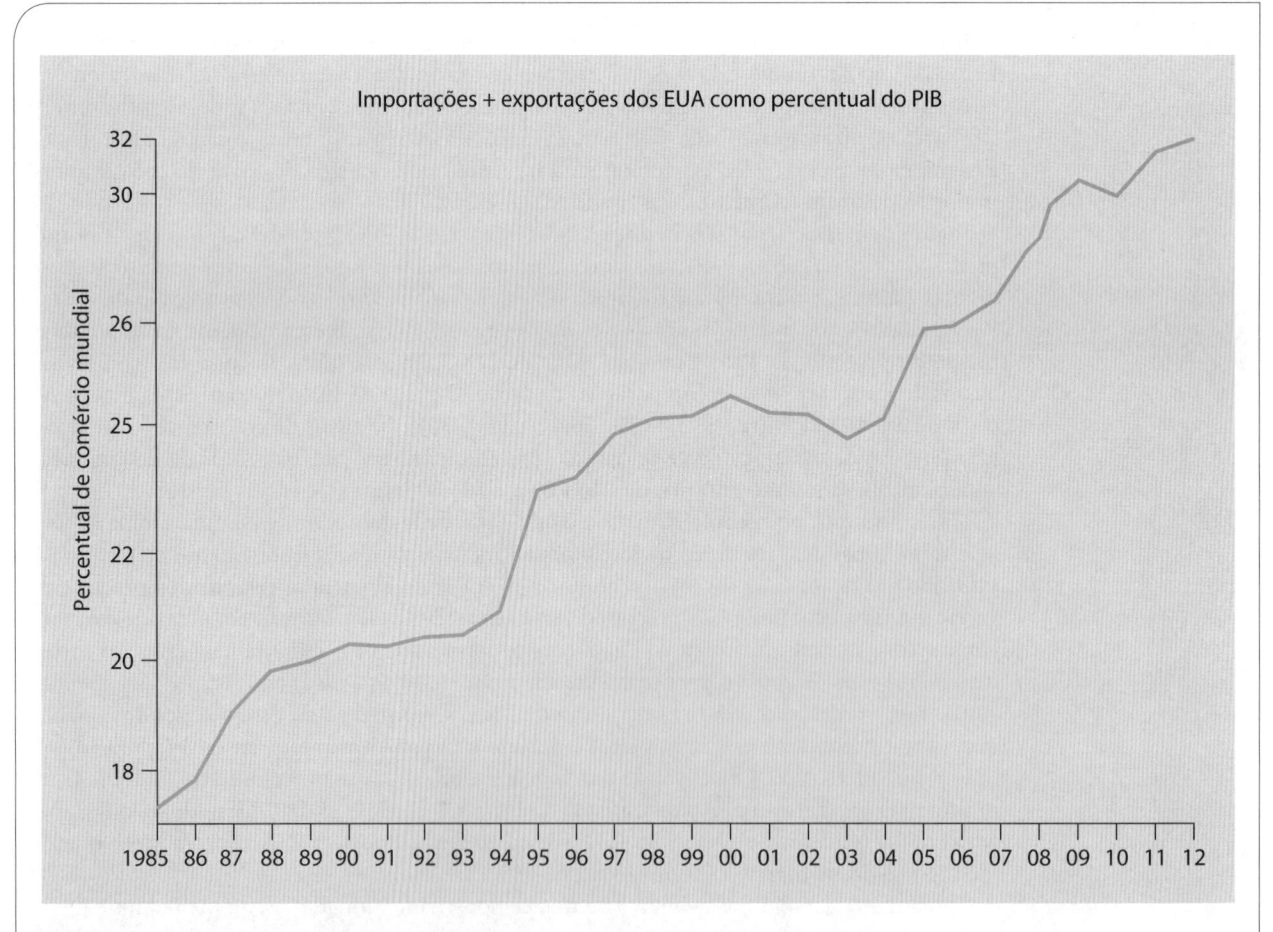

Figura 6.10 Importações e exportações dos EUA como percentual do PIB
Fonte: U.S. Department of Commerce, Bureau of Economic Analysis.

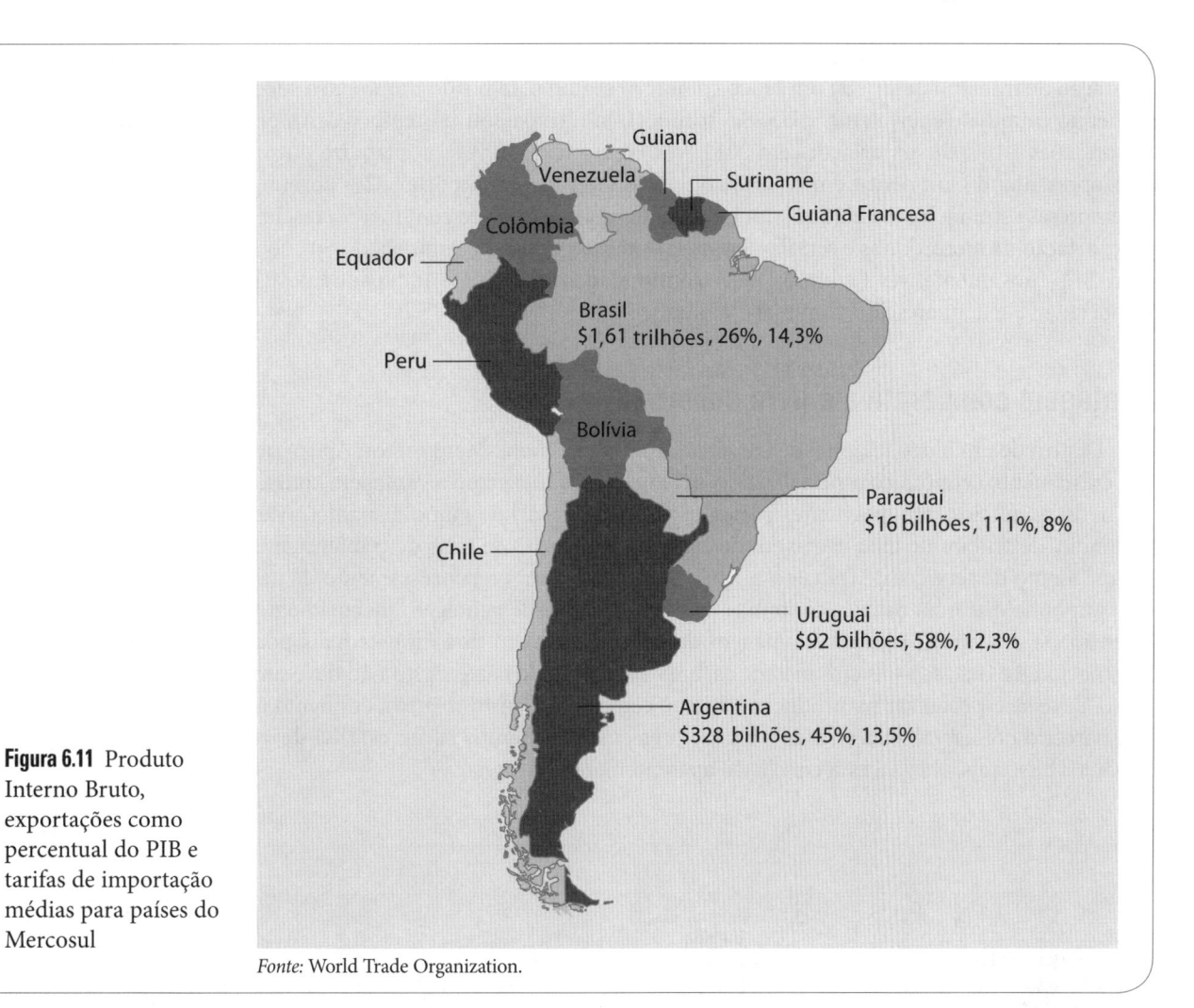

Figura 6.11 Produto Interno Bruto, exportações como percentual do PIB e tarifas de importação médias para países do Mercosul

Dados do mapa:
- Brasil: $1,61 trilhões, 26%, 14,3%
- Paraguai: $16 bilhões, 111%, 8%
- Uruguai: $92 bilhões, 58%, 12,3%
- Argentina: $328 bilhões, 45%, 13,5%

Fonte: World Trade Organization.

Atualmente, os EUA, a União Europeia (UE) e o Canadá têm algumas das tarifas mais baixas, equivalentes a 3% a 4% sobre importação. México e Índia têm as maiores, equivalentes a 12% a 15%. Felizmente, blocos de comércio regionais, como a UE e o Tratado Norte-Americano de Livre Comércio (Nafta) têm sido altamente bem-sucedidos em remover barreiras comerciais, negociar reduções multilaterais sobre tarifas e promover o livre comércio como um mecanismo de competição pacífica entre nações.

Seis blocos regionais de comércio surgiram na economia mundial. Na América do Sul, Argentina, Brasil, Paraguai e Uruguai formaram um bloco comercial, o Mercosul, cuja importação/exportação de mercadorias duplicou de 1996 a 2006, e agora se aproxima de US$1 trilhão, 80% deste valor entre países-membros. O Grupo Andino (Peru, Colômbia, Bolívia e Equador) formou outro bloco comercial; ambos tentam se espelhar no Nafta, área de livre-comércio envolvendo o Canadá, EUA e México.[26] As economias do Brasil (US$1,8 trilhão), Canadá (US$1,6 trilhão) e México (US$1,4 trilhão) são comparáveis em tamanho, cerca de um décimo da economia dos EUA. Brasil e Argentina têm grandes bases industriais, protegidas por 14% a 16% de tarifas de importação, enquanto Paraguai, Bolívia e Guatemala são economias com base em mercadorias, utilizando tarifas de importação de 6% a 8%; e o México reduziu suas tarifas de 14% (cinco anos atrás) para 8%.

Surgiram disputas comerciais entre Brasil e EUA em relação ao aço brasileiro, açúcar, suco de laranja congelado e exportações de etanol. Em 2009, o Brasil conseguiu independência de petróleo através de uma extensiva indústria de etanol baseada em cana-de-açúcar, produzindo mais de cinco bilhões de galões por ano. Apesar de ser o maior produtor de etanol do mundo, com 6,5 bilhões de galões produzidos, os EUA têm conseguido barrar eficazmente a competição impondo uma tarifa protecionista (*infant industry*) sobre o etanol brasileiro.

---

26 Sete nações do sudoeste asiático (em inglês: ASEAN – *seven southeast asian*) e 16 economias transpacíficas, incluindo Japão e México (Apec) também formaram blocos comerciais.

194 Economia de empresas

Em outros lugares, acordos de comércio preferenciais que baixam tarifas, assim como barreiras de capital e de migração de trabalho dentro de um bloco comercial regional, têm sido um imenso sucesso. O EU-27, com 39% do comércio mundial (equivalente a US$8,5 trilhões), já ultrapassou há tempos a América do Norte, com 13% de exportações e 16% de importações em 2011 (ver Figura 6.12). A Ásia contabiliza outros 30% da exportação mundial, apresentando um déficit em relação ao resto do mundo ao importar 32% de, em grande parte, componentes de empresas estrangeiras recebidos para montagem final. As regiões com maior crescimento no mundo em relação à exportação de mercadorias e serviços estão na América Central e América do Sul, com 32%, e no Oriente Médio, com 34% (novamente, ver Figura 6.12). A comunidade dos Estados Independentes (Rússia e seus vizinhos) é o importador que tem crescido com mais rapidez, com 28%.

Vantagem comparativa e livre comércio

Dentro de um bloco regional de comércio, como UE, Nafta, Mercosul ou Apec, cada membro pode aprimorar seu crescimento econômico especializando-se em concordância com a vantagem comparativa e então se engajando no livre comércio. Intuitivamente, países com baixos salários, como Espanha, México, Porto Rico, China e Tailândia, desfrutam de uma vantagem de custo na fabricação de bens de trabalho intensivo, como roupas, e com o suprimento de serviços de trabalho intensivo, como costura ou processamento de pedidos de cupons.

Suponha que uma dessas economias também desfrute de vantagem de custo em uma fabricação com maior intensidade de capital, como a montagem de automóveis. Um dos *insights* mais poderosos da microeconomia internacional é que, sob tais circunstâncias, uma economia de baixo custo não deve produzir mercadorias; em vez disso, deve se especializar na produção de itens com menor custo relativo, enquanto adquire o outro produto do seu parceiro comercial, que arca com os maiores custos. Vejamos como esta **lei de vantagem comparativa**, em negócios bilaterais, chega a esta conclusão aparentemente estranha.

América do Norte
Exportações
• subiu 14%
• US$ 2,95 trilhões
• 13% do total mundial
Importações
• subiu 14%
• US$ 3,61 trilhões
• 16% do total mundial

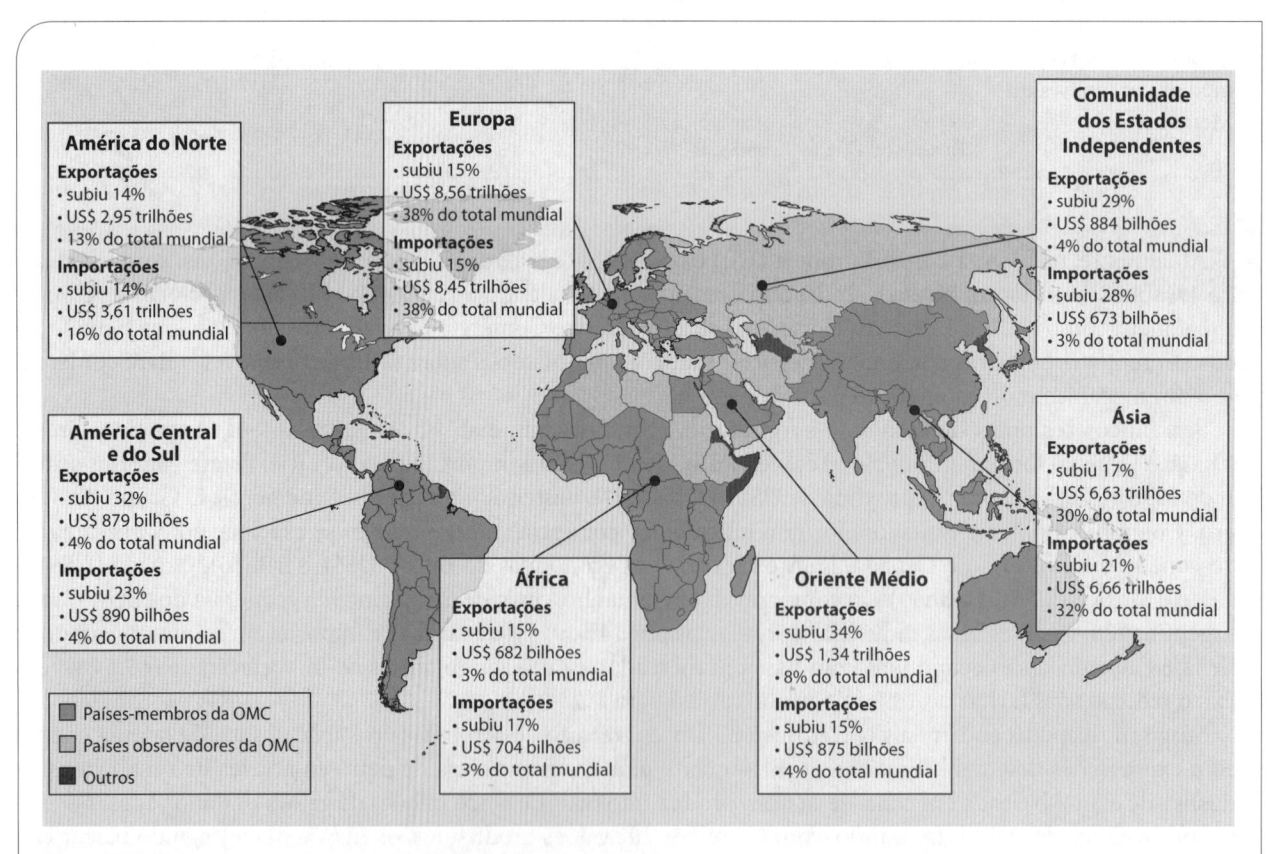

Europa
Exportações
• subiu 15%
• US$ 8,56 trilhões
• 38% do total mundial
Importações
• subiu 15%
• US$ 8,45 trilhões
• 38% do total mundial

Comunidade dos Estados Independentes
Exportações
• subiu 29%
• US$ 884 bilhões
• 4% do total mundial
Importações
• subiu 28%
• US$ 673 bilhões
• 3% do total mundial

América Central e do Sul
Exportações
• subiu 32%
• US$ 879 bilhões
• 4% do total mundial
Importações
• subiu 23%
• US$ 890 bilhões
• 4% do total mundial

África
Exportações
• subiu 15%
• US$ 682 bilhões
• 3% do total mundial
Importações
• subiu 17%
• US$ 704 bilhões
• 3% do total mundial

Oriente Médio
Exportações
• subiu 34%
• US$ 1,34 trilhões
• 8% do total mundial
Importações
• subiu 15%
• US$ 875 bilhões
• 4% do total mundial

Ásia
Exportações
• subiu 17%
• US$ 6,63 trilhões
• 30% do total mundial
Importações
• subiu 21%
• US$ 6,66 trilhões
• 32% do total mundial

■ Países-membros da OMC
□ Países observadores da OMC
■ Outros

Figura 6.12 Exportação e importação de mercadorias e serviços comerciais, por região*
*Valores e participações incluem comércio intraUE.
Fonte: World Trade Organization.

TABELA 6.4 Termos de troca reais e vantagem comparativa

	Custo absoluto nos EUA (US$)	Custo absoluto no Japão (¥)
Carburadores de automóveis	120	10.000
Chips de memória de computador	300	8.000
	Custo relativo nos EUA (US$)	Custo relativo no Japão
Carburadores de automóveis	120/300 = 0,4 chips	10K/8K = 1,25 chips
Chips de memória de computador	300/120 = 2,5 carburadores	8K/10K = 0,8 carburadores.
	Ganhos Comerciais nos EUA	Ganhos relativos no Japão
Mercadorias originais	1,0 carburadores, + 1,0 Chip	1,0 carburadores + 1,0 chip
Depois da especialização:		
Carburadores produzidos	(1,0 + 2,5) carburadores	0
Chips de memória produzidos	0	(1,0 + 1,25) chips
Comércio	+1,0 chip	+ 1,5 carburadores
	–1,5 carburadores	–1,0 chip
Bens líquidos	2,0 carburadores + 1,0 chip	1,5 carburadores +1,25 chip

© Cengage Learning

Considere o comercial bilateral de carburadores de automóveis e chips de memória de computador entre Estados Unidos e Japão. Suponha que o custo de produção de carburadores no Japão seja de ¥10.000, comparado com US$120 dos EUA. A uma taxa de câmbio de ¥100/US$, o preço de cobertura de custos japonês de US$100 é mais baixo do que o norte-americano, US$120. Além disso, imagine que os chips de memória custam ¥8.000 no Japão, comparado com US$300 dos EUA. Novamente, o preço do produto japonês (isto é, $80) é mais baixo do que o preço do produto norte-americano. Diz-se que o Japão desfruta de uma **vantagem absoluta de custo** na manufatura de ambos os produtos. Contudo, é 83% (isto é, US$100/US$120) mais caro produzir carburadores no Japão, enquanto nos Estados Unidos é apenas 27% (ou seja, US$80/US$300) mais caro produzir chips de memória. Diz-se que o Japão tem uma vantagem comparativa em relação aos chips de memória, e deveria se especializar na fabricação deste produto.

Os ganhos dessa especialização, em concordância com a vantagem comparativa e subsequente comércio, são mais bem demonstrados utilizando os termos reais de troca. **Termos reais de troca** identificam as quantidades necessárias de empenho de trabalho, materiais e outros recursos para produzir um produto em uma economia em relação a outra. No Japão, a fabricação de chips de memória requer o sacrifício de recursos capazes de fabricar 0,8 carburadores (ver Tabela 6.4), enquanto nos EUA o fabricante de chips de memória requer o sacrifício de 2,5 carburadores. Ou seja, o custo relativo dos chips de memória japoneses (em termos de produção de carburadores, obviamente) é menos de um terço tão bom quanto o custo relativo dos chips de memória nos EUA. Por outro lado, a produção de carburadores nos EUA requer os recursos associados a apenas 0,4 chip de memória norte-americanos, enquanto a produção de carburadores japonesa requer o sacrifício de 1,25 chip de memória do país. O custo relativo dos carburadores nos EUA é bem menor do que o japonês. Dito de outra forma, os japoneses são especialmente produtivos em utilizar recursos para fabricar chips de memória, e os EUA são particularmente produtivos em utilizar recursos similares para produzir carburadores. Cada país tem uma vantagem comparativa: os japoneses com a produção de chips de memória e os norte-americanos com a produção de carburadores.

Avalie o que acontece no total de bens produzidos se cada economia se especializasse na produção em concordância com a vantagem comparativa e, então, comercializasse para diversificar seu consumo. Suponha que EUA e Japão produziam inicialmente uma unidade de cada produto; que este trabalho é fixo; que não há escalas de economias presentes; e que a qualidade dos carburadores e chips de memória é idêntica. Se os japoneses parassem de produzir carburadores e se especializassem na produção de chips de memória, aumentariam a produção de chips de memória em 2,25% (ver Tabela 6.4). De forma similar, se os EUA cessassem a produção de chips de memória e se especializassem na produção de carburadores, aumentariam a produção deste último em 3,5 unidades. Nessas circunstâncias, os EUA podem oferecer ao Japão 1,5 carburador por chip de memória, e ambas as partes terminariam inequivocamente melhor. Os EUA desfrutariam de uma produção doméstica residual depois de negociar 2,0 carburadores mais a importação de um chip de memória. Os japoneses também gozariam de uma produção doméstica residual depois de negociar 1,25 chip de memória mais a importação de 1,5 carburador. Como demonstrado na Tabela 6.4, cada economia teria substituído os produtos que produziam inicialmente, e daí em diante ainda desfrutaria de quantidades adicionais dos dois itens – inequívocos benefícios do comércio.

Controle de importações e tarifas protecionistas

Algumas nações rejeitam as políticas do livre comércio e, em vez disso, tentam restringir a compra de bens importados para expandir a produção de suas indústrias domésticas, aumentando artificialmente o preço de produtos estrangeiros substitutos por meio de *tarifas protecionistas*. A Figura 6.13 mostra que Hong Kong, EUA e Austrália têm as tarifas protecionistas mais baixas, enquanto China, Coreia do Sul, Brasil e Índia as mais altas. Para barrar ainda mais as importações, alguns países também impõem um *controle de importação direto*, por exemplo, quota máxima permitida de determinado tipo de importação estrangeira. Nos anos 1990, para preservar os empregos em fábricas dos EUA, o Congresso norte-americano impôs as chamadas *voluntary import restraints* (VIRs) sobre os automóveis japoneses. Em resposta, a Toyota e a Honda construíram linhas de montagem em todos os Estados Unidos, e muitos operários que haviam sido demitidos da GM, Ford e Chrysler foram trabalhar montando Camrys e Accords nas fábricas japonesas estabelecidas no país. Esta mesma política agora tem sido sugerida para as indústrias têxteis chinesas.

A renda nacional é tipicamente reduzida em países que impõem tais barreiras à importação. Um dos motivos é que a desaceleração de exportações chinesas e japonesas faz que os rendimentos mais baixos atinjam os lares japoneses e chineses, e estes diminuam seu consumo de importação de Buick LeSabres ou Cadillacs, e de roupas da moda, como o jeans da VF's 7 for Mankind. Um segundo motivo é que o controle da importação inevitavelmente conduz a uma valorização da moeda doméstica do país no mercado de câmbio estrangeiro. Por exemplo, quando uma família dos EUA é proibida de importar bens manufaturados da Toyota e Honda, que teriam comprado de qualquer maneira, elas não conseguem solicitar o yen japonês que precisariam para completar a compra de importação. Isto resulta em um valor de taxa cambial mais alto do US$ em relação ao JPY, o que, em contrapartida, retarda o setor de exportação dos EUA, piorando o desequilíbrio comercial que o controle de importação deveria abordar.

Em suma, o livre comércio e a abertura de mercados oferecem a perspectiva de uma renda nacional maior. O Banco Mundial estima que países em desenvolvimento com economias abertas crescem cerca de 4,5% por ano, enquanto nações com controle de importação e tarifas protecionistas crescem apenas 0,7% por ano. Comparações com países ricos também favorecem o livre comércio: 2,3% contra, novamente, 0,7%. Nos anos 1990, essa brecha se abriu ainda mais. Esses países em desenvolvimento, cujas importações mais exportações, como uma porcentagem do PIB, apareceram no ranking com 50%, enquanto outros países em desenvolvimento

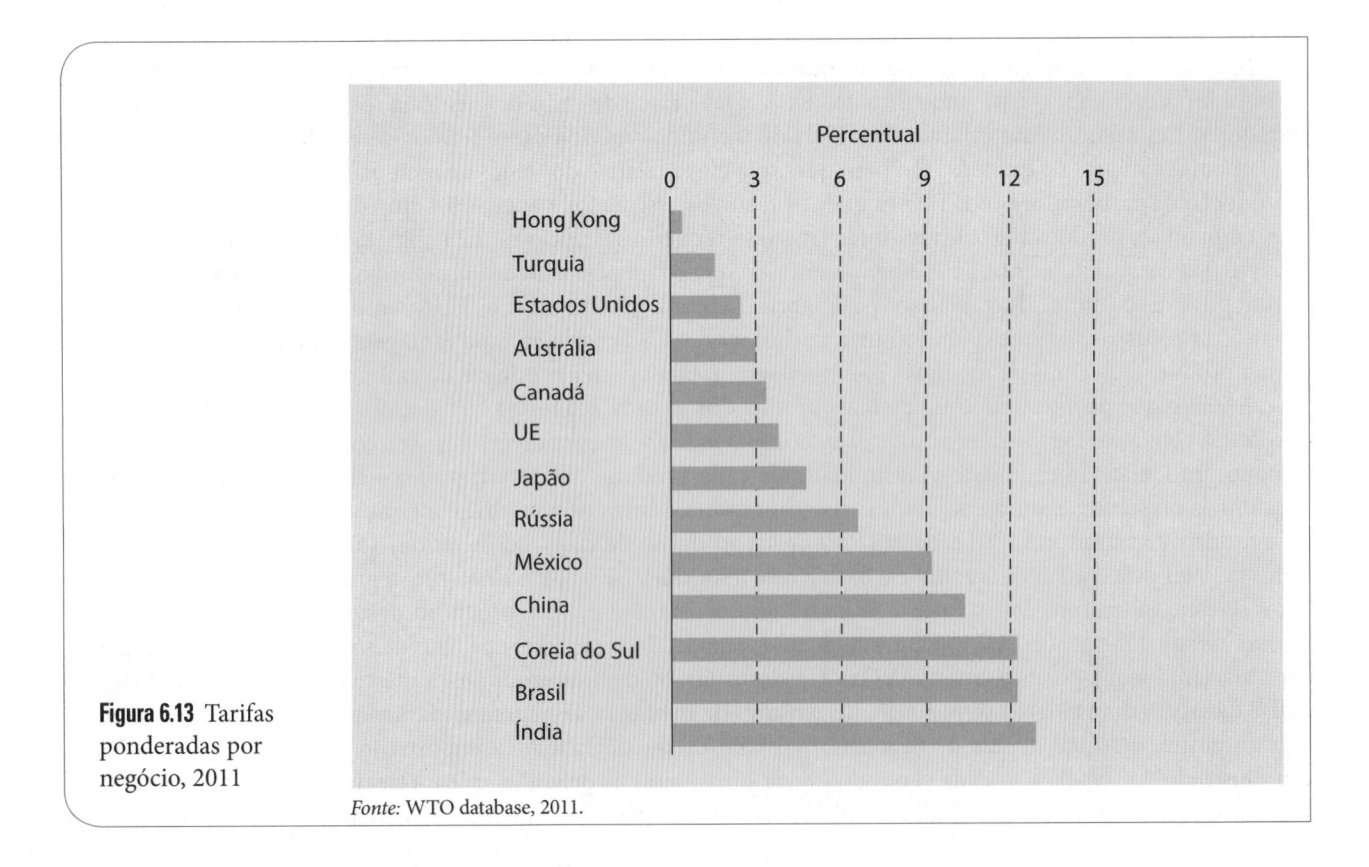

Figura 6.13 Tarifas ponderadas por negócio, 2011

Fonte: WTO database, 2011.

tiveram um crescimento do PIB *per capta* de 5%. Os países abaixo desses 50% viram o crescimento do PIB por pessoa encolher em 1%.[27] Claramente, globalização e comércio aumentam a prosperidade, mesmo nos países menos desenvolvidos.

Existem muitos argumentos válidos contra o livre comércio unilateral (e a favor de quotas de importação ou tarifas): (1) proteger as *indústrias nascentes* até que atinjam uma escala eficaz mínima, (2) contrabalancear subsídios do governo fornecidos a competidores estrangeiros com *direito de compensação,* e (3) impor sanções *antidumping* a bens estrangeiros vendidos abaixo do custo doméstico. O salmão chileno, o mel argentino, os pneus chineses, e o suco de laranja congelado e as placas de aço do Brasil, todos têm sido objeto das tarifas *antidumping*. Os brasileiros, em particular, alegam que seus preços para exportação são uma tentativa de compensar a enorme quantia de US$30 bilhões em subsídios agrícolas que os EUA disponibiliza ao seu setor agrícola. Os EUA gastaram US$20.000 para cada fazendeiro em tempo integral para subsidiar produtos agrícolas (está em terceiro lugar, atrás da Suíça, com US$27.000, e do Japão, com US$23.000).

A OMC assumiu, como parte das negociações da Rodada de Doha (em inglês, *Doha Development Round*), que deveria começar a resolver as queixas e alegações contrárias aos subsídios agrícolas e industriais, e os direitos de compensação que provocam. Por exemplo, a OMC determinou em 2011 que a Boeing e a Airbus tinham recebido subsídios irregulares do governo para financiamento de suas aeronaves e programas de P&D de 1984 a 2001. Previu-se um acordo entre os contestantes da UE e dos EUA. No entanto, o etanol brasileiro continua a ser efetivamente barrado por uma exorbitante tarifa de importação americana que protege o etanol doméstico, feito com milho, mesmo que o feito com cana-de-açúcar seja três vezes mais eficiente energeticamente do que o milho de Iowa.

A OMC também arbitrou uma disputa em 2010 a respeito do Information Technology Agreement (ITA), segundo o qual a UE, Japão, Taiwan, EUA e 70 outras nações concordaram em baixar as tarifas em UA$1,5 trilhões de produtos de *alta tecnologia,* como computadores com monitores de tela plana, impressoras digitais ente outros. A HP e a Canon juntaram forças para convencer os governos japonês e norte-americano a entrar com um processo na OMC buscando a proibição das tarifas protecionistas da UE contra o conversor digital analógico das televisões. A OMC pronunciou-se então, e a ameaça de direitos de compensação sobre o queijo francês, a BMW e a Glaxo, indústria farmacêutica, venceu, com a tarifa europeia ofensiva sendo removida.

O caso da política comercial estratégica

Embora a lógica do livre comércio venha dominando os debates acadêmicos desde 1750, e o século XX tenha visto a anulação de vários tipos de controle de importação e tarifas, vale destacar algumas exceções. A OMC encabeçou de forma muito eficaz a negociação de políticas bilaterais de liberalização do comércio. No entanto, raramente faz sentido uma redução de tarifas unilateral quando seus parceiros comerciais se recusam a relaxar o controle de importação e abrir os mercados domésticos. Os EUA acharam necessário ameaçar tarifar os eletrônicos japoneses, por exemplo, a fim de negociar de forma bem-sucedida a abertura dos mercados japoneses aos seus telefones celulares e chips de memória. Essa negociação envolvendo intimidações e redução bilateral de barreiras comerciais ilustra o conceito de "política comercial estratégica".

Na primavera de 1999, o controle de importações contínuo da UE sobre a Dole, com base nos EUA, e sobre as bananas Chiquita da América Central levou os EUA a impor taxas sancionadas pela OMC em produtos europeus no valor de US$180 milhões, como bolsas plásticas da Louis Vuitton, blusas de *cashmere* da Inglaterra, queijo roquefort e *foie gras* francês. Ex-colônias britânicas e francesas no Caribe, como Santa Lucia, desfrutaram de lucros de aproximadamente US$150 milhões em suas plantações de banana como resultado da quota estabelecida pela UE, que limitava a importação de bananas dos EUA para a Europa. Contudo, o custo dos consumidores da UE foi estimado em US$2 bilhões com a alta do preço da fruta. Apesar desta análise de custo-benefício aparentemente desigual, foi preciso que os EUA usassem de política comercial estratégica para induzir a UE a relaxar seu controle de importação sobre as bananas.

---

27 Globalization, Growth and Poverty. *World Bank Report,* dez. 2001.

EXEMPLO As tarifas do presidente Bush sobre o aço, de 2002, e as tarifas sobre pneus do presidente Obama, de 2009: sanções legítimas ou um protecionismo hipócrita?[28]

Independentemente do grande peso e do alto custo de transporte, o aço é obtido em fábricas do mundo todo. A um custo de US$350 por tonelada, chapas de aço do Brasil e da Coreia do Sul podem ser transportadas para os EUA por US$70 de custo de transporte por tonelada, e ainda ser vendido a US$55, abaixo dos US$475 de custo por tonelada de grandes produtores de aço dos EUA, como Bethlehem e Republic Steel (ver Tabela 6.5). Como resultado, 15 dos 17 produtores integrados dos EUA, que convertem minério de ferro em alto-forno utilizando mão de obra de 160.000 operários da United Steel Workers (USW), operam sob a proteção contra falência de seus credores.

TABELA 6.5 Placa de aço, custo em US$ por tonelada

$250 300 350 400 450 500

- Fabricantes integrados dos EUA
- Japoneses integrados
- Alemães integrados
- Brasil
- Miniaciarias dos EUA
- Coreia do Sul
- Ex-repúblicas soviéticas

■ Março de 1998
■ Abril de 2001

Fonte: *World Steel Dynamics*, 2002.

Apenas AK Steel, U.S. Steel, Nucor e outros produtores em pequenas aciarias são rentáveis. A Nucor emprega um terço de trabalhadores, o mesmo que as aciarias integradas, usando fornos de arco elétrico menos caros. Além disso, como ela começou trabalhando com sucata, e não minério de ferro, seus principais custos com insumos estão altamente relacionados aos preços finais das placas e chapas de aço, uma **cobertura interna** muito efetiva. Por exemplo, quando os preços de chapas de aço afundaram, recentemente, de US$300 para US$200, o preço dos insumos da placa de aço da Nucor também despencou ao seu mínimo histórico.

Contudo, a USW ainda é um poderoso *lobby* político, e as audiências da Comissão de Comércio Internacional dos EUA, mais as regras antidumping e os procedimentos de resolução de litígios da OMC forneceram o instrumento para que os presidentes Ford e George W. Bush considerassem impor sanções de tarifa para proteger a indústria de aço doméstica. Em março de 2002, Bush decidiu impor por três anos quotas sobre o aço brasileiro e tarifas de 30% sobre placas e chapas de aço de outras nações. Citando subsídios agrícolas, de crédito e de energia, o presidente Obama impôs, em 2009, uma tarifa punitiva similar sobre os caminhões e pneus de automóveis da China, de 35%, e, em 2012, fez o mesmo com os aerogeradores chineses. A Seção 421 do Trade Act dos EUA, que permite que o presidente aja antes de casos de antidumping ou subsídios vetados, é validada pela OMC. Previsivelmente, tais restrições comerciais aumentam, nos EUA, o custo de construção comercial e de peças de reposição para automóveis. Por exemplo, a Precision Technologies, de Houston, Texas, estimou que isto eleva seus custos de US$3 para US$57 nas vendas anuais de tubos de aço de alta tensão para a indústria de perfuração.

---

28 Baseado em Rust Never Sleeps. *The Economist*, 9 mar. 2002, p. 61; U.S. Companies Cry Foul. *Wall Street Journal*, 19 mar. 2002, p. A2; U.S. Protectionism Imperils Free Trade Talks with Latins. *Wall Street Journal*, 20 mar. 2002, p. A15; Brazil Claims Victory over E.U. *Wall Street Journal*, 20 ago. 2004, p. A1; e Airbus Ruling Fuels Critics. *Wall Street Journal*, 8 set. 2009, p. B4.

> **EXEMPLO** Acesso da Intel no mercado de chips aumenta no Japão[29]
>
> Em meados dos anos 1980, fabricantes japoneses de semicondutores conquistaram grande parte do mercado mundial de chips DRAM (do inglês *dynamic random access memory*) usados em computadores pessoais (PCs). Por meio de uma combinação de precificação agressiva com um mercado doméstico quase fechado, os semicondutores japoneses atingiram economias de escala massivas e custos de unidade bem abaixo que os dos EUA. Quando o preço de varejo dos PCs declinou bruscamente em 1986, fabricantes norte-americanos e europeus, como a Intel, cessaram a produção de chips de memória básicos.
>
> Naquele mesmo ano, uma denúncia de *dumping* internacional registrada na OMC provou que muitos chips japoneses foram vendidos nos EUA e na Europa com preço abaixo do custo. O Departamento de Comércio dos EUA impôs, então, tarifas punitivas para os chips, laptops e televisores japoneses. Para evitar essas tarifas mais altas, os japoneses concordaram em abrir seu mercado doméstico e estabeleceram uma meta de 20% para vendas de chips de memória estrangeiros no Japão. Intel Corp., Siemens e outros fabricantes se expandiram no país, e produtores japoneses, como Sharp e Toshiba, cortaram a produção. Quando os acordos relativos aos chips expiraram, em 1995, fabricantes de semicondutores japoneses, norte-americanos e alemães formaram negócios conjuntos para projetar coletivamente as futuras gerações de chips de memória flash. Nessa instância, a política comercial estratégica abriu mercados e expandiu a renda nacional dos países participantes.
>
> ---
> 29 Baseado em America Chips Away at Japan. *The Economist*, 27 mar. 1993; e Foreign Chip Sales Up in Japan. *Financial Times*, 16 dez. 1994.

Aumento do retorno sobre o investimento

A motivação final para as políticas comerciais estratégicas surgiu em mercados nos quais os produtores domésticos se deparam com um aumento do retorno sobre o investimento. Suponha que a Boeing Corp. e a Airbus descubram que as vantagens das curvas de aprendizado na fabricação de fuselagem oferecem uma redução de 1% no custo variável para cada ponto da fatia de mercado com percentual acima de 30%. Uma empresa com uma fatia de mercado de 40% (ou 50%) da produção mundial de aviões de fuselagem grande, em escala menor (como o Boeing 737s), irá experimentar custos variáveis de 90% (ou 80%), tão grandes quanto os concorrentes menores. Essas circunstâncias são, de fato, muito raras no setor industrial da economia, afinal, elas implicam que rendimentos decrescentes na produção, com taxas de saída mais altas, são mais do que compensados pelas vantagens da curva de aprendizado. Contudo, quando ocorrem tais circunstâncias, os EUA, Europa, Japão e, atualmente, China, continuam usando políticas industriais para impulsionar o desenvolvimento preferencial de empresas dominantes, com o auxílio de subsídios públicos para pesquisa e desenvolvimento.

Externalidade em rede

Na economia de informação existe uma incidência mais alta do fenômeno do aumento de retorno sobre o investimento do que na economia industrial. É frequente que, no contexto da economia de informação, reduções de custo em uma maior fatia de mercado sejam associados às externalidades na instalação de uma rede ou com a adoção de uma técnica padrão. Conforme a base instalada do software Windows se expandia, a Microsoft achou cada vez menos difícil convencer novos clientes a adotar seu produto. Usuários de computadores acham muito mais fácil trocar documentos e explicar os novos aplicativos se seus colegas de trabalho e clientes utilizarem o mesmo sistema operacional. Como resultado, o custo de marketing para garantir a próxima escolha por um comprador marginal realmente diminui quanto maior a quota de mercado que o Windows alcança. Acontece o mesmo com o sistema operacional da Apple. Quanto maior a base instalada, mais softwares de iPad ou iPhone os programadores independentes irão baixar. Quanto mais softwares ou aplicativos a Apple disponibilizar para uso, menor é o custo variável para lançar de forma bem-sucedida uma campanha de marketing para o próximo laptop ou telefone da empresa.

> **EXEMPLO** Microsoft e Apple têm um papel nas tarifas protecionistas?
>
> A política comercial estratégica nos EUA deve proteger uma empresa que tem a possibilidade de alcançar um aumento do retorno sobre o investimento? Microsoft e Apple representam um bom caso para análise. Sem controle de importações e tarifas protecionistas, a Microsoft conseguiu alcançar de forma bem-sucedida um volume de exportações em dólar maior do que qualquer outra empresa dos EUA. Atualmente, a Apple tem conseguido um sucesso semelhante sem um controle de importação e tarifas protecionistas.
>
> É apropriado que o governo propicie tais vantagens de custo para uma empresa doméstica ou uma aliança de empresas domésticas? O governo deveria perseguir o interesse do consumidor por preços baixos, independentemente de onde os itens tenham sido produzidos? Essas questões são debatidas fervorosamente na atual política de comércio estratégico. O Caso sobre protecionismo recíproco, no final do Capítulo 13, foca essas questões de política de comércio estratégica usando o contexto das escolhas táticas da Boeing e da Airbus.

ÁREAS DE LIVRE COMÉRCIO: UNIÃO EUROPEIA E NAFTA

O livre comércio e o aumento de especialização em concordância com as vantagens comparativas conta com espanhóis e portugueses montando, a salários relativamente baixos, componentes alemães de alto valor agregado para BMWs e rádios da Blaupunkt. Fábricas húngaras checam componentes para fábricas polonesas montarem ônibus escolares. De forma similar, a redução de barreiras comerciais nas fronteiras diminuiu o tempo de transporte dentro da UE. A balsa inglesa do Canal agora descarrega em 15 minutos, em vez de 1h30, como antes acontecia; e o iogurte da subsidiária da Nestlé em Birmingham, Inglaterra, agora cruza a Europa a toda velocidade até chegar aos clientes-alvo em Milão, Itália, em 11 horas, em vez das 38 horas de antes. Reduzir as tarifas intraeuropeias para produtos alimentícios, cerveja, vinho e automóveis diminuiu significativamente o custo de vida. Embora os impostos de previdência social pagos pelos funcionários continuem diferindo amplamente dos 22% de rendimentos da França e Itália até 14% da Alemanha e apenas 6% dos EUA, havia antigamente amplas diferenças em impostos sobre o valor adicionado, que foram ajustadas a uma taxa uniforme de 17%.

Existem poucos planos de marketing pan-europeus. O espanhol considera a ração de animais embalada um luxo e compra iogurte em farmácias. O ponto alto de penetração da TV nos lares espanhóis (20% de audiência) ocorre das 14 às 16h. Apenas 8% dos lares da Espanha estão com a TV ligada das 18 às 20h, momento em que 22% (o pico de audiência) do público britânico está assistindo TV. Os milaneses gabam-se de pagar muito por uma televisão da Sony, enquanto compradores de Munique procuram por dias até conseguir 5% de desconto em lojas de roupas ou aparelhos domésticos. Em suma, a área de livre comércio da Europa é caracterizada por mercados segmentados.

Isto é demonstrado facilmente examinando a variação de preço para mercadorias da UE-15, aumentada em 12 novos membros em 2004-2007. Na Tabela 6.6, vemos que no início do Mercado Comum, em 1992, a Coca-Cola e o ketchup Heinz eram aproximadamente duas vezes mais caros na Dinamarca e Espanha do que na Bélgica e Reino Unido. Doze anos depois, em 2004, produtos alimentícios como Coca-Cola e leite permaneceram 100% mais caros na Noruega do que na Hungria ou República Tcheca. Aparelhos e bens de consumo eletrônicos podem ser comprados mais facilmente em uma localidade e vendidos em outra. Por isso, máquinas de lavar roupa e TVs portáteis diferenciam em menos de 20% em preços. De forma similar, o desvio padrão de preços pela Europa é menor para automóveis Golf da VW e calças jeans da Levi; e maior para serviços como seguro residencial e garrafas de refrigerante.

Áreas monetárias ótimas

Em 1999, 11 moedas europeias foram substituídas, em uma única união monetária, pelo euro. Mas uma das nações originais do E-12 (Grã-Bretanha) decidiu não optar pelo euro, como assim fizeram depois Suécia e Dinamarca. Recentemente, 10 novos membros, oriundos da Europa Oriental, desta já ampliada **área de livre comércio**, E-27, foram convidados a se juntar à união monetária do euro, que abarca atualmente 17 nações, o E-17. Por que isso ocorreu?

Saber qual será o alcance de uma moeda única, adotada como unidade monetária oficial em uma área de livre comércio, depende de uma complexa combinação de fatores econômicos, sociais e políticos. Uma moeda

TABELA 6.6 Diferenciais de preço na Europa

Diferenças médias por país mais significativas		Alta	Baixa
1992	Coca-Cola (1,5 L)	Ecu 0,69 (Bélgica)	Ecu 1,45 (Dinamarca)
	Ketchup Heinze	Ecu 0,86 (Reino Unido)	Ecu 1,92 (Espanha)
	Máquina de lavar roupa	Ecu 407 (Reino Unido)	Ecu 565 (Itália)
	Tv portátil	DM434 (Alemanha)	DM560 (Itália)
	CD	DM1383 (Alemanha)	DM1873 (Espanha)
1998	Combo do Big Mac	Ecu 1,75 (Espanha)	Ecu 2.10 (Bélgica)
	Ford Mondeo	DM32.000 (Espanha)	DM48.000 (Alemanha)
2004	Compact Disk	€13,50 (França)	€21,80 (Irlanda)
	Pampers	€6,75 (Hungria)	€21,00 (Dinamarca)
	Big Mac Meal	€2,80 (Estônia)	€8,80 (Noruega)
	Coca-Cola	€0,65 (Lituânia)	€2,50 (França)
	Ingresso de cinema	€4,00 (Lituânia)	€15,00 (Grã-Bretanha)
	Leite	€2,20 (República Tcheca)	€4,86 (Noruega)
Desvio padrão na Europa, euro-11 índice de preços, pretax			
	Seguro residencial		51%
	Copo de Coca-Cola		29%
	Serviço telefônico local		25%
	Iogurte		20%
	Gasolina		14%
	Jeans Levi 501		10%
	Golf da VW		5%

Fonte: Financial Times, The Economist, diversas matérias.

única tem entre seus benefícios evitar o risco cambial no comércio intrarregional e os custos de cobertura associados, mais uma redução massiva dos custos de conversão em taxas cambiais. Empresas como a farmacêutica alemã Hoechst AG estimam economizar mais de €6 milhões anuais em cobertura de custos de contratos a termo por não precisar correr risco da exposição a moedas europeias. A cobertura custa, em média, 5% do **valor em risco**, e o valor total do comércio mundial totaliza US$36 trilhões por ano; então, é concebível que US$1,8 trilhões em cobertura de custos estejam em questão no nível mundial. Além disso, só o simples ato de trocar moeda estrangeira, que antigamente exigia 1 a cada 200 funcionários em período integral na Europa, hoje em dia é totalmente evitado.

A fronteira de uma área monetária ótima depende de três fatores: magnitude do comércio intrarregional, mobilidade de trabalho e correlação de choques macroeconômicos entre nações dentro da união monetária proposta.

Comércio intrarregional

Cada nação da União Europeia faz mais negócios com outros membros da UE do que com o resto do mundo. Na Bélgica, Holanda e Irlanda, este tipo de comércio constitui a maioria do PIB. Itália, Alemanha e França fecham de 55% a 60% de todos os seus negócios com outros países europeus, enquanto a Espanha contabiliza 70%. Irlanda, Portugal e Benelux fecham por volta de 80% dos seus negócios na Europa. Mesmo a Grã-Bretanha negocia mais com seus parceiros de blocos comerciais regionais do que com o resto do mundo.

Mobilidade do trabalho

Com a política monetária restrita pela necessidade de credibilidade na luta contra a inflação e políticas fiscais limitadas por diretrizes relativamente eficazes de dívida/PIB para membros da união monetária, apenas a mobilidade do trabalho pode estabilizar oscilações de desemprego causadas por condições de mercado localizadas. Por exemplo, se a Itália está em queda, Alemanha e França crescem, e Irlanda, Portugal e Leste Europeu têm um crescimento mais lento, uma política monetária comum, combinada com pouca autonomia fiscal, exige que o trabalho se mova rapidamente das margens da UE para o Leste Europeu. Embora tal mobilidade ocorra facilmente nos EUA, onde uma família pode encontrar escolas, moradia e o idioma nativo em uma localidade muito similar à que deixaram para trás, o mesmo não se aplica à Europa. Os custos de realocação nos EUA são de US$25.000, em comparação com os US$75.000 estimados para a Europa.

Além disso, as diferenças culturais são enormes de um canto da UE para outro. Enquanto profissionais europeus têm obtido treinamento em capitais estrangeiras e aceitado a diversidade de maneirismos e práticas culturais por séculos, a classe operária europeia tende a ter mais preconceitos culturais. Assim, mesmo aqueles que tomam a iniciativa de cruzar fronteiras nacionais e culturais em busca de empregos temporários normalmente podem experimentar pouca aceitação como "trabalhadores convidados". A expansão da área de livre comércio da UE para o Leste Europeu tem agravado o problema da mobilidade do trabalho, exigida para justificar uma união monetária.

Choques macroeconômicos correlacionados

Os países europeus diferem em muitos aspectos: força dos sindicatos, imposto de taxas fixas, salários mínimos, restrições de demissões e seguro-desemprego. Os muitos mercados de trabalho separados entre si causam choques macroeconômicos comuns, que resultam em uma crescente dispersão das taxas naturais de desemprego, de 4% na Irlanda para 20% na Espanha. A produção *per capita* difere 100% entre localidades ricas, como Milão, Munique e Renânia, e regiões pobres, como Grécia, sul da Itália, Portugal e Leste Europeu. A Polônia possui cerca da metade da riqueza dos EU-17. A remuneração dos trabalhadores varia espetacularmente, de €34 por hora na França até €31 na Alemanha, caindo 50%, até chegar a €21 na Espanha, €20 no Reino Unido, e então novamente quase a metade disso, €8 por hora em Portugal, Hungria, República Tcheca e Polônia. A amplitude dessas taxas do mercado de trabalho sugere não apenas uma extraordinária imobilidade do trabalho, mas também uma heterogeneidade de forças macroeconômicas que fazem surgir choques sem relação entre si.

EXEMPLO Se serviu para a Europa, que tal uma moeda única para o Nafta?

O peso mexicano, o dólar canadense e o dólar americano deveriam ser substituídos por uma moeda única para o Nafta? Setenta e nove por cento do comércio canadense e 88% do mexicano envolvem os EUA; além disso, importações e exportações contabilizam 70% do PIB do Canadá e 58% do México. Entretanto, uma política monetária que se encaixe a todos esses países e a pouca autonomia fiscal podem ser tão inapropriadas para a América do Norte como é para o E-27. Embora os choques macroeconômicos do Canadá e suas reações estejam altamente relacionados aos Estados Unidos, o México é um exportador de petróleo com ciclos de negócios mais similares aos da Venezuela do que aos dos EUA. Dessa forma, para o México não é interessante adotar uma moeda única, pelo mesmo motivo que fez a Grã-Bretanha não optar por aderir ao euro. Além disso, as questões de imigração e mobilidade do trabalho entre Estados Unidos e México são similares às questões enfrentadas pela Europa.

OS PRINCIPAIS PARCEIROS COMERCIAIS DOS EUA: O PAPEL DO NAFTA

O Canadá, e não o Japão, é de longe o maior parceiro comercial dos EUA, com quase duas vezes a fatia (18,8%) de bens estadunidenses exportados no país, mais do que qualquer economia mundial (ver Figura 6.14). As exportações dos EUA ao Canadá incluem desde mercadorias como softwares e transmissores da Microsoft, carburadores e eixos para as minivans automáticas da Chrysler para montagem na fábrica em Ontário, até serviços profissionais, como a consultoria em gestão estratégica da McKinsey & Co. O Canadá é, também, a segunda maior fonte de

Participação na exportação de bens, 2011

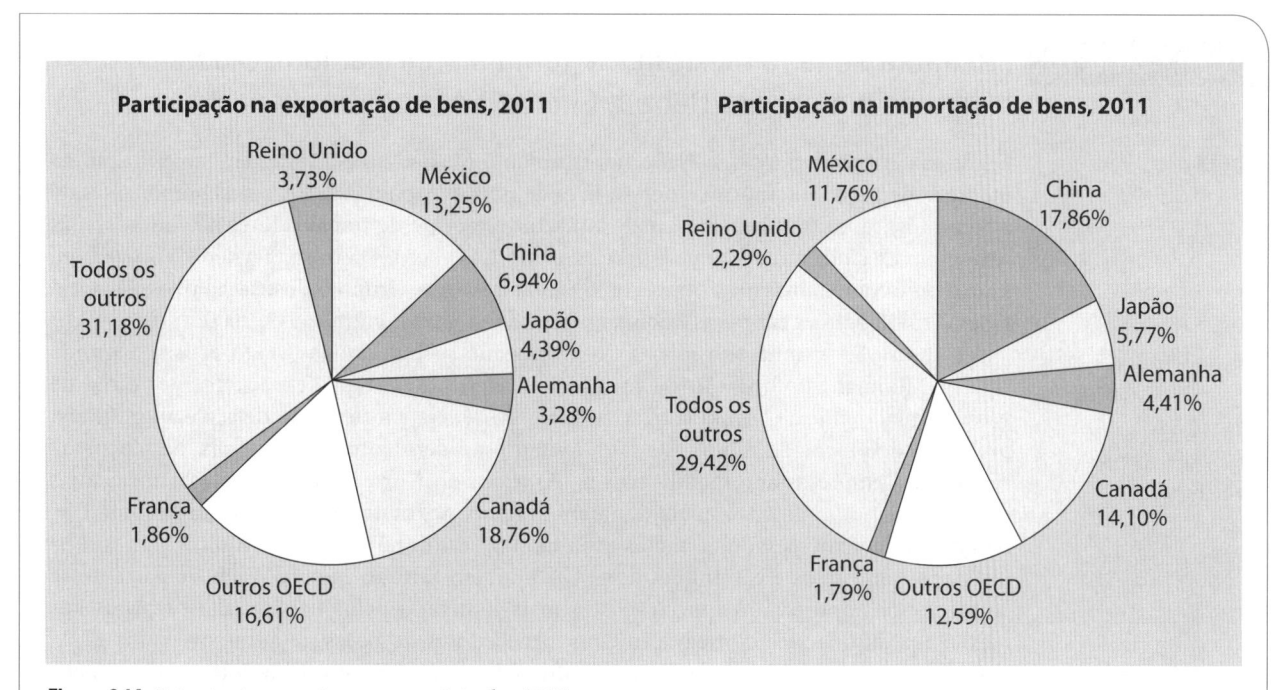

- Reino Unido 3,73%
- México 13,25%
- China 6,94%
- Japão 4,39%
- Alemanha 3,28%
- Canadá 18,76%
- Outros OECD 16,61%
- França 1,86%
- Todos os outros 31,18%

Participação na importação de bens, 2011

- México 11,76%
- China 17,86%
- Reino Unido 2,29%
- Japão 5,77%
- Alemanha 4,41%
- Canadá 14,10%
- Outros OECD 12,59%
- França 1,79%
- Todos os outros 29,42%

Figura 6.14 Principais parceiros comerciais dos EUA
Fonte: Federal Reserve Bank of St. Louis, *National Economic Trends.*

importações dos EUA (14%), com recursos naturais (petróleo, gás e madeira) e produção de bens acabados, com as minivans da Chrysler encabeçando a lista. Levemente atrás, a China fornece 17,9% das importações dos EUA – especialmente computadores e suas peças, equipamentos de telecomunicação, brinquedos, videogames, roupas, móveis, ferro e aço, calçados – e compra 6,9% das exportações dos EUA – em especial maquinaria elétrica, turbinas, aviões comerciais e sucatas. O México consome e monta uma parcela de 13,3% das exportações dos EUA (aumento de 65% desde 1996), além de fornecer 11,8% das importações do país. O México fornece grandes quantidades de peças de automóveis, ferro, aço e petróleo aos Estados Unidos. Seguindo o percurso do Nafta, as tarifas mexicanas caíram de 40% para 16%, e as exportações para os Estados Unidos aumentaram de 67% para 88% do total de exportações mexicanas.

O Nafta também reduziu as barreiras comerciais de tarifa para empresas americanas, como General Motors e Walmart, a fim de que pudessem vender no México. Atualmente, o Walmart opera 520 lojas de varejo pelo México. Unidades de produção e fábricas de processamento dos EUA há tempos vêm empregando trabalhadores mexicanos semiespecializados, a US$3 por hora. Esta atividade comercial se espelha nas linhas de montagem de trabalho intensivo que empresas alemãs possuem em Portugal, na Hungria e República Tcheca, pagando US$8 por hora, e na Polônia e no Brasil, pagando US$6 a hora. Por exemplo, entre 1992 e 1998, sem tarifas na importação de subconjuntos, o Nafta diminuiu os custos de produção mexicanos para equipamento pesado da montadora Freightliner em US$2.500 por caminhão, o bastante para justificar a abertura de uma segunda linha de montagem **maquiladora** no México.

O Nafta fez que o México gerasse um milhão e meio de novos empregos, o que, por sua vez, fez que os salários aumentassem de US$1,60 para US$3,22 por hora nos últimos oito anos. Em consequência, vários empregos em linhas de montagem, *call center* e processamento de dados foram transferidos para áreas que ainda pagam salários muito baixos, na Índia e na China, cuja remuneração dos trabalhadores é de US$2 por hora. Lembre-se de que nos EUA e Canadá o salário é de US$34 e US$35 por hora, respectivamente.

Seis por cento de todas as importações dos EUA são constituídas de bens japoneses, como carros da Toyota e Honda, aparelhos eletrônicos da Sony, copiadoras da Canon, e filme da Fuji; enquanto os japoneses absorvem 4% das exportações dos EUA, principalmente aviões, produtos químicos, computadores, milho, madeira e carvão. A Alemanha é o quinto maior parceiro comercial dos EUA, com 4%. A Alemanha exporta para os EUA principal-

> **EXEMPLO** Produtora de ferro mexicana se torna a principal fornecedora de blocos de motor para Detroit: Cifunsa SA[30]
>
> Desde sua criação em 1994, o Nafta transformou o México no país líder em terceirização da indústria de peças automotivas. Acesso livre de impostos para os EUA e subcomponentes de automóveis, como transmissores, mais um setor crescente de trabalhadores habilidosos, mas sem apoio de sindicatos, fez que empresas como GM, Ford, DaimlerChrysler e Volkswagen, assim como companhias mexicanas, como San Luis Corp. e Grupo Industrial Saltillo SA, investissem US$18 bilhões em peças e equipamentos automotivos entre 1994 e 2000.
>
> A Cifunsa SA é uma subsidiária do grupo que se especializou, logo após a Segunda Guerra Mundial, na fundição de metais para eletrodomésticos, especialmente ferros de passar. Atualmente, a Cifunsa converteu sua experiência em fundição de aço e alumínio na produção de blocos de motor. De fato, a empresa lidera como fornecedora de blocos de motor para empresas automobilísticas na América do Norte. Outras empresas mexicanas especialistas na fundição de metal também desempenham um papel importante como fornecedoras de eixos pesados e molas espirais para caminhões e SUVs. Muitos para-brisas instalados em carros e caminhões dos EUA também vêm do México. Embora parte desse comércio de importação/exportação seja mais motivado pelos baixos salários pagos aos mexicanos do que pela comparação com fornecedores de peças de automóveis dos EUA, outro fator é o desejo de empresas automotivas dos EUA e Europa diminuir sua dependência de fábricas sindicalizadas. Em 2009, uma greve na subsidiária da GM, Delphi, durou quase seis semanas.
>
> ---
>
> 30 Baseado em Mexico Is Becoming Auto-Making Hot Spot. *Wall Street Journal*, 23 jun. 1998; e Mexico Becomes a Leader in Car Parts. *Wall Street Journal*, 30 mar. 1999, p. A21.

mente veículos motorizados e as respectivas peças (por exemplo, os motores a diesel da Mercedes-Benz), maquinaria especializada e produtos químicos; enquanto importa dos EUA aviões, computadores, veículos motorizados e suas peças (por exemplo, Cummins Engines) e equipamento científico.

Além da China, as muito discutidas economias Bric, Brasil, Rússia e Índia, fornecem para os EUA, cada uma, quase tanto quanto a Alemanha no comércio de importação-exportação, de 2% a 2,5%. A Índia, em particular, manda 11% de suas exportações para os EUA e 18% para a Europa, com o total de suas exportações contabilizando 13,7% do PIB, muito disto em serviços de profissionais e de assistentes. Em contrapartida, a China manda 18% de suas exportações para os EUA e outros 18% para a Europa, com as exportações representando 27% do PIB, a maioria em mercadoria.

Comparação entre UE e Nafta

Entre a UE e os blocos regionais de comércio do Nafta, a UE tem a maior fatia do comércio mundial (38%, comparado com os 21% do Nafta em 2011). Lembre-se, no entanto, de que a maioria do comércio da UE (mesmo antes de 1992) é feita com outros países da Europa Ocidental dentro do bloco regional de comércio. A Tabela 6.7 mostra que isto também ocorre no comércio entre Canadá e EUA, mas não com o México. Vinte anos antes do Nafta, o México tinha comprado apenas 4,4% das exportações dos EUA. Após as reduções de barreiras comerciais associadas com o Nafta, o crescimento do México se acelerou, e só então, em 1998-2003, se tornou o segundo maior comprador de exportações dos EUA (com uma fatia atual de 12,5%).

Outro importante contraste entre a UE e o Nafta é que os programas de previdência social impõem um fardo pesado sobre a concorrência de fabricação na Europa. As contribuições previdenciárias de França, Suécia, Itália e República Tcheca agora somam 20% aos custos salariais em relação a 5% a 10% no Japão, Coreia, Canadá e EUA. É um padrão pagar cinco semanas de férias, e os alemães gastam 8,4% do PIB com pagamentos de pensões. Compare este dado com duas semanas de férias pagas, padrão nos EUA, e os 5% do PIB que os estadunidenses gastam com pagamentos de pensões.

TABELA 6.7 Países de destino das exportações dos EUA

1970-1975		1998-2003		2011	
País	Participação %	País	Participação %	País	Participação %
Canadá	21,4	Canadá	24,0	Canadá	18,8
Japão	10,2	México	13,5	México	13,3
Alemanha	5,4	Japão	9,4	China	6,9
Reino Unido	4,9	Reino Unido	5,2	Japão	4,4
México	4,4	Alemanha	3,9	Reino Unido	3,8
Holanda	3,9	Coreia do Sul	3,8	Alemanha	3,7
França	3,1	Taiwan	3,2	Coreia do Sul	2,9
Itália	2,9	Holanda	2,9	Brasil	2,7
Brasil	2,7	França	2,8	Holanda	2,6
Bélgica-Luxemburgo	2,3	China	2,4	Cingapura	2,2

Fonte: Federal Reserve Bank of St. Louis, U.S. Department of Commerce.

Cortar os programas sociais da UE permitiu que a economia da Grã-Bretanha alcançasse os custos trabalhistas totais dos EUA. Como consequência, embora os salários pagos por hora trabalhada nos setores da indústria manufatureira da Grã-Bretanha, EUA e Alemanha sejam muito similares (US$22, US$23 e US$26 por hora, respectivamente), os custos trabalhistas de licença e férias, mais outros benefícios, adicionam US$9 por hora na Alemanha e apenas US$3 por hora nos EUA. Quando são inclusas pensões, previdência social e assistência médica, o custo total trabalhista na Alemanha aumentou, em 2011, para US$46 a hora, *versus* US$34 por hora nos EUA e US$32 na Grã-Bretanha. Além disso, algumas leis trabalhistas europeias (especialmente na França) tornam mais difícil demitir os funcionários e forçar licenças. Por consequência, na Europa, poucos negócios empreendedores vão além de pequenas empresas, e o setor industrial corporativo domina o cenário dos negócios.

Tudo isso demonstra que os acordos institucionais no país em torno da empresa é tão importante para o seu êxito competitivo final quanto o plano de negócios, a qualidade das decisões de gestão e o comprometimento de empregados dedicados. O aumento da pressão competitiva que surge do livre comércio e da abertura de mercados serviu para acentuar as desvantagens de acordos institucionais ineficientes. Em vez de lutar contra regulamentos que aumentam os custos, os gestores da cadeia de suprimentos global apenas transportam seus negócios para outros lugares.

Mercados paralelos (cinzas), imitações e importação paralela

Os preços cobrados para produtos idênticos variaram grandemente na Europa antes e depois da formação do Mercado Comum (ver novamente Tabela 6.6). Em 1998, um Ford Mondeo custava 50% mais na Alemanha do que na Espanha. Para diminuir os preços ao consumidor em geral e aprimorar a concorrência na União, a Comissão Europeia (CE) adotou políticas para encorajar a competitividade de preços. Arbitradores de bens que desejavam comprar aparelhos elétricos da Black and Decker na Espanha e revendê-los na Alemanha, ou comprar motocicletas Kawasaki na Holanda e vendê-las na Grã-Bretanha, eram encorajados a agir desta forma. A Volkswagen foi multada em €15 milhões por se recusar a abastecer revendedores da VW no norte da Itália, que venderam carros a um grande número de turistas de Munique que viajavam pelos Alpes com o objetivo de assistir a uma ópera em Verona (os carros alemães eram muito baratos na Itália). A CE também eliminou qualquer ligação contratual entre a venda de produtos e serviço de pós-venda; qualquer loja de reparos ou oficina mecânica certificada pelo governo poderia comprar peças da VW, Nikon ou Sony para usar na manutenção e no serviço. O problema, é claro, é que tais mercados paralelos poderiam levar à venda de falsificações, e qualquer trabalho de qualidade inferior poderia passar como serviço autorizado da marca.

Como o maior exportador mundial da indústria de filmes, com US$182 bilhões, e de softwares de computador, com US$90 bilhões, os EUA têm ameaçado de retaliação seus principais parceiros comerciais caso não punam agressivamente os violadores de direitos autorais e de proteção de marca. O Japão concordou com esta determinação, proibindo a venda de softwares de computadores da Microsoft que violavam os acordos de distribuição auto-

> **EXEMPLO** **A UE proíbe importações paralelas que agradam aos europeus, mas não os fabricantes dos EUA e Japão[31]**
>
> Produtores frequentemente buscam manter diferentes preços em diferentes territórios de franquia para produtos idênticos de marcas, como jeans Levi, tênis da Nike, Microsoft Windows ou DVDs da Sony. A Corte Europeia de Justiça (ECJ) determinou que o direito autoral e a proteção de marca dos óculos de sol da Silhouette, um produto para exportação austríaco, foram infringidos por um varejista austríaco, que comprou óculos de sol com um grande desconto na Bulgária e reimportou o produto para venda na Áustria a preços abaixo dos sugeridos pelos distribuidores de mercado autorizados do país. Obter um produto barato em alguma parte do mundo e então transportá-lo e revendê-lo com desconto em mercados altamente valorizados é uma ocorrência comum para muitas empresas comerciais. A questão política é se o produto com desconto pode ser efetivamente distinguido pelos clientes dos produtos *knockoff* (falsificados) e se a reputação do nome da marca do fabricante é, deste modo, diminuída.
>
> Regulamentos anteriores da UE permitiam tais **importações paralelas**, que ocorriam a qualquer momento que um produto estrangeiro fosse comprado em um país da UE para revenda em outro país também dela integrante. Por exemplo, Tesco, um varejista britânico, compra jeans da Levi e tênis da Nike no mercado estrangeiro e então os oferece para venda com desconto na Grã-Bretanha, onde os canais de distribuição autorizados da Levi e Nike os vendem por um preço bem mais alto. De forma similar, produtos farmacêuticos dos EUA fabricados na Alemanha pela Merck e vendidos com descontos substanciais na Espanha são despachados de volta à Alemanha por varejistas alemães sem proibição (Merck *v.* Primecrown e Beecham *v.* Europharm, 1995).
>
> A novidade no caso Silhouette era que a empresa era um produtor da UE. A ECJ decidiu estender para produtos de marca europeus (tais como os óculos de sol da Silhouette) uma proteção de propriedade intelectual não estendida a produtos de marca estrangeiros. A compra na Bulgária para revenda a preços bem abaixo do autorizado no varejo na Áustria de um produto feito neste mesmo país era, então, proibida. Dessa forma, a importação paralela na Europa foi, de certa forma, limitada pelo regulamento da Silhouette.
>
> ---
>
> 31 Baseado em Set-Back for Parallel Imports. *BBC World Service*, 16 jul. 1998; Parallel Imports. *Financial Times*, 20 maio 1996; Music Market Indicators. *The Economist*, 15 maio 1999; D. Wilkinson. Breaking the Chain: Parallel Imports and the Missing Link. *European Intellectual Property Review*, 1997; e Prozac's Maker Confronts China over Knock-offs. *Wall Street Journal*, 25 mar. 1998, p. B9.

rizados pelo fabricante. Contudo, ao mesmo tempo, o Tribunal Superior japonês permitiu a importação paralela de pianos Steinway do mercado paralelo e de músicas com direitos autorais.

Contudo, o impacto de preço de uma política que proíbe importação paralela pode ser enorme. No começo dos anos 2000, a Austrália protegeu cuidadosamente o patrimônio intelectual processando agressivamente vendedores de CDs do mercado paralelo. Imitações baratas e substitutos falsificados eram raros em Sidney ou Melbourne, mas o resultado foi que CDs de música popular eram vendidos na Austrália a US$6,33, mais do que em qualquer outro país do extremo oriente. O Reino Unido e a China escolheram, nessa base, a política oposta para produtos selecionados. A China permite a reprodução de medicamentos patenteados. O Prozac, da Eli Lilly, um antidepressivo, é vendido por US$1,73 a cápsula, mas uma imitação quimicamente idêntica feita pela Shanghai Zhong Qi Pharmaceutical e pela Jiangsu Changzhou Pharmaceutical é vendida por US$1,02 a cápsula, sob o nome de marca You Ke. De forma similar, os britânicos obtêm quase 10% dos seus produtos farmacêuticos e mais de 30% de vinho, uísques e cerveja através da importação paralela de produtos não autorizados para venda no varejo do Reino Unido.

O QUE DEU CERTO • O QUE DEU ERRADO

Ford Motor Co. e Exide Batteries: Os gerentes do país vieram para ficar?[32]

À medida que as políticas do mercado de exportação sobre as importações paralelas mudam, empresas como Ford Motor, Procter and Gamble e Exide Batteries lutam com a seguinte questão: é melhor organizar operações no nível mundial por linha de produto ou por país? Ou seja, as operações e decisões de marketing devem ser controladas por unidades de negócios globais para o detergente da Tide, fraldas da Pampers e a pasta de dente da Crest, ou os gerentes nos países como Espanha, Alemanha e China devem dar as cartas sobre contratos de insumos, normas de fabricação, locação da montagem e todas as decisões importantes de precificação e promoção?

Ao desenvolver linhas de produto globais, a Ford Motors economizou US$5 bilhões ao eliminar fábricas duplicadas, fornecedores padronizados, obteve descontos em volume de componentes e trouxe novos produtos ao mercado de forma mais rápida. Uma equipe de design consolidada no mundo todo e uma autoridade centrada na produção economizaram dinheiro para a empresa. Contudo, a parcela de mercado da Ford na Europa caiu de 13% para 8,8%, porque o marketing não direcionado e a precificação inflexível ficaram à parte das condições locais de mercado.

A Exide buscava o mesmo objetivo quando organizou unidades de negócios globais em torno das suas baterias automotivas, industriais e interligadas à telecomunicação. As principais fábricas estavam espalhadas em lugares distantes entre si, como China, Brasil e Alemanha, porque montar separadamente os componentes dessas fontes remotas geralmente corta em dez vezes o custo de trabalho e diminui o tempo de entrega de três meses para cinco semanas. Ainda assim, a Exide achou que algumas equipes de venda regionais continuavam excedendo a equipe de vendas global, e, dessa forma, a operação industrial de baterias na América do Norte novamente se tornou uma divisão separada, com autoridade em promoção e precificação. Como resultado, o marketing de relacionamento entre a Exide-América do Norte e as filiais da Ford em Detroit asseguraram um novo e grande cliente para a Exide.

32 Place *vs.* Product: It's Tough to Choose a Management Model. *Wall Street Journal*, 21 jun. 2001, p. A1; e The World as a Single Machine. *The Economist*, 20 jun. 1998, p. 3-18.

PERSPECTIVAS SOBRE O DÉFICIT COMERCIAL DOS EUA

A Figura 6.15 mostra que déficit do comércio mundial encolheu pela metade durante 2006-2009, de US$758 bilhões (US$252 bilhões somente da China) para US$336 bilhões (3% dos PIB em 2009). E bem que deveria. As exportações dos EUA aumentaram repentinamente e as importações se tornaram proibitivamente caras conforme o dólar caía 43% em 2001-2008 (ver Figura 6.8). Além disso, é claro, os anos 2007-2008 representaram a pior recessão dos EUA em 80 anos.

O fluxo de comércio internacional é apenas um dos componentes da balança de pagamentos de um país com o resto do mundo. Os déficits comerciais persistentes dos EUA são compensados pela entrada massiva de capital, incluindo a venda de ativos (como a compra da Amoco, de US$55 bilhões, de petróleo britânico) e emissão de títulos de dívidas bônus do Tesouro dos EUA para credores estrangeiros, especialmente do Japão e da China. A Figura 6.15 mostra que apenas uma vez nos últimos 25 anos os EUA geraram um excedente comercial. Em vez disso, o saldo comercial positivo de serviços (por exemplo, a exportação de consultoria em gestão da McKinsey & Co e a exportação de serviços de desenvolvimento em campo de petróleo da Halliburton) normalmente fica sobrecarregado pelo déficit massivo no comércio de mercadorias. Recentemente, o déficit comercial acumulou de 10% a 13% do PIB. O rendimento de investimento estrangeiro dos EUA compensa, então, a maioria do déficit comercial, de forma a tornar a conta atual igual a 2% a 4% do PIB, no balanço de pagamentos.

Vários fatores contribuíram para o persistente déficit comercial dos EUA. Em primeiro lugar, recentemente, o preço do petróleo bruto disparou várias vezes. Por exemplo, em julho de 2008, o preço do petróleo bruto importado chegou a US$147 por barril, três vezes o valor normal. Como consequência, por vários meses de 2008 os EUA importaram das nações da Opep aproximadamente US$2 bilhões por dia em petróleo bruto. Só essas importações contabilizaram 5% do PIB naquele ano. Em segundo lugar, produtores de mercadorias dos EUA, como os sutiãs da Bali Bras e de bens de capital como os automóveis Ford, terceirizam cada vez mais a produção de componentes e subconjuntos

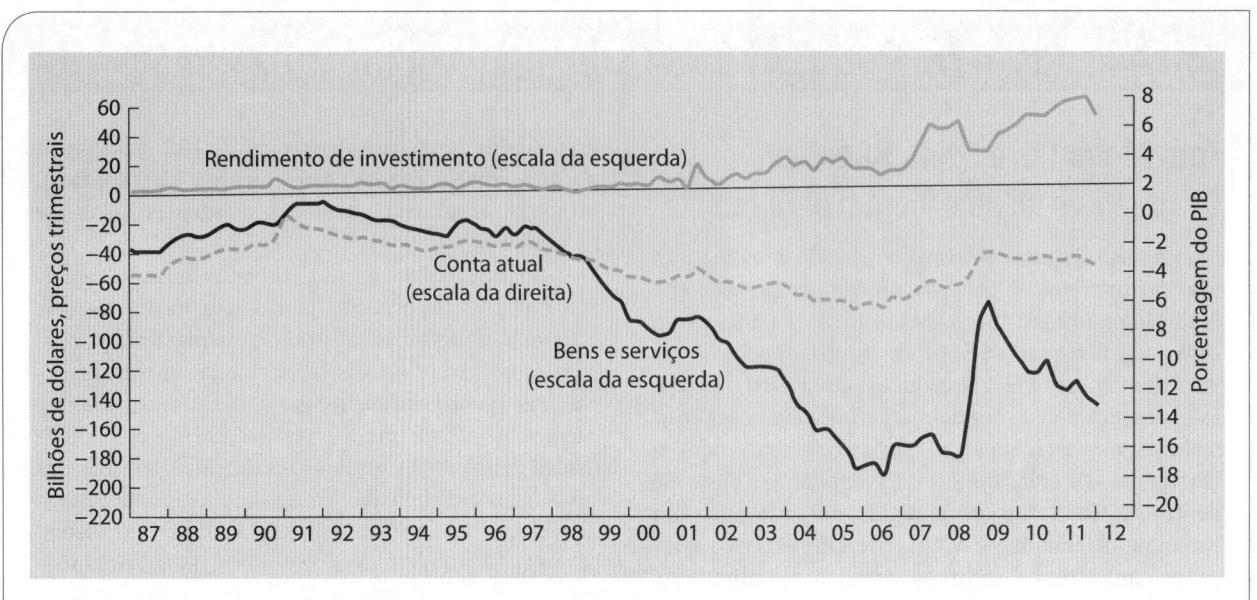

Figura 6.15 O balanço comercial dos EUA (exportação-importação) como porcentagem do PIB
Fonte: Federal Reserve Bank of St. Louis Review. N*ational Economic Trends,* jul. 2012, p. 18.

a parceiros e subsidiárias com baixos salários, como Caribe, México e China. Ainda assim, esses bens intermediários aparecem nas estatísticas comerciais como importações quando voltam aos EUA para montagem final, ainda que tenham sido produzidos em subsidiárias estrangeiras de propriedade de empresas norte-americanas.

De forma similar, quando a Apple compra componentes através da sua cadeia de suprimentos mundial e transporta iPad até Xangai para montagem final, esses componentes contam todos como exportações do país de origem e importações da China. Além disso, o preço de atacado do iPad (US$275), quando montado e despachado de volta aos EUA, conta nas estatísticas comerciais como uma importação dos EUA e uma exportação da China, mesmo que apenas US$7 do valor de atacado do item seja atribuído à mão de obra e insumos da China (ver Figura 6.16).

Com a depreciação do US$ em 43% desde 2001 jogando para baixo a paridade do poder de compra (ver novamente a Figura 6.7), as exportações dos EUA foram obrigadas a se recuperar desta situação. Um exemplo é a

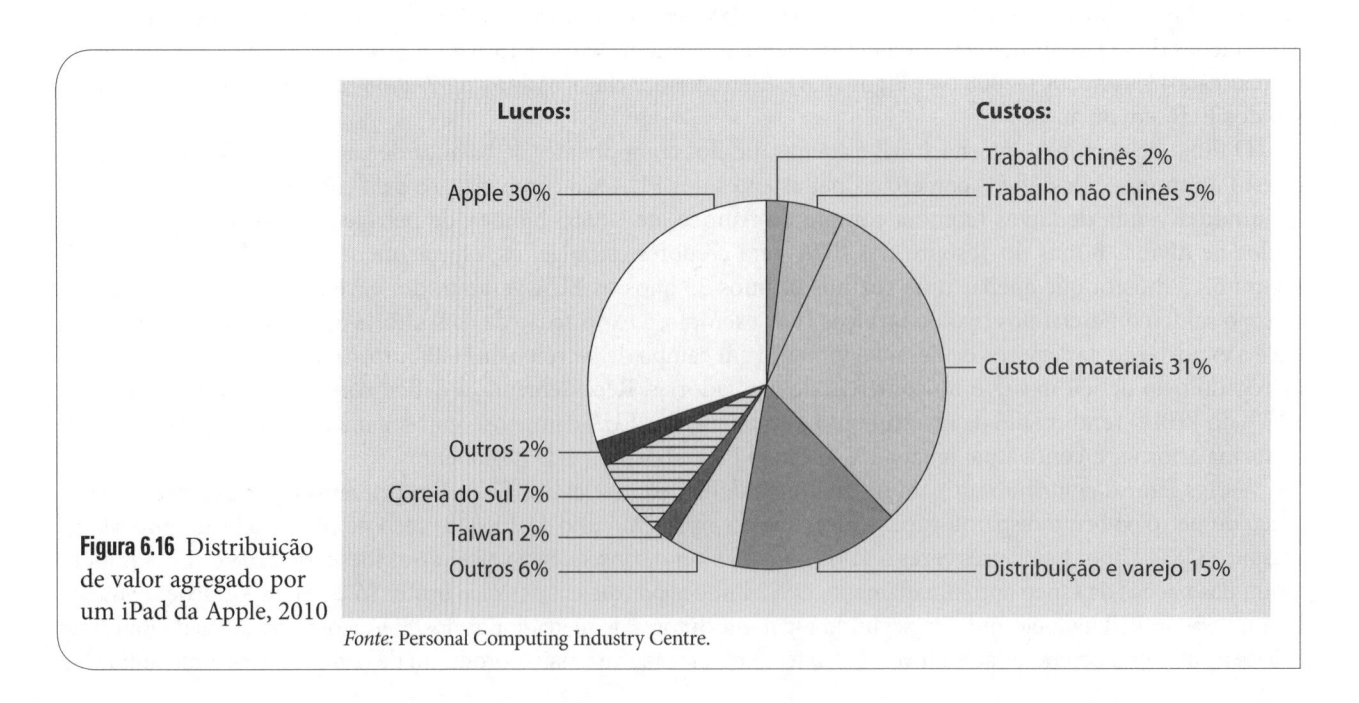

Figura 6.16 Distribuição de valor agregado por um iPad da Apple, 2010
Fonte: Personal Computing Industry Centre.

Cummins Engine, que vivenciou um aumento de vendas de 26% em 2006-2008. Quando combinado com a experiência de outros centros de poder na exportação, dentro da produção dos EUA, um déficit no comércio de mercadorias de apenas US$464 bilhões (US$270 bilhões só com a China), agregado a um excedente comercial de US$128 bilhões em serviços, rendeu um déficit comercial bem reduzido de US$336 bilhões em 2009 (apenas 3% do PIB dos EUA). Desde então, conforme a economia dos EUA se recupera lentamente, as importações vêm crescendo novamente, e o déficit comercial volta a ser de US$620 bilhões.

RESUMO

- As vendas para exportação são muito sensíveis a mudanças nas taxas cambiais. As exportações se tornam mais caras (baratas) nas moedas estrangeiras das nações importadoras quando a moeda doméstica (país natal) do produtor se fortalece (se enfraquece).
- A terceirização para fábricas com baixos salários é um fenômeno que vem ocorrendo há séculos. A terceirização geralmente importa a inovação e o acesso a funcionários altamente qualificados, com capacidades analíticas de teste e design, enquanto exporta mão de obra de baixa qualificação. O transporte marítimo por conteinerização é barato, mas, ainda assim, os custos de terceirização devem incluir os custos acrescidos da seleção de fornecedores, controle de qualidade, seguro de propriedade intelectual e compensação a gerentes expatriados.
- A economia chinesa de US$7,3 trilhões é subestimada pelas taxas de câmbio nominais. A medida da paridade do poder de compra seria de US$11,3 trilhões.
- Por mais de uma década, a China tem crescido de 9% a 15%, com direitos à propriedade liberados, terceirização em linhas de montagem para multinacionais e um setor doméstico de varejo crescente. Como consequência da crise financeira global, a China se tornou a chave para o crescimento mundial, conforme grandes parceiros comerciais exportam produtos para sua classe média em desenvolvimento.
- As principais moedas são negociadas nos mercados cambiais estrangeiros; há mercados para os dólares americanos como moeda estrangeira, libras esterlinas, euros, e por aí vai. A demanda e o abastecimento desses mercados refletem as demandas especulativas e de transação dos investidores, negociantes de importação-exportação, corporações, instituições financeiras, do Fundo Monetário Internacional, dos bancos centrais e de governos de economias globais.
- As empresas geralmente demandam pagamento e oferecem as melhores cotas a preços fixos em sua moeda doméstica, por causa da exposição ao risco de transação e do risco de operação com as flutuações da taxa cambial. Alternativamente, tais empresas conseguem elas mesmas gerir as flutuações do risco cambial ao estabelecerem uma cobertura interna ou natural envolvendo fábricas duplicadas no exterior, assim como proteções financeiras envolvendo contratos atuais, prévios e de opção.
- Os hedges internos podem ser de balanços patrimoniais, que abordam o risco de translação, ou operacionais, que combinam os recibos de vendas estrangeiras antecipadas com as despesas antecipadas, tudo na mesma moeda estrangeira. Os hedges financeiros geralmente tratam da exposição aos riscos de transação usando contratos de derivados financeiros para contrabalancear as perdas de fluxo de caixa oriundas de flutuações monetárias. Na média, tais hedges custam cerca de 5% do valor em risco.
- Compradores estrangeiros (ou seus intermediários financeiros) normalmente devem adquirir euros para efetuar uma compra na Mercedes-Benz, dólares americanos para uma compra na General Motors, ou yen para uma compra na Toyota. Cada comprador dessas transações de venda internacionais geralmente abastece sua própria moeda doméstica. As importações adicionais de automóveis do Japão pelos EUA normalmente resultariam em um aumento da demanda pelo yen e uma melhora do abastecimento de dólares americanos nos mercados monetários estrangeiros, ou seja, uma depreciação do dólar.
- Tendências de longo prazo nas taxas cambiais são determinadas pela demanda de transação, pagamentos de transferências do governo e intervenções do banco central ou FMI.
- Três fatores da demanda de transação são: taxa de crescimento real (ajustada à inflação), taxa de juros real (ajustada à inflação) e custos esperados de inflação. Quanto mais baixos os custos esperados de inflação, menor é a taxa de crescimento real; e quanto maior a taxa de juros real em uma economia

- em relação a outra, maior é a exportação, menor a demanda de importação e maior a demanda por instrumentos financeiros dessa economia. Os três determinantes implicam um aumento da demanda ou um suprimento reduzido da moeda doméstica, ou seja, uma valorização da moeda.
- A influência da inflação dos preços ao consumidor serve como um bom indicador dos efeitos combinados desses três fatores de transação de demanda sobre os rendimentos pós-amortização detentores de ativos estrangeiros. Ou seja, as mudanças projetadas na inflação ao consumidor afetam diretamente o fluxo de capital internacional, que pode facilmente esmagar o efeito do fluxo comercial nas taxas cambiais.
- A força relativa de uma moeda é geralmente medida como um índice de taxa de câmbio efetiva, a média ponderada das taxas cambiais contra os principais parceiros comerciais, com o peso determinado pelo volume de importação mais o comércio de exportação.
- O livre comércio amplia o crescimento econômico de nações industrializadas e em desenvolvimento. Tarifas, impostos e cotas de importação às vezes desempenham um papel estratégico na política comercial para forçar a redução multilateral de tarifas, abertura de mercados ou garantir rendimentos crescentes.
- Restrições comerciais (cotas ou tarifas) devem ser garantidas sob circunstâncias especiais a fim de proteger as indústrias nascentes, compensar os subsídios governamentais estrangeiros com direitos de compensação, ou impor sanções *antidumping* sobre os importados estrangeiros vendidos a um preço abaixo do custo doméstico.
- A demanda especulativa influencia especialmente as mudanças de curto prazo nas taxas cambiais. Já que o volume total em dólares utilizado pelo mundo no comércio em moeda estrangeira é de US$4 trilhões *por dia*, essas flutuações de curto prazo podem ser muito voláteis.
- Os fluxos de capital internacional e de bens negociáveis entre as nações reagem a oportunidades de arbitragem. As negociações de arbitragem cessam quando se depara com as condições de paridade. Tal condição é relativa à paridade do poder de compra.
- A hipótese de paridade do poder de compra (PPC) relativa estabelece que uma duplicação dos preços ao consumidor leva a um fluxo comercial que corta pela metade o valor de uma moeda. Durante longos períodos de tempo e em uma base aproximada, as taxas cambiais parecem ser relacionadas a um diferencial nas taxas de inflação entre economias. A PPC desempenha um importante papel de referência em avaliar tendências de taxas cambiais de longo prazo.
- A União Europeia (UE) e o Tratado Norte-Americano de Livre Comércio (Nafta) são dois dos maiores blocos regionais de comércio que se organizaram e abriram seus mercados ao livre comércio. A UE é o maior produtor de bens mundial, com economias muito distintas que reduziram barreiras comerciais e se especializaram de acordo com as vantagens comparativas. O marketing praticado na UE deve abordar grupos de clientes muito diferentes entre si.
- Antes de uma nação se juntar a uma união monetária (única), ela deve avaliar a: (1) magnitude do comércio intrarregional, (2) mobilidade do trabalho e (3) correlação de choques macroeconômicos.
- Os EUA são, ao mesmo tempo, a maior nação exportadora e a maior importadora da economia mundial. O maior parceiro comercial dos EUA é o Canadá, seguido pelo México, China, Japão e Alemanha. A parcela dos EUA no comércio de exportação mundial (9%) tem crescido recentemente, juntamente com a da Alemanha e da China.
- O fluxo de comércio dos EUA está geralmente em déficit (isto é, as importações excedem as exportações); a última vez em que houve um excedente comercial nos EUA foi durante a recessão de 1981-1982. O déficit da balança comercial dos EUA é compensado pelo fluxo de capital internacional injetado no país. A balança de pagamentos reflete esta identidade contábil.
- O déficit comercial de 2011 dos EUA, de US$560 bilhões, foi gerado pelos US$738 bilhões em mercadorias que primeiro foram importadas para os Estados Unidos e depois exportadas. Os serviços geraram um excedente comercial de US$178 bilhões. Recentemente, esses déficits comerciais representaram aproximadamente 4% do PIB de US$15 trilhões do país.

EXERCÍCIOS

As respostas para os exercícios destacados estão no Apêndice D, no final do livro.

1. Se o dólar depreciar 20%, como isto afetará a exportação e as vendas domésticas de um produtor dos EUA? Explique.

2. Se o dólar valorizar substancialmente, que passos deve seguir um produtor doméstico, como a Cummins Engine Co., de Columbus, Indiana, para reduzir o efeito de uma flutuação na taxa cambial na rentabilidade da companhia?

3. Após uma valorização imprevista do dólar, o que você recomendaria que uma empresa do porte da Cummins Engine fizesse com uma moeda doméstica forte?

4. Qual a diferença entre demanda de transação, demanda especulativa e as transações autônomas dos bancos centrais? Qual desses fatores determina as tendências trimestrais de longo prazo nas taxas cambiais?

5. O aumento da inflação de custos nos EUA, em relação aos seus principais parceiros comerciais, tende a aumentar ou diminuir o valor do dólar americano? Por quê?

6. Se os preços domésticos para mercadorias aumentaram 40% em 10 anos na China e 25% nesses mesmos 10 anos nos Estados Unidos, o que aconteceria com uma taxa cambial do yuan chinês/dólar americano que flutua livremente? Por quê?

7. Se o preço em dólar dos aviões da Boeing aumentar 20% e a taxa cambial do yen/dólar cair 15%, qual é o aumento de preço efetivo que a Japan Air Lines deve enfrentar na compra de um Boeing 747? A margem da Boeing deve aumentar ou cair se o yen depreciar e o preço da concorrência se mantiver inalterado? Justifique.

8. Os custos trabalhistas unitários na Alemanha chegam a US$30 por hora, enquanto na Grã-Bretanha esses custos são de apenas US$20 por hora. Por que uma diferença tão grande persiste entre dois membros da área de livre comércio da UE?

9. Se os custos trabalhistas unitários na Espanha e Portugal aumentarem, mas os custos trabalhistas unitários na Alemanha declinarem e os preços de outros produtores permanecerem inalterados, que efeito esses fatores, por si só, têm no comércio de exportação? Por que?

10. Quais são os três fatores que determinam se duas economias com autoridades fiscais e monetárias separadas devem formar uma união monetária? Dê um exemplo de cada fator usando as economias do Nafta.

11. Um copo de cappuccino ou uma bolsa Prada apresentam maior variação de preço em uma área de livre comércio como a União Europeia? Justifique.

12. Se o cerne da inflação de preços tem aumentado a uma taxa de crescimento composta de 2% por ano nos EUA e 0,06% no Japão nos últimos oito anos, que taxa cambial representa a PPC hoje em dia, caso há oito anos, em 2005, as duas moedas estivessem em paridade e valendo o câmbio de ¥109/US$?

CASO: PREVENDO AS TENDÊNCIAS DE VALOR A LONGO PRAZO ENTRE O DÓLAR AMERICANO E O EURO

Analise os dados sobre as previsões das taxas de inflação, de juros e de crescimento, contidos na Tabela 6.1, para determinar qual é o movimento de curto prazo previsto para o dólar americano. Avalie como cada um dos fatores mencionados previamente vai afetar a taxa cambial euro-dólar.

Elabore um debate sobre o Nafta

Prós
1. O comércio entre México, Canadá e EUA triplicou $1 trilhão.
2. A exportação de gêneros alimentícios para o México cresce 8% anualmente.
3. O México aumentou suas exportações e o investimento estrangeiro direto.
4. Os produtores dos EUA se tornaram mais competitivos em relação aos custos usando componentes e subconjuntos do Canadá e México.

Contras
1. Centenas de milhares de empregos dos EUA cruzaram a fronteira.
2. Esses trabalhadores norte-americanos, que permanecem empregados, forçaram concessões salariais a indústrias que terceirizam para o México.
3. Os EUA têm mantido um déficit comercial persistente com o México e o Canadá.

APÊNDICE 6A

Gestão do risco cambial estrangeiro

Para reduzir grandes oscilações potencialmente grandes no fluxo de caixa e em ativos líquidos, resultantes de flutuações cambiais, as empresas criam *hedges internos* ou empregam derivativos financeiros para criar *hedge financeiro*. Hedge internos podem ser, ao mesmo tempo, hedges operacionais e *hedges de balanços patrimoniais*. Os hedges operacionais reduzem a exposição ao risco do fluxo de caixa operacional combinando antecipadamente as receitas de vendas no exterior e as despesas operacionais estrangeiras projetadas naquela mesma moeda. Algumas companhias, como a Nestlé e a Unilever, têm tantas operações e marcas globais (Nestlé Crunch, Carnation, Perrier, Kit Kat, Lipton Tea, sabonete Dove, Wishbone, Bird's Eye, Obsession) que seus hedges operacionais evitam a necessidade de uma gestão de risco posterior.

EXEMPLO **Exemplo. Hedge interno das operações da BMW na I-85, na Carolina do Sul (EUA)**

A subsidiária da BMW na Carolina do Norte agora aceita pedidos de compra acompanhados de pagamentos em dólares americanos e usa essas mesmas receitas em dólares para cobrir as despesas de marketing e gastos com instalações da empresa nos EUA. A BMW construiu uma fábrica em Spartanburg, na Carolina do Sul, para montar o Z4, seu popular modelo de carro *sport*. Essa instalação enorme, em torno da principal interestadual da costa leste, a I-85, tem dezenas de milhões de dólares investidos em mão-de-obra e materiais locais. Tais compensações no fluxo de despesas, pagáveis em dólares, são uma forma de cobrir a exposição ao risco operacional das contas a receber em dólares da BMW. Se tivesse o mesmo hedge interno, fornecido por uma fábrica alemã de rolamentos, a Cummins Engine poderia chegar à mesma situação.

Em contrapartida, os hedges de balanços patrimoniais abordam primeiramente a exposição ao risco de conversão combinando ativos e passivos em vários países e suas respectivas moedas. Menos de 25% das empresas dos EUA, Ásia e Reino Unido consideram importante o risco de conversão. Hedges financeiros em uma empresa de bens ou serviços reduzem a exposição ao risco de conversão ao estabelecerem posições em contratos de derivativos financeiros para compensar as perdas em fluxo de caixa devido a flutuações na moeda. Mais de 93% das empresas dos EUA, Ásia e Reino Unido empregam contratos a termo para gerenciar a exposição ao risco de conversão. A Goldman Sachs estima que um hedge financeiro para US$100 milhões em exposição ao risco custa cerca de US$5.2 milhões, aproximadamente 5% do valor em risco.

PERSPECTIVAS INTERNACIONAIS
TOYOTA E HONDA COMPRAM CAPACIDADE DE MONTAGEM NOS EUA[1]

Para isentar seus carros e caminhões das tarifas dos EUA e melhorar seu tempo de entrega e a confiabilidade dos seus modelos mais populares, a Toyota e a Honda compraram, cada um, quatro instalações de montagem na América do Norte. Quando a moeda doméstica de um produtor é forte, o investimento estrangeiro direto em fábricas e equipamentos no exterior é especialmente atrativo. De 1985 a 1993, o yen disparou de ¥238 a ¥94 por dólar americano (ver Figura 6.1), conforme a Honda e Toyota empregavam o cada vez mais forte yen para adquirir sua capacidade de produção nos EUA. Uma linha de montagem de $1 bilhão que "jogou fora" ¥94 bilhões em desembolsos financeiros em 1993, teria "jogado fora" ¥238 bilhões de caixa 10 anos antes (ou teria introduzido uma dívida de ¥238 bilhões no balanço financeiro). Esses passivos reduzidos, que não adquirem novos ativos fixos, fornecem um hedge de balanço que compensa até mesmo os mais baixos rendimentos em yen, referentes a vendas de um Camry ou Accord nos EUA, de 1980-1995. Entretanto, as linhas de montagem nos EUA eram uma resposta clara à política comercial protecionista do país americano e não foram motivadas pelos hedges de balanço.

---

[1] Com base em "Japanese Carmakers Plan Major Expansion of American Capacity", *Wall Street Journal* (24 set. 1997), p. A1; e Detroit Is Getting Sideswiped by the Yen, *BusinessWeek* (11 nov. 1996), p. 54.

Conforme o dólar valorizou abruptamente em relação ao euro em 2000, a Coca-Cola estabeleceu, naquele ano e em euros, um hedge de cobertura para sua exposição ao risco de fluxo de caixa líquido. A Goodyear, por outro lado, considerou que esses custos de hedge eram proibitivos e acabariam gerando um ganho de apenas US$68 milhões em suas operações na Europa, em vez dos US$92 milhões (US$97 milhões de lucro bruto – US$5 milhões de custos de cobertura) que eles renderiam com uma posição totalmente protegida.

Estabelecendo uma posição comprada nos mercados futuros de moeda estrangeira ou de opção, uma empresa pode garantir o fluxo de caixa doméstico de suas receitas de vendas de exportação. Por exemplo, imagine que a Cummins Engine tivesse feito, em setembro, contratos de venda no valor de €5 milhões em motores a diesel com seus revendedores alemães, para entrega futura em dezembro de 2012.

A Cummins tem uma exposição ao risco de um declínio no valor dessas receitas de vendas de exportação. Então, para remover esse risco cambial, em setembro de 2012 a Cummins negociou, em euro, um contrato a termo nos mercados cambiais e derivativos para estabelecer um hedge. A transação da Cummins é descrita como uma hedge de cobertura, afinal, a empresa antecipa recebíveis em euro (dos seus revendedores alemães) iguais ao montante de sua posição *comprada futura*. Ou seja, os contratos das receitas de vendas "cobrem" a obrigação de cumprir, como vendedor, os contratos a termo em euro.

Além de estabelecer hedges internos ou posições *a termo vendidas* para alcançar um hedge financeiro perfeito, a Cummins Engine e a BMW poderiam ter firmado também um contrato de swap cambial para permutar e antecipar seu fluxo de caixa futuro de dólar e euro, oriundo das vendas para exportação. A Cummins trocaria um montante especificado previamente de receitas das suas vendas antecipadas na Alemanha, em euros, por um montante especificado previamente de receitas das vendas de automóveis, na América do Norte, em dólares. No entanto, essas alternativas de contratos de swap, que demandam pagamento em sua moeda doméstica (natal), impõem algumas taxas de transações sobre a BMW e Cummins Engine. Logo, a BMW geralmente irá oferecer seu melhor preço fixo para uma transação de exportação de um pedido de compra pagável em euros. E, pelo mesmo motivo, o melhor preço fixo da Cummins Engine geralmente será disponibilizado apenas para um pedido de compra pagável em dólares.

> **EXEMPLO** **Posição curta da Cummins Engine**
>
> Vender contratos a termo em 2009 a um preço preestabelecido também a termo (digamos, US$1,50/€), em que foi estabelecido entregar €5 milhões em uma data futura em 2010, faria a Cummins Engina receber um bom dinheiro se o dólar valorizasse e as receitas em euro de vendas estrangeiras declinassem ao valor do dólar. Por exemplo, com a taxa a US$1,30/€, em 2010, a Cummins foi autorizada a receber US$1,50/€ por moeda europeia, que poderia ser comprada no mercado à vista, em 2010, por US$1,30/€. Logo, a Cummins "cancelaria" sua posição a termo e poderia obter, pela liquidação dos contratos no mercado de futuro, um ganho de US$0,20/€ × €5 milhões = US$1.000.000. Esse fluxo de caixa seria mais do que suficiente para cobrir sua perda de $0,20 por euro em valor sobre os €5 milhões em rendimentos das vendas de 2010 dos revendedores alemães. Como desejado, esses dois fluxos de caixa de um hedge de cobertura apenas compensam um ao outro; o hedge perfeito elimina o risco cambial.

PARTE 3
Produção e custo

ANÁLISES E DECISÕES ECONÔMICAS

1. Análise de demanda
2. **Análise de produção e custo**
3. Produto, precificação e decisões de *produção*
4. Análise de gastos em ativos de capital (Capital Expenditure Analysis)

AMBIENTE ECONÔMICO, POLÍTICO E SOCIAL

1. Condições de negócios (tendências, ciclos e efeitos sazonais)
2. **Condições dos fatores de mercado (capital, mão de obra, propriedade e matérias-primas)**
3. Reações dos concorrentes e resposta tática
4. Arquitetura organizacional e restrições regulatórias

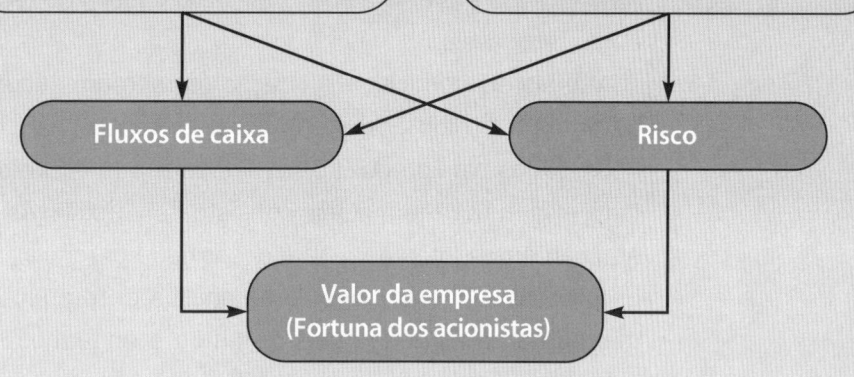

- Fluxos de caixa
- Risco
- Valor da empresa (Fortuna dos acionistas)

© Cengage Learning

CAPÍTULO 7

Economia da produção

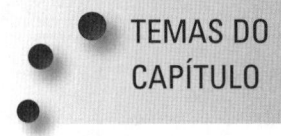

TEMAS DO CAPÍTULO

Gestores precisam tomar decisões sobre alocação de recursos em operações de produção, marketing, finanças e pessoal. Embora essas decisões sejam inter-relacionadas, é útil discutir cada uma delas separadamente. As decisões de produção determinam os tipos e os montantes de insumos – como terra, mão de obra, matérias-primas e materiais processados, fábricas, equipamentos e talento gerencial – a serem usados na produção de uma quantidade desejada do produto. O objetivo do gestor de produção é o de minimizar custos para um dado nível de produto ou, em outras circunstâncias, maximizar o produto para um dado orçamento. Primeiramente, analisamos a escolha de um simples insumo variável com preço fixo. Posteriormente, analisamos combinações ótimas de diversos insumos e introduzimos o conceito de retorno de escala. O Apêndice 7A examina a economia de produção de recursos naturais renováveis e não renováveis.

A teoria econômica de produção oferece um quadro conceitual para auxiliar gerentes a decidir como combinar de forma mais eficaz os vários insumos necessários para produzir o *bem* desejado (produto ou serviço), dada a tecnologia existente. A tecnologia consiste nos processos de produção disponíveis, equipamentos, mão de obra e capacidade gerencial, assim como capacidades de processar informações. Uma análise de produção de menor custo é frequentemente aplicada pelos gerentes e engenheiros industriais para decidir os planejamentos de operações da empresa.

Desafio gerencial

Iniciativas de energia sustentável examinadas: o que deu errado na desregulamentação do setor de eletricidade na Califórnia?[1]

Usinas de energia elétrica envolvem grandes investimentos de capital. A tecnologia de redução de poluição para grandes usinas a carvão e os dispositivos redundantes de segurança para usinas nucleares exigem quase um bilhão de dólares de capital extra. A usina nuclear Diablo Canyon, da Pacific Gas and Electric (PG&E), próxima a Santa Barbara, Califórnia custou US$5,8 bilhões. Os britânicos estão instalando 5.000 turbinas de energia eólica marítima a um preço de US$20 bilhões para substituir metade dos 58 gigawatts de energia (77% da capacidade total) que o Reino Unido obtém hoje em dia de gás natural e carvão. Por que gastar tanto para garantir essas tecnologias mais ecológicas?

Um motivo importante é o subsídio de poluição de €14 (US$20) por tonelada de carvão, surgido do esquema de comércio de emissões de dióxido de carbono esta introduzido em 2005 pela União Europeia para combater os efeitos nocivos do aquecimento global. Um segundo motivo para adotar energias sustentáveis é a taxa de carbono de US$5 por hora de megawatt (MWh) sobre a eletricidade, promulgada em 1991 pela Suécia, Finlândia, Dinamarca, Noruega, Holanda e, mais recentemente, pela Irlanda, França, Colúmbia Britânica e Boulder, Colorado, nos EUA. A taxa de carbono sobre fontes convencionais de eletricidade em Boulder é de US$21 por ano para uma residência média, US$94 para comércios em geral e US$9.600 para complexos industriais médios.

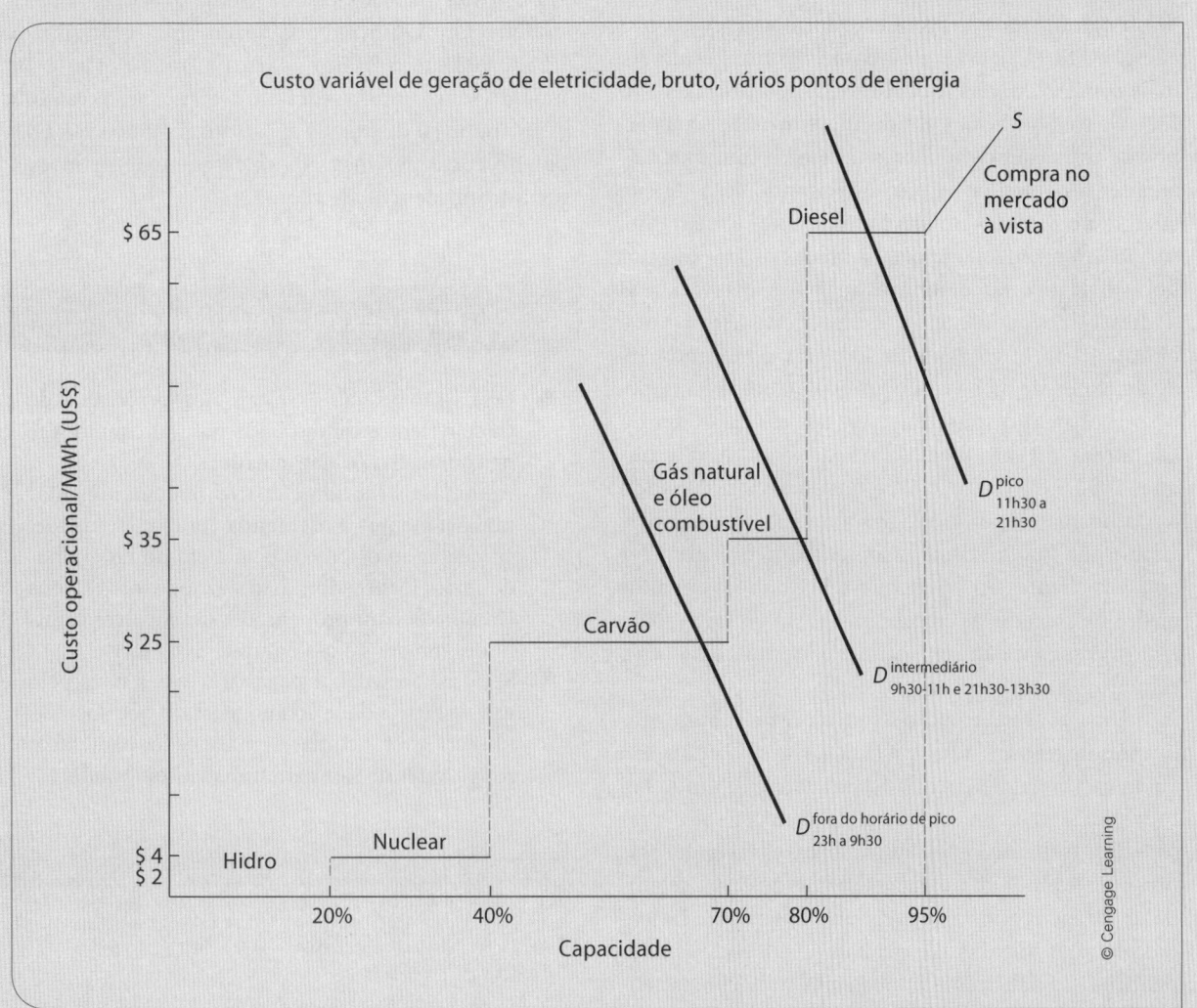

Custo variável de geração de eletricidade, bruto, vários pontos de energia

Eixo Y: Custo operacional/MWh (US$) — $2, $4, $25, $35, $65

Eixo X: Capacidade — 20%, 40%, 70%, 80%, 95%

- Hidro
- Nuclear
- Carvão
- Gás natural e óleo combustível
- Diesel
- S — Compra no mercado à vista
- D^{pico} 11h30 a 21h30
- $D^{intermediário}$ 9h30-11h e 21h30-13h30
- $D^{fora do horário de pico}$ 23h a 9h30

© Cengage Learning

Cont.

Por fim, tecnologias de energia sustentável têm custos variáveis muito menores do que usinas de menor escala geradoras de energia baseada em gás natural e óleo combustível. O custo operacional só para o carvão é de apenas US$25/MWh contra US$35/MWh para usinas movidas a gás natural e óleo combustível ou US$65/MWh para usinas movidas a diesel (veja o gráfico de funções exibido na página anterior). O custo operacional para energia nuclear e hidrelétrica é ainda menor – apenas US$4/MWh. Um *trade-off* entre investir em usinas de alto custo fixo com custos estáveis variáveis e menores *versus* investir em usinas de baixo custo fixo que exigem custos variáveis maiores foi destacado durante a crise de desregulamentação de eletricidade na Califórnia.

A Califórnia implementou uma legislação para desvincular a geração da distribuição de eletricidade, permitindo que grandes distribuidores e clientes industriais comprassem energia elétrica de fornecedores distantes, de lugares como o estado de Washington, onde a produção de menor custo por energia hidrelétrica é abundante. Como resultado, duas concessionárias da Califórnia, a Pacific Gas and Electric e a Southern Cal Edison, reduziram seus planos de expansão de usinas geradoras e começaram a atender à demanda de pico comprando 25% de sua energia no atacado em mercados à vista. No entanto, surgiu um problema, já que os preços de atacado por horário de pico são determinados por usinas movidas a diesel independentes e de pequena escala, que entraram em atividade para alcançar os últimos 5% de demanda de pico (veja o gráfico). Como resultado, o preço médio por atacado da eletricidade na Califórnia disparou de US$25 a US$50/MWh nos anos 1990 a US$200 + /MWh nos anos 2000. Quando a California Edison e a PG&E foram impedidas pela California Public Utility Commission de submeter aos seus clientes do varejo quase $11 bilhões em altos custos de atacado, as empresas tiveram pouca escolha a curto prazo a não ser instituir contínuos apagões e semiapagões de energia.

Uma possível solução a longo prazo é cobrar dos clientes de eletricidade uma taxa variável, conforme o custo variável de eletricidade aumente e diminua em todo o dia, ao longo da relação de fornecimento apresentada. A França tem aplicado extensamente esse preço de hora do dia para a eletricidade. Uma segunda abordagem é instalar geradores a diesel ou baseados em microturbinas de gás natural em escala muito pequena em fábricas e estabelecimentos comerciais.

Os custos operacionais das microturbinas são de US$70–120/MWh, muito superiores aos da eletricidade fornecida por concessionária. Ainda assim, o custo de capital que precisa ser coberto é inferior a 1/1.000 das usinas elétricas tradicionais. A rede de motéis La Quinta, por exemplo, economizou US$20.000 em um ano com uma microturbina em uma de suas propriedades em Dallas. Neste capítulo estudaremos o dilema de substituir insumos variáveis de alto custo por insumos fixos que exigem investimento considerável de capital.

Questões para discussão

- Quais são os custos totais dos problemas de *trade-off* entre carvão e gás natural como fonte de combustível e eletricidade?
- Automóveis híbrido-elétricos podem aumentar massivamente a demanda por eletricidade, aumentando os preços bem além do programado pelo fornecedor. Isso faz que os Estados Unidos tenham propensão a desenvolver caminhões movidos a gás natural? Explique.
- Se fosse obrigado a pagar três vezes mais pelo uso de eletricidade ao anoitecer do que ao amanhecer, você acordaria mais cedo para lavar roupa antes de sair para trabalhar ou estudar?

---

1 Baseado em "The Lessons Learned" e "Think Small," *Wall Street Journal*, 17 Sept. 2001, p. R4, R13, R15, R17; "Are Californians Starved for Energy?" *Wall Street Journal*, 16 Sept. 2002, p. A1; "How to Do Deregulation Right," *BusinessWeek*, 26 Mar. 2001, p. 112; e The Looming Energy Crunch, *The Economist*, 8 Aug. 2009, p. 49.

A FUNÇÃO DE PRODUÇÃO

A teoria da produção enfoca o conceito de função de produção. Uma **função de produção** relaciona a quantidade máxima de produto que pode ser obtido de determinado montante de diferentes insumos com uma dada tecnologia. Ela pode ser expressa na forma de um modelo matemático, tabela ou gráfico. Uma alteração na tecnologia, como a introdução de equipamentos mais automatizados ou a substituição de trabalhadores qualificados por não qualificados, resulta em uma nova função de produção. A obtenção da maioria dos produtos (bens e serviços) exige a utilização de grande variedade de **insumos**. A produção de gasolina, por exemplo, demanda a utilização de várias habilidades profissionais diferentes (trabalhadores não qualificados, engenheiros químicos, técnicos de manutenção da refinaria), matérias-primas (petróleo bruto, aditivos químicos, calor) e tipos de equipamentos (caldeiras, colunas de destilação, câmaras de craqueamento). Além disso, os processos de produção resultam, frequentemente, em conjuntos de produtos. Por exemplo, o refino do petróleo resulta em combustível para motores a jato, propano, butano, gasolina, querosene, óleo lubrificante, alcatrão e asfalto.

Tomando-se L e K para representar as quantidades de dois insumos (mão de obra L e capital K) utilizados na obtenção de uma quantidade Q de um produto, a função de produção pode ser representada na forma de um modelo matemático como:

$$Q = \alpha L^{\beta_1} K^{\beta_2} \qquad [7.1]$$

em que α, β_1 e β_2 são constantes. Esse modelo exponencial multiplicativo específico é conhecido como **função de produção Cobb-Douglas** e será examinado com mais detalhes posteriormente neste capítulo. As funções de produção também podem ser expressas na forma de *tabela*, como ilustrado no exemplo a seguir sobre mineração.

EXEMPLO — Uma função de produção ilustrativa: companhia de mineração Deep Creek

A companhia de mineração Deep Creek usa capital (equipamentos de mineração) e mão de obra (trabalhadores) para extrair minério de urânio. Diversos tamanhos de equipamentos de mineração, avaliados de acordo com sua taxa de cavalo-vapor em bhp, estão disponíveis para a empresa. O montante de minério obtido durante determinado período (Q) é função somente do número de trabalhadores designados para a equipe (L) que operam determinado equipamento (K). Os dados na Tabela 7.1 indicam o montante de minério produzido (medido em toneladas) quando equipes de diversos tamanhos são empregadas para operar o equipamento.

TABELA 7.1 Tabela de produção total — Companhia de mineração Deep Creek

		\multicolumn{8}{c}{Insumo capital K (bhp)}							
		250	500	750	1.000	1.250	1.500	1.750	2.000
Insumo de mão de obra (número de trabalhadores)	1	1	3	6	10	16	16	16	13
	2	2	6	16	24	29	29	44	44
	3	4	16	29	44	55	55	55	50
	4	6	29	44	55	58	60	60	55
	5	16	43	55	60	61	62	62	60
	6	29	55	60	62	63	63	63	62
	7	44	58	62	63	64	64	64	64
	8	50	60	62	63	64	65	65	65
	9	55	59	61	63	64	65	66	66
	10	52	56	59	62	64	65	66	67

© Cengage Learning

Uma função de produção com dois insumos e um produto na Deep Creek também pode ser representada *graficamente* como uma superfície de produção tridimensional, na qual a altura da coluna associada a cada combinação de insumos na Figura 7.1 indica o montante de produto de minério de urânia fabricado.

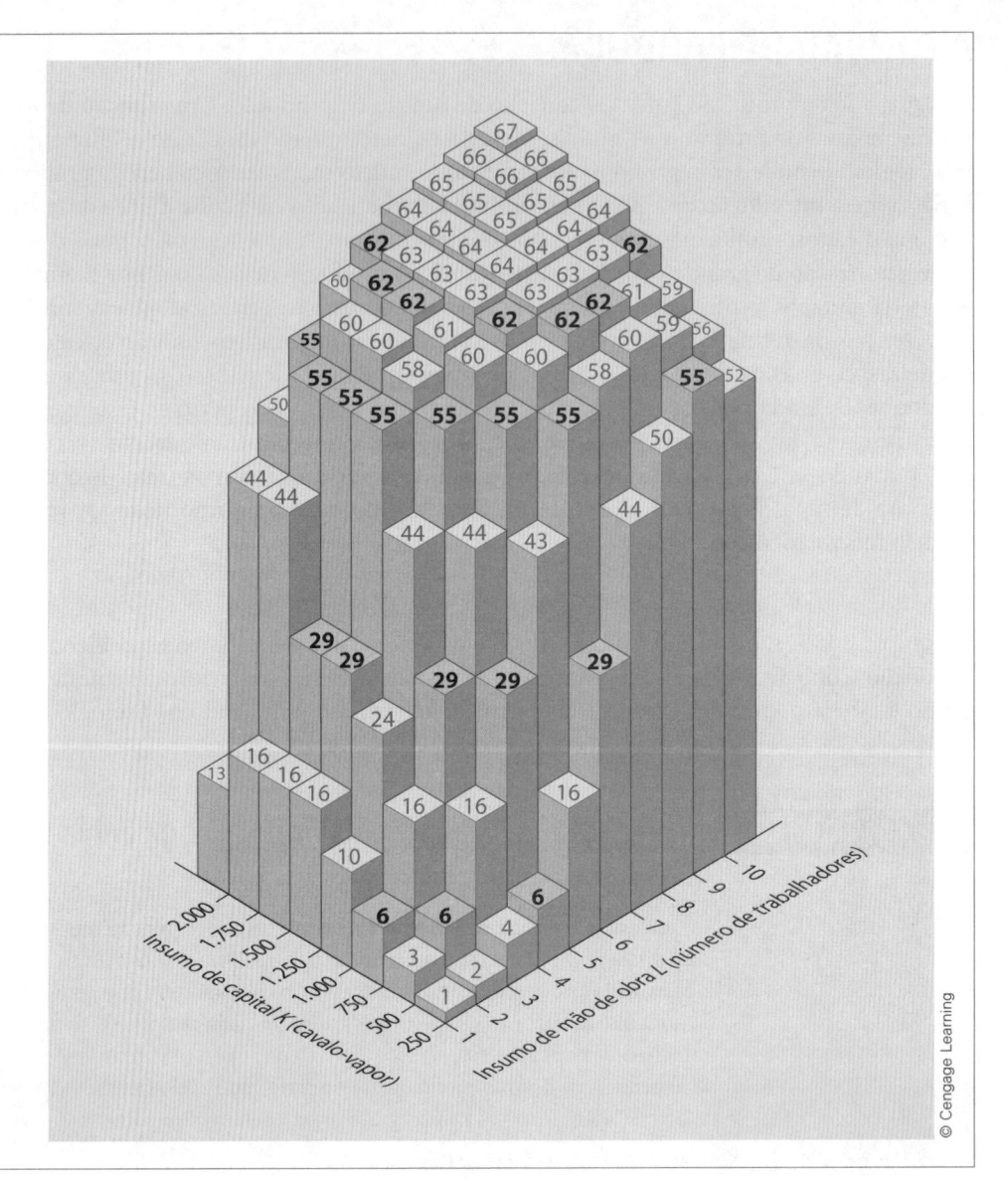

Figura 7.1 Função de produção – Companhia de mineração Deep Creek

Insumos fixos e variáveis

Ao se decidir como combinar os vários insumos (L e K) para produzir o produto desejado, os insumos são em geral classificados como fixos ou variáveis. Um insumo *fixo* é definido como aquele necessário ao processo de produção, mas cuja quantidade empregada no processo é constante ao longo de um período determinado, independentemente da quantidade de produto fabricada. Os custos de um insumo fixo precisam ser incorridos independentemente de o processo de produção ser operado em um nível elevado ou reduzido de produtos. Um insumo *variável* é definido como aquele cuja quantidade empregada no processo varia, dependendo da quantidade desejada de produto a ser fabricada.

O **curto prazo** corresponde ao período no qual um (ou mais) dos insumos permanece fixo. Isso significa que, para aumentar a produção, a empresa precisa utilizar mais insumo(s) variável(is) para uma determinada quantidade de insumo(s) fixo(s). Por exemplo, no caso de uma fábrica de montagem de automóveis de tamanho e capacidade fixos, a empresa somente pode aumentar a produção empregando mais mão de obra, ou programando turnos adicionais.

No entanto, à medida que o período em consideração (horizonte de planejamento) é ampliado, uma parte maior dos insumos fixos torna-se variável. Ao longo de um horizonte de planejamento de aproximadamente seis meses, a maioria das empresas pode adquirir ou instalar capacidade produtiva adicional e comprar mais equipamentos de fabricação. Ao ampliar o horizonte de planejamento, alcança-se finalmente um ponto no qual todos os insumos são variáveis. O **longo prazo** corresponde a esse período.

TABELA 7.2 Produto total, produto marginal, produto médio e elasticidade – insumo de mão de obra da Deep Creek (insumo de capital, bhp = 750)

Insumo de mão de obra (número de trabalhadores)	Produto total PT_L (= Q) (toneladas de minério)	Produto marginal da mão de obra PMA_L ($\Delta Q \div \Delta L$)	Produto médio da mão de obra PME_L ($Q \div L$)	Elasticidade E_L de produção ($PMA_L \div PME_L$)
0	0	—	—	—
1	6	+6	6	1,0
2	16	+10	8	1,25
3	29	+13	9,67	1,34
4	44	+15	11	1,36
5	55	+11	11	1,0
6	60	+5	10	0,50
7	62	+2	8,86	0,23
8	62	0	7,75	0,0
9	61	−1	6,78	−0,15
10	59	−2	5,90	−0,34

© Cengage Learning

No curto prazo, em virtude de alguns insumos serem fixos, somente um subconjunto de todas as combinações possíveis de insumos fica disponível para a empresa. Em contraste, no longo prazo, todas as possíveis combinações de insumos ficam disponíveis para a empresa.

FUNÇÕES DE PRODUÇÃO COM UM INSUMO VARIÁVEL

Suponha que, no exemplo da Deep Creek da seção anterior, o montante do insumo de capital K – isto é, o tamanho do equipamento de mineração – empregado no processo de produção seja um fator fixo. Suponha, especificamente, que a empresa possua ou alugue um equipamento de mineração com 750 bhp de potência. Dependendo do montante do insumo de mão de obra L – isto é, o número de trabalhadores – usada para operar o equipamento de 750 bhp, serão obtidas quantidades variáveis do produto, como indicado na coluna 750 da Tabela 7.1 e novamente na coluna Q da Tabela 7.2.

Funções do produto marginal e do produto médio

Depois de indicada a função do produto total (na forma tabular, gráfica ou algébrica), podem ser obtidas as funções de produto marginal e de produto médio. O **produto marginal** é definido como a variação incremental do produto total ΔQ que pode ser obtida mediante o uso de mais uma unidade do insumo variável ΔL, enquanto K permanece fixo. O produto marginal é definido como[2]

$$PMA_L = \frac{\Delta Q}{\Delta L} \text{ ou } \frac{\partial Q}{\partial L} \qquad [7.2]$$

O produto marginal da mão de obra no exemplo da mineração é indicado na terceira coluna da Tabela 7.2 e para variações discretas e contínuas, respectivamente como PMA_L na Figura 7.3.

O **produto médio** é definido como o quociente entre o produto total e a quantidade do insumo variável usada na obtenção do produto. Para as variáveis que foram definidas, o produto médio é igual a

$$PME_L = \frac{Q}{L} \qquad [7.3]$$

---

[2] Em termos estritos, o quociente $\Delta Q/\Delta L$ representa o produto *incremental*, e não o produto *marginal*. Por uma questão de clareza, continuamos a usar o termo *marginal*, embora ele e quocientes similares em todo o texto sejam calculados em base incremental.

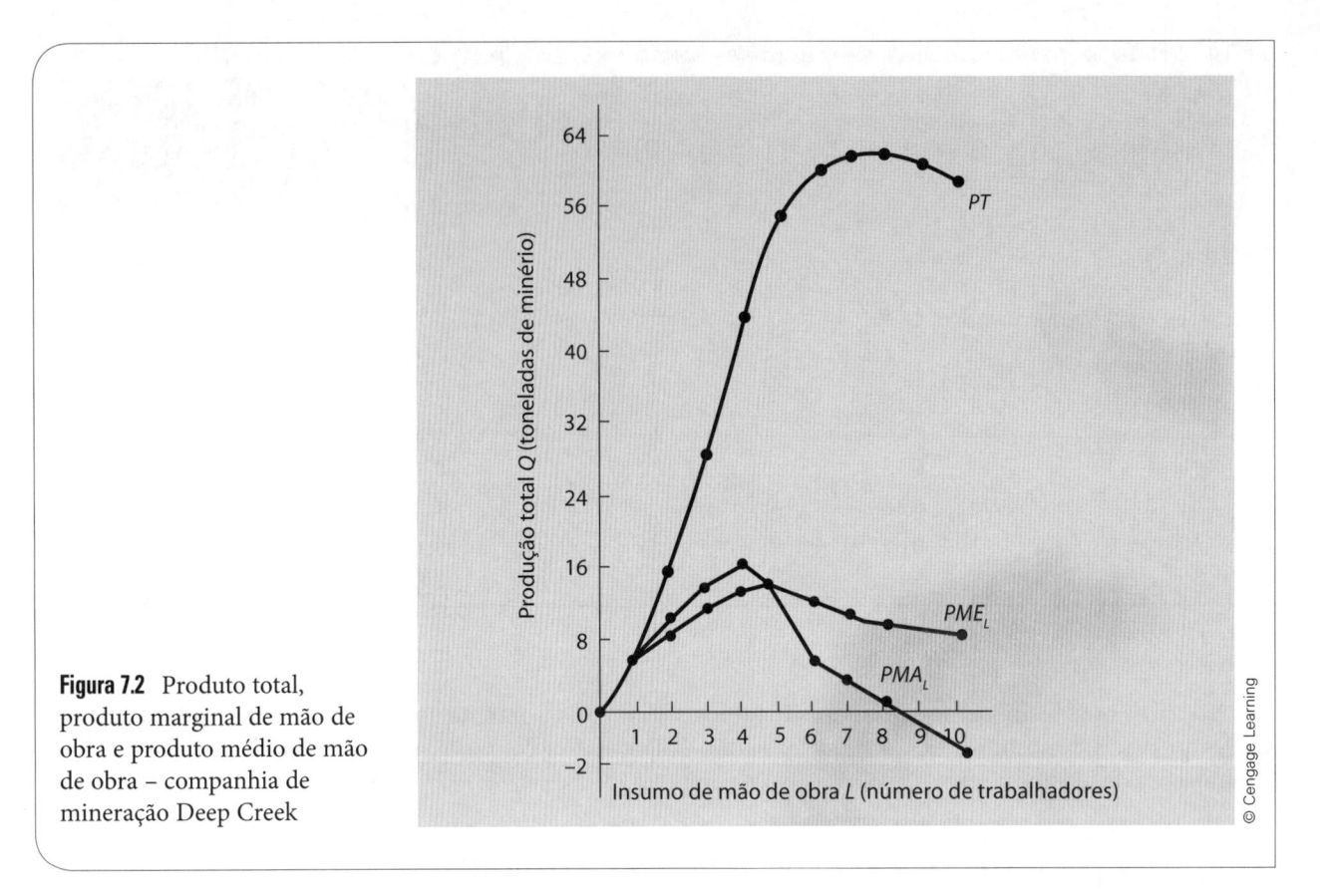

Figura 7.2 Produto total, produto marginal de mão de obra e produto médio de mão de obra – companhia de mineração Deep Creek

O produto médio da mão de obra para o exemplo de mineração da Deep Creek é indicado na coluna PME_L da Tabela 7.2 e na Figura 7.2.

Lei dos retornos marginais decrescentes

A função tabular de produção que acabamos de discutir ilustra a lei de produção dos retornos marginais decrescentes. Inicialmente, a atribuição de mais trabalhadores à equipe que opera os equipamentos de mineração permite uma maior especialização da mão de obra no uso do equipamento. Como consequência, o produto marginal adicionado por trabalhador à equipe aumenta no início, e o produto total aumenta a uma taxa crescente. Assim, conforme relacionado na Tabela 7.2 e exibido graficamente na Figura 7.2, a adição de um segundo trabalhador à equipe resulta em 10 toneladas adicionais de produto; a adição de um terceiro trabalhador resulta em 13 toneladas adicionais de produto; e a adição de um quarto trabalhador produz 15 toneladas adicionais.

No entanto, atinge-se eventualmente um ponto em que o aumento marginal do produto de cada trabalhador adicionado à equipe começa a diminuir. Essa queda de produto ocorre porque há somente um número limitado de modos de obter maior especialização do trabalho e porque cada trabalhador adicional provoca efeitos de superpopulação. Assim, a adição de um quinto trabalhador à equipe resulta em aumento marginal do produto de 11 toneladas adicionais, em comparação com o aumento marginal de 15 toneladas adicionais do quarto trabalhador. De modo similar, adições de um sexto e um sétimo trabalhador à equipe resultam em aumentos sucessivamente menores de 5 e 2 toneladas, respectivamente. Com trabalhadores adicionais em demasia, o produto marginal da mão de obra pode se tornar nulo ou até mesmo negativo. Alguns trabalhos são mais difíceis de realizar quando há presença de pessoal supérfluo.

Retornos crescentes com efeitos de rede

A lei dos retornos marginais decrescentes *não é* um teorema matemático, mas uma afirmação empírica observada em quase todos os processos econômicos de produção conforme o montante do insumo variável aumenta. No entanto, uma exceção interessante ocorre com **efeitos de rede**. Quanto maior a base instalada de um produto de rede, como o Facebook ou LinkedIn, maior o número de conexões de rede compatíveis e, consequentemente, maior

O QUE DEU CERTO • O QUE DEU ERRADO

Gargalos de produção na unidade montadora da Boeing[3]

A Boeing monta aviões de larga dimensão (747s, 757, 767s e 777s) em sua fábrica de 4,3 milhões de pés quadrados em Everett, estado de Washington, e que é a maior construção do planeta. Quinze veículos em trilhos entregam peças que são direcionadas a cinco linhas de montagem por meio de transportadores aéreos cruzando 31 milhas de caminhos em rede. Os insumos variáveis nesse processo de produção são milhões de peças e milhares de trabalhadores qualificados.

Quando a Boeing elevou a produção de 244 aeronaves entregues em 1995 para 560 em 1999, a fábrica de Everett adotou três turnos de 6000, 4000 e 1500 trabalhadores, e o dobro de peças empregadas. Contudo, gargalos passaram a ocorrer na fábrica de Everett, pois, embora a montagem de um avião continuasse a ser feita em 21 dias, horas extras passaram a ser requeridas para manter o sistema nessa velocidade, em grande parte devido a peças perdidas, defeituosas ou reparadas. Por vezes, pilhas de peças sem uso apareciam no chão da fábrica, enquanto em outros momentos, faltas de assentos e itens eletrônicos causavam atrasos. Como resultado, estoques de produtos em elaboração tiveram elevação substancial e ordens de trabalho saíram de sequência. Ao final de 1997, as horas extras alcançaram perto de US$1 bilhão além do orçado e as operações em Everett pareciam "desesperadamente comprometidas".

Para resolver o problema, em 1999 a Boeing afastou seu sistema antiquado de controle de peças e adotou técnicas aprimoradas de produção. Ela diminuiu o tamanho dos pedidos de peças e terceirizou parte dos serviços no final da linha de montagem. Em 2001, um fluxo contínuo de menor número de peças chegava a células autônomas de trabalhadores em ritmo "just-in-time", para completar um fluxo tranquilo de montagem de 527 aeronaves entregues.

---

3 "Boeing's Secret", BusinessWeek (20 de maio de 2002), p. 113–115; "Gaining Altitude", *Barron's* (29 de abril de 2002), p. 21–25; e visitas à fábrica em Everett.

o valor possível para um novo cliente. Similarmente, a Microsoft vivenciou retornos crescentes quando o Microsoft Office tornou-se um padrão da indústria. Consequentemente, como a base instalada do software aumenta, as promoções e os outros esforços de venda da Microsoft para conseguir novos clientes se tornam cada vez mais produtivos desde que vendedores de software independente (VSI) desenvolveram softwares complementares que maximizam o valor para clientes de Microsoft. O iPhone da Apple experienciou a mesma situação com suas centenas de milhares de aplicativos dos VSIs.

Os custos de linhas de produção de um fabricante agora incluem as atividades de marketing e distribuição, assim como os custos diretos de mão de obra e material da produção e montagem, ambos padrão. O motivo é que, como as empresas de serviços, muitos fabricantes de hoje competem em sistemas de pesquisa de clientes, tempos de resposta a pedidos de mudança, confiabilidade de entrega e atualizações tecnológicas, não apenas em prazos de entrega e reparos de garantia. A qualificação e a conquista de fato de um pedido do cliente frequentemente exigem características de qualidade e serviços de suporte que vão além da unidade física de produção. Por exemplo, a Ford Motor quer que todos os seus fabricantes fornecedores atendam aos padrões de qualidade de fabricação ISO 9000 para processos de melhoria contínua. O Walmart exige que seus fornecedores de roupas de moda façam suas entregas "just in time" (JIT) para envios planejados dos centros de distribuição do Walmart. As lojas de souvenires da Disney World escolhem fabricantes capazes de alterar suas programações de produção mediante aviso no curto prazo para fornecer um tempo de resposta muito mais rápido para pedidos de mudança em relação à tradicional fabricação sob pedido das xícaras de café do Mickey Mouse.

Essas relações são ilustradas na Figura 7.3. Em um *market share* (parcela de mercado) de 0% a 30%, os esforços de venda necessários para obter cada porcentagem de market share adicional apresentam um efeito decrescente sobre a probabilidade de adoção pelo próximo usuário potencial (observe a inclinação decrescente da curva de penetração de vendas). Consequentemente, as porcentagens adicionais de *market share* se tornam cada vez mais caras nessa faixa. Mas uma vez que o número de outros usuários em um dispositivo baseado em rede atinja 30% a 40% de *market share*, os próximos 40% a 50% pontos de compartilhamento serão mais baratos para promover

Após o *ponto de inflexão* de 30%, no entanto, cada porcentagem adicional da parcela de usuários leva a uma probabilidade crescente de adoção por outro usuário e, como resultado, a uma queda nas gastos com marketing necessários para garantir a venda de outra unidade (observe a inclinação crescente da curva de penetração de vendas na faixa central). Portanto, pontos de compartilhamento adicionais são mais baratos, não caros. Acima de um *market share* de 80% a 90%, garantir que os últimos usuários adotem o produto é cada vez mais caro, pois os esforços de venda se tornam novamente sujeitos ao retorno decrescente.

EXEMPLO — Rendimentos crescentes para o Blu-ray da Sony e o Windows da Microsoft[4]

Por vezes, o aumento dos retornos e o declínio dos custos marginais podem ser garantidos adotando um padrão da indústria favorável ao próprio produto. O padrão do vídeo digital Blu-ray de alta definição da Sony envolve esforços promocionais e de vendas, que se tornam *mais produtivos* à medida que o item é adotado pelos consumidores. Quanto mais DVDs de Blu-ray surgem no mercado, mais redes de televisão e estúdios independentes produzem programas e filmes com essa tecnologia. E quanto mais programas e filmes em Blu-ray são disponibilizados para o público, mais fácil e barato foi para a Sony, em 2006-2007, vender aparelhos de Blu-ray inicialmente precificados em US$800 a US$497 a cada vez mais clientes. Em fevereiro de 2008, quando a Warner Brothers retirou seu apoio para o concorrente, o DVD padrão em alta definição da Toshiba, a Sony e sua parceira, a Matsushita Electric, conseguiram abarcar sozinhas o mercado de US$24 bilhões de HDTV. Os aparelhos de Blu-ray foram precificados em US$388. No final de 2009, a Time-Warner também adotou o Blu-ray como seu formato de DVD exclusivo e isso acentuou ainda mais os rendimentos crescentes da tecnologia da Sony.

Um motivo similar para o aumento de rendimentos da Microsoft é que, quanto mais adoções o Windows da Microsoft garante, mais aplicativos compatíveis com o programa são introduzidos por vendedores independentes do software, aumentando, assim, o valor agregado do produto da Microsoft. Assim que a Sony aumentou seus rendimentos com marketing, seu aparelho de Blu-ray introduziu uma tecnologia de ruptura que expulsou as tecnologias concorrentes da Toshiba e Samsung. A ferramenta de busca da Netscape, que outrora dominou a internet, vivenciou exatamente esse tipo de "expulsão" pelo Windows da Microsoft, que integrou à sua empresa o Internet Explorer (IE) sem nenhum custo adicional. O IE cresceu, então, até atingir uma fatia de mercado de 92% em navegadores da internet.

---

[4] Com base em "Toshiba Exits HD DVD Business", *Wall Street Journal* (19 de fevereiro de 2008).

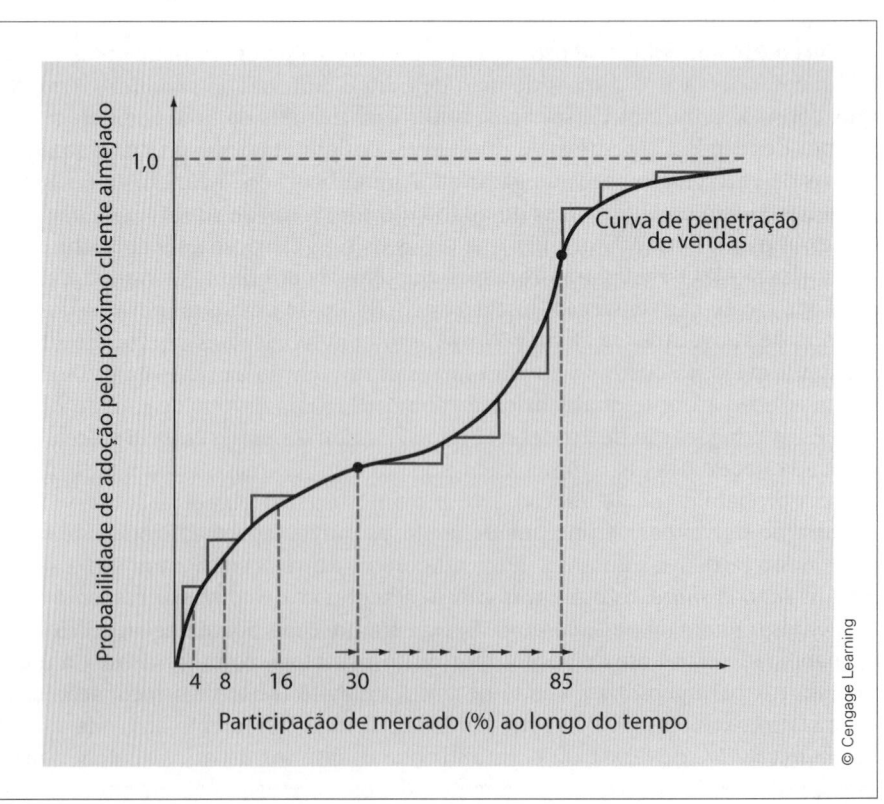

Figura 7.3 Retornos crescentes com efeitos de rede

Produção de serviços e informação nos retornos decrescentes

É instrutivo comparar a economia de produção de empresas da velha economia, que produzem coisas, com o das empresas da nova economia, que produzem informação. Coisas, quando vendidas, deixam de ser propriedade do vendedor. A informação, quando vendida, é algo que o vendedor pode vender novamente (pelo menos até que a informação se espalhe por todo o mercado-alvo). As coisas precisam ser reproduzidas por meio de processos de fabricação dispendiosos. A informação é reproduzida a um custo incremental de quase zero. As coisas existem em um único local. A informação pode existir simultaneamente em muitos locais. A produção e o marketing de coisas estão sujeitos eventualmente a retornos decrescentes. O marketing (e talvez a produção) de informação está sujeito a retornos crescentes. Ou seja, quanto mais pessoas utilizam minha informação, é mais provável que outra pessoa queira adquiri-la (a um dado custo de marketing) ou, dito de outra maneira, é mais barato garantir outra venda. As coisas geralmente envolvem economias de grande escala de produção. A informação é produzida por pequenas empresas a custos comparativamente baixos. As coisas focam os negócios na mentalidade da oferta e em altos custos de distribuição. Os produtos de informação focam os negócios na mentalidade da demanda e não possuem praticamente nenhum custo de distribuição. Conseguindo que mais um cliente adote o produto, é possível ativar um movimento de "círculo virtuoso" de maior valor de cliente, custos indiretos menores e preços e custos mais baixos para o próximo cliente. O Capítulo 11 discute o aumento de lucros como fonte de poder de mercado das empresas dominantes, no caso a Sony e Microsoft, atenuado atualmente pelo serviço de *streaming* de vídeos e a ferramenta de busca da Google.

Relação entre produtos total, marginal e médio

A Figura 7.4 ilustra o valor total adicionado da função de produção ou do produto total (*PT*) com um único insumo variável para destacar as relações entre os conceitos de *PT*, *PME* e *PMA*. Na primeira faixa, denominada "Rendimentos crescentes", a função *PT* é crescente a uma *taxa crescente*. Como a curva de valor marginal adicionado ou de produto marginal (*PMA*) mede a inclinação da curva de *PT* ($PMA = \partial Q/\partial L$), a curva de *PMA* é crescente até L_3. Na faixa denominada "Rendimentos decrescentes", a função *PT* é decrescente a uma *taxa decrescente*,

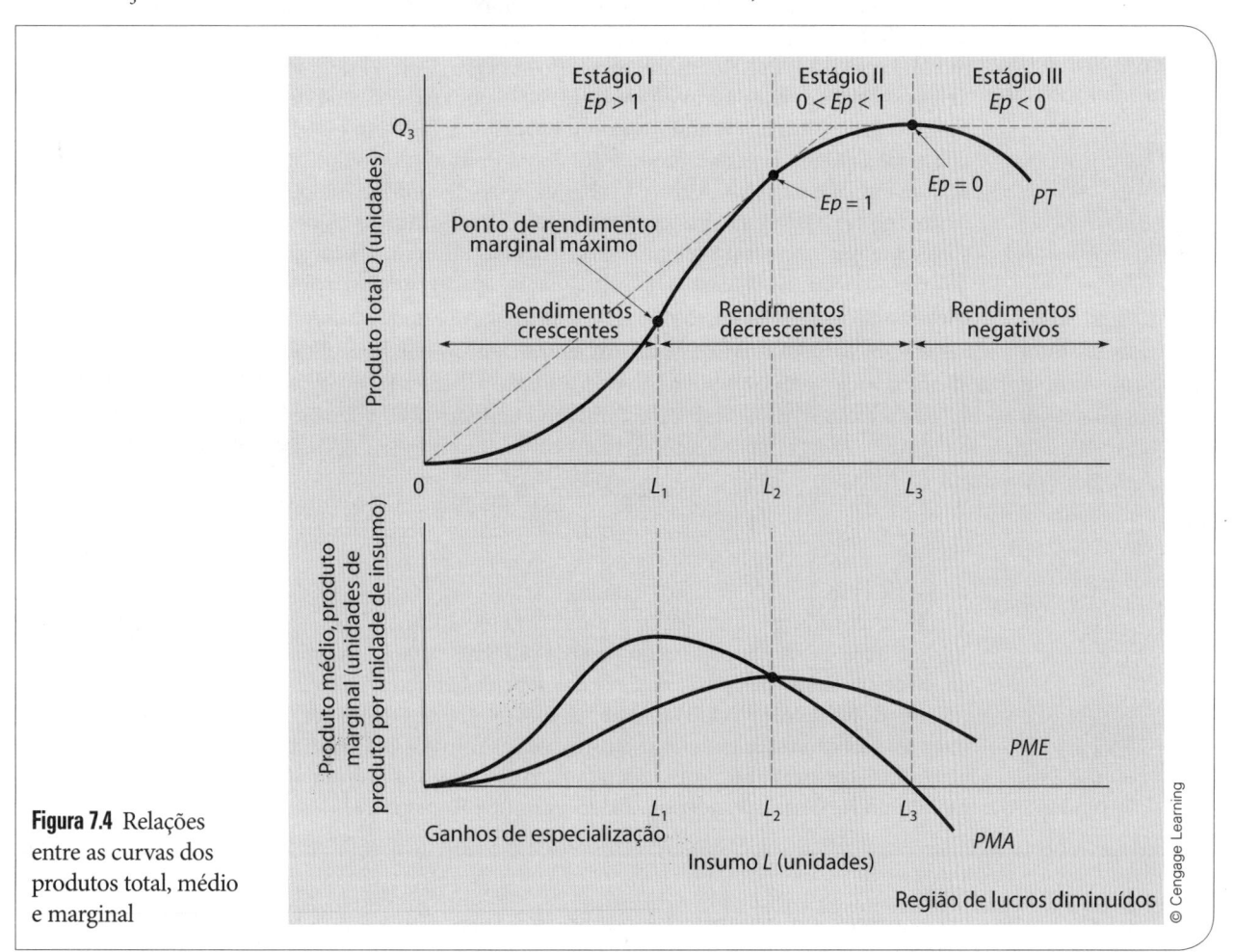

Figura 7.4 Relações entre as curvas dos produtos total, médio e marginal

e a curva de *PMA* é decrescente até L_3. Na faixa denominada "Rendimentos negativos", a função de *PT* é *decrescente* e a curva de *PMA* continua decrescente, tornando-se negativa após L_3. Ocorre um ponto de inflexão em L_1. Em seguida, se for traçada uma reta da origem 0 até qualquer ponto na curva de *PT*, a inclinação dessa linha, Q/L, mede o valor adicionado médio ou produto médio (*PME*). Por isso, vemos que a curva de *PME* atinge um máximo nesse ponto em que a média e o produto marginal se igualam.[5]

Considere, por exemplo, as seguintes analogias: a *média* de rebatidas de um jogador de beisebol na temporada é de 0,250 ou a pontuação média de um estudante universitário é 3,0. Se esse rebatedor tiver uma excelente noite no bastão (seu desempenho *mínimo*) e chegar a 4 por 4 (1000), ou o estudante conseguir 4,0 no semestre atual, então suas médias (ou GPA) vão subir. Por outro lado, se ele não conseguir nenhuma rebatida ou o estudante repetir em todas as matérias, esse pobre desempenho *mínimo* fará baixar sua média na temporada ou semestre. Contudo, quando o rebatedor termina o jogo com uma rebatida em 4 oportunidades (ou o aluno consegue 3,0 no final do semestre), esse desempenho mínimo não terá impacto em suas médias (o desempenho mínimo é igual ao desempenho médio). Logo, a curva *DM* sempre vai cruzar com o curva *DM* quando ela estiver em seu máximo. Como veremos no Capítulo 8, a curva de custo marginal sempre cruza com a curva de custo médio em seu ponto mínimo, pelo mesmo motivo.

EXEMPLO Três estágios da produção na linha de montagem em Malibu

Ao analisarem a função de produção, os economistas identificaram três estágios de produção diferentes baseados na relação entre as funções *PT, PME* e *PMA*. O Estágio I é definido como a faixa de *L* ao longo da qual o produto médio está aumentando. Isso ocorre desde a origem (0) até L_2 (talvez de 0 a 3 operários de linha de montagem, mais um substituto na estação de trabalho 44 da linha de montagem da Malibu, veja na Figura 5.5) e representa a região de ganhos líquidos com a especialização. Como existem múltiplas tarefas nessa estação de trabalho, a especialização permite que o segundo trabalhador mais experiente contribua US$40 por hora em valor agregado e que o terceiro contribua US$50 por hora. O Estágio II corresponde à faixa de *L* do ponto em que o produto médio atinge seu máximo (L_2) até o ponto em que o produto marginal (*PMA*) diminui para zero (L_4). Na JS 44, o Estágio II refere-se à contratação de um substituto ou de vários aprendizes. Note que o ponto final do Estágio II corresponde, portanto, ao ponto de produto máximo na curva PT. O Estágio III abrange a faixa de *L* à direita de L_3 além da qual o produto total está diminuindo, ou, de modo equivalente, o produto marginal é negativo. A mão de obra da linha de montagem do Estágio III pode ser referir aos "gofers", que obtêm partes que precisam ser substituídas ou pegam refrigerantes e doces para a equipe. Ao mesmo tempo, esses funcionários eram cruciais, mas dadas as operações JIT, eles impõem agora efeitos de superlotação que oprimem qualquer produto atribuível os trabalhadores adicionais.

Para determinar a melhor quantidade de insumo de mão de obra *L* a ser empregada, repare primeiro se o insumo variável estiver livre, um produtor racional não gostaria de avançar para o Estágio III. Do mesmo modo, nenhum gerente, cuja média de produtividade por trabalhador esteja crescendo de US$38,33 a US$38,75 por hora devido a ganhos de especialização (isto é, aumento de *PME* no Estágio I), deveria falhar em acrescentar o trabalhador substituto. Deve-se sempre ir além do ponto de rendimentos decrescentes. Além disso, a empresa deveria acrescentar trabalhadores aprendizes enquanto o nível básico de US$25 por hora de custos adicionais permanecer abaixo do valor marginal agregado. Se os custos de mão de obra são altos, como na linha de montagem sindicalizada da United Auto Workers, a produção pode seguir a uma curta distância até o Estágio II, o recrutamento de mão de obra. Se os custos de mão de obra são mais baixos em uma fábrica não sindicalizada, o recrutamento de operários deve transcorrer bem através do Estágio II, a fim de incluir trabalhadores de nível relativamente baixo, como o segundo aprendiz. Na Figura 7.5, contudo, isso ocorreria apenas se os custos de insumo fossem subsidiados (exemplo, com os programas de formação profissional patrocinados pelo governo, a fim de reduzir o salário líquido do segundo aprendiz de US$25 para US$10 por hora).

Cont.

---

[5] Note ainda que o produto marginal *PMA* iguala a produto médio *PME* em L_2, porque *PMA* é igual à inclinação de curva de produto total, *PT* (*PME* = $\partial Q/\partial L$), e em L_2 o produto médio (*PME*) é também igual à inclinação da curva de produto total.

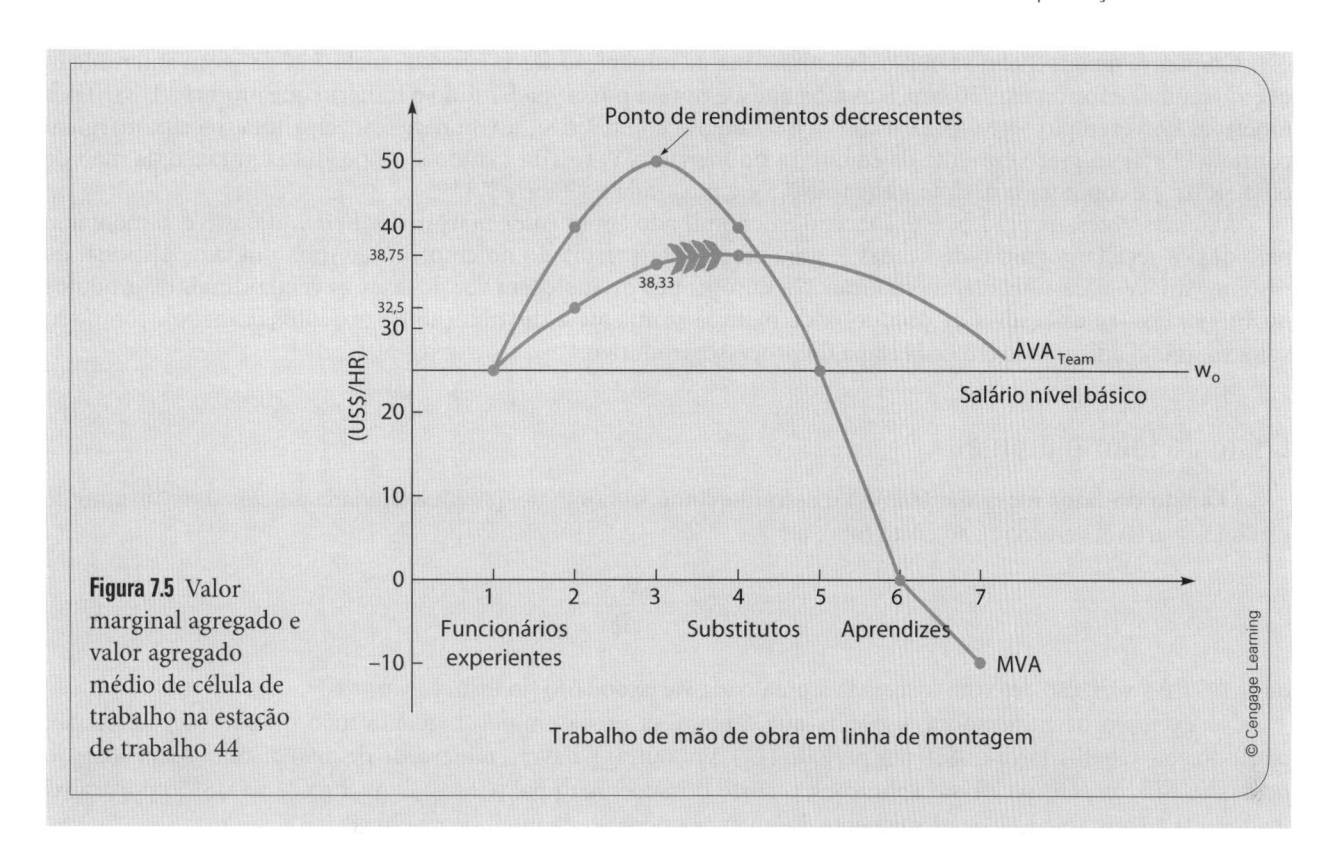

Figura 7.5 Valor marginal agregado e valor agregado médio de célula de trabalho na estação de trabalho 44

Essas mesmas ideias também se aplicam a equipamentos e materiais de produção. Por exemplo, para assegurar que os detritos obtidos pela dragagem não retornem aos portos e vias navegáveis, o Corpo de Engenheiros do Exército dos Estados Unidos pagará aos produtores de blocos de concreto por jarda cúbica do material dragado utilizado no processo de produção. Um excesso de material dragado, em combinação com a mistura de concreto e areia, resulta em mais blocos rachados saindo dos fornos. No entanto, existindo um preço *negativo* do insumo, os fabricantes empregam o material dragado na faixa de produção do Estágio III. Tais exceções provam a regra geral de que o nível ótimo de produção com um único insumo variável e preços positivos dos insumos necessita limitar as escolhas de insumo ao Estágio II.

DETERMINAÇÃO DA UTILIZAÇÃO ÓTIMA DO INSUMO VARIÁVEL

Quando um dos insumos (K) for fixo no curto prazo, o produtor precisa determinar a quantidade ótima do insumo variável (L) a ser utilizada no processo de produção. Tal determinação requer a introdução na análise dos preços do produto e dos custos de mão de obra. Portanto, a análise inicia-se pela definição da receita marginal e custo do fator marginal.

Receita marginal do produto

A **Receita marginal do produto** (RMP_L) é definida como o valor do produto que uma unidade adicional do insumo de produção variável acrescenta à receita total, ou

$$RMP_L = \frac{\Delta RT}{\Delta L} \quad [7.4]$$

onde ΔRT é a variação na receita total associada à variação (ΔL) do insumo variável, e RMP_L é igual ao produto marginal de L (PMA_L) vezes a receita marginal (RM_Q) resultante do aumento de produção obtido:

$$RMP_L = PMA_L \cdot RM_Q \quad [7.5]$$

Considere novamente o exemplo da companhia de mineração Deep Creek (Tabela 7.2) da seção anterior, em que K (capital) é fixado em 750 bhp. Suponha que a empresa possa vender todo o minério que produz a US$10 por tonelada. Por exemplo, em um mercado perfeitamente competitivo, a empresa realizaria uma receita marginal constante igual ao preço corrente de equilíbrio do mercado. A receita marginal do produto em razão da mão de obra (RMP_L) é computada usando a equação 7.5 e é mostrada na Tabela 7.3.[6]

Algumas vezes, na prática, este conceito é denominado como **valor marginal *adicionado***, isto é, o montante pelo qual a receita potencial de vendas é aumentada como resultado do emprego de uma unidade adicional de insumo variável para aumentar a produção. Na Europa, por exemplo, em vez de taxar as vendas finais de produtos no varejo, taxa-se cada nível de produção, de matéria-prima até a distribuição de produtos acabados, sobre seu valor marginal adicionado em cada etapa do processo produtivo.

Custo do fator marginal

O **custo do fator marginal** (CFM_L) é definido como o montante que uma unidade adicional do insumo de produção variável acrescenta ao custo total, ou

$$CFM_L = \frac{\Delta CT}{\Delta L} \quad [7.6]$$

onde ΔCT é a variação de custo associada a uma dada variação (ΔL) do insumo variável.

No exemplo da mineradora, suponha que a empresa possa empregar quanta mão de obra (L) necessitar, pagando aos trabalhadores US$50 por período ($C_L$). Em outras palavras, o mercado de mão de obra é considerado *perfeitamente competitivo*. Nessas condições, o custo do fator marginal (CFM_L) é igual a C_L, ou US$50 por trabalhador. Ele é constante independentemente do nível de operação da mina (ver a Tabela 7.3).

Nível ótimo de insumo

Dados a receita marginal do produto e o custo do fator marginal, podemos calcular o montante ótimo do insumo variável a ser usado no processo de produção. Lembre-se da discussão sobre análise marginal no Capítulo 2 de que uma atividade econômica poderia ser expandida conforme os benefícios marginais excedessem os custos marginais. Para a decisão de produção de curto prazo, o nível ótimo do insumo variável ocorre quando

$$RMP_L = CFM_L \quad [7.7]$$

TABELA 7.3 Receita marginal do produto e custo do fator marginal – Companhia de mineração Deep Creek.

Insumo de mão de obra L (número de trabalhadores)	Produto total $Q = (PT_L)$ (toneladas de minério)	Produto marginal de mão de obra PMA_L (toneladas por trabalhador)	Receita total $RT = P \cdot Q$ (US$)	Receita marginal $RM_Q = \frac{\Delta RT}{\Delta Q}$ (US$/toneladas)	Produto da receita marginal $RMP_L = PMA_L \cdot RM_Q$ (US$/trabalhador)	Custo do fator marginal CFM_L (US$/trabalhador)
0	0	—	0	—	—	—
1	6	6	60	10	60	50
2	16	10	160	10	100	50
3	29	13	290	10	130	50
4	44	15	440	10	150	50
5	55	11	550	10	110	50
6*	60	5	600	10	50	50
7	62	2	620	10	20	50
8	62	0	620	10	0	50

* Indica um nível ótimo de insumo.

---

[6] Níveis de insumo no Estágio III ($PMA_L < 0$) não foram considerados.

Conforme pode ser visto na Tabela 7.3, o insumo ótimo é $L = 6$ trabalhadores (representado por 6*), porque $RMP_L = CFM_L =$ US$50 nesse ponto. Com menos de seis trabalhadores, $RMP_L > CFM_L$, e o acréscimo de mais mão de obra (trabalhadores) ao processo de produção aumentará as receitas mais do que aumentará os custos. Para mais de seis trabalhadores, o oposto é verdadeiro – os custos aumentam mais do que as receitas.

PRODUÇÃO COM INSUMOS VARIÁVEIS MÚLTIPLOS

Tomando o exemplo da empresa de mineração Deep Creek, suponha agora que tanto o capital [medido pela taxa cavalo-vapor (bhp) nominal máxima do equipamento] como a mão de obra (medida pelo número de trabalhadores) são insumos variáveis do processo de mineração. A empresa pode escolher executar o processo de produção utilizando qualquer uma das combinações entre capital e mão de obra exibidas anteriormente na Tabela 7.1.

Isoquantas de produção (constante de produto)

Uma produção de engenharia industrial com dois insumos variáveis pode ser representada graficamente por um conjunto de isoquantas de produção bidimensionais. Uma **isoquanta de produção** é tanto uma curva geométrica ou uma função algébrica que representa todas as diferentes combinações de dois insumos que possam ser utilizados na obtenção de uma dada quantidade de produto. No exemplo da Deep Creek, uma isoquanta de produção mostra todos os modos alternativos em que o número de trabalhadores e as diferentes dimensões de equipamentos de mineração podem ser combinados para produzir qualquer nível desejado de produto (toneladas de minério). Várias isoquantas de produção para o exemplo da mineração são exibidas na Figura 7.6. Por exemplo, um produto de 6 toneladas pode ser obtido utilizando qualquer uma destas três combinações diferentes entre capital e mão de obra: um trabalhador e equipamento de 750 bhp, dois trabalhadores e equipamento de 500 bhp e quatro trabalhadores e equipamento de 250 bhp. Do mesmo modo, conforme visto no gráfico, um produto de 62 toneladas pode ser obtido utilizando qualquer uma entre cinco combinações diferentes de capital e mão de obra.

Embora cada isoquanta indique como quantidades de dois insumos podem ser *substituídas* uma pela outra, essas escolhas são limitadas, normalmente, por dois motivos. Em primeiro lugar, algumas combinações de insumos na Figura 7.6 empregam uma quantidade excessiva de um insumo. Como mais de oito trabalhadores resul-

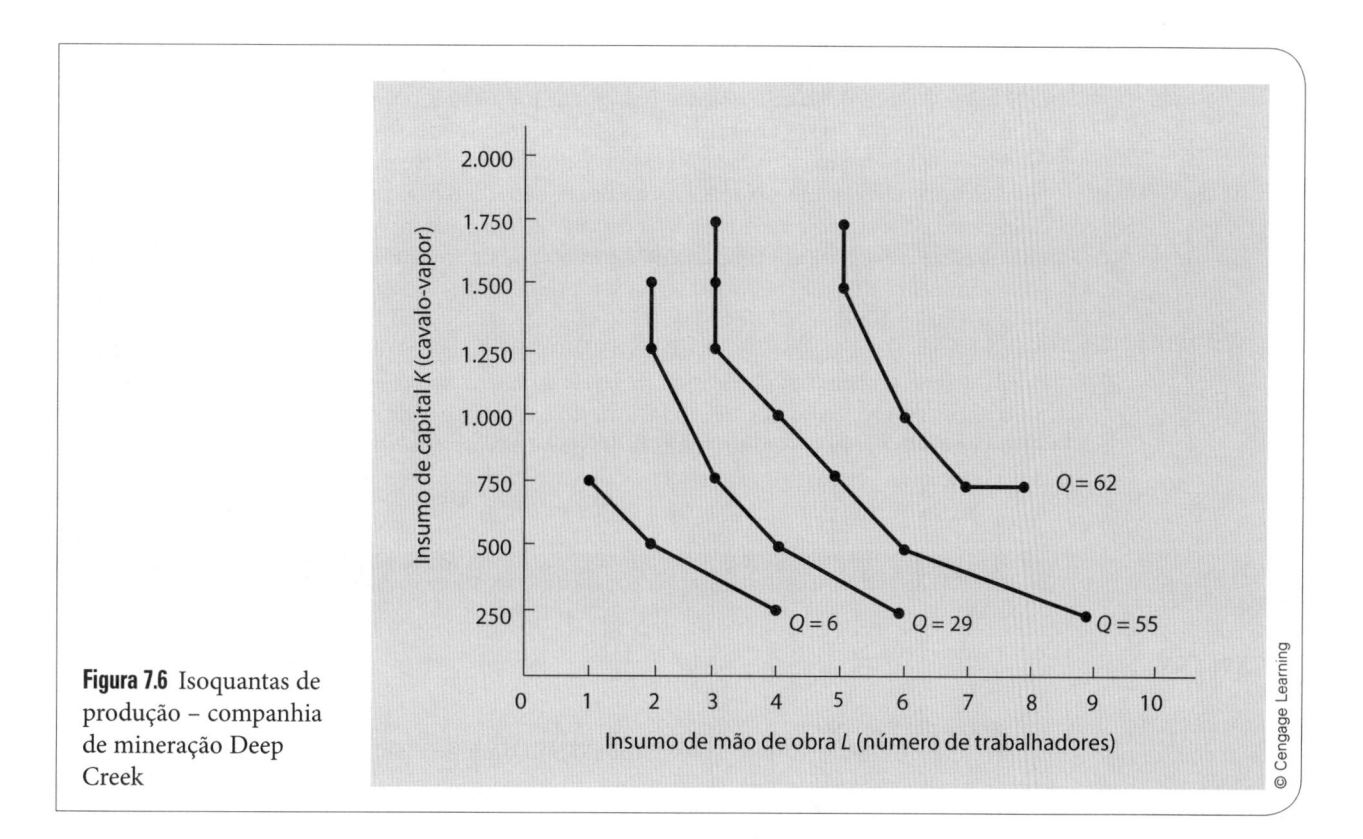

Figura 7.6 Isoquantas de produção – companhia de mineração Deep Creek

tam em um retorno marginal negativo na escolha de um único insumo variável para a mineração Deep Creek (veja a Figura 7.2), com um maquinário de 750 bhp, os efeitos de superpopulação introduzidos pela presença de um oitavo trabalhador iriam, na verdade, reduzir o produto. De modo similar, um maquinário com mais de 1.500 bhp resultaria em retorno marginal negativo do capital de equipamentos com apenas cinco trabalhadores. Como todas essas combinações ineficientes de capital e mão de obra aumentam as exigências de insumos (e, consequentemente, os custos) sem aumentar o produto, elas devem ser eliminadas da consideração de escolhas de substituição de insumos.

Em segundo lugar, as escolhas de substituição de insumos também são limitadas pela tecnologia de produção, que frequentemente envolve maquinário que não é divisível. Embora seja possível encontrar equipamentos de mineração menores e maiores, nem toda máquina bhp relacionada no eixo Y da Figura 7.6 estará disponível. A engenharia industrial das operações de mineração frequentemente exige que selecionemos entre três ou quatro processos de produção possíveis de proporções fixas, incluindo uma perfuratriz de dimensões específicas e a dimensão da mão de obra necessária para operá-la.

EXEMPLO — O que é exatamente uma refinaria e por que ninguém constrói uma nos Estados Unidos?[7]

Está em andamento a construção de novas refinarias de petróleo no Kuwait e na Arábia Saudita que serão capazes de processar, respectivamente, 600.000 bpd (barris de petróleo bruto por dia) e 450 bpd. No entanto, nenhuma refinaria de petróleo é construída nos Estados Unidos há mais de 30 anos. Por que não? Responder a essa questão exige alguns conhecimentos sobre o que é uma refinaria e o que ela faz.

Em essência, as refinarias são enormes usinas químicas cujo processo se inicia com o superaquecimento de vários graus de petróleo bruto em grandes recipientes, fazendo que o vapor emitido passe por colunas de destilação fracionada, em que ele muda de estado tornando-se vários líquidos conforme o produto destilado esfria (veja a Figura 7.7). O petróleo bruto contém, literalmente, centenas de hidrocarbonetos, e os destilados se estendem por uma gama que vai do propeno, que evapora no topo aos lubrificantes e graxa, que se condensam a altíssimos 450 °C, próximo à base da coluna de destilação. O combustível para motores a jato e o diesel condensam a 250 °C com a ajuda de um processo de craqueamento catalítico em um conversor separado; mais adiante na coluna, o nafta destilado produz gasolina após passar por um processo de reforma. Querosene, butano e polietileno (os compostos básicos de constituição do plástico) também são destilados.

O refino é um processo clássico de produção de proporções variáveis. O processo de craqueamento químico para quebrar grandes cadeias de hidrocarbonetos pode utilizar mais ou menos pressão, mais ou menos calor, mais ou menos petróleo bruto leve de alta qualidade, mas caro, ou petróleo bruto pesado com enxofre. A partir de um barril de 42 galões de óleo bruto, a combinação de insumos pode ser otimizada para obter cerca de 20 galões de gasolina e 10 galões de óleo diesel e combustível. Boa parte dos equipamentos envolvidos está a 10 andares de altura e é cara. O custo fixo de investimento hoje em dia para uma refinaria de grande porte perfaz US$2 bilhões. A recuperação dos custos deve vir de apenas 22% do preço de produto final da gasolina, enquanto o petróleo bruto em si determina 54% do preço do produto final. A exploração petrolífera e atividades de desenvolvimento são bem mais rentáveis do que o refino, em parte como compensação pelos riscos envolvidos no grande capital investido. As margens de lucro no refino são de apenas alguns centavos por galão, muito próximas das pequenas margens da venda de gasolina no varejo. A exploração de petróleo e as atividades de desenvolvimento são muito mais lucrativas do que o refino, em parte para compensar os riscos extraordinários de investimento de capital envolvido.

Porcentagem do preço final da gasolina por estágio da produção (2006)	
Exploração e desenvolvimento e extração do petróleo bruto	54%
Impostos estaduais e federal	16%
Refino	22%
Distribuição e varejo	8%

---

[7] Baseado em "Working Knowledge: Oil Refineries," *Scientific American*, jun. 2006, p. 88-9.

Produtos obtidos de um barril de petróleo (42 galões)

- Outros produtos — 7.6
- Gás liquefeito do petróleo (GLP) — 1.7
- Óleo pesado — 1.1
- Combustível de aviação (querosene) — 4
- Diesel e óleo de aquecimento — 10
- Gasolina — 19.6 gal.

Processos mais importantes de uma refinaria

Torre de destilação:
- Vapores de gasolina GLP
- Nafta → Reformado
- Querosene
- Diesel destilado
- Gás de peso médio → Unidade de craqueamento
- Gás pesado de óleo
- Resíduo → Coqueamento

Unidade de alcalinização

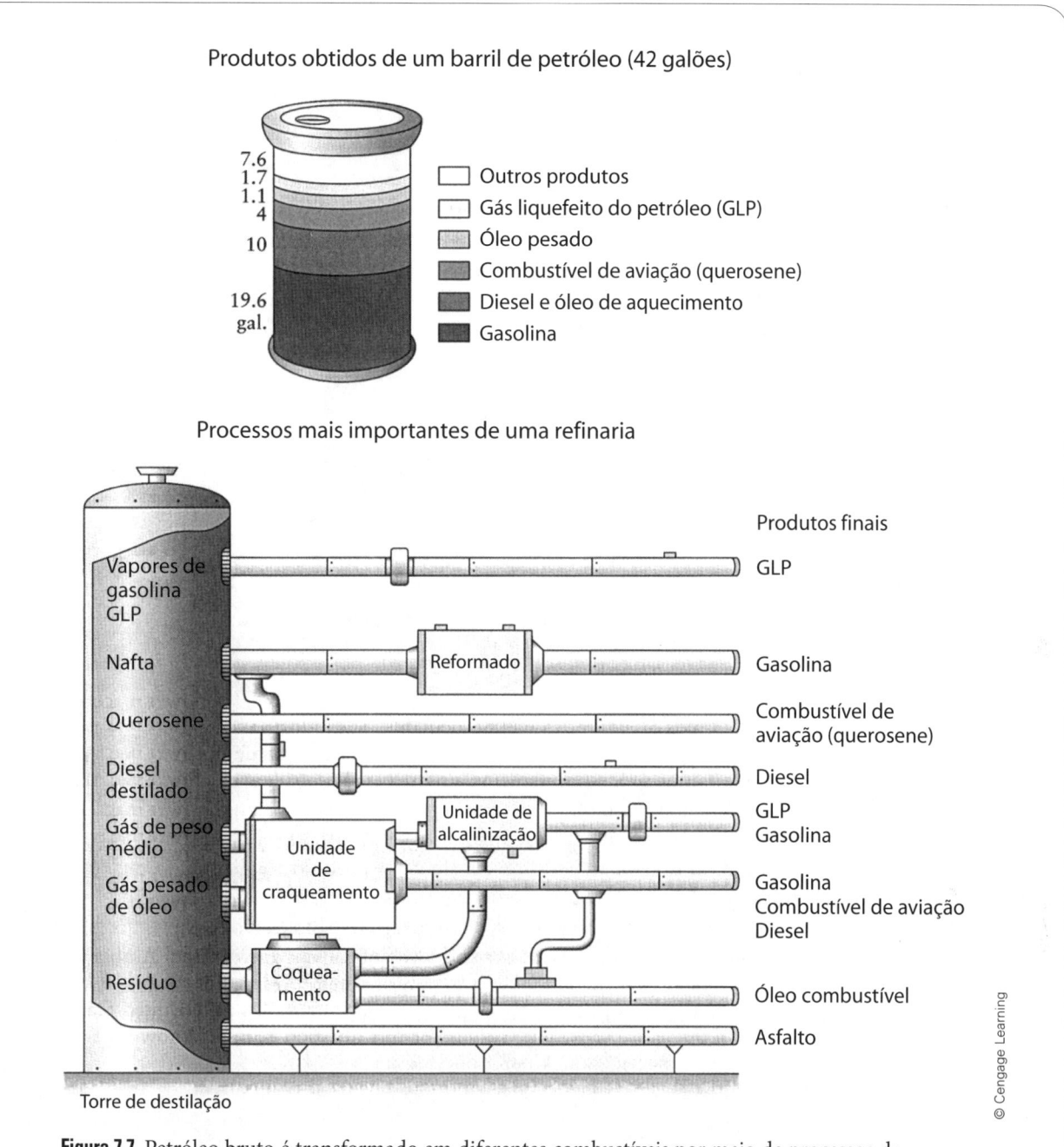

Produtos finais:
- GLP
- Gasolina
- Combustível de aviação (querosene)
- Diesel
- GLP / Gasolina
- Gasolina / Combustível de aviação / Diesel
- Óleo combustível
- Asfalto

Figura 7.7 Petróleo bruto é transformado em diferentes combustíveis por meio de processos de destilação/craqueamento/transformação

Fonte: Energy Information Administration, U.S. Department of Energy.

Taxa marginal de substituição técnica

Além de indicar a quantidade de produto que pode ser produzido com qualquer uma das diferentes combinações de insumos que se situam na curva de isoquanta, esta também indica a *taxa* à qual um insumo pode ser substituído por outro para a obtenção da quantidade dada de produto. Suponha que alguém considere o significado de uma passagem do ponto A para o ponto B da isoquanta denominada "$Q = 29$" na Figura 7.8. No ponto A, três trabalhadores e um maquinário de 750 bhp estão sendo utilizados para produzir 29 toneladas, enquanto no ponto B, quatro trabalhadores e um maquinário de 500 bhp estão sendo utilizados para produzir o mesmo mon-

Figura 7.8 Curva de isoquanta de produção – companhia de mineração Deep Creek

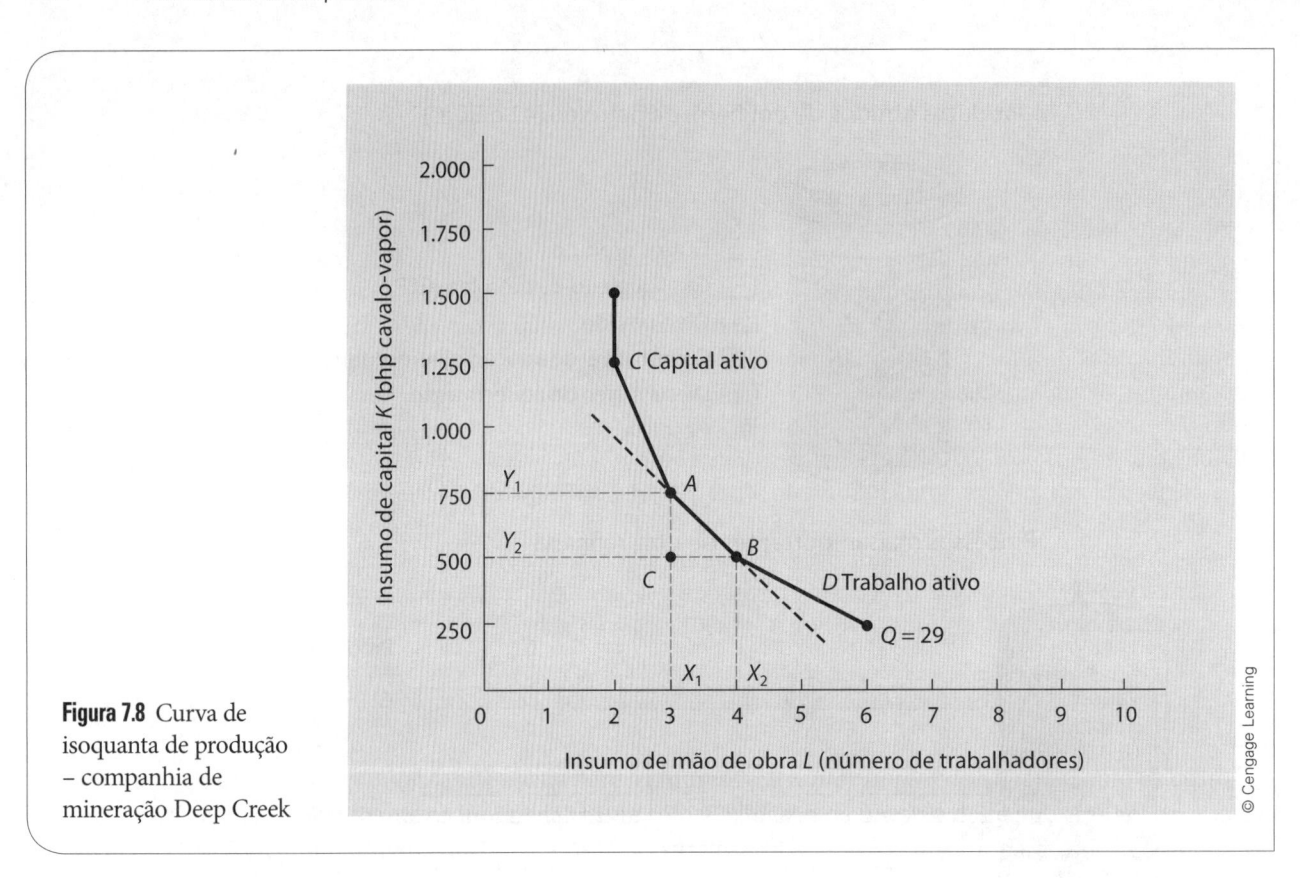

tante de produto. Ao mover da combinação de insumo A para B, substitui-se 1 unidade adicional de mão de obra por 250 unidades de capital. A taxa à qual o capital foi substituído por mão de obra na obtenção de um dado produto é de 250/L ou 250 unidades de capital por unidade de mão de obra. A taxa à qual um insumo pode ser substituído por outro no processo de produção, mantendo-se constante o produto total, é conhecida como **taxa marginal de substituição técnica** ou *TMST*.

A *TMST* é dada pela inclinação da curva que relaciona K e L, ou seja, a inclinação da isoquanta. A inclinação do segmento AB da isoquanta na Figura 7.8 é igual ao quociente de AC sobre CB. Algebricamente, $AC = K_1 - K_2$ e $CB = L_1 - L_2$; portanto, a inclinação é igual a $(K_1 - K_2) \div (L_1 - L_2)$. Como a inclinação é negativa e é desejável expressar a taxa de substituição como uma grandeza positiva, adiciona-se um sinal negativo à inclinação:

$$TMST = - \frac{K_1 - K_2}{L_1 - L_2} = - \frac{\Delta K}{\Delta L} \quad [7.8]$$

No exemplo da companhia de mineração Deep Creek, $\Delta L = 3 - 4 = -1$ e $\Delta K = 750 - 500 = 250$. Substituindo esses valores na Equação 7.8, obtemos

$$TMST = - \frac{250}{-1} = 250$$

Portanto, ao longo da isoquanta $Q = 29$, entre combinações de insumo A e B, 250 bhp substituem um trabalhador.

Pode ser demonstrado que *TMST* é igual ao quociente dos produtos marginais de L e K, usando a definição de produto marginal (Equação 7.2). Essa definição resulta em $\Delta L = \Delta Q/PMA_L$ e $\Delta K = \Delta Q/PMA_K$. Substituindo essas expressões na Equação 7.8 (e sem levar em conta o sinal negativo), o resultado é

$$TMST = \frac{\Delta Q/PMA_K}{\Delta Q/PMA_L}$$

$$TMST = \frac{PMA_L}{PMA_K} \quad [7.9]$$

DETERMINAÇÃO DA COMBINAÇÃO ÓTIMA DOS INSUMOS

Conforme explicado na seção anterior, um dado nível de produção pode ser obtido usando-se qualquer um entre um grande número de combinações possíveis de dois insumos. A empresa precisa determinar qual combinação irá minimizar os custos totais da produção do produto desejado.

Linhas de isocusto

O custo total de cada combinação possível de insumos é uma função do preço de mercado desses insumos. Supondo que os insumos sejam fornecidos em modo perfeitamente elástico nos mercados competitivos, o preço unitário de cada insumo será constante, independentemente do montante do insumo adquirido. Se C_L e C_K forem os preços unitários dos insumos L e K, respectivamente, o custo total (C) de uma determinada combinação de insumos será

$$C = C_L L + C_K K \qquad [7.10]$$

EXEMPLO Determinação do isocusto: companhia de mineração Deep Creek (continuação)

No exemplo da Deep Creek discutido anteriormente, suponha que o preço dos trabalhadores seja de US$50 por período ($C_L$) e que o equipamento de mineração possa ser alugado a US$0,20 por bhp por período (C_K). O custo total por período da utilização de L trabalhadores e equipamentos com K HP para produzir uma dada quantidade de produto é

$$C = 50L + 0,20K \qquad [7.11]$$

Analisando essa relação, pode-se observar que a mineração de 55 toneladas de minério por período, empregando cinco trabalhadores (L) e equipamento de 750 bhp (K), custaria 50(5) + 0,20(750) = US$400. No entanto, essa não é a única combinação de trabalhadores e equipamento que custaria US$400. Toda combinação de insumos capaz de satisfazer à equação

$$US\$400 = 50L + 0,20K$$

custaria US$400. Resolvendo essa equação para K, obtemos

$$K = \frac{US\$400}{0,20} - \frac{50}{0,20} L$$

$$= US\$2.000 - 250\,L$$

Portanto, as combinações $L = 1$ e $K = 1.750$, $L = 2$ e $K = 1.500$, $L = 3$ e $K = 1.250$ (e muitas outras combinações) custam todas US$400.

As combinações de insumos que custam US$400 podem ser representadas como a *linha isocusto* indicada por "C = US$400" na Figura 7.9. Existe uma linha de isocusto para todo possível custo total C. A resolução da Equação 7.11 para K fornece a equação para cada linha de isocusto na Figura 7.8. Note que somente o intercepto $C/0,20$ muda quando se passa de uma linha de isocusto para outra.

$$K = \frac{C}{0,20} - 250L \qquad [7.12]$$

Isto é, todas as linhas de isocusto são paralelas, cada uma com inclinação de − 250.

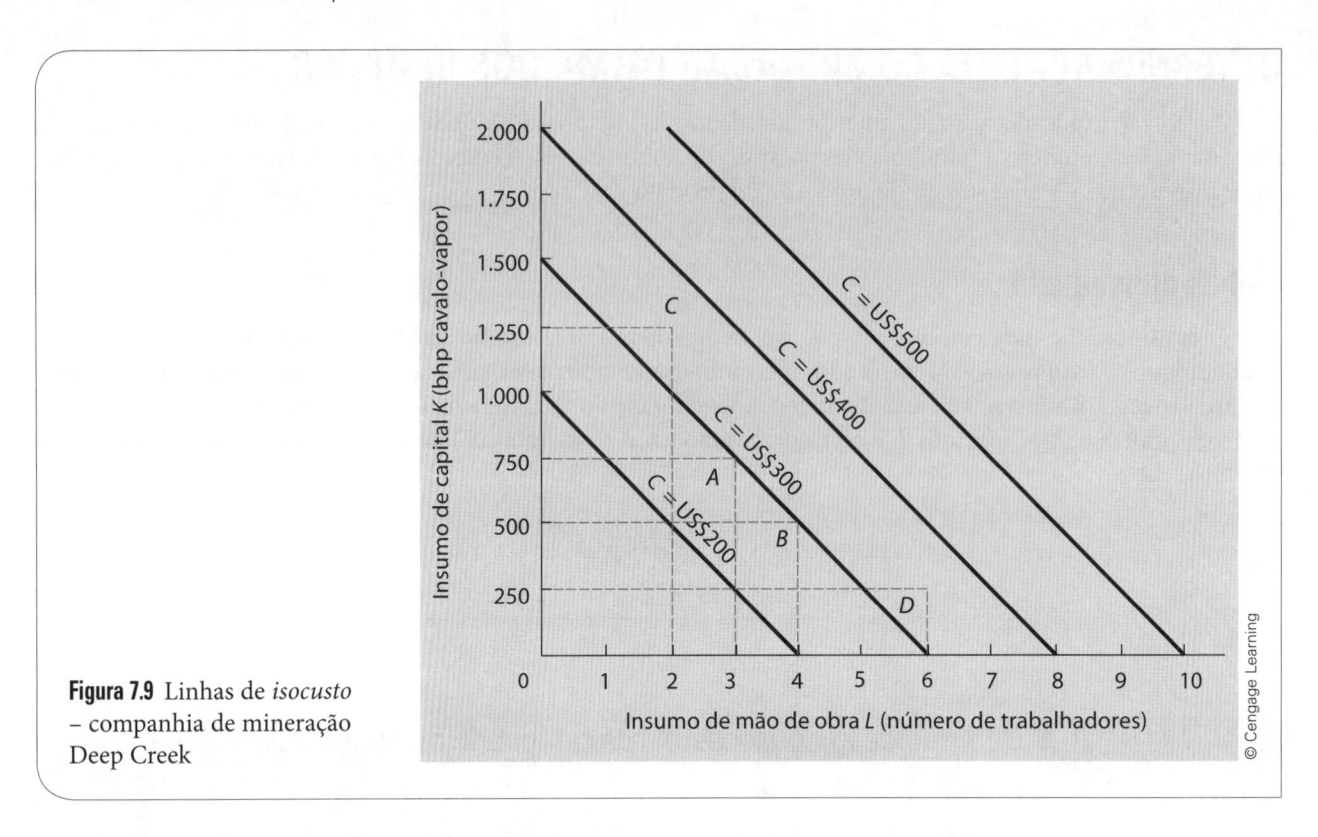

Figura 7.9 Linhas de *isocusto* – companhia de mineração Deep Creek

Após a especificação das isoquantas e dos isocustos, é possível obter a combinação ótima de insumos. O problema da decisão de produção pode ser formulado de duas maneiras diferentes, dependendo de como o objetivo ou a meta de produção for enunciado. Pode-se obter uma combinação de insumos que

1. minimize o custo total sujeito a uma limitação do produto ou
2. maximize a produção total sujeita a uma dada limitação do custo total.

A minimização forçada de custo na Opção 1 é o problema dual ao problema de maximização forçada na Opção 2.

Minimização do custo sujeita a uma restrição de produção

Considere inicialmente o problema no qual o diretor de operações deseje liberar a produção de um número de pedidos de, no mínimo, $Q^{(2)}$ unidades de produção. Conforme indicado na Figura 7.10, essa limitação requer que a solução se encontre na região factível que contém as combinações de insumos que se localizam na isoquanta $Q^{(2)}$ ou nas isoquantas acima e à direita com valores maiores de produção (a área sombreada). O custo total para produzir o desejado exigido é minimizado quando se determinam as combinações de insumos, no interior dessa região, que se localizam na linha de isocusto mais baixa. A combinação D na linha de isocusto $C^{(2)}$ satisfaz essa condição. As combinações E e F, que também se localizam na isoquanta $Q^{(2)}$, resultam em custos totais mais elevados porque estão na linha de isocusto $C^{(3)}$. Portanto, o uso de L_1 unidades do insumo L e K_1 unidades do insumo K resultará em uma solução de custo mínimo (restrito) de $C^{(2)}$ dólares.

Na combinação ótima dos insumos, a inclinação da isoquanta deve ser igual à inclinação da linha de isocusto mais baixa $C^{(2)}$. Conforme foi descrito na seção anterior, a inclinação de uma isoquanta é igual a dK/dL, e

$$-\frac{dK}{dL} = TMST = \frac{PMA_L}{PMA_K} \qquad [7.13]$$

Calculando-se a derivada da equação de isocusto (Equação 7.12), a inclinação da linha de isocustos é dada por

$$\frac{dK}{dL} = -\frac{C_L}{C_K} \qquad [7.14]$$

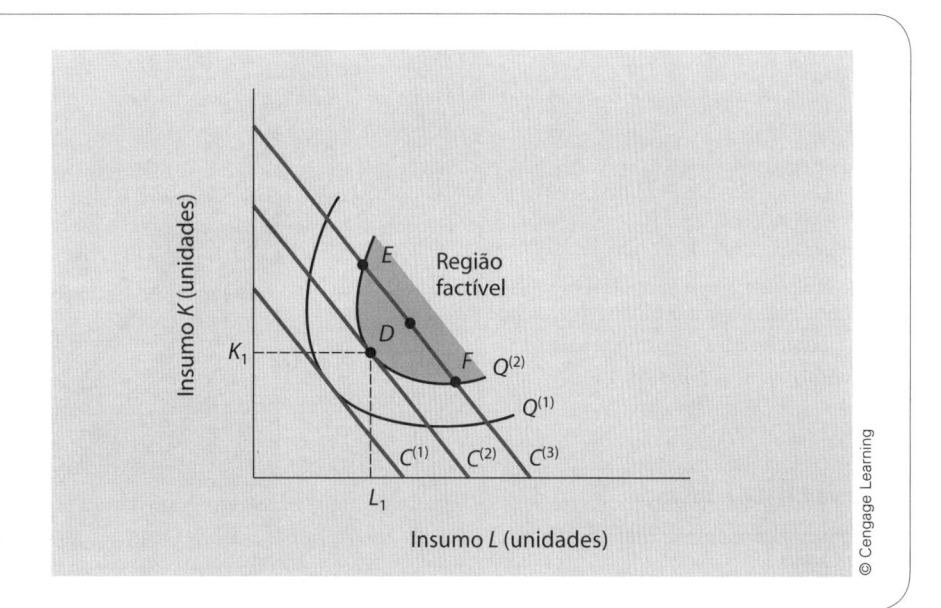

Figura 7.10 Minimização de custos sujeita a uma limitação de produção

Multiplicando a Equação 7.14 por (−1) e igualando o resultado à Equação 7.13, obtemos

$$-\frac{dK}{dL} = -\left(-\frac{C_L}{C_K}\right)$$

$$= \frac{PMA_L}{PMA_K}$$

Portanto, a condição de equilíbrio a seguir, o "critério equimarginal",

$$\frac{PMA_L}{PMA_K} = \frac{C_L}{C_K}$$

ou, de modo equivalente,

$$\frac{PMA_L}{C_L} = \frac{PMA_K}{C_K} \qquad [7.15]$$

precisa ser satisfeita para que uma combinação de insumos seja uma solução ótima para o problema de minimizar o custo sujeito a uma limitação da produção. A Equação 7.15 indica que o produto marginal por unidade de custo em dólares de um fator precisa ser igual ao produto marginal por unidade do custo em dólares de outro fator.

Note na Figura 5.11 que a maximização da produção sujeita a uma região factível demarcada pelo curto restrito $Q^{(2)}$ gera exatamente a mesma (L_1, K_1) combinação ótima de insumos que satisfaz o critério equimarginal.

UM PROCESSO DE PRODUÇÃO ÓTIMO COM PROPORÇÕES FIXAS

A seção anterior analisou a combinação de custo mínimo dos insumos divisíveis na produção em proporções variáveis, na qual um insumo substituía continuamente o outro. No entanto, as escolhas de produção da mineradora Deep Creek envolvem equipamento de capital indivisível, por exemplo, uma pequena ou uma grande perfuratriz que é controlada por um número fixo de trabalhadores. De modo similar, uma máquina de estamparia em uma linha de montagem precisa ser usada em proporções fixas em relação a uma certa quantidade de mão de obra e de lâminas de metal. E três horas de ajustes, manutenção e limpeza podem ser necessárias para manter a prensa operando durante cinco horas. Três horas adicionais de trabalho por um pessoal de manutenção seriam necessárias para que a prensa operasse em um segundo período, e um terceiro turno de trabalhadores seria necessário para

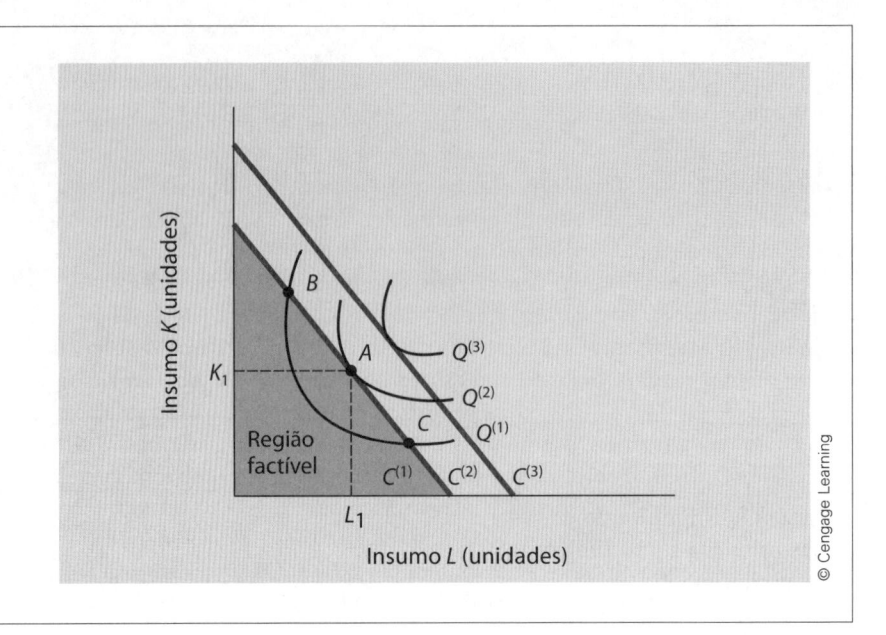

Figura 7.11 Maximização da Produção Sujeita a uma Limitação de Custo

operações durante 24 horas. Embora uma taxa maior de produto possa ser obtida aumentando-se todos os insumos, cada um desses processos de produção corresponde a proporções fixas e não variáveis.

Embora cálculo não seja aplicável sob tais circunstâncias, existem técnicas de programação linear para determinar o processo de custo mínimo para a produção em proporções fixas. O exemplo da companhia de mineração Deep Creek pode ser usado para ilustrar o método gráfico para obter tal solução.

EXEMPLO: Minimização de custos: companhia de mineração Deep Creek (continuação)

Suponha que uma pessoa esteja interessada em determinar a combinação do insumo de mão de obra e do insumo de capital que minimize o custo de produzir pelo menos 29 toneladas de minério. Suponha que as linhas de isocusto sejam aquelas definidas pela Equação 7.11 e indicadas na Figura 7.8 mostrada anteriormente nesta seção. A Figura 7.12 combina diversas isoquantas e linhas de isocusto para o problema da mineração. A área sombreada do gráfico representa o conjunto de combinações factíveis de insumos, isto é, aqueles processos de produção envolvendo mão de obra e capital que resultam no mínimo em $Q = 29$ toneladas de produto. Os processos M_2 e M_3 minimizam o custo de produzir 29 toneladas a US$300. M_1 impõe custos maiores de US$350.

Processos de produção e linhas de produção

Um **processo de produção** pode ser definido como aquele em que os insumos são combinados em proporção fixa para obter o produto. De acordo com essa definição, um processo de produção pode ser representado graficamente como uma linha que passa pela origem possuindo uma inclinação igual à relação do número de unidades dos respectivos recursos exigidos para fabricar uma unidade do produto. Três linhas do processo de produção para a mineradora Deep Creek estão indicadas na Figura 7.12. Na linha de produção M_1, os insumos estão combinados na proporção de dois trabalhadores para uma perfuratriz de 1.250 bhp. Portanto, a linha M_1 possui um coeficiente angular de 625 bhp por mineiro.

Adquirir a flexibilidade estratégica para operar processos de produção múltiplos como M_1, M_2 e M_3 pode proporcionar a uma empresa flexibilidade em lidar com pedidos incomuns, interrupções na disponibilidade de recursos ou limitações de recursos obrigatórias. No entanto, nem todos os processos de produção com proporções

Figura 7.12 Uma Decisão De Produção Que Envolve Proporções Fixas – companhia de mineração Deep Creek

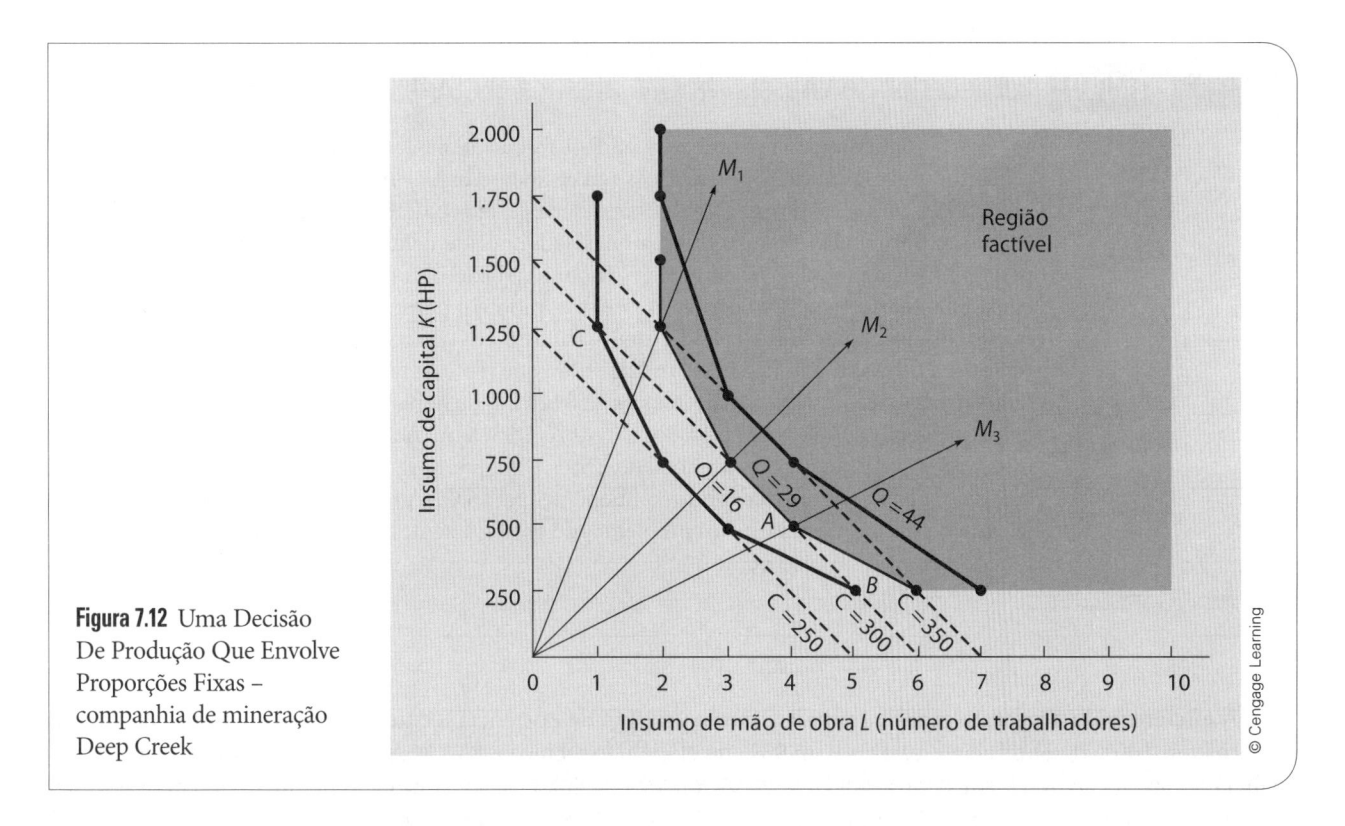

fixas são igualmente eficientes. A empresa preferirá adotar um ou dois processos de produção exclusivamente se eles oferecerem a vantagem de economias de custo substanciais. A mina 1 emprega o processo M_1 para produzir 29 toneladas com dois trabalhadores e uma perfuratriz de 1.250 bhp a um custo total de 50(2) + 0,20(1.250) = US$350, ou US$350/29 = US$12,07 por tonelada. A mina 2 utiliza um processo mais intensivo em mão de obra (M_2) com três trabalhadores e uma máquina menor de 750 bhp, incorrendo em um custo total menor de US$300. A mina 2 constitui a operação de referência para a Deep Creek, pois esse processo M_2 produz 29 toneladas a um custo mínimo – por exemplo, US$300/29 de referência = US$10,34 por tonelada.

AVALIAÇÃO DA EFICIÊNCIA DE UM PROCESSO DE PRODUÇÃO

Diz-se que a mina 1, com o processo de produção M_1, é ineficiente quanto ao ângulo distributivo porque optou pela combinação errada de insumos; essa mina alocou de modo incorreto seu orçamento de insumos. Sua máquina de 1.250 bhp é muito grande para o número de trabalhadores contratados e a produção desejada. Ao produzir 29 toneladas de minério por US$350 relativos ao custo mínimo de US$300, o processo M_1 exibe somente US$300/US$350 = 85,7% de **eficiência distributiva**.

Além da ineficiência distributiva envolvendo a combinação incorreta de insumos, uma operação de produção também pode demonstrar ineficiência técnica. Por exemplo, a engenharia industrial indicada pelas isoquantas de produção na Figura 7.13 sugere que o processo M_3 também deve ser capaz de produzir 29 toneladas. A linha de isocusto "C = US$300" é tangente à fronteira da região factível (isto é, a isoquanta "Q = 29") não apenas com três trabalhadores e uma máquina de 750 bhp (M_2), mas também com quatro trabalhadores e uma máquina de 500 bhp (M_3). Em princípio, ambos os processos de produção resultam nas 29 toneladas de minério a um custo total mínimo de US$300 e, portanto, satisfarão a condição da Equação 7.15.

Contudo, suponha que a mina 3 não tenha conseguido produzir mais do que 27 toneladas de minério. Apesar de ter adotado um processo de custo mínimo, ela seria caracterizada como *tecnicamente ineficiente*. Em particular, a mina 3 possui apenas 27 toneladas/29 toneladas = 93% de **eficiência técnica**, comparada com a planta de referência. A despeito de adotar o processo de custo mínimo, os 93% de eficiência técnica da mina 3 podem ser inadequados. As plantas de referência frequentemente alcançam resultados melhores com muitos processos atingindo 98% e 99% de seus objetivos de referência de produção.

> **EXEMPLO** Fornecedor de chassis da GM alcança 99,998% de eficiência técnica
>
> Iniciativas contínuas de melhoria de qualidade frequentemente elevam o padrão de excelência, o qual deve ser alcançado por fábricas tecnicamente ineficientes. Por exemplo, sistemas de entrega *just-in-time* têm ressaltado a necessidade de alta confiabilidade para produzir pontualmente, conforme planejado, com uma quase ausência de defeitos. Um fornecedor de chassis para as linhas de montagem da General Motors reduziu o número de peças defeituosas para cinco por milhão (isto é, 0,002 de 1%) e concordou em pagar uma "multa" de US$4 mil *por minuto* por qualquer entrega tardia que resultasse em atrasos na linha de montagem. Isso representa o custo direto de US$80 mil por hora que representa os 2 mil operários de linhas de montagem colocados lado a lado, mais os US$120 mil de horas extras para atingir os 70 veículos de produção perdidos em uma hora, mais os US$26 mil de custos de atraso no transporte, mais US$14 mil de serviços – um total de US$240 mil por hora. Com tremendos custos adicionais desse porte, esse fornecedor de componentes para a GM precisa monitorar constantemente e resolver de modo proativo os problemas de produção antes que eles surjam para assegurar uma eficiência técnica de quase 100%.

A **eficiência de produção geral** é definida como o produto de eficiência técnica, escalar e distributiva. Se uma fábrica com 100% de eficiência escalar possui 93% de eficiência técnica e 85,7% de eficiência distributiva, sua eficiência de produção geral é de $0,93 \times 0,857 = 0,797$, ou 79,7%. Sua função, como gerente de operações, pode ser decidir que processo de custo mínimo a mina 1 na Figura 7.12 deve adotar agora. Considerando que M_2 e M_3 possuem eficiência distributiva para 29 toneladas de produção, mas o processo M_3 tem apresentado problemas de ineficiência técnica que resultam em uma impossibilidade de obter sua produção potencial máxima, o processo M_2 será escolhido.

RENDIMENTOS DE ESCALA

Um aumento na escala de produção consiste em um aumento proporcional simultâneo de todos os insumos. O aumento proporcional de produção resultante do aumento proporcional de todos os insumos é definido como **rendimentos de escala** físicos. Suponha, no exemplo da companhia mineradora Deep Creek, que uma pessoa esteja interessada em determinar o efeito sobre o número de toneladas de minério produzidas (produto) de um fator de aumento de 1,50 na escala de produção de uma dada combinação mão de obra-capital com quatro trabalhadores e equipamento de 500 bhp. Um fator de aumento de 1,50 na escala de produção seria uma combinação mão de obra-capital de $4 \times 1,5 = 6$ trabalhadores e equipamento com $500 \times 1,5 = 750$ bhp. Observe, na Tabela 7.1, que a combinação mão de obra-capital de quatro trabalhadores e 500 bhp resulta em 29 toneladas do produto, enquanto a combinação de seis trabalhadores e 750 bhp resulta em 60 toneladas do produto. A produção aumentou de acordo com a relação $60/29 = 2,07$. Portanto, um fator de aumento de 1,50 em termos de utilização de insumos resultou em um fator de aumento superior a 1,50 (isto é, 2,07) na produção.

Medida dos rendimentos de escala

Um aumento na escala de produção pode ser representado graficamente em um mapa bidimensional de isoquantas, conforme mostrado na Figura 7.13. Aumentar a escala de produção por um fator de $\lambda = 2$ da combinação de 10 unidades do insumo L e 100 unidades do insumo K para 20 unidades do insumo L e 200 de K resulta em um aumento na quantidade de produção de $Q^{(1)}$ para $Q^{(2)}$. As três relações possíveis entre o aumento de insumos e o aumento na produção são as que se seguem:

1. Rendimentos em escala *crescentes*: a produção aumenta *mais do que* λ, isto é, $Q^{(2)} > \lambda Q^{(1)}$.
2. Rendimentos em escala *decrescentes*: a produção aumenta *menos do que* λ, isto é, $Q^{(2)} < \lambda Q^{(1)}$.
3. Rendimentos em escala *constantes*: a produção aumenta *exatamente* λ, isto é, $Q^{(2)} = \lambda Q^{(1)}$.

EXEMPLO Eficiência técnica e alocativa nos bancos comerciais na BB&T[8]

Sucessivas ondas de atividades de fusões de bancos podem ser motivadas por substanciais melhorias de eficiência operacional. Ao combinar os escritórios de empréstimos, instalações e depósitos de vários tipos, o banco comercial representativo dos EUA "produz" somente 63% do valor de empréstimo não inadimplente (os chamados empréstimos em progresso ou em execução) que o banco-padrão mais eficiente produz. Em contraste, usinas de energia movidas a gás natural têm eficiência total de 93%. O problema (e a oportunidade de melhoria) nos bancos comerciais é duplo. Primeiro, alguns bancos adotam processos ineficientes, tais como permitir que o tomador de empréstimo selecione um escritório de empréstimo sênior que revisará e aprovará ou não a aplicação do empréstimo *versus* um escritório anônimo definido pelo banco. Estudos focados em programação linear mostram que a eficiência alocativa nos bancos comerciais norte-americanos alcança a média de 81%, o que significa que o processo de custo mínimo é 19% mais barato. Usando as melhores práticas de *benchmarking*, o banco pode precisar imitar os processos de triagem de devedores ou de monitoramento de empréstimos de outro banco.

Quando vários bancos tentam adotar processos idênticos de menor custo, ainda assim um produz mais empréstimos em progresso ou maiores em execução que outros, ou seja, o produto potencial máximo que se possa identificar naquele tipo de instituição. Eficiência técnica, então, mede a produção observada do banco dividida pela produção máxima do banco mais eficiente, com processo idêntico. Quanto menos crédito de qualidade, menor a eficiência técnica. O banco comercial representativo nos EUA é apenas 78% eficiente tecnicamente.

Se o esforço para melhora a eficiência alocativa e técnica tiver sucesso, a chamada de razão de [in]eficiência bancária de gastos de operação não interessantes (isto é, contagem) para interesse líquido mais o aumento da taxa muitas vezes declina substancialmente. Como resultado, o valor capitalizado geralmente aumenta depois disso, o suficiente para permitir que um comprador como o Branch Banking and Trust (BB&T) recupere o prêmio em fusões acima de 20-30%, a ser pago para o Pittsburg National em excesso quanto ao valor igualitário pré-fusão do banco alvo da aquisição.

---

[8] Com base em D. Wheelock e P. Wilson, "Evaluating the Efficiency of Commercial Banks", *St. Louis Federal Reserve Review* (julho, agosto de 1995), p. 39–52; e A. Kleit and D. Terrell, "Measuring Potential Efficiency Gains from Deregulation of Electricity Generation", *Review of Economics and Statistics* (agosto de 2001), p. 523–550.

A Figura 7.13 ilustra três funções de produção diferentes que possuem esses tipos de rendimentos em escala. No Gráfico (a), que indica rendimentos em escala crescentes, dobrar o insumo L de 10 para 20 unidades e o insumo K de 100 para 200 unidades resulta em mais do que o dobro do montante de produto – um aumento de 100 para 250 unidades. No Gráfico (b), que indica rendimentos em escala decrescentes, dobrar os insumos L e K de modo similar resulta em menos do que o dobro da quantidade do produto – um aumento de 10 mil para 15 mil unidades. Finalmente, no Gráfico (c), indicando rendimentos em escala constantes, dobrar os insumos L e K de modo similar resulta exatamente no dobro de montante de produto – um aumento de mil para 2 mil unidades.

Rendimentos em escala crescentes e decrescentes

Muitas funções de produção em nível de empresa são caracterizadas por aumentar inicialmente e em seguida diminuir os rendimentos em escala. Alguns argumentos de engenharia industrial têm sido apresentados para justificar essa inconsistência. O principal argumento para justificar os rendimentos crescentes iniciais é a oportunidade para a *especialização no uso do capital e da mão de obra*. O equipamento mais eficiente para desempenhar um conjunto limitado de tarefas pode ser substituído por outro equipamento de aplicação geral menos eficiente. De modo similar, a eficiência dos trabalhadores no desempenho de um pequeno número de tarefas relacionadas é maior que a de trabalhadores com menor aptidão, porém mais versáteis.

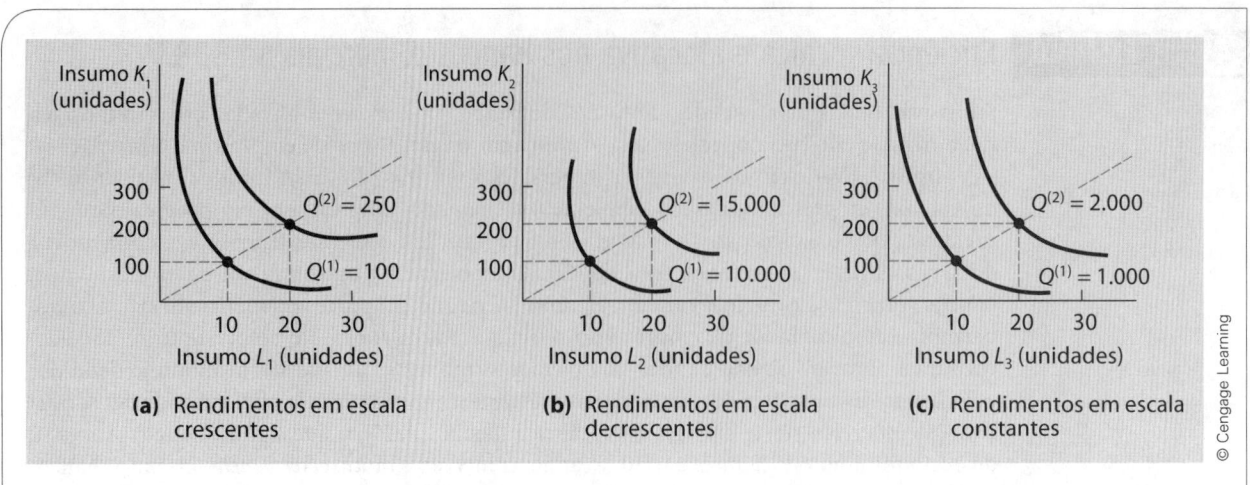

Figura 7.13 Isoquantas de produção exibindo rendimentos em escala crescentes, decrescentes e constantes

(a) Rendimentos em escala crescentes
(b) Rendimentos em escala decrescentes
(c) Rendimentos em escala constantes

Consequentemente, rendimentos de escala decrescentes muitas vezes surgem de *problemas de coordenação e controle* cada vez mais complexos enfrentados pelos gestores à medida que a escala de produção aumenta. Por exemplo, os gestores podem sofrer limitações em sua habilidade para transmitir e receber relatórios de status sob uma extensão cada vez maior de controle.

A função de produção de Cobb-Douglas

Um caso relativamente simples é a função de produção de Cobb-Douglas, que tem rendimentos de escala determinados pela soma dos parâmetros ($\beta_1 + \beta_2$) na equação:

$$Q = \alpha L^{\beta_1} K^{\beta_2} \qquad [7.16]$$

Se $\beta_1 + \beta_2$ for menor do que, igual a ou maior do que 1, a função de produção de Cobb-Douglas exibirá retornos decrescentes, constantes ou crescentes, respectivamente.

A função exponencial multiplicativa de Cobb-Douglas pode ser estimada como uma regressão linear tomando-se os logaritmos da Equação 7.16 para obtermos

$$\log Q = \log \alpha + \beta_1 \log L + \beta_2 \log K \qquad [7.17]$$

Assim, uma vez que os parâmetros do modelo de Cobb-Douglas sejam estimados, a soma dos expoentes das variáveis de trabalho (β_1) e capital (β_2) pode ser usada para testar a presença de rendimentos de escala crescentes, constantes e decrescentes.

Estudos empíricos da função de produção de Cobb-Douglas na fabricação

No seu estudo original, Cobb-Douglas ajustaram uma função de produção na forma da Equação 7.16 a índices de produção Q, trabalho L e capital K ao longo do tempo no setor industrial da economia norte-americana. Q era um índice do volume físico de fabricação; L era um índice do número médio de assalariados empregados apenas (isto é, empregados assalariados, oficiais e proprietários trabalhadores eram excluídos); e K era um índice do valor de fábricas, prédios, ferramentas e maquinários reduzidos a um valor em dólar de poder de compra constante. Com a soma dos expoentes restringidos a 1 (retornos constantes de escala), a seguinte função de produção foi obtida:

$$Q = 1{,}01\ L^{0{,}75}\ K^{0{,}25} \qquad [7.18]$$

Em estudo posterior, Cobb-Douglas fizeram várias modificações que alteram seus resultados de alguma forma. Essas modificações incluíram revisões nos índices de produção e de trabalho, retirando a premissa secular de cada índice de expressar cada valor de índice anual como uma porcentagem de seu valor total de premissa e reduzindo a hipótese de constantes rendimentos de escala. Com tais modificações a função de produção estimada para o setor industrial foi:

$$Q = 8,04 \ L^{0,63} \ K^{0,30} \quad [7.19]$$

Um aumento de 10% no insumo de mão de obra resulta em aproximadamente 6% de aumento no produto, e um aumento de 10% no insumo de capital resulta em algo próximo a um aumento de 3% na produção. Também, a soma resultante dos expoentes das variáveis de trabalho e capital é pouco menor que 1, o que indica a presença de rendimentos decrescentes de escala no que se definiu de maneira ampla como setor industrial.

Uma análise em *cross-section* do setor industrial norte-americano

Dados em *cross-section* têm sido usados para estimar funções de produção de Cobb-Douglas de 18 setores industriais americanos. Com o uso de dados agregados de fábricas localizadas dentro de cada estado, o seguinte modelo de três variáveis foi ajustado:

$$Q = \alpha \ L_p^{\beta_1} \ L_n^{\beta_2} \ K^{\beta_3} \quad [7.20]$$

onde Q é o valor adicionado pelas unidades de produção, L_p são as horas de trabalho na produção, L_n são os anos de trabalho de trabalhadores não ligados à produção[9] e K são os valores brutos contábeis de ativos depreciáveis e esgotáveis.[10] Os resultados para várias industrias são mostrados na Tabela 7.4. A soma dos expoentes ($\beta_1 + \beta_2 + \beta_3$) variou de uma baixa de 0,947 para petróleo a um máximo de 1,109 para mobiliário. Em 13 das 18 indústrias estudadas, os testes estatísticos mostraram que a soma dos expoentes não era significativamente diferente de 1. Essa evidência sustenta a hipótese de que a maioria das indústrias tem rendimentos constantes de escala.

TABELA 7.4 Elasticidades da produção para várias indústrias

Indústria	Elasticidade do capital* β_1	Elasticidade do trabalhador na produção β_2	Elasticidade do trabalhador de fora da produção β_3	Soma das elasticidades $\beta_1 + \beta_2 + \beta_3$
Alimentos e bebidas	0,555	0,439	0,076	1,070*
	(0,121)	(0,128)	(0,037)	(0,021)
Têxteis	0,121	0,549	0,335	1,004
	(0,173)	(0,216)	(0,086)	(0,024)
Mobiliário	0,205	0,802	0,103	1,109*
	(0,153)	(0,186)	(0,079)	(0,051)
Petróleo	0,308	0,546	0,093	0,947
	(0,112)	(0,222)	(0,168)	(0,045)
Pedra, barro e afins	0,632	0,032	0,366	1,029
	(0,105)	(0,224)	(0,201)	(0,045)
Metais primários	0,371	0,077	0,509	0,958
	(0,103)	(0,188)	(0,164)	(0,035)

Número entre parênteses abaixo de cada coeficiente de elasticidade é o erro-padrão.
* Significativamente maior que 1,0 ao nível de 0,05 (testes unicaudais).
Fonte: John R. Moroney, "Cobb-Douglas Production Function and Returns to Scale in U.S. Manufactoring Industry", *Western Economic Journal*, 6, n. 1, dez. 1967, Tabela 1, p. 46.

---

9 Os trabalhadores fora do setor de produção incluem os gestores e outros funcionários de sua equipe.

10 "Valor contábil" de ativos são os valores *históricos* desses ativos como eles aparecem nos balanços das empresas. Valores contábeis podem diferir significativamente de valores correntes de reposição e, assim, podem sub ou superestimar o montante efetivo de capital empregado na empresa.

EXEMPLO: *Moneyball*: uma função de produção para a Major League Baseball[11]

Esportes coletivos como os da Major League Baseball (MBL) são similares a outras iniciativas na medida em que tentam prover um produto (vitórias do time) pelo emprego de habilidades de seus membros. Ao adquirir membros para a equipe por meio de negociações, do mercado de agentes e de ligas esportivas e escolas menores, o proprietário se defronta com várias trocas de insumos. Por exemplo, o proprietário de um time de beisebol pode decidir se negocia um arremessador para obter um rebatedor ou se assina com um jogador de passe livre em troca de outro "roubador" frequente de bases. Essas decisões são todas feitas no contexto de uma função de produção intuitiva do beisebol, possivelmente sujeita a várias restrições (por exemplo, limites orçamentários e pênaltis, regras da liga em recrutamento e transferência). O livro *Moneyball*, de Michael Lewis, publicado em 2004, argumenta que a maioria dos times da liga de beisebol dos Estados Unidos não implementou o mix de produção mais eficiente dos jogadores, e explica como o Oakland Athletics detectou a ineficiência na produção e subsequentemente superou seus concorrentes utilizando apenas um salário mínimo como orçamento.

Numa tentativa de quantificar os fatores que contribuem para o sucesso de um time, uma função Cobb-Douglas foi desenvolvida com o uso de dados dos 26 times da MLB. A produção (Q) foi medida por vitórias dos times, e os insumos (X_1, X_2, X_3 etc.) de cinco categorias diferentes foram incluídos no modelo:

- *Rebatida*. Este fator envolve duas habilidades diferentes: frequência de rebatidas, medida pela *média de rebatidas* do time, e força das rebatidas, medida pelo número de "*home runs*" do time. A *porcentagem de bases conquistadas*, que responde pela contribuição adicional de rebatidas duplas ou triplas para a contagem de pontos, tem se provado mais eficiente em prever as vitórias. *Moneyball* mostrou que o papel dos *walks* tem sido ignorado e se sustenta uma porcentagem *on-base* em vez daquela de bases conquistadas. Os As lideraram a Liga Americana em *walks* em 1999 e 2001 e obtiveram o segundo e o terceiro lugar em 2000, 2002 e 2004.
- *Corrida*. Uma medida de velocidade é o "*total de bases roubadas*". O Oakland de Ricky Henderson tem um conjunto de recordes de 130 bases roubadas em uma temporada!
- *Defesa*. Este fator envolve duas sub-habilidades; pegar no ar (*catching*) aquelas chances que o jogador está apto para conseguir, conforme medido pela porcentagem de defesas, e pegar aquelas que são difíceis de alcançar, conforme medido pelo total de chances aceitas. Como essas duas variáveis estão altamente relacionadas (por exemplo, multicolinear), regressões separadas são regredidas com cada variável.
- *Arremesso*. A medida mais óbvia deste fator é a média de corridas obtidas pelo time (ERA, em inglês). No entanto, a ERA depende não apenas da habilidade de arremesso, mas também das habilidades defensivas do time. Uma medida mais adequada das habilidades genuínas de arremesso refere-se à razão entre *Strikeouts* e *Walks* com relação à equipe de arremesso.
- *Direção técnica*. Os times geralmente mudam os técnicos quando estes não estão executando seu trabalho de forma satisfatória, assim esse fator é tido como importante. Entretanto, a habilidade do técnico é difícil de ser mensurada. Duas medidas diferentes foram usadas neste estudo: *porcentagem de vitórias-derrotas do técnico ao longo de sua vida*; *número de anos como técnico na MLB*. Regressões separadas são conduzidas com cada variável.

Finalmente, estabeleceu-se uma variável *dummy* ($NL - 0, AL = 1$) para controlar quaisquer diferenças entre ligas, tal como a regra do rebatedor designado.

Os resultados das quatro regressões são mostrados na Tabela 7.5 e diversas conclusões podem ser retiradas:

1. A média de rebatidas contribui quase seis vezes mais do que os arremessos para o sucesso do time. Esse resultado contradiz a sabedoria convencional que diz que arremessos e defesa vencem campeonatos.
2. *Home runs* contribuem cerca de duas vezes mais que bases roubadas para o sucesso do time.
3. Habilidades dos técnicos não é fator significante em nenhuma das equações de regressão.
4. Habilidades defensivas não são significantes em quaisquer das equações de regressão.

TABELA 7.5 Estimativas empíricas das funções de produção do beisebol

Variável	Equação 1	Equação 2	Equação 3	Equação 4
Constante	0,017	0,018	0,010	0,008
Dummy da liga	–0,002	–0,003	0,004	0,003
Média de rebatidas	2,017*	1,986*	1,969*	1,927*
Home runs	0,229*	0,299*	0,208*	0,215*
Bases roubadas	0,119*	0,120*	0,110*	0,112*
Strikeouts/walks	0,343*	0,355*	0,324*	0,334*
Chances totais de defesa	1,235	1,200		
Porcentagem de defesas			5,62	5,96
Porcentagem de vitórias/derrotas do técnico		–0,003		–0,004
Anos de experiência do técnico	–0,004		–0,002	
$\bar{R}^2$ (coeficiente de determinação)	0,789	0,790	0,773	0,774

* Estatisticamente significativo no nível de 0,05.
Fonte: Charles Zech, op. cit.

5. Finalmente, as somas das variáveis estatisticamente significantes em cada uma das quatro equações variam de 2,588 a 2,709. Como essas são muito maiores que 1,0, todas as funções de produção para o beisebol examinadas exibiram *rendimentos crescentes de escala*. Melhores habilidades de rebatida, *on-base* e corrida produzem mais do que aumentos proporcionais em vitórias nos jogos. Por causa de ligação entre vitória e assistência, jogadores com essas características também obtêm maiores rendimentos, especialmente em times que disputam campeonatos de divisão e de liga.

---

11 Charles E. Zech, "An Empirical Estimation of a Production Function: The Case of Major League Baseball," *The American Economist*, 25, n. 2, outuno 1981, p. 19-23. Michael Lewis, Moneyball (New York: Norton, 2004); John Hakes and Ray Sauer, "An Economic Evaluation of the Moneyball Hypothesis," Journal of Economic Perspectives (Summer 2006), p. 173–185; e "The Real Most Valuable Players," Wall Street Journal Online (2007).

RESUMO

- Uma *função de produção* é uma tabela, um gráfico ou um modelo matemático que relaciona a quantidade máxima de produto que pode ser produzida a partir de várias quantidades de insumos.
- Para uma função de produção com um insumo variável, o *produto marginal* é definido como a variação incremental do produto total que pode ser produzido pela utilização de mais uma unidade do insumo variável no processo de produção.
- Para uma função de produção com um insumo variável, o *produto médio* é definido como o quociente entre o produto total e o montante do insumo variável usado para se obter o produto.
- A *lei dos rendimentos marginais decrescentes* afirma que, com todos os demais fatores produtivos permanecendo constantes, a utilização de montantes crescentes do fator variável no processo de produção além de um certo ponto resultará em aumentos marginais decrescentes do produto total. *Rendimentos crescentes* podem ocorrer com *efeitos de rede*, especialmente envolvendo bens de economia de informação e padrões da indústria.
- No curto prazo, fixando-se um dos fatores produtivos, o nível ótimo do produto (e o nível ótimo do insumo variável) ocorre quando a receita marginal total for igual ao custo marginal do fator. O *produto de receita marginal* é definido como o valor que uma unidade adicional do insumo variável acrescenta à receita total. O *custo marginal do fator* é definido como o valor que uma unidade adicional do insumo variável acrescenta ao custo total.
- Uma *isoquanta de produção* é uma curva geométrica ou uma função algébrica que representa todas as diversas combinações de insumos que podem ser utilizadas na produção de um dado nível de produto.

- A *taxa marginal de substituição técnica* é a relação pela qual um insumo pode ser substituído por outro no processo de produção, mantendo-se constante o produto total. Ela é igual à relação dos produtos marginais dos dois insumos.
- No longo prazo, sendo ambos os insumos variáveis, minimizar o custo sujeito a uma restrição de produção (ou maximizar a produção sujeita a uma restrição de custo) exige que o processo de produção seja operado no ponto em que o produto marginal por unidade de custo de cada fator for igual.
- O grau de *eficiência técnica* de um processo de produção é a relação entre a produção observada e o produto máximo potencialmente factível para esse processo, dados os mesmos insumos.
- O grau de *eficiência distributiva* de um processo de produção é a relação entre o custo total para produzir determinado nível de produção com o processo de custo mínimo e o custo total observado para produzir aquele produto.
- *Rendimentos em escala* físicos são definidos como o aumento proporcional no produto de um processo de produção que resulta de um dado aumento proporcional de todos os insumos.
- A função de produção Cobb-Douglas, amplamente adotada em estudos empíricos, é uma função multiplicativa na qual o produto é uma função crescente não linear de cada um dos insumos; com a soma dos parâmetros exponenciais indicando os rendimentos de escala.

EXERCÍCIOS

As respostas para os exercícios destacados estão no Apêndice D, no final do livro.

1. No exemplo da companhia mineradora Deep Creek descrito no capítulo (Tabela 7.1), suponha novamente que a mão de obra seja o insumo variável, e o capital, o insumo fixo. Suponha, especificamente, que a empresa possua um equipamento de 500 bhp de potência.

   a. Complete a seguinte tabela:

Insumo de mão de obra L (nº de trabalhadores)	Produto total PT_L (= Q)	Produto marginal PMA_L	Produto médio PME_L
1	___	___	___
2	___	___	___
3	___	___	___
4	___	___	___
5	___	___	___
6	___	___	___
7	___	___	___
8	___	___	___
9	___	___	___
10	___	___	___

   b. Indique em um gráfico as funções (i) produto total, (ii) produto marginal e (iii) produto médio.

   c. Determine as fronteiras dos três estágios de produção.

2. A partir do seu conhecimento das relações entre as várias funções de produção, complete a seguinte tabela:

Insumo variável L	Produto total PT_L (= Q)	Produto médio PME_L	Produto marginal PMA_L
0	0	—	—
1	___	___	8
2	28	___	___
3	___	18	___
4	___	___	26
5	___	20	___
6	108	___	___
7	___	___	−10

3. O montante de peixes pescados em uma semana por um barco é uma função do tamanho da tripulação designada para operar o barco. Com base em dados passados, a seguinte tabela de produção foi desenvolvida:

Tamanho da tripulação (número de homens)	Montante de peixes pescados por semana (centenas de libras)
2	3
3	6
4	11
5	19
6	24
7	28
8	31
9	33
10	34
11	34
12	33

a. Em que faixas de trabalhadores existem rendimentos (i) crescentes, (ii) constantes, (iii) decrescentes e (iv) negativos?

b. Qual deve ser o tamanho da tripulação se o proprietário do barco tiver interesse em maximizar o montante total de peixe apanhado?

c. Qual deve ser o tamanho da tripulação se o proprietário do barco estiver interessado em maximizar o montante médio de peixe pescado por trabalhador?

4. Considere novamente o Exercício 3. Suponha que o proprietário do barco possa vender todo o peixe que pescar por US$75 por 100 libras, e possa contratar quantos membros da tripulação desejar pagando-lhes US$150 por semana. Supondo que o proprietário do barco esteja interessado em maximizar o lucro, determine o tamanho ótimo da tripulação.

5. Considere a seguinte função de produção de curto prazo (onde L = insumo variável e Q = produto):

$$Q = 6L^2 - 0{,}4L^3$$

a. Determine a função do produto marginal (PMA_L).
b. Determine a função do produto médio (PME_L).
c. Indique o valor de L que maximiza Q.
d. Indique o valor de L para o qual a função do produto marginal assume seu valor máximo.
e. Indique o valor de L para o qual a função do produto médio assume seu valor máximo.

6. Considere a seguinte função de produção de curto prazo (onde L = insumo variável e Q = produto):

$$Q = 10L - 0{,}5L^2$$

Suponha que o produto possa ser vendido por US$10 a unidade. Suponha também que a empresa possa obter toda a quantidade necessária do insumo variável (L) por US$20 a unidade.

a. Determine a função do produto da receita marginal.
b. Determine a função do custo marginal.
c. Determine o valor ótimo de L, considerando que o objetivo consiste em maximizar o lucro.

7. Suponha que a função de produção de uma empresa é dada pela seguinte relação:

$$Q = 2{,}5\sqrt{LK} \qquad (\text{isto é, } Q = 2{,}5L^{0{,}5}K^{0{,}5})$$

na qual Q = produto
L = insumo de mão de obra
K = insumo de capital

a. Determine o aumento percentual em produto se o insumo de mão de obra crescer 10% (presumindo que o insumo de capital se mantenha constante).
b. Determine o percentual de aumento em produto se o insumo de capital crescer 25% (presumindo que o insumo de capital se mantenha constante).
c. Determine o percentual de aumento em produto se ambos crescerem 20%, o insumo de capital e de mão de obra.

8. Com base nas estimativas de parâmetro das funções de produção reportadas na Tabela 7.4:
   a. Que indústria (ou indústrias) parece exibir rendimentos decrescentes em escala? (ignore a questão da significância estatística).
   b. Que indústria chega mais perto de exibir rendimentos constantes em escala?
   c. Em qual tipo de indústria uma dada porcentagem de aumento no resultado de capital irá resultar em maior aumento da porcentagem de produção?
   d. Em qual tipo de indústria uma dada porcentagem de aumento nos trabalhadores da produção irá resultar em maior aumento da porcentagem de produção?

9. Considere a seguinte função de produção Cobb-Douglas para o sistema de transporte de ônibus em uma cidade:

$$Q = \alpha L^{\beta_1} F^{\beta_2} B^{\beta_3}$$

onde L = insumo de mão de obra em horas de trabalho
  F = insumo de combustível em galões
  B = insumo de capital em número de ônibus
  Q = produto medido em milhões de milhas percorridas pelos ônibus

Imagine que os parâmetros (α, β_1, β_2, β_3) desse modelo foram estimados com dados anuais para os últimos 25 anos. Os seguintes resultados foram obtidos:

$$\alpha = 0,0012 \qquad \beta_1 = 0,45 \qquad \beta_2 = 0,20 \qquad \beta_3 = 0,30$$

a. Determine a elasticidade da produção de (i) mão de obra, (ii) combustível e (iii) capital.
b. Suponha que o insumo mão de obra (horas de trabalho) aumente 2% no próximo ano, sendo os demais insumos mantidos constantes. Determine a variação percentual aproximada do produto.
c. Suponha que o insumo de capital (número de ônibus) diminua 3% no próximo ano (isto é, certos ônibus mais antigos deixam de circular). Supondo que os demais insumos sejam mantidos constantes, determine a porcentagem de variação aproximada do produto.
d. Que tipos de rendimentos em escala parecem caracterizar esse sistema de transporte por ônibus (despreze a significância estatística)?
e. Discuta alguns dos problemas metodológicos e de avaliação que podem ser encontrados usando os dados de uma série temporal para estimar os parâmetros desse modelo.

10. *Extensão da função de produção Cobb-Douglas* – Pode-se demonstrar que a função de produção Cobb-Douglas (Equação 7.16) é um caso especial de uma classe mais ampla de funções de produção que tem a seguinte forma matemática:[12]

$$Q = \gamma [\partial K^{-\rho} + (1 - \partial) L^{-\rho}]^{-\nu/\rho}$$

onde γ é um parâmetro de eficiência que indica o produto resultante de determinadas quantidades de insumos; ∂ é um parâmetro de distribuição ($0 \leq \partial \leq 1$) que indica a divisão do fator receita entre capital e mão de obra; ρ é um parâmetro de substituição que mede o grau em que o capital pode ser substituído por mão de obra (ou vice-versa) no processo de produção; e ν é um parâmetro escalar ($\nu > 0$) que indica o tipo de rendimentos em escala (crescente, constante ou decrescente). Mostre que, quando $\nu = 1$, essa função indica rendimentos em escala constantes. (*Sugestão:* aumente o capital K e a mão de obra L por um fator λ, ou $K^* = (\lambda) K$ e $L^* = (\lambda) L$, provando que o produto Q também aumenta por um fator λ, ou $Q^* = (\lambda)(Q)$.)

---

[12] Ver R. G. Chambers, *Applied Production Analysis*, Cambridge: Cambridge University Press, 1988.

11. A Lobo Lighting Corporation emprega atualmente 100 trabalhadores não qualificados, 80 técnicos industriais, 30 mecânicos especializados e 40 eletricistas especializados. A Lobo considera que o produto marginal do último trabalhador não qualificado é de 400 luminárias por semana; o do último técnico industrial, 450 luminárias por semana, o do último mecânico qualificado, 550 luminárias por semana; e o do último eletricista especializado, 600 luminárias por semana. Os trabalhadores não especializados ganham US$400 por semana; os técnicos industriais, US$500 por semana; os mecânicos, US$700 por semana; e os eletricistas, US$750 por semana.

A Lobo está empregando a menor combinação de custos de trabalhadores para fabricar sua produção almejada? Em caso negativo, que recomendações você pode fazer para auxiliar a companhia?

CASO — FUNÇÃO DE PRODUÇÃO: EMPRESA WILSON

Os economistas e financistas da Wilson estão interessados em desenvolver uma função de produção para fábricas de fertilizantes. Eles coletaram dados em 15 fábricas diferentes produtoras de fertilizantes.

Questões

1. Estime a função de produção Cobb-Douglas $Q = \alpha L^{\beta_1} K^{\beta_2}$, onde Q = produto, L = insumo de mão de obra, K = insumo de capital e α, β_1 e β_2 são os parâmetros a serem estimados. (*Obs.*: se o programa de regressão em seu computador não possuir uma transformação logarítmica, transforme manualmente os dados anteriores em logaritmos antes de entrar com os dados no computador.)
2. Teste se os coeficientes de capital e mão de obra são estatisticamente significativos.
3. Determine a porcentagem da variação do produto que é explicada pela equação de regressão.
4. Determine a elasticidade da produção da mão de obra e do capital e dê uma interpretação econômica para cada valor.
5. Determine se essa função de produção possui rendimentos em escala crescentes, decrescentes, ou constantes (despreze a significância estatística).

Fábrica	Produção (milhares de toneladas)	Capital ($000)	Mão de obra (milhares de horas de trabalho)
1	605,3	18.891	700,2
2	566,1	19.201	651,8
3	647,1	20.655	822,9
4	523,7	15.082	650,3
5	712,3	20.300	859,0
6	487,5	16.079	613,0
7	761,6	24.194	851,3
8	442,5	11.504	655,4
9	821,1	25.970	900,6
10	397,8	10.127	550,4
11	896,7	25.622	842,2
12	359,3	12.477	540,5
13	979,1	24.002	949,4
14	331,7	8.042	575,7
15	1064,9	23.972	925,8

APÊNDICE 7A

Economia da produção de recursos naturais renováveis e não renováveis, material avançado

Insumos de recursos naturais afetam essencialmente o sucesso das principais indústrias, tanto de economias desenvolvidas quanto das economias em desenvolvimento. A madeira usada na construção civil, carvão e gás natural convertido em energia elétrica e petróleo convertido em gasolina são exemplos de como a rentabilidade de uma empresa depende dos insumos de recursos naturais. Os recursos naturais são geralmente subdivididos em duas categorias: recursos renováveis e não renováveis. Os recursos renováveis, como ar limpo, água potável, pasto de animais, madeira e viveiros de peixes geralmente apresentam propriedade comum em problemas de exterioridade que devem ser analisados e gerenciados de forma diferente dos frequentemente imóveis e, logo, privatizados, recursos não renováveis como nódulos de manganês, minas de carvão, poços de petróleo bruto e depósitos de gás natural subterrâneos. Portanto, a regulação pública se envolve muito na tomada de decisões a respeito dos recursos renováveis. Por exemplo, a pescaria de de atum-rabilho no oceano está sendo tão explorada que os cardumes diminuem cada vez mais em uma taxa alarmante (ver Figura 7A.1). Várias negociações comerciais bilaterais, aliadas às Nações Unidas, têm focado nesse problema e proposto soluções reguladoras.

RECURSOS RENOVÁVEIS[1]

Fundamentalmente, todos os recursos renováveis são ativos de capital que devem ser analisados com um modelo dinâmico de fluxo de estoque no qual o tempo (tempo de colheita e tempo de extinção) desempenha um papel explícito. A melhor pergunta relativa à tomada de decisões com recursos renováveis é saber quando produzir (por exemplo, quando apanhar ostras, pescar um peixe ou cortar uma árvore) e quando deixar o recurso crescer por mais um ano, a fim de render mais tarde uma colheita ainda melhor. Na seguinte equação, o fluxo de recursos capturados, h, é determinado pelo esforço de colheira, E, e pelo estoque restante dos recursos (capital social), S – por exemplo, o tamanho da população dos peixes ou o board feet cumulativo da floresta, ainda em crescimento, que permanece "não colhida":

$$h = f(E, S) \qquad [7A.1]$$

na qual são pressupostos rendimentos decrescentes de produção marginal positiva $(\partial f/\partial E) > 0$, $\partial^2 f/\partial^2 E < 0$. Estoques maiores restantes para pescaria, na floresta ou em viveiros de ostras implicam maior taxa de fluxo para colheita tardia em um dado esforço $(\partial f/\partial S > 0)$ e, portanto, um custo menor de colheita por unidade de produção.

---

[1] Essa seção baseia-se na excelente pesquisa feita por Gardner Brown, "Renewable Resource Management and Use with and without Markets", *Journal of Economic Literature 38* (dez. 2000), p. 875–914.

APÊNDICE 7A Economia da produção de recursos naturais renováveis e não renováveis, material avançado

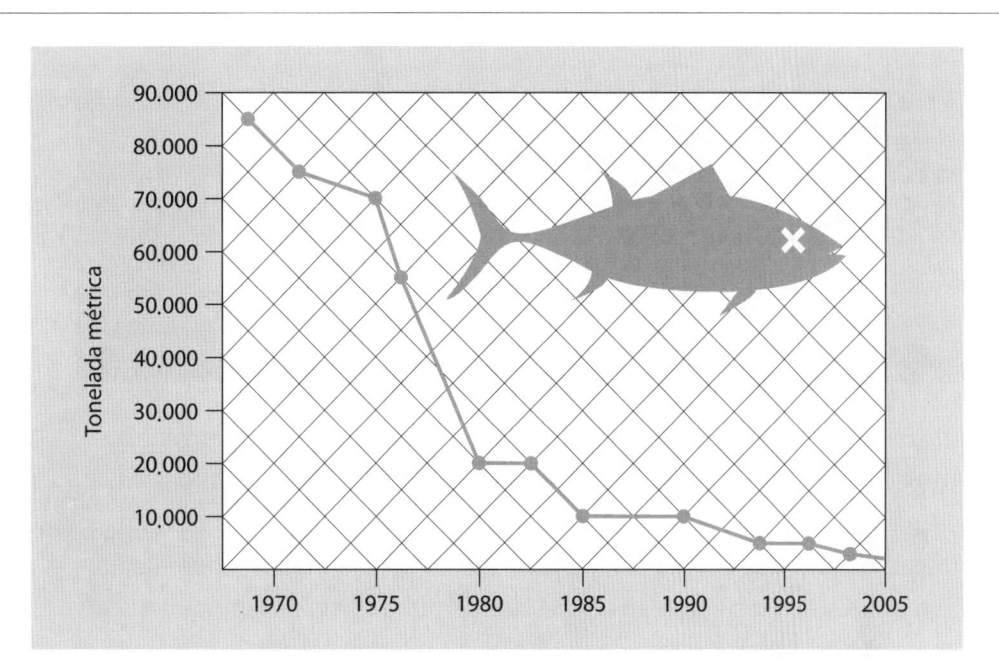

Figura 7A.1 Colapso dos cardumes de atum-rabilho, conforme evidenciado pelo declínio do total de peixes capturados, resultante de um esforço redobrado

Fonte: De Hemispheres, da revista United.com in-flight, de outubro de 2009, p. 24. Reimpressa com permissão da Ink Publishing.

Então, uma das formas de fazer crescer um recurso renovável é diminuindo o ritmo de colheita. De forma geral, a taxa líquida de crescimento do estoque de recurso por unidade de $\Delta S/\Delta t$ é a diferença entre a taxa planejada de fluxo da colheita h e a função biológica de crescimento $g(S)$.

$$\frac{\Delta S}{\Delta t} = -h + g(S) \qquad [7A.2]$$

Assim como é muito natural presumir rendimentos decrescentes relativos ao esforço de colheita, da mesma forma as limitações de habitat, espaço ou nutrientes introduzem rendimentos decrescentes conforme as espécies aumentam – ou seja, $\partial^2 g/\partial^2 S < 0$. A eventual diminuição da inclinação dessa função de crescimento $\Delta S/\Delta t$ mede a quantidade adicional de peixe que foi apanhada ou, analogicamente, a madeira que surgiu da espera de uma unidade de tempo Δt, em vez da colheita imediata do recurso. Essa lei da natureza não linear também se reflete pela decadência acelerada do colapso da espécie. Ver na Figura 7A.1 o brusco declínio da tonelagem de atum-rabilho capturado ou, no extremo, considere o board feet minúsculo e cumulativo do crescimento de madeira em uma área de florestas que foi essencialmente desmatada.

O potencial rendimento que a espera para colher e vender os recursos extras mais tarde, expresso como um percentual da taxa de crescimento sobre o valor da madeira ou da quantidade de peixes $(P\Delta S/\Delta t)/PS$ tem uma relação fundamental com a taxa de desconto r do proprietário desse recurso, ajustada à inflação e ao risco. A taxa de desconto é o custo de oportunidade de esperar – ou seja, os juros que poderiam ser lucrados sobre os fundos do proprietário se fossem investidos a um risco comparável. Na equação seguinte, 7A.3, e no painel inferior da Figura 7A.2, expressamos esse percentual como a taxa de retorno sobre o investimento (em inglês, ROI) na colheita. Em particular, quando o percentual de crescimento do estoque do recurso é maior do que a taxa de desconto do proprietário (como, por exemplo, o Ponto A na Figura 7A.2), o dono deve efetuar mais colheitas (seguindo para baixo com ROI, em direção a D, e subindo como rendimento até o topo da Figura 7A.2, junto com $(h^*_{w/o})$. Quando o percentual de crescimento do estoque desse recurso é menor que a taxa de desconto, a taxa de colheita deve ser diminuída como observado no Ponto B, na Figura 7A.2. O capital social otimizado se equipara aos dois em $h^*_{w/o}$ e no Ponto D:

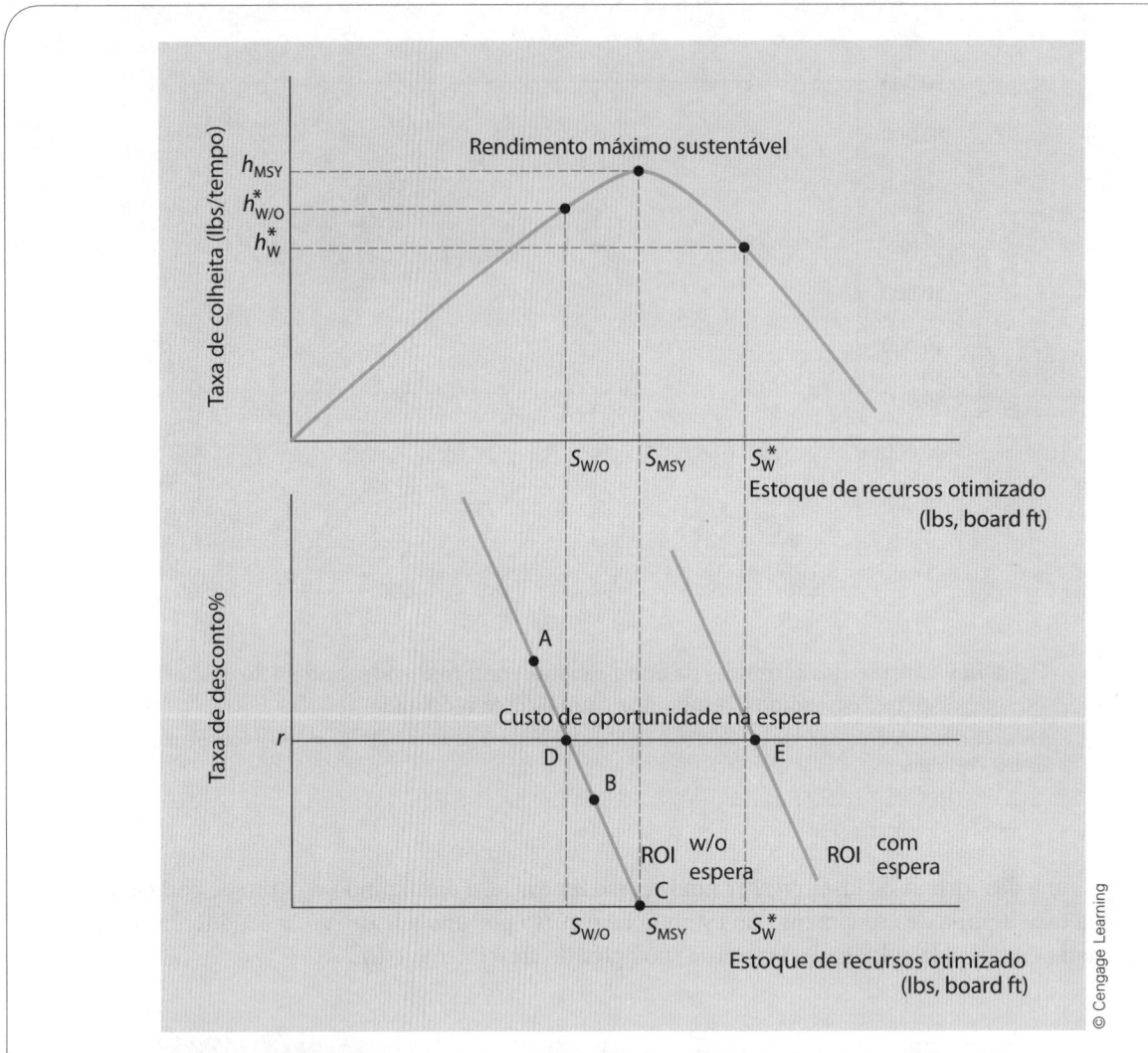

Figura 7A.2 Crescimento dos recursos renováveis, rendimento máximo sustentável e estoque de recursos otimizado

$$\left[\text{ROI} = \frac{P\Delta S/t}{PS} = \frac{\Delta S/\Delta t}{S}\right] = r \qquad [7A.3]$$

No geral, uma taxa de desconto positiva (que reflete o fato incontestável de que há um custo de espera) implica que o estoque de recurso otimizado (tamanho de população da espécie) é menor do que normalmente seria. Especificamente, o tamanho de população otimizado é sempre menor do que colheita máxima sustentável, às vezes chamada de **rendimento máximo sustentável** (em inglês, MSY, no topo do Painel da Figura 7A.2). O motivo é que o capital social S_{MSY}, que rende a colheita máxima h_{MSY}, direciona o ROI na colheita até zero (no Ponto C). Qualquer taxa de desconto positiva iria exceder ROI em C e, logo, implicar que o proprietário do recursos deve reduzir o estoque de madeira ou de peixes. Por exemplo, a Figura 7A.2 ilustra que $S_{W/O}$, equiparado a ROI e r, é menor do que S_{MSY}.

No entanto, é importante reiterar que a taxa de crescimento de S – ou seja, $g(S)$ – não deve ser uma constante, mas, ao invés disso, uma função positiva do próprio S. Por causa dessa reposição biológica mais rápida que a pescaria em si, conforme sua dimensão total aumenta, o ROI oriundo da colheita se torna, então, maior do que seria normalmente. Ou seja, $\text{ROI}_{W/O}$, que representa o processo biológico sem esse impulso extra do aumento de tamanho, então se moveria para a direita de ROI_W. Consequentemente, o capital social otimizado aumenta para

S_w^*.[2] Embora seja complexa essa taxa otimizada de decisões de colheita, uma compreensão minuciosa de sua análise, feita por economistas ambientais da National Oceanic and Atmospheric Administration (NOAA), permitiu que várias espécies que estavam escasseando, como as vieiras da Nova Inglaterra, anchovas e linguados do sudeste do Atlântico, e os bacalhaus azuis do Pacífico, recuperassem a saúde em S_w^*. Esse sucesso ambiental é importante para muitas economias litorâneas dos EUA, afinal, a indústria pesqueira, comercial e recreativa, gera US$183 bilhões por ano e emprega 1,5 milhão de pessoas.

EXEMPLO: Reabastecimento de viveiros renováveis de ostras em Chesapeake Bay[3]

Sob os estatutos de pesca da NOAA, promulgados em 1976, 1996 e 2006, oito entidades reguladoras regionais gerenciam todas as atividades pesqueiras marítimas dos EUA usando cotas de captura baseadas em ciência e programas de recuperação de 10 anos para cardumes de peixes escassos como o atum-rabilho. Depois de três décadas de colaboração entre pesqueiros comerciais e a NOAA, 86% dos 230 pesqueiros comerciais monitorados pelo governo federal dos EUA não estão mais sujeito à pesca excessiva. Entre 2000 e 2012, um índice de sustentabilidade para os pesqueiros dos EUA, cuja pontuação máxima era de 920, praticamente dobrou de 350 para 600. Treze das 35 populações restantes de peixe dos EUA são de espécies da Nova Inglaterra, cujo status anterior como alicerce da economia de Massachussets foi homenageado com a estátua de um "bacalhau sagrado" pendurada na câmara legislativa de Boston.

Como é um peixe de águas profundas, e não faz parte dos cardumes migratórios ao longo da costa, o bacalhau fica sujeito a regulamentos estaduais, não federais. Os reguladores de pescaria estaduais possuem barcos pesqueiros menores e menos eficientes, além de menos recursos financeiros para o trabalho, mas ainda assim conseguem se sair muito bem. Tome, como exemplo, o programa de viveiro de ostras em Chesapeake Bay. As ostras, quando em estágio larval (chamadas de *spats*) crescem e se multiplicam rapidamente em condições ideais, mas exigem superfícies parecidas com conchas (*cultch*) para se agarrar. Uma excelente alternativa é a concha limpa gerada como um subproduto nas fábricas de embalo de ostras. Infelizmente, a captura excessiva em propriedade comum destrói o incentivo privado para reabastecer os viveiros de ostras com *cultchs* limpos. Já que os viveiros de ostras normalmente ficam além dos direitos marítimos e ribeirinhos, nenhum coletor de ostras pode se apropriar totalmente dos rendimentos que surgem quando se reabastece os viveiros de águas profundas com cultch limpo. Em vez disso, cada coletor tem como incentivo chegar ao seu rendimento máximo, numa corrida em espiral descendente até a exaustão desse recurso de propriedade comum. Esse fato é chamado de "a tragédia dos comuns".

Para impedir que a exploração exagerada e o reabastecimento inadequado destrua a indústria de ostras, os estados da Virginia e Maryland regulamentaram a quantidade a ser coletada, os métodos utilizados e forneceram subsídios públicos para reabastecer os viveiros de ostras com cultch de concha limpo. Pescadores de lagostas do Maine tiveram que obedecer às restrições similares e adotar grandes cotas de manutenção por meio de uma associação voluntária – um clube econômico – que coadministra os recursos naturais renováveis nos pesqueiros de lagostas do Maine. Em outros casos, como administração de áreas florestais e vida selvagem, o processo de muda e maturação pode ser ampliado por um reabastecimento diferente. Desmatar a floresta extraindo árvores maiores e mais velhas e periodicamente remover a vegetação rasteira permite que as melhores árvores e mudas, mais novas, tenham espaço e luz do sol para crescer. O mesmo ocorre com a caça de várias espécies de animais. Escolher o melhor espécime do rebanho do cervo de chifre longo ou do bisão realmente faz com que a taxa de crescimento do animal aumente. Consequentemente, a taxa otimizada de colheita pode aumentar efetivamente com silvicultura proativa e administração da caça.

---

[3] "Fish Stocks: Plenty More Fish in the Sea", *The Economist*, 26 maio 2012, p. 78.

---

[2] Note que, como a Figura 7A.2 ilustra, a taxa de colheita otimizada h_w^* poderia ser menor que a taxa de colheita otimizada $h_{w/o}^*$, sem esse efeito. O resultado é consistente com a intuição de que esperar para colher mais tarde irá gerar uma base de recurso para a colheita cada vez maior (dependendo das partículas da regeneração biológica da população renovável).

RECURSOS NATURAIS NÃO RENOVÁVEIS

Alguns recursos naturais, como carvão, petróleo bruto, gás natural e manganês levam dezenas de milhares de anos para se formarem. Embora limitados e fixos no sentido geológico, uma exploração mais intensa e o desenvolvimento desencadeado pela alta dos preços desses recursos podem geralmente localizar mais recursos adicionais antes de sua exaustão. Mesmo assim, eventualmente os estoques de carvão com baixos teores de enxofre, petróleo doce e leve ou gás natural de alta qualidade serão exauridos. Antes da exaustão de recursos, geralmente descobrimos a possibilidade de reposição de um recurso natural ou um substituto sintético. Como apontamos no Capítulo 2, descobriu-se que o óleo de jojoba é um bom substituto natural para o lubrificante feito com esperma de baleia, usado para maquinaria de alta fricção como motores de aviões a jato. De forma similar, diamantes sintéticos substituíram os diamantes naturais em várias aplicações industriais. Atualmente, a perfuração direcional praticada três quilômetros abaixo da terra e que faz depois um arco abrangendo 10 quilômetros distante da plataforma petrolífera (ver Figura 7A3), assim como a tecnologia de fraturamento hidráulico que libera gás natural de formações rochosas 10 quilômetros abaixo da terra, levaram a crescentes expansões das indústrias de petróleo e gás natural. Estes progressos ocorreram nos três anos da extraordinária alta do preço do petróleo bruto, US$147 por barril, em julho de 2008 (ver novamente a Figura 7A.3).

A análise dos recursos naturais não renováveis pode ser diferenciada da dos recursos renováveis em duas formas importantes: primeiramente, a taxa de crescimento líquido da Equação 7A.2 para recursos renováveis reduz a um simples $-h$ no caso de recursos não renováveis, porque a taxa de crescimento do próprio estoque é exatamente zero. Em segundo lugar, o capital social otimizado de um recurso renovável não varia quando seu preço muda. Isso é facilmente observado na Equação 7A.3, na qual os preços, P, do numerador e denominador, resultantes da espera do retorno sobre o investimento, cancelam um ao outro. Lembre-se que qualquer mudança de preço não relacionada ao tamanho do capital social não tem efeito – nenhum efeito – sobre a taxa eficaz de colheita ou sobre o capital social otimizado de recursos naturais *renováveis*. Em contrapartida, o oposto pode ocorrer para um recurso não renovável.

Já que não existe uma forma de um recurso não renovável se regenerar sozinho, o único motivo para esperar e não extrair imediatamente carvão, petróleo bruto ou gás natural é se você, o proprietário, acreditar que o preço vai aumentar em um futuro próximo. Mudanças de preço e expectativas de mudança de preço são, portanto, a chave para tomar decisões relativas a recursos não renováveis.

Iniciemos uma análise a respeito do problema de extração de recursos não renováveis definindo previsões de consenso sobre os preços futuros em um período de tempo $T(P_T)$ como

$$P_T = P_0(1+r)^T \qquad [7A.4]$$

na qual r é taxa de juros real (mais precisamente, a taxa de desconto ajustada à inflação e ao risco para nossa tomada de decisão sobre a extração de recursos não renováveis). Dividindo cada unidade de tempo t em n subperíodos, a versão composta de crescimento dessas expectativas de consenso em preço podem ser descritas como[4]

$$P_T = P_0[\lim_{n \to \infty}(1+r/n)^{nT}] = P_0 e^{rT} \qquad [7A.5]$$

Como anteriormente, podemos expressar a decisão de espera ou colheita imediata em termos do custo de oportunidade de espera (a taxa de juros real r) com relação à taxa de crescimento percentual dos preços de recursos[5]:

$$\frac{\Delta P_T/\Delta T}{P_T} = \frac{rP_0 e^{rT}}{P_T} \qquad [7A.6]$$

---

4 O número e é 2.7183..., a base dos logaritmos naturais.
5 Essa expressão se baseia no resultado do cálculo que $\frac{de^{rT}}{dT} = re^{rT}$.

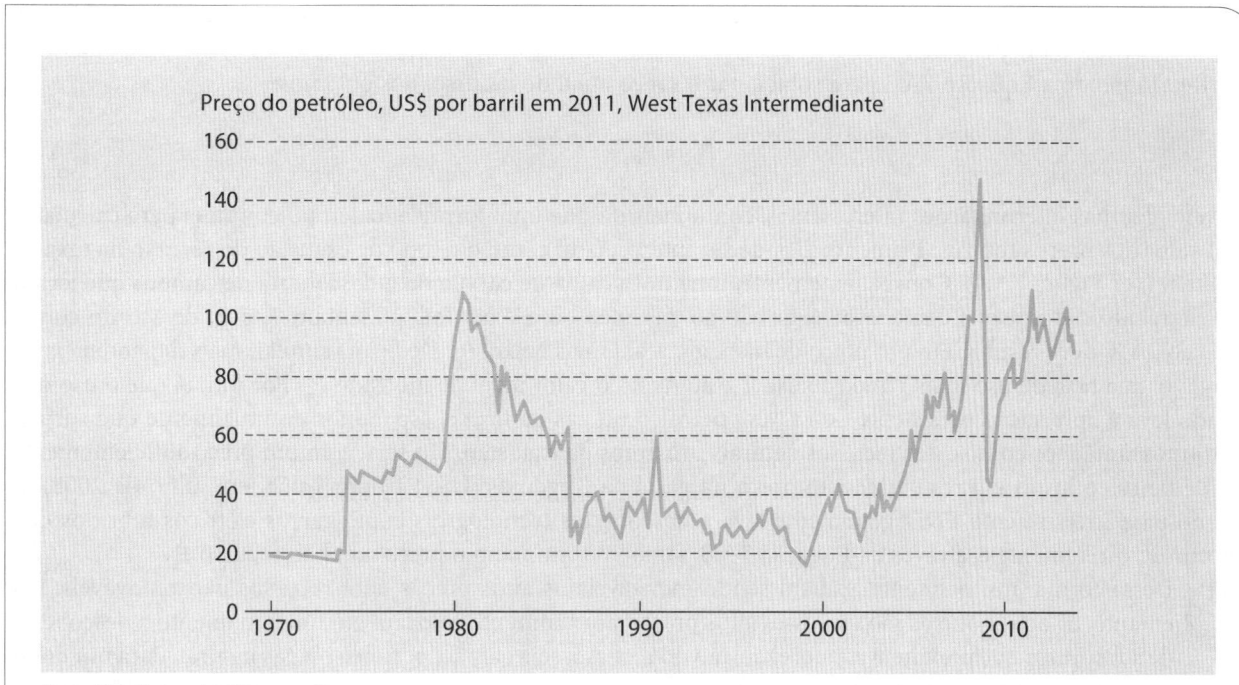

APÊNDICE 7A   Economia da produção de recursos naturais renováveis e não renováveis, material avançado

Preço do petróleo, US$ por barril em 2011, West Texas Intermediante

Fonte: The Economist, Thomson Reuters.

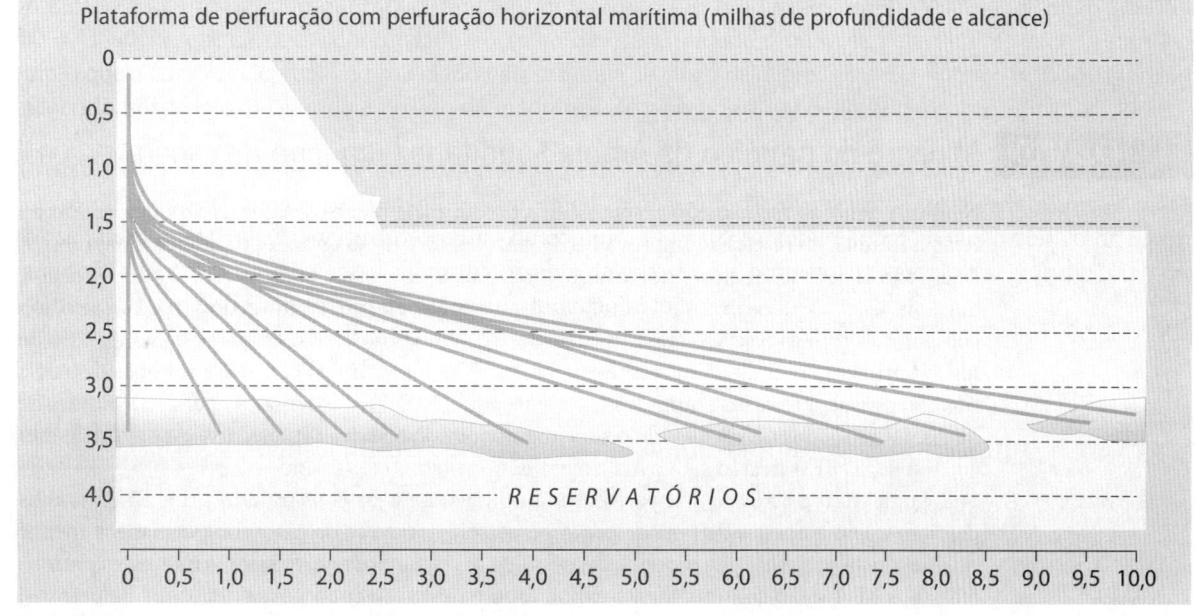

Plataforma de perfuração com perfuração horizontal marítima (milhas de profundidade e alcance)

Fonte: Schlumberger.

Figura 7A.3 Preço do petróleo de 1970-2012 e plataforma de perfuração com perfuração horizontal

que se reduz, usando a Equação 7A.5, a

$$\frac{\Delta P_T / \Delta T}{P_T} = r \qquad [7A.7]$$

A Equação 7A.7 declara que, contanto que o aumento da taxa de preço prevista (digamos, 8%) exceda a taxa de juros (digamos, 4%), deve-se deixar o carvão, petróleo ou gás natural no solo e extraí-lo mais tarde. Se a taxa de juros aumentar sobre a taxa de crescimento percentual dos preços de recursos não renováveis, o recurso deve ser extraído e vendido imediatamente.

Rearranjando a Equação 7A.5 para solucionar o preço atual do recurso, nós obtemos:

$$P_0 = P_T/e^{-rT} \qquad [7A.8]$$

que tem algumas interpretações interessantes, como mais do que uma fórmula de tempo contínua para calcular o atual valor dos preços futuros. Primeiro, T pode ser interpretado como o tempo de exaustão do recurso na taxa de uso atual (ver Figura 7A.4). Consequentemente, uma nova mina de carvão ou a descoberta de campos que levam a um aumento das reservas comprovadas de carvão, petróleo ou gás natural aumentam T, que, de acordo com a Equação 7A.8, deve resultar em um preço de mercado atual mais baixo, P_0. De forma similar, mais dependência de energia e uma taxa de uso mais rápida abaixa T e aumenta o valor atual de mercado P_0. Por fim, já que o uso otimizado leva à apreciação persistente do carvão, petróleo ou gás na taxa r, esperamos eventualmente que surjam substitutos sintéticos como esses recursos naturais próximos da exaustão. Ou seja, com um preço suficientemente alto de petróleo bruto e o resultante alto preço da gasolina (digamos, US$4,10 por galão, em julho de 2008), o retorno para investimento P&D geralmente leva a descobertas tecnológicas como carros elétricos híbridos que abaixam P_T diretamente e, através da Equação 7A.8, também diminuem o preço atual do recurso P_0.

Dessa forma, normalmente acabam sendo inevitáveis os altos preços para recursos não renováveis. No entanto, as boas notícias são que esses altos preços normalmente colocam em funcionamento a descoberta de substitutos que previnem a atual exaustão do recurso, seja carvão, petróleo ou gás natural. Para um dono de recursos astuto, o truque é reter esse recurso por tempo suficiente para criar uma pressão ascendente nos preços que estejam apenas abaixo do nível de preço que compensaria a descoberta e adoção de substitutos. Apenas assim pode-se prevenir antes um colapso de preço prematuro ao tempo planejado de exaustão do estoque do recurso.

EXEMPLO — Ministro do petróleo da Arábia Saudita faz um jogo de espera[6]

Nenhum dono de recursos do planeta Terra possui mais recursos naturais do que o reino da Arábia Saudita. As reservas comprovadas de petróleo do país são grandes o suficiente para durar, de acordo com as taxas atuais de extração, por mais 65 anos (ver Figura 7A.4, A). Em especial, a Arábia saudita extrai cerca de 11 milhões de barris por dia, ou 4 bilhões de barris por ano, em comparação com as reservas comprovadas de 265 bilhões de barris, aproximadamente 18% de todo suprimento mundial. Em contrapartida, os EUA, que extraem cerca de 8 milhões de barris por dia, possuem reservas comprovadas apenas um décimo tão extensas – apenas 31 bilhões de barris. Isso é menos de 2% de todo o suprimento mundial. Sem a exploração e desenvolvimento adicionais, os EUA ficarão sem petróleo em pouco menos que 11 anos.

Logo, a Arábia Saudita, compartilha um objetivo com os consumidores dos EUA: ambos desejam que o aumento da taxa de preço de petróleo bruto (e de gasolina) permaneça menor do que a taxa preferida pelos donos do petróleo de Oklahoma ou Texas. Os interesses petrolíferos dos EUA estão continuamente explorando e desenvolvendo novos depósitos de petróleo bruto e gás natural, mas isso não altera o fato de que seus recursos não renováveis cedo ou tarde vão acabar. Portanto, seu incentivo é estimular políticas que aumentem rapidamente os preços.

Como resultado, o presidente Ronald Reagan enviou seu vice-presidente, George H.W. Bush, para a Arábia Saudita em 1986 para incentivar os sauditas a aumentar o preço do petróleo bruto. Os sauditas queriam o oposto: desincentivar substitutos mantendo o aumento de preço dos cartéis da OPEP. Os administradores dos EUA precisaram aliviar a preocupação dos sauditas de forma coerente. Durante 12 anos, os mandatos presidenciais de Reagan e Bush nunca desenvolveram petróleo sintético das abundantes reservas norte-americanas de óleo de xisto, como proposto pelo presidente Jimmy Carter. Além disso, os mandatos seguintes, de Clinton e George W. Bush, nunca adotaram uma política de energia nacional que apoiaria a substituição da gasolina usada nos motores de combustão interna por uma célula de combustível movida a hidrogênio ou por veículos totalmente elétricos. Como resultado, falta nos EUA a infraestrutura necessária para estações de refino de hidrogênio.

Cont.

Ao aumentar massivamente a produção de petróleo bruto, aproximadamente 8 a 11 milhões de barris por dia (mbd) de 2004 a 2008 (compare a Figura 7A.4, A e B), os sauditas mantiveram a gasolina cerca da metade do custo total de produção e distribuição do combustível de hidrogênio para carros elétricos. Atualmente, as mesmas questões políticas giram em torno do gás natural, considerado um combustível alternativo abundante na América do Norte para caminhões elétricos. De fato, estima-se que os EUA tenham mais recursos de gás natural do que os sauditas com seu petróleo. Previsivelmente, novamente os sauditas estão investindo em projetos massivos de extração, oleodutos e terminais de embarque, a fim de reduzir o preço do petróleo bruto. Sua capacidade agora se estende a 12 mbd em meados de 2012. A segunda maior capacidade é a do Irã, com 4 mbd, enquanto os próximos cinco países que são membros da OPEP, com apenas 2,4 a 2,7 mbd: Iraque, Emirados Árabes Unidos, Kuwait, Venezuela e Nigéria.

Isso ocorreu tanto no passado quanto na década atual. A participação inicial da Arábia Saudita no rendimento da OPEP, na formação do cartel, em 1973, era de 32%. A Arábia Saudita continuamente aumentou sua taxa de extração até que, com a alta dos preços de petróleo bruto em 1981, produzia quase 47% da renda total da Opep – US$9,6 milhões dos 20 milhões de barris de petróleo diários produzidos pela indústria. Novamente, essas políticas foram criadas para desencorajar o desenvolvimento de substitutos, ao diminuir a taxa de aumento de preço do petróleo cru. Qualquer outro dono de recursos não renováveis com um suprimento de 76 anos de reservas comprovadas faria a mesma coisa.

---

6 Com base em estimativas da International Energy Agency; OPEC, Annual Statistical Bulletin (2002–2012); e "Why the U.S. Is Still Hooked on Oil Imports", *Wall Street Journal*, 18 mar. de 2003, p. A1, "OPEC Nations Spar over Output", W*all Street Journal* (8 de junho de 2011), p. A6.

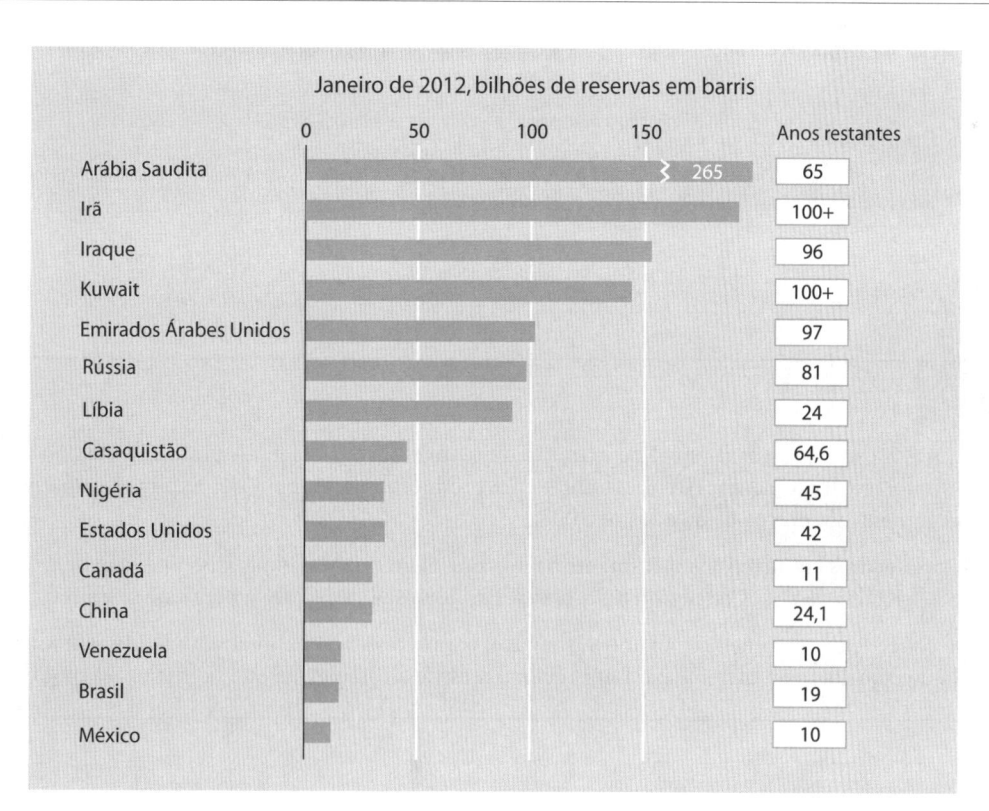

Janeiro de 2012, bilhões de reservas em barris	Anos restantes
Arábia Saudita — 265	65
Irã	100+
Iraque	96
Kuwait	100+
Emirados Árabes Unidos	97
Rússia	81
Líbia	24
Casaquistão	64,6
Nigéria	45
Estados Unidos	42
Canadá	11
China	24,1
Venezuela	10
Brasil	19
México	10

Figura 7A.4A Reservas comprovadas/proporção de produção; anos até exaustão
Fonte: BP Statistical Review of World Energy, 2012.

Dezembro de 2002, bilhões de reservas em barris

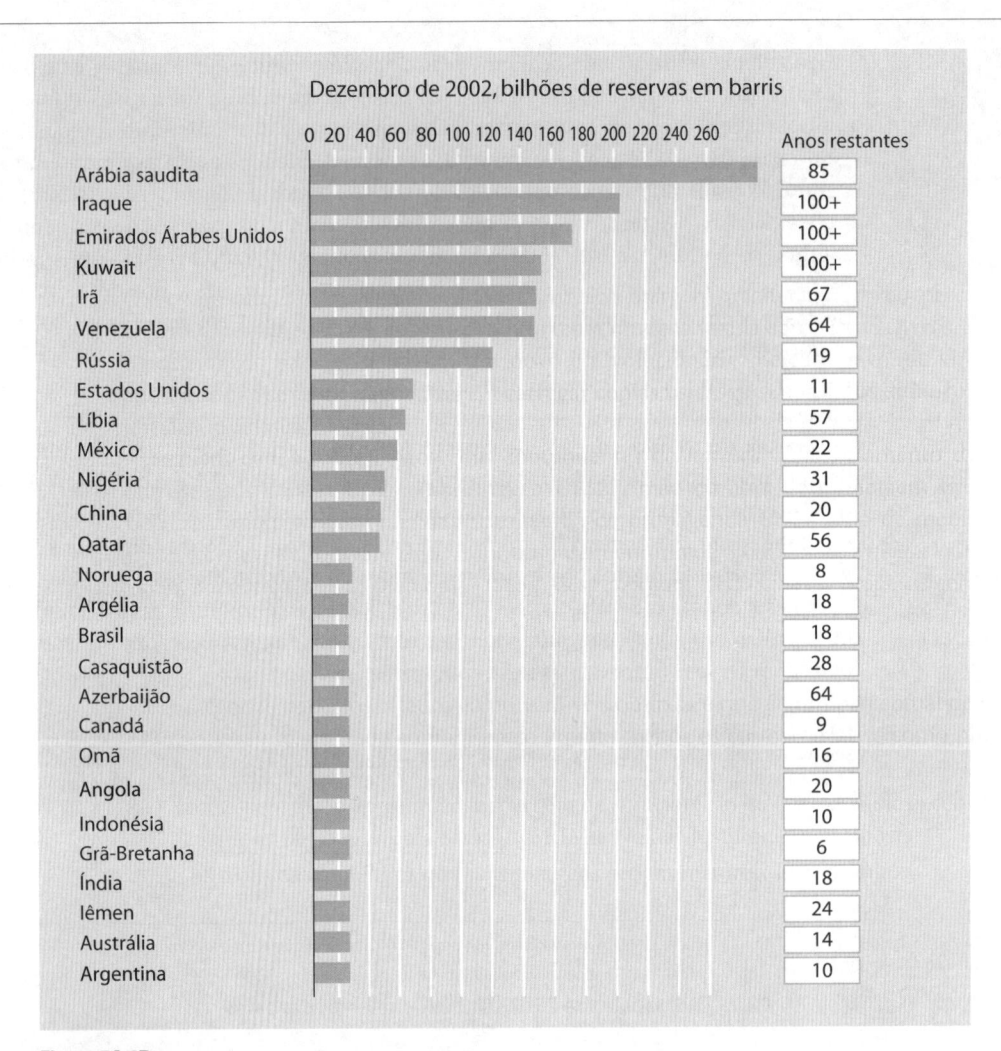

País	Reservas (0–260)	Anos restantes
Arábia saudita	~260	85
Iraque	~210	100+
Emirados Árabes Unidos	~170	100+
Kuwait	~160	100+
Irã	~150	67
Venezuela	~140	64
Rússia	~85	19
Estados Unidos	~55	11
Líbia	~50	57
México	~45	22
Nigéria	~40	31
China	~35	20
Qatar	~35	56
Noruega	~25	8
Argélia	~20	18
Brasil	~20	18
Casaquistão	~20	28
Azerbaijão	~20	64
Canadá	~15	9
Omã	~15	16
Angola	~15	20
Indonésia	~10	10
Grã-Bretanha	~10	6
Índia	~10	18
Iêmen	~10	24
Austrália	~10	14
Argentina	~5	10

Figura 7A.4B

Fonte: The Economist, 29 jun. de 2002, p. 102; BP Statistical Review of World Energy, 2002, U.S. Energy Information Administration; *The Economist*, 21 jan. 2012, p. 6.

EXERCÍCIOS

1. A Figura 7A.3 mostra que a taxa anual de extração de petróleo bruto dos EUA praticamente não mudou de 2002--2012. Isso não aconteceu com a Arábia saudita, cuja produção aumentou 33%. Explique o motivo, com especial atenção ao aumento de preços de meados de 2008.

2. Com as taxas de juros em níveis historicamente baixos nos EUA, qual é o efeito disso na taxa de extração otimizada para um proprietário de poços de petróleo do Texas? Explique sua justificativa para essa resposta.

3. Explique o conceito de rendimento máximo sustentável para a atividade pesqueira. O rendimento máximo sustentável é a taxa de colheita mais eficiente para um recurso renovável? Isso exige que se preserve a biodiversidade?

CAPÍTULO 8

Análise de custos

TEMAS DO CAPÍTULO

Custo econômico se refere ao custo de atrair um recurso de seu próximo melhor uso alternativo (o conceito de custo de oportunidade). Gestores que se preocupam com o uso mais eficiente dos recursos para maximizar valor devem se preocupar com os custos das oportunidades a curto e longo prazos. Relações custo-produção de curto prazo auxiliam os gestores a planejar para o nível mais lucrativo de produção, dados os recursos de capital imediatamente disponíveis. Relações custo-produção de longo prazo envolvem a atração de capital adicional para expandir ou reduzir o tamanho da empresa e mudar a escala de operações. Alcançar a escala eficiente mínima é frequentemente a chave para as operações estratégicas da empresa de sucesso.

Desafio gerencial

Uma General Motors mais improdutiva pode competir eficazmente?[1]

Em 2009, a Toyota, com 1.556.174 carros, tornou-se a marca mais vendida de automóveis na América do Norte. A Ford ficou em segundo lugar, com 1.445.742 carros vendidos. A Chevrolet caiu para terceiro lugar. Os 1.344.829 Chevies, quando combinados com os 259.779 GMCs, 178.300 Pontiacs, 109.092 Cadillacs, 102.306 Buicks e 72.660 Saturns, ainda tornam a GM a maior empresa produtora de carros do mundo, mas não por muito. Os produtos da GM estavam em grande parte obsoletos, as taxas de mão de obra subiram até as alturas e o capital de investimento estava mais interessado no Vale do Silício do que no Cinturão da Ferrugem. Além disso, a Goldman Sachs estimou que a GM, mais do que qualquer outra empresa automobilística, estava destruindo o valor do acionista. A uma faixa de preço muito similar à da VW, Nissan, Honda e Toyota, a GM recebia dos investidores um retorno mais baixo do que seu custo de capital ajustado ao risco.

Como em outros negócios sujeitos a uma competição estrangeira altamente efetiva e de baixo custo (como a indústria de têxteis e móveis), a GM precisou cortar seus custos de algum lugar, e precisou agir rapidamente. A Grande Contração se aprofundou no quarto trimestre de 2008 até chegar a – 9% do PIB. A indústria de automóveis foi uma das primeiras indústrias de bens de consumo duráveis a desabar economicamente. Com as famílias norte-americanas achando difícil justificar até mesmo a compra de um pequeno aparelho como a torradeira, as vendas de carros despencaram. Em apenas um ano, as vendas de veículos leves norte-americanos caíram um

Cont.

terço, de 15 para 10 milhões de dólares, descartando todos os lucros de vendas das décadas anteriores.

As três maiores montadoras de automóveis, chamadas de Big -3, poderiam depender por um tempo das economias de escala para fornecer uma vantagem de custo sobre seus rivais. Peças massivas e multimilionárias de equipamentos automobilísticos, como peças de estampagem, foram as responsáveis. Uma máquina de estampagem utiliza pressão hidráulica para forçar chapas metálicas a adquirir o formato desejado de para-lamas, *assoalhos*, capôs e porta-malas. Já que a variação de estilo anual exige tal máquina e já que ela não pode ser reequipada de um modelo de um ano anterior para outro, utilizar incansavelmente essa peça de equipamento foi a única forma de atingir o custo unitário mínimo. De outra forma, uma grande amortização dos ativos da fábrica teria que acontecer a cada ano e essa despesa precisaria ser repassada ao consumidor. Para aproveitar ao máximo uma máquina de estampagem é necessário produzir e vender pelo menos 250 mil unidades do modelo por ano, 20 mil por mês, mil por dia – na taxa normal da linha de montagem, um carro por minuto em duplas jornadas de 16 horas nas fábricas. A maioria dos modelos da GM e Ford vendidos nos anos de 1960 e 1970 alcançou as taxas de escala mínima de eficiência em séries longas de produção, que ofereceram vantagens de custos na curva de aprendizagem futura.

Contudo, o mercado norte-americano de automóveis se fragmentou em sete empresas com ao menos 5% de participação de mercado. Como resultado, apenas cinco modelos – as picapes da série F e a Silverado da Chevy, o Accord da Honda, o Camry da Toyota, e o Altima da Nissan – venderam no mínimo 20 mil unidades por mês. Todos os outros 172 modelos expostos em *showrooms* nos EUA não conseguiram alcançar uma escala mínima de eficiência.

Um problema futuro para o Big 3 era as taxas de mão de obra e os benefícios que, em 2007, alcançaram US$77 por hora para os funcionários experientes da United Auto Workers (UAW), empregados em fábricas sindicalizadas. Os funcionários que trabalhavam em fábricas estrangeiras no Tennessee, Ohio e Mississippi recebiam US$55 por hora na Toyota, US$45 por hora na Hyundai e $38 por hora na Volkswagen. Com custos mais altos e muitos modelos que os clientes achavam indignos de marcas *premium*, a GM, a Ford e a Chrysler foram "destruidores do valor substancial", que os consultores de gestão da McKinsey definem como uma companhia cujo retorno do capital investido cai bem abaixo do seu custo de capital.

Em 2010, as vendas norte-americanas da Ford se recuperaram em 20% e, com modelos reprojetados, a Chevrolet conseguiu conquistar dois pontos da fatia de mercado da Toyota, 20.4%, cuja participação caiu para 17%. Carros pequenos e econômicos em combustível, como o Chevy Cruze, o Ford Fiesta e o Chrysler-Fiat 500 arrebataram o mercado. Os veículos híbridos, como o bem-sucedido Fusion, da Ford, competiram cabeça a cabeça com o líder da categoria Prius, da Toyota. O mais importante de tudo é que, em vez de serem *líderes em prejuízos*, todos esses modelos eram rentáveis.

Após um plano de resgate financeiro apoiado pelo governo para se recuperar da falência, a GM venceu o direito em negociação coletiva de contratar empregados "nível dois", que recebem metade do pagamento dos trabalhadores experientes da UAW. Essa mistura nas taxas de mão de obra fez que os salários e benefícios da GM diminuíssem para US$56 a hora, quase idêntico ao plano de pagamento da Toyota. Consequentemente, mesmo as picapes da GM e da Ford, assim como vários sedãs grandes e populares, se tornaram uma fábrica de dinheiro. Além disso, o crescimento das vendas para o exterior de Buicks e Cadillacs explodiu, especialmente na China. Em 2011, a GM reportou um grande retorno à lucratividade e começou a pagar sua dívida com o governo.

Questões para discussão

- Levando em conta essa bem-sucedida reviravolta, você acredita que o resgate financeiro do governo foi justificado? Quais são os prós e contras dessa situação?
- Quais fatores fundamentais para a retomada das vendas da GM eram desconhecidos em 2009, quando o governo dos EUA resolveu agir?
- Fusões de consolidação, como a Chrysler-Fiat, e o crescimento fenomenal das vendas na China restauraram que tipo de vantagem de custo para o Big 3?
- Ao estabelecer paralelos sobre o debate comercial entre subsídios da Boeing-Airbus, você acha que as exportações da GM para a China, vendidas através da Geely, sua parceira chinesa, serão sobrecarregadas com tarifas ou direitos de compensação? Por que sim ou por que não?

---

1 "A Survey of the Car Industry: Driving Change", *The Economist* (4 de setembro de 2004), p. 21–22; "U.S. Car Business in Major Shift", *Wall Street Journal* (5 de janeiro de 2011), p. B1–B2; "Car Making in America", *The Economist* (24 de setembro de 2011), p. 75–76.

O SIGNIFICADO E O CÁLCULO DO CUSTO

Em sua forma mais elementar, o custo simplesmente se refere ao sacrifício incorrido sempre que há uma troca ou transferência de recursos. Esta associação entre oportunidades perdidas e custos econômicos se aplica a todas as circunstâncias. Entretanto, a maneira apropriada de mensurar custos é uma função do propósito para o qual a informação é usada.

Custos contábeis *versus* custos econômicos

Os contadores se preocupam principalmente em determinar custos altamente estáveis e previsíveis para fins de *relatórios financeiros*. Como resultado, eles definem e avaliam o custo por meio de um certo *desembolso histórico de fundos* conhecido. Desse modo, o *preço* pago por insumos de comodidade ou serviço expresso em dólares é uma medida do custo contábil. De modo similar, os *juros* pagos ao portador de um título de dívida ou a uma instituição financiadora são usados para determinar o custo contábil dos fundos para o financiado.

Os economistas, por outro lado, se preocupam especialmente com medidas de custos para fins de *tomadas de decisões*. O objetivo é algo diferente – isto é, determinar os custos presentes e futuros dos recursos associados a vários cursos de ação alternativos, o que exige uma consideração das oportunidades abandonadas (ou sacrificadas) sempre que um recurso é utilizado em um determinado curso de ação de que em outro. Assim, embora tanto os custos contábeis como os econômicos de um produto incluam esses custos *explícitos* como mão de obra, matérias-primas, suprimentos, aluguéis, juros e utilidades, os economistas também incluirão os **custos de oportunidade** implícitos de tempo e capital que o proprietário-gestor investiu na empresa. O custo de oportunidade do tempo do proprietário é medido pelos salários mais atraentes ou outra forma de compensação que o proprietário poderia ter recebido aplicando seus talentos, habilidades e experiência no gerenciamento de um negócio similar (mas o segundo melhor) pertencente a outra pessoa. Do mesmo modo, o custo de oportunidade do capital é medido pelo lucro ou retorno que se poderia ter recebido se o proprietário tivesse escolhido empregar capital no segundo melhor investimento (alternativo) de risco comparável.

O custo de oportunidade representa o retorno ou compensação que deve ser cobrado como resultado da decisão de empregar o recurso em dada atividade econômica.

O lucro econômico é definido como a diferença entre a receita total e os custos econômicos desse total, custos de oportunidade implícitos, assim como gastos explícitos:

$$\text{Lucros econômicos} = \text{Receitas totais} - \text{Custos explícitos} - \text{Custos implícitos} \qquad [8.1]$$

Quando se reconhece que tais primeiro e segundo melhores usos mudam com o tempo, torna-se evidente que os gastos históricos com fundos, com objetivo de obter um recurso em uma data antecipada (a base de contabilidade de custos), podem não ser a medida apropriada de custo de oportunidade em um problema de decisão nos dias de hoje. Por exemplo, considere os três casos seguintes de diferenças substanciais entre custo econômico e contabilidade de custos.

Três contrastes entre custos econômico e de contabilidade

Medida de custos de depreciação A produção de um bem ou serviço normalmente exige o uso de instalações e equipamentos. Conforme esses **ativos de capital** são utilizados, sua vida útil é gasta, e os ativos se desgastam ou se tornam obsoletos. Depreciação é a perda do valor patrimonial. Se a Phillips Tool Company possui uma máquina que tem um valor atual de mercado de US$8.000, e espera com uma certeza considerável que ele valha US$6.800 depois de um ano ou mais de uso, então o custo de oportunidade de continuar possuindo e usando a máquina por um ou mais anos (a medida dos economistas do custo de depreciação) é US$8.000 − US$6.800 = US$1.200. Presumindo que 2 mil unidades de *produto* foram produzidas durante o ano, o custo de depreciação por unidade seria de US$1.200 ÷ US2.000 unidades = $0,60 por unidade.

Infelizmente, geralmente é difícil, se não impossível, determinar a vida útil exata de um bem patrimonial e as futuras mudanças no seu valor de mercado.[2] Alguns ativos são únicos (patentes); outros não são comercializados em mercados de revenda com liquidez (fábricas); e outros ainda são reproduzidos de forma obsoleta, com pouca previsibilidade (computadores). Para superar essas questões de medida com depreciação econômica, contadores adotaram procedimentos de repartição padronizados para designar uma parte do custo de aquisição de um ativo para cada

EXEMPLO — Custos de oportunidade na loja de roupas Bentley

Robert Bentley possui e gerencia a loja de roupas Bentley. Um demonstrativo tradicional de renda do negócio é exibido no Painel (a) da Tabela 8.1. A hipoteca da loja foi paga e, consequentemente, nenhum gasto com juros é exibido no demonstrativo de resultados.

TABELA 8.1 Lucratividade da loja de roupas Bentley

(a) Demonstrativo de Resultados		
Vendas líquidas		US$ 650.000
Menos: Custo dos produtos vendidos		250.000
Lucro bruto		400.000
Menos: Despesas		
Compensação do empregado*	150.000	
Publicidade	30.000	
Instalações e manutenção	20.000	
Diversos	10.000	
Total		210.000
Lucro líquido antes dos impostos		US$ 190.000
(b) Demonstrativo econômico do lucro		
Receita total		US$ 650.000
Menos: Custos explícitos		
Custo dos bens vendidos	250.000	
Compensação do empregado*	150.000	
Publicidade	30.000	
Instalações e manutenção	20.000	
Diversos	10.000	
Total		460.000
Lucro contábil antes dos impostos		190.000
Menos: Custos implícitos		
Salário (gerente)	130.000	
Aluguel do prédio	88.000	
Total		218.000
Lucro (ou perda) econômico antes dos impostos		(US$ 28.000)

* Os salários dos empregados não incluem nenhuma remuneração para Robert Bentley.

Cont.

---

[2] Esse conceito do custo futuro de um ativo parcialmente consumido é denominado *custo de substituição do ativo*, em vez de *custo de aquisição histórico do ativo*.

Além disso, o prédio já sofreu depreciação total e, assim, não são exibidos tais encargos. Do ponto de vista *contábil* e da perspectiva da Receita Federal, Bentley está recebendo um *lucro contábil positivo* de US$190.000 (antes dos impostos).

No entanto, considere a lucratividade da loja de um ponto de vista *econômico*. Conforme indicado anteriormente no capítulo, os custos implícitos incluem os custos de oportunidade de tempo e capital que o empreendedor investiu na firma. Suponha que Bentley pudesse trabalhar como gerente do departamento de vestuário de uma grande rede de lojas de departamentos ou em uma loja especializada e recebesse um salário de US$130.000 por ano. Admita também que Bentley pudesse alugar seu prédio para outro comerciante por US$88.000 (líquidos) por ano. Sob essas condições, conforme exibido no Painel (b) da Tabela 8.1, Bentley está recebendo um *lucro econômico negativo* (US$28.000 antes dos impostos). Alugando sua loja para outro comerciante e trabalhando como gerente de outra loja, ele poderia receber US$28.000 a mais do que está recebendo atualmente de seu negócio de loja de roupas. Assim, os lucros contábeis, que não incluem custos de oportunidade, nem sempre são uma indicação válida da lucratividade (ou perda) econômica de um empreendimento.

período de tempo contábil, e, por sua vez, de cada unidade de produto produzida dentro desse período de tempo. Essa alocação é feita tipicamente atribuindo uma parte do custo histórico para cada ano de vida útil. Se a máquina foi comprada pela Phillips por US$10.000 e esperam que ela tenha vida útil de 10 anos e nenhum valor residual, o método em linha reta para contabilizar depreciação (US$10.000 + 10 = US$1.000) calcularia o custo de depreciação desse ativo a cada ano. Presumindo que 2.000 unidades de produto são produzidas em um dado ano, então US$1.000 ÷ 2.000 = US$0,50, que seria o valor alocado ao custo de cada unidade produzida pela Phillips. Note a partir desse exemplo que o custo de depreciação calculado não se iguala ao custo de depreciação econômico de US$0,60 realmente incorrido, se, de fato, o valor de mercado da máquina cair para US$6.800 depois de um ano adicional.

Avaliação do estoque Sempre que materiais são estocados durante um período antes de serem utilizados no processo de produção, os custos contábil e econômico podem diferir caso o preço de mercado desses materiais tenha se alterado em relação ao preço original de compra. O custo contábil é igual ao custo efetivo de *aquisição*, enquanto o custo econômico é igual ao custo corrente de *reposição*. Conforme o exemplo a seguir ilustra, o uso do custo de aquisição pode conduzir a decisões de produção incorretas.

EXEMPLO Avaliação de estoque na Westside Plumbing and Heating

A empresa Westside Plumbing and Heating recebeu a oferta de um contrato de US$100.000 para fornecer o sistema de bombeamento de um novo prédio. Os custos de mão de obra e equipamento são calculados como sendo de US$60.000 para o cumprimento do contrato. A Westside possui os materiais em estoque para concluir o trabalho. Os materiais custaram originalmente US$50.000 para a firma; no entanto, os preços caíram desde então e os materiais podem ser comprados agora por US$37.500. Não se espera que os preços dos materiais subam no futuro próximo, por isso, não se pode antecipar nenhum ganho de se manter o material em estoque. A questão é: a Westside deve aceitar o contrato? Uma análise do contrato sob os dois métodos para medição de custo do material é exibida na Tabela 8.2. Supondo-se que os materiais sejam avaliados ao custo de aquisição, a firma não deveria aceitar o contrato, pois isso resultaria em uma perda aparente de US$10.000. Utilizando-se, no entanto, o custo de reposição como o valor dos materiais, o contrato deveria ser aceito, pois isso resultaria em um lucro de US$2.500.

Para ver qual método é o correto, examine o demonstrativo de resultado da Westside no final do período contábil. Se o contrato *não for* aceito, então no final do período contábil a firma terá de reduzir o custo de seu estoque em US$12.500 (US$50.000 − US$7.500) para refletir o valor de mercado mais baixo desse estoque não utilizado. A firma, assim, incorrerá num prejuízo de

US$12.500 nos materiais usados ao completar o contrato. Se o contrato *for* aceito, então a empresa terá um lucro de US$2.500 sobre o contrato, mas também incorrerá num prejuízo de $12.500 sobre o material utilizado para concluir o contrato. A firma incorrerá, assim, em um prejuízo *líquido* de apenas US$10.000. Por isso, a aceitação do contrato resulta em um prejuízo global menor para a Westside do que a rejeição. Para tomada de decisões, o custo de substituição é a medida adequada do custo de materiais em estoque e a Westside deveria aceitar o contrato.

TABELA 8.2 Efeito dos métodos de avaliação de estoque sobre o lucro apurado – Westside Plumbing and Heating

	Custo de aquisição	Custo de reposição
Valor do contrato	US$100.000	US$ 100.000
Custos		
Mão de obra, equipamento	US$ 60.000	US$ 60.000
Materiais	50.000	37.500
	110.000	97.500
Lucro (ou prejuízo)	(US$ 10.000)	US$ 2.500

Custos irrecuperável de instalações subutilizadas A empresa Dunbar Manufacturing descontinuou recentemente uma linha de produtos e possui espaço de armazenagem de 50 mil pés quadrados. A companhia aluga do proprietário todo o armazém (200 mil pés quadrados) por US$1 milhão por ano (isto é, US$5 por metro quadrado), sob um contrato de locação de longo prazo (dez anos). Uma empresa na vizinhança, expandindo suas operações, ofereceu-se para alugar 50 mil pés quadrados do espaço desnecessário durante um ano por US$125 mil (isto é, US$2,50 por pé quadrado). A Dunbar deve aceitar a oferta para alugar o espaço não utilizado? Suponha que não se esperem ofertas melhores para o espaço de armazenagem.

Podemos argumentar que a Dunbar deveria rejeitar a oferta porque o aluguel adicional (receita) de US$2,50 por pé quadrado seria menos do que o pagamento do aluguel (custo) de US$5 por pé quadrado. Tal raciocínio, no entanto, conduz a uma decisão incorreta. O pagamento do aluguel (US$5 por pé quadrado) representa um **custo irrecuperável** que deve ser pago independentemente de a empresa industrial alugar o espaço de armazenagem desnecessário. Conforme indicado na Tabela 8.3, alugar o espaço de armazenagem desnecessário *reduz* o custo líquido do armazém de US$1 milhão para US$875.000, uma economia de US$125.000 por ano para a Dunbar. A comparação relevante ocorre entre a receita incremental (US$125.000) e os custos incrementais (zero neste caso). Portanto, os custos irrecuperáveis (como o pagamento de aluguel de US$5 por pé quadrado neste exemplo), que são independentes da alternativa escolhida, não devem ser considerados ao se tomar a decisão ótima.

Conclusões

1. Os custos podem ser avaliados de diferentes maneiras, dependendo da finalidade para a qual os valores de custo serão usados.

TABELA 8.3 Decisão de aluguel do armazém – empresa Dunbar Manufacturing

	Decisão	
	Não Alugar	Alugar
Pagamento do aluguel total	US$ 1.000.000	US$ 1.000.000
Menos: Aluguel recebido pelo espaço não utilizado	—	125.000
Custo líquido do armazém para a empresa Dunbar Manufacturing	US$ 1.000.000	US$ 875.000

2. Os custos obtidos para fins de relatórios financeiros nem sempre são apropriados para se tomarem decisões. O *custo relevante* na tomada de decisões econômicas é o custo de oportunidade dos recursos, e não o desembolso histórico dos fundos exigidos para obter os recursos.
3. Custos irrecuperáveis, incorridos independentemente da ação alternativa escolhida, não devem ser considerados ao se tomar a decisão ótima.

FUNÇÕES DE CUSTO DE CURTO PRAZO E DE PRODUTO

Além de avaliar os custos para fabricar uma dada quantidade do produto, os economistas e financistas também estão preocupados em determinar o *comportamento dos custos* à medida que a produção varia em uma faixa de valores possíveis. A relação entre custo e produção é expressa em termos de uma **função de custo**: uma tabela, um gráfico ou uma relação matemática indicando o custo mínimo para produzir diversas quantidades de produção.

A análise no Capítulo 7 sobre os insumos utilizados no processo de produção estudou a diferença entre insumos fixos e variáveis. Um insumo fixo foi definido como um fator exigido no processo de produção, mas cuja quantidade usada no processo é constante ao longo de um período, independentemente do nível de produto produzido. Questões de curto prazo relacionam-se a uma situação na qual um ou mais dos insumos do processo produtivo são fixos. Questões de longo prazo relacionam-se a uma situação em que *todos* os insumos são variáveis, isto é, nenhuma restrição é imposta sobre o montante de um recurso que pode ser empregado no processo de produção. O período de tempo necessário para variar todos os insumos pode ser tão longo quanto sete anos (por exemplo, no negócio de construção naval da Tenneco). Em outros casos, o longo prazo pode ser de apenas poucas semanas (como nas lojas de conveniência da 7-Eleven).

O custo total de produzir uma dada quantidade de produtos é igual à soma dos custos de cada insumo usado no processo de produção. Ao discutirmos funções de custo de curto prazo, é útil classificar os custos como *fixos* ou *variáveis*. Os **custos fixos** representam os custos de todos os insumos do processo de produção, sejam fixos ou constantes a curto prazo. **Custos de insumo variáveis** consistem nos custos de todos os insumos variáveis no processo de produção.

Funções de custo médio e de custo marginal

Após ser determinada a função de custo total, podemos, portanto, obter as funções de custos médio e marginal. O custo fixo médio, *CFM*, o custo variável médio, *CVM*, e o custo total médio, *CTM*, são iguais aos respectivos custos fixo, de insumo variável e total divididos pela quantidade do produto:

$$CFM = \frac{CF}{Q} \qquad [8.2]$$

$$CVM = \frac{CV}{Q} \qquad [8.3]$$

$$CTM = \frac{CT}{Q} \qquad [8.4]$$

> **EXEMPLO** Funções de custo de curto prazo: companhia mineradora Deep Creek
>
> Para exemplificar a natureza dos custos de curto prazo e mostrar como a função de custos de curto prazo pode ser obtida da função de produção da empresa, considere novamente o exemplo da empresa Deep Creek discutido no Capítulo 7. Supôs-se que dois insumos, capital e mão de obra, fossem necessários para produzir ou extrair minério. Diversos equipamentos, medidos pelo cavalo-vapor K, encontram-se disponíveis para produzir o minério. Cada um desses

equipamentos pode ser operado por equipes de trabalho L de diversos tamanhos. O montante de produção (toneladas de minério) que pode ser produzido em um dado período por meio de cada combinação capital-mão de obra é indicado novamente na Tabela 8.4. Também se supôs que o custo do aluguel do equipamento de mineração por período fosse de US$0,20 por bhp, e o custo de cada trabalhador (mão de obra) empregado por período, US$50. Isso resultou na seguinte equação de custo total para qualquer combinação de mão de obra L e capital K (Equação 7.21):

$$C = 50L + 0{,}20K$$

Suponha que a Deep Creek tenha assinado um contrato de arrendamento para o próximo ano cobrindo um equipamento de mineração (capital) de 750 bhp. Durante o ano seguinte (o curto prazo), o montante de capital que a companhia pode empregar no processo de mineração é fixado em 750 bhp. Portanto, para cada período, um custo fixo de $0,20 × 750 = US$150 será incorrido, independentemente da quantidade de minério produzida. A empresa também deve operar o processo de produção em uma das combinações capital-mão de obra indicada na quarta coluna da Tabela 8.4. A produção pode ser aumentada (diminuída) empregando-se mais (menos) mão de obra em combinação com o equipamento de 750 bhp. A mão de obra é, portanto, um insumo variável do processo de produção.

TABELA 8.4 Função de produção – companhia de mineração Deep Creek

		Insumo de capital K (HP)						
		250	500	750	1.000	1.250	1.500	1.750	2.000
Insumo de mão de obra L (número de trabalhadores)	1	1	3	6	10	16	16	16	13
	2	2	6	16	24	29	29	44	44
	3	4	16	29	44	55	55	55	50
	4	6	29	44	55	58	60	60	55
	5	16	43	55	60	61	62	62	60
	6	29	55	60	62	63	63	63	62
	7	44	58	62	63	64	64	64	64
	8	50	60	62	63	64	65	65	65
	9	55	59	61	63	64	65	66	66
	10	52	56	59	62	64	65	66	67

As funções de custo de curto prazo para a Deep Creek encontram-se na Tabela 8.5. Os vários níveis possíveis de produção Q e as respectivas combinações L e K de capital e mão de obra são obtidos da Tabela 8.4. O custo variável de curto prazo, CV, é igual a US$50 vezes o número de trabalhadores (L) empregados no processo de mineração. O custo fixo de curto prazo, CF, é igual ao custo do aluguel de equipamento de 750 bhp (US$150). O custo total de curto prazo é a soma dos custos fixos e variáveis:

$$CT = CF + CV \qquad [8.5]$$

Na Figura 8.1 são traçadas as três curvas representativas dos dados fornecidos na Tabela 8.5. Observe que a curva CT possui um formato igual ao da curva CV, sendo deslocada para cima pelo custo CF no valor de US$150.

Igualmente,

$$CTM = CFM + CVM \qquad [8.6]$$

Custo marginal é definido como o aumento incremental do custo total que resulta de um acréscimo de uma unidade de produto, e é calculado por

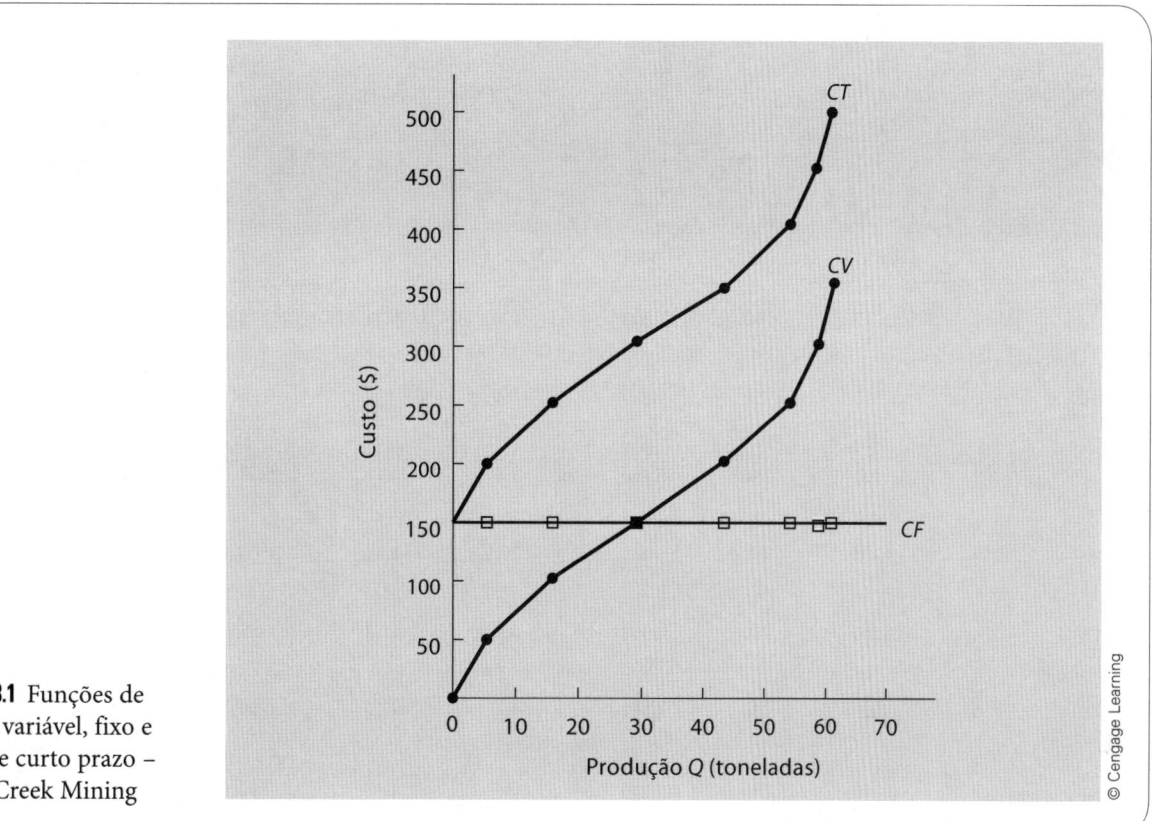

Figura 8.1 Funções de custos variável, fixo e total de curto prazo – Deep Creek Mining

$$CM = \frac{\Delta CT}{\Delta Q}$$

$$= \frac{\Delta CV}{\Delta Q} \qquad [8.7]$$

ou, no caso de uma função contínua CT ou CV, por

$$CM = \frac{d(CT)}{dQ} \qquad [8.8]$$

$$= \frac{d(CV)}{dQ} \qquad [8.9]$$

Os custos médio e marginal para a Deep Creek calculados na Tabela 8.5 estão indicados na Figura 8.2. Exceto para a curva *CFM*, que diminui continuamente, observe que todas as demais curvas possuem forma de U. No capítulo 7 vimos porque essa situação ocorre. Você se lembra? Ganhos de especialização no uso do insumo variável são inevitavelmente seguidos por rendimentos decrescentes.

Considere outro exemplo no qual a informação sobre custos é representada na forma de uma função algébrica. Suponha que os custos fixos da Manchester Company sejam iguais a US$100 e os custos variáveis da companhia sejam dados pela seguinte equação (onde Q = produto):

$$CV = 60Q - 3Q^2 + 0,10Q^3 \qquad [8.10]$$

Dada essa informação, pode-se obter a função de custo total usando-se a Equação 8.2:

$$CT = 100 + 60Q - 3Q^2 + 0,10Q^3$$

TABELA 8.5 Funções de custo de curto prazo – companhia de mineração Deep Creek

Produção	Custo variável		Custo fixo		Custo total	Custo fixo médio	Custo variável médio	Custo total médio	Custo marginal
Q	Insumo de mão de obra L	$CV = US\$ 50 \cdot L$	Insumo de capital K	$CF = US\$ 150$	$CT = CF + CV$	$CFM = \dfrac{CF}{Q}$	$CVM = \dfrac{CV}{Q}$	$CTM = \dfrac{CT}{Q}$	$CM = \dfrac{\Delta CT}{\Delta Q}$
0	0	US$ 0	750	US$ 150	US$ 150	—	—	—	—
6	1	50	750	150	200	US$ 25,00	US$ 8,33	US$ 33,33	$\dfrac{50}{6}$ = US$ 8,33
16	2	100	750	150	250	9,38	6,25	15,63	$\dfrac{50}{10}$ = 5,00
29	3	150	750	150	300	5,17	5,17	10,34	$\dfrac{50}{13}$ = 3,85
44	4	200	750	150	350	3,41	4,55	7,95	$\dfrac{50}{15}$ = 3,33
55	5	250	750	150	400	2,73	4,55	7,27	$\dfrac{50}{11}$ = 4,55
60	6	300	750	150	450	2,50	5,00	7,50	$\dfrac{50}{5}$ = 10,00
62	7	350	750	150	500	2,42	5,65	8,06	$\dfrac{50}{2}$ = 25,00

Em seguida, CFM, CVM e CTM podem ser calculados usando-se as Equações 8.3, 8.4 e 8.5, respectivamente, conforme a seguir:

$$CFM = \frac{100}{Q}$$

$$CVM = 60 - 3Q + 0{,}10Q^2$$

$$CTM = \frac{100}{Q} + 60 - 3Q + 0{,}10Q^2$$

Finalmente, a função de custo marginal da Manchester pode ser obtida diferenciando-se a função de custo variável (Equação 8.10) em relação a Q:

$$CM = \frac{d(CV)}{dQ} = 60 - 6Q + 0{,}30Q^2$$

A curva do custo médio total na Figura 8.2, igual à soma das alturas verticais de curvas de custo médias fixas e variáveis, inicialmente declina e subsequentemente começa a aumentar além de um nível particular de produto. Em $Q = 55$, a curva do custo médio total está em seu mínimo valor. Como discutido no Capítulo 7, a especialização no uso de insumos variáveis inicialmente resulta no aumento de rendimentos e declínio dos custos marginais e custos médios variáveis. Eventualmente, contudo, os ganhos de especialização ficam sobrecarregados por efeitos de *superpopulação*, reduzindo rendimentos marginais decrescentes e então os custos médios marginais e variáveis começam a aumentar, conforme vemos na Figura 8.2. Esse raciocínio é usado para explicar o padrão do formato em U das curvas em curto prazo CT, CV e CM das Figuras 8.2 e 8.3 e de todas as estruturas de custo médio e curto prazos.

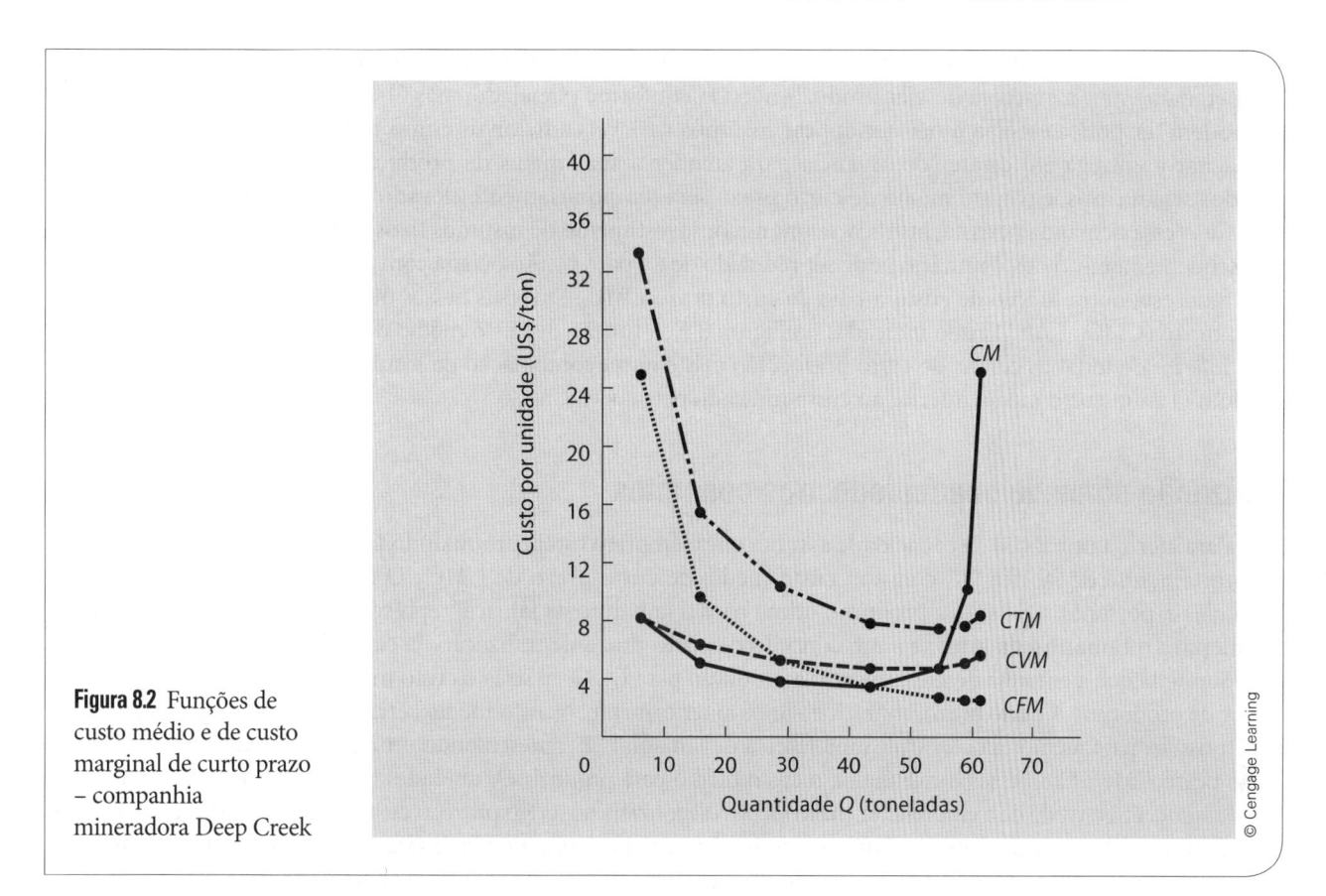

Figura 8.2 Funções de custo médio e de custo marginal de curto prazo – companhia mineradora Deep Creek

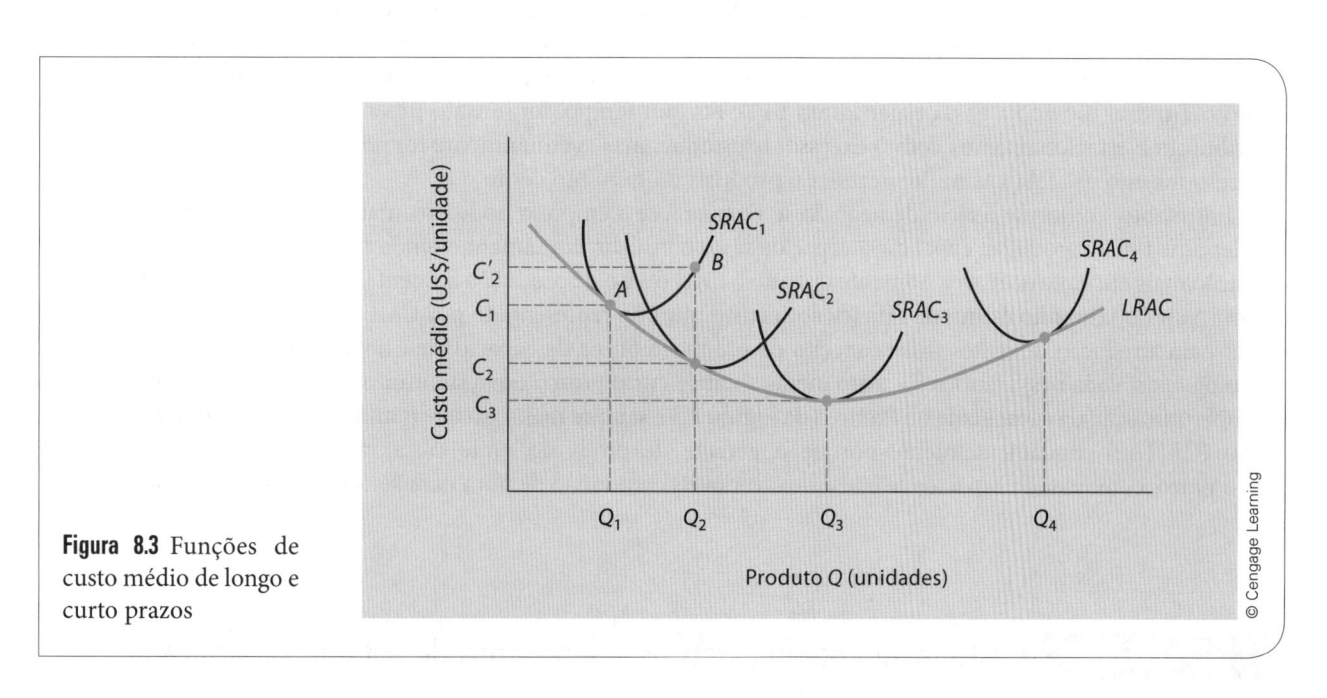

Figura 8.3 Funções de custo médio de longo e curto prazos

FUNÇÕES DE CUSTO DE LONGO PRAZO

Para o horizonte de planejamento de longo prazo e usando os métodos e a tecnologia de produção disponíveis, a empresa pode escolher tamanho da fábrica, tipos e tamanhos de equipamentos, habilidades da mão de obra e matérias-primas que, quando combinados, resultem no menor custo para produzir o montante desejado de produção. Após a combinação ótima de insumos ser escolhida para fabricar o nível desejado do produto (ao custo mínimo), alguns desses insumos (fábrica e equipamentos) tornam-se fixos no curto prazo. Se a demanda aumentar inesperadamente e a empresa desejar produzir não Q_1, conforme planejado, mas Q_2 como mostrado na Figura 8.3, ela poderá ter pouca escolha a não ser aplicar insumos variáveis adicionais como horas extras da mão de obra e despachar a entrega em caráter de urgência para atender a suas metas de produção. Não surpreende que esses acordos sejam caros, e o custo médio de curto prazo será temporariamente elevado de A para B em C'_2.

Caso essa demanda persista, justifica-se um maior investimento de insumos fixos na fábrica e em equipamentos. Consequentemente, o custo unitário pode ser reduzido de C'_2 para C_2. Associada com o maior investimento em insumos fixos está outra função de custo médio de curto prazo CMC_2. Diversas dessas outras funções de custo médio a curto prazo (CMC_3, CMC_4) estão indicadas na Figura 8.3. A função de custo médio de longo prazo consiste na *fronteira inferior* de todas as curvas de curto prazo. Não existe outra combinação de insumos que produza cada nível de produto Q a um custo médio inferior ao custo indicado pela curva CML.[8]

Utilização ótima da capacidade: três conceitos

Para aferir a utilização da capacidade assuma que a empresa esteja produzindo Q_1 unidades de produção usando um tamanho de fábrica "1", com um custo médio de curto prazo de CMC_1. O custo médio para produzir Q_1 unidades é, portanto, C_1, e Q_1 é a produção ótima para o tamanho da fábrica, representado por CMC_1. **A produção ótima para o tamanho da fábrica** é um conceito de curto prazo de utilização da capacidade.

Suponha que a empresa deseje aumentar a produção para Q_2. Qual seria o custo médio para produzir esse volume maior de produção? A curto prazo, conforme vimos anteriormente, o custo médio seria C'_2. No entanto, a longo prazo, seria possível para a empresa construir uma fábrica de tamanho "2" apresentando uma curva de custo médio total de curto prazo CMC_2. Com essa fábrica maior, o custo médio para produzir Q_2 unidades de produto seria de somente C_2. Desse modo, em virtude de a empresa ter mais opções disponíveis no longo prazo, o custo total médio de qualquer nível de produção poderia ser diminuído. CMC_2 representa o **tamanho ótimo da fábrica para o dado nível de produção** Q_2.

A demanda, então, deveria cair, se mesmo uma empresa como a Toyota ficar abarrotada com excesso de capacidade de produção e descobrir que deseja cortar o a produção de volta ao seu nível original Q_1, apesar de o Ponto A ter custos de unidades bem mais altos. Foi exatamente isso que ocorreu em 2009, depois que o preço da gasolina subiu a US$4,10 por galão. As vendas da Toyota nos EUA caíram um terço na média, mas alguns de seus modelos, como o Tundra, movido a gás, despencaram 61%. Por um tempo, foi sensato preencher os depósitos, centros de distribuição e estacionamentos com o excesso de estoque, mas eventualmente foi necessário reduzir taxas de rendimento mesmo nas fábricas muito grandes e produzir a um ponto como o A.

Entretanto, conforme o ciclo de negócio se recupera, se a empresa pode executar um plano de marketing para vender ainda mais produtos, expandir a capacidade ao construir um tamanho ainda maior de fábrica pode ser uma alocação mais eficiente de reaver. Somente quando o nível ótimo de produção aumentar para Q_3, para o qual a empresa construirá o **tamanho ótimo da fábrica** com custo mínimo representado por CMC_3, cessarão as outras oportunidades para a redução de custos. Esse conceito de utilização ótima da capacidade é aplicada em longo prazo, dada a tecnologia instalada nessa fábrica. O custo médio total de curto prazo com a subutilização da capacidade no Ponto A ou superutilização da capacidade no Ponto B da Figura 8.3 é sempre maior do que o mínimo custo médio total a longo prazo (CMTLP) fundamentalmente porque o gerente de produção pode variar a fábrica e o equipamento a longo prazo, combinando capacidade e insumos variáveis como mão de obra para seus requisitos de produção.

> **EXEMPLO** Custo médio por kilowatt-hora em usinas de energia subutilizadas
>
> Sob pressão dos agentes reguladores, o setor de energia elétrica abriu seus sistemas de distribuição ao cliente para a livre escolha de eletricidade. Uma fábrica em Ohio pode agora optar por comprar eletricidade contratada de empresas de energia de Michigan, Nova York ou Virgínia. Com a nova competição, o preço da eletricidade certamente cairá de US$0,11 para US$0,095. As empresas elétricas com custos mais altos em breve se verão fora dos preços do mercado. À medida que são construídas usinas elétricas mais eficientes, os consumidores terão uma redução de US$18 a US$30 por mês na conta residencial de eletricidade.

ECONOMIAS E DESECONOMIAS DE ESCALA

Suponha que a função de custo médio total a longo prazo (*CMTLP*) decline conforme a taxa de fluxo de produtividade aumente sobre menor faixa na escala de operações e hipoteticamente deva permanecer na horizontal ou elevar-se sobre a maior faixa. O custo médio total a longo prazo em declínio reflete **economias de escala internas** em um dos três níveis: o nível do produto, o nível de fábrica de multiprodutos ou o nível empresarial de operações.

Economias de escala em nível de produto interno   Várias diferentes fontes de declínio de custos são associadas com a produção de um produto (PCs) em uma alta taxa de rendimento diária. Equipamentos com um fim específico, mais eficazes em desempenhar uma série limitada de operações, podem ser substituídos por equipamentos menos eficientes e com um objetivo geral. Do mesmo modo, o processo de produção pode ser repartido em uma série de pequenas tarefas e atribuem-se aos trabalhadores as tarefas para as quais cada um é mais qualificado. Dessa forma, os trabalhadores ficam aptos a adquirir uma proficiência adicional por meio da repetição constante das tarefas às quais foram designados.

Na produção, foi frequentemente observado um fenômeno relacionado, chamado de **efeito de curva de aprendizado**, no qual o montante de insumo de mão de obra exigido para produzir outra unidade de produto diminui conforme o *volume cumulativo* do produto aumenta (exemplo: durante a época de produção de aeronaves 767 na Boing, com vários anos de pedidos acumulados). O princípio da curva de aprendizado foi primeiro aplicado na fabricação de fuselagens, na construção naval e na produção de aparelhos. Os efeitos da curva de aprendizado e **descontos no volume** de compra de insumos (chamados de "economias de escala externas") são facilmente distinguidos das economias de escala internas por dois motivos: primeiro, descontos no volume de insumos e custos médios variáveis menores na curva de aprendizado, enquanto as economias de escala internas reduzem os custos fixos médios. Em segundo lugar, os descontos no volume e as curvas de aprendizado dependem de um volume cumulativo de produto, não importa o quão pequena seja a taxa de rendimento da produção por período de tempo. Tal como, eles não devem ser associados a qualquer mudança na escala de operações; a empresa simplesmente compra grandes volumes de insumos porque antecipa uma grande e longa corrida de produção ou porque consolidou plataformas de componentes comuns, nas quais produz várias linhas de produto. Por exemplo, a Daimler-Chrysler comprou uma transmissão comum para o Mercedes classe C e o Chrysler 300.

A relação de curva de aprendizado é usualmente expressa como uma porcentagem constante, pela qual o montante de um insumo (ou custo) por unidade de produto é reduzido cada vez que a produção é dobrada. Por exemplo, considere um processo de produção no qual o insumo de mão de obra e os custos seguem uma curva de aprendizado de 80%. Presuma que a *primeira* unidade exija para produção o custo de mão de obra de US$1.000. Com base na relação de curva de aprendizado, a *segunda* unidade custa US$1.000 × 0,80 = US$800, a *quarta* unidade custa US$800 × 0,80 = US$640, a *oitava* unidade custa US$640 × 0,80 = $512, a *décima sexta* unidade custa US$512 × 0,80 = US$409.60 e por aí vai. Essa relação de curva de aprendizado assinalada na Figura 8.4 pode ser expressa algebricamente como se segue:

$$C = aQ^b \qquad [8.11]$$

na qual *C* é o custo de insumo da *Q*-ésima unidade de produto, *Q* são as unidades consecutivas de produto produzidas, *a* representa os custos de insumo teóricos (ou verdadeiros) da primeira unidade de produto, e *b* é a taxa de redução em custo de insumo por unidade de produto. Como a curva de aprendizado se inclina para baixo, o valor de *b* normalmente é negativo. Utilizar logaritmos de ambos os lados da Equação 8.11 produz:

$$\log C = \log a + b \log Q \qquad [8.12]$$

> **EXEMPLO**   Customização em massa e a curva de aprendizado[3]
>
> A customização em massa foi criada para padronizar ao menos alguns dos processos de produção associados com o preenchimento de pedidos dos consumidores. Os clientes da Lee Jeans podem escolher seu próprio bordado no bolso traseiro e o número de lavagens prévias da calça em um quiosque do shopping, mas, depois disso, a Lee realmente organiza o pedido do cliente de estoques de *subassemblies*, a fim de preservar o andamento de produção. Essa decisão de

gestão operacional facilita um efeito da curva de aprendizado, a familiarização cada vez maior dos trabalhadores e supervisores com as tarefas, as melhorias nos métodos e fluxos de trabalho, e a necessidade cada vez menor de trabalhadores capacitados, conforme as tarefas se tornam mais repetitivas. Os custos de matéria-prima por unidade também devem ser o objetivo do efeito da curva de aprendizado, conforme aconteça menos desperdício e sucata, e os trabalhadores façam sugestões de como refinar o processo de produção.

[3] Uma excelente pesquisa sobre customização em massa pode ser encontrada no artigo de M. Agrawal, T. V. Kumaresh, e G. A. Mercer, "The False Promise of Mass Customization", na *McKinsey Quarterly* (3 de novembro de 2001). Ver também "A Long March", no *The Economist* (14 de julho de 2001), p. 63-65.

A análise de regressão pode ser usada para estimar os parâmetros b e o logaritmo a, a fim de prever os custos a vários volumes cumulativos.

O percentual de aprendizado

O percentual de aprendizado, definido como a proporção na qual um insumo (ou seu custo associado) se reduz quando uma produção é dobrada, pode ser estimado como se segue:

$$L = \frac{C_2}{C_1} \times 100\% \qquad [8.13]$$

na qual C_1 é o insumo (ou custo) para a unidade de produto Q_1 e C_2 é o custo para a unidade de produto $Q_2 = 2Q_1$.

EXEMPLO Porcentagem de aprendizado: Emerson Corporation

A Emerson Corporation fabrica trens de pouso para aviões comerciais. Para ilustrar o cálculo da porcentagem de aprendizado, suponha que os custos de mão de obra da Emerson para $Q_1 = 50^a$ unidade de produto seja $C_1 =$ US\$659,98 e que os custos de mão de obra para $2Q_1 = 100^a$ unidade de produto seja $C_2 =$ US\$540,84. Substituindo esses valores na Equação 8.13, temos:

$$L = \frac{US\$540,84}{US\$659,98} \times 100\%$$
$$= 81,9\%$$

Essa porcentagem de aprendizado para custos de mão de obra na produção de unidades de trem de pouso é, então, aproximadamente 82% – indicando que os custos de mão de obra declinam em cerca de 18% cada vez que a produção é dobrada.

Economias internas de escala a nível de fábrica As fontes de economias de escala relacionadas com a fábrica incluem o investimento de capital, as despesas indiretas (ou *overheads*) e as reservas de peças de manutenção e pessoal. Quanto ao *investimento de capital*, os custos de capital tendem a aumentar menos do que proporcionalmente à capacidade produtiva de uma fábrica, particularmente em indústrias de processamento. Por exemplo, considere as operações de um oleoduto, que, com o dobro do raio de outro oleoduto, pode ser construído por talvez menos do que o dobro do custo e, no entanto, possuir quatro vezes a capacidade (isto é, $\pi(2r)^2 = 4\pi r^2$ *versus* πr^2) de um menor. De forma similar, no próximo exemplo descrevemos um *wafer* de silício de 12 polegadas que custa 45% a mais do que um *wafer* de silício padrão de 8 polegadas, enquanto rende 140% mais chips, baixando, assim, o custo unitário.

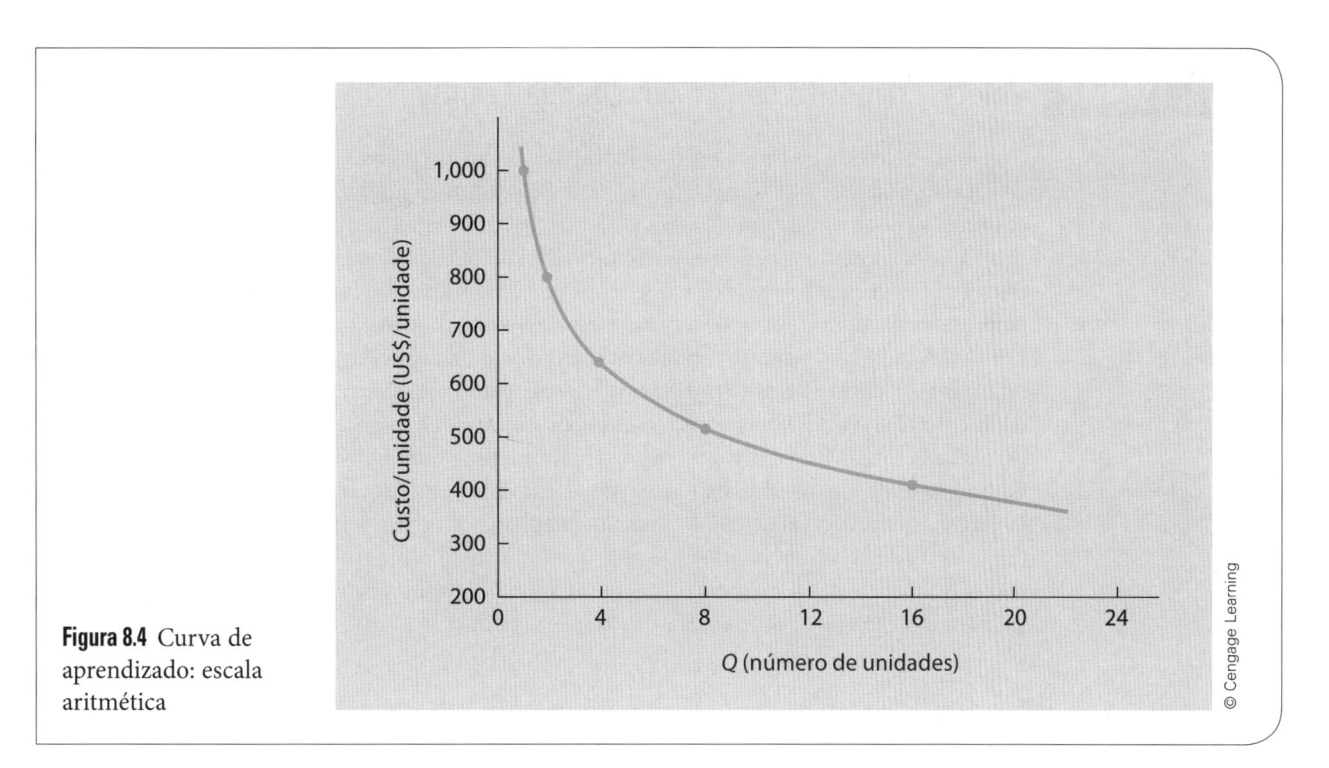

Figura 8.4 Curva de aprendizado: escala aritmética

EXEMPLO — IBM e Intel fabricam *wafers* gigantes de silício[4]

A indústria de semicondutores produz finos *wafers* de silício e então os grava com linhas de circuito elétrico com 1/1.000 da largura de um fio de cabelo humano em instalações superlimpas de "fabricação de *wafers*". Esses produtos intermediários são então fatiados e cortados em cubos, formando os minúsculos chips de memória que estão no interior dos seus PCs, tablets e PDAs. Um *wafer* de 12 polegadas resulta em um chip com memória suficiente para armazenar 5.000 coleções da *Enciclopédia Britânica*. Até recentemente, o wafer-padrão media cerca de 8 polegadas de diâmetro e custava US$5.500 para ser produzido em uma fábrica de *wafer* de US$1,4 bilhão. Os novos *wafers* gigantes possuem quase 12 polegadas de diâmetro e custam US$8.000 para serem produzidos em fábricas de *wafer* de US$2 bilhões, mas a área de sua superfície, 125% maior, resulta em 575 chips por *wafer*, em comparação com apenas os 240 chips do *wafer*-padrão de 8 polegadas. Ou seja, para um aumento de 45% no custo, os *wafers* gigantes resultam em 140% mais chips do que o *wafer*-padrão. Como consequência, o preço unitário de um chip cai de US$23 para US$14.

---
4 Baseado em "Chips on Monster Wafers," *BusinessWeek*, 4 nov. 2002, p. 112-26.

Outra fonte de economias de escala a nível de fábrica são os *custos indiretos*, que incluem custos administrativos como salários da gestão e a documentação burocrática associada com a concordância reguladora. Os custos indiretos podem se estender a um volume maior de rendimentos em uma fábrica ou instalação grande, reduzindo, dessa forma, a média de custos por unidade.

Economias específicas da empresa Além das economias de escala específicas do produto e da fábrica, existem economias de escala associadas à dimensão total da empresa com múltiplas instalações. Uma fonte possível de economias de escala a nível de empresa ocorre na distribuição. Por exemplo, operações em múltiplas instalações podem permitir que uma grande empresa mantenha-se geograficamente dispersa. Com isso, custos de entrega são frequentemente menores para a empresa com operações em várias fábricas quando comparada a uma grande fábrica.

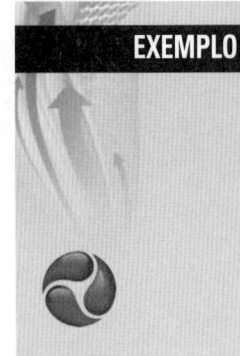

> **EXEMPLO** Coleta e depósito de lixo em Orange County
>
> Coletores privados de lixo com fins lucrativos demonstraram, na Califórnia, a economia de escala dos aterros de lixo. Os problemas de segurança ambiental de um aterro exigem enormes investimentos em estudos de impacto ambiental, proteção do local, monitoramento de vazamento e penetração de substâncias tóxicas, e estudos de acompanhamento científico. A dispersão desses custos gerais por um volume maior de produto fez que uma empresa de Orange County procurasse um depósito tão distante quanto nos subúrbios ao norte de San Diego, a quase uma hora de distância da costa da Califórnia. Os caminhões de Orange County passam por vários aterros municipais no caminho. No entanto, as taxas cobradas para descarregar nesses locais intermediários são muito mais altas. Ao que parece, os custos variáveis do transporte de uma tonelada de lixo mostraram-se menores do que os altos custos iniciais e os custos de monitoramento ambiental por tonelada em aterros de menor escala. Pela legislação estadual, todos esses municípios devem cobrar uma taxa de descarregamento que cubra seu custo totalmente alocado, de modo que a redução do custo total médio no longo prazo fornece uma vantagem de preço considerável para o aterro de grande escala da Orange County.

Outra fonte possível de economias de escala para a empresa é *levantar fundos de capital*. Como os custos de flutuação aumentam menos do que proporcionalmente com a extensão da questão de segurança (ações ou obrigações), os custos de flutuação médios por dólar de fundos levantados é menor para empresas maiores. Economias de escala similares também existem no *marketing e na promoção de vendas*. Essas economias de escala podem assumir formas como: (1) descontos em quantidade para garantir propaganda, espaço e tempo na mídia ou (2) a capacidade de uma empresa grande de disseminar os custos fixos de propaganda de cada período sobre maior rendimento.

Deseconomias de escala

Os custos totais médios de longo prazo crescentes em níveis maiores de produção são atribuídos usualmente a **deseconomias de escala**. Uma primeira fonte de deseconomias de escala associadas a uma fábrica individual são os *custos de transporte*. Outra fonte possível de deseconomias da fábrica são as operações inflexíveis para o andamento da produção de um determinado produto, baseadas muitas vezes em previsões bastante imperfeitas do que o mercado-alvo desejava há um ou dois anos.

Deseconomias de escala em relação à empresa resultam de problemas de coordenação e controle enfrentados pelos dirigentes à medida que aumenta a escala de operações. Esses problemas muitas vezes surgem de decisões tardias ou erradas e enfraquecidas ou incentivos gerenciais distorcidos.

> **EXEMPLO** Flexibilidade e eficiência operacional: a planta de Flat Rock da Ford Motor Company[5]
>
> A Ford Motor teve um gasto estimado de US$ 200 milhões no início dos anos 1970 para construir uma planta gigantesca em Flat Rock, Michigan, EUA, para fazer blocos de motor de ferro fundido. A planta produzia exclusivamente blocos V8 em cinco linhas de montagem ultrarrápidas à razão de 8.000 blocos de motor por dia ou 2 milhões por ano. Os executivos da Ford decidiram então fechar a planta de Flat Rock e mudar a produção para uma antiga instalação de blocos de motor em Cleveland. A planta da Ford em Cleveland tinha dez linhas de produção menores e mais lentas;

era claramente a menos eficiente dentre as duas fábricas. No entanto, os executivos da Ford perceberam que custaria menos converter as linhas de produção menores de Cleveland para os novos motores de alto desempenho de seis e quatro cilindros que haviam se tornado populares.

Quando Flat Rock foi projetada, a Ford podia contar com um longo escoamento da produção de V8 por, talvez, 1 milhão de unidades de seu modelo mais popular, o Ford Mustang. Mas então a variedade da linha de produtos se tornou a estratégia fundamental do negócio. Em 1998, os mais vendidos da Ford, o Explorer (383.852 unidades), o Taurus (357.162 unidades) e o Escort (283.898 unidades), refletiam a fragmentação do mercado automobilístico. Apenas as picapes da série F (746.111 unidades) garantiam a escala massiva que deu origem à Flat Rock, mas mesmo os modelos mais populares exigiram apenas cerca de um terço da capacidade do motor da Flat Engine, 2 milhões. Conforme explicou George Booth, gerente de operações da divisão de fundição da Ford, "A Flat Rock foi construída para fazer poucos tipos de blocos em volumes muito grandes. Mas a planta foi desativada por ser pouco flexível na conversão para fabricação de blocos de motor de novos tipos e de diferentes tamanhos. Algumas vezes, você realmente pode ser grande demais".

5 Baseado em artigos de *The Economist*, 11 jan. 2001, p. 58; *AI*, fev. 1998; *Wall Street Journal*, 16 set. 1981 e 12 fev. 2007.

Efeitos globais das economias e deseconomias de escala

Para alguns setores como as indústrias têxteis e moveleiras, os custos totais médios de longo prazo para a empresa permanecem constantes em relação a uma ampla variedade de produtos após se esgotarem as economias de escala. Nesses casos, muitas dimensões de fábricas são coerentes com a produção a custo mínimo conforme mostrado na Figura 8.5. Em outros setores, como a produção de lingotes de aço, os custos médios de longo prazo aumentam em escala muito grande. A presença possível de economias e deseconomias de escala simultaneamente conduz à hipotética função de custo médio de longo prazo em forma de U para uma empresa industrial típica, com uma parte média achatada. Até uma **escala eficiente mínima (EEM)**, isto é, a menor escala na qual se conseguem custos mínimos por unidade, as economias de escala encontram-se presentes. Na maioria dos setores, é possível aumentar significativamente o tamanho da empresa além da EEM, sem incorrer em deseconomias de escala. Os custos médios por unidade são relativamente constantes ao longo dessa faixa extensa de média escala. No entanto, a expansão além da escala eficiente máxima resultará no final em ineficiências gerenciais e custos médios de longo prazo crescentes.

PERSPECTIVAS INTERNACIONAIS
DE QUE MODO AS EMPRESAS JAPONESAS LIDAM COM O PROBLEMA DO TAMANHO[6]

Diversas empresas grandes e bem-sucedidas dos Estados Unidos, como a General Electric, a Hewlett-Packard, a Sara Lee e a Johnson & Johnson, estão tentando lidar com os problemas relativos ao tamanho descentralizando suas operações. Essas empresas estão criando unidades de negócios independentes, cada uma com sua própria responsabilidade de obter lucratividade, oferecendo aos dirigentes mais flexibilidade e liberdade para a tomada de decisão.

De modo análogo às suas equivalentes nos Estados Unidos, as empresas japonesas são em grande parte conjuntos de centenas de companhias individuais. Por exemplo, a Matsushita Electrical Industrial Company é formada por 161 unidades consolidadas. Um outro exemplo é a Hitachi, Ltd., composta por 660 empresas, sendo negociadas em bolsa as ações de 27 dessas empresas. James Abegglen, um especialista em gerenciamento japonês, observou: "Quando surge algo novo... é encaminhado à subsidiária para que o elefante não o postergue e o sufoque. Se tudo der certo, ela se torna uma empresa bem-sucedida em função de sua própria atuação. Caso contrário, ela é desativada".

6 Baseado em um artigo intitulado "Is Your Company Too Big?" *BusinessWeek*, 17 mar. 1989, p. 84-94.

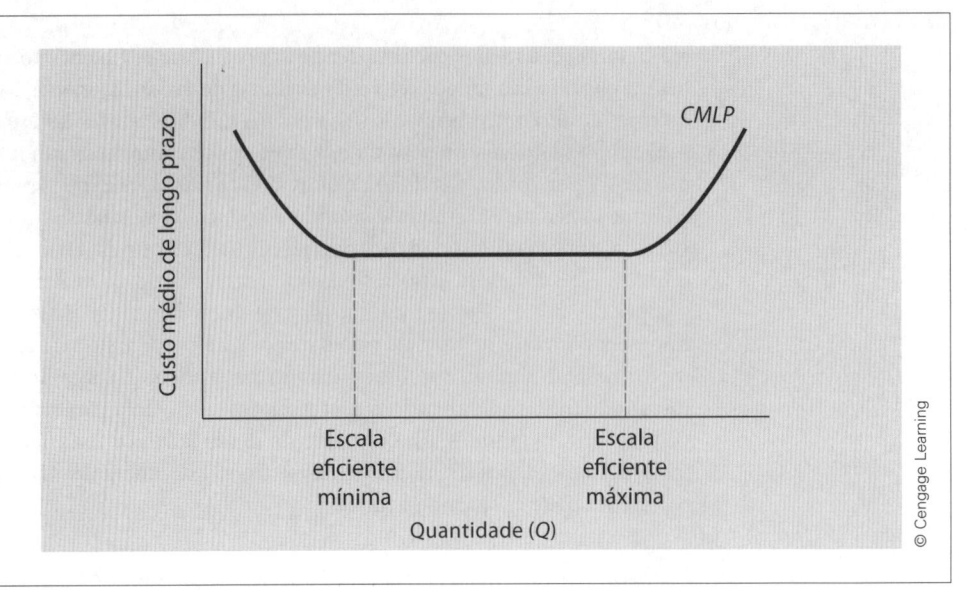

Figura 8.5 Função de custo médio de longo prazo e economias de escala

---

EXEMPLO Veículo com uso intensivo de alumínio baixa a escala mínima de eficiência da Ford[7]

Por décadas, o maior bem fixo em uma linha de montagem automobilística foi uma máquina de estamparia de chassi de US$30 milhões. Essa parte gigantesca do capital de equipamento dobra a chapa de metal, moldando capotas, porta-malas e para-lamas, e pressiona hidraulicamente as placas de aço, moldando o assoalho e as colunas das portas. Como uma máquina de estamparia de chassi possui uma vida útil de trabalho de 600 mil veículos, ela tem sido uma fonte de economia de escala significativa na produção da maioria dos modelos automobilísticos. Apenas os líderes de venda Ford Focus (902.008), picapes da série F (869.001), VW Golf (795.835), Opel Astra (770.003), picape Chevy (644.084) tiveram, em 1999, um volume de vendas suficiente para depreciar completamente uma máquina de estamparia no ano-modelo. A maioria dos modelos de automóveis de menor sucesso vende menos de 100 mil unidades por ano. Portanto, é necessário um período de seis anos para "desgastar" fisicamente uma máquina de estamparia, já que ela faz prensagens repetitivas para um modelo específico.

A Ford deveria alterar os formatos do chassi e os componentes estruturais a cada dois ou três anos para manter o modelo "corrente"? Ou deveria renunciar às mudanças de estilo do chassi e depreciar completamente suas máquinas de estampagem por um período de seis anos ou mais? A primeira decisão exige o descarte de uma máquina com significativa vida útil de trabalho remanescente e a recuperação do investimento de capital de equipamento com um custo unitário muito mais alto por veículo.

Uma abordagem comum para atingir escala suficiente para desgastar uma máquina de estamparia foi exportar o produto para além dos limites dos mercados domésticos e vender o mesmo modelo com nomes diferentes em países diferentes (por exemplo, Ford Focus/Fiesta e VW Golf/Bora/Vento). Outra abordagem foi consolidar empresas por vários continentes (DaimlerChrysler-Mitsubishi, Ford-Volvo-Mazda, GM-Opel-Fiat-Isuzu-Suzuki e Renault--Nissan) para ter acesso a modelos domésticos em mercados estrangeiros.

Uma terceira abordagem foi evitar esse problema clássico de economia de escala, com a produção de estruturas de alumínio ou com maior utilização de termoplásticos. O automóvel com estruturas de alumínio que a Ford está projetando (ou o A2 que a Audi já colocou no mercado) não possui nem a metade do peso dos carros convencionais atuais de aço e chapas de metal. Além do aumento fenomenal do aproveitamento da gasolina e das emissões notadamente reduzidas de CO_2, veículos com uso intensivo de alumínio vão alterar drasticamente a economia de escala da montagem de automóvel. A estrutura de alumínio e os componentes termoplásticos são moldadas, forjados por fusão e extrudados com diferentes espessuras, dependendo de onde a resistência é necessária. Também não exigem uma máquina de estamparia de chassi.

Embora veículos com estrutura de alumínio sejam, em média, 10% mais caros do que os veículos comuns de aço e chapas de metal, a escala mínima de eficiência de um processo de montagem de automóvel com uso intensivo de alumínio é de apenas 50 mil carros. Conforme ilustrado na Figura 8.6, um plano de marketing para produtos de nicho com volume menor, como o Ford Fusion, o Chevy Volt e o Audi A2, pode alcançar a escala mínima de eficiência no Ponto A com essas novas técnicas de produção com alumínio. Anteriormente, com automóveis de aço e chapas de metal, o escoamento da produção nessa escala reduzida resultaria em custos unitários no Ponto B, mais de duas vezes maior do que os de um veículo de 300 mil unidades, como o VW Passat; compare com o Ponto C na Figura 8.6. Discrepâncias de custo dessa grandeza raramente podem ser superadas, não importa quão popular seja o design. Mudando para componentes de termoplásticos e alumínio, os veículos de nicho podem alcançar a competitividade quanto ao custo.

---

7 Baseado em "Aluminum Cars," *The Economist*, 15 abr. 2000, p. 89; *Consumer Report*, abr. 1997, p. 26; "The Global Gambles of GM," *The Economist*, 24 jun. 2000, p. 67; "Daimler-Chrysler Merger," *Wall Street Journal*, 8 maio 1998, p. A10.

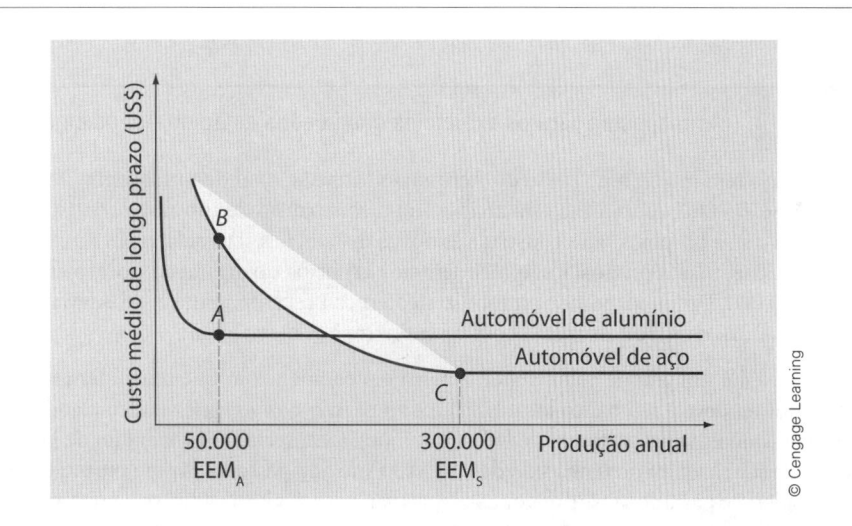

Figura 8.6 Escala eficiente mínima em automóveis

RESUMO

- *Custo* é definido como o sacrifício incorrido sempre que há uma troca ou transformação de recursos.
- Métodos diferentes são utilizados para avaliar os custos, dependendo da finalidade para a qual as informações devem ser usadas. Para preparo de relatórios financeiros, o desembolso histórico de fundos normalmente é a medida apropriada do custo, enquanto para tomada de decisão, muitas vezes é apropriado avaliar o custo em termos das oportunidades rejeitadas ou sacrificadas.
- Uma *função de custo* é uma tabela, um gráfico ou uma relação matemática que indica o custo mínimo alcançável (como o custo total, médio ou marginal) para fabricar várias quantidades do produto.

- Custos totais de curto prazo são iguais à soma dos custos fixos e variáveis.
- *Custo marginal* é definido como o aumento incremental do custo total que resulta do aumento da produção de uma unidade do produto.
- As funções de custo variável médio e custo marginal de curto prazo da teoria econômica têm por hipótese a forma de U, primeiro decrescentes e, em seguida, crescentes à medida que a produção se eleva. Custos decrescentes são atribuídos aos ganhos obtidos com a especialização no uso do capital e da mão de obra. Custos crescentes são atribuídos a rendimentos decrescentes da produção.
- A utilização da capacidade se refere a três conceitos de produção diferentes, dependendo do contexto: taxa otimizada de rendimento para um dado tamanho de fábrica, tamanho otimizado de fábrica para uma dada taxa de rendimento e tamanho otimizado de fábrica que alcança uma escala mínima de eficiência.
- A função teórica de custo médio de longo prazo, é muitas vezes considerada uma função em forma de L, pela presença de economias e deseconomias de escala. *Economias de escala* são atribuídas principalmente aos custos massivos fixos diversificados, enquanto as *deseconomias de escala* são atribuídas principalmente a problemas de coordenação e controle em organizações de grande porte.
- Descontos por volume na compra de insumos e curvas de aprendizado, ambos ocorrendo em razão do volume maior e cumulativo de produção, podem ser diferenciados de efeitos de escala, os quais dependem apenas do índice de produção por período. Frequentemente, as vantagens da curva de aprendizagem aparecem em plantas de pequena escala que estejam aptas a longos processos de produção.
- Os *descontos em volume de insumos* e *vantagens de custo em curvas de aprendizado* diminuem os custos médios variáveis, enquanto as economias de escala diminuem os custos fixos médios.
- *Escala mínima eficiente* é atingida por um índice de produção suficiente para reduzir o custo total médio de longo prazo ao menor nível possível. Menores índices de produção implicam plantas menores para reduzir custos unitários, embora a maiores níveis do que seria possível se o plano de negócios da empresa pudesse sustentar a produção na escala mínima de eficiência.

EXERCÍCIOS

As respostas para os exercícios destacados estão no Apêndice D, no final do livro.

1. A US Airways tem um terreno perto do Aeroporto Internacional de Pittsburgh. O terreno custou originalmente à US Airways US$375.000. A empresa está analisando a construção de um novo centro de treinamento nesse terreno. Ela determinou que a proposta para construir as novas instalações será aceitável se o custo original do terreno for empregado na análise, mas a proposta não atenderá aos critérios de aceitação do projeto se o custo do terreno for maior que US$850.000. Um incorporador imobiliário ofereceu recentemente à US Airways US$2,5 milhões pelo terreno. A US Airways deve construir as instalações de treinamento nesse local?

2. Howard Bowen é um grande cotonicultor. A terra e o equipamento que possui têm um valor atual de mercado de US$4 milhões. Bowen deve a seu banco local US$3 milhões. Ano passado, ele vendeu algodão no valor de US$5 milhões. Seus custos operacionais variáveis foram de US$4,5 milhões; a depreciação contábil foi de US$40.000, embora a diminuição de valor real de seu maquinário tenha sido de US$60.000 no ano passado. Bowen retirou um pró-labore de US$50.000, o qual não é considerado parte de seus custos operacionais variáveis. Os juros sobre seu empréstimo bancário foram de US$400.000. Se Bowen trabalhasse para outro fazendeiro ou um produtor local, sua renda anual seria de aproximadamente US$30.000. Ele pode investir quaisquer fundos que se obteriam, caso a fazenda fosse vendida, para ganhar 10% ao ano. Não considere o imposto de renda.
   a. Calcule o lucro contábil de Bowen.
   b. Calcule o lucro econômico de Bowen.

3. Mary Graham trabalhou durante quinze anos como corretora de imóveis para a Piedmont Properties. Sua renda é de aproximadamente US$100.000 por ano. Ela está pensando em estabelecer sua própria imobiliária. Espera gerar receitas de US$2 milhões durante o primeiro ano. Os salários pagos a seus empregados devem totalizar US$1,5 milhão. As despesas operacionais (isto é, aluguel, material de escritório, água, luz, telefone) devem totalizar US$250.000. Para iniciar o negócio, Mary deve tomar emprestado de seu banco US$500.000 a uma taxa de juros de 15%. O equipamento custará a Mary US$50.000. Ao final do primeiro ano, o valor desse equipamento será de US$30.000, embora as despesas de depreciação para fins de impostos de renda sejam de apenas US$5.000 no primeiro ano.
   a. Determine o lucro contábil (antes do imposto de renda) para esse empreendimento.
   b. Determine o lucro econômico (antes do imposto de renda) para esse empreendimento.
   c. Quais custos dessa empresa são explícitos e quais são implícitos?

4. Complete a tabela a seguir a partir do seu conhecimento das relações entre as várias funções de custo:

Q	CT	CF	CV	CTM	CFM	CVM	CM
0	125						
10							5
20				10,50			
30			110				
40	255						
50						3	
60							3
70				5			
80			295				

5. Uma indústria tem uma capacidade de produção potencial de mil unidades por mês (a capacidade pode ser aumentada 10% caso sejam empregadas fábricas terceirizadas). A indústria normalmente opera a cerca de 80% da capacidade. Operar a fábrica acima desse nível aumenta significativamente os custos variáveis por unidade, por causa da necessidade de pagar salários por hora mais elevados aos trabalhadores qualificados. Para níveis de produção de até 80% da capacidade, o custo variável por unidade é de US$100. Acima de 80% e até 90%, os custos variáveis dessa produção adicional aumentam 10%. Quando a produção está entre 90% e 100% da capacidade, as unidades adicionais custam 25% a mais acima dos custos variáveis unitários para a produção de até 80% da capacidade. Para a produção acima de 100% e até 110% da capacidade, utiliza-se a fabricação terceirizada, e os custos variáveis unitários dessas unidades adicionais são 50% acima daqueles de níveis de produção de até 80% da capacidade. A 80% da capacidade, os custos fixos da indústria por unidade são de US$50. Os custos fixos totais não devem se alterar dentro dessa faixa de produção considerada. Com base nessas informações, complete a tabela a seguir:

Q	CT	CF	CV	CTM	CFM	CVM	CM
500							
600							
700							
800							
900							
1.000							
1.100							

6. A Blair Company tem três fábricas de montagem localizadas na Califórnia, na Geórgia e em Nova Jersey. Previamente, a companhia adquiriu de uma outra empresa um subconjunto básico que se torna parte do produto final. A Blair decidiu produzir os subconjuntos na empresa, e deve analisar agora se aluga uma fábrica central (por exemplo, em Missouri, onde todos os subconjuntos seriam fabricados) ou se aluga três instalações distintas, cada uma localizada perto de uma das fábricas montadoras, onde cada fábrica produziria somente os subconjuntos necessários para a linha de montagem vizinha. Uma instalação única localizada centralmente, com uma capacidade de produção de 18 mil unidades por ano, teria custos fixos de US$900.000 por ano e um custo variável de US$250 por unidade. Três instalações distintas descentralizadas, com capacidade de produção de oito mil, seis mil e quatro mil unidades por ano, teriam custos fixos de US$475.000, US$425.000 e US$400.000, respectivamente, e custos variáveis unitários de somente US$225 por unidade, principalmente por causa da redução dos custos de transporte. Os atuais índices de produção nas três fábricas montadoras são de 6 mil, 4,5 mil e 3 mil unidades, respectivamente.

a. Supondo que os índices de produção correntes sejam mantidos nas três unidades de montagem, que alternativa os dirigentes devem selecionar?

b. Se a demanda pelo produto final aumentasse a capacidade de produção, que alternativa seria mais atraente?

c. Que informações adicionais seriam úteis antes de se tomar uma decisão?

7. A Kitchen Helper decidiu produzir e vender misturadores de alimentos e está analisando três tipos diferentes de instalações produtivas ("fábricas"). A Fábrica A é intensiva em mão de obra, empregando relativamente pouco equipamento especializado. A Fábrica B é uma unidade semiautomatizada que empregaria menos mão de obra do que A, mas também teria custos de equipamentos maiores. A Fábrica C é completamente automatizada, usando mais equipamentos de alta tecnologia de custo elevado e menos mão de obra do que B. A tabela a seguir contém informações sobre os custos operacionais e as capacidades de produção desses três tipos de fábricas.

	Tipo de fábrica		
	A	B	C
Custos variáveis unitários			
Materiais	US$ 3,50	US$ 3,25	US$ 3,00
Mão de obra	4,50	3,25	2,00
Despesas indiretas	1,00	1,50	2,00
Total	US$ 9,00	US$ 8,00	US$ 7,00
Custos fixos anuais			
Depreciação	US$ 60.000	US$ 100.000	US$ 200.000
Capital	30.000	50.000	100.000
Despesas indiretas	60.000	100.000	150.000
Total	US$ 150.000	US$ 250.000	US$ 450.000
Capacidade anual	75.000	150.000	350.000

a. Determine os planejamentos de custo total médio para cada tipo de fábrica para uma produção anual de 25 mil, 50 mil, 75 mil, ..., 350 mil unidades. Para níveis de produção maiores do que a capacidade de uma dada fábrica, suponha que sejam construídas muitas fábricas do mesmo tipo. Por exemplo, para produzir 200 mil unidades na Fábrica A, três dessas fábricas seriam construídas.

b. Com base nos dados de custo calculados no item (a), construa a tabela de custo total médio de longo prazo para a produção de misturadores.

8. A Ferrovia ARA é proprietária de um terreno na área em que possui direito de passagem. O terreno custou originalmente US$100.000 para a ARA. A empresa está analisando a construção de uma nova instalação de manutenção nesse terreno, e determinou que a proposta para construí-la é aceitável se o custo original do terreno for utilizado na análise, mas a proposta não atende ao critério de aceitação do projeto pela empresa se o custo do terreno for superior a US$500.000. Um investidor ofereceu recentemente US$1 milhão à ARA pelo terreno. A ARA deve construir as instalações de manutenção nesse local?

9. A Emerson Corporation, um fabricante de equipamentos de trens de pouso para aviões está tentando desenvolver um modelo de curva de aprendizado que ajude a prever custos de mão de obra para sucessivas unidades de um dos seus produtos. De acordo com dados antigos, a empresa sabe que os custos de mão de obra para produzir as 25ª, 75ª e 125ª unidades foram de US$800, US$600 e US$500, respectivamente. Usando a equação da curva de aprendizado desses custos trabalhistas, $\log C = 3{,}30755 - 0{,}28724 \log Q$, calcule o custo estimado da 200ª unidade de produto. Qual a porcentagem de aprendizado na Emerson?

CASO — ANÁLISE DE CUSTO PARA MÓVEIS DE TERRAÇO

A Leisure Products (LP) produz móveis para o gramado e a área externa de residências. A maioria da sua produção é vendida a lojas de atacado de "faça você mesmo" (exemplo: Lowe's Home Improvement) e para varejistas de ferragens e cadeias de lojas de departamento (Ace Hardware e JCPenney), que então distribuem os produtos em suas respectivas marcas próprias. A LTP não participa de vendas diretas no varejo. No ano passado, a empresa teve vendas de US$35 milhões.

Uma das divisões da LP produz cadeiras dobráveis (de alumínio e vinil). As vendas das cadeiras são acentuadamente sazonais, com 80% do volume de vendas concentrado no período janeiro-junho. Aproximadamente 75% dos empregados horistas (trabalhadores não especializados e semiespecializados) são dispensados (ou gozam férias pagas) durante o período junho-agosto, de produção reduzida. O remanescente da equipe de trabalho, consistindo em dirigentes mensalistas da fábrica (gerentes e supervisores de linha), equipe de manutenção e pessoal administrativo, permanece durante esse período de pouca atividade. Por exemplo, o pessoal de manutenção faz revisões completas da maquinaria durante o período de atividade fraca do verão.

A LP planejou produzir e vender 500 mil dessas cadeiras durante o próximo ano a um preço de venda projetado de US$7,15 por cadeira. O custo unitário foi estimado assim:

Mão de obra direta	US$ 2,25
Materiais	2,30
Despesas indiretas de fábrica	1,15
Despesas administrativas e de vendas*	0,80
TOTAL	US$ 6,50

* Esses custos são alocados a cada unidade do produto com base na produção anual projetada de 500 mil cadeiras.

Uma margem de 10% (US$0,65) foi adicionada ao custo unitário para se obter o preço de venda da empresa de US$7,15 (mais despesas de transporte).

Em maio, a LP recebeu uma proposta das Southeast Department Stores a respeito da possível compra de cadeiras dobráveis para entrega em agosto. A Southeast indicou que colocaria um pedido para 30 mil cadeiras se o preço não excedesse US$5,50 por unidade (mais transporte). As cadeiras poderiam ser produzidas durante o período de vendas fracas, usando o equipamento e a equipe de trabalho da empresa. Horas extras não teriam de ser pagas à equipe de trabalho para atender ao pedido. Os materiais adequados para essa produção encontram-se armazenados (ou podem ser adquiridos aos preços de mercado em vigor) para completar o pedido.

Os dirigentes da LP analisaram se o pedido deveria ser aceito. O contador-chefe da empresa entendia que a empresa *não* deveria aceitar o pedido porque o preço por cadeira era menor que o custo total e não contribuía para os lucros da companhia. O economista-chefe da LP argumentou que a empresa deveria aceitar o pedido *se* a receita incremental excedesse o custo incremental.

As seguintes definições de contabilidade de custos podem ser úteis para a análise dessa decisão:

- Mão de obra direta – custos de mão de obra incorridos para transformar a matéria-prima em produto acabado.
- Material – matérias-primas que entram e tornam-se parte do produto final.
- Despesas gerais da fábrica – todos os custos, com exceção de mão de obra direta e materiais, associados ao produto, incluindo-se os salários pagos aos empregados que não trabalham diretamente com o produto, mas cujos serviços estão relacionados com o processo de produção (como gerentes de linha, pessoal de manutenção e limpeza), aquecimento, luz, força, suprimentos, depreciação, impostos e seguro dos ativos empregados no processo de produção.
- Custos de venda e distribuição – custos incorridos para realizar as vendas (por exemplo, despesas de faturamento e cobrança e remuneração dos vendedores), estocar o produto e despachá-lo ao cliente (neste caso, o cliente paga todos os custos de despacho).
- Custos administrativos – itens não relacionados nas categorias anteriores, incluindo-se custos gerais e da área de diretoria, pesquisa, desenvolvimento, custos de engenharia e itens diversos.

Questões

1. Calcule o custo incremental (isto é, marginal) por cadeira para a LP caso aceite o pedido da Southeast.

2. Que suposições você fez para calcular o custo incremental solicitado na pergunta 1? Que informações adicionais seriam úteis para fazer esses cálculos?
3. Com base em suas respostas às perguntas 1 e 2, a LP deveria aceitar o pedido da Southeast?
4. Que considerações adicionais poderiam levar a LP a rejeitar o pedido?

Margens de lucro do Kindle da Amazon[8]

O novo tablet da Amazon, o Kindle Fire, tem margens pequenas em seu preço de varejo, US$199. Reconhecidamente, esse produto tenta mudar a forma como lemos livros. Portanto, ele é posicionado para penetrar em um novo e revolucionário mercado-alvo, de vinte e poucos anos, que não se sente confortável em carregar cópias físicas dos seus livros didáticos, romances, jornais ou revistas.

Seguem dados sobre custos com componentes de *hardware*, licenciamento de *software* e outros: visor da tela US$35, *touchscreen* US$25, mão de obra de montagem US$11, bateria US$12, chip de processor US$18, campanha de propaganda US$7, chip de memória DRAM US$5, licenças de software US$37, módulo de memória de 8 GB US$8, *wireless* WiFi/Bluetooth US$6, *hardcase* e outros materiais US$34, despesas com R&D US$12, despesas gerais US$14.

Questões

1. Categorize os custos listados como variáveis ou fixos e calcule um percentual de margem de contribuição, definido como o preço líquido menos os custos variáveis como proporção do preço líquido de vendas.
2. Você espera que o percentual de margem de contribuição do tablet Kindle exceda as margens de handset de 13 a 17% da Samsung, RIM e Nokia? Justifique sua resposta.
3. E os iPads da Apple? Por que suas margens seriam maiores? Especifique.

---
8 "Slim Profit for Amazon Kindle," *Wall Street Journal* (18 nov.), p. B4.

CAPÍTULO 9

Aplicações da teoria de custos

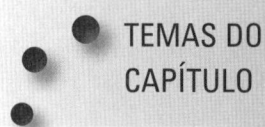

TEMAS DO CAPÍTULO

Este capítulo examina algumas das técnicas desenvolvidas para estimar as funções de custo de processos de produção em empresas. No curto prazo, o conhecimento da função de custo de uma empresa é essencial ao se decidir a aceitação de um pedido adicional, talvez por menos que o "custo integral", seja para a programação de horas extras, seja para o fechamento temporário da fábrica e decisões similares de curto prazo. No longo prazo, o conhecimento das relações da função de custo determinará os investimentos de capital que a empresa fará, a tecnologia de produção que escolherá, os mercados nos quais poderá decidir entrar e os novos produtos que poderá produzir. A primeira parte do capítulo examina diversas técnicas para estimar empiricamente as funções de custo de curto e de longo prazos. A segunda parte lida com a análise do ponto de equilíbrio e da margem de contribuição, uma aplicação da teoria de custos que é útil para examinar a lucratividade das operações de uma empresa.

Desafio gerencial

Como exatamente a informatização e a tecnologia da informação baixaram custos na Chevron, Timken e Merck?[1]

A informatização aumentou a produção por funcionário e, portanto, baixou custos com mão de obra da unidade no processamento de reclamações de seguro ou na fotocomposição de jornais e revistas. Os computadores pessoais diminuíram em muito o tempo e o talento exigidos para a realização da rotina de trabalho anteriormente feita com formulários de papel e tarefas humanas repetitivas e demoradas. Entretanto, nem todo negócio usa um grande número de PCs. Como a informatização e a tecnologia da informação têm aumentado a produtividade e baixado custos de forma tão expressiva em outros setores?

Um dos fatores-chave parece ser a capacidade aprimorada de P&D e análise fornecida por computadores e sistemas de tecnologia da informação (TI). A Chevron Corporation chegou a gastar de US$2 milhões a US$4 milhões para perfurar entre 10 e 12 poços exploratórios antes de encontrar petróleo. Hoje, a Chevron encontra petróleo a cada cinco poços. O motivo para a economia de custos é uma nova tecnologia que lhe permite exibir gráficos tridimensionais dos prováveis depósitos de petróleo e gás em campos petrolíferos em potencial. Novos processadores rápidos paralelos permitem a modelagem da simulação em 3D com maior intensidade de cálculos. Usando apenas dados sísmicos como entradas, a Chevron agora pode fazer um modelo de como os depósitos de petróleo e gás se deslocam e fluem à medida que um campo descoberto é bombeado. Esse modelo permite uma localização muito mais precisa de poços secundários. Como resultado, os custos globais de produção caíram 16% em toda a indústria, apesar das locações de segunda e terceira escolha para exploração e desenvolvimento.

A Timken, um fabricante de rolamentos de esferas, de valor de mercado de US$4 bilhões, também usou a modelagem digital 3D para reconfigurar os processos de produção e implementar pequenas rodadas de produção para produtos com alta margem de lucro. As novas instalações da Timken na Carolina do Norte constituem o chamado *sistema industrial flexível,* em que a tomada de pedidos, a personalização limitada de projetos, o planejamento da produção e a própria fábrica em si são todos habilitados e conectados em rede por TI. As ferramentas da máquina conectadas em rede tornam possível fabricar de acordo com o pedido com especificações precisas passíveis de entrega em até quatro horas, em vez de manter estoques enormes de submontagens ou pedir que os clientes esperem de seis a oito semanas, como era a prática antes da TI. A Nissan estimou recentemente que US$3.600 do preço final de um automóvel estão vinculados às despesas em estoque. O sistema de produção de acordo com o pedido poderia gerar uma economia de até US$50 bilhões por ano para o setor dos US$80 bilhões de custos de estocagem.

O setor de P&D farmacêutico tem experimentado um benefício semelhante com a informatização. A pesquisa básica do setor sobre um medicamento sempre começa com a montagem da estrutura bioquímica ou biogenética do mecanismo da doença. No passado, uma vez compreendido o mecanismo da doença de Hodgkins ou câncer pancreático, os pesquisadores da Merck ou Pfizer experimentavam compostos ativos conhecidos um por um em testes químicos demorados. Terapias bem-sucedidas surgiam apenas depois de testes em humanos com compostos promissores que mostravam eficácia com poucos efeitos colaterais. O tempo total para introdução de um novo fármaco, muitas vezes, era de mais de uma década e consumia US$1,5 bilhão em investimentos.

Hoje, a primeira fase do processo de pesquisa básica permanece quase a mesma, mas a segunda fase de pingar substâncias químicas em cápsulas de Petri terminou. Em vez disso, as máquinas controladas e automatizadas por microchips apresentam milhares de reações de uma vez e registram os resultados. Os pesquisadores humanos então pegam os reativos mais prováveis e realizam muito mais experiências promissoras que culminam em testes com pessoas. O tempo total para descoberta foi diminuído em mais de dois terços, e todos os custos relacionados têm caído nitidamente.

Questão para discussão

- Cite uma empresa que você acredita ter vivenciado um declínio nos custos atribuível à informatização. Os custos variáveis foram reduzidos? O aumento dos custos fixos estava envolvido? Parece óbvio que o custo médio total (CMT) tenha diminuído? Explique.

---

1 Baseado em The Innovators: The Rocket Under the High-Tech Boom. *Wall Street Journal,* 30 mar. 1999; Mass Customization. *The Economist,* 14 jul. 2001, p. 64-67; The Flexible Factory. *BusinessWeek,* 5 maio 2003, p. 90-101.

ESTIMATIVA DE FUNÇÕES DE CUSTO

Para tomar decisões otimizadas de produção e precificação, a empresa deve ter conhecimento do formato e das características de sua função de custo de curto prazo. Função de custo é um cronograma, gráfico ou relação matemática que mostre o custo marginal, total ou médio de várias quantidades de produção. Para decidir se deve aceitar ou recusar um pedido oferecido a determinado preço, a empresa deve identificar exatamente quais custos variáveis e custos fixos diretos o pedido acarreta. A capacidade de estimar funções de custo de curto prazo é, portanto, crucial. Em contrapartida, a função de custo de longo prazo é associada ao período de planejamento a longo prazo, no qual todos os insumos do processo de produção são variáveis e nenhuma restrição é colocada no montante de insumo que pode ser empregado no processo de produção. Consequentemente, todos os custos, incluindo os fixos indiretos, como custos de instalação de matriz, são evitáveis e, logo, relevantes para a estimativa de custo.

Problemas na definição e medida de custos

Lembre-se de que o custo econômico é representado pelo valor de oportunidades perdidas, enquanto a contabilização de custos é medida pelas despesas incorridas. Algumas empresas registram o custo de sua própria produção (carvão, urânio, petróleo bruto ou gás natural), enviada posteriormente para suas operações de refino e processamento como despesas do preço de mercado mundial ocorridas no dia do envio (por exemplo, pelo seu custo de oportunidade).

Outras empresas são tão responsáveis por estes mesmos recursos quanto pelos seus gastos próprios. Se os custos de extração atual da empresa sendo analisados são baixos (como carvão do Kentucky ou petróleo do Golfo Pérsico), estes dois métodos de custo irão divergir. Isso ocorre porque o equilíbrio do preço de mercado de carvão, petróleo ou gás natural é sempre determinado pelo custo consideravelmente mais alto do produto marginal mais caro atualmente na linha (por exemplo, mineração a céu aberto com recuperação mandatada, uma plataforma de petróleo no Mar do Norte ou a extração de gás natural com tecnologia de fraturamento hidráulico a 1500 metros de profundidade).

Problemas semelhantes surgem na medição de custos variáveis (isto é, custos que variam com a produção). Algumas companhias empregam apenas custos diretos contábeis, incluindo materiais, suprimentos, custos de mão de obra direta e quaisquer custos fixos diretos evitáveis através da recusa do pedido de lote em questão. Os custos diretos excluem todas as despesas gerais e qualquer outro custo fixo que tenha de ser alocado (chamados custos fixos indiretos). Para decisões em lote sobre aceitar ou recusar um pedido para uma proposta de voo aéreo fretado, uma rodada de produção especial, ou uma alteração num pedido proposto pelo cliente, essas estimativas de custos variáveis mais custos fixos diretos são necessárias. No entanto, para outras questões, como oferta de um projeto personalizado, alguns custos contábeis indiretos para o sistema de TI que permitiriam um projeto personalizado seriam uma inclusão apropriada nos dados de custo.

Várias outras questões relacionadas à medição de custo surgem com a depreciação. Conceitualmente, a depreciação pode ser dividida em dois componentes: a *depreciação pelo tempo*, que representa a diminuição em valor de um recurso associado à passagem do *tempo*, e a *depreciação por uso*, que representa a diminuição de valor associado ao *uso*. Por exemplo, aeronaves que não estão sendo usadas e que ficam temporariamente "estacionadas" no deserto sofrem apenas depreciação de tempo. Essa depreciação pelo tempo é completamente independente da taxa de produção em que o ativo é realmente operado. Como apenas a depreciação por uso varia com a taxa de produção, só esta é relevante ao se determinar a forma da relação custo-produção. No entanto, os dados contábeis da depreciação raramente separam os custos relativos à depreciação por uso. Em vez disso, a depreciação do valor contábil de um ativo durante seu ciclo de vida é normalmente determinada por regulamentos fiscais arbitrários.

Por fim, os valores ativos de capital (e seus custos de depreciação associados) são, em geral, declarados em termos de custos históricos em lugar de ser em termos de custos de substituição. Em períodos de níveis de preço rapidamente crescentes, essa abordagem tenderá a suavizar os custos efetivos de depreciação econômica. De forma similar, em indústrias com uma obsolescência rápida ou, por vezes, lenta, como a indústria de chips de computadores, os cronogramas de depreciação, aplicados ao custo histórico, tendem a relatar erroneamente a perda do valor patrimonial para inventários. Essas limitações devem ser levadas em conta quando se interpreta a relação de custo de produção para empresas de capital intensivo, como a Delta e Intel.

Controle de outras variáveis

Além de ser uma função do nível de produção da empresa, o custo é uma função de outros fatores, como o mix de produção, tamanho das rodadas de produção, absenteísmo e movimentação de funcionários, métodos de produção, custos de insumos e eficiência administrativa.

Para isolar a relação custo-produção em si, é preciso controlar essas outras influências:

- *Reduzindo ou dessazonalizando os dados de custo*. Sempre que os salários ou os preços de matéria-prima mudam significativamente no período de análise, é possível deflacionar os dados de custo de forma a refletir essas mudanças nos preços dos fatores. Desde que os índices de preço apropriados estejam disponíveis ou

possam ser gerados, os custos incorridos em pontos diferentes do tempo podem ser corrigidos em valores com poder aquisitivo equivalente.[2]
- *Usando a análise de regressão múltipla.* Suponha que uma empresa acredita que os custos devam cair gradualmente com o passar do tempo como resultado de sugestões inovadoras dos funcionários. Uma forma de incorporar esse efeito na equação de custo é incluir uma tendência de tempo *t* como uma variável explicativa adicional.
- *Economias de escopo.* Outras variáveis de controle incluem o número das linhas de produto, o número de segmentos de cliente e o número de canais de distribuição.

A forma da função polinomial empírica da relação custo-produção

A função de custo total de curto prazo (*CTC*), como hipoteticamente mostrado na teoria econômica, é uma curva em forma de S que pode ser representada por uma relação cúbica:

$$CTC = a + bQ + cQ^2 + dQ^3 \qquad [9.1]$$

As funções de custo médio e marginal no formato familiar em U, então, podem ser derivadas dessa relação. A função de custo marginal associada é

$$CMA = \frac{d(CTC)}{dQ} = b + 2cQ + 3dQ^2 \qquad [9.2]$$

A função do custo total médio é

$$CTM = \frac{CTC}{Q} = \frac{a}{Q} + b + cQ + dQ^2 \qquad [9.3]$$

A função do custo total cúbica e suas funções de custo total marginal e médio são mostradas na Figura 9.1(a). Se os resultados de uma análise de regressão indicarem que o termo cúbico (Q^3) não é estatisticamente significativo, então o custo total de curto prazo pode ser representado por uma relação quadrática:

$$CTC = a + bQ + cQ^2 \qquad [9.4]$$

como ilustrado na Figura 9.1(b). Nesse caso quadrático, os custos totais aumentam a uma taxa crescente ao longo do alcance operacional típico dos níveis de produção. As funções do custo médio e marginal associadas são

$$CMR = \frac{d(CTC)}{dQ} = b + 2cQ \qquad [9.5]$$

$$CTM = \frac{CTC}{Q} = \frac{a}{Q} + b + cQ \qquad [9.6]$$

Como pode ser visto na Equação 9.5, essa relação de custo total quadrática indica o aumento linear dos custos marginais à medida que o nível de produção aumenta. Aumento do custo marginal ($c > 0$) é característico de muitos ambientes de produção, porque, basicamente, isso reflete retornos decrescentes. Por outro lado, algumas empresas de serviços informativos, como IBM Global Services ou companhias de software com base em rede, como a Microsoft, podem experimentar por vezes um aumento dos rendimentos e um declínio dos custos marginais na aquisição de clientes e no atendimento destes ($c < 0$).

---

[2] Duas suposições estão implícitas nessa abordagem: nenhuma substituição ocorre entre insumos à medida que os preços mudam, e as mudanças no nível de produção não têm nenhuma influência nos preços dos insumos. Para instalações mais automatizadas que incorporam apenas pessoal de manutenção, engenheiros da fábrica e suprimentos de material, essas suposições se ajustam à realidade do processo de produção de maneira bastante apropriada.

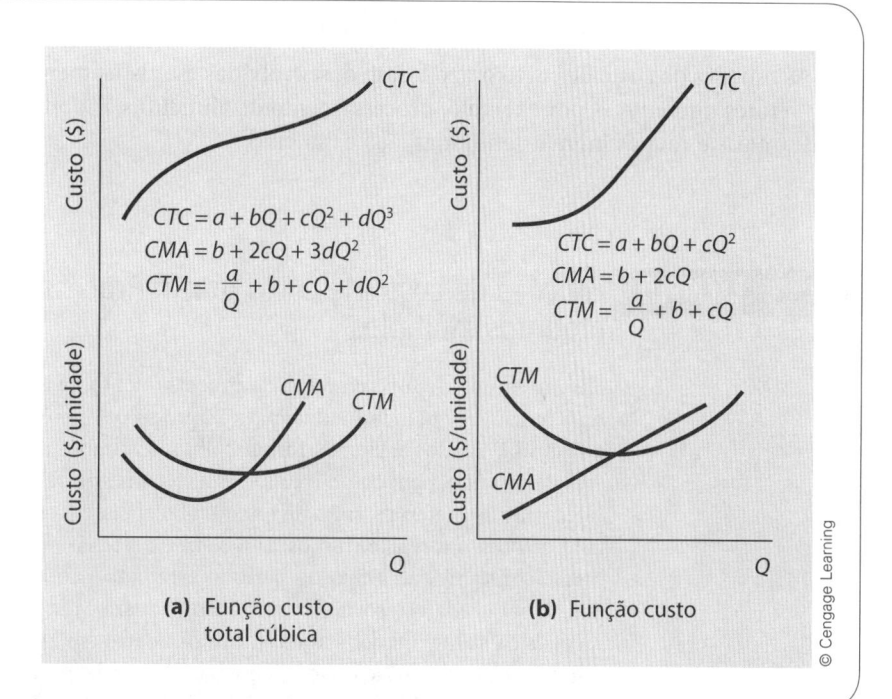

Figura 9.1 Relações custo-produção polinomiais

(a) Função custo total cúbica

$CTC = a + bQ + cQ^2 + dQ^3$
$CMA = b + 2cQ + 3dQ^2$
$CTM = \dfrac{a}{Q} + b + cQ + dQ^2$

(b) Função custo

$CTC = a + bQ + cQ^2$
$CMA = b + 2cQ$
$CTM = \dfrac{a}{Q} + b + cQ$

O QUE DEU CERTO • O QUE DEU ERRADO

Boeing: custo marginal crescente dos aviões de grande porte[3]

A Boeing e a Airbus fornecem todos os jatos de grande porte que o mundo necessita. Boeings 747, 767 e 777 normalmente têm de 60% a 70% de participação no mercado mundial, mas a Airbus aceitou a maior parte dos novos pedidos em 1994-1995 e dobrou sua produção de 126 para 232 aviões por ano. Alguns analistas consideram que a Boeing deveria ter desistido de um maior número de pedidos de aviões de grande porte. Por quê?

Uma razão é que, até recentemente, os pedidos incrementais na Boeing exigiam o redesenho e a duplicação de milhares de projetos de engenharia que determinam como 200 mil empregados produzem qualquer avião de um cliente específico. Em vez de produzir customização em massa a partir de plataformas comuns, a Boeing monta um avião por vez com novos desenhos para cada pedido de avião de grande porte no valor de US$150 milhões. No final, os custos variáveis incrementais devem elevar-se à medida que os projetistas e a área de produção ficam sobrecarregados de novas instruções e novos projetos.

Com uma carteira de pedidos não atendidos de quase mil aeronaves para toda a empresa em meados da década de 1990, a Boeing elevou a produção de 180 para 560 jatos comerciais por ano. Na unidade de montagem final para aviões de grande porte da Boeing, a capacidade de produção aumentou de 15 para 21 por mês, isto é, 40%. Para aumentar nesse grau os índices de produção foi preciso separar estações de montagem que representavam gargalos, em processos paralelos que acarretam a contratação de trabalhadores de montagem adicionais ou enormes quantidades de horas extras. A Boeing também contratou mais subcompostos. Separar estações de montagem que representam gargalos ou adquirir externamente subconjuntos aumentam substancialmente os custos variáveis.

Os preços de aviões de fuselagem larga não aumentaram por causa da intensa pressão competitiva da Airbus, contudo, os custos marginais da Boeing certamente aumentaram. Como resultado, durante certo tempo no final da década de 1990, todo avião de fuselagem larga entregue apresentava um preço menor do que seu custo variável adicional (por exemplo, uma margem negativa de lucro de operação). É claro que eventualmente tais pedidos deveriam ser recusados. Em 2000, a Boeing voltou a produzir uma taxa de rendimento mensal de 15 aviões de fuselagem larga, a fim de restabelecer sua rentabilidade. Atualmente, aviões 747-400 bem equipados apresentam um alto rendimento de US$45 milhões em lucros operacionais sobre seu custo variável.

---

3 Baseado em Boeing's Trouble. *Wall Street Journal*, 16 dez. 1998, p. A23; e em uma visita à fábrica de Everett, Washington.

Exemplos de funções de custo de curto prazo estimadas estatisticamente

As funções de custo de curto prazo foram desenvolvidas estatisticamente para empresas em um grande número de setores diferentes – por exemplo, processamento de alimentos, mobiliário, ferrovias, gasolina, carvão, eletricidade, meias e roupas íntimas femininas, aço e cimento.

EXEMPLO — Funções de custo de curto prazo: Processamento de alimentos para produtos múltiplos

Em um estudo de uma empresa de processamento de alimentos britânica, Johnston construiu uma função de custo individual para 14 produtos diferentes e uma função de custo global para a empresa.[4] Dados semanais foram colhidos durante nove meses na produção física de cada tipo de produto, bem como o total de custos diretos de cada produto (subdivididas nas quatro categorias de materiais, mão de obra, embalagem e frete). Os custos indiretos (como salários, mão de obra indireta, encargos da fábrica e despesas de laboratório) permaneceram razoavelmente constantes ao longo do período estudado e foram excluídos da análise. Um índice de preços para cada categoria de custos diretos para cada produto foi obtido das fontes governamentais e usado para deflacionar todos os quatro conjuntos de custos de insumos, permitindo um custo direto deflacionado semanal para cada produto. Para os produtos individuais, a produção foi medida por produção física (quantidade). Para a empresa como um todo, um índice de produção agregada foi gerado ponderando as quantidades de cada produto por seu preço de venda e somando todos os produtos produzidos a cada período.

Para os 14 produtos diferentes e para a empresa no geral, a função de custo linear apresentou um excelente ajustamento aos custos diretos e à produção. Portanto, Johnston concluiu que o total de custos diretos era uma função linear da produção e os custos marginais eram constantes por todos os níveis de produção observados.

[4] Veja Jack Johnston. *Statistical Cost Analysis*. Nova York: McGraw-Hill, 1960.

EXEMPLO — Funções de custo de curto prazo: geração de energia[5]

Outro estudo realizado por Johnston sobre os custos de geração de energia elétrica na Grã-Bretanha desenvolveu funções de custo de curto prazo para uma amostra de 17 empresas a partir dos dados anuais de custos de produção em cada uma. Para satisfazer as condições básicas subjacentes à função de custo de curto prazo, apenas as empresas cujo capital investido em equipamentos permaneceu constante em montante durante o período foram incluídas na amostra. A variável de produção foi medida em quilowatt-hora (kWh). O custo variável incluiu (1) combustível; (2) salários; e (3) reparos e manutenção,[6] óleo, água e lojas. Cada uma das três categorias de custo foi deflacionada usando-se um índice de preço apropriado. Uma função polinomial cúbica com uma variável de tendência de tempo linear adicional foi ajustada para cada um dos 17 conjuntos de observações de custo-produção.

Os resultados desse estudo *não* sustentaram a existência de uma função de custo não linear cúbica ou quadrática. O termo cúbico, Q^3, não foi estatisticamente significativo em qualquer uma das regressões, e o termo quadrático, Q^2, foi estatisticamente significativo em apenas 5 das 17 equações de custo. Uma função de custo total linear típica é fornecida por

$$C = 18,3 + 0,889Q - 0,639T$$

em que C = custos variáveis de geração, Q = produção anual (milhões de quilowatt-hora), e T = tempo (anos). A equação "explicou" 97,4% da variação na variável de custo.

Os resultados dos dois estudos de Johnston são semelhantes àqueles de muitos outros sobre custo – isto é, que o total de custos em curto prazo tende a aumentar *linearmente* durante os ciclos de produção para os quais os dados de custo de produção sejam disponibilizados. Em outras palavras, os custos médios de curto prazo tendem a cair e os custos marginais a ser constantes durante o clico operacional "típico" ou "normal" da empresa. Com taxas de produção mais altas, esperaríamos observar aumentos exponenciais no custo total e elevação no custo marginal. Mas, é claro, essa situação é exatamente o que as empresas tentam evitar. Lembre-se da experiência da Boeing produzindo aviões 747 demais por mês.

---

5 Ibid., p. 44-63.

6 O custo de manutenção não corresponde exatamente aos custos variáveis, a menos que a manutenção não seja programada e ocorra para compensar o desgaste de uso. A manutenção programada, como uma inspeção de segurança trimestral de linha de montagem ou um certificado para aviões de navegabilidade aérea emitido pela FAA (Federal Aviation Administration órgão do governo dos EUA que coordena as atividades de aeroportos e empresas aéreas de país [N.T.]) é um custo fixo indireto não rastreável a linhas de produto individuais.

Estimativa estatística de funções de custo de longo prazo

Os custos de longo prazo podem ser estimados por um período significativo de tempo em uma única instalação fabril (dados em séries temporais) ou com várias instalações fabris operando em diferentes níveis de produção (dados em *cross-section*). O uso de dados em *cross-section* presume que cada empresa está usando sua fábrica e seus equipamentos fixos e insumos variáveis para alcançar a mínima produção de CMEL para essa extensão de fábrica, paralelamente aos envelopes de curva CMEC que estudamos no Capítulo 8.

O uso de dados em séries temporais presume que os preços de insumos, a tecnologia de produção e os produtos oferecidos à venda permanecem inalterados. Logo, ambos os métodos exigem suposições heroicas, mas os dados em *cross-section* são mais prevalecentes nas estimativas de funções de custos em longo prazo.

Determinação da escala ótima de uma operação

O tamanho no qual uma companhia deve tentar estabelecer suas operações depende da extensão das economias de escala e da dimensão do mercado. Algumas empresas podem operar ao custo unitário mínimo em uma

---

EXEMPLO Funções de custo em longo prazo: geração de energia[7]

Em um estudo em *cross-section* das companhias de energia elétrica dos Estados Unidos, Christensen e Greene foi usado um modelo logarítmico para teste de presença de economias e deseconomias de escala. A curva de custo médio de longo prazo (*CMEL*) usando dados sobre 114 empresas é mostrada na Figura 9.2. A barra abaixo do gráfico indica o número de empresas em cada intervalo. Abaixo de 19,8 bilhões de kWh (seta à esquerda do gráfico), economias significativas de escala foram encontradas. As 97 empresas nesse limite foram responsáveis por 48,7% da produção total. Entre 19,8 bilhões e 67,1 bilhões de kWh (seta à direita do gráfico), não havia economias significativas de escala. As 16 empresas nesse limite foram responsáveis por 44,6% da produção total. Acima de 67,1 bilhões de kWh, deseconomias de escala (uma empresa e 6,7% da produção total) foram encontradas.

---

7 Baseado em L. R. Christensen e W. H. Greene. Economies of Scale in U.S. Electric Power Generation. *Journal of Political Economy* 84, n. 4, ago. 1976.

escala muito reduzida. Considere um camelô que vende casacos de couro. Cada venda adicional de um camelô acarreta custos variáveis do casaco, alguns minutos de dedicação de mão de obra direta para responder a perguntas dos clientes potenciais e um pequeno custo alocado associado à van ou outro veículo no qual o estoque é armazenado e transportado de uma rua para outra. Noventa por cento do custo operacional correspondem ao custo variável de um casaco de couro adicional por venda adicional. O custo médio de longo prazo será constante e aproximadamente igual ao custo no atacado de um casaco de couro e, em consequência, uma operação em pequena escala será quase tão eficiente como as operações em grande escala.

No entanto, em usinas hidroelétricas, ocorrem poucos custos variáveis de qualquer espécie. Em vez disso, praticamente todos os custos são custos fixos associados à aquisição das terras que serão inundadas, à construção da represa e à aquisição do equipamento de grande porte para geração de energia. Em seguida, todos os insumos variáveis necessários são alguns engenheiros e empregados de manutenção. Por isso, uma usina hidroelétrica tem custos médios totais de longo prazo que diminuem continuamente à medida que a companhia dilui seus custos fixos pelas vendas adicionais por meio do fornecimento de energia a um número cada vez maior de residências. De modo similar, as linhas de distribuição (as redes de alta-tensão e os condutos elétricos vizinhos) constituem uma operação com custos fixos elevados e custos variáveis reduzidos. Portanto, no setor de energia elétrica as operações em grande escala incorrem em um custo unitário menor que o das operações em escala reduzida, conforme demonstrado na Figura 9.2.

A contratação livre (ou *freewheeling,* em inglês) na indústria de energia elétrica tem efeitos semelhantes ao acesso de sinais de TV por satélite. Quando os compradores de eletricidade industrial e comercial (por exemplo: uma grande fábrica de montagem ou um grande hospital) tiveram permissão, em janeiro de 2003, para contratar livremente provedores de energia a baixo custo em qualquer lugar no estado ou até mesmo em vários estados, o setor de utilidades públicas local experimentou "custos irrecuperáveis". Isto é, os altos custos fixos iniciais para construir represas, usinas de energia e linhas de distribuição foram deixados para trás à medida que o volume de vendas diminuía e os clientes optavam pela autonomia. Se os custos envolvidos tivessem sido principalmente variáveis, as empresas fornecedoras de energia locais poderiam simplesmente cortar custos e operar proveitosamente em uma escala menor. Infelizmente, porém, os custos são quase todos fixos e inevitáveis, então os custos unitários irão subir fatalmente à medida que o número de clientes servidos diminuir.

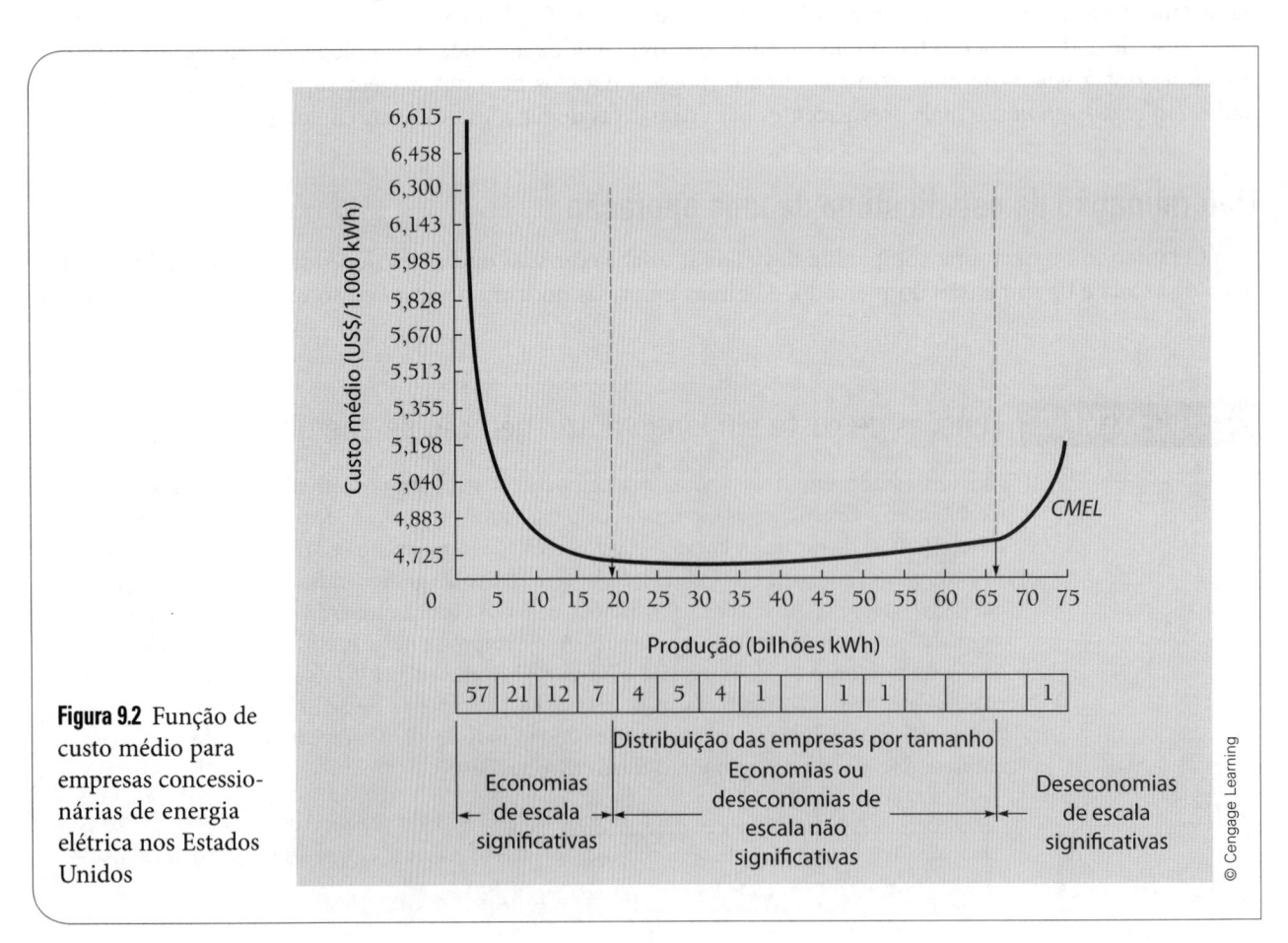

Figura 9.2 Função de custo médio para empresas concessionárias de energia elétrica nos Estados Unidos

EXEMPLO Economias de escala no setor tradicional de TV a cabo: Time-Warner[8]

TV a cabo satélite tradicionais têm características de custos semelhantes às de energia elétrica. Uma vez colocada o satélite ou a fiação, os custos incrementais de ampliação dos serviços para outra casa são pequenos. A medida das economias de escala nesses setores pode garantir o licenciamento de apenas uma companhia de TV a cabo ou um único satélite. Na verdade, os municípios vêm historicamente emitindo um contrato de serviço exclusivo para tais utilidades públicas. O argumento é que uma empresa poderia servir todo o mercado a custos muito mais baixos que várias empresas dividindo o mercado e, portanto, falhando em realizar todas as economias de escala disponíveis.

Contudo, lembre-se de que a escala de operação favorável de qualquer instalação, até mesmo uma instalação com custos decrescentes, é limitada pela extensão do mercado. A expansão do mercado de TV a cabo sempre foi limitada pela disponibilidade de videocassetes, DVDs, e serviços de aluguel de filmes como NetFlix e Redbox, pois eles são substitutos baratos e de entretenimento conveniente. Como resultado, as economias potenciais de escala sugeridas por estudos de engenharia industrial para operações de TV de cabo nunca foram completamente realizadas.

Além disso, tanto as companhias de TV a cabo quanto as de satélite estão agora enfrentando novas tecnologias alternativas sem fio. A televisão digital por satélite e os Smartphones entraram com toda força no mercado antes reservado exclusivamente para empresas de comunicação licenciadas. Como resultado, o custo médio da unidade nesses negócios feitos com base em cabos aumentou de B para A à medida que o volume diminuía (veja a Figura 9.3). Por isso, o preço exigido para o equilíbrio necessariamente subiu. É claro que, quanto mais alto o preço para cobrir custos, mais clientes as empresas de TV de cabo e Satélite perdem para as alternativas sem fio.

---

8 Veja W. Emmons e R. Prager. The Effects of Market Structure in the U.S. Cable Television Industry. *Rand Journal of Economics* 28, n. 4, inverno 1997, p. 732-50.

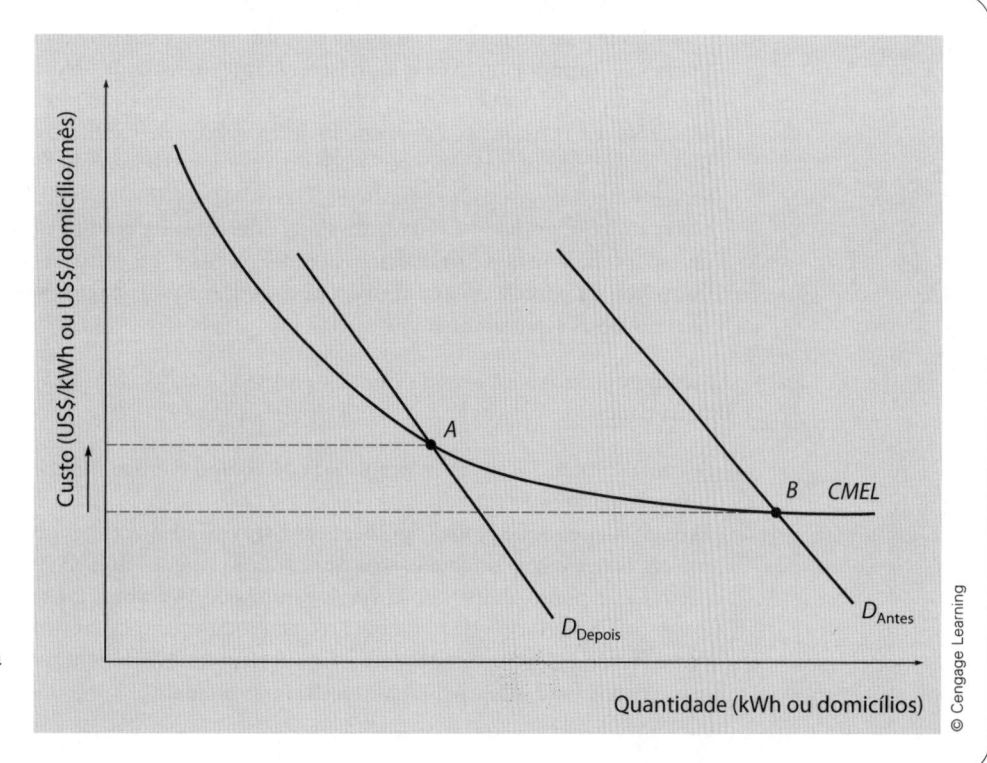

Figura 9.3 Custos fixos empatados em eletricidade autônoma e sinais de TV por satélite

Economias de escala *versus* economias de escopo

As economias de escopo acontecem sempre que os insumos podem ser compartilhados na produção de produtos diferentes. Por exemplo, no setor aéreo, tanto o custo de transporte de passageiros como o fretamento de um único avião é menor que o custo de dois aviões para transportar passageiros e fretamento em separado. Da mesma forma, bancos comerciais que administram créditos aos clientes por cartão de crédito e empréstimos para financiamento de imóveis podem fornecer cada atividade a custo mais baixo do que se oferecidos separadamente. Essas economias de custo ocorrem de modo independente da escala de operações; então, são diferentes das economias de escala.

EXEMPLO Economias de escopo no setor bancário

Vários estudos empíricos tentaram estimar as economias de escala e de escopo no setor bancário, que inclui bancos comerciais, associações de poupança e empréstimo e associações de crédito. As possíveis fontes de economias de produção em instituições financeiras incluem o seguinte:

- *Mão de obra especializada.* Uma instituição depositária maior pode empregar mais mão de obra especializada (por exemplo: programadores de computador, gerentes de caixa, especialistas em investimento e analistas de crédito) na produção de seus serviços. Se as habilidades desses funcionários resultam no processamento de um volume mais alto de depósitos e contas de empréstimo pela unidade de trabalho, então, instituições maiores experimentarão custos mais baixos com mão de obra por unidade em comparação a instituições pequenas.
- *Tecnologia em computadores e telecomunicações.* Uma vez realizada ou fixada uma grande instalação, ocorrem os custos, os sistemas de computador e de transferência de fundos eletrônicos podem ser usados para processar transações adicionais a pequenos custos adicionais por transação. Diluir os custos fixos em um volume maior de transações pode permitir a uma empresa maior alcançar uma média total de custos mais baixo.
- *Informações de crédito de empresas.* As informações de crédito dos candidatos ao empréstimo devem ser reunidas e analisadas antes que as decisões sobre o empréstimo sejam tomadas. Contudo, uma vez reunidas, essas informações de crédito podem ser reutilizadas, geralmente a um pequeno custo adicional, para tomada de decisões sobre empréstimo para os clientes da instituição. Por exemplo, informações de crédito colhidas para financiamento de imóvel também podem ser usadas para empréstimos para financiamento de automóveis e outros empréstimos pessoais. Desse modo, instituições financeiras maiores que oferecem uma grande variedade de tipos diferentes de crédito podem realizar economias de escopo na coleta de informações. Isto é, o custo de empréstimo de financiamento do imóvel ou da parcela do automóvel em conjunto é mais baixo que o custo total de ambos quando feitos separadamente.

As seguintes conclusões foram obtidas a partir de estudos da função logarítmica do custo do sistema bancário:

- Algumas evidências indicam economias de escopo entre empréstimos para consumo e para financiamento hipotecário.
- Economias de escala global significativas (isto é, específicas de uma empresa) ocorrem apenas em níveis relativamente baixos de produção (menos de US$100 milhões em depósitos). Além desse ponto, em sua maioria os estudos encontraram uma curva de custo médio de longo prazo em forma de L, na qual o custo total médio cai abruptamente em níveis baixos de produção e depois se estabiliza e fica horizontal. Nesse sentido, a *CMEL* bancária quase que reflete a forma da *CMEL* na indústria representativa.

Técnicas de engenharia de custos

As **técnicas de engenharia de custos** representam um método alternativo para estimar funções de custo de longo prazo sem usar dados contábeis. Este método tenta determinar a combinação de custo mínimo de trabalho, equipamentos e matérias primas requeridos para produzir vários níveis de produção. Os métodos de engenharia têm algumas vantagens em relação aos estatísticos no estudo de economias de escala. Primeiro, em geral é muito mais fácil, com o método da engenharia, manter constantes fatores como preços dos insumos, combinação de produtos e eficiência dos produtos, permitindo isolar os efeitos sobre os custos das alterações da quantidade produzida. Segundo, o uso deste método evita algumas das alocações de custo e os problemas de depreciação encontrados quando do uso de dados contábeis.

Técnica do sobrevivente

É também possível detectar a presença de economias e deseconomias de escala sem ter acesso a quaisquer dados de custo. A **técnica do sobrevivente** envolve a classificação das empresas em um setor por porte e o cálculo da parcela de produção da indústria proveniente de cada classe de porte com o passar do tempo.[9] Se essa parcela diminui com o decorrer do tempo, então presume-se que essa classe de porte é relativamente ineficiente e apresenta maior média de custos. No sentido oposto, uma parcela aumentada indica que a classe de porte é relativamente eficiente e tem menor média de custos. O raciocínio dessa abordagem é que a concorrência tenderá a eliminar aquelas empresas cujo porte seja relativamente ineficiente, permitindo sobreviver apenas as empresas com menor média de custos.

A técnica do sobrevivente tem sido usada para examinar as funções de custo de longo prazo na produção de lingotes de aço em forno aberto ou processos Bessemer. Com base em mais de duas décadas de dados, às quais empresas com essas capacidades sobreviveram, o vencedor do Prêmio Nobel George Stigler desenvolveu a função de custo médio de longo prazo em formato de trenó para produção de lingotes de aço, mostrada na Figura 9.4. Por causa dos percentuais caindo aos menores níveis de produção e a níveis de produção extremamente altos, Stigler concluiu que ambos eram classes de tamanho relativamente ineficientes. A classe de tamanho intermediária (de 2,5% a 27,5% de capacidade industrial) representa a variedade de tamanho ideal, porque essas classes de tamanho cresceram ou mantiveram suas fatias de capacidade. Stigler também aplicou a técnica do sobrevivente à indústria automobilística e descobriu uma curva de custo média em formato de L que não indicava evidência de deseconomias de escala em grandes níveis de produção.

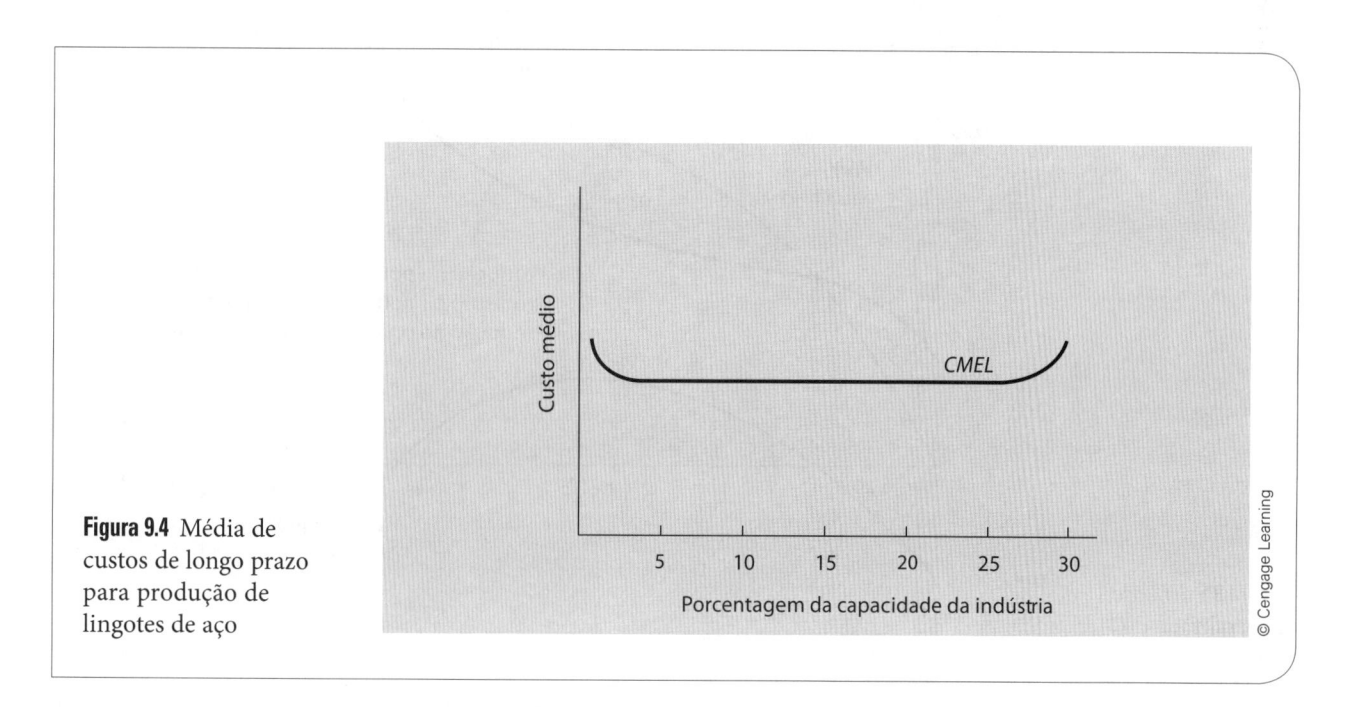

Figura 9.4 Média de custos de longo prazo para produção de lingotes de aço

---

[9] G. J. Stigler. *The Organization of Industry*. Homewood, IL: Richard D. Irwin, 1968, Capítulo 7. Para outros exemplos de utilização da técnica do sobrevivente, veja H. E. Ted Frech e Paul B. Ginsburg. Optimal Scale in Medical Practice: A Survivor Analysis. *Journal of Business*, jan. 1974, p. 23-26.

Em um estudo delineado para isolar várias fontes de economias de escala dentro de uma fábrica, Haldi e Whitcomb coletaram dados do custo de unidades individuais de equipamento, do investimento inicial em fábricas e equipamentos e dos custos operacionais. Eles notaram que "em muitas indústrias de base, como refino de petróleo, metais primários e energia elétrica, as economias de escala são encontradas em fábricas muito grandes (frequentemente as maiores construídas ou contempladas)".[10] Observou-se poucas (se é que existiam) empresas operando além desses tamanhos de fábricas MES.

Um alerta

Uma observação final de alerta: o conceito de CTM por unidade de produção (exemplo: os chamados "custos de unidade"), tão importante em nossa recente discussão sobre economias de escala, raramente é útil para a tomada de decisão gerencial. De fato, tomar decisões de produção ou precificação com base em ATC é algo extremamente errado. O custo médio variável e o custo marginal determinam um desligamento otimizado, produção otimizada e decisões de preço otimizadas. Gerentes de empresas importantes, como a British Telephone, já foram despedidos por causa desse erro, quando incluíram despesas da matriz e outras despesas gerais corporativas na decisão de precificação de uma conta nova. Dessa forma, evite o uso dos custos de unidade quando pensar na solução de um problema. Reserve os custos de unidade para apenas um propósito – descrever, debater e planejar questões relativas a deseconomias e economias de escala e escopo.

ANÁLISE DO PONTO DE EQUILÍBRIO

Muitas das atividades de planejamento que ocorrem no âmbito de uma empresa se baseiam nos níveis previstos de produção. O estudo das inter-relações entre as vendas, os custos e os lucros operacionais de uma empresa em vários níveis de produção é conhecido como **análise do ponto de equilíbrio**.

A análise do ponto de equilíbrio se baseia nas funções receita-produção e custo-produção da teoria microeconômica. Essas funções aparecem juntas na Figura 9.5. A receita total é igual ao número de unidades produzidas

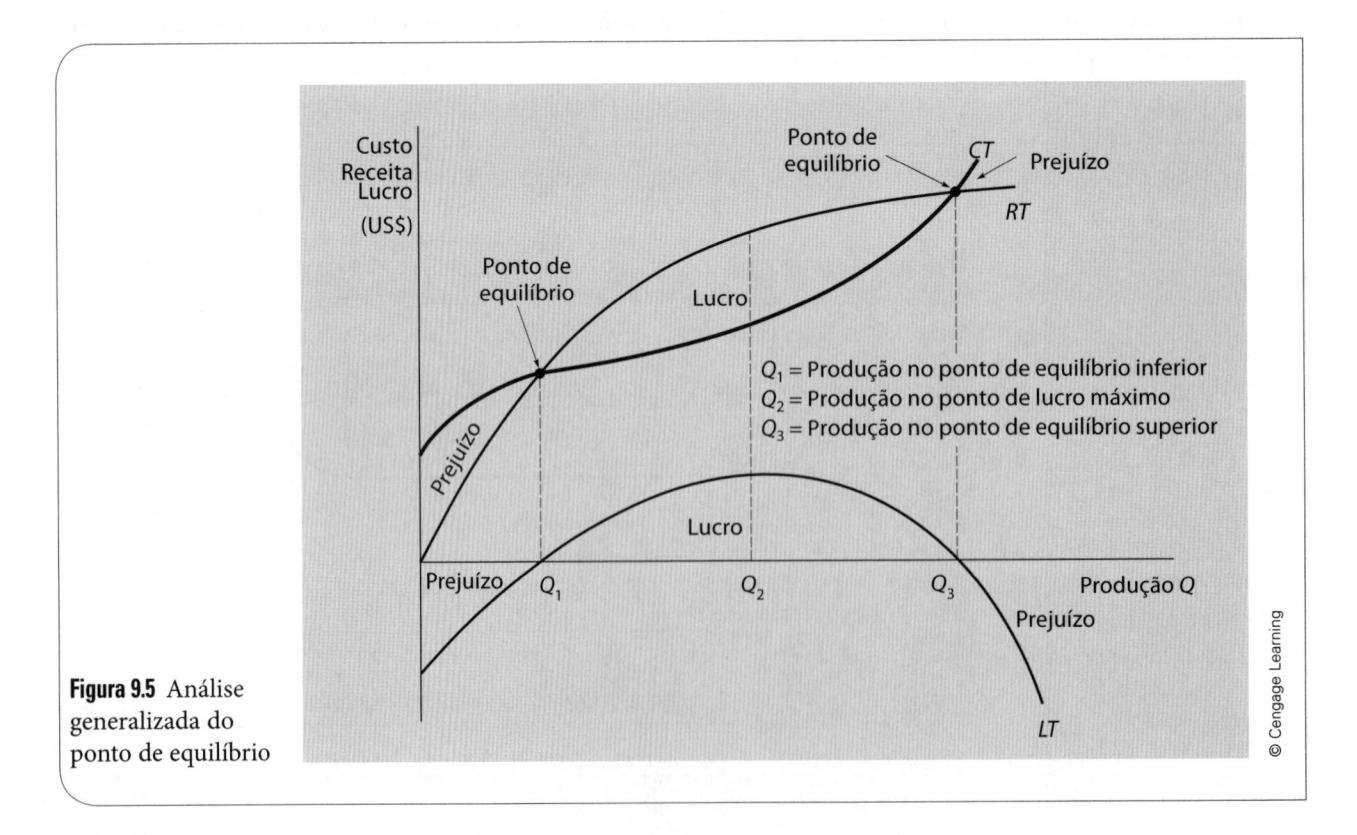

Figura 9.5 Análise generalizada do ponto de equilíbrio

---
10 J. Haldi e D. Whitcomb. Economies of scale in industrial plants. *Journal of Political Economy*, 75, n. 1, ago. 1967, p. 373-85.

> **EXEMPLO** O Boeing 777 excede o volume de vendas de equilíbrio[11]
>
> A Boeing e a Airbus, por exemplo, estão constantemente calculando e recalculando seus volumes de vendas de equilíbrio como custos de desenvolvimento inesperados, desconhecidos na criação do projeto e surgidos em seus novos aviões. O novo avião *widebody* quadrimotor, o Airbus 380, gastou $11,7 bilhões em custos de desenvolvimento, exigindo que 259 aviões fossem vendidos a preço normal, a fim de atingir o ponto de equilíbrio. Os pedidos antecipados apenas garantiram 160, muito menos que a quantidade do ponto de equilíbrio. Embora a Airbus tenha vendido um total de aviões maior que a Boeing recentemente, a Boeing dominou o submercado de aviões de grande porte com um percentual de 70% de participação de mercado. Por exemplo, em 2006 a Boeing garantiu 155 pedidos para seus aviões de voo de longa distância 777, enquanto a Airbus recebeu pedidos para apenas 15 dos seus Airbus 340, o concorrente. O ponto de equilíbrio também passou longe dos 340.
>
> ---
> 11 Baseado em Testing Times. *The Economist*, 1º abr. 2006, p. 56.

vendidas multiplicado pelo preço unitário. Supondo que a empresa possa vender unidades adicionais do produto somente se diminuir o preço, a curva de receita total RT será côncava (em forma de U invertido), conforme indicado na Figura 9.5.

A diferença entre receita total e custo total em qualquer nível de produção representa o lucro total que será obtido. Na Figura 9.5, o lucro total LT em qualquer nível de produção é dado pela distância vertical entre as curvas de receita total RT e de custo total CT. Uma situação de equilíbrio (lucro zero) ocorre sempre que a receita total for igual ao custo total. Abaixo de um nível de produção Q_1, haverá prejuízos, porque $RT < CT$. Entre Q_1 e Q_3 haverá lucros, porque $RT > CT$. Em níveis de produção acima de Q_3 serão incorridas perdas novamente, porque $RT < CT$. Os lucros totais são maximizados na faixa entre Q_1 e Q_3, para a qual a distância vertical entre as curvas RT e CT é maior, isto é, a um nível de produção Q_2.

Agora discutiremos o método gráfico e algébrico para solução de problemas de ponto de equilíbrio.

Método gráfico

O preço de venda constante por unidade e um custo variável constante por unidade resultam nas funções lineares RT e CT ilustradas na Figura 9.6, que mostra um gráfico de desdobramento básico linear. O custo total é computado como a soma dos custos fixos F da empresa, os quais não dependem do nível de produção, e dos custos variáveis, que aumentam a uma taxa constante de CV por unidade de produção. Os ganhos operacionais são iguais à diferença entre receitas totais (RT) e custos (operacionais) totais (CT).

O ponto de equilíbrio ocorre no ponto Q_b na Figura 9.6, em que as funções de receita total e custo total se cruzam. Se o nível de produção de uma empresa está abaixo desse ponto de equilíbrio (ou seja, se $RT < CT$), ocorrem *prejuízos operacionais*. Se o nível de produção da empresa está acima desse ponto de equilíbrio (se $RT > CT$), *lucros operacionais* são realizados.

Método algébrico

Para determinar algebricamente o ponto de equilíbrio de uma empresa, deve-se igualar as funções receita total e custo (operacional) total e resolver a equação resultante para obter o volume de equilíbrio. A receita total é igual ao preço unitário de venda vezes a quantidade produzida:

$$RT = P \times Q \qquad [9.7]$$

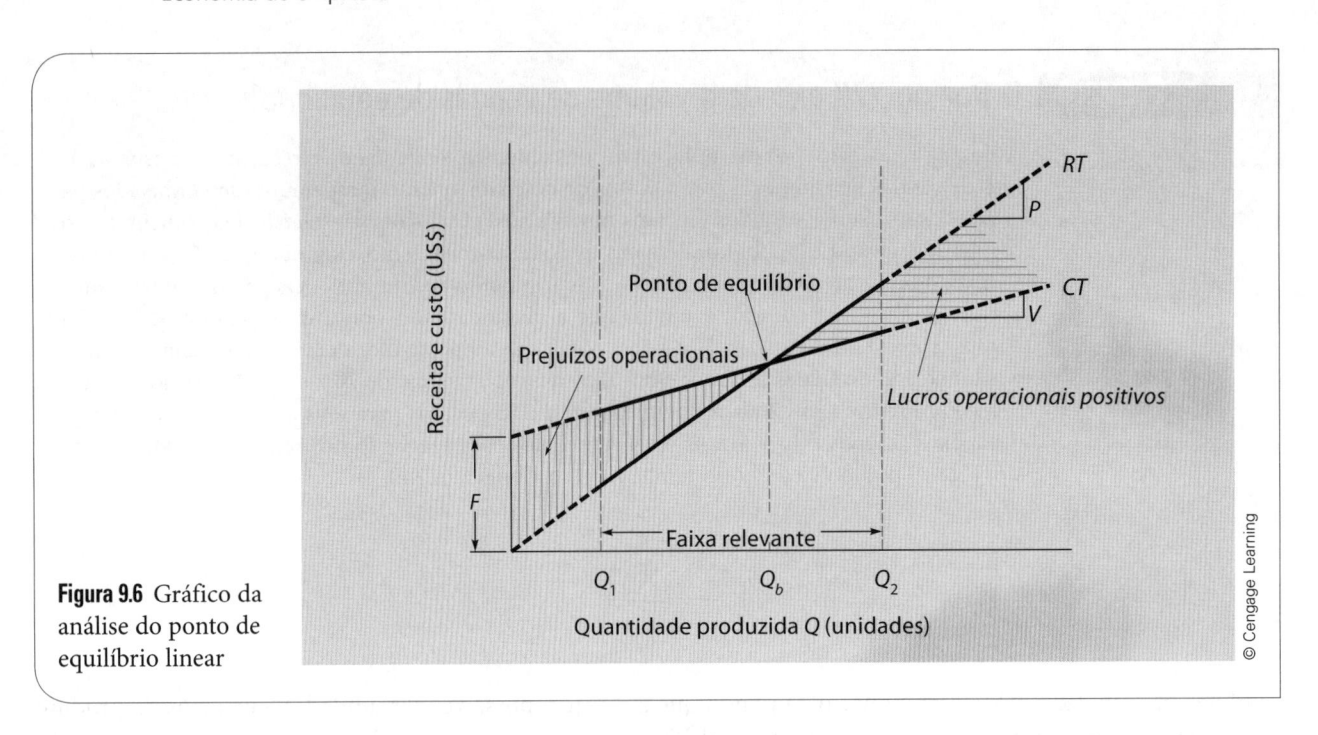

Figura 9.6 Gráfico da análise do ponto de equilíbrio linear

O custo (operacional) total é igual à soma dos custos fixos e variáveis, sendo que o custo variável é o produto do custo variável unitário pela quantidade produzida:

$$CT = CF + (CV \times Q) \quad [9.8]$$

Igualando as expressões de receita total e custo total e substituindo a quantidade Q_b do ponto de equilíbrio por Q, o resultado é

$$RT = CT$$

ou

$$PQ_b = CF + CVXVQ_b \quad [9.9]$$

Finalmente, resolvendo a Equação 9.9 para obter o ponto de equilíbrio Q_b, obtemos[12]

$$PQ_b - CF\,Q_b = CF$$
$$(P - V)\,Q_b = CF$$
$$Q_b = \frac{CF}{P - CV} \quad [9.10]$$

A *diferença* entre o preço de venda por unidade e o custo variável por unidade, $P - CV$, denomina-se **margem de contribuição**. Ela mede quanto cada unidade de produção contribui para satisfazer os custos fixos e lucros operacionais. Logo, a produção de equilíbrio é igual ao custo fixo dividido pela margem de contribuição.

---

12 A análise do ponto de equilíbrio também pode ser feita em termos de valor de *vendas* em vez de unidades de produção. O volume de equilíbrio de vendas S_b pode ser determinado pela seguinte expressão:

$$S_b = \frac{CF}{1 - CV/P}$$

onde CV/P é o índice de custo variável (isto é, o custo variável por dólar de vendas).

Em virtude de o resultado do ponto de equilíbrio de uma empresa depender de muitas variáveis – em particular, do preço por unidade, dos custos (operacionais) variáveis por unidade e dos custos fixos –, ela pode desejar analisar os efeitos das variações em uma (ou mais) das variáveis no ponto de equilíbrio. Por exemplo, a empresa pode considerar uma das seguintes possibilidades:

1. Alterar o preço de venda.
2. Substituir os custos variáveis por custos fixos.

EXEMPLO Análise do ponto de equilíbrio: Allegan Manufacturing

Suponha que a Allegan fabrique um produto que vende por US$250 por unidade ($P$). Os custos variáveis ($CV$) são de US$150 por unidade. Os custos fixos da empresa (CF) são de US$1 milhão. Substituindo esses valores na Equação 9.10, obtemos a seguinte quantidade para o ponto de equilíbrio:

$$Q_b = \frac{US\$1.000.000}{US\$\,250 - \$\,150}$$

$$= 10.000 \text{ unidades}$$

Suponha que a Allegan aumentou o preço de venda por unidade P' em US$250 para US$275. Substituir esse número na Equação 9.10 fornece um novo resultado de equilíbrio.

$$Q_b = \frac{US\$1.000.000}{US\$275 - US\$150}$$

$$= 8.000 \text{ unidades}$$

Um aumento do preço por unidade reduz o ponto de equilíbrio.

Em vez de aumentar o preço de venda por unidade, a administração da Allegan pode decidir substituir custos fixos por custos variáveis em alguns aspectos operacionais da companhia. Por exemplo, como os salários aumentam com o passar do tempo, muitas empresas buscam reduzir custos operacionais por automatização, o que, na prática, representa a substituição de mão de obra variável por custo fixo. Suponha que a Allegan determine que pode reduzir custos com mão de obra em US$25 por unidade arrendando US$100.000,00 em equipamentos adicionais. Em face dessas condições, o novo nível de custos fixos CF da empresa seria US$1.000.000,00 + US$100.000,00 = US$1.100.000,00. Os custos variáveis por unidade CV' seriam US$150 – US$25 = US$125. Substituindo P = US$250 por unidade, CV = $125 por unidade e CF = US$1.100.000 na Equação 9.10, teríamos um novo ponto de equilíbrio:

$$Q'_b = \frac{\$1.000.000}{\$250 - \$\,125}$$

$$= 8.800 \text{ unidades}$$

De forma contraintuitiva, esse aumento na rigidez de custo das operações reduz a produção de equilíbrio. O motivo é a redução mais do que compensadora nos custos variáveis, o que aumenta substancialmente as margens de contribuição.

> **EXEMPLO** Custos fixos e capacidade de produção da General Motors[13]
>
> Em um setor com 17 milhões de vendas unitárias por ano, a GM admitiu em março de 2002 que precisava reduzir a capacidade de produção de automóvel em 1 milhão de carros por ano para adequar suas vendas atuais de 5 milhões de carros. Foi a segunda vez em seus 100 anos de história (em 1988 o primeiro o evento) que a companhia encolheu significativamente sua capacidade. Como parte de sua decisão em reduzir seu porte, a GM planejou fechar dez de suas linhas de montagem de automóveis nos Estados Unidos.
>
> No passado, a GM alternava entre (1) montar todos os carros que pudesse produzir e então fazer "feirões" para atrair compradores e (2) reduzir a produção operando suas fábricas com capacidade mais baixa mediante uma desaceleração no passo da linha de montagem ou eliminação de um turno inteiro. A nova estratégia pedia à companhia para utilizar 100% de sua capacidade de produção automobilística norte-americana cinco dias por semana com dois turnos por dia. Quando a demanda por automóveis aumentasse acima desse nível de capacidade, operações em terceiro de turno seriam usadas para impulsionar a produção. A Ford tinha seguido essa estratégia por algum tempo.
>
> Na realidade, a GM e a Ford estavam compensando custos fixos mais baixos durante todo o ciclo de negócios contra (a possibilidade de) ter que incorrer em custos variáveis mais altos (por exemplo: uso de horas extras mais caras e operações de terceiro turno) durante os períodos de forte demanda. Como consequência, o ponto de equilíbrio da produção da GM diminuiu fortemente.
>
> ---
> 13 Jacob M. Schlesinger. GM to Reduce Capacity to Match Its Sales. *Wall Street Journal*, 25 abr. 1988, p. 2; Lawrence Ingrassia e Joseph B. White. GM Plans to Close 21 More Factories, Cut 74,000 Jobs, Slash Capital Spending. *Wall Street Journal*, 19 dez. 1991, p. A3; A Duo of Dunces. *The Economist*, 9 mar. 2002, p. 63.

Algumas limitações da análise do ponto de equilíbrio e da análise de contribuição

A análise do ponto de equilíbrio possui algumas outras limitações que surgem das premissas feitas para construir o modelo e obter os dados relevantes.

Produtos múltiplos O modelo do ponto de equilíbrio também assume que uma empresa produz e vende um *único* produto ou um *mix constante* de diferentes produtos. Em muitos casos, o mix de produtos varia com o decorrer do tempo e podem surgir problemas para alocar os custos fixos entre os vários produtos.

Incerteza Outra premissa da análise do ponto de equilíbrio é que o preço de venda e o custo variável unitário, bem como os custos fixos, são conhecidos em cada nível de produção. Na prática, esses parâmetros estão sujeitos à incerteza. Desse modo, a utilidade dos resultados da análise do ponto de equilíbrio depende da precisão das estimativas do preço futuro e do custo variável.

Inconsistência do horizonte de planejamento Por último, a análise do ponto de equilíbrio normalmente é feita para um período de planejamento de um ano ou menos; no entanto, os benefícios obtidos com alguns custos podem não se materializar até períodos subsequentes. Por exemplo, os custos de pesquisa e desenvolvimento incorridos durante um período específico podem não resultar em novos produtos durante vários anos. Para a análise do ponto de equilíbrio ser uma ferramenta confiável de tomada de decisão, os custos operacionais de uma empresa devem ser correlacionados às receitas resultantes para o período de planejamento considerado.

Análise do ponto de equilíbrio *versus* análise da margem de contribuição

A análise do ponto de equilíbrio supõe que todos os tipos de custo, exceto o custo variável (CV) definido cuidadosamente das vendas unitárias adicionais, sejam evitáveis, e indaga se existem unidades para venda disponíveis na margem de contribuição ($P - CV$) para manter todos esses custos relevantes. Em caso afirmativo, isso permite que a empresa aufira um lucro líquido. Essas questões surgem por ocasião das decisões que envolvem entrada e saída em que uma empresa pode evitar essencialmente todos os seus custos caso decida permanecer ou sair de um negócio. A análise da margem de contribuição, em contraste, aplica-se a um conjunto de questões relacionadas, tais como a de se realizar ou não uma campanha de propaganda, lançar um produto, fechar uma fábrica temporariamente ou fechar toda uma divisão. O que distingue essas questões relativas à análise da margem de contribuição é que alguns custos fixos agora são inevitáveis e irrelevantes para a decisão (custos fixos indiretos), enquanto outros custos fixos são vistos de forma adicional como resultado da decisão (custos fixos diretos) e, portanto, poderiam ser evitados caso se rejeitasse ir em frente com a proposta.

De modo geral, a questão de interesse é se existe receita adicional suficiente, criada pela campanha publicitária, pelo novo produto, pelas vendas projetadas da fábrica ou pela divisão, para cobrir os custos fixos mais os custos variáveis adicionais. Portanto, a **análise da margem de contribuição** esclarece se existe um lucro operacional bruto suficiente, resultante das vendas incrementais (ΔQ) atribuíveis à propaganda, ao novo produto ou às vendas da fábrica/divisão, para compensar o aumento do custo fixo. Em outras palavras, as contribuições totais para o custo fixo aumentam por um valor maior do que o aumento do custo fixo evitável pela decisão?

$$(P - CV) \Delta Q > \Delta \text{ custo fixo total}$$
$$> \Delta \text{ custo indireto fixo} + \Delta \text{ Custo fixo direto} \quad [9.11]$$
$$> 0 + \Delta \text{ custo fixo direto}$$

Um exemplo seria usar a análise de contribuição para aprovar ou rejeitar uma nova promoção de vendas. Suponha que com um pagamento de US$1 milhão a um parceiro do varejo se obtenha uma melhor locação de prateleira para o produto da Allegan. Se a pesquisa de marketing estimar que o efeito dessa promoção comercial gera vendas adicionais de 9.000 unidades, que é mais do que o necessário para manter as contribuições totais inal-

---

EXEMPLO O Chihuahua da Taco Bell impulsiona vendas

Imagine a campanha publicitária da Taco Bell com um cachorrinho lindo que foi projetado para aparecer em 25 inserções de comerciais de TV com 15 segundos de duração por várias semanas. A agência publicitária mencionou um custo de US$750.000,00 por inserção no horário nobre alcançando 176 milhões de casas. Para decidir pela compra dessa campanha publicitária, precisamos saber de apenas duas coisas: (1) se as vendas incrementais que a análise de demanda sugere serão estimuladas por essa campanha, e (2) a margem de contribuição em valor. Suponha que as vendas incrementais sejam estimadas em 2.100 refeições Taco Bell por dia, durante 90 dias em 48 estados, totalizando 9.072.000 refeições. Se US$7,99 é o preço médio por venda da unidade e se os custos variáveis são US$5, a Taco Bell deveria ir em frente com a propaganda? A resposta é sim, porque quando aplicamos a Equação 9.11

$$(\text{US}\$7{,}99 - \text{US}\$5) \, 9.072.200 > 0 + (25 \times \text{US}\$750.000)$$
$$\text{US}\$27.125.280 > \text{US}\$18.750.000$$

Vemos que a Taco Bell aumentaria seu lucro operacional em US$8,4 milhões e faria contribuições adicionais para cobrir o custo fixo e lucro se autorizasse a campanha publicitária proposta.

teradas, a mudança em contribuições das vendas adicionais cairá abaixo do aumento de US$1 milhão em custos fixos diretos. Aplicando a Equação 9.11,

$$(\$250 - \$150) \times 9.000 < \$1.000.000$$

Logo, esse plano de promoção de vendas deve ser rejeitado.

Essas decisões não são sobre equilíbrio, pois ignoram (abstraem) os custos fixos indiretos, que, por definição, não podem ser evitados com a rejeição de uma campanha publicitária ou proposta de introdução de um novo produto, ou ainda pelo fechamento de uma instalação fabril temporariamente. Por exemplo, o custo da sede e outros corporativos gerais são custos fixos indiretos que não podem ser evitados por qualquer uma dessas decisões. Então, os custos corporativos gerais não são custos relevantes na tomada dessas decisões, e, portanto, são ignorados na análise da margem de contribuição feita para embasar tais decisões.

Em contraste, os custos corporativos gerais são importantes nos exemplos anteriores de análise de equilíbrio feita para decidir se e como realizar novos negócios em primeiro lugar. Taxas relativas a certificações empresariais, licenças ou franquia seriam um bom exemplo desse conceito de custos corporativos gerais. O estudo de caso sobre as decisões de uma empresa aérea de fretamento no final deste capítulo ilustra o uso da análise da margem de contribuição de forma distinta da análise de equilíbrio.

Uma limitação da análise de contribuição

Custos operacionais graduais Alguns custos fixos aumentam de forma gradual conforme a produção também aumenta; eles são *semivariáveis*. Por exemplo, manutenção não programada é necessária para motores de avião depois de 10 horas de uso. Esses custos fixos diretos devem ser considerados evitáveis, e, logo, relevantes se uma decisão de produção em série requerer tanto uso. Caso contrário, como outros custos fixos diretos, as despesas dessa manutenção não programada não são incorridas (e, portanto, evitáveis) até que o nível de produção desencadeante seja alcançado.

Alavancagem operacional

Alavancagem operacional envolve o uso de ativos que têm custos fixos em troca de um custo variável mais baixo e margens mais altas. Uma empresa usa a alavancagem operacional na expectativa de obter retornos maiores para os proprietários. O **grau de alavancagem operacional (GAO)** de uma empresa é definido como a *variação percentual* do lucro antes dos juros e do imposto de renda (LAJIR), resultante de uma dada *variação percentual* das vendas (quantidade produzida):

$$\text{GAO em } Q = \frac{\text{Porcentagem de variação do LAJIR}}{\text{Porcentagem de variação de vendas}}$$

Esta expressão pode ser reescrita como:

$$\text{GAO em } Q = \frac{\dfrac{\Delta \text{LAJIR}}{\text{LAJIR}}}{\dfrac{\Delta \text{Vendas}}{\text{Vendas}}} \qquad [9.12]$$

onde ΔLAJIR e ΔVendas são as variações do LAJIR e das vendas da empresa, respectivamente.

Como o GAO de uma empresa difere em cada nível de vendas, é necessário indicar o ponto de vendas Q em que a alavancagem operacional é medida. Grau de alavancagem operacional é algebricamente análogo ao conceito de elasticidade da demanda (por exemplo, elasticidade-preço e elasticidade-renda), por relacionar variações percentuais de uma variável (LAJIR) às variações percentuais de outra variável (vendas). Reescrevendo a Equação 9.12 para computar o GAO de uma empresa resulta

$$\text{GAO em } Q = \frac{\text{Vendas} - \text{Custos variáveis}}{\text{LAJIR}} \quad [9.13]$$

Ao substituir vendas por $(P \times Q)$, o custo variável por $VC \times Q$, e EBIT por $(P \times Q)$, menos o total do custo (de operação), ou $(P \times Q)\ FC\ (VC \times Q)$, tais valores podem ser substituídos na Equação 9.13 para obter o seguinte:

$$\text{GAO em } Q = \frac{(P \times Q) - (CV \times Q)}{(P \times Q) - CF - (CV \times Q)}$$

ou

$$\text{GAO em } Q = \frac{(P - CV)Q}{(P - CV)Q - CF} \quad [9.14]$$

EXEMPLO — Alavancagem operacional: empresa Allegan Manufacturing (continuação)

Na discussão anterior sobre a análise do ponto de equilíbrio para a empresa Allegan Manufacturing, os parâmetros do modelo de equilíbrio foram determinados para P = US$250/unidade, CV = US$150/unidade e CF = US$1.000.000. Substituindo esses valores na Equação 9.14, juntamente com os respectivos valores de Q, obtemos os valores do GAO indicados na Tabela 9.1. Por exemplo, um GAO de 6,00 a um nível de produção de 12 mil unidades indica que, de um nível de produção de 12 mil unidades, o LAJIR aumentará 6% para cada 1% de aumento na produção.

Observe que o GAO da Allegan é o maior (em valor absoluto) quando a empresa opera perto do ponto de equilíbrio (isto é, quando $Q = Q_b$ = 10 mil unidades). Observe também que o GAO de uma empresa é negativo abaixo do nível de produção de equilíbrio. Um GAO negativo indica a *redução* percentual do *prejuízo* operacional que ocorre como resultado de um *aumento* de 1% na produção. Por exemplo, o GAO de −1,50 a um nível de produção de 6 mil unidades indica que, partindo-se de um nível de produção de 6 mil unidades, o *prejuízo* operacional da empresa será *reduzido* em 1,5% para cada 1% de *aumento* na produção.

TABELA 9.1 GAO em vários níveis de produção para a Allegan Manufacturing

Quantidade produzida Q	Grau de alavancagem operacional GAO
0	0
2.000	−0,25
4.000	−0,67
6.000	−1,50
8.000	−4,00
10.000	Nível de equilíbrio (não definido)
12.000	+6,00
14.000	+3,50
16.000	+2,67
18.000	+2,25
20.000	+2,00

Risco inerente à atividade empresarial

Risco inerente à atividade empresarial refere-se à variabilidade ou incerteza inerente ao LAJIR de uma empresa. Ele é uma função de diversos fatores, um dos quais é o GAO, que é uma medida do grau de sensibilidade do LAJIR de uma empresa às variações nas vendas. Quanto maior o GAO de uma empresa, maior a variação do LAJIR para uma dada variação de vendas. Portanto, *tudo o mais permanecendo constante*, quanto maior o GAO de uma empresa, maior o grau de risco empresarial.

Outros fatores também podem afetar o risco empresarial de um empreendimento, incluindo-se a variabilidade ou a incerteza das vendas. Uma empresa com custos fixos elevados e vendas muito estáveis terá um GAO alto, mas também terá um LAJIR estável, e, portanto, um risco empresarial reduzido. Empresas concessionárias de serviços públicos e que operam oleodutos e gasodutos são exemplos de empreendimentos que têm essas características operacionais. Em contrapartida, uma empresa com vendas instáveis, como o fabricantes de brinquedos da moda Hasbro, na presença de altos custos fixos, terá elevado risco inerente ao negócio.

Outro fator que pode afetar o risco empresarial de uma empresa é a incerteza quanto aos preços de venda e aos custos variáveis. Uma empresa que possui um GAO baixo ainda pode ter um risco empresarial elevado se os preços de venda e os custos variáveis estiverem sujeitos a considerável variabilidade ao longo do tempo. Um pasto de engorda de gado exemplifica essas características de GAO baixo e risco empresarial elevado; os custos de forragem e o preço de venda da carne muitas vezes flutuam descontroladamente.

Em resumo, o GAO de uma empresa é apenas um entre diversos fatores que determinam o risco empresarial de uma empresa.

RESUMO

- Ao se estimar o comportamento das funções de custo de curto e de longo prazos para as empresas, os principais problemas metodológicos são: (1) diferenças no modo como os economistas e contadores definem e medem os custos e (2) levar em conta outras variáveis (além do nível de produção) que influenciam os custos.
- Muitos estudos estatísticos das relações custo-produção de *curto prazo* sugerem que os custos totais aumentam linearmente com a produção (ou na forma quadrática), implicando custos marginais constantes ao longo das faixas observadas de produção.
- Muitos estudos estatísticos de relações custo-produção de *longo prazo* indicam que as funções de custo de longo prazo possuem a forma de L. As economias de escala (custos médios declinantes) ocorrem em níveis baixos de produção. A partir desses níveis, os custos médios de longo prazo permanecem relativamente constantes em amplas faixas de produção. As deseconomias de escala são observadas somente em alguns poucos estudos, provavelmente porque poucas empresas podem sobreviver com custos atribuíveis a escala excessiva.
- As *técnicas de engenharia de custo* constituem um método alternativo aos estatísticos para se estimar as funções de custo de longo prazo. Com este método, o conhecimento sobre as instalações e a tecnologia de produção é usado para determinar a combinação mais eficiente (de custo menor) de mão de obra, capital e matérias-primas exigida para se obter vários níveis de produção.
- A *técnica do sobrevivente* é um método para determinar o tamanho ótimo das empresas de uma indústria, classificando-as por tamanho e, em seguida, calculando-se a parcela da produção da indústria proveniente de cada classe ao longo do tempo. As classes cuja participação na produção do setor está aumentando com o decorrer do tempo são consideradas mais eficientes e com custos médios menores.
- A *análise do ponto de equilíbrio* é empregada para examinar a relação entre as receitas, os custos e o lucro operacional (LAJIR) em vários níveis de produção. Os analistas traçam frequentemente um

gráfico do ponto de equilíbrio baseado em relações lineares custo-produção e receita-produção para determinar as características operacionais em uma faixa de produção limitada.
- O *ponto de equilíbrio* é definido como o nível de produção para o qual as receitas totais são iguais aos custos totais de operação. No modelo do ponto de equilíbrio linear, esse ponto é determinado dividindo-se os custos fixos pela diferença entre o preço e o custo variável por unidade, a *margem de contribuição*.
- A *análise da margem de contribuição* é usada para examinar a rentabilidade operacional quando alguns custos fixos (custos fixos indiretos) não podem ser evitados e outros custos fixos diretos podem ser evitados por uma decisão. Decisões relativas a propaganda, introdução de novos produtos, fechamento e redução de instalações são tomadas, muitas vezes, executando-se uma análise da margem de contribuição.
- *Alavancagem operacional* ocorre quando uma empresa usa ativos que possuem custos operacionais fixos. O *grau de alavancagem operacional* (GAO) mede a porcentagem de variação do LAJIR de uma empresa resultante de uma variação de 1% nas vendas (ou unidades produzidas). O GAO de uma empresa aumenta à medida que seus custos operacionais fixos aumentam.
- *Risco inerente à atividade empresarial* se refere à variabilidade do LAJIR de uma empresa. Ele é função de diversos fatores, incluindo-se o GAO e a variabilidade das vendas de uma empresa. Tudo mais permanecendo constante, quanto maior o GAO da empresa, maior seu risco empresarial.

EXERCÍCIOS
As respostas para os exercícios destacados estão no Apêndice D, no final do livro.

1. Um estudo de 86 associações de poupança e empréstimos em seis estados no noroeste norte-americano produziu a seguinte função de custo:

$$C = 2{,}38 - 0{,}006153Q + 0{,}000005359Q^2 + 19{,}2X_1$$
$$(2{,}84) \quad\quad (2{,}37) \quad\quad\quad (2{,}63) \quad\quad\quad (2{,}69)$$

onde C = é a relação média de despesas operacionais, expressas como porcentagem e definida como total de despesas operacionais ($ milhões) dividida pelo total de ativos ($ milhões) vezes 100%
   Q = produção, medida pelo total de ativos ($ milhões)
   X_1 = relação entre o número de filiais e o total de ativos ($ milhões)

   Obs.: O número entre parênteses abaixo de cada coeficiente é a respectiva estatística *t*.
   a. Que variável(is) é (são) estatisticamente significativa(s) para explicar as variações no índice de despesas operacionais médias?
   b. Que tipo de relação custo-produção (por exemplo, linear, quadrática, cúbica) é indicada por esses resultados estatísticos?
   c. Com base nesses resultados, o que podemos concluir sobre a existência de economias ou deseconomias de escala nas associações de poupança e empréstimo no noroeste dos Estados Unidos?

2. Referindo-se novamente ao Exercício 1:
   a. Mantendo-se constantes os efeitos do número de agências (X_1), determine o nível do ativo total que minimiza o índice de despesas operacionais médias.
   b. Determine o índice de despesas operacionais médias para uma associação de poupança e empréstimo com o nível de ativo total determinado no item (a) e
      (i) uma filial
      (ii) dez filiais

3. Um estudo dos custos de geração de eletricidade para uma amostra de 56 empresas britânicas no período 1946-1947 resultou na seguinte função de custo de longo prazo:[14]

$$CVM = 1{,}24 + 0{,}0033Q + 0{,}0000029Q^2 - 0{,}000046QZ - 0{,}026Z + 0{,}00018Z^2$$

---
14 Johnston. *Statistical Cost Analysis*, op. cit., Capítulo 4.

onde CVM = custo variável médio (isto é, custos operacionais de geração), medido em pence por quilowatt-hora (um pence era uma unidade monetária britânica igual, naquela ocasião, a US$0,02)
Q = produção, medida em milhões de quilowatt-hora por ano
Z = tamanho da fábrica, medido em milhares de quilowatts

a. Determine a função de custo variável de longo prazo para a geração de eletricidade.
b. Determine a função de custo marginal de longo prazo para a geração de eletricidade.
c. Mantendo-se o tamanho da usina constante em 150.000 quilowatts, determine as funções de custo variável médio e custo marginal de curto prazo para a geração de eletricidade.
d. Para o tamanho de uma usina igual a 150.000 quilowatts, determine o nível de geração que minimiza os custos variáveis médios de curto prazo.
e. Determine o custo variável médio e o custo marginal de curto prazo no nível de produção obtido no item (d).

4. Supondo que todos os outros fatores permanecem constantes, determine como o ponto de equilíbrio de uma empresa é afetado pelas seguintes situações:
a. A empresa considera necessário reduzir o preço por unidade, por causa da maior concorrência estrangeira.
b. Os custos de mão de obra direta da empresa aumentam como consequência de um novo contrato trabalhista.
c. O órgão do governo que supervisiona a segurança e higiene do trabalho exige que a empresa instale um novo equipamento de ventilação em sua fábrica. (Suponha que essa medida não afeta a produtividade dos trabalhadores.)

5. A McKeef Corporation tem um custo fixo anual de US$12 milhões. Seu índice de custo variável é US$0,60.
a. determine o ponto de equilíbrio do volume de vendas em dólar
b. Determine o volume de dólar vendido requerido para ter um lucro de US$3 milhões.

CASO

FUNÇÕES DE CUSTO

Os seguintes dados de custo-produção foram obtidos como parte de um estudo sobre economias de escala na operação de uma escola de ensino médio público em Wisconsin:[15]

Frequência média diária de alunos (A)	Ponto médio dos valores na coluna A (B)	Gasto operacional por aluno (US$) (C)	Número de escolas na amostra (D)
143-200	171	531,9	6
201-300	250	480,8	12
301-400	350	446,3	19
401-500	450	426,9	17
501-600	550	442,6	14
601-700	650	413,1	13
701-900	800	374,3	9
901-1.100	1.000	433,2	6
1.101-1.600	1.350	407,3	6
1.601-2.400	2.000	405,6	7

Questões

1. Trace os dados das colunas B e C em um gráfico produção (matrícula)-custo e trace uma curva contínua que aparente ser um bom ajuste para os dados.
2. Baseando-se no diagrama de dispersão da Questão 1, que tipo de relação matemática pareceria existir entre o número de matrículas e os gastos operacionais por aluno? Em outras palavras, os gastos operacionais por aluno parecem (i) constantes (e independentes do número

---
15 John Riew. Economics of Scale in High School Operation. *Review of Economics and Statistics* 48, n. 3, ago. 1966, p. 280-87.

de matrículas), (ii) segue um relacionamento linear conforme aumentar o número de matrículas ou (iii) segue algum tipo de relacionamento não linear em forma de U (possivelmente quadrático) à medida que aumenta o número de matrículas?

A seguinte função custo foi desenvolvida como parte desse estudo:

$$C = f(Q, X_1, X_2, X_3, X_4, X_5)$$

onde C = gastos operacionais por aluno em função da frequência diária média de alunos (medidos em valores)
Q = matrículas (frequência diária média de alunos)
X_1 = salário médio do professor
X_2 = número de créditos ("cursos") oferecidos
X_3 = número médio de cursos ministrados por professor
X_4 = variação nas matrículas entre 1957 e 1960
X_5 = porcentagem de salas de aula construídas após 1950

As variáveis X_1, X_2 e X_3 eram medidas da qualificação dos professores, amplitude do currículo e o grau de especialização em instrução, respectivamente. A variável X_4 mediu as variações na demanda para a prestação de serviços escolares que poderiam causar alguns ajustes atrasados no custo. A variável X_5 foi usada para refletir qualquer diferencial nos custos de manutenção e operação em função dos vários anos de uso das propriedades da escola. Dados estatísticos sobre 109 escolas de ensino médio selecionadas resultaram na seguinte equação de regressão:

$$C = 10,31 - 0,402Q + 0,00012Q^2 + 0,107X_1 + 0,985X_2 + 15,62X_3 + 0,613X_4 - 0,102X_5$$
$$(6,4)^* \quad (5,2)^* \quad (8,2)^* \quad (0,15) \quad (1,3) \quad (3,2)^* \quad (0,93)$$
$$r^2 = 0,557$$

Observações:

(1) Os números entre parênteses são os desvios-padrão de cada um dos respectivos coeficientes.

(2) O asterisco (*) indica que o resultado é estatisticamente significativo ao nível 0,01.

3. Que tipo de relação custo-produção (linear, quadrática, cúbica) é sugerida por esses resultados estatísticos?
4. Que variáveis (além da matrícula) pareceriam ser as mais importantes para explicar as variações nos gastos operacionais por aluno?
5. Mantendo-se constantes os efeitos das outras variáveis (X_1 a X_5), determine o nível de matrículas (Q) para o qual os gastos operacionais médios por aluno são minimizados. (*Sugestão*: determine o valor de Q que minimiza a função $\partial C/\partial Q$.)
6. Mantendo-se novamente constantes os efeitos das outras variáveis, use a função $\partial C/\partial Q$ para determinar, para uma escola com 500 alunos, a redução dos gastos operacionais como resultado da adição de mais um aluno.
7. Mantendo-se novamente as demais variáveis constantes, qual seria a economia de gastos operacionais por aluno provocada por um aumento no número de matrículas de 500 para 1.000 alunos?
8. Com base nos resultados desse estudo, o que podemos concluir sobre a existência de economias ou deseconomias de escala na operação de uma escola de ensino médio pública?

Decisões operacionais de uma empresa aérea de fretamento

A demanda específica de uma empresa no setor de *empresas aéreas programadas* é segmentada por classe de cliente e possui um grau elevado de incerteza, de modo que um pedido pode não conduzir a uma receita efetiva e a uma venda unitária. As empresas aéreas reagem a esse ambiente de grande rivalidade acompanhando as reservas de tarifas preanunciadas e redistribuindo a capacidade em vários segmentos de mercado, conforme pessoas em viagens de negócios, em férias, grupos de convenções etc. reservam os voos acima ou abaixo de níveis esperados, diversos dias ou mesmo semanas antes da partida programada. Esse processo de gerenciamento de sistemas combinando marketing, operações e finanças é conhecido como gerenciamento da receita, ou gerenciamento do rendimento, discutida no Capítulo 14.

Em contrapartida, as atividades das *empresas aéreas de fretamento* são muito menos complicadas porque as exigências de capacidade são conhecidas com muita antecedência, e as reservas confirmadas conduzem à efetivação da receita. Consideramos a seguir três decisões de uma empresa aérea de fretamento: primeiro, a decisão sobre o ponto de equilíbrio de entrada/saída; segundo, a decisão de operar/negar o voo fretado que foi proposta; e terceiro, a decisão de possuir o número de assentos incrementais para vender se decidirmos operar o voo fretado.

Suponha que os custos a seguir para um voo de ida e volta com dez horas de duração se apliquem à duração e às despesas de um voo fretado não programado de cinco horas entre Baltimore e Las Vegas (e o regresso no dia seguinte) em um Boeing 737-800 com 120 assentos ocupados.[16] Alguns custos foram agregados aos voos de uma decisão referente aos assentos. Outros foram alocados aos voos de uma decisão da companhia relativa à entrada/saída. Ainda existem outros custos que variam com o número de passageiros que tomam o voo. Sua tarefa consiste em analisar cada item de custo e descobrir o "comportamento do custo", isto é, com que decisão o custo varia.

Combustível e taxa de aterrissagem	$ 5.200
Manutenção trimestral para obtenção do certificado FAA	1.000
Manutenção não programada das turbinas para cada dez horas de voo	1.200
Depreciação proporcional ao tempo para o sétimo ano	7.200
Pagamento dos pilotos para o voo de ida e volta	4.200
Arrendamento de longo prazo do hangar	6.600
Arrendamento anual das turbinas dos aviões	7.100
Salários básicos para o pessoal da matriz	2.000
Fornecimento de refeições com entrega JIT[17] para cada assento em cada partida	2.400
Pessoal terrestre de manuseio das bagagens para cada voo de chegada	450

Questões

1. Quais são os custos variáveis relativos à decisão de colocar mais uma pessoa em um voo fretado que já possui 80% de reservas?
2. Ao tomar uma decisão de entrada/saída, se a pressão competitiva for projetada para forçar o preço a baixar para US$300, qual volume de vendas no ponto de equilíbrio essa companhia deverá projetar antes de entrar no mercado e reconsiderar cada vez que pensar em sair desse ramo completamente?
3. Identifique os custos fixo indireto, fixo direto de um serviço de fretamento para um fretamento específico entre muitos ocorridos nesse mês.
4. Se tivesse de decidir entre operar ou não um voo fretado não programado, qual seria o custo fixo direto total e o custo variável do voo?

---

16 A aerodinâmica do avião e sua eficiência no gasto de combustível variam à medida que o número de assentos ocupados cai abaixo de 180, mas você pode desprezar este efeito.
17 JIT refere-se ao original *Just-in-Time*, ou seja, entrega exatamente no momento do uso/consumo. (N.R.T.)

5. Os contratos de fretamento são negociáveis e as empresas de fretamento recebem muitas ofertas de contrato que não prometem preços de US$300 ou aviões com ocupação de 80%. A empresa aérea deve aceitar uma proposta de voo fretado de um grupo que oferece a garantia da venda de 90 assentos por US$250? Por quê?
6. Quais são as contribuições totais do voo fretado com 90 assentos a US$250 por assento?
7. Qual é o prejuízo nesse período caso a empresa aérea recuse o fretamento, permaneça operando, mas descontinue temporariamente suas atividades? Qual o prejuízo se decidir operar e voar o fretamento proposto?
8. Qual é a contribuição de um grupo separado que está disposto a viajar no voo fretado de 90 assentos a US$250 por assento no mesmo avião com a mesma partida, mas deseja pagar somente US$50 por assento para 10 assentos?
9. Você deveria aceitar a oferta deles? Que problemas você prevê se ambos os grupos de fretamento viajarem no 737?

PARTE 4
Precificação e decisões de produção: estratégia e táticas

Nos capítulos anteriores, desenvolvemos teorias e técnicas de modelagem úteis para analisar demanda, produção e relações de custo de uma empresa. Nesta parte do livro, consideramos decisões de precificação-produção que maximizam lucros, especialmente quando relacionadas com as escolhas estratégicas da empresa em mercados competitivos (Capítulo 10). Discutiremos as condições de informação assimétricas no chamado "mercado de limões", assim como as trocas de informações ideais. Os Capítulos 11 e 12 consideram determinação de preço e produção no monopólio de empresas dominantes e em mercados de oligopólio. O Capítulo 13 apresenta um quadro de teoria dos jogos para análise de táticas responsivas concorrentes. O Capítulo 14 final, da Parte IV, examina os preços diferenciais com base em valor na teoria e na prática, e o Apêndice 14A apresenta os conceitos de *revenue management*. O web Apêndice E trata de problemas de precificação específicos, incluindo a precificação para uma empresa de múltiplos produtos, precificação de produtos conjuntos e preços de transferência.

ANÁLISE ECONÔMICA E DECISÕES
1. Análise de demanda e previsão
2. Análise de produção e custo
3. **Análise de precificação**
4. Análise de despesas de capital

AMBIENTE ECONÔMICO, POLÍTICO E SOCIAL
1. Condições empresariais (tendências, ciclos e efeitos sazonais)
2. Condições de fator de mercado (capital, mão de obra, território e matérias-primas)
3. **Resposta da concorrência**
4. Restrições externas, legais e reguladoras
5. Restrições (internas) organizacionais

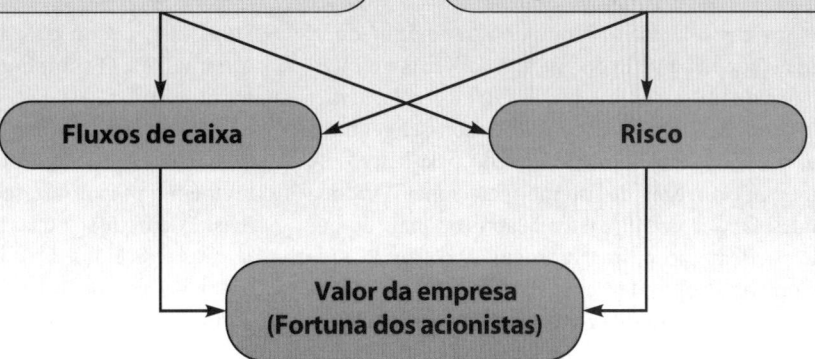

Fluxos de caixa → **Valor da empresa (Fortuna dos acionistas)** ← **Risco**

CAPÍTULO 10
Preços, produtividade e estratégia: concorrência pura e monopolista

TEMAS DO CAPÍTULO

Se a meta do negócio é maximizar a riqueza dos acionistas, então os gerentes buscarão uma determinação de preços e estratégia de produção que maximizem o valor presente dos lucros futuros para a empresa. A determinação da estratégia de maximização de riquezas depende da capacidade de produção, dos níveis de custos, características da demanda e do potencial para concorrência imediata e em longo prazo. Neste capítulo, fornecemos uma introdução para análise estratégica competitiva e discutimos a estrutura estratégica das Cinco Forças, de Michael Porter. Distinguimos ainda a concorrência pura da monopolista com análise detalhada de setores específicos da economia. Depois disso, distinguimos a concorrência pura, com análises detalhadas da indústria de empreiteiras, de concorrência monopolista, com análises detalhadas das despesas com propaganda de cereais prontos para o consumo (em inglês, RTE – *ready-to-eat*). As implicações de vendedores assimetricamente informados em um "mercado de limões", a reticência do comprador e o problema de escolha adversa em mercados competitivos também serão discutidos.

Desafio gerencial
Ressuscitando a Apple no mundo dos tablets[1]

A Apple revolucionou o mundo dos computadores pessoais ao adaptar a visão de produto da Xerox e a interface gráfica do utilizador (em inglês, GUI – *graphical user interface*) no Macintosh 3, de 1983. Com engenharia reversa, o GUI foi rapidamente imitado pela Microsoft, "cujo apontar e carregar" do sistema operacional Windows (em inglês, OS – *operating system*) capturou mais do que 90% de participação do mercado em 1997. Os PCs da IBM, Compaq, Dell e Hewlett-Packard (HP), equipados com Windows e chips de computadores da Intel, dominaram o ramo dos computadores por mais de 15 anos (1997-2012). Contudo, recentemente, as vendas de PC caíram 8,6%. O computador pessoal agora está perdendo lugar. Não apenas telecomunicações e ferramentas de busca ocorrem cada vez mais em um ambiente móvel sob demanda, em qualquer lugar onde esteja o usuário, mas também o preparo de documentos e as análises de planilhas. Além disso, telas *touchscreen* estão substituindo *mouses* e teclados. O Windows 8 da Microsoft, lançado em novembro de 2012, confirma esta mudança de paradigma. O tablet, computador móvel, tomou o lugar do *desktop* e do *laptop*. A Apple vendeu recentemente seu

Cont.

Fatia da Apple nas remessas de PC

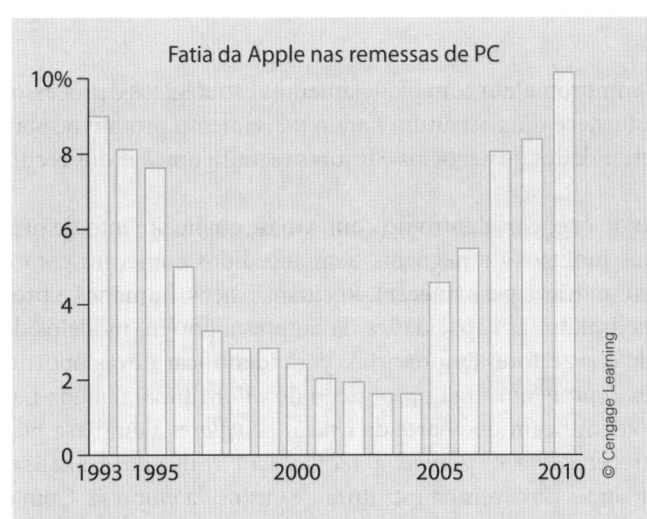

centésimo milionésimo tablet com tela de 8 polegadas e 300 gramas, 16–64 gigabytes de memória e câmera dual.

Hoje em dia, a montagem de computadores pessoais e tablets é terceirizada a uma grande variedade de parceiros da cadeia de suprimentos, que operam numa escala massiva pelo mundo todo. Com menos componentes terceirizados, mais características de produtos e custos de P&D extensivos, os PCs da Apple são vendidos por, no mínimo, US$1.100, enquanto os da HP, Dell e Toshiba são precificados abaixo de US$600. A respeito dos tablets, o Kindle Fire da Amazon, e o Nexus 7 da Google, custam ambos, respectivamente, US$199 e US$249, e o Surface da Microsoft vende bem em relação ao mais novo iPad básico da Apple, de US$499, e o novo iPad mini, que custa de US$329 a US$659. Assim como o mercado de PCs, o mercado de tablet se tornou rapidamente muito competitivo. Inicialmente, a Apple vendeu através de outlets do varejo, como Computer Tree, contudo, para selecionar o setor consumidor, lançou dezenas de lojas da Apple pertencentes à companhia. O OS da Apple possui uma arquitetura fechada (de propriedade da empresa, não licenciável) que causou repercussão na rede. Em contrapartida, o sistema de telecomunicações da Google, um Android, e a grande base instalada da Microsoft atraíram terceiros, fornecedores independentes de software, que criaram vários programas de aplicativos. Sem compatibilidade com sua base instalada Wintel, a oferta da Apple permaneceu estagnada.

Os PCs da Apple mantiveram a liderança de mercado apenas nos setores de educação, design gráfico e editoriais. Como 55% de todas as vendas de PCs e do OS se concentram em corporações, 33% em ambientes domésticos, 7% no governo e apenas 5% na educação, a fatia de mercado da Apple sobre vendas de PCS nos EUA caiu muito, de 10% para 3% no final dos anos 1990. Em 1999, Steve Jobs controlou o esforço da Apple de reinventar a si mesma ao introduzir o futurista iMac e o *music player* digital iPod, fundindo essa tecnologia com o iPad e, mais tarde, com o iPhone da Apple.

Dessa vez, a Apple estava pronta, acumulando camada após camada de recursos avançados para cada nova geração do seus produtos ressurgentes.[2] As vantagens competitivas dos *tablets* iPod e iPad são baseadas em processamento, em vez de em produto. Elas dependem de capacidades cumulativas com sua iTunes Music Store, as parcerias com a Disney, Paramount e vários selos de discos. Quase de um dia para outro, a Apple acumulou uma fatia de mercado de 73% da indústria de música digital, de US$9 bilhões, e 56% de participação da venda de filmes digitais. Walmart, a maior vendedora de DVDs, conquistou 26% da fatia de mercado na competição cabeça a cabeça com a Apple pelos filmes digitais, usando seu site Vudu Web para disponibilizar downloads de filmes e músicas. A Amazon ocupa um distante terceiro lugar na venda de filmes digitais, com 8,5%. Prevê-se que o tablet Surface, da Microsoft, conquiste 20% de fatia de mercado em 2016.

Questões para discussão

- No terceiro trimestre de 2012, as vendas de tablets iPads da Apple totalizou US$7,5 bilhões, excedendo as vendas de PCs da Apple, no valor de US$6,6 bilhões. Por acaso, sua utilidade para um PC diminuiu a tal ponto que você consideraria apenas ter um tablet?
- Você já visitou uma loja da Apple? A experiência na loja aumentou seu valor atribuído a um produto da Apple?
- A questão da precificação de iMacs, iPods e iPads permanece um problema central para a direção da Apple. Em que base você justificaria pagar um preço especial por um iMac da Apple? E por um iPad?

---

1 Baseado em *Apple Inc.*, 2008, Harvard Business School Case Publishing; WalMart Stores Tries to Play Apple's Game. *Wall Street Journal*, 19 mar. 2012, p. C8; iPhone Shines but iPad Dimms, *Wall Street Journal* 26 out. 2012, p. B1; Tablets on High, *The Economist*, 27 out. 2012, p. 63; e Apple Drops an iPad Mini on Rivals. *Wall Street Journal*, 24 out. 2012, p. B1.

2 Com os *smartphones*, a Apple adotou a arquitetura de softwares abertos e licenciáveis para atrair vendedores de aplicativos. Estimou-se, em 2012, que o iPhone5 incorporou mais de 250.000 aplicativos, alguns dos quais a Apple precisou pagar do próprio bolso para desenvolver. Com as vendas de 2012 (3Q) no valor de US$17,1 bilhões, o iPhone emergiu como o produto mais popular lançado pela Apple.

INTRODUÇÃO

Para permanecer competitivas, muitas empresas se comprometem com planejamentos estratégicos e processos da melhoria contínua. A análise estratégica competitiva fornece uma estrutura para o pensamento pró-ativo sobre ameaças ao modelo de negócios da empresa, novas oportunidades de negócios e futuras reconfigurações dos recursos, capacidades e habilidades principais da empresa.

A Figura 10.1 exibe os componentes de um modelo de negócios dentro do contexto de conhecimento de pré-requisitos e decisões estratégicas da empresa. Todos os modelos de negócios bem-sucedidos começam com a identificação dos *mercados-alvo* (isto é, em quais negócios entrar e permanecer). Recursos físicos, humanos e propriedade intelectual (como patentes e licenças) às vezes limitam as capacidades da empresa, porém, modelos de negócios potenciais são limitados apenas pela habilidade dos gestores empresariais para identificar novas oportunidades. Depois, todos os modelos de negócios de sucesso projetam uma proposição de valor fundamentada nas expectativas do cliente sobre o valor percebido, e então identificam que parte da *cadeia de valores* a empresa planeja criar. Modelos de negócios devem sempre esclarecer *como e quando a receita será realizada* e analisar a sensibilidade de *margens brutas e líquidas* às várias mudanças possíveis na estrutura de custos da empresa. Com a especificação dos *investimentos necessários*, os modelos de negócios também avaliam o potencial para criar *valor em relações de rede* com negócios complementares e em parcerias e alianças. Por fim, todos os modelos de negócios bem-sucedidos desenvolvem uma *estratégia competitiva*.

ESTRATÉGIA COMPETITIVA

A essência da estratégia competitiva é tripla: capacidades baseadas em recurso, processos comerciais e inovação adaptável.[3] Em primeiro lugar, a estratégia competitiva analisa como a empresa pode garantir acesso diferenciado aos recursos-chave, como patentes ou canais de distribuição. Com começos modestos, como uma loja de livros na internet que subcontratava seus serviços de armazenagem e entrega de livros, a Amazon conseguiu se tornar o agente preferido para vendas em geral pela internet. Ou seja, a Amazon angariou clientes regulares suficientes que procuram CDs, produtos de escritório, ferramentas e brinquedos, assim como empresas, como a Toys "R" US a adotaram como seu canal de vendas pela internet. No Japão, lojas da 7-Eleven conquistaram esse mesmo papel com a entrega, nas imediações das lojas físicas, de compras feitas pela internet. Em segundo lugar, a estratégia competitiva tenta desenvolver processos comerciais difíceis de imitar e capazes de criar valor singular para os clientes-alvo. Por exemplo, os processos operacionais eficientes de alta frequência ponto a ponto da Southwest Airlines se provaram difíceis de ser imitados pelas companhias aéreas do modelo *hub-and-spoke* e, como resultado, em 2005 obteve uma capitalização de mercado equiparada à de todas as empresas de transporte mais importantes dos Estados Unidos juntas.

Figura 10.1 Processo estratégico

Fonte: adaptado de H. Chesbrough, *Open Innovation.* Cambridge, MA: Harvard University Press, 2003.

Mercado-alvo	Componentes de um modelo de negócios	Decisões
1. Clientes	1. Mercado-alvo	1. Produtos
2. Concorrentes	2. Proposição de valor	2. Preços
3. Condições de mercado	3. Papel na cadeia de valores	3. Planos de marketing
4. Levantamento de capital	4. Fontes de receita	4. Cadeia de suprimentos
5. Disponibilidade de recursos	5. Margens definidas	5. Canais de distribuição
6. Restrições sociopolíticas	6. Valor de rede	6. Fluxos de caixa para credores e acionistas
	7. Investimento necessário	
	8. Estratégia competitiva	

---

3 Esta seção é baseada em H. Chesbrough. *Open Innovation.* Boston, MA: Harvard Business Press, 2003, p. 73-83. Reimpresso sob permissão.

O QUE DEU CERTO • O QUE DEU ERRADO

Xerox[4]

A Xerox inventou o papel-carbono e então realizou taxas de crescimento compostas de fenomenais 15% ao longo de duas décadas. Quando suas patentes iniciais expiraram, a Xerox estava pronta com uma vantagem de tecnologia pioneira, mas, por fim, a empresa não conseguiu receber qualquer prorrogação ampla de patente. O mercado-alvo da Xerox eram grandes empresas e instalações governamentais que valorizavam máquinas arrendadas de alta qualidade e volume com uma grande variedade de capacidades e contratos de manutenção de serviço completo, mesmo que os suprimentos e taxas de utilização fossem caros.

Incapaz de competir em capacidades de produto, os concorrentes japoneses Canon e Ricoh perceberam que o grande potencial de mercado reside em pequenos negócios, nos quais a acessibilidade financeira por cópia é uma importante questão de proposição de valor. Instalações e serviços eram terceirizados para redes de fornecedores independentes altamente competitivas, e as máquinas copiadoras japonesas de menor volume eram vendidas a baixo custo inicial, sendo que os cartuchos de substituição autônoma seriam a principal fonte de rentabilidade.

Assim como em eventos posteriores na Apple, a Xerox insistiu no software de arquitetura fechada e construiu todos os seus componentes de copiadora internamente, em vez de procurar parcerias que pudessem reduzir custos e gerar uma base de máquinas instaladas maior. Ricoh e Canon procuraram a arquitetura oposta aberta e a estratégia de parceria para alcançar efeitos em rede e baixar custos.

Ambos se tornaram empresas de US$bilhões em negócios relacionados a copiadoras que a Xerox dominou por 15 anos.

---
[4] Baseado em Chesbrough, *op. cit.* c E C. Bartlett, S. Ghoshal, *Transnational Management*. Boston, MA: Irwin-McGraw-Hill, 1995, Caso 4-1.

Da mesma forma, tanto a Dell como a Compaq alcançaram US$12 bilhões em vendas líquidas e aproximadamente US$1 bilhão em lucro líquido em 1998. Contudo, o modelo de negócios da Compaq exigiu US$6 bilhões em ativos operacionais líquidos (isto é, estoques acrescidos de instalações e equipamentos líquidos e capital de giro) para ganhar US$1 bilhão, enquanto a Dell precisou de apenas US$2 bilhões. Como a Dell produziu o mesmo lucro líquido com um terço de instalações e equipamentos, estoques e capital de giro? A resposta é que a Dell criou um processo de vendas diretamente ao cliente. Ela se desenvolveu de forma a suprir as encomendas de componentes de submontagem, que são trazidos quando necessários de contratados externos, recebendo o dinheiro de uma venda dentro de 48 horas. Esses processos geradores de valor proporcionaram 50% (US$1 bilhão/US$2 bilhões) em retorno sobre investimentos para a Dell, ao passo que o ROI (retorno sobre investimento) comparável para a Compaq foi de apenas 16% (US$1 bilhão/US$6 bilhões).[5]

Por fim, a estratégia competitiva fornece um roteiro para sustentar a rentabilidade de uma empresa por meio da inovação. Como as indústrias emergem, evoluem e se introduzem no espaço de outros produtos (por exemplo: máquinas fotográficas, calculadoras e telefones celulares), elas devem prever essas mudanças e planejar como sustentarão seu posicionamento no setor, e, em última instância, migrar seus negócios para novos setores. A IBM, empresa dominante no ramo de arrendamento de computadores de grande porte nos anos 1970, reinventou-se duas vezes, primeiro na década de 1980 como fabricante de PCs, e a segunda nos anos 1990, como provedor de solução de sistemas. Em contraste, algumas empresas como a Xerox ou a Kodak fortificaram-se em posições estratégicas competitivas superadas.

Tipos genéricos de estratégia[6]

O pensamento estratégico enfoca inicialmente a **análise do setor** (isto é, identificar os setores atraentes para fazer negócios). O modelo de Cinco Forças, de Michael Porter (discutido em uma seção posterior), ilustra esta

---
[5] O retorno sobre capital investido é definido como lucro líquido dividido pelos ativos operacionais líquidos (isto é, instalações e equipamentos não depreciados acrescidos de estoques e recebíveis líquidos).

[6] Esta seção é, em parte, baseada em C. De Kluyver e J. Pearce. *Strategy*: A View from the Top. Upper Saddle River, NJ: Prentice Hall, 2003.

> **EXEMPLO** | **Os produtos esportivos Rawlings incomodam a Nike[7]**
>
> Um terceiro tipo de estratégia de diferenciação de produto é baseado em recomendação. Mesmo que a Rawlings, de US$200 milhões, concorra contra a marca forte da Nike, com vendas anuais de US$14 bilhões, suas luvas de beisebol são extremamente lucrativas. O segredo é que as luvas recebem recomendação por mais de 50% dos astros da Liga, como Albert Pujols, do California Angles, e o *shortstop* dos Yankees, Derek Jeter. US$10.000 e US$20.000 para licenciar seus autógrafos para a Rawlings gravar em luvas Little League. Mas, a cada ano, vários jogadores podem falar sobre uma característica dos equipamentos Rawlings que os mantêm fiéis à marca. A Rawlings é atenta a esta fidelidade e alonga o cadarço ou enrijece os dedos em um novo modelo em algumas semanas para agradar as celebridades que a adotam. A rápida adaptação às excentricidades do mercado consumidor é um requisito de qualquer estratégia de diferenciação de produto.
>
> ---
> 7 Baseado em I've Got It. *Wall Street Journal*, 1º abr. 2002, p. A1.

abordagem. Logo depois, no entanto, os estrategistas querem conduzir uma *análise da concorrência* para aprender mais sobre como as empresas conseguem sustentar sua rentabilidade relativa em um grupo de empresas relacionadas. Os esforços para responder a essas perguntas são frequentemente descritos como *posicionamento estratégico* competitivo. Por fim, os estrategistas tentam isolar quais as *principais habilidades* que uma empresa em particular possui como resultado de suas *capacidades baseadas em recursos* para identificar as **vantagens competitivas sustentáveis** sobre seus concorrentes em um mercado relevante.

Estratégia de diferenciação de produto

A rentabilidade depende claramente da habilidade de criar vantagens competitivas sustentáveis. Qualquer um dos três tipos genéricos de estratégias pode ser suficiente. Uma empresa pode estabelecer uma estratégia de diferenciação de produto, de custo mais baixo, ou de tecnologia da informação (TI). A **estratégia de diferenciação de produto** normalmente envolve a competição em capacidades, colocação de marca registrada ou endossos de produto. A Xerox em copiadoras e a Kodak em papel e substâncias químicas para revelação de filmes competem em capacidades de produto. A Coca-Cola é sem dúvida a marca mais conhecida do mundo, com quase 80% de suas vendas fora dos Estados Unidos. Marlboro, Gillette, Pampers, da P&G', Nestlé, Nescafé e Kellogg, cada uma delas possui mais de 50% das vendas fora de seus mercados domésticos. Todas essas marcas determinam um preço especial em todo o mundo simplesmente em razão da imagem do produto e do estilo de vida associado às suas marcas bem-sucedidas.

Estratégia baseada em custo

As decisões sobre o âmbito competitivo são especialmente essenciais para a **estratégia baseada em custo**. Uma empresa como a Southwest Airlines com uma *estratégia focada em custo* deve limitar seu plano de negócios de forma a se fixar estritamente em rotas de ponto a ponto, de média distância e sem escalas.

Entretanto, a *estratégia de liderança de custos* da Dell permite que ela aborde uma vasta linha de produtos de PC a preços que fazem seus concorrentes desejarem sair do mercado, como a IBM fez em 1999. A Gateway não conseguiu acompanhar o ritmo de corte de custos da Dell, e em 2006 estava com uma fatia de mercado de 5,3% contra um pico de 10,6% em 1999. Logo após, a Gateway encerrou suas atividades e vendeu sua empresa de PCs.

Estratégia de tecnologia da informação

Por fim, as empresas podem buscar sua vantagem competitiva sustentável entre concorrentes de mercado relevantes procurando uma **estratégia de tecnologia da informação**. Além de ajudar na recuperação de veículos roubados, o GPS por satélite permitiu que a Allstate Insurance confirmasse que determinados carros com uma

> **EXEMPLO** **Pense pequeno para ficar grande: Southwest Airlines**
>
> A Southwest adota processos operacionais para vendas de passagens, embarque, movimentação de aeronaves, escalação de tripulação, frequência de voo, manutenção e *hedge* de combustível de avião que geram custos operacionais excepcionalmente reduzidos para os clientes-alvo em seu nicho de mercado sensível a preços. Qualquer coisa que trabalhe contra este enfoque deve ser descartada do plano de negócios. A Southwest claramente realizou sua meta. Como o mercado de viagens aéreas despencou nos meses seguintes aos ataques de 11 de setembro de 2001 ao World Trade Center, apenas ela tinha um ponto de equilíbrio financeiro baixo o suficiente para continuar a gerar receita. A Southwest pode cobrir todos os seus custos em fatores de carga da ordem de 64% (vendas de unidades/capacidade de assentos). Depois de 11 de setembro, American Airlines, United, Delta, US Airways e America West operavam bem abaixo de seus pontos de equilíbrio de 84% a 94%.
>
> Muito foi feito a partir da diferença em custo com mão de obra (ou seja, a Southwest teve seus custos com mão de obra cobertos por 36% dos dólares de vendas, enquanto United, American e US Airways tiveram seus custos com mão de obra cobertos por 48% dos dólares de vendas), mas a lacuna de 7 centavos entre o custo de US$0,12 da United por passageiro por milha voada (rpm) e o custo de US$0,05 da Jet Blue e de US$0,06 da Southwest resulta basicamente de processos diferentes. Booz Allen Hamilton descobriu que apenas 15% da diferença no custo operacional entre operadoras de serviço completo e operadoras de baixo custo estavam relacionados à mão de obra. Particularmente, a grande fonte de diferença de custo foram as diferenças de processo na retirada de passagens e reservas, além da escalação de tripulação e manutenção, como também um passo diferente nas operações (ou seja, a famosa parada programada de 15 minutos da Southwest).

apólice familiar não seriam utilizados para ir ao trabalho, enquanto outros carros menos caros estavam expostos aos perigos de direção do compartilhamento entre motoristas. Essas informações permitiram à Allstate cortar algumas taxas de seguro e ganhar mais negócios de seus concorrentes. As lojas de conveniência 7-Eleven, da Corporação Southland, em 6.000 localidades no Japão são outro bom exemplo.

Em conclusão, a estratégia da empresa pode resultar em lucros mais altos se configurar suas capacidades baseadas em recurso, processos de negócios e inovações adaptáveis de forma a obter uma vantagem competitiva sustentável. Se a estratégia baseada em custo, na diferenciação de produto ou na tecnologia da informação fornecerá o meio mais eficiente para vantagem competitiva dependerá em grande parte do enfoque estratégico da empresa. A estratégia baseada em TI é especialmente conducente para iniciativas de mercado com grande alvo. Além de usar TI para comercializar itens para almoço, a 7-Eleven Japão "direciona" o tráfego de clientes para suas lojas de conveniência, permitindo que compradores pela internet façam suas compras pela Web e paguem no balcão. A 7-Eleven Japão é uma loja de conveniência, um agente de atendimento pela internet como a Amazon, ou um depósito e empresa de distribuição? Em alguns sentidos, ela atua em todos esses papéis. Diferente da estratégia de custos enfocada da Southwest Airlines, a 7-Eleven Japão tem uma estratégia em TI mais ampla que conta com uma vantagem competitiva em vários mercados relevantes.

> **EXEMPLO** **O comércio eletrônico na hora do almoço nas 7-Elevens do Japão[8]**
>
> Os funcionários de escritórios japoneses trabalham muitas horas, frequentemente chegando às 8 da manhã e trabalhando até a noite. No meio desse dia longo, a maioria deles dá uma parada para sair à rua e comprar o almoço. Almoços prontos, bolinhos de arroz e sanduíches são as ofertas de rotina, mas o japonês "descolado" quer ser visto comendo o que está "na moda". Esta situação oferece uma oportunidade excelente para a 7-Eleven, da Corporação Southland, que é o maior varejista no Japão e duas vezes mais lucrativo que o segundo maior do país, a loja de roupas Fast Retailing. Metade da receita de vendas da 7-Eleven vem desses

itens alimentícios. A chave do seu sucesso tem sido o comércio eletrônico e sua estratégia de tecnologia da informação.

A 7-Eleven Japão coleta informações de vendas por redes de comunicação de satélite exclusivas a partir de 8.500 localidades, três vezes por dia. Como outros varejistas, ela usa os dados de estudos de comercialização para melhorar a embalagem de seus produtos e o posicionamento nas prateleiras com experimentos, como os de laboratório, em lojas em pares ordenados em todo o país. Mas ela faz a mais, muito mais. A 7-Eleven Japão desenvolveu sistemas para analisar todo o fluxo de dados em apenas 20 minutos. Ela está especificamente interessada no que se está vendendo esta manhã e no que se vendeu ontem à noite (e no tempo local) como uma previsão de quais sanduíches preparar para a hora do almoço de hoje. Como os clientes se tornaram mais volúveis, os ciclos de moda de produtos relacionados aos sanduíches estão encurtando de sete semanas para, em alguns casos, dez dias. A 7-Eleven Japão prevê a demanda diariamente em uma base de itens e lojas individuais.

É claro que essa previsão de demanda em curto prazo seria inútil se a preparação de alimentos fosse um processo de produção para estoque com muitas semanas de tempo de execução necessárias. Em vez disso, as práticas de gerenciamento da cadeia de fornecimentos são monitoradas de perto e continuamente adaptadas com ferramentas de comércio eletrônico. Os caminhões de entrega carregam leitoras de código de barras que enviam informações instantaneamente para os bancos de dados da sede. Pedidos de um sanduíche em particular em determinada loja são feitos antes das 10 da manhã, processados pela cadeia de fornecimento para todas as empresas de insumos em menos de 7 minutos, e entregues até às 16 horas para as vendas do dia seguinte. A maioria dos clientes elogia o extraordinário frescor, os ingredientes de qualidade e a incidência mínima de produtos esgotados. Toda esta vantagem competitiva sobre as lanchonetes concorrentes levou ao sobrepreço consistente para a marca interna da 7-Eleven.

8 Baseado em Over the Counter Commerce. *The Economist*, 26 maio 2001, p. 77-78.

Qual dos três tipos genéricos de estratégia (diferenciação, economia de custos ou TI) vai ser o mais eficaz para uma determinada empresa depende, em parte, da escolha de escopo competitivo da empresa – ou seja, do número e tipo de linhas de produto, além dos segmentos de mercado; do número de locações geográficas e da rede de negócios integrados horizontal ou verticalmente nos quais a empresa decide investir. Por exemplo, o varejista de roupas mais rentável dos EUA, a GAP, uma vez se comprometeu a expandir seu escopo competitivo abrindo uma nova cadeia do varejo de roupas. Infelizmente, a loja Old Navy's, que vendia roupas de brim, jeans e suéteres por uma pechincha, começou imediatamente a canibalizar as vendas da loja mãe, que oferecia os produtos a preço mediano. Mesmos os adolescentes seguidores da moda viam poucos motivos para pagar US$16.50 por uma camiseta com GAP nela gravado enquanto a marca Old Navy's oferecia estilo e um produto quase idêntico por US$12.50. A configuração das capacidades de recursos de uma empresa, suas oportunidades de negócios com relação aos rivais e o conhecimento detalhado dos seus clientes, tudo isto se entrelaça para determinar o escopo competitivo preferível.

O conceito de mercado relevante

Mercado relevante *é um grupo de empresas que interagem entre si no contexto de um relacionamento comprador-vendedor*. Mercados relevantes têm frequentemente tanto características espaciais como de produto. De modo similar, o amplo mercado para empréstimos de primeira linha incluem bancos e empresas ao longo de todo os Estados Unidos, ao passo que o mercado para cimento ensacado está confinado a um raio de 400 km em torno da fábrica.

A *estrutura de mercado* no interior desses mercados relevantes varia tremendamente. Os quatro maiores produtores de cereais matinais controlam 86% do total da produção nos Estados Unidos, ou seja, é um **mercado concentrado**. Em contraste, o mercado para blocos de concreto e tijolos é mais **fragmentado**; as quatro principais empresas representam somente 8% da produção total. Recentemente, a proporção da produção total dos EUA pelas quatro maiores empresas da indústria de meias femininas tem sido consolidado, crescendo de 32% para 58%. Essas diferenças nas estruturas de mercado e as modificações na estrutura de mercado ao longo do tempo têm implicações importantes para a determinação de níveis de preços, estabilidade de preços, eficiência da alocação de recursos, progresso tecnológico e a possibilidade de rentabilidade sustentável nesses mercados relevantes.

A ESTRUTURA ESTRATÉGICA DAS CINCO FORÇAS DE PORTER

Michael Porter[9] desenvolveu uma estrutura conceitual para identificar as ameaças da competição em um mercado relevante. A Figura 10.2 indica as Cinco Forças de Porter: ameaça de substitutos, ameaça de entrada, poder dos compradores, poder dos fornecedores e intensidade da rivalidade. Hoje em dia, uma sexta força é frequentemente adicionada – ameaça de uma tecnologia de ruptura –, por exemplo, o compartilhamento de arquivos digitais para a indústria da música, transmissão de vídeos sob demanda para a indústria de aluguel de vídeos ou a fotografia digital para a indústria do filme.

Ameaça de substitutos

Inicialmente, a lucratividade da empresa é determinada pela ameaça de substitutos. O produto é genérico, como o trigo AAA de janeiro, um apartamento de dois dormitórios e artigos para escritório, ou de marca, como Gillete e Coca-Cola? Quanto maior a fidelidade à marca, menor o poder dos substitutos e maior a lucratividade da empresa. Também, quanto mais distantes os substitutos fora do mercado relevante, menos o preço reagirá à demanda e maiores serão os *markups* e as margens de lucro. À medida que o equipamento de videoconferência se aperfeiçoar, dimi-

Figura 10.2 Modelo estratégico das cinco forças de Porter
Fonte: adaptado de M. Porter. *Competitive Strategy*. Nova York: NA: The Free Press, 1998; e J. Bain. *Industrial Organization*. Nova York, NY: John Wiley, 1959.

---

[9] Michael Porter. *Competitive Strategy*. Cambridge, MA: The Free Press, 1998. Ver também Cynthia Porter e Michael Porter, eds. *Strategy:* Seeking and Securing Competitive Advantage. Cambridge, MA: Harvard Business School Publishing, 1992.

EXEMPLO: O que deu certo e o que deu errado com a Fuji e a Kodak?

A Eastman Kodak de Rochester, Nova York, já dominou no passado a indústria de câmaras fotográficas e também a indústria cinematográfica. Fundada em 1888, a Kodak chegou a ter, em 1976, 90% e 85% da fatia de mercado nas vendas norte-americanas de filmes e câmaras descartáveis. De forma similar, a Fuji Film dominou os mercados de filmes e câmaras descartáveis no Japão. Contudo, a fotografia digital e os *smartphones* equipados com câmaras fotográficas mudaram tudo. Ambas as empresas viram seus principais produtos se tornarem obsoletos por força de tecnologias de ruptura. A Kodak foi persuadida a ignorar o inevitável e encerrou suas operações com valor patrimonial de US$220 milhões, enquanto a Fuji se reinventou e desfrutou de uma capitalização de mercado no valor de US$12.6 bilhões em 2012. Por que uma diferença tão contrastante?

Em vez de pressionar um avanço no mercado de câmaras digitais, a Kodak escolheu ficar com 70% de margem com os tradicionais produtos químicos para revelação de filmes, diante dos comparativamente pequenos 5% de margens associados aos serviços de fotografia digital. A Fuji, em contrapartida, transferiu seus componentes químicos antioxidantes para o mercado de cosméticos e investiu pesadamente nos filmes ópticos para telas planas de LCD. Além disso, componentes eletrônicos para a indústria de copiadoras provou-se outra linha de negócios rentável da Fuji. Apesar de possuir um portfólio com 1.100 patentes altamente valiosas, a falha em se adaptar às tecnologias de ruptura acabou levando a Kodak à falência.

---

nuirão as margens nas tarifas de viagens aéreas de negócios. Hoje, um sistema de videoconferência com projeção, câmera e som é alugado por apenas US$279 por mês. De modo similar, água engarrafada, com ou sem sabor, e outras bebidas não carbonadas, como sucos, chá e bebidas esportivas, estão crescendo até oito vezes mais do que as vendas de refrigerantes nos Estados Unidos. Esta tendência tende a erodir a lealdade dos consumidores de Pepsi e Coca-Cola. Isto ocorrendo, a rentabilidade cairá.

Os efeitos de rede estarão disponíveis para aumentar a rentabilidade se as empresas conseguirem encontrar complementos (isto é, empresas independentes que aumentem o valor associado do cliente ao uso de seus produtos primários, aumentando assim a rentabilidade). Por exemplo, o Microsoft Windows conseguiu a fixação de clientes de PC para os quais os provedores de software independentes (PSIs) fazem aplicativos Windows de alto valor, aos quais a Microsoft não paga nada. Da mesma forma, o iPod da Apple atrai PSIs que aumentam o valor do cliente, apontam preços e o posicionamento do iPod.

A proximidade ou a distância de substitutos muitas vezes depende não apenas das percepções do cliente criadas pela propaganda, mas também da segmentação dos clientes em canais separados de distribuição. Meias-calças distribuídas por lojas de conveniência têm poucos substitutos às 21 horas no dia anterior a uma viagem de negócios, muito menos do que as meias-calças vendidas em canais de distribuição de lojas de departamento. Consequentemente, a ameaça de substitutos é reduzida e a margem sustentável de lucro da meia-calça da loja de conveniência é maior. Da mesma forma, serviços com escala e sem escalas em uma linha aérea são produtos diferentes com funções diversas. O serviço com uma escala da United de Chicago oferece um substituto distante para viajantes vindos de Minneapolis. Como resultado, a Northwest Airlines obtém margens altas em serviços sem escala em Minneapolis.

Ameaça de entrada

Uma segunda força determinante da lucratividade provável de um setor ou linha de produto é a ameaça de concorrentes potenciais. Quanto maiores as barreiras à entrada, mais lucrativa será uma empresa. Barreiras à entrada podem surgir de diversos fatores. Primeiro, considere os altos custos de capital. O negócio de engarrafamento e distribuição na indústria de refrigerantes requer um investimento de US$50 milhões. Um bom plano de negócios com uma boa garantia sempre atrairá os fundos disponíveis, mas é difícil financiar, sem garantia, esse volume de empréstimos. A existência de poucos concorrentes potenciais com capital necessário implica uma ameaça menor de entrada e uma lucratividade maior da empresa.

Segundo, economias de escala podem proporcionar outra barreira à entrada. No tradicional setor de TV a cabo, o enorme custo de infraestrutura para instalar os cabos em toda a cidade impediu a entrada de muitos concorrentes. O pioneiro teve uma enorme vantagem na distribuição dos custos fixos por uma grande base de clientes.

Uma vantagem absoluta de custo ocorre com tecnologia digital que reduz os custos da empresa, como é o caso da 7-Eleven no Japão. Evidentemente, a nova tecnologia sem fio para a TV transmitida por satélite pode brevemente diminuir essa barreira na medida em que numerosos provedores de conteúdo para TV terão um custo unitário similar. Ameaças adicionais de entrada implicam menor rentabilidade para o setor.

Terceiro, se os clientes são fiéis à marca, os custos para induzir um cliente a passar a comprar o produto de um novo concorrente podem representar uma barreira substancial à entrada. Ano após ano, centenas de milhões de dólares de propaganda constante na indústria de cereais mantêm o poder de atração da marca Tony the Tiger Frosted Flakes. Cereais não anunciados passam despercebidos. Para citar outro exemplo, as empresas aéreas aumentam os custos de mudança de companhia para seus clientes usuais com programas de milhagem para viajantes frequentes. Vincular o número de assentos a ofertas promocionais aumenta as barreiras à entrada. Portanto, os novos concorrentes possuem um custo muito elevado para se tornar uma ameaça verdadeira à entrada nesses mercados.

O acesso aos canais de distribuição constitui outra barreira potencial que possui implicações para a lucratividade das empresas. O espaço nas gôndolas de supermercados é muito limitado; todos os lugares estão preenchidos. Um novo concorrente teria, portanto, de oferecer grandes promoções comerciais (isto é, *racks* gratuitos para a exibição do produto e pagamento para obter espaço nas gôndolas) para induzir as redes de supermercados a subs-

EXEMPLO Mercado relevante para navegadores na Web: o Internet Explorer da Microsoft[10]

Uma das questões sempre presentes na política de livre concorrência é a definição do mercado relevante para o software de computador. Em 1996, o produto fácil de operar e pioneiro da Netscape possuía uma participação de 82% no mercado de navegadores pela internet. Durante 1996-1999, no entanto, o internet Explorer da Microsoft fez progressos rápidos. Juntando o Explorer com seu sistema operacional Windows 97 amplamente aceito, a Microsoft comercializou um conjunto de softwares pré-instalados nos PCs. A Microsoft encontrou preços maiores para o Windows 98 isolado do que para o Windows com o internet Explorer, e ameaçou os fabricantes de PCs, como a Compaq e a Gateway, com o cancelamento de sua licença do Windows 97, a não ser que instalassem o ícone do Explorer na área de trabalho do Windows. Como a maioria dos clientes de PCs desejava o Windows pré-instalado em seus computadores, o Explorer penetrou fundo no mercado de navegadores com muita rapidez. No início de 2000, algumas estimativas mostraram que a participação de mercado do Explorer havia chegado a 59%.

Considerando que o mercado relevante para esses produtos é um sistema operacional integrado ao PC, a Microsoft simplesmente incorporou uma nova tecnologia em um produto Windows já dominante. Uma analogia poderia ser a interconexão entre a ignição e o sistema de direção de um automóvel para desencorajar o furto de veículos. Se os navegadores na internet constituem um mercado relevante distinto, como o equipamento estereofônico para um automóvel, então a Microsoft não tem o direito de utilizar práticas anticompetitivas, como a venda conjunta, para estender seu domínio de sistemas operacionais de PCs para esse novo mercado de softwares.

O crescimento espetacular das vendas do Windows 98 da Microsoft não é o aspecto em discussão. Obter um quase monopólio graças à participação de mercado de 85% no setor anteriormente fragmentado de softwares de sistemas operacionais indica um produto superior, um excelente plano de negócios e uma boa administração. Entretanto, permitir à Microsoft ampliar esse poder de mercado a uma nova linha de atuação usando táticas que seriam ineficazes e autodestrutivas caso não existisse uma participação de mercado dominante na atividade original é justamente aquilo que as leis de livre concorrência deveriam evitar. Vinte secretários estaduais de Justiça nos Estados Unidos e as autoridades antitruste europeias seguiram este lado de raciocínio. A Comunidade Europeia investiu sobre múltiplas versões do Windows com (e sem) o Media Player retirado do sistema e multou a Microsoft em US$625 milhões em março de 2004. Os apelos se esgotaram em 2009 e a Microsoft pagou a multa com juros.

---

10 Baseado em U.S. Sues Microsoft over PC Browser. *Wall Street Journal*, 21 out. 1997; Personal Technology. *Wall Street Journal*, 30 out. 1997; Microsoft's Browser: A Bundle of Trouble. *The Economist*, 25 out. 1997; *U.S. News and World Report*, Business and Technology, 15 dez. 1997.

tituírem um de seus atuais fornecedores. Uma barreira relacionada à entrada surgiu no setor de televisão por satélite, no qual a Direct TV e a EchoStar controlam essencialmente todos os canais disponíveis em satélites capazes de alcançar toda a audiência dos Estados Unidos. As agências reguladoras do governo também podem aprovar ou negar acesso aos canais de distribuição. Por exemplo, a FDA aprova medicamentos para determinadas aplicações terapêuticas, mas não para outras. Esta agência ainda tem o poder legal de aprovar ou rejeitar exceções que dão direitos exclusivos de vendas como se fossem patentes quando a pressão de políticas públicas requerem que assim se faça. A Biogen recebeu tal autorização para seu produto de maior venda (uma injeção para pacientes com multiesclerose). Outras empresas não receberam aprovação; isto pode se tornar uma barreira intransponível.

EXEMPLO Entrada potencial para a Office Depot/Staples[11]

Em 1997, a Office Depot (empresa de US$6 bilhões de valor de mercado) e a Staples (de US$ 4 bilhões) propuseram-se a uma fusão. Suas vendas conjuntas de US$17 bilhões no mercado de grandes lojas do setor totalizaram 76% das vendas totais. Visto de outra perspectiva, seus competidores potenciais incluíam não apenas a OfficeMax em todas as pequenas lojas especializadas, lojas de departamento, de desconto, como a Kmart, clubes de vendas, como Sam's Club, negócios por catálogos e varejistas de informática. Esse mercado muito mais amplo é fragmentado, de fácil entrada e imenso (US$185 bilhões). Com base neste padrão, o mercado conjunto da Staples e Office Depot era de apenas 6%.

As margens de lucro da Office Depot, OfficeMax e Staples são significativamente superiores quando somente uma delas se localiza numa cidade, o que sugere que fornecedores de baixa escala representam pouca ameaça de entrada no mercado de grandes lojas. A facilidade excepcional de entrada (e de saída) em pequena escala modera os *markups* e margens de lucro da varejistas especializados, como no ramo de guloseimas, mas não no setor de grandes lojas. Alta requisição de capital e economias de escala parecem responsáveis por barreiras para a entrada no setor de suprimentos de escritórios.

11 Baseado em FTC Rejects Staples' Settlement Offer. *Wall Street Journal*, 7 abr. 1997, p. A3; J. Baker. Econometric Analysis in *FTC v. Staples*. Journal of Public Policy and Marketing 18, n. 1, primavera 1999, p. 11-21.

Concorrentes preexistentes em linhas relacionadas de produtos também oferecem ameaça substancial de entrada.

EXEMPLO Eli Lilly coloca ameaça potencial de entrada para a AstraZeneca[12]

Em 2000, o medicamento para câncer Novaldex da AstraZeneca tornou-se a primeira droga aprovada para redução do risco de câncer de mama em mulheres saudáveis. A Eli Lilly comercializa um produto farmacêutico, Evista, há muito tempo aprovado pela FDA para o tratamento de osteoporose. Testes preliminares sugeriram um potencial terapêutico do Evista na prevenção do câncer de mama. A Lilly realizou prontamente um estudo no qual a incidência do desenvolvimento do câncer em um período de três anos foi reduzida em 55% em 10.574 mulheres com fatores de alto risco para o desenvolvimento dessa doença. Então, a Zeneca Group PLC abriu um processo para que os representantes comerciais da Lilly parassem de fazer qualquer divulgação do produto. O processo legal da AstraZeneca indubitavelmente desacelerou os esforços de comercialização da Lilly, mas a barreira de entrada real apareceria se a FDA negasse o uso do Evista para o tratamento de câncer de mama. Sem esta recusa, o Nolvadex enfrenta um concorrente direto formidável de um fornecedor preexistente em um mercado adjacente relevante.

12 Zeneca Sues Eli Lilly Over Evista Promotion. *Wall Street Journal*, 26 fev. 1999, p. B6.

Por fim, uma barreira de entrada pode ser apresentada quanto à diferenciação de produto. A diferenciação de produto objetiva é sujeita à engenharia reversa, violações da propriedade intelectual e até mesmo imitações baratas de tecnologia patenteada, como o obturador de uma câmara digital da Kodak. Em contrapartida, diferenciação subjetiva dos produtos percebidos, com base nas percepções dos clientes sobre imagens de estilos de vida e posicionamento de produto (como a Pepsi-Cola), pode erguer barreiras de entrada eficazes que permitem a empresas estabelecidas sobreviver da melhor forma ao ataque concorrente. Em suma, quanto mais altas são as barreiras de entrada, menor a ameaça de potenciais competidores e maior será a rentabilidade da indústria sustentável.

> **EXEMPLO** Diferenciação objetiva *versus* percebida de produto: Xerox
>
> Protegida contra a disputa por patentes pela sua principal copiadora a seco, a Xerox aproveitou essencialmente um monopólio e um crescimento de 15% nos ganhos dos anos 1960 ao início dos 1970. Durante esse período, seu laboratório de pesquisas em Palo Alto, Califórnia, inventava um novo dispositivo após o outro. Um ano, foi a interface gráfica de usuário, que a Apple depois comprou para comercializar como um PC compatível. Em 1979, cientistas e engenheiros da Xerox desenvolveram a Ethernet, a primeira rede local de área para conectar computadores e impressoras. Ainda assim, a Xerox não foi capaz de comercializar nenhum desses sucessos de P&D. Como resultado, empresas japonesas como a Canon e a Ikon fizeram a engenharia reversa do produto da Xerox, imitaram seu processo e desenvolveram copiadoras melhores e preços menores.

Poder dos compradores e fornecedores

A lucratividade das empresas de um setor é determinada em parte pelo poder de negociação de compradores e fornecedores. Os compradores podem ser altamente concentrados, como Boeing, Lockheed e Airbus na compra de grandes turbinas para aeronaves, ou extremamente fragmentados, como os restaurantes que são clientes de empresas atacadistas de alimentos. Se a capacidade do setor for aproximadamente igual ou exceder a demanda, os compradores concentrados podem forçar concessões de preços que reduzem a lucratividade das empresas. No entanto, compradores fragmentados possuem pouco poder de negociação, a não ser que persista o excesso de capacidade e de estoques.

Fornecedores únicos também podem reduzir a lucratividade do setor. A Coca-Cola Co. estabelece acordos exclusivos de franquia com engarrafadoras independentes. Nenhum outro fornecedor pode suprir os ingredientes secretos do xarope. A rentabilidade das engarrafadoras é, portanto, razoavelmente baixa. Em contraposição, os fornecedores da própria Coca-Cola são numerosos; muitos supridores potenciais de açúcar e aromatizantes gostariam de ter a Coca-Cola como cliente, e os insumos do xarope são mercadorias não exclusivas. Esses fatores aumentam a provável lucratividade dos fabricantes do concentrado por causa da falta de poder entre seus fornecedores.

Falta de suprimento, estoques esgotados e um ambiente de produção envolvendo pedidos não processados podem alterar o poder relativo dos compradores e fornecedores na cadeia de valor. Uma das poucas armas que um fornecedor tem contra grandes varejistas destruidores de uma categoria, como a Toys "R" Us, para impedir a expropriação de seu valor líquido consiste em recusar a garantia de entrega pontual para pedidos triplos de produtos populares. Um preço de atacado com um grande desconto nunca deve ter uma confiabilidade de entrega de 100%.

Finalmente, compradores e fornecedores terão mais poder de barganha e reduzirão a rentabilidade da empresa quando tiverem mais alternativas externas e puderem realmente ameaçar se integrar verticalmente à indústria. As empresas de convênios médicos podem negociar taxas baixas com médicos de serviços básicos exatamente porque possuem muitas alternativas externas. Os compradores que controlam a configuração dos padrões do setor também negociam reduções importantes no preço e na rentabilidade dos fabricantes, que podem então ficar em uma posição de captura dos efeitos da rede. As empresas favorecidas por ter seus produtos adaptados conforme os padrões do setor muitas vezes experimentam aumentos no retorno de seus gastos com marketing.

Intensidade das táticas rivais

Na economia global, poucas empresas podem estabelecer e manter domínio além de nichos de mercado. Engenharia reversa de produtos, imitação de imagens da propaganda e produção a custo baixo no exterior implicam que a General Motors (GM) não pode ter a esperança de se ver livre da Ford e da DaimlerChrysler, e a Coca-Cola não pode almejar verdadeiramente destruir a Pepsi. Como opção, para manter a lucratividade em tal cenário, as empresas precisam evitar grandes rivalidades e permitir passivamente mais reações cooperativas de concorrentes próximos. A intensidade da rivalidade em um setor depende de diversos fatores: concentração do setor, grau de concorrência de preços, presença de barreiras à saída, taxa de crescimento do setor e a relação entre custos fixos e custo total (denominada **rigidez de custo**) na estrutura típica de custos.

As empresas e os produtos que oferecem substitutos próximos para clientes potenciais no mercado relevante determinam o grau de concentração do setor. Uma medida dessa concentração é a soma das participações de mercado das quatro ou oito maiores empresas em um setor. Quanto maiores as participações de mercado e menor o número de concorrentes, cada empresa notará maior interdependência e a rivalidade será menos intensa. A indústria de cereais prontos para consumo tem rivalidade mais intensa do que o setor de refrigerantes, em parte porque Kelloggs (37%), General Mills (25%), Post (15%) e Quaker Oats (8%) juntas possuem 85% do mercado. Quando duas empresas possuem de 60% a 90% das vendas do setor (por exemplo, Pepsi e Coca-Cola), a interdependência transparente pode conduzir a uma intensidade menor de rivalidade se as empresas tacitamente se juntarem em conluio. De forma similar, como a Titleist e a Spalding dominam o mercado de bolas de golfe, a intensidade da rivalidade é menor do que no fragmentado negócio de clubes de golfe.

A rentabilidade sustentável é aumentada por táticas que focam mais a concorrência não relacionada com preço do que a concorrência de preços. Empresas aéreas são mais lucrativas quando conseguem evitar guerras de preços e focar sua concorrência na qualidade do serviço prestado aos seus passageiros (por exemplo, confiabilidade de entrega, resposta às mudanças de pedido e comodidade no cronograma). Contudo, empresas aéreas que fazem transporte de carga entre as principais cidades norte-americanas fornecem transporte genérico com qualidade de serviço e frequência de decolagem idênticas. Consequentemente, as guerras de tarifas são constantes e a rentabilidade resultante desses serviços é baixa. Em contraste, as concorrentes de longa data Coca-Cola e Pepsi nunca ofereceram descontos em seus concentrados de cola. Esta falta de "desconto na parcela de ganho" e um foco reduzido nas táticas de concorrência de preço em geral aumentam a rentabilidade do negócio de concentrados. As empresas aéreas tentaram controlar o desconto na parcela de ganho apresentando programas para "viajantes frequentes" visando aumentar os *custos de troca* dos clientes de um concorrente para outro. Essa ideia de redução da intensidade da rivalidade funcionou bem por um tempo, até que os viajantes de negócios juntaram praticamente todos os programas concorrentes para viajantes frequentes.

EXEMPLO Concorrência de preços de refrigerantes gaseificados: Pepsico Inc.[13]

Refrigerantes são comercializados por diversos canais de distribuição com preços diferentes. Canais de distribuição incluem revendedores autônomos de bebidas, empresas de máquinas automáticas de vendas e engarrafadoras que abastecem supermercados, lojas de conveniência e máquinas de vendas, somando 31%, 12% e 11%, respectivamente, de todas as vendas de refrigerantes. Os compartimentos das prateleiras nas lojas estão cheios e as engarrafadoras competem no mercado de armazenagem, enquanto os varejistas diminuem o espaço principal nas prateleiras e locais de máquinas de vendas na tentativa de aumentar suas marcas. Com praticamente a mesma porcentagem de fatias de mercado nas lojas, as engarrafadoras da Coca-Cola e da PesiCo tentam evitar a concorrência de preços cabeça a cabeça, o que simplesmente diminuiria os lucros de ambas, e buscam padrões previsíveis de descontos quinzenais patrocinados pela empresa. Onde as revendedoras independentes de bebidas estabeleceram uma prática de desconto persistente de partilha de ganhos, a Coca-Cola Company e a Pepsico muitas vezes tentaram comprar as franquias e substituí-las pelas engarrafadoras das empresas. As operações de vendas são negócios com margem alta, e a PepsiCo e a Coca-Cola vêm abastecendo as máquinas de vendas diretamente por suas próprias engarrafadoras. Até agora, a

> pouca concorrência tem surgido no canal de vendas, em parte porque os autônomos têm que comprar de engarrafadoras exclusivas das franquias em suas áreas.
>
> No entanto, a concorrência nos preços está esquentando do lado comercial das máquinas de refrigerantes. Como cada vez mais famílias fazem suas refeições fora de casa, o canal das máquinas de refrigerantes soma 37% do total das vendas. A Coca-Cola dominou por muito tempo o negócio das máquinas de refrigerante. Nos restaurantes e lanchonetes, em 2000, ela tinha 59% contra 23% da Pepsi. Recentemente, a PepsiCo declarou um plano para liderar as vendas em máquinas de refrigerantes por meio de táticas de descontos de preços, se necessário. Esse desenvolvimento ameaça a continuidade da rentabilidade nesse canal importante da indústria do refrigerante.
>
> ---
> 13 Baseado em Cola Wars Continue. Harvard Business School Case Publishing, 1994; Pepsi Hopes to Tap Coke's Fountain Sales. *USA Today*, 6 nov. 1997, p. 3B; Antitrust Suit Focuses on Bottlers' Pricing and Sales Practices. *Wall Street Journal*, 20 jan. 1999, p. B7.

Algumas vezes, a concorrência de preços *versus* a concorrência não relacionada a preços apenas reflete a falta de diferenciação do produto disponível (por exemplo, na venda de cimento). No entanto, a incidência de concorrência pelo preço também é determinada em parte pela estrutura de custos prevalecente no setor. As margens tenderão a ser maiores quando os custos fixos calculados como porcentagem dos custos totais forem elevados. Se isto ocorrer, as empresas serão tentadas a se empenhar seriamente em obter clientes adicionais, porque toda unidade vendida a mais representará uma contribuição substancial para a cobertura dos custos fixos. As demais condições permanecendo inalteradas, o desconto para obter participação de mercado tenderá, portanto, a aumentar quanto maior for o custo fixo. Por exemplo, as margens brutas no setor aeroviário refletem os enormes custos fixos de arrendamento de aviões e das instalações aeroportuárias, muitas vezes atingindo 80%. Considere a seguinte **análise da alteração de vendas no ponto de equilíbrio** para uma empresa aérea que procura aumentar suas contribuições totais diminuindo em 10% seus preços:

$$(P_0 - CM)\,Q_0 < (0{,}9\,P_0 - CM)\,Q_1$$
$$< (0{,}9\,P_0 - CM)\,(Q_0 + \Delta Q) \qquad [10.1]$$

onde a receita menos o custo variável ($CM \times Q$) representa a *contribuição total*. Se o desconto tiver sucesso no aumento da contribuição total, a variação ΔQ de vendas precisa ser suficientemente grande para mais do que compensar a diminuição de 10% nas receitas por venda unitária. Rearranjando os termos da Equação 10.1 e dividindo-a por P_0, obtemos

$$\frac{(P_0 - CM)Q_0}{P_0} < \left[\frac{(P_0 - CM)}{P_0} - 0{,}1\frac{P_0}{P_0}\right](Q_0 + \Delta Q)$$
$$(MPC)Q_0 < (MPC - 0{,}1)(Q_0 + \Delta Q)$$

onde *MPC* é a porcentagem da margem preço-custo, frequentemente denominada margem de contribuição, isto é,

$$\frac{MPC}{(MPC - 0{,}1)} < \frac{(Q_0 + \Delta Q)}{Q_0}$$
$$\frac{MPC}{(MPC - 0{,}1)} < 1 + \frac{\Delta Q}{Q_0} \qquad [10.2]$$

Usando a Equação 10.2, uma margem preço-custo de 80% implica um aumento de vendas de somente 15%, e representa tudo que é necessário para justificar a diminuição de 10% nos preços:

$$\frac{0,8}{[0,8-0,1]} < 1 + \frac{\Delta Q}{Q_0}$$

$$1,14 < 1 + \frac{\Delta Q}{Q_0}$$

$$1,14 < 1 + 0,15$$

Em contraposição, na publicação de livros de capa mole, uma margem de contribuição de 12% implica vendas que precisam aumentar mais de 500% para justificar uma redução de 10% no preço – isto é, 0,12/0,02 < 1 + 5,0[+]. Em razão de um plano de marketing que gera um aumento de 15% nas vendas, em função de uma redução de preços de 10%, o setor aeroviário tem maior probabilidade de se concentrar na concorrência por preço do que o setor de publicações de livros de bolso, que necessita de 500% de aumento de vendas para compensar redução similar em seus preços.

EXEMPLO: Margens de contribuição da Hanes desincentivam descontos

Camisetas e cuecas brancas de algodão de primeira qualidade foram por muito tempo o suporte principal da Corporação Hanes. Ao vender essas "peças cruas" para outras empresas que executam acabamento, tingimento, bordados ou costura personalizada com valor adicionado, a Hanes executa apenas estágios iniciais na cadeia de valor. Ao preço de venda por atacado de US$1,25 e com custo direto de US$0,85 no custo dos produtos, a margem bruta das cuecas Hanes no valor de US$0,40 deve recuperar todos os custos fixos mais todas as despesas de distribuição e vendas para obter lucro. Com uma comissão de US$0,15 por venda de unidade como uma despesa de venda, a margem de contribuição em dólares (MC) é de US$0,25, e a porcentagem de margem de contribuição (PMC) é de US$0,25/US$1,25 = 20%.

Em razão da demanda elástica, os preços descontados em 15% podem dobrar as vendas de unidades. No entanto, com margens de contribuição (PMC) de 20%, as vendas adicionais desencadeadas pelos descontos são muito menos atrativas do que se pode pensar. A análise da mudança do ponto de equilíbrio das vendas usando a Equação 10.2 confirma que uma duplicação de volume de vendas é menor do que a mudança das vendas incrementais exigidas para restabelecer as contribuições totais aos níveis obtidos antes do corte de preço:

$$PMC/(PMC - \Delta P) = 0,20/(0,20 - 0,15) = 4,0 = 1 + 3,0^{+}$$

A interpretação aqui é que as vendas de unidades devem aumentar em 300% (1 + 300% ΔQ) para se restabelecer as contribuições totais em seu nível preexistente. Isto é, a redução de preço deve mais do que *quadruplicar* as vendas de unidades para aumentar as contribuições totais (lucro operacional). Os dados exibidos na Tabela 10.1 demonstram esta conclusão em um formato de planilha.

TABELA 10.1 Volume de vendas da Hanes necessário para manter lucros operacionais com corte de preço de 15%

	Dados fornecidos	Corte de preço de 15%	Volume duplicado de vendas	Volume triplicado de vendas	Volume quadruplicado de vendas
Preço	1,25	1,0625	2,125	3,1875	4,25
Custo dos produtos (apenas CV)	–0,85	–0,85	–1,70	–2,55	–3,40
Comissão	–0,15	–0,15	–0,30	–0,45	–0,60
MC	0,25	0,0625	0,125	0,1875	0,25

Barreiras à saída aumentam o grau da rivalidade em um oligopólio fechado. Se não for possível transferir fábricas distantes especializadas na produção de uma linha específica de produtos (por exemplo, indústrias de fundição de alumínio), ativos não transferíveis, a tática será mais agressiva, porque nenhum concorrente pode recuperar integralmente seu custo passado caso as margens diminuam. Além de bens de capital, ativos não transferíveis podem incluir displays específicos para o produto (L'eggs), salas de exposição direcionadas especificamente ao produto (Ethan Allen), e ativos intangíveis que são difíceis de desmembrar e apresentar para revenda (segredos comerciais não patenteados e pesquisa básica). Em contrapartida, as empresas transportadoras possuem ativos de grande mobilidade, isto é, caminhões e armazéns. Se uma transportadora, ao atacar suas rivais, se deparar com uma retaliação agressiva que a leve à falência, trazendo a necessidade de liquidar seus ativos, os proprietários poderão ter a expectativa de receber quase o valor integral correspondente à vida útil econômica remanescente de seus caminhões e armazéns. Como consequência, as táticas competitivas no setor de transporte de cargas são muitas vezes de rivalidade intensa, implicando menor rentabilidade.

Por fim, o crescimento da demanda no setor pode influenciar a intensidade da rivalidade. Quando as vendas para clientes antigos estão aumentando e novos clientes surgindo no mercado, as empresas rivais, muitas vezes, contentam-se em manter a participação de mercado e obter uma grande lucratividade. Quando o crescimento da demanda diminui, as táticas competitivas se aguçam em muitos setores, especialmente se o planejamento da capacidade falhou em prever a diminuição. Empresas fabricantes de móveis concedem grandes descontos quando diminui a demanda por moradia. Os preços e os lucros das empresas aéreas diminuíram bastante quando a demanda por viagens aéreas se estabilizou inesperadamente após a Guerra do Golfo. Entre 1965 e 1975, o consumo de refrigerantes nos Estados Unidos cresceu 49%. Entre 1975 e 1985, o crescimento da demanda foi de 53%. No entanto, de 1985 a 1995, a demanda no país cresceu somente 24%. As vendas nos Estados Unidos se estabilizaram em 1992; o consumo anual havia atingido um patamar de aproximadamente 192 litros por pessoa (isto é, quase 4 litros por semana). O modelo de Porter prevê que uma demanda decrescente por refrigerantes conduziria a uma rivalidade mais intensa e a uma lucratividade menor que a obtida pela PepsiCo Inc. e pela Coca-Cola Co. Recentemente, a Coca-Cola desviou muitas de suas iniciativas de crescimento rápido para sua divisão internacional, em uma tentativa de reduzir a possibilidade de rivalidade intensa com a PepsiCo nos Estados Unidos.

EXEMPLO **Intensidade da Rivalidade na Northwest Airlines**[14]

O "hub" de Minneapolis da Northwest Airlines é um terminal concentrado; a empresa tem mais de 80% dos voos. Assim, tem uma participação de mercado compatível à dominância exercida pela Microsoft com seu sistema operacional Windows XP. Entretanto, custos fixos indiretos elevados para arrendamento de aeronaves e com instalações implicam altas margens que inviabilizam às empresas aéreas atrair clientes incrementais por meio de desconto nos preços. Em contraste, o Windows dificilmente concede descontos. Todavia, barreiras de saída são pequenas nas companhias aéreas, mas altas no setor de software de computadores, onde custos incorridos elevados para pesquisa e desenvolvimento criam segredos comerciais não patenteáveis que não são facilmente revertidos. Finalmente, o crescimento da demanda é pequeno no ramo aéreo, mas alto no de software de computadores. Consequentemente, em voos com um pouso em Minneapolis, a Northwest está sujeita a uma intensa rivalidade, mas a Microsoft não.

Frequentemente a competição por preços, baixas barreiras de saída e crescimento estagnado implicam tremenda intensidade da rivalidade no setor de companhias aéreas e pressão competitiva sobre a Northwest, reduzindo suas margens de lucro. O oposto é verdadeiro para o negócio de sistemas operacionais da Microsoft. O Windows XP é raramente vendido com desconto e permanece extremamente lucrativo. Em resumo, companhias aéreas têm características setoriais que forçam os resultados de desempenho até mesmo para uma empresa dominante ser mais competitiva, ao passo que uma empresa dominante em sistemas operacionais de computadores se defronta com menor rivalidade.

---

14 Baseado em Flying to Charlotte Is Easy. *Wall Street Journal*, 14 jun. 1995, p. S1.

Finalmente, temos a velocidade de ajuste de ações competitivas e problemas de reações. Lembre-se de que, se as incumbentes são lentas para responder às iniciativas táticas de concorrentes "relâmpago", então a rentabilidade poderá ser levada a níveis críticos nos mercados chamados contestáveis. Em contraste, se as incumbentes forem facilmente provocadas e mostrarem velocidades rápidas de ajuste, então a rentabilidade será muitas vezes mais sustentável.

O mito da participação de mercado

Em resumo, a chave para a lucratividade em muitos negócios consiste em criar uma estratégia que reduza a ameaça de substitutos, o poder de compradores e vendedores e a ameaça das *start-ups*. As firmas precisam então adotar táticas e permitir reações táticas de seus rivais que não desgastem o potencial de lucro da sua estratégia empresarial eficaz. Isto, muitas vezes, significa não utilizar descontos para obter participação de mercado e outras táticas agressivas que conduziriam o setor a guerras de preço. Preços elevados, que refletem o valor real atribuído pelo cliente, dificilmente são recuperados depois que os compradores se acostumam a liquidações em época previsível ou a um padrão de grande rivalidade na concessão de descontos entre os concorrentes. As lojas de departamento e as empresas aéreas têm muita consciência deste erro.

Promoções excessivas e descontos direcionados para aumentar a participação de mercado raras vezes constituem uma fonte de lucratividade a longo prazo, e, muitas vezes, resultam em um valor capitalizado menor. A 7-Up dobrou e triplicou sua participação de mercado no final da década de 1970, em grande parte por causa dos descontos. Os lucros diminuíram, e a companhia finalmente foi adquirida pela Cadbury Schweppes. A Hon Industries tem o dobro do retorno do investimento da Steelcase no mercado de equipamentos para escritório, embora a Hon tenha um terço da dimensão da Steelcase. A Boeing seria muito mais lucrativa se permitisse que uma pequena maioria de grandes aeronaves fosse direcionada à Airbus (empresa subsidiada pelos governos europeus) do que comprometendo sua própria linha de montagem com centenas de pedidos adicionais motivados por preços baixos.

Após a penetração inicial de um novo produto ou uma nova tecnologia em um mercado relevante, a participação de mercado nunca deve se tornar um fim em si mesmo. A participação crescente no mercado é o meio para atingir economias de escala e vantagens de custo baseadas na curva de aprendizagem. Contudo, uma participação adicional a qualquer custo significa quase sempre uma redução de lucros, e não o contrário.

CONTINUIDADE DAS ESTRUTURAS DE MERCADO

A relação entre empresas individuais e o mercado relevante como um todo é conhecida como *estrutura de mercado* do setor, e depende:

1. Do número e do tamanho relativo das empresas no setor.
2. Do grau de diferenciação entre os produtos vendidos pelas empresas do setor.
3. Da medida em que a tomada de decisões das empresas individuais é independente, não interdependente ou confabuladora.
4. Das condições de entrada e saída.

Quatro estruturas de mercado específicas têm sido definidas tradicionalmente: concorrência perfeita, monopólio, concorrência monopolista e oligopólio. Se fôssemos representar graficamente as estruturas em uma sequência contínua com extremos em qualquer uma das extremidades, elas ficariam assim:

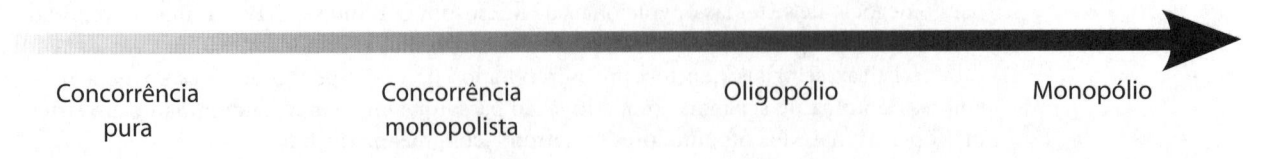

| Concorrência pura | Concorrência monopolista | Oligopólio | Monopólio |

Concorrência pura ou perfeita

O modelo setorial de **concorrência perfeita** possui as seguintes características:

1. Um grande número de compradores e vendedores, cada um dos quais compra ou vende uma proporção tão pequena da produção total do setor que as ações de um único comprador ou vendedor não conseguem exercer um impacto perceptível sobre o preço de mercado.
2. Um produto homogêneo produzido por empresa, isto é, não existe diferenciação do produto, como ocorre com serviços de táxis licenciados ou trigo tipo AAA de janeiro.
3. Conhecimento completo de todas as informações relevantes do mercado por parte de todas as empresas, cada uma das quais age de forma totalmente independente; por exemplo, as 117 construtoras residenciais que constroem casas padronizadas de três dormitórios em uma grande cidade.
4. Entrada e saída livres do mercado, isto é, barreiras mínimas à entrada e à saída.

A empresa individual em um setor puramente competitivo, em essência, tem de aceitar o preço vigente. Em função de os produtos de cada produtor serem substitutos perfeitos para os produtos de todos os demais produtores, a empresa individual na concorrência pura nada pode fazer além de oferecer toda sua produção ao preço de mercado em vigor. Como resultado, a curva de demanda da empresa individual se aproxima da elasticidade perfeita ao preço de mercado. Ela não pode vender a um preço maior, porque todos os compradores mudarão racionalmente para outros vendedores. Se a empresa vender a um preço ligeiramente inferior ao de mercado no longo prazo perderá dinheiro.

A Figura 10.3 indica a natureza do setor e as curvas de demanda da empresa sob concorrência pura, como a construção de um condomínio de casas idênticas. A linha DD' representa a curva total para o setor, ou curva de demanda de mercado para casas idênticas, e $S'S$ é a curva de oferta do mercado. Ao preço de US$175.000, que é o de mercado, um total de Q_{DI} residências serão demandadas pelo conjunto de todas as empresas no setor. A linha dd' representa a curva de demanda para cada empresa individual. Esta vende toda a sua produção, Q_{DF}, ao preço de mercado de US$175.000. A quantidade Q_{DF} representa, por definição, somente uma pequena fração da demanda total Q_{DI} do setor.

Por que participar de setores nos quais a receita por venda (US$175.000 na Figura 10.3) é suficiente para cobrir apenas custos unitários totalmente alocados de US$175.000? Essas "margens exíguas" dão origem aos golpes de sorte ocasionais em que a demanda aumenta e o preço se eleva o suficiente para gerar lucros excedentes (durante alguns meses no ramo de condomínios residenciais, alguns dias no de petróleo especulativo, algumas horas no de trigo AAA em Kansas City ou alguns minutos no mercado de revenda de títulos do Tesouro). Observe que a ocasião e a magnitude desses eventos raros não são previsíveis. Caso contrário, os terrenos para incorporação imobiliária, as concessões de petróleo, a revenda de títulos do tesouro e os silos de grãos aumentarão de valor e o lucro em excesso esperado novamente se reduzirá a um ponto de equilíbrio com margem exígua. Lembre-se também de que, no equilíbrio competitivo, o proprietário gerente do negócio está recebendo um salário ou outro rendimento tão grande quanto poderia ser em sua outra atividade de melhor rendimento. Em resumo, este não é o ambiente

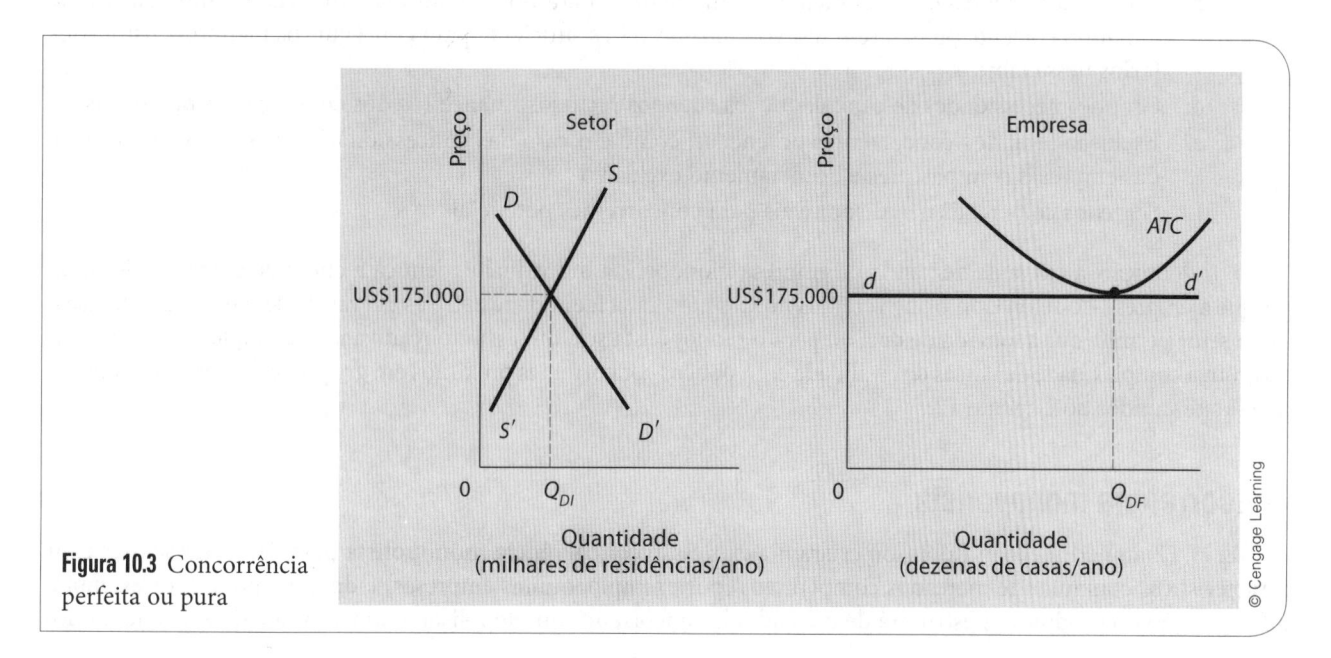

Figura 10.3 Concorrência perfeita ou pura

empresarial no qual o capital de risco e os retornos empresariais de 40% sobre o capital investido ocorrem regularmente, mas talvez proporcione um retorno constante de 12% com boas aptidões gerenciais e bons controles de custo. Mais importante, essas margens exíguas são interrompidas ocasionalmente quando lucros inesperados de até US$25.000 em um terreno, US$20 por barril de petróleo, US$1,50 por saca de trigo ou US$5.000/10.000 pelos títulos do tesouro são oportunidades que aparecem por curto espaço de tempo.

Mercados contestáveis Mercado contestável é um caso extremo de mercado puramente competitivo. Nesta estrutura, temos frequentemente a ocorrência de desempenho crítico de apenas algumas empresas, talvez apenas uma. Os motivos são entrada gratuita e saída sem custo. Consequentemente, a mera ameaça da entrada "relâmpago" é suficiente para baixar os preços a um nível de lucro zero e cobertura total de custos. As incumbentes nesses mercados são, muitas vezes, mais lentas para reagir do que as empresas "relâmpago" que impõem toda essa pressão competitiva. Exemplo são os mercados de títulos, onde a arbitragem financeira por meio de fundos de *hedge* aciona enormes apostas (possivelmente de dezenas de bilhões de dólares) de que qualquer título ou letra público correntemente fora de linha, convergirão de volta aos seus níveis de equilíbrio. De forma semelhante, as empresas aéreas parecem ser um mercado contestável. A aeronave seria o mais moderno bem móvel, mas não os horários de pouso, e as incumbentes devem reagir com rapidez e agressividade às start-ups "relâmpagos" desses mercados.

Monopólio

O modelo de **monopólio** no outro extremo na estrutura de mercado em relação à concorrência perfeita é assim caracterizado:

1. Somente uma empresa produz algum produto específico (em uma área de mercado determinada), como uma franquia exclusiva de TV a cabo.
2. Baixa elasticidade cruzada da demanda entre o produto do monopolista e qualquer outro, isto é, não existem produtos substitutos próximos.
3. Nenhuma interdependência com outros concorrentes, porque a empresa é monopolista em seu mercado relevante.
4. Barreiras substanciais à entrada impedem a concorrência de penetrar no setor. Essas barreiras podem incluir os seguintes fatores:
    a. Vantagens de custo absolutas da empresa estabelecida, resultante de economias na obtenção de insumos ou de técnicas de produção patenteadas.
    b. Vantagens de diferenciação do produto resultantes da fidelidade do consumidor aos produtos tradicionais.
    c. Economias de escala, que aumentam a dificuldade para novas empresas financiarem uma fábrica de tamanho eficiente ou obterem um volume de vendas suficiente para conseguir os menores custos unitários nessa fábrica.
    d. Grandes necessidades de capital, que excedem os recursos financeiros dos concorrentes potenciais.
    e. Exclusão legal dos concorrentes potenciais, como é o caso das concessionárias de serviços públicos e das empresas com patentes e licenciamento exclusivo.
    f. Segredos comerciais não disponíveis para concorrentes potenciais.

Por definição, a curva de demanda da empresa monopolista individual é idêntica à curva de demanda do setor, porque a empresa é o setor. Conforme veremos no Capítulo 11, a identidade entre as curvas de demanda da empresa e as do setor permite que a tomada de decisão para o monopolista seja um assunto relativamente simples, em comparação com a complexidade de táticas de rivalidade com poucos concorrentes próximos em grupos fechados de oligopólio, que são discutidos no Capítulo 12.

Concorrência monopolista

E. H. Chamberlin e Joan Robinson criaram a expressão **concorrência monopolista** para descrever setores com características conjuntas de mercados competitivos (por exemplo, muitas empresas) e de monopólio (por exemplo, diferenciação do produto). A estrutura de mercado da concorrência monopolista é caracterizada do seguinte modo:

1. Algumas poucas empresas dominantes e um grande número de empresas concorrentes secundárias.
2. As empresas dominantes vendem produtos que de algum modo são diferenciados, de maneira real, percebida ou apenas imaginada.
3. Tomada de decisões independentes por parte das empresas individuais.
4. Facilidade de entrada e saída do mercado como um todo, mas há grandes barreiras para a participação efetiva entre as principais marcas.

A característica diferenciadora mais importante da concorrência monopolista é em grande parte o fato de os produtos de cada empresa ser de algum modo distintos daqueles de todas as demais empresas. Em outras palavras, a elasticidade-preço cruzada da demanda entre os produtos de empresas individuais é menor do que em mercados puramente competitivos (por exemplo, incorporadores de condomínios residenciais, fornecedores de trigo do tipo AAA de janeiro ou revendedores de letras do Tesouro dos Estados Unidos). A diferenciação do produto pode basear-se em características exclusivas (Disneyworld), marcas registradas (*swosh*, ou logo característico da Nike), nomes comerciais (Blackberry), embalagens (meias L'Eggs), qualidade (bolsas Coach), design (iPod da Apple), cores e estilos (relógios Swatch) ou as condições de venda. Essas condições podem incluir fatores como crédito, localização do vendedor, atuação conjunta do pessoal de vendas, serviço pós-venda, garantias e assim por diante.

Considerando que cada empresa fabrica um produto diferenciado, é difícil definir uma curva de demanda do setor na concorrência monopolista. Desse modo, em vez de setores bem definidos, tende-se a observar algo parecido como um *continuum* de produtos. Geralmente, é bem fácil identificar grupos de produtos diferenciados que se enquadram no mesmo setor, como cervejas leves, colônias pós-barba ou perfumes.

Oligopólio

A estrutura de mercado de **oligopólio** em um setor descreve um mercado que tem poucas empresas com relacionamento próximo. O número de empresas é pequeno, a ponto de as ações de uma empresa individual no setor – com relação a preço, produção, estilo ou qualidade do produto, condições de venda e outros fatores – exercerem um impacto perceptível sobre as vendas das demais do setor. Em outras palavras, o oligopólio distingue-se por um grau considerável de *interdependência* entre as empresas do setor. Os produtos ou serviços produzidos ou prestados pelos oligopolistas podem ser homogêneos – como nos casos de viagens aéreas, vigas de aço de 40 pés, alumínio e cimento – ou diferenciados – como nos casos de automóveis, cigarros, utilidades domésticas e navios de cruzeiro.

Embora o grau de diferenciação do produto seja um fator importante para se determinar a curva de demanda de uma empresa oligopolista, o grau de interdependência das empresas no setor possui importância até maior. Definir a curva de demanda de uma empresa individual é complicado por causa dessa interdependência. A relação entre preço e produção para uma empresa individual é determinada não somente pelas preferências do consumidor, a possibilidade de substituição do produto e o nível de propaganda, *mas também pelas respostas que os outros concorrentes podem apresentar a uma alteração de preços feita pela empresa*. Uma discussão completa das expectativas das reações dos concorrentes será postergada até o Capítulo 12.

DETERMINAÇÃO DA RELAÇÃO PREÇO-PRODUÇÃO NA CONCORRÊNCIA PERFEITA

A empresa individual em um setor com concorrência perfeita (ou "pura") tem efetivamente de aceitar o preço de mercado, porque os produtos de todos os produtores são substitutos perfeitos dos produtos de cada um dos demais produtores. Isto conduz à curva de demanda horizontal ou perfeitamente elástica da empresa que participa da concorrência pura. Embora raramente nos deparemos com situações em que todas as condições para a concorrência perfeita são atendidas, as bolsas de valores e os mercados de *commodities* se aproximam dessas condições. Por exemplo, o triticultor individual ou o negociador de letras do Tesouro dos Estados Unidos possui poucas opções além de aceitar o preço vigente. Na concorrência perfeita, a empresa deve vender ao preço de mercado (p_1 ou p_2) e sua curva de demanda é representada por uma linha horizontal (D_1 ou D_2) ao preço de mercado, como mostra a Figura 10.4.

Curto prazo

Uma empresa em um setor puramente competitivo pode obter lucros transitórios (além dos retornos normais sobre capital e mão de obra empresarial) ou operar com perdas no curto prazo. No caso puramente competitivo, a receita marginal *RMA* é igual ao preço *P*, porque a venda de cada unidade adicional aumenta a receita total pelo preço daquela unidade (que permanece constante em todos os níveis de produto). Por exemplo, se

$$P = US\$8/\text{unidade}$$

logo,

$$\text{Receita total} = RT = P \cdot Q$$
$$= 8Q$$

Receita marginal é definida conforme a alteração na receita total, resultante de uma venda de uma unidade adicional, o que equivale à derivada da receita total em relação a *Q*:

$$RMA = \frac{dRT}{dQ} = \$\,8/\text{unidade}$$

e a receita marginal se iguala ao preço.

A empresa que maximiza a receita produzirá nesse nível de produto em que a receita marginal é igual ao custo marginal. Além desse ponto, a produção e venda de uma unidade adicional acrescentarão mais sobre o custo total do que sobre a receita total (*CMA* > *RMA*) e, consequentemente, o lucro total (*RT* − *CT*) decresceria. Até onde *CMA* = *RMA*, a produção e a venda de mais uma unidade aumentariam a receita total mais do que o custo total (*RMA* > *CMA*) e o lucro total aumentaria conforme uma unidade adicional fosse produzida e vendida. *Produzir no ponto em que a receita marginal RMA é igual ao custo marginal CMA é equivalente a maximizar a função de lucro total.*[15]

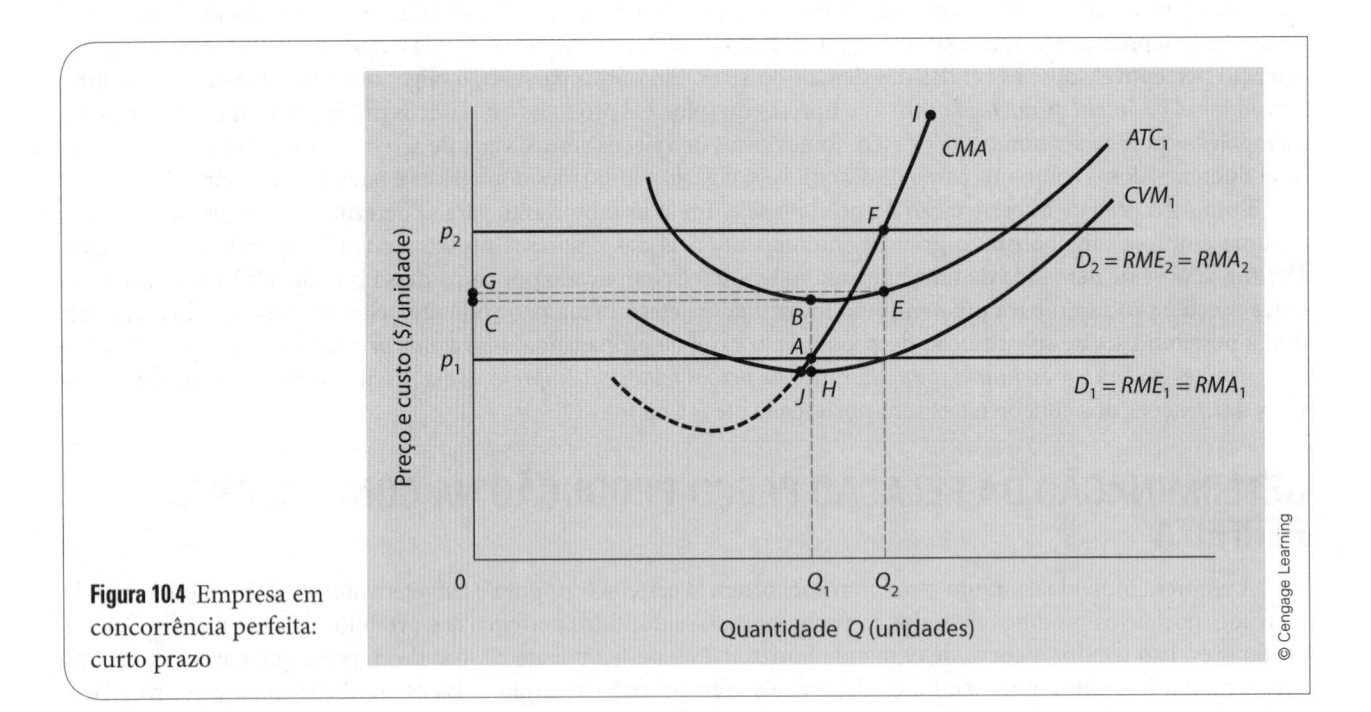

Figura 10.4 Empresa em concorrência perfeita: curto prazo

---

15 Isso pode ser provado:

$$\pi = RT - CT$$

$$\frac{d\pi}{dQ} = \frac{dRT}{dQ} = \frac{dCT}{dQ} = RMA - CMA = 0$$

ou, *RMA* = *CMA* quando o lucro é maximizado.

Verifique a maximização de lucro calculando a segunda derivada de π em relação a *Q*, ou $\frac{d^2\pi}{dQ^2}$. Se ela for menor que zero, então π é maximizado.

A função de oferta de uma empresa individual na Figura 10.4 é igual àquela parte da curva CMA do ponto J ao ponto I. A qualquer nível de preço abaixo do ponto J a empresa fecharia, porque nem sequer cobriria seu custo variável médio (isto é, $P < CVM$). A desativação temporária resultaria em limitar as perdas apenas aos custos fixos.

Na Figura 10.4, se o preço $P = p_1$, a empresa produziria ao nível de produção Q_1, onde $CMA = RMA$ (o lucro é maximizado ou o prejuízo é minimizado). Neste caso, a empresa incorreria em um prejuízo por unidade igual à diferença entre o custo total médio CTM e a receita média ou preço. Isso é representado por BA na Figura 10.4. O prejuízo total incorrido pela empresa ao nível de produção Q_1 e ao preço p é igual ao retângulo p_1CBA. Isso pode ser concebido conceitualmente como o prejuízo por unidade (BA) vezes o número de unidades produzidas e vendidas (Q_1). O prejuízo é minimizado ao preço p_1, porque o custo variável médio CVM foi coberto e permanece uma contribuição para cobrir parte dos custos fixos (AH por unidade × Q_1 unidades). Se a empresa não produzisse, incorreria em perdas iguais ao montante total de custos fixos (BH por unidade × Q_1 unidades). Assim, podemos concluir que no curto prazo uma empresa produzirá e venderá aquele nível onde $RMA = CMA$, desde que os custos variáveis de produção estejam sendo cobertos ($P > CVM$).[16]

EXEMPLO Televisores de tela plana perdem $126 por unidade vendida: Sony Corporation[17]

Muito do custo de um televisor de tela plana envolve o painel LCD. Foram vendidas 220 milhões de TVs de tela plana em 2011 pelo mundo todo, no valor de US$115 bilhões. Embora as economias de escala em grandes fábricas e descontos por volume em insumos de componentes eletrônicos tenham feito o custo das LCDs cair de US$2.400 para US$500 na última década, o preço caiu ainda mais. Em 2001, o preço médio de venda de um painel grande de LCD estava acima de US$4.000. Em 2011, esse preço havia caído para baixo de US$600 (ver Figura 10.5). A Sony Corporation descobriu que suas TVs de tela plana não conseguiam cobrir todo o custo dos painéis de LCD e impôs uma perda de US$126 (US$500 − US$374) por TV vendida. Entretanto, os custos fixos indiretos das fábricas de LCD da coreana Samsung, da japonesa Sharp, Panasonic e Sony são parcialmente cobertos pela operação. As perdas seriam maiores a curto prazo se elas fechassem.

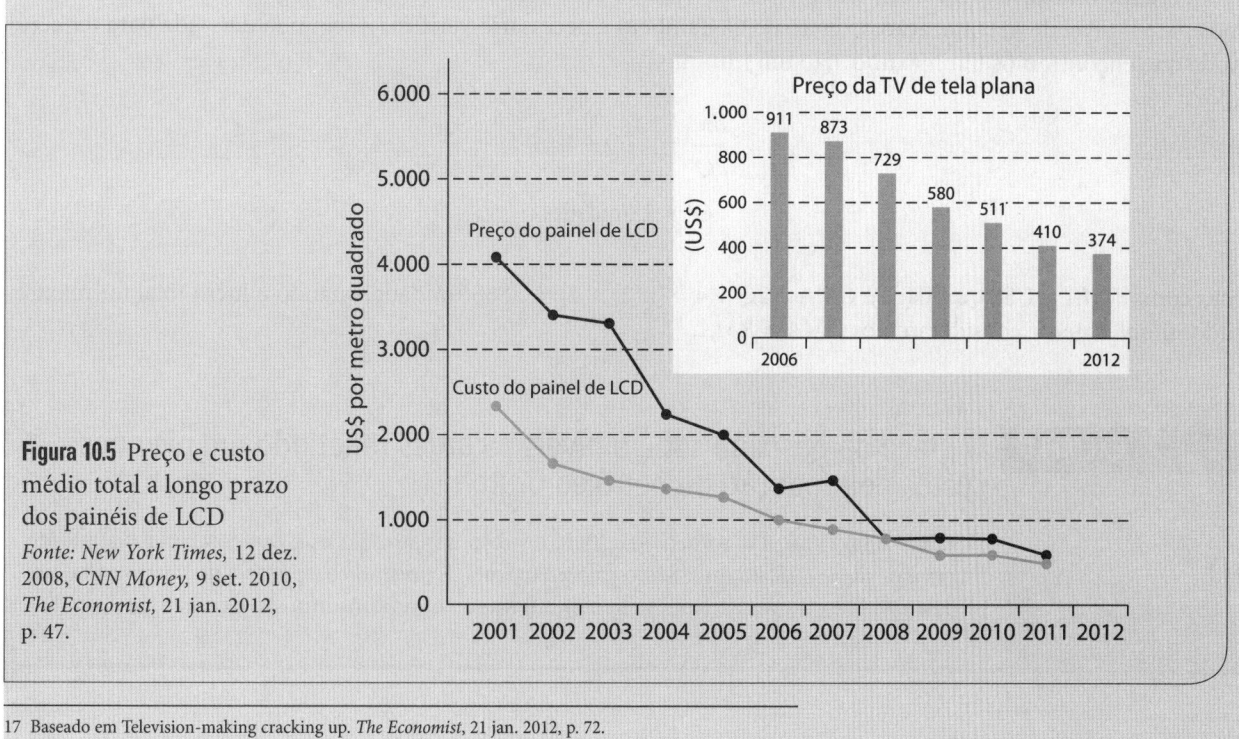

Figura 10.5 Preço e custo médio total a longo prazo dos painéis de LCD

Fonte: New York Times, 12 dez. 2008, *CNN Money*, 9 set. 2010, *The Economist*, 21 jan. 2012, p. 47.

17 Baseado em Television-making cracking up. *The Economist*, 21 jan. 2012, p. 72.

---

16 Os custos variáveis são definidos estritamente pelos contadores para identificar os custos evitáveis incorridos na menor unidade de vendas do plano de negócios da empresa. Além disso, alguns outros custos, que são considerados custos de lote (como utilidades para o terceiro turno do chão de fábrica), ou custos fixos diretos ligados à decisão de operar (como manutenção não programada para contrabalancear a depreciação da maquinaria), são evitáveis pela decisão em questão. Logo, esses custos devem ser diversificados (evitados) pela decisão de desativação e, portanto, precisam ser inclusos no CVM a ser superado na decisão de operar.

Se o preço fosse p_2, a empresa produziria Q_2 unidades e auferiria um lucro unitário de EF, ou um lucro total representado pelo retângulo $FEGp_2$. A curva de oferta da empresa competitiva é, portanto, muitas vezes identificada como o custo marginal acima do CVM mínimo (isto é, a curva CMA de J a I). A oferta do setor é a soma horizontal dessas curvas de oferta da empresa.

Maximização de lucro em face da concorrência perfeita em curto prazo: Adobe

Esse exemplo ilustra as condições de maximização de lucro para uma empresa funcionando em um ambiente de mercado puramente competitivo em curto prazo. Considere que a Adobe enfrenta as seguintes funções de receita total e custo total:

$$\text{Receita total: } RT = 8Q$$
$$\text{Custo total: } CT = Q^2 + 4Q + 2$$

A receita marginal e o custo marginal são definidos conforme a primeira derivada da receita e custo totais, ou

$$\text{Receita marginal: } RMA = \frac{dRT}{dQ} = \text{US\$8/unidade}$$

$$\text{Custo marginal: } CMA = \frac{dRT}{dQ} = 2Q + 4$$

Da mesma forma, o lucro total é igual à receita menos o custo total:

$$\text{Lucro total: } (\pi) = RT - CT$$
$$= 8Q - (Q^2 + 4Q + 2)$$
$$= -Q^2 + 4Q - 2$$

Para maximizar o lucro final, tomamos a derivada de π em relação à quantidade, igualamos a zero e resolvemos para o nível de maximização de lucro de Q. Também é necessário verificar a segunda derivada para ter certeza de que encontramos um máximo, não um mínimo.[18]

$$\frac{d\pi}{dQ} = -2Q + 4 = 0$$

$$Q^* = 2 \text{ unidades}$$

Mas como $RMA = \text{US\$8/unidade}$ e $CMA = 2Q + 4 = [2(2) + 4] = \text{US\$8/unidade}$, quando o lucro total for maximizado, simplesmente consideraremos $CMA = RMA$.

EXEMPLO O preço da gasolina sobe a níveis recordes refletindo um pico nos custos de produção de petróleo bruto[19]

Durante 2006, 2007 e o começo de 2008, o preço da gasolina nos Estados Unidos subiu de forma galopante e alcançou US$4 o galão. Por quê? A pressão competitiva no varejo evita que os postos de gasolina enganem os clientes. Os impostos de consumo são de, em média, apenas

---

18 A verificação da maximização do lucro vem a seguir:

$$\frac{d^2\pi}{dQ^2} = -2$$

Como a segunda derivada é negativa, sabemos que encontramos o valor máximo para a função de lucro.

> US$0,40 em todo o país e têm permanecido inalterados por duas décadas. Os gargalos nas refinarias e oleodutos foram, em parte, culpa dos furacões da Costa do Golfo, como Katrina e Rita, mas não em julho de 2008. Mas a fonte principal do aumento dos preços de gasolina foi um aumento espetacular nos preços do petróleo bruto.
>
> A Figura 10.6(a) mostra que por seis vezes nos últimos 30 anos os preços do petróleo bruto subiram abruptamente. Em cada caso anterior, interrupções no abastecimento em decorrência de conflitos armados no Oriente Médio ou restrições de cartéis de produção foram os responsáveis. Em 1973 e em 1999-2000, os cartéis de petróleo Opep I e Opep III impuseram, com sucesso, cotas de produção reduzidas aos membros, contendo assim o fornecimento e elevando o preço de mercado do petróleo bruto. Em 1978, 1980 e 1990, três conflitos militares restringiram maciçamente o fornecimento de petróleo bruto que saía do Golfo Pérsico. No entanto, em 2004-2008, fatores de demanda, e não de oferta, estavam envolvidos. O crescimento de demanda na Índia, China e nos Estados Unidos durante o período 2004-2008 impulsionou os preços de insumos escassos para cima, conforme mostrado na Figura 10.6(b).
>
> O petróleo na região do Golfo Pérsico é mais barato de encontrar, explorar e extrair com um custo unitário de US$3 por barril. Em contraste, o petróleo venezuelano e russo custa até US$9 por barril, o petróleo do oeste do Texas, US$13 por barril, e os campos do Mar do Norte precisam de plataformas marítimas e tecnologia onerosa de extração que geram um custo médio total por barril de US$20. Os custos de entrega total do petróleo de North Slope no Alasca chegam a US$30 por barril. Essas empresas produtoras de petróleo e sua produção associada formam uma curva de fornecimento ascendente em longo prazo (aqui uma função íngreme) para a indústria de petróleo bruto. Veja a Figura 10.6(b).
>
> No meio do ano de 2006, com preços de petróleo bruto entre US$70 e US$80, os fazendeiros do Missouri e Iowa estavam se unindo a cooperativas criadas para construir e operar fábricas alimentadas por etanol proveniente do milho no valor de US$65 milhões. O custo marginal da crescente demanda por produtos de petróleo fez que o petróleo bruto fosse trazido ao mercado, excedendo o custo marginal de etanol pela primeira vez. Os brasileiros têm sido imensamente bem-sucedidos com as fábricas de etanol alimentadas por cana-de-açúcar e, em conjunto com a produção doméstica crescente de petróleo, em 2008 chegaram a declarar a independência do petróleo estrangeiro. Mas a cana tem alto teor de energia química em relação ao milho, de modo que o etanol à base de cana é rentável em US$40, muito menor do que os US$60 necessários para induzir os fornecedores a trazer o etanol de milho para o mercado.
>
> ---
> 19 Baseado em Special Report: The Oil Industry. *The Economist*, 22 abr. 2006, p. 55-73.

Longo prazo

No longo prazo, o preço de todos os insumos poderá variar livremente. Por isso, nenhuma distinção conceitual existirá entre custos fixos e variáveis. Em face das condições de longo prazo em mercados puramente competitivos, o custo médio tenderá a apenas se igualar ao preço e todos os lucros em excesso serão eliminados (ver o Ponto A, onde $p_1 = AC_1$ na Figura 10.7). Se, no entanto, um preço acima de p_1 exceder a média total de custos, então mais empresas entrarão, o fornecimento do setor aumentará (como ilustrado pela variação paralela externa à direita do $\Sigma_{CP} S_{EMPRESA}$ junto à demanda de mercado $D^2_{MERCADO}$ na Figura 10.7), e o preço de mercado novamente cairá em direção ao equilíbrio, nível de lucro zero p_1.

Além disso, à medida que mais empresas buscam fatores disponíveis de produção (digamos, mão de obra qualificada ou recursos naturais como petróleo bruto), o custo desses fatores tende a subir. Neste caso, a estrutura inteira de custo de CMA_1 e CME_1 subirá para refletir os custos mais altos do insumo juntamente com um cronograma de fornecimento de insumos em direção ascendente, como o do petróleo bruto na Figura 10.6(b). Esse custo mais alto do insumo resulta em uma variação para cima na estrutura de custo da empresa para CME_2 (ver Figura 10.7) e impõe um aperto duplo no lucro excessivo. Tal cenário é chamado de **deseconomia externa de escala**. As deseconomias externas de escala são diferentes das economias e deseconomias internas de escala, sendo que esta última reflete as alterações no custo unitário, devido a aumentos de produção, *presumindo nenhuma mudança nos preços do insumo*, ao passo que a anterior reflete exatamente o aumento dos preços do insumo à medida que o setor se expande em resposta a um aumento na demanda do mercado.

Figura 10.6 Preços e custos do petróleo bruto

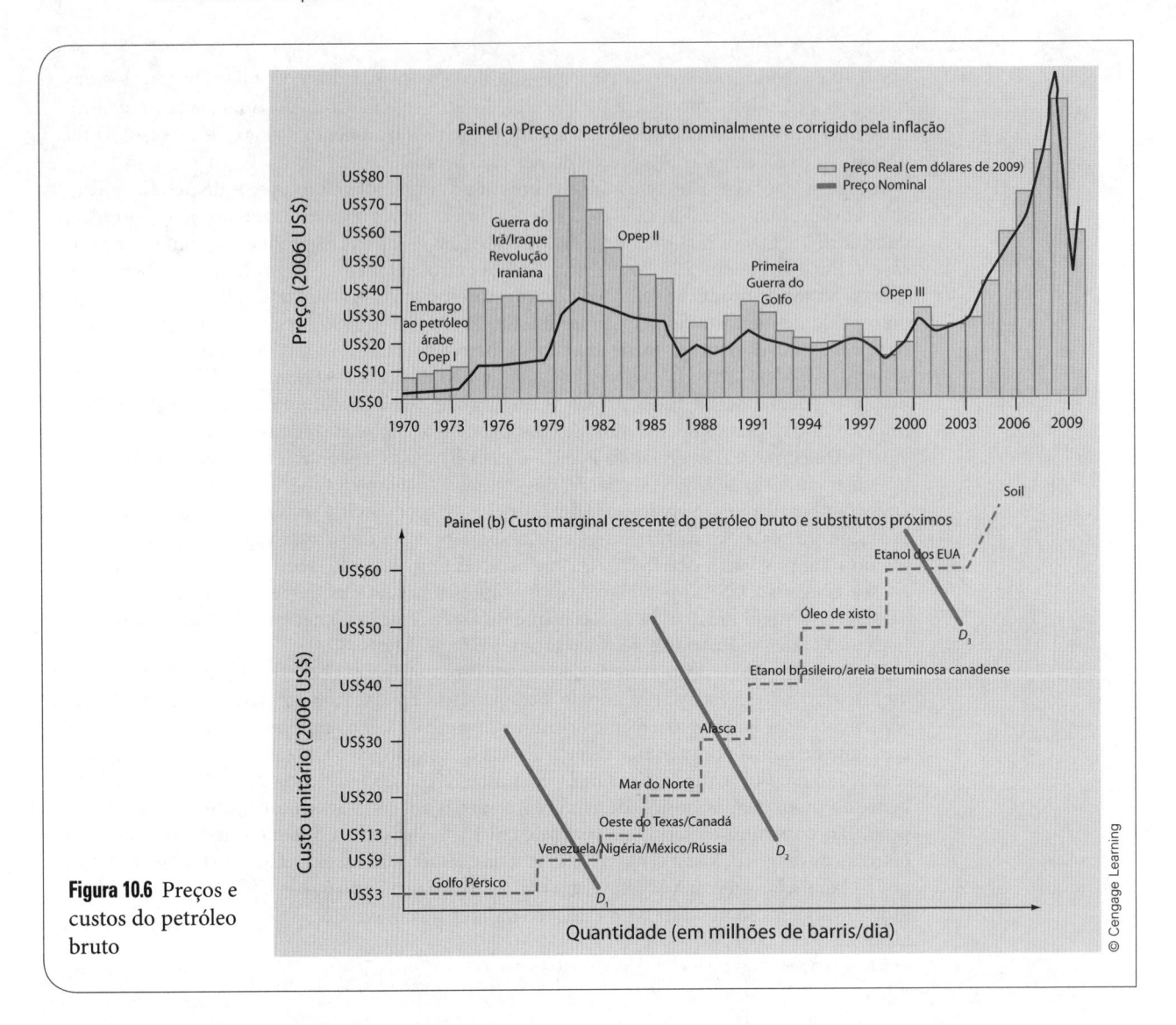

EXEMPLO Aumento de 400% no preço do cobre contribui para bolha imobiliária

O preço das moradias nos EUA chegou a uma altura insustentável em 2006-2008. Parte do motivo foi a pressão da demanda sobre os preços de oferta com taxas de juros menores nos financiamentos, mais do que jamais foi visto nos mercados dos EUA do pós-guerra. Mas outra razão era a pressão dos custos dos preços pedidos, levando em conta o aumento vertiginoso dos preços dos produtos. Uma casa de 640 m² consome 199 kg de encanamento, revestimento e instalação elétrica de cobre. Entre 2003 e 2007, o preço do cobre aumentou em 400%. O preço da madeira estava na mesma situação no outono de 2012, após a passagem do furacão Sandy e as suas consequências imediatas.

Em face de uma suposição de preço de insumo constante, a curva de fornecimento em longo prazo do setor $_{LP}S_{SETOR}$ na Figura 10.7 seria plana, caracterizando o chamado *setor de custos constantes,* como a extração da madeira. No entanto, com os preços crescentes dos insumos para o petróleo bruto mostrados na Figura 10.6(b), a curva de fornecimento em longo prazo $_{LP}S_{SETOR}$ para o produto final extraído, gasolina, sobe para a direita, o que significa um *setor de custos crescentes,* como mostrado na Figura 10.7. É possível termos curvas de forneci-

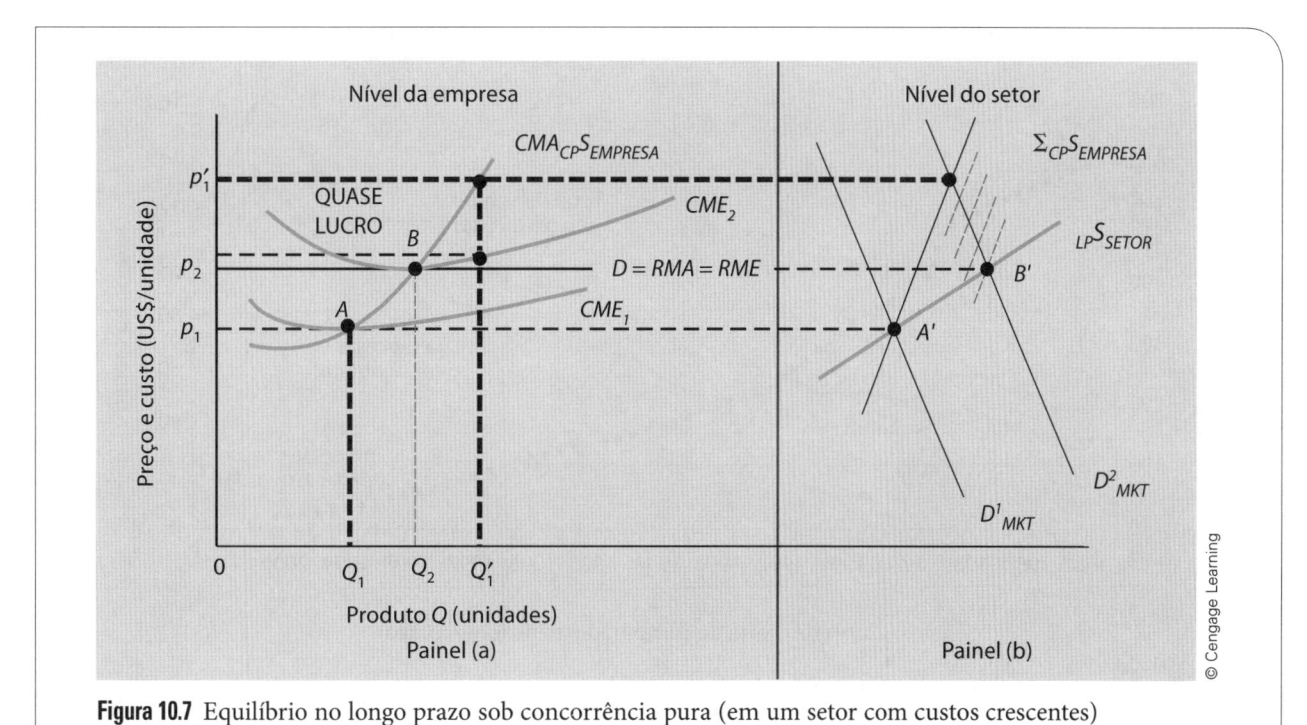

Figura 10.7 Equilíbrio no longo prazo sob concorrência pura (em um setor com custos crescentes)

mento em longo prazo em direção decrescente. Um setor de custos decrescentes ocorreu nos anos 1980 para o setor de calculadoras e novamente nos anos 1990 para PCs, pois os insumos para produção de chips de computador ficaram mais baratos, ao mesmo tempo que o mercado de computadores pessoais se expandia, como mostrado na Figura 10.8.

O resultado líquido é que, quanto ao equilíbrio em longo prazo, todas as empresas puramente competitivas tendem a ter custos idênticos, e os preços tenderão a igualar o total da média de custos (isto é, a curva de custo total médio CME será tangente à linha de preço horizontal p_2). Assim, podemos dizer que, no nível de maximização de lucro de produção em longo prazo sob concorrência perfeita, o equilíbrio será alcançado em um ponto onde $P = RMA = CMA = CME$. No equilíbrio em longo prazo, cada empresa concorrente produz em seu nível de produção mais eficiente (seu custo unitário mais baixo).

DETERMINAÇÃO DA RELAÇÃO PREÇO-PRODUÇÃO SOB CONCORRÊNCIA MONOPOLISTA

Concorrência monopolista é uma estrutura de mercado com um número relativamente grande de empresas, cada uma vendendo um produto diferenciado de alguma maneira dos produtos de seus concorrentes, e com barreiras significativas para entrada no grupo de empresas líderes.

A diferenciação de produto pode se basear em características especiais, marcas registradas, embalagem, percepções de qualidade, projeto distinto ou condições que cercam a venda, como localização do vendedor, garantias e condições de crédito. Espera-se que a curva de demanda para qualquer empresa apresente inclinação negativa e seja extremamente elástica por causa do grande número de substitutos próximos. A empresa em concorrência monopolista tem alguma diferenciação limitada acima do preço, diferente da empresa em concorrência perfeita, que não tem nenhuma por causa de a fidelidade do cliente surgir de diferenças reais ou percebidas no produto. A maximização do lucro (ou minimização do prejuízo) mais uma vez ocorre quando a empresa produz aquele nível de produção e cobra aquele preço ao qual a receita marginal se equipara ao custo marginal.

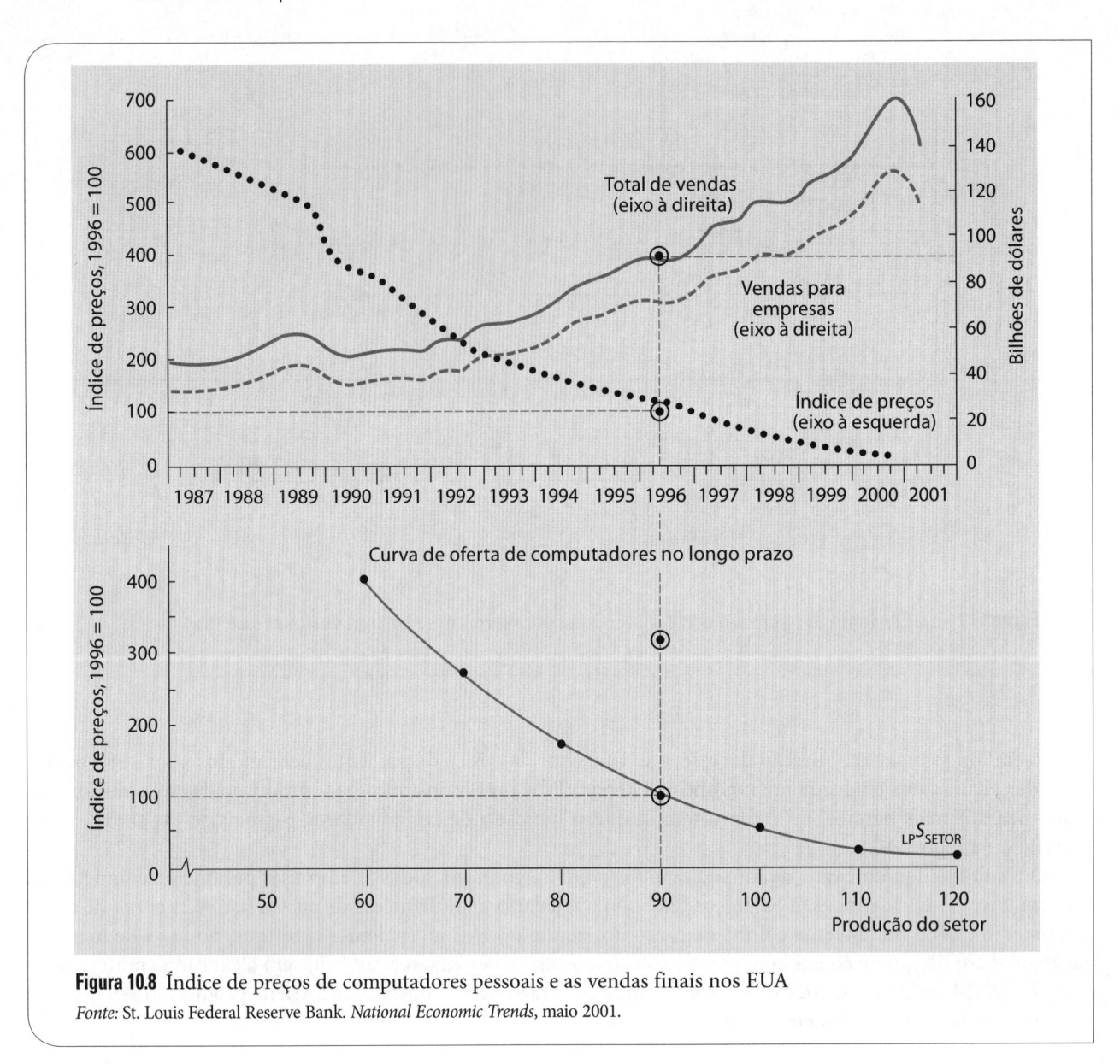

Figura 10.8 Índice de preços de computadores pessoais e as vendas finais nos EUA
Fonte: St. Louis Federal Reserve Bank. *National Economic Trends*, maio 2001.

Curto prazo

Da mesma maneira que no caso da concorrência perfeita, uma empresa monopolisticamente competitiva pode ou não gerar lucro no curto prazo. Por exemplo, considere uma curva de demanda como *D'D'* na Figura 10.9, com receita marginal igual a *RMA'*. Essa empresa estabelecerá seus preços onde *RMA' = CMA*, resultando no preço P_3 e produção Q_3. A empresa ganhará um lucro de *EC* dólares por unidade de produção. Contudo, as poucas barreiras para entrada em um setor monopolisticamente competitivo não permitirão que esses lucros em curto prazo sejam ganhos por muito tempo. Como novas empresas entram na indústria, o fornecimento industrial aumentará, fazendo que o preço de equilíbrio caia, como refletido no movimento decrescente da curva de demanda de qualquer empresa individual.

Longo prazo

Em razão da possibilidade de entrada e saída relativamente livres nos setores em que há concorrência monopolista, os custos médios e a função de demanda de uma empresa se posicionarão *em direção à* tangência em um ponto, como *A* na Figura 10.9. Com esse preço P_1 e a quantidade Q_1, o custo marginal é igual à receita marginal. Portanto, a empresa está operando em seu nível ótimo de produção. Qualquer preço inferior ou superior a P_1 resultará em prejuízo para a empresa, porque os custos médios serão maiores que o preço.

O QUE DEU CERTO • O QUE DEU ERRADO

A DINÂMICA DA CONCORRÊNCIA NA AMAZON.COM[20]

As vendas no varejo on-line começaram lentamente no setor de roupas e outros produtos de pesquisa que os compradores querem "tocar e sentir", mas elas foram excelentes em um produto de experiência: livros. A Amazon estoca menos de 1.000 best-sellers, mas exibe e fornece análises de 2,5 milhões de títulos populares. Usando o Ingram Book Group, o maior atacadista de livros do mundo, a Amazon pode enviar a maioria das encomendas em um a três dias. As vendas dobraram a cada semestre, e em 2004 chegaram a US$2 bilhões. No entanto, as ações da Amazon.com tiveram seu valor reduzido.

Uma dificuldade que a Amazon.com enfrenta é que o varejo pela internet é um exemplo clássico de negócios com poucas barreiras para entrada e saída. Assim que os sistemas de negócios da Amazon para exibição, tomada de pedidos, transporte e pagamentos se estabilizaram, e como havia lucro, esperava-se uma atividade de entrada significativa. Por exemplo, a Barnes & Noble celebrou um contrato exclusivo com a América Online para lançar a venda de livros eletrônicos para 8,5 milhões de assinantes da AOL. Os *borders* então rapidamente começaram a anunciar planos para entrada no varejo eletrônico. E muitos livreiros especialistas em livros da Guerra Civil americana, aviões a jato, história, carros e assim por diante, inundaram os mecanismos de busca da internet. Até o fornecedor atacadista da Amazon, Ingram Book Group, entrou na briga; por US$2.500, os serviços de suporte do Ingram instalam um site em nome de qualquer novo varejista de livros.

A Amazon.com respondeu oferecendo serviços de notificação personalizada e discussão sobre livros para adicionar valor aos leitores com interesses especiais. A revolução da informação tornou o marketing de relacionamento com clientes estabelecidos um elemento essencial para garantir a repetição de compras. Não obstante, as numerosas oportunidades abertas para entrada rápida, fácil e barata provavelmente acabarão com os lucros no varejo de livros eletrônicos.

As informações imperfeitas dadas ao consumidor, o tempo limitado para comparação de preços e a fidelidade à marca da qual os varejistas dependem estão desaparecendo com os mecanismos de busca da internet, e as margens de lucro do varejo tradicionalmente magras estão se estreitando rapidamente e se tornando até mesmo inexistentes levando a taxas competitivas de retorno sobre tempo, talento e investimento de talvez apenas 5%. O varejo on-line pode se desenvolver de modo crescente como o setor de construção de casas (isto é, de modo puramente competitivo).

---

20 Baseado em Web Browsing. *The Economist*, 29 mar. 1997, p. 71; In Search of the Perfect Market: A Survey of Electronic Commerce. *The Economist*, 10 maio 1997; The Net: A Market Too Perfect for Profits. *BusinessWeek*, 11 maio 1998, p. 20; Comparison Shopping Is the Web's Virtue – Unless You're a Seller. *Wall Street Journal*, 23 jul. 1998, p. A1; e *Value Line, Ratings and Reports*, vários assuntos.

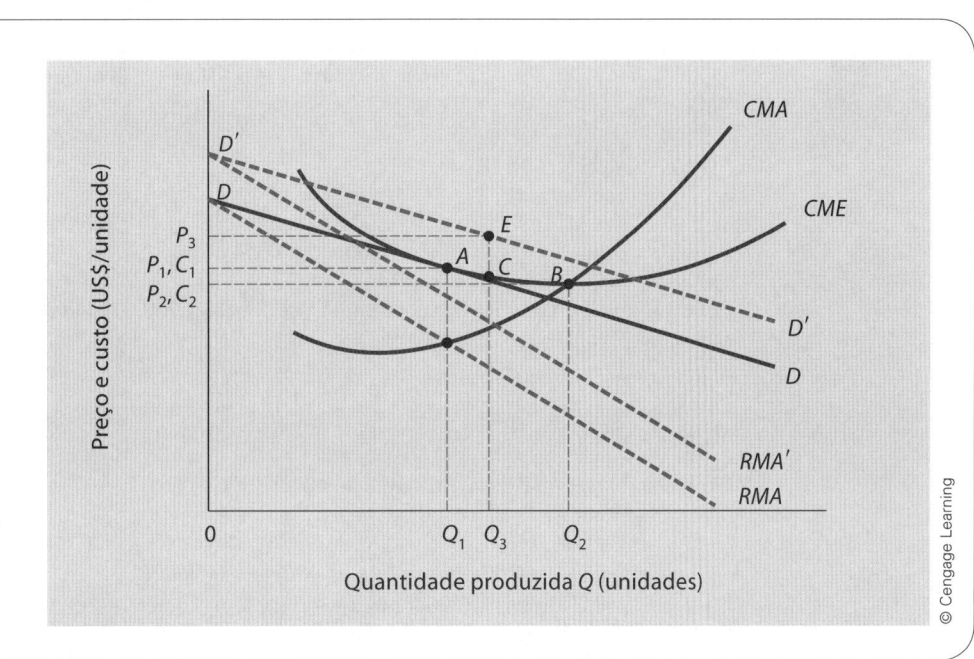

Figura 10.9 Equilíbrio de longo prazo na concorrência monopolista

Em função de o concorrente monopolista produzir em um nível para o qual os custos médios ainda estão diminuindo (entre os pontos A e B na Figura 10.9), as empresas que operam em regime de concorrência monopolista produzem com capacidade "excessiva". Evidentemente, esse argumento não leva em conta o grau até o qual a capacidade ociosa pode ser uma fonte de diferenciação do produto. Capacidade ociosa significa que a empresa pode operar com grande confiabilidade de entrega e resposta às alterações de pedidos que podem ser muito importantes, por exemplo, para executivos que viajam a negócios em aviões lotados, e que podem garantir uma tarifa mais alta em relação ao cobrado pelas empresas aéreas secundárias.

EXEMPLO — Preço em longo prazo e determinação de produção: Blockbuster, Inc.

O mercado de locação de vídeos em Charlotte, Carolina do Norte, pode ser mais bem descrito como monopolisticamente competitivo. A demanda por locações de vídeo é estimada em

$$P = 10 - 0{,}004Q$$

onde Q é o número de locações semanais de vídeo. Uma função de custo médio em longo prazo para a Blockbuster (agora propriedade da Dish Net Work) é estimada como

$$CMLP = 8 - 0{,}006Q + 0{,}000002Q^2$$

Os gerentes da Blockbuster querem saber o preço da maximização do lucro e os níveis de produção, além do total de lucros esperado a esse preço e nível de produção.

Primeiro, calcule a receita total:

$$RT = P \cdot Q = 10Q - 0{,}004Q^2$$

Depois, calcule a receita marginal (RMA) tomando a primeira derivada de RT:

$$RMA = \frac{dRT}{dQ} = 10 - 0{,}008Q$$

Calcule o custo total (CT) multiplicando CMLP por Q:

$$CT = CMLP \cdot Q = 8Q - 0{,}006Q^2 + 0{,}000002Q^3$$

Calcule o custo marginal (CMA) tomando a primeira derivada de CT:

$$CMA = \frac{dCT}{dQ} = 8 - 0{,}012Q + 0{,}000006Q^2$$

Depois, estabeleça $RMA = CMA$:

$$10 - 0{,}008Q = 8 - 0{,}012Q + 0{,}000006Q^2$$
$$0{,}000006Q^2 - 0{,}004Q - 2 = 0$$

Use a fórmula quadrática para chegar a Q. Q^* igual a 1.000.[21] Nesta quantidade, o preço é igual a

$$P^* = 10 - 0{,}004\,(1.000)$$
$$= 10 - 4$$
$$= \$\,6$$

O lucro total é igual para a diferença entre RT e CT, ou

$$\pi = RT - CT$$
$$= 10Q - 0{,}004Q^2 - [8Q - 0{,}006Q^2 + 0{,}000002Q^3]$$
$$= 10(1.000) - 0{,}004(1.000)^2 - [8(1.000) - 0{,}006(1.000)^2 + 0{,}000002(1.000)^3]$$
$$= \$\,2.000$$

A RMA e o CMA nesses preços e níveis de produção são US$2.

O fato de que a Blockbuster espera lucrar US$2.000 sugere que a empresa pode prever concorrência adicional, resultando em corte de preços, que em última instância eliminará esse lucro.[22]

---

21 A solução da fórmula quadrática, $aQ^2 + bQ + c = 0$, é

$$Q = \frac{-b \pm \sqrt{b^2 - 4ac}}{2a} = \frac{-(-0,004) \pm \sqrt{(-0,004)^2 - 4(0,000006)(-2)}}{2(0,000006)}$$

$$= 1.000 \text{ ou} - 333,33$$

Apenas a solução positiva é viável.

22 Lembre-se de que a função CT inclui um nível "normal" de lucro. Consequentemente, esses US$2.000 representam uma *receita* econômica acima do nível de lucro normal.

DESPESAS PROMOCIONAIS E DE VENDAS

Além das características de preço e qualidade variáveis de seus produtos, as empresas também podem variar o montante de suas despesas de propaganda e das demais despesas promocionais em seu empenho para obter lucros. Este tipo de atividade promocional gera dois tipos distintos de benefícios. Primeiro, a demanda para o grupo de produtos em geral pode ser deslocada para cima à direita, como resultado das atividades de propaganda da empresa individual e do setor.

O segundo e mais difundido incentivo para a propaganda é a vontade de alterar a função de demanda de uma empresa específica, à custa de outras empresas que ofereçam produtos similares. Essa estratégia será seguida por oligopolistas como a Philip Morris e a General Mills, e por empresas em setores nos quais houver mais concorrência monopolista, como Anheuser-Busch, Miller e Coors.

Determinação do nível ótimo de desembolsos relativos a despesas promocionais e de vendas

As despesas promocionais e de vendas, muitas vezes denominadas conjuntamente despesas de propaganda, são uma das ferramentas mais importantes da concorrência, não relacionadas com o preço.

Para ilustrar os efeitos dos gastos com propaganda e determinar o ponto ótimo de despesas de venda de uma empresa, considere o caso no qual o preço e as características do produto já foram determinados e todos os varejistas estão vendendo ao preço de varejo sugerido pelo fabricante.

A determinação do ponto ótimo de despesas de propaganda é uma aplicação direta das regras de tomadas de decisão marginais adotadas pelas empresas que maximizam o lucro. Defina RMA como a variação da receita total recebida do aumento de uma unidade na produção (e a venda desta produção). Para a determinação de preços fixos, RMA simplesmente é igual ao preço P. Defina CMA como a variação dos custos totais de produção e distribuição (mas não de propaganda) de uma unidade adicional do produto. O lucro marginal, ou **margem de contribuição**, proporcionado pela unidade adicional do produto é (do Capítulo 9):

$$\text{Margem de contribuição } (MCP) = P - CMA \qquad [10.3]$$

O custo marginal de propaganda (CMA) associado à venda de uma unidade adicional do produto é definido como a variação nos gastos de propaganda (ΔKPr), onde K é o custo unitário para anunciar uma mensagem de propaganda (Pr), ou

$$CMA = \frac{\Delta KPr}{\Delta Q} \qquad [10.4]$$

O nível ótimo de gastos com propaganda é representado pelo nível de propaganda no qual a contribuição do lucro marginal (MPC) é igual ao custo marginal de propaganda, ou

$$MPC = CMA \qquad [10.5]$$

Enquanto empresa tiver uma margem de contribuição maior do que o CMA incorrido para vender uma unidade adicional do produto, os desembolsos com propaganda devem ser feitos. Se MPC for menor que CMA, os gastos de propaganda não devem ser realizados, e o nível de propaganda deve ser reduzido até que MPC = CMA. Essa análise marginal também se aplica a outros tipos de concorrência que não envolvam preços, como serviços pós-venda e garantia de troca.

EXEMPLO Propaganda ideal da Parkway Ford

A contribuição da margem de lucro para venda de automóveis Ford na Parkway Ford é em média US$1.000 em vários modelos vendidos. A Parkway estima que tenha de incorrer em US$550 de despesas adicionais de promoção por veículo para aumentar as vendas por dia. O gasto com a promoção deve ser feito?

Como MPC > CMA (isto é, US$1.000 > US$550), o lucro operacional da Parkway será aumentado em US$450 se incorrer nas despesas adicionais de US$550 em promoção. A Parkway deveria continuar a fazer gastos com promoções adicionais (provavelmente menores e menos efetivas para ativar vendas adicionais por dia) até o ponto em que o custo marginal com publicidade se iguale à contribuição marginal esperada (lucro marginal).

Se a Parkway então descobrisse que a CMA era maior que a MPC, deveria cortar os gastos com promoções até que a margem de contribuição subisse o suficiente para novamente igualar MPC = CMA.

Intensidade ótima da propaganda

O nível de desembolso ótimo dos custos que elevam a demanda, como promoção, distribuição de cupons, mala direta e propaganda pela mídia, pode ser comparado entre as empresas que usam a técnica de análise marginal. Por exemplo, as contribuições totais das vendas incrementais relativas ao custo dos anúncios de cerveja podem ser comparadas às contribuições totais relativas ao custo das propagandas de cereais. A propaganda, muitas vezes, é veiculada em cinco tipos de mídia (TV a cabo, TV aberta, rádio, jornais e revistas). O "alcance" de um anúncio pela TV é medido pelo nível de audiência por minuto de mensagem publicitária; o alcance é diretamente relacionado com o custo da mensagem de propaganda (k). Um gerente deve incluir integralmente em seu orçamento de marketing toda campanha publicitária para a qual

$$(P - CMA)(\Delta Q/\Delta Pr) > k \qquad [10.6]$$

onde $(P - CMA)$ é a margem de contribuição e $(\Delta Q/\Delta Pr)$ é o aumento na demanda (isto é, um deslocamento à direita da curva de demanda) atribuível à propaganda.[23]

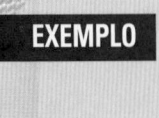

EXEMPLO Ford e P&G atrelam pagamento da agência de propaganda às vendas

Historicamente, as agências de propaganda ganhavam mais cada vez que seus clientes compravam mais uma inserção de 30 segundos na TV (ou outra mídia), independente do desempenho do anúncio na geração de vendas incrementais. Mais recentemente, a Ford e a Procter & Gamble, duas das maiores anunciantes do mundo, declararam que todas as faturas das agências teriam de se basear no desempenho. Esses planos de pagamento de incentivo incluem uma taxa fixa pelo projeto das campanhas publicitárias mais o pagamento de um incentivo com base nas vendas incrementais atribuíveis ao anúncio. A ideia é incentivar as agências a buscar marketing de banco de dados, internet e patrocínio de eventos que excedam o acréscimo mínimo esperado na produtividade da propaganda, $\Delta Q/\Delta Pr$.

---

23 Algumas vezes, o preço pelo qual um produto pode ser vendido se altera após uma campanha de propaganda bem-sucedida. Neste caso, o cálculo apropriado das vendas incrementais na Equação 10.6 é a nova margem de contribuição.

Ao se desenvolver a Equação 10.6, multiplicando-se ambos os lados por PQ, identificam-se os dois fatores determinantes dos gastos ótimos de propaganda por dólar de venda, ou a "intensidade da propaganda". (KPr/PQ) é determinado pela margem bruta $(P - CMA)/P$ e pela elasticidade-propaganda da demanda E_a:

$$\frac{kPr}{PQ} = \frac{(P-CMA)}{P} \frac{Pr}{Q} (\Delta Q/\Delta Pr) \qquad [10.7]$$

$$\frac{kPr}{PQ} = \frac{(P-CMA)}{P} E_a \qquad [10.8]$$

Ambos os fatores são importantes. Com margens elevadas (perto de 70%) e anúncios muito eficazes, a Kellogg gasta 30% de todo dólar de receita de vendas em propaganda de cereal (por exemplo 0,294 = 0,70 × 0,42; é uma estimativa da E_a). Em contraste, a indústria de joias possui margens de 92%, a maior entre todos os setores com vendas acima de quatro dígitos, mas os encartes de propaganda da Zales em jornais de domingo simplesmente não proporcionam muitas vendas de joias. A elasticidade-propaganda de joias é baixa (somente 0,11); consequentemente, uma empresa como a Zales gasta em propaganda menos de 10% da receita de vendas (isto é, 0,92 × 0,11 = 0,10). A sopa Campbell possui elasticidade-propaganda (0,32) relativamente alta por causa de sua marca forte, mas as margens de alimentos enlatados são muito reduzidas (menos do que 10%); consequentemente, a sopa Campbell gasta em propaganda somente um décimo do que a Kellogg gasta em propaganda como porcentagem da receita de vendas – apenas 3% da receita de vendas.

EXEMPLO Intensidade de propaganda ideal na Kellogg e na General Mills[24]

A indústria de cereais matinais prontos para comer (*ready-to-eat* – RTE) gasta 55% de sua receita de vendas em marketing e promoção – 30% só em propagandas. Em parte, essa decisão de alocação de recursos reflete o fato de que a demanda por cereais é sensível a campanhas publicitárias de sucesso, como o "Tigre Tony" da Kellogg ou o "Wheaties: o café da manhã dos campeões", da General Mills. No entanto, além disso, as margens de cereais matinais estão entre as mais altas de qualquer setor com margens de quatro dígitos. O Raisin Bran da Kellogg é vendido por US$4,49 e tem um custo direto fixo mais custo de fabricação variável de US$1,63. Calculado como (4,49 – 1,63)/4,49 = 70% de margem bruta. A margem do Frosted Flakes é de 72%, a do Fruit Loops é de 68%. Essas margens refletem a fidelidade à marca construída durante muitos anos de investimentos em propaganda, como também 37% da fatia de mercado da Kellogg. No setor altamente concentrado de cereais matinais, a Aveia Quaker (8%), Post (15%), General Mills (25%) e a Kellogg controlam 85% do mercado.

Até recentemente, propaganda e expositores de varejo eram a forma predominante de concorrência em cereais. Como a Coca-Cola e a PepsiCo, as companhias de cereais matinais dominantes concluíram que o desconto nos preços seria reciprocamente prejudicial e, em última análise, ineficaz. Portanto, cada companhia decidiu de forma independente se abster de oferecer descontos nos preços para tentar ganhar fatias de mercado. Porém, em junho de 1996, um corte de 20% varreu a indústria, em parte em resposta ao crescimento de marcas próprias (por exemplo: Target Corn Flakes) que coletivamente tomaram aproximadamente 10% do mercado. As margens em alguns produtos de marca principais caíram de 70% para 50%, com ingredientes (15%), embalagem (10%), salários (10%) e distribuição (15%) respondendo pelo restante do preço de venda.

24 Baseado em Cereals. *Winston-Salem Journal*, 8 mar. 1995, p. A1; Denial in Battle Creek. *Forbes*, 7 out. 1996, p. 44-6.

O valor líquido da propaganda

Embora a propaganda possa levantar barreiras à entrada e manter o poder de mercado para as empresas dominantes, profissionais de economia da informação argumentam que, ao fornecer informação aos consumidores, a propaganda pode reduzir o preço final pago. A descoberta de informações sobre o preço pode ser custosa e consumir tempo na ausência do preço publicitário. Por exemplo, a Benhan[25] descobriu que o preço de óculos era substancialmente mais baixo em estados que permitiam preço publicitário do que naqueles que proibiam tal tipo de propaganda. Além disso, já que a propaganda cria consciência de marca (tanto para marcas "boas" como para "inferiores"), publicitários que não representam seu produto corretamente não serão bem-sucedidos em gerar negócios futuros.

MERCADOS COMPETITIVOS EM CONDIÇÕES DE INFORMAÇÕES ASSIMÉTRICAS

Em mercados competitivos para impressão de jornais, petróleo bruto, aluguéis de automóveis e entrega de pizza, tanto os compradores como os vendedores têm conhecimento total das capacidades e do desempenho pós-venda dos produtos-padrão. O preço de equilíbrio cobre apenas o custo de produção do fornecedor para um produto de qualidade confiável conhecida. Se os fornecedores cobrassem mais, as ofertas e artigos do concorrente iriam rapidamente erodir suas vendas. Se os fornecedores cobrassem menos, não teriam condições de se manter nos negócios. Esta mensagem foi dada até agora neste capítulo: em mercados competitivos, em face de condições ideais de informações, você obtém aquilo pelo que pagar. Tais mercados diferem enormemente dos mercados competitivos em condições de informações assimétricas, que são por vezes chamados, em inglês, *lemons markets* "mercado de limões".

Um exemplo proeminente de informações assimétricas em um desses mercados são os automóveis usados, em que a verdadeira qualidade dos consertos mecânicos ou outras características são, muitas vezes, conhecidas apenas pelo vendedor. Outros bens vendidos nessas condições incluem tintas residenciais, componentes para computadores encomendados pelo correio e remédios para resfriados comuns.

Em um "mercado de limões", os compradores descontam todas as reclamações não verificáveis dadas pelos vendedores, que comercializam apenas produtos de qualidade mais baixa conforme os preços reduzidos que os compradores estão dispostos a oferecer. Esse desaparecimento de produtos de qualidade mais alta da esfera comercial ilustra o conceito de seleção adversa (isto é, os produtos de qualidade mais baixa são escolhidos e os de qualidade mais alta ignorados). Para solucionar os problemas de marketing gerados pela seleção adversa, são necessários mecanismos de compromisso confiáveis, como garantias, marcas de boa reputação ou preços especiais para transações de compra confiáveis.

Informações incompletas *versus* informações assimétricas

Uma distinção que pode melhorar nossa compreensão desses fatores complicados relacionados ao intercâmbio competitivo é aquela entre informações assimétricas e **informações incompletas**. Estas são associadas à incerteza, e a incerteza é inerente. Praticamente todos os intercâmbios, sejam para produtos, reclamações financeiras ou serviços, são conduzidos em condições de incerteza. De um lado, os tomadores de decisão frequentemente enfrentam a incerteza sobre o efeito de perturbações aleatórias no resultado de suas ações. Esta incerteza normalmente leva aos mercados de seguros. Por outro lado, os tomadores de decisão ficam, às vezes, inseguros quanto aos resultados finais ou até mesmo os tipos de escolhas que enfrentam. Essas condições, em geral, levam a uma contratação intencionalmente incompleta.

Já o intercâmbio de **informações assimétricas** refere-se a situações em que tanto o comprador como o vendedor possuem informações que a outra parte não é capaz de verificar ou às quais não tem acesso. Por exemplo, fornecedores de componentes para computador encomendados pelo correio ou vendedores de carros usados frequentemente estão em posição informacional vantajosa perante os compradores. Os vendedores conhecem as capacidades da máquina, suas deficiências e a taxa de defeitos mais provável, mas esses assuntos são difíceis de ser avaliados pelo comprador apenas com a leitura de anúncios em revista ou chutando os pneus do carro. Além disso, a típica garantia de 90 dias não faz nada além de alterar essa assimetria de informações. Tanto o comprador como o vendedor enfrentam incertezas que podem decidir por assegurar, porém, um tem mais ou melhores informações que o outro.

Produtos de pesquisa *versus* produtos de experiência

Em serviços, varejo e em muitas indústrias, os compradores procuram fazer uma pesquisa de mercado de a fim de identificar fornecedores de preço baixo. Às vezes, essa pesquisa é realizada por meio de recomendações de

---
25 Leeh Benham. The Effect of Advertising on the Price of Eyeglasses. *Journal of Law and Economics*, out. 1972, p. 337-352.

compradores recentes, catálogos e anúncios, ou visitando *showrooms* e lojas. Ao selecionar um fornecedor, muitos clientes também se interessam pelos diversos tamanhos de produto e pela qualidade do serviço, inclusive projeto de produto, durabilidade, imagem, conformidade com as especificações, demora do pedido, confiabilidade de entrega, recebimento de alteração de pedidos e serviço de pós-venda. Os clientes frequentemente gastam muito tempo e esforço vasculhando o mercado atrás do conjunto de qualidades desejado, assim como procuram pelo preço mais baixo. Os varejistas e provedores de serviço entendem isso e oferecem muitas combinações de qualidade a preços variados para conseguir uma compra desses **produtos de pesquisa**. Considere, por exemplo, as muitas alternativas de qualidade-preço disponíveis para roupas, produtos esportivos, lojas de móveis e cadeias de hotéis.

Entretanto, alguns produtos e serviços têm dimensões de qualidade importantes que *não podem* ser observadas no ponto de compra. Considere, mais uma vez, os carros usados e outros maquinários de revenda, remédios sem prescrição para resfriado comum, tintas residenciais e componentes de computador encomendados pelo correio. A qualidade desses artigos pode ser descoberta somente pela experiência na sua utilização. Consequentemente, produtos e serviços deste tipo são **produtos de experiência** e se distinguem dos de pesquisa.

Em última análise, o problema com produtos de experiência no intercâmbio de mercados competitivos é a impossibilidade de verificação das informações assimétricas. O vendedor sabe como detectar a diferença entre produtos de alta e baixa qualidade (por exemplo: os "limões" e os "achados" no mercado de carros usados), mas não pode transmitir esta informação aos compradores, pelo menos não em encontros ocasionais entre pessoas estranhas. Os vendedores de má-fé reivindicarão a alta qualidade quando ela não existir, e, percebendo esta propensão, os compradores racionalmente descontam todas essas informações. Em razão da natureza particular das informações sobre a qualidade do produto, as reivindicações e omissões do vendedor nunca podem ser verificadas sem se experimentar a confiabilidade do automóvel, a eficácia do remédio para resfriado, a durabilidade da tinta residencial ou a capacidade do componente de computador.

Todos estes fatores não significam que os compradores de produtos de experiência não têm recursos ou que os vendedores não são ingênuos com relação à comercialização de seus produtos. As garantias e os investimentos em reputação fornecem mecanismos por meio dos quais os vendedores de tintas residenciais e componentes de computador podem se comprometer de modo confiável com a entrega de um produto de alta qualidade. O ponto essencial é que, na ausência desses mecanismos de vínculo ou captura, o comprador com boa experiência desacreditará racionalmente das promessas do vendedor. Consequentemente, o vendedor honesto de produtos de experiência realmente de alta qualidade achará um mercado pequeno para seu produto de custo mais elevado. As "maçãs ruins apodrecem as boas" em muitos mercados com produtos de experiência.

Seleção adversa e empresa desacreditada

Suponha que os clientes reconheçam que as informações particulares não passíveis de verificação sobre qualidade estejam presentes; ainda assim, o conhecimento de qualquer venda onerosa fraudulenta de um produto de baixa qualidade se espalha quase instantaneamente pelo mercado. Esse efeito extremo sobre a reputação é suficiente para restabelecer o intercâmbio de experiências para produtos de alta qualidade/alto preço? Ou pode uma empresa desacreditada continuar a defraudar clientes aqui e ali? A resposta depende das condições de entrada e saída discutidas anteriormente neste capítulo, mas não do modo como você poderia esperar.

Considere a estrutura de custos e lucros de uma empresa desacreditada, mostrada na Figura 10.10. Oferecendo o preço baixo P_l, a empresa opera em equilíbrio competitivo em Q_1, onde o preço cobre apenas o custo marginal e o custo médio total ($CTM_{\text{baixa qualidade}}$) para unidades Q_1 do produto de baixa qualidade. Alternativamente, oferecendo o preço alto P_h, a empresa pode fornecer de forma competitiva Q_1 do produto experimental de alta qualidade e, mais uma vez, apenas cobrir os custos mais altos de $CTM_{\text{qualidade alta}}$,[26] ou ela pode entregar um produto experimental de baixa qualidade a Q_2 e continuar a incorrer em custos mais baixos $CTM_{\text{qualidade baixa}}$. A terceira alternativa acarreta uma expansão de produção junto com $CMA_{\text{qualidade baixa}}$ em resposta ao aumento de preços, gerando lucros. Isto é, a produção adicional ($Q_2 - Q_1$) ganha lucro adicional igual à diferença entre P_h e $CMA_{\text{qualidade baixa}}$ – ou seja, a área sombreada *ABC* (***E*** em negrito), e, além disso, a produção original Q_1 ganha uma renda fraudulenta da área *GACF* (***D*** em negrito). Embora o fornecedor observe seu próprio custo diretamente e, portanto, detecte a disponibilidade de ***D*** + ***E***, o problema para o comprador do produto de experiência é que, em termos de informações de ponto de venda, as transações com preço elevado no ponto *B* em $CMA_{\text{qualidade baixa}}$ e no ponto *A* em $CMA_{\text{alta qualidade}}$ são indistinguíveis. Os dois tipos de produto têm um preço P_h, e só o vendedor observa a taxa de produção Q_1 contra Q_2.

---

26 A produção de custo mínimo para a configuração da planta e estrutura de custos associados à qualidade poderia mudar para a direita ou para a esquerda, mas, para simplificar, vamos presumir que o CTM aumenta apenas do Ponto C ao Ponto A.

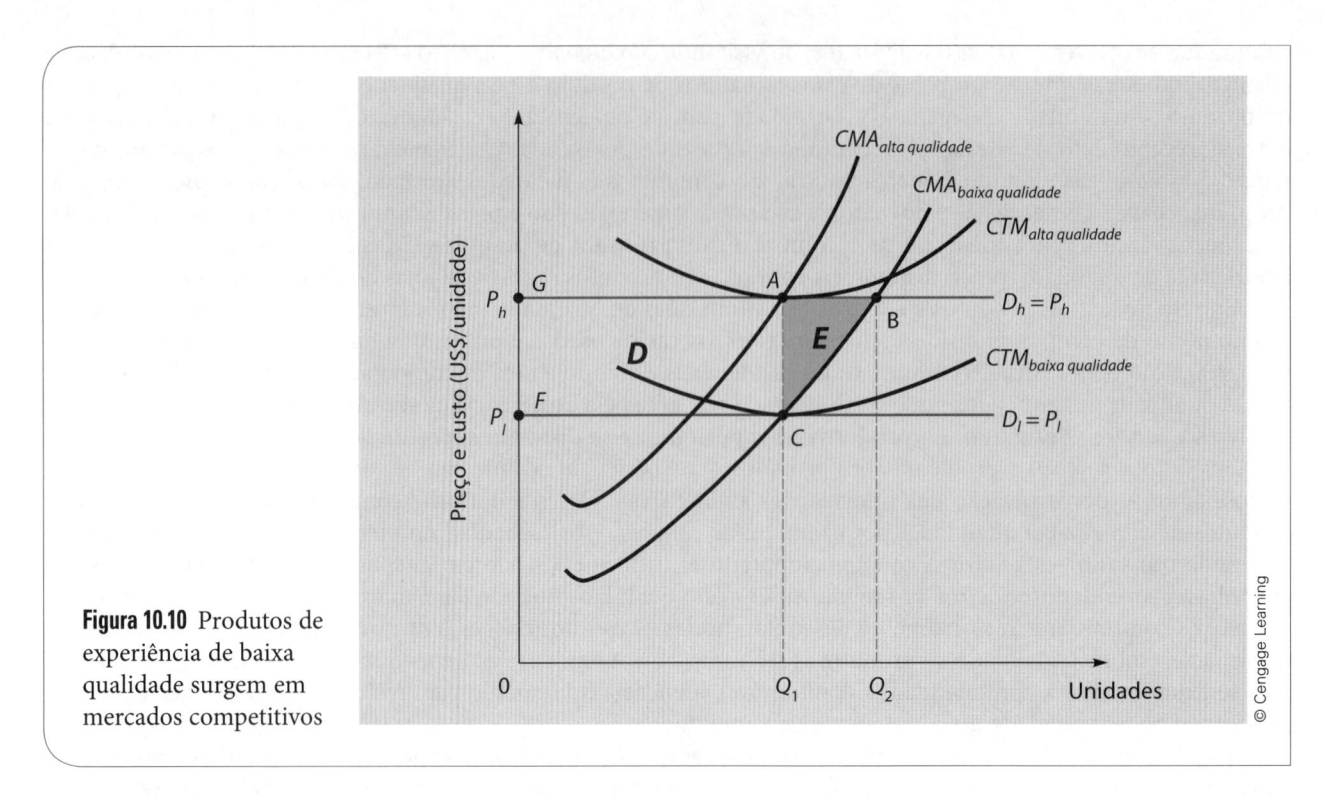

Figura 10.10 Produtos de experiência de baixa qualidade surgem em mercados competitivos

É claro que o fornecedor não é indiferente entre as duas alternativas. A transação de alta qualidade oferece um fluxo de caixa de operações suficiente apenas para cobrir os custos de capital e zera o lucro no Ponto A, ao passo que a transação fraudulenta (um produto de baixa qualidade a um preço elevado no Ponto B) oferece um lucro líquido por, pelo menos, um período. A Tabela 10.2 mostra essa interação entre compradores de bens de experiência e uma empresa potencialmente fraudulenta como uma matriz de resultado final. O vendedor pode produzir qualidade baixa ou alta, e o comprador pode oferecer preços baixos ou altos. O participante da fileira (o vendedor) consegue os resultados finais abaixo da diagonal em cada célula, e o participante da coluna (o comprador) consegue os resultados finais acima da diagonal em cada célula. O comprador prefere cobrir o custo elevado dos produtos de alta qualidade (na célula noroeste) em vez de pagar menos e só cobrir o custo mais baixo de produtos de baixa qualidade (na célula sudeste). Entretanto, o comprador está em pior situação quando o vendedor não entrega um produto de alta qualidade pelo qual o comprador pagou um preço alto (na célula sudoeste). O comprador também reconhece que obter mais do que ele pagou (na célula nordeste) poderia impor perdas ao vendedor, que preferiria zerar o lucro com uma transação de baixo preço/baixa qualidade na célula sudeste.

Cada participante nesse jogo de negócios tenta predizer o comportamento do outro e responder de acordo. Sabendo que o vendedor prefere lucrar a zerar os lucros com preços altos, e zerar os lucros a ter prejuízo com preços baixos, o comprador prevê que o produto de baixa qualidade será acessível independente do preço oferecido. Então, o comprador só faz ofertas com preço baixo. Apenas aqueles que querem ser repetidamente defraudados se oferecem a pagar preços altos para transações únicas com estranhos que oferecem bens de experiência.

TABELA 10.2 Matriz de resultados finais para produtos de experiência

		Comprador	
		Oferece preço alto	Oferece preço baixo
Vendedor	Alta qualidade	Melhor / Igual	Melhor / Igual
	Baixa qualidade	Pior / Lucro (D + E)	Pior / Igual

Nota: Resultados dos jogadores nas colunas estão na parte superior da diagonal. Os resultados dos jogadores nas linhas estão na parte inferior da diagonal.

Esse raciocínio motiva a **seleção adversa** pelo vendedor racional em um mercado de produtos de experiência. Como os vendedores podem prever apenas ofertas de preço baixo dos compradores, eles nunca produzem produtos de alta qualidade. Isto é, o mercado para produtos de experiência será incompleto, nem todas as qualidades do produto estarão disponíveis à venda. Prevendo que os compradores descontarão de maneira radical seus "achados" de alta qualidade não verificáveis, os vendedores de carros usados preferem apresentar "limões" de baixa qualidade ao mercado. Os "achados" são, muitas vezes, passados para parentes. Da mesma forma, os joalheiros em locais de férias, prevendo que compradores de fora da cidade descontarão radicalmente pedras de alta classificação, não certificadas, preferem vender apenas pedras de qualidade mais baixa. Componentes de computador sem marca encomendados pelo correio são inevitavelmente de qualidade mais baixa. A seleção adversa sempre gera mercados competitivos incompletos com informações assimétricas. Mais uma vez, as maçãs ruins estragam as boas.

Seguros e empréstimos em condições de informações assimétricas: outro "mercado de limões"

Esse mesmo raciocínio de seleção adversa aplica-se além dos mercados de produtos de experiência sempre que informações assimétricas forem proeminentes. Considere a transação entre um gerente de empréstimo de banco e um novo cliente comercial, ou entre uma companhia de seguros e um novo titular de apólice de seguro de carro. Por meio de uma ficha e uma entrevista e acessando diversos bancos de dados e referências de crédito, o financiador ou seguradora tenta descobrir informações particulares e impactadas sobre a situação de crédito candidato ou o histórico de direção. Não obstante, da mesma maneira que no caso de reivindicações feitas pelo vendedor itinerante de um produto de experiência, a verificação permanece sendo um problema. O candidato tem um incentivo para omitir fatos que poderiam resultar na recusa do empréstimo ou seguro (por exemplo: falências comerciais anteriores ou acidentes não relatados). Sabendo disso, o financiador pode oferecer empréstimos e apólices a taxas mais altas.

O problema é que empréstimos a taxas mais altas e apólices de seguros caras tendem a afetar a composição do conjunto do candidato, resultando em seleção adversa. Alguns clientes honestos e bem-intencionados e bons candidatos ao seguro então irão se desprender do conjunto do candidato por causa da preocupação sobre sua incapacidade para pagar o valor principal, juros e prêmios de seguro na hora certa conforme prometido. Mas outros candidatos que nunca tiveram a intenção de reembolsar (ou dirigir com cautela), ou, ainda pior, aqueles que não querem nem tentar evitar inadimplência ou acidentes, não se deixarão desanimar pelas taxas mais altas. As informações assimétricas e as taxas mais altas, de modo adverso, dispensam justamente aqueles clientes e motoristas que o financiador e a companhia de seguros queriam atrair para sua carteira de empréstimos e grupo de segurados. Reconhecendo esse problema, financiadoras e seguradoras oferecem um conjunto restrito e incompleto de empréstimos e contratos de seguro. O racionamento de crédito que exclui grandes segmentos da população de clientes em potencial e a proteção legal contra motoristas não segurados refletem o problema da seleção adversa resultante de informações assimétricas nesses mercados comerciais de empréstimos e seguros de carros.

SOLUÇÕES PARA O PROBLEMA DE SELEÇÃO ADVERSA

Tanto na teoria como na prática, duas abordagens produzem o intercâmbio de produtos de experiência de alta qualidade, empréstimos comerciais para novos clientes ou apólices de seguros de carro para novos residentes. A primeira envolve órgãos regulamentares, como a Comissão de Comércio Federal, a FDA (FTC – Federal Trade Comission) e a Comissão de Segurança de Produtos ao Consumidor (CPSC – Consumer Product Safety Commission). Esses órgãos podem tentar fixar cotas (por exemplo: sobre a durabilidade mínima de um produto, um empréstimo mínimo para comunidades desprivilegiadas, ou uma cobertura mínima de seguro de responsabilidade). Eles podem também impor restrições (por exemplo: à venda de produtos farmacêuticos não testados), padrões de segurança ao produto (por exemplo: sobre a inflamabilidade de pijamas para crianças) e monitorar a veracidade nas leis sobre anúncios. Discutiremos a regulamentação pública de forma mais aprofundada no Capítulo 16.

Confiança mútua: mecanismos de garantia dão suporte ao intercâmbio de informações assimétricas

Uma segunda abordagem bastante diferente envolve mecanismos de solução particulares autoexequíveis em que cada parte confia na outra. Essas **relações de confiança** muitas vezes envolvem o intercâmbio de um tipo de garantia, como um recurso reputacional, depósito em garantia ou carta de fiança. Em geral, **mecanismos de garantia ou vinculação** são necessários para induzir o intercâmbio de informações assimétricas não reguladas. Para que essa segunda abordagem do problema de seleção adversa tenha sucesso, os compradores devem ter certeza de que a fraude é mais onerosa para o vendedor do que o custo de entrega da qualidade de produto prometido. Então, e só então, os clientes pagarão pelos custos adicionais esperados pelo vendedor atribuíveis aos produtos de qualidade mais alta.

Uma ilustração simples da utilização de um mecanismo de garantia para apoio ao intercâmbio de informações assimétricas é uma garantia de produto, talvez um pneu de automóvel. Os pneus são um produto de experiência, em que proteção contra estouro e desgaste são qualidades não detectáveis no ponto de compra. Só depois de dirigir muitos milhares de quilômetros e encarando muitos perigos na estrada o comprador poderá averiguar diretamente as qualidades do pneu. No entanto, se uma garantia de substituição por desgaste e estouro de pneu fizer que os vendedores visivelmente piorem a entrega de pneus de alta qualidade, então os compradores poderão contar com as declarações sobre o produto feitas pelo fabricante. Como consequência, eles estarão dispostos a oferecer preços mais altos para o produto de qualidade mais alta não verificável.

Os mecanismos de garantia podem ser autoexequíveis ou por terceiros. Como garantias, as declarações do vendedor sobre serviços de pós-venda e de substituição do produto são acordos contratuais que serão exigidos pelos tribunais. No entanto, outros mecanismos de garantia não exigem nenhuma execução por terceiros. Suponha que a divisão de substâncias químicas da DuPont revele para novos clientes potenciais os nomes e endereços de vários clientes atuais satisfeitos. Esta prática de fornecimento de referências não serve apenas para ajudar os compradores potenciais a medir a qualidade do produto ou serviço à venda, mas também para oferecer uma garantia irreparável. Se o novo cliente conseguir contatar facilmente clientes regulares e tomar ciência de defeitos de produto ou declarações falsas, o vendedor terá um incentivo maior para oferecer alta qualidade para os dois grupos de compradores. Conectar todos os provedores e clientes em um sistema de informações em tempo real é uma extensão natural desta prática familiar de fornecer referências. Os padrões do movimento de qualidade total (MQT) ISO 9000 recomendam que as companhias insistam apenas nesses vínculos de informações com seus provedores.

> **EXEMPLO** Afirmação de substituição confiável de produto: Dooney & Bourke
>
> O mercado de bolsas femininas tem uma vasta gama de marcas, preços e qualidades. Os produtos de couro têm diversas características de bens de pesquisa, como tocar e sentir o material para avaliar a delicadeza ou aspereza da granulação, a homogeneidade do processo de curtimento, a flexibilidade do couro, além de outras qualidades. Nesses aspectos, podemos procurar apenas pela qualidade que estamos dispostos a pagar. Entretanto, a suscetibilidade à descoloração com o tempo ou exposição aos elementos e a qualidade da costura são muito mais difíceis de ser descobertas no ponto de compra. Como resultado, alguns aspectos da aquisição de bolsas são um intercâmbio de experiências. Então, alguém se pergunta como a grande variedade de preços e qualidade pode ser sustentada. A Dooney & Bourke resolveu este problema oferecendo uma garantia de substituição quase absurda. Como os óculos de sol Revo, a Dooney & Bourke ofereceu substituir qualquer bolsa por toda a vida do cliente. Como um procurador público do Estado assistirá o cliente na exequibilidade desta promessa, o compromisso é confiável e a garantia de substituição sustenta os intercâmbios de alto preço e qualidade. Os clientes podem facilmente inferir que Dooney & Bourke é a melhor fabricante de bolsa de qualidade excepcionalmente alta para entrega na primeira transação, em vez de uma série ilimitada de substituições.

Reputação da marca como garantia

Um mecanismo de marketing que suporta o intercâmbio de informações assimétricas é a reputação de uma marca, como as televisões digitais Sony Trinitron Wega, os computadores Apple Macintosh, os salgadinhos Pepperidge Farm e os automóveis Toyota Lexus. A colocação de uma marca requer um investimento significativo por grandes períodos. Além disso, as marcas são bens de capital que fornecem fluxos de caixa líquidos futuros provenientes de clientes que compram repetidamente desde que a reputação da marca surgiu. Defraudar clientes oferecendo menos qualidade do que o prometido pela reputação da marca destruiria seu valor de mercado capitalizado. Os compradores esperam que gestores que maximizam valores não destruirão intencionalmente o capital da marca. As marcas então fornecem uma garantia, assegurando aos compradores que o vendedor não falseará a qualidade de um produto de experiência.

Em última análise, o capital da marca fornece tal garantia porque os efeitos da perda de reputação da marca que resultam da entrega de qualidade fraudulenta do produto não podem ser separados do bem vendável da marca. As marcas bem-sucedidas podem ser estendidas para a venda de outros produtos; a marca de chocolate quente original da Nestlé pode ser estendida para vender barras de cereais, e os biscoitos Oreo podem ser estendidos para vender sorvete. Contudo, o fracasso dos computadores pessoais da Texas Instruments (TI) significa que agora a marca TI não pode ser facilmente estendida para outros produtos eletrônicos. Todos os compradores potenciais têm que descobrir se o vendedor estaria em pior situação sacrificando o valor da marca, mas economizando em despesas de produção, em vez de simplesmente incorrer com a despesa extra para produzir um produto de alta qualidade, retendo o valor de marca. Um bem de marca como a Pepperidge Farm pode sugerir uma resposta, ao passo que a Joe's Garage sugere outra.

EXEMPLO Clientes perpétuos da Sewell Cadillac[27]

A concessionária de automóveis de luxo mais lucrativa nos Estados Unidos funciona em Dallas, Texas, e é comandada por Carl Sewell. Há várias décadas, Sewell percebeu que o fator crítico para o sucesso em seus negócios estava no estabelecimento de transações de compra repetidas com clientes regulares. Muitos compradores potenciais compram pelo preço mais baixo do novo automóvel, às vezes sem maiores inconveniências do que navegando na internet. Como as alternativas são muitas e as informações sobre preços postadas são ótimas, muitas concessionárias gastam centenas de dólares por carro em custos de vendas com pouca prospecção de repetição de negócios. Em vez disso, Carl Sewell decidiu gastar essas grandes quantias para atrair "clientes perpétuos". Ele começou fazendo a declaração aparentemente absurda de que enviaria serviço de emergência para o Sewell Cadillac à margem da estrada para qualquer cliente seu que tivesse um problema com o carro em qualquer lugar no estado do Texas. Para economizar com essas viagens, Sewell desenvolveu um extenso horário de manutenção com base nas concessionárias e instituiu um dos primeiros programas de gerenciamento de qualidade total (em inglês, TQM – *Total quality management*) em seu departamento de serviços.

Como essas políticas introduziram novas vantagens competitivas baseadas em processo, eram difíceis de ser imitadas por outras concessionárias. Tais inovações no processo custaram muito, mas os efeitos da reputação passada boca a boca toda vez que a concessionária cumpria sua promessa espalharam o nome e a imagem de qualidade do Sewell Cadillac por toda a região norte do Texas. Logo clientes começaram a vir das cidades vizinhas para ter o privilégio de fazer negócios de margem alta com Carl Sewell. E, até mais importante, esses mesmos clientes voltaram de tempos em tempos com pouco custo adicional para a concessionária.

---
27 Ver Carl Sewell e Paul B. Brown. *Customers for Life*. Nova York: Simon & Schuster, 1992.

Se os produtos de marca pudessem ser vendidos separadamente de suas reputações (ou falta dela), então esse mecanismo de garantia deixaria de sustentar o intercâmbio de produtos de experiência. Os produtos que podem ser facilmente transferidos não são garantias. Entrada e saída fáceis, que trabalharam para assegurar preços equilibrados suficientes apenas para cobrir custos nos mercados competitivos normais, podem ter consequências indesejáveis nos mercados de produtos de experiência com informações assimétricas.

Preços especiais para bens não realocáveis[28]

Você se lembra de que, se os compradores oferecem preços que cobrem apenas os custos de alta qualidade, os vendedores de produtos de experiência preferem o lucro a defraudar clientes proporcionando produtos de baixa qualidade. Mas suponha que os compradores oferecem aos vendedores confiáveis um preço especial contínuo acima do custo de produtos de alta qualidade. Em P_{hh} na Figura 10.11, a empresa não desacreditada produz produto de alta qualidade Q'_1 e recebe um fluxo contínuo de lucros ($IJAG + JKA$), nomeado $T + U$. Esses lucros futuros previstos podem agora exceder (em valor presente) a renda fraudulenta única da empresa desacreditada a partir da produção a Q'_2 – isto é, $D + T$, mais lucro incremental $E + U + V$. Ou seja,

$$(T + U)/d > [(D + T) + (E + U + V)]/(1 + d) \qquad [10.9]$$

onde d é uma taxa de desconto apropriada (por exemplo: o custo médio ponderado de capital da empresa, talvez 12%). Pela Equação 10.9, taxas de desconto mais baixas ou custo marginal que sobe mais rapidamente (isto é, um lucro adicional menor proveniente da expansão de produção, área sombreada V na Figura 10.11) diminuem a probabilidade de comportamento fraudulento. Se a entrega confiável de um produto de alta qualidade gera realmente um lucro líquido em longo prazo maior que o lucro único proveniente da fraude, os vendedores oferecerão produtos a preços mais baixos e com alta qualidade em P_1 e P_{hh}, respectivamente, e alguns compradores comprarão em cada um dos mercados.

Entretanto, lucros transitórios por si sós não eliminam a seleção adversa. Quando os lucros atraem a entrada em mercados competitivos, os preços especiais caem e o comportamento sólido então retorna. O que falta é um mecanismo para separar a renda dos preços especiais. Se os vendedores investirem os preços especiais de alta qualidade em bens específicos da empresa, como o programa TQM da Sewell Cadilac's, os expositores L'eggs para lojas de conveniência ou os interiores Ethan Allen para seus *showrooms*, então novas start-ups encontrarão maiores barreiras de entrada. As potenciais start-ups percebem essas barreiras como reduções no lucro líquido potencial, e, portanto, um obstáculo à entrada. Os lucros operacionais da L'eggs ou da Ethan Allen além do custo de produção podem então persistir, e os produtos de experiência de alta qualidade e preço podem sobreviver na esfera comercial.

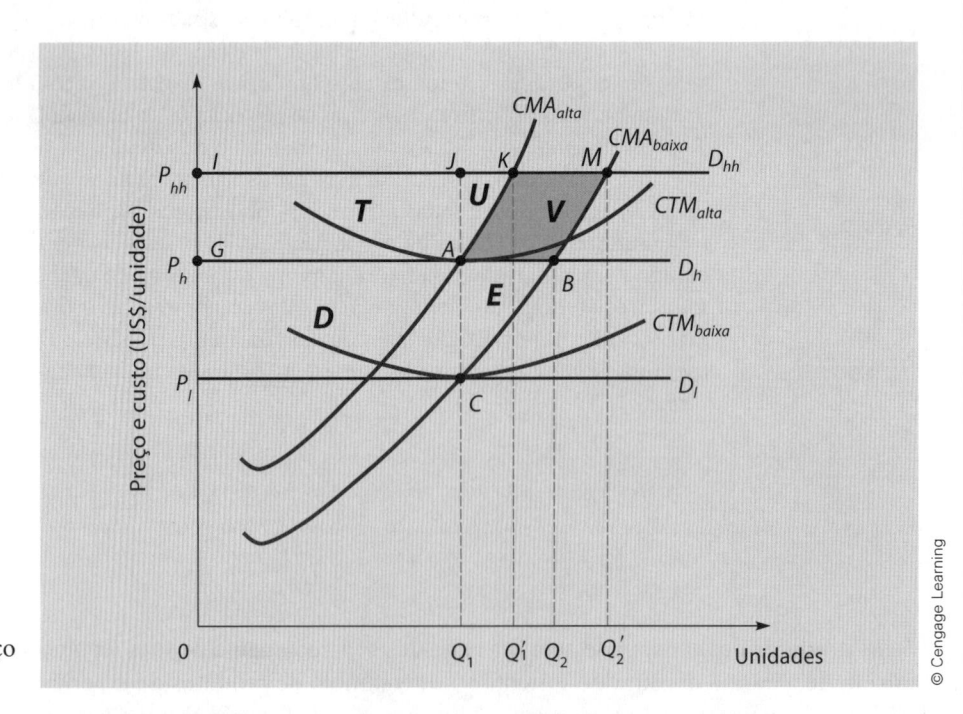

Figura 10.11 Bens de experiência de alta qualidade têm um preço especial

---

28 Ver B. Klein e K. Leffler. The Role of Market Forces in Assuring Contractual Performance. *Journal of Political Economy* 89, n. 4, 1981, p. 615-41.

Para evitar a entrada "relâmpago" que se repetiria periodicamente toda vez que os preços de alta qualidade subissem acima do custo, investimentos dissipadores de renda não devem ser facilmente realocáveis em lojas de varejo em geral para o próximo locador, assim como os equipamentos de capital facilmente realocáveis para o próximo fabricante (por exemplo: jatinho corporativo). Novas start-ups usariam essa realocabilidade para transferir seus negócios por um período curto e depois venderiam seus ativos a preços baixos em mercados de revenda quando os lucros fossem erodidos. Então, o equilíbrio competitivo novamente induziria à seleção adversa em mercados de produtos de experiência. Em vez disso, o investimento que dissipa o lucro operacional de produtos de alta qualidade deve ser um investimento a fundo perdido em recursos não realocáveis.

EXEMPLO Seleção eficiente de diamantes brutos na De Beers[29]

Outra ilustração de bom intercâmbio de experiências é a reserva em grupo do cartel de diamantes da De Beers, que controla mais de 80% dos negócios em diamantes brutos por atacado. A De Beers oferece grupos de diamantes de vários graus para compradores atacadistas aprovados. Como os compradores não têm permissão para separar as pedras menos valiosas, a qualidade dos diamantes em qualquer grupo não é verificável no ponto de compra – daí o termo como são chamados: *sights* (vistas). Se esses acordos fossem feitos uma única vez, nenhum comprador compraria *sights* a preços altos ou concordaria com as restrições de seleção. No entanto, como a reserva em grupo reduz a necessidade de inspeção de pedras rejeitadas que poderia ocorrer, a De Beers pode oferecer seus *sights* a custos líquidos abaixo do valor de classificação dos diamantes.

Os compradores então têm um motivo para comprar produtos de reconhecida qualidade na De Beers. Se um concorrente não oferecer restrições à seleção e preços mais baixos, os comerciantes de diamante pesarão cautelosamente o custo adicional de classificação própria dos diamantes em face dos preços especiais da De Beers, e poderão decidir continuar a fazer negócios com ela. Em razão de sua reputação, poucos concorrentes potenciais já a desafiaram, apesar das altas margens de lucro nos negócios de diamantes não lapidados no atacado. Sua reputação no repasse de suas economias de custo na seleção de diamantes para os compradores é a garantia que faz que os compradores retornem.

29 Baseado em R. Kennedy e B. Klein. The Economics of Block Booking. *Journal of Law and Economics* 26, 1983, p. 497-540.

Bens não realocáveis são recursos cujo valor de liquidação na segunda utilização é baixo. Esta situação acontece quando os bens dependem de uma entrada específica da empresa, como uma marca como a L'eggs ou Ethan Allen. Sem a marca, nenhuma empresa destina prateleiras projetadas para as embalagens originais L'eggs ou os *showrooms* luxuosos da Ethan Allen. Muitos desses bens não realocáveis têm alto valor em sua primeira utilização. A diferença entre o valor na primeira utilização e o de liquidação é uma medida da **especificidade do ativo**. Ativos altamente específicos são as melhores garantias para convencer os clientes de que as transações de informações assimétricas não serão fraudulentas.

Em suma, informações assimétricas geram mercados competitivos para produtos de experiência que diferem significativamente dos mercados competitivos para produtos de procura. O equilíbrio em longo prazo para produtos de experiência de alta qualidade exige rendas que vão além do custo unitário total. Esses lucros são investidos por vendedores confiáveis de produtos de experiência em recursos altamente específicos. As empresas potencialmente desacreditadas com ativos realocáveis atraem apenas clientes que buscam produtos de experiência com preço baixo/baixa qualidade. Nos bons mercados de experiência, você obtém o que paga quando questões ligadas à reputação ou outros mecanismos de garantia estabelecem a credibilidade do vendedor.

RESUMO

- Estratégia competitiva requer uma análise das capacidades baseadas em recursos da empresa, projeto dos processos comerciais que podem assegurar vantagem competitiva sustentável e desenvolvimento de um roteiro para inovação.
- Os tipos de pensamento estratégico incluem análise do setor, da concorrência, posicionamento estratégico e identificação de habilidades essenciais derivadas das capacidades baseadas em recursos.
- Vantagem competitiva sustentável pode surgir da estratégia de diferenciação do produto (capacidades de produto, marca e endossos), da estratégia voltada para o custo ou liderança de custos, ou da estratégia de tecnologia da informação.
- A escolha de estratégia competitiva deve corresponder à largura ou estreiteza do foco estratégico da empresa.
- Uma estratégia competitiva bem-sucedida inclui um processo contínuo de reinvenção e reconfiguração de capacidades e modelos de negócios.
- Mercado relevante é um grupo de agentes econômicos que interagem uns com os outros em uma relação de vendedor e comprador. Mercados relevantes muitas vezes têm características de espaço e produto.
- O modelo de Cinco Forças de estratégia de negócios identifica a ameaça de substitutos, a ameaça de entrada, o poder dos compradores, o poder dos fornecedores e a intensidade da concorrência como determinantes de rentabilidade responsáveis pela lucratividade em um setor em particular. Tais análises de indústria são frequentemente complementadas por uma avaliação das ameaças de tecnologias de ruptura.
- A ameaça dos substitutos depende do número e da proximidade dos substitutos conforme determinado por desenvolvimento do produto, anúncio, marca e estratégias de segmentação de concorrentes preexistentes. Os complementos em consumo podem ser uma imensa fonte de efeitos de rede, gerando rentabilidade sustentável.
- A ameaça de entrada depende da altura de barreiras a potenciais start-ups, incluindo requisitos de capital, economias de escala, vantagens de custo absoluto, custos de comutação, acesso aos canais de distribuição e sigilos comerciais e outras formas difíceis de ser imitadas de diferenciação do produto.
- O poder de barganha dos compradores e fornecedores depende do seu número, sua distribuição de tamanho, da relação entre capacidade e demanda do setor, singularidade dos insumos, potencial para avançar ou retroceder na integração, habilidade dos compradores para influenciar a colocação de um padrão industrial e das alternativas que cada parte tem na negociação.
- A intensidade da concorrência depende de: número e distribuição de vendedores no mercado relevante, frequência relativa de concorrência baseada ou não sobre preço, custos de comutação, proporção de custo fixo em relação ao custo total, barreiras para sair, taxa de crescimento de demanda do setor e velocidade de ajuste dos participantes.
- *Demanda* por um produto ou serviço é definida como as diversas quantidades daquele produto ou serviço que os consumidores estão dispostos e são capazes de comprar durante um período de tempo em particular em todas as faixas de preço possíveis. *Fornecimento* de um produto ou serviço é definido como as quantidades que os vendedores estão dispostos a disponibilizar aos compradores em todas as faixas de preço possíveis durante um período de tempo em particular.
- Em geral, uma empresa maximizadora de lucro deseja operar naquele nível de produção em que o custo marginal se equipara à receita marginal.
- Em uma estrutura de mercado puramente competitiva, a empresa desejará operar, em curto prazo, enquanto o preço for maior que o custo médio variável.
- Em uma estrutura de mercado *puramente competitiva*, a tendência vai em direção a uma condição de equilíbrio em longo prazo, na qual as empresas atingem apenas lucros normais, o preço é igual ao custo marginal e ao custo médio total, e o custo médio total é minimizado.
- Em um setor monopolisticamente competitivo, um grande número de empresas vende um produto diferenciado. Na prática, poucas estruturas de mercado podem ser mais bem analisadas no contexto do modelo de *concorrência monopolista*. A maioria das estruturas efetivas de mercado tem maiores semelhanças com o modelo de mercado puramente competitivo ou o modelo de mercado *oligopolístico*.
- Os gastos com propaganda são ótimos a partir de uma perspectiva de maximização de lucros se forem levados ao ponto em que a contribuição de lucro marginal de uma unidade adicional de produção é igual ao custo marginal de publicidade. O nível ideal de intensidade publicitária (a despesa com publicidade por dólar de vendas) varia de acordo com o produto e o setor industrial, e é determinado pela contribuição de lucro marginal das vendas incrementais e pela elasticidade-publicidade de demanda.

- Os intercâmbios em face de informações incompletas e de informações assimétricas diferem. *Informações incompletas* referem-se à incerteza que é inerente a praticamente todas as transações e motiva os mercados de seguros. *Informações assimétricas*, por sua vez, referem-se às informações particulares que uma parte possui e que a outra não pode verificar de maneira independente.
- As informações assimétricas em mercados de *produtos de experiência* levam à *seleção adversa*, na qual produtos de alto preço/alta qualidade são substituídos no mercado por produtos de baixa qualidade, sendo essa baixa qualidade indistinguível no ponto de venda. Os compradores desses *mercados de limões* se recusam a oferecer preços altos o suficiente para cobrir o custo da alta qualidade, pois, em face das condições competitivas, os fornecedores, de forma premeditada, cometerão fraude, e, então, talvez conduzam negócios com clientes desavisados sob outros nomes de produto ou empresa.
- Para escapar da seleção adversa e produzir produtos de experiência de alta qualidade é preciso que um regulamento intrusivo e oneroso, ou algum de tipo de mecanismo de vinculação induza as *relações de confiança autoexequíveis* entre compradores e vendedores. Garantias, avaliações independentes, arrendamentos com altos valores residuais, garantias de reembolso irrevogáveis, pagamentos contingentes e marcas, todos oferecem garantia aos compradores de que o vendedor não falseará a qualidade do produto. Os mecanismos de garantia dão suporte ao intercâmbio de informações assimétricas.
- Outra maneira de escapar da seleção adversa é a condição de que os compradores ofereçam transações repetidas a preços especiais de compra para empresas que resistem a vender fraudulentamente produtos de experiência de baixa qualidade a preços altos. Esses lucros são investidos por vendedores confiáveis em *ativos não reutilizáveis, altamente específicos*. Empresas potencialmente *desacreditadas* com ativos realocáveis continuam a atrair apenas clientes que buscam produtos a preços baixos/baixa qualidade. Em face das informações assimétricas, na melhor das hipóteses você recebe pelo que paga, nunca mais do que isso.

EXERCÍCIOS

As respostas para os exercícios destacados estão no Apêndice D, no final do livro.

1. A lucratividade dos principais fabricantes de xarope da Pepsi e da Coca-Cola e das engarrafadoras no ramo de colas é muito diferente. A Pepsi e a Coca-Cola desfrutam de um lucro operacional de 81% em relação às vendas, ao passo que as engarrafadoras obtêm 15%. Empregando as Cinco Forças de Porter, faça uma análise que explique por que uma empresa é potencialmente tão lucrativa em relação à outra.

2. O lucro operacional das redes de televisão foi de 45% a 55% para a MTV e a Nickelodeon, e de 12% a 18% para a NBC e a ABC. Faça uma análise para cada tipo de rede empregando as Cinco Forças de Porter. Por que a MTV é tão rentável em relação às principais redes?

3. Os custos para produzir aço em uma usina convencional diminuíram substancialmente como resultado de nova tecnologia para usinas pequenas que requer somente refugos de metal, um forno elétrico e 300 trabalhadores, em vez de matéria-prima constituída por minério de ferro, altos-fornos enormes, laminadores, fornos de reaquecimento e milhares de trabalhadores. Que efeito sobre a lucratividade potencial do setor a estrutura das Cinco Forças de Porter indicariam que esta nova tecnologia poderia ter? Por quê?

4. O etanol é novamente visto como parte de uma solução para o problema da escassez de produtos petrolíferos. O etanol é feito de uma mistura de gasolina e álcool derivado de milho. Qual seria o impacto desse programa no preço do milho, soja e trigo?

5. Por que investir capital em indústrias puramente competitivas com margens de equilíbrio apertadas e concorrentes que desgastam esses "quase lucros"? Suponha que o volume não seja muito grande. Por que então?

6. Suponha que uma empresa de um setor de concorrência perfeita possua a seguinte tabela de custos totais:

Produção (Unidades)	Custo total ($)
10	110
15	150
20	180
25	225
30	300
35	385
40	480

a. Calcule o custo marginal e faça um cronograma do custo médio para a empresa.
b. Se o preço de mercado em vigor for de US$17 por unidade, quantas unidades serão produzidas e vendidas? Qual é o lucro por unidade? Qual é o lucro total?
c. O setor encontra-se em equilíbrio de longo prazo a esse preço?

7. A Royersford Knitting Mills, Ltd. vende uma linha de roupas íntimas femininas. A empresa vende atualmente 20 mil pares por ano a um preço médio de US$10 por par. Os custos fixos são iguais a US$60.000, e o custo variável total é de US$120.000. O departamento de produção estimou que um aumento de 10% da produção não afetaria os custos fixos e reduziria os custos variáveis em US$0,40.

O departamento de marketing defende uma redução de preços de 5% para aumentar as vendas, as receitas totais e os lucros. A elasticidade-arco da demanda é estimada em −2.

a. Avalie o impacto da proposta para reduzir preços sobre (i) a receita total, (ii) o custo total e (iii) o lucro total.
b. Supondo-se que os custos variáveis médios permaneçam constantes se ocorrer um aumento de até 10% na produção, avalie os efeitos da redução de preços proposta sobre o lucro total.

8. A Poster Bed Company acredita que seu setor pode ser mais bem caracterizado como de concorrência monopolista. Uma análise da demanda para sua cama com dossel resultou na seguinte função de demanda estimada para a cama:

$$P = 1.760 - 12Q$$

O departamento de análise de custos estimou a função de custo total para a cama com dossel como

$$CT = \frac{1}{3} Q^3 - 15Q^2 + 5Q + 24.000$$

a. Calcule o nível de produção que deve ser fabricado para maximizar o lucro de curto prazo.
b. Qual preço deve ser cobrado?
c. Calcule o lucro total a esse nível de preço-produção.
d. Calcule a elasticidade-preço da demanda em um ponto ao nível de produção de maximização do lucro.
e. Que nível de custos fixos a empresa possui em relação à sua produção de camas?
f. Qual é o impacto de um aumento de US$5.000 no nível de custos fixos sobre o preço cobrado, as unidades produzidas e o lucro gerado?

9. A Jordan Enterprises estimou a margem de contribuição $(P - CM)/P$ para seu modelo Air Express de tênis para basquete em 40%. Com base na pesquisa de mercado e em experiências anteriores, a Jordan estima a seguinte relação entre as vendas do Air Express e os gastos com propaganda/promoções:

Propaganda/Promoções Despesa ($)	Receita com vendas ($)
500.000	4.000.000
600.000	4.500.000
700.000	4.900.000
800.000	5.200.000
900.000	5.450.000
1.000.000	5.600.000

a. Qual é a receita marginal a partir de um dólar adicional gasto em propaganda se a empresa estiver gastando atualmente US$1 milhão em propaganda?
b. Que nível de propaganda você recomendaria à administração da Jordan?

10. Qual dos seguintes produtos e serviços podem encontrar problemas de seleção adversa: camisas de golfe em torneios profissionais, pedras certificadas da Tiffany, pacotes de viagens como presente de formatura ou peças de automóveis pedidas pelo correio? Justifique sua resposta.

11. Se o comportamento de uma empresa desacreditada (por exemplo, por defraudar um comprador de bens de experiência de alta qualidade com produtos inferiores) for reconhecido pelo mercado apenas com uma defasagem de três períodos, os lucros das transações de produtos de alta qualidade permanecerem os mesmos e as taxas de juros aumentarem levemente, é mais ou menos provável que esses clientes ofereçam altos preços por um produto de experiência? Explique.

CASO

NETFLIX E REDBOX COMPETEM PELO ALUGUEL DE FILMES[30]

Cobrando US$17.99 por mês por um número ilimitado de aluguéis de filmes (três de uma vez), a Netflix revolucionou o negócio de aluguéis de filmes com o serviço de envio diário de DVDs, adquirindo 12 milhões de assinantes e US$1.5 bilhões em lucros. Contudo, a Blockbuster, a gigante locadora de filmes, com lojas físicas no valor de US$5.5 bilhões, decidiu entrar no negócio de aluguel de filmes on-line. A Blockbuster (agora uma divisão Dish Network) baixou os preços para US$14.99, atraindo 2 milhões de assinantes. A Netflix respondeu com um corte de taxas de um filme por vez por US$9.99 ao mês, o que acabou com o lucro líquido do negócio.

Estúdios de cinema, como a Viacom e a Time Warner, também entraram no mercado com o negócio de aluguel de filmes on-line diretamente ao consumidor e sob demanda. Seguindo dois meses de lançamentos em cartaz somente nos cinemas, os estúdios cobraram US$20 a US$25 por exibição. Este valor é cinco vezes o custo de alugar um filme clássico das empresas de TV a cabo, e dez vezes o valor cobrado pela Netflix ou Redbox por aluguéis de pernoite, US$1.99 ou US$1. Com valores tão exorbitantes, os estúdios conquistaram uma margem de 70%, mas análises da elasticidade-preço em experimentos de entretenimento doméstico sugerem um aumento oito vezes maior em volume para promoções com aluguel pela metade do preço. O aluguel de filmes sob demanda e as vendas de blu-ray no varejo são apenas dois segmentos crescentes da demanda do consumidor por vídeos (ver Figura 10.12).

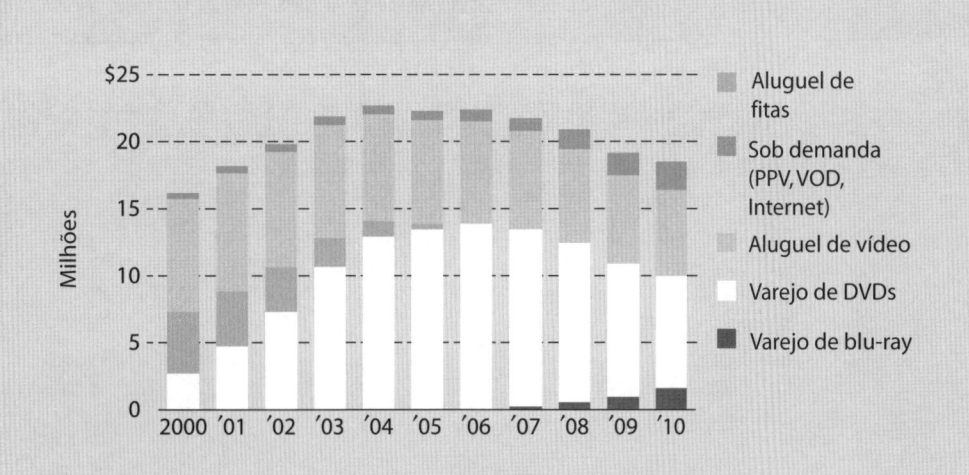

Figura 10.12 Gasto do consumidor com vídeos
Fonte: IHS Screen Digest. *Wall Street Journal*, 9 fev. 2011, p. B14.

---

30 Movies to Go. *The Economist*, 9 jul. 2005, p. 57; Blockbuster Plots a Remake. *Wall Street Journal*, 24 fev. 2010, p. B1, e Hollywood: The Price Is Wrong. *Wall Street Journal*, 9 fev. 2011, p. C14.

Utilize o modelo de Cinco Forças de Porter para responder às questões abaixo:

Questões

1. Que tecnologia de ruptura ameaçou o negócio de aluguel de filmes em lojas físicas?
2. O fácil acesso a canais de distribuição em armazéns para as 22.000 máquinas de vendas da Redbox indicam uma grande ou pequena ameaça de entrada no negócio de aluguel de filmes? Justifique. E por que o McDonald's seria um canal de distribuição ainda melhor do que os armazéns?
3. Existe alguma economia de escala no negócio de aluguel de vídeos sob demanda que serve como barreira de entrada para a Amazon?
4. Quem são os fornecedores da Netflix e Redbox? Eles estão em posição de abocanhar grande parte do valor da cadeia de oferta? Justifique.
5. Quais fatores determinam a intensidade da concorrência em um setor? A intensidade da concorrência no setor de computadores pessoais é alta ou baixa? Por quê?

Salvando a Sony Music

Explore a crise que o compartilhamento de arquivos pela internet para gravação de músicas protegidas por direitos autorais gerou à Vivendi Universal, *Sony Music, EMI* e AOL Time Warner Music, que juntas eram responsáveis por 70% do setor musical global.

Questões

1. Como as empresas da internet Napster e Kazaa poderiam ser refletidas em uma análise setorial das Cinco Forças de Porter?
2. Por que a internet foi uma tecnologia que desequilibrou a Sony? Essa nova tecnologia de transferência de arquivos favorece grandes transações como álbuns inteiros, que a Sony Music compreende tão bem? Ou essa nova tecnologia favorece a visão de Steve Jobs, de uma iTunes Music Store da Apple focada em *singles* de US$0,90 facilmente acessível? Que aspecto da iTunes Music Store a torna preferível a simplesmente baixar, um por um, arquivos digitais piratas de música?
3. Qual deveria ser a estratégia competitiva da Sony em resposta a essa crise? Inclua uma discussão sobre as capacidades baseadas em recursos, oportunidades de negócios e um roteiro de inovações futuras.
4. Sua estratégia competitiva para a Sony Music é de diferenciação de produto, de baixo custo ou de tecnologia da informação? Qual o foco da sua estratégia?

11 Determinação do preço e do nível de produção: monopólio e empresas dominantes

● TEMAS DO CAPÍTULO

Neste capítulo, analisamos como as empresas que operam em mercados monopolistas ou quase monopolistas tomam decisões ótimas de produção e de preços. Em tais mercados, a empresa dominante não tem de aceitar o preço como um dado, e baseia sua precificação sobre outros fatores, tais como a projeção de demanda em vários pontos de preço, indicativos da elasticidade-preço dos clientes-alvo. Identificamos ainda os motivos de predominância de uma única empresa e analisamos os componentes da margem de contribuição e da margem bruta. Introduzimos planilhas, métodos gráficos e algébricos para identificar a maximização do lucro e da produção. Além disso, analisamos essas decisões para setores regulados: energia elétrica, distribuição de gás natural e divulgação da distribuição. A desregulamentação continua sendo um tema de intenso debate.

Desafio gerencial
Intel, empresa de microprocessadores dominante, adapta-se à próxima tendência[1]

Com a inovação contínua, projetos de chips com potência cada vez maior e um plano de negócios direcionado para suprir o setor de PCs com compras anuais de US$300 bilhões, a Intel Corporation tem dominado o mercado de microprocessadores mais avançados. Após ser afastada da área de chips de memória de acesso aleatório dinâmico (do inglês, Dram – *dynamic random acess memory*) por rivais japoneses em 1986, a empresa reinventou-se como o principal fornecedor de microprocessadores de PCs. A Intel possui uma participação de mercado de 85% nos chips microprocessadores e 75% no mercado de desktops. Além disso, vende 90% dos conjuntos de chips que controlam o fluxo de dados do microprocessador para as telas, os *modems* e a interface gráfica do usuário GUI (do inglês, *graphical user interfaces*). Com o domínio do mercado, surgiram enormes economias de escala na produção e retornos crescentes das despesas de marketing que lhe permitiram superar seus rivais de menor porte. Os resultados são altos reajustes de preços e margens (para produtos eletrônicos produzidos em massa); por exemplo, a série de microprocessadores Pentium rendeu 25% de margens de lucro líquido.

Como a propriedade intelectual é seu ativo mais importante, a Intel protege os segredos comerciais de sua propriedade sobre projetos e fabricação de chips utilizando contratos estritos de não divulgação com seus clientes. Alguns dos seus compradores de chips, no entanto, descobriram que ela reteria informações fundamentais sobre especificações técnicas necessárias para integrar completamente os chips aos novos produtos, a não ser que recebesse acesso às novas tecnologias de seus clientes.

Os chips de alta capacidade da Intel foram criados para rodar com o complexo software da Microsoft para PCs e tablets. Em 2007, 261 milhões de unidades foram vendidas e despachadas em uma base instalada de PCs de 2,1 bilhões. Os mercados de telefones digitais, computadores de mão, videogames e conversores para televisão digital podem se tornar ainda maiores do que o de PCs. Esses dispositivos exigem chips de memória flash de baixo custo que processem dados rapidamente. Samsung e AMD (Advanced Micro Devices) são as empresas líderes nesse novo segmento de chips.

Para entrar neste negócio, o ex-presidente da Intel Andy Grove diz que a Intel deve se preparar para vender produtos de menor capacidade abaixo de US$40, não obstante o fato de seus chips serem vendidos anteriormente por um valor entre US$87 e US$200.

Questões para discussão

- Quão grande deve ser a participação de mercado de uma empresa antes que ela domine um mercado relevante?
- Elabore uma lista de motivos que fazem que uma empresa domine alguns mercados.
- Cite algumas diferenças entre lucros operacionais e fluxo líquido de caixa para o capital próprio.
- Nomeie algumas empresas que você suspeita tenham margens de lucros acima do normal e especule o motivo pelo qual isto ocorre.

1 Baseado em Intel´s Surge. *Wall Street Journal*, 20 jul. 2005, p. B1; Intel Outside. *The Economist*, 27 maio 2006, p. 59-63; e *Apple Inc*. Harvard Business School Case Publishing, 2008.

DEFINIÇÃO DE MONOPÓLIO

Monopólio é definido como uma estrutura de mercado com barreiras significativas à entrada de novos concorrentes na qual uma empresa produz um produto altamente diferenciado. Sem quaisquer substitutos próximos do produto, a curva de demanda de um monopolista é frequentemente uma demanda de mercado relevante inteira. Assim como estruturas de mercado puramente competitivas (por exemplo, a do trigo AAA de janeiro na cidade de Kansas) são raras, as puramente monopolistas também o são.

EXEMPLO O monopólio do Mickey Mouse: Disney

Quando começou, a Disneylândia, em Anaheim, Califórnia, era a única no setor. Outros parques temáticos desenvolvidos posteriormente, como o Six Flags, reduziram o poder de monopólio da Disney. Em uma tentativa de restaurar sua posição de quase monopólio, a Disney criou o Disney World em Orlando, na Flórida, mas o Universal Studios, o SeaWorld e outras atrações pela região de Orlando ofereceram rapidamente outras experiências de parques temáticos. Eles eram complementares ou substitutos da Disney World? A elasticidade-preço cruzada negativa da demanda sugere que eles estabelecem uma relação de complementaridade. Setenta por cento dos negócios da Disney World são repetidos; maior variedade dentro e fora do parque significa retornos mais frequentes para férias mais longas. Por ter antecipado esses desenvolvimentos, a Disney tornou-se, muito tempo antes, uma importante proprietária na região de Orlando.

AS FONTES DO PODER DE MERCADO DE UM MONOPOLISTA

As empresas dominantes monopolistas ou quase monopolistas desfrutam de várias fontes de poder de mercado. Primeiro, uma empresa pode possuir uma *patente* ou *direito de reprodução* que evite que outras produzam o mesmo produto. Por exemplo, a Pharmacia patenteou o produto Rogaine, um estimulante para crescimento de cabelo em homens calvos.

Segundo, uma empresa pode *controlar recursos fundamentais*. A De Beers Consolidated Mines, Ltd. possui ou controla a maior parte da produção de diamantes da África do Sul, e até recentemente tinha contratos de mercado com outros importantes países produtores de diamantes, incluindo a antiga União Soviética. Esse controle de matérias-primas permitiu que a De Beers mantivesse altos preços mundiais para diamantes lapidados por quase 75 anos.

Uma terceira fonte de poder de monopólio pode ser uma *franquia autorizada pelo governo*. Na maioria das cidades dos Estados Unidos, uma empresa é escolhida para fornecer serviços de TV à comunidade. O mesmo tipo de poder de monopólio ocorre quando uma agência governamental, como a FCC (Federal Communications Commission – Agência Federal de Regulamentação das Telecomunicações Norte-americana), adota um padrão do setor que favoreça uma indústria em detrimento de outra.

O poder de monopólio também ocorre em monopólios naturais, em razão de *economias de escala* significantes por uma ampla faixa de produção. A primeira start-up desfrutará de uma média de custos decrescente no longo prazo. Nessas circunstâncias, um único fornecedor do bem ou serviço é capaz de produzir o produto de modo mais barato do que um grupo de pequenos competidores. Esses, por assim dizer, monopólios naturais em geral são estritamente regulamentados por agências governamentais para limitar os lucros do monopolista.

Retornos crescentes do efeito de rede

Por fim, *os retornos crescentes dos negócios feitos com base em rede* podem ser uma fonte de poder monopolista de mercado. Quando a Microsoft orientou-se para a obtenção de um nível crítico de adoção de sua interface gráfica de usuário (GUI) Windows, a quantidade de gastos publicitários e promocionais necessários para garantir a próxima adoção começou, na verdade, a cair.

As publicidades e promoções estão geralmente sujeitas a retornos decrescentes, conforme ilustrado na Figura 11.1. Com uma parcela de 0% a 30% do mercado, a publicidade necessária para obter cada ponto adicional de

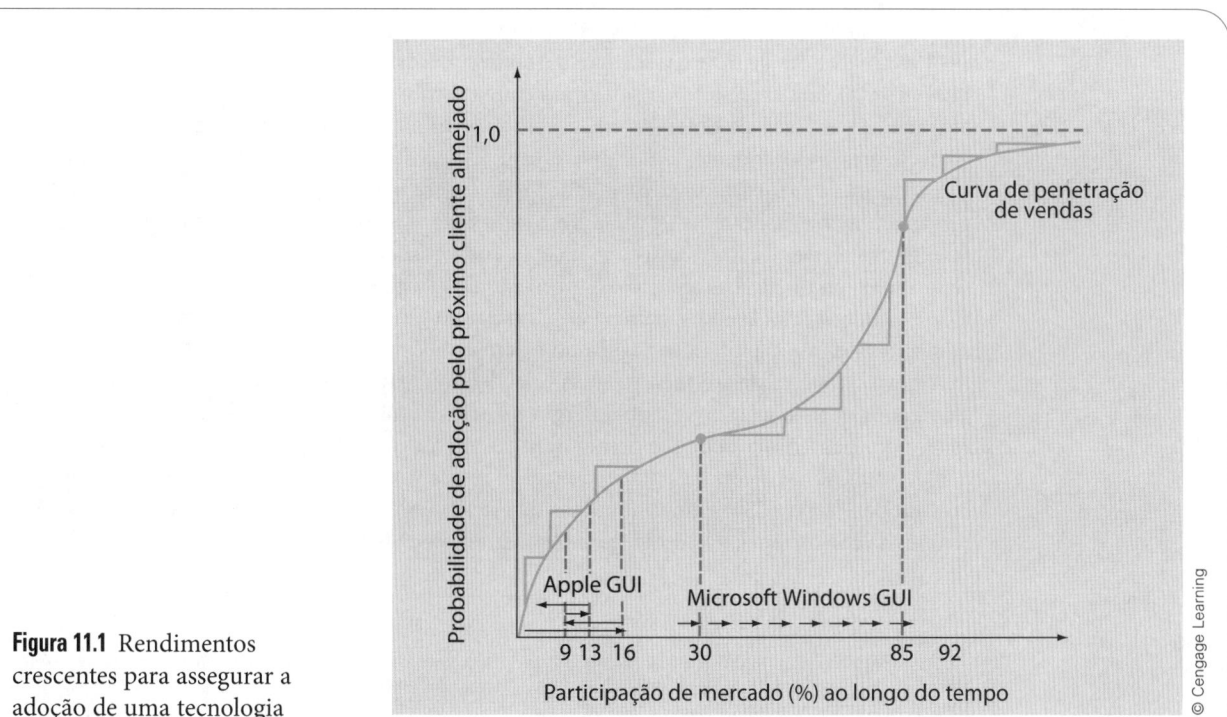

Figura 11.1 Rendimentos crescentes para assegurar a adoção de uma tecnologia

parcela possui um efeito decrescente sobre a probabilidade de adoção pelo próximo usuário potencial (observe a inclinação reduzida da **curva de penetração de vendas**). Consequentemente, pontos adicionais de parcela se tornam cada vez mais caros nessa faixa. Quando o número de outros usuários de um dispositivo feito com base em rede atinge uma parcela de 30%, como mostra a Figura 11.1, os próximos 50 pontos de parcela são mais fáceis de se obter. Ou seja, para além do ponto de inflexão de 30%, cada ponto adicional de parcela de usuários conectados ao Windows aumenta a probabilidade que outro usuário o adote. Portanto, a despesa com publicidade necessária para garantir outra venda unitária cai (observe a inclinação maior da curva de penetração de vendas na porção intermediária da Figura 11.1). Então, acima de 85% os retornos decrescentes se estabelecem novamente.

Com base em rede, esses efeitos de compatibilidade com outros usuários aumentam o valor para o usuário potencial. O mesmo ocorre conforme mais fornecedores independentes de software criam aplicativos para um sistema operacional como o Windows, que se tornou, de fato, um padrão do setor, atingindo mais de 30% de aceitação no mercado. Os pontos de inflexão na curva de penetração de vendas tornam provável que a Microsoft atinja 85% de controle monopolista do mercado de sistemas operacionais. Quaisquer que sejam as relações anteriores dos clientes, uma vez que a Microsoft atingiu uma parcela de 30%, seus retornos crescentes no mercado provocaram efeito de rede de tecnologia disruptivo que deslocou os outros competidores. A parcela da Microsoft cresceu, então, para 92%. O mecanismo de navegação na internet da Netscape sofreu um deslocamento similar pelo Internet Explorer da Microsoft quando esta atingiu uma penetração superior a 30%, fornecendo o Internet Explorer com o Windows. De fato, ela entregou seu mecanismo de navegação gratuitamente para atingir a faixa de retornos crescentes na curva de penetração de vendas para o Windows OS.

EXEMPLO O que deu certo na Microsoft mas errado na Apple Computer[2]

Em grande parte da sua história, a Apple Computer, discutida no *Desafio gerencial* do início do Capítulo 10, teve uma parcela em torno de 7%-10% no mercado norte-americano de computadores pessoais. Por duas vezes no início da sua história a empresa atingiu parcelas de dois dígitos (16% em 1986 e 13% em 1993). A Apple nunca chegou perto de atingir o ponto de inflexão (ilustrado em 30% na Figura 11.1). Ela, portanto, buscava retornos crescentes tentando se tornar um padrão do setor em diversos submercados de computadores pessoais, como nos setores de computadores para editoração, jornalismo, publicidade feita com base em mídias e entretenimento.

Além disso, apesar de defender bravamente o código de sua interface gráfica de usuário por quase duas décadas com aplicativos patenteados e ações por infrações de segredos comerciais, em 1998-1999 a Apple inverteu seu curso e começou a discutir amplos acordos de licenciamento e parcerias, tanto com a Microsoft como com a IBM. A compatibilidade com outros sistemas operacionais foi fácil de obter, mas não a adoção ampla do código de programação Mac por fornecedores independentes de software (em inglês, ISVs – *independent software vendors*). Consequentemente, para obter uma adoção em massa que pudesse fazer que os fornecedores passassem a criar aplicativos de software para o Mac, a Apple reverteu política empresarial de arquitetura secreta de sua interface gráfica. O código dessa interface, na Apple, era claramente superior, do ponto de vista técnico, aos produtos de gerações anteriores do Windows. No entanto, o produto tecnicamente superior perdeu para o produto que alcançou primeiro os retornos crescentes – a saber, a interface gráfica do Microsoft Windows, rodando em PCs não Apple.

A nova estratégia de arquitetura aberta se adequou extremamente bem aos smartphones da Apple, nos quais o valor agregado emergiu principalmente através de softwares de aplicativos fornecidos por ISVs com pouco ou nenhum custo para a Apple. Diz-se que o iPhone 5 oferece 300.000 aplicativos. Como resultado, a fatia de mercado de iPhones entre clientes corporativos cresceu de 9% para 23% em 2011, apesar de estes serem US$200 mais caros do que os smartphones da concorrência: Android da Google, Lumina da Nokia, Blackberry da RIM, ou Galaxy da Samsung.

---

2 Baseado em Netscape to Woo Microsoft's Customers. *Reuters*, 1º out. 1998; W. Brian Arthur. Increasing Returns and the New World of Business. *Harvard Business Review*, jul.-ago. 1996, *Apple Inc.*, Harvard Business School Case Publishing, 2008; Targets Shift in Phone Wars. *Wall Street Journal*, 10 out. 2011, p. B1.

Mesmo com retornos crescentes estabelecidos pelos efeitos de rede, monopólio é sempre resultado de três causas. Primeiro, novos produtos inovadores podem facilmente compensar as economias de custo com retornos crescentes. Esta tem sido a abordagem da Apple para combater o domínio da Microsoft sobre os sistemas operacionais de PCs concorrentes. Sua margem bruta excedeu 32% em 2005-2008, enquanto Dell e HP tiveram média de 18% e 25%, respectivamente. Similarmente, no segmento de smartphones, os clientes da Apple pagavam US$421 de margem para iPhones em 2011, quando os smartphones da Nokia e Samsung acumulavam apenas US$250 de margem.

Segundo, os efeitos de rede tendem a ocorrer em indústrias com base em tecnologia que experimentaram preços de insumos em queda, como foi o caso dos microprocessadores no setor de chips de computadores. A Figura 11.2 mostra que entre 1997 e 2009 o custo por megaherz de chips de silício para computadores caiu de US$2 para US$0,25, o custo de armazenamento do dispositivo de disco rígido por megabyte caiu de US$0,40 a US$0,03, e o custo mensal da transmissão de dados em alta velocidade caiu de US$475 para US$300. Durante o mesmo período, o cabo de fibra óptica da Corning tornou-se essencialmente gratuito para qualquer um que o utilizasse. Em resumo, conforme esses fornecedores de insumos cresciam, servindo aos mercados em expansão de produtos de informática e dispositivos de telecomunicações, se deparavam com uma nova produtividade decorrente das curvas de aprendizagem e de inovações de projeto que levaram à queda de seus custos. Como os mercados de chips de memórias flash e de equipamentos de telecomunicação tendem a ser altamente competitivos, as economias de custo dos fornecedores de insumos, como a AMD e a Corning, foram repassadas aos produtores finais, que incluem, por exemplo, a

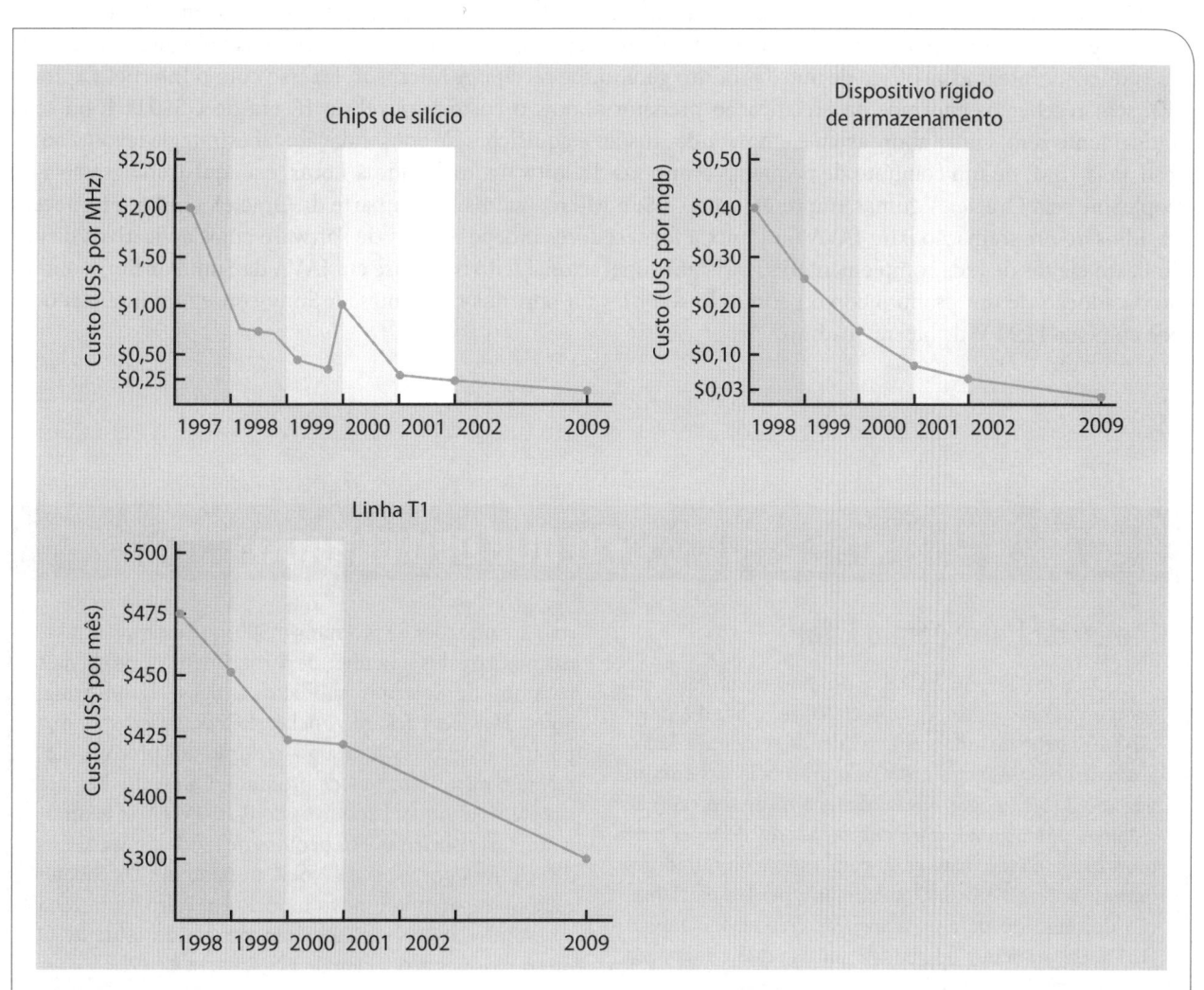

Figura 11.2 Como o custo decrescente de componentes leva à queda no preço do produto no setor de computadores e telecomunicações

Fonte: A Spoonful of Poison. *Wired*, mar. 2002, p. 57; e cotações de preços.

Apple, a montadora de PCs Dell, a fabricante de celulares Nokia e a fabricante de roteadores Cisco. Consequentemente, custos mais baixos em geral para todos os insumos compensaram em grande parte a vantagem dos retornos crescentes em promoção e despesas com vendas para empresas como Microsoft e Google.

Terceiro, os produtos de tecnologia cujo valor primário se deve a sua propriedade intelectual (por exemplo, softwares de computador, produtos farmacêuticos e redes de telecomunicações) apresentam fontes de receita que dependem de renovações de licenças governamentais e de padrões de produto. Diferente de automóveis ou do aço, uma vez recuperados os custos com P&D, o custo marginal de cópias adicionais do software, doses adicionais do remédio ou usuários adicionais de um sistema sem fio são próximos de zero; cada unidade vendida a partir daí é praticamente puro lucro. Empresas concorrentes que tenham incorrido com o adiantamento de custos fixos, mas não tenham conseguido obter o ponto de inflexão de retornos crescentes, racionalmente gastarão valores enormes, buscando recuperar essas quantias por meio de processos políticos ou jurídicos. Por exemplo, no longo julgamento antitruste da Microsoft de 1997-2002, a Netscape e a Sun Microsystems tiveram êxito em restringir seu concorrente, do contrário dominante. Os tribunais dos Estados Unidos impuseram restrições aos acordos da Microsoft para instalação do Windows porque eles excluíam a concorrência. Os tribunais europeus proibiram a Microsoft de recusar-se a lidar com licenciados da Windows que instalaram softwares de navegadores concorrentes como Google ou Firefox ou alternativas ao software de reprodução de vídeos da Microsoft, o Media Player. De forma similar, com relação a produtos farmacêuticos, o primeiro sucesso comercial da Genentech foi um medicamento para esclerose múltipla que evitava desafiar diretamente a patente no exterior da Schering-Plough Corporation empregando uma regra especial de isenção da FDA.

Como as empresas podem chegar ao ponto de inflexão da Figura 11.1 e obter retornos crescentes? A concessão de testes gratuitos por um período limitado é uma abordagem possível. Outra é fornecer a tecnologia gratuitamente se puder ser integrada à oferta de outro produto gerador de receita. A Microsoft fez isso com o Internet Explorer (IE), sem receber os encargos da precificação predatória, pois o custo variável do IE era de US$0,004; ou seja, praticamente zero. Outra abordagem é empreender fusões e aquisições de consolidação; tal estratégia levou à aquisição, pela IBM, de um conjunto de pequenas empresas de software, incluindo a Lotus, e a aquisição agressiva da PeopleSoft pela Oracle. Algumas empresas, como a Sun Microsystems (agora parte da Oracle), também fornecem subsídios de programação para JAVA ou Linux a fornecedores independentes de software cujos aplicativos disponibilizam efeitos de rede complementares ao sistema operacional feito com base em JAVA da Sun. Por fim, a obtenção da adoção de um produto como padrão do setor leva a retornos crescentes. A Sony conseguiu este efeito de rede com sua HDTV de blu-ray padrão.

O QUE DEU CERTO • O QUE DEU ERRADO

O erro da Palm com o Pilot[3]

O PalmPilot, que já foi o produto dominante em computadores de mão, demonstra como é frágil a posição até mesmo de uma empresa líder do setor em relação aos retornos crescentes dos gastos promocionais em um negócio de tecnologia. Apesar de ter 80% do mercado de sistemas operacionais para computadores de mão e de produzir 60% do hardware para esses computadores durante seu pico em 2000, a Palm, Inc. perdeu participação de mercado para os rivais. Ela cresceu tão rápido (165% de aumento de vendas anuais) que deu pouca atenção a problemas operacionais, como o gerenciamento do fornecimento de insumos e a previsão de demanda. Em 2001, ela programou equivocadamente o anúncio de suas atualizações de produtos m500, que estavam atrasadas por gargalos na cadeia de fornecimento, e os clientes pararam de comprar modelos antigos. Handspring, Sony, Hewlett-Packard, Pocket PC da Microsoft e o popular Blackberry levaram à redução dos preços e ofereceram novos recursos de produtos. Quase do dia para a noite, os estoques excessivos do Palm IV e V se acumularam nas prateleiras e os pedidos de iPods da Apple e os dispositivos portáteis da Nokia dispararam. Os clientes estavam esperando o novo modelo e a Palm foi forçada a assumir US$300 milhões em perdas de estoque. O preço das suas ações caiu de US$25 para US$2.

---

3 Baseado em How Palm Tumbled. *Wall Street Journal,* 7 set. 2001, p. A1.

DETERMINAÇÃO DO PREÇO E DO NÍVEL DE PRODUÇÃO PARA UM MONOPOLISTA

Método da planilha: rendimento *versus* maximização dos lucros para camisas polo

A Tabela 11.1 mostra projeções de demanda para as vendas diárias de camisas polo no outlet da Ralph Lauren. Para cada estilo e cor, espera-se que o preço uniforme mostrado na segunda coluna obtenha o número de unidades vendidas por dia, listadas na primeira. A terceira coluna mostra o lucro total, enquanto a quarta, a receita suplementar que o ato de baixar o preço para vender outra unidade gera – ou seja, a renda marginal. Por exemplo, uma redução de preço uniforme de US$42 para US$40 é necessária para aumentar as vendas unitárias de cinco a seis camisas por dia. Consequentemente, a renda marginal de seis camisas é calculada como (6 × US$40 = US$240) (5 × US$42 = US$210) – ou seja, RMA = US$30.

À equipe de vendas em campo geralmente se paga o salário mais uma comissão sobre as vendas, com base no lucro total de vendas que cada vendedor efetua. O funcionário quer que o preço no outlet continue caindo, enquanto o total de vendas cresce – ou seja, contanto que a RMA continue positiva, subindo, e inclua 14 camisas por dia ao preço de US$25,79. Menos do que isso e a receita total seria menor ($P \times Q$ = US$361), reduzindo o rendimento da equipe de vendas com base em comissão. O encarregado da loja e Ralph Lauren, o dono da empresa, no entanto, têm outros motivos. Esses tomadores de decisão estão preocupados que a 14ª camisa imponha um prejuízo operacional de unidade de US$24. Ou seja, a quinta coluna lista o custo variável incorrido quando outra camisa é produzida, distribuída e vendida. Quando o lucro marginal na quarta coluna (US$4 na 14ª camisa por dia) cai abaixo do custo variável da quinta coluna (US$28), isto resulta em prejuízos operacionais de unidade. O mesmo ocorre para as 13ª, 12ª, 11ª e assim por diante.

Foi só quando a loja de outlet subiu os preços e aumentou os lucros marginais em até US$28 que os prejuízos operacionais foram eliminados. Com esse preço e produção (US$38,31 e 7 camisas), a diferença entre o lucro total (US$268) e custos variáveis totais (US$28 × 7) é maximizada em US$72 por cor e por dia. O encarregado deverá – e será cobrado por isso – perseguir o máximo de lucro operacional e encontrar mecanismos para motivar a equipe de vendas, mesmo que ela prefira o lucro máximo de US$361 a um preço de venda de US$25,79, impondo prejuízos operacionais de US$39 por dia.

TABELA 11.1 Camisas polo da Raph Lauren (por cor, por loja e por dia)

Quantidade vendida	Preço uniforme	Lucro total	Lucro marginal	Custo variável	Resultado operacional por unidade	Lucro acumulado
0	$ 50,00	$ 0,00	$ 0,00	$ 28,00	$ 0,00	$ 0,00
1	$ 48,00	$ 48,00	$ 48,00	$ 28,00	$ 20,00	$ 20,00
2	$ 46,00	$ 92,00	$ 44,00	$ 28,00	$ 16,00	$ 36,00
3	$ 45,00	$ 135,00	$ 43,00	$ 28,00	$ 15,00	$ 51,00
4	$ 44,00	$ 176,00	$ 41,00	$ 28,00	$ 13,00	$ 64,00
5	$ 42,00	$ 210,00	$ 34,00	$ 28,00	$ 6,00	$ 70,00
6	$ 40,00	$ 240,00	$ 30,00	$ 28,00	$ 2,00	$ 72,00
7	$ 38,31	$ 268,17	$ 28,00	$ 28,00	$ 0,00	$ 72,00
8	$ 36,50	$ 292,00	$ 24,00	$ 28,00	($ 4,00)	$ 68,00
9	$ 34,50	$ 311,00	$ 19,00	$ 28,00	($ 9,00)	$ 59,00
10	$ 32,70	$ 327,00	$ 16,00	$ 28,00	($ 12,00)	$ 47,00
11	$ 30,91	$ 340,00	$ 13,00	$ 28,00	($ 15,00)	$ 32,00
12	$ 29,17	$ 350,00	$ 10,00	$ 28,00	($ 18,00)	$ 14,00
13	$ 27,46	$ 357,00	$ 7,00	$ 28,00	($ 21,00)	($ 15,00)
14	$ 25,79	$ 361,00	$ 4,00	$ 28,00	($ 24,00)	($ 39,00)
15	$ 24,07	$ 361,00	$ 0,00	$ 28,00	($ 28,00)	($ 67,00)
16	$ 22,50	$ 360,00	($ 1,00)	$ 28,00	($ 29,00)	($ 96,00)
17	$ 20,82	$ 356,00	($ 4,00)	$ 28,00	($ 32,00)	($ 128,00)
18	$ 19,28	$ 349,00	($ 7,00)	$ 28,00	($ 35,00)	($ 163,00)

EXEMPLO: Margens das camisas polo da K.P. McLahe

As camisas polo de US$155 da K.P. McLahe tiveram seus bordados à mão terceirizados para trabalhadores no Vietnã, ao custo de US$3 por camisa. Os outros componentes do custo variável são: tecido (US$7), botões (US$3), mala de viagem (US$6) e contrato de trabalho em taxas fragmentadas de US$11 por camisa. O custo variável total de US$30 tem, então, uma margem de lucro de 116% para US$65 de preço de atacado. Daí por diante, parceiros do varejo remarcam o preço da camisa a US$90 para vendê-las em lojas masculinas da Quinta Avenida, em Nova York e em lojas de aeroportos internacionais por todo o mundo pelo preço M.R.S.P. (*Manufacturer's Recommended Sale Price* [Preço recomendado pelo fabricante]) de US$155.

Abordagem gráfica

A Figura 11.3 mostra a decisão preço-produção para a maximização do lucro monopolista. Assim como ocorre com a competição pura, o lucro é maximizado com a combinação de preço e produção, na qual $CMA = RMA$. Este ponto corresponde a um preço de P_1, produção de Q_1 e lucros totais de BC por unidade vezes Q_1. Para uma curva de demanda negativamente inclinada, a função RMA não representa o mesmo que uma função de demanda. De fato, para uma função de demanda linear inclinada negativamente, a função de renda marginal terá a mesma interceptação no eixo P quanto a função de demanda e um declive duas vezes mais íngreme do que a curva de demanda. Se, por exemplo, a curva de demanda estiver sob a forma

$$P = a - bQ$$

logo,

$$\text{Receita total} = RT = P \cdot Q = aQ - bQ^2$$

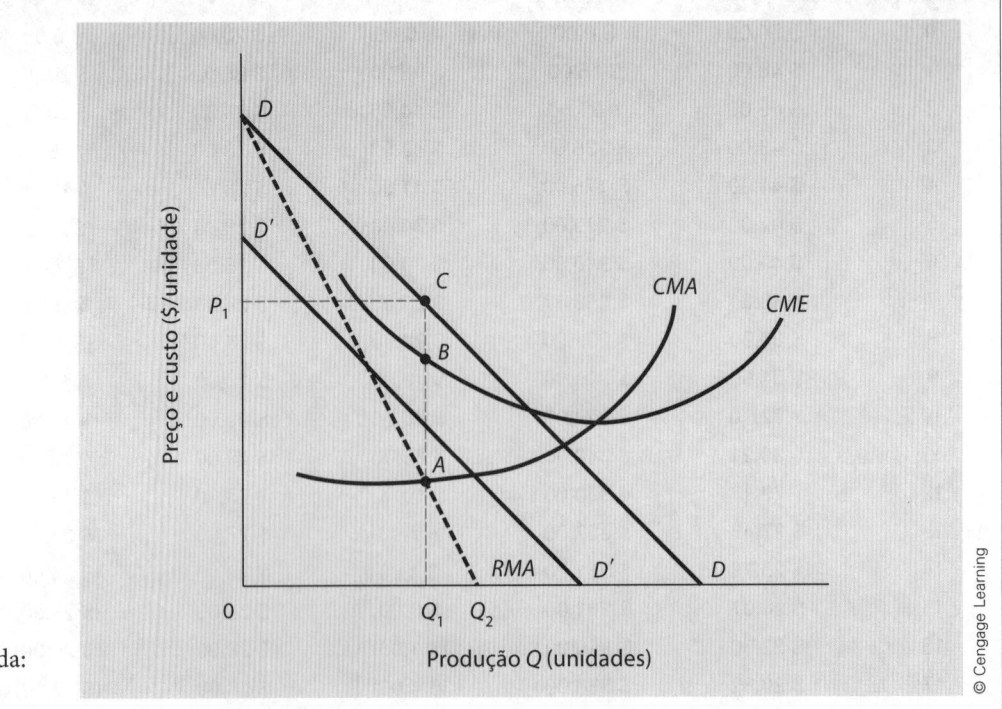

Figura 11.3 Preço e determinação da quantidade produzida: monopólio puro

e

$$RMA = \frac{dRT}{dQ} = a - 2bQ$$

A inclinação da função de demanda é $-b$, e a da função *RMA*, $-2b$.

Abordagem algébrica

EXEMPLO Maximização do lucro para um restaurante de parque temático

Suponha que um gerente se defronte com a seguinte curva de demanda para refeições em um restaurante de parque temático:

$$Q = 400 - 20P$$

e a função de custo variável total de curto prazo é

$$CT = 5Q + \frac{Q^2}{50}$$

Para maximizar os lucros, ele produziria e venderia a quantidade em que *CMA* = *RMA* e cobraria o preço correspondente:

$$CMA = \frac{dCT}{dQ} = 5 + \frac{Q}{25}$$

RMA pode ser determinada ao reescrevermos a função de demanda em termos de *Q*:

$$P = \frac{-Q}{20} + 20$$

e então multiplicamos por *Q* para determinar *RT*:

$$RT = P \cdot Q$$
$$= -\frac{Q^2}{20} + 20Q$$
$$RMA = \frac{dRT}{dQ} = -\frac{Q}{10} + 20$$

Igualando *RMA* a *CMA*, obtemos

$$-\frac{Q^*}{10} + 20 = 5 + \frac{Q^*}{25}$$

$$Q^* = 107 \text{ unidades}$$

Substituindo Q^* na equação de demanda, podemos obter P^*:

$$P^* = \frac{-107}{20} + 20$$

$$= US\$14,65/\text{unidade}$$

> Portanto, o monopolista que maximiza o lucro produziria 107 unidades e cobraria o preço unitário de US$14,65. Isto resultaria em um lucro de
>
> $$\begin{aligned}
* &= RT - CT \\
&= (P^* \times Q^*) - \left(5Q^* + \frac{Q^{*2}}{50}\right) \\
&= 14{,}65(107) - \left(5(107) + \frac{107^2}{50}\right) \\
&= US\$803{,}57
\end{aligned}$$

A importância da elasticidade-preço da demanda

Lembre-se, do Capítulo 3, de que a receita marginal (RMA), a mudança incremental da receita total decorrente de uma venda unitária adicional, pode ser expressa em termos de preço (P) e da elasticidade-preço (E_D), ou

$$RMA = P\left(1 + \frac{1}{E_D}\right) \qquad [11.1]$$

Ao se igualar RMA a CMA (conforme indicado na Figura 11.3), obtém-se a relação de maximização de lucros em termos de preço e de elasticidade-preço, ou

$$CMA = P\left(1 + \frac{1}{E_D}\right) \qquad [11.2]$$

Para o caso do monopólio, o preço será maior que o custo marginal. Por exemplo, se a elasticidade-preço (E_D) for -2, o preço será igual a

$$CMA = P\left(1 + \frac{1}{-2}\right)$$
$$CMA = 0{,}5P$$
$$P = 2CMA$$

Observe, na Equação 11.2, que um monopolista nunca operará na área da curva da demanda em que a demanda tiver preço inelástico (isto é, $|E_D| < 1$). Se o valor absoluto da elasticidade-preço for menor que 1 ($|E_D| < 1$), o recíproco da elasticidade-preço ($1/E_D$) será menor que -1, e a receita marginal [$P(1 + 1/E_D)$] será negativa. Na Figura 11.3, a faixa de produção inelástica encontra-se além do nível Q_2. Uma receita marginal negativa significa que a receita total pode ser aumentada reduzindo-se a produção (por meio de um aumento de preço). Contudo, sabemos que diminuir a produção também deve reduzir os custos totais, resultando, portanto, em um aumento do lucro. Uma empresa continuaria a aumentar os preços (e a reduzir a produção) enquanto a elasticidade-preço da demanda permanecesse na faixa inelástica. Portanto, para um monopolista, a combinação preço-produção que maximiza os lucros precisa ocorrer quando $|E_D| \geq 1$.

A Equação 11.2 também pode ser usada para mostrar que, quanto mais elástica a demanda (indicando a existência de substitutos melhores), menor o preço ideal e o *mark-up* (relativo ao custo marginal) que qualquer empresa pode cobrar. Esta relação pode ser ilustrada com o exemplo a seguir.

CAPÍTULO 11 Determinação do preço e do nível de produção: monopólio e empresas dominantes

> **EXEMPLO** Elasticidade-preço e níveis de preço para monopolistas
>
> Considere um monopolista com a seguinte função de custo total:
>
> $$CT = 10 + 5Q$$
>
> A função de custo marginal (CMA) é
>
> $$CMA = dCT / dQ = 5$$
>
> A elasticidade-preço da demanda foi estimada com um valor de –2. Estabelecendo que CMA = RMA (em que RMA é expressa como na Equação 11.1), obtém-se a seguinte regra de preço para a maximização do lucro de um monopolista:
>
> $$CMA = US\$5 = P(1 + 1/-2,0) = RMA$$
> $$P = 5/(0,5) = US\$10/\text{unidade}$$
>
> Se, no entanto, a demanda for mais elástica em relação ao preço, como $E_D = -4$, a maximização de lucro do monopolista estabelecerá o preço em
>
> $$P = US\$5/(0,75) = US\$6,67/\text{unidade}$$

MARK-UP ÓTIMO, MARGEM DE CONTRIBUIÇÃO E PORCENTAGEM DA MARGEM DE LUCRO BRUTO

Algumas vezes é útil e conveniente expressar essas relações entre preço ótimo, elasticidade-preço e custo marginal como uma porcentagem de *mark-up*, ou margem de lucro bruto. Usando a Equação 11.2 para solucionar os rendimentos de preço ótimo (com CMA = custo variável)

$$P = \frac{E_D}{(E_D + 1)} CMA = (1 + \% \; mark\text{-}up)CMA \qquad [11.3]$$

na qual o termo multiplicador à frente de CMA é 1,0 mais o *mark-up* expresso como um equivalente decimal.[4] Por exemplo, o caso de $E_D = -3$ é um produto com o multiplicador $-3/(-3 + 1) = 1,5$ – isto é, um *mark-up* de 50%. O preço ótimo para a maximização do lucro recupera o custo marginal e então aumenta o CMA em 50%. Se CMA = US\$6, esse item seria vendido por $1,5 \times US\$6 = US\$9$ e o *mark-up* que maximiza o lucro seria de US\$3, ou 50% a mais do que o custo.

A diferença entre preço e custo marginal (ou seja, o tamanho absoluto em valor do excedente do preço em relação ao custo) é geralmente chamada de *margem de contribuição*. Com o custo variável incremental já coberto, esse valor adicional está disponível para *contribuir* com a cobertura do custo fixo e render lucro. Frequentemente, ele é expresso como uma porcentagem do preço total. Componentes padrões, mão de obra da montagem final paga em trabalho por peça, serviços de transporte ao cliente final, *royalties* pagos para licenças de software e despesas de venda incorridas a cada venda feita (como cupons) são todos exemplos de custos variáveis.[5] No exemplo anterior, o excedente de US\$3 em relação ao custo marginal de US\$6 representa uma contribuição de 33% ao custo fixo e ao lucro, ou seja, uma margem de contribuição de 33% sobre o item de US\$9. Utilizando a Equação 11.3 e $E_D = -3$,

---

[4] O símbolo de custo marginal CMA refere-se à definição estrita do contador a respeito de *custos variáveis*, custos operacionais que variam com a mínima unidade de venda agregada no plano de negócios da empresa. O termo *custo marginal* também é frequentemente usado na economia para se referir ao último ou próximo custo operacional mais elevado por unidade, quando unidades mais baratas já foram produzidas e vendidas

[5] Um Boeing 747 noturno trazendo laptops ou iPhones de linhas de montagem de Xangai para o núcleo da FedEx em Memphis não seria qualificado como custo variável, porque os US\$50.000 por custo aéreo de viagem não são incorridos pela Dell ou Apple como venda, em uma base de vendas. Em vez disso, essa despesa de transporte constitui um custo fixo direto. De forma similar, a mão de obra contratada envolvida em operações de fabricação não seria um custo variável, a menos que a despesa com mão de obra fosse incorrida em uma base de trabalho por peça produzida.

$$\frac{(P - CMA)}{P} = \frac{1,5\ CMA - 1,0\ CMA}{1,5\ CMA}$$

% de margem bruta = 0,5/1,5 = 33%

Para resumir, uma elasticidade de −3.0 implica que o mark-up de maximização de custo é 50%, e que 50% de mark-up implica 33% de margem de contribuição. Dessa forma, a informação sobre elasticidade-preço traz implicações cruciais. Combinando a margem de lucro bruto (33%) com informações incrementais sobre custo variável temos a indicação de aumentos de preço em dólar e que preços de produto anunciar no plano de marketing.

> **EXEMPLO** *Mark-up* e margens de contribuição no Chanel nº 5, Ole Musk e Whitman's Sampler
>
> Considere três produtos disponíveis em um típico balcão de drogaria: Chanel nº 5, Whitman's Sampler e a fragrância exclusiva (marca da loja) Ole Musk. O Chanel possui um acompanhamento fiel dos compradores regulares e uma elasticidade-preço de −1,1. O Whitman's possui alguns substitutos próximos adicionais, mas um reconhecimento substancial da marca e embalagem familiar; sua elasticidade-preço é de −1,86. Por fim, os clientes notam muitos substitutos próximos da fragrância genérica Ole Musk, cuja elasticidade-preço, por isso, é de −12,0.
>
> A Tabela 11.2 mostra os preços, *mark-ups* e margens de contribuições ideais para esses três produtos. Utilizando a Equação 11.3, o multiplicador do *CMA* (custo marginal) do Chanel nº 5 é −1,1/(−1,1 + 1) = 11,0, e o *mark-up* ideal é, portanto, de 1.000% (ou seja, 10 vezes o custo variável incremental das essências e do frasco). Como o preço ideal é de 11,0 *CMA*, a porcentagem da margem de contribuição do Chanel nº 5 é calculada como 10,0 *CMA*/ 11,0 *CMA* = 91%. O Whitman's Sampler possui um multiplicador de −1,86/(−1,86 + 1) = 2,16; um *mark-up* ideal de 116% e uma margem de contribuição de 1,16 *CMA*/2,16 *CMA* = 54%. Por sua vez, o Ole Musk, com a maior elasticidade-preço, possui um multiplicador de −12/(−12 + 1) = 1,09, um *mark-up* de 9% e uma porcentagem de margem de contribuição de 0,09 *CMA*/1,09 *CMA* = 8%.

TABELA 11.2 Preços, *mark-up* e margens ótimas

	E_D	Preço	Margem de contribuição	Mark-up	Margem de contribuição
Chanel nº 5 (US$85/15 ml)	−1,1	11 CMA	10,00 CMA	1.000%	91%
Whitman's Sampler (US$8/libra)	−1,86	2,16 CMA	1,16 CMA	116%	54%
Ole Musk (US$/120 ml)	−12,0	1,09 CMA	0,09 CMA	9%	8%

© Cengage Learning

Assim, quanto mais elástica for a função da demanda do produto de um monopolista, menor será o preço cobrado, *ceteris paribus*. No limite, considere o caso de uma empresa em competição pura com uma curva de demanda perfeitamente elástica (horizontal). Neste caso, a elasticidade-preço da demanda tenderá a −∞; portanto, 1 dividido pela elasticidade-preço tenderá a 0 e a receita marginal da Equação 11.1 se tornará igual ao preço. Assim, a regra de maximização do lucro da Equação 11.2 torna-se "estabelecer o preço igual ao custo marginal", e o *mark-up* de maximização do lucro da Equação 11.3 é nulo (ou seja, o multiplicador do custo marginal é 1,0). É claro que esta conclusão é igual à do preço-custo desenvolvida no Capítulo 10 na discussão sobre a determinação do preço sob competição pura.

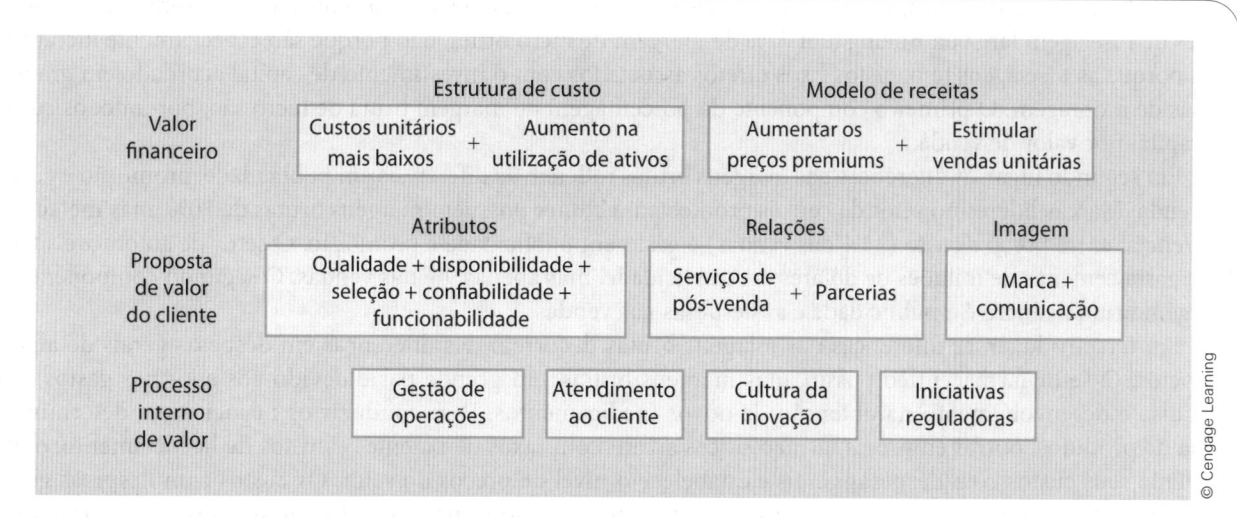

	Estrutura de custo		Modelo de receitas	
Valor financeiro	Custos unitários mais baixos	+ Aumento na utilização de ativos	Aumentar os preços premiums	+ Estimular vendas unitárias
	Atributos	Relações	Imagem	
Proposta de valor do cliente	Qualidade + disponibilidade + seleção + confiabilidade + funcionabilidade	Serviços de pós-venda + Parcerias	Marca + comunicação	
Processo interno de valor	Gestão de operações	Atendimento ao cliente	Cultura da inovação	Iniciativas reguladoras

Figura 11.4 Criação de valor no Mapa de Estratégia da Natureview Farms Yogurt
Fonte: Baseado em Strategy Map. *Harvard Business Review*, fev. 2004.

Então, a questão permanece: como uma empresa não competitiva estabelece uma estratégia para sustentar margens mais elevadas de contribuição, como os 91% do Chanel nº 5, quando outros produtos, como os da marca Ole Musk, atingem apenas 8%? As ideias-chave são definidas no Mapa de Estratégia mostrado na Figura 11.4. Usaremos como exemplo a Natureview Farms (NVF) Yogurt, empresa sustentável de Vermont que fabrica laticínios. Todos os planos de negócios eficazes começam com uma **proposta de valor** para os clientes-alvo. Quando a população dos EUA começou a ficar mais ecologicamente consciente, a Natureview Farms identificou um novo perfil de comprador do iogurte, mais jovem, mais instruído, que percebe o valor dos ingredientes de *alta qualidade* com maior prazo de validade do que os típicos ingredientes naturais e orgânicos. Apesar da ausência de conservantes químicos, um iogurte da NVF permanece fresco por 50 dias, em vez dos usuais 20. Essa *funcionalidade* adicional, combinada com ingredientes de alta qualidade, *excede a confiança e as expectativas dos clientes* a respeito de uma consistência firme e garantia de sabor em um preço premium. Contudo, para agregar valor financeiro nesses direcionadores de valor do cliente, a NFV achou necessário reforçar o *crescimento das vendas unitárias* e aumentar a *utilização de ativos* ao posicionar seu iogurte das lojas de produtos naturais para a Whole Foods e outros supermercados de especialidades. Lidar com as questões de distribuição do canal com sólidos processos de *gestão operacional* e um *marketing de comunicação* eficaz provou-se essencial para sustentar uma alta margem de lucro.

Componentes da margem bruta de lucro

Margem bruta de lucro (ou simplesmente "margem bruta") é um termo utilizado com frequência nos setores industriais para se referir à margem de contribuição após a subtração do rendimento do atacado dos custos variáveis de produção e quaisquer custos fixos *diretos* de fabricação rastreáveis até a linha de produto. Por exemplo, em uma fábrica de tapetes, a margem bruta sobre cada linha de produto seria a receita de todas as vendas da fábrica menos a soma dos custos variáveis e dos custos de instalação de maquinário para a execução da produção desse tipo de tapete. Um demonstrativo de resultado do fabricante identifica os custos variáveis mais custos fixos diretos de fabricação como o "custo de produtos vendidos" (CPV). Assim, a margem bruta é a receita menos o custo dos produtos vendidos.[6]

Componentes da margem

As margens brutas de lucro diferem entre os setores e entre empresas do mesmo setor por várias razões. Em primeiro lugar, alguns setores têm maior intensificação de capital do que outros. A fabricação de aviões, com suas

---

6 A definição de margem bruta pode ser aplicada a empresas de varejo, mas não às de serviços, cujos custos diretos de produtos vendidos sejam contabilmente indefinidos. Em serviços, a definição de margem de contribuição de lucro unitário prevalece e o custeio feito com base em atividades (custeio ABC, ou, do inglês, *Activity Based Costing*) determina quais custos são variáveis para uma linha de produtos ou uma conta.

amplas linhas de montagem, apresenta muito mais intensidade de capital do que a produção de softwares. As aeronaves de fuselagem larga da Boeing têm 72% de margem de lucro bruta, não porque são especialmente lucrativas, mas porque as fuselagens têm custos fixos diretos associados com o investimento de capital acordado em grandes linhas de montagem. O primeiro componente da porcentagem de margem bruta de lucro são, portanto, os custos de capital por valor de venda.

Em segundo lugar, as diferenças nas margens brutas refletem as diferenças em publicidade, promoção e custos de venda. Marcas líderes no setor de cereais prontos para comer possuem margens brutas de 70%, mas metade do diferencial entre preço e custo (34% das vendas) é gasto em publicidade e promoção. O setor de automóveis também gasta centenas de milhões de dólares em publicidade, mas apenas 9% das vendas. O segundo componente da margem bruta de lucro é a publicidade e as despesas nas vendas.

Em terceiro lugar, as diferenças nas margens brutas decorrem das diferenças em despesas gerais de alguns negócios. O setor farmacêutico possui altas margens brutas, em grande parte devido aos enormes gastos com pesquisa e desenvolvimento na obtenção de novos medicamentos. Para conduzir os negócios em determinada linha de produtos, outras empresas farmacêuticas arcam com taxas de patentes e custos de licenciamento, o que aumenta seus custos com despesas gerais e estabelece o nível de preços do setor. Os custos com despesas gerais também podem diferir se os salários internos e outras despesas administrativas forem maiores em certas empresas do que em outras.

Por fim, após levar em conta quaisquer diferenças de custos de capital, gastos com venda ou despesas gerais, as diferenças remanescentes de margens brutas refletem, de fato, a lucratividade diferencial.

EXEMPLO Componentes da margem bruta na Kellogg Co.[7]

Como observamos no Capítulo 10, a margem de lucro de 70% da Kellogg com o Raisin Bran [(US$4,49 – US$1,63)/ US$4,49] reflete a fidelidade à marca construída em muitos anos com investimentos maciços e contínuos em publicidade. Nas marcas líderes, a Kellogg gasta 30% das vendas em publicidade e outros 5% com cupons, concessões de espaço em prateleira, descontos e outras despesas promocionais. Os custos de capital compõem aproximadamente 22% das vendas. Gastos com pessoal, despesas administrativas, P&D e outras despesas gerais totalizam 8%. Isso deixa uma margem líquida de lucro de cerca de 5%.

Restaurantes bem-sucedidos possuem quase o dobro da margem bruta de lojas de conveniência sobre itens de alimentação vendidos (60% contra 32%), e grande parte da diferença (talvez 25%) se reflete no lucro líquido. A margem líquida de lucro muito maior em um restaurante bem-sucedido é uma recompensa de se arcar com o alto risco de fracasso. No longo prazo, a incidência de sucesso em restaurantes é realmente muito baixa; três em cada cinco perdem dinheiro.

7 Baseado em Cereals. *Winston-Salem Journal*, 8 mar. 1995, p. A1; Denial in Battle Creek. *Forbes*, 7 out. 1996, p. 44-46.

Monopolistas e investimento em capacidade

Como os monopolistas não se deparam com o rigor de uma competição forte, eles tendem a instalar capacidade em excesso ou, de outro modo, não conseguem instalar capacidade suficiente. Um monopolista que queira restringir a entrada de novos competidores no setor pode instalar capacidade em excesso para ameaçar inundar o mercado com oferta e preços mais baixos, o que torna a entrada menos atraente.

Mesmo em monopólios regulamentados, como o de empresas de usinas de eletricidade, evidências consideráveis mostram que a regulamentação frequentemente dá incentivos para que uma empresa super ou subinvista em capacidade gerativa. Como as usinas são regulamentadas de modo a ter a oportunidade de obter uma taxa "justa" de retorno sobre seus ativos, se o retorno permitido for maior (ou menor) do que o custo de capital verdadeiro da empresa, esta será motivada a superinvestir (ou subinvestir) em novas instalações e equipamentos.

Limitação de preços

A maximização de lucros no *curto prazo*, igualando-se a receita marginal ao custo marginal para resultar no produto ideal Q_1 e no preço ideal P_1, pode não maximizar os lucros no *longo prazo* (ou a riqueza do acionista) da empresa. Mantendo os preços altos e ganhando lucros de monopólio, a empresa predominante incentiva que concorrentes em potencial empreguem recursos em P&D e publicidade como um esforço para obter uma participação nesses lucros. Em vez de cobrar o preço de maximização do lucro no curto prazo, a empresa monopolista pode decidir se empenhar em uma *limitação de preço*, em que ela cobra um preço menor, como P_L na Figura 11.5, para desestimular a entrada de potenciais rivais no setor. Com uma estratégia de limitação de preço, a empresa abstém-se de parte dos lucros de monopólio no curto prazo para manter sua posição monopolista no longo prazo. O preço limite, como P_L na Figura 11.5, foi estabelecido abaixo do ponto mínimo da curva de custo médio total de um concorrente em potencial (CME_{cp}). O preço limite adequado é uma função de muitos fatores diferentes.[8]

O efeito das duas estratégias de preços diferentes sobre o fluxo de lucros da empresa dominante é indicado na Figura 11.6. Ao cobrar o preço (maior) de maximização do lucro de curto prazo, os lucros da empresa podem diminuir ao longo do tempo a uma taxa mais rápida (Gráfico *a*) do que ao cobrar o preço-limite (Gráfico *b*). A empresa deve adotar a limitação de preços se o valor presente do fluxo de lucros obtido com a estratégia de limitação de preços superar o valor presente do fluxo de lucros associado com a regra de maximização do lucro de curto prazo, ou seja, igualar a receita marginal ao custo marginal. Tal decisão é uma função da taxa de desconto usada para calcular os valores presentes. Escolher uma taxa de desconto elevada implicará um peso relativamente maior para os lucros de curto prazo e um peso relativamente menor para os lucros que ocorrerão no futuro. Uma taxa de desconto elevada justifica-se quando a política de preços de longo prazo da empresa e, portanto, os lucros estão sujeitos a um alto grau de risco ou incerteza. Quanto maior o risco, maior será a taxa de desconto apropriada.

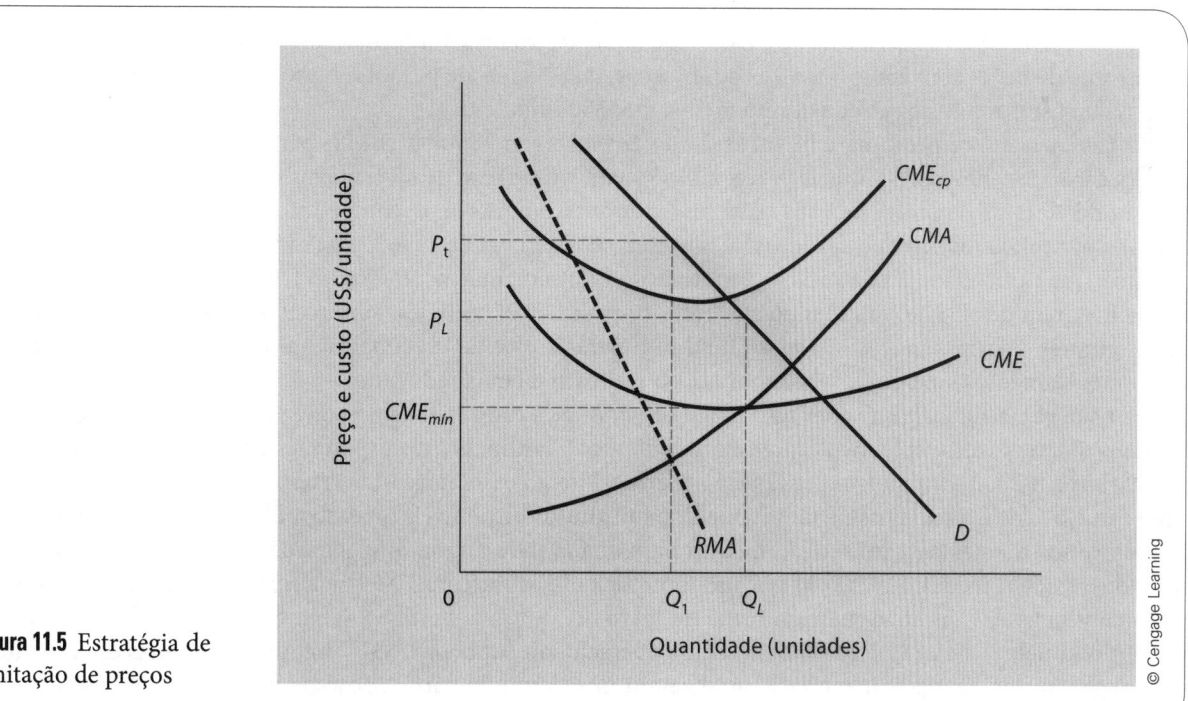

Figura 11.5 Estratégia de limitação de preços

---

[8] O modelo de limitação de preço ilustra a importância da competição *potencial* como um dispositivo de contróle sobre empresas existentes. Veja uma discussão desenvolvida do conceito de limitação de preço em D. Carlton e J. Perloff. *Modern Industrial Organization*, 3. ed., Nova York: Harper-Collins, 1999, Capítulo 10.

Figura 11.6 Efeito das estratégias de preço sobre os fluxos de lucro

(a) Estratégia de maximização do lucro de curto

(b) Estratégia de limitação de preços

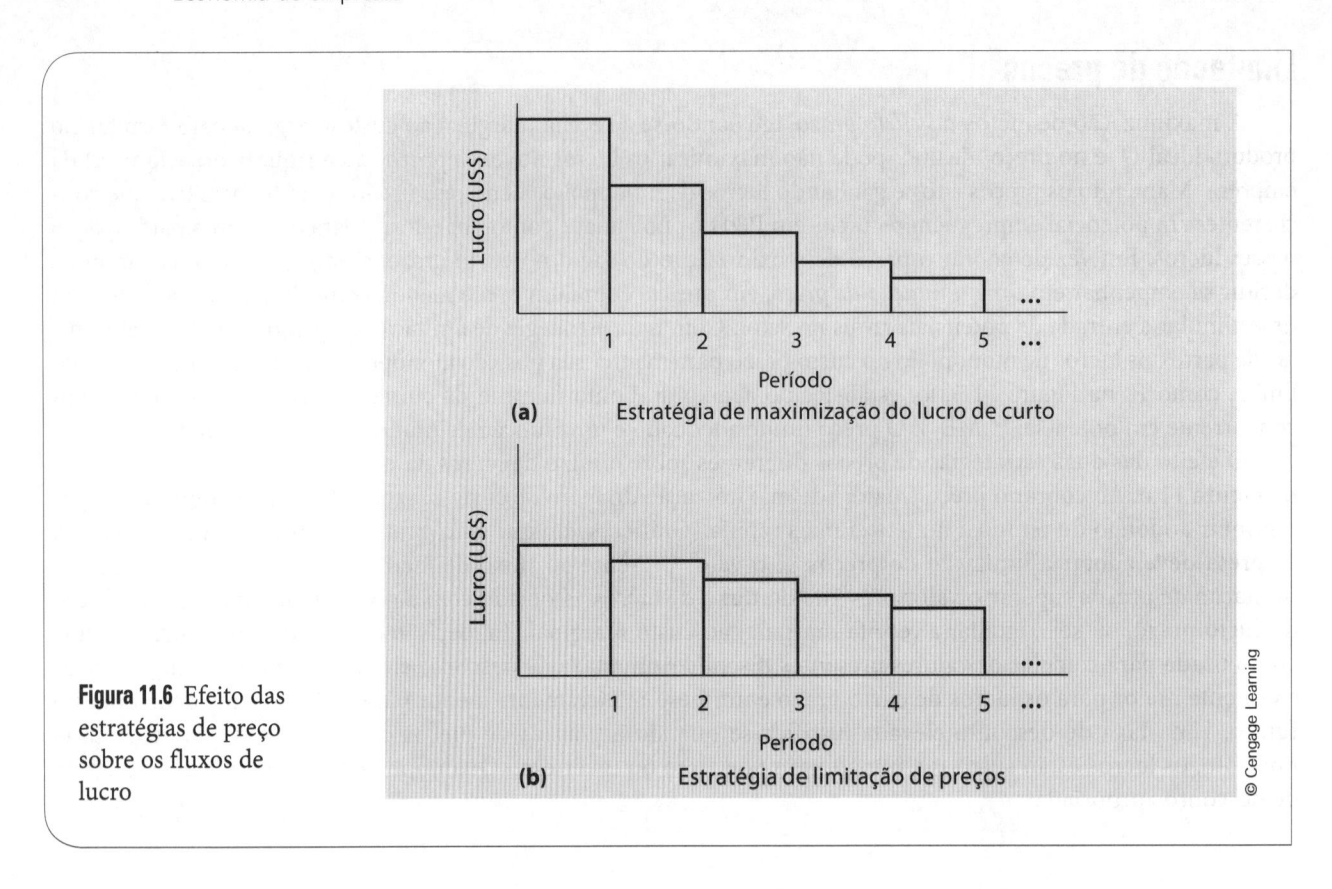

Utilização da limitação de preço para dificultar as vendas de medicamentos genéricos[9]

A proteção de patentes é a chave para o sucesso financeiro no setor farmacêutico. O medicamento patenteado típico surge de testes com 250 compostos químicos, exige 15 anos de pesquisa e processos de aprovação pela FDA e acumula custos totais de entrada de, em média, US$350 milhões.

O Capoten é o remédio para hipertensão da Bristol-Myers Squibb (BMS) para uso na redução do risco de ataques cardíacos. Em vez de limitar preço, a BMS manteve o preço de 57 centavos de dólar por pílula no final do período de 20 anos de proteção à sua patente, em fevereiro de 1996. A competição da venda de genéricos por 3 centavos por pílula foi rápida e desastrosamente efetiva. No início de 1996, a BMS introduziu seu próprio produto genérico, que canibalizou ainda mais as vendas do produto de marca. No quarto trimestre de 1996, as vendas do Capoten caíram de US$146 milhões no ano anterior para US$25 milhões. Para recuperar a lucratividade, a BMS e outras empresas farmacêuticas líderes se fundiram para aproveitar a economia de escala em P&D por meio de novos medicamentos com eficácia aprimorada ou efeitos colaterais reduzidos.

Por sua vez, a Eli Lilly e a Schering-Plough optaram pela limitação de preços e pela publicidade de seus medicamentos líderes, o antidepressivo Prozac e o antialérgico Claritin. O Prozac perdeu a proteção de patente em 2001, e o Claritin em 2003. Um motivo para que a Schering-Plough escolhesse uma estratégia de (limitação) preço diferente é que o Claritin não possuía medicamentos substitutos disponíveis quando a FDA rebaixou o status do produto de venda apenas com prescrição médica para venda livre a uma dosagem idêntica e, como consequência, projetou-se que a receita de US$100 por mês por paciente cairia para US$9 se a maximização de lucro no curto prazo continuasse. Com uma margem bruta de lucro de 79%, a Schering-Plough estava se deparando com uma perda monumental de US$2,1 bilhões em lucros operacionais sobre os US$2,7 bilhões em vendas do Claritin. Em tais circunstâncias, margens menores e um declínio mais lento da participação de mercado pode alcançar maior rentabilidade depois de um período mais longo.

---

9 Baseado em Too Clever by Half. *The Economist*, 20 set. 1997, p. 68; Time's Up. *Wall Street Journal*, 12 ago. 1997, p. A1; Industry Merger Wave Heads to Europe. *Wall Street Journal*, 12 nov. 1999, p. A15; e Wearing Off: Schering-Plough Faces a Future Without Claritin. *Wall Street Journal*, 22 mar. 2002, p. A1.

CAPÍTULO 11 Determinação do preço e do nível de produção: monopólio e empresas dominantes

Em geral, as novas biotecnologias permitiram que imitações farmacêuticas aparecessem muito mais rapidamente. De fato, o primeiro remédio para hipertensão, o Inderal, desfrutou de quase uma década de vendas de monopólio puro após o Capoten ter perdido sua proteção de patente. O Prozac, por sua vez, se deparou com a concorrência de imitações após quatro anos de sua introdução em 1988. E o Recombinate, um medicamento inovador para hemofílicos, patenteado em 1992, encontrou produtos imitadores em 1994. Táticas como a de limitação de preço se tornam as mais importantes na presença de tais imitações rápidas e relativamente fáceis por segundos concorrentes mais rápidos.

EXEMPLO: Pfizer mantém vendas do Lipitor, não protegido por patente[10]

O remédio contra colesterol já representou US$13 bilhões em vendas, um quarto da renda total da Pfizer. Na América do Norte, sempre que um produto farmacêutico sucesso de vendas perde a patente, surgem tipicamente formas genéricas de remédios, sem marca, que assumem 85% do mercado dentro de um ano. Ranbaxy, uma empresa indiana altamente bem-sucedida, que produz medicamentos genéricos, ganhou os direitos de vender exclusivamente, por 180 dias, o equivalente genérico do Liptor, atorvastatina. Através de uma combinação de licenciamento e descontos agressivos, a Pfizer manteve 33% de participação de mercado para o Lipitor. Em primeiro lugar, a Pfizer fez acordos com 50 planos de saúde, que concordaram em continuar prescrevendo Lipitor ao preço significativamente reduzido de US$3,36 por dose diária em vez da atorvastatina, genérica, a US$2,89. Em segundo lugar, a Pfizer inscreveu 750.000 clientes em sua lista de mala direta, aos quais se ofereceu para pagar tudo, exceto os US$4 de copagamento mensal, relativos aos típicos US$10 pago por muitos medicamentos genéricos. O lucro foi baixo, mas não tanto como seria se a Pfizer não tivesse adotado uma estratégia de limitação de preço.

10 Drugmakers: Cliffhanger. *The Economist*, 3 dez. 2011, p.76; Goodbye Lipitor. *Wall Street Journal*, 10 maio 2012, p. B1; Helping Lipitor Live Longer. *Wall Street Journal*, 21 nov. de 2011, p. B1.

MONOPÓLIOS REGULAMENTADOS

Diversos setores importantes nos Estados Unidos operam como monopólios regulamentados. Em termos amplos, o setor de monopólios regulamentados da economia norte-americana inclui **concessionárias de serviços públicos**, como empresas de energia elétrica, companhias de gás natural e empresas de comunicação. No passado, grande parte do setor de transportes (empresas aéreas, transporte rodoviário e ferrovias) também era estritamente regulamentada, mas esses setores têm sido substancialmente desregulamentados ao longo dos últimos 10 a 25 anos.

Empresas de energia elétrica

A energia elétrica é disponibilizada para o consumidor por meio de um processo de produção caracterizado por três estágios distintos. Primeiro, a eletricidade é gerada em usinas geradoras. Em seguida, no estágio de transmissão, a energia é transmitida em alta voltagem da fonte de geração ao local onde é utilizada. Finalmente, no estágio de distribuição, a eletricidade é distribuída aos usuários individuais. O processo completo pode ocorrer como parte das operações de uma única empresa, ou a empresa geradora pode vender eletricidade a preços de atacado para uma segunda empresa, que se encarrega da função de distribuição. No último caso, a empresa de distribuição muitas vezes é um departamento do governo municipal que atende a localidade ou uma cooperativa de consumidores.

As empresas que produzem energia elétrica estão sujeitas à regulamentação em vários níveis. Empresas integradas que executam todos os três estágios de produção usualmente são regulamentadas por comissões

O QUE DEU CERTO • O QUE DEU ERRADO

O que deu errado na Public Service Company of New Mexico (PNM)?

A PNM provê serviços de geração e distribuição de energia elétrica e serviços de distribuição de gás natural para a maioria da população do Novo México. Essa situação de monopólio é regulamentada pela Public Service Commission of the State of New Mexico, e, em grau menor, pela Federal Energy Regulatory Commission. Essas comissões determinam as tarifas que a companhia pode cobrar conforme suas várias categorias de clientes e por serviços prestados. Pretende-se que as tarifas sejam baseadas no custo para prover o serviço, incluindo-se um "retorno razoável" sobre o capital investido.

A experiência da PNM na década de 1990 sugere a complexidade dos problemas envolvidos com a regulação da taxa de retorno. A PNM auferiu um retorno de 4,9% sobre o patrimônio líquido durante 1992, 8% sobre o patrimônio líquido em 1995, e de 7,5% entre 1997 e 1999. A média industrial de rentabilidade dos capitais foi de 11-12%, de acordo com o *Value Line*. Os retornos extraordinariamente baixos do PNM ocorreram apesar de a empresa estar autorizada, pela sua comissão regulamentadora, a cobrar tarifas coerentes com um retorno de 12,5% sobre o patrimônio líquido. Por que esse provedor de serviços monopolista (e muitas empresas concessionárias) foi incapaz de obter seu retorno autorizado?

A PNM vivenciou um grande crescimento da demanda por seus serviços conforme o Sunbelt (Cinturão do Sol) prosperou e a indústria cresceu na região. Ao se deparar com o rápido crescimento de demanda e o aumento de custos do seu combustível tradicional, o gás natural, os diretores da PNM examinaram uma série de alternativas, incluindo o poder de compra de utilidades das redondezas, e construíram grandes usinas de carvão perto das abundantes minas de carvão do Novo México, além de centrais nucleares. Tendo a conveniência de possuir uma boa variedade de fontes de combustível como proteção natural contra o aumento dos custos do gás natural, a PNM decidiu por fim participar, com outras utilidades regionais, da construção de várias e amplas fábricas de carvão na região do noroeste do Novo México, conhecida como Four Corners, para construir para si mais fábricas de carvão e participar, com outras utilidades, da construção de uma central nuclear chamada Palo Verde, composta de cinco instalações.

O primeiro problema que a PNM enfrentou foi a expansão da sua carga, que não se concretizou como esperado. Então, o estado do Novo México exigiu que caros dispositivos de controle de poluição, chamado de "scrubbers", fossem instalados nas fábricas de carvão que estavam sendo construídas, aumentando dramaticamente, dessa forma, o custo de construção. Por fim, o projeto nuclear Palo Verde foi marcado por custos excedentes, atrasos, e grandes e dispendiosas modificações de segurança. Quando o programa de construção terminou, a PNM se deparou com uma capacidade quase 80% maior que a existente no pico da demanda (uma margem de reserva de 20% é mais normal).

O processo regulatório ao qual se encontram sujeitas as concessionárias não assegura que a companhia auferirá seus retornos autorizados. Então, a comissão regulatória do Estado do Novo México recusou-se a permitir que a PNM recuperasse os custos desse excesso de capacidade por meio das tarifas cobradas de seus atuais clientes. Mesmo na ausência de regulamentação, a PNM provavelmente seria incapaz de recuperar totalmente os custos desse excesso de capacidade.

públicas dos estados. Essas comissões fixam as tarifas a ser cobradas dos consumidores finais. As empresas normalmente conseguem direitos exclusivos para fornecer a localidades específicas por meio de autorizações concedidas por órgãos governamentais locais. Como consequência dessas autorizações, as empresas de energia elétrica possuem mercados bem definidos nos quais atuam como fornecedoras exclusivas. Finalmente, a Federal Energy Regulatory Commission (Ferc) possui autoridade para fixar preços da eletricidade que cruza as divisas estaduais e das vendas de energia no atacado. Esforços estão sendo feitos para desregulamentar parcial ou totalmente os elementos de produção e distribuição de energia elétrica desse setor. A crise na Califórnia com a desregulamentação do setor de energia levantou questionamentos acerca da competição totalmente desregulamentada ao nível do varejo (distribuição).[11]

Companhias de gás natural

O setor de energia com regulamentação excessiva de gás natural também inclui um processo em três estágios. O primeiro estágio é o de produção de gás no campo. O transporte para a localidade consumidora por meio de gasodutos constitui o segundo. A distribuição ao usuário final corresponde ao terceiro. A Ferc historicamente fixou o preço do gás natural no campo após o término do processo de produção. A regulamentação dos preços do gás natural na origem tem sido descontinuada de modo eficaz. Além disso, a Ferc supervisiona o transporte interestadual do gás, aprovando a localização dos gasodutos e controlando os preços no atacado cobrados das empresas distribuidoras pelas empresas que operam os gasodutos. A função de distribuição pode ser executada por uma empresa privada ou por um órgão do governo municipal. Em ambos os eventos, os preços cobrados dos usuários finais também são controlados.

A FUNDAMENTAÇÃO ECONÔMICA PARA A REGULAMENTAÇÃO

Como descrito na seção anterior, os setores regulamentados proveem serviços críticos para o funcionamento da economia. Quais são as justificativas para imposição de regulação econômica sobre certos setores?

Argumento do monopólio natural

As empresas que operam em setores regulamentados frequentemente constituem **monopólios naturais** nos quais um único fornecedor tende a surgir em razão de um processo de produção caracterizado por retornos crescentes de escala. Em outras palavras, como todos os insumos aumentam em uma dada porcentagem, o custo médio total de uma unidade de produto cai. Consequentemente, o custo unitário de produto no longo prazo cai por toda a faixa relevante de produto. Essa situação é ilustrada na Figura 11.7 para uma empresa em equilíbrio estável de longo prazo.

Suponha que a curva de demanda de mercado do produto seja representada pela curva DD na Figura 11.7. O nível socialmente ideal de produto seria, então, Q^*; nesse nível, o preço estaria bem abaixo do custo médio total por unidade CME^*, mas igual ao custo marginal no curto e no longo prazos. Um único produtor é capaz de realizar economias de escala que não estão disponíveis para empresas na presença de concorrência. De um ponto de vista social, a concorrência resultaria em ineficiência na forma de custos mais altos, como custo unitário (CME_C) para a empresa competitiva em relação ao custo unitário (CME_M) para a empresa monopolista, que é seis vezes maior. O argumento prossegue dizendo que as relações de produção como as da Figura 11.7 levarão ao surgimento de um único fornecedor. Empresas em concorrência perceberão que seus custos caem conforme a produção se expande. Como consequência, elas terão um incentivo para cortar preços enquanto RMA exceder o $CMAL$ para aumentar o volume de vendas e diluir os custos fixos. Durante esse período, os preços ficarão abaixo do custo médio, resultando em perdas para as empresas produtoras. Incapazes de sustentar essas perdas, as empresas mais fracas deixarão gradualmente o setor, até que um único produtor permaneça. Assim, as forças competitivas contribuem para o surgimento do monopólio natural.

Se uma posição monopolista existir na ausência de regulamentação, o monopolista maximizará o lucro, igualando a receita marginal ao custo marginal em um nível de produção Q_M, levando a um preço maior P_M e a uma produção menor. Assim, a intervenção por meio de regulamentação é necessária para se obter os benefícios da organização de produção mais eficiente. Esta é explicação mais simples da regulamentação feita com base na existência de monopólios naturais.

---

[11] Ver M. Maloney, R. McCormick e R. Sauer. *Consumer Choice, Consumer Value:* An Analysis of Retail Competition in America's Electric Utility Industry. Washington, DC: Citizens for a Sound Economy (CSE) [Cidadãos para uma Economia Sólida], 1996; Electric Utility Deregulation Sparks Controversy. *Harvard Business Review*, maio-jun. 1996; e. Faruqui, K. Eakin, eds., *Pricing in Competitive Electricity Markets*. Boston: Kluwer, 2000.

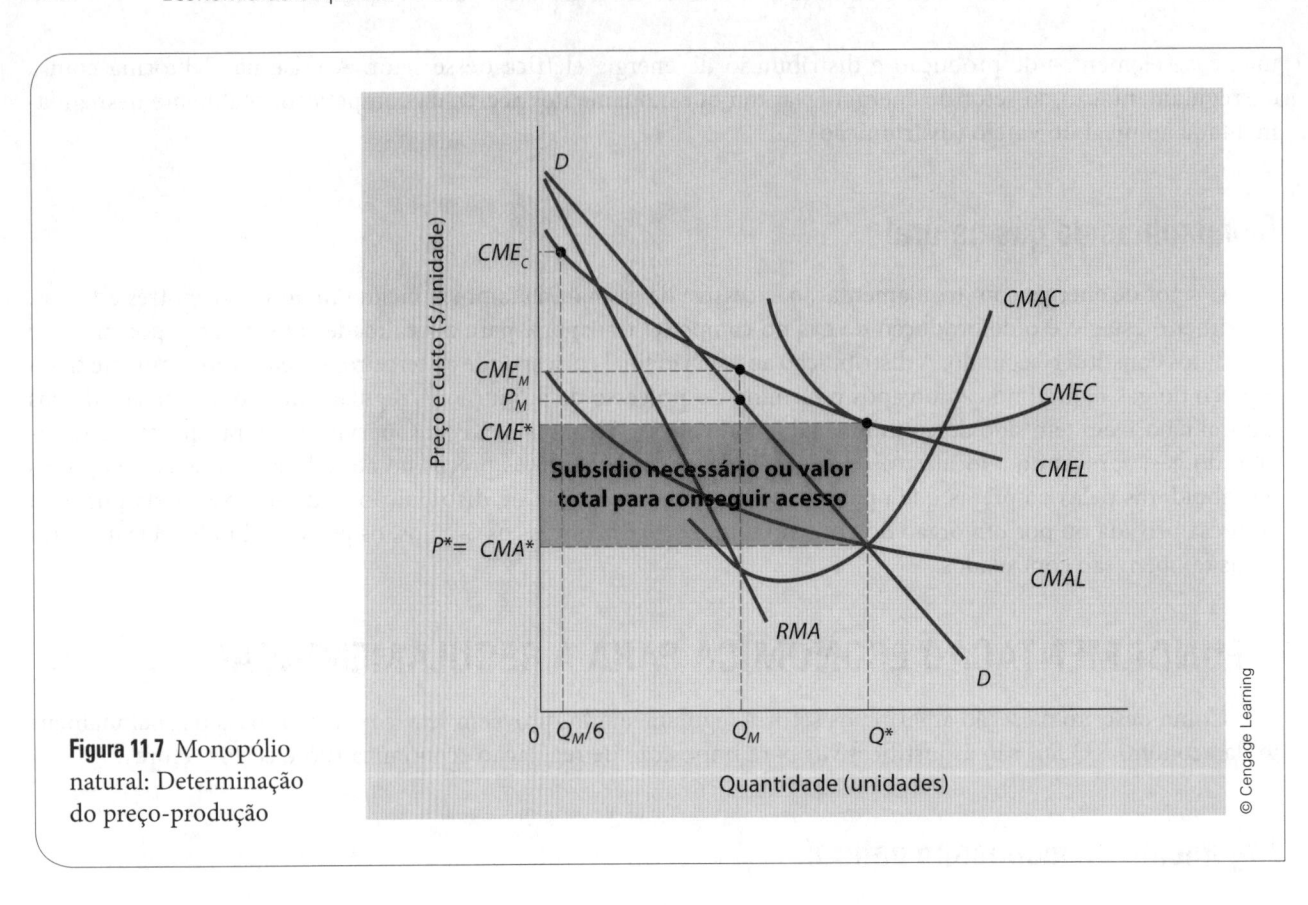

Figura 11.7 Monopólio natural: Determinação do preço-produção

A Figura 11.7 ilustra um problema resultante de um verdadeiro monopólio natural. Suponha que uma agência regulatória consiga estabelecer o preço socialmente ideal P^* de um produto. Como as curvas de custo indicam, esse preço levaria a perdas para a empresa produtora, pois o preço estaria abaixo do custo médio total CME^*. Isso é obviamente um resultado insustentável. Nessa situação, a agência regulatória normalmente estabelece preços a um custo médio para assegurar que as receitas serão suficientes para cobrir todos os custos. O modo mais eficiente de realizar a receita, no entanto, é cobrar um preço unitário igual ao $CMAL$ e recolher a área sombreada de déficit da Figura 11.7 como uma taxa *única* de acesso, talvez dividida igualmente entre os clientes. Como alternativa, com medição por hora-dia, essas taxas únicas de acesso podem depender de quando o cliente utiliza energia – são cobradas taxas mais altas em períodos de pico, como das 16h às 20 horas.

RESUMO

- Monopólio é uma estrutura de mercado com barreiras significativas à entrada de novos concorrentes, na qual uma empresa faz um produto diferenciado.
- Em uma estrutura de mercado puramente monopolista, as empresas produzirão, em geral, um nível menor de produto e cobrarão um preço maior do que o que haveria em uma estrutura de mercado mais competitiva. Essa conclusão pressupõe a ausência de economias de escalas que possam tornar o monopolista mais eficiente do que um grande grupo de pequenas empresas.
- As fontes primárias de poder monopolista incluem patente e direitos de reprodução, controle de recursos fundamentais, concessões de "franquias" pelo governo, economias de escala e retornos crescentes em rede de usuários de produtos complementares compatíveis.

CAPÍTULO 11 Determinação do preço e do nível de produção: monopólio e empresas dominantes

- Os retornos crescentes de efeitos de rede são limitados por reduções de custo de insumos entre concorrentes, pela introdução de produtos inovadores e por esforços de lobby.
- Os monopolistas gerarão o nível de produto em que $RMA = CMA$ se sua meta for maximizar os lucros no curto prazo. O custo marginal é o custo variável incorrido pela última produção adicional.
- O preço cobrado por um monopolista que maximize o lucro será na porção da função de demanda em que esta é elástica (ou unitariamente elástica). Quanto maior a elasticidade da demanda com que um monopolista se depara, *ceteris paribus*, menor será seu preço em relação ao custo marginal.
- As margens de contribuição são definidas como receita de venda por unidade menos custo variável.
- As *margens de contribuição* e os *mark-up* são inversamente relacionados à elasticidade-preço da demanda.
- O *valor financeiro* deriva de um custo unitário menor e da melhor utilização do ativo na estrutura de custo, assim como de preços premiums maiores e mais vendas unitárias no modelo de receitas.
- A *proposta comercial do cliente* deriva do atributo, da relação e dos direcionadores de valor para o mercado-alvo do cliente.
- O *valor do processo interno* deriva de processos de gerenciamento de operações, atendimento ao consumidor, inovação e iniciativas reguladoras.
- As *margens brutas* são definidas como a receita menos os custos diretos de produtos vendidos (custo variável incremental mais custo direto fixo) e servem para cobrir os custos de capital, de venda e as despesas gerais, bem como para render lucros.
- A limitação de preços – precificar um produto abaixo do nível de maximização do lucro no curto prazo – é uma estratégia utilizada por alguns monopolistas para desestimular rivais a entrar em um setor.
- Empresas de utilidade pública, a maioria nos setores de energia elétrica, distribuição de gás natural, gasodutos e comunicações, são estritamente regulamentadas em relação à entrada nos negócios, preços, qualidade de serviço e lucros totais.
- As razões para a regulamentação de empresas públicas são muitas. O argumento do *monopólio natural* é aplicado em casos em que um produto é caracterizado por retornos crescentes de escala. Uma única grande empresa pode, em teoria, fornecer o bem ou serviço a um custo menor do que um grupo de empresas competitivas menores. Os reguladores, então, estabelecem taxas à empresa para evitar o abuso de preço de monopólio, permitindo, idealmente, que a empresa regulamentada consiga um retorno sobre, investimento exatamente igual a seu custo de capital.
- A distinção de preços pelas empresas públicas é frequentemente desejável do ponto de vista econômico, com base em justificativas relacionadas ao custo e à demanda.
- A precificação da carga de pico é projetada para cobrar dos clientes uma quantia maior pelos serviços que utilizam durante períodos de maior demanda. Os serviços de telefonia a distância normalmente são precificados com base na carga de pico.

EXERCÍCIOS As respostas para os exercícios destacados estão no Apêndice D, no final do livro.

1. O Information Resources, Inc. (IRI) coleta dados sobre produtos embalados de consumo em 32 mil balcões de verificação e em painéis de pesquisa em 70 mil domicílios. Os registros do IRI indicam que meias-calças da marca de uma loja de departamento são vendidas a uma margem bruta de 43% e a uma margem de contribuição de 29%, e o estoque da loja tem rotatividade de 14 vezes por ano.
   a. Que despesas explicam a diferença entre os 43% e os 29%?
   b. Que mudança percentual em vendas unitárias é necessária para aumentar as contribuições totais se o preço for cortado em 10%?
   c. Compare as meias-calças com marca da linha com os produtos da Tabela 11.2. Por que o Whitman's Sampler venderia a uma margem de contribuição de 54%, enquanto a meia-calça é vendida por apenas 29%?

2. Ajax Cleaning Products é uma empresa de porte médio que opera em um setor dominado por uma empresa muito grande – Tile King. A Ajax produz um aparelho para limpeza de paredes internas muito similar ao modelo produzido pela Tile King, e decidiu cobrar um preço igual ao dela para evitar a possibilidade de uma guerra de preços. O preço cobrado pela Tile King é US$20 mil.
   A Ajax possui a seguinte curva de custo de curto prazo:

   $$CT = 800.000 - 5.000Q + 100Q^2$$

   a. Determine a curva de custo marginal da Ajax.
   b. Em vista da estratégia de preços da Ajax, qual é a função de receita marginal para ela?

c. Calcule o nível de produção que maximiza o lucro para a Ajax.
d. Calcule o lucro total da Ajax em dólares.

3 A Lumins Lamp Company, produtora de lampiões de estilo antigo, estimou a seguinte função de demanda para seu produto:

$$Q = 120.000 - 10.000P$$

onde Q é a quantidade demandada por ano, e P o preço por lampião. Os custos fixos da empresa são de US$12 mil, e os custos variáveis, de US$1,50 por unidade.

a. Aponte uma equação para a função de receita total RT em termos de Q.
b. Especifique a função de receita marginal.
c. Indique uma equação para a função de custo total CT em termos de Q.
d. Especifique a função de custo marginal.
e. Apresente uma equação para os lucros totais (π) em função de Q. Em que nível de produto (Q) os lucros totais são maximizados? Que preços serão cobrados? Quais são os lucros totais nesse nível de produto?
f. Verifique suas respostas no item (e) igualando as funções de receita marginal e de custo marginal determinadas nos itens (b) e (d), e resolvendo para Q.
g. Que modelo de comportamento de precificação de mercado foi assumido neste problema?

4 A Unique Creations mantém uma posição de monopólio na produção e venda de magnetômetros. A função de custo da Unique é estimada como

$$CT = US\$100.000,00 + 20Q$$

a. Qual é o custo marginal da Unique?
b. Se a elasticidade-preço da demanda da Unique for atualmente –1,5, que preço a empresa deverá cobrar?
c. Qual é a receita marginal no preço calculado no item (b)?
d. Se um competidor desenvolver um substituto para o magnetômetro e a elasticidade-preço aumentar para –3,0, qual preço a Unique deverá cobrar?

5. A Exotic Metals, Inc., uma fabricante líder de berílio, que é utilizado em muitos produtos eletrônicos, estima a seguinte programação de demanda para seu produto:

Preço ($/libra)	Quantidade (libras/período)
25	0
18	1.000
16	2.000
14	3.000
12	4.000
10	5.000
8	6.000
6	7.000
4	8.000
2	9.000

Os custos fixos de manufatura do berílio são de US$14.000,00 por período. A programação de custos variáveis da empresa é a seguinte:

Produto (libras/período)	Custo variável ($ por libra)
0	0
1.000	10,00
2.000	8,50
3.000	7,33
4.000	6,25
5.000	5,40
6.000	5,00
7.000	5,14
8.000	5,88
9.000	7,00

CAPÍTULO 11   Determinação do preço e do nível de produção: monopólio e empresas dominantes   375

   a. Encontre as programações de receita total e receita marginal para a empresa.
   b. Determine as programações de custo total médio e custo marginal para a empresa.
   c. Quais são o preço e o nível de produção que maximizam o lucro da Exotic Metals para a produção e venda de berílio?
   d. Qual é o lucro (ou prejuízo) da Exotic na solução determinada no item (c)?
   e. Suponha que o governo federal anuncie que venderá berílio de suas reservas extensivas de guerra a qualquer um que queira ao preço de US$6 por libra. Como isso afeta a solução determinada no item (c)? Qual é o lucro (ou prejuízo) da Exotic Metals sob essas condições?

6. A Wyandotte Chemical Company vende vários produtos químicos para o setor automobilístico. A empresa vende atualmente 30 mil galões de poliol por ano a um preço médio de US$15 por galão. Os custos fixos de fabricação do poliol são de US$90.000,00 por ano e os custos variáveis totais são de US$180.000,00. O departamento de pesquisas operacionais estimou que um aumento de 15% da produção não afetaria os custos fixos, mas reduziria os custos variáveis médios em US$0,60 por galão. O departamento de marketing estimou que a elasticidade-arco da demanda para o poliol é –2,0.
   a. Quanto a Wyandotte teria de reduzir o preço do poliol para obter um aumento de 15% na quantidade vendida?
   b. Avalie o impacto desse corte de preços sobre (i) a receita total, (ii) os custos totais, e (iii) os lucros totais.

7. A Tennis Products, Inc. produz três modelos de raquetes de tênis de alta qualidade. A tabela a seguir contém informações recentes sobre vendas, custos e lucratividade dos três modelos:

Modelo	Quantidade média vendida (unid./mês)	Preço corrente	Receita total	Custo variável por unidade	Margem de contribuição por unidade	Margem de contribuição*
A	15.000	$30	$450.000	$15	$15	$225.000
B	5.000	35	175.000	18	17	85.000
C	10.000	45	450.000	20	25	250.000
Total			$1.075.000			$ 560.000

* Contribuição aos custos fixos e lucros.

A empresa está considerando baixar o preço do Modelo A para US$27 em um esforço para aumentar o número de unidades vendidas. Com base nos resultados das mudanças de preços que foram instituídas no passado, a economista chefe da Tennis Products estima a elasticidade-arco do preço da demanda como –2,5. Além disso, também estima que a elasticidade-arco cruzada da demanda entre o Modelo A e o Modelo B seja de aproximadamente 0,5, e entre o Modelo A e o Modelo C seja de aproximadamente 0,2. Não se espera que os custos variáveis por unidade se alterem acima das alterações previstas de volume.
   a. Calcule o impacto do corte de preços sobre (i) a receita total e (ii) a margem de contribuição do Modelo A. Com base nessa análise, a empresa deve baixar o preço do Modelo A?
   b. Calcule o impacto do corte de preço sobre (i) a receita total e (ii) a margem de contribuição de toda a linha de raquetes de tênis. Com base nessa análise a empresa deve baixar o preço do Modelo A?

8. A Companhia de Serviços Públicos do Sudoeste é regulamentada por uma comissão de serviços públicos eleita. A empresa possui ativos totais de US$500 mil. A função de demanda por seus serviços foi estimada como

$$P = \$250 - \$0{,}15Q$$

A empresa possui a seguinte função de custo total:

$$CT = \$25.000 + \$10Q$$

(A função de custo total não inclui o custo de capital da empresa.)
   a. Em um ambiente não regulamentado, que preço essa empresa cobraria, que quantidade seria produzida, quais seriam os lucros totais e qual seria a taxa de retorno que a empresa auferiria sobre a base de ativos?
   b. A empresa propôs cobrar US$100 por unidade de produção. Caso esse preço seja cobrado, quais serão os lucros totais e a taxa de retorno auferidos sobre a base de ativos da empresa?
   c. A comissão ordenou que a empresa cobre um preço que lhe renda um retorno máximo de 10% sobre seus ativos. Que preço a empresa deverá cobrar, que quantidade será produzida e que nível de lucros ocorrerão?

9. A Companhia Telefônica Independente de Odessa (CTIO) está envolvida em um processo tarifário que fixará as tarifas para a sua base de clientes na região Meio-Oeste de Odessa. A Comissão de Concessionárias Públicas do Texas determinou ser razoável um retorno de 11% sobre os seus ativos. A CTIO estimou sua função anual de demanda como

$$P = 3.514 - 0,08Q$$

Sua função de custo total (não incluindo o custo do capital) é

$$CT = 2.300.000 + 130Q$$

a. A CTIO propôs uma tarifa de US$250 por ano para cada cliente. Se essa tarifa for aprovada, que retorno sobre o ativo ela auferirá?
b. Que tarifa a CTIO pode cobrar se a comissão desejar limitar o retorno sobre o ativo a 11%?
c. Que problema de regulamentação de concessionárias públicas este exercício exemplifica?

CASO

DIFERENCIAL DE PREÇOS DE PRODUTOS FARMACÊUTICOS: A CRISE DO HIV/AIDS[12]

A crise do HIV/aids tem sido chamada de a pior pandemia desde a Peste Negra. O primeiro incidente de HIV/aids foi descoberto pelo Centro para Controle de Doença dos Estados Unidos em 1981. Nas duas últimas décadas, 60 milhões de pessoas foram infectadas e 25 milhões morreram. A maioria dos casos de HIV/aids foi relatada nos países em desenvolvimento, onde 95% das pessoas com HIV vivem atualmente. Além das preocupações humanitárias e com o bem-estar social, como resultado da globalização e das oportunidades de negócios internacionais em rápido crescimento na China e na Índia, a aids é um problema de todos. Como o setor farmacêutico depende especialmente da autoridade governamental para aprovar formulários de reembolso, proteger seus direitos de patente de monopólio e impedir importações não autorizadas e remédios imitadores não licenciados, a questão sobre como precificar medicamentos para aids é uma questão pública.

Embora ninguém ainda tenha desenvolvido uma cura para o HIV, várias empresas patentearam medicamentos que inibem a capacidade de o vírus se replicar ou entrar nas células do hospedeiro. Sem mais descobertas de medicamentos, no entanto, o melhor que pode ser feito no presente, quando uma pessoa contrai HIV, é suprimir parcial e temporariamente a ação do vírus, retardando, assim, a progressão da doença. Os medicamentos que suprimem o HIV são chamados antirretrovirais, e o primeiro, conhecido como Retrovir (além de seu nome genérico zidovudina ou AZT), foi introduzido em 1987 pela Burroughs Wellcome (atualmente GlaxoSmithKline) e foi o único tratamento aprovado disponível para tratar o HIV até 1991. Desde então, uma grande variedade de novos antirretrovirais foi desenvolvida por grandes empresas farmacêuticas, como Abbott Labs, Bristol-Myers Squibb, Merck, Roche e empresas menores de biotecnologia, como Agouron, Gilead Sciences, Triangle Pharmaceuticals e Trimeris. Em grande parte como resultado desses medicamentos, a taxa de crescimento de doenças relacionadas à aids (por exemplo, as infecções oportunistas) desacelerou dramaticamente nos Estados Unidos de 1992 a 1995, e caiu de fato em 1996 pela primeira vez.

Ainda assim, mesmo no começo do desenvolvimento de drogas antirretrovirais, o preço de medicamentos contra HIV/aids era uma questão séria e controversa. O principal problema era o fato de que a maioria dos casos de HIV/aids ocorriam fora de países que as Nações Unidas classificam como "nações ricas", como os Estados Unidos. A América do Norte registrou cerca de 1,4 milhões de casos de indivíduos vivendo com HIV/aids e menos de 25.000 mortes devidas à AIDS em 2008; no entanto, os números comparativos para a África Subsaariana foram de 22 milhões de casos e mais de 1,9 milhões de mortes. Similarmente, a taxa de infecção por adulto nos EUA foi estimada em pouco menos do que 0,5% em 2008 *versus* os mais de 5% na África Subsaariana, onde o PIB *per capita* geralmente é menor do que US$1.000 *versus* os US$30.000 dos EUA. Compondo o problema há o fato de que muitos novos medicamentos contra aids, especialmente os criados para atacar o crescimento da resistência dos remédios ao HIV, são cada vez mais caros. Trimeris e Roche introduziram o Fuzeon no começo de 2003, por exemplo, a um preço de atacado de €20,245 por ano, pelo menos três vezes o preço de qualquer medicamente contra HIV/aids existente.

A decisão de precificação reflete as realidades fiscais do caro modelo de negócios intensivo de P&D contra responsabilidades sociais corporativas ampliadas. Uma política de precificação específica para um estado ou nação em mercados globais resultou em um diferencial dez vezes entre o mercado com preços mais altos, os Estados Unidos, e o preço cobrado nas nações mais pobres. As equipes de gestão da Glaxo e Roche enfrentam muitas questões empresariais éticas e sérias nesse ambiente altamente carregado. Esse diferencial de preço de dez vezes é sustentável? Como alguém gerencia o problema resultante da importação paralela – ou seja, a reimportação não autorizada de drogas exportadas, compradas a preços menores em vários lugares do mundo? A revogação dos direitos de propriedade intelectual de empresas farmacêuticas nos países em desenvolvimento ameaçam a proteção à propriedade intelectual doméstica? Uma reação negativa a assuntos públicos em mercados de altos preços força os descontos nos preços de medicamentos? Se sim, como pode ser recuperado o investimento massivo em P&D exigido para a descoberta e o desenvolvimento de medicamentos contínuos? Essas empresas enfrentam um desastre de relações públicas tão grande que pode afetar radicalmente sua equidade de marca corporativa? Quais são as grandes responsabilidades corporativas de empresas farmacêuticas em crises de relações públicas? A Glaxo (ou Roche) devem trabalhar sozinhas ou buscar estratégias colaborativas com outras grandes rivais farmacêuticas?

Questões

1. O monopólio de produtos farmacêuticos patenteados é seguro? Que barreiras à entrada previnem a reimportação para os Estados Unidos de produtos farmacêuticos vendidos a preços mais baixos no exterior (digamos, no Canadá)?
2. O percentual de margem de contribuição em produtos farmacêuticos excedeu as margens de 55% a 70% para cereais prontos para comer. Identifique três motivos que expliquem por que as margens farmacêuticas são maiores.
3. Sugira uma abordagem para o grande problema do setor farmacêutico da precificação diferente nos Estados Unidos, na Europa Ocidental e no Japão em relação ao mundo menos desenvolvido.

---

12 E. Berndt. Pharmaceuticals in U.S. Health Care: Determinants of Quality and Price; M. Kremer. Pharmaceuticals and the Developing World. *Journal of Economic Perspectives*, outono 2002, p. 45-90.

CAPÍTULO 12

Determinação do preço e do nível de produção: oligopólio

TEMAS DO CAPÍTULO

Os dois capítulos anteriores analisaram as decisões a respeito do preço e da produção de empresas que concorriam em mercados relevantes nos quais existia um grande número de vendedores (isto é, concorrências perfeita e as monopolista) ou não havia outros vendedores (isto é, monopólio). Na concorrência perfeita, a empresa tomava suas decisões sobre preço e produção independentemente das decisões de outras empresas. A empresa monopolista não precisava considerar as ações relativas ao preço de empresas rivais, porque não possuía concorrentes. Este capítulo examina as decisões de preço e produção por parte das empresas em estruturas de mercado oligopolista, no qual existe um pequeno número de concorrentes e as decisões de cada empresa podem provocar uma reação de uma (ou mais) dessas empresas rivais. Para maximizar a riqueza do acionista, cada empresa oligopolista precisa considerar essas reações dos rivais ao tomar suas próprias decisões. A análise da teoria dos jogos é introduzida no próximo capítulo para auxiliar na análise e previsão da reação dos rivais.

Desafio gerencial

O Android da Google e o iPhone da Apple estão ocupando o lugar da Nokia nos smartphones?[1]

De um conglomerado industrial finlandês sem imaginação que vendia de tudo – de botas de borracha e fios elétricos a papel higiênico e TVs –, a Nokia se transformou em uma empresa incansavelmente focada em tecnologia que dominou o mercado de telefonia. Quando a gigante sueca de equipamentos de telecomunicações Ericsson desenvolveu uma rede celular em toda a Escandinávia na década de 1980, a Nokia forneceu os enormes radiotelefones sem fio. A Nokia reconheceu esta situação como uma oportunidade estratégica, portanto eliminou outros negócios nos anos 1990 e concentrou sua atenção no enorme potencial de mercado de um telefone celular digital.

A Nokia passou de uma fatia de mercado de 22% em 1985 (metade dos 45% da Motorola) para assumir a

Cont.

Participação de mercado no âmbito global de empresas produtoras de smartphones

(Gráfico: Apple, Android, Outros — 2007 a 2012)

Fonte: *The Wall Street Journal*; websites de empresas.

Computadores pessoais (Porcentagem vendida) — 2008, 12, 16*

Tablets (Porcentagem vendida) — 2008, 12, 16*

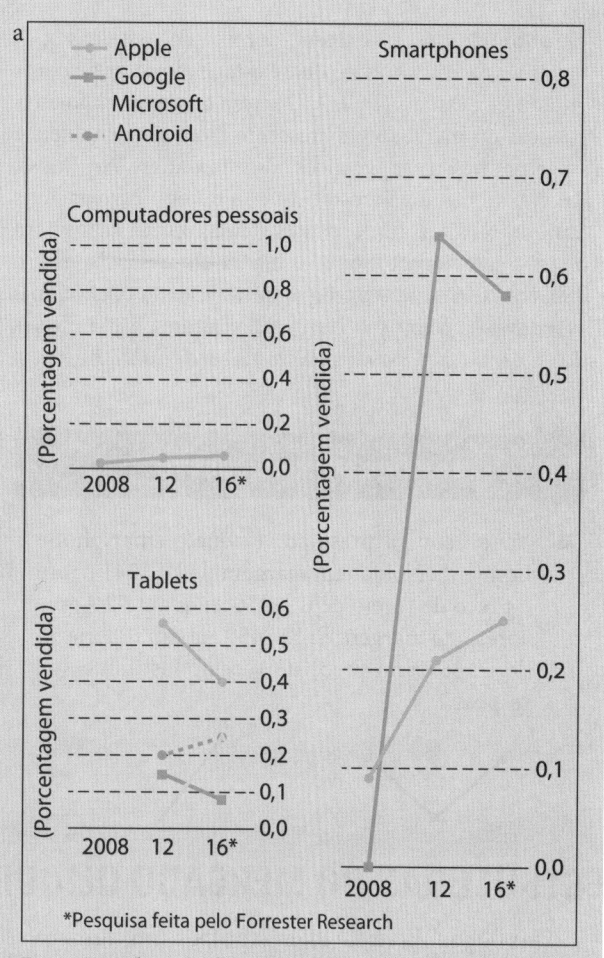

Smartphones (Porcentagem vendida) — 2008, 12, 16*

Apple — Google Microsoft — Android

*Pesquisa feita pelo Forrester Research

Fonte: *Baseado em Wall Street Journal*, 22 out. 2012.

liderança do mercado em 1998. Em 2008, dos US$79 bilhões das vendas mundiais em telefonia celular, 39% referiam-se à Nokia, 14% à Motorola, 14% à Samsung, 9% à Sony Ericsson e 7% à LG Eletronics. Em 2010, os 1,6 milhões de celulares em funcionamento excederam o número de telefones fixos. Com economias de escala imensas e um produto "da moda", as margens dos celulares da Nokia, de 23%, causavam inveja no setor. Contudo, vários fatores sugeriam que as margens e a participação de mercado da Nokia não eram sustentáveis.

Em primeiro lugar, as redes wireless mundiais de alta velocidade reescreveram o cenário das telecomunicações. As tecnologias 3G e 4G permitem a introdução de produtos avançados na rede sem fio da web, tais como tablets portáteis da Apple, Samsung e Dell, consoles da Sony-Ericsson e, o mais importante, smartphones que operam como terminais audiovisuais de bolso; por exemplo, o iPhone da Apple e produtos com base em Androids da Motorola e Samsung. Esses dois novos smartphones assumiram o controle do mercado global de telefonia (ver o gráfico que mostra as participações de mercado) com o tempo do ciclo de desenvolvimento do produto abaixo de seis meses *versus* os dois anos do começo do milênio.

Em segundo lugar, a ameaça mais significativa para o negócio de telefonia da Nokia é que os smartphones criam valor principalmente através dos seus aplicativos de software, fornecidos por um parceiro, vendedores independentes de software (do inglês, ISVs – *independent Sotware vendors*). Os ISVs comandam uma fatia significativa das margens brutas elevadas que tornaram a Nokia tão lucrativa. O poder desses ISVs virtualmente não existia no negócio de telefonia celular, mas agora o sucesso se deve todo a milhares de aplicativos *touch screen*. Quando o iPhone da Apple ganhou importantes disputas de patente em 2012 contra o telefone Samsung Galaxy, e Google adquiriu a Motorola Mobility, houve uma enchente de ISVs trabalhando nos sistemas operacionais da Apple e no Android da Google. Consequentemente, a Nokia percebeu que precisava desesperadamente de um parceiro para o sistema operacional para atrair os ISVs.

Em terceiro lugar, a Europa está quase saturada de telefones sem fio, que atingiram 86% de penetração de mercado. Embora a demanda por telefones celulares na China só aumente, vendedores locais controlam a distribuição nesse mercado, e é comum que ocorra guerras de preço. Na América do Norte, só agora a Nokia está começando a formar alianças para deter a queda de sua participação de mercado, de 50% em 2007, 38% em 2010, para 4% em 2012, enquanto o telefone Android da Motorola cresceu de 4% a 23% no mesmo período. O Samsung Galaxy, telefone do tipo Android, também foi muito bem-sucedido, e acumulou 16% das vendas mundiais. O iPhone da Apple atualmente desfruta de 21% de participação global de mercado, enquanto o Lumia da Nokia e o Black Berry da RIM mantêm apenas 7% e 4% do mercado de smartphones, respectivamente.

Por décadas, a Microsoft dominou os sistemas operacionais de softwares do quase estagnado setor de computadores pessoais (PC). A empresa busca agora formar alianças no mercado em crescente ascensão de tablets e smartphones (ver gráficos de unidades vendidas). Recentemente, a Microsoft concordou em "carregar nos ombros" a Nokia, fornecendo sistemas operacionais para o sofisticado smartphone Lumia da empresa. Espera-se que, em 2016, a penetração do novo sistema operacional Windows da Microsoft para celular alcance 180 milhões dos 1,2 bilhões de smartphones ao redor do mundo.

Questões para discussão

- Você ficou surpreso ao ver que o smartphone Lumia da Nokia tem margem de US$241 sobre o preço de varejo de US$450, enquanto a Apple apresenta margem de YS$459 em um iPhone 5S de US$649 no preço de varejo? Justifique sua resposta.

- A Nokia deveria permanecer como fornecedora de telefones celulares de marca premium ou, em vez disso, focar no crescimento projetado no mercado de nível inferior das câmeras de celular, especialmente na China e América Latina; afinal, a China Mobile e a China Unicom possuem 334 milhões de assinantes e a América Móvil 117 milhões no México, em comparação com os 199 milhões da Vodafone na Grã-Bretanha, os 126 milhões da Telefonica na Espanha, os 98 milhões da Télécom na França e da Deutsche Telekom na Alemanha, e os 64 milhões da AT&T na América do Norte?

- Você concorda com o que a Nokia está fazendo para reavivar seu negócio de smartphones? Justifique.

1 Baseado em Nokia: A Finnish Tale. *The Economist*, 14 out. 2000, p. 83-85; Special Report: Mobile Telephones. *The Economist*, 1º maio 2004, p. 71-76; After Legal Victory Apple, Patently Rules in Mobile Devices. *Wall Street Journal*, 27 ago. 2012, p. C8; Inside Nokia's Struggle. *Wall Street Journal*, 31 maio 2012, p. B4; Nokia's Closing Window. *Wall Street Journal*, 7 nov. 2012, p. C16. Apple Victory Shifts Power Balance. *Wall Street Journal*, 27 ago. 2012, p. B1.

ESTRUTURAS DO MERCADO OLIGOPOLISTA

Um oligopólio é caracterizado por um número relativamente pequeno de empresas oferecendo um produto ou serviço. O produto ou serviço pode ser diferenciado, como no caso de refrigerantes, cereais e tênis esportivos, ou relativamente sem diferenciação, como no caso de petróleo, alumínio e cimento. A característica diferenciadora do oligopólio reside no fato de que o número de empresas é pequeno o suficiente para que as ações de uma empresa individual no setor, envolvendo preço, quantidade produzida, estilo ou qualidade do produto, lançamento de modelos e condições de venda, exerçam um impacto perceptível sobre as vendas das outras empresas do setor. Portanto, nessa interdependência facilmente reconhecível entre as empresas do setor, cada empresa tem consciência de que qualquer ação, tal como diminuir um preço ou lançar uma grande campanha promocional, provavelmente acarretará uma reação de seus rivais.

Em todos os mercados oligopolistas, as expectativas das reações dos concorrentes constituem, portanto, a chave para a análise da empresa. Caso se espere que empresas rivais *casem* aumentos e cortes nos preços, como em companhias aéreas, uma curva de demanda de participação de mercado pode ilustrar adequadamente a resposta de vendas a iniciativas de definição de preços de uma empresa (como a Southwest Airlines, 20% de demanda de participação de mercado); veja a Figura 12.1, Painéis (a) e (b). Por outro lado, se empresas concorrentes são lentas para igualar os aumentos e as reduções de preço, os oligopolistas podem ficar tentados a oferecer descontos para ganhar participação de mercado, e com isso perderão participação em resposta a aumentos de preço. Em alguns mercados, como o siderúrgico, os concorrentes igualam os cortes de preço, mas não levam em conta os aumentos de preço. Consequentemente, a Nucor enfrenta uma demanda muito mais elástica em relação ao preço acima do ponto de equilíbrio do que a demanda de participação do mercado abaixo desse preço. Essas expectativas assimétricas de reação do rival levam a cronogramas retorcidos de demanda de oligopólios, discutidos mais adiante no capítulo e ilustrados na Figura 12.1, Painel (c).

Oligopólio nos Estados Unidos: participação relativa de mercado

Grande parte da indústria norte-americana é mais bem classificada como de estrutura oligopolista, com uma ampla gama de configurações setoriais. Em um extremo, se vê empresas dominantes nos mercados de lâminas de barbear, calculadoras portáteis, consoles de jogos, cerveja, tênis esportivos, microprocessadores e e-books, por

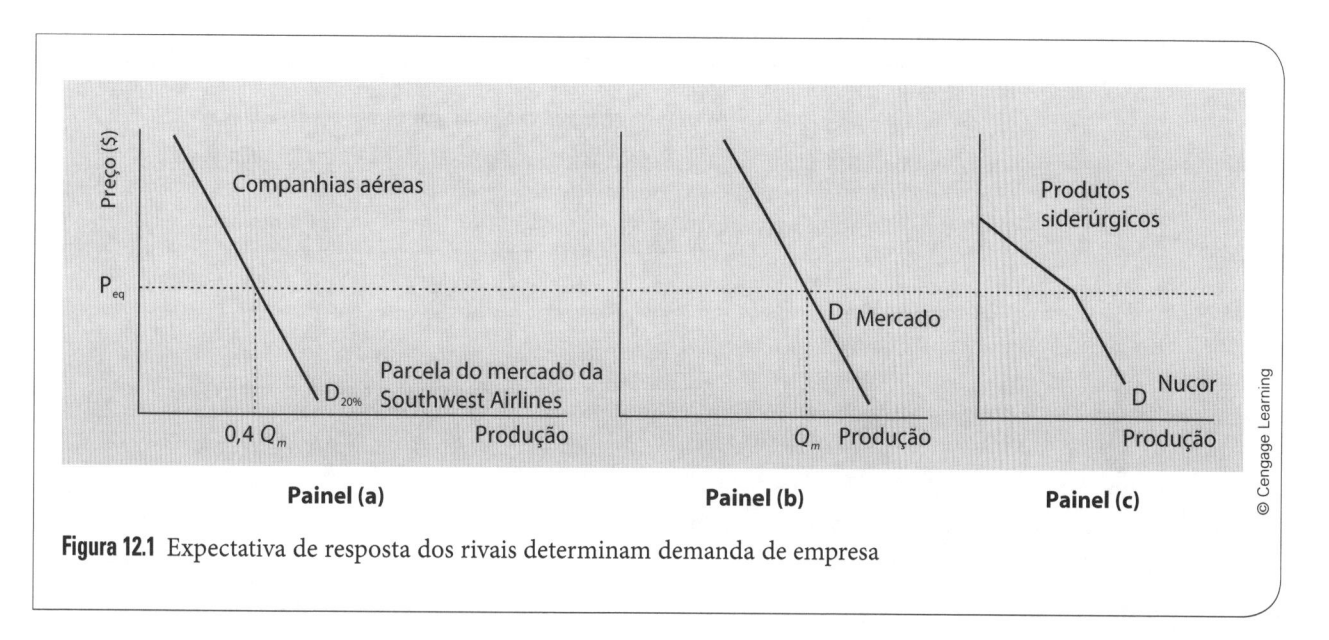

Figura 12.1 Expectativa de resposta dos rivais determinam demanda de empresa

exemplo, Gillette (80%), TI (78%), Nintendo (65%), Anheuser-Busch (55%), Nike (43%), Intel (81%) e Amazon (60%) são empresas muito maiores do que seus concorrentes, igualmente grandes (ver Tabela 12.1). Nos setores de biscoitos, telefonia, aparelhos eletrônicos, biotecnologia, baterias e aviões comerciais, não apenas uma, mas duas empresas dominam o mercado (ver Tabela 12.1). No setor de salgadinhos, os 45% de participação de mercado da Nabisco e os 22% da Keebler ofuscam os 7% da Pepperidge Farms. De forma similar, a Nokia e a Samsung domi-

---

EXEMPLO Google Chrome assume participação de mercado do outrora dominante navegador Internet Explorer[2]

O navegador Internet Explorer (IE) usou os retornos crescentes dos efeitos de rede do Windows ao longo de toda a década de 1990 para desbancar o Netscape como o navegador da internet dominante. Por fim, o IE desfrutou de 93% de participação de mercado com o declínio do navegador de web Safari, da Netscape, que reduziu sua fatia de mercado a apenas 5%. Lançado em 2004, o Firefox, da Mozilla, conquistou em 2008 28% de participação de mercado no setor de navegadores de web, alcançando 32% em 2010 e sustentando 25% em 2012. Mais recentemente, um navegador mais rápido, da própria Google, o Google Chrome, atraiu, num período de dois anos, uma participação de mercado de 26% em 2012. Como consequência, o quase monopolista Internet Explorer teve um declínio de 40% de fatia de mercado (mostrado na Figura 12.2).

Combinou-se com o Google Chrome um rápido serviço de frete na realização de compras pela internet. A subsidiária fica sozinha, mas, como o Firefox, é financiada pelo Google. Seu novo serviço de expedição e entrega coloca a Google em concorrência direta com o eBay. Esse é apenas um dos nove tipos de negócios nos quais a Google opera com sistema de computação baseado em nuvem. É uma verdadeira questão provar-se sinérgica para lançar um amplo conjunto de ferramentas de busca: o software para celular Android, ferramenta de busca de voos, Google Maps, informações sobre restaurantes da Zagat's, o navegador de internet Chrome, a rede social do Google+, produtos da Ad, YouTube e os celulares da Motorola Mobility.

---

[2] Baseado em HP Sees Room for Growth in Printer Market. *Wall Street Journal*, 2 dez. 2011, p. B7; Browser Wars: The Sequel. *Bloomberg Business Week*, 8 mar. 2010, p. 74-75.

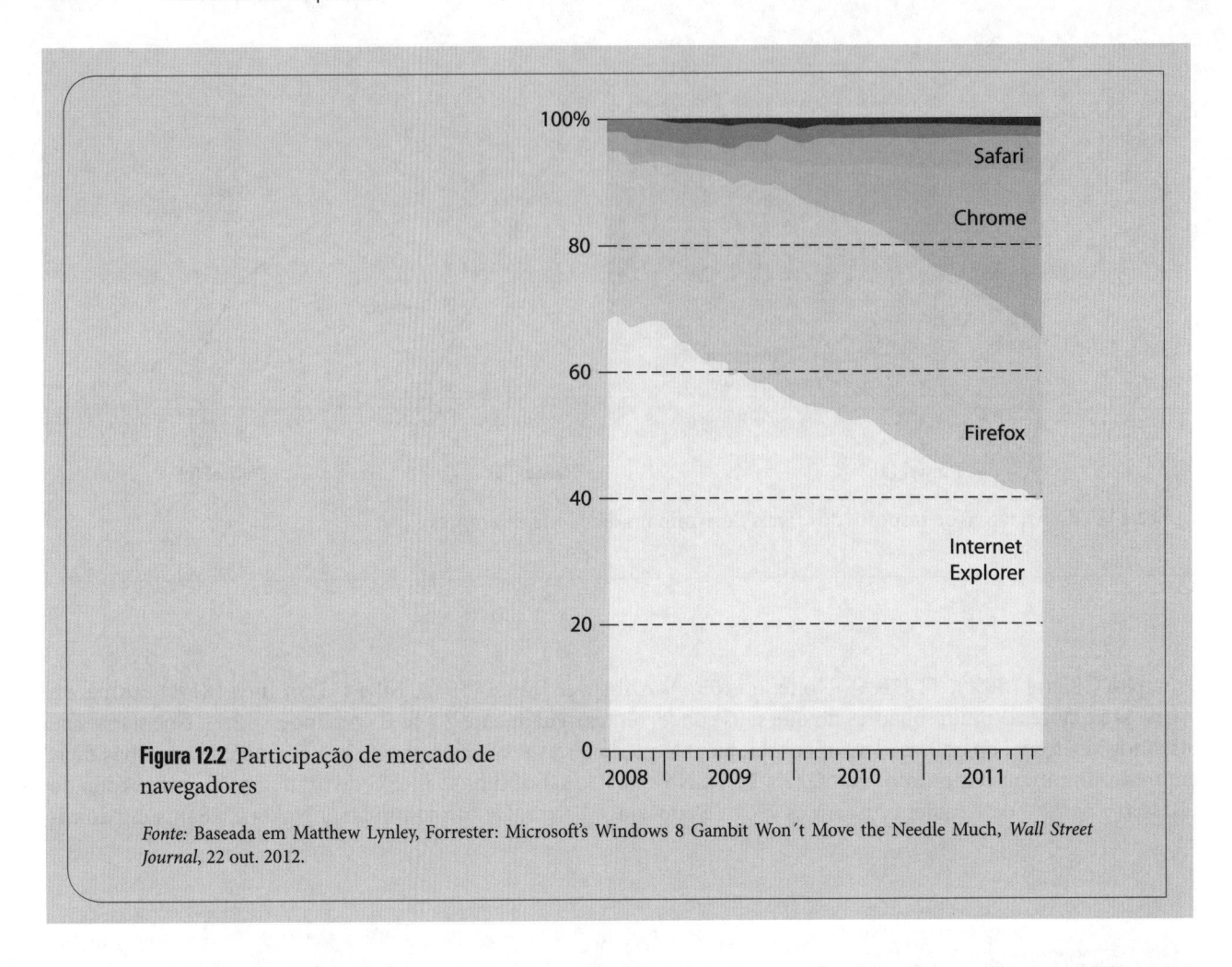

Figura 12.2 Participação de mercado de navegadores

Fonte: Baseada em Matthew Lynley, Forrester: Microsoft's Windows 8 Gambit Won´t Move the Needle Much, *Wall Street Journal*, 22 out. 2012.

nam o mercado de telefonia. Sears e Lowe's Home Improvement dominam o mercado de utilidades domésticas, Amgen e Roche o mercado de biotecnologia, Duracell e Energizer o de baterias e pilhas, e Boeing e Airbus o mercado de aviões comerciais. Esses duopólios de empresas dominantes frequentemente analisam cenários táticos complexos de ações e reações um contra o outro. Em outros casos, ainda, três empresas circulam cautelosamente, planejando suas iniciativas e recuos táticos: em smartphones (Google/Motorola com 23%, Apple 21%, Samsung 16%); chá (Lipton 37%, Arizona 26%, Nestea 16%); aluguel de carros (Enterprise 39%, Hertz Dollar Thrifty 32%, Avis Budget 28%); gravações musicais (Universal/Polygram 30%, Sony 29%, Warner 19%); Wireless nos EUA (Verizon 34%, AT&T 32%, Sprint Nextel 19%); refrigerantes (Coca-Cola 37%, Pepsi 30%, Dr. Pepper 21%); cereais matinais (Kellogg 34%, General Mills 31%, Post 14%); e doces, no âmbito mundial (Mars 28%, Cadbury 19%, e Nestlé 15%).

A distribuição da participação de mercado na Tabela 12.1 raramente é imutável. Em vez disso, a dinâmica da distribuição de mercado frequentemente nos dá insights importantes. Com relação a cereais matinais, os novos lançamentos de mercado da General Mills continuaram tomando pontos de participação marginal da Kellogg durante 1993-2011. Contudo, foi a Post a maior perdedora no quesito cereais de marcas com desconto (como Kroger Raisin Bran) (ver Tabela 12.2). No setor de aviões, a Boeing cedeu participação de mercado para a Airbus, e baixou sua taxa de produção na montagem final, removendo gargalos e se tornando bem mais lucrativa.

Durante o período de 14 anos, 1992-2005, a ordem de classificação das empresas aéreas líderes ficou praticamente inalterada, no entanto, cada uma das principais empresas aéreas perdeu dois ou mais pontos de participação de mercado para empresas como a Southwest e America West, que forneciam grandes descontos (ver dados na Tabela 12.2). Em 2012, Southwest/AirTran (19%), United/Continental (19%) e Delta (19%) emergiram como as maiores transportadoras aéreas. Embora nenhuma companhia aérea apresente uma participação de mercado dominante no âmbito nacional, várias empresas apresentam posições dominantes em aeroportos do país. Por exemplo, a American tem 65% de fatia em Dallas, a Delta tem 84% em Mineápolis e a US Airways/America West tem 85% em Charlotte.

CAPÍTULO 12 Determinação do preço e do nível de produção: oligopólio

TABELA 12.1 Maiores fatias de mercado nos Estados Unidos em setores de oligopólios

EMPRESAS DOMINANTES	(%)
Aparelhos e lâminas de barbear (2011)	
Gillette	79
Schick	18
Bic	3
Calculadoras portáteis (2009)	
Texas Instruments	78
Casio	14
Consoles de jogos (2008)	
Nintendo	65
Sony	20
Microsoft	18
Cerveja nos EUA (2012)	
Anheuser-Busch	46
Miller-Coors	26
Heineken	6
Tênis esportivos (2008)	
Nike	43
Adidas	15
Reebok	10
Microprocessadores (2009)	
Intel	81
AMD	19
e-Books (2012)	
Amazon	60
Barnes and Noble	27
Apple	10
EMPRESAS COM DUOPÓLIO	
Biscoitos (2008)	
Nabisco (Kraft)	45
Keebler (Kellogg)	22
Pepperidge Farm	7
Celulares (2011)	
Nokia	31
Samsung	21
Apple	5
RIM	4
Motorola	3
Utilidades domésticas (2008)	
Sears	32
Lowe's	20
Home Depot	9
Best Buy	7
Biotecnologia (2008)	
Amgen	21
Roche	20
Johnson & Johnson	8
Baterias e pilhas (2005)	
Duracell	43
Energizer	33
Rayovac	11

Aviões comerciais (2010)	
Boeing	50
Airbus	49
EMPRESAS COM TRIOPÓLIO	
Smartphones (2012)	
Google/Motorola	23
Apple	21
Samsung	16
Nokia	7
RIM	4
Chá (2007)	
Lipton	37
Arizona	26
Nestea	16
Aluguel de carros (2012)	
Enterprise	39
Hertz Dollar Thrifty	32
Avis Budget	28
Gravação de música (2011)	
Universal/Polygram	30
Sony Music	29
Warner	19
EMI	9
Wireless nos EUA (2012)	
Verizon	34
AT&T	32
Sprint Nextel	19
T-Mobile	13
Refrigerantes (2010)	
Coca-Cola	37
Pepsi-Cola	30
Dr. Pepper	21
Cereais (2012)	
Kellogg	34
General Mills	31
Post	14
Produtos de confeitaria no âmbito mundial (2012)	
Mars	28
Cadbury	19
Nestlé	15
Hershey's	9
Kraft	9
MENOS CONCENTRADAS	
Automóveis dos EUA no âmbito mundial (2012)	
General Motors	17 (15)
Ford	15 (10)
Toyota	15 (15)
Fiat/Chrysler	12 (8)
Honda	11 (6)
Renault/Nissan	8 (13)
Hyundai/Kia	8 (13)
Volkswagen	5 (16)

Caminhões (2007)	
Freightliner	30
International	17
Mack	13
Peterbilt	12
Kenworth	11
Volvo Truck	10
Computadores pessoais no âmbito mundial (2013)	
HP	17
Lenovo	16
Dell	11
Apple	10
Toshiba	9
Pneus (2012)	
Goodyear	16
Michelin	12
Bridgestone	8
Yokohama	8
Kumho	8
Equipamento de telecomunicações (2009)	
Ericsson	23
Nokia/Siemens	18
Alcatel-Lucent	14
Huawei	13
Cisco	12
Motorola	9
Produtos farmacêuticos (2008)	
Pfizer/Wyeth	26
GlaxoSmithKline	16
Novartis	15
Merck/Schering	15
Livros (2009)	
Random House	18
Pearson	11
Hachette	10
HarperCollins	10
Simon & Schuster	9
Tabaco no âmbito mundial (2010)	
Philip Morris	16
British American	13
Japan Tobacco	11
Imperial Tobacco	10
Impressoras a laser (2011)	
Hewlett-Packard	16
Canon	15
Samsung	15
Xerox	10
Ricoh	6

Fonte: Pesquisas na indústria, *Net Advantage Database.* Standard & Poor's e *Market Share Reports,* Gale Research, várias questões.

TABELA 12.2 Distribuição de Parcelas de Mercado ao Longo do Tempo no Setor Aéreo, de Cereais e mercado de aviões comerciais

Empresas Aéreas				Cereais				mercado de aviões comerciais			
1992 (%)		2005 (%)		1993 (%)		2011 (%)		1998 (%)		2011	
American	21	American	19	Kellogg	35	Kellogg	34	Boeing	70	Boeing	51
United	20	United	17	General Mills	25	General Mills	31	Airbus	30	Airbus	49
Delta	15	Delta	15	Post/Nabisco	18	Post/Ralston	13				
Northwest	14	Northwest	11	Quaker	8	Marcas particulares	11				
Continental	11	Continental	9	Marcas particulares	6	Quaker	6				
US Airways	9	Southwest	7	Ralston	5						

Fontes: Wall Street Journal, 21 dez. 2001, p. A8; 27 dez. 1996, p. A3; 16 out. 1998, p . B4; 14 jul. 2006, p. B1

EXEMPLO Empresas consolidadas de aluguel de carros e venda de gasolina a varejo: Enterprise Rent-A-Car e Exxon/Mobil

No setor de aluguel de carros e venda de gasolina a varejo ocorreu uma consolidação. As fatias de mercado de empresas de aluguel de carro individuais permaneceram muito estáveis na última década, contudo, a Avis comprou a Budget, atingindo, então, uma participação de mercado de 30%, em comparação com os 29% da Hertz. Depois disso, a Enterprise uniu-se à National e Alamo para alcançar uma paridade aproximada (27%) com a Avis e a Hertz. As três principais empresas de aluguel de carros tiveram relevantes 69% de participação de mercado em 2000, enquanto em 2008 as três principais obtiveram 86% (ver Figura 12.3). Mais recentemente, a Hertz assumiu o controle da Dollar Thrifty. Uma consolidação massiva também ocorreu no setor de gasolina a varejo, no qual empresa após empresa procurou um grande parceiro com o qual se fundir. Economias de escala em exploração e desenvolvimento, assim como o fechamento de postos de gasolina obsoletos, ditaram a tendência.

Por fim, a Tabela 12.1 mostra várias indústrias nas quais as distribuições de fatias são menos concentradas, mas nas quais a forte interdependência entre empresas dominantes permanece proeminente no planejamento de negócios de cada empresa. As vendas no mercado de pneus, automóveis e caminhões dos EUA estão dispersas em entre 6-8 empresas. E, em três indústrias fortemente influenciadas por tecnologias disruptivas na computação de internet (especialmente no mercado livreiro e editorial, de laptops e equipamento de telecomunicações), as forças da competição dividiu as participações entre 5-6 empresas. De forma similar, em equipamentos de telecomunicações e farmacêuticos as fatias de mercado são mais dispersas, já que o enorme investimento exigido para dominar o mercado é potencialmente irrecuperável.

INTERDEPENDÊNCIA NOS SETORES OLIGOPOLISTAS

A natureza da interdependência nos setores oligopolistas pode ser apresentada por meio do exemplo de precificação no setor de companhias aéreas.

O modelo de Cournot

Uma abordagem padrão para o problema da interdependência entre oligopolistas é simplesmente ignorá-lo – ou seja, uma empresa deve assumir que seus concorrentes vão agir como se ela não existisse.

Aluguel de carros (participação de mercado)

2000		2012	
Hertz	29%	Enterprise/National/Alamo	28%
Avis	20%	Hertz/Dollar/Thrifty	32%
National/Alamo	20%	Avis/Budget	39%
Budget	10%		
Enterprise	8%		
Dollar	7%		
Thrifty	4%		

Varejo de gasolina (participação de mercado)

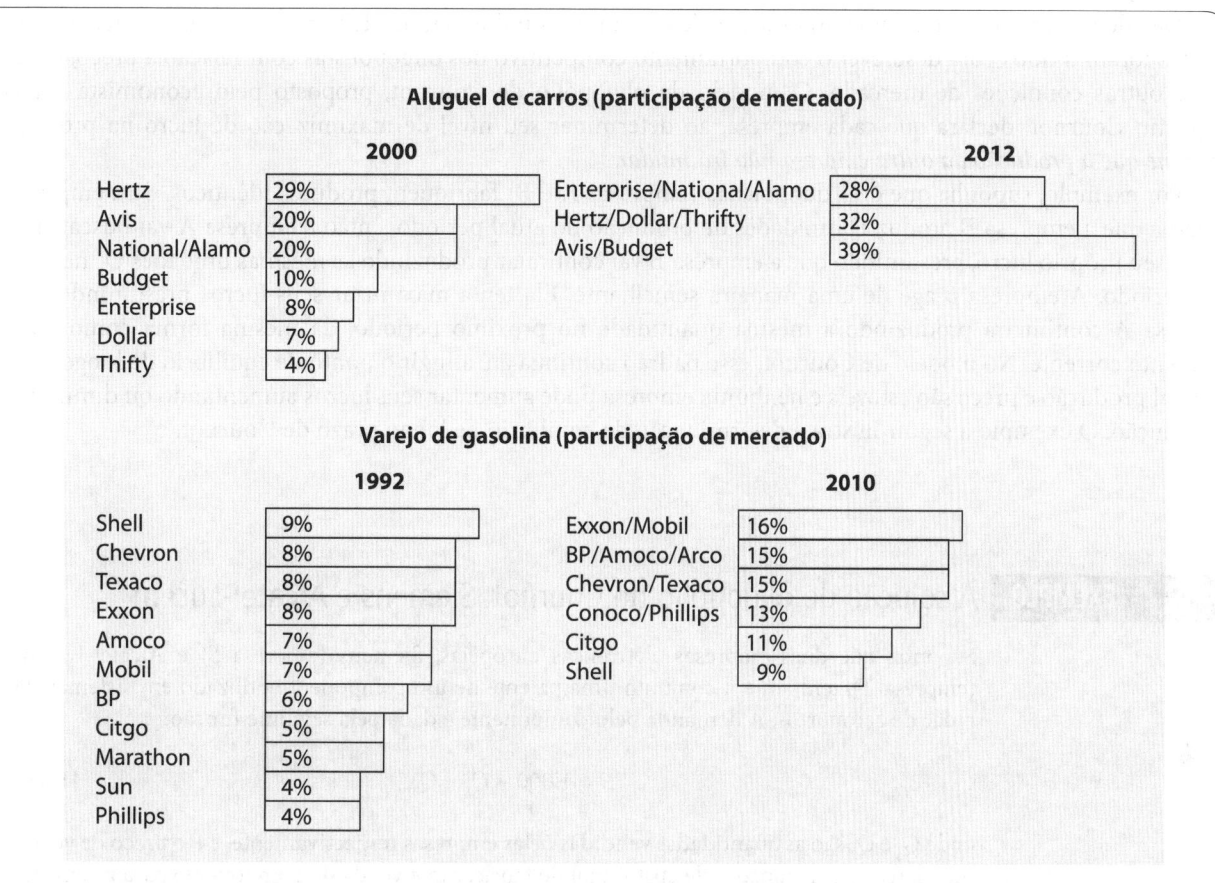

1992		2010	
Shell	9%	Exxon/Mobil	16%
Chevron	8%	BP/Amoco/Arco	15%
Texaco	8%	Chevron/Texaco	15%
Exxon	8%	Conoco/Phillips	13%
Amoco	7%	Citgo	11%
Mobil	7%	Shell	9%
BP	6%		
Citgo	5%		
Marathon	5%		
Sun	4%		
Phillips	4%		

Figura 12.3 Tamanho relativo dos concorrentes nos setores de aluguel de carros e gasolina

Fonte: Wall Street Journal, 21 dez. 2001, p. A8, B6; 1º nov. 2005, p. A2, vários websites.

EXEMPLO Definição de preços de linhas aéreas: O mercado de Pittsburgh

Considere o caso da rota aérea entre Pittsburgh e Dallas. É possível voar nessa rota com diversas empresas diferentes, mas apenas a American e a US Airways oferecem serviços sem escala entre essas cidades. Antes da introdução da nova tarifa da American, as duas empresas cobravam US$1.054 por um bilhete de ida e volta em classe econômica. A nova tarifa da American era de US$640, uma redução de US$414. A US Airways, então, enfrentou a decisão de manter sua tarifa vigente de US$1.054, igualar-se ao novo preço de US$640 da American ou ir abaixo deste preço. A função de demanda (e receitas) da American no mercado Pittsburgh-Dallas dependia da reação da US Airways à redução de preço. Uma decisão da US Airways de cobrar um preço mais alto (por exemplo a tarifa vigente de US$1.054) resultaria em fatia de mercado adicional para a American, pois muitos viajantes escolheriam o serviço de menor preço, e decidir igualar-se à nova tarifa da American resultaria na retenção por esta de sua participação de mercado existente na rota Pittsburgh-Dallas. No entanto, dependendo da elasticidade-preço da demanda e do mix de tarifa integral e bilhetes com desconto vendidos, a redução de preço poderia, na verdade, aumentar a receita e os lucros da American. Por fim, a decisão da US Airways de ir abaixo da nova tarifa de US$640 da American levaria a uma menor fatia de mercado e provável nova redução de preço por esta.

Devido ao amplo escopo das configurações dos oligopólios industriais da Tabela 12.1, vários modelos simplificados foram usados para descrever o comportamento competitivo dos oligopolistas com relação a preço, produção e outras condições de mercado. O modelo de oligopólio de Cournot, proposto pelo economista francês Augustin Cournot, declara que cada empresa, ao determinar seu nível de maximização de lucro na produção, *presume que a produção da outra empresa não irá mudar.*

Por exemplo, suponha que dois duopolistas (empresas A e B) fabriquem produtos idênticos. Se a empresa A observa que a empresa B produz Q_B unidades de produção no atual período, então a empresa A vai buscar maximizar seu próprio lucro, presumindo que a empresa B vai continuar produzindo as mesmas unidades Q_B no próximo período. A empresa B age de uma maneira semelhante. Ela tenta maximizar seus lucros presumindo que a empresa A continuará produzindo a mesma quantidade no próximo período, da mesma forma como fez no momento corrente. No modelo de Cournot, esse padrão continua até atingir o ponto de equilíbrio de longo prazo, no qual produção e preço são estáveis e nenhuma empresa pode aumentar seus lucros aumentando ou diminuindo a produção. O exemplo a seguir ilustra a determinação de equilíbrio de longo prazo de Cournot.

EXEMPLO A solução de oligopólio de Cournot: Siemens e Alcatel-Lucent

Suponha que duas empresas eletrônicas europeias, Siemens (empresa S) e Alcatel-Lucent (empresa T), tenham em conjunto uma patente de um componente utilizado em sistemas de radar de aeroportos. A demanda pelo componente é dada pela seguinte função:

$$P = 1.000 - Q_S - Q_T \qquad [12.1]$$

onde Q_S e Q_T são as quantidades vendidas pelas empresas respectivamente, e P o preço de venda (de mercado). As funções de custo total de fabricação e venda do componente para as empresas, respectivamente, são

$$CT_S = 70.000 + 5Q_S + 0{,}25Q_S^2 \qquad [12.2]$$

$$CT_T = 110.000 + 5Q_T + 0{,}15Q_T^2 \qquad [12.3]$$

Suponha que as duas empresas atuem independentemente, com cada uma delas tentando maximizar seu próprio lucro total a partir da venda do componente.

O lucro total da Siemens é igual a

$$\begin{aligned}\pi_S &= PQ_S - CT_S \\ &= (1.000 - Q_S - Q_T)Q_S - (70.000 + 5Q_S + 0{,}25Q_S^2) \\ &= -70.000 + 995Q_S - Q_T Q_S - 1{,}25Q_S^2\end{aligned} \qquad [12.4]$$

Observe que o lucro total da Siemens depende da quantidade produzida e vendida pela Alcatel-Lucent (Q_T). Tomando a derivativa parcial da Equação 12.4 com relação à produção Q_S

$$\frac{\partial \pi_S}{\partial Q_S} = 995 - Q_T - 2{,}50 Q_S \qquad [12.5]$$

Da mesma forma, o lucro total da Alcatel-Lucent é igual a

$$\begin{aligned}\pi_T &= PQ_T - CT_T \\ &= (1.000 - Q_S - Q_T)Q_T - (110.000 + 5Q_T + 0{,}15Q_T^2) \\ &= -110.000 + 995Q_T - Q_S Q_T - 1{,}15Q_T^2\end{aligned} \qquad [12.6]$$

Observe também que o lucro total da Alcatel-Lucent é uma função do nível de produção da Siemens (Q_S). Tomando a derivativa parcial da Equação 12.6 com relação à produção Q_T

Cont.

$$\frac{\partial \pi_T}{\partial Q_T} = 995 - Q_S - 2{,}30Q_T \qquad [12.7]$$

Igualando as Equações 12.5 e 12.7 a zero, teremos

$$2{,}50Q_S + Q_T = 995 \qquad [12.8]$$

$$Q_S + 2{,}30Q_T = 995 \qquad [12.9]$$

Resolvendo simultaneamente as Equações 12.8 e 12.9 têm-se os níveis ideais de produção para as duas empresas: $Q_S^* = 272{,}32$ unidades e $Q_T^* = 314{,}21$ unidades. Ao substituir tais valores na Equação 12.1, calculamos um preço de venda (equilíbrio) ideal de $P^* = US\$413{,}47$ por unidade. Os respectivos lucros para as duas empresas são obtidos ao substituir Q_S^* e Q_T^* nas Equações 12.4 e 12.6 para obter $\pi_S^* = US\$22.695{,}00$ e $\pi_T^* = US\$3.536{,}17$.

CARTÉIS E OUTRAS FORMAS DE CONLUIO

Às vezes, oligopolistas reduzem o risco inerente de ser tão interdependentes ao concordar formal ou informalmente em cooperar ou se unir na tomada de decisões. Acordos cooperativos entre oligopolistas são chamados de **cartéis**. Em geral, conluios de qualquer tipo são ilegais nos Estados Unidos e na Europa; no entanto, existem algumas exceções importantes. Por exemplo, os preços e as cotas de vários produtos agrícolas (como leite e laranja) são determinados pelos produtores, em muitas partes do país, com a aprovação do governo federal. A International Air Transport Association (Iata), formada pelas empresas aéreas que atendem às rotas transoceânicas, fixa preços uniformes para esses voos. E o preço dos transportes marítimos são fixados por centenas de "conferências" para cada rota transoceânica importante.

Acertos envolvendo conluios ilegais, no entanto, também têm surgido de tempos em tempos. Por exemplo, as empresas que produzem cimento e as empreiteiras de pavimentação, bem como os fabricantes de caixas de papelão, também são regularmente indiciados por fixação de preços. Em um caso ocorrido em 2008, a gigante de eletrônicos sul-coreana LG Electronics pagou uma multa de US$400 milhões (a segunda maior multa antitruste) por conspirar com a japonesa Sharp US$29 milhões), a Samsung Electronics Co., e as taiwanesas Chunghwa Display e AU Optronics (US$500 milhões) para estabelecer o preço de atacado de 2001 a 2006 de monitores LCD para laptops, celulares e televisores[3]. Os seis réus controlavam 80% do mercado de LCD. Dois executivos foram sentenciados a três anos de prisão, e as multas foram as maiores já aplicadas nos EUA a infratores de leis antitruste. A gigante de processamento de grãos Archer Daniels Midland (ADM) confessou sua culpa, em 1996, por organizar um sistema explícito de cotas e preços entre cinco empresas no mercado de lisina, um aminoácido, suplemento alimentar, que acelera o crescimento dos animais. A ADM pagou US$100 milhões de multas antitruste e seus executivos foram presos.[4] A Roche e a BASF, grandes conglomerados industriais da Suíça e da Alemanha da indústria farmacêutica, química, de fragrâncias e vitaminas, aceitaram pagar US$500 milhões e US$225 milhões, respectivamente, em multas ao Departamento de Justiça dos Estados Unidos por sua liderança na conspiração de uma fixação de preços em suplementos vitamínicos. Este acordo antitruste de 1999 reduziu a lucratividade da Roche em 30%.[5] Mundialmente, as multas resultantes da conspiração de fixação de preços de vitaminas totalizaram US$1,6 bilhão. Tais penalidades severas indicam como as ineficiências resultantes da cartelização de um setor podem ser graves. Os empresários fazem bem ao não ignorar a proibição da fixação de preços.

---

[3] LCD-Makers Plead Guilty to Price Fixing. *Wall Street Journal*, 7 jul. 2008, p. B1; Seoul Fines Six LCD Manufacturers in Price Fixing Case. *Wall Street Journal*, 31 out. 2011, p. B5; Firm Fined $500 million for Price Fixing. *Wall Street Journal*, 21 set. 2012, p. B2.

[4] In ADM Saga, Executives Now on Trial. *Wall Street Journal*, 9 jul. 1998, p. B10.

[5] Scandal Costs Roche. *Wall Street Journal*, 25 maio 1999, p. A20.

> **EXEMPLO** Como conferências de transporte marítimo afetam as tarifas de remessa[6]
>
> Desde o Ato de Transporte de 1916, empresas de frete marítimo estão isentas das leis antitruste dos Estados Unidos. As tarifas de transporte em uma rota transoceânica são definidas em conjunto por 10 a 50 concorrentes que agem como uma "conferência de frete". Dois estudos, em 1993 e em 1995, pelo Departamento de Agricultura dos Estados Unidos e pela Comissão Federal de Comércio (FTC), descobriram que as tarifas eram 18% ou 19% mais baixas quando empresas de transporte marítimo saíam desses acordos de conferência e negociavam de forma independente. No entanto, as conferências mantinham seu poder de mercado ao assinarem contratos exclusivos com clientes de grandes volumes. A enorme capacidade das conferências de frete permite maior frequência de cronograma e maior confiabilidade do que os independentes podem oferecer. Em troca de contratos exclusivos, as conferências oferecem a resolução de disputas sobre cargas utilizando processos rápidos de liquidação de danos. Em 2000, o Congresso norte-americano realizou audiências sobre tal imunidade antitruste e propôs sua remoção, mas nenhuma legislação foi aprovada.
>
> ---
>
> 6 Baseado em Making Waves. *Wall Street Journal*, 7 out. 1997, p. A1; J. Yong. Excluding Capacity-Constrained Entrants through Exclusive Dealing: Theory and Applications to Ocean Shipping. *Journal of Industrial Economics* 46, n. 2, jun. 1996, p. 115-29; Shipmates. *Wall Street Journal*, 20 fev. 2003, p. A1.

Fatores que afetam a probabilidade de conluio bem-sucedido

A habilidade das empresas oligopolistas para participar com sucesso em alguma forma de cooperação formal (ou informal) depende de uma variedade de fatores:

Número e distribuição por tamanho dos vendedores O conluio eficaz é geralmente mais difícil à medida que aumenta o número de empresas oligopolistas envolvidas. Em 1990, o cartel de diamantes da De Beers na Suíça e África do Sul era efetivo em parte porque a Rússia concordou, em 1995, em vender 95% de sua oferta no atacado por meio dela. Na época, a organização central de vendas da De Beers e a Rússia, em conjunto, respondiam por mais de 75% da oferta mundial.

Heterogeneidade do produto Produtos que são similares em suas características são chamados homogêneos, e o preço é a única distinção que importa. Quando os produtos são *heterogêneos* (ou diferenciados), a cooperação é mais difícil, porque a concorrência está ocorrendo em função de uma ampla gama de características dos produtos, tais como durabilidade, lançamento na estação, garantia e políticas pós-venda.

Estruturas de custo À medida que as funções de custo diferenciam-se entre empresas concorrentes, mais difícil será para as companhias firmarem conluio em relação às decisões de preço e produção. Além disso, o conluio bem-sucedido é mais difícil em setores nos quais custos fixos são uma grande parte dos custos totais. Uma porcentagem mais alta de custos fixos significa maiores margens de contribuição necessária para recuperar tais custos fixos. Além disso, como vimos na Equação 10.2 do Capítulo 10, maiores margens significam uma menor variação das vendas no ponto de equilíbrio. Consequentemente, a interrupção da cooperação é mais frequente em setores que empregam processos de produção com uso muito intensivo de capital, tais como refinação de petróleo, produção de aço e linhas aéreas.

Tamanho e frequência dos pedidos A cooperação oligopolista bem-sucedida também depende da distribuição do tamanho dos pedidos dos clientes ao longo do tempo. O conluio eficaz tem maior probabilidade de ocorrer quando os pedidos são pequenos, frequentes e recebidos regularmente. Quando pedidos grandes são recebidos sem frequência determinada em intervalos irregulares, como na compra de turbinas de aviões, é mais difícil para as empresas entrarem em conluio sobre as decisões de preço e produção. Assim, Pratt & Whitney, Rolls-Royce e General Electric nunca conspiraram em turbinas de jatos.

EXEMPLO Fabricantes de chips de memória DRAM pagam multas enormes pela formação de um cartel global[7]

Os quatro principais fabricantes mundiais de chips de memória dinâmica de acesso aleatório (DRAM) baratos, principais componentes de todos os aparelhos eletrônicos de consumo, concordaram em pagar multas e aceitaram que diversos executivos cumprissem pena por causa da fixação de preços de 1999 a 2002. A conspiração criminosa aumentou os preços em 400% em um período de seis meses, de US$1 para US$4 por 100 megabits e, depois, orquestrou a manutenção do preço em US$3. Chips DRAM são genéricos e facilmente substituíveis entre fornecedores. Como resultado, um acordo de cartel para limitar a produção é necessário para manter os preços acima dos níveis competitivos. A Samsung e a Hynix, duas empresas da Coreia do Sul que fabricavam a maioria dos chips, pagaram US$300 milhões e US$185 milhões, respectivamente, em multas. A Infineon Technologies, da Alemanha, pagou uma multa de US$160 milhões e quatro executivos ficaram presos por vários meses e pagaram multas individuais de US$250 mil. A Micron Technology, de Boise, Idaho, recebeu imunidade por cooperar com os promotores e com os acusadores Dell e HP para instruir o caso.

[7] Baseado em Samsung to Pay. *Wall Street Journal*, 14 out. 2005, p. A3; Hynix Pleads Guilty. *Wall Street Journal*, 22 abr. 2004, p. B6.

Ameaça de retaliação   Uma empresa oligopolista será menos tentada a fazer concessões secretas de preço a alguns clientes se sentir que outros membros do cartel perceberiam tais reduções de preço e, então, retaliariam. O acordo conspiratório de fabricantes de papel higiênico supostamente operava por meio de licitações públicas para clientes institucionais, como escolas e hospitais. De maneira surpreendente, licitações lacradas evitam o conluio.

Porcentagem de produção externa   A maioria dos cartéis contém as sementes da sua própria destruição, pois a elevação de preços e de margens propiciam a entrada de novos competidores. Qualquer aumento na oferta advinda de fora do cartel significa maiores restrições sobre a produção de membros do cartel de modo a sustentar qualquer nível de preço. Em determinado momento de 1999, a De Beers tinha de comprar US$3,96 bilhões de diamantes de seus próprios estoques (em um mercado de apenas US$8 bilhões) com o objetivo de estabilizar preços, uma vez que diamantes canadenses, australianos e russos (externos ao cartel da De Beers) tinham invadido o mercado.[8]

Finalmente, em 2000, com 37% da oferta total de mercado advinda de fora do cartel, a De Beers declarou o fim de 65 anos de seu cartel. Eventos similares acabaram com a Opep I quando o petróleo do México, Venezuela e Noruega invadiram o mercado. Os preços do transporte aéreo estão em queda hoje porque as "conferências" que estabelecem preços controlam agora menos de 70% do mercado de US$85 bilhões do Atlântico Norte e menos de 50% do mercado de US$262 bilhões do Pacífico. Fornecedores externos reduzem probabilidade de sucesso na coordenação entre membros de cartéis para manter preços acima de seus níveis competitivos.

Maximização dos lucros do cartel e alocação de produção restrita

Sob acordos legais de cartéis e conluios secretos, as empresas tentam aumentar preços e lucros acima do nível que prevaleceria na ausência de conluio. A solução de maximização dos lucros para um cartel formado por duas empresas, E e F, é mostrada graficamente na Figura 12.4. As curvas de demanda do *setor* (D), da receita marginal (RMA) e do custo marginal (ΣCMA) estão indicadas no último gráfico à direita. A curva de custo marginal do setor é obtida somando-se horizontalmente as quantidades correspondentes às curvas de custo marginal das empresas individuais nos gráficos no centro e à esquerda, isto é, $\Sigma CMA = CMA_E + CMA_F$. O lucro total do setor é maximizado pela definição da produção total da indústria (e, consequentemente, do preço) no ponto no qual a receita marginal do setor é igual ao seu custo marginal (isto é, Q^*_{Total} unidades de produção a um preço P^* por unidade).

[8] Baseado em De Beers to Abandon Monopoly. *Wall Street Journal*, 13 jul. 2000, p. A20; Atlantic Ocean Shipping Cartel Makes Concessions. *Wall Street Journal*, 7 fev. 1997, p. A2.

Se o cartel maximizar seu lucro total, a participação de mercado (ou cota) para cada empresa será definida em um nível no qual o custo marginal de todas as empresas é idêntico e o setor (somado) é $CMA = RMA$. A produção conjunta ótima é aquela em que a empresa E produza cota de Q_E^* unidades e a empresa F produza uma cota de Q_F^* unidades. Se a empresa E estivesse produzindo em um nível cujos custos marginais excedessem os da empresa F, os lucros do cartel poderiam ser aumentados deslocando-se a produção de E para F até que os custos marginais se igualassem.[9]

Os acordos de preços de um cartel dificilmente se concretizam, mas o problema central para um cartel reside no controle dessas parcelas ou cotas de produção. Identificar violações da cota e aplicar eficazmente esquemas de punição é quase impossível. Consequentemente, a maioria dos cartéis é instável, como os acordos de fixação de preços entre fabricantes de caixas de papelão. Tais acordos conspiratórios são formados aproximadamente uma vez a cada trimestre e rompidos em poucas semanas. A longevidade da Opep e do cartel de diamantes De Beers é excepcional. Voltemos à Figura 12.4 para ver o porquê.

Suponha que você seja a empresa F, defrontando-se com um preço P^* para o petróleo de US$20 por barril. Seus custos marginais atualmente são de US$12 por barril para sua cota de Q_F/Q_{Total}. Os oleodutos da Aramco, que anteriormente consolidavam todo o produto extraído de seus poços de produção para os terminais marítimos de embarque, foram agora substituídos por numerosos terminais marítimos independentes onde o petróleo bruto é relativamente indiferenciável. Você deve acatar seu compromisso relativo à cota? Isso atende a seus melhores interesses? A resposta depende da possibilidade de suas vendas adicionais, além da cota, ser significativas, e de sua produção adicional aumentar a oferta total a ponto de exercer pressão para baixo no preço do cartel. Se a resposta a ambas as perguntas for negativa, tendo em vista que uma margem bruta (US$8) de 40% será auferida com a venda de mais um barril, um produtor que deseje maximizar o lucro terá a tentação de expandir a produção e conseguir o lucro incremental, representado pela área sombreada no gráfico central da Figura 12.4.

Fica claro que o problema é que outros membros do cartel podem pensar exatamente da mesma forma. Se todos aceitarem o preço do cartel e o lucro independente for maximizado, o fornecimento do cartel aumentará para ΣCMA, e o preço no mercado paralelo deverá cair para o nível competitivo P_c provável de US$17 para equilibrar o mercado. A aplicação das cotas ideais Q_F e Q_E é o ponto fraco de cada cartel. Na Opep, a Arábia Saudita tem um papel essencial na absorção de violações da cota por outros membros desta organização e, assim, na estabilização do cartel.

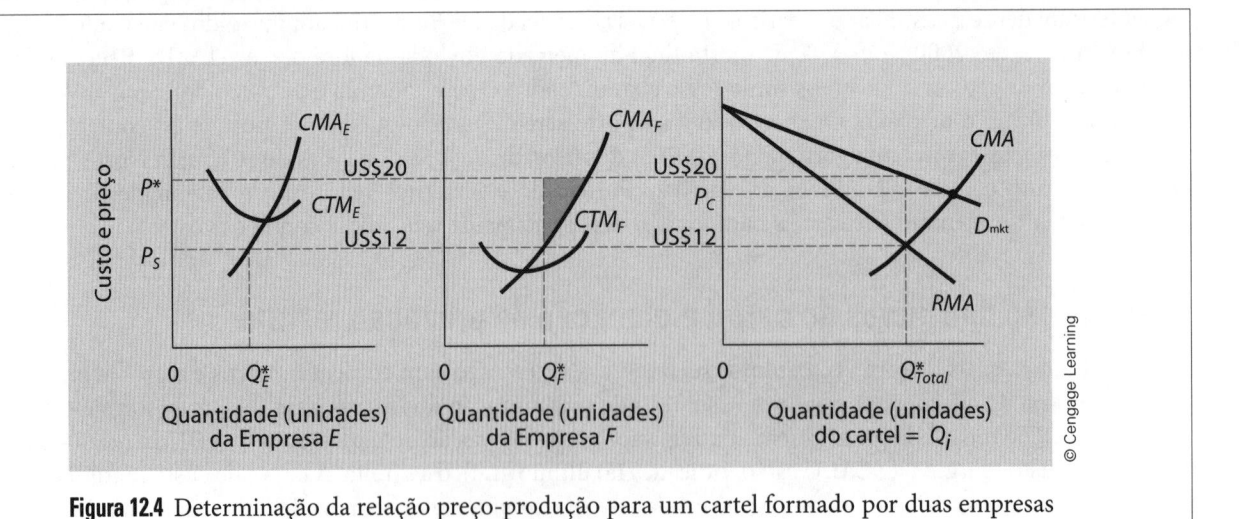

Figura 12.4 Determinação da relação preço-produção para um cartel formado por duas empresas

---

[9] Observe que os custos totais médios das duas empresas não são necessariamente iguais no nível ótimo de produção (no qual o lucro é maximizado). Observe também que a empresa E está encarregada de produzir um volume considerável da produção total, embora seus custos totais médios sejam superiores aos da empresa F.

EXEMPLO — Acordo sobre preço do café é desfeito em meio a dilema[10]

Os principais produtores de café da Colômbia e do Brasil, em conjunto com diversos produtores menores da África e América Central, frequentemente aceitam, em princípio, reter milhões de toneladas de café em grãos fora do mercado em um esforço de aumentar os preços de atacado. Produtores brasileiros podem propor a retenção de 2 milhões de sacas de uma colheita projetada de 18 milhões. Produtores colombianos podem concordar em reter 1,3 milhão de sacas. No entanto, os dois países se opõem a um sistema formal de cotas que defina tetos de produção, imponha mecanismos de monitoramento e penalize infratores. Em 1989 e, novamente, em 1993, acordos internacionais de Café sucumbiram diante da recusa em aceitar as cotas atribuídas.

Se todos os grandes produtores de grão de café pudessem confiar um no outro e reter uma produção extraordinariamente grande em anos de clima excepcionalmente bom, todos teriam maior lucratividade. Em vez disso, alguns membros do cartel maximizam o interesse próprio ao liberarem o excesso de fornecimento para o mercado mundial abaixo do preço oficial acordado. Como outros membros do cartel pensam da mesma forma, o preço de mercado no equilíbrio, consequentemente, desaba. Apenas partes crédulas, então, continuam restringindo o produto quando os preços do mercado mundial caem, sinalizando que outros produtores de café estão violando o acordo.

---

10 Brazil, Colombia Form Cartel for Coffee Exports. *Wall Street Journal*, 8 set. 1991, p. B12.

PERSPECTIVAS INTERNACIONAIS
O cartel da Opep[11]

A Organização dos Países Exportadores de Petróleo (Opep) foi fundada em 1960 por cinco nações do Golfo Pérsico que abrigavam a Aramco, um empreendimento conjunto estabelecido em 1947 por petrolíferas internacionais para exploração e desenvolvimento de campos de petróleo no Oriente Médio. A Aramco definia o preço do petróleo bruto e pagava *royalties* por concessão de petróleo às nações hospedeiras, que gradualmente compraram os ativos da Aramco. Controlando 80% da produção mundial de petróleo em 1973-1974, os membros da Opep decidiram restringir a produção a fim de sustentar um aumento de 400% no preço do petróleo bruto, de US$3 a US$12 por barril. Nascia, assim, o cartel da Opep I. A Arábia Saudita é o membro mais influente deste cartel de fixação de preços pelo enorme volume de sua capacidade de produção – quase metade da produção total da Opep em seu início e ainda 32% da produção atual da Opep.

No início dos anos 1980, o 80 em valores de 2006); o corte de preços secreto era descontrolado. A Nigéria, por exemplo, envolveu-se no corte secreto de preços ao reduzir o imposto de renda para petrolíferas que operavam ali. Outros membros da Opep fizeram permutas e ampliaram prazos de pagamento para compras de petróleo, reduzindo, assim, despesas com juros sobre os recursos financeiros necessários para financiar a compra. Durante esse período (frequentemente mencionado como Opep II), a Arábia Saudita costumava estabilizar os preços em queda do petróleo ao agir como "produtora de equilíbrio", cortando a produção para 2 milhões de barris por dia (bpd) em 1980, quando sua cota autorizada era de 4,35 milhões e a capacidade era de 10 milhões bpd. A Opep II se encerrou efetivamente em outubro de 1985, ocasião em que a Arábia Saudita reverteu sua política e começou a aumentar a produção para até 6 milhões bpd. Quando os sauditas utilizaram sua capacidade total, o preço de mercado no ponto de equilíbrio do petróleo bruto caiu para até US$12.

A Opep agora controla menos de 40% da produção mundial de petróleo, metade do que já conseguiu. Na maior parte dos anos 1990, a produção expandiu-se em regiões produtoras de petróleo não tradicionais, como Prudhoe Bay, Alasca, na Rússia e no Mar do Norte, apesar de os custos de extração serem de três a cinco vezes mais altos do que a exploração de US$3 por barril, desenvolvimento e extração no Oriente Médio. A Venezuela tem desafiado publicamente o papel da Arábia Saudita como produtora de equilíbrio e líder de preço, especialmente no Ocidente. Com 9,27 milhões bpd, a Rússia tem suscitado o mesmo desafio em outras partes do mundo.

Com a produção explodindo em todos os lugares, em 1998 e no início de 1999 os preços do petróleo bruto despencaram novamente para US$9,96 (veja a Figura 12.5). Para estabilizar o mercado, os membros da Opep aceitaram, em março de 1999 (e novamente em setembro de 2000), um sistema de cota de produção. A Arábia Saudita aceitou um corte de 585 mil barris por dia, equivalente a 7% de sua produção média diária em fevereiro de 1999, de 8,8 milhões de barris. O Irã, com uma fatia de 12%, concordou com um corte de 264 mil barris, também equivalente a uma redução de 7% de sua produção de 3,6 milhões de barris. A Venezuela aceitou uma redução de 125 mil barris por dia, equivalente a 4% de sua produção de 3,4 milhões de barris. Os preços do petróleo bruto reagiram quase imediatamente, subindo mais de três vezes, de US$10 para US$33 por barril em 15 meses (novamente, veja a Figura 12.5). O cartel Opep III estava em vigor, restringindo efetivamente a produção para aumentar preços.

---
11 Why the Saudis Won't Back Down Soon. *Wall Street Journal*, 8 abr. 1986; J. Griffin e W. Xiong. The Incentive to Cheat: an Empirical Analysis of OPEP. *Journal of Law and Economics* 60, n. 2, 1997.

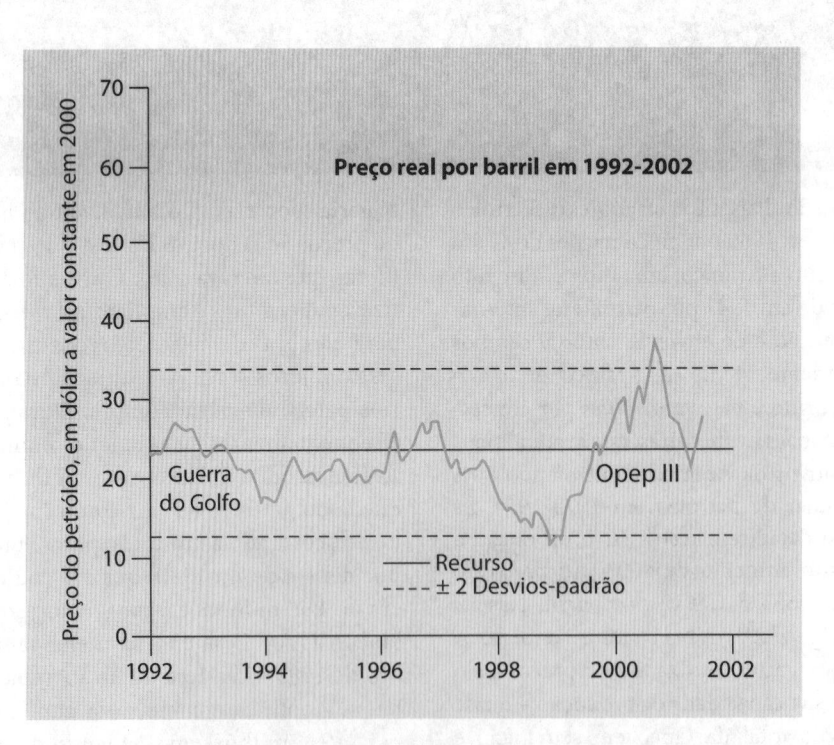

Figura 12.5 Como a produção de cotas da Opep afetou os preços do petróleo bruto

Fonte: Federal Reserve Bank, St. Louis, *National Economic Trends*.

CAPÍTULO 12 Determinação do preço e do nível de produção: oligopólio

EXEMPLO Recursos naturais não renováveis: Arábia Saudita faz um jogo de espera[12]

Alguns recursos, como petróleo bruto, carvão, gás natural e diamantes são formados ao longo de dezenas de milhares de anos. Embora estejam limitados e fixos a uma determinada localidade, no sentido geológico, a exploração e o desenvolvimento mais intensos podem frequentemente localizar recursos adicionais. Os recursos renováveis presentes na indústria da pesca e da madeira se reabastecem sozinhos caso a colheita seja restringida, para prevenir o esgotamento dos recursos; contudo, o único motivo para o dono de um recurso não renovável não extrair petróleo bruto, carvão ou gás natural é se ele acreditar que o preço desses recursos aumentará no futuro. A mudança de preços e a expectativa de mudança de preços são, portanto, a chave para decisões de recursos não renováveis.

Definir as expectativas por consenso para preços futuros em um período de tempo P_T como

$$P_T = P_0(1+r)^T \qquad [12.10]$$

onde r é a taxa de juros real (mais precisamente, a taxa de juros ajustada ao risco e à inflação), Dividindo cada unidade de tempo em n subperíodos e tomando o limite conforme n tende ao infinito, a versão de crescimento composto das expectativas do preço de consenso pode ser descrita como

$$P_T = P_0[\lim_{n\to\infty}(1+r/n)^{nT}] = P_0 e^{rT} \qquad [12.11]$$

onde e é 2,7183 ..., a base dos logaritmos naturais. Estamos agora em posição de expressar a decisão de extração "agora ou nunca" em termos do custo de oportunidade de espera (a taxa de juros real r), relativa ao percentual da taxa de crescimento do preço dos recursos:[13]

$$\frac{\Delta P_T/\Delta T}{P_T} = \frac{rP_0 e^{rT}}{P_T}$$

que se reduz, usando a Equação 12.11, a:

$$\frac{\Delta P_T/\Delta T}{P_T} = r \qquad [12.12]$$

Esse resultado indica que, se a taxa de aumento de preço (digamos, 8%) exceder a taxa de juros (digamos, em 4%), é melhor deixar no solo o petróleo bruto, carvão ou gás natural e extraí-lo mais tarde. Se as taxas de juros crescerem acima desse percentual da taxa de crescimento do preço de recursos não renováveis, este recurso deve ser extraído e vendido imediatamente.

Em 2008-2009, o preço do petróleo bruto disparou para US$147 o barril, e então caiu como uma pedra até chegar a US$39, mesmo que a demanda tenha continuado a crescer. A crise financeira mundial destruiu a demanda especulativa, enquanto veículos híbridos sustentáveis e elétricos começaram a substituir automóveis movidos a gasolina. Diante das projeções de um plano para diminuir os preços do petróleo bruto, a Arábia Saudita decidiu aumentar a produção e extraí-lo imediatamente!

De 8 milhões de mbd em 2002, os sauditas aumentaram a produção para quase 11 mbd em 2009 e 9,4 mbd em 2011 (ver Figura 12.6). Embora a Opep controle apenas 36% da produção mundial de petróleo bruto nos dias de hoje (ver Figura 12.7), a Arábia Saudita permanece um ponto de pivô no estabelecimento dos preços mundiais. Como resultado, a gasolina ainda é substancialmente menos cara do que a eletricidade que abastece carros, e apenas cerca de 80% tão cara quanto o custo total do combustível de hidrogênio para abastecer veículos. Novamente, a capacidade de expansões dos sauditas de 12 mbd e as políticas de utilização do país de quase

11 mbd foram criadas para desencorajar o desenvolvimento de combustíveis de substituição, ao diminuírem a taxa de aumento de preços para petróleo bruto. Qualquer outro proprietário de recurso não renovável que tivesse um suprimento de 65 anos de reservas comprovadas teria feito a mesma coisa.

A estratégia saudita de extração provou-se bem-sucedida. O preço do petróleo bruto caiu abruptamente em julho de 2008 de um pico de US$147 por barril e, dentro de um ano, atingiu a média de US$75 por barril. Em 2012, o petróleo bruto tinha alcançado a média de US$85 por barril, e o preço da gasolina ficou, novamente, abaixo de US$3,50 o galão na maioria dos Estados Unidos.

---

12 Baseado em *OPEP Annual Statistical Bulletin* e Why the U.S. Is Still Hooked on Oil Imports. *Wall Street Journal*, 18 mar. 2003, p. A1.

13 Essa etapa é baseada no cálculo resultante de

$$\frac{de^{rT}}{dT} = re^{rt}$$

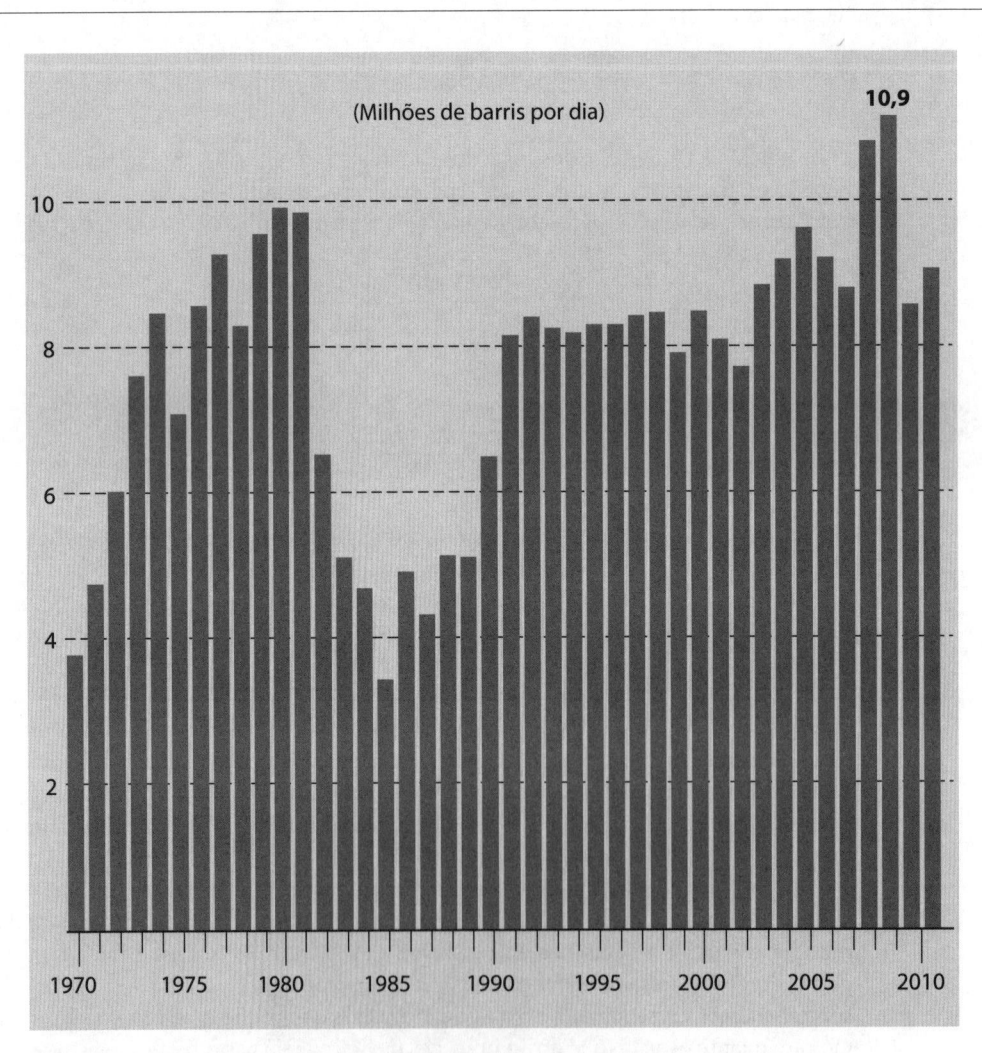

Figura 12.6 Produção de petróleo bruto na Arábia Saudita

Fonte: U.S. Energy Information Agency.

CAPÍTULO 12 Determinação do preço e do nível de produção: oligopólio

A Arábia Saudita tem incríveis 264 bilhões de barris de reservas conhecidas, mas inexploradas, de petróleo bruto, que devem durar 65 anos nos atuais níveis de produção (veja Figura 12.7). Por comparação, no nível de produção atual, os Estados Unidos têm apenas 21 bilhões de barris e 11 anos de reservas. Portanto, os sauditas preferem desestimular o surgimento de combustíveis alternativos, como o etanol, obtido da cana-de-açúcar no Brasil, etanol de milho nos Estados Unidos e o gás natural para grandes caminhões. Neste sentido, os interesses petrolíferos dos Estados Unidos no Texas e Oklahoma estão muitas vezes em desacordo com a Arábia Saudita. O primeiro quer políticas destinadas a elevar o preço do petróleo rapidamente, antes que suas reservas se esgotem. O último quer manter os preços abaixo dos níveis que desencadeiam a substituição total dos motores de combustão interna a gasolina pelos veículos elétricos ou por células de combustível de hidrogênio, desde que as reservas sauditas e as outras reservas de petróleo da Opep durem por quase um século.

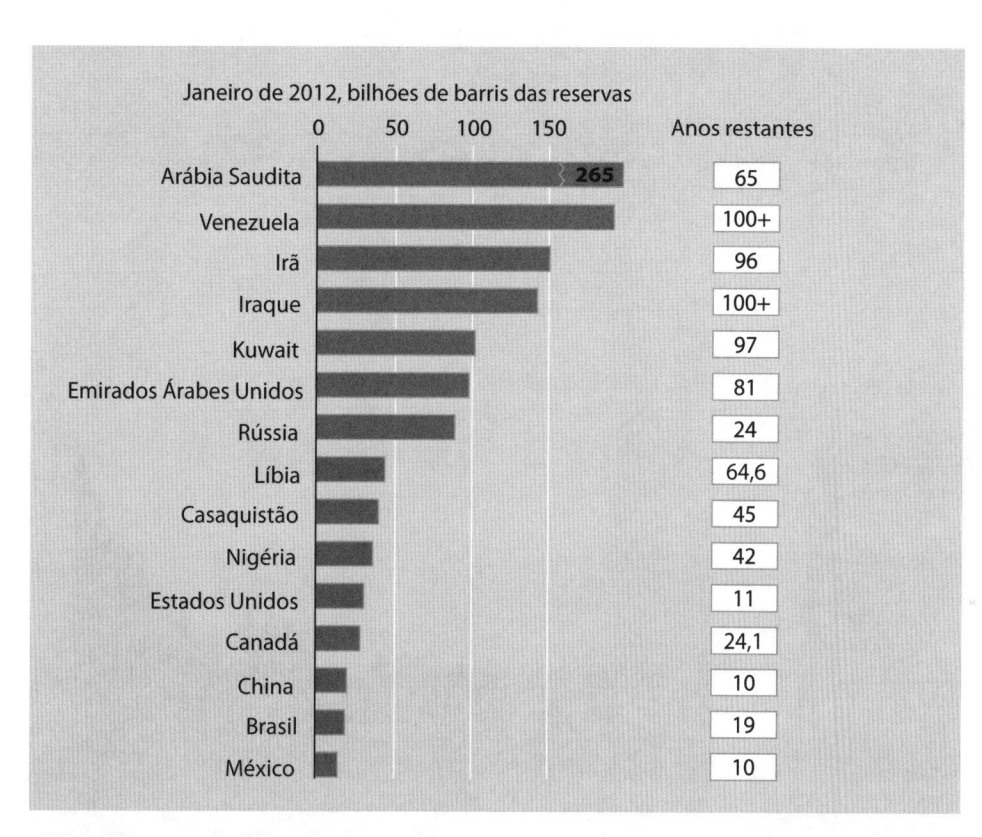

País	Janeiro de 2012, bilhões de barris das reservas	Anos restantes
Arábia Saudita	265	65
Venezuela		100+
Irã		96
Iraque		100+
Kuwait		97
Emirados Árabes Unidos		81
Rússia		24
Líbia		64,6
Casaquistão		45
Nigéria		42
Estados Unidos		11
Canadá		24,1
China		10
Brasil		19
México		10

Figura 12.7 Reservas de petróleo comprovadas
Fonte: BP Statistical Review of World Energy, 2012.

EXEMPLO **Por que os preços da gasolina nos Estados Unidos aumentaram tão rapidamente para US$3 por galão**[14]

Nos últimos anos, o cartel da Opep III foi ofuscado pela Guerra do Iraque e pelo crescimento inesperado do consumo de gasolina na China e na Índia. Em 2006 e novamente em 2009, o petróleo cru foi vendido por US$70,00 a US$80,00 o barril, e os preços da gasolina subiram acima de US$3,00 por galão. Quais são os custos dos componentes desses U$$3 a mais no preço de varejo de gasolina?

Cont.

Uma explicação pode ser a de que impostos estaduais e federais aumentaram, mas eles permaneceram em cerca de US$0,50 a US$0,60 por galão por uma década (veja Figura 12.8). Outra explicação pode ser a de que donos de postos no varejo estão enganando os clientes, mas o mercado de combustíveis no varejo é caracterizado por concorrência perfeita e, consequentemente, as margens no varejo são baixas e permaneceram inalteradas em US$0,15 a US$0,20 por muitos anos. Gargalos na distribuição frequentemente são responsáveis por picos de preço em uma região local onde o oleoduto se rompe, mas, em geral, apenas US$0,07 do preço do combustível pode ser atribuído a custos de distribuição. A falta de capacidade de refino é outra explicação, e US$0,80 dos US$3,00 pode ser atribuído a custos de refino que aumentaram nos últimos anos.

No entanto, de longe o maior custo de componente refletido nos preços de combustível é o do petróleo bruto (novamente, veja a Figura 12.8). Metade do custo de US$3,00 por galão de gasolina (US$1,40) pode ser atribuída ao custo do próprio petróleo bruto, e este componente aumentou enormemente de US$35,00 por barril em 2004 para US$70,00 a US$80,00 por barril em 2005-2006, e novamente em 2009.

14 Baseado em Oil Nations Move Closer to a New Round of Cuts. *Wall Street Journal*, 12 mar. 1999, p. A3; Crude Cuts: Will Oil Nations Stick or Stray?. *Wall Street Journal*, 26 mar. 1999, p. A19; The Next Oil Shock. *The Economist*, 6 mar. 1999, p. 72; Standstill Britain. *The Economist*, 16 set. 2000, p. 64; At OPEP Some Say There's Enough Oil. *Wall Street Journal*, 12 set. 2000, p. A2.

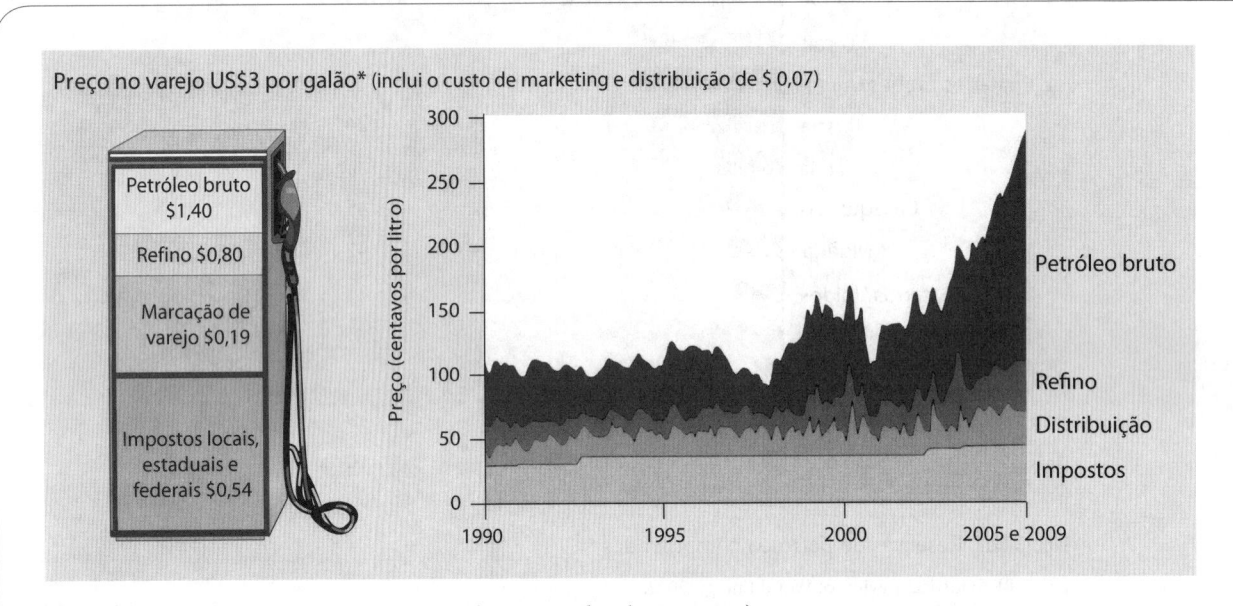

Figura 12.8 Componentes do preço da gasolina por galão (1990–2009)

Fonte: *Changing Gasoline Prices*, Federal Trade Commission, junho de 2005.

Análise de cartel: abordagem algébrica

Os níveis de preço e produção na maximização de lucro para um cartel com duas empresas pode ser determinado algebricamente quando são dadas as funções de demanda e de custo. Considere novamente o exemplo da Siemens (empresa S) e Alcatel-Lucent (empresa T) discutido na seção anterior. A função de demanda foi dada pela Equação 12.1 e as funções de custo para as duas empresas foram dadas pelas Equações 12.2 e 12.3. Suponha que a

Siemens e a Alcatel-Lucent decidam formar um cartel e ajam como monopolistas para maximizar os rendimentos totais da produção e venda dos componentes.

Os rendimentos totais do setor π_{Total} são iguais à soma dos lucros da Siemens e da Alcatel-Lucent, e são dados pela seguinte expressão:

$$\pi_{Total} = \pi_S + \pi_T$$
$$= PQ_S - TC_S + PQ_T - TC_T \qquad [12.13]$$

Substituir as Equações 12.1, 12.2 e 12.3 nesta expressão produz

$$\pi_{Total} = (1.000 - Q_S - Q_T)Q_S - (70.000 + 5Q_S + 0,25Q_S^2)$$
$$+ (1.000 - Q_S - Q_T)Q_T - (110.000 + 5Q_T + 0,15Q_T^2)$$
$$= 1.000Q_S - Q_S^2 - Q_SQ_T - 70.000 - 5Q_S - 0,25Q_S^2$$
$$+ 1.000Q_T - Q_SQ_T - Q_T^2 - 110.000 - 5Q_T - 0,15Q_T^2 \qquad [12.14]$$
$$= -180.000 + 995Q_S - 1,25Q_S^2 + 995Q_T$$
$$- 1,15Q_T^2 - 2Q_SQ_T$$

Para maximizar π_{Total}, tome as derivadas *parciais* da Equação 12.14 em relação a Q_S e Q_T:

$$\frac{\partial \pi_{Total}}{\partial Q_S} = 995 - 2,50Q_S - 2Q_T$$

$$\frac{\partial \pi_{Total}}{\partial Q_T} = 995 - 2,30Q_T - 2Q_S$$

Igualando essas equações a zero resulta em

$$2,5Q_S + 2Q_T - 995 = 0 \qquad [12.15]$$

$$2Q_S + 2,3Q_T - 995 = 0 \qquad [12.16]$$

Resolver simultaneamente as Equações 12.15 e 12.16 confere os seguintes níveis de produção otimizada: Q_S^* = = 170,57 unidades e Q_T^* = 284,39 unidades.

Substituir esses valores nas Equações 12.13 e 12.14 dá um preço de comercialização otimizado e lucro total para o cartel de P^* = US$545,14 por unidade e π_{Total}^* = US$46.291,43, respectivamente. Os custos marginais das duas empresas no nível de produção otimizado são iguais a:

$$MC_S^* = \frac{d(TC_S)}{dQ_S} = 5 + 0,50Q_S$$
$$= 5 + 0,50(170,57) = US\$90,29$$
$$MC_T^* = \frac{d(TC_T)}{dQ_T} = 5 + 0,30Q_T$$
$$= 5 + 0,30(284,29) = US\$90,29$$

Como na solução mostrada anteriormente pelo gráfico na Figura 12.2, a produção otimizada (ou participação de mercado) para cada empresa do cartel ocorre quando os custos marginais das duas empresas são iguais.

A Tabela 12.3 resume os resultados do exemplo da Siemens e da Alcatel-Lucent: (1) no qual as duas empresas agem de forma independente para maximizar seus próprios lucros (equilíbrio de Cournot), e (2) no qual elas formaram um cartel para maximizar os lucros totais do setor. Várias conclusões podem ser esboçadas dessa comparação. Em primeiro lugar, a produção total do setor (Q_{Total}^*) é mais baixa e o preço de venda (P^*) é maior quando as empresas estão em conluio. Além disso, o lucro total do setor (π_{Total}^*) é maior quando a empresa estabelece preços e produção conjuntamente, em vez de quando age de forma independente. Por fim, embora possa não ser um fato

TABELA 12.3 Comparação entre preços, produção e lucro para a Siemens e a Alcatel

Valor otimizado	(a) Sem conluio: a Siemens e a Alcatel agem independentemente para maximizar os próprios lucros de suas empresas	(b) Com conluio: a Siemens e a Alcatel formam um cartel para maximizar os lucros totais do setor
Q_S^* (Produção da Siemens)	272,32 unidades	170,57 unidades
Q_T^* (Produção da Alcatel)	314,21 unidades	284,29 unidades
$Q_{Total}^* = Q_S^* + Q_T^*$ (Produção total do setor)	586,53 unidades	454,86 unidades
P^* (Preço de venda)	$413,47/unidade	$545,14/unidade
π_S^* (Lucro da Siemens)	$22.695,00	$14.858,15
π_T^* (Lucro da Alcatel-Lucent)	$3.536,17	$31.433,28
$\pi_{Total}^* = \pi_S^* + \pi_T^*$ (Lucro total do setor)	$26.231,17	$46.291,43

© Cengage Learning

em todos os acordos em conluio, o lucro de uma empresa (isto é, a Siemens) na realidade é menor de acordo com a solução do cartel do que quando a empresa age independentemente. Logo, para fazer que a Siemens participe do cartel, a Alcatel-Lucent provavelmente teria que concordar em dividir com ela uma parte significativa dos lucros adicionais do cartel.

EXEMPLO Repartição de receitas na Liga Americana de Beisebol[15]

A liga principal de beisebol norte-americana (MLB, do inglês *Major League Baseball*), um cartel de donos de times profissionais de beisebol, está isenta das leis antitruste desde uma decisão da Suprema Corte dos Estados Unidos, em 1922. A MLB restringe a entrada, aprova transferências de vínculo e regula a seleção e utilização de jogadores aprendizes em seus primeiros seis anos no beisebol profissional. Em 1975, Curt Flood, do St. Louis Cardinals, desafiou com sucesso as práticas de trabalho restritivas do beisebol (a "cláusula de reserva") para jogadores dos principais times da liga além de seu sexto ano, e um acordo coletivo concedeu a tais jogadores o status de passe livre. Jogadores experientes, então, poderiam oferecer seus serviços a quem desse o lance mais alto sempre que seus contratos estivessem prestes a ser renovados.

Como resultado, os salários dispararam e os astros desse esporte se concentraram nos maiores mercados (Nova York e Los Angeles), onde proprietários com maior receita de ingressos e maiores taxas de licenciamento e de contratos de TV ofereciam melhores pagamentos. Até mesmo o jogador médio lucrou com o final da cláusula de reserva do beisebol. O salário médio de jogadores dos principais times subiu, em dólares ajustados pela inflação, de US$160.000 em 1972 para US$1.015.000 em 199 e US$1.579.000 em 2012. Como os proprietários gastam 58% da receita do time em salários e outros 13% no sistema de recrutamento e times de aprendizes juniores, o cartel da MLB interveio para preservar a concorrência entre as equipes a MLB iniciou um sistema de compartilhamento de receita característico de cartéis. Atualmente, os times mais ricos pagam um imposto de 34% sobre a receita total para subsidiar os salários das equipes com menos torcedores, devido a mercados menores (Minneapolis) ou com menos sucesso no jogo (Baltimore). Em 2010, os subsídios totalizaram mais de US$404 milhões.

---

15 Baseado em Let the Market Rule. *Wall Street Journal*, 10 nov. 1998, p. A22; Just Not Cricket. *The Economist*, 31 maio 2003, p. 34; Gerald Scully. *The Market Structure of Sports*. Chicago: Chicago University Press, 1995.

LIDERANÇA DE PREÇOS

Outro modelo de determinação da relação preço-produção em alguns setores oligopolistas é a **liderança de preços**. Muitos setores possuem um padrão pelo qual uma ou algumas empresas normalmente fixam um preço e as demais tendem a seguir, frequentemente com um intervalo de alguns dias. No caso de produtos básicos de aço, por exemplo, o preço prevalecente em uma semana em geral é uniforme de um produtor para outro.

A efetiva liderança de preços só acontece se os movimentos de preços iniciados pelo líder têm uma grande probabilidade de ser adotados e não há empresas dissidentes ou que não concordem em preços. Quanto menor o número de empresas no setor (isto é, maior a interdependência do resultado das decisões entre as empresas), provavelmente mais eficaz a liderança de preços será. Dois padrões principais de liderança de preços foram observados periodicamente em diversos setores: *liderança barométrica* e *liderança de preço dominante*.

Liderança barométrica de preços

Na liderança barométrica de preços, uma empresa anuncia uma alteração no preço que espera ser aceita por outras. O líder não precisa ser a maior empresa do setor. O líder pode, na realidade, variar de tempos em tempos, e deve estar razoavelmente correto em sua interpretação das mudanças nas condições de demanda e de custo, de modo que as alterações de preço sugeridas sejam aceitas e permaneçam. Em essência, o líder barométrico de preços simplesmente inicia uma reação a alterações de condições de mercado que as outras empresas consideram de seu melhor interesse seguir. Essas condições podem incluir ocorrências como aumentos (ou diminuições) de custos e vendas fracas (ou em alta) acompanhadas por acúmulo (ou falta) de estoques no setor.

EXEMPLO Liderança barométrica de preço: American Airlines[16]

A American Airlines (AA) tem uma proporção muito alta de passageiros em viagens de negócios fora de seu hub em Dallas-Fort Worth. Na segunda semana de março de 2002, a American Airlines anunciou um aumento efetivo nas tarifas dos voos. Os preços para compra com três dias de antecedência não foram mais disponibilizados em muitas rotas sem escala a partir de hubs norte-americanos. Em vez disso, a American voltou à antiga exigência de compra com sete dias de antecedência para obter desconto de 20% nas tarifas da classe econômica (US$1.629 de Dallas a Nova York ou US$1.684 de Dallas a Miami, por exemplo). Outras tarifas muito mais baratas para a noite de sábado, compradas com 7 ou até mesmo 14 dias de antecedência, não foram afetadas porque tais preços são focados principalmente em viajantes a lazer.

A American Airlines esperava que seus principais concorrentes – Delta, United Continental e US Airways – aproveitassem essa oportunidade para seguir seu exemplo e aumentar as margens. Apenas a United Continental fez isso. A Delta respondeu que não, e promoveu uma tarifa enormemente reduzida de ida e volta de US$198 nas principais rotas sem escala da American. Em poucos dias, esta empresa cancelou suas mudanças de preço nas rotas nas quais competia com a Delta, mas as manteve onde tinha um hub dominante, como em Dallas-Fort Worth. Além disso, anunciou simultaneamente uma semana de tarifas a US$198 em 10 rotas sem escala a partir da hub do Delta em Atlanta e 10 rotas sem escala a partir do hub da Delta em Atlanta, 10 rotas sem escala a partir do hub da US Airways em Pittsburgh. Apenas o hub da United Continental foi poupado.

---

16 Baseado em Airfare Skirmish Shows why Deals Come and Go. *Wall Street Journal*, 19 mar. 2002, p. B1.

Liderança de preços dominante

No caso da liderança de preços dominante, uma empresa assume a posição de líder por causa de seu tamanho maior, da fidelidade dos clientes ou de uma estrutura de custos menor em relação a outras empresas concorrentes. O líder pode, então, agir como um monopolista em seu segmento de mercado. Qual é o incentivo para os seguidores aceitarem o preço estabelecido? Em alguns casos, pode ser um receio de retaliação implacável de uma empresa dominante com custos baixos que impeça as pequenas empresas de tentar cobrar menos que o preço em vigor. Em outros casos, seguir um líder de preços pode ser visto simplesmente como uma conveniência.

A solução preço-produção para o modelo de empresa dominante está na Figura 12.9. D_T indica a demanda total de mercado para o produto, CMA_L representa a curva de custo marginal para a empresa dominante (líder), e ΣCMA_S constitui a *soma* horizontal das curvas de custo marginal para as empresas que seguem o líder, cada uma das quais pode ter custos maiores do que CMA_L. Na análise a seguir, suponha que a empresa dominante fixe o preço sabendo que as seguidoras venderão a quantidade que quiserem a esse preço. A empresa dominante fornece então o remanescente da demanda do mercado.

Em razão da possibilidade de as empresas seguidoras venderem a quantidade que quiserem ao preço P_L estabelecido pela empresa dominante, elas se defrontam com uma curva de demanda horizontal e uma situação de mercado de concorrência perfeita. As seguidoras consideram o preço da empresa dominante P_L como sua receita marginal, e, desejando maximizar os lucros, produzem aquela quantidade em que seu custo marginal é igual ao preço estabelecido. A curva ΣCMA_S mostra, portanto, a quantidade total que será *ofertada* a vários preços pelas empresas seguidoras. A curva de demanda residual D_L da empresa dominante é obtida subtraindo-se a quantidade ofertada ΣCMA_S pelas empresas seguidoras da demanda de mercado total D_T em cada preço. Por exemplo, a um preço P_L, o ponto G na curva D_L é obtido subtraindo-se EC de ED. Outros pontos na curva D_L são obtidos de maneira similar. A um preço P_1, a quantidade ofertada Q_1 pelas empresas seguidoras é igual à demanda total de mercado (ponto A), e a demanda residual da empresa dominante é, portanto, zero (ponto F). A curva de receita marginal RMA_L da empresa dominante é então obtida a partir de sua curva de demanda residual D_L.

A empresa dominante maximiza seus lucros fixando o preço e a quantidade no ponto em que o custo marginal é igual à receita marginal. Conforme mostrado na Figura 12.9, $RMA_L = CMA_L$ no ponto B. Portanto, a empresa dominante deve vender Q_L unidades do produto a um preço de P_L por unidade. Ao preço de P_L, a demanda total é de Q_T unidades, e as empresas seguidoras ofertam $Q_T - Q_L = Q_S$ unidades do produto.

O exemplo a seguir ilustra a aplicação desses conceitos.

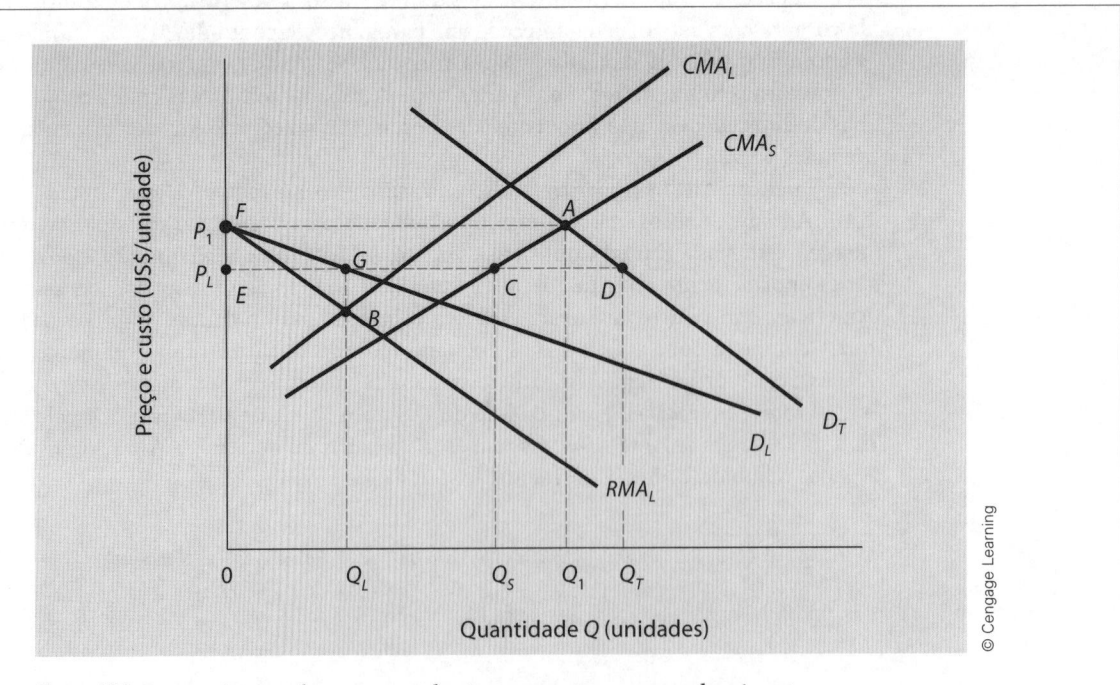

Figura 12.9 Determinação de preço-produção para uma empresa dominante

CAPÍTULO 12 Determinação do preço e do nível de produção: oligopólio

EXEMPLO Liderança de preços: Aerotek

A Aerotek e seis outras empresas menores produzem um componente eletrônico utilizado em pequenos aviões. A Aerotek (L) é a líder de preço. As outras empresas [seguidoras (S)] vendem o componente no mesmo preço da Aerotek. A líder permite que outras empresas vendam as unidades do componente que desejarem ao preço estabelecido. A empresa fornece o restante da demanda. A demanda total pelo componente é dada pela seguinte função:

$$P = 10.000 - 10Q_T \quad [12.17]$$

onde

$$Q_T = Q_L + Q_S \quad [12.18]$$

isto é, a produção total (Q_T) é a soma da produção da líder (Q_L) e das seguidoras (Q_S). A função de custo marginal da Aerotek é

$$CMA_L = 100 + 3Q_L \quad [12.19]$$

A função de custo marginal agregado para as outras seis produtoras do componente é

$$\Sigma CMA_S = 50 + 2Q_S \quad [12.20]$$

Estamos interessados em determinar a produção para a Aerotek e as empresas seguidoras e o preço de venda para o componente, dado que as empresas estão interessadas em maximizar os lucros.

A produção maximizadora de lucro da Aerotek é encontrada no ponto onde

$$RMA_L = CMA_L$$

Sua função de receita marginal (RMA_L) é obtida pela diferenciação da função de receita total (RT_L) da empresa com relação a Q_L. A receita total (RT_L) é dada pela seguinte expressão:

$$RT_L = P \cdot Q_L$$

Q_L é obtido da Equação 12.18:

$$Q_L = Q_T - Q_F$$

Utilizando a Equação 12.17, é possível resolver para Q_T:

$$Q_T = 1.000 - 0{,}10P \quad [12.21]$$

Para determinar Q_S, observamos que a Aerotek permite que as empresas seguidoras vendam a produção (isto é, componentes) que desejarem ao preço determinado (P). Portanto, as empresas seguidoras enfrentam uma função de demanda horizontal. Assim

$$RMA_S = P \quad [12.22]$$

Para maximizar os lucros, as empresas seguidoras operarão onde

$$RMA_S = \Sigma CMA_S \quad [12.23]$$

Substituindo as Equações 12.22 e 12.20 na Equação 12.23 leva a

$$P = 50 + 2Q_S \quad [12.24]$$

Cont.

Resolvendo esta equação para Q_S produz

$$Q_S = 0{,}50P - 25 \qquad [12.25]$$

Substituindo a Equação 12.21 por Q_T e a Equação 12.25 por Q_S na Equação 12.20 resulta em

$$Q_L = (1.000 - 0{,}10P) - (0{,}50P - 25)$$
$$= 1.025 - 0{,}60P \qquad [12.26]$$

Solucionando a Equação 12.26 para P, obtemos

$$P = 1.708{,}3333 - 1{,}6667Q_L \qquad [12.27]$$

Substituindo esta expressão por P na definição da receita total gera

$$RT_L = (1.708{,}3333 - 1{,}6667Q_L)\,Q_L$$
$$= 1.708{,}3333Q_L - 1{,}6667Q_L^2 \qquad [12.28]$$

Diferenciando esta expressão em relação a Q_L, obtemos a função de receita marginal da Aerotek:

$$RMA_L = \frac{d(RT_L)}{dQ_L} \qquad [12.29]$$
$$= 1.708{,}3333 - 3{,}3334Q$$

Substituindo a Equação 12.29 por RMA_L e a Equação 12.16 por CMA_L e igualando as duas resulta na seguinte condição de otimização:

$$1.708{,}3333 - 3{,}3334Q_L^* = 100 + 3Q_L^* \qquad [12.30]$$

Resolvendo esta equação para Q_L^* produz

$$Q_L^* = 253{,}945 \text{ unidades}$$

ou uma produção ideal para a Aerotek de 253,9 unidades do componente. Substituindo este valor de Q_L na Equação 12.27 obtemos

$$P^* = 1.708{,}3333 - 1{,}6667\,(253{,}945)$$
$$= US\$1.285{,}083$$

ou um preço de venda ideal de US$1.285,08. A produção ideal para as companhias seguidoras é encontrada substituindo-se este valor de P na Equação 12.25,

$$Q_S^* = 0{,}50\,(1.285{,}083) - 25$$
$$= 617{,}542 \text{ unidades}$$

ou uma produção ideal de 617,5 unidades.

O MODELO DA CURVA DE DEMANDA "QUEBRADA"

Se um oligopolista diminuísse seus preços, os concorrentes perceberiam rapidamente a queda de suas vendas e seriam forçados a igualar a redução de preços. De modo alternativo, se uma empresa aumentasse seus preços, os concorrentes ganhariam rapidamente clientes mantendo seus preços originais e, portanto, teriam pouca ou nenhuma motivação para igualar um aumento de preços. Em uma situação como esta, a curva de demanda para um oligopolista individual seria muito mais elástica para aumentos do que para diminuições de preço. Se um oligopolista *aumentar* seu preço e os outros não o seguirem, o aumento no preço conduzirá a uma menor participação de mercado, como indicado na Figura 12.10. O segmento de demanda KD' é a *curva de demanda da participação de mercado* na qual todos os rivais igualam o preço e a participação de mercado dessa empresa permanece inalterada, talvez em 21%. No entanto, para aumentos de preço acima de P, se as empresas rivais não igualarem o preço, o segmento de demanda para essa empresa será mais elástico. Para aumentos de preço, sua participação de mercado diminuirá, talvez, em 15%.

A curva de demanda do oligopolista é, portanto, representada por DKD', com o preço mantendo-se em P e a produção em Q. A curva de receita marginal é descontinuada por causa da "quebra" na curva de demanda em K. Portanto, a receita marginal é representada pelos dois segmentos RMAX e YRMA'. Se a curva de custo marginal CMA passar pelo intervalo XY na curva de receita marginal, a alternativa mais lucrativa será manter a atual política de preço-produção. O preço e o volume de produção que maximizam o lucro permanecerão constantes para a empresa, que percebe estar se defrontando com um preço unitário fixo, ainda que os custos variem em um amplo intervalo (por exemplo, CMA_2 e CMA_1). Esse modelo explica por que preços estáveis existem em alguns setores oligopolistas. Contudo, o modelo da curva de demanda "quebrada" fica incompleto, logo, não oferece motivos para escolher um nível de preço prevalecente em vez de outro.

EVITANDO GUERRAS DE PREÇOS

Saber como evitar uma guerra de preços tem se tornado um fator de sucesso crítico para muitas empresas com margem elevada em grupos oligopolistas fechados. Lembre-se da nossa discussão sobre o grau da rivalidade, no Capítulo 10, na qual foi observado que, quanto maior a margem, mais tentadas as empresas ficam para empregar o desconto de preços a fim de aumentar as vendas incrementais. Em virtude de cada venda adicional impor poucos custos adicionais, margens elevadas incentivam o desconto nos preços para obter participação de mercado.

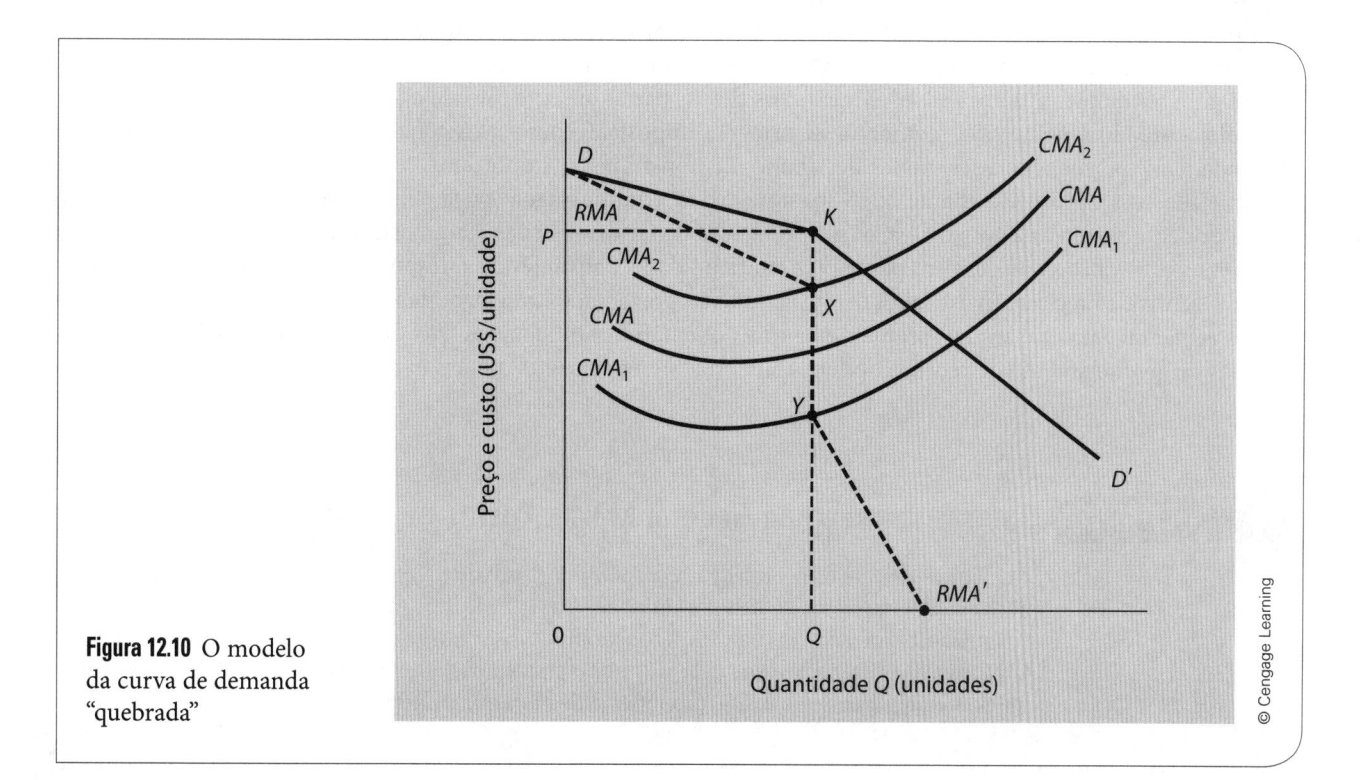

Figura 12.10 O modelo da curva de demanda "quebrada"

Portanto, criar um plano de negócios ou adotar uma estratégia que reduza o poder de substitutos, novos concorrentes, compradores e fornecedores e, consequentemente, gere lucros elevados, não constitui uma garantia de sucesso. Para manter a lucratividade, as empresas oligopolistas também precisam evitar o desconto que, de outro modo, seria a tática característica em um negócio com margem elevada.

Os setores de cereais prontos para consumo, cerveja, câmeras filmadoras, cigarros, e-books, DVDs, música digital e console de videogames participaram recentemente de guerras clássicas de preços. Em cada caso, o catalisador para a guerra de preços era a crescente participação de mercado dos produtos genéricos de marca própria, naquilo que havia sido previamente uma categoria com marcas específicas. Em 1990, os cigarros genéricos ("Básicos") tomaram uma participação de mercado substancial de marcas conhecidas, como Marlboro, Benson & Hedges, Winston, Merit e Salem. A empresa R.J. Reynolds introduziu uma marca concorrente de preço médio, Doral, promoveu-a intensamente e rapidamente conquistou participação de mercado. Por fim, a Philip Morris (agora Altria) se viu perdendo tanta participação de mercado que até cortou 20% (US$0,40) do preço médio do Marlboro, US$1,92. Da mesma forma, um fabricante de cereais muito pequeno, Ralston, começou a fornecer para muitas redes de supermercado e para a rede Target com seus cereais de marca própria (como Kroger Raisin Bran), que vendeu na faixa de preço de 30% menor do que as marcas premium, como Kellogg Raisin Bran. O quarto maior fabricante, Quaker Oats, com 7% de participação de mercado, começou a vender cereais de marca, como Cap'n Crunch e Life, a US$3,50, em grandes embalagens "econômicas" nos canais de distribuição Target e Walmart. A participação de mercado dessas marcas próprias dos supermercados tem crescido rapidamente, algumas vezes a até 30% ao ano.

Crescimento do mercado Uma maneira para evitar guerras de preços em oligopólios rígidos consiste em reconhecer a natureza reinante da rivalidade de preços e tentar atenuar a intensidade da concorrência de preços fazendo crescer o mercado. A United Airlines não pode esperar se livrar da American Airlines. E a Pepsi tem de suportar a Coca-Cola. Consequentemente, cada rival precisa prever a retaliação por descontos agressivos criados para atrair os clientes usuais da outra empresa. É melhor manter preços elevados e esperar que seus rivais façam o mesmo. Logo, cada empresa pode se concentrar em abrir novos mercados e vender um volume maior para os atuais clientes. O cliente "pesado" da Coca-Cola consome uma média de seis copos por dia. Nos últimos cinco anos, a Coca-Cola introduziu dezenas de novos refrigerantes no mercado externo. Como resultado, o xarope concentrado da Coca-Cola nunca teve desconto de preço ao longo de 80 anos.

Segmentação do cliente com gerenciamento de receitas A segmentação dos clientes por meio de precificação diferenciada constitui uma outra maneira para evitar guerras de preços. Se novos concorrentes com custo baixo investirem contra uma empresa aérea importante, uma resposta eficaz que evite uma guerra de preços com outras grandes empresas aéreas envolve igualar os preços para um segmento de clientes muito específico, e, então, controlar cuidadosamente esse segmento. Restrições "impostas", como a exigência de compra com sete dias de antecedência e permanência nas noites de sábado, demonstram ser importantes para a distinção entre o viajante exigente sensível a preço e o cliente que viaja a negócios, com passagem paga pelo seu empregador. As empresas aéreas podem "enfrentar a concorrência" nessas classes de tarifas restritas e ao mesmo tempo reservar capacidade suficiente para aqueles que desejam pagar pela confiabilidade, conveniência e resposta às mudanças de reservas na classe executiva e na classe turística. E, de modo mais importante, os concorrentes já estabelecidos podem manter preços elevados para embarques, segmentos e rotas que não foram afetados. No Capítulo 14 discutimos como as técnicas de gerenciamento de receitas podem ajudar a concretizar essas metas.

EXEMPLO Guerras de preço na General Mills e Post[17]

Nos setores de cereais prontos para consumo, o corte de preços que disparou uma guerra de preços foi um desconto de 20% por unidade (US$1,00 de desconto no preço médio de US$4,80 para uma caixa do cereal pronto para consumo). A guerra de preços em cereais foi iniciada pela Post Cereals, a distante terceira colocada no setor, com participação de mercado de 13%. A Post analisou cuidadosamente a situação tática e decidiu que poderia manter clientes regulares de uma forma melhor e competir por novos clientes sensíveis a preços se a Kellogg e a General Mills reduzissem a publicidade. A Post acreditava que elas fariam isso apenas em reação a um enorme corte de preços no âmbito do setor.

A General Mills vivenciava um decréscimo lento da participação de mercado de 25%, enquanto a Kellogg enfrentava um declínio rápido em sua participação de mercado de 35%. Cada ponto percentual no setor de cereais prontos para consumo nos Estados Unidos vale US$ 80 milhões em vendas. Em parte em razão da determinação, movida pelo pânico, de frear a queda de suas participações de mercado, a Kellogg e a General Mills decidiram rapidamente se igualar ao corte de preço da Post. Caixas grandes de produtos de marca, como o Wheaties da General Mills e o Frosted Flakes (sucrilhos) da Kellogg, tiveram um corte de preço de US$4,80 para US$3,88. Como a Post havia previsto, cada uma das empresas líderes diminuiu suas campanhas publicitárias. Cereais como o Raisin Bran e o Grape Nuts da Post ganharam participação rapidamente, pelo menos por um curto tempo, até a Kellogg se igualar ao corte de preço da Post em dois terços de suas marcas premium. Dois anos depois, os preços de cereais no canal de distribuição de supermercados importantes começaram a retornar aos níveis anteriores à guerra de preços.

A Kellogg conta com as marcas mais fortes no setor de cereais, com 12 dos 15 cereais mais vendidos. Em vez de se igualar aos cortes de preço da Post, a Kellogg poderia ter incluído não duas, mas três colheradas de uva-passa em cada caixa do seu Raisin Bran. Nos primeiros dois meses depois dos cortes de preço pela Post e pela General Mills, a Kellogg perdeu três pontos percentuais (de 35% para 32%) e a Post ganhou quatro (de 16% para 20%). A US$80 milhões por ponto percentual e 55% de margens brutas (em média nas marcas afetadas), as contribuições da Kellogg na perda de vendas totalizaram US$132 milhões (−3 × US$80 milhões × 0,55). Para recuperar esse lucro operacional de US$132 milhões por ano, a Kellogg reduziu os preços em 19% em dois terços de suas marcas, sacrificando mais de US$305 milhões (−0,19 × US$2,4 bilhões em vendas x 0,66). A participação de mercado continuou caindo para 29% em 1999, e o valor capitalizado da Kellogg caiu US$7 bilhões. Muitos observadores imaginaram que tivesse ocorrido um erro de estratégia principal. Ao gastar US$305 milhões (ou metade disso) em propagandas ou na inovação de produtos, espaço em prateleiras da Post ou extensão da marca. Provavelmente a Kellogg teria conseguido mais, muito mais.

---

17 Baseado em Denial in Battle Creek. *Forbes,* 7 out. 1996; Cereal Thriller. *The Economist,* 15 jun. 1996; P. Cummins. Cereal Firms in Cost-Price Squeeze. *Reuters News Service,* 15 maio 1996.

Preço de referência e efeitos de enquadramento Além de segmentar os clientes-alvo em submercados mais ou menos sensíveis a preço, a ampliação da linha de produtos também pode ajudar a evitar descontos de preços para obter participação de mercado ao proporcionar preços de referência e efeitos de enquadramento que servem para auxiliar a vender o produto posicionado na faixa média pelo preço integral (sem desconto). Os consumidores de produtos genéricos tendem a se lembrar do último preço que viram na prateleira ao se decidir se compram ao preço cotado hoje. Produtos de marca, no entanto, dão ensejo a preços de referência que se mantêm por muito tempo. Os descontos concedidos por um produto de marca conhecida, como o detergente Tide, tendem a gravar na mente do consumidor um novo preço reduzido que pode ser esperado daí por diante durante vários meses. Portanto, o que realmente se deseja fazer, em face da concorrência, por meio de descontos de marcas privadas, consiste em introduzir um produto bem mais qualificado oferecido a um nível de preço bem acima de seu produto tradicional. Esses preços de referência mais elevados também serão lembrados pelos clientes fiéis à marca tradicional.

Como a perda de oportunidade ao se passar de um Town and Country da Chrysler de categoria média para produtos de pechincha, tais como a minivan da Dodge (poupando US$5.000, por exemplo) tende a pesar mais

O QUE DEU CERTO • O QUE DEU ERRADO

Estratégia de produto bom-melhor-ótimo na Kodak[18]

A Marriott Corporation reagiu à concorrência agressiva de preços em seu setor introduzindo linhas de produtos sofisticados, de alta qualidade na faixa média e popular para seus respectivos clientes-alvo. O Ritz-Carlton, o Courtyards by Marriott e o Fairfield Inns operam todos como redes de hotéis controladas pela matriz Marriott Corporation, mas como ofertas muito diferentes.

De modo similar, no início da década de 1990, em resposta à diminuição nos diferenciais de qualidade percebidos, à participação de mercado em queda e à pressão exercida por filmes com marca próprias, a Kodak introduziu um novo conjunto de produtos que incluía Royal Gold, Kodak Gold Plus e Funtime Film. A segmentação bem-sucedida constitui a chave para a estratégia do produto, a fim de evitar descontos de preços prejudiciais. O Funtime Film (e as câmeras descartáveis Kodak que vieram em seguida) está posicionado para uso diário, a fim de fotografar as centenas de eventos, objetos, pessoas e paisagens que um filme barato muito acessível, vendido por meio de canais de distribuição em lojas de conveniência, torna viável. Estas são fotografias que os clientes posteriormente encontrarão "perdidas" em grande quantidade nos arquivos, nas gavetas de escrivaninhas e nas caixas velhas de sapatos. Elas representam a memória de poucos momentos significativos e o instantâneo acentua o evento experimental quando acontece.

"Momentos Kodak", ao contrário, seguiu um conjunto diferente de direcionadores de valor. O Kodak Royal Gold proporcionava condições excepcionais de resolução da fotografia em condições muito diferentes de iluminação. Embora mais lentamente, o Gold Plus também era capaz de gravar sutilezas (expressões de surpresa, exaltação, orgulho em realizar tarefas desafiadoras etc). A pesquisa de marketing da Kodak havia constatado que muitos de seus clientes pagariam um preço mais elevado para fixar uma emoção pessoal (tal como acontece quando uma mulher triunfa ostensivamente entre as corredeiras mais intensas em um bote com seus irmãos). Uma propaganda intensa e o marketing de eventos consolidaram mais ainda essa imagem do produto.

De forma similar, a Marriott não tem nenhuma dificuldade em obter um preço premium substancial para quartos de hotel com sala de estar em distritos centrais de negócios e hotéis para convenção, nos quais podem ocorrer reuniões e entrevistas com clientes. E, é claro, um hóspede em longa estadia com transporte próprio e várias reuniões de negócios marcadas iria preferir a economia de custos de uma locação suburbana à conveniência de uma locação central ou perto do aeroporto, ideal para viajantes de negócios que ficarão na cidade por pouco tempo.

---

18 Baseado em Film-War Spoils: A Buck a Roll?. *Wall Street Journal*, 11 nov. 1998, p. B1; Eastman Kodak Company: Funtime Film. Harvard Business School Publishing, 1998; Kodak is Rolling Out Digital Photo Processing. *Wall Street Journal*, 9 fev. 1999, p. A4.

---

para os clientes do que a satisfação percebida de subir em alto nível para marcas *premiums* como a Mercedes-Benz classe M (a um custo de US$5.000 a mais), espera-se que produtos de categoria média, como o carro Town and Country da Chrysler, vendam ainda mais na presença do efeito de enquadramento fornecido por produtos premiums. Na década de 2000, o Town and Country garantiu 28% das vendas da Chrysler com relativamente pouco desconto.

O papel da inovação Outra maneira de evitar, ou pelo menos atenuar, os efeitos das guerras de preços consiste em se diferenciar por meio da inovação. Em vez de igualar as reduções de preços, uma marca com preço maior pode despertar a atenção para inovações do produto que as empresas que aplicam descontos não têm. A Mavica da Sony é uma câmera digital fácil de utilizar, do tipo mire e fotografe, que grava imagens em um disco, que pode ser inserido em qualquer PC para fácil edição, armazenamento e impressão. Enquanto os concorrentes Kodak e Casio, que fabricavam câmeras digitais, se concentravam em melhorar a resolução das fotografias para justificar periféricos onerosos e complicados, a Sony simplificou o processo e aumentou consideravelmente o valor ao cliente. Como resultado, a Mavica obteve um preço superior em relação aos seus concorrentes.

A Figura 12.11 ilustra como pode ser analisado um mercado oligopolista com grande fidelidade à marca em virtude de inovação, anulação de riscos para o cliente ou uma propaganda eficaz da marca. O Kellogg Raisin

EXEMPLO O que deu certo na Interlink e na Gillette?[19]

Nos anos 1990, a Interlink vendia milhares de seringas hipodérmicas descartáveis a hospitais por US$0,10 cada. Toda vez que um cateter era trocado, uma nova seringa hipodérmica era inserida na veia do paciente. Uma empresa japonesa de aço cirúrgico entrou no mercado com um produto idêntico a US$0,03 por unidade. A Interlink imediatamente apresentou um dispositivo avulso que precisa de uma única inserção – isto é, qualquer novo tubo de solução salina ou medicamento em gotas pode ser conectado diretamente a um dispositivo de seringa da Interlink que não precisa ser removido nem substituído. Este novo processo diminui o risco de infecção do paciente e o perigo inerente para a equipe de enfermagem de exposição ao sangue do paciente. Novamente, a Interlink dominou o mercado e os preços se estabilizaram em níveis mais altos do que os anteriores.

Da mesma forma, a Gillette Co. reagiu à introdução de um novo produto de quatro lâminas, o Quattro pela Schick-Wilkinson Sword. O Quattro havia tomado 3% da participação dos 83% da Gillette no mercado de lâminas de barbear. Em vez de uma série de descontos, cupons e promoções, a Gillette implantou sua própria inovação: uma lâmina vibratória movida a pilha chamada Mach3Power. A M3Power melhora a proximidade e a duração do barbear ao estimular os pelos do queixo e arrancá-los de seus folículos. O novo produto custa dois terços a mais do que o Gillette Mach3Turbo que substituiu, os cartuchos de reposição têm preço 20% maior e esses valores se provaram sustentáveis.

19 Baseado em How to Fight a Price War. *Harvard Business Review*, mar./abr. 2000, p. 107-16; How to Escape a Price War. *Fortune*, 13 jun. 1994, p. 82-90; Gillette to Launch. *Wall Street Journal*, 16 jan. 2004, p. A8.

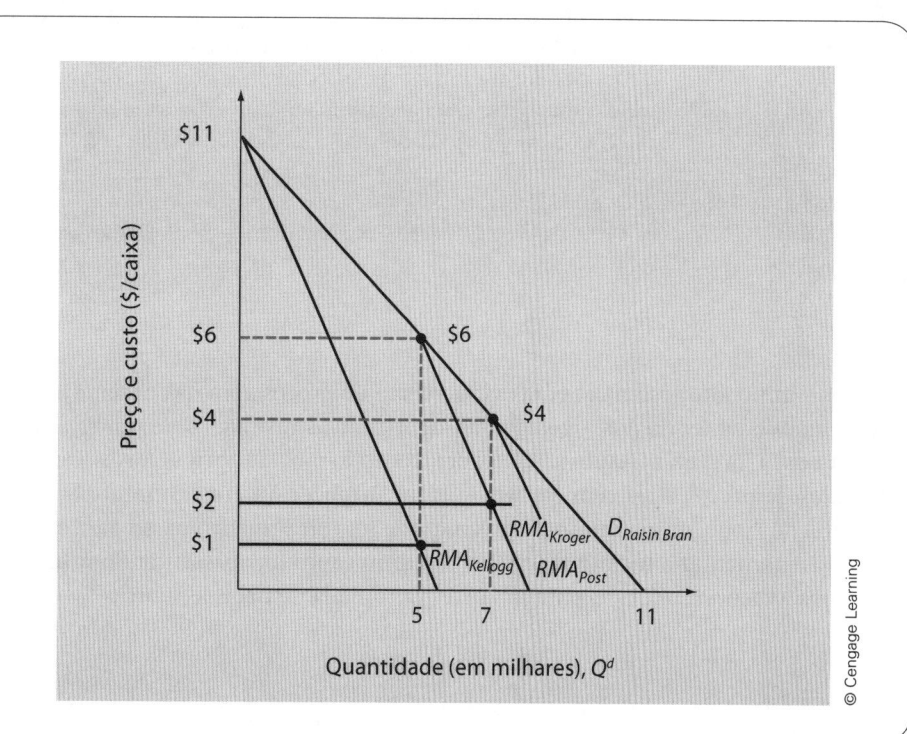

Figura 12.11 Oligopólio segmentado com fidelidade extrema à marca

Bran apresenta um segmento de demanda inversa (US$11 − Q^d) = Preço, que inclui os clientes com a maior disposição para pagar. Fixando a RMA nesse segmento, US$11 − $2Q^d$, igual a um custo marginal de US$1, o Raisin Bran maximiza o lucro operacional em $Q^* = 5(000)$ e um preço por caixa de (US$11 − US$5) = US$6. Sem uma imagem de marca tão consolidada, o Raisin Bran do Post precisa ser vendido por menos de US$6 e, consequentemente, possui um segmento diferente cuja demanda inversa pode ser expressa como (US$6 − Q^d) = Preço – isto é, o segmento de linha que começa em US$6 orientado para baixo e à direita na reta D da Figura 12.11. Estabelecendo RMA para a Post, US$6 − $2Q^d$, igual a um custo marginal mais elevado em US$2 por caixa, resulta em uma quantidade que maximiza o lucro, para a Post, de 2(000) unidades a um preço que maximiza o lucro de (US$6 − US$2) = US$4 por caixa. Essas participações de mercado de 5/11 = 45% e 2/11 = 19% para a Kellogg e a Post aproximam-se de suas participações de mercado efetivas no mercado de cereais prontos para consumo. Outras empresas com ainda menos fidelidade à marca, como Kroger Raisin Bran, supririam os segmentos restantes ilustrados ainda mais para baixo e à direita.

Combinando corte de preços com aumento da propaganda   Talvez a melhor forma de evitar uma guerra de preços em um pequeno grupo de rivalidade oligopolista seja não iniciar uma. Se outra parte começar uma guerra de preços, frequentemente a melhor resposta é simplesmente se igualar à concorrência e, depois, acentuar elementos fora do preço no mix de marketing, aumentando os serviços ou a publicidade. Quando a Phillip Morris cortou 20% do preço de cigarros premium, como o Marlboro, em vez de estimular a espiral de preços para baixo, a Reynolds se igualou ao corte de preço apenas em suas marcas premium, Winston e Salem, e aumentou a publicidade. Ao preço máximo de US$2 por maço antes da guerra de preços, o fumante compulsivo tinha um incentivo de US$35 por semana para parar de fumar. Para o Marlboro, com uma margem de contribuição de 82%, o corte de preços de 20% precisava de um aumento de 32% [0,82/(0,82 − 0,20) = 1,32] nas vendas incrementais para atingir maior lucro em curto prazo. Em vez disso, a participação de mercado do Marlboro cresceu apenas cerca de 17%.

EXEMPLO Táticas não relacionadas à precificação em uma guerra de preços: Coors[20]

A Coors implementou exatamente a mesma reação não relativa a preços no meio de uma cara guerra de preços entre a Anheuser-Busch e a Miller Brewing. Enquanto os produtos Miller e Budweiser reduziam a categoria a cada vez mais uma commodity com descontos crescentes, a Coors decidiu realinhar o posicionamento de seus produtos com a Corona e a Heineken. Em meio a uma forte campanha publicitária, a Coors ganhou dois pontos percentuais, apesar do preço US$2 por engradado mais alto do que a Miller e a Budweiser.

20 Baseado em Big Brewers Find Price War Seems to Have No End. *Wall Street Journal*, 2 jul. 1998, p. B6.

Um último fator essencial para evitar guerra de preços vem das observações táticas frequentemente disponíveis na análise da teoria dos jogos. Poder identificar os resultados de um rival utilizando a vigilância do concorrente ajuda a prever a resposta do concorrente a seus próprios cortes de preço. Em outras circunstâncias, resultados de preços altos cooperativos podem surgir do interesse mútuo. Simplesmente reconhecer a estrutura detalhada do "jogo" de definição de preços pode ser um primeiro passo para a alteração do ambiente competitivo de modo a aumentar a lucratividade. No próximo capítulo, apresentaremos técnicas da teoria dos jogos que oferecem observações gerenciais para uma efetiva tomada de decisões táticas.

RESUMO

- *Oligopólio* é uma estrutura de mercado, caracterizada por um número relativamente pequeno de empresas, na qual existem *interdependências* reconhecíveis entre as ações dessas empresas. Cada empresa tem conhecimento de que suas ações podem provocar reações de seus rivais.
- No modelo do comportamento oligopolista de *Cournot*, cada uma das empresas, ao determinar seu nível de produção que maximiza o lucro, supõe que a produção da outra empresa permanecerá constante.
- *Cartel* é um acordo formal ou informal entre oligopolistas para cooperarem ou atuarem juntos na determinação da produção, do preço e do lucro. Se os membros do cartel podem fiscalizar os acordos e evitar violações, podem agir como um monopolista e maximizar os lucros do setor.
- Diversos fatores afetam a capacidade de empresas oligopolistas se envolverem, com sucesso, em algum tipo de cooperação formal (ou informal), incluindo a quantidade e o porte da distribuição dos vendedores, heterogeneidade de produtos, estruturas de custo, tamanho e frequência de pedidos, sigilo e retaliação; porcentagem de produção do setor que está fora do cartel.
- *Liderança de preços* é uma estratégia de preços em um setor oligopolista na qual uma empresa fixa o preço, por meio de um acordo explícito ou implícito, e as demais empresas tendem a seguir a decisão.
- No modelo da *curva de demanda "quebrada"*, supõe-se que, se um oligopolista reduzir seus preços, seus concorrentes perceberão rapidamente a queda de suas vendas e serão forçados a igualar a redução de preços. Alternativamente, se o oligopolista aumentar seus preços, os concorrentes conquistarão clientes rapidamente, mantendo seus preços originais, e demonstrarão pouca ou nenhuma motivação para igualar um aumento de preços. Portanto, a curva de demanda para os oligopolistas individuais é muito mais elástica para aumentos de preço do que para reduções de preço, e pode fazer os oligopolistas manterem preços estáveis.
- Para evitar guerras de preços, empresas oligopolistas podem expandir o mercado, envolver-se em ampliações das linhas de produto, expandir-se para novas áreas geográficas, segmentar clientes e utilizar definição de preços diferenciais ou inovar para reter clientes lucrativos.

EXERCÍCIOS
As respostas para os exercícios destacados estão no Apêndice D, no final do livro.

1. Suponha que duas companhias (C e D) sejam duopolistas que fabricam produtos idênticos. A demanda para os produtos é dada pela seguinte função de demanda linear:

$$P = 600 - Q_C - Q_D$$

onde Q_C e Q_D são as quantidades vendidas pelas respectivas empresas, e P é o preço de venda. As funções de custo para as duas empresas são:

$$CT_C = 25.000 + 100Q_C$$
$$CT_D = 20.000 + 125Q_D$$

Suponha que as empresas atuem de forma *independente*, como no modelo de Cournot (isto é, cada empresa supõe que a produção da concorrente não irá se alterar).

a. Determine a quantidade e o preço de venda de cada empresa na situação de equilíbrio de longo prazo.
b. Determine os lucros totais de cada empresa para a quantidade de equilíbrio calculada no item (a).

2. Suponha que duas empresas (A e B) sejam duopolistas que fabricam produtos idênticos. A demanda pelos produtos é dada pela seguinte função de demanda linear:

$$P = 200 - Q_A - Q_B$$

onde Q_A e Q_B são as quantidades vendidas pelas respectivas empresas, e P é o preço de venda. As funções de custo total para as duas empresas são

$$CT_A = 1.500 + 55Q_A + Q_A^2$$
$$CT_B = 1.200 + 20Q_B + 2Q_B^2$$

Suponha que as empresas atuem de forma *independente*, como no modelo de Cournot (isto é, cada empresa supõe que a produção da outra não se alterará).

a. Determine a quantidade e o preço de venda de cada empresa na situação de equilíbrio de longo prazo.

b. Determine o lucro da Empresa *A*, da Empresa *B* e do setor como um todo, na solução de equilíbrio obtida no item (a).

3. Considere novamente o Exercício 2. Suponha que as empresas formem um *cartel* para agir como um monopolista e maximizar o lucro total do setor (soma dos lucros da Empresa *A* e da Empresa *B*).

a. Determine a quantidade e o preço de venda otimizados para cada empresa.

b. Determine o lucro da Empresa *A*, o da Empresa *B* e o de todo o setor para a solução otimizada calculada em (a).

c. Demonstre que os custos marginais das duas empresas são iguais para a solução ótima calculada no item (a).

4. Compare as soluções ótimas obtidas nos Exercícios 2 e 3. Especificamente:

a. Quanto o preço de venda otimizado é maior (menor) quando as duas empresas formam um cartel para maximizar os lucros do setor, em comparação com o lucro obtido quando atuam de forma independente?

b. Quanto a produção total do setor é maior (menor)?

c. Quanto o lucro total do setor é maior (menor)?

5. A Alchem (*L*) é a líder de preços no mercado de cola multiuso. Todas as outras dez fabricantes [empresas seguidoras (*S*)] vendem cola multiuso pelo mesmo preço da Alchem, que permite que as outras empresas vendam a quantidade que desejarem ao preço fixado e ela fornece o remanescente da demanda. A demanda total para a cola multiuso é dada pela seguinte função ($Q_T = Q_L + Q_S$):

$$P = 20.000 - 4Q_T$$

A função de custo marginal para fabricação e venda da Alchem é

$$CMA_L = 5.000 + 5Q_L$$

A função de custo marginal agregado para as demais fabricantes do produto é

$$\Sigma CMA_S = 2.000 + 4Q_S$$

a. Para maximizar os lucros, que quantidade de cola multiúso a Alchem deve produzir e que preço deve cobrar?

b. Qual é a demanda total de mercado para o produto ao preço fixado pela Alchem no item (a)? Quanto da demanda total as empresas seguidoras fornecem?

6. A Chillman Motors, Inc. acredita que possui a seguinte função de demanda segmentada:

$$P = \begin{cases} 150 - 0{,}5Q & \text{quando } 0 \leq Q \leq 50 \\ 200 - 1{,}5Q & \text{quando } Q > 50 \end{cases}$$

a. Indique, em palavras e graficamente, por que uma função de demanda segmentada tal como esta tem probabilidade de existir. Que tipo de estrutura setorial é indicado por essa relação?

b. Calcule as funções de receita marginal para a Chillman. Agregue-as ao gráfico traçado no item (a).

c. A função de custo total da Chillman é

$$CT_1 = 500 + 15Q + 0{,}5Q^2$$

Calcule a função de custo marginal. Qual é a combinação de preço e quantidade que maximiza o lucro da Chillman?

d. Indique qual será a combinação preço-produção da Chillman que maximiza o lucro se os custos totais aumentarem para

$$CT_2 = 500 + 45Q + 0{,}5Q^2$$

e. Se a função de custo total da Chillman se alterar para

$$CT_3 = 500 + 15Q + 1{,}0Q^2$$

ou

$$CT_4 = 500 + 5Q + 0{,}25Q^2$$

que solução preço-produção você espera prevalecer? Sua resposta mudaria caso você soubesse que todas as empresas no setor apresentam alterações similares em suas funções de custo?

CAPÍTULO 12 Determinação do preço e do nível de produção: oligopólio 411

7. *Library Research Project.* Foi citado no capítulo que o conluio entre oligopolistas pode ser facilitado em parte pela partilha de informações. Como consequência, a divulgação de informações sobre preços entre oligopolistas rivais pode violar as leis de livre concorrência dos Estados Unidos. Você pode conhecer como a Corte Suprema dos Estados Unidos interpretou a lei de livre concorrência, no que diz respeito à troca de informações sobre preços, lendo um resumo do processo *U.S. versus Gypsum Co. et al.* (438 U.S. 422), disponível em: <www.stolaf.edu/people/becker/antitrust/summaries/438us422.htm>. De que modo as informações sobre preços eram partilhadas e como o tribunal decidiu que se tratava de uma violação das leis de livre concorrência?

CASO

TELEFONIA VIA SATÉLITE BASEADA NA WEB DESBANCA OS CELULARES MOTOROLA[21]

O Iridium da Motorola, um sistema de telefonia móvel para qualquer local que recebesse sinais de 66 satélites, foi chamado de "oitava maravilha do mundo" pelo CEO da Motorola, Chris Galvin. No entanto, a US$1.500 por um aparelho do tamanho de um tijolo, os consumidores se frustraram e poucos clientes corporativos precisavam da segurança e da confiabilidade oferecidas em cantos remotos do planeta, como Katmandu ou Lagos. Como resultado, a participação de mercado da Motorola de 25% no setor de celulares caiu para 13% em 2001, e as ações despencaram 16% de 1997 a 2001, durante um período no qual a S&P 500 subiu 76%. Para o cliente corporativo, o Black Berry da RIM tinha comunicação por satélite, era muito menor e leve, quase tão seguro e muito mais versátil. A Nokia começou a projetar telefones para o mercado de massas, celulares com base na web que poderiam conectar o usuário a redes locais e, eventualmente, à internet. Depois disso, os iPhones da Apple e celulares Android da Samsung iniciaram uma nova era de smartphones.

Questões

1. Caracterize a área de produto para telefones celulares quando o Iridium surgiu.
2. Que tendências a Nokia perseguiu quando desenhou produtos de telefonia celular no final dos anos 1990 (consulte o Desafio gerencial no início deste capítulo)?
3. O que uma Motorola mais proativa poderia ter feito de diferente se tivesse notado corretamente os passos que sua rival Nokia daria?
4. Os smartphones da Apple e da Samsung atuais impuseram sobre a Nokia uma pressão competitiva antigamente associada à Motorola. O que você aconselharia a Nokia a fazer, diante do sucesso do iPhone, com seus milhares de aplicativos criados por fornecedores de software independentes?

---

21 Baseado, em parte, em Apple, RIM Outsmart the Phone Market. *Wall Street Journal*, 20 jul. 2009, p. C6.

CAPÍTULO 13

Teoria dos jogos: táticas das melhores práticas

TEMAS DO CAPÍTULO

Empresas que competem com alguns poucos rivais cujas ações e reações realmente importam precisam de táticas efetivas para tomada de decisões práticas melhores. Por sua vez, táticas efetivas exigem a antecipação da reação do rival e uma contrarreação. Jogos simultâneos e sequenciais não cooperativos foram desenvolvidos para essa finalidade, incluindo jogos de barreira à entrada e acomodação, jogos de licitação, jogos de fabricante-distribuidor, jogos de desenvolvimento de produtos ou pesquisa e desenvolvimento e jogos de definição de preços e promoções.

Todos esses jogos não cooperativos proíbem pagamentos à parte e contratos vinculadores entre rivais. Em vez disso, dependem de relações de autoaplicação para manter o equilíbrio estratégico. Por exemplo, cada companhia aérea em um jogo de definição de preços de referência deve decidir se é do seu melhor interesse resistir a descontos para ganhar participação de mercado com base nas melhores reações ela se antecipa aos rivais. Em algumas circunstâncias, o desconto mútuo (por exemplo, por Southwest Airlines e AirTran) prova ser uma estratégia dominante que oferece proteção contra os que dão descontos hostis, enquanto, em outras situações, a abstenção mútua leva a margens mais altas (por exemplo, pela Kellogg e General Mills).

A ordem da jogada pode ser importante em tais jogos se ameaças críveis e compromissos influenciam o resultado final do jogo. Neste capítulo, exploramos o papel que fatores como vantagens do primeiro e do último a se mover, ativos não reutilizáveis, esquemas de punição, mecanismos de sequestro, garantias de igualação de preços e informação imperfeita podem ter na estratégia de negócios.

Desafio gerencial

Barreiras à entrada em grande escala de lojas de descontos com baixo custo: Southwest, Airline/Airtran[1]

Desde a desregulamentação do setor de empresas aéreas nos Estados Unidos, operadoras tradicionais, como United, American, US Airways e Delta enfrentam uma sucessão de concorrentes de baixo custo. Começando com a Southwest Airlines, passando pela People Express, Value Jet (agora AirTran), Kiwi, Independence Air, JetBlue e Spirit Airlines, essas empresas estabeleceram operações ponto a ponto em cidades não ou pouco atendidas, e, portanto, criaram modelos de negócios lucrativos a preços muito mais baixos. Por exemplo, de San Antonio a Los Angeles, a Southwest é lucrativa em US$300 por um serviço de ida com a compra de última hora, enquanto a American Airlines cobra US$520. De San Antonio a Filadélfia, a tarifa suficiente para cobrir os custos da Southwest é de US$280, enquanto a da American é de US$495.

Não é de surpreender que um foco das empresas de baixo custo tem sido a busca incansável por redução de custos. O serviço ponto a ponto simplifica as operações de uma empresa, e a Southwest, com ciclos de mudança de tripulantes de 15 minutos, obtém 10,3 horas de voo por avião por dia, 46% mais do que a média do setor. Ao aumentar a utilização da capacidade em 46%, a Southwest diminui seu custo fixo indireto por assento relativos aos juros, custos operacionais e depreciação dos aviões em 31% (1 − 1/1,46 = 1 − 0,31). Ao eliminar os assentos de primeira classe e a cozinha, a Southwest aumenta sua capacidade de assentos em 33%, de 90 para 119 lugares nos Boeing 737, reduzindo, assim, os custos fixos diretos por assento relativos à tripulação, combustível e manutenção em 25% (1 − 1/1,33 = 1 − 0,25). Além disso, as novas empresas de baixo custo incorrem em custos trabalhistas bem abaixo da média do setor. Como resultado, empresas tradicionais negociaram diversas vezes com seus sindicatos de mecânicos e tripulantes buscando concessões salariais. Em 2005, o custo total de assentos disponíveis por milha (ASM) variava de um máximo de 11,62 centavos na Delta e 10,89 na US Airways e a 7,70 centavos na Southwest e 6,74 na Jet Blue. Para renegociar e reduzir custos de mão de obra, as empresas aéreas então, submeteram-se a fusões de consolidação (nessa modalidade de fusão, a nova empresa é formada e ambas as empresas são compradas e combinadas sob a nova entidade), (United-Continental, US Airways-America West) e abriram falência (United, Delta, US Airways e American) para renegociar redução de custos de mão de obra. Hoje em dia, as vantagens de custo encolheram; sete grandes rivais incorreram em 9.2 centavos por milha *versus* 6 centavos da Southwest.

Nessas configurações, duas questões dominantes da teoria dos jogos em tais cenários envolvem capacidade ótima da empresa que opera a base de descontos e a precificação ótima da empresa tradicional para deter ou acomodar a entrante. A estratégia de entrada da Southwest em qualquer nova cidade é a de oferecer uma programação uniforme de horários, preço baixo, assentos básicos e alta frequência. Ao desvincular todos os serviços, adotando tempos reduzidos para deixar a aeronave pronta para um novo voo, com tripulações em turnos mais longos, e convertendo todo o espaço da primeira classe e da cozinha em assentos adicionais na classe econômica, a Southwest normalmente atinge um custo operacional 30% mais baixo. O cliente-alvo padrão da Southwest é o representante comercial de um fabricante que precisa viajar frequentemente, mas raramente é reembolsado de forma integral pela empresa.

Em sua essência, a entrada da Southwest cria um novo segmento de mercado não atendido anteriormente por empresas tradicionais muito mais caras e com baixa frequência de voos. Esses novos clientes com baixa disposição para pagar geralmente reservam rapidamente a maior parte da capacidade da Southwest, deixando quase nenhuma disponível para outros viajantes. Como resultado, uma entrada da Southwest pode não eliminar o mercado para empresas aéreas tradicionais com preço mais alto, e sim criar o chamado "efeito Southwest" de aumento de fatores de volume e carga em todo o mercado, mas a preços muito menores. A Southwest/AirTran cresceu continuamente até se tornar a maior empresa aérea nacional. De 1990 a 2011, a indústria da aviação dos EUA, como

Cont.

um todo, sofreu perdas que totalizaram mais de US$62 bilhões. Durante esses nove anos o setor era rentável, mas lucrou apenas US$37 bilhões. Em um ambiente de negócios tão difícil, vencedores e perdedores optam por fatores críticos de sucesso, como o melhor gerenciamento da tomada de decisão sobre as táticas. Por exemplo, as empresas aéreas estabelecidas têm de decidir se equiparam imediatamente suas tarifas com grandes descontos praticadas pela Southwest ou se acomodam à Southwest mantendo preços altos. A Southwest tem de decidir se quer entrar com uma capacidade alta ou baixa. Neste capítulo, veremos como as empresas utilizam a modelagem da teoria dos jogos para tomar tais decisões.

Questões para discussão

- Por quais características de serviço não oferecidas pela Southwest um turista estaria disposto a pagar?
- Como a resposta se diferenciaria entre um advogado que viaja sempre que a agenda do juiz permite ou para um executivo de nível médio viajando por conta da empresa?

1 Baseado em Rivals Invade Southwest's Air Space. *Wall Street Journal*, 16 fev. 2011, p. B8; UAL Hopes Latest Cost Cuts Will Yield. *Wall Street Journal*, 12 maio 2005, p. A10; Southwest's Dallas Duel. *Wall Street Journal*, 10 maio 2005, p. B1; F. Harris. Large Scale Entry Deterrence of Low-Cost Discounters: An Early Success of Revenue Management. *International Journal of Revenue Management* 1, n. 1, 2007, p. 1-24.

RIVALIDADE OLIGOPOLISTA E TEORIA DOS JOGOS

A maioria da concorrência oligopolista ocorre atualmente nos submercados de produtos entre poucas empresas incumbentes[2] rivais, cada uma com algum poder de mercado sobre o preço. Considere o Xbox da Microsoft, o PlayStation da Sony e o Wii da Nintendo em console de jogos; Aspirina, da Bayer, Bufferin, Excedrin em analgésicos; Pepsi e Coca-Cola em refrigerantes de cola; Six Flags, Universal e Disney em parques temáticos; e Delta, US Airways e American em voos para a Flórida. Concorrentes menores vendendo produtos mais genéricos frequentemente estão presentes em mercados periféricos, mas tais oligopolistas são notáveis por causa de algum nome de marca ou outra barreira à entrada efetiva e sua extraordinária *interdependência*.

Lembre-se de que, em um setor puramente competitivo, como desenvolvimento imobiliário de casas populares e condomínios fechados, cada concorrente pode agir de forma bastante independente. Cada um considera o preço como "determinado", isto é, definido externamente no mercado aberto, porque qualquer decisão de expandir ou embargar seu próprio fornecimento não tem efeito considerável sobre a oferta do setor enormemente maior. Mesmo se uma incorporadora de imóveis comprasse muitos terrenos em uma comunidade, as barreiras de entrada são tão baixas que qualquer preço acima do custo atrairia um número suficiente de novos concorrentes para restaurar o equilíbrio da tomada de preços competitivos.

Por outro lado, cada empresa em um mercado oligopolista deve prestar muita atenção aos movimentos e contramovimentos de suas rivais. Prever corretamente a entrada e a saída, o desenvolvimento de produtos, a definição de preços e as promoções, muitos passos antes dos eventos reais, e, pelo menos, um passo adiante da concorrência quase sempre é a chave para um negócio bem-sucedido. Apesar dos melhores esforços da empresa, às vezes um concorrente assume a liderança, e, então, o comportamento de rápida adaptação é melhor do que um comportamento reativo. A melhor opção é o comportamento pró-ativo, que exige previsões precisas e confiáveis das iniciativas e respostas dos rivais.

A finalidade gerencial da teoria dos jogos é fornecer tais previsões de comportamento do rival. Para executar a estratégia defensiva, bem como planejar iniciativas estratégicas, cada oligopolista deve tentar prever com antecedência as ações, reações e contrarreações de seus concorrentes e, depois, escolher adequadamente as estratégias ideais. A **teoria dos jogos** moderna foi inventada exatamente para esta finalidade.

Uma estrutura conceitual para a análise da teoria dos jogos

Uma definição geral de um **jogo de estratégia** é qualquer comportamento de escolha conscientemente interdependente adotado por indivíduos específicos ou grupos hierárquicos que compartilham uma meta em comum (como: tribos, times esportivos ou empresas que buscam maximização de valor). Assim, jogos de estratégia sempre

2 Empresas incumbentes são empresas com uma quota de mercado significativa ou dominante. (N.R.T.)

O QUE DEU CERTO • O QUE DEU ERRADO

O WII U da Nintendo[3]

Mario e Zelda permanecem no topo, mas a Nintendo descobriu que a concorrência estava chegando perto, e, em 2012, a empresa reportou sua primeira perda (de ¥43 bilhões, igual a US$0,5 bilhão). A empresa começou em 1974 com o primeiro console de jogos já visto, chamado Nintendo Entertainment System; atualmente o Wii permanece líder no setor nos EUA e no Japão, com 40 e 12 milhões de consoles vendidos respectivamente desde sua introdução. Contudo, o PlayStation da Sony é líder de mercado na Europa, Austrália e Nova Zelândia, com 33 milhões, em comparação com os 31 milhões do Wii. O Xbox da Microsoft não vende quase nada no Japão, mas tem conseguido um crescimento exponencial de vendas nos EUA, 35 milhões, comparados com o total de vendas mundial, 60 milhões.

Em cada geração sucessiva de consoles de jogos, os preços começam altos e então se desgastam, conforme os outros dois concorrentes introduzem novas características de produtos. Em 2011, o preço do Wii diminuiu de US$199 para US$165, tendo começado com o preço de US$400 em 2008. De forma similar, em seu terceiro ano o PlayStation 3 teve o preço reduzido em 2011, de US$299 para US$249, tendo começado com o preço de US$600 e depois US$399; enquanto o Xbox 3 passou a custar US$249 e, com redução, US$199, tendo começado com US$700, depois US$399, US$349 e US$299.

Em seu lançamento mais recente, o Wii U apresenta melhor desempenho nas redes sociais e vem com um smartphone totalmente integrado – estilo touch screen. Ao direcionar seu produto a jogadores casuais, em vez dos aficionados, que tendem a preferir PlayStation 3 ou Xbox, a Nintendo deve agora guiar a onda a produtos altamente tecnológicos disponíveis para smartphones e tablets. Espera-se novos modelos de PlayStation e Xbox para 2013. Antecipar as reações dos seus concorrentes será a chave do sucesso da Nintendo.

---
3 Video Games: U Turn. *The Economist*, 1º de dez. de 2012, p. 73.

---

fizeram parte das interações humanas. Algumas das análises formais mais antigas de jogos de estratégia envolviam votação estratégica no Senado romano, barganha entre comerciantes fenícios e táticas militares ancestrais chinesas de Sun Tzu.

Considere, por exemplo, como os direitos de propriedade privada pertencente a uma pessoa podem evoluir em um ambiente como o programa de TV *Survivor*. A Tabela 13.1 exibe a forma normal do jogo de estratégia no qual comunidades de caçadores e coletores tinham de decidir entre atividades agrícolas combinadas com a proteção de propriedade consolidada *versus* a caça e a pilhagem contínuas contra alvos de oportunidade. A história registra que consolidadores de propriedades privadas (agricultores) venceram – vamos ver o porquê.

Dois jogadores concorrentes (Randle e Kahn) lutam por recursos selecionando duas ações: *Saquear*, que normalmente produz tesouros inesperados desprotegidos, mas deixa suas próprias posses vulneráveis a um contra-ataque, ou *Proteger*, que libera tempo entre lutas de defesa para consolidar e multiplicar os frutos do seu trabalho com a agricultura. Kahn tinha uma vantagem tática na pilhagem contra qualquer coisa, mas protegeu suas posições fortemente. No entanto, independentemente da ação que Kahn decida tomar, um exame da matriz de ganho na Tabela 13.1 revela que o agricultor chamado Randle sempre se dá melhor ao selecionar a Proteção. Em particular,

TABELA 13.1 Privatização de pertences pessoais em *Survivor*: o jogo de saquear e proteger

Kahn		Randle	
		Proteger	Saquear
Proteger		1º Melhor	4º O pior
Saquear		2º Pior	3º O melhor

Nota: Compensações do jogador de coluna estão acima da diagonal. Compensações do jogador de linha estão abaixo da diagonal. Randle classifica os resultados de 1º a 4º; Kahn, do melhor ao pior.

o resultado na célula NO (acima da diagonal) é classificado em primeiro por Randle, enquanto o resultado na célula NE (novamente acima da diagonal) está classificado em quarto. Da mesma forma, o resultado na célula SO (acima da diagonal) é classificado em segundo por Randle *versus* o resultado na célula SE, classificado em terceiro. Portanto, independentemente da ação que Kahn decidir tomar, Randle sempre se dá melhor ao proteger sua propriedade consolidada em vez de saquear.

Proteção é a **estratégia dominante** de Randle porque, com ela, seus resultados ultrapassam os de qualquer estratégia alternativa, independentemente do comportamento do oponente. Conhecendo este fato ou descobrindo-o por tentativa e erro, Kahn prevê que seu rival Randle continuará protegendo. Nessa pressuposição, Kahn retorna à sua própria decisão e descobre que prefere se proteger. {Proteger, Proteger}, portanto, surge como um equilíbrio estratégico e o jogo oferece uma noção de como e por que os acordos de propriedade privada evoluíram.

Componentes de um jogo

Os elementos essenciais de todos os jogos de estratégia estão presentes no exemplo anterior, e incluem: jogadores, ações, informações, ganhos, ordem de jogo, resultados focais de interesse, estratégias e estratégias de ponto de equilíbrio. Vamos ilustrar cada componente em um jogo de competição por qualidade de serviço. Suponha que dois *jogadores* de conserto de copiadoras, a Ricoh Now e a Sharp ER, devem decidir se oferecem serviço de conserto de copiadoras de resposta rápida a seis e sete territórios longe de suas respectivas sedes regionais, localizadas em duas cidades diferentes a 160 km de distância (veja a Figura 13.1). Os seis *versus* sete territórios de serviços de consertos de resposta rápida são as *ações*. Os *ganhos* com as decisões, que devem ser anunciadas simultaneamente na feira setorial que ocorrerá na próxima semana, são exibidas na Tabela 13.2. Esta matriz de ganhos é a forma normal do jogo, que é uma maneira adequada de representar qualquer jogo simultâneo (por oposição ao sequencial).

A Sharp nota que seu serviço de consertos rápidos no sétimo território mais distante, é caro. Cortar para seis territórios reduz o custo em US$15 por semana por cliente e aumenta seu lucro de US$55 para US$70 por semana quando a Ricoh também reduz, e de US$45 para US$60 por semana quando Ricoh não faz o corte. A maior efetividade do serviço da Sharp nos seis territórios restantes diminui os preços que a rival Ricoh pode cobrar e reduz seu lucro dos US$45 iniciais para apenas US$30 se a Ricoh continuar atendendo todos os sete territórios. Ao diminuir para seis territórios, a Ricoh pode restringir suas perdas em apenas US$5 (de US$45 agora para US$40 > US$30). O *conjunto de informações* conhecidas por ambos os jogadores incluem o conhecimento de todos esses ganhos.

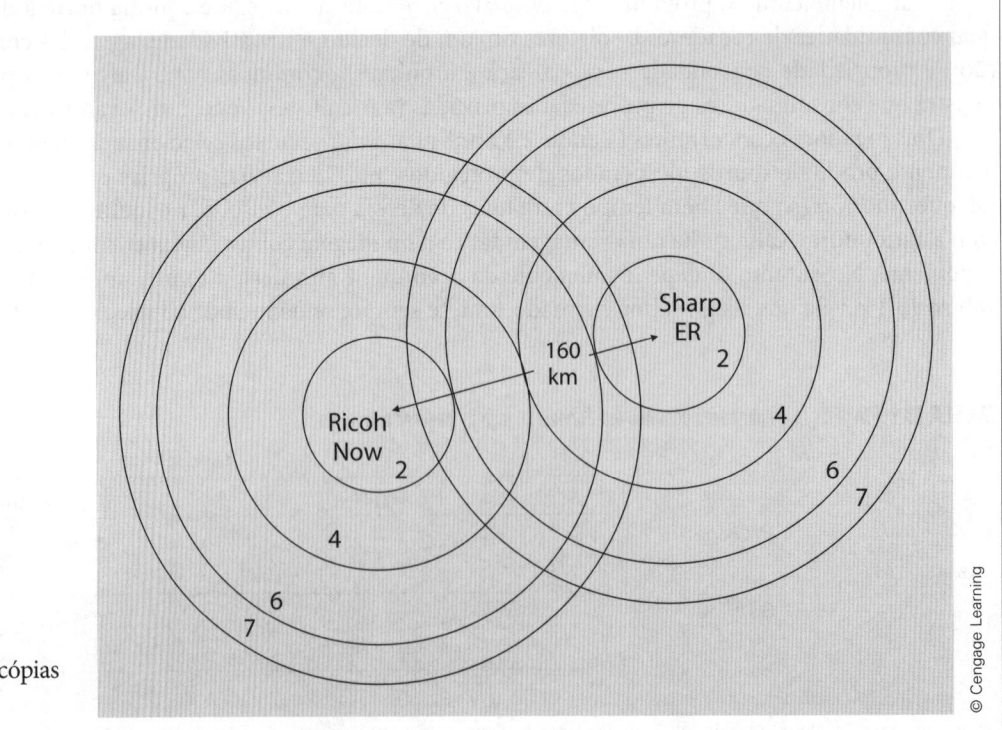

Figura 13.1 Serviços de cópias expressas e consertos

TABELA 13.2 Seis ou sete territórios?

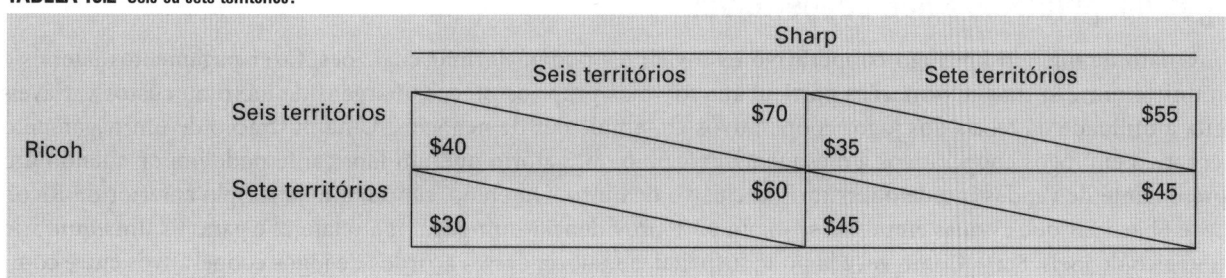

		Sharp			
		Seis territórios		Sete territórios	
Ricoh	Seis territórios	$40	$70	$35	$55
	Sete territórios	$30	$60	$45	$45

Nota: Resultados são lucros. Os resultados da Sharp estão na parte superior da diagonal, e os da Ricoh na parte inferior.

Que estratégia a Ricoh deve adotar? Primeiro, utilizando o conceito de *estratégia dominante*, fica claro que a Sharp ER descontinuará o serviço no sétimo território, e se dará melhor ao reduzir para seis territórios independentemente do que a Ricoh fizer. Para a Sharp, sete territórios é uma estratégia *dominada* (claramente menos preferível do que seis territórios). A Ricoh queria que não fosse assim, pois sua operação mais bem-sucedida envolve uma competição ombro a ombro em sete territórios contra a Sharp. No entanto, a realidade previsível está em outro lugar, e a Ricoh deve prever o comportamento em seis territórios de sua rival e reexaminar suas opções restantes. Tendo eliminado a estratégia dominada da Sharp na segunda coluna, agora a Ricoh tem uma *estratégia* claramente preferível de fornecer consertos expressos em apenas seis territórios. {Seis, Seis} é, portanto, o par da *estratégia de equilíbrio*. Isto é, ao aplicar o conceito de equilíbrio de estratégia dominante ao comportamento de sua rival, a Ricoh pode retornar para analisar sua própria melhor ação. {Seis, Seis}, portanto, é mencionado como equilíbrio de **estratégia dominante reiterada**.

Este conceito de eliminar estratégias dominantes em jogos simultâneos, e, depois, retornar às opções restantes apareceu pela primeira vez em *The Theory of Games and Economic Behavior* [Teoria dos jogos e comportamento econômico] (1944), de John von Neumann e Oskar Morgenstern.[4] Von Neumann e Morgenstern confinaram sua análise principalmente aos jogos cooperativos, nos quais os jogadores podem formar coalizões, providenciar pagamentos à parte e celebrar acordos de licitação. John Nash, Reinhard Selten e John Harsanyi ganharam o Prêmio Nobel de Economia de 1994 por sua extensão dos conceitos de equilíbrio estratégico a jogos não cooperativos, jogos sequenciais e jogos de informações imperfeitas. A vida de John Nash foi celebrada no livro de Sylvia Nasar, *Uma mente brilhante,* e no filme homônimo estrelado por Russell Crowe.

EXEMPLO O Prêmio Nobel vai para três teóricos dos jogos

Nash, Selten e Harsanyi ganharam o Nobel de 1994 por seu trabalho em estratégias de equilíbrio em jogos sequenciais, de xadrez e pôquer a intervenções de bancos centrais, limite de preços para impedir entradas, competições de pesquisa e desenvolvimento e leilão do espectro magnético de radiofrequência. Não raro, diversos pontos de equilíbrio surgem em tais jogos. Outra implicação é a de que a ordem das jogadas pode afetar decisões estratégicas — mover-se primeiro em um desenvolvimento de produto preferencial frequentemente pode barrar a ameaça de entrada de um concorrente. Em outras circunstâncias, ter a última reação no jogo final, enquanto a tecnologia dinâmica toma uma nova direção, pode garantir uma vantagem estratégica. Distinguir entre esses e outros caminhos complexos para a estratégia mais lucrativa é a função das estratégias de equilíbrio na teoria dos jogos.

---

[4] Dois outros livros muito utilizados sobre teoria dos jogos são A. Dixit e S. Skeath, *Games of Strategy*. Nova York, Norton, 2006; Eric Rasmussen, *Games and Information*, 3. ed., Cambridge, MA: Basil Blackwell, 2008.

Jogos cooperativos e não cooperativos

O fato de que em um **jogo cooperativo** os jogadores podem formar coalizões, fazer pagamentos laterais e comunicar entre si suas informações particulares sobre os próprios preços, margens de lucro ou custos variáveis limita a utilidade da teoria dos jogos cooperativos em ambientes de negócios. Uma ilustração de um pagamento alternativo em jogos cooperativos é o esquema de ganho obrigatório que um fabricante pode impor quando um representante de vendas invade o território exclusivo de outro. Ou então, suponha no exemplo anterior da Ricoh Now e Sharp ER que as duas empresas se unam para providenciar um pagamento lateral e garantir um equilíbrio estratégico de {Seis, Seis}. Como você já pode suspeitar, a maioria desses acordos de jogos cooperativos entre competidores próximos para troca de informações sobre preço ou organização de pagamentos laterais constitui, em si, violações das leis antitruste nos Estados Unidos e na Europa Ocidental.[5] Por esses motivos, estrategistas de negócios prestavam relativamente pouca atenção à teoria dos jogos até que os conceitos de equilíbrio estratégico *não cooperativo* foram desenvolvidos.

Jogos não cooperativos proíbem a comunicação por conluio, pagamentos laterais e acordos vinculadores aplicáveis a terceiros. Em vez disso, tais jogos se concentram em relações de confiança autoaplicáveis para caracterizar o equilíbrio estratégico e prever a reação do rival. Um exemplo que já vimos no Capítulo 10 é a confiança mútua entre compradores de produtos de experiência de alto preço, como carros usados, e vendedores com ativos não reutilizáveis (por exemplo: publicidade da webmotors). Outros exemplos incluem empresas de computador que constroem sistemas operacionais em um padrão comum que possa se comunicar entre plataformas de PC, ou empresas aéreas concorrentes que anunciam tarifas altas dia após dia, apesar da atração rápida mas fugaz, de surgir como uma empresa renegada que oferece descontos. Claramente, esses jogos não cooperativos são diferentes dos cooperativos em aspectos importantes que os tornam mais aplicáveis à estratégia de negócios.

Outros tipos de jogos

Jogos de estratégia também são classificados de acordo com o número de jogadores envolvidos, a compatibilidade de seus interesses e o número de repetições do jogo. Estes são analisados como *jogos de período único ("uma chance")*. A rivalidade entre os jogadores em "Protege-Saquea" e em "Seis ou Sete Territórios" é altamente relevante para a situação estratégica. A seguir, prestaremos atenção às implicações diferentes e um tanto paradoxais dos chamados *jogos repetidos*. Em um *jogo com duas pessoas*, cada jogador tenta obter o máximo possível do outro com os métodos de cooperação, barganha ou ameaça disponíveis. *Jogos com n-pessoas* são mais difíceis de analisar porque subgrupos de jogadores podem formar coalizões para impor soluções ao restante dos jogadores. Coalizões podem ser de qualquer tamanho e ser quebradas e refeitas à medida que o jogo progride. O governo parlamentarista é o exemplo clássico de jogos com *n*-pessoas. Embora a possibilidade de coalizões acrescente muito à riqueza dos tipos de situações que podem ser consideradas pela teoria dos jogos, as coalizões adicionam uma complexidade substancial à teoria necessária para analisar tais jogos.

Em um **jogo de duas pessoas e soma zero**, os jogadores têm interesses exatamente opostos – o ganho de um é a perda do outro e vice-versa. "Protetor-Saqueador" serve de exemplo intuitivo. Embora diversos jogos de salão e algumas aplicações militares possam ser analisados com jogos de soma zero, a maioria das situações de conflitos de interesse na vida real não se encaixa nesta categoria. Por sua vez, em um *jogo de duas pessoas e soma não zero* ambos os jogadores podem ganhar ou perder dependendo das ações que cada um decide tomar. "Seis ou Sete Territórios" é um **jogo de soma não zero** – limitar a concorrência a seis territórios aumenta o lucro total com a interação para US$110 em vez de US$90.

Em todos esses jogos, pelo menos um resultado é preferido em conjunto, e, consequentemente, os jogadores podem ser capazes de aumentar seu ganho por meio de alguma forma de coordenação. Talvez a estrutura genérica mais famosa para jogos de soma não zero seja o *Dilema do prisioneiro*. Muitas situações do mundo real, como definição de preços de duopólio entre Pepsico e Coca-Cola, experiência de boas transações para um carro usado e barganhas com parceiros de canal em jogos de distribuidor/fabricante, podem ser representadas como um Dilema do Prisioneiro.

---

5 Por exemplo, os pareceres antitruste em *U.S. v. National Gypsum*, 428 U. S. 422, 1978; *U. S. v. Airline Tariff Publishing Co. et al.*, 92-52854, 1992, proibiram expressamente a troca antecipada de listas de preços entre concorrentes.

ANÁLISE DE JOGOS SIMULTÂNEOS
Dilema do prisioneiro

No Dilema do Prisioneiro, dois suspeitos são acusados de cometer juntos um crime. Para condenar os suspeitos, no entanto, uma confissão de um ou de ambos é necessária. Eles são separados e nenhuma informação pode ser passada entre eles, o que faz disso um jogo não cooperativo. Se nenhum suspeito confessar, o promotor não poderá conseguir a condenação deles pelo crime e cada suspeito receberá apenas uma sentença de prisão curta (1 ano). Se um suspeito confessar (ex.: entregar evidências à Justiça) e o outro não, o que confessou receberá uma suspensão de sentença e o outro receberá uma pena longa de 15 anos de prisão. Se ambos confessarem, cada um receberá uma pena intermediária de 6 anos de prisão. Cada suspeito deve decidir, sob essas condições, se irá confessar. Esta situação de conflito de interesses pode ser representada em uma matriz de jogo como a exibida na Tabela 13.3.

Este jogo pode ser examinado utilizando o conceito de nível mínimo de segurança que surge quando os jogadores fazem um "pior caso" da situação. Uma **estratégia maximin**, então, seleciona o ganho máximo quando as piores situações surgem. Para o Suspeito 2 (jogador da coluna), o resultado mínimo por escolher "Não Confessar" é uma pena de 15 anos de prisão surgida quando o Suspeito 1 confessa (na linha inferior), e o resultado mínimo por escolher "Confessar" é uma sentença de 6 anos de prisão resultante, novamente, da confissão do Suspeito 1. Portanto, maximizar o nível de segurança motivaria o Suspeito 2 a escolher a segunda alternativa de confessar, para evitar a possibilidade de um resultado ainda pior por não confessar. Um raciocínio semelhante é verdadeiro para o Suspeito 1, e ele também estaria motivado a escolher a alternativa de confessar sua culpa. Assim, a segunda alternativa para cada jogador "Confessar" domina a outra estratégia "Não Confessar" e {Confessar, Confessar} constitui um par de estratégia dominante de equilíbrio e isola a solução previsível dos jogadores.[6]

Nesse jogo, os dois suspeitos claramente teriam um ganho maior (isto é, uma pena menor) se ambos decidissem escolher suas primeiras alternativas ("Não Confessar"). No entanto, ao tentar maximizar suas compensações previsíveis (ou, mais precisamente, seus níveis de segurança), a primeira alternativa não é uma escolha racional para nenhum suspeito. Os jogadores poderiam, claro, aceitar antecipadamente manter sua inocência, mas, sem sanções rígidas para forçá-los a aderir ao acordo, cada um ficaria tentado a trair o outro ao confessar sua culpa. Qualquer suspeito que romper o acordo primeiro tem a possibilidade de reduzir sua sentença de uma prisão de 6 anos para uma suspensão da pena.

A analogia com decisões de definição de preços e resultados entre empresas em setores oligopolistas é impressionante. Considere duas linhas de cruzeiro marítimo – Carnival Cruise e Royal Caribbean – que operam os únicos cruzeiros de três dias no Caribe com saída de Miami. Se cada empresa agir independentemente para maximizar seu próprio lucro, a maximização de lucro no longo prazo (equilíbrio de Cournot) será de US$300 por pessoa. Se as duas empresas agirem em conjunto para maximizar o lucro total do setor, o preço da maximização de lucro será de US$450. Presuma que esses dois preços são os únicos em consideração.

As duas companhias devem decidir sua própria ação sem saber da decisão da rival, o que é a essência de um **jogo simultâneo**. Embora o raciocínio do **jogo sequencial** seja essencial para a conduta bem-sucedida de algumas estratégias de negócios, muitas decisões devem ser tomadas simultaneamente com rivais. Considere as ofertas em um leilão silencioso, as datas de lançamento de coleções de moda, anúncios promocionais cumprindo prazo

TABELA 13.3 Matriz de compensações do dilema do prisioneiro

		Suspeito 2	
		Não confessar	Confessar
Suspeito 1	Não confessar	1 ano de prisão para cada suspeito	15 anos de prisão para o suspeito 1 e suspensão da sentença para o supeito 2
	Confessar	Suspensão de sentença para o suspeito 1 e 15 anos de prisão para o suspeito 2	6 anos de prisão para cada suspeito

---

[6] A estratégia maximin frequentemente produzirá ações que não estão alinhadas com o equilíbrio da estratégia dominante se o tomador de decisões estiver focado na maximização de ganhos ou no valor esperado dos ganhos líquidos, em vez de simplesmente minimizar as perdas absolutas. Uma estratégia relacionada concentra-se na minimização de perdas de oportunidades, às vezes chamada de arrependimento minimax.

TABELA 13.4 Preços para navios de cruzeiro com estratégia dominante

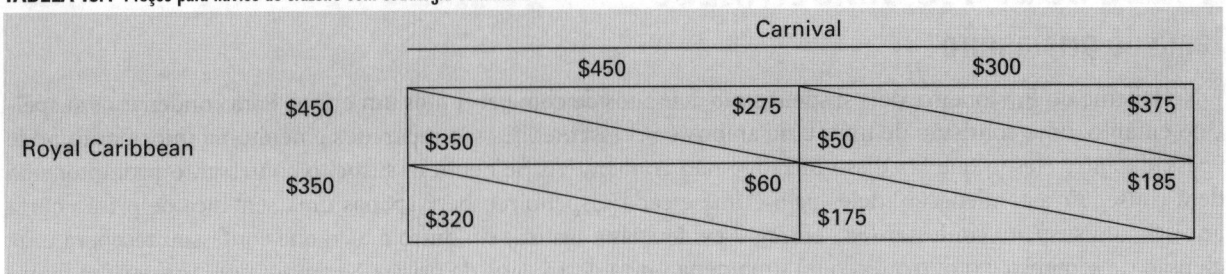

		Carnival	
		$450	$300
Royal Caribbean	$450	$350 / $275	$50 / $375
	$350	$320 / $60	$175 / $185

Nota: Os ganhos do jogador da coluna (em milhares) estão acima da diagonal, as do jogador de linha abaixo.

de jornal e anúncios de preços publicados em uma câmara de compensação eletrônica patrocinada pelo setor de navios de cruzeiro ou empresas aéreas.

Os ganhos para cada empresa de cruzeiros são mostradas na Tabela 13.4. O número abaixo da diagonal em cada célula é o ganho para a Royal Caribbean (RC), e o número acima da diagonal é o ganho para a Carnival. Cada empresa reluta em escolher o preço mais lucrativo (para as duas) de US$450. Se uma delas voltar atrás e der desconto para US$300, a empresa que cobra US$450 terá lucros significativamente menores do que a rival. Este jogo tem uma ordem de resultados típica de um Dilema do Prisioneiro. Como vimos, a cooperação unilateral com o anúncio de altos preços sob tais circunstâncias é tola. Por exemplo, o ganho para a Carnival com a deserção unilateral (US$375.000) ultrapassa o ganho com a cooperação mútua a preços altos (US$275.000), que já excede o ganho com a deserção mútua a preços baixos (US$185.000), que, por fim, ultrapassa o ganho com a cooperação unilateral (US$60.000), o que leva a estratégia dominante para a Carnival à deserção.

A Royal Caribbean não conta com tal estratégia dominante. No entanto, como pode prever a conduta da Carnival, ao eliminar a probabilidade da estratégia dominada da Carnival de US$450, a RC pode retornar para uma estratégia preferível. Portanto, o comportamento da Royal Caribbean também é bastante previsível, e o equilíbrio da estratégia dominante reiterada prova ser {US$300, US$300} ou {Desertar, Desertar}, assim como o próprio Dilema do Prisioneiro. O Dilema de Prisioneiro que a Royal Caribbean e a Carnival enfrentam é um *jogo de coordenação, não cooperativo de soma positiva*. Na próxima seção estudaremos como escapar do dilema mudando a estrutura de tais jogos.

Estratégia dominante e estratégia do equilíbrio de Nash definidas

Observe que uma estratégia dominada não é necessária para as duas empresas de cruzeiros atingirem um equilíbrio de estratégia dominante reiterada. O motivo é que uma estratégia dominante não exige nenhum comportamento de reação ideal ou subideal em particular da outra parte. É definida como uma ação para o jogador i que é uma ação ideal $\{a_i^*\}$ no sentido forte de que, independentemente do que os outros jogadores fazem, o ganho para o jogador i, $\Pi_i\{a_i^*, a_{-i}\}$ excede o ganho para o jogador i de qualquer outra ação, $\Pi_i\{a_i, a_{-i}\}$[7]

$$\Pi_i\{a_i^*, a_{-i}\} > \Pi_i\{a_i, a_{-i}\} \qquad [13.1]$$

Consequentemente, uma estratégia dominante é suficiente para prever o comportamento do rival, e, portanto, o equilíbrio estratégico em qualquer jogo simultâneo de duas pessoas e uma jogada. Quando a estratégia dominante da Carnival (isto é, desertar e cortar preços para US$300) for identificada, a conduta da Royal Caribbean (isto é, também desertar) é facilmente previsível. Vimos este resultado em "Seis ou Sete Territórios" e em "Saqueador-Protetor".

E quanto a jogos simultâneos sem nenhuma estratégia dominante? Para examinar esta questão, recorremos a um jogo de anúncio de preço simultâneo de um lance entre a PepsiCo e a Coca-Cola. Cada semana, ambas as empresas devem escolher se mantêm ou dão descontos em seus canais de distribuição em supermercados. Os ganhos por semana por loja são mostradas na Tabela 13.5. Como mostrado na célula nordeste (NE), se a Coca-Cola desistir unilateralmente dos descontos, o seu ganho aumentará de $13.000 para $16.000, enquanto o ganhos

---

[7] Uma ação estrelada refere-se a uma opção de maximização. Aqui, é uma ação que resulta da maximização do lucro.

TABELA 13.5 Descontos de renegados em refrigerantes sem estratégia dominante

		Coca-Cola	
		Manter preços altos	Desconto de preços baixos
Pepsico	Manter preços altos	$12.000 / $13.000	$9.000 / $16.000
	Desconto de preços baixos	$14.000 / $10.500	$6.300 / $8.000

Nota: Os ganhos do jogador da coluna, em milhares, estão acima da diagonal. Os ganhos do jogador da linha estão abaixo da diagonal.

da PepsiCo cairá em 25%, de US$12.000 para US$9.000. Da mesma forma, a PepsiCo pode virar a mesa contra a Coca-Cola ao dar descontos unilateralmente para aumentar o lucro operacional em 16%, de US$12.000 para US$14.000, enquanto os lucros da Coca-Cola diminuiriam de US$13.000 para US$10.500. A Tabela 13.5 não mostra nenhuma estratégia dominante. A PepsiCo deseja dar descontos quando a Coca-Cola mantém preços mais altos (US$14.000 > US$12.000), mas, de forma igualmente clara, ela quer manter preços mais altos quando a Coca-Cola oferece descontos (US$9.000 > US$6.300). A mesma ambiguidade está presente para a Coca-Cola. Que critérios permitem a previsão do comportamento rival neste jogo de "Descontos de Renegados"?

A resposta está em uma aplicação reflexiva do conceito de **reação de melhor resposta**. Se uma ação fosse a melhor resposta à ação de um rival, que, por sua vez, fosse a melhor resposta à ação original, as partes identificariam uma estratégia de equilíbrio. Mais formalmente, a **estratégia de equilíbrio de Nash** é definida como uma ação para o jogador i condicionalmente ideal $\{a_i^*\}$ no sentido de que o ganho para o jogador i, dadas as reações de melhores respostas dos rivais $\Pi_i\{a_i^*, a_{-i}^*\}$, excede o ganho para o jogador i com qualquer outra ação $\Pi_i\{a_i, a_{-i}^*\}$, dadas as reações de melhores respostas dos rivais:

$$\Pi_i\{a_i^*, a_{-i}^*\} > \Pi_i\{a_i, a_{-i}^*\} \qquad [13.2]$$

Em Desconto de Renegado, os dois equilíbrios puros de Nash são {Manter$_p^*$, Desconto$_c^*$} e {Desconto$_p^*$, Manter$_c^*$}, onde as letras subscritas referem-se à PepsiCo e à Coca-Cola. Lembre-se de que a ordem de jogada não é tão importante neste jogo – poderíamos ter revertido facilmente esses pares de estratégia e listado a Coca-Cola em vez da PepsiCo primeiro. As concorrentes presentes parecem ter percebido exatamente este ponto porque, por 42 semanas em 1992, revezaram-se no desconto em ponta de gôndolas de supermercados nos Estados Unidos.

O que é notável sobre essas estratégias de equilíbrio de Nash é que não são exclusivas. Os diversos equilíbrios ocorrem porque o conceito de equilíbrio de Nash é menos exigente (isto é, mais fácil de atender) do que o equilíbrio de estratégia dominante. Este exige que uma ação seja ótima para cada reação possível do rival, enquanto o de Nash exige apenas que uma ação seja ideal para uma reação de melhor resposta do rival. No entanto, esse conhecimento não ajuda a resolver o problema da PepsiCo sobre que preço anunciar em seguida. Lembre-se de que cada engarrafadora anuncia seu preço sem saber antes o que sua rival anunciou.

Se a PepsiCo acreditasse que a Coca-Cola daria descontos na metade do tempo e mantivesse o preço metade do tempo, o valor esperado de manutenção da PepsiCo seria de US$10.500 (a saber, 0,5 × US$12.000 + 0,5 × US$9.000), enquanto o valor esperado do desconto da PepsiCo seria menor (isto é, apenas US$10.150). Tais resultados parecem sugerir uma preferência pela manutenção de preços altos, mas, novamente, se a PepsiCo mantivesse seus preços previsivelmente altos, a Coca-Cola poderia desertar unilateralmente e ganhar US$16.000, enquanto a PepsiCo obteria apenas US$9.000. Portanto, como a PepsiCo pode evitar pesar a mão e terminar com o resultado de US$9.000 em vez de seu próprio resultado de deserção de US$14.000 tão frequentemente?

A resposta está na randomização do processo de definição de preço pela PepsiCo. A PepsiCo deve descobrir que reação de definição automática de precificação deixaria a Coca-Cola indiferente entre a manutenção e o desconto e, portanto, disposta a tornar seu próprio anúncio de preço algo aleatório. Isto é, que probabilidade de desconto pela PepsiCo deixaria a Coca-Cola indiferente entre igualar o ganho esperado da Coca-Cola com a manutenção comparada com o ganho esperado com o desconto? O interessante é que, como os ganhos são assimétricos, a probabilidade desejada não é 0,5. Vejamos qual é a solução. Utilizando p para representar a probabilidade de que a PepsiCo mantenha o preço e $(1 - p)$ a de ela dar desconto, calculamos

$$(p)\ \$13.000 + (1-p)\ \$10.500 = (p)\ \$16.000 + (1-p)\ \$8.000 \qquad [13.3]$$

onde os ganhos da Coca-Cola são organizados para corresponder às colunas da Tabela 13.5. As probabilidades da solução $p = 0,454$ e $(1 - p) = 0,546$ tornam a Coca-Cola indiferente, e, portanto, a PepsiCo menos vulnerável à deserção unilateral.

Observe a refletividade de imagem espelhada a esta solução de equilíbrio de Nash: a Coca-Cola enfrenta um dilema de estrutura de ganhos e estratégia comparável ao da PepsiCo, e presumidamente gostaria de saber as probabilidades de manter e dar desconto que tornariam a PepsiCo indiferente entre as duas opções. Calculando como antes,

$$(p')\ \$12.000 + (1-p')\ \$9.000 = (p')\ \$14.000 + (1-p')\ \$6.300 \qquad [13.4]$$

onde os ganhos da PepsiCo são organizados para corresponder às linhas da Tabela 13.5, obtemos $p' = 0,574$ e $(1 - p') = 0,426$. Se a escolha aleatória pela PepsiCo for uma reação de melhor resposta à Coca-Cola, e se a Coca-Cola não puder, então, fazer melhor, este jogo de desconto renegado deverá ter uma terceira estratégia de equilíbrio de Nash – a saber, {Manter pela PepsiCo com $p = 0,454$, Manter pela Coca-Cola com $p' = 0,574$}. Este par de estratégias é chamado **estratégia mista de equilíbrio de Nash**. Um peso de probabilidade 0,454 sobre a manutenção e outro de 0,546 sobre o desconto pela PepsiCo produzem um valor esperado de US$11.634 para cada estratégia de anúncio de preços da Coca-Cola. Da mesma forma, um peso de probabilidade de 0,574 sobre a manutenção e de 0,426 sobre o desconto pela Coca-Cola produz um valor esperado de US$10.720 para cada estratégia de anúncio de preços da PepsiCo. A solução de equilíbrio estratégico para este jogo, portanto, contém duas estratégias puras e uma estratégia mista de Nash: {Manter*$_p$, Desconto*$_c$}, {Desconto*$_p$, Manter*$_c$} e {Manter*$_p$ = 0,454, Manter*$_c$ = 0,574}.

Utilizar um programa de computador que torna aleatório um jogo de cara ou coroa viesado (desequilibrado) é uma forma de implementar esta estratégia mista de Nash. A princípio, no entanto, nenhuma dessas três estratégias de equilíbrio de Nash é preferencial em relação às outras. Em um jogo de uma jogada de Desconto Renegado, todas as quatro células na Tabela 13.5 ainda surgem. O resultado {$6.300, $8.000} na célula sudeste e o resultado {$12.000, $13.000} na célula noroeste, e os dois resultados assimétricos correspondentes a nossas duas estratégias de Nash puras, também aparecerão às vezes. Em um jogo não cooperativo simultâneo de uma jogada que não permite comunicação antecipada, nenhum pagamento à parte nem acordos de vinculação, os jogadores simplesmente não conseguem evitar esta multiplicidade de possíveis equilíbrios estratégicos. Na prática, portanto, um lance de qualquer uma das três estratégias de Nash no jogo de Desconto Renegado pode funcionar bem ou mal.

É claro que o resultado {US$12.000, US$13.000} é melhor para todos. Na próxima seção, veremos como garantir este resultado ganha-ganha ao introduzir jogadas repetidas, informações imperfeitas e mecanismos de credibilidade para converter este jogo simultâneo em um jogo sequencial. Barry Nalebuff, professor em Yale e autor do amplamente lido *Thinking Strategically* [Pensando estrategicamente], chama isso de "mudar a natureza da competição" e a diferencia do "conluio", que violaria as leis antitruste.[8]

FUGA DO DILEMA DO PRISIONEIRO
Esquemas de punição e recompensa em diversos períodos em jogos de jogadas repetidas

Nesta seção, flexibilizaremos as hipóteses de jogos de jogada única, completos e de informações perfeitas. Vejamos novamente o exemplo da PepsiCo e Coca-Cola com a estrutura de ganho do Dilema do Prisioneiro como mostrada na Tabela 13.6. A PepsiCo e a Coca-Cola ficarão piores se uma delas desertar unilateralmente da manutenção de preços altos. Cada engarrafadora de refrigerante gostaria de buscar o ganho de US$12.000, mas a única forma de evitar a vulnerabilidade de uma deserção unilateral é desertar! A estratégia dominante move os dois jogadores a dar desconto em seus pacotes de 12 unidades no jogo de uma jogada. No entanto, é claro que a PepsiCo e a Coca-Cola reconhecem que estão envolvidas em um processo competitivo, não em um jogo de uma jogada (isto é, jogada simples). A cada semana, elas se encontrarão em muitas repetições futuras deste jogo de definição de

---

[8] Veja A. Dixit, B. Nalebuff. *Thinking Strategically*. Nova York: Norton, 1993; Businessman's Dilemma. *Forbes*, 11 out. 1993, p. 107.

TABELA 13.6 Dilema do prisioneiro repetido em refrigerantes

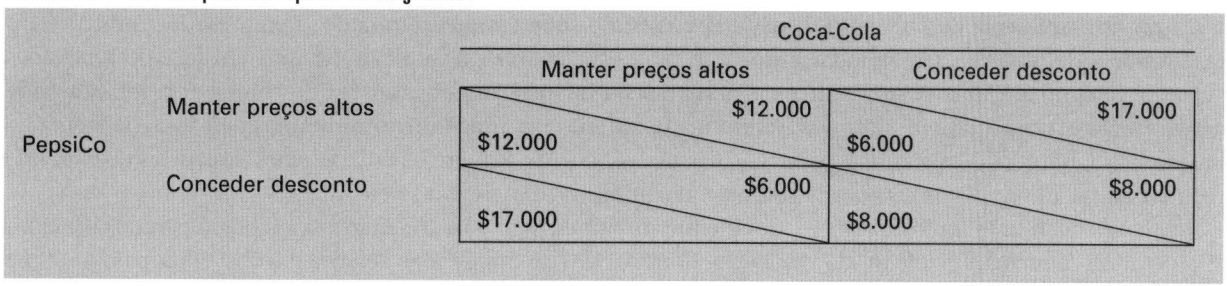

		Coca-Cola	
		Manter preços altos	Conceder desconto
PepsiCo	Manter preços altos	$12.000 / $12.000	$17.000 / $6.000
	Conceder desconto	$6.000 / $17.000	$8.000 / $8.000

preço em supermercados e lojas de conveniência no país inteiro. Consequentemente, a cooperação tática, em vez do corte dogmático de preços, tem chance de evoluir.

Suponha que a Coca-Cola comece o processo anunciando um preço alto no Período 1. Sua intenção é jogar com este preço continuamente até que a PepsiCo deserte e nunca mais anuncie preço alto novamente, o que é a chamada **estratégia do gatilho sinistro**. Qualquer movimento da PepsiCo longe da definição de preço alto cooperativo fará que a punição da Coca-Cola seja imediata e sem fim. Esquemas de punição em diversos períodos são a chave para induzir à cooperação em jogos de Dilema do Prisioneiro, seja com empresas de cruzeiro, aéreas ou de refrigerante. Neste caso, a PepsiCo compara a perda de oportunidade de perpetuidade de (US$12.000 – US$8.000) descontada à taxa de juros r por período ao ganho único com a deserção de (US$17.000 – US$12.000):

$$\$4.000/r > \$5.000 \text{ se } r < 0{,}8 \qquad [13.5]$$

A interpretação é direta. A qualquer taxa de desconto inferior a 80%, os ganhos futuros da PepsiCo com a manutenção cooperativa de preços altos superam o único ganho com a deserção. Assim, a estratégia dominante de desertar em jogos de um lance não é mais atraente. Este cálculo e esta conclusão refletem um **teorema de Folk** generalizável, que declara: para qualquer estrutura de ganho, sempre há uma taxa de desconto suficientemente baixa para induzir à cooperação em um Dilema do Prisioneiro repetido infinitamente. Assim, uma estratégia de gatilho cruel pode induzir cooperação em um Dilema de Prisioneiro repetido infinitamente.[9]

No entanto, como as empresas não duram para sempre, o teorema de Folk faz uma pergunta óbvia: "E para períodos mais curtos de, digamos, 20 semanas?". O cálculo do período de 20 semanas é realizado facilmente; r agora deve ser inferior a 79%. Porém, se 20 semanas, e quanto a 10, e se 10, que tal 2 semanas? Suponha que este agora é o início da Semana 2. Sabemos que estaremos fora desta estrutura "cooperativa" na semana seguinte (isto é, Semana 3); portanto, nosso incentivo restante para manter preços altos é de apenas US$4.000/(1 + r), e nosso incentivo para desertar é de US$5.000. Agora, de repente, para qualquer taxa de desconto, cada jogador se dará melhor ao desertar. Este resultado também é generalizável. A última jogada de um Dilema do Prisioneiro repetido finitamente tem os mesmos incentivos de um Dilema do Prisioneiro de uma jogada – todos desertam. Portanto, em um período longe do final do jogo de um Dilema de Prisioneiro de jogada finitamente repetida, nenhuma das partes tem incentivo para manter sua reputação para cooperar.

Resolução e o paradoxo da cadeia de lojas

Os prospectos para cooperação em qualquer Dilema do Prisioneiro repetido *finitamente* são ruins, porque o que é verdadeiro para um jogo de 2 períodos deve ser verdadeiro pela indução retroativa para um período de 3 jogos. Se você sabe no segundo período do jogo que é compensador desertar, no terceiro período do jogo deverá saber que certa deserção está a apenas um período de distância, e, portanto, deverá desertar agora. E se isto for verdadeiro para um jogo de 3 períodos, também o será para um jogo de 4 períodos, e assim por diante, até para um jogo de 20 períodos. Reinhard Selten investigou este **problema de resolução** para o Dilema do prisioneiro

---

[9] É claro que uma desvantagem clara de estratégias de gatilho sinistro é que os resultados cooperativos não podem sobreviver a um único e mísero erro no raciocínio ou falha de comunicação de um dos jogadores. O conceito de Selten de uma **estratégia de gatilho de mão trêmula** permite um período de carência de jogada errada pela outra parte antes de impor a punição sinistra para a deserção. Obviamente, um rival trapaceiro que compreenda esta estratégia tirará proveito de seu oponente ao alegar tantos "erros" únicos de deserção quantos poderão salvá-lo.

repetido no contexto de cadeias de lojas incumbentes que enfrentam ameaças recorrentes de entrada de seus rivais.[10] Em um ambiente de Dilema do Prisioneiro como os que temos examinado, a empresa incumbente tem uma estratégia dominante de acomodar a nova entrante. No entanto, a intuição diz que, em face de repetições suficientes da competição em cadeias de lojas, a reputação estabelecida da empresa de combater a entrada pode compensar. No extremo, esta intuição é absolutamente correta. Em **jogos infinitamente repetidos**, o teorema de Folk se aplica. Contudo, com menos repetições, mesmo no enorme número de competições de cadeias de lojas que podem enfrentar um McDonald's ou um Walmart, o equilíbrio cooperativo se resolve.

Reinhard Selten inventou o conceito de **raciocínio de fim de jogo** para mostrar este resultado paradoxal e enfatizar a natureza sequencial de efeitos de reputação. O raciocínio de fim de jogo sempre envolve olhar para a última jogada em uma sequência ordenada de jogadas, identificando o jogador cujas decisões controlarão o resultado do jogo final e, então, prevendo a reação de melhor resposta do jogador. Na Figura 13.2, temos uma cadeia de lojas incumbentes (E) que se acomoda ou luta em reação a uma possível entrante (PE) que fica fora ou entra. A acomodação implica a renúncia de US$20.000 do lucro da cadeia de lojas incumbentes (US$100.000 – US$80.000) e induz à entrada futura, mas combater a entrada atual para adquirir uma reputação de dureza em futuras possíveis situações de entrada envolve agora perdas reais (– US$10.000). Imagine a árvore do jogo exibida como as últimas três confluências de uma concorrência de 20 cadeias de lojas percebida pelos dois jogadores desde o início. Olhando para o final do jogo, fica claro que cadeia de lojas incumbentes se acomodará no último submercado. Na decisão C, os US$100.000 para se acomodar ultrapassam os US$60.000 para lutar, e os US$80.000 para se acomodar na decisão B ultrapassam os – US$10.000 para lutar. O mais importante é que uma reputação de dureza não garante um ganho posterior, porque

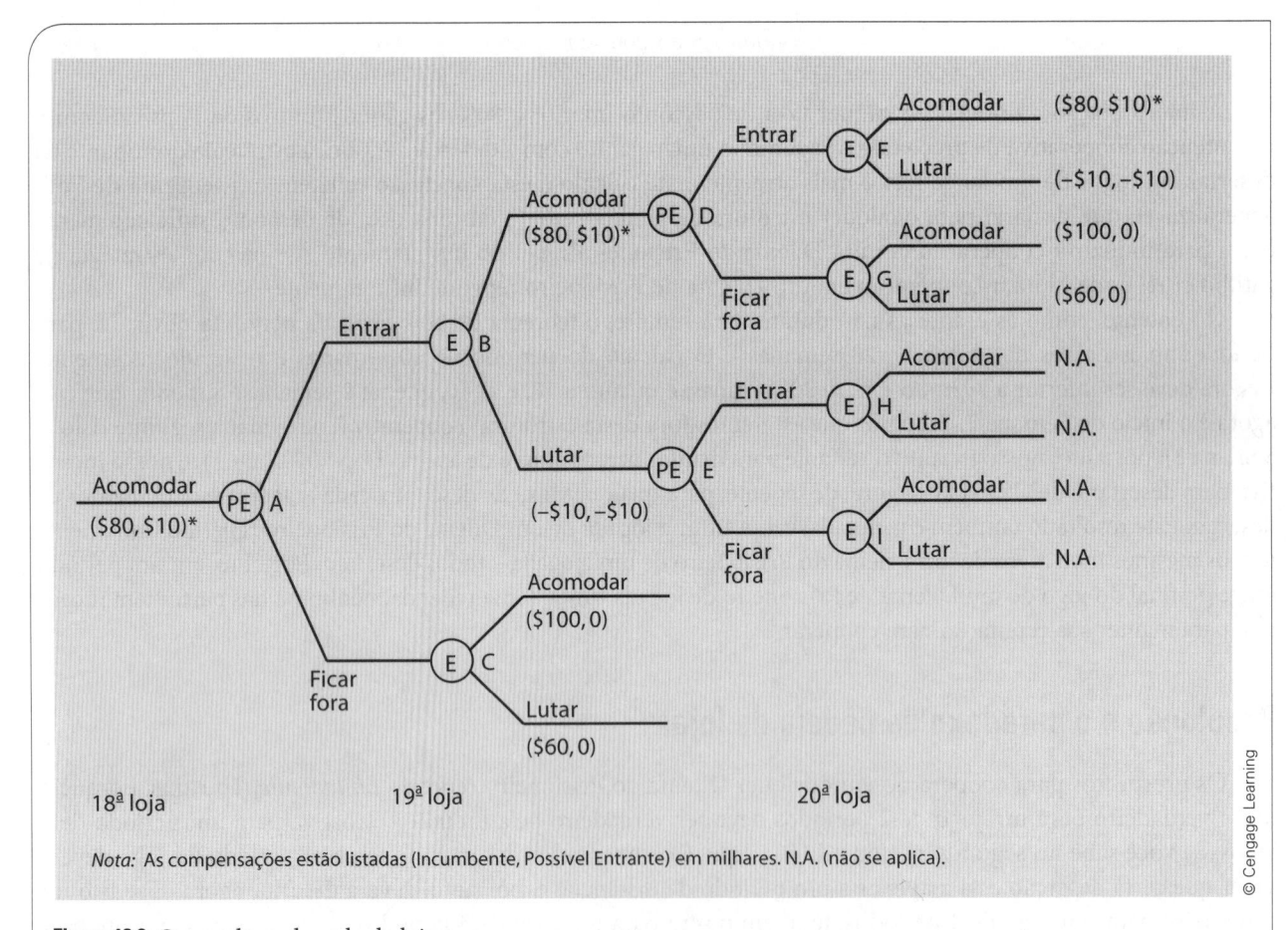

Figura 13.2 O paradoxo da rede de lojas

Nota: As compensações estão listadas (Incumbente, Possível Entrante) em milhares. N.A. (não se aplica).

---

10 Veja J. Harsanyi, R. Selten. *A General Theory of Equilibrium Selection in Games*. Cambridge, MA: MIT Press, 1988; ou, para um tratamento menos técnico, E. Rasmussen. *Games and Information*. 2. ed. Cambridge: Blackwell, 1994, Capítulo 5.

é verdadeiramente o final do jogo. Como a possível start-up também sabe que é o final do jogo, a entrada certamente ocorrerá no último submercado.

Agora, olhando para os mercados anteriores (como a 19ª loja), a empresa incumbente percebe que a entrada subsequente da sua rival no 20º submercado é certa e, portanto, que novamente uma tentativa de adquirir uma melhor reputação por lutar é inútil nesse 19º submercado. Acomodar-se, portanto, é a reação de melhor resposta no subjogo adequado do nó B em diante até o final do jogo. Como a entrante também pode prever esta decisão, a entrada ocorrerá no 19º submercado no nó A. No entanto, o que é verdadeiro para o 19º deve ser verdadeiro para o 18º, o 17º e assim por diante, até o início do jogo.

Este *raciocínio de indução retroativa* leva ao **paradoxo da cadeia de lojas**. Podemos calcular no submercado 1 que, a taxas de desconto razoáveis, a empresa incumbente também poderá ter um valor líquido presente suficiente de lucros com o impedimento de futuras entradas para justificar lutar agora, em vez de se acomodar. Ainda assim, a previsibilidade de sua acomodação futura coloca em risco a credibilidade da luta atual da empresa incumbente. Tal previsibilidade de selecionar a acomodação como uma reação de melhor resposta até o final do jogo significa a resolução dos efeitos de reputação de qualquer luta atual. A acomodação, portanto, ocorre em cada submercado ou cada período no jogo de 20 submercados/20 períodos, assim como argumentamos anteriormente que ocorreria no jogo de 2 submercados/2 períodos.

Nossa intuição diz que esse comportamento de acomodação do concorrente 1 é paradoxal, especialmente quando uma longa fila de potenciais concorrentes espera nos bastidores – por isso, o termo "paradoxo de cadeia de lojas". E, como veremos, mudar outras características do problema de decisão da cadeia de lojas pode anular esse resultado contraintuitivo, alinhando a empresa incumbente com uma defesa menos passiva do "território" que eles dominam.

Abstenção mútua e cooperação em jogos repetidos do Dilema do prisioneiro

Uma maneira de embaralhar o raciocínio do paradoxo da cadeia de lojas é introduzir um final incerto no jogo. Se a empresa incumbente nunca puder ter certeza de que encontros futuros além do submercado 20 surgirão, o efeito da reputação de lutar no 19º período retornará. Qualquer probabilidade positiva de que o jogo continuará é suficiente (novamente, a taxas de desconto suficientemente baixas) para restaurar o efeito bloqueador de lutar no período 20. Se lutar for racional no período 20, a empresa incumbente estará disposta a lutar nos 19, 18 etc. até o período 1. Se a empresa incumbente estiver disposta no período 1, ela poderá não ter de fazer isso porque a outra empresa não entrará. A implicação análoga em um jogo de precificação finitamente repetido, como o Dilema do Prisioneiro repetido em refrigerantes (na Tabela 13.6), é que os rivais irão cooperar mantendo preços altos desde que o final do jogo seja incerto. Com um período restante, podemos escrever a Equação 13.6 como

$$\$4.000 + \$4.000 \times \frac{1}{(1+r)} \times p > \$5.000 \quad [13.6]$$

onde p é a probabilidade de o jogo continuar além do próximo período. Para $r = 0,1$, uma probabilidade tão baixa quanto 0,28 é suficiente para despertar a cooperação na manutenção de preços altos e um resultado de célula noroeste {US$12.000, US$12.000} na Tabela 13.6. Portanto, a repetição infinita não é necessária para induzir a cooperação no Dilema do Prisioneiro – um final incerto será suficiente.

EXEMPLO: Violação ao paradoxo da cadeia de lojas: preços de semicondutores na Intel, Motorola e Amd[11]

Essas observações parecem especialmente importantes em setores com mudanças tecnológicas rápidas, como chips de computador e produtos eletrônicos, em que as desvantagens de custo que podem acabar com os negócios de uma empresa incumbente raramente são permanentes

Cont.

por causa das frequentes alterações na tecnologia. Uma ilustração é o setor de microprocessadores de computador, no qual a Intel, a AMD e a Motorola competem com empresas japonesas e taiwanesas.

Com cada geração sucessiva de chips (veja a Tabela 13.7), os líderes de mercado praticam técnicas de precificação com base no ciclo de vida. Depois de um período de preços-alvo altos e com precificação baseada em valor, a Intel, com mais de 70% do mercado mundial, limita o preço, em vez de acomodar a AMD com 21%, a Motorola com 5%, e diversas outras concorrentes menores. Isto é, os preços dos chips são reduzidos em uma tentativa de impedir a entrada de imitadores. Então, com um prazo incerto, todo o processo se repete. Novos chips são introduzidos a preços altos, imitadores fazem uma engenharia reversa do design e o limite de preços começa novamente. O ponto final incerto de jogos sucessivos de gerações de chips leva a uma resposta não acomodada das empresas incumbidas.

TABELA 13.7 Principais microprocessadores e velocidades da Intel

Ano	Microprocessador	MHz	Ano	Microprocessador	MHz
1979	8088	5	1997	Pentium II	233
1982	286	6	1999	Pentium III	333
1985	386	16	2002	Pentium IV	550
1989	486	25	2004	Celeron M	1.200
1993	Pentium	60	2005	Pentium M	1.600
1995	Pentium Pro	150	2006	Core2 Duo	2.130
			2008	Core i3	2.660
			2010	Core i5	3.200
			2012	Core i7	3.600

11 Baseado em *Investor's Business Daily*, 13 jan. 1998, p. A8.

Efeitos da reputação bayesiana

Uma segunda fuga engenhosa do Dilema do Prisioneiro incorpora os efeitos da reputação bayesiana sobre o tipo de oponente com base no trabalho de John Harsanyi, ganhador do Nobel. Ela envolve a estimativa da probabilidade de movimentações de diversos oponentes com base em eventos passados. Se há alguns "loucos" irracionais que nem sempre maximizam seus ganhos no mercado, uma empresa incumbente perfeitamente sã poderá acabar tomando ações que pareçam loucas. A intenção da empresa incumbente é garantir um descrédito indissociável dos loucos.[12] Exemplo seria uma montadora estabelecida "predadora", isto é, que coloca o preço de seus produtos abaixo do seu custo variável, embora as perdas operacionais de tal estratégia possam não ser recuperáveis mais tarde em lucros excedentes. Montadoras japonesas frequentemente são acusadas de tal "dumping" nos mercados automobilísticos *offshore*, especialmente na Europa e nos Estados Unidos.

Estratégias vencedoras em torneios evolutivos em computador: olho por olho

Robert Axelrod ficava intrigado com os motivos pelos quais as pessoas que ardentemente perseguem suas próprias metas frequentemente acabam cooperando com concorrentes em interações de longo prazo.[13] Ele investigou a questão de estratégia ideal no Dilema do Prisioneiro repetido ao realizar uma simulação computadorizada

---
12 Para obter informação assimétrica associando o equilíbrio por trás desta estratégia, ver R. Gibbons. An Introduction to Applicable Game Theory. *Journal of Economic Perspectives 11*, n. 1, inverno de 1997, p. 140-147; e Rasmussen, op. cit., p. 352-356.
13 Robert Axelrod. *The Evolution of Cooperation*. Nova York: Basic Books, 1984. Ver também Evolutionary Economics. *Forbes*, 11 out. 1993, p. 110; Jill Neimark. Tit for Tat: A Game of Survival. *Success*, maio 1987, p. 62.

na qual 151 estratégias competiam entre si 1.000 vezes, e descobriu que as estratégias que terminavam com a pontuação mais alta no torneio em computador tinham várias características em comum. Primeira: estratégias vencedoras são claras e simples para evitar erros dos cooperadores de um rival. Segunda: estratégias vencedoras fazem tentativas unilaterais de cooperação – elas nunca iniciam a deserção; justamente o contrário, iniciam gentileza. Terceira: como é de se esperar, todas as estratégias vencedoras são provocadoras – têm compromissos críveis com alguma regra de punição. O interessante é que esquemas de punição de duração limitada que exibiam perdão ganharam de estratégias de gatilho sinistro de punição máxima. O motivo parecia ser que as estratégias vencedoras se recuperam de percepções errôneas, falhas de comunicação e erros estratégicos – represálias não precisam ser autoperpetuadoras.

EXEMPLO Reputação de Brown and Williamson como predadores

A Suprema Corte dos Estados Unidos abordou essas questões e, então, definiu um padrão para julgar comportamento de preços predatórios de empresas norte-americanas. Em *Brooke Group Ltd. VS. Brown and Williamson Tobacco Company, 113 U.S. 2578 (1993)*, o Tribunal considerou que definir o preço de cigarros genéricos abaixo do custo não era evidência de uma intenção predatória indesejável de monopolizar um mercado porque a Brown and Williamson não teve oportunidade, depois, de obter lucro excedente e compensar suas perdas com o período predatório alegado. Da mesma forma, quando a Kodak estabeleceu o preço de sua câmera de filme Instamatic a US$11,95 apesar de um custo de manufatura direto de US$28, enfrentou baixa possibilidade de recuperação posterior da perda operacional de US$16,05 por câmera. Em vez disso, essa tática de preço foi razoavelmente uma tentativa de liberar estoque rapidamente antes de sair do submercado da Instamatic.

O fato de a Corte nesses casos ter considerado com suficiente atenção ou não os efeitos de longo prazo de impedir a entrada de forma efetiva por meio dos efeitos da negação da reputação de precificação é uma questão antitruste amplamente discutida. Com informações incompletas sobre tipos de oponentes, agir como um "louco" que define os preços de forma predatória abaixo do custo quando é improvável recuperar as perdas poderá impedir a entrada de um concorrente. Este efeito da negação da reputação de se tornar conhecida como uma empresa que pode estabelecer preço abaixo do custo é mais valioso quando o custo das novas entrantes é alto, a fidelidade de marca das empresas incumbentes é baixa e o número de possíveis entrantes é alto.

A American Airlines desencorajou as empresas de desconto Vanguard, Sunjet e Western Pacific a permanecer no mercado de aviação em Dallas/Fort. Worth utilizando tais táticas. Em maio de 2001, a acusação de que a American realizava prática predatória foi desconsiderada sob a alegação de que em nenhum momento ela reduziu o preço para abaixo de seu custo variável médio. Táticas competitivas duras que se mantêm dentro dos limites do custo variável médio de recuperação são legais, porque a lei antitruste existe para proteger a concorrência (estimular preços mais baixos para os consumidores), não para proteger concorrentes individuais.

Que tipos de estratégias efetivas você acha se encaixam melhor nesses critérios vencedores? Surpreendentemente, "Olho por Olho" ganhou o torneio! Repetir o que seu oponente fez na última rodada é simples e claramente provocador, mas coerente com você iniciar a cooperação unilateralmente. Talvez o mais importante seja que "Olho por Olho" perdoa. Depois de uma única punição, ela reverte para a cooperação assim que o concorrente/cooperador o faz.

Por exemplo, uma abordagem possível ao gerenciamento da concorrência para as empresas de cruzeiro Carnival e Royal Caribbean (RC) na Tabela 13.8 é seguir a regra de decisão Olho por Olho (TFT – do inglês Tif-for-Tat). A Royal Caribbean, que tem uma estratégia dominante de US$300, poderia sinalizar um **ponto focal visível claramente** ao promover "camarotes" (em vez de "cabines" menores e não tão bem decoradas) como um padrão do setor e, depois, escolher a estratégia de preço de US$450 no primeiro período. Em seguida, a Royal Caribbean selecionaria no período seguinte a mesma estratégia de preço que a Carnival escolheu no período anterior. Por exemplo, se a Carnival cobrar US$450 no período atual, a Royal Caribbean faria o mesmo no período seguinte.

TABELA 13.8 Definição de preços de cruzeiro com correspondência de preços

		Política de preços da Carnival		
		$450	$300	correspondência
PepsiCo	$450	$275 / $350	$375 / $150	$275 / $350
	$300	$160 / $320	$185 / $175	$185 / $175
	correspondência	$275 / $350	$185 / $175	$275 / $350

Nota: Ganhos do jogador da coluna acima da diagonal em US$ mil.

Por sua vez, se a Carnival desertar e cobrar US$300 no período atual, a Royal Caribbean retaliará cobrando os mesmos US$300 no próximo período. Por meio de jogadas repetidas, os participantes podem aprender a regra da decisão de Olho por Olho sendo aplicada por seu concorrente.

Garantias de correspondência de preços

Como a Carnival deve reagir a uma regra de decisão de Olho por Olho pela Royal Caribbean? Vamos ver as analogias entre este esquema de punição de duração limitada e uma garantia de correspondência de preço. Na Tabela 13.8, uma garantia de correspondência de preço pela Royal Caribbean reduz consideravelmente o incentivo da Carnival de conceder desconto para US$300 quando a RC anunciou preços de US$450. Sob o cabeçalho "US$300" na segunda coluna, é possível ver que o preço com desconto de US$300 da Carnival não pode mais gerar o ganho de US$375.000 da primeira linha, e simplesmente concretizar o ganho de US$185.000 de uma política de preços equiparados pela RC. Este ganho de US$185.000 resultante é a mesma quando as duas empresas fazem desconto para US$300. Como os clientes da RC monitorarão e aplicarão a garantia de correspondência de preço da RC solicitando abatimentos de (US$450 − US$300 =) US$150 da RC sempre que a Carnival descontar para US$300, esta não pode esperar ganhar uma fatia considerável dos clientes da RC ao estabelecer o desconto. Resumindo, a garantia de preço combinado removeu a possibilidade de obter uma parcela de desconto.

Para colocar a Royal Caribbean na mesma posição, a Carnival provavelmente anunciará uma garantia de correspondência de preço como proteção nos momentos em que a RC pode tentar um ataque sorrateiro de desconto à participação de mercado da Carnival. Presumindo, como antes, que a Royal Caribbean inicie a jogada com um anúncio de preço de $450, ambas as empresas manterão preços de $450, jogando efetivamente "Igualar, Igualar" e fugindo do Dilema do prisioneiro realizando um ganho de {$350.000, $275.000} nas células mais ao noroeste e mais ao sudeste. Da mesma forma que garantias de preço com o dobro da diferença, garantias de correspondência de preço aumentam o nível de preço esperado e, assim, a lucratividade em um mercado de oligopólio acirrado.

Como este resultado se compara a Olho por Olho? Presuma que nenhuma alternativa "Igualar" esteja disponível no jogo. Não obstante, a Carnival deve ver a regra de decisão "olho por olho" da Royal Caribbean como uma garantia atrasada de correspondência de preço. Isto é, com um atraso de um período, a Royal Caribbean se igualará a qualquer desconto que a Carnival tentar e, subsequentemente, igualará (novamente com atraso de um período) qualquer retorno a preços altos assim que a Carnival retornar. Essas rotas ganhos são certas – nenhuma desculpa por parte da Carnival sobre erros e falhas de comunicação pode evitar a punição de um período da RC. Portanto, a Carnival simplesmente compara os lucros com o desconto unilateral neste período ($375.000 − $275.000) a uma perda de oportunidade descontada com a punição no período seguinte ($275.000 − $160.000):

$$\$100.000 < \$115.000/(1 + r) \text{ se } r < 0{,}15 \qquad [13.7]$$

Enquanto a taxa de desconto (r) for inferior a 15% e a continuação desta rota de cruzeiro em particular for certa para ambas as empresas, a Carnival não deverá fazer desconto e, portanto, desertar da política de preços da líder do setor de US$450.

É claro que, se a probabilidade de continuidade (p) cair abaixo de 1,0, um esquema de punição de duração limitada como Olho por Olho se tornará muito menos efetivo imediatamente. Por exemplo, multiplicando a perda de oportunidade futura com a punição no próximo período em apenas 10% menos do que a certeza de continuidade,

$$\$100.000 < \$115.000 \ (1 - 0,1)/(1 + r) = \$103.500/(1 + r)$$
$$\$100.000 < \$103.500/(1 + r) \text{ se } r > 0,035 \quad [13.8]$$

implica a deserção da Carnival, e que fará desconto para tentar ganhar participação de mercado sempre que a taxa de juros for superior a 3,5%.[14] Portanto, Olho por Olho é um dispositivo de coordenação mais efetivo para oligopolistas que esperam se encontrar frequentemente, como PepsiCo e Coca-Cola, United e Delta Airlines, Anheuser-Busch e Miller, e Carnival e Royal Caribbean.

Como as ações {US$450, US$450} produzem US$90.000 mais para a Royal Caribbean do que o equilíbrio de estratégia dominante reiterada {US$300, US$300}, a Royal Caribbean poderá iniciar a cooperação e, em seguida, jogar Olho por Olho. Com concorrentes racionais, esclarecidos e bem informados, a comunicação de pontos focais visíveis claramente e esquemas de punição em diversos períodos podem incluir cooperação condicional no Dilema do Prisioneiro repetido. Talvez por este motivo o Tribunal Superior americano proibiu as empresas aéreas de sinalizar tais informações de coordenação para as outras por meio de seus sistemas de reservas centralizadas.

EXEMPLO **Aguardar sinalização de um esquema de punição: Northwest**[15]

A America West (agora parte da US Airways) anunciou uma redução de $50 nas tarifas para compra de bilhetes com 21 dias de antecedência na movimentada rota Minneapolis–Los Angeles, dominada pela Northwest Airlines (agora parte da Delta). Em vez de cortar sua própria tarifa de US$308 de sua conexão em Minneapolis para se igualar aos $258 da America West, a Northwest anunciou uma redução de $40 (de $208 para $168) para compras de bilhetes com 21 dias de antecedência na movimentada rota Phoenix–Nova York. A conexão da America West é em Phoenix. Esta tarifa retaliadora foi rotulada no sistema computadorizado de Publicação de Tarifas de Empresas Aéreas como disponível apenas pelos dois dias seguintes, com possível renovação posteriormente. Cinco dias depois, a America West cancelou sua promoção de $50 em viagens na Costa Oeste.

A lei antitruste fez com que fosse ilegal as empresas conspirarem para fixação de preços. **Sinalizar** as particularidades de um esquema de punição em diversos períodos para atrair a cooperação na manutenção de preços altos é visto como uma violação desta cláusula da Lei Robinson-Patman. A Northwest defendeu suas ações como "iniciativas competitivas e reações coerentes com um interesse próprio independente" e, portanto, completamente legais. No entanto, um Tribunal de Apelos foi bastante claro: sinalizar esquemas de punição de duração limitada envolvendo preços não é legal. *U.S. X Airline Tariff Publishing Co. et al.*, 92-52854 (1992) expressamente proibiu tais pré-anúncios de mudança de preços que possam facilitar a coordenação de preços.

Um motivo é indicado pelo resultado da precificação em outra rota da Northwest (Detroit-Filadélfia) depois de uma rodada semelhante de táticas anticompetitivas. Quando a Spirit Airline, uma pequena empresa aérea de descontos, entrou nesse mercado em junho de 1996, as tarifas para um trecho caíram de $170 para $49 em todos os voos da Northwest. A Northwest aumentou a frequência de voos e eliminou a Spirit do mercado. Subsequentemente, a Northwest cortou os voos e retornou em 1997 para o preço de $230 por trecho.

---

15 Baseado em Fare Game. *Wall Street Journal*, 28 jun. 1990, p. A1; Fare Warning. *Wall Street Journal*, 9 out. 1990, p. B1; Why Northwest Gives Competition a Bad Name. *BusinessWeek*, 16 mar. 1998, p. 34.

---

14 A Equação 13.8 também pode ser escrita para destacar a interação entre p e r como

$$\$100.000 < \$115.000 \ (0,9)/(1 + r) = \$115.000/(1 + R)$$

onde R é a taxa de juros efetiva $1/(1 + R) = (p/(1 + r) - 0,9/(1 + r)$. No exemplo Olho por Olho, como a probabilidade de continuidade é de quase 1,0, a taxa efetiva de juros e a taxa real de juros são bastante semelhantes. Para $r = 10\%$ e $p = 0,9$, $p/(1 + r) = 0,9/1,1 = 0,82$ e, portanto, a taxa efetiva de juros é de 22%: $1/(1 + 0,22) = 0,82$. À medida que p diminui, as taxas de juros reais e efetivas divergem exponencialmente. Por exemplo, para uma taxa de juros real de 10% e $p = 0,55$, $p/(1 + r) = 0,55/1,1 = 0,5$ e, portanto, a taxa de juros efetiva é de 100%: $1/(1 + 1,0) = 0,5$.

Padrões de mercado como mecanismos de coordenação

Padrões de mercado obrigatórios ou restrições regulamentares são frequentemente outra forma de mudar a estrutura do jogo simultâneo do Dilema do Prisioneiro em um jogo sequencial. A linguagem de programação Java para internet, a especificação de sinal digital CDMA para celulares, a especificação de Blu-ray para televisores de alta definição ou para recarga sem fio de celulares, liquidificadores e ferramentas elétricas são exemplos de padrões de mercado usados desta forma.[16] Ao restringir a flexibilidade da resposta do outro, geralmente os rivais podem garantir a fuga da {Desertar, Desertar} da recompensa da estratégia dominante de um jogo simultâneo do Dilema do Prisioneiro e conquistar resultados mais rentáveis em um jogo sequencial.

Considere a venda business-to-business de equipamentos elétricos ilustrada na Figura 13.3. A General Electric (GE) deseja fabricar e distribuir uma luminária de luz indireta de halogênio com altas especificações ("com chapa de ouro") com suporte de instalação total e serviço pós-vendas. No entanto, infelizmente o distribuidor da GE tem maiores ganhos para não oferecer a instalação total. Sob tais circunstâncias, a GE se sairá melhor ao fabricar uma luminária que atenda apenas a especificações mínimas. Por causa da estratégia dominante do distribuidor, as duas empresas têm compensações {Pior, Melhor} e se veem em um Dilema do Prisioneiro. Elas prefeririam a célula noroeste {Melhor, O melhor}, mas cada uma, então, ficaria vulnerável a uma deserção da outra empresa, resultando em seu pior resultado.

Ao recrutar terceiros (TP, do inglês *Third Parties*) como a Underwriters' Laboratory na especificação de um padrão de instalação ou estimular a adoção de códigos de construção locais que exijam instalação total, a General Electric e seus distribuidores podem fugir do Dilema do Prisioneiro. Um distribuidor da General Electric (DGE) estaria envolvido, então, em uma venda ilegal ("abaixo do código") se fornecesse qualquer coisa menos do que a instalação integral para que a General Electric possa prever instalação integral e, portanto, proceder à fabricação do produto com altas especificações. Os ganhos, então, aumentarão para {Melhor, O melhor}.

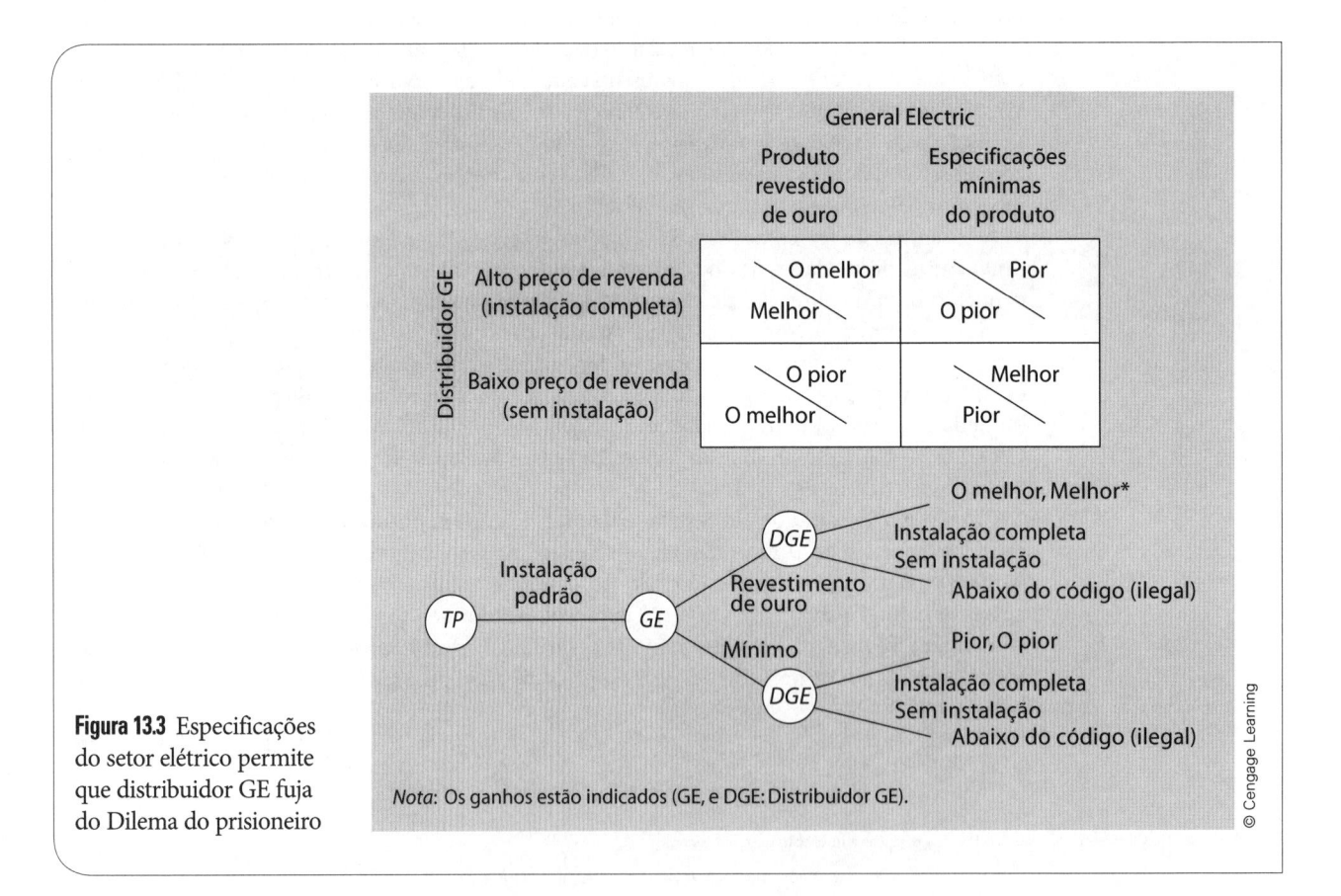

Figura 13.3 Especificações do setor elétrico permite que distribuidor GE fuja do Dilema do prisioneiro

Nota: Os ganhos estão indicados (GE, e DGE: Distribuidor GE).

---
16 Ver Adapt or Die. *The Economist*, 7 mar. de 2009, p. 20–21.

ANÁLISE DE JOGOS SEQUENCIAIS

Para ilustrar a importância da ordem sequencial de jogada em muitas situações táticas, considere outro jogo de coordenação fabricante/distribuidor que surge entre fabricantes de caminhões pesados e distribuidores independentes no varejo. Os ganhos para a promoção e venda de um caminhão pesado, como os vendidos pela Volvo-GM Truck, são exibidas de forma normal na Tabela 13.9. Primeiro, vamos examinar as ações e ganhos na coluna da esquerda. O fabricante quer que os distribuidores no varejo continuem envidando esforços pessoais de venda e fornecendo todo o serviço pós-vendas, em vez de descontinuar essas atividades e, assim, aumentar suas margens no varejo. Em contrapartida, o fabricante aceita anunciar o produto. Se os serviços continuarem e houver publicidade, os clientes irão tolerar o preço de varejo sugerido pelo fabricante (PVSF). Neste caso, o distribuidor no varejo e o fabricante podem obter lucros adicionais de US$180.000 e US$300.000, respectivamente. No entanto, se os esforços de venda no varejo e alguns serviços de pós-venda forem descontinuados, e se o PVSF aumentar (como na célula noroeste da Tabela 13.9), o volume de vendas de unidades cairá tanto que o distribuidor no varejo receberá apenas US$120.000, enquanto o fabricante obtém somente US$280.000 por dia.

Distribuidores independentes no varejo podem se sentir tentados a prestar menos serviços do que prometem, especialmente se suspeitam que uma falta de publicidade por parte do fabricante deste produto tornará mais valiosos seu tempo e seu esforço gastos em outros produtos. O volume de vendas acabará diminuindo, mas com uma margem substancialmente mais elevada que pode muito bem ser do melhor interesse do distribuidor no varejo. Este resultado é representado na célula nordeste da Tabela 13.9. Com os esforços de vendas no varejo descontinuados e nenhuma publicidade com base no fabricante, ambas as partes teriam menores despesas e obteriam lucro de US$130.000 para o varejista, mas apenas US$150.000 para o fabricante. Se o PVSF continuar inalterado e o fabricante não anunciar, mas os serviços do varejista continuarem (isto é, a célula sudeste), o lucro do fabricante dispara para US$380.000, mas o varejista só obtém US$60.000 devido a despesas muito mais altas.

O que você faria como varejista/concessionária nessa situação? Tentaria uma margem maior economizando em despesas de venda e serviços pós-venda? Lembre-se de que seu melhor ganho ocorre quando o fabricante prevê sua continuidade de esforços totais de vendas e serviços pós-venda e decide, portanto, anunciar e aumentar as expectativas dos clientes ao anunciar um ponto de preço mais alto. Além disso, o melhor ganho do fabricante ocorre quando se oferecem amplos serviços do varejista, e o fabricante economiza em despesas de publicidade. Observe que a Tabela 13.9 não contém nenhuma estratégia pura de equilíbrio de Nash! Portanto, como você coordenaria essa relação de preços vai e volta?[17]

Repare como surge mais previsibilidade no comportamento da concorrência nesse jogo de coordenação, se introduzirmos uma mudança pequena, porém central, na estrutura do jogo: uma ordem de jogo sequencial.

TABELA 13.9 Fabricante/distribuidor simultâneo 1

		Fabricante de caminhões	
		Aumento de preços Anunciar	Sem aumento de preço Não anunciar
Distribuidor no varejo	Margens aumentam (serviços descontínuos)	$120.000 / $280.000	$130.000 / $150.000
	Serviços contínuos	$180.000 / $300.000	$60.000 / $380.000

---

[17] Presumimos que fundir as duas entidades em uma empresa verticalmente integrada é inviável. No Capítulo 15, veremos de que forma esses problemas de coordenação podem ser resolvidos e como de fato motivar contratantes privados voluntários por meio de requerimentos verticais entre fabricantes e distribuidores.

432 Economia de empresas

Um jogo de coordenação sequencial

Suponha que, como na Figura 13.4, o fabricante (F) deve se comprometer, primeiro, com o lançamento de uma atualização de produto que garanta maior preço, e que esta decisão é facilmente observável e irreversível. Depois, o distribuidor no varejo (D) deve decidir se continuará ou descontinuará o esforço de venda pessoal e os serviços pós-venda, e, por fim, o fabricante decidirá posteriormente se contribuirá com a publicidade cooperativa com o varejista. A introdução desta ordem sequencial à tomada de decisões possibilitará a previsão de maneira inequívoca do comportamento estratégico ideal por ambas as partes e resolverá a ambiguidade do jogo simultâneo.

A nova estrutura do jogo sequencial pode ser representada como a Figura 13.4, mencionada como uma **árvore de jogo** ou *árvore de decisão*. A ordem das decisões é lida da esquerda para a direita e cada círculo representa um nó de decisão. *Atualizar* ou *Não atualizar* identifica possíveis *ações* que o Jogador M pode tomar no primeiro nó de decisão M. *Continuar* ou *Descontinuar* identifica possíveis ações do jogador R nos segundos nós de decisão R1 a R2, e *Anunciar* ou *Não Anunciar* identifica possíveis ações do fabricante nos nós M1 a M4. Os ganhos para o varejista e, depois, para o fabricante, associados a cada sequência de ações possíveis, estão listados nas duas últimas colunas. Note que algumas dessas compensações espelham aquelas da Tabela 13.9, enquanto outras são totalmente novas.

O fabricante pode olhar para a frente e ver que uma *Atualização* do produto tornará vantajoso para o distribuidor no varejo *Descontinuar* o esforço de venda integral no varejo. Em nome do autointeresse, o fabricante se compromete com uma atualização, aumenta os preços PVSF e segue adiante com a publicidade – isto é, o fabricante pode olhar e analisar que escolhas subsequentes são no melhor interesse do distribuidor no varejo (como reações de melhor resposta) e, depois, raciocinar para detectar que ações são em seu próprio interesse. Cada parte na Figura 13.4 pode ver adiante e raciocinar utilizando o conceito de reação de melhor resposta para prever o comportamento do rival. Nenhuma parte deste raciocínio sequencial estava disponível na versão de jogada simultânea do jogo.

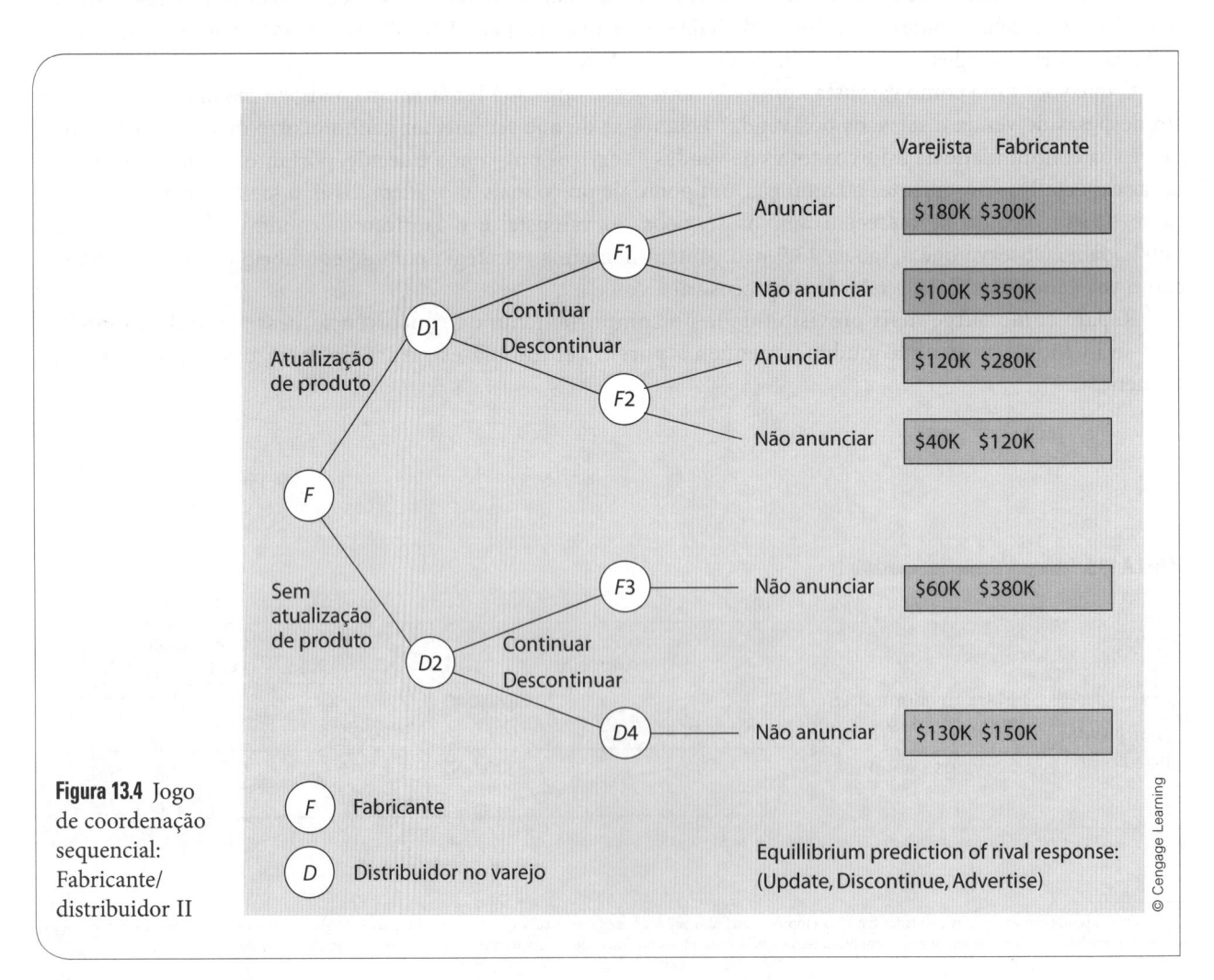

Figura 13.4 Jogo de coordenação sequencial: Fabricante/distribuidor II

F — Fabricante
D — Distribuidor no varejo

Equillibrium prediction of rival response: (Update, Discontinue, Advertise)

	Varejista	Fabricante
Atualização de produto → D1 → Continuar → F1 → Anunciar	$180K	$300K
Não anunciar	$100K	$350K
Descontinuar → F2 → Anunciar	$120K	$280K
Não anunciar	$40K	$120K
Sem atualização de produto → D2 → Continuar → F3 → Não anunciar	$60K	$380K
Descontinuar → D4 → Não anunciar	$130K	$150K

O raciocínio de fim de jogo sempre envolve olhar para a última jogada em uma sequência ordenada de jogadas, identificando o jogador cujas decisões controlarão o resultado do jogo final e, depois, prevendo a reação de melhor resposta desse jogador. Neste caso, saber que o fabricante controla o resultado do nó *F*1 e que se dará melhor com US$350.000 de *Não anunciar* permite que o distribuidor ignore a possibilidade do resultado de US$180.000 na primeira linha. Esse possível resultado não é coerente com a reação de melhor resposta do fabricante que controla o jogo final. Portanto, esse ramo deve ser removido ("podado") da árvore do jogo – o distribuidor no varejo deverá presumir que, se o produto for atualizado e o varejista continuar os esforços amplos de vendas, o fabricante não se envolverá em publicidade cooperativa. Portanto, {US$100.000, US$350.000} é o resultado previsível de decidir *Continuar com o esforço de vendas* no Nó *M*1. No entanto, sua análise está longe de acabar.

Esses resultados do raciocínio do final do jogo permitem que você utilize indução retroativa e repense se deseja Continuar ou Descontinuar no nó *D*1. Se a reação de melhor resposta do fabricante de *F*2 for Anunciar (o que gera $280.000 em vez de $120.000 para *F* e $120.000 para você), parecerá que o autointeresse no nó anterior *D*1 é Descontinuar. O par de estratégias que oferece um equilíbrio de Nash para o subjogo além de *D*1 é, então, {Descontinuar, Anunciar}, envolvendo compensações para distribuidor e fabricante de {$120.000, $280.000}, respectivamente. Pelo raciocínio análogo, o trio da estratégia que fornece um equilíbrio de Nash para o jogo de coordenação sequencial fabricante/distribuidor II é, então, {Atualizar, Descontinuar, Anunciar}.

Equilíbrio perfeito de subjogo em jogos sequenciais

Olhar para as reações de melhor resposta do rival no final do jogo e, depois, raciocinar retroativamente para uma estratégia preferencial em pontos anteriores de decisão é o conceito de Reinhard Selten de uma **estratégia de equilíbrio perfeito de subjogo** para jogos sequenciais, um conceito pelo qual ele e John Nash ganharam o Nobel de Economia em 1994. Como muitas outras ideias inovadoras, este conceito de equilíbrio estratégico intuitivo é bastante enganador em sua simplicidade. Lembre que uma estratégia de equilíbrio de Nash é a ação ideal de um tomador de decisão de tal forma que o ganho, quando todos os outros jogadores têm reações de melhor resposta, excede a do tomador de decisão com qualquer outra ação, novamente presumindo reações de melhor resposta. Selten aplicou este conceito de equilíbrio de Nash a jogos sequenciais e inventou o conceito de equilíbrio de Nash em um subjogo adequado.

Alguns nós da árvore do jogo, como *R*2 na metade inferior da Figura 13.4 e os subjogos posteriores, podem ser eliminados da análise porque não podem ser atingidos por reações de melhor resposta. Tais pontos de decisão estão "fora da rota de equilíbrio". A ideia de Selten era a de que o conceito de equilíbrio de Nash se sustentaria apenas nos nós de subjogo adequados. Especificamente, o resultado de US$380.000 na antepenúltima linha da Figura 13.4 é o maior ganho em todo o exercício. Ainda assim, o fabricante não deve considerar esta possibilidade lógica exatamente, porque *F*3 não é um subjogo adequado – os ganhos {US$60.000 e US$380.000} não podem ser atingidos por reações de melhor resposta. Especificamente, sabendo que o fabricante nunca anuncia de forma cooperativa um produto que não foi atualizado, o varejista em *D*2 rejeita *Continuar* em favor de uma reação de melhor resposta *Descontinuar*, para capturar US$130.000 em vez da alternativa de somente US$60.000. A estratégia de equilíbrio perfeito de subjogo exige a análise dos resultados associados a ações e reações de melhor resposta em *D*1 e *F*2, os únicos nós de subjogo adequados da Figura 13.4.[18] Novamente {Atualizar, Descontinuar, Anunciar} prova ser a estratégia de equilíbrio perfeito de subjogo para Fabricante-Distribuidor II.

Às vezes, esta identificação de subjogos adequados e inadequados pode ficar bastante complicada quando muitos finais de jogo são possíveis. Para ilustrar, considere o duelo de três vias de publicidade comparativa no Exercício 6 ao final deste capítulo. Com níveis diferentes de sucesso, três empresas se atacam com publicidade comparativa em competições em pares e sequenciais até que apenas uma permaneça. Podem ser necessárias duas rodadas completas de ataques publicitários e quase 20 finais de jogo para analisar a estratégia de equilíbrio perfeito de subjogo para esse problema.

---

18 O leitor pode questionar a relevância de *F*1 se uma falha de comunicação ou erro estratégico for cometido pelo distribuidor no varejo no nó *D*1. Esta preocupação é válida porque erros e falhas de comunicação acontecem na realidade da rivalidade nos negócios. Na verdade, um refinamento da estratégia de equilíbrio perfeito do subjogo permite tais erros e descreve a estratégia de equilíbrio para o fabricante neste jogo de forma menos peculiar como {Atualizar e Anunciar se o varejista Descontinuar}, mas {Atualizar e Não anunciar se o varejista cometer um erro estratégico e Continuar}.

RIVALIDADE NOS NEGÓCIOS COMO UM JOGO SEQUENCIAL AUTOAPLICÁVEL

É importante enfatizar que o conceito de equilíbrio perfeito do subjogo é autoaplicável. Ele prevê a reação estável do rival não por causa do monitoramento efetivo e da coação de terceiros, mas porque cada parte ficaria pior ao se desviar do par de estratégias de equilíbrio do que ao implementá-las. Essencialmente, é a ideia de reação de melhor resposta que identifica se um compromisso é confiável, e a credibilidade pode funcionar em duas vias – compromissos críveis também podem se tornar ameaças críveis. Vejamos como.

Considere um fabricante farmacêutico de remédio para úlcera bem estabelecido, que atualmente comercializa a única terapia efetiva contra este mal sem nenhum efeito colateral conhecido, e ganha US$100.000. Esta empresa incumbente (vamos chamá-la de empresa "Pastense") enfrenta uma pequena entrante em potencial (abreviada como "Potent"). Potent descobriu um novo processo terapêutico que também tem a possibilidade de curar úlceras estomacais, deve decidir se entrará no mercado monopolista ou se continuará fora e licenciará seus segredos comerciais a diversos compradores interessados. A Pastense deve decidir se manterá seus atuais preços altos, se reduzirá ou se dará um desconto radical de preço. Os ganhos são exibidas na Figura 13.5. Se a start-up potencial Potent entrar, e se a empresa incumbente Pastense não reduzir nem der descontos de preços, suponha que todo o negócio de remédios para úlcera irá para a nova entrante e a empresa incumbente não ganhará nada. Mas, com entrada e desconto nos preços, suponha que o produto da empresa incumbente tenha uma ligeira vantagem de custo e obtenha um ganho US$10.000 maior (isto é, US$50.000 e US$40.000 na terceira linha da Figura 13.5). Os preços moderados da empresa incumbente resultam em um ganho de US$35.000 para a Pastense e um ganho de US$50.000 para a Potent.

Para evitar a redução de seu lucro de US$100.000 como uma monopolista para US$50.000 após a entrada, a própria Pastense pode ser uma ótima candidata para a aquisição do segredo comercial da Potent. No entanto, realisticamente, ela está sujeita a enfrentar restrições antitruste que restringem fusões entre empresas incumbentes dominantes e novas entrantes. Observe, também, no nó E2 da Figura 13.5, que o que outra fabricante farmacêutica empresa incumbente pagará para licenciar o segredo comercial, com todos os problemas de transferência de tecnologia participante e experiência mais ampla de distribuição e marketing, tem pouca correlação com o que a própria Potent pode esperar ganhar com a entrada. A Potent recebe seu segundo ganho mais alto ($60.000) quando licencia seu segredo comercial em um ambiente de preço moderado. A Potent ganha menos (ou seja, $20.000) quando se mantém fora e licencia, e a Pastense oferece descontos de qualquer forma.

EXEMPLO: Jogos de negócios na Verizon[19]

Ray Smith, ex-presidente da Verizon, utilizava técnicas, exercícios e lições da teoria de jogos em sua organização. Nos "jogos de guerra", equipes de gerentes da Verizon assumiam o papel dos principais concorrentes e exploravam táticas que poderiam derrotar os planos de negócios da empresa. Outras equipes detalhavam futuras contingências em uma grande árvore de jogos que permitia à Verizon mapear seus movimentos e contramovimentos futuros, além de revelar os efeitos competitivos de novos desenvolvimentos tecnológicos (como transmissão de voz e vídeo digital) antes que eles acontecessem. Modelos tradicionais de planejamento travam os gerentes em hipóteses cuja importância eles só podem medir por meio de análise de sensibilidade. No entanto, a análise de jogo sequencial constantemente lembra os gerentes de moldar o jogo, e não apenas jogá-lo. Isso pode significar inverter a ordem da jogada recomendando lances preferenciais em algumas circunstâncias (por exemplo: fusão com a Nynex), mas destacando o valor de reações de melhor reação "segundo mais rápido" em outras circunstâncias (por exemplo: ao seguir, em vez de liderar pesquisas básicas e desenvolvimento de produtos na Lucent Technologies).

Além disso, a Verizon aprendeu a reconhecer finais de jogos desfavoráveis para a empresa e a alterar a estrutura da rivalidade competitiva em tais negócios. Recentemente, a empresa redefiniu o escopo do jogo de estratégia de rede local do setor telefônico ao obter aprovação nos tribunais para que empresas telefônicas fossem donas do conteúdo transmitido em suas linhas. Os gerentes da Verizon agora trabalham duro analisando o novo e mais amplo jogo que inclui diretórios corporativos, filmes digitalizados e produção de vídeos.

---

19 Baseado em Business as a War Game: Report from the Battlefront. *Fortune*, 30 set. 1996, p. 190-93.

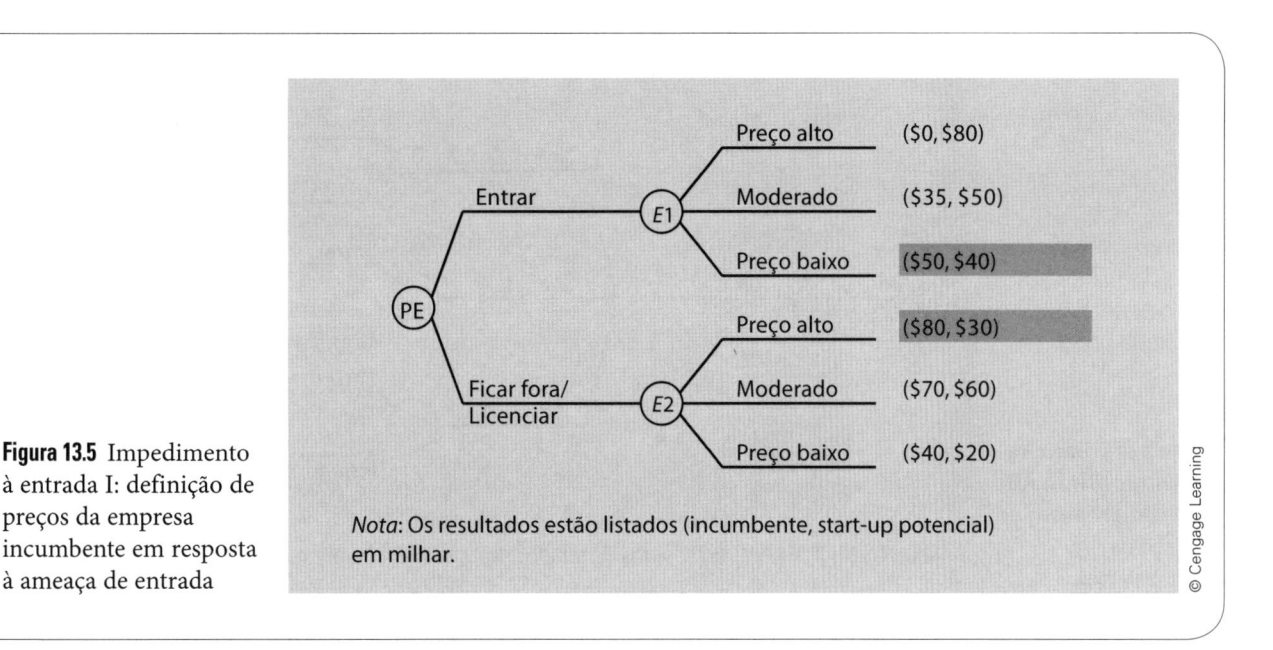

Figura 13.5 Impedimento à entrada I: definição de preços da empresa incumbente em resposta à ameaça de entrada

```
                              Preço alto      ($0, $80)
              Entrar    ─E1── Moderado       ($35, $50)
                              Preço baixo    ($50, $40)
        PE
                              Preço alto     ($80, $30)
              Ficar fora/─E2── Moderado      ($70, $60)
              Licenciar       Preço baixo    ($40, $20)
```

Nota: Os resultados estão listados (incumbente, start-up potencial) em milhar.

Vantagens do primeiro movimentador e segundo mais rápido

Como é óbvio agora, "Quem pode fazer o que e quando?" é a essência de qualquer jogo de estratégia sequencial. A ordem da jogada determina quem inicia e quem responde, o que determina a reação de melhor resposta no final do jogo, e, assim, o equilíbrio estratégico. Se a Potent entrar, a Pastense prefere fortemente uma reação de preço Baixo, porque US$50.000 excede e muito os resultados de zero ou US$35.000 das alternativas Alto ou Moderado. Essa análise da reação de melhor resposta da empresa incumbente permite que a Potent preveja que seus próprios resultados de US$80.000 e US$50.000 são inviáveis. Embora cada um seja teoricamente associado a sua entrada, nenhum pode ser obtido se a Pastense tiver uma reação de melhor resposta neste subjogo adequado.

Da mesma forma, no nó de final de jogo inferior I2, se a Potent ficar fora, seus ganhos com *royalty* de US$60.000 não poderão ser obtidos, porque a Pastense fará um preço Alto para garantir US$80.000 para si em vez de aceitar suas alternativas inferiores de US$70.000 e US$40.000. Apenas dois **resultados focais de interesse** continuam para a Potent ao tomar essa decisão de entrada: os ganhos sombreados de US$40.000 com a entrada e de US$30.000 ao ficar fora. Sendo uma empresa maximizadora de valor, a Potent decide entrar, previsivelmente, e os eventos do equilíbrio estratégico perfeito de subjogo {Entrar, Descontar} se desdobram. Observe que os dois jogadores poderiam se sair melhor com o resultado {US$70.000, US$60.000} no nó inferior, mas a Potent não pode esperar que a Pastense reaja com preços Moderados em vez de Altos se a Potent ficar fora e licenciar.

No entanto, para ilustrar a importância crucial da ordem da jogada, vamos misturar um pouco as coisas. Do ponto de vista da empresa incumbente, os resultados {US$50.000, US$40.000} não são totalmente satisfatórios. Dado seu momento de segundo a se movimentar, a Pastense se saiu tão bem quanto o esperado. Mas a empresa incumbente pode questionar se aproveitar a iniciativa de primeiro movimentador teria funcionado em sua vantagem. Contudo, não há nenhuma regra geral sobre este ponto – às vezes funcionará, às vezes não. Cada situação de jogo sequencial é, assim, bastante diferente, e a análise que "resolve" um jogo de estratégia é, muitas vezes, única.

Para analisar a questão, na Figura 13.6 invertemos a ordem da jogada na Barreira à entrada II. Agora, a possível entrante controla o final do jogo e a empresa incumbente deve anunciar políticas de preços irreversíveis antecipadamente. Dizer que são irreversíveis assim não os torna, mas veremos mais disso na próxima seção. Analisando os três nós de final de jogo, a Pastense percebe que a Potent decidirá entrar quando os preços altos forem pré-comprometidos, ficar fora quando preços moderados forem pré-comprometidos, e entrar quando preços com desconto forem pré-comprometidos. Conhecendo estes resultados, a Pastense anuncia uma política de preços moderados, e o equilíbrio estratégico com asterisco {Moderado, Ficar fora} é o resultado. Não apenas o comportamento da possível entrante mudou, mas também o ganho da Pastense subiu de US$50.000 para US$70.000. Neste caso, uma vantagem de primeiro movimentador provou ser o que o nome implica.

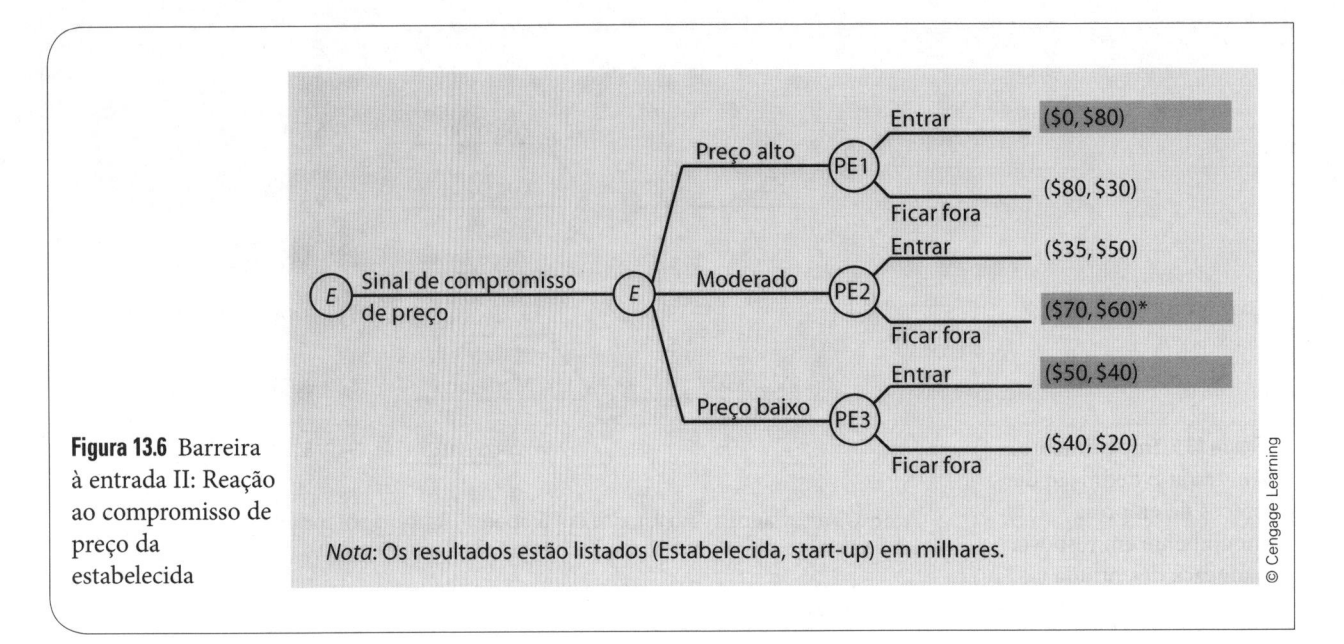

Figura 13.6 Barreira à entrada II: Reação ao compromisso de preço da estabelecida

```
                                                  Entrar    ($0, $80)
                                    Preço alto ─┤
                                            PE1
                                                  Ficar fora ($80, $30)

                                                  Entrar    ($35, $50)
    E ── Sinal de compromisso ── E ── Moderado ─┤
         de preço                          PE2
                                                  Ficar fora ($70, $60)*

                                                  Entrar    ($50, $40)
                                    Preço baixo ─┤
                                            PE3
                                                  Ficar fora ($40, $20)
```

Nota: Os resultados estão listados (Estabelecida, start-up) em milhares.

© Cengage Learning

EXEMPLO — Líder em tecnologia ou segundo mais rápido: IBM[20]

Garantir vantagens de primeiro a se movimentar no desenvolvimento de novas tecnologias de computação ou se envolver em um padrão de imitação rápida (isto é, uma estratégia de segundo mais rápido) é uma escolha mais difícil do que pode parecer. Na ausência de investimentos de custos irrecuperáveis, como uma barreira à entrada, uma entrada de ataque surpresa prova ser efetiva. A Apple Computer comercializava a interface gráfica de usuário (GUI) que a Xerox inventou, e o inovador, mas malsucedido, Newton da Apple abriu caminho para o Palm. A Microsoft desafiou rapidamente o domínio inicial da Netscape em navegadores de internet. Além disso, a Sun Microsystems desenvolveu a computação com conjunto reduzido de instruções (RISC) da qual a IBM foi pioneira. Até mesmo em produtos perecíveis de consumo, o Coolatta da Dunkin' Donuts imita rapidamente uma das ofertas mais lucrativas da Starbuck, o Frappuccino.

Restringindo investimentos iniciais em pesquisa básica e focando, em vez disso, no desenvolvimento de produtos, a IBM se transformou, de líder de mercado, na "primeira de muitos" solucionadores de problemas relacionados a sistemas para hospitais com alta margem, agentes comerciais e clientes de sistemas de informação. Um exemplo foi uma mescla de dispositivos de imagens computadorizadas e reconhecimento de voz que permitem a radiologistas e cirurgiões sobrepor imagens de raio X e texto em qualquer PC na rede de área local de um centro médico. Os médicos conversam enquanto visualizam as imagens com base no PC, e o hardware e o software da IBM criam uma transcrição digital de seus achados diagnósticos e de opiniões de especialistas.

No entanto, a IBM Microelectronics recentemente impulsionou o antigo esforço da empresa em PED em ciência de materiais para uma inovação em chips de silício. Os engenheiros da IBM descobriram como formar circuitos de cobre em vez de alumínio e, ainda assim, evitar que átomos de cobre vazassem para a superfície do silício. O cobre é um material mais condutivo e, portanto, pode ser implementado em circuitos mais estreitos do que o alumínio. Quanto mais circuitos instalados em um centímetro quadrado de silício, mais potente e com custo competitivo o chip de computador será. Os circuitos de cobre sobre silício da IBM prometem aumentar a potência de computação em 40% para qualquer tamanho de chip.

Cont.

> Portanto, às vezes os primeiros a se movimentar têm a vantagem. Em outros momentos, o segundo mais rápido tem mais vantagens. E em outras vezes são os últimos movimentadores que ficam em primeiro lugar. Cada problema teórico do jogo é diferente e deve ser analisado por seus próprios méritos.
>
> ---
>
> 20 Baseado em Einstein and Eraser-Heads. *Wall Street Journal*, 6 out. 1997, p. 1.

AMEAÇAS E COMPROMISSOS CONFIÁVEIS

Em jogos de diversos períodos, a credibilidade de todas as ameaças resulta essencialmente do fato de que o ameaçador ou comprometedor identifica e adota com sucesso estratégias perfeitas de subjogo. Em Barreira à entrada I (ver a Figura 13.5), a ameaça da Pastense de dar desconto no remédio contra úlcera se a Potent entrasse era confiável exatamente porque o desconto era, na verdade, uma reação de melhor resposta. Qualquer outra reação teria deixado a Pastense pior (isto é, reduzido seu ganho). Uma **ameaça confiável** é, portanto, definida como uma estratégia condicional na qual o ameaçador ficará pior ao ignorar o que implementar. Nesse mesmo tom, um compromisso da Pastense de manter preços altos (ou seja, não dar desconto e, portanto, prejudicar o valor de royalty do segredo comercial da Potent) se a Potent ficar fora do mercado é um compromisso confiável. Novamente, o motivo é que esta ação é a reação de melhor resposta da empresa incumbente ao fato de a Potent ficar de fora e simplesmente ganhar royalties com o valor corrente de seu segredo comercial. Portanto, sem qualquer imposição de monitoramento ou de terceiros por qualquer razão que seja, pode-se confiar plenamente Pastense para honrar seu compromisso, porque não seria de seu melhor interesse agir de outra forma.

Na Figura 13.5, se a Potent quisesse garantir um compromisso da Pastense de definição do preço em um patamar *moderado* em troca de uma parte dos muito maiores royalties de US$60.000, precisaria empregar uma imposição, um acordo contratual imposto por terceiros. Simplesmente cumprir com tal compromisso de outra forma não é no melhor interesse da reação de resposta rápida da Pastense.

Agora, é possível ver por que o comportamento individual intencional e um objetivo compartilhado em grupos são tão vitais para o raciocínio da teoria dos jogos. Para prever as escolhas de jogadores altamente interdependentes é necessário saber o que os incentiva, que metas realmente buscam e quais são as consequências das várias ações nessas metas, o que às vezes é mais difícil do que parece. Por exemplo, incentivos com base em desempenho e ameaças de tomadas de aquisição de controle da empresa frequentemente alinham objetivos dos gestores intimamente ao valor para os acionistas, mas o que motiva uma empresa familiar fechada às vezes é difícil de imaginar. Além disso, sinais de estratégia de negócios transmitidos coerentemente muitas vezes são confundidos ou mal interpretados pelo receptor. Portanto, garantir a comunicação efetiva de ameaças e de compromissos críveis exige algumas diretrizes. A situação pode ser ilustrada retornando ao jogo "Barreira à entrada".

Como vimos, a Pastense percebeu que mudar para o status de primeiro movimentador era altamente vantajoso. Ao se comprometer em manter preços moderados em vez de dar desconto, seus lucros subiram de US$50.000 para US$70.000 quando a Potent vendeu em vez de entrar. A pergunta que devemos reexaminar agora, no entanto, é: "Por que a Potent acreditou que a Pastense manteria preços Moderados?". Afinal, fica claro na árvore de jogo original da Figura 13.5 que, quando a Potent licenciasse seu segredo comercial para outra possível entrante com menos capacidade (vamos chamar a nova empresa de "Impotent"), seria mais propício para a Pastense aumentar seu preço retornando ao patamar que tinha desfrutado anteriormente. Observe que, assim, a Pastense receberia US$80.000 de ganho com preços altos em vez de um ganho de US$70.000 com preços moderados. Dessa forma, o compromisso da Pastense de manter um preço moderado não era um **compromisso confiável,** porque ela se sairia pior ao cumprir o compromisso do que ao ignorá-lo.

É possível ficar inclinado a responder que, da mesma forma, a Potent pode negar seu compromisso de ficar fora do negócio de remédios para úlcera. Licenciar um segredo comercial para receita com royalties atualmente não precisa impedir a possível entrada da Potent amanhã. Na verdade, tais acordos de royalty raramente incluem uma cláusula de não concorrência. No entanto, a diferença aqui é que o ganho da Potent é maximizada quando ela ficar fora! Seu compromisso de ficar fora se a empresa incumbente mantiver preços moderados *é* no próprio interesse da Potent. Ficar fora é uma reação de melhor resposta e, portanto, um compromisso confiável.

MECANISMOS PARA ESTABELECER CREDIBILIDADE[21]

Como segunda movimentadora, a Potent controla o final do jogo e, por isso, encontra-se em posição de insistir sobre as garantias necessárias da Pastense. Dentre os mecanismos alternativos para estabelecer credibilidade, a Pastense pode criar um vínculo ou pagamento de aspecto contratual, que seria perdido caso a empresa aumentasse os preços. Alguns desses contratos, conhecidos como *acordos de manutenção do preço máximo de revenda*, existem entre varejistas e seus fornecedores. Outro mecanismo possível de credibilidade seria então a Pastense investir maciçamente em sua estratégia de preços moderados a fim de criar uma reputação de preços moderados. A perda desse **ativo com reputação não realocável** desencorajaria o não cumprimento de seu compromisso de manter preços moderados. Terceiro, a Pastense poderia *evitar ou interromper* o processo de reprecificação vendendo antecipadamente seu remédio para úlcera mediante contratos a termo. Contratos de venda a termo geralmente estabelecem vínculos críveis porque os tribunais, de modo geral, se recusam a admitir o não cumprimento de contratos a termo ou futuros, qualquer que seja a razão. Quarto, a Pastense poderia participar de uma *equipe de trabalho* ou de *uma aliança* com a Potent que diluiria suficientemente as vantagens de não honrar seu compromisso, assumindo talvez uma participação acionária no capital da Potent. Quinto, a Pastense poderia alterar a estrutura do jogo para exigir que ela e a Potent somente "atuassem com moderação". Na próxima seção, analisamos o arrendamento (*leasing*) como um meio para seguir essa alternativa.

Finalmente, e de modo mais prático nessa situação, a Pastense poderia oferecer um mecanismo de garantia irreversível e irrevogável, por meio do qual os prováveis clientes futuros receberiam uma garantia de preço moderado. Algumas vezes referidas como cláusulas de "nação mais favorecida", essas garantias de preço prometeriam um reembolso em dobro se o cliente descobrisse qualquer transação da mesma a um preço menor durante o ano seguinte. Ao notar ao menos uma transação com preço moderado antes de licenciar seu segredo comercial, a Potent poderia ter certeza de que a Pastense havia feito agora um compromisso confiável para não aumentar os preços. Os reembolsos em dobro, resultantes caso a Patense aumentasse os preços, e o sacrifício das transações futuras com seus clientes que compram constantemente, caso viesse a negar os reembolsos, assegurariam que ela estaria no final em melhor posição honrando seu compromisso em vez de desprezá-lo. E observe novamente que esses são acordos inteiramente autocoagidos; nenhum terceiro precisa confiar que o comportamento dos rivais será previsível; as próprias partes interessadas têm todo motivo para garantir isso.

EXEMPLO: Garantias de preço envolvendo o dobro da diferença: Best Buy

De tempos em tempos, a Best Buy se oferece para devolver o dobro da diferença do preço de compra de um DVD a clientes preferenciais, caso eles encontrem o mesmo produto à venda por um preço menor na área local ao longo dos três meses seguintes. Essa garantia de abatimento será aplicada pelos tribunais. De modo idêntico ao jogo de participação simultânea de precificação entre a Pepsi e a Coca-Cola, a Best Buy normalmente estaria em melhor condição proporcionando um desconto (talvez até mesmo um desconto substancial) quando concorrentes como a Sound Warehouse mantivessem preços altos. Porém, em face dessa garantia de preço baixo, pagando o dobro da diferença de preços, a Best Buy perderia mais dinheiro em abatimentos do que poderia ganhar com qualquer volume de negócios incrementais que poderia razoavelmente esperar tirar dos competidores. Na realidade, a Best Buy deu a seus competidores algo que sustenta um compromisso de manter preços altos.

Na Figura 13.7, a Best Buy estabelece um compromisso de sua intenção de manter preços elevados divulgando antecipadamente sua garantia de cobrir o dobro da diferença de preço. A Sound Warehouse precisa decidir se deve oferecer descontos ou manter preços altos, tendo em vista o programa de abatimento da Best Buy. De modo idêntico a todos os bons mecanismos de garantia, a garantia não utilizada vale mais para quem a concede do que seu valor de utilização para o beneficiário. Em outras palavras, a Sound Warehouse *poderia* provocar reembolsos em dobro pela Best Buy oferecendo um desconto do seu próprio preço. E atingir um

Cont.

---

21 Esta seção se apoia grandemente em A. Dixit e B. Nalebuff. *Thinking Strategically*: The Competitive Edge in Business, Politics and Everyday Life. Nova York: Norton, 1993. especialmente os capítulos 5 e 6.

concorrente constitui uma meta secundária razoável, mas é somente secundária. Assegurar o maior retorno para sua empresa, talvez por meio de cooperação legal com um concorrente, constitui a meta principal. Em virtude de a Best Buy reagir a um desconto da Sound Warehouse igualando o preço menor, esta última nada ganharia "executando" a garantia desse modo. Realmente, para o beneficiário da garantia tal decisão conduziria ao resultado indicado por "Pior" no canto superior direito da Figura 13.7.

Sabendo que a Best Buy controla o final do jogo, e que atenderia ao seu melhor interesse após o anúncio do programa de descontos igualar um preço com desconto, a Sound Warehouse encontra-se em uma posição de preferir manter os preços altos. Como a Best Buy também está em melhor situação ao manter os preços altos, o resultado {Melhor*, Melhor} é obtido. Portanto, ao introduzir uma garantia de preço que limitou sua própria capacidade de tirar vantagem da vulnerabilidade de seu oponente a preços altos, a Best Buy assegurou inicialmente o melhor resultado quando a alternativa era Pior (isto é, compare os resultados sombreados e os não sombreados na Figura 13.7). Um **mecanismo de garantia** estabelecendo o compromisso confiável de uma empresa a fim de manter preços altos, se o rival mantiver preços altos, muitas vezes resultará em preços altos praticados por esse rival. Portanto, do ponto de vista de ambas as empresas, as garantias de reembolso do dobro da diferença de preço são preferidas sem qualquer margem de dúvida. Evidentemente, os defensores dos consumidores não preferirão que ocorram esses preços altos, mas queixar-se a respeito da garantia do dobro da diferença de preço atrai poucos simpatizantes da causa do consumidor.

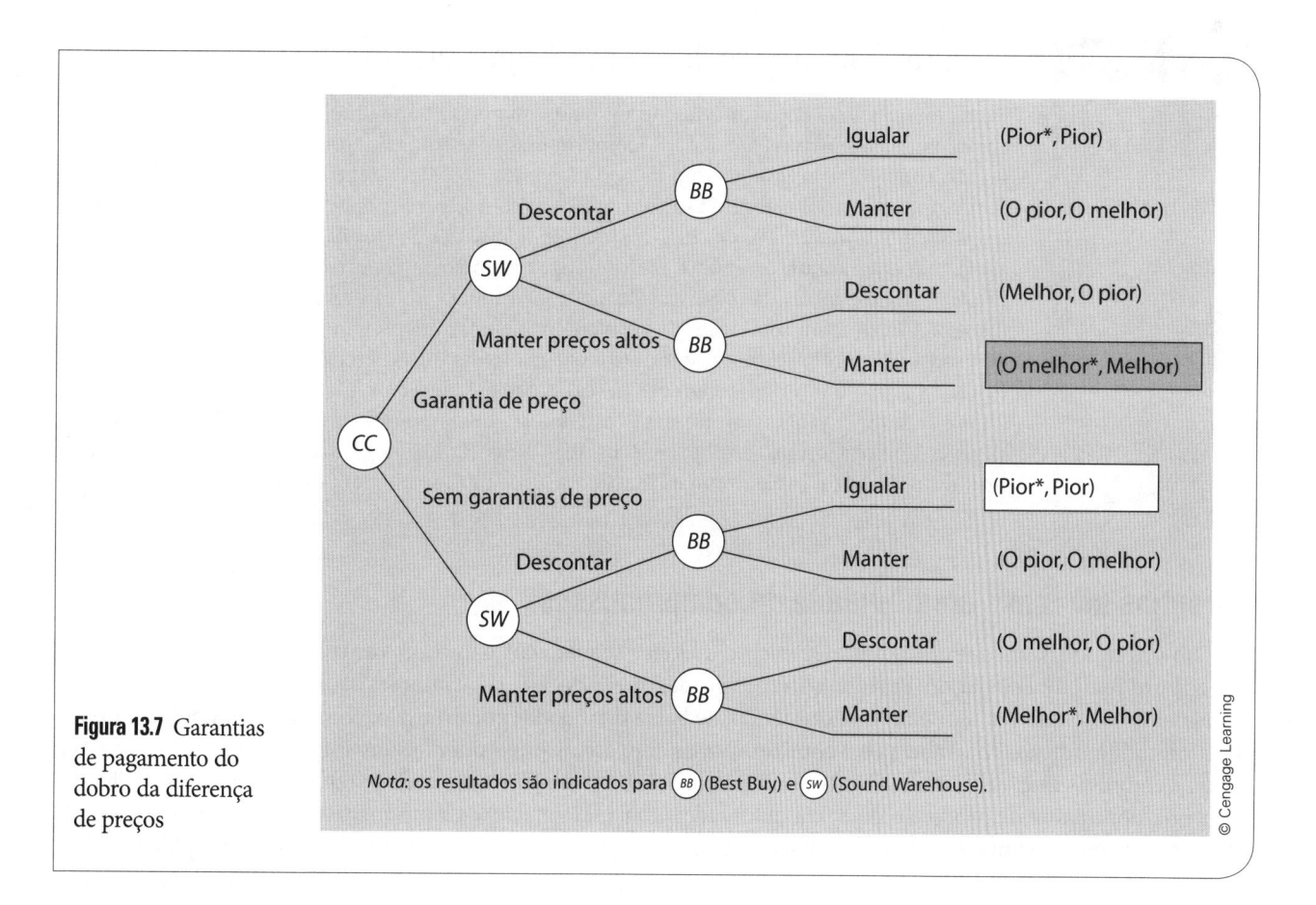

Figura 13.7 Garantias de pagamento do dobro da diferença de preços

Nota: os resultados são indicados para (BB) (Best Buy) e (SW) (Sound Warehouse).

GARANTIAS DE REPOSIÇÃO

Conforme discutimos no Capítulo 10, todos os compradores racionalmente concedem descontos a produtos de experiência, como carros usados e componentes de computador, caso não possam verificar de modo independente, no ponto de compra, as alegações de qualidade do vendedor. Uma garantia de reposição ou de desempenho do produto é outro bom exemplo de mecanismos de garantia – neste caso, mecanismos de garantia que estabelecem a credibilidade do compromisso de um vendedor em fornecer bens de alta qualidade. Caso o vendedor não mantenha seu compromisso, terceiros (em geral, um tribunal) imporão a ele sentenças monetárias maiores que o custo incremental de passar de uma qualidade inicialmente inferior a uma superior. Portanto, o comprador tem a garantia de uma máquina de maior qualidade quando o vendedor se oferece para garantir a substituição ou o reparo pelo mesmo preço (ou um ligeiramente maior). Essas garantias ilustram um mecanismo de *compromisso confiável*, isto é, promessas executáveis por terceiros que deixariam o responsável por elas em pior situação caso não as cumprisse.

O que constitui exatamente uma garantia confiável de reposição? Alegações acerca das bolsas da Dooney & Bourke, dos óculos de sol da Revo, e dos Swell Cadillac, de reparos e reposição para toda a vida mostram-se compromissos críveis. Por quê? A resposta reside nas compras repetidas dos clientes. Em virtude de as vendas incrementais para clientes antigos ou indicados ser muito menos onerosas do que conquistar novos clientes, as relações com clientes para toda vida podem proporcionar um mecanismo de garantia. As garantias dadas por essas empresas, ainda que sustentadas por uma marca de peso, canais únicos de distribuição e outros ativos insubstituíveis, se tornam críveis por causa da dependência do vendedor dos negócios recorrentes. De fato, Sewell diz que "meus investimentos em custos irrecuperáveis não podem ser recuperados (e, por definição, não podem ser liquidados por nenhum valor próximo do seu custo histórico), a não ser que você compre mais vezes de minha empresa".

EXEMPLO Compromissos não confiáveis: Burlington Industries

Exemplos clássicos de estratégias de negócios que enfrentam dificuldades por ausência de compromissos confiáveis incluem os "compromissos" de cota em um cartel e o "compromisso" de não competir após a aquisição de equipamentos excedentes em um setor em declínio. A Burlington Industries enfrentou vários problemas com suas vendas de velhos teares no exterior, frequentemente adquiridos em fusões e, depois, liquidados a valor de sucata. Os compradores estrangeiros restauram os equipamentos antigos e, então, enviam sua produção de volta aos Estados Unidos, apesar das cláusulas de não concorrência em contratos de compra de equipamentos. A Burlington começou a destruir equipamentos antigos, não simplesmente desmontá-los, especialmente em linhas de produto em declínio nas quais deseja perseguir uma estratégia de nicho como "o último homem das neves". A ideia é preservar altas margens ao se tornar a última empresa a vender um produto têxtil em particular, ou bloco de gelo ou máquinas de escrever (Smith Corona, Brother ou Olivetti). Para este fim, a IBM comprou computadores mainframe Amdahl Millennium e Hitachi Skyline e os destruiu em um ferro-velho.

Garantias apoiam a credibilidade de compromissos

No Capítulo 10, encontramos um mecanismo de jogos sequenciais não cooperativos para garantir a cooperação em um jogo de Dilema do Prisioneiro repetido por meio do uso de compromissos confiáveis. Empresas de potencial notório que vendem bens de experiência de baixa qualidade (por exemplo: componentes de PC) a preços altos foram identificadas na Tabela 10.2 como empresas com ativos inteiramente substituíveis. Isto é, pode-se esperar que empresas que vendem em locais temporários, com produtos sem marca e nenhuma reputação, sigam a estratégia dominante de produção de baixa qualidade. Considere a eNow Components, ilustrada na Figura 13.8. Essa empresa provavelmente não planeja mais de uma transação com qualquer cliente. Ela pode nem planejar fazer negócios por meio de seu CEP atual ou site de e-business por muito tempo. Consequentemente, essas são empresas às quais nenhum cliente ofereceria um preço alto.

Entretanto, argumentamos que empresas que pediam preços altos, mas também contavam com investimentos de custos irreversíveis verificáveis que dissipam o aluguel de tais preços, eram apostas muito melhores. A publicidade de reputação de logotipos não transferíveis de empresas (como Apple Inc. ou webmotors) ou investimentos em ativos não substituíveis, como showrooms de produtos específicos (Ethan Allen) e displays de varejo exclusivos

---

eNow Components, plc.

Discos rígidos de reposição recondicionados para qualquer laptop

Assinale aqui
☐ Alta qualidade
Durável*
US$159,00

ou assinale aqui
☐ Padrão
Garantia de 90 dias
US$89,00

*Uma garantia de reposição permanente acompanha esse disco rígido.

_____
Modelo do laptop (nome, número)

Enviar para: Box K
              The Docks
              Bayonne, N.J.

Todos os pedidos enviados pelo correio precisam ser acompanhados por cheque ou ordem de pagamento.

Figura 13.8 Um exemplo de uma garantia de duração não confiável

---

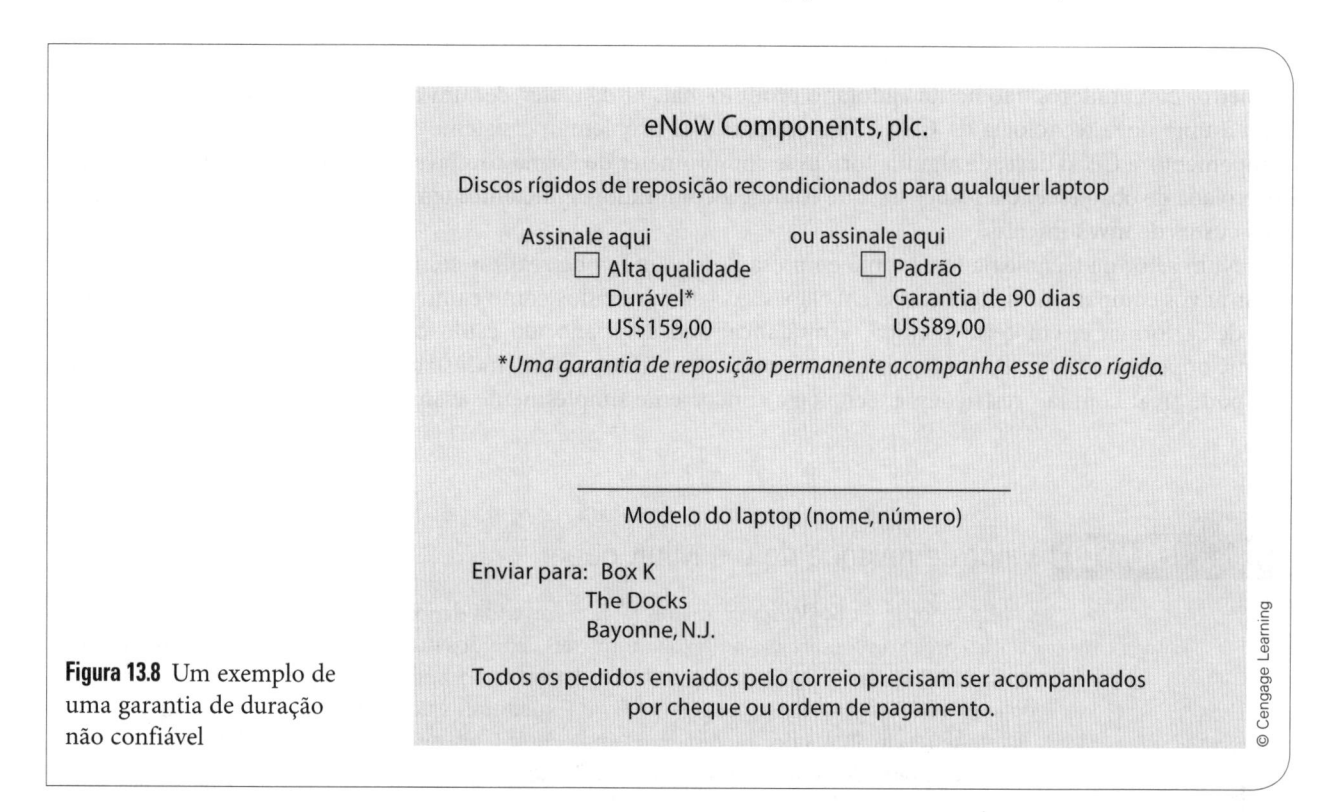

(meias L'eggs), apresentam um vínculo com os compradores. Como os vendedores oferecendo garantias se sairão pior se falharem em entregar a alta qualidade prometida, um comprador pode se fiar nesses compromissos confiáveis mesmo se não conseguir verificar a qualidade no ponto de compra. Embora os compromissos confiáveis sejam não contratuais por natureza, estabelecem relações de confiança tão previsíveis quanto contratos aplicáveis.

Por fim, a credibilidade surge de mecanismos de jogos cooperativos que envolvem contratos vinculadores (aplicáveis por terceiros), como acordos de franquia, títulos de escritura e garantias de reembolso. Tais mecanismos contratuais também oferecem garantias que apoiam a troca ganha-ganha apesar de uma estratégia dominante que, de outra forma, levaria os jogadores à deserção. A chave para a credibilidade de tais mecanismos é a mesma de jogos não cooperativos. Primeiro, em vista das obrigações de garantia, aquele que se compromete se sai melhor ao cumprir sua promessa do que ao ignorá-la? Segundo, a garantia ou o título pode não *ser revogado* por qualquer motivo além de causas justas que quem se compromete não pode controlar? Se a resposta às duas perguntas for sim, tais compromissos de contrato são confiáveis e coerentes com a reação de melhor resposta. Do contrário, não são confiáveis e não deveriam ser considerados como tal.

Compromissos confiáveis de monopolistas de bens duráveis

Quanto os compradores irão pagar pela compra de um bem de capital, como um jato corporativo, um computador de grande porte ou uma licença para realizar negócios depende em parte do grau de perfeição com que o vendedor soluciona alguns aspectos do compromisso confiável. Se uma peça de um equipamento tiver uma vida útil que se estenderá por vários períodos de atuação no mercado, um dos primeiros compradores de um novo modelo preocupa-se com o risco de (1) obsolescência, (2) confiabilidade incerta do produto, e (3) preços em queda. O modo como um fabricante encara esses três riscos de compra percebidos logo no lançamento vai determinar o índice de adoção e os preços pagos.

Obsolescência planejada

As vantagens competitivas que os novos servidores de dados da Cisco podem oferecer a um usuário de tecnologia da informação, tal como a um comerciante direto, ficam seriamente comprometidas sempre que a Cisco introduz um modelo ainda mais novo que torna a máquina de marketing direto obsoleta. Além disso, em algum momento no futuro, outros compradores potenciais que veem menos vantagem em equipamentos de servidores mais novos provavelmente irão se beneficiar de uma redução de preço da Cisco. Sabendo dessas probabilidades, os primeiros compradores irão hesitar, adotar o produto mais tarde e oferecer um pagamento menor do que ofereceriam a uma nova tecnologia da Cisco. Para superar esse problema persistente que surge a cada nova geração de equipamento, a Cisco deve, de alguma forma, se comprometer de forma confiável a manter preços altos e uma taxa controlada de obsolescência planejada, que confere a compradores iniciantes tempo suficiente para que recuperem seus custos de investimento.

Num setor de tecnologia lenta, uma empresa dominante pode realizar compromissos contratuais para introduzir novos equipamentos atualizados em etapas. Às vezes, veículos como caminhões, trailers e tratores são vendidos dessa forma, e, em certa medida, a mudança, ano após ano, do estilo da carroceria em alguns modelos (MiniCoopers, Camrys e Accords) reflete a mesma ideia. Contudo, na indústria de servidores de dados, a Cisco não pode arcar com tais restrições; a tecnologia concorrente simplesmente avança rápido demais.

EXEMPLO Valor de revenda de um MiniCooper[22]

O MiniCooper da BMW tem o maior valor de revenda depois de cinco anos como percentual sobre o preço de compra de todos os automóveis vendidos nos EUA (US$11.800 para um carro de US$20,000, ou 59%). Na média, os carros norte-americanos valem apenas 35% do seu preço de compra após cinco anos. O gigante Ford Expedition vale ainda menos — apenas 19%. A Toyota tem o melhor valor médio de revenda entre fabricantes após três anos de uso — 52 % —, em comparação com os 43% da General Motors.

---

22 Baseado em Value-Packed Vehicles. *Forbes*, 2 nov. 2006, p. 51-53; e U.S. Auto-Makers Fail to Improve Resale Value. *Wall Street Journal*, 19 nov. 2008, p. D3.

Então, que alternativa resta? Não se espera que os compradores de produtos duráveis se arrisquem a gastar muito capital logo após a implantação de um novo modelo; ainda assim, empresas como a Cisco não podem ficar para trás em relação a futuras atualizações (*upgrades*). Uma abordagem possível é melhorar continuamente o produto a preços cada vez mais altos, prática que Carl Shapiro e Hal Varian chamam de *versionamento*.[23] A Microsoft adotou essa estratégia de atualização contínua para seu sistema operacional Windows e Apple fez o mesmo com seus iPhones. Foi dito ao comprador que não hesitasse e esperasse o preço cair; o próximo modelo seria ainda mais caro. Mas é claro que a pressão competitiva pode impedir que isso aconteça conforme as tecnologias mudem de monopólios com patentes para imitações de última hora. Além disso, mesmo se nenhum produto concorrente aparecer no mercado, os sistemas operacionais da Cisco não serão consumidos no ato; eles não se desgastam. Como qualquer outra empresa monopolista de bens duráveis, os primeiros compradores potenciais acham que a Cisco compete contra si mesma. De forma similar, o maior concorrente da Microsoft para o Windows 8 é o Windows 7, assim como o melhor substituto para o Windows 7 era o Windows XP. Logo, uma outra abordagem é completamente necessária. Uma delas é pedir que os compradores deem pequenos passos e aluguem o equipamento por períodos de comercialização. Lembre-se de que esse foi um dos mecanismos que identificamos anteriormente no capítulo para estabelecer a credibilidade dos compromissos. Embora essa abordagem falhe em diminuir (às vezes, pode até acelerar) o ritmo de novos lançamentos no mercado, com ela os compradores arriscam menos capital inicial e, logo, podem ser induzidos mais facilmente a assumir o novo modelo e atualizar seus equipamentos mais frequentemente e a preços altos.

A IBM empregou exatamente essa abordagem por muitos anos ao oferecer apenas o arrendamento dos seus computadores mainframe. Da mesma forma, a Dell Computer anunciou: "Quantas empresas permitem que você devolva seu computador quando ele se torna obsoleto?" e arrendou seus PCs por US$99 por mês, dando ao comprador a oportunidade de retirar um novo computador atualizado e renovado dois anos depois. O arrendamento de automóveis da

---

23 Ver C. Shapiro e H. Varian. Versioning: The Smart Way to Sell Information. *Harvard Business Review*, nov./dez. 1998, p. 106-18.

BMW fornece uma manutenção programada do carro inteiro e reparos imprevistos vitalícios durante a locação. Dessa forma, o aluguel diminui a obsolescência e o risco de manutenção. Mas o que dizer do risco das subsequentes reduções de preço com as quais os adotantes iniciais podem se deparar? Como o arrendamento aborda esse risco?

Risco de desconto no pós-renda

Entender a vantagem tática do arrendamento exige uma análise cuidadosa das informações assimétricas do fabricante ao tomar decisões de obsolescência planejada e desconto de preços. Como o fabricante conhece os planos de marketing e pode estimar o ritmo da tecnologia e o risco de obsolescência muito melhor do que o usuário final, é de se pensar que os termos de arrendamento possam ser mais favoráveis quando o vendedor assume a absorção do risco de promoções de preço e obsolescência planejada. Isto é, em um mercado competitivo para arrendamentos de equipamentos de capital (como o mercado de arrendamento de jatos corporativos), é de se esperar que os vendedores ofereçam arrendamentos fechados com valores residuais garantidos. O resíduo fixo oferecido quando se devolve um jato corporativo alugado, ao final de dois anos de aluguel, reflete a estimativa acurada do locador de quanto valerá um jato corporativo com dois anos de uso.

Tal valor residual é o que realmente estabelece a credibilidade do compromisso do fabricante, durante o período de arrendamento, de evitar estabelecer descontos ou introduzir um novo modelo que tornaria o atual obsoleto. Se o arrendador (locador) quebrar essa promessa, os ativos devolvidos no final do arrendamento valerão menos do que o valor residual que fabricante/locador concordou em aceitá-los de volta. Na verdade, o fabricante deu uma garantia ao arrendador (locatário). Ao aceitar receber de volta o equipamento de capital por um valor predefinido e descartá-lo no mercado de revenda, o fabricante/locador se compromete de maneira confiável com um conjunto limitado de promoções e uma taxa limitada de obsolescência planejada.

EXEMPLO *Leasing* de projetores de filmes digitais: Hugues-JVC[24]

Pela primeira vez neste século, em 2009, os lares dos Estados Unidos gastaram mais em idas ao cinema ($9.87 milhões) do que comprando DVDs ou alugando filmes. Câmeras digitais e projetores estão claramente envolvidos. Os filmes da série *Star Wars* de George Lucas são agora produzidos inteiramente em câmeras digitais. Empresas de cinemas como a General Cinema e AMC Entertainment preferem filmes digitais às cópias de filme celuloide de 30 quilos que muitas vezes alcançam diâmetros de um metro e meio. A busca (*download*) de sinais comprimidos de filmes digitais diretamente de um satélite, usando rede de dados segura de alta velocidade permitirá que as salas de cinema tenham muito mais flexibilidade na sua programação. Ademais, a qualidade de imagem e som não se deteriorará após apenas algumas edições. As empresas produtoras de filmes também gostam da nova tecnologia porque um rolo completo de filme em celuloide custa perto de US$17.500.000 para produzir 5 mil cópias ($1.500 por impressão), e necessita de uma grande frota de caminhões para levar os carretéis pelo país.

A maior barreira à adoção rápida desta nova tecnologia é o custo de reposição de $70.000 para AMC Entertainment a um dos projetores em um Cinema Multiplex. Com um número excessivo de salas nos EUA (algumas estimativas sugerem algo como 10.000 cinemas além do necessário), a General Cinema, AMCCarmike e outros estão compreensivelmente hesitantes em comprometer três quartos de um milhão de dólares de capital adicional por cinema. Cada uma delas prefere esperar pelos preços reduzidos de projetores digitais que acreditam ocorrer no futuro.

Hughes-JVC, fabricante de um dos projetores, planeja alugar os projetores digitais para companhias de cinema, utilizando aluguel *closed-end* com resíduos fixos. Consequentemente, a Hughes-JVC estará comprometida de forma plausível em realizar menos promoções de preço e utilizar uma taxa mais lenta de obsolescência programada. Além disso, com distribuição digital, em vez de física, as despesas de arrendamento para os projetores podem ser vinculadas a apresentações atuais. Isso permitirá que cinemas em mercados ampliados participem da adoção precoce dessa nova tecnologia.

---

24 Baseado em Curtains for Celluloid. *The Economist*, 27 mar. 1999, p. 81; Moving Images into the Future. *The Economist*, 6 dez. 2008, p. 8–10; Cinema Surpasses DVD Sales. *Wall Street Journal*, 4 jan. 2010, p. B10; Movie Theatres Secure Financing for Digital Upgrades. *Wall Street Journal*, 25 fev. 2010, p. B4.

> **EXEMPLO** Planos de propriedade fracionada da Netjets para aviões Learjet e Gulfstream Aircraft e Lexus[25]
>
> A FlexJets oferece acesso garantido com aviso-prévio de quatro horas a uma frota de aviões executivos Learjet e Challenger por um custo de apenas US$175.000 por ano. A NetJets, uma divisão da Berkshire Hathaway, companhia de Warren Buffett, oferece porções fracionadas na "maior e melhor frota do mundo de 450 jatos Gulfstream com disponibilidade garantida, custos garantidos e liquidez garantida de seus ativos". A NetJets esperava agendar mais de 500 mil voos no próximo ano. Uma fração de 1/16 de um jato Citation para sete passageiros é arrendada por US$620.000 de entrada, mais uma mensalidade de US$7.909 e US$1.675 por hora de voo para cobrir o custo operacional. Tais acordos contratuais são arrendamentos operacionais com resíduos fixos.
>
> Para ilustrar o quão crucial são esses acordos de arrendamento de propriedade fracionada para proteger um primeiro a adotar do risco de preço de revenda, considere um Gulfstream VI de $44 milhões. Normalmente, esse jato executivo top de linha possui um valor contábil aos 24 meses, de $2-$28 milhões, contudo, um avião desse modelo com dois anos de uso foi vendido no final de 2002 por apenas $18 milhões. De forma similar, o preço de revenda de um Lexus LS 430s e de um Saab 9-5s com dois anos de uso caiu 23,4%, de $53.500 para $41.000 em 2002, em comparação à redução de 14,7% para modelos com dois anos de uso, no ano anterior. Novamente, o arrendador ou o arrendatário deve arcar com esses riscos de reprecificação, contudo, o arrendamento com valores residuais fixos oferece o compromisso crível, que o fabricante concede para os primeiros adotante, de que o vendedor não vai inundar o mercado com descontos antes que o equipamento do primeiro adotante precise ser substituído. Logo, os arrendamentos com valores residuais fixos cresceram 29% nas vendas de automóveis nos EUA, no setor de carros de luxo.
>
> ---
>
> 25 Prices on Private Planes Dive, *Wall Street Journal*, 5 set. 2002, p. B2, The Bargain Jaguar, *Wall Street Journal*, 20 mar. 2003, p. D1.

Por exemplo, ao selecionar um provedor de TV a cabo com licença renovável, uma prefeitura pode limitar de forma confiável o suprimento de infraestrutura de comunicação da cidade. Se a cidade fosse insistir numa compra definitiva, os empresários de TV a cabo poderiam se preocupar que, pouco depois, a cidade inundaria o mercado com empresas adicionais de TV a cabo. Consequentemente, os valores dos lances pelo direito de fazer negócios cairia substancialmente.

As licenças de autorização para empresas são um direito de propriedade, sendo assim, é possível que seus titulares possam precisar revendê-la Eventos aleatórios acontecem com todas as empresas, e os titulares da licença não podem presumir que conseguirão operar para sempre. Licenças são bens de capital duráveis, e o valor de revenda exige tanta atenção quanto o valor de um computador mainframe ou um jatinho corporativo. Logo, as prefeituras podem levantar mais dinheiro com locações renováveis para licenças empresariais. O que ocorre no licenciamento empresarial, com o aval do município e do governo estadual, também ocorre no licenciamento de segredos industriais e patentes. Mesmo que o licenciamento e o aluguel renovável ofereçam vantagens táticas ao estabelecer compromissos confiáveis não obtidos com vendas definitivas, no mercado competitivo, a locação não sairá mais barata do que a compra. Qualquer custo imposto sobre o vendedor por mecanismos de credibilidade (por exemplo, um valor residual mais alto) será cobrado no aluguel. A questão é que simplesmente alguns compromissos confiáveis impõem custos adicionais sobre o fabricante, assimetricamente informado como locador, mais baixos do que a redução no preço exigido para efetuar uma venda comparável. Consequentemente, a rentabilidade do fabricante aumenta com o licenciamento e a locação renováveis em relação à rentabilidade alternativa disponível na venda imediata de um equipamento durável, licenças empresariais ou patentes.

Preços de locação refletem riscos antecipados

Obviamente, o risco de desenvolvimentos tecnológicos e descontos do concorrente que o fabricante não pode controlar ainda continuam. O arrendador e o arrendatário se comprometeram de forma confiável com algumas coisas, e deixaram outras ao acaso. Todos esses riscos restantes terão seus preços definidos em termos de arrendamento de valor residual. Como resultado, pela duração do equipamento, não será mais barato arrendar do que comprar. Em outras palavras, o comprador insistir em uma garantia de produto significa que o vendedor/arrendador (uma BMW, por exemplo) terá de absorver o risco de falha do produto – este risco é, então, totalmente cobrado em um pagamento de arrendamento mais alto para uma BMW 3 Series.

No entanto, os fabricantes precisam, de alguma forma, se comprometer de forma confiável com eles mesmos para manter preços altos e uma taxa limitada de obsolescência planejada durante o período de retenção do comprador. Apenas os clientes iniciais pagarão então os preços maiores que os fabricantes desejam cobrar na fase madura inicial do ciclo de vida de um produto com *upgrade*. **Arrendamentos fechados com valores residuais fixos** acordados antecipadamente oferecem tal compromisso confiável porque demonstram e certificam exatamente quais são as melhores estimativas de valor a prazo do fabricante. Tais arrendamentos, portanto, sustentam os preços de compra pagos por clientes iniciais de equipamentos duráveis.

RESUMO

- Oligopolistas pró-ativos exigem previsões precisas de iniciativas e reação dos rivais. A finalidade gerencial da teoria dos jogos é prever tal comportamento do rival. Em uma análise da *teoria dos jogos*, cada um avalia a estratégia de tomada de decisão ideal de seus concorrentes e, depois, escolhe sua melhor contraestratégia própria.
- Jogos de estratégia de negócios podem ser classificados como de jogada simultânea ou sequencial, de uma jogada ou repetido, de total zero ou total não zero, de dois jogadores ou n jogadores e cooperativos ou não cooperativos.
- Jogos cooperativos permitem a formação de coalizões, acordos de pagamentos à parte e contratos coagidos por terceiros, enquanto jogos não cooperativos proíbem tais características.
- Jogos de jogada simultânea frequentemente surgem em precificação e promoções rivais, mas a essência da estratégia de negócios é o raciocínio sequencial.
- O equilíbrio da estratégia dominante envolve ações que maximizam o ganho de pelo menos um tomador de decisões, independentemente do que qualquer outro jogador decida fazer.
- A estratégia de equilíbrio de Nash envolve ações que maximizam o ganho de cada tomador de decisão, dadas as reações de melhor resposta dos outros jogadores.
- O equilíbrio de Nash para jogos simultâneos identifica estratégias puras e mistas. A estabilidade de uma previsão tática surge do fato de que as escolhas dos jogadores refletem reações com as melhores respostas uns dos outros, mesmo se uma cronometragem sequencial das ações não estiver envolvida.
- A maioria das estratégias de equilíbrio de Nash é não exclusiva – há várias estratégias puras de Nash.
- A estratégia mista oferece uma regra ideal para randomizar ações entre diversas estratégias de equilíbrio de Nash.

- A cooperação mútua em um jogo repetido de Dilema do Prisioneiro pode ser garantida com final de jogo de tempo incerto, adoção de um padrão para o setor, esquemas de punição em vários períodos como Olho por Olho ou estratégia de gatilho sinistro ou mecanismos de vinculação para estabelecer compromissos e ameaças críveis.
- A cooperação em jogos não cooperativos é mais provável se as estratégias forem claras, provocadoras, tomarem iniciativas cooperativas unilateralmente e perdoarem de forma a não perpetuar erros. A estratégia Olho por Olho tem essas características.
- Jogar contra estratégias Olho por Olho precisa da comparação do lucro incremental da deserção unilateral com a perda da oportunidade de desconto pela punição de certa duração limitada no período seguinte. Como a probabilidade de repetição contínua diminui, Olho por Olho se torna um dispositivo de coordenação menos efetivo para fugir do Dilema do Prisioneiro do que uma política de equiparação de preços.
- A ordem da jogada importa em jogos sequenciais de coordenação entre fabricantes e distribuidores, barreira à entrada e acomodação, concorrência de serviços, disputas de P&D, desenvolvimento de produto etc., porque os rivais devem prever as reações e contrarreações até o final do jogo.
- O raciocínio de final de jogo olha para a última jogada em uma sequência ordenada de jogadas, identifica o jogador cujas decisões controlam os resultados disponíveis no fim do jogo e, depois, prevê a ação preferida do jogador.
- A estratégia de equilíbrio perfeito do subjogo olha adiante para analisar os resultados ao fim do jogo e retorna às reações de melhor respostas anteriores.
- Ameaças e compromissos confiáveis são a chave para o raciocínio de fim de jogo e, portanto, os

- mecanismos de credibilidade são a chave para a estratégia de equilíbrio perfeito do subjogo.
- As vantagens podem se acumular para os movimentadores iniciais ou segundos mais rápidos em uma rivalidade de negócios. Os primeiros podem ameaçar ou se pré-comprometer de forma confiável e, portanto, priorizar alguns resultados, e os segundos respondem e podem determinar a reação de melhor resposta no final do jogo. O que é mais vantajoso depende de particularidades da situação tática e estratégica.
- Uma ameaça confiável é uma estratégia condicional em que o ameaçador ficará pior ao ignorar do que ao implementar. Um compromisso confiável é uma obrigação em que o que se compromete ficará pior ao ignorar do que cumprir.
- Os mecanismos para estabelecer credibilidade incluem o estabelecimento de um título ou pagamento contratual à parte, investimento em um ativo de reputação não substituível, cancelamento ou interrupção do processo de reação, entrada em uma aliança de divisão de lucros, dar pequenos passos ou providenciar um mecanismo de vinculação irreversível e irrevogável.
- Arrendamentos fechados com valores residuais predefinidos são um mecanismo para estabelecer o compromisso confiável de um fabricante de produtos duráveis com os clientes iniciais de novos modelos para não dar descontos altos após a venda.

EXERCÍCIOS

As respostas para os exercícios destacados estão no Apêndice D, no final do livro.

1. Suponha que duas empresas japonesas, Hitachi e Toshiba, sejam as únicas produtoras (isto é, duopolistas) de um chip microprocessador utilizado em diversas marcas de computadores. Presuma que a demanda total de chips é fixa e que cada empresa cobra o mesmo preço pelos chips. A participação de mercado e os lucros de cada empresa são uma função da magnitude da campanha promocional utilizada para promover sua versão do chip. Presuma também que só haja duas estratégias disponíveis para cada empresa: uma campanha promocional limitada (*budget*) e uma ampla campanha promocional (*budget*). Se as duas empresas se envolverem em uma campanha promocional limitada, cada uma terá lucro trimestral de US$7,5 milhões. Se as duas realizarem amplas campanhas promocionais, cada uma terá lucro trimestral de US$5 milhões. Com esta combinação de estratégia, a participação de mercado e o total de vendas serão os mesmos para uma campanha promocional limitada, mas os custos promocionais serão mais altos, e, assim, os lucros serão menores. Se uma delas se envolver em uma campanha promocional limitada e a outra em uma ampla campanha, a empresa que adotar a campanha ampla ampliará sua fatia de mercado e terá um lucro de US$9 milhões, enquanto a outra terá lucro de apenas US$4 milhões.
   a. Desenvolva uma matriz de ganho para este problema de tomada de decisão.
   b. Na ausência de um acordo vinculador e coagido, determine a estratégia de publicidade dominante e o ganho mínimo para a Hitachi.
   c. Determine a estratégia de publicidade dominante e o ganho mínimo para a Toshiba.
   d. Explique por que as empresas podem decidir não utilizar suas estratégias dominantes sempre que este jogo for repetido em vários períodos de tomada de decisão.

2. Considere a seguinte matriz de pagamento:

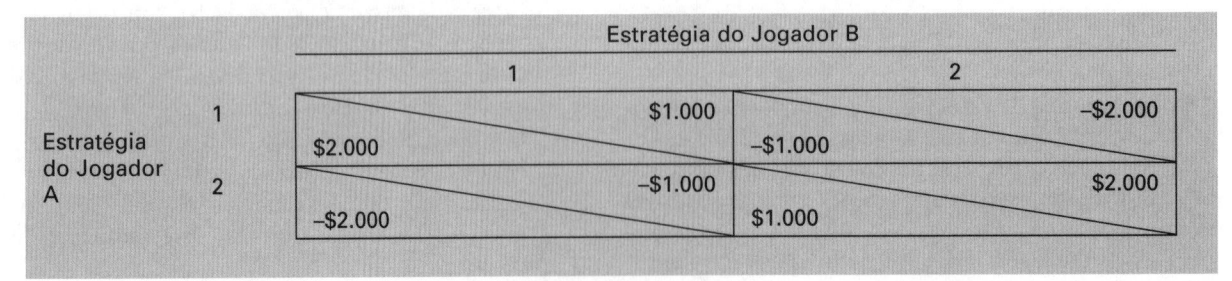

		Estratégia do Jogador B	
		1	2
Estratégia do Jogador A	1	A: $2.000 / B: $1.000	A: −$1.000 / B: −$2.000
	2	A: −$2.000 / B: −$1.000	A: $1.000 / B: $2.000

   a. O Jogador A tem uma estratégia dominante? Explique.
   b. O Jogador B tem uma estratégia dominante? Explique.

3. Suponha que duas mineradoras, Australian Minerals Company (AMC) e South African Mines, Inc. (Sami), controlam as únicas jazidas de um mineral raro utilizado na fabricação de determinados componentes eletrônicos. As empresas concordaram em formar um cartel para definir o preço (maximização de lucro) do mineral. Cada empresa

deve decidir se *seguirá* o acordo (isto é, não oferecerá cortes secretos de preço aos clientes) ou não. Se ambas cumprirem o acordo, a AMC terá um lucro anual de US$30 milhões e a Sami de US$20 milhões com a venda do mineral. Se a AMC não seguir e a Sami sim, a AMC ganhará US$40 milhões e a Sami, US$5 milhões. Se a Sami não cumprir e a AMC sim, esta última ganhará US$10 milhões, e a Sami, US$30 milhões. Se nenhuma delas seguir o acordo, a AMC ganhará US$15 milhões e a Sami, US$10 milhões.

    a. Desenvolva uma matriz de ganho para o problema de tomada de decisão.

    b. Na ausência de um acordo vinculador e coagente, determine a estratégia de publicidade dominante para a AMC.

    c. Determine a estratégia de publicidade dominante para a Sami.

    d. Se as duas empresas puderem celebrar um acordo vinculador e coagente, determine a estratégia que cada uma deverá escolher.

4. Duas seguradoras que gerenciam programas de benefícios a funcionários estão em licitação por negócios adicionais em sua área de especialização a uma tarifa de mercado de US$200 por hora. Os possíveis clientes se recusam a deixar seus fornecedores atuais e conceder contratos de gestão de benefício a novas empresas até que as tarifas para faturamento sejam cortadas em US$50. A Abbott, Abbott & Daughters (AA&D) decide fazer isso. A sua empresa, Zekiel, Zekiel & Sons (ZZ&S), deve decidir se irá se igualar ao corte de preço e, depois, permitir que os clientes escolham aleatoriamente entre as duas empresas ou se diminuirá as taxas para US$100 por hora. Experiências anteriores sugerem, no entanto, que o corte de preço pode não parar por aí. Os clientes certamente alternarão sua melhor oferta atual entre as duas empresas, forçando uma espiral de queda de preço. A questão, portanto, é "Quão baixo você irá?". Crucialmente, este jogo tem uma regra de parada: a um preço abaixo de seu custo de US$40, o negócio adicional deixa de se tornar lucrativo e deverá ser recusado. A AA&D tem custos mais altos, de US$66 por hora.

Novamente, sua decisão depende de uma análise da sequência de eventos futuros previsíveis representados por uma árvore de jogo ou de decisão. Forneça uma. Para simplificar, presuma que todos os cortes de tarifa devam estar em incrementos de US$50, que os clientes escolhem rapidamente entre cotações de tarifas iguais utilizando jogos de cara ou coroa (representados por *N* de *Natureza*), que assim que uma tarifa for igualada não poderá ser reduzida, e que diversos possíveis clientes estão presentes no mercado. Agora, é a sua vez no nó Z1 com tarifas no nível de US$150 por hora. O que você deve fazer? Igualar-se às tarifas ou cortá-las ainda mais?

5. De que maneira a análise e o resultado do equilíbrio estratégico diferem no Exercício 4 se a outra empresa desfrutar uma vantagem de custo; por exemplo, US$35 para a AA&D? Neste caso, a ordem de participação (isto é, quem é o primeiro a reduzir preços) possui importância neste jogo de comprometimento com custos assimétricos?

6. Considere uma sequência contínua de competições de marketing entre pares de empresas envolvendo três empresas com campanhas promocionais que apresentam graus variáveis de sucesso. Cada campanha envolve propaganda comparativa de ataque à empresa-alvo. A empresa com os clientes mais fiéis (denomine-a *Máxima*) obtém 100% de sucesso quando ataca qualquer uma das outras. A empresa com o menor número de clientes fiéis (*Mínima*) possui um índice de sucesso de 30% quando ataca a *Máxima* ou a *Mais*. A *Mais* possui um índice de sucesso de 80%. Cada uma das empresas lança seu ataque de propaganda uma vez em uma sequência arbitrária. A *Mínima* age primeiro e pode atacar a *Máxima* ou a *Mais*. A *Mais* ataca em segundo, e a *Mínima* em terceiro. Se mais de um dos oponentes sobreviver à primeira rodada de concorrência, a ordem de participação se repetirá: a *Mínima*, depois a *Mais* e finalmente a *Máxima*. Qualquer participante pode deixar de participar quando for a sua vez, isto é, as três ações disponíveis para a *Mínima* iniciar o jogo são as seguintes: atacar a *Mais*, atacar a *Máxima* ou nada fazer e passar a sua vez.

Faça o diagrama da árvore de decisões e empregue a análise do equilíbrio perfeito do subjogo a fim de identificar o equilíbrio estratégico. O que deve fazer a empresa mais vulnerável com o menor número de clientes fiéis para iniciar o jogo? Qual será a melhor resposta da *Mais* se for atacada e sobreviver? E se a *Mínima* nada fizer? O que fará a *Máxima* quando for sua vez?

7. Por que motivo os primeiros usuários de um sistema de tecnologia da informação fornecido pela IBM Systems Solutions estariam dispostos a pagar mais por um arrendamento fechado dos servidores e outros equipamentos necessários, em vez de realizar uma compra direta?

8. As pessoas que regularmente se atrasam não se preocupam em usar relógios. Em resposta, outras pessoas tendem a se contrapor a tais atrasos começando reuniões 10 minutos após a hora marcada, saindo para almoçar 10 minutos mais tarde, e assim por diante. Analise o seguinte jogo de coordenação e explique por quê.

		Harry			
		Ser pontual		Sempre atrasar	
Tom	Ser pontual	100	100	70	50
	Sempre atrasar	70	50	95	95

9. Nike e Adidas defrontam-se com o problema de coordenação a seguir ao tentar decidir se devem adotar uma propaganda de ataque pouco agressiva ou muito agressiva contra a outra empresa. O que cada empresa deve fazer?

		Nike			
		Anúncios pouco agressivos		Anúncios muito agressivos	
Adidas	Anúncios pouco agressivos	$100	$12 M	$4 M	$6 M
	Anúncios muito agressivos	$5 M	$4 M	$8 M	$9 M

10. Os resultados na metade inferior da árvore do jogo descrevendo o último (20º) submercado do paradoxo da cadeia de lojas na Figura 13.2 estão rotulados N.A. (não aplicável). Por quê? Que conceito específico de equilíbrio em jogos sequenciais descarta a aplicabilidade desses resultados? *Dica:* Como você descreveria a árvore de jogo do nó e em diante com relação à árvore de jogo do nó D em diante?

11. A longa concorrência entre os submercados Subway e Quizno's mudou o preço de US$6 para US$5 para Baguetes selecionadas. Eventualmente, a Quizno's baixou mais um dólar de preço até chegar ao valor de US$4 para seu Torpedo. A participação de mercado, relativa à competição cabeça a cabeça com a Baguete da Subway, aumentou para a Quizno's, mas suas margens sofreram tanto que o orçamento de ingredientes teve de ser reduzido substancialmente. Atualmente, a Subway é especializada em ingredientes sofisticados para seus sanduíches de US$7 com 15 centímetros. Explique quem surgiu à frente nessa competição. Justifique.

12. Suponha que você tenha anunciado que "enfrentará a concorrência" em resposta a ameaças de entrada por um concorrente potencial que fez pesquisa de mercado em seu mercado-alvo e está oferecendo um preço inferior ao atualmente praticado por sua empresa. Que diferença faz, se for o caso, se a tecnologia estiver evoluindo muito rapidamente no mercado de modo a provar que se trata de um jogo de participação simultânea única?

13. Analise o jogo sequencial a seguir e aconselhe a Kodak a respeito da possibilidade de a empresa lançar o produto CD visual.

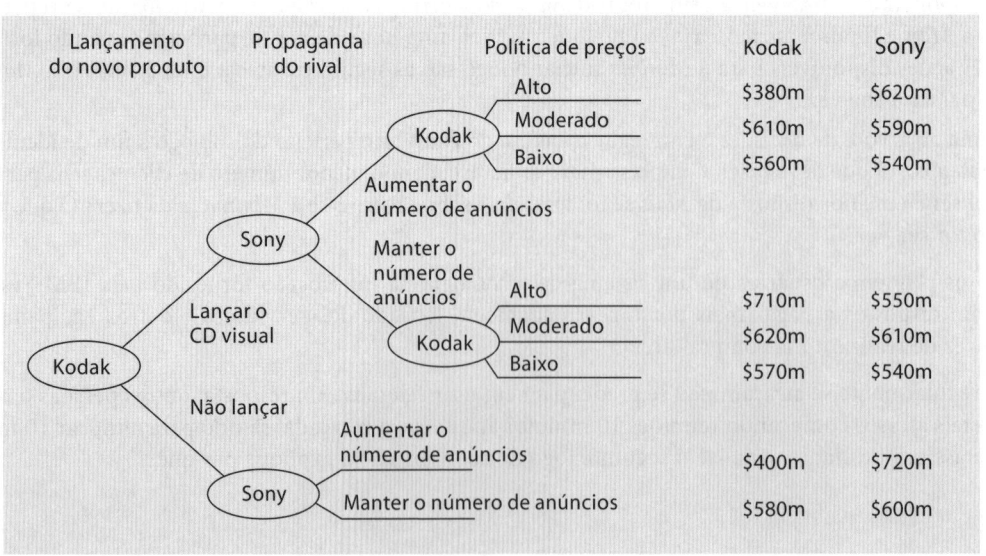

Lançamento do novo produto	Propaganda do rival	Política de preços	Kodak	Sony
Kodak — Lançar o CD visual	Sony — Aumentar o número de anúncios → Kodak	Alto	$380m	$620m
		Moderado	$610m	$590m
		Baixo	$560m	$540m
	Sony — Manter o número de anúncios → Kodak	Alto	$710m	$550m
		Moderado	$620m	$610m
		Baixo	$570m	$540m
Kodak — Não lançar	Sony — Aumentar o número de anúncios		$400m	$720m
	Sony — Manter o número de anúncios		$580m	$600m

14. Calcule os custos de operar um táxi, em turnos de 8 horas, com uma licença de medalhão que custa US$125.000, emprestada a 10% de juros, presumindo dois turnos nos 365 dias por ano, mais um carro no valor de US$25.000 que deprecia 50% em um ano, mais US$22 de gasolina e manutenção por turno diário. Você pagaria US$60 por turno por uma licença de motorista de táxi? Justifique.

15. Uma estudante de pós-graduação em Matemática explica a suas amigas como se aproximar de um grupo de rapazes atraentes e inteligente que estão na companhia do famoso ator Russel Crowe. O que suas amigas deveriam fazer? Ignorar Russel Crowe ou se fixar nele? Explique o raciocínio de equilíbrio que permeia sua resposta.

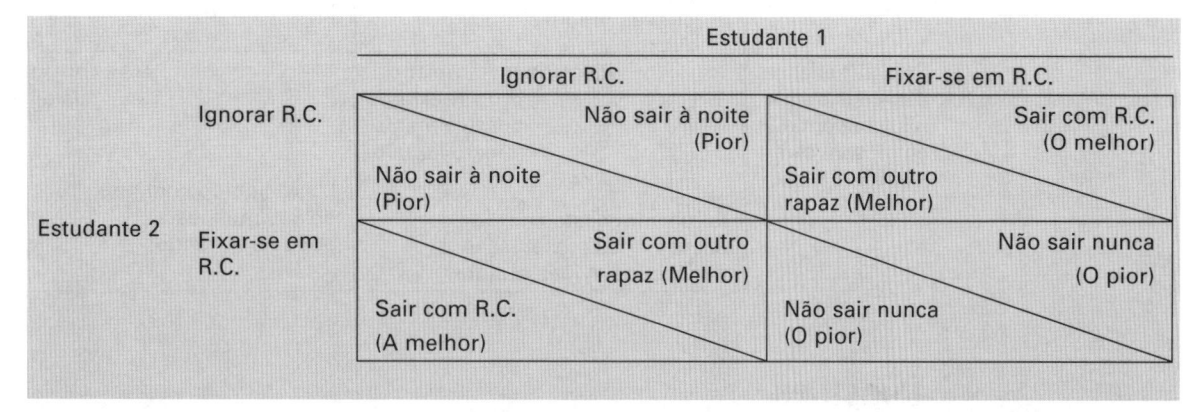

		Estudante 1	
		Ignorar R.C.	Fixar-se em R.C.
Estudante 2	Ignorar R.C.	Não sair à noite (Pior) / Não sair à noite (Pior)	Sair com R.C. (O melhor) / Sair com outro rapaz (Melhor)
	Fixar-se em R.C.	Sair com outro rapaz (Melhor) / Sair com R.C. (A melhor)	Não sair nunca (O pior) / Não sair nunca (O pior)

Nota: O melhor resultado – Sair com R.C., Melhor – Sair com outro rapaz, Pior – Não sair nunca com nenhum desses rapazes.

CASO
PERSPECTIVAS INTERNACIONAIS
DILEMA DO SUPERJUMBO[26]

A Boeing termina a montagem de aviões comerciais à taxa de um por dia. Os clientes primeiro pagam um depósito de um terço dos US$84 a US$127 milhões por um 767, um terço de US$134 a US$185 milhões por um 777, e um terço de US$165 a US$200 milhões por um 747, dependendo de como os aviões são equipados. O segundo terço vence após a montagem final, quando o avião é pintado, e o último terço é pago na entrega. A montagem final exige de 15 a 25 dias, o cronograma de toda a produção é de 11 meses e, claro, as modificações no design adicionam meses na duração de cada projeto. O maior dos aviões da Boeing (o 747-400) carrega 432 passageiros; em comparação, os maiores aviões da Airbus (o A380) transportam 550 passageiros.

Em 1993, a Boeing e a Airbus iniciaram discussões para desenvolver em conjunto um transporte comercial muito grande (VLCT) com, talvez, 1.000 assentos. Se cada empresa agisse de forma independente, o mercado para VLCTs seria tão pequeno em relação aos custos imensos de P&D que perdas consideráveis seriam certas. Cada empresa teria lucro superior disponível se agisse sozinha. Analise este jogo de desenvolvimento de produto não cooperativo e preveja o que a Boeing e a Airbus fariam e por quê.

Na verdade, as duas concorrentes decidem celebrar uma aliança estratégica com a opção de desenvolver um superjumbo ou se retirar e manter um foco em aeronaves amplas. Analise a decisão da Boeing em vista de sua margem de contribuição de US$45 milhões em cada 747 produzido e vendido. O lucro operacional líquido é de aproximadamente US$15 milhões.

---

26 Baseado em M. Kretschmer. Game Theory: The Developer's Dilemma, Boeing v. Airbus. In: Booz, Allen e Hamilton. *Strategy & Business,* segundo trim. 1998; Towards the Wild Blue Yonder. *The Economist,* 27 abr. 2002, p. 67; Giving 'em Away. *BusinessWeek,* 5 mar. 2001, p. 52-55; e Global Dogfight. *Wall Street Journal,* 1º jun. 2005, p. A1; The Airliner That Fell to Earth. *The Economist,* 7 out. 2006, p. 69; Carriers Oppose Plane Subsidies. *Wall Street Journal,* 7 out. 2010, p. B3.

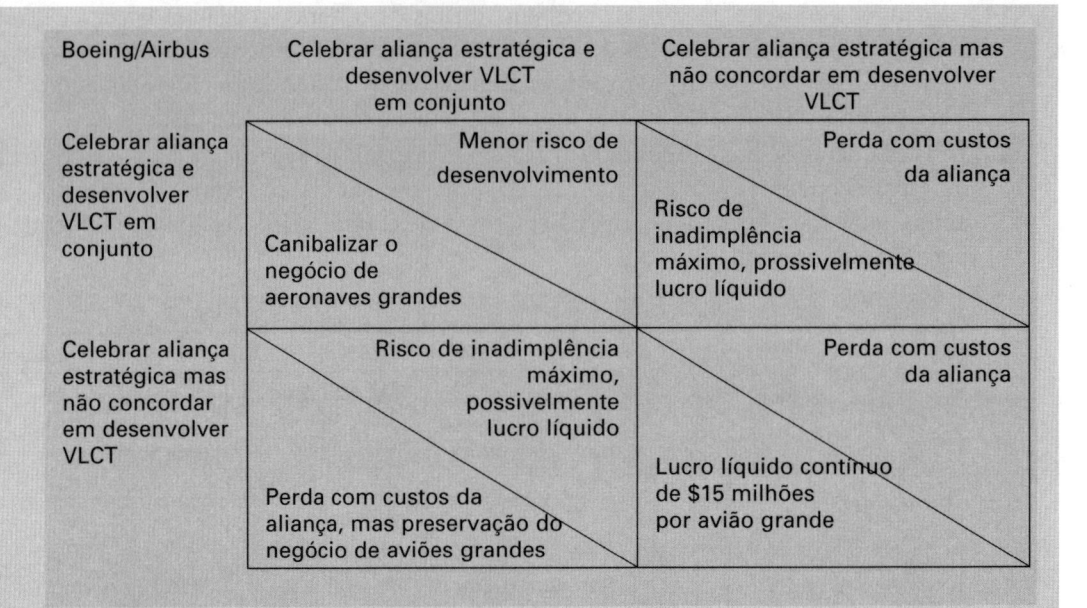

Boeing/Airbus	Celebrar aliança estratégica e desenvolver VLCT em conjunto	Celebrar aliança estratégica mas não concordar em desenvolver VLCT
Celebrar aliança estratégica e desenvolver VLCT em conjunto	Menor risco de desenvolvimento / Canibalizar o negócio de aeronaves grandes	Perda com custos da aliança / Risco de inadimplência máximo, prossivelmente lucro líquido
Celebrar aliança estratégica mas não concordar em desenvolver VLCT	Risco de inadimplência máximo, possivelmente lucro líquido / Perda com custos da aliança, mas preservação do negócio de aviões grandes	Perda com custos da aliança / Lucro líquido contínuo de $15 milhões por avião grande

Questões

1. À luz dos pagamentos referidos, por que a Airbus seguiu com o Superjumbo A380, mesmo com um custo de desenvolvimento de $10.7 bilhões e atrasos na implementação em 2010 que exigiram 300 aviões para atingir um nível de equilíbrio?

2. Em 2004-2006, pela primeira vez a Boeing produziu menos aeronaves do que a Airbus (ver Figura 13.9). Se a Boeing encontra-se menos rentável com 60% de participação de mercado do que com 45%, qual é o possível impacto dessa situação na competição tática entre Airbus e Boeing?

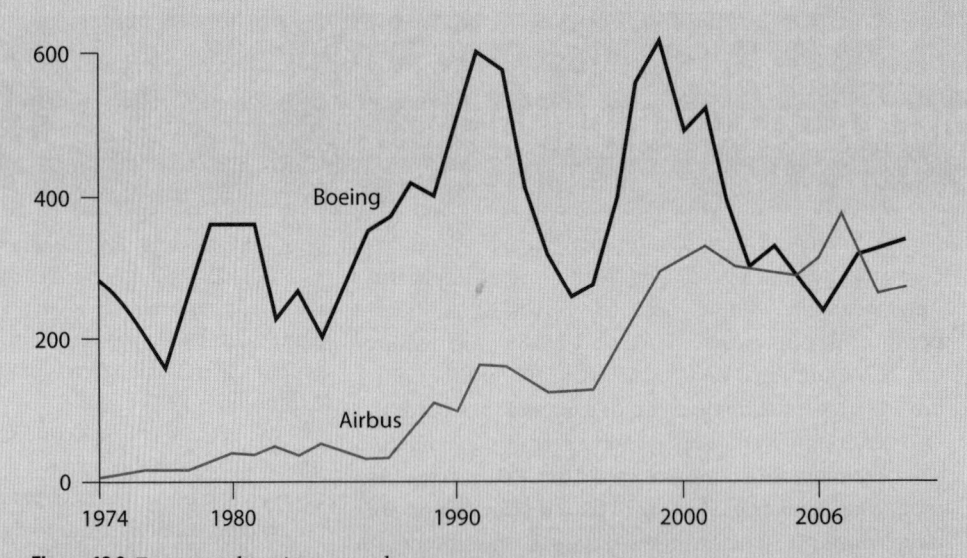

Figura 13.9 Entregas de aviões grandes por ano
Fonte: Wall Street Journal 14 out. 2003, p. A2; *The Economist* 15 ago. 2009, p. 11.

3. A União Europeia alega que a Boeing recebeu US$3,2 bilhões em isenções fiscais do estado de Washington para apoiar o projeto do Boeing Dreamliner 787. Os Estados Unidos alegam que a Airbus recebeu US$6 bilhões em empréstimos que não precisam ser repagos para apoiar a pesquisa, desenvolvimento e lançamento do Airbus 380 Superjumbo. Tais acusações e contra-acusações na OMC abordam se uma das empresas

praticará "dumping" quando disponibilizar os primeiros 787s e 380s ao mercado de exportação. Esses acordos de crédito para exportação agora sustentam quase 35% das vendas da Airbus e da Boeing.

4. Em 2010, a Airbus projetava 93 A380s para entrega. Em vez disso, por causa de atrasos associados com o design errado de instalações para chicotes elétricos, a Airbus entregou apenas 10 aviões. O custo do atraso acrescentou US$6 bilhões ao custo de desenvolvimento total, a ser recuperado. Isso implica que a execução da produção agora atingiu um nível de equilíbrio e aumentou de 250 para mais de 300 aviões. A empresa produziu 45 aviões nos últimos dois anos. E o que dizer da história da execução de produção do Boeing 747, que sugere que o Airbus 380 talvez ainda seja um sucesso considerável?

APÊNDICE 13A
Dissuasão de entrada e jogos de acomodação

Neste Apêndice examinamos as questões táticas que surgem quando uma empresa incumbente enfrenta uma ameaça de entrada iminente. Analisamos como acomodar ou tentar deter o concorrente potencial e qual capacidade de planejamento, preço limite ou táticas de custos irrecuperáveis de investimento empregar como barreiras à entrada efetivas. No final, caracterizamos mercados contestáveis como igualmente dependentes de barreiras dà saída.

EXCESSO DE CAPACIDADE COMO UMA AMEAÇA CONFIÁVEL

Um tipo de ameaça ou compromisso que pode influenciar notoriamente a competição subsequente plausível é um investimento em excesso de capacidade de produção não reutilizável. Investimento irreversível em excesso de capacidade verossímil obriga uma empresa incumbente de produtos de alto preço atender novos consumidores sensíveis a preço que podem ser atraídos ao mercado por descontos oferecidos por uma empresa entrante no mercado. Se é esperado que esses e outros clientes regulares façam negócios e favoreçam a empresa incumbente, então, o investimento no excesso de capacidade pode aumentar substancialmente o efeito dissuasivo da ameaça da empresa incumbente de cortar preços em resposta à entrada.

Por que, exatamente, o excesso de capacidade aumenta a credibilidade da ameaça da empresa incumbente? A empresa incumbente pode, assim, impedir o novo concorrente de adquirir uma grande fatia do mercado? A empresa incumbente pode negar ao novo concorrente uma reputação exclusiva de preços baixos? A empresa incumbente pode se tornar mais lucrativo do que antes da ameaça de entrada? A resposta a todas essas perguntas é não. O único motivo pelo qual qualquer ação ou comunicação é confiável é se ela faz que seja pior ignorar a ameaça do que cumpri-la.

Na Figura 13A.1, a empresa concorrente que investe em excesso de capacidade expandindo a Planta 1 para a Planta 2 está em condição pior com sua produção inalterada Q_1 e custos unitários de US$180 em A do que com a venda da maior parte da produção Q_1 com custo unitário de US$120 em B. Desse modo, baixar o preço para levar a cabo uma ameaça aumenta as vendas de Q_1 para Q_2. Ignorar a ameaça deixaria a empresa incumbente em pior situação, com altos custos unitários em A, agora que a Planta 1 foi substituída pela Planta 2.

PRÉ-COMPROMISSOS COM ATIVOS NÃO REUTILIZÁVEIS

Para abordar as ramificações táticas da instação do excesso de capacidade, considere a capacidade de decisão de um hospital consagrado, que enfrenta ameaça de entrada de uma clínica ambulatorial especializada em obstetrícia e cirurgia plástica eletiva. O hospital está construindo uma nova ala cirúrgica. Seu administrador pode construir uma nova instalação para conhecer a demanda futura projetada, com seus atuais preços altos, ou incluir um con-

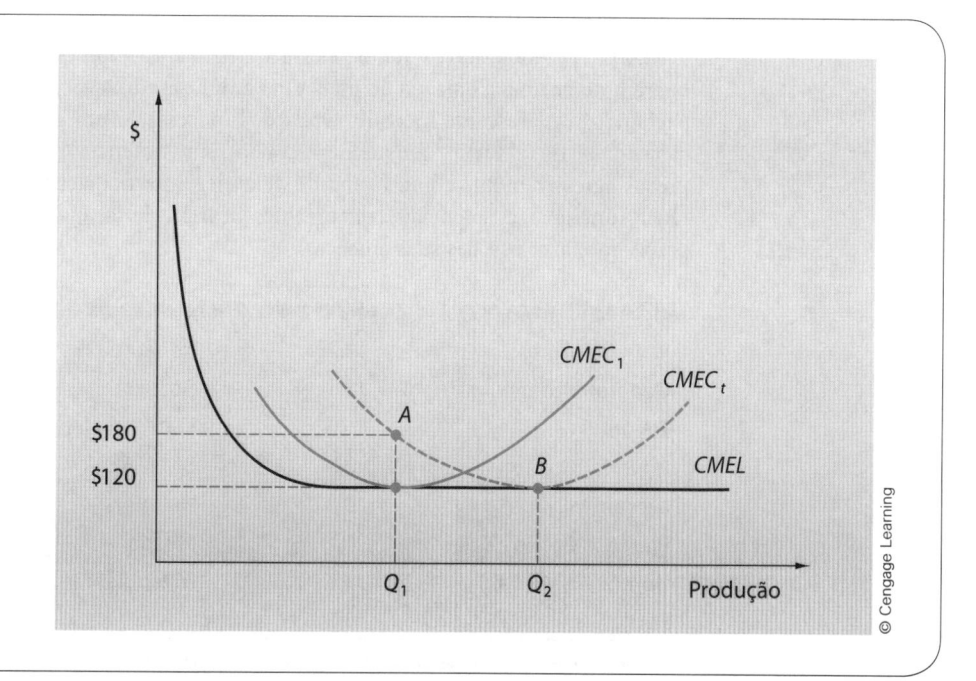

Figura 13A.1 Excesso de capacidade aumenta a credibilidade na dissuasão de entrada

siderável excesso de capacidade em seus planos de expansão. Suponha que as salas de parto e de cirurgias usadas para procedimentos obstétricos e de cirurgia plástica não são reutilizáveis para cirurgias gerais e outros fins especializados. Em vez disso, o excesso de capacidade, se desenvolvido, servirá como um pré-compromisso não reutilizável do excesso de capacidade feito pelo hospital para concorrer com todos os novos negócios sensíveis a preço que uma clínica ambulatorial cirúrgica possa atrair para o mercado.

EXEMPLO: Excesso de capacidade no mercado automobilístico: Samsung e Hyundai[1]

A venda de automóveis nos EUA, Europa e Japão caiu drasticamente durante a crise financeira de 2008-2009. Por que adicionar excesso de capacidade em tal ambiente empresarial?

As economias de escala não parecem estar envolvidas nessa situação. Mesmo a Hyundai já alcançou o mínimo de escala eficiente (ver Tabela 13A.1). Além disso, as alianças globais GM Opel-Fiat-Saab-Daewoo e Ford-Jaguar-Volvo-Land Rover-Mazda focam no projeto de plataformas comuns para famílias, para que as linhas de montagem e as caríssimas máquinas de estampagem, de milhões de dólares, possam produzir sedãs Opel Astra numa semana e minivans de sete lugares Zafira, da Fiat, na próxima. Cada vez mais, dúzias de diferentes veículos compartilham a mesma plataforma e linha de montagem. Mesmo com veículos menos populares, a escala mínima de eficiência tem, portanto, se tornado muito menos difícil de alcançar.

Como uma segunda explicação para a expansão de capacidade se destaca a licalização da nova capacidade, muita da qual aparece na Ásia, especialmente na Coreia do Sul e Tailândia. Dois terços do crescimento das vendas de novos carros entre 2000 e 2010 surgiram na China e Índia, países em desenvolvimento. O conglomerado sul-coreano Samsung abriu recentemente uma nova fábrica com capacidade para 500.000 veículos equipada com robôs, em um investimento de US$5 bilhões, mesmo com a produção do país (6 milhões de veículos) substancialmente à frente do consumo doméstico (1,5 milhão de veículos), mais as vendas para exportação (3,5 milhões de veículos). Previsivelmente, os preços do varejo de automóveis na Coreia do Sul desabaram, a medida em que o iminente excesso de capacidade forçou as margens de lucro a diminuírem a níveis que não mais atraíam o investimento de novas indústrias automobilísticas.

Mas talvez tenha sido exatamente essa a ideia. Fabricantes estabelecidos como Hyundai e Kia querem deter uma a entrada de mais uma empresa numa economia que facilmente pode despachar para o crescente mercado asiático. É necessário um pré-compromisso para satisfazer capacidade, de tal forma que nenhum concorrente potencial irá duvidar da ameaça de reduzir preços agressivamente como forma de defender a participação de mercado. Se essa iniciativa tática funcionar e potenciais concorrentes ficarem de fora, as empresas estabelecidos jamais precisarão fazer uso das suas ameaças.

TABELA 13A.1 Vendas de 2011 de automóveis e caminhonetes no nível mundial (TOP 15)

VW Group	13,2%	Renault	4,0%
General Motors	11,1	Suzuki	3,8
Toyota	11,0	Fiat-Chrysler	3,7
Hyundai Group	9,9	BMW	2,8
Nissan	5,8	Daimler	2,3
Peugeot Group	5,1	Mazda	1,8
Honda	4,6	Mitsubishi	1,7
Ford	4,3		

Fonte: International Organization of Motor Vehicle Manufacturers.

---

1 Baseado em *Ward's Automotive Yearbook*. Car Making in Asia: Politics of Scale. *The Economist*, 24 jun, 2000, p. 68-69; e In Asia, GM Pins Hopes on a Delicate Web. *Wall Street Journal*, 23 out. 2001, p. A23.

A estrutura desse jogo é apresentada na árvore de decisões da Figura 13A.2. O hospital escolhe ou não o excesso de capacidade; o ambulatório e a clínica cirúrgica escolhem, daí por diante, entrar ou ficar de fora, e então o hospital controla a precificação do jogo final. Se o hospital cria um excesso de capacidade, é mais provável que corte preços em caso de entrada; dessa forma, é melhor então que a clínica fique de fora. Se o hospital não criar excesso de capacidade, é mais provável que ele acomode o concorrente ao manter os preços altos; então é melhor que a clínica entre. Logo, ao tentar enxergar à frente para prever as melhores reações do hospital e da clínica em vários subjogos e jogos finais adequados, é possível que as escolhas do hospital se limitem a duas estratégias delineadas na Figura 13A.2: {Excesso de capacidade, Ficar de fora, Preço limite} e {Sem excesso de capacidade, Entrar, Acomodar com preço moderado}.

Claramente, fazer negócios da forma habitual não é mais uma opção para o hospital. Em particular, o negócio cirúrgico eletivo citado anteriormente, muito lucrativo e com altos preços, não excede a capacidade, e, como não há concorrência na linha superior da árvore de jogo, logo, não é mais um resultado de interesse central. A ameaça de entrada pode exigir que o hospital estabelecido maximize agora seu lucro restante comprometendo-se previamente a criar excesso de capacidade. Logo, nesse cenário a clínica vai considerar uma entrada de ataque e fuga, mas provavelmente vai decidir ficar de fora e penetrar no mesmo mercado através de outra comunidade com menos capacidade presente ou projetada.

No geral, saber se estabelecidos vão escolher deter potenciais concorrentes (por exemplo, na parte inferior da árvore do jogo da Figura 13A.2) pelo uso do excesso de capacidade de pré-compromissos ou se de fato vão preferir acomodar (na parte superior da árvore jogo), retendo suas capacidades menores e baixando preços, é uma questão complexa que depende de vários fatores. O Capítulo 13 mostrou que a resposta depende, em parte, da possibilidade de a empresa incumbente garantir uma vantagem de primeiro a se movimentar. Sem isso, em Dissuasão de entrada I, a empresa incumbente Pastense deu descontos acentuadas para deter a entrada; contudo, levando em conta essa situação na Dissuasão de entrada II, a Pastense manteve preços moderados e entrada acomodada.

Essa decisão de dissuasão/acomodação também depende se a competição pós-entrada estará presente nos preços de vendedores de produtos diferenciados, cada qual com algum poder de mercado sobre o preço, ou se estará nas quantidades de vendedores de produtos homogêneos sem nenhum poder sobre o preço. Por fim, a decisão de impedir ou acomodar depende de como velhos e novos clientes, em vários segmentos de mercado, classificam empresa incumbente com excesso de capacidade e um novo concorrente com preços menores e capacidade limitada.

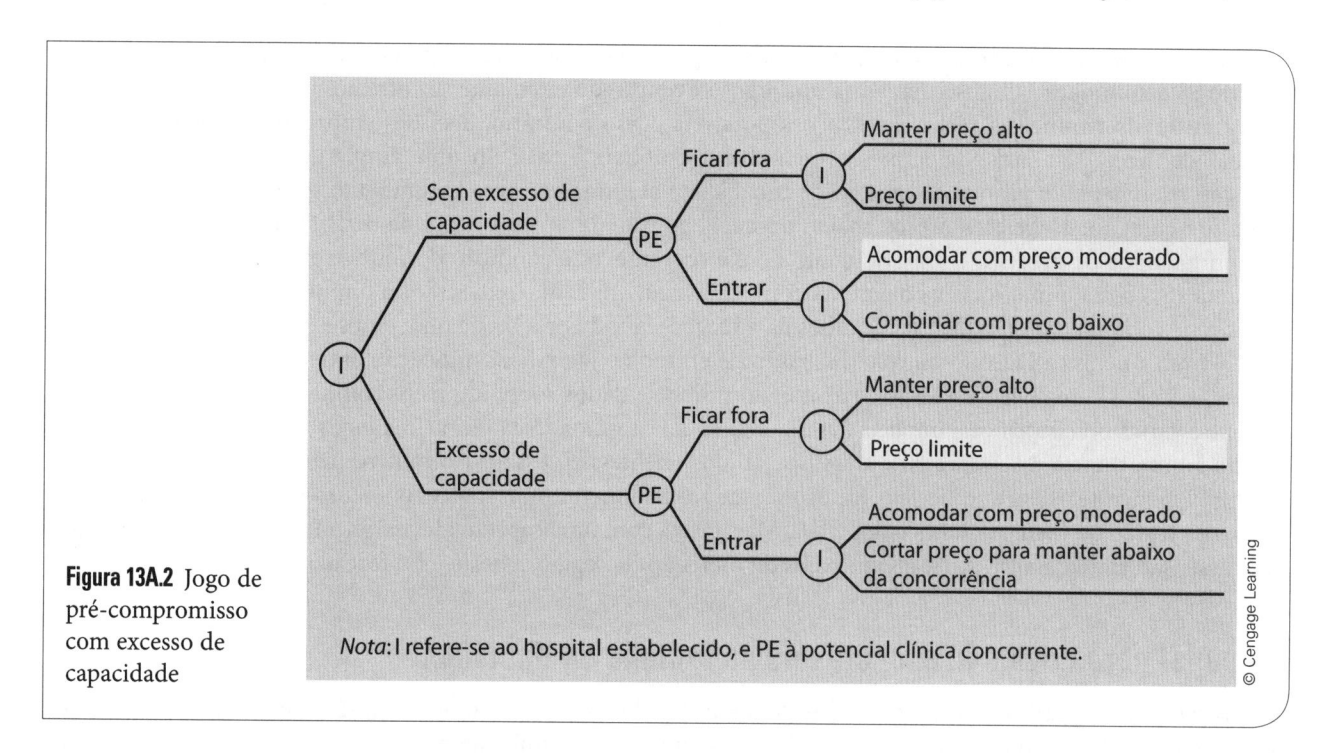

Figura 13A.2 Jogo de pré-compromisso com excesso de capacidade

Nota: I refere-se ao hospital estabelecido, e PE à potencial clínica concorrente.

REGRAS DE CLASSIFICAÇÃO DO CLIENTE

Se o concorrente atrai apenas novos clientes sensíveis a preço, é uma coisa. Se, por outro lado, o novo concorrente toma clientes regulares e com alta predisposição a pagar da empresa incumbente, já é outra questão. Não surpreendentemente, a situação anterior conduz mais tipicamente à acomodação; a última frequentemente leva à dissuasão.

Provavelmente, o padrão de classificação de um simples cliente é a extrema fidelidade à marca para os estabelecidos. Neste caso, mesmo em face de preços mais altos, os clientes rejeitam a nova capacidade oferecida pelo concorrente, e, em vez disso, mantêm o pedido em espera e remarcam a entrega quando o pedido é negado pela empresa incumbente. A pressão competitiva oriunda de imitadores normalmente desgasta esse grau de poder de mercado, mas o Windows da Microsoft e restaurantes populares locais fornecem exemplos de produtos e serviços cuja lealdade à marca tem prolongado esse padrão de classificação do cliente. Em outro extremo, sob o **racionamento eficiente** da capacidade, os clientes se distribuem entre a capacidade de preço fixo de novos concorrentes, adeptos de descontos, de uma maneira a alcançar o máximo excedente do consumidor. Essa regra de classificação do cliente implica que aqueles com a maior predisposição de pagar vão exercer esforço, tempo e incômodo de procurar, enfileirar e pedir antecipadamente, a fim de garantir a menor capacidade de preço.

Uma terceira alternativa é **inverter a intensidade de racionamento**, um padrão de classificação do cliente bem menos ameaçador, proposto pela nova capacidade de praticar preços baixos em um mercado segmentado. Nessa instância, os clientes com baixa predisposição a pagar rapidamente absorvem toda a capacidade do concorrente com preços baixos. Começando com uma situação em que o cliente deseja apenas pagar o preço baixo do concorrente, é possível avançar conceitualmente acima da curva de demanda somente o necessário exigido para esgotar o novo concorrente. Nessa instância, a demanda da empresa incumbente pode ser em grande parte indiferente, caso a capacidade da empresa que oferece o desconto permanecer relativamente pequena. Finalmente, há um **racionamento aleatório** da capacidade de preços baixos. Sob racionamento aleatório, todos os clientes que desejarem pagar preços baixos — ou seja, os clientes regulares da empresa incumbente e os novos clientes atraídos ao mercado pelos descontos do concorrente — têm igual chance de garantir a capacidade com preço baixo. Por exemplo, se 70 clientes vivenciarem no mercado o alto preço original da empresa incumbente e 30 clientes adicionais aparecerem em resposta aos descontos, a probabilidade de 1 entre 100 clientes potenciais garantir serviço de 40 unidades de capacidade com preço baixo é 40/100 = 0,4. Por outro lado, a probabilidade de eles não serem servidos é (1 − 0,4) = 0,6, de tal forma que, com essa probabilidade, talvez o cliente precise buscar capacidade com preço mais alto. Portanto, sob o racionamento aleatório a demanda esperada da empresa incumbente cai como resultado da entrada de 70 para (70 × 0,6) = 42.

Por causa do papel central dessas regras de classificação dos clientes em prever a dissuasão *versus* o comportamento de acomodação, análises da teoria dos jogos devem frequentemente se entrelaçar com estudos de empresas, a fim de discriminar as várias implicações possíveis. Caso contrário, decisões empresariais nesses modelos, tomadas de forma racional por empresas incumbentes, podem variar em uma ampla gama de alternativas, da aquisição relativamente passiva de excesso de capacidade até uma empresa incumbente agressivo, que ocasionalmente pré-data, ao estabelecer preços abaixo do custo com nenhum prospecto de mais tarde recuperar a perda. Com a finalidade de prever o comportamento do concorrente, esta condição de conhecimento da teoria de jogos apresenta algo como uma riqueza constrangedora. Consequentemente, reiteramos a importância de fazer bastante pesquisa de campo para descobrir os detalhes da situação da indústria ou de uma empresa específica.

No Web Apêndice D exploramos a dissuasão de entrada e jogo de acomodação entre a US Airways e People Express, e entre United e JetBlue. Custos detalhados, preço e dados sobre impostos colhidos nos permitem distinguir entre várias precificações e implicações da escolha de capacidade da teoria dos jogos sequencial. A análise dá suporte à importância das "regras" de classificação dos clientes em explicar o motivo pelo qual a People Express encontrou pouca resistência e de fato foi acomodada inicialmente por empresas incumbentes em mercados de cidades na região do Médio Atlântico dos EUA. Mais tarde, com uma capacidade maior, a People Express vivenciou uma dissuasão efetiva da US Airways em pares de mercado da região sudeste e foi forçada a sair.

Um papel para custos irrecuperáveis na tomada de decisões

Na teoria e na prática, jogos sequenciais de dissuasão de entrada e acomodação têm desvendado uma variedade muito ampla de comportamento estratégico da empresa incumbente em resposta à entrada ou potencial entrada. Isso inclui os pré-compromissos com excesso de capacidade já discutidos, assim como ameaças críveis de desconto no preço. Contudo, também incluem discriminação de preço e esquemas de alocação de capacidade. Tal gestão de receitas ou sistemas de gerenciamento de receitas podem proporcionar às empresas incumbentes com uma forma eficaz de impedir novos concorrentes que oferecem descontos. Discutiremos gerenciemento de receitas no Capítulo 14.

Por fim, a dissuasão de entrada e a estratégia de acomodação também podem ser expressas através de campanhas publicitárias ou outros investimentos promocionais em ativos não reutilizáveis. Como mencionamos no Capítulo 13, alguns exemplos seriam investimento na reputação de logotipos de empresas (como da CarMax) ou em empresas do varejo autônomas e exclusivas, como McDonald's. Tais investimentos fazem com que a empresa incumbente se comprometa previamente a defender de forma agressiva sua participação de mercado e fluxo de caixa, a fim de recuperar o custo desses investimentos não reutilizáveis

Investimentos não reutilizáveis em ativos específicos são uma realidade para muitas empresas; diz-se que essas despesas com ativos fixos "afundam". As maquinarias industriais frequentemente se especializam com o propósito em questão e, às vezes, até mesmo para um determinado fornecedor. Por décadas, a Sara Lee Hosiery comprou fibras de náilon torcidas de um único fornecedor, MacField Industries, a fim de utilizá-las em suas meias de excelente qualidade. O equipamento para produção de náilon a montante e o equipamento de fiação de meias as jusante foram utilizados somente como complementos desse insumo de fibra torcida do fornecedor. De forma similar, muito desse conhecimento do segredo comercial descoberto pelos programadores da Microsoft não é facilmente embalado e separado para reutilização e venda por outra empresa. Mercados nos quais ativos não reutilizáveis são comuns serão mercados nos quais custos irrecuperáveis de investimentos impedem a entrada.

Mercados perfeitamente contestáveis

Mercados contestáveis são grupos industriais estratégicos nos quais novas empresas podem entrar e sair com pouca antecedência, sem antecipar perdas devidas a custos irrecuperáveis. A Jet Taxis é um exemplo desse mercado. Mesmo se poucas empresas, como a Berkshire Hathaway's NetJets, dominam esse mercado, os preços raramente aumentam acima de níveis de equilíbrio por causa das constantes táticas de "atacar e fugir" dos frequentes concorrentes. Empresas rivais "saltam e escalam" os lucros sempre que os preços aumentam, para então escapar rapidamente uma vez que os lucros são dissipados. Essa entrada "atacar e fugir" e o padrão de saída garantem pouca divergência do equilíbrio competitivo da cobertura de custos. No cenário dos mercados perfeitamente contestáveis, os estabelecidos reagem mais lentamente a ameaças de entrada do que seus clientes regulares, que buscam o fornecedor mais barato do momento. Por outro lado, como vimos na Figura 13A.2, empresas incumbentes proativas

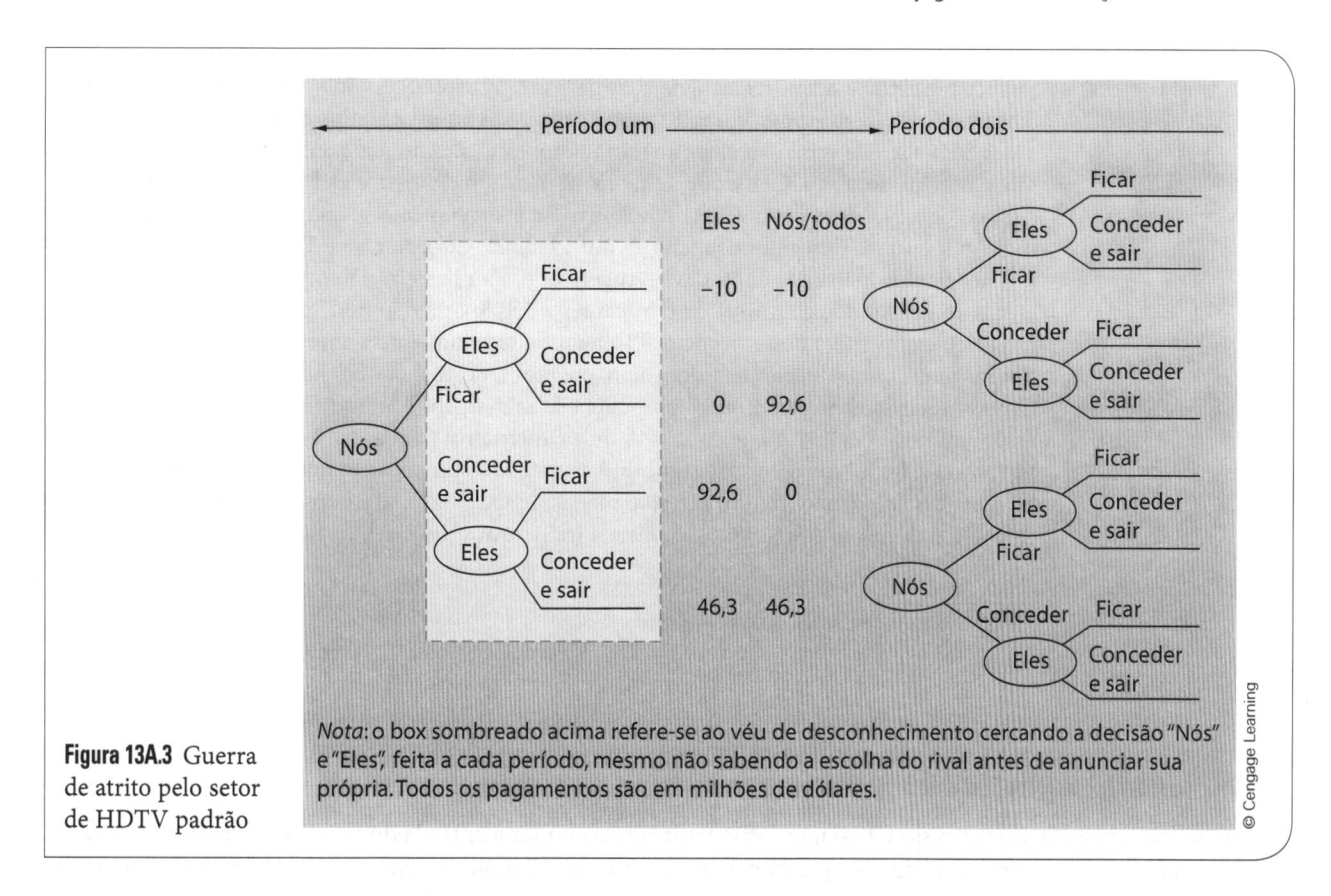

APÊNDICE 13A   Dissuasão de entrada e jogos de acomodação

Figura 13A.3 Guerra de atrito pelo setor de HDTV padrão

Nota: o box sombreado acima refere-se ao véu de desconhecimento cercando a decisão "Nós" e "Eles", feita a cada período, mesmo não sabendo a escolha do rival antes de anunciar sua própria. Todos os pagamentos são em milhões de dólares.

podem investir em excesso de capacidade e ativos não reutilizáveis, a fim de impedir a entrada. Isso pode soar como um raciocínio de custo irrecuperável e, de fato, é isso mesmo. Reconhecer a natureza sequencial da estratégia de negócios e o papel das ameaças e compromissos confiáveis nisso levou a uma reabilitação do papel dos custos irrecuperáveis na tomada de decisões gerencial. De fato, justamente porque as empresas não podem fazer nada a respeito dos investimentos em custos irrecuperáveis, justamente porque são irreversíveis, inalteráveis e, logo, irrecuperáveis, que determinado plano de ação comprometido envolvendo o uso desses ativos não reutilizáveis é confiável.

O jogador com investimentos em custos irrecuperáveis queimou etapas. Não há melhor alternativa do que cumprir ameaças críveis e tornar confiáveis os compromissos para permanecer no negócio atendendo clientes recorrentes até que o equipamento se torne obsoleto ou se esgote. Novamente, o raciocínio de melhor resposta é a chave para esta, e a esta é a chave para uma estratégia perfeitamente equilibrada no subjogo.

EXEMPLO Mercado contestável em capacetes para ciclistas: Bell Sports[2]

A Bell Sports começou como fabricante de capacetes para motociclistas, com um pequeno negócio adicional que incluía capacetes e acessórios. Atualmente, a Bell alcançou US$100 milhões de vendas de capacetes para ciclistas, 85% delas nos Estados Unidos. Vinte e sete estados sancionaram leis que tornam esses capacetes obrigatórios para jovens ciclistas. Na Europa, onde o capacete para ciclistas se tornou um elemento de moda, o crescimento potencial é ainda maior. Os preços variam de US$30 por capacetes duros e coloridos a US$140 por modelos superleves.

O problema de comandar um nicho de negócio em crescimento acelerado é que, sem investimentos em custos irrecuperáveis, a Bell inevitavelmente atraiu muitos novos concorrentes. Capacetes para ciclistas são fáceis de fabricar, além disso, eles mesmo se vendem, e rapidamente. Tudo o que uma empresa precisa é de máquinas de moldagem de plástico e um processo de extrusão de espuma. Essas tecnologias são facilmente convertidas para outras indústrias e, mais

Cont.

importante ainda, podem ser remanejadas para outros usos. O produto vende bem em lojas de bicicletas e nas de desconto, como Kmart e Walmart, sem uma equipe de vendas significativa, ações de pontos de venda ou atendimento no pós-venda, sem qualquer serviço que diferencie um vendedor do outro. Consequentemente, o mercado de capacetes para ciclistas é um caso clássico de *mercado contestável*. A Bell Sports é constantemente sujeita à entrada de "atacar e fugir" por outros fabricantes de nicho — por exemplo, Giro, Aurora e Troxel Cycling.

A teoria dos mercados contestáveis sugere que, sem barreiras à entrada ou saída e baixos custos ao consumidor na troca de fabricante, a Bell Sports não pode conseguir mais do que um lucro competitivo nesse negócio. Tão logo o preço aumente acima dos custos, os competidores temporários entrarão no negócio, clientes trocarão sua fidelidade à marca, e a Bell deverá baixar seus preços. Como consequência, as margens brutas diminuem (na média 8%) e flutuam cerca de 50% ano após ano. A única alternativa para a Bell é superar os concorrentes "atacar e fugir" com novos designs ou bastante investimento em marketing, a fim de estabelecer um ativo não reutilizável da marca "Capacetes Bell", como fez no negócio de motocicletas. Até lá, a dissuasão de entrada irá se provar inviável, e a acomodação de entrada deverá continuar.

2 Baseado em Bell Sports. *Forbes*, 13 fev. 1995, p. 67-68.

Brinkmanship e guerras de atrito

Às vezes, a questão do interesse tático não é dissuadir ou acomodar a entrada de outras empresas, mas, em vez disso, é saber quanto tempo sua empresa permanecerá em um negócio obviamente em declínio. Ao competir na conquista de uma licença exclusiva (por exemplo, para receber as Olimpíadas) para definir um padrão industrial (por exemplo, para HDTV digital), conseguir a aprovação da Food and Drug Administration (FDA) para uma nova série de medicamentos, ou capturar a lealdade de produto de clientes inconstantes com propagandas, rodadas sucessivas de "sangria" dos vários concorrentes podem evitar a rentabilidade destes, até que cedam e saiam do negócio. Por isso, esses jogos de entrada e saída são frequentemente chamados de "guerras de atrito".

O primeiro período de um jogo sequencial de multiperíodo, representando uma "guerra de atrito", é exibido na lateral esquerda da Figura 13A.3. Cada período exige uma "aposta" de US$10 milhões "logo" no começo apenas para permanecer no jogo. Nenhum concorrente conhece a decisão do seu rival sobre permanecer nos negócios, se ele deve aguardar ou se "dobrar". É como se lances de leilão fossem encerrados e então abertos simultaneamente. Se uma ou outra empresa cede e sai, não recebe nada, e a aposta da outra empresa de $10 milhões é imediatamente recuperada pela empresa que fica.

Os ganhos do mercado chegam no fim do período e totalizam US$100 milhões se uma empresa ceder, e US$50 milhões se ambas cederem. Esses preços de mercado se repetem a cada ano até o fim do jogo. Se no começo de cada período os rivais ("Eles") cedem e saem do mercado de $100 milhões para "Todos", um pagamento de [US$100/(1 + r)] fica à espera — por exemplo, com uma taxa de juros de 8% (US$100/1,08) - US$10 + US$10 = US$92,6 milhões. Se o "Nós" ceder quando o "Eles" ficar, US$92,6 milhões será o pagamento. Se ambas as empresas cederem, elas imediatamente se fundem e o mercado se divide em 50-50, com nenhum custo adicional. Se o "Eles" se mantiver firme e permanecer na competição, e o "Nós" fizer o mesmo, ambas as empresas perdem US$10 milhões — ou seja, ninguém obtém ganho nesse período. Logo, cada empresa prossegue na decisão se deve gastar outros US$10 milhões em apostas para competir no próximo período. A pergunta é: "Por quanto tempo devemos permanecer?". Considere o jogo de três períodos. Se o "Nós" sair imediatamente, o pagamento é zero quando o "Eles" ficar e US$50 milhões quando o "Eles" conceder. Seja *p* seja a probabilidade de que nosso rival seja do tipo que concede imediatamente. Dessa forma, o pagamento esperado de concedermos imediatamente é somente[3]

$$\$50p + 0(1-p) \geq 0 \qquad [13A.1]$$

3 Na discussão que segue, ignoramos os descontos para simplificar a análise. O pagamento de US$92,6 milhões, se torna, então, US$100 milhões.

Se o "Nós" sair no começo do segundo período, nosso ganho esperado seria igual a:

$$\$100p + \$50q - \$10 \geq 0 \qquad [13A.2]$$

onde q é a probabilidade de que nosso rival ("Eles") conceda no começo do segundo período, e $(1 - p - q)$ é a probabilidade de o "Eles" ficar até o terceiro período — ou seja, "Hang Toughers" nunca desistem. Se permanecermos até o final, nosso pagamento esperado será o seguinte:

$$\$200p + \$100q - \$20 \geq 0 \qquad [13A.3]$$

Ao estabelecer que a Equação 13A.1 é igual à 13A.2, e que 13A.2 é igual à 13A.3, resolvendo simultaneamente produz os valores de p e q que deixariam o "Todos" indiferente entre ceder e aguentar firme. Agrupando termos e simplificando, temos

$$50p + 50q = 10 \qquad [13A.4]$$

$$-100p - 50q = -10 \qquad [13A.5]$$

que juntas implicam $p = 0$, $q = 0{,}2$, e $(1 - p - q) = 0{,}8$.

Em outras palavras, o "Nós" é indiferente quanto a conceder imediatamente ou aguentar firme e pagar os US$10 milhões da aposta nos dois primeiros períodos para permanecer até o fim do jogo se, e apenas se não houver menos que 20% de chance de que o "Eles" saia no segundo período, e não mais que 80% de chance de que o "Eles" fique até o fim do jogo. O "Nós" decide se fica ou sai ao avaliar a atual situação e rival e, então, comparar esses 20% e 80% de probabilidade de pontos de ruptura contra as estimativas de probabilidade subjetiva da atual situação.

INSIGHTS TÁTICOS SOBRE BOLAS DE NEVE

Observe que $p = 0$ implica que nenhuma das partes concede imediatamente. Em vez disso, $q = 0{,}2$ indica uma estratégia intermediária de tipos de oponentes que testa o cenário competitivo antes de conceder no começo do Período 2. Essa probabilidade positiva de "posições intermediárias" é uma reflexão sobre **bolas de neve**. Uma vez que se entra numa guerra de atrito e se faz a primeira "aposta" de US$10 milhões (porque a probabilidade bayesiana

---

EXEMPLO Circuit City Driven é levada à beira do abismo[4]

Vender bens de consumo eletrônicos geralmente tem sido um negócio extremamente competitivo para os varejistas, que oferecem um preço promocional após o outro (10% abaixo do melhor preço encontrado em outras lojas, 20% abaixo, 30% abaixo) para tentar atrair os clientes e afastá-los de seus rivais. Em 2004, a Circuit City, com US$4,4 bilhões em vendas, conseguiu 35% da sua renda com bens de consumo eletrônicos, 24% de produtos de áudio e softwares de entretenimento, e 41% com vídeos, videogames e equipamentos para videogames. A Best Buy, com US$11,6 de vendas em 2004, teve 37% com bens de consumo eletrônicos, 19% com software de entretenimento, 6% com eletrodomésticos e 38% com equipamento para home office.

A Best Buy e a Circuit City entraram numa guerra de atrito. Os aparelhos de DVD, lançados em 1997 a um preço de US$840 receberam desconto até chegar ao valor de US$571 em 1998, US$467 em 1999, US$345 em 2000, e baixar ainda mais os preços em 2001. De forma similar, os aparelhos de Blu-ray, lançados em 2006 ao preço de US$800, receberam desconto e chegaram a custar $497 em 2007, US$388 em 2008 e US$322 em 2009, perdendo valor até chegar a US$221. A Circuit City foi forçada a pedir falência e deixou o mercado.

4 Baseado em Prices No Longer Red Hot. *Wall Street Journal*, 23 dez. 2009, p. D9.

de "Hang Thoughers" é de menos de 0,8), a probabilidade de que posições intermediárias entrem nessa bola de neve com você NÃO é zero. Em vez disso, vimos na solução simultânea para as Equações 13A.4 e 13A.5 que a probabilidade de equilíbrio de posições intermediárias nesse jogo é 0,2. Ou seja, com os parâmetros pressupostos nessa guerra de atrito, existe uma possibilidade de sequência de perdas mútuas de 0,8, uma espiral da morte até que o bolso menos cheio esteja vazio.

Consequentemente, os chamados jogos diplomacia arriscada têm consequências sérias e incontroláveis mesmo para o jogador em aparente posição vantajosa. Se calcula errado a profundidade do bolso do rival, em 80% do tempo você estará em oposição aos Hang Toughers e entrando na bola de neve que leva a uma ruína financeira — sua própria ruína financeira.

Qual é a melhor réplica no período n de jogo? Continuar ignorando até o momento dos descontos em fluxos de caixa futuros para simplificar a análise, se aguentarmos firme até os rivais saírem do mercado e se os rivais saírem no período t, iremos obter o prêmio de mercado de US$100 para $n - t$ períodos e pagar US$10 milhões por t períodos. Se sairmos o mercado agora, zero (isto é, US50p$ = 0) é o ganho, e o valor esperado para todas as outras alternativas não pode ser pior do que isso; caso contrário é melhor sair imediatamente. Combinando esses fatos

$$(n - t)\$100 - t\$10 > 0 \qquad [13A.6]$$

$$0{,}91n > t \qquad [13A.7]$$

onde 0,91 é a razão do prêmio de US$100 milhões para a soma de (o custo periódico de US$10 milhões mais o prêmio de US$100 milhões).

Como devemos interpretar a Equação 13A.7? Se o "Nós" acreditar que os rivais irão ficar em 91% do período total ou menos do que isso, nós mesmos devemos ficar. Se acreditarmos que o "Eles" vai ficar em mais de 91% (ou, com desconto, 90,25%) do período total, devemos conceder imediatamente e economizar nossa aposta de US$10 milhões para investir em outra batalha competitiva. Para o caso de três períodos, se o "Nós" acreditar que os rivais ficarão menos do que $0{,}9025 \times 3 = 2{,}71$ anos, devemos aguentar firme e ficar até o fim.

Obviamente, esses cálculos também se aplicam igualmente ao simetricamente posicionado "Eles", dessa forma, guerras de atrito rapidamente se tornam uma questão de blefe e sinalização. O *insight* mais útil que a análise anterior oferece em tais jogos de entrada e saída é que cada jogador deve avaliar a probabilidade de que seus rivais saiam, em vista de todas as evidências disponíveis, e basear sua decisão na proporção do ganho, a soma do ganho mais o custo periódico. É como jogar pôquer, você segura sua mão em vez de dobrar o que já tem quanto maior for o ganho e menor o custo periódico de aguentar firme e blefar com seus rivais.

RESUMO

- É possível que empresas incumbentes tentem deter potenciais concorrentes por meio do uso de pré-compromissos de excesso de capacidade, ameaças críveis de campanhas de propaganda e descontos no preço.
- Se os estabelecidos vão impedir ou acomodar potenciais concorrentes depende, no geral, da presença ou ausência de vantagens do primeiro que se movimenta, da estrutura de competição em preços *versus* em quantidades, e de como os clientes classificam empresas alternativas quando a capacidade de preços baixos se esgota.
- Os padrões de classificação do cliente incluem: o racionamento aleatório, no qual todos os clientes são igualmente propensos a obter a capacidade de preços baixos; racionamento eficiente, no qual o maior (e depois o segundo maior) cliente que está disposto a pagar obtém a capacidade de preço baixo até que ela se esgote; uma extrema lealdade à marca, da qual nenhum dos clientes regulares busca a capacidade de preço baixo; e racionamento de intensidade inverso, no qual os clientes menores (e depois os segundos menores) dispostos a pagar obtêm a capacidade de preço baixo até que ela se esgote. Com o racionamento de intensidade inverso, a classificação do cliente implica um mercado segmentado, e ele é mais propenso a conduzir a uma acomodação de entrada.
- Nas guerras de atrito, aguentar firme e ficar na competição por um preço de mercado, ou admitir a derrota e sair, depende da proporção do prêmio com a soma do prêmio mais o custo periódico de competir.

EXERCÍCIOS

1. A Dunkin' Donuts e o McCafé do McDonald's entraram no negócio de café inaugurado pelas 5.439 filiais da Starbucks. Os preços são 20% menores (expressos custam US$0,99, *versus* os US$1.45 da Starbucks), os pedidos são mais simples (Large Mocha Swirl Latte ao custo de US$2,69 *versus* o Venti Caffè Mocha, de US$3,35), e o tempo de espera é de menos de um minuto, em comparação com os 3 a 5 minutos.[5] Você acha que os Frappuccinos da Starbucks são um luxo acessível? Ou os cafés expresso e aromatizado estão se tornando algo convencional, já que Dunkin' Donuts e McDonald's possuem 17% e 15% do mercado fast-food de café, respectivamente, em comparação com os 6% da Starbucks? O que acontece na sua cidade? Além disso, conforme os McCafés dominam o mercado da Starbucks', que regra de classificação do cliente tende a se aplicar nessa situação? Há algum motivo para acreditar que a Starbucks precisaria realizar uma estratégia diferente para responder às 4.100 lojas da Dunkin' Donuts', em comparação com os milhares de McCafés em desenvolvimento? Por que?

2. O PlayStation 2 (PS2) da Sony dominou o mercado de console de jogos de 1997 a 2003, com 123 milhões de unidades vendidas. Hoje em dia, o Wii da Nintendo tem 62% do mercado. Para alcançar esse espetacular crescimento, os preços caíram continuamente, de US$400, preço de lançamento, a US$250. O PS3 da Sony, com 20% de participação de mercado, lançado a US$1.000, depois a US$600 e, hoje em dia, custando US$300, compete em um segmento mais sofisticado do mercado de consoles de jogos, contra os 18% de participação do Xbox da Microsoft, que começou a US$760. Inicialmente, o Xbox e o PS3 tentaram competir cabeça a cabeça com complementos, como o conjunto de joysticks extra. Atualmente, o preço de brinkmanship eclodiu, com o Xbox 360, que custava US$760, tendo um desconto variável de US$400 a US$343. Qual empresa tende a "piscar" primeiro?

---

5 Baseado em Latte versus Latte. *Wall Street Journal*, 10 fev. 2004, p. B1.

CAPÍTULO 14

Técnicas de precificação e análises

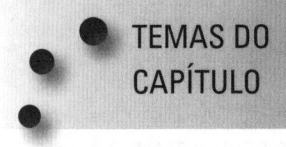

TEMAS DO CAPÍTULO

Este capítulo expande os modelos de determinação do preço e da produtividade, desenvolvidos nos Capítulos 10 a 13, à medida que leva em consideração questões mais complexas da precificação. As duas primeiras seções examinam uma estrutura conceitual de precificação com base em valor. Em seguida, caracterizamos a precificação diferenciada em mercados segmentados, na qual preços não uniformes são cobrados para diferentes consumidores do mercado-alvo. Precificação diferenciada em geral é realizada com preços agrupados, cupons e precificação em duas partes (uma taxa de acesso ou entrada combinada com uma taxa de uso). Discutimos, então, o conceito de precificação ao longo do ciclo de vida do produto, incluindo preços: alvo, de penetração, para crescimento orgânico, limite e por nicho. Concluímos com uma seção sobre precificação de bens e serviços vendidos pela Internet. Por fim, aplicações do gerenciamento da receita em companhias aéreas, vestuário de moda, empresas de consultoria e beisebol são explicadas no Apêndice 14A. Juntas, as práticas de precificação apresentadas neste capítulo e em seu Apêndice proporcionam uma ampla visão da forma como gestores da atualidade aplicam as técnicas de precificação para maximizar a riqueza dos acionistas.

Dois tópicos adicionais sobre preço estreitamente relacionados com contabilidade (preços de produtos conjuntos e de transferência) são apresentados no Apêndice Web E.

Desafio gerencial
Dar um preço ao Chevy Volt[1]

A expansão urbana e a fuga para os subúrbios resultaram em uma jornada média para o trabalho de mais de 53 quilômetros nos Estados Unidos. O congestionamento urbano força os consumidores a gastar US$115 bilhões queimando 16,15 bilhões de litro de gasolina enquanto esperam 34 horas por ano nas filas do trânsito. Com a densidade demográfica na maioria das cidades americanas bem abaixo do que seria exigido para suportar amplas linhas de trem e metrô, os moradores das residências típicas precisam encontrar formas econômicas de levar (e trazer) pelo menos um trabalhador de uma casa suburbana ao distrito empresarial central todos os dias.

Vários veículos com eficiência de combustível, como MiniCooper, Chevy Volt, Nissan Leaf ou Chevy Cruze, foram apresentados recentemente. O Volt e o Leaf são veículos elétricos com autonomia expandida (e-REV) recarregados no fim de uma viagem de 64 km. Cada um deles contém um pequeno motor de combustão a gasolina que liga um gerador elétrico, mas, diferente dos híbridos como Ford Fusion e Toyota Prius, esses e-REVs não têm conexão mecânica entre o motor a gasolina e o sistema de transmissão. Em vez disso, o Chevy Volt é movimentado por baterias de lítio-íon 220 (L-íon) que são plugadas para um ciclo de recarga de 8 horas em 110 volts (ou 3 horas em 220 volts). Quando o nível da bateria cai para 30%, os 69 cavalos do motor a gasolina surgem simplesmente para ligar o gerador e manter a carga da bateria.

Engenheiros de automóveis calculam que cada 1,5 km rodado no modo elétrico do Chevy Volt "queima" 0,26 kilowatt hora (kWh) de eletricidade. Portanto, a viagem média de 53 km para o trabalho exigiria 8,58 kWh de eletricidade. O preço da eletricidade nos EUA varia entre um período de pico durante o dia e noite e um período fora do pico bem mais barato no fim da noite e entre baixos US$0,07 por kWh no estado de Washington e US$0,12 em Rhode Island. Em média, uma tarifa noturna representativa é de US$0,10, e diurna de US$0,13. Isso significa que cada recarga noturna do Chevy Volt custará ao domicílio US$0,86, e a recarga comparável no centro da cidade durante o dia de trabalho US$1,12, um gasto operacional total de menos de US$2 por dia. Em 300 dias de trabalho, serão US$600 por ano.

Em contraste, o MiniCooper movido a gasolina roda 13,60 km por litro; portanto, US$0,86 o litro; seu custo operacional é de US$6,68 por dia, ou US$2.000 por ano. O uso de veículos e-Rev por trabalhadores típicos economizará US$4,68 por dia, ou US$1.400 por ano, em relação aos veículos populares com eficiência de combustível, como o MiniCooper e o Chevy Cruze. Esta economia representa o valor de uso do Chevy Volt em relação aos seus concorrentes próximos movidos a gasolina.

Com uma média de 39,54 km por litro calculada pela Agência de Proteção Ambiental (EPA) dos EUA, o Chevy Volt qualifica-se para um crédito fiscal de US$7.500. Sua bateria L-íon com duração esperada de 10 anos custa adicionais US$12.000 (em relação a uma bateria convencional). O valor líquido de alienação de um Volt depois de cinco anos deve ser de US$4.500. Com o crédito fiscal, esses fluxos de caixa positivos e negativos se cancelam. Portanto, o valor de uso durante os cinco primeiros anos é a fonte de qualquer vantagem de preço que a Chevy pode esperar cobrar sobre um carro popular convencional. O MiniCooper e o Chevy Cruze são vendidos pelo preço de varejo sugerido pelo fabricante de US$25.550. Com uma economia de US$1.400 por ano durante cinco anos, e 2,5% de custos de financiamento, o valor presente descontado das economias de custo do Chevy Volt é de US$6.504. Então, o Chevy Volt deve obter um adicional de preço de US$6.504 sobre um MiniCooper ou Chevy Cruze. Isto é, o preço com base no valor do Volt seria US$25.550 + US$6.504 = US$32.054.

Questões para discussão

- À luz da análise anterior, que sucesso você acredita o Chevy Volt experimentou nos seus primeiros dois anos no mercado norte-americano considerando o preço de varejo de US$41.000 sugerido pelo fabricante?
- Que parte da estrutura de custo do Volt você acredita excedeu seu custo estimado o suficiente para posicionar o preço de varejo sugerido pelo fabricante US$9.000 acima de seu preço com base no valor?
- Se a cobertura dos custos a US$41.000 excedeu o preço baseado no valor de US$32.000 que os consumidores estavam dispostos a pagar, por que a General Motors (GM) não lançou o carro somente na Califórnia, onde o crédito fiscal é de US$12.500 e o estado exige que cada fabricante venda pelo menos um veículo não poluidor?
- Reflita sobre por que a General Motors não impôs um preço de penetração de US$25.000 a US$30.000 à sua nova tecnologia e-Rev?

---

1 American Idle: On the Road. *Wall Street Journal*, 2 fev. 2011, p. D1; Chevy Volt: GM's 230 MPG Moon Shot. *U.S. News and World Report*, 7 jan. 2010; A New Segmentation for Electric Vehicles. McKinsey & Co., nov. 2009.

UMA ESTRUTURA CONCEITUAL PARA A PRECIFICAÇÃO PROATIVA, ANALÍTICA-SISTEMÁTICA E COM BASE EM VALOR

No passado, as decisões de preço eram geralmente tratadas como secundárias. As companhias também aumentavam os preços ou reagiam de forma eventual aos descontos oferecidos por um concorrente. Hoje, analisar sistematicamente a base de valor do consumidor para um preço inicial, e, em seguida, selecionar cuidadosamente quais pedidos aceitar e quais recusar se tornou um fator crítico de sucesso para muitas empresas.

As decisões de preço devem sempre ser sistemáticas e analíticas, baseadas em fatos sólidos, não em palpites. No ramo dos pós-barba masculinos, uma empresa estabelecida defrontou-se recentemente com um entrante, com preço de penetração 40% abaixo do das marcas líderes Skin Bracer, Old Spice e Aqua Velva. O diretor aumentou a publicidade, mas manteve seu preço original, e ficou espantado ao observar uma queda de 50% na participação de mercado no seu canal supermercado de distribuição. Só depois do fato é que foi conduzida uma análise sistemática. Estimativas meticulosas de demanda mostraram que os consumidores no canal supermercado eram elásticos ao preço e inelásticos à propaganda.

A precificação proativa também deve ser perspicaz do ponto de vista tático e internamente coerente com a estratégia operacional da companhia. Uma companhia aérea de alto custo, serviço completo e que segue uma estratégia *"hub and spoke"* não pode cortar os preços drasticamente, mesmo que isto signifique um aumento de 10% ou 20% da participação de mercado em um segmento altamente lucrativo. Em vez disso, ela deve antecipar uma reação de equiparação de preço feita por seus rivais de menor custo, talvez seguida por cortes de preço ainda maiores do que seu próprio custo. Conhecer essas prováveis reações com antecedência torna a tentativa de obter participação de mercado por meio de descontos muito menos atrativa, a despeito das vendas adicionais a uma margem alta.

Mais importante do que isto, a precificação deve ser baseada em valor. Prestone e Zerez são líderes nas vendas de fluidos anticorrosivos para radiadores, cujas características de produto garantem uma vantagem de preço. Sob uma aparente pressão sobre preços, a Zerex geralmente se equipara aos descontos do concorrente desde que os preços competitivos de fluidos genéricos para radiadores cubram seus custos. Uma análise de valor completa revela, no entanto, que esta precificação reativa com base em custos fracassa ao realizar cerca de um terço da margem de lucro sustentável da Zerex. A precificação baseada em custos foi declarada um dos "cinco pecados mortais das empresas" por Peter Drucker; o que as companhias devem fazer é o "custo baseado em preço". Isto é, elas devem segmentar os clientes, fazer uma ampla análise de valor dos clientes e, então, desenvolver produtos cujos custos permitam uma lucratividade substancial em cada linha de produto que decidir introduzir. As competências em marketing e operacionais de cada empresa são, portanto, chave para sustentação dessa lucratividade.

Custos não são irrelevantes. Na verdade, uma chave para o gerenciamento efetivo do processo de precificação é saber precisamente quais tipos de custos baseados em atividades são associados a cada tipo de pedido de cada segmento de consumidor. Conhecer esses custos permite que as empresas com preços diferenciados otimizados identifiquem *quais pedidos recusar*. Esta percepção – de que toda companhia tem pedidos que deve recusar – é a chave para um novo conjunto de técnicas de precificação, conhecido como "gerenciamento de rendimentos" ou, em um sentido mais amplo, "gerenciamento de receitas (GR)". Em uma abordagem de GR, os custos se tornam consequência de uma precificação baseada em valor e uma estratégia de desenvolvimento de produto.

A estrutura conceitual adequada para definir preços é o **valor de uso** dos consumidores-alvo. Valor de uso são as economias de custo que surgem a partir do uso do seu produto ou serviço em relação ao do concorrente melhor e mais próximo. Uma viagem mais rápida por uma rodovia com pedágio ou um voo sem escala para uma cidade distante economiza os US$220 por hora de um advogado ou de um contador. Um anúncio no Google com uma taxa de cliques documentada economiza os gastos com publicidade em revistas ou comerciais de TV. Um sistema de fotografia digital integrado e fácil de usar da Canon economiza os custos ocasionais de tempo, dinheiro e inconveniência do fotógrafo na captura, edição, desenvolvimento, distribuição e armazenamento das imagens.

A Tabela 14.1 lista várias fontes tangíveis e psicológicas de valor de uso, incluindo especificações do produto e facilidade de uso, confiança na entrega, frequência de serviço, resposta às mudanças de pedido, programas de fidelidade e empatia no processamento de pedidos. Muitas das fontes de economia de custos são pontos de diferenciação funcional, mas outras são baseadas em relacionamentos. Além disso, a comunicação de marketing busca posicionar o produto por meio da publicidade, vendas pessoais e marketing de eventos. O marketing viral identifica formadores de tendência entre o grupo de consumidores-alvo e busca posicionar o produto junto a esses indivíduos, esperando que os outros sigam seu exemplo. Como os consumidores lutam para evitar a dissonância psicológica, produtos que afirmam determinado estilo de vida ou uma identidade de grupo podem gerar um valor percebido muito além das economias de custo tangíveis. Coca-Cola e Starbucks oferecem uma associação com estilo de vida e identidade que exigiria gastos muito maiores com roupas, viagens, automóveis e entretenimento para alcançar um resultado similar.

É importante afirmar que o preço mais baixo raramente é o que desencadeia uma compra. Em vez disso, a compra de um consumidor-alvo é desencadeada (1) pelo valor das funcionalidades, economias de custo e relações que superam o preço de venda do produto, ou (2) pela razão entre o valor e o preço de venda que supere a de um concorrente. Na Tabela 14.1, US$0,50 não é o preço mais baixo da impressão de fotografias digitais, mas a oferta da Nikon vai desencadear uma compra mesmo assim se o valor excedente para o consumidor do sistema de fotografia digital da Nikon (US$2 – US$0,50) superar o valor excedente dos produtos mais baratos em US$0,29 – talvez (US$1 – US$0,29).

EXEMPLO Stents coronários revestidos reduzem o custo de cirurgias tardias[2]

Todos os anos, são realizadas 1,3 milhões de cirurgias cardíacas de angioplastia nos EUA por um custo médio de US$48.399, e 448.000 cirurgias de ponte de safena por um custo médio de US$99.743. Esses US$104 bilhões gastos em cirurgias cardíacas são um grande negócio. No procedimento relativamente simples e não invasivo de angioplastia, um balão é introduzido na artéria femoral pela coxa e levado para cima até a artéria coronária obstruída, onde é inflado para limpar o bloqueio. Oitenta por cento do tempo, um dispositivo médico de US$800 (*stent*) feito de um fio revestido, que lembra a mola de uma caneta esferográfica, é inserido na artéria coronária para mantê-la aberta. O mercado de *stents* coronários cresceu desde sua introdução, em meados dos anos 1990, para US$6 bilhões em todo o mundo em 2006, com mais de um milhão de *stents* vendidos anualmente nos Estados Unidos e um número quase igual no exterior. Em 15% a 30% desses casos, no entanto, um tecido de cicatrização cresce ao redor do *stent*, fechando novamente a artéria. Esta complicação necessita de US$99.743 para procedimentos de reparo cirúrgico subsequentes e tratamentos adicionais.

Avanços recentes da Cordis, uma subsidiária da Johnson & Johnson, e pela Boston Scientific e Medtronic, cobriram o *stent* coronário com um medicamento antibiótico ou contra o câncer para impedir a formação do tecido cicatrizado. Em sua forma mais avançada, *stents* ocos podem ser feitos para eluir a quantia certa de fármacos lançados durante um período pós-operatório de 45 dias a fim de evitar cicatrizes na parede do vaso sanguíneo. Os *stents* revestidos com sirolimus da J&J, chamados Cypher, eliminaram o problema em angioplastias de rotina, reduzindo a incidência de novos bloqueios para 3% em testes em vários humanos. Alcançar uma redução de 12% a 27% na probabilidade de cirurgias cardíacas abertas de US$99.743 gera uma economia de pelo menos 0,12 × US$99.743 = US$11.969 ao paciente nos gastos médicos esperados para o futuro, além de evitar os riscos de uma cirurgia adicional.

Hospitais e seus cirurgiões cobram em média US$9.700 pelo procedimento de um dia de angioplastia com inserção de um *stent* de metal sem revestimento (com um valor adicional de US$1.165 cobrado separadamente dos pacientes), para um custo total de US$10.865. O modelo de stent revestido mais simples custa menos de US$2.000 aos pacientes, para um custo total de US$11.700, em relação aos US$11.969 de economia mínima de valor de uso que gera.

O sofisticado Cypher, stent revestido com liberação de medicamento, que custa US$4.150 e gera uma conta total de US$13.850, teve menos aceitação no mercado. Para pacientes com as menores chances de entupimento por tecido de cicatrização (15% a 17%), o valor de uso é menor do que o preço sugerido. Os cardiologistas também começaram a se questionar se alguns pacientes podem ser tratados com medicamentos em vez de cirurgia. Em consequência, as vendas de stent no mundo caíram para US$5 bilhões em 2011.

---

2 Baseado em Medical Device Maker Sees Vast Market for Cardiac Stent. *Miami-Herald*, 16 mar. 2003, p. B1. How Doctors Are Rethinking Drug-Coated Stents. *Wall Street Journal*, 9 dez. 2006, p. A1; Use of Coated Stents on the Rise. *Wall Street Journal*, 16 jul. 2008, p. D2; e Alternative Medicine Is Mainstream. *Wall Street Journal*, 9 jan. 2009, p. A13.

TABELA 14.1 Estrutura conceitual para precificação baseada em valor

| Análise de desejos dos consumidores segmentados (tendências, motivações, necessidades não satisfeitas) | → | Posicionamento de produtos/serviços | ← | Análise de diferenciação dos concorrentes (forças, vulnerabilidades, posicionamento do rival) |

↓
Estratégia de marketing

Distribuição/Serviço
  Confiança no fornecimento
  Frequência do fornecimento
  Capacidade de resposta às mudanças nos pedidos
Relações com consumidores
  Programas de fidelidade
  Empatia no processamento de pedidos

Usos/funções do produto
  Conformidade com as especificações
  Facilidade de uso

Comunicações
  Publicidade
  Vendas pessoais
  Marketing de eventos
  Marketing viral
  Outras atividades

↓
Valor percebido pelos consumidores-alvo ← Marketing do rival, produtos do rival

$P_{próprio}$ → [valor excedente percebido] ← P_{rival}

↓
Valor excedente desencadeia uma compra

Caso A: [Valor de uso – $P^*_{próprio}$] > 0 → COMPRA
[(Funções + Processos de economia de custo + Relacionamento) – ($P_{próprio}$ de Aquisição + Custos de ciclo de vida)]
(US$2 de valor de um momento emocional – US$0,50) lembrado/editado/impresso/distribuído/armazenado)

Caso B: [Valor excedente de uso próprio] > [Valor excedente de uso do rival] → COMPRA
[US$2 – US$0,50] > [US$1 – US$0,29]

Em consequência, as empresas devem começar suas decisões de precificação identificando os direcionadores de valor em cada um dos segmentos de consumidores. Executivos que viajam de avião, por exemplo, dão mais valor à conformidade com suas agendas, confiabilidade no fornecimento e capacidade de mudar itinerários em cima da hora, mais do que voos frequentes, boas refeições e assentos largos. Como é difícil copiar o primeiro conjunto de direcionadores de valor baseados em processos, vantagens de preço sustentáveis geralmente são associadas a processos operacionais, em vez de características do produto ou serviço, como voos, refeições e assentos. Já que os executivos que viajam de avião correspondem a apenas 27% do tráfego, mas 80% da lucratividade, um fator crítico de sucesso para as companhias aéreas mais antigas é ter processos centralizados e planejamento de rota que sustentem esses processos difíceis de imitar em voos sem escala.

Em suma, decisões de preços devem ser proativas e sistematicamente analíticas, e não reativas e eventuais. Mais importante do que isto, a precificação deve ser baseada em valor, e não em custos. A estrutura conceitual do valor de uso leva naturalmente a um ambiente de precificação diferenciada, no qual produtos ou serviços produzidos em massa são customizados de acordo com as exigências dos segmentos de clientes-alvo.

NÍVEIS DE PREÇO ÓTIMO DIFERENCIAIS

O primeiro passo para determinar preços ótimos diferenciados é estimar a demanda por segmento de mercado – isto é, para cada uma das duas classes de consumidores (viagens aéreas a negócios e a lazer) – no voo de quinta-feira às 11h de Dallas a Los Angeles. O passageiro que viaja a negócios tende a fazer planos de viagem menos flexíveis e reservar o lugar posteriormente, e, portanto, encontra menos alternativas de substitutos próximos do que o viajante a lazer. Prova-se, portanto, que programações de receita média e receita marginal para viajantes a negócios são menos elásticas a preço do que para viajantes a lazer, como indicado na Figura 14.1.

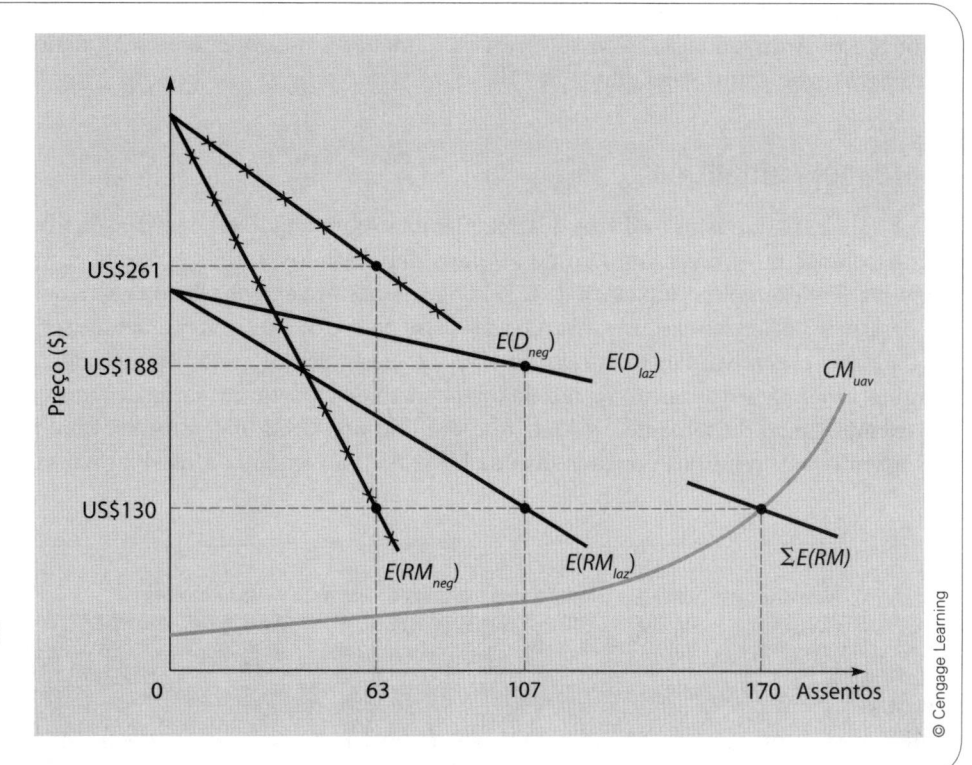

Figura 14.1 Precificação diferenciada ótima e alocação de capacidade (45 dias de antecedência) para o voo de quinta-feira às 11h de Dallas a Los Angeles

Abordagem gráfica

Previamente, o departamento de planejamento de capacidade da companhia aérea teria somado toda a receita marginal esperada *E(RM)* de vários segmentos e determinado a capacidade total ótima ajustando a receita marginal somada [Σ*E(RM)*] igual ao custo marginal do último assento vendido (CM_{uav}).[3] O resultado na Figura 14.1 é que um avião com 170 assentos deve ser alocado para o voo de quinta-feira às 11h.

Alguns podem pensar sobre a decisão de precificação diferenciada ótima como a determinação da forma pela qual essa capacidade total de 170 assentos seria alocada para os segmentos de consumidores. Porque marginalmente uma empresa abre mão de receita a menos que o último consumidor de cada segmento contribua com uma receita marginal igual ao custo do último assento vendido (CM_{uav}), a alocação ótima da capacidade de assentos resulta da equiparação das *RMs* por nível de segmento umas às outras:

$$RM_{neg} = (CM_{uav}) = RM_{laz} \qquad [14.1]$$

que na Figura 14.1 está na *RM* = US$130. Considere um caso no qual essa condição não se enquadre. Suponha que o 62º assento vendido na classe executiva contribuiu com uma receita marginal de US$160, e o 108º assento vendido na classe de lazer contribuiu com US$120. Claramente, alguém poderia levantar os US$40 de receita adicional para custos não cobrados ao vender um assento a menos na classe de lazer e um a mais na classe executiva, deixando ambas as classes com, digamos, uma *RM* = US$130.[4]

Que preços conseguem atingir a alocação de capacidade de 63 assentos para a classe executiva e 107 para a classe de lazer? A resposta é enganosamente simples. Preços diferenciados ótimos são quaisquer preços de venda que vão limpar o mercado se a empresa fornecer 63 e 107 assentos nessas duas classes tarifadas. Na Figura 14.1, a

---

[3] Para encontrar a demanda agregada, lembre-se que demandas individuais (e RMs) são horizontalmente somadas para mercadorias rivais que não podem ser compartilhadas (como assentos em um avião e barras de chocolate do tamanho de uma mordida), enquanto a demanda por mercadorias não concorrentes (por exemplo, estátuas, quadras de tênis e defesa nacional) são somadas verticalmente.

[4] Note que a *RM* de cada segmento não é configurada igual ao *CM*. Em vez disso, a *RM* somada de todos os segmentos foi igualada ao *CM*. As *RMs* individuais são igualadas ao *CM* da última unidade vendida (isto é, US$130) e, portanto, iguais uns aos outros.

resposta é US$261 e US$188, com algumas barreiras eficazes, ou "cercos", que evitam a revenda do menor pelo maior preço. A dificuldade, é claro, é prever a demanda suficientemente bem para saber quais preços terão este efeito para o voo da próxima quinta às 11h.

Abordagem algébrica

A Tabela 14.2 mostra os dados de uma planilha sobre a qual tal decisão seria baseada na prática. As três primeiras colunas mostram o número de assentos demandados, tarifas e receita marginal para viajantes da classe executiva. Por exemplo, a uma taxa de US$1.084, apenas um assento de toda a aeronave seria vendido, e seria para um passageiro da classe executiva. Se a tarifa caísse para US$1.032, dois assentos seriam reservados para passageiros da classe executiva. Por uma taxa de US$974, três assentos seriam reservados, e assim por diante. A receita marginal esperada é o aumento na receita total percebido a partir da venda de mais um assento na classe executiva. Por exemplo, quando somente um assento é vendido por US$1.084, a receita total também é US$1.084. Quando dois assentos são vendidos por uma taxa de US$1.032, no entanto, a receita total salta para US$2.064, e a receita

TABELA 14.2 Alocando a capacidade de uma companhia aérea com tarifas diferenciadas para lazer e negócios

Classe executiva			Classe de lazer				
Demanda esperada de assentos	Tarifas (US$)	Receita marginal esperada (US$)	Demanda esperada de assentos	Tarifas (US$)	Receita marginal esperada (US$)	Total de assentos	Custo marginal (US$)
1	1.084	1.084				1	87
2	1.032	980				2	87
3	974	858				3	87
4	907	705				4	87
5	835	550				5	87
10	613	390				10	87
			1	342	342		87
			2	332	320		95
			3	319	294		95
			4	311	288		95
20	456	280	5	305	280	25	95
			10	280	256		95
			20	260	240		95
30	381	230	30	250	230	60	100
			40	240	210		100
			50	231	194		100
40	331	180	60	222	180	100	112
			70	214	162		112
50	295	150	80	206	150	130	112
			90	198	140		120
60	268	133	100	192	133	160	125
63	261	130	107	188	130	170	130
			110	186	128		140
70	252	122	120	181	122	190	155
			130	176	115		170
80	235	110	140	173	110	220	190

marginal, que é a diferença entre a receita total realizada pela venda de mais um assento, é US$2.064 – US$1.084, ou US$980. De forma parecida, a receita marginal associada com o terceiro assento vendido é US$2.922 – US$2.064, ou US$858.

A Tabela 14.2 também mostra as informações correspondentes aos passageiros da classe de lazer. Note que o primeiro assento desta classe é vendido a US$342, o segundo a US$331, e assim por diante. As últimas duas colunas retratam o total de assentos vendidos e o custo marginal, que é o custo variável associado ao atendimento de um passageiro adicional em uma das classes.

Usando este exemplo simples de duas classes de reservas, a receita marginal iguala-se ao custo marginal crescente a US$130 por assento. (O custo marginal aumenta em degraus com a adição de comissários de bordo necessários para atender aos passageiros adicionais e ao combustível adicional consumido graças à perda de aerodinâmica com grandes cargas). Com um CM = US$130, as tarifas ideais são obtidas igualando as receitas marginais individuais de ambos os segmentos e o custo marginal do último assento que se espera ser vendido (o 170º assento neste exemplo). As receitas marginais dos passageiros a negócios e a lazer são iguais a US$130 com 63 e 107 assentos, respectivamente, e tarifas de US$261 e US$188 são ideais para esses níveis de alocação de assentos.

Decisão de precificação de produtos múltiplos

A Figura 14.2 ilustra uma decisão análoga com cinco produtos: D_1 representa a demanda pelo Produto 1, D_2 pelo Produto 2, e assim por diante. Novamente, os lucros são maximizados quando a empresa produz e vende quantidades dos cinco produtos de forma que a receita marginal seja igual em todos os mercados e igual ao custo marginal. A linha RMI representa a *receita marginal igual*, a oportunidade de receita marginal da empresa em outras linhas de produtos. Como presumimos que os mercados para os novos produtos foram inseridos em ordem de lucratividade, os preços cobrados pelos cinco produtos são organizados em ordem decrescente, de P_1 a P_5, e a elasticidade da demanda aumenta de D_1 a D_5. A altura da linha RMI é determinada pela intersecção das curvas de custo marginal da empresa (CM) e da receita marginal para o último mercado do produto que pode ser lucrativamente servido, MR_5 a Q_5.

A condição de equilíbrio no mercado marginal D_5, onde P, RM e CM são praticamente equivalentes, ilustra o fato conhecido de que praticamente todas as empresas criam alguns produtos que geram pouco ou nenhum lucro operacional adicional e estão prestes a ser abandonados ou substituídos porque a margem de contribuição se aproxima de zero.

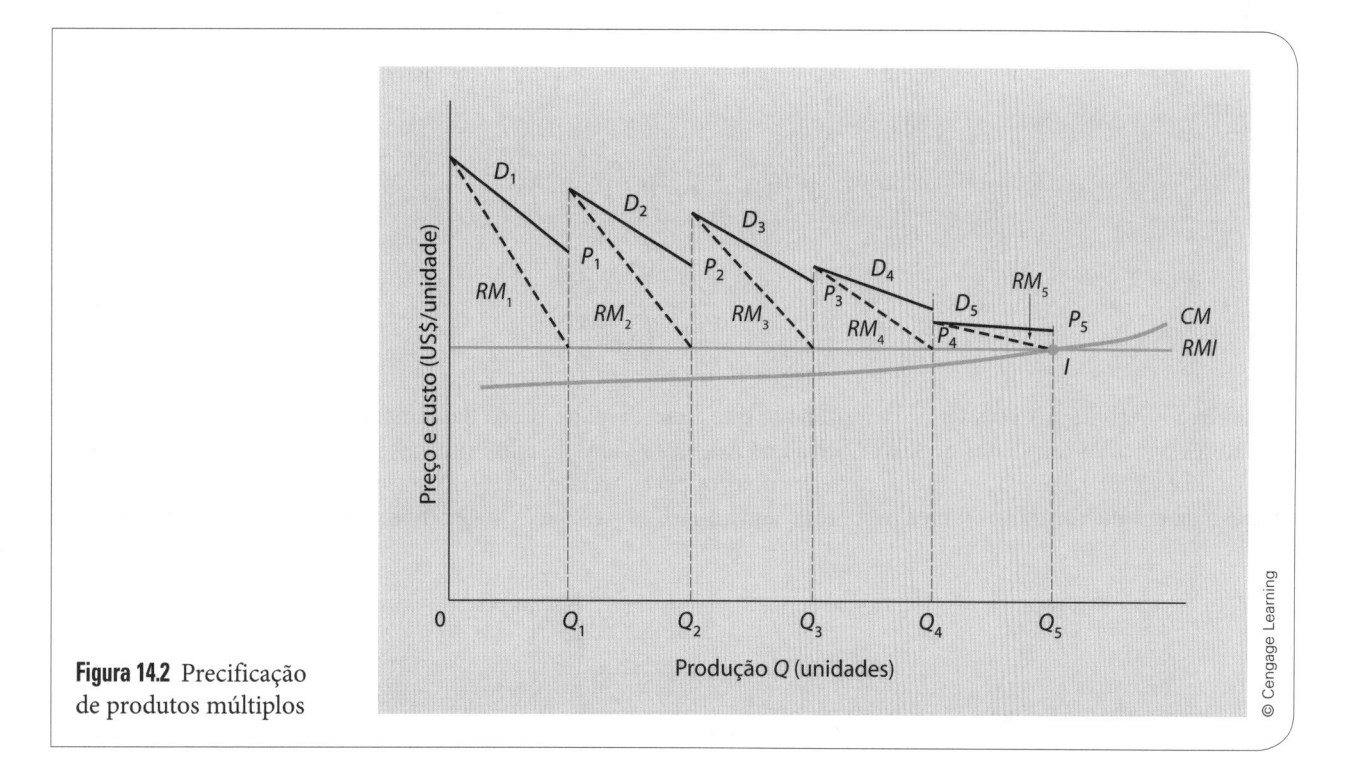

Figura 14.2 Precificação de produtos múltiplos

EXEMPLO: Precificação de supermercados

Os supermercados ilustram este modelo de precificação de múltiplos produtos. A principal restrição de recursos de um supermercado é o espaço em prateleiras, que pode ser alocado entre uma ampla variedade de categoria de produtos (carnes, laticínios, enlatados, congelados e hortifrúti). Os enlatados têm apenas 2% de margem de lucro. Geralmente, os *markups* e margens de lucro de itens básicos, como pão, leite e sabonete, são mais baixos do que os dos produtos não básicos, como alimentos importados e itens gourmet. Em um esforço para aumentar sua lucratividade geral, muitos supermercados adicionaram categorias com uma margem de lucro mais alta, como delicatessens, padarias, peixe fresco e floricultura, realocando o espaço existente nas prateleiras para essas novas categorias.[5]

---
[5] A alocação de espaço em prateleira dentro de cada categoria de produtos também envolve uma consideração sobre as margens de lucro quando se toma decisões sobre estocar enlatados de marcas privadas versus marcas nacionais, carne fresca versus embalada, e assim por diante.

Precificação diferenciada e a elasticidade-preço da demanda

Em todos os exemplos anteriores houve uma relação inversa entre o preço ideal e a elasticidade-preço da demanda em submercados separados. Lembre-se de que, para os lucros serem maximizados, a receita marginal deve ser igual em cada um dos submercados. No Capítulo 3, a relação entre receita marginal (RM) e preço (P) foi mostrada como (Equação 3.7):

$$RM = P\left(1 + \frac{1}{E_D}\right) \qquad [14.2]$$

onde E_D é a elasticidade-preço da demanda. Se P_1, P_2, E_1 e E_2 representam os preços e as elasticidades dos preços nos dois submercados, podemos igualar a receita marginal estabelecendo iguais

$$RM_1 = P_1\left(1 + \frac{1}{E_1}\right) \text{ e } RM_2 = P_2\left(1 + \frac{1}{E_2}\right) \qquad [14.3]$$

Portanto,

$$P_1\left(1 + \frac{1}{E_1}\right) = P_2\left(1 + \frac{1}{E_2}\right)$$

$$\frac{P_1}{P_2} = \frac{\left(1 + \frac{1}{E_2}\right)}{\left(1 + \frac{1}{E_1}\right)} \qquad [14.4]$$

Talvez a JetBlue Airways tenha determinado que a elasticidade-preço da demanda para dois segmentos consumidores (veículos ilimitados de Nova York a Los Angeles e para estadias noturnas supereconômicas aos sábados) é de –1,25 e –2,50, respectivamente. Para determinar os preços relativos (P_1/P_2) que a JetBlue deve cobrar se estiver interessada em maximizar os lucros nesta rota, substitua $E_1 = -1,25$ e $E_2 = -2,50$ na Equação 14.4 para gerar

$$\frac{P_1}{P_2} = \frac{\left(1 + \frac{1}{-2,50}\right)}{\left(1 + \frac{1}{-1,25}\right)}$$

$$= 3,0$$

ou

$$P_1 = 3,0\, P_2$$

Assim, o preço de um assento ilimitado em um veículo (P_1) deve ser 3,0 vezes o preço de um assento supereconômico (P_2).

Elasticidade-preço é a chave; quanto maior for o número de substitutos próximos, mais alta será a elasticidade-preço da demanda, e, portanto, mais baixos o *markup* e a margem preço-custo ótimos. Na precificação da eletricidade, consumidores industriais, como fábricas e hospitais, agora podem comprar sua energia de serviços públicos concorrentes. O consumidor industrial tem tantas alternativas de substituição próximas, que o preço por quilowatt hora é menos do que a metade do preço pago por usuários residenciais ou pequenos comércios. Novamente, quanto maior a elasticidade-preço, mais baixo é o preço ótimo, *ceteris paribus*.

O aumento na lucratividade proveniente de uma precificação diferenciada em oposição à precificação uniforme em todos os segmentos consumidores pode ser ilustrada com o exemplo a seguir.

EXEMPLO Precificação diferenciada na Taiwan Instrument Co.

A Taiwan Instrument Company (TIC) fabrica chips de memória de computadores em Formosa, e os envia para fabricantes de computadores no Japão (Mercado 1) e nos EUA (Mercado 2). A demanda por chips nos dois mercados é dada pelas seguintes funções:

$$\text{Japão: } P_1 = 12 - Q_1 \qquad [14.5]$$

$$\text{Estados Unidos: } P_2 = 8 - Q_2 \qquad [14.6]$$

onde Q_1 e Q_2 são as respectivas quantidades vendidas (em milhões de unidades), e P_1 e P_2 os respectivos preços (em dólares por unidade) nos dois mercados. A função do custo total da TIC (em milhões de dólares) para esses chips de memória é

$$C = 5 + 2(Q_1 + Q_2) \qquad [14.7]$$

Caso I: Preços diferenciados O lucro total combinado da TIC nos dois mercados é igual a

$$\begin{aligned}\pi &= P_1 Q_1 + P_2 Q_2 - C \qquad [14.8]\\ &= (12 - Q_1)Q_1 + (8 - Q_2)Q_2 - [5 + 2(Q_1 + Q_2)]\\ &= 12Q_1 - Q_1^2 + 8Q_2 - Q_2^2 - 5 - 2Q_1 - 2Q_2\\ &= 10Q_1 - Q_1^2 + 6Q_2 - Q_2^2 - 5 \qquad [14.9]\end{aligned}$$

Para maximizar o lucro em relação a Q_1 e Q_2, encontre as derivativas parciais da Equação 14.9 em relação a Q_1 e Q_2, fixe-as igual a zero e resolva para Q_1^* e Q_2^*:

$$\frac{\partial \pi}{\partial Q_1} = 10 - 2Q_1 = 0$$

$$Q_1^* = 5 \text{ (milhões de) unidades}$$

$$\frac{\partial \pi}{\partial Q_2} = 6 - 2Q_2 = 0$$

$$Q_2^* = 3 \text{ (milhões de) unidades}$$

Substituindo Q_1^* e Q_2^* nas equações adequadas de demanda e lucro, temos

$$P_1^* = \text{US\$7 por unidade}$$
$$P_2^* = \text{US\$5 por unidade}$$
$$\pi^* = \text{US\$29 (milhões)}$$

Cont.

Esta solução ótima é ilustrada graficamente na Figura 14.3, Painel (a).

Maximizar π em relação a Q_1 e Q_2 é equivalente a determinar $RM_1 = RM_2$. A equivalência de RM_1 e RM_2 pode ser provada ao empregar as derivativas parciais da função RT em relação a Q_1 e Q_2:

$$TR = P_1 \cdot Q_1 + P_2 \cdot Q_2$$
$$= (12 - Q_1)Q_1 + (8 - Q_2)Q_2$$
$$= 12Q_1 - Q_1^2 + 8Q_2 - Q_2^2 \qquad [14.10]$$

E substituindo os valores da solução, $Q_1^* = 5$ e $Q_2^* = 3$:

$$RM_1 = \frac{\partial TR}{\partial Q_1} = 12 - 2Q_1$$
$$RM_1^* = 12 - 2(5) = US\$2 \text{ por unidade}$$
$$RM_2 = \frac{\partial TR}{\partial Q_2} = 8 - 2Q_2$$
$$RM_2^* = 8 - 2(3) = US\$2 \text{ por unidade}$$

que é igual ao custo marginal total, isto é, a derivativa da Equação 14.7 em relação a $(Q_1 + Q_2)$.

As respectivas elasticidades nos mercados japonês e norte-americano na solução ideal são

$$E_1 = \frac{dQ_1}{dP_1} \cdot \frac{P_1}{Q_1}$$
$$= -1\left(\frac{7}{5}\right) = -1{,}40$$

e

$$E_2 = \frac{dQ_2}{dP_2} \cdot \frac{P_2}{Q_2}$$
$$= -1\left(\frac{5}{3}\right) = -1{,}67$$

Assim, vemos que, como no exemplo da JetBlue Ariways, quando a elasticidade da demanda é menor (em valor absoluto) no Japão (Mercado 1) do que nos Estados Unidos (Mercado 2), o preço no Japão é maior do que nos EUA.

Caso II: Preços uniformes Agora, suponha que a TIC não possa implantar uma precificação diferenciada.

Para determinar os lucros que a TIC vai obter se não fizer discriminação entre os dois mercados, resolva as duas equações de demanda para Q_1 e Q_2 e some-as para gerar uma função de demanda total:

$$Q_1 = 12 - P_1$$
$$Q_2 = 8 - P_2$$
$$Q_T = Q_1 + Q_2$$
$$= 12 - P_1 + 8 - P_2$$

Como a discriminação de preços não é mais possível, P_1 deve ser igual a P_2, e

$$Q_T = 20 - 2P$$

ou

$$P = 10 - \frac{Q_T}{2}$$

O lucro total agora é

$$\begin{aligned}\pi &= PQ_T - C \\ &= 10Q_T - \frac{Q_T^2}{2} - 5 - 2Q_T \\ &= 8Q_T - \frac{Q_T^2}{2} - 5 \end{aligned} \qquad [14.11]$$

Para encontrar o nível de maximização de lucro de Q_T, diferencie a Equação 14.11 em relação a Q_T, fixe-a igual a zero e resolva para Q_T^*:

$$\frac{d\pi}{dQ_T} = 8 - Q_T = 0$$

$$Q_T^* = 8 \text{ (milhões de) unidades}$$

Substituindo Q^*_T na equação adequada, temos

$$P^* = 10 - \frac{Q_T}{2} = \text{US\$6 por unidade}$$

$$\pi^* = 8Q_T - \frac{Q_T^2}{2} - 5 = \text{US\$27 (milhões)}$$

$$Q_1^* = 12 - 6 = 6 \text{ (milhões de) unidades}$$

$$Q_2^* = 8 - 6 = 2 \text{ (milhões de) unidades}$$

$$MR_1^* = 12 - 2(6) = \text{US\$0 por unidade}$$

$$MR_2^* = 8 - 2(2) = \text{US\$4 por unidade}$$

Esta solução de preço uniforme é ilustrada graficamente na Figura 14.3, Painel (b). Conforme resumido na Tabela 14.3, observe que os lucros da TIC são mais altos quando ela aplica uma precificação diferenciada (US$29 milhões) do que quando não o faz (US$27 milhões).

TABELA 14.3 Taiwan Instrument Company: efeitos da discriminação de preços

	Caso I – Precificação diferenciada		Caso II – Precificação uniforme	
Mercado	1 (Japão)	2 (EUA)	1 (Japão)	2 (EUA)
Preço P^* (US\$/unidade)	7	5	6	6
Quantidade Q^* (milhões de unidades)	5	3	6	2
Receita Marginal RM^* (US\$/unidade)	2	2	0	4
Lucro π^* (milhões de dólares)	29		27	

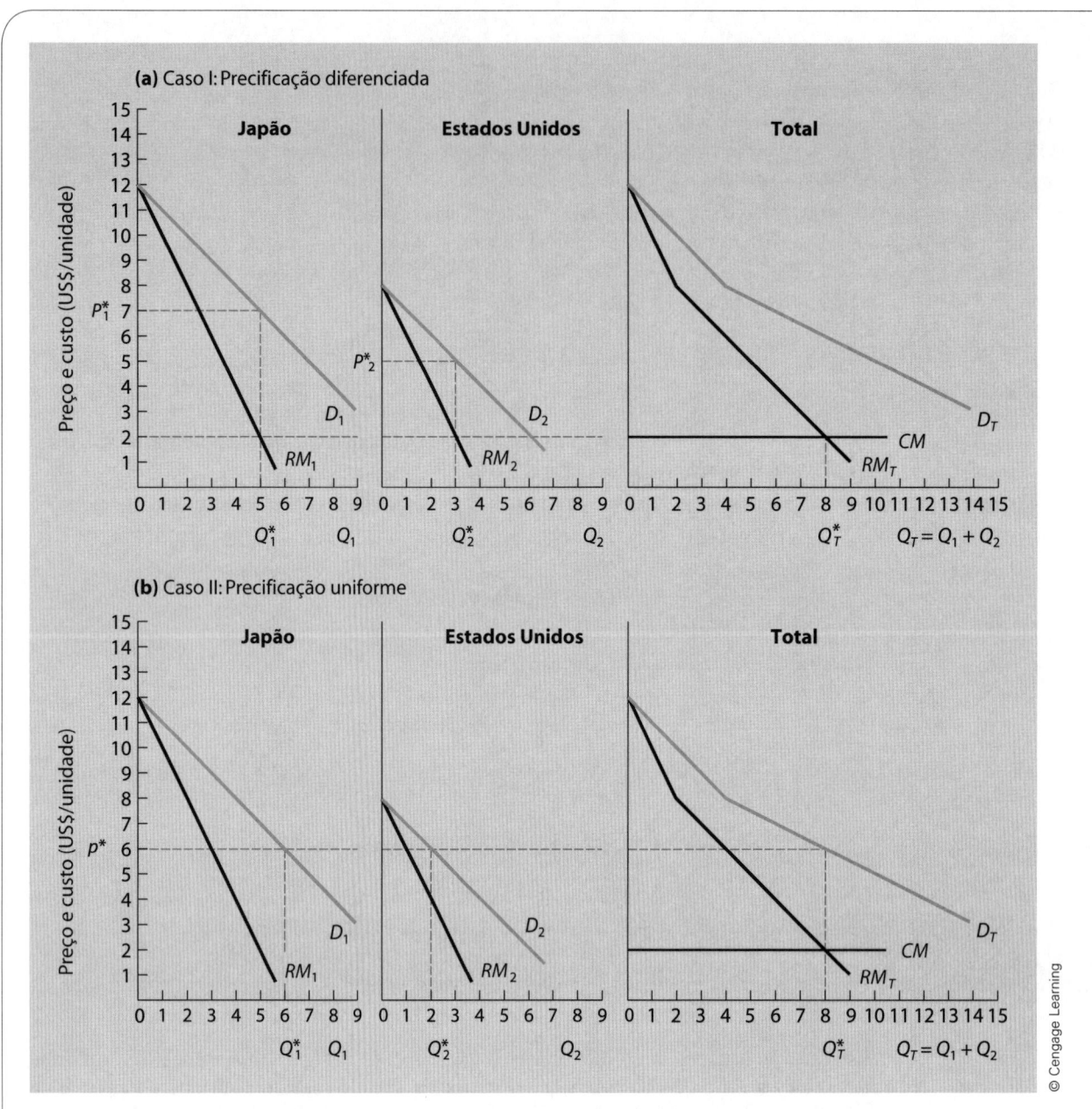

Figura 14.3 Funções de demanda e custos para chips de memória: Taiwan Instrument Company

PRECIFICAÇÃO DIFERENCIADA EM SEGMENTOS DO MERCADO-ALVO

Depois de identificar os diferentes direcionadores de valor para vários segmentos do mercado-alvo e estabelecer um preço diferenciado otimizado, as empresas devem evitar a revenda entre os segmentos usando uma variedade de "barreiras". Dois dos métodos mais frequentes de segmentação direta que evitam a revenda envolvem (1) precificação intertemporal por hora ou dia da semana, e (2) precificação diferenciada por local de entrega.

A precificação baseada em congestionamento em períodos de pico de demanda em rodovias, pontes e metrôs é um exemplo de precificação intertemporal, ilustrado na Figura 14.4. Os motoristas dos horários de pico estabelecem a demanda na rodovia Dulles com pedágio entre 6h e 9h muito acima de sua capacidade de carregamento (Q_C). Cobrar dos trabalhadores uma taxa de pedágio igual ao desgaste imposto por seu veículo passando sobre o asfalto da rodovia (por exemplo, um custo marginal fora do período de pico, CM_{FP}) leva muito mais veículos a entrarem na via (Q_{pico}) do que podem ser acomodados (isto é, $Q_P > Q_C$). O resultado são lentidões, paradas e tempo

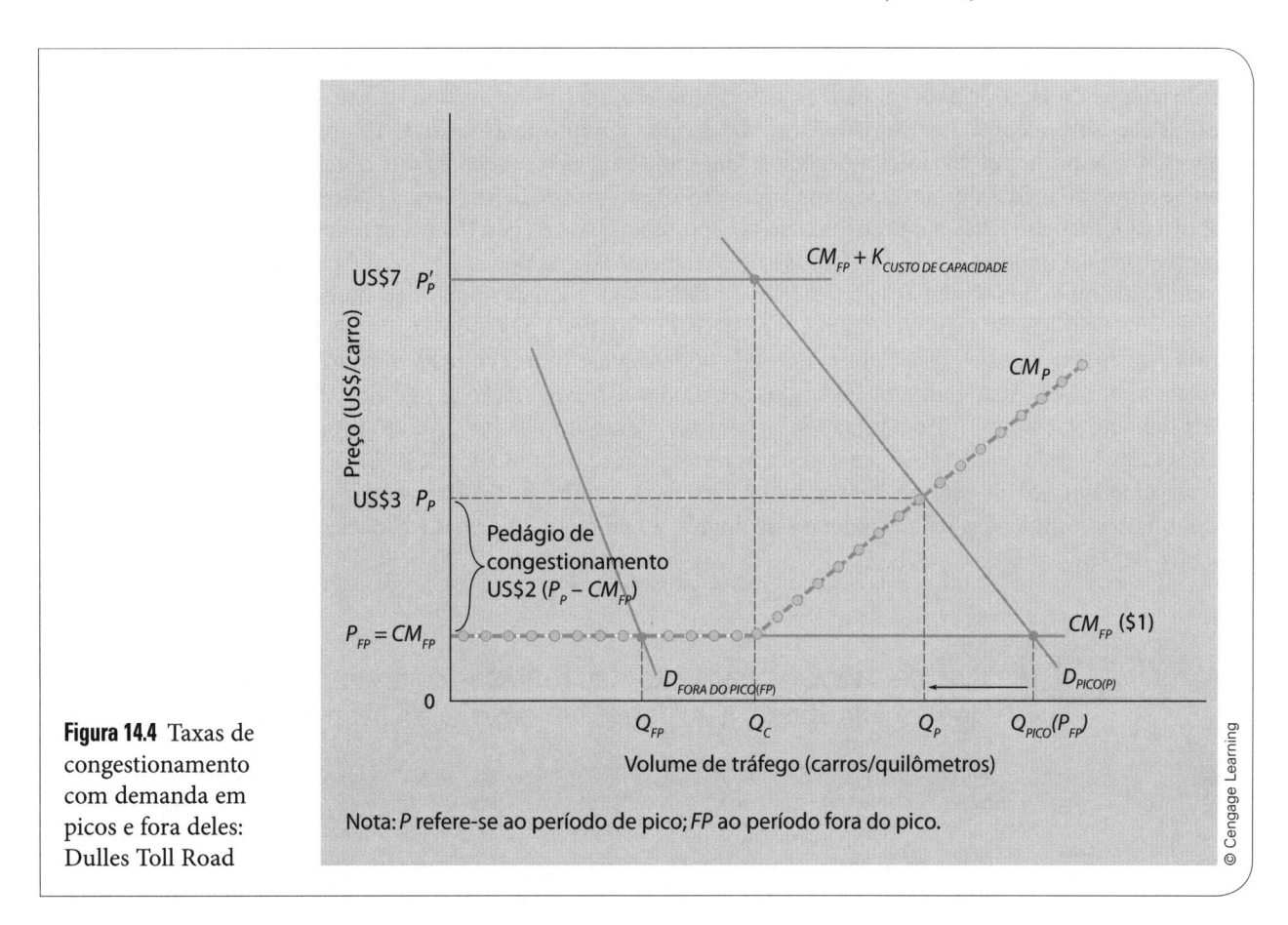

Figura 14.4 Taxas de congestionamento com demanda em picos e fora deles: Dulles Toll Road

(Gráfico: Eixo vertical — Preço (US$/carro); Eixo horizontal — Volume de tráfego (carros/quilômetros). Pontos indicados: US$7 P'_P; US$3 P_P; $P_{FP} = CM_{FP}$. Curvas: $CM_{FP} + K_{CUSTO\ DE\ CAPACIDADE}$; CM_P; CM_{FP} ($1); $D_{FORA\ DO\ PICO(FP)}$; $D_{PICO(P)}$. Quantidades: Q_{FP}, Q_C, Q_P, $Q_{PICO}(P_{FP})$. Pedágio de congestionamento US$2 ($P_P - CM_{FP}$). Nota: P refere-se ao período de pico; FP ao período fora do pico.)

de viagem muito maior para cada trabalhador. Como resultado, além de Q_C, o volume de tráfego no qual o congestionamento começa, o CM_P cresce acentuadamente, representando os custos adicionais de combustível e atrasos impostos (por um veículo adicional) para todos os outros motoristas ao longo de um trecho de 16 km da estrada com pedágio e congestionamento.

A vantagem de um pedágio de congestionamento como ($P_P - CM_{FP}$) = US$2 é que leva os viajantes opcionais de horário de pico a mudar o horário de suas viagens e optar por meios de transporte ou rotas alternativas quando esse trecho específico de 16 km estiver congestionado. Quando a autoridade responsável pelos pedágios estabelece um preço para o horário de pico de US$3, apenas o suficiente para cobrir esse congestionamento mais o CM fora do pico, o volume de tráfego deve cair de Q_{PICO} (P_{FP}) para Q_P, e os preços diferenciados de equilíbrio P_P e P_{FP} devem surgir. Este tipo de **precificação de congestionamento** reflete o custo real do recurso da escassa capacidade do sistema de transporte nos horários de pico.

Assim como a precificação de uma estrada fora do horário de pico, muitos outros exemplos de precificação diferenciada envolvem a cobrança de preços diferentes para a mesma capacidade *em horários diferentes*. Assim, os consumidores não estão competindo pela mesma capacidade. Parquímetros em São Francisco agora podem aumentar os preços entre 10h e 14h. A Coca-Cola tem novas máquinas de refrigerantes cujos preços variam ao longo do dia e de acordo com a alta temperatura prevista para o dia. Aqueles que demandam por sessões de matinês (US$5) ou noturnas (US$9) nos cinemas não estão competindo pelos mesmos assentos. Filmes em estreia ou mais antigos, livros com capa dura ou edições mais simples, descontos sazonais no ramo de resorts e cruzeiros e descontos em hotéis durante os fins de semana representam uma segmentação efetiva de diferentes classes de consumidores-alvo por período de compra.

Segmentação direta com "barreiras"

A segmentação direta de classes de consumidores-alvo que não competem uns com os outros pela mesma capacidade também pode ser obtida através da venda de várias versões de um produto customizado para os segmentos de mercado, ou pela variação do preço com base no local da entrega. Consumidores que chegam aos guichês de aluguel da Hertz e Avis em bairros suburbanos têm ofertas de locação de veículos com horários flexíveis baseados em conveniência. Por consequência, a demanda é muito mais sensível ao preço do que a demanda nos aeroportos, composta por viajantes a negócios. Um estudo recente descobriu que as tarifas para o aluguel de um sedan de tamanho médio durante a semana eram US$43 em lojas de bairro *versus* US$69 nos pontos de aluguel em aeroportos.[6] Como as tarifas para ir de táxi do aeroporto aos bairros geralmente excederiam a diferença de US$26 do preço, os consumidores da Avis e Hertz são efetivamente segmentados por local da locação.

Outro exemplo de segmentação baseada em localização seriam as roupas das marcas Arche ou Ralph Lauren, vendidas mais baratas em centros comerciais de desconto (outlets) nas rodovias interestaduais do que em lojas de subúrbio ou em resorts de férias. Compradores de outlets quase nunca coincidem com os consumidores que essas companhias têm em suas butiques badaladas. Portanto, a segmentação geográfica funciona. Compradores de outlets também vão adquirir uma versão mais barata e menos durável do produto (por exemplo, um tecido mais leve nas camisas polo para golfe), por isso, com a precificação diferenciada, a Ralph Lauren executa mais do que somente uma limpeza de estoque sem nenhum perigo de canibalização das vendas pelo preço cheio. Então, as vendas totais são ampliadas para atender a esse novo segmento criado pela nova localização.

EXEMPLO Taxas de congestionamento nas rodovias com pedágio de Los Angeles, San Diego, Houston, Minneapolis, Denver e Dulles[7]

O americano típico gastou cerca de 34 horas em congestionamentos no ano de 2009 devido aos engarrafamentos de horário de pico. Os motoristas de Los Angeles gastaram 63 horas, o equivalente a 1,5 semana de trabalho não remunerado. O tráfego urbano cresceu 20% entre 1995 e 2005, mas as estradas urbanas só aumentaram 2%. O imposto federal sobre o consumo de gasolina de US$4,86 centavos por litro (destinado ao reparo e construção de rodovias federais) não aumenta desde o início dos anos 1990. Mas a resposta é simplesmente ter mais rodovias? Comunidades do sul da Califórnia, Nova Jersey, Houston e Washington, DC, acham que não.

Pedágios por congestionamento que cobram dos trabalhadores pela perda de tempo e aumento do gasto com combustível impostos aos outros motoristas durante períodos de pico foram adotados em várias estradas públicas e privadas nos Estados Unidos. Todos os dias, 24.000 motoristas pagam um pedágio pelo congestionamento no horário de pico de US$3,30 por viagem por um trecho de 16 km na via expressa de Orange County, Califórnia. Cabines de pedágio, que por si só causam atrasos, foram substituídas por transmissores do tamanho de cartões de crédito colocados nos para-brisas a partir dos quais receptores sem fio estimam os valores à medida que os carros passam. Essas unidades identificadoras (*such onboard-units* – OBUs) se tornaram comuns em todos os veículos em 2013, e podem se tornar o centro de comunicações do veículo, oferecendo informações sobre as condições da estrada, instruções para chegar ao posto de gasolina mais barato e serviços de emergência com base no dispositivo de GPS. Na Figura 14.4, o custo dos veículos adicionais no acréscimo do congestionamento do período de pico nas estradas aumenta o pedágio no horário de pico para US$3, de uma taxa de US$1 fora do horário de pico do pedágio. Faixas para veículos de alta ocupação (VAO), normalmente reservadas para ônibus e caronas, podem ser acessadas por apenas US$0,25 fora do horário de pico, mas custam US$8 durante o período de alto volume de tráfego. Ao adotar uma precificação dinâmica em tempo real com o volume de tráfego medido a cada seis minutos e abrir as faixas especiais quando estão sendo subutilizadas, San Diego aumentou sua capacidade total das estradas em 64%. Cobranças eletrônicas para dirigir em ruas internas da cidade em Londres custam £8 por dia (cerca de US$12) entre 7h e 18h. Os gastos com pedágio de congestionamento de um trabalhador típico aumentam rapidamente. No entanto, o efeito desses pedágios tem sido visível; o tráfego na zona de congestionamento designada de Londres caiu

Cont.

---

6 Playing the Car-Rental Game. *Wall Street Journal*, 31 jul. 2002, p. D3; e Highway Nirvana at a Price. *Wall Street Journal*, 6 jul. 2004, p. A15.

30%. E tempo é dinheiro, por isso, ao se deparar com uma lentidão de 40 a 65 mph (milhas por hora) nas "vias rápidas" adjacentes, muitos viajantes dos horários de pico de Los Angeles, San Diego, Houston, Minneapolis, Denver e Washington, DC, estão optando pela precificação diferenciada de uma estrada com pedágio na qual se transita a 65 mph.

7 Baseado em American Idle On the Road. *Wall Street Journal*, 2 fev. 2011, p. D1; *Transportation Infrastructure*, Capítulo 6, Economic Report of the President. Washington, DC: U.S. Government Printing Office, 2007.

Hal Varian e Carl Shapiro alegam que este tipo de "versionamento" é uma forma especialmente boa para vender itens da economia da informação, como softwares.[8] Um pacote de reconhecimento de voz, Voice ProPad para uso geral, é vendido por US$79, um Office Talk por US$795, e um Voice Ortho, transcritor médico especial para centros cirúrgicos, por US$7.995. Todas as três versões derivam do mesmo código-fonte, mas a mais abrangente gera 100 vezes mais valor a determinados clientes-alvo. Em contrapartida, quando a Amazon vende o *mesmo* livro ou DVD por preços diferentes a consumidores com diferentes registros de cliques, o grau de precificação diferenciada para versões idênticas do produto geralmente leva a reações indesejadas dos consumidores. A Coca-Cola está enfrentando a mesma resistência à sua precificação diferenciada nas máquinas de refrigerantes com base no período do dia. Como resultado, muitos revendedores adotam técnicas de *segmentação indireta* usando tarifas em duas partes, cupons e agrupamentos. Com a segmentação indireta, o próprio consumidor seleciona o preço diferenciado a pagar entre uma variedade de alternativas disponíveis.

EXEMPLO Precificação dinâmica para o setor elétrico[9]

A princípio, como a experiência mostrou na Grã-Bretanha, Austrália e Nova Zelândia, a desregulamentação do setor elétrico pode funcionar se os maiores consumidores tiverem que pagar um preço que reflita o custo marginal. Até 40% da variação do custo diário são atribuídos às taxas de uma linha de transmissão extra e às usinas antigas e ineficientes ligadas para atender aos últimos 5% do pico de demanda. Por exemplo, ligar uma secadora de roupas às 16h em julho impõe custos de atacado de US$0,22 por kWh sobre o serviço público de energia elétrica na Nova Inglaterra, relativos a aproximadamente US$0,08 por kWh às 22h em julho e US$0,02 por kWh em abril. Hoje, 30% das residências norte-americanas são conectadas com os famosos medidores inteligentes que cobram dos consumidores preços variáveis por hora, de US$0,04 a US$0,17 por kWh dependendo do período do dia. A demanda de famílias de baixa e média rendas parece ser bem elástica às tarifas crescentes durante o horário de pico. Eletrodomésticos inteligentes podem agora desligar a secadora quando o preço da energia elétrica na Califórnia aumenta durante o período noturno de pico das 18h às 21h.

9 Baseado em Making Meters Smarter. *BusinessWeek On-Line*, 5 out. 2009; Smart Meters Give Customers a Break. *Today*, 21 mar. 2007, p. 2B; Creating a Smarter U.S. Electricity Grid. *Journal of Economic Perspectives*, inverno 2012, p. 29-48; e P. Joskow e C. Wolfram. Dynamic Pricing of Electricity. *American Economic Review*, maio 2012, p. 381-85.

Tarifas otimizadas em duas partes

Tarifas em duas partes envolvem tanto a cobrança de um montante fixo, como uma taxa de entrada para acessar a instalação ou serviço, quanto uma taxa de usuário para cada unidade consumida. Parques de diversão, casas noturnas, clubes de golfe e tênis, companhias de aluguel de copiadoras, provedores de telefonia celular e de acesso à Internet e empresas de aluguel de carros geralmente empregam este tipo de precificação. A receita por unidade

8 C. Shapiro e H. Varian. Versioning. *Harvard Business Review*, nov./dez. 1998, p. 106-14.

O QUE DEU CERTO • O QUE DEU ERRADO

Dados ilimitados na Verizon Wireless[10]

A Verizon ultrapassou a AT&T como a maior empresa de telecomunicações para smartphones dos Estados Unidos. Cobrando US$39 por mês por uma assinatura wireless e uma taxa fixa de US$30 para download e upload ilimitados de dados, a empresa dobrou sua base de assinantes de smartphones de 8 para 16 milhões entre 2009 e 2010, em todas as categorias de seus clientes wireless, totalizando 94 milhões em relação à pequena diferença de 96 milhões de assinantes da AT&T. O plano de dados ilimitados da Verizon contrastava com os da AT&T. Em meados de 2011, no entanto, um preço marginal de zero gerou um enorme excesso de demanda na capacidade da largura de banda dos usuários de dados mais intensos. Assistir por fluxo de mídia (*streaming*) a três filmes em alta definição pelo Netflix exige 5gb de dados. A AT&T anunciou planos para reduzir a velocidade da conexão dos usuários de dados que ultrapassarem o limite de 3gb, mas isso gerou uma grande repercussão. Consumidores usuais de smartphones que assistem TV e jogam *games* por *streaming*, veem pequenos vídeos no Youtube, além de acessar ocasionalmente grandes bases de dados, tinham pouco interesse em downloads mais lentos, mesmo se pudessem economizar bastante dinheiro. Em vez disso, a Verizon segmentou o mercado, permitindo que os clientes escolhessem a partir de vários planos de preços em duas partes. A assinatura do seu pacote básico de US$30 oferece apenas 2gb de dados por mês, o suficiente para mandar somente 1.000 e-mails, ouvir 20 horas de rádio, assistir a 2 horas de vídeos, fazer o upload de 20 fotos no Facebook e navegar na web. Noventa e cinco por cento dos clientes da empresa se enquadram nesta categoria de uso, mas alguns deles usam muito mais capacidade de transmissão e recepção. As tarifas para usuários intensivos além da taxa fixa de assinatura agora serão taxados em: 5gb por mês por US$50 e 10mb por US$80. Sobretaxas de US$10 por mês por gigabyte utilizado além do limite do plano de dados também serão aplicadas. A Verizon decidiu que uma solução de preços diferenciados em duas partes, baseada em uma taxa fixa mais uma cobrança com base no uso, era preferível a limitar a qualidade do serviço.

10 Verizon Tests Lower Unlimited Pricing. *Wall Street Journal*, 9 nov. 2010, p. A14; Verizon Alters Data Pricing. *Wall Street Journal*, 6 jul. 2011, p. D2; A Tangled Family Tree. *Wall Street Journal*, 29 mar. 2011, p. B6; Users Rip AT&T Data Curbs. *Wall Street Journal*, 3 mar. 2012, p. B3.

vendida dessas empresas é uma função não linear em duas partes: um montante mensal ou diário fixo que proporciona acesso à instalação, telefone, computador ou locação de veículos independentemente do uso; e uma taxa por hora, minuto ou quilômetro que varia de acordo com a utilização. A magnitude das taxas unitárias dos usuário deve, no mínimo, cobrir os custos marginais para que os demandantes intensivos "paguem o frete" por meio de altas taxas de utilização total. Vincular o preço de uma copiadora alugada a um medidor de contagem que efetivamente meça a intensidade do uso resulta em uma taxa mensal diferenciada de aluguel entre os segmentos de consumidores acrescida de um custo baixo adicional por cópia.

Empresas diferem no fato de estabelecer taxas altas ou baixas de entrada ou de uso. As operadoras de telefonia e a Gillette praticamente dão seus celulares e aparelhos de barbear, mas depois cobram preços altos pelas chamadas, downloads e lâminas. Em contraste, os iPods têm preço alto, mas o iTunes é bem barato. De forma parecida, a maioria dos clubes de golfe e tênis cobra taxas de sócio e anuidades substanciais, mas em seguida adotam taxas de usuário pouco significativas (por exemplo, US$5 por hora na quadra ou US$25 pelos *green fees* de golfe).[11] Como veremos mais adiante, quão acima do custo marginal se deve estabelecer a taxa de usuário ideal depende de quão desiguais são os diferentes segmentos de demanda do consumidor.

Vamos investigar como analisar uma tarifa otimizada em duas partes. Considere a situação retratada na Figura 14.5 para segmentos separados de consumidores com demandas relativamente elásticas (D_1) e relativamente inelásticas (D_2) para o aluguel de automóveis. Podem ser jovens casais alugando veículos para as férias (D_1) e representantes comerciais de fabricantes alugando carros para atender a chamadas de vendas (D_2). O desafio é encontrar uma tarifa diária uniforme (taxa fixa de acesso) e uma tarifa por quilometragem (taxa de usuário) que maximizem os lucros e mantenham os dois segmentos de consumidores no mercado. Uma alternativa seria precificar a quilometragem ao seu custo marginal (CM) = altura OA e extrair o uso Q_1 e Q_2 de cada segmento enquanto ambos

11 Quando a quadra de golfe de Pebble Beach e o clube de tênis de Wimbledon cobravam US$350 por uma partida de golfe ou dois sets de tênis, as taxas de uso refletiam a precificação com base em congestionamento, em vez das tarifas em duas partes otimizadas.

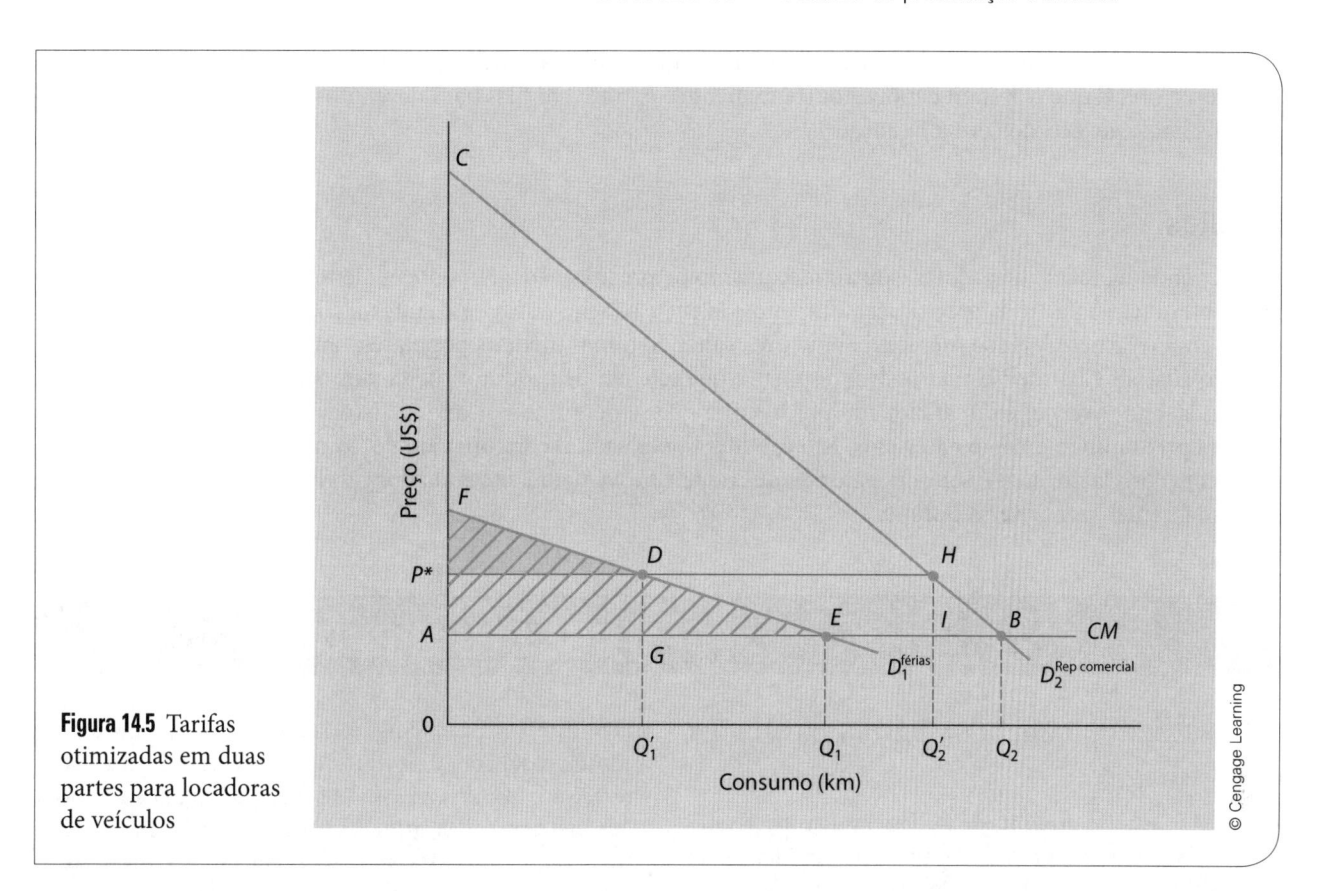

Figura 14.5 Tarifas otimizadas em duas partes para locadoras de veículos

realizam a taxa máxima diária que os clientes em férias e sensíveis ao preço irão pagar ao longo da D_1 (especificamente a área hachurada AEF).

Talvez, no entanto, haja uma alternativa melhor. Suponha que a agência locadora de veículos aumente a tarifa de quilometragem para P^* e reduza a taxa de acesso diária para a área hachurada sombreada P^*DF. A quilometragem vai cair em ambos os segmentos (para Q'_1 e Q'_2, respectivamente), e a área P^*DEA será a receita líquida perdida em virtude da taxa de acesso reduzida nos dois segmentos. Entretanto, a receita líquida adicional da cobrança de quilometragem (P^*DGA em um segmento e P^*HIA no outro) mais do que compensará a taxa de acesso perdida. Em particular, os lucros da agência vão aumentar pela diferença da área $DHIE$ – a DEG. Este resultado pode ser generalizado para outras decisões de tarifas em duas partes otimizadas.

Consequentemente, além de cobrar uma taxa de acesso fixa positiva, um monopolista que discrimina preços vai adotar tarifas em duas partes que precifique o uso acima de seu custo marginal. Quanto mais próxima for a elasticidade-preço da demanda dos segmentos de consumidores-alvo, mais perto a taxa de uso deve estar do custo marginal.

Cupons

Outro mecanismo de precificação para segmentar o mercado de forma indireta e permitir que o consumidor selecione seu nível de consumo e o preço total a pagar são os cupons. Os US$49 bilhões gastos com marketing de mala direta com descontos e cupons de ofertas ultrapassaram a quantidade gasta com publicidade nos jornais (US$45 bilhões) e televisão (US$43 bilhões) pela primeira vez nos Estados Unidos em 2003. Essa abordagem de marketing direta é possibilitada por previsões bem-sucedidas baseadas nos padrões de gastos dos consumidores. As companhias têm acesso ao registro financeiro e a dados de cartões de crédito, além dos impostos prediais e registros de uso de serviços públicos. Essas fontes permitem que a Lowe's Home Improvement, por exemplo, projete com acurácia de mais de 80% o mês em que determinada família vai comprar uma churrasqueira a gás.

Esta precisão no direcionamento encoraja a precificação diferenciada. Se os cupons que valem US$0,25 de desconto no preço de uma caixa de cereal, 40% de desconto no preço das roupas ou US$50 de abatimento no preço de uma churrasqueira a gás cara são resgatados religiosamente por alguns segmentos, mas ignorados por outros,

Kellogg, Neiman Marcus e Lowe's segmentarão o mercado com essas promoções de mala direta. Os consumidores sensíveis a preço, que resgatam cupons constantemente e entram em filas para descontos, recebem um preço líquido mais baixo, de acordo com a Equação 14.4.

Pacotes

A venda na forma de pacotes é outro mecanismo de precificação altamente eficiente que os vendedores usam para obter lucro a partir da precificação diferenciada entre os segmentos de clientes-alvo. Você já se perguntou por que a Time Warner Cable só oferece o Showtime, canal de filmes inéditos populares, em um pacote agrupado que inclui o History Channel? Uma possível resposta é que este par de produtos oferecidos ocorre porque algum outro cliente da Time Warner é um aficionado por história que se pergunta por que o History Channel vem com acesso a filmes predominantemente não vistos. Isto é, o lucro operacional para um vendedor que agrupa demandas negativamente correlacionadas é sempre maior do que aquele proveniente da venda dos produtos que custam o mesmo separadamente. Vamos ver o porquê.

O QUE DEU CERTO • O QUE DEU ERRADO

Precificação em duas partes no Disney World

Os estudos originais de tarifas em duas partes otimizadas foram encomendados pelos parques temáticos da Disney na Califórnia e na Flórida. O Disney World de Orlando foi aberto com uma taxa de entrada otimizada mais uma tarifa de usuário por atração. Especificamente, os consumidores compravam folhetos de tickets para as atrações quando já estavam dentro do parque temático, depois de pagar por taxas fixas uniformes nos portões de entrada. Durante vários anos o sistema funcionou muito bem, já que os novos visitantes encontravam todos os displays temáticos e pontos de venda e se dispersavam pelo parque em seu passeio ocasional. As cobranças por atração eram suficientes para desencorajar a ida contínua ao parque e novas voltas nos brinquedos favoritos, como a Space Mountain.

Em pouco tempo, no entanto, a demanda de visitantes recorrentes se tornou a chave para a operação lucrativa dos parques temáticos. O consumidor-alvo era um casal com dois filhos que poderia estar em sua terceira ou quarta viagem de férias para a Disney. Já que determinadas atrações se tornaram o ímã que trazia as famílias de volta, surgiam longas filas nas atrações e shows mais populares. Pesquisas mostraram que os consumidores começaram a sentir que os ingressos que haviam comprado não eram válidos para as atrações, e que as tarifas de entrada no parque eram muito altas em relação ao decepcionante congestionamento no seu interior. Essas percepções negativas de tarifas em duas partes levaram a Disney a substituí-las por um menu de tarifas diferenciadas de entrada com base no uso projetado do Magic Kingdom, Epcot e Disney Studios.

Mais recentemente, os parques temáticos do Universal Studios experimentaram reduzir o excesso de público por meio de passes com hora marcada para as atrações populares e tratamento preferencial para consumidores que pagaram por um menor tempo de espera.

O QUE DEU CERTO • O QUE DEU ERRADO

Clientes sensíveis ao preço resgatam

A Pillsbury mediu a elasticidade-preço da demanda por sua mistura para bolos dos clientes que resgatam cupons e descobriu que é –0,43, enquanto a daqueles que não resgatam era de –0,21. De forma similar, a Purina mediu a elasticidade-preço dos usuários de cupons entre os consumidores de sua comida para gatos como –1,13, e entre os não usuários –0,49. Os cupons para pratos à base de batata congelados da Ore-Ida são resgatados por famílias com elasticidade-preço de –1,33, enquanto as que não resgatam tiveram uma elasticidade-preço de –1,97. Claramente, em todos esses casos, os cupons são uma forma de segmentar o mercado e oferecer descontos ao segmento mais sensível ao preço.

Suponha que os dois grupos de consumidores tenham os seguintes **preços de reserva** para dois canais a cabo, cada um gerando taxas de licenciamento variáveis de US$1 para uma exibição única em uma residência. Os cinéfilos pagariam US$9 para ter acesso a filmes inéditos e US$2 para ver documentários históricos. Os aficionados por história pagariam US$8 para acessar o History Channel e US$3 para assistir ao Showtime. Se os canais fossem precificados uniformemente para ambos os segmentos de consumidores como produtos separados, a Time Warner poderia obter no máximo US$8 (ou US$9 − US$1) pelo Showtime e US$7 (ou US$8 − US$1) pelo History Channel, para um total de US$15 de lucro operacional.[12] Entretanto, note que ambos os tipos de consumidores pagariam até US$11 pelo par combinado de canais em vez de ficar sem ele. Se a Time Warner os tornasse disponíveis apenas em um pacote agrupado, a receita de vendas seria de US$22 − US$4 de taxas de licenciamento, com um total de US$18 de lucro operacional, que é maior do que os US$15 calculados anteriormente.

Enquanto um consumidor estiver disposto a pagar mais pelo produto A e outro consumidor queira pagar menos que o produto B, o vendedor, que está restrito a cobrar o mesmo preço uniforme de ambos, sempre vai se sair melhor se agrupar os dois itens, considerando que todos os preços de reserva excedam o custo variável. Essas demandas inversamente correlacionadas ocorrem em muitos ambientes. Resorts caribenhos com sistema "tudo incluso", como o Bitter End, em Virgin Gorda, que custa US$595 por dia, ou o Hotel Isle de France, em St. Bart's, têm hóspedes que valorizam refeições gourmet de US$75 e fabulosas cabanas de US$350 por noite, mas que não pagariam muito por todas as atividades e equipamentos para esportes aquáticos, enquanto outros valorizam as atividades esportivas aquáticas de US$170 por dia, mas não pagariam preços tão altos para ter refeições ou cabanas melhores. De forma parecida, os spas do tipo "tudo incluso" de Elizabeth Arden, que custam US$225, têm clientes que não pagariam o alto preço de US$50 por pelo menos um de cinco tratamentos: faciais, máscara de lama, massagem, manicure e pedicure. Agrupar todos esses serviços aumenta a lucratividade quando a demanda dos clientes-alvo é inversamente correlacionada ao longo das ofertas, enquanto os custos variáveis dos componentes separados estão abaixo da disponibilidade de os consumidores pagar por cada um.

Agora, voltando ao exemplo do canal de TV a cabo, suponha que os custos variáveis sejam altos, digamos, US$3. O History Channel avaliado a US$2 pelo cinéfilo não é mais uma venda lucrativa. O agrupamento puro inclui esta venda não lucrativa e gera os mesmos US$22 de receita, mas agora acarreta US$12 de custo variável total, gerando um lucro de apenas US$10. Abrir mão da venda do History Channel ao cinéfilo ao vender cada produto separadamente: US$9 pelo Showtime e US$8 pelo History Channel, gera US$6 (ou US$9 − US$3) do Showtime e US$5 (ou US$8 − US$3) do History Channel, criando um lucro operacional total de US$11. Intuitivamente, o agrupamento puro será menos atraente do que a precificação separada quando algumas das vendas agrupadas não forem lucrativas.

Também é fácil ver por que a demanda positivamente correlacionada entre os consumidores age contra o agrupamento. A Figura 14.6 mostra os preços de reserva ao longo de uma linha "de orçamento" que os consumidores do nosso exemplo anterior estão dispostos a gastar nos dois produtos.[13] O intercepto em y é a restrição total da disponibilidade a pagar pelos dois produtos – ou seja, $P_h + P_s$ = US$11. Com os preços de reserva do Showtime no eixo vertical e os do History Channel no horizontal, o mix de preços de reserva de cada consumidor segue pela linha

$$P_s = US\$11 - 1P_h \qquad [14.12]$$

O −1 na Equação 14.12 significa a correlação negativa perfeita entre os preços de reserva (demanda) dos nossos cinéfilo e viciado em história. Porém, suponha que a Time Warner tenha um terceiro tipo de consumidor, cujos preços de reserva sejam positivamente correlacionados àqueles do cinéfilo – isto é, um terceiro tipo de consumidor que valoriza o Showtime a US$8 e o History Channel a US$5. Esses preços de reserva são altos quando o preço de reserva do cinéfilo é alto, e baixos quando é baixo. Este tipo de demanda positivamente correlacionada depende da restrição orçamentária da Figura 14.6, porque a disposição para pagar no lado esquerdo da Equação 14.12 não é mais US$11, mas US$13, como mostrado no Ponto 3.

---

12 Neste exemplo, vender os dois produtos separadamente aos dois segmentos de clientes não vale a pena por causa dos preços muito baixos exigidos. Especificamente, o preço do Showtime separadamente para ambos os segmentos teria de ser somente US$3, assim obtendo lucros operacionais de US$6 − US$2 = US$4, e o History Channel teria de custar US$2, obtendo US$4 − US$2 = US$2. Assim, o lucro total de US$6 pela venda de todos os produtos a todos os clientes por um preço uniforme diminuiria substancialmente o lucro potencial de US$15 proveniente da venda de cada produto ao seu mercado-alvo sozinho. Se a demanda assimétrica nos dois segmentos não fosse tão diferente, este resultado poderia se reverter, desde que os preços de reserva fossem maiores do que o custo variável.

13 Esta linha orçamentária é análoga à de um domicílio tomando decisões sobre consumo, exceto que, neste caso, é a empresa que está restrita pelo gasto máximo que o consumidor está disposto a desembolsar com as duas mercadorias.

Com demandas positivamente correlacionadas entre dois dos três tipos de clientes, a Time Warner pode vender o grupo Showtime-History para todos os três por US$11 e ganhar US$15 [3 × (US$11 − US$6)].[14] Entretanto, existe uma alternativa melhor. No **pacote misto,** os produtos são vendidos tanto separadamente quanto como um pacote, sendo que o preço agrupado contempla um desconto em relação à soma dos dois preços separados. No nosso exemplo de três consumidores, a Time Warner poderia vender o Showtime por US$9 e o History Channel por US$8, enquanto disponibiliza um pacote agrupado com Showtime e History pelo preço de US$13. O terceiro tipo de consumidor optaria pelo pacote, enquanto os outros dois comprariam apenas um produto. A receita para esta abordagem de pacote misto totaliza US$30, mas só são exigidas quatro taxas de licença, obtendo, portanto, um lucro de US$18. Em geral, o pacote puro gera menos lucro do que o misto quando estão envolvidas demandas positivamente correlacionadas. É por isso que os salões da Arden vendem seus tratamentos de beleza agrupados por US$225 ou US$50 cada.

A Figura 14.6 pode ser usada para caracterizar a atratividade do agrupamento por pacotes puro para o vendedor. Se todos os clientes tiverem demandas negativamente correlacionadas perfeitas, seu preço de reserva se encontra, como vimos, na restrição orçamentária de US$11. Se os clientes tiverem demandas positivamente correlacionadas, seus preços de reserva se encontrarão acima ou abaixo desta restrição orçamentária de reserva. Com preços de produtos separados P_s = US$9 e P_h = US$8, os consumidores com preços de reserva no Quadrante I sempre comprarão os dois produtos em vez de um só (Quadrantes II e IV), enquanto aqueles do Quadrante III nunca comprarão o produto vendido separadamente. Além disso, sabemos que os consumidores com preços de reserva acima da restrição orçamentária de reserva comprarão o pacote agrupado, e que os que estão abaixo não. Idealmente, o consumidor 3 vai comprar, portanto, o pacote; o consumidor 1 vai adquirir somente o Showtime, e o consumidor 2 comprará somente o History Channel. Só o pacote misto pode alcançar este resultado.

Para resumir, tarifas em duas partes, cupons e pacotes, são mecanismos de precificação que induzem os consumidores a se segmentar indiretamente. Tarifas em duas partes são especialmente eficazes para obter lucros maiores do que preços uniformes quando os segmentos de consumidores são quase idênticos em sua elasticidade-preço da demanda. Os cupons funcionam melhor quando os segmentos-alvo são extraordinariamente diferentes em sua elasticidade-preço da demanda. O agrupamento obtém lucro adicional quando a demanda dos clientes-alvo segmentados é inversamente correlacionada em múltiplos produtos.

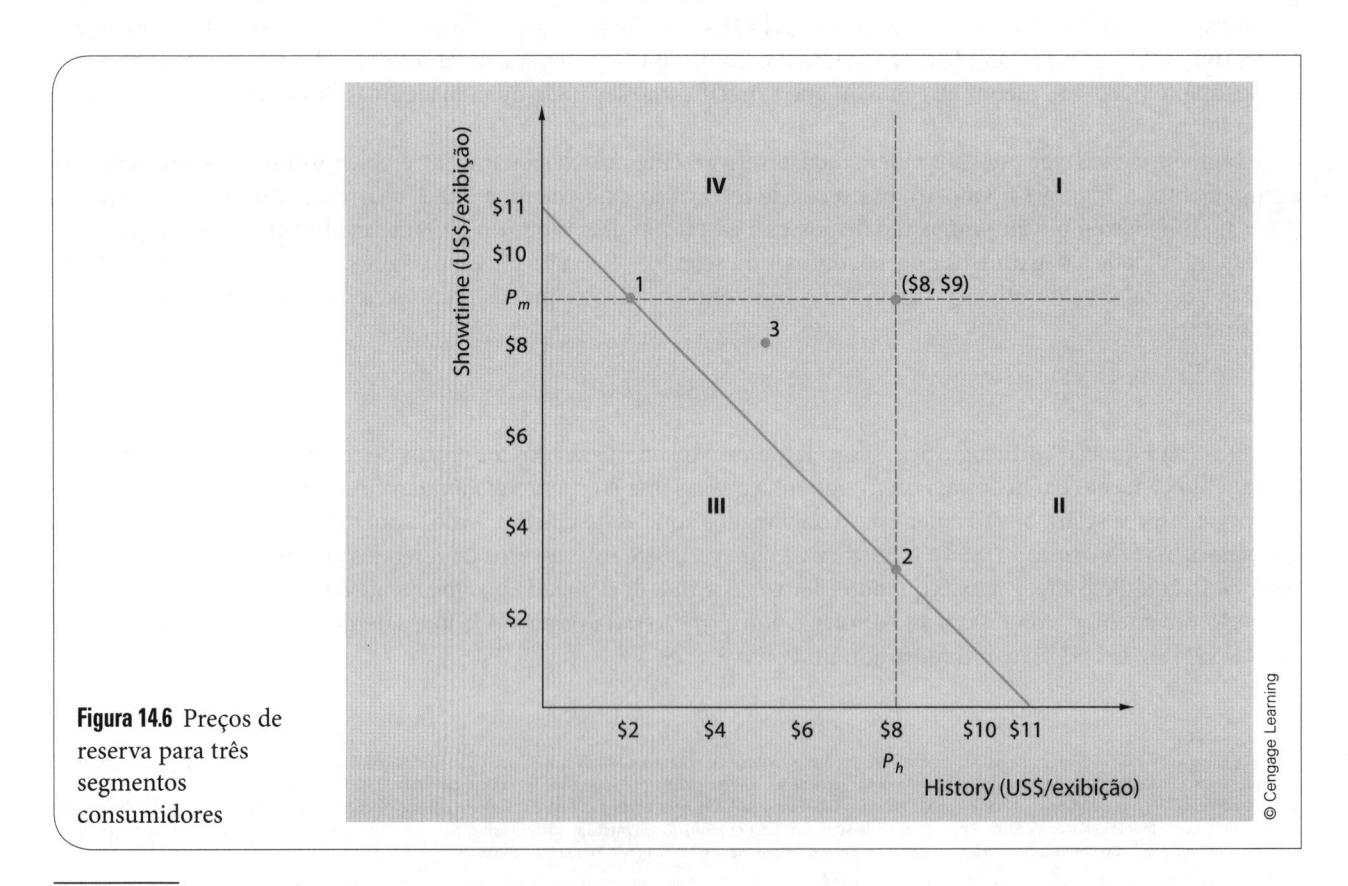

Figura 14.6 Preços de reserva para três segmentos consumidores

---

14 Aqui estamos assumindo novamente que os custos variáveis estão no nível mais alto de US$3 por exibição.

> **EXEMPLO** McDonald's introduz agrupamentos mistos como "refeições com valor extra"
>
> Nos Estados Unidos, o consumo de *fast-food* decolou nas últimas duas décadas, à medida que 70% dos domicílios se tornaram residências com dois trabalhadores e as famílias começaram a comer fora várias vezes por semana. Cerveja, ou refrigerante, e pizza, hambúrguer e batatas fritas se tornaram o jantar padrão em muitas das residências. Com maior consciência em relação à saúde, no entanto, nem todos que querem um hambúrguer querem as batatas fritas. Em outros casos, alguns consumidores desejam as batatas fritas mas não o hambúrguer, preferindo substituí-lo por um sanduíche de frango, com menos calorias. A McDonald's Corporation tem dado seu melhor para responder a essas disparidades entre os clientes ao introduzir os pacotes "*Extra Value Meals*" (refeições com valor extra), que combinam sanduíches de frango com fritas e um refrigerante médio.
>
> Os preços de 2006 de alguns dos itens mais populares do cardápio do McDonald's são listados aqui:
>
> | Item do menu | Preço separado (US$) | Preço agrupado (US$) | Total se comprado separadamente (US$) |
> |---|---|---|---|
> | Batata frita grande | 1,39 | | |
> | Refrigerante médio | 1,09 | | |
> | Chicken McGrill | 2,69 | 4,29 | 5,17 |
> | Chicken McNuggets | 2,79 | 4,29 | 5,27 |
> | McChicken | 1,00 | 3,39 | 3,48 |
> | Big and Tasty | 1,59 | 3,49 | 4,07 |
> | Double Cheeseburger | 1,00 | 3,39 | 3,48 |
> | Big Mac | 2,19 | 3,79 | 4,67 |
> | Quarteirão | 2,19 | 3,79 | 4,67 |
>
> Examinando apenas as duas últimas colunas, vemos que alguns consumidores dos pacotes "*Extra Value Meals*" (combos do McChicken e Double Cheeseburger) estão tendo muito pouco desconto.

Discriminação de preço

Discriminação de preço é definida como a venda do mesmo produto ou serviço pelo mesmo canal de distribuição por preços diferentes a diferentes compradores durante o mesmo período de tempo. Exemplos de discriminação de preço incluem:

- Médicos, dentistas, hospitais, advogados e contadores que cobram mais de clientes que residem em localizações mais abastadas do que cobrariam pelos mesmos serviços daqueles que vivem em locais mais pobres;
- O laptop ultraleve da Dell, que é vendido por US$2.307 a clientes de pequenas empresas, por US$2.228 para companhias de saúde e por US$2.072 a governos estaduais e locais;
- Empresas que vendem exatamente o mesmo produto sob dois rótulos diferentes e preços que variam amplamente (eletrodomésticos Hotpoint e Kenmore, pneus radiais Michelin e Sears Roadhandler);
- Equipes atléticas que promovem "noites da família" e "noites das mulheres" com descontos de preços enquanto outros consumidores pagam o preço total;
- Hotéis, restaurantes e outras empresas que oferecem descontos para idosos. Assentos precificados de forma diferente em determinado voo com base na antecedência da reserva ou em estadias aos sábados;
- Fabricantes de TVs sul-coreanos que vendem produtos diretamente ao consumidor por um preço mais baixo nos EUA do que no Japão.

A maioria das precificações diferenciadas para os consumidores varejistas de uma empresa é perfeitamente legal.[15] Gera lucro porque transfere parte do excedente do valor (a satisfação obtida a partir da compra do produto) do comprador para o vendedor em relação ao excesso de valor gerado para os consumidores que pagam por um preço uniforme mais baixo.

Se um aficionado por café estiver disposto a pagar US$4 por um copo grande e fresco da bebida pelo qual o Dunkin' Donuts cobra US$1,95, e US$5 pelo mesmo copo combinado (a pedido) com uma dose de espresso, pelo qual o Starbucks cobra US$3,50, o valor excedente do consumidor cairia de US$2,05 no Dunkin' Donuts para US$1,50 no Starbucks. Todavia, no caso em que este consumidor rejeite a dose de espresso, o Starbucks teria oferecido outra coisa de valor, porque a disponibilidade do consumidor pagar cresceu de US$4 para US$5. Se este cliente continuasse voltando ao Starbucks, poderíamos assumir que o estilo de vida e a identidade de grupo disponíveis no Starbucks o atraíram.

Quando as seguradoras de automóveis Nationwide e GMAC diminuem as taxas com base na redução do risco de roubo e colisão dos lugares em que você dirige, isto não é discriminação de preço. Um dispositivo de rastreamento GPS no carro confirma que o serviço de proteção de perda é diferente. No caso limitante de *discriminação de preço perfeita* (DPP), às vezes chamada discriminação de preço *de primeiro grau*, o vendedor descobre o preço máximo que cada indivíduo está disposto a pagar por cada unidade adquirida. Um monopolista DPP cobra de cada

EXEMPLO — Registros de cliques em empresas eletrônicas permitem a discriminação de preço: Personify e Virtual Vineyards[16]

Personify, uma companhia de serviços para Internet, criou um software que permite que empresas na web categorizem os compradores com base nos padrões de seus registros de cliques. Usando este software, Virtual Vineyards, CDNow e Amazon.com testaram a cobrança de preços diferentes para o mesmo vinho, CD ou livro com base no caminho dos cliques. Vamos ver como esta habilidade pode funcionar na Virtual Vineyards.

A variável inicial somada aos custos diretos fixos para produzir vinhos de mesa é pelo menos US$8 para os seguintes dados: US$0,50 pela garrafa, US$0,30 pela rolha, US$0,20 pelo rótulo, US$2 por garrafa no barril de decomposição rápida usado para o envelhecimento, mais qualquer valor entre US$5 e US$50 pelas uvas. Se custa US$220 para produzir e estocar uma caixa com 20 garrafas, e se 5 consumidores pagarão US$24 por uma garrafa, enquanto outros 15 clientes pagarão US$10 pela garrafa, a precificação uniforme entre todos os 20 consumidores vai resultar em uma perda de US$20 [(US$10 × 20 = US$200) − US$220 = −US$20]. A um preço uniforme de US$10, todos os 20 consumidores comprarão, mas a Virtual Vineyards parará de produzir este vinho. De forma similar, por um preço de US$24, somente 5 consumidores vão comprar, e a Virtual Vineyards novamente vai descontinuar sua fabricação por causa das perdas agora ainda mais substanciais [(US$24 × 5 = US$120) − US$200 = −US$100].

Mas, suponha que tenham sido cobrados US$20 por garrafa de 5 consumidores, enquanto outros 15 pagarão US$9. Cada grupo pagaria menos do que sua disposição em pagar e menos do que os preços uniformes propostos de US$24 e US$10, embora a vinícola consiga agora obter um lucro: (5 × US$20) + (15 × US$9) = US$235 − US$220 = US$15. A Virtual Vineyards poderia segmentar este mercado e evitar a revenda cobrando US$20 no canal de distribuição de varejo e US$9 por quantidades limitadas na vinícola. Como alternativa, poderia discriminar os preços com base no registro de cliques dos consumidores que visitam seu website. Aos novos consumidores que clicassem pela primeira vez no histórico dos prêmios vencidos pela vinícola seriam cobrados US$20 por um vinho em lançamento, enquanto os clientes antigos que renovassem sua afiliação on-line no programa de compradores frequentes e cuja última compra tivesse sido uma caixa teriam de pagar um preço de US$9 pelo lançamento.

16 Baseado em I Got It Cheaper Than You. *Forbes*, 2 nov. 1998, p. 83-84; e The Art and Science of Pricing Wine. *CNet*, 3 jul. 2003.

---

15 O Robinson-Patman Act proíbe a discriminação de preço em transações atacadistas de empresas para empresas nas quais o produto será revendido, mas permite o que o mercado suportar em transações de varejo não acompanhadas de coação, adulteração ou fraude declarada.

comprador esse preço de reserva máximo a fim de capturar todo o valor excedente do consumidor percebido sobre o preço que cobre o custo. No entanto, como a informação exigida para este tipo de precificação é muito cara, a discriminação de preço perfeita quase nunca ocorre. Em vez disso, como vimos ao estudar tarifas em duas partes, cupons e pacotes, as empresas geralmente discriminam o preço permitindo que os consumidores dentro de grupos indiretamente segmentados determinem seu próprio preço, por meio da intensidade de uso, comportamento de resgate ou seleção de pacotes de produtos como as tarifas de entrada do Disney World (chamadas discriminação de preço *de segundo grau*). Por fim, as empresas podem tentar discriminar preços por meio da segmentação direta de classes de consumidores por tempo ou local de compra, e, em seguida, cobrar um preço uniforme dentro de cada classe consumidora (chamado discriminação de preço *de terceiro grau*).

PRECIFICAÇÃO NA PRÁTICA

Até aqui, este capítulo discutiu empresas que buscam maximizar os lucros no curto prazo. No entanto, precificação é uma área em que uma visão do ciclo de vida no longo prazo é útil para a tomada de decisões da empresa.

Estrutura do ciclo de vida do produto[17]

Nos primeiros estágios da **precificação no ciclo de vida**, gerentes de marketing, operações e finanças decidem o que o consumidor vai valorizar, como a empresa vai gerenciar a cadeia de suprimentos para entregar essas características de forma sistemática e quanto isto vai custar, incluindo os custos financeiros. Se os preços com base em valor puderem cobrir este custo total no longo prazo, o produto se torna um protótipo. Cada produto ou serviço proposto passa, então, por uma pesquisa de marketing, na qual geralmente se explora a demanda em diferentes níveis de preço e vários canais de distribuição. Esta pesquisa vai identificar um preço pretendido, que o gerente de produto ou os gerentes gerais saberão que é exigido em média durante o ciclo de vida do produto com o objetivo de fazê-lo gerar receita suficiente para cobrir o custo totalmente alocado.

Uma vez que o produto ou serviço tenha sido lançado (geralmente pelo preço pretendido), o plano de marketing frequentemente vai autorizar descontos promocionais. Neste estágio do ciclo de vida, a empresa está interessada em penetrar no mercado. Fazer isto exige cupons, amostras grátis, publicidade para reconhecimento do nome e concessões de espaço em prateleiras de varejo. *Preço de penetração*, portanto, caracteriza este primeiro estágio do ciclo de vida do produto, no qual os preços líquidos para o fabricante encontram-se abaixo do preço pretendido pela empresa, como mostrado na Figura 14.7.

Quando um novo produto é introduzido por uma empresa, a decisão de preço daquele produto é difícil e crítica, especialmente se for um bem durável – que tem uma vida útil relativamente longa. A dificuldade de precificar um novo produto vem de não conhecer com confiança o nível de demanda. Se o preço estabelecido inicialmente for muito baixo, alguns possíveis consumidores poderão comprá-lo por um valor abaixo do que estavam dispostos a pagar. Esses lucros perdidos nunca serão recuperados. Este problema é acentuado quando a empresa tem inicialmente uma capacidade limitada de produção do novo produto.

Sob essas circunstâncias, muitas empresas adotam uma estratégia de **desnatação de preço** (*skimming*), ou baixar os preços ao longo da curva de demanda. O preço inicial é estabelecido em um nível alto, mesmo que a empresa tenha a intenção de fazer reduções de preço futuras. Quando o produto é introduzido, um grupo de inovadores, entusiastas de moda ou tecnologia, pagará o alto preço estabelecido pela empresa. Assim que esta fonte de demanda estiver esgotada, o preço será reduzido para atrair um novo grupo de consumidores. TVs de tela plana e computadores portáteis, como Blackberry e Treo da Palm, são excelentes exemplos deste fenômeno. Como discutimos no Capítulo 13, os fabricantes que fazem desnatação de preço em equipamentos industriais (por exemplo, computadores mainframe ou jatos corporativos) precisam de mecanismos de credibilidade para assegurar aos primeiros compradores pelo preço cheio que o desconto futuro será limitado.

No estágio de maturidade do ciclo de vida do produto ou serviço, o crescimento orgânico vem por meio do foco na diferenciação do produto e do comprometimento com a construção da marca. Iniciativas da equipe de marketing adicionam valor aos processos de refinamento do produto e gestão de pedidos por meio de publicidade da marca, atualizações do produto ou maior flexibilidade para aceitar mudanças de pedidos de clientes regulares.

---

[17] Para uma discussão da estrutura conceitual da precificação baseada em valor durante o ciclo de vida de um produto, ver T. Nagle, J. Hogan e J. Zale. *The Strategy and Tactics of Pricing*. 5. ed. Upper Saddle River, NJ: Prentice Hall, 2011, Capítulo 7.

Figura 14.7 O ciclo de vida do preço

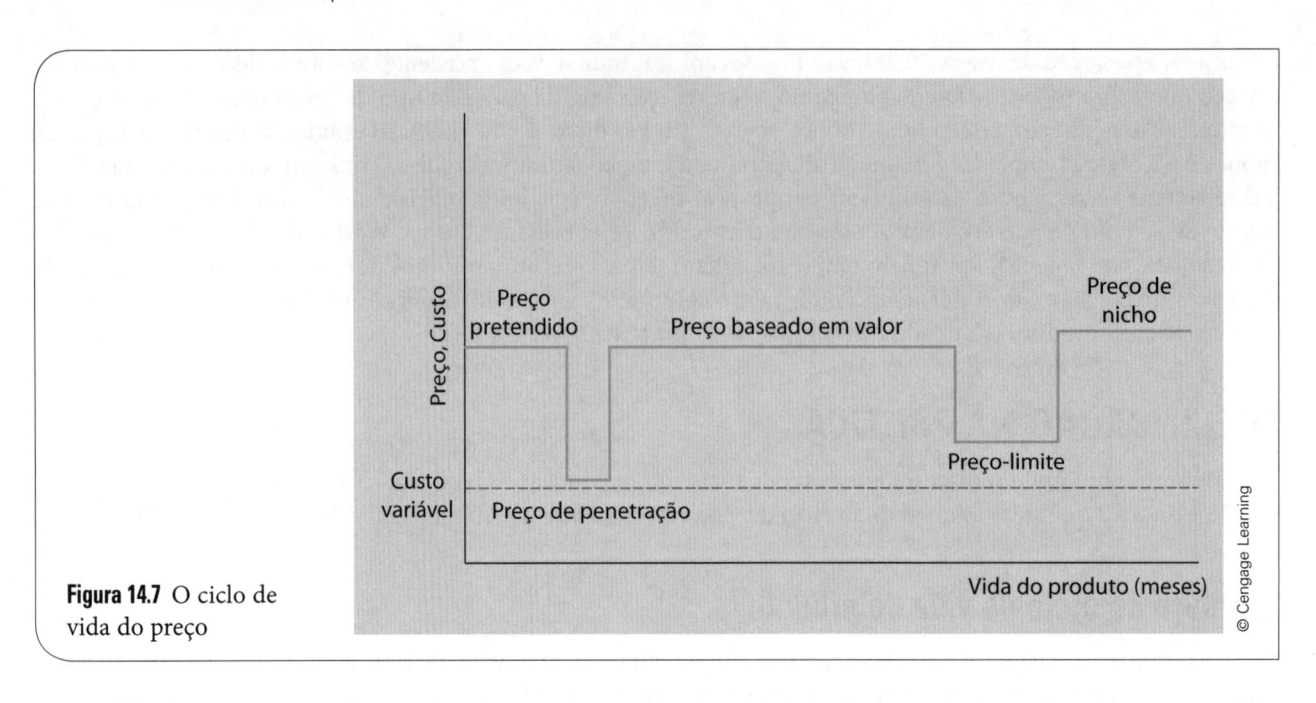

[Gráfico: Preço, Custo no eixo vertical; Vida do produto (meses) no eixo horizontal. Mostra: Preço pretendido, Preço baseado em valor, Preço de nicho, Preço-limite, Preço de penetração, Custo variável.]

Toda decisão neste estágio de maturidade é motivada pelo desejo de concretizar o mais alto *preço baseado em valor* permitido pelas condições competitivas e possíveis ameaças de entrantes. Embora às vezes esta abordagem de precificação seja esmagada pela necessidade de táticas de longo prazo para defender a participação de mercado, o ciclo de vida do produto continua sendo uma estrutura de planejamento para a qual o gerente de precificação sempre se volta.

No fim do estágio de maturidade do ciclo de vida do produto ou serviço, os gerentes de produto podem decidir limitar o preço, reduzindo-o para bem abaixo do nível da precificação baseada em valor, com o objetivo de impedir os entrantes. A *precificação-limite* parece ser incoerente com a maximização dos lucros, mas é, na verdade, motivada por um objetivo de lucratividade no longo prazo.

Como os concorrentes estão constantemente inventando formas de baixar custo para imitar produtos líderes, o preço-limite às vezes tem apenas um sucesso temporário. Se a ameaça de entrantes se materializa em um novo

EXEMPLO — Perda de proteção de patente limita o preço do Prozac: Eli Lilly

Quando as marcas farmacêuticas atingem o fim dos 20 anos de sua proteção de patente, as vendas podem despencar, a não ser que os preços sejam radicalmente reduzidos. Algumas drogas anteriormente patenteadas perderam até 80% de suas vendas *no primeiro ano* depois que os substitutos genéricos foram introduzidos. O medicamento Zantac, para alívio da úlcera, que era o mais vendido da Glaxo na época, caiu 51% nos primeiros seis meses depois da perda de proteção de patente. No fim daquele ano, 10 produtos concorrentes estavam nas prateleiras. O Zovirax, medicamento contra herpes, perdeu 39% nos primeiros seis meses, depois que genéricos que custavam 20% do seu preço surgiram no mercado. E as vendas do remédio para hipertensão Capoten, da Bristol-Myers Squibb, a US$0,57 por pílula, caíram 83% no ano em que uma pílula genérica de US$0,03 foi introduzida. À luz dessas experiências desastrosas na indústria farmacêutica, a Eli Lilly limitou o preço do Prozac, medicamento para depressão, aos custos variáveis mais os custos fixos diretos, visando interromper ou pelo menos desacelerar o ataque de imitações no mercado de antidepressivos. Vimos nos Capítulos 11 e 13 que essas estratégias de limitação de preço podem impedir os entrantes e, com isso, aumentar o valor presente, para os acionistas, do fluxo de caixa de longo prazo descontado em contraposição à maximização da lucratividade de curto prazo.

> **EXEMPLO** Precificação por nichos na Pfizer[18]
>
> A droga nº1 da Pfizer para redução do colesterol LDL, Lipitor, tinha quase US$10 bilhões em vendas. O Norvasc, segundo carro-chefe da companhia, US$4,34 bilhões. Infelizmente para a Pfizer, as patentes dessas principais drogas contra colesterol e hipertensão expiraram. A companhia estima que três milhões de americanos poderiam usar uma pílula combinada, a Caduet (Norvasc + Lipitor), o que deve preservar o poder de fixação de preços do Novasc, já que ele está sendo atacado pelos concorrentes genéricos. O lucro potencial deste combo farmacêutico é substancial em relação aos descontos de 85% que seriam necessários para limitar a entrada de concorrentes no mercado em que o Norvasc estava sozinho. Outra precificação de nicho alternativa tem sempre uma aplicação limitada. A Pfizer deve esperar que os concorrentes trabalhem duro para enfraquecer o apelo de uma pílula cara em relação a um medicamento genérico somado ao caro Lipitor.
>
> 18 Baseado em Drug Makers' Combo. *Wall Street Journal*, 29 jan. 2004, p. B1.

participante real, muitas empresas estabelecidas decidem se acomodar ao aumentar os preços para determinado nicho de mercado com alto valor e alta margem. Esta prática de precificação geralmente é chamada de *precificação de nicho*. Ao concluir que a participação de mercado decrescente depois da entrada no mercado de massa é inevitável, a empresa vai para o mercado de luxo e vende sua experiência e expertise por preços mais altos nos segmentos mais sofisticados, assim como fez no início do ciclo de vida do produto.

> **EXEMPLO** Precificação por custo total resulta na perda de um grande contrato na J.P. Morgan: British Telephone
>
> O ramo das telecomunicações é altamente competitivo. A British Telephone (BT) descobriu que sua oferta para promover comunicações empresariais de longa distância seguras por micro-ondas para o banco de investimentos J.P. Morgan por US$13 milhões acabou sendo US$4 milhões por ano mais cara do que a oferta da concorrente Sprint, de US$9 milhões. Quando os executivos da BT fizeram um estudo de acompanhamento para ver por que tinham sido tão superados pela Sprint, descobriram que o vice-presidente da subsidiária da BT nos EUA tinha tentado recuperar as despesas anuais totais dos seus escritórios nesta única conta. Não é necessário dizer que a BT perdeu o negócio na J.P. Morgan com uma oferta de custos totais de US$13 milhões quando a Sprint tinha oferecido fazer essencialmente a mesma coisa por US$9 milhões. A precificação por custo total sempre gera o risco de ser superado pelos concorrentes.

Precificação por custo total *versus* Análise de contribuição incremental

Algumas práticas de precificação desaconselhadas são amplamente adotadas: dois exemplos são precificação por custo total e precificação por retorno do investimento. A **precificação por custo total** exige que não só os custos diretos fixos de determinada linha de produto, como licenciamento, manutenção e propaganda, sejam considerados na precificação, mas também que os custos indiretos fixos das despesas gerais e financiamento de capital sejam somados aos custos variáveis para se chegar a um preço final. Os custos indiretos podem ser alocados entre os vários produtos de uma empresa de diversas formas. Um método comum é estimar o total de custos indiretos fixos supondo que a empresa opera em um nível padrão de produção, como 70% ou 80% da capacidade, e então alocar os custos indiretos por volume.

A **precificação por retorno do investimento** começa com a seleção de uma taxa de lucro aceitável para um investimento, geralmente definida como lucros antes de juros e imposto de renda (Lajir) divididos pelo total dos ativos operacionais brutos. Este retorno é, então, dividido pelo número de unidades que se espera sejam produzidas durante o horizonte de planejamento. Os defensores dessas técnicas argumentam que é importante alocar todos os custos fixos entre os vários produtos desenvolvidos pela empresa, e que cada um dos produtos deve ser forçado a produzir sua parte justa dos encargos de custo fixo.

No entanto, cada produto deve, em vez disso, ser visto à luz de suas contribuições incrementais para cobrir os custos fixos do plano de negócios. A **análise de contribuição incremental** proporciona uma base melhor para avaliar se a fabricação e a venda de um produto devem ser expandidas, mantidas ou descontinuadas em favor de alguma outra opção mais lucrativa. Toda empresa deve ter um sistema de controle eficaz no qual um gerente geral possa monitorar continuamente a contribuição global da linha de produtos completa da empresa. Essa pessoa poderá garantir, então, que os preços com base em valor contribuam tanto para o custo variável de cada produto quanto para os custos fixos totais da empresa. Este tipo de precificação é especialmente relevante no lançamento de uma linha de produto e posteriormente na decisão de descontinuá-lo (ver Figura 14.7).

EXEMPLO Análise de contribuição incremental na Continental/United Airlines

Em certo momento, a Continental estava ocupando somente cerca de 50% de seus assentos disponíveis, ou 15% a menos do que a média do setor. Eliminar 5% de seus voos teria resultado em um aumento substancial deste fator de utilização de capacidade, mas também reduzido os lucros. O setor aéreo é caracterizado por custos diretos fixos extremamente altos, que são incorridos se um avião decolar ou não: custos de depreciação da aeronave com o tempo, taxas de juros, custo do treinamento contínuo de pilotos, gastos com equipe de terra e despesas gerais com a equipe dos escritórios. Por conta disso, a Continental achou que seria lucrativo operar um voo desde que ele cobrisse seus custos variáveis e seus custos diretos fixos.

A análise sobre operar ou não um voo ocorre da forma a seguir explicada. Primeiro, a gestão examina a maioria dos voos agendados para ter certeza de que os gastos com depreciação, juros e despesas gerais estão reunidos na programação básica. Em seguida, a possibilidade de programar voos adicionais é considerada, com base em seu impacto no lucro operacional. Se a receita de um voo exceder os *custos variáveis reais* mais os custos diretos fixos, o voo deve ser adicionado. Esses custos relevantes são determinados pela solicitação de dados de todos os departamentos operacionais que especificam exatamente quais gastos extras são incorridos como resultado da operação de um voo adicional. Por exemplo, se uma equipe de terra que possa servir ao voo adicional já está em serviço, nenhum dos custos de serviço são incluídos nos custos operacionais reais. Se, por outro lado, deve-se pagar hora extra para os trabalhadores deste voo, os custos diretos fixos vão variar com a decisão de operá-lo e devem ser incluídos entre seus custos.

Outro exemplo deste tipo de análise da contribuição incremental é o caso do voo noturno da United-Continental de Colorado Springs para Denver e um voo de volta pela manhã. Embora os voos partam frequentemente sem passageiro e com pouca ou nenhuma carga, os custos para operá-lo são menores do que o aluguel de um hangar durante a noite em Colorado Springs. Portanto, os voos são operados, e não interrompidos.

Ao realizar uma análise da contribuição incremental, dois pontos importantes devem ser ressaltados. Primeiro, alguém da gestão deve ter autoridade de coordenação para garantir que os objetivos globais sejam atingidos antes de se encarar decisões baseadas apenas na análise incremental. No caso da United-Continental, o vice-presidente de planejamento de voos assumiu esta tarefa. Segundo, devem ser feitas todas as tentativas razoáveis para identificar os incrementos e as receitas *reais* associadas a uma determinada decisão. Uma vez que esta informação tenha sido determinada, a análise incremental se torna uma ferramenta útil e poderosa para levar em consideração uma ampla gama de problemas de decisão de uma empresa.

Precificação na Internet[19]

Negócios eletrônicos oferecem novas oportunidades para cortar os custos de distribuição, reduzir as margens médias de varejo e introduzir uma precificação diferenciada altamente eficaz. Os setores de materiais para escritório e de melhorias domésticas estão usando a localização geográfica do endereço de IP do consumidor para definir as margens. A Staples começou reduzindo 9% o preço para consumidores on-line que estavam a 32 km de um OfficeMax ou OfficeDepot. Lowe's Home Improvement e Home Depot também têm preços diferenciados por CEP. Essas são práticas padrão no varejo de gasolina e eletrodomésticos, mas a Internet alavancou as vendas de todos os tipos de mercadorias neste formato.

Empresas eletrônicas também encontram diversos problemas que são exclusivos de transações na web. O primeiro deles é o anonimato de compradores e vendedores, que geralmente são identificados somente com um endereço na web. As ofertas de compra (e de venda) podem não ser cumpridas, as contas podem nunca ser recebidas e os itens entregues podem não ser o que os compradores pensaram ter adquirido. A incidência de todos estes eventos é muito maior no ambiente de vendas virtuais do que nos ambientes de varejo físicos ou até mesmo por correio. Como resultado, as vendas são mais altas, e as compras mais baixas, aumentando o *bid/ask spread* (diferença de compra/venda) para cobrir os custos do seguro contra fraudes.

Um segundo problema que a Internet acentua é a incapacidade de confirmar a qualidade de um produto no ponto de compra. A precificação na Internet de *commodities*, como petróleo, chapas metálicas e papel-jornal, mostrada na Tabela 14.4, geralmente busca uma estratégia de baixo custo. A disponibilidade da revenda rápida por preços de *commodity* previsíveis acalma compradores e vendedores, e a precificação pela Internet, com uma diferença de compra/venda estreita, se prova ser bem eficiente. No entanto, à medida que se move para a direita na Tabela 14.4, a qualidade do produto se torna cada vez mais difícil de detectar no ponto de venda. Empresas como Amazon e CDNow pocuram substituir a equidade da marca pela incapacidade de os consumidores examinarem o produto.

Quando se trata de brinquedos, ternos, residências e automóveis novos, os consumidores buscam por aquela aparência e sensação pelas quais estão dispostos a pagar. Novamente, as marcas têm um papel importante na certificação de qualidade, mas, neste caso, é o *branding* do produto (por exemplo, Game Boy, Hart Schaffner Marx, Harris Tweed) que importa, e não a marca do website. Os clientes confiam na associação dos investimentos em custos não reembolsáveis das marcas dos produtos para estabelecer compromissos de qualidade confiáveis. Por fim, com uma qualidade de produto altamente variável em pneus, PCs, produtos agrícolas e madeira, somente garantias fortes, contas especiais de garantia (*escrow accounts*), contratos de substituição ou grandes descontos podem substituir os efeitos de reputação que ajudam a vender esses produtos "de experiência" em ambientes não virtuais.

Os vendedores pela Internet podem adicionar valor e reduzir alguns custos de operação nesses mercados ao customizar e vender direto ao consumidor, como a Dell, que atende a pedidos mas não fabrica quase nada. Por esta razão, os serviços cresceram rapidamente na Internet; a indústria de viagens contabilizou 35% de todas as vendas on-line em 2002. A Tabela 14.5 mostra que a taxa de crescimento de serviços ultrapassou e muito o crescimento dos produtos de consumo on-line. Uma área da economia de consumo digital que está crescendo rapidamente é a de e-books.

TABELA 14.4 Estratégia de precificação para vários produtos na Internet

Commodities	Produtos quase commodities	Bens buscados por aparência e sensações	Bens "de experiência" de qualidade variável
Petróleo	Livros	Ternos	PCs
Papel-jornal	CDs	Imóveis	Produtos agrícolas
Chapas metálicas	Vídeos	Automóveis novos	Pneus
Clipes para papel		Brinquedos	Madeira
Estratégia de baixo custo, baixo preço	Diferenciam-se com entrega confiável e serviços extra	Empregam precificação diferenciada baseada em marcas e tempo de adoção no ciclo de moda	Customizados e construídos para atender às camadas de preço baixo e alto

© Cengage Learning

---

19 Uma excelente análise de estratégia de preço para produtos para a Internet é fornecida por John de Figueiredo. Finding Sustainable Profitability in Electronic Commerce. *Sloan Management Review*, verão 2000, p. 41-52. Ver também Getting Different Deals On-Line. *Wall Street Journal*, 24 fev. 2012, p. A1.

Nas transações business-to-business (B2B), a precificação é mais complexa do que nas transações para consumidores. Em B2B, múltiplos atributos entram na jogada da negociação de preços. Os consumidores B2B negociam a data de envio, custos de entrega, horários e localização dos serviços de garantia, confiança de entrega e contratos de substituição. Essas considerações adicionais geralmente significam que o preço é uma parte de um processo de duas ou três etapas. Primeiro, os consumidores compatibilizam suas exigências não negociáveis com os atributos dos fornecedores, e essas empresas se tornam fornecedores qualificados. Em seguida, os atributos restantes podem ser negociados em relação às demandas por uma faixa de preço menor. No auge da "bolha da Internet", as vendas B2B na Internet cresceram 24 vezes, de US$8 bilhões em 1997 para US$183 bilhões em 2002; ver Tabela 14.5.

A precificação na Internet nestes ambientes B2B exige um processo de adequação para se qualificar a um pedido e, em seguida, um algoritmo de **precificação dinâmica** para negociar os atributos restantes. A complexida-

EXEMPLO Amazon é pioneira na precificação de e-books[20]

De US$78 milhões em vendas de livros digitais em 2008, espera-se que os e-books alcancem US$3,6 bilhões em 2015. As vendas de livros físicos estão caindo rapidamente, como resultado de US$18 bilhões em 2008 para os US$13,8 bilhões projetados para 2015. As impressões caíram 25% em algumas categorias de livros, mas as editoras devem manter seus custos de patrimônio à medida que constroem operações de e-books.

A Amazon foi pioneira neste novo canal de distribuição com seu leitor de e-books, o Kindle, que em 2008-2009 tinha 90% do mercado de plataformas para leitura eletrônica. Ultrapassando a margem de lucro do varejista de 100% do preço de atacado definido pelas editoras, a Amazon comprava conteúdo diretamente das editoras e revendia aos consumidores por US$9,99 por título. Este preço excedia o custo variável da Amazon, mas dificilmente cobria seus servidores e outros equipamentos. Como resultado, muitos observadores concluíram que a Amazon estava vendendo livros como um chamariz para aumentar as vendas do seu Kindle e do mais recente Kindle Fire.

Steve Jobs lançou o iPad da Apple em janeiro de 2010, e ofereceu às editoras um modelo de precificação de agência (*agency pricing*) totalmente diferente para distribuir seus conteúdos pelo iBooks. Cinco editoras, Simon & Schuster, Hachette, Penguin, MacMillan e HarperCollins, aceitaram sua oferta de determinar seus próprios preços finais enquanto pagavam 30% à Apple. Pressionada pelas editoras, a Amazon adotou, então, o novo modelo de precificação. Como esperado, os preços dos e-books subiram rapidamente de 30% a 50%, para US$12,99 ou US$14,99.

Se o novo modelo de agência facilita a colusão de preços é uma questão antitruste amplamente debatida.

20 Baseado em In Book Business: A Rewrite. *Wall Street Journal*, 29 ago. 2011, p. B5; Steve Jobs, Price Fixer. *Wall Street Journal*, 12 mar. 2012, p. A13; Pricing of E-Books Draws Increased Antitrust Scrutiny. *Wall Street Journal*, 3 ago. 2010, p. B1.

TABELA 14.5 Crescimento das vendas on-line

	Anos da "bolha da Internet" (US$)		Taxa de crescimento anual composta
	1997	2002	
Serviços de consumo			
Viagens	US$654 milhões	US$7,4 bilhões	83
Ingressos para eventos	US$79 milhões	US$2 bilhões	124
Serviços financeiros	US$1,2 bilhões	US$5 bilhões	43
Produtos de consumo			
Vestuário	US$92 milhões	US$514 milhões	53
Livros/CDs	US$156 milhões	US$1,1 bilhão	63
PCs	US$863 milhões	US$3,8 bilhões	45
B2B	US$8 bilhões	US$183 bilhões	119

Fonte: *BusinessWeek*, 22 jun. 1998, p. 122-26, Forrester Research.

de da tecnologia da informação nessas transações B2B surge porque os consumidores são heterogêneos, e os atributos que qualificam uma empresa a fornecer para um grupo de consumidores pode não atender às exigências de outros consumidores. Além disso, como veremos no Apêndice 14A, a confiança de entrega (isto é, a probabilidade de falta de estoque e atraso nos pedidos) é uma variável contínua que deve ser otimizada com uma solução de gestão de receita, e não um atributo simples "de liga e desliga" para prometer ou recusar um potencial consumidor em troca de uma margem de lucro maior ou menor.

RESUMO

- Todas as decisões de preço devem ser proativas, sistemática-analíticas, e baseadas em valor, não reativas, eventuais nem baseadas em custos.
- Duas condições são necessárias para uma precificação diferenciada eficiente:
  1. Deve-se ser capaz de segmentar o mercado e evitar a transferência do produto (ou serviço) de um segmento a outro.
  2. Diferenças na elasticidade da demanda a determinado preço entre os segmentos de mercado devem ser perceptíveis.
- Para maximizar os lucros usando precificação diferenciada, a empresa precisa alocar a produção de forma que a receita marginal seja igual nos diferentes segmentos de mercado.
- A precificação diferenciada geralmente é implementada por meio da segmentação direta da precificação intertemporal ou por local de entrega.
- A segmentação indireta para dar suporte à precificação diferenciada normalmente é executada com a precificação em duas partes. *Tarifas otimizadas em duas partes* exigem uma taxa fixa de acesso e uma taxa de usuário que seja igual ou maior que o custo marginal e varie de acordo com as unidades consumidas.
- Cupons são outra forma de discriminar preços, que cobra os mesmos preços de tabela de diferentes consumidores, alguns dos quais são altamente sensíveis aos preços e vão resgatar os cupons, enquanto outros não.
- Agrupamento é um terceiro mecanismo de precificação que segmenta os consumidores de forma indireta com demanda inversamente correlacionada entre produtos múltiplos.
- *Discriminação de preço* é o ato de vender ao mesmo tempo o mesmo bem ou serviço por determinado canal de distribuição por preços diferentes a diferentes consumidores.
- A estratégia de preço de um bem varia ao longo do ciclo de vida do produto ou serviço. Um padrão frequente é o preço pretendido, seguido pelo preço de penetração, *skimming* de preço, preço baseado em valor, preço-limite, e, por fim, preço de nicho.
- A *precificação por custo total* e o *preço pretendido* são inconsistentes com as regras de precificação marginal da teoria econômica. *Análise de contribuição incremental* é um método de análise econômica amplamente aplicado que pode ajudar os gestores de precificação a alcançar um nível de operação mais eficiente e lucrativo.
- A precificação na Internet sofre com os efeitos do anonimato e da falta de reputação, além de a busca com base na qualidade de vários produtos ser especialmente difícil de ser verificada antes da compra. Essas complicações implicam abordagens de preço distintas para *commodities*, mercadorias buscadas e bens "de experiência".
- A precificação B2B pela internet exige um processo de duas etapas, que começa com a adequação de atributos para se qualificar como um fornecedor e segue com um plano de precificação dinâmica para escolher as características e funções adicionais como fonte de valor de uso em relação a alternativas com preço mais baixo.

EXERCÍCIOS

As respostas para os exercícios destacados estão no Apêndice D, no final do livro.

1. A elasticidade-preço da demanda de um livro vendido nos Estados Unidos é estimada em −2, enquanto no exterior é −3. O mercado norte-americano exige livros de capa dura com um custo marginal de US$40; o mercado estrangeiro normalmente é servido com livros de capa mole impressos em papel-jornal, com um custo marginal de apenas US$15. Calcule o preço que maximiza o lucro em cada mercado.

$$\left[Dica\text{: Lembre-se que } RM = P\left(1 + \frac{1}{E_D}\right) \right]$$

2. A elasticidade-preço da demanda de viagens aéreas difere radicalmente da primeira classe (–1,3) em relação aos assentos irrestritos (–1,4) e aos restritos com desconto (–1,9). O que essas elasticidades significam para os preços (tarifas) ideais em uma viagem pelo país com custos variáveis incrementais (custos marginais) iguais a US$120?

3. Uma companhia americana de remessa de importações e exportações opera um serviço geral de transportes entre Nova York e diversos portos da Europa ocidental. Ela transporta duas grandes categorias de carga: itens manufaturados e matérias-primas semimanufaturadas. As funções de demanda para essas duas classes de bens são:

$$P_1 = 100 - 2Q_1$$
$$P_2 = 80 - Q_2$$

onde Q_i = toneladas de carga transportadas. A função de custo total para os Estados Unidos é

$$CT = 20 + 4(Q_1 + Q_2)$$

a. Determine a função do lucro total da empresa.
b. Quais são os níveis de preço e de produção para as duas categorias de frete que maximizam o lucro?
c. Com estes níveis de produção, calcule a receita marginal de cada mercado.
d. Quais serão os lucros totais para os EUA se a empresa for eficientemente capaz de cobrar preços diferentes em dois mercados?
e. Se nos EUA é exigido por lei cobrar a mesma tarifa por tonelada a todos os usuários, calcule o novo nível de maximização dos lucros para o preço e para a produção. Quais serão os lucros nesta situação?
f. Explique a diferença nos níveis de lucro entre os casos de precificação diferenciada e precificação uniforme. (*Dica*: Primeiro, calcule o ponto de elasticidade-preço da demanda com a solução de preço-produção uniforme.)

4. Classifique os produtos a seguir entre os que são precificados com tarifas em duas partes, somente taxas de usuário ou taxas fixas de acesso: filmes pay-per-view na TV a cabo, telefones pagos, Netflix, iTunes, sociedade em um clube de campo, refrigerante de máquina, lavadoras de roupas automáticas, telefones celulares e ingressos para temporadas com direito a assentos.

5. As indústrias Phillips fabricam determinado produto que pode ser vendido diretamente às lojas de varejo ou à Superior Company para processamento adicional e venda eventual como um produto completamente diferente. A função de demanda para cada um desses mercados é

$$\text{Lojas de varejo: } P_1 = 60 - 2Q_1$$
$$\text{Superior Company: } P_2 = 40 - Q_2$$

onde P_1 e P_2 são os preços cobrados, e Q_1 e Q_2 as quantidades vendidas nos respectivos mercados. A função de custo total da Phillips pela fabricação deste produto é

$$CT = 10 + 8(Q_1 + Q_2)$$

a. Determine a função de lucro total da Phillips.
b. Quais são o preço de maximização do lucro e os níveis de produção do produto nos dois mercados?
c. Com estes níveis de produção, calcule a receita marginal em cada mercado.
d. Quais serão os lucros totais da Phillips se ela for efetivamente capaz de cobrar preços diferentes nos dois mercados?
e. Calcule o nível de maximização dos lucros do preço e da produção se a Phillips for obrigada a cobrar o mesmo preço por unidade em cada mercado. Quais serão os lucros da Phillips sob esta condição?

6. Diante de registros estáveis (ou em declínio) e custos crescentes, muitas faculdades e universidades públicas e privadas encontram-se em meio a dilemas financeiros cada vez mais severos, que exigem uma reavaliação dos esquemas de preço usados pelas instituições de ensino superior. Uma proposta defendida pelo Comitê de Desenvolvimento Econômico e outras instituições foi o uso de uma precificação mais próxima do custo total para o ensino superior, combinada com a provisão governamental de fundos de empréstimos aos estudantes que não teriam acesso a empréstimos razoáveis em mercados privados. Os defensores dessas propostas alegam que a taxa de retorno privada para aqueles que investem nos estudantes é suficientemente alta para estimular níveis socialmente ideais de demanda por educação, mesmo com as altas mensalidades. Outros argumentam contra a existência de benefícios externos significativos para a graduação para justificar os elevados níveis atuais de suporte público.

Assim como os esquemas de precificação universitária atuais, os proponentes da precificação por custo total geralmente defendem uma taxa padrão (mais alta do que a atual) para todos os estudantes. As propostas de tarifa padrão ignoram os custos relativos e as diferenças de demanda entre as atividades na universidade.

   a. Discuta várias razões possíveis para cobrar preços diferentes para diferentes cursos frequentados.
   b. Quais são os efeitos de distribuição de renda de um esquema de preços que cobra a mesma tarifa de todos os estudantes?
   c. Se as universidades adotassem um sistema de precificação por custo total (ou custo marginal) para vários cursos, qual você acha seria o impacto esperado sobre a eficiência das alocações de recursos dentro da universidade?
   d. Você reclamaria menos de grandes palestras ministradas por estudantes formados se elas tivessem um preço significativamente menor do que o de pequenos seminários ministrados por notáveis acadêmicos?
   e. Quais problemas você poderia ver surgir em uma universidade que adotou tal tipo de esquema de preços?

7. A General Medical fabrica seringas descartáveis para hospitais e companhias de fornecimento médico. A companhia usa precificação acima do custo, e atualmente cobra 150% dos custos variáveis médios. A General Medical ficou sabendo da oportunidade de vender 300.000 seringas ao Departamento de Defesa se puderem ser entregues dentro de três meses por um preço que não ultrapasse US$1 cada. A empresa normalmente vende suas seringas por US$1,20 cada. Se ela aceitar a encomenda do Departamento de Defesa, terá de abrir mão das vendas de 100.000 seringas aos seus clientes regulares durante este período, embora esta perda de vendas provavelmente não afete as vendas futuras.

   a. A General Medical deve aceitar o pedido do Departamento de Defesa?
   b. Se as vendas no balanço anual são esperadas para ser 50.000 unidades a menos por causa da perda de alguns clientes que não voltarão, o pedido deve ser aceito? (Ignore quaisquer efeitos além de um ano.)

8. A Pear Computer Company desenvolveu um novo computador pessoal totalmente revolucionário. Ela avalia que os concorrentes levarão pelo menos dois anos para fabricar produtos equivalentes. A função de demanda para o computador é estimada em

$$P = 2.500 - 0,0005Q$$

O custo marginal (e variável médio) da produção do computador é de US$900.

   a. Calcule os níveis de preço e de produção que maximizem o lucro supondo que a Pear atue como monopolista de seu produto.
   b. Determine a contribuição total aos lucros e custos fixos da solução gerada na Parte (a).
   A Pear Computer está considerando uma estratégia de preço alternativa: o *skimming* de preço.
   Ela planeja determinar a seguinte tabela de preços nos próximos dois anos:

Período de tempo	Preço (US$)	Quantidade vendida
1	2.400	200.000
2	2.200	200.000
3	2.000	200.000
4	1.800	200.000
5	1.700	200.000
6	1.600	200.000
7	1.500	200.000
8	1.400	200.000
9	1.300	200.000
10	1.200	200.000

   c. Calcule a contribuição para os lucros e despesas gerais para cada um dos 10 períodos e preços.
   d. Compare seus resultados na Parte (c) com suas respostas na Parte (b).
   e. Explique as principais vantagens e desvantagens do *skimming* de preço como uma estratégia de precificação.

APÊNDICE 14A
A prática da gestão de receitas[21]

A precificação diferenciada às vezes é complicada pelas escolhas que precisam ser feitas da capacidade antes de a demanda ser conhecida. Considere uma companhia aérea, uma gráfica ou uma clínica de cirurgias eletivas; cada um desses estabelecimentos precisa programar a capacidade antes que as respectivas demandas pelo voo das 11h, pelas impressões da próxima quinta-feira ou pelas cirurgias do dia seguinte sejam conhecidas. Se nenhuma receita puder ser concretizada depois da entrega programada dos assentos vazios da aeronave, das impressoras subutilizadas ou dos centros cirúrgicos vazios, a chegada aleatória de consumidores força uma empresa com capacidade fixa a escolher entre subutilizar a capacidade em excesso ou impor recusa do serviço e falta de estoque (**stockouts**) a clientes regulares.

O **spoilage** (desperdício) de capacidade não vendida e o **spill** (fuga) de consumidores recorrentes que proporcionariam alta margem, para os quais não restou nenhuma capacidade para que fossem atendidos, são problemas sérios que podem afetar o sucesso financeiro de uma empresa e sua sobrevivência. Na Figura 14A.1, uma redução da capacidade de Q^{d_1} para

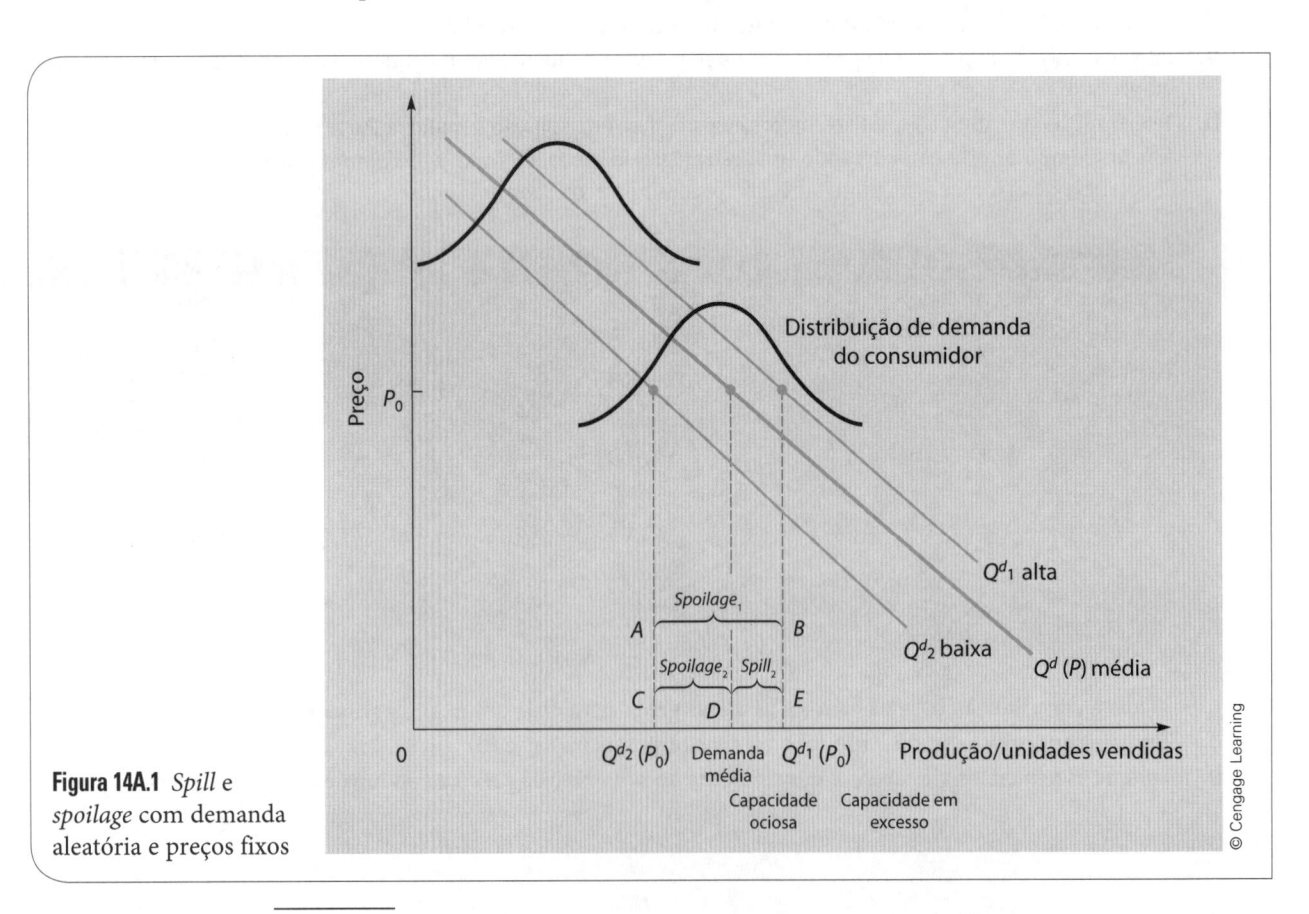

Figura 14A.1 *Spill* e *spoilage* com demanda aleatória e preços fixos

---

21 F. Harris e P. Peacock oferecem uma visão aprofundada das técnicas de gerenciamento de receita/rendimentos e potenciais aplicações na indústria em Hold My Place Please: Yield Management Improves Capacity Allocation Guesswork. *Marketing Management* 4, n. 2, outono 1995, p. 34-46.

um nível apenas suficiente para atender à demanda em P_0 reduz o *spoilage* em eventos de baixa demanda (Q^{d_2}) de AB até CD, mas introduz o *spill* (por exemplo $Spill_2$) em eventos de alta demanda (Q^{d_1}). O gerenciamento de receita ou de rendimentos (GR) é um conjunto integrado de técnicas de gestão econômica projetado para lidar com esses problemas de precificação e alocação de capacidade quando se está sujeito a uma capacidade fixa e demanda aleatória.

EXEMPLO *Spill* e *spoilage* na Sport Obermeyer[22]

A temporada de vendas no varejo de moda é curta (não mais do que alguns meses), e a demanda dos consumidores no âmbito da linha de produtos é instável e difícil de se prever. Consequentemente, os varejistas que compram este tipo de produtos, como Neiman Marcus, Bloomingdale's, Saks Fifth Avenue, Rich's e Macy's, precisam fazer os pedidos muito antes das vendas reais, sem saber realmente quais tendências de moda vão vender bem e quais não vão. A Sport Obermeyer enfrenta este problema com roupas de esqui. Em determinada temporada, as parcas de esqui da Pandora podem se tornar a última moda e esgotar rapidamente. Se os pedidos por parcas da Pandora atrasarem, criando compradores frustrados, a loja perderá a reputação com os consumidores e, assim, futuras vendas. Além disso, a margem de contribuição perdida do varejo toda vez que a Sport Obermeyer "desperdiçar" (*spill*) um desses consumidores é de US$15.

Por outro lado, a linha de parcas de esqui da Pandora pode não "pegar" nesta temporada. Em vez disso, acabar como "desperdício" (*spoilage*), por exemplo, um grande estoque de roupas para inverno não vendidas. O comerciante teria, então, perdas pela mercadoria não vendida e abriria mão da oportunidade de vender outro moletom Champion que poderia ter ocupado o espaço na prateleira da parca. A Sport Obermeyer pode usar as ferramentas de gerenciamento de receita para equilibrar esses custos de "fuga" (*spill*) e "desperdício" (spoilage), e, com isso, determinar quantas parcas encomendar e qual espaço na prateleira deve ser destinado às parcas e aos moletons.

[22] Baseado em M. Fisher et al. Making Supply Meet Demand in an Uncertain World. *Harvard Business Review*, maio-jun. 1994, p. 83-93.

UM PROCESSO DE GESTÃO DE SISTEMAS MULTIFUNCIONAL

As empresas podem responder a flutuações inesperadas de demanda na presença de restrições de capacidade simplesmente leiloando seus produtos escassos pela maior oferta, ou fazendo enormes liquidações gerais ao se deparar com excesso de estoque. Muito em seu detrimento, varejistas de lojas de departamento têm uma visão de marketing errada sobre o que uma redução de preço pode acarretar. Consumidores conscientes em relação à moda compram em diferentes lojas para "ganhar" os itens de tendência, mas têm pouca fidelidade de compras repetidas. Todo o resto das pessoas se habituou a esperar pelas inevitáveis e intensas vendas com descontos. A proporção da receita das lojas de departamento obtida por meio das transações com preços de liquidação cresceu de 9% em 1970 para 55% em 2001.[23] Mesmo os consumidores regulares das maiores lojas de departamento relatam comprar com desconto quase com tanta frequência (46%) quanto com os preços comuns (54%). Não é surpresa que a lucratividade no setor de varejo das lojas de departamento tenha caído, e as fusões de empresas tirado alguns dos varejistas mais conhecidos dos negócios. O que essas lojas poderiam ter feito diferente?

Uma alternativa seria os fornecedores de mercadorias para o varejo terem desenvolvido sistemas de fabricação flexíveis; assim poderiam responder mais rapidamente às flutuações da demanda. Se os ciclos de recompra pudessem ocorrer várias outras vezes dentro da temporada de moda, os comerciantes poderiam armazenar menos estoque e ainda assim enfrentar menos faltas de estoque.

---

[23] B. P. Pashigian. Demand Uncertainty and Sales. *American Economic Review* 78, n. 5, dez. 1993, p. 936-53; e Priced to Move. *Wall Street Journal*, 7 ago. 2001, p. A6.

Outra, para resolver os problemas de desperdício de vendas com altas margens, é simplesmente adquirir mais capacidade. É claro, nenhuma companhia pode arcar com a construção de uma capacidade adicional ilimitada. O planejamento da capacidade total incorpora uma análise financeira cuidadosa do problema de orçamento de capital que identifica a capacidade ideal fixa para cada linha de negócio. Uma alternativa melhor é reservar uma parte desta capacidade ideal fixa para os clientes "retardatários" e com altas margens. O ato de reservar a capacidade à medida que o momento da entrega se aproxima não deve ser interpretado como um "excesso de capacidade", mas sim como uma capacidade ociosa que apresenta uma oportunidade de receita sustentável. Essa ideia é algo que surge de uma análise de gerenciamento de receita.

Todas as companhias têm alguns pedidos que devem ser recusados. O **gerenciamento de receitas** (GR), também chamado gerenciamento de rendimentos, é fundamentalmente um processo de aceitação e recusa de pedidos que liga as decisões de marketing relativas à criação de demanda e precificação às decisões de operação sobre programação de produção e às decisões financeiras sobre planejamento de capacidade. O objetivo é decidir quais pedidos aceitar por determinados preços e quais recusar. Essas relações são ilustradas na Figura 14A.2 como um triângulo multifuncional da gestão de contas, previsão e decisões de programação. Os profissionais de gerenciamento de receitas acreditam que as fontes de vantagens sustentáveis de preço se encontram nesses processos de gestão de sistemas multifuncionais. Segundo esta visão, produtos inovadores e campanhas de publicidade bem-sucedidas passam rapidamente por uma engenharia reversa e são imediatamente imitados. A publicidade e o design do produto não podem, portanto, oferecer uma vantagem competitiva sustentável. As vantagens de processo, por outro lado, são comprovadamente muito mais difíceis de ser imitadas pela concorrência.

FONTES DE VANTAGENS DE PREÇO SUSTENTÁVEIS

Os processos de gestão de receita adicionam um valor tangível evidente pelo qual os consumidores pagam preços mais altos com prazer. Na maioria dos casos, o valor adicional surge por meio da customização e da otimização da gestão de contas e de pedidos. No setor aéreo, por exemplo, alguns consumidores esperam uma ampla flexibilidade de reservas que permita mudanças frequentes nos horários de partidas e chegadas. Se uma companhia aérea tem os recursos operacionais e a tecnologia de informação para fornecer o serviço, viajantes a negócios com agendas de reuniões não confirmadas vão possibilitar grandes vantagens de preço para garantir esta *resposta às mudanças de pedido*. Para dar outro exemplo, a Disney oferece vantagens de preço substanciais aos fornecedores de produtos para presente que conseguem entregar alta qualidade a tempo, conforme prometido. Quando os funcionários da Disney emitem uma solicitação com erros, que precisa ser alterada dentro do ciclo de recompra normal de 30 dias, a Disney se voluntaria a pagar ainda mais. Tais suplementos da receita funcionam exclusivamente

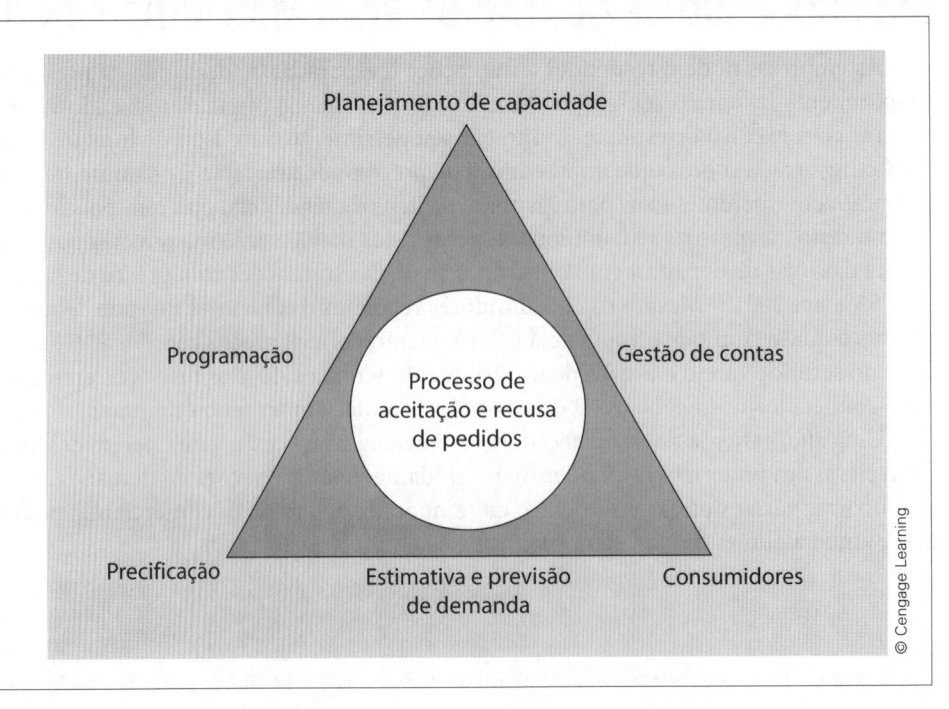

Figura 14A.2 Gerenciamento de receita multifuncional

para empresas que têm processos de gestão de sistemas que consigam lidar com solicitações extraordinárias de mudança de pedidos.

As empresas também competem em outros aspectos do processamento de pedidos. Alguns consumidores desejam poucos *atrasos de programação* (por exemplo, varejistas *just in time* sem armazéns). Outros querem *confiança da entrega* e uma pequena probabilidade de terem o serviço negado no caso de falta de estoque (executivos viajando para uma reunião com acionistas). Outros, ainda, valorizam a *conformidade do produto ou serviço com suas especificações*. Para entregas de transplantes de órgãos sensíveis ao tempo, por exemplo, um excelente registro de serviços a tempo garante o pagamento de altas tarifas aéreas, cuja alternativa seria um serviço de frete de jato muito mais caro. Fabricantes e empresas prestadoras de serviço podem estabelecer vantagens de preço sustentáveis com base nessas mesmas características de processamento de pedidos: resposta às mudanças de pedidos, mínimo atraso de programação, confiança de entrega e conformidade com especificações.

Todas essas fontes de vantagens de preço sustentáveis são proeminentes nos serviços aéreos em "hubs" onde uma transportadora controla mais de 65% dos assentos nas decolagens. A Figura 14A.3 mostra os principais aeroportos da área continental dos EUA e apresenta os dados de preço e participação de mercado das duas maiores transportadoras. Em cada uma dessas cidades, a(s) empresa(s) dominante(s) tem(êm) capacidade operacional e controle de sistema suficientes para promover um serviço de alta qualidade. Em Dallas-Fort Worth (DFW), por exemplo, a American Airlines tem alta conveniência de agenda, com partidas bem próximas dos horários preferidos dos viajantes originários de DFW. De forma similar, neste aeroporto a American pode oferecer uma alta con-

Participação de mercado das duas principais transportadoras

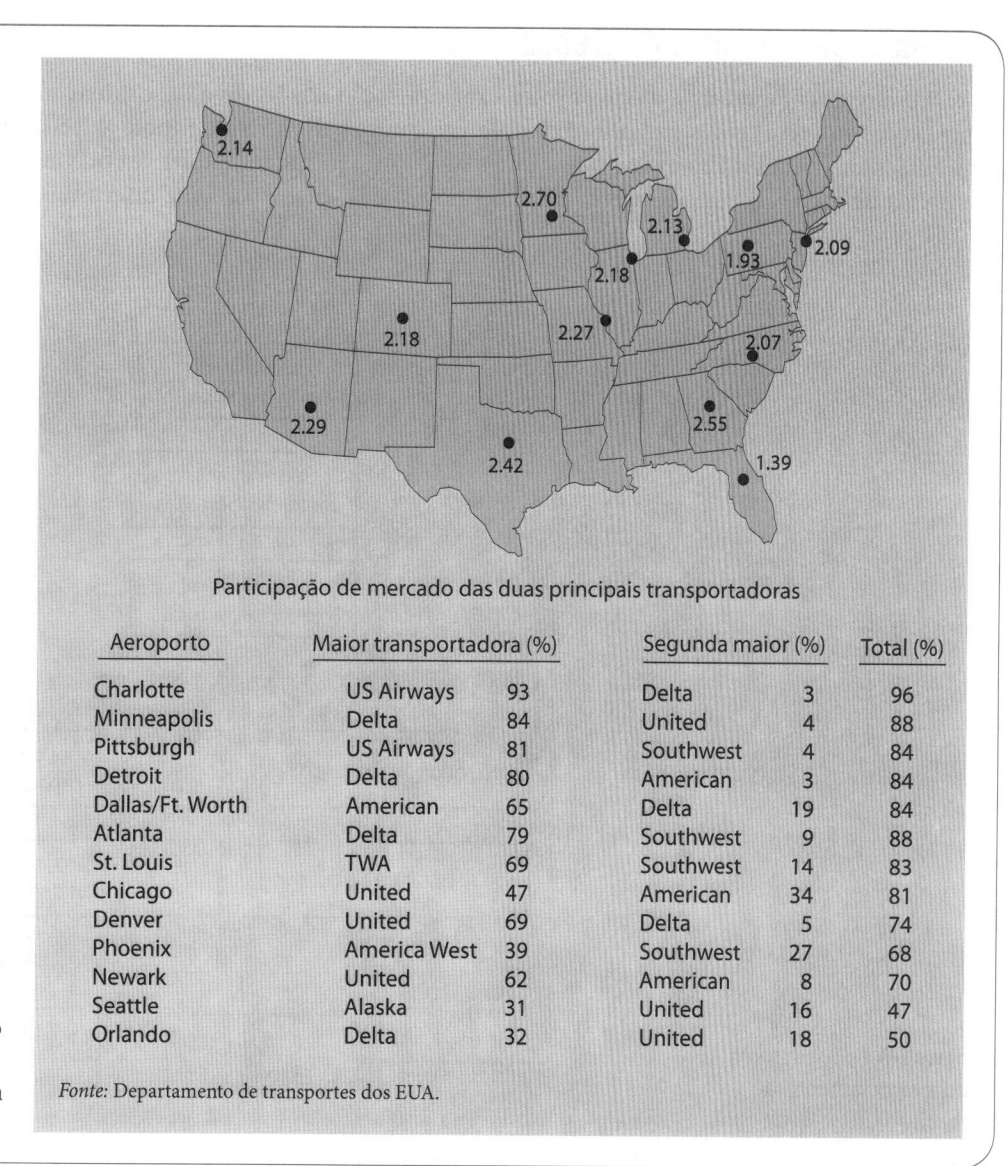

Aeroporto	Maior transportadora	(%)	Segunda maior	(%)	Total (%)
Charlotte	US Airways	93	Delta	3	96
Minneapolis	Delta	84	United	4	88
Pittsburgh	US Airways	81	Southwest	4	84
Detroit	Delta	80	American	3	84
Dallas/Ft. Worth	American	65	Delta	19	84
Atlanta	Delta	79	Southwest	9	88
St. Louis	TWA	69	Southwest	14	83
Chicago	United	47	American	34	81
Denver	United	69	Delta	5	74
Phoenix	America West	39	Southwest	27	68
Newark	United	62	American	8	70
Seattle	Alaska	31	United	16	47
Orlando	Delta	32	United	18	50

Fonte: Departamento de transportes dos EUA.

Figura 14A.3 Relação de empresas com tarifas de lazer e participação de mercado de companhias aéreas em aeroportos

fiança de entrega, agenda em conformidade com as expectativas e resposta às mudanças de pedidos. Os passageiros, especialmente viajantes a negócios, pagarão prêmios substanciais por essas características de um serviço de alta qualidade por causa do valor adicional que esses voos criam em suas próprias atividades de negócios. Um sistema de gerenciamento de rendimentos reserva a capacidade ociosa para atender a essas demandas de alto valor quando a chegada tardia dessas solicitações é estimada. O sistema também "protege" menos assentos e libera mais capacidade para segmentos do mercado de lazer com altos descontos. Em geral, as tarifas por receita, passageiro e quilômetros em um "hub" como Atlanta (onde a Delta tem uma participação de 79%) são 84% mais altas do que em Orlando, onde a Delta novamente é a líder, mas com apenas 32% do mercado.

DECISÕES DE GERENCIAMENTO DE RECEITAS, MATERIAL AVANÇADO

O gerenciamento de receitas (GR) pode ser dividido em três decisões: (1) precificação proativa e decisão de capacidade de planejamento agregada, (2) decisão de estoque ou realocação de capacidade e (3) decisão de sobrelotação (*overbooking*). A Figura 14A.4 coloca essas decisões em uma estrutura conceitual do GR, mostrando um fluxograma dos componentes de um processo de gerenciamento de receita. O que as três decisões têm em comum é um foco tático que depende das respostas antecipadas dos concorrentes; uma filosofia de gestão de sistemas que integra marketing, operações e finanças; e, por fim, uma orientação multiproduto que reconfigura continuamente as ofertas de produtos da empresa. Agora trataremos da economia gerencial para cada uma das decisões do GR.

Discriminação proativa de preços

Discriminação proativa de preços envolve a maximização dos lucros à luz da demanda tardia antecipada e das respostas das empresas rivais. Em princípio, sistemas computadorizados de apoio à decisão tornam possível revender os assentos restantes de um voo ou as séries de impressão restantes toda vez que um novo consumidor entra no sistema de reservas. Possivelmente, cada cliente passaria, então, por uma discriminação de preço de primeiro

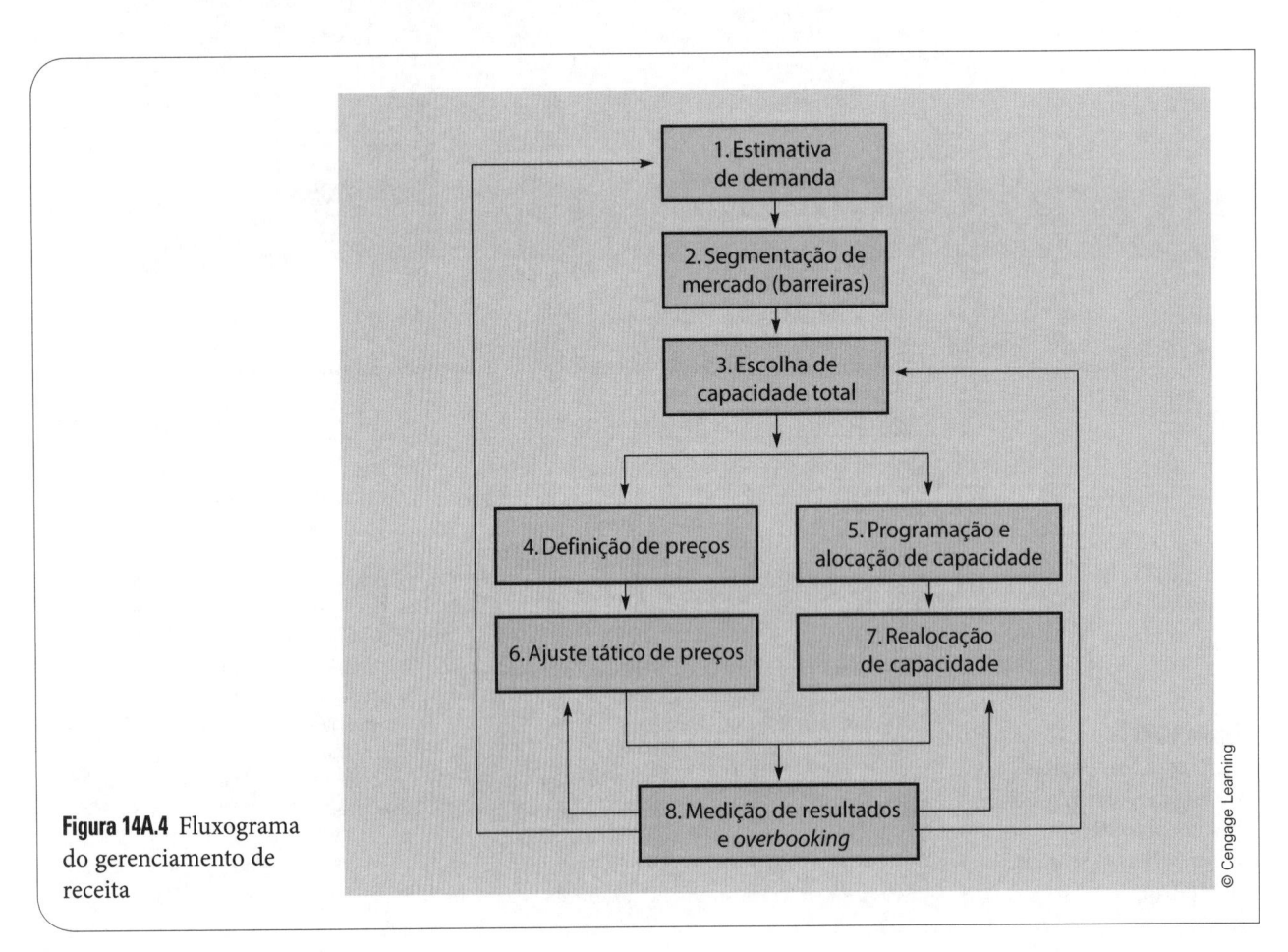

Figura 14A.4 Fluxograma do gerenciamento de receita

grau e pagaria um preço único que refletisse o momento da entrega, os custos do serviço e a elasticidade-preço. Poucos profissionais de GR adotam sistemas de preço de oferta. Em vez disso, a maioria define os preços e aloca a capacidade com as técnicas familiares de análise marginal, que discutimos anteriormente, neste capítulo, para tarifas diferenciadas que alocam a capacidade entre viajantes a negócios e a lazer no voo de DFW para Los Angeles (LAX) de quinta-feira às 11h.

Realocação de capacidade

A segunda etapa do GR é *realocar a capacidade* ou o estoque à medida que o momento da entrega se aproxima, à luz das vendas antecipadas e pedidos confirmados. Suponha que você tenha previsto as vendas antecipadas para a classe executiva das partidas de quinta-feira de Dallas a Los Angeles de acordo com a função exponencial (bilhetes comprados = aB^t) estimada em forma de semilog como

$$\ln(\text{bilhetes}) = \ln a + \ln B(t) = \alpha + \beta t \qquad [14A.1]$$

onde t é uma variável de tendência temporal simples. De forma similar, suponha que você tenha previsto todas as viagens a lazer com uma função de penetração de vendas como esta

$$\text{Bilhetes comprados} = e^{k1 - k2(1/t)} \qquad [14A.2]$$

Estimada como

$$\ln(\text{bilhetes}) = k_1 - k_2(1/t) \qquad [14A.3]$$

onde k_1 e k_2 são constantes que definem a taxa de crescimento das vendas durante o período de vendas antecipadas. Essas "curvas de reservas" previstas para classes executiva e de lazer estão esboçadas na Figura 14A.5. Note que as curvas exibem as características da demanda antecipada e tardia nos mercados de lazer e de negócios, respectivamente.

As curvas de reservas previstas refletem que as chegadas e cancelamentos de novas demandas são, neste sentido, reservas líquidas. Se tais reservas exigem depósitos substanciais não reembolsáveis sobre as vendas antecipadas, então elas refletem a receita concreta, e não só as vendas potenciais.[24] Para o voo das 11h de Los Angeles, o objetivo de demanda final da Figura 14A.5 são 63 passageiros a negócios e 107 a lazer. Esta alocação *inicial* da capacidade total se aplica quando as reservas dos consumidores são abertas 180, 120, 60 ou, em nosso caso, 45 dias antes da partida. Ela está sujeita a mudanças (e, de fato, geralmente muda) feitas pelos gestores de receita.

Intervalos de confiança baseados nas diferentes distribuições de entrada de demanda são usados para determinar quando as reservas reais desviam de certa quantia, o que desencadeia um relatório de exceções. Por exemplo, as viagens a negócios parecem ser maiores do que as vendas de passagens previstas no dia $t - 10$ por uma quantia estatisticamente significativa. Esta violação da **curva limiar de vendas** alimenta a questão a respeito da paralisação das vendas na classe de lazer quando as margens de contribuição (P_{lazer} − CM = US\$188 − US\$130 = US\$38) são claramente menores do que aquelas no segmento de viagens a negócios, onde $P_{negócios}$ − CM = US\$261 − US\$130 = US\$131.

A resposta para esta questão de realocação de capacidade reside nas estatísticas aplicadas e na opção de capacidade inicial de maximização de lucros. As expansões de capacidade marginal são justificadas, já que a receita adicional esperada menos o custo variável (isto é, a contribuição adicional esperada aos custos fixos) é maior do que o custo de uma capacidade adicional. Na realocação de capacidade, o custo de uma capacidade adicional na classe executiva é um custo de oportunidade, ou a contribuição perdida da venda de um assento a menos nessa classe. Em termos de margem, poderíamos realocar a capacidade desde que a margem de contribuição esperada pela alocação de outro assento aos viajantes a negócios excedesse a perda de margem de contribuição de um embarque negado na classe de lazer. Isto é,

$$(P_{negócios} - VC)(Prob\ Escassez_{negócios}) = (P_{lazer} - VC)$$
$$\$131(Prob\ Escassez_{negócios}) = \$58 \qquad [14A.4]$$

---

[24] Na última decisão do GR, consideramos os efeitos de não comparecimentos em sobrelotações (*overbookings*) autorizadas.

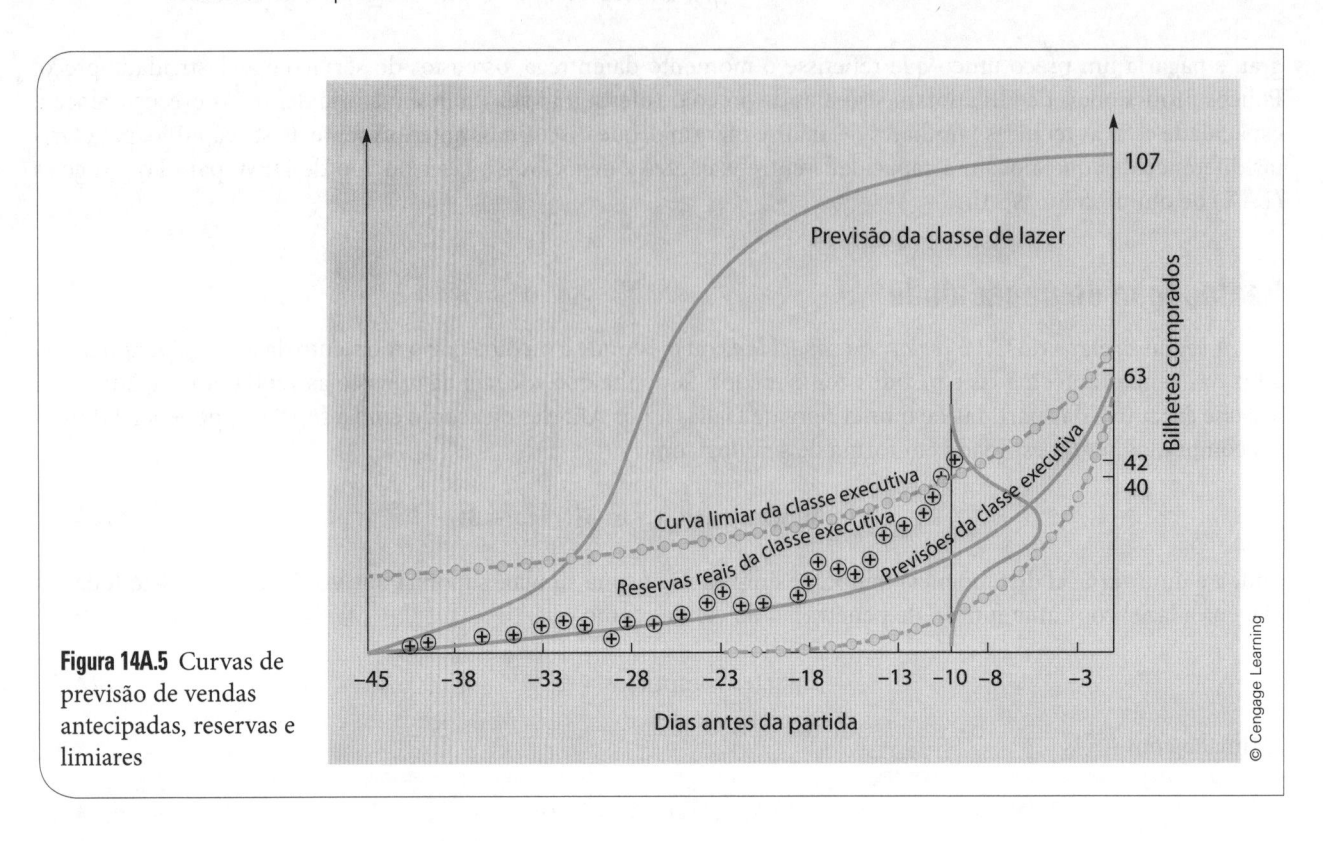

Figura 14A.5 Curvas de previsão de vendas antecipadas, reservas e limiares

onde *Prob Escassez*$_{negócios}$ é a probabilidade de a classe executiva ser realmente lotada e, portanto, a probabilidade de os assentos extra na classe executiva gerarem US$131 de contribuição marginal.[25]

Os preços preanunciados e as margens de contribuição resultantes de US$58 e US$131 indicam (usando a Equação 14A.4) que deve ocorrer um fuga (*spill*) de vendas com alta rentabilidade 44,1% do tempo:

$$(Prob\ Escassez_{negócios}) = US\$58/US\$131 = 0{,}441$$

Para qualquer distribuição de demanda da classe executiva (normalmente distribuída com uma média de 60 assentos e um desvio padrão de 20 assentos), podemos calcular a opção de capacidade ótima como

$$\mu_{assentos} + z_\alpha \sigma_{assentos} = 60 + 0{,}148 \times 20 = 63\ assentos \qquad [14A.5]$$

onde z_α é o valor absoluto do valor crítico normal padrão (valor z) para o alfa unilateral da Tabela 1 do Apêndice C. Esses cálculos correspondem à situação inicial na qual a capacidade da classe executiva foi determinada em 63 assentos (ver Figura 14.1). Neste voo, 63 assentos geralmente são chamados de **nível de proteção** dos assentos da classe executiva. De forma similar, 107 assentos são o **nível de autorização** dos assentos da classe de lazer.

Agora, lembre-se de que no dia $t - 10$ da Figura 14A.5 recebemos um relatório de exceção: parece que a distribuição de chegadas para o voo da próxima quinta não está normalmente na média de 60 e desvio padrão de 20, isto é, N(60,20). Em vez disso, o relatório parece indicar que a demanda média aumentou para N(62,20). Novamente, usando o fato de que com preços de US$261 e US$188 a probabilidade ótima de falta de estoque na classe executiva é de 0,441, podemos usar a Equação 14A.5 para calcular a nova alocação de capacidade ótima de 62 assentos + 0,148(20) assentos = 65 assentos. Este resultado indica que uma política de paralisação de vendas de 105 assentos deve ser aplicada às reservas aceitas na classe de lazer, e que dois assentos (107 − 105) devem ser realocados para a classe executiva. O monitoramento contínuo das reservas em relação aos limiares de previsão pode resultar em um retorno desses assentos à classe de lazer ou a uma realocação ainda maior de capacidade para os viajantes a negócios.

---

[25] É bem possível ter uma probabilidade positiva de falta de estoque em ambos os lados da Equação 14A.4. Aqui, entretanto, partimos da suposição de que há uma demanda ilimitada no segmento de lazer para tarifa baixa de US$188 para Dallas-Fort Worth-LAX. Isto é, a probabilidade de falta de estoque é prevista para ser 1 no lado direito.

As mesmas questões e análises de alocação de capacidade se aplicam em uma fabricação sob encomenda quando um fabricante de roupas esportivas ou de produtos de papel customizados precisa decidir quais pedidos aceitar e quais recusar (isto é, como alocar a capacidade total fixa). À medida que a gestão de rendimentos se move do setor de serviços (companhias aéreas, hotéis, locadoras de veículos, agências de publicidade, hospitais, serviços profissionais) para a manufatura, essas técnicas de economia gerencial se tornam cada vez mais importantes.[26]

EXEMPLO — A probabilidade de uma falta de estoque na Sport Obermeyer

Lembre-se de que a Sport Obermeyer precisa alocar seu espaço fixo de prateleiras e mostruários entre as parcas da Pandora e os moletons Champion. A margem de contribuição de varejo perdida toda vez que a Sport Obermeyer "perde" um consumidor de uma parca da Pandora é de US$15. A margem de contribuição de varejo perdida com um moletom Champion é de US$4. Conhecendo essas margens e a efetividade relativa de vendas de determinado espaço na prateleira, a Sport Obermeyer pode usar as ferramentas da gestão de receitas para equilibrar os custos de *spoilage* e *spill*, a fim de decidir a incidência ideal de falta de estoque de parcas Pandora. Usando a Equação 14A.4, a Sport Obermeyer calcula que as parcas devem se esgotar em 27% do tempo: $Prob\,(Escassez_{parca}) = 0{,}27$. Com dados de distribuição de demanda, a Sport Obermeyer pode calcular que uma probabilidade de falta de estoque de US$4/US$15 = 0,27 exige o armazenamento de 85 parcas tamanho 8 em cada uma de suas lojas.

Sobrelotação (*Overbooking*) ótima

A terceira e última decisão da gestão de receita é uma decisão ideal de **overbooking**. Aqui, a companhia aérea autoriza seus agentes de reserva a vender mais assentos do que estão disponíveis em cada decolagem para combater a perda de receitas proveniente de "não comparecimentos". É claro, muitos bilhetes incorporam tarifas com desconto que exigem compras com antecedência, mas algumas passagens da classe executiva não são compradas até a hora do *check-in*. Isto quer dizer que uma venda confirmada não é receita concreta até a hora da entrega. Em alguns setores, os pedidos podem ser cancelados ou as entregas recusadas. Às vezes, as companhias aéreas enfrentam até 35% de não comparecimentos em determinadas cidades.

A decisão ideal de *overbooking* ilustra a análise marginal na prática. Cada companhia aérea busca minimizar os custos somados de *spoilage* e *spill*. Na Figura 14A.6, como a demanda de viajantes a negócios se aproxima da capacidade planejada e o fator de carga esperado alcança 100%, o custo total de *spoilage* (isto é, assentos não vendidos x contribuição$_{negócios}$) cai, tendendo a zero. Em contraste, já que o fator de carga esperado se aproxima de 100%, os custos de *spill* das vendas com alta rentabilidade sobe por três motivos. Primeiro, é que as sobrevendas representam contribuições perdidas, que poderiam ter sido capturadas por outras ofertas de serviço (como voos mais tarde); isto é, alguns consumidores vão buscar um concorrente. Segundo, as sobrevendas necessitam de gastos com reembolsos para compensar os passageiros que embarcam na aeronave e se voluntariam a ceder seus assentos. E, terceiro, as sobrevendas e as faltas de estoque resultantes abatem a boa vontade do consumidor e sua lealdade à marca, causando assim a perda de vendas futuras. Esses custos totais crescentes de *spill* de vendas com alta rentabilidade também são representados na Figura 14A.6.

Os custos totais somados são reduzidos por um fator de carga crescente desde que os custos crescentes das sobrevendas sejam mais do que compensados pelo custo de *spoilage* em queda. Com fatores de carga abaixo de 92% a 97%, o custo de *spoilage* em declínio mais do que compensa o custo crescente de sobrevendas para viagens a lazer. Acima de 97%, a taxa de redução de custos de *spoilage* é menor do que a taxa de aumento de custo de sobrevendas. Esta relação é mostrada no diagrama a seguir ao comparar o $CM_{sobrevendas\,lazer}$ com o benefício marginal da redução de *spoilage*, $BM_{redução\,de\,spoilage}$, que é o CM de assentos não vendidos *economizados* pelo planejamento de um fator de carga mais alto. Para a classe de lazer, o fator de carga ideal planejado parece ser de 97%. Em contraste, na classe executiva, $CM_{sobrevendas\,executiva}$ é tão mais alto à medida que o fator de carga aumenta de tal forma que o fator de carga ideal é associado a uma qualidade mais alta de 94%.

---

26 Ver F. Harris e J. Pinder. A Revenue Management Approach to Order Booking and Demand Management in Assemble-to-Order Manufacturing. *Journal of Operations Management*, dez. 1995, p. 299-309.

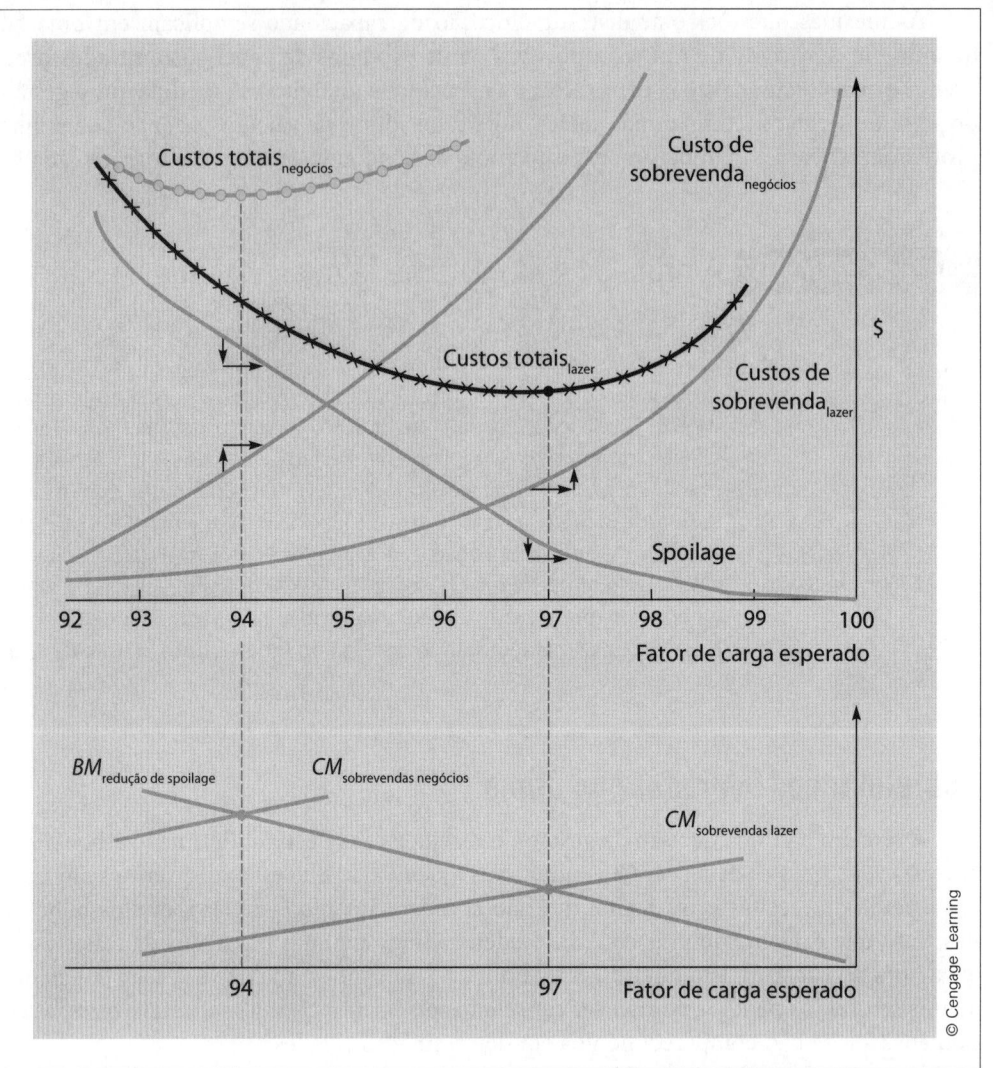

Figura 14A.6 Como a decisão de *overbooking* minimiza os custos somados de *spoilage* e *spill*

EXEMPLO Detalhando a precisão de agendamento na American Airlines[27]

Os diferenciais de preço no popular voo das 17h30 de Chicago a Phoenix da American Airlines são enormes, variando de US$238 a US$1.404 ida e volta. A empresa ajusta constantemente a alocação de capacidade para cada uma das sete classes de tarifas sempre que os dados de vendas antecipadas se desviam do previsto. Quatro semanas antes de uma decolagem recente, a American já tinha vendido 69 das 125 poltronas das tarifas Supereconômicas. Com três semanas até a decolagem, todas as três classes tarifárias abaixo de US$300 tinham atingido seus níveis de autorização máximos e estavam fechadas para novas reservas. Um dia antes da partida, 130 passageiros tinham sido reservados para o voo de 125 assentos, mas a American ainda autorizava até cinco reservas adicionais. Os computadores do gerenciamento de rendimentos previram que os cancelamentos e não comparecimentos poderiam ser de até 10. No dia seguinte, o voo das 17h30 partiu completo, com nenhum embarque negado. O objetivo da gestão de sistemas do gerenciamento de rendimentos é "vender o assento ideal ao cliente certo, pelo peço adequado e no momento exato". Esses retornos dos sistemas de GR são um fator de sucesso crítico para a American Airlines em um período em que o índice de tarifas aéreas dos EUA subiu apenas 8% durante os últimos 15 ano.

---

27 Baseado em High-Tech Pricing Boosts Business Fares. *Charlotte Observer*, 9 nov. 1997, p. 1D; e For U.S. Airlines, a Shakeout. *Wall Street Journal*, 19 set. 2005, p. A1.

> **EXEMPLO** Gestão de receita no beisebol: os Baltimore Orioles[28]
>
> Aplicações recentes do gerenciamento de receita levaram as técnicas para além dos serviços de viagem, direto para as cirurgias eletivas particulares, publicidade de rádio e televisão, concertos de ópera e sinfonias, empresas de advocacia, consultorias, campos de golfe, e, agora, ao beisebol. Assim como as companhias aéreas, todas as empresas deste segmento têm uma capacidade fixa com estoque perecível; uma vez que a última das cinco entradas tenha sido compradas, os assentos vazios não oferecem nenhum valor realizável. Embora os detentores de ingressos para a temporada sejam importantes no planejamento de qualquer franquia profissional de esportes, os pacotes para um único jogo ou três partidas continuam sendo uma fonte substancial de receita. E a demanda instável torna a previsão de vendas nesses segmentos mais imediatos um processo desafiador e com um potencial altamente lucrativo para se fazer bem, especialmente no beisebol.
>
> A maioria das equipes profissionais celebra suas liquidações, mas algumas fracassam ao perceber que a capacidade ociosa (embora menor) quando o horário do jogo se aproxima é uma oportunidade substancial de receita. Permitir pacotes de ingresso com desconto e promoções para deslocar os consumidores de última hora geralmente sacrifica o segmento das compras recorrentes, com alta margem de lucro. Ao mesmo tempo, o público geral de partidas profissionais de beisebol permanece nos níveis antes do *strike* dos anos 1980, e muitos jogos são realizados em estádios só com a metade do público. O gestor de receitas dos Baltimore Orioles tenta equilibrar tanto os erros de falta quanto os de excesso de estoque. Ingressos para um único jogo comprados com bastante antecedência estão disponíveis com desconto.
>
> Entretanto, uma parte substancial dos melhores lugares do estádio é protegida na expectativa de haver clientes de última hora com alta disponibilidade para pagar por apenas aquele jogo. As vendas com antecedência são registradas e as variações são apontadas em relação aos históricos de vendas anteriores para jogos "em casa" e na casa de oponentes similares. À medida que o dia do jogo se aproxima, os níveis de autorização para o lançamento de ingressos com desconto são gradualmente ajustados para refletir a probabilidade de falta de estoque em segmentos de margens mais altas. O ideal seria, no dia do jogo, talvez 93% dos assentos estarem preenchidos por fãs de uma variedade de segmentos diferentes, pagando uma variedade de preços diferentes, cada um refletindo o local, resposta ao consumidor, tempo e outros serviços de compra de ingressos preferidos pelos torcedores, adicionando assim um valor máximo.
>
> ---
> 28 Baseado em Managing Baseball's Yield. *Barron's*, 11 set. 1995, p. 50; e Tickets with Flex. *Sports Illustrated*, 23 fev. 2009, p. 62.

Ambas as decisões são chamadas decisões de *overbooking*, porque uma taxa esperada de 97% de fator de carga para os 105 assentos agora alocados para viajantes a lazer pode precisar da reserva não de 0,97 × 105 = 102 assentos, mas de 127 assentos [(127 × (1 − 0,2) = 102] em períodos em que a taxa de não comparecimento seja em média 20%. De forma similar, o *overbooking* ótimo em empresas pode implicar a confirmação da reserva de não só 61 assentos em períodos com alta taxa de não comparecimentos (35%), mas de 94 assentos (94 × 0,65 = 61). Em média, 102 passageiros da classe de lazer e 61 da classe executiva embarcam no voo de quinta-feira às 11h para Los Angeles. É claro, este total de 163 passageiros esperados é somente uma média da contagem de passageiros reais, que pode variar em determinada decolagem de um alto *spoilage* as acentuadas vendas acima da capacidade.

O gerenciamento de rendimentos realoca a capacidade continuamente e ajusta esta autorização de *overbooking* à medida que os dados de vendas prévias chegam. A receita incremental proveniente de um gerenciamento de rendimentos eficiente pode ser significativa. Por exemplo, a American Airlines calculou recentemente que sua receita adicional gerada ao resolver esses problemas chegava a US$467 milhões por ano. A Marriott International estima que este gerenciamento contribua com até US$200 milhões por ano em seu fluxo de receita. E a Canadian Broadcasting Corporation percebeu um ganho de US$2 milhões em receitas nas duas primeiras semanas depois de adotar técnicas de gerenciamento de rendimentos.[29]

---
29 Conforme citado em R. Cross. *Revenue Management*: Hardcore Tactics for Market Domination. Nova York: Broadway Books, 1997.

RESUMO

- O gerenciamento de rendimentos ou de receita (GR) consiste em técnicas de precificação e alocação de capacidade para fabricantes ou prestadores de serviço com capacidade fixa, estoque perecível e demanda aleatória.
- Sistemas de manufatura flexível e produção por encomenda com entrega *just in time* quase nunca conseguem resolver totalmente os problemas de fuga (*spill*) e desperdício (*spoilage*) abordados pelo GR.
- O GR proporciona um processo otimizado de aceitação e recusa de pedidos, com resolução multifuncional de gestão de contas, previsão de demanda e decisões de programação.
- Uma discriminação de preços proativa iguala a receita marginal de diferentes segmentos do mercado-alvo. E faz isto com preços diferenciados baseados em valor, que refletem confiança de entrega, resposta às mudanças de pedidos, conveniência de agendamento, conformidade com expectativas e o valor dessas características de qualidade do serviço para determinada classe de clientes (ou seja, discriminação de preços de terceiro grau).
- O GR realoca capacidade de estoque ou serviço de acordo com a condição $(P - CM)_a (Prob\ Escassez)_a = (P - CM)_b$. Este procedimento identifica níveis de proteção ideais para segmentos, contas e clientes com altas margens e um nível de autorização ótimo para a liberação de capacidade a segmentos, contas e clientes menos lucrativos.
- A decisão ideal de *overbooking* iguala o custo marginal de *spoilage* decrescente à medida que o fator de carga ou a capacidade de utilização aumenta com o custo marginal de *spill* crescente (isto é, sobrevendas).

EXERCÍCIOS

As respostas para os exercícios destacados estão no Apêndice D, no final do livro.

1. Explique o efeito sobre as realocações de capacidade, que terão dados de vendas antecipadas indicando uma demanda média de 55, em vez de 60, para viagens na classe executiva durante uma semana lenta, usando as informações da Figura 14.1, Tabela 14.2 e Equação 14A.4.

2. Suponha que o programa de viajante frequente tenha dobrado o custo de *spill* de altos retornos porque os consumidores executivos impossibilitados de embarcar passaram a levar as contas das suas empresas para outras companhias aéreas nas viagens futuras, e não só na atual. Reanalise a decisão de *overbooking* da Figura 14A.6 sob essas circunstâncias. O *overbooking* para o serviço da classe executiva vai aumentar ou diminuir?

3. Uma aeronave com 100 assentos serve passageiros de dois tipos de tarifas: completa (US$550) e com desconto (US$250). Os passageiros extras têm um custo marginal de US$50. A demanda por passagens com desconto é ilimitada, enquanto a demanda por tickets pelo preço total é igualmente distribuída entre 11 e 30 assentos. Quantos assentos devem ser reservados para passageiros que pagarão a tarifa total e não autorizados para liberação para o segmento de US$250 promocionais?

PARTE 5
Arquitetura organizacional e regulação

A Parte V aborda novas economias institucionais da arquitetura organizacional, assim como a regulação de empresas. Os principais temas incluem contratos de incentivos, escolha de uma forma organizacional (por exemplo, integração vertical para redesenhar os limites da companhia) e o debate sobre regulação/desregulação. O Capítulo 15 discute a teoria de contratações de empresas, contratos de incentivos gerenciais, o problema do principal-agente, governança corporativa, licenciamento de segredos comerciais, dissolução de parcerias e integração vertical. O Apêndice 15A explora o design otimizado de mecanismos em leilões e compatibilidade de incentivos para *joint ventures*. O Capítulo 16 trata, por sua vez, da regulação econômica de empresas, incluindo antitruste, patentes e licenciamento, bem como abordagens regulatórias e de mercado privado para o controle de externalidades. O Capítulo 17 discute técnicas de orçamento de capital utilizadas em atividades de aquisição, fusão e *spin-off* para alterar os limites organizacionais da empresa.

ANÁLISES ECONÔMICAS E DECISÕES

1. Análise e previsão de demanda
2. Análise de produção e custos
3. Análise de preços
4. Análise de investimento de capital

AMBIENTE ECONÔMICO, POLÍTICO E SOCIAL

1. Condições de negócios (tendências, ciclos e efeitos sazonais)
2. Condições de fator mercado (capital, mão de obra, terreno e matérias-primas)
3. Respostas dos concorrentes
4. Restrições externas, legais e regulatórias
5. Restrições organizacionais (internas)

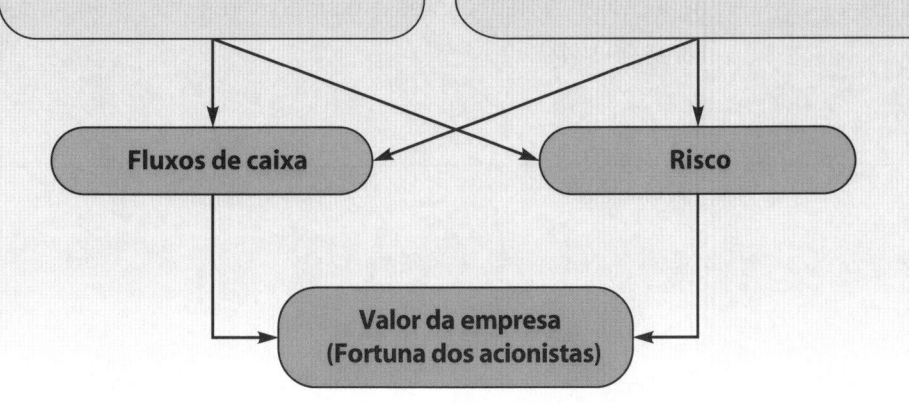

Fluxos de caixa

Risco

Valor da empresa (Fortuna dos acionistas)

CAPÍTULO

15
Contratação, governança e forma organizacional

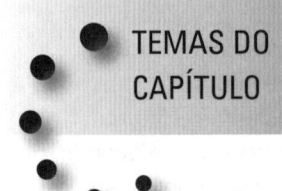

TEMAS DO CAPÍTULO

Este capítulo explora os problemas de coordenação e controle, enfrentados por todas as organizações empresariais, e os mecanismos institucionais projetados para resolvê-los da forma menos custosa. A decisão de arquitetura organizacional mais importante é determinar os limites da empresa (isto é, a amplitude do controle hierárquico). Ao lidar com fornecedores externos, parceiros terceirizados, divisões externas, distribuidores autorizados, franquias e licenciados, toda empresa precisa decidir onde a organização interna para e onde as transações de mercado assumem.

Contratos entre organizações empresariais proporcionam uma estrutura *ex ante* que define essas relações, mas todos os contratos são intencionalmente incompletos. Em consequência, toda empresa precisa encontrar uma solução para o potencial comportamento oportunista pós-contratual de empresas parceiras, e, em seguida, desenvolver mecanismos de governança para reduzir esses riscos contratuais. A Dell deveria fabricar ou comprar os componentes de seus PCs? A Canon deve licenciar sua tecnologia de câmera digital para distribuição na Internet pela Verizon, ou investir em uma parceria estratégica com esta companhia? A Microsoft deveria se integrar verticalmente em dispositivos de entrega de mídia comprando a WebTV? A Red Hat deve continuar adotando uma arquitetura *open-source* e permitir que seus licenciados dupliquem, modifiquem e redistribuam seu software baseado em Linux sem nenhuma cobrança?

Inicialmente, abordaremos essas questões pela perspectiva do setor de coordenação entre fabricantes e distribuidores utilizando as técnicas da teoria dos jogos do Capítulo 13

Desafio gerencial
Controlando a vertical: Ultimate TV versus Google TV[1]

Grandes oportunidades de negócio surgem no horizonte de companhias que operam no cruzamento entre serviços com base na web e TV digital. Durante os próximos cinco anos, 220 milhões de aparelhos de televisão analógicos serão substituídos por televisores digitais com acesso à Internet no valor de US$150 bilhões.

A Microsoft investiu pesado em programação de entretenimento digital para essas smart TVs e PCs com TV. Seus investimentos em know-how e segredos comerciais são amplamente não reimplementáveis, e incluem o *backbone* do sistema operacional e interface do usuário de qualquer coisa, desde tours interativos em museus a cursos virtuais. Agora, o Google e a Apple também entraram no negócio. A Sony, fabricante de TVs digitais, rapidamente estabeleceu parcerias com a Microsoft e o Google, em parte para avaliar o perigo ao seu negócio central e, em parte, para dar os primeiros passos na direção da aquisição de participação acionária nesta tecnologia emergente.

A Microsoft decidiu, então, integrar verticalmente, e de forma preventiva comprou a WebTV, por US$425 milhões (agora renomeada MSN TV), pretendendo combinar seus recursos unidirecionais de entretenimento digital dependentes com a tecnologia da WebTV para produzir produtos de consumo digitais para smartphones e computadores portáteis. A companhia também tentava se tornar um padrão da indústria de TV a cabo ao investir mais de US$10 bilhões em participação de capital da AT&T, Telewest, Comcast e três companhias europeias de TV a cabo.

Questões para discussão

- Reflita sobre por que a Microsoft e o Google, gigantes do software e às vezes provedores de conteúdo, estão buscando controlar os negócios na tecnologia pela qual seu conteúdo seria entregue aos usuários finais?
- Apple é uma companhia que controla fortemente o design, a fabricação e a venda de seus produtos. Isto significa que seus recursos de design e software são facilmente implantados para muitos outros usos além dos produtos que ela oferece para venda ou que eles são exclusivamente valiosos em suas formas e usos atuais?
- Quais analogias você consegue fazer entre os dois tipos de companhia que decidiram integrar verticalmente a pós-produção?

1 Baseado em Google Unveils Software to Join TV, Web. *Wall Street Journal*, 21 maio 2010, p. B3; Why Microsoft Is Glued to the Tube. *BusinessWeek*, 22 set. 1997, p. 96; e Smart TV Gets Even Smarter. *Business Week*, 16 abr. 2001, p. 132-33.

INTRODUÇÃO

A forma organizacional e os arranjos institucionais têm um papel abrangente na obtenção de um comportamento eficiente. Contratos de incentivo podem motivar agentes de gestão a lutar pelos interesses dos diretores proprietários. Mecanismos de revelação compatíveis com incentivos podem aumentar o valor de mercado de *joint ventures* entre parceiros como Nokia e Siemens. Por outro lado, permitir a liberação de eletricidade de um serviço público a outro ou privatizar as Conrail, British Telecom, Japan Air Lines, Teléfonos de México e Société Générale pode aumentar os incentivos para maximizar o valor capitalizado nesses monopólios públicos anteriormente inflados.

Opções institucionais também envolvem a forma de organização que as companhias adotam. Por exemplo, alguns fabricantes, como a Goodyear Tire, desenvolvem revendedores franqueados em vez de se envolver nas restrições verticais de contratação de varejistas independentes, preferidos por outros fabricantes, como a

Michelin. Talvez a aplicação mais importante desses conceitos ocorra na decisão dos limites da empresa – integrar-se verticalmente ao longo da cadeia de suprimentos, como a Exxon, ou terceirizar praticamente toda a fabricação, como a Dell.

O PAPEL DA CONTRATAÇÃO EM JOGOS COOPERATIVOS

No Capítulo 13, vimos que, uma vez que um fabricante se comprometa a atualizar os produtos, os distribuidores, às vezes, acreditam que sua melhor resposta é continuar com os amplos esforços de venda e serviços pós-venda. Em caso positivo, a coordenação exigida das ações do fabricante e do distribuidor pode ser alcançada por uma relação de confiança autoaplicável. Em outro, no entanto, as compensações são tantas, que a coordenação precisa de algo mais do que o conceito de melhor resposta que examinamos. Considere as decisões da Figura 15.1; são as mesmas ações e compensações que já examinamos no jogo Fabricante-Distribuidor II (Figura 13.4).

Lembre-se de que, no equilíbrio perfeito de um subjogo {Atualizar, Descontinuar, Promover}, o distribuidor varejista está em melhor condição de descontinuar algum esforço de venda, sabendo bem que a melhor resposta do fabricante é fazer publicidade de qualquer forma. Veja os resultados nos quadros e asteriscos na Figura 15.1. Essa combinação ocasional de ações domina todos os outros padrões sequenciais que atendem às condições de melhor resposta para cada jogador em seu devido nódulo de subjogo da árvore de decisão. No entanto, o volume de vendas poderia cair; por isso o fabricante claramente está em pior posição do que estaria no caso de um distribuidor ter continuado com todos os esforços de venda. Neste caso, o fabricante teria alcançado de US$300.000 a US$350.000, enquanto a atualização e a publicidade para evitar um colapso das vendas a partir dos esforços reduzidos dos distribuidores resultariam em uma compensação de apenas US$280.000 ao fabricante.

Além disso, os arranjos institucionais sob os quais a deserção do distribuidor varejista ocorre normalmente não maximizam o valor. A estratégia de equilíbrio perfeito do subjogo {Atualizar, Descontinuar, Promover} cria um valor total depois das despesas de US$120.000 + US$280.000 = US$400.000. {Atualizar, Continuar, Não Promover} gera uma compensação total de US$450.000, e {Atualizar, Continuar, Promover} gera compensações totais de US$480.000. Poder-se-ia esperar que alguma forma organizacional surja para obter este valor adicional. Uma alternativa é a integração vertical. Ao comprar a empresa distribuidora (por algo que supere pouco o valor presente descontado do distribuidor varejista de US$120.000), o fabricante poderia impor ações de maximização de valor e resolver a coordenação e o controle com monitoramento interno e sistemas de incentivo dentro da companhia consolidada.

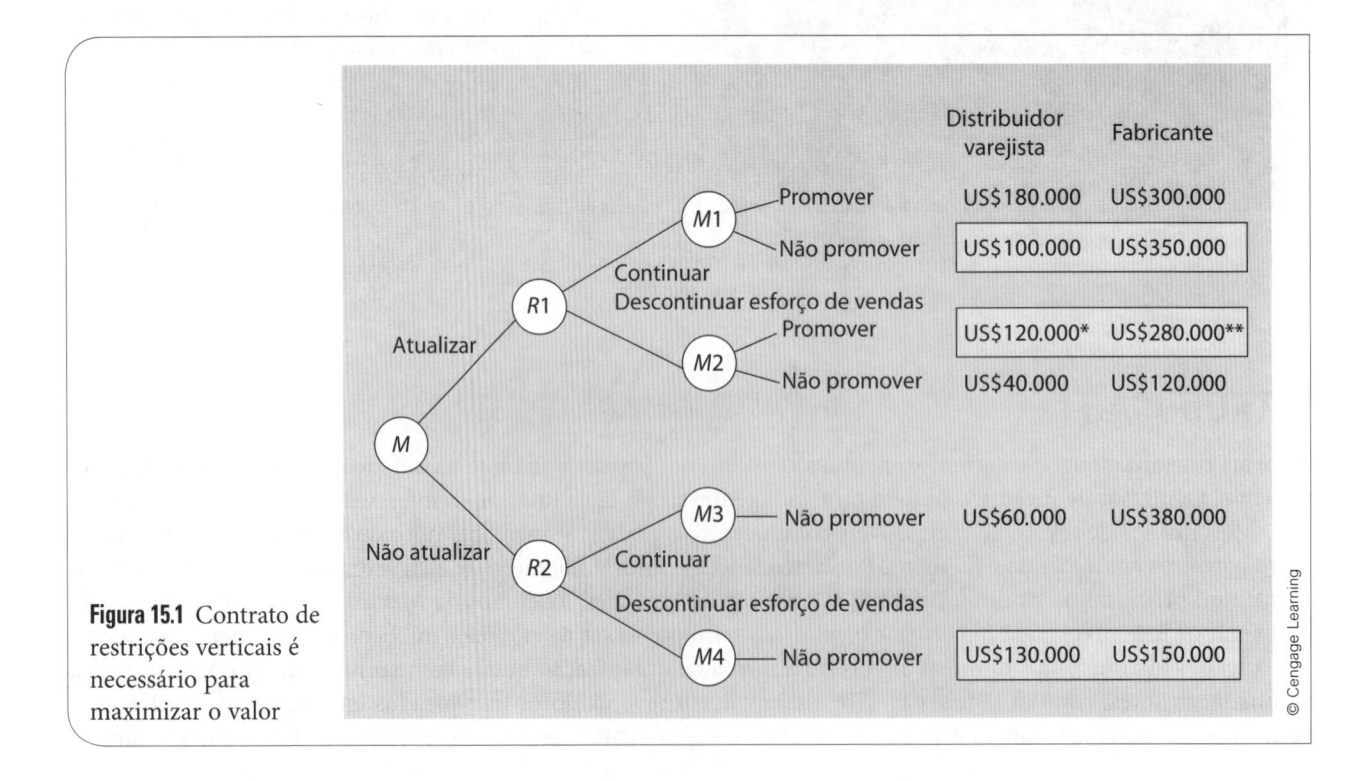

Figura 15.1 Contrato de restrições verticais é necessário para maximizar o valor

	Distribuidor varejista	Fabricante
Atualizar → R1 → Continuar → M1 → Promover	US$180.000	US$300.000
Atualizar → R1 → Continuar → M1 → Não promover	US$100.000	US$350.000
Atualizar → R1 → Descontinuar esforço de vendas → M2 → Promover	US$120.000*	US$280.000**
Atualizar → R1 → Descontinuar esforço de vendas → M2 → Não promover	US$40.000	US$120.000
Não atualizar → R2 → Continuar → M3 → Não promover	US$60.000	US$380.000
Não atualizar → R2 → Descontinuar esforço de vendas → M4 → Não promover	US$130.000	US$150.000

Como alternativa, os fabricantes podem suspender os carregamentos aos distribuidores varejistas e mudá-los com frequência, já que um após o outro violaram as expectativas dos relacionamentos e seguiram a estratégia de "Descontinuar". Como a instabilidade no canal de distribuição impõe custos iniciais substanciais, o fabricante pode entrar em um jogo *cooperativo* de promessas verossímeis e pagamentos secundários (por exemplo, um contrato relacional).

Contratos com restrições verticais

Contratos são acordos de ligação executáveis entre terceiros projetados para facilitar uma troca deferida. Um *estipulante* responsabiliza-se por alguma ação custosa (talvez fazer um pagamento secundário que a lei denomina uma consideração) em troca, confiando na promessa de um desempenho subsequente do *promitente*. Aqui, o fabricante atualiza o produto, confiando no distribuidor varejista para executar esforços de pré-venda futuramente. O fabricante decide, então, sobre a publicidade patrocinada por ele feita pelo distribuidor varejista. É claro, os distribuidores podem prometer uma coisa e entregar outra, mas os contratos com restrições verticais são um método para estabelecer a credibilidade dessas promessas.

Para o problema de contratação da Figura 15.1, um **contrato com restrições verticais** pode oferecer ao distribuidor mais do que os US$120.000 das ações de equilíbrio não cooperativas. Um excedente cooperativo de US$480.000 (na primeira série) – US$400.000 (na terceira série) = US$80.000 é gerado pelos distribuidores varejistas que conseguem ser induzidos a oferecer serviços de venda totais quando o fabricante atualiza e anuncia o produto. Portanto, o fabricante deve oferecer o *ponto de ameaça* do distribuidor (a compensação de US$120.000 por descumprimento) mais metade deste aumento de valor por atuar como prometido (ou seja, outros US$40.000). Tal acordo geraria ações que aumentariam a compensação do fabricante de US$280.000 para (US$480.000 – [US$120.000 + US$40.000]) = US$320.000. Supondo que distribuidores alternativos estejam disponíveis, este contrato seria aceito pelo distribuidor atual, e ambos os participantes estariam US$40.000 mais ricos do que no equilíbrio de subjogo perfeito {Atualizar, Descontinuar, Promover}, que não tem utilidade em um contrato executável de terceiros.[2]

Novamente, compromissos verossímeis são a chave. Graças ao tempo de decisão, o fabricante pode prometer fazer a publicidade, mas não realizá-la. Por causa desta segunda possibilidade de oportunismo pós-contratual, o distribuidor varejista pode exigir contas caucionadas para uma publicidade cooperativa, ou as partes podem estipular uma penalidade por danos de US$51.000 no caso de o fabricante violar seu dever de fazer publicidade depois dos esforços totais do distribuidor para tentar vender um produto atualizado. Neste caso, o fabricante da Figura 15.1 teria US$300.000 da publicidade e US$350.000 – US$51.000 = US$299.000 pela não publicidade. Seria melhor para o distribuidor varejista continuar com seus esforços de vendas (US$100.000 + US$51.000) em vez de descontinuá-los (US$120.000). Podemos, então, antecipar um resultado com maximização de valor {Atualizar, Esforços contínuos, Promover}, em um valor máximo de US$180.000 + US$300.000 = US$480.000 de retorno de lucro.

A posição de negociação pode, no fim das contas, realocar parte do excedente corporativo de volta para o fabricante na forma de taxas de franqueamento. Por exemplo, um contrato de franquias com divisão de lucros com a cláusula de penalidade de US$51.000 estipulada para a violação de publicidade do fabricante pode começar pedindo ao distribuidor que pague uma taxa de franqueamento de US$50.000 por período. O distribuidor receberia então, de forma líquida, os produtos atualizados, US$180.000 em lucros operacionais menos US$50.000 de taxa de franqueamento, mais um acordo estipulado de danos em relação à publicidade cooperativa financiado pelo fabricante. O fabricante receberia esforços de venda contínuos do distribuidor, US$300.000 em lucros operacionais e mais os US$50.000 de taxa como franqueador.

A função dos contratos comerciais

A criação deste tipo de contrato proporciona uma garantia além do simples recurso de reputação que os possíveis distribuidores podem oferecer. Em troca de uma contrapartida objeto de acordo, o estipulante recebe uma

---

[2] O verdadeiro contrato com restrições verticais tende a ser estruturado ao redor de uma oferta de certa porcentagem dos lucros. Ao reconhecer a incerteza do valor final do produto, o fabricante e o distribuidor podem concordar em dividir o risco. Em particular, um contrato com restrições verticais que ofereça conceder 33% dos lucros somados (US$160.000 de US$480.000) para um distribuidor autorizado em troca de esforços totais de vendas e serviços pós-venda de um produto atualizado e promovido pelo fabricante poderia maximizar o valor desta oportunidade de negócios.

promessa verossímil. O compromisso de o promitente executar é verossímil por causa das normas legais da interpretação do contrato, e o cumprimento oferece uma garantia de que quaisquer expectativas claramente explicadas pelas partes serão atendidas. Embora os tribunais raramente peçam que contratantes recalcitrantes ajam especificamente como foi prometido, são rápidos para conceder **indenizações por danos de expectativas** que não deixam as partes em um estado pior do que foi previsto pelo contrato. Soluções padrão para contratos oferecem, portanto, incentivos para precauções eficientes para o promitente, e nada mais nada menos do que confiança eficiente na promessa para o estipulante.

Um procedimento de estipulação no direito contratual trabalha excepcionalmente bem para eventos totalmente previstos. No entanto, as regras da jurisprudência contratual que foram desenvolvidas (várias das quais são resumidas na parte de baixo da Tabela 15.1) também reduzem os custos de transação da renegociação e indenização quando eventos *não previstos* ocorrem. Por exemplo, o preço de mercado estipulado para um caminhão Volvo GM pode mudar drasticamente entre um investimento em uma instalação de fabricação para projetar e produzir um caminhão que rode somente com etanol e sua promoção e venda seis meses depois. Suponha que, nesse meio-tempo, o preço de mercado entre em colapso porque um caminhão híbrido novo e aprimorado de um concorrente foi introduzido.

Se inicialmente o fabricante e o distribuidor do caminhão concordaram com um contrato com preço fixo seis meses antes, o fabricante vai obter a receita consensual porque o distribuidor a colocou em risco. Por outro lado, se as mudanças no ambiente regulatório dos seis meses tornassem ilegal vender o modelo de caminhão movido a etanol, então a **doutrina de frustração de propósito** do Uniform Commercial Code (UCC) isentaria o distribuidor da obrigação contratual de pagar.

Contratos facilitam trocas adiadas. As regras do direito contratual, conforme expressas primeiramente no direito comum, mas também codificadas em estatutos, incluindo o UCC, oferecem resultados previsíveis a custos baixos de transação. Por exemplo, como já vimos, os tribunais quase sempre impõem um débito por *danos de expectativa* sobre as partes que quebram suas promessas contratuais. Como as circunstâncias mudam, as indenizações por danos de expectativa geralmente são mais eficientes do que forçar um promitente a cumprir o contrato. Nestes casos, os custos destes geralmente são menores do que aqueles de realizar as ações especificadas no contrato.

Em alguns casos, promessas contratuais são totalmente dispensadas. Estas dispensas se dividem em duas categorias: as muito raras *dispensas de formação*, e as mais frequentes *dispensas por desempenho*. Se eu lhe vender um Learjet danificado sem revelar o dano, você (o comprador) pode pedir para ser isento. Por outro lado, o comprador astuto de uma aeronave danificada que reconhece o potencial de aumento de valor por meio de um reparo barato pode lucrar desta informação assimétrica sem se preocupar se o tribunal vai desprezar futuramente o contrato de vendas e devolver o avião ao seu dono original. O direito contratual apoia este delicado equilíbrio da exigência da declaração de *fatos destrutivos* sem reduzir os incentivos para desenvolver informações assimétricas que aumentem o valor (isto é, *fatos construtivos*).

Transações de mercado spot propõem o mínimo de problemas de informação e de incentivo. Por exemplo, a compra de eletricidade fora da rede quinze minutos antes do momento da entrega evita o risco de preço e a possibilidade de comportamento oportunista. Informações completas e certas, mais entrada e saída competitivas em mercados eficientes, implicam que os preços de equilíbrio de mercado vão refletir todas as informações relevantes. Isto torna o preço atual a melhor previsão dos preços futuros. No entanto, a disponibilidade de transações simples de mercadorias para entrega direta fracassa ao resolver várias questões que surgem na maioria das contratações de negócios.

Considere a troca adiada de uma consideração presente para uma promessa de vendas futuras adiantadas. Isto é, suponha que o fabricante e o distribuidor de caminhões tenham firmado um contrato de vendas adiantadas de diesel para ser usado como promoção para melhorar os esforços de venda do distribuidor, e, posteriormente, o preço do diesel tenha triplicado, o que aconteceria? A norma padrão do UCC para **contratos de vendas adiantadas** é muito explícita e sujeita a menos, se houver alguma, dispensas. Se o fabricante de caminhões vender adiantado 100.000 galões de diesel ao distribuidor por US$2,33 por galão em junho de 2012 para promoção de vendas do produto no momento da entrega, em dezembro de 2012, e se os preços do mercado spot nesse período subirem para US$4, o fabricante correu *este* risco de aumento de custo para cumprir o contrato. Um apelo do fabricante dizendo que seria desastroso financeiramente entregar conforme prometido não seria atendido; o fabricante deve entregar os 100.000 galões em dezembro ou enfrentar um julgamento imediato de (US$4 – US$2,33) × 100.000 = US$167.000 concedidos ao distribuidor. Todo contrato comercial também deve estipular a alocação destes riscos ou operar sob as normas padrão do UCC que pretendem aumentar a previsibilidade e assim reduzir os custos de transação de contratos de negócios adiantados.

> **EXEMPLO** Atraso nas entregas de cambota (virabrequim) acarreta fechamento de fábrica
>
> O papel de soluções contratuais como incentivos é bem ilustrado pelo caso histórico de *Hadley vs. Baxendale*, Tribunal do Tesouro Público, 1854, 9 Exch 341. O dono de um moinho solicitou um substituto para uma cambota (virabrequim) quebrada em uma loja de máquinas, que concordou com um reparo padrão e devolução do equipamento. Quando a entrega foi atrasada por causa de condições ruins na estrada, o dono do moinho entrou com uma ação por perda de lucros resultantes do fechamento prolongado de sua fábrica. O tribunal rejeitou sua reivindicação por danos extraordinários porque a loja de equipamentos tomou as precauções costumeiras de envio, e seria esperado que fizesse mais (talvez providenciar uma entrega rápida por trem expresso) somente se o dono do moinho tivesse estipulado os danos extraordinários que surgiriam pelo atraso futuro.
>
> Em outras palavras, a loja de equipamentos tinha direito de esperar que o dono do moinho não confiasse excessivamente na promessa de um reparo de três dias, a não ser que fosse informado do contrário. Se o dono do moinho tinha negócios sensíveis ao tempo agendados para imediatamente depois e sem nenhuma cambota substituta disponível, era sua responsabilidade divulgar esses fatos privados potencialmente destrutivos, e, assim, obter um nível diferente de precaução. Portanto, a confiança do dono do moinho foi excessiva e ineficiente, e não merecia o reforço que teria resultado da concessão de lucros perdidos do tribunal.[3]
>
> ---
> 3 Uma excelente e ampliada discussão sobre o papel das soluções contratuais como incentivos para confiança e precaução eficientes contra o não desempenho encontra-se em R. Cooter e T. Ulen. *Law and Economics*. 5. ed. Reading, MA: Addison-Wesley, 2008.

A Tabela 15.1 resume várias outras diferenças características entre transações no mercado spot, relações com base em reputação e contratos com restrições verticais entre fabricantes e distribuidores (que podem incluir acordos de vendas adiantadas para a promoção de diesel). Se os fabricantes e distribuidores decidirão empregar tran-

TABELA 15.1 Um espectro de ambientes contratuais alternativos para fabricantes e distribuidores

	Transações de mercado spot	Contrato com restrições verticais	Contrato relacional
Tempo	Instantânea e única	Troca adiada; promessa de desempenho futuro por consideração imediata	Negócios repetidos
Participantes	Compradores/vendedores anônimos	Parceiros de contrato	Agentes/negociantes conhecidos
Cumprimento	Troca ou consideração para uma consideração	Imposto por terceiros imparciais	Autoexecução; melhor resposta
Informação	Informação perfeita (completa e certa) + competição leva a mercados eficientes	Contratos propositalmente incompletos admitem ambiguidade; mecanismos de governança	Reputação; jogos de sinalização/blefe
Algumas regras do direito contratual			
Contratos facilitam as trocas adiadas ao levar em conta os resultados de desempenho incertos (problema do contrato incompleto), esforços não observáveis para garantir o desempenho (problema do risco moral) e riscos de recontratação (problema da quebra contratual).			
Funções básicas do contrato		**Regra de contrato ilustrativo**	
1. Oferecer incentivos para precaução e confiança eficientes.		1. Concessão de indenização por danos de expectativa.	
2. Encorajar a descoberta de informações assimétricas.		2. Divulgação de fatos destrutivos (mas não dos construtivos) exigida.	
3. Proporcionar mecanismos de alocação de riscos.		3. Frustração da doutrina de propósito.	
4. Reduzir os custos de transação.		4. Não dispensa de contratos de vendas adiantadas.	

> **EXEMPLO** A imposição e a dispensa de promessas contratuais: O caso extraordinário de 11 de setembro[4]
>
> Em uma típica *dispensa de desempenho*, eventos incertos como uma mudança nas restrições regulatórias podem anular o propósito do contrato. Se a agência norte-americana FDA remover a aprovação de um fármaco que alega ser seguro e eficaz, a Merck pode obter uma dispensa de seu acordo contratual com o inventor para licenciar e comercializar a droga.
>
> Os contratos também são dispensados em razão de desastres naturais ou atos de guerra inesperados. Na manhã de 11 de setembro de 2001, o Bank of New York foi obrigado a liquidar e compensar pagamentos em dinheiro para cerca de 84.000 transações de segurança do governo. As empresas clientes, como J.P. Morgan Chase & Co., tinham investido grandes somas em *feeds* de dados conectados em tempo real e conexões sofisticadas de telecomunicações neste banco. Ainda assim, três dos seus edifícios em Manhattan foram danificados ou forçados a fechar por causa do ataque terrorista. Em dado momento, o Bank of New York devia ao Citigroup e ao Morgan US$30 milhões cada em pagamentos que o banco não podia autorizar para compensação final por causa do caos em suas instalações de negócios.
>
> Sob essas circunstâncias, cada dia que o pagamento atrasasse teria resultado em uma acusação na justiça contra o Bank of New York por danos de expectativa de aproximadamente $(1/365) \times 3\% \times US\$30$ milhões $= US\$2.465$ por dia. Com margens pequenas nessas operações de liquidação e compensação, tais danos teriam sugado todo o lucro rapidamente. Entretanto, devido às circunstâncias inesperadas de 11/09, um ato de guerra evitou o desempenho do contrato de compensação e liquidação, e o Bank of New York teve direito a uma isenção de desempenho.
>
> ---
> 4 Baseado, em parte, em Little Changes at Bank of New York. *Wall Street Journal*, 8 mar. 2002, p. C11.

sações de mercado spot, contratação relacional, contratos de franqueamento fixos com divisão de lucros ou integração vertical vai depender dos custos relativos de transação da coordenação e controle dos vários cenários contratuais.

Informações incompletas, contratação incompleta e oportunismo pós-contratual

Praticamente todas as trocas, seja de produtos, financeiras ou por serviços trabalhistas, são conduzidas sob condições de **informação incompleta**. Por um lado, os tomadores de decisão geralmente enfrentam perturbações aleatórias como resultado de suas ações. Este tipo de informação incompleta é tipicamente tratado, de forma rotineira, pela propagação de risco em mercados de seguros, que reúnem esses riscos de acidentes e, assim, reduzem a exposição a perdas de toda empresa individual ou domicílios. Acidentes que ocorrem aleatoriamente em uma planta de fabricação de eletrônicos de consumo raramente coincidem com os que ocorrem em caminhões de entrega de uma empresa ou interferências meteorológicas severas em uma instalação de expedição de uma empresa. Como resultado, prêmios de seguro modestos podem cobrir os custos de ações antecipadas envolvendo eventos de risco tão diversificados.

No entanto, a informação incompleta quanto à existência e probabilidade de riscos remotos (isto é, quais possíveis resultados podem ocorrer) geralmente evita que as partes em risco celebrem contratos de seguro. Considere o **contrato de crédito condicional total** que você e seu cirurgião vão precisar redigir antes de um procedimento de transplante de órgão, ou que duas companhias farmacêuticas vão precisar antes que alguém licencie os direitos de produção de uma droga relacionada com gravidez a um terceiro. Desenvolver todas as informações necessárias precisas exigidas em um acordo sobre potenciais perdas e compensação total em todas as possibilidades futuras possíveis é proibitivamente caro. Por consequência, poucos pacientes de transplantes e parceiros empresariais tentam negociar contratos de crédito condicional total. Esses custos de informação proibitivamente caros explicam por que os contratos geralmente são incompletos estruturalmente.

Uma consequência imediata de contratos incompletos é a possibilidade de um **comportamento oportunista pós-contratual** que não é especificamente proibido pelo contrato. Funcionários que recebem treinamento no trabalho podem trabalhar fora do expediente com suas novas habilidades. Gestores podem reconfigurar os recursos seguindo uma concessão de contrato de trabalho de forma que seus funcionários não anteciparam. Jogadores de beisebol podem tentar resistir no momento de renovações contratuais antes de uma World Series. Sabendo desta tendência, as companhias oferecem menos treinamentos no trabalho, os trabalhadores concordam com reduções salariais menores e os donos de times de beisebol desenvolvem mais jogadores substitutos de suas categorias de base do que teriam antes. Assim, a incompletude dos contratos resulta em um comportamento ineficiente como uma consequência inescapável de informações caras e, portanto, incompletas. Para reduzir essas ineficiências, as companhias adotam mecanismos, como acordos de arbitragem compulsórios para ajudar a resolver disputas pós-contratuais.

GOVERNANÇA CORPORATIVA E O PROBLEMA DO RISCO MORAL

Oliver Williamson, ganhador do Prêmio Nobel de Ciências Econômicas de 2009, enfatiza que contratos são a estrutura *ex ante*, mas que os **mecanismos de governança** proporcionam a implementação *ex post* exigida para maximizar o valor:

> As partes de contratos comerciais são organizadas para ser perceptivas a respeito da natureza das relações contratuais das quais fazem parte, incluindo uma consciência dos possíveis riscos contratuais. No entanto, como os contratos complexos são inevitavelmente incompletos – sendo impossível ou proibitivamente caro assegurar todas as possíveis contingências *ex ante* –, grande parte da ação contratual relevante nasce a partir de mecanismos de governança *ex post*.[5]

Assim sendo, o contrato com restrições verticais entre o fabricante e o distribuidor da Figura 15.1 será apenas o início do acordo. Além disso, as empresas precisarão resolver uma questão central de coordenação e controle: a incapacidade inerente de se observar os esforços de venda por parte do distribuidor varejista. Um esforço não observável em promessas de contratos satisfatórios ilustra o problema de oportunismo pós-contratual do "risco moral". Depois de garantir os termos ao seu agrado, todos os parceiros do contrato devem desconfiar do potencial de "fazer corpo mole" com o acordo de formas discretas e difíceis de detectar, mas potencialmente prejudiciais.

Na próxima seção, aplicaremos a ideia do risco moral à contratação gerencial, mas, primeiro, vamos considerar o **problema do risco moral** do credor comercial provocando esforço mutuário não observável ao selecionar projetos de capital de giro seguros. Um mutuário conhecido e confiável pode se aproximar de um credor que enfrenta uma crise de liquidez aleatória e necessita de uma extensão de sua linha de crédito bancária.[6] O credor oferece, então, termos para a renovação do empréstimo: uma taxa de juros, montante do capital, garantias exigidas e termos de empréstimo. Esta situação é ilustrada na Figura 15.2. Se o mutuário decide aceitar, uma linha de extensão de crédito é concedida. Então, decorre um processo aleatório, apresentando-lhe uma de várias oportunidades de negócios incertas. Como nos capítulos anteriores, expressamos o papel da incerteza como um nódulo na árvore de decisões com um N maiúsculo por uma escolha natural. As oportunidades de negócio possíveis são um espectro de investimentos relativamente seguros em estoque durante períodos de *back order* até uma extensão da política de contas a receber da companhia, que permite que os consumidores paguem dentro de 90 dias, em vez de pagar em dinheiro no ponto de compra. Como as vendas de um produto podem ser sensíveis a termos de crédito como "pagamento em 90 dias igual ao pagamento em dinheiro", o uso final do capital de giro tem uma taxa de retorno esperada maior, mas é mais arriscado, porque aquelas contas de consumidores não cobrados podem disparar. Por fim, os mutuários podem chegar a usar a nova linha de crédito para uma expansão no exterior com todo o risco presente de fracasso e inadimplência acompanhando essas iniciativas.

O problema do risco moral para o credor é, assim, motivado. O banco comercial quer que o mutuário exercite cuidado, esforço e bom julgamento empresarial ao selecionar projetos para gastar seu novo capital de giro pro-

---

5 Oliver Williamson. Economics and Organization: A Primer. *California Management Review*, inverno 1996, p. 136; ver também *The Mechanisms of Governance*. Nova York: Oxford University Press, 1996.

6 Na situação aqui examinada, nos abstraímos do problema de *informação escondida* da seleção adversa (supondo que os mutuários são clientes conhecidos da instituição concedente) para focar a atenção no problema de *ação escondida* do risco moral nos empréstimos comerciais.

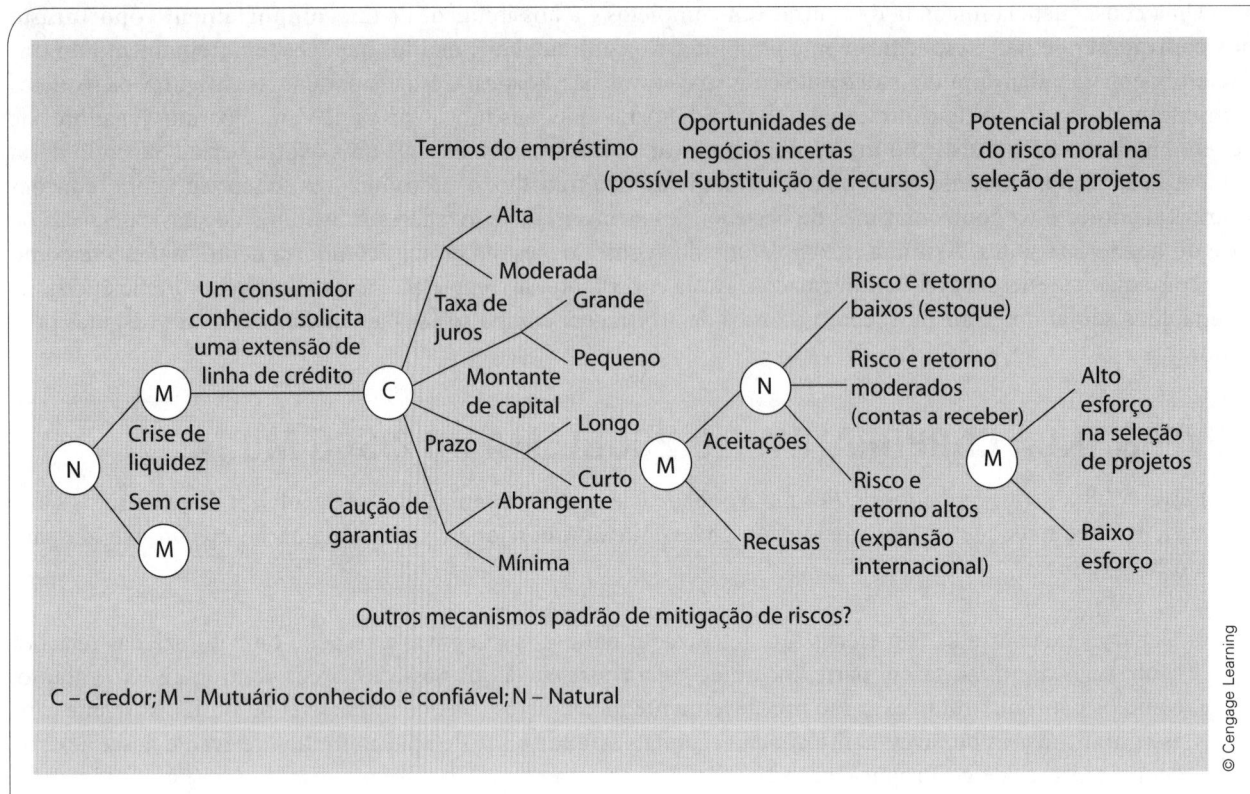

Figura 15.2 O problema do risco moral no empréstimo de linha de crédito: um modelo da teoria dos jogos

C – Credor; M – Mutuário conhecido e confiável; N – Natural

veniente da extensão de linha de crédito. Entretanto, os bancos precisam ser cuidadosos ao configurar os termos de empréstimo para provocar esta ação amplamente desconhecida. Lembre-se, o banco não sabe com antecedência qual oportunidade de negócio o mutuário estará enfrentando. Esta não é uma situação de financiamento de projeto na qual o banqueiro comercial pode participar da avaliação das propostas de orçamento da companhia e monitorar diretamente o retorno sobre o investimento e os riscos presentes. Em vez disso, é um evento de rolagem de dívida, em que o banco torna os recursos adicionais disponíveis e precisa obter o esforço subsequente do mutuário (esforço não observável) para selecionar adequadamente projetos que apresente para possíveis investimentos.

Quais termos de empréstimo o credor deve oferecer? Grandes empréstimos com termos de pagamentos longos são mais desejados pelos mutuários visando obter maior flexibilidade financeira diante de sua crise de liquidez atual. Ter mais fundos e mais tempo para ajustar um plano de negócios que deu errado é preferível; mas esses termos produzem mais ou menos esforço na seleção de projetos para evitar ou conter uma perda? Surpreendentemente, taxas de juros mais altas como reflexo do risco padrão potencialmente alto não são a resposta. Uma alta taxa de juros força os mutuários confiáveis a buscar projetos de capital de giro *mais arriscados* a fim de garantir retornos esperados mais altos e, portanto, estar em uma posição que permita o pagamento do empréstimo. Taxas mais moderadas apoiadas por sinais de garantia de segurança parecem fazer o mutuário confiável empregar mais esforços para encontrar projetos seguros.[7]

---

7 Em outras circunstâncias, credores enfrentariam um problema de seleção adversa ao detectar se os mutuários desconhecidos são de uma subpopulação fraudulenta ou confiável de candidatos a empréstimos, e os termos oferecidos do empréstimo afetariam, então, as aceitações e recusas que determinam a proporção do portfólio de empréstimo originário de cada grupo. Taxas de juros moderadas e cauções de garantias altas são planejadas nesta situação para permitir que os mutuários indiquem sua intenção confiável de pagar. A fraude declarada geralmente ocorre quando as cauções de garantias evaporam.

O QUE DEU CERTO • O QUE DEU ERRADO

Prevendo a Grande Recessão com *workout* e *rollover*

A cada trimestre, CEOs de 20 principais bancos se reúnem com o presidente do Federal Reserve para trocar opiniões sobre indicadores macroeconômicos e previsões de ciclos de negócios. Em março de 2007, quase todos na mesa relataram ao presidente Ben Bernanke que a demanda por empréstimos estava caindo mais acentuadamente do que qualquer uma de suas organizações já havia presenciado. Solicitações de *workout* e *rollover* também estavam no seu auge. O Federal Reserve ignorou esses indicadores de tendência de uma retração econômica no ciclo de negócios e esperou até agosto de 2007 para começar a aliviar a política monetária e a facilitar as condições de crédito. O National Bureau of Economic Research identificou as datas da pior recessão desde a Grande Depressão como de dezembro de 2007 a junho de 2009.

A necessidade de mecanismos de governança

Talvez a forma mais eficaz de gerenciar os riscos de não cumprimento e não pagamento de empréstimos seja através do estabelecimento de *mecanismos de governança* por parte do credor, por meio dos quais possa reavaliar regularmente a situação financeira de um mutuário e tomar decisões a respeito das avaliações em andamento para a linha de crédito estendida em tempo real. Além disso, alguns bancos usam relatórios de crédito frequentes ou auditorias contínuas, gráficos escalonados do dinheiro emprestado (por exemplo, em empréstimos para construção), ou pagamentos progressivos acionados por marcos no acordo, como pontos de tempo com equilíbrio zero de empréstimos acordados para o financiamento de um ciclo de estoque. Quanto mais frequentes, convenientes e auditados forem esses relatórios, melhor o mecanismo de governança vai funcionar. Em essência, o banco se torna praticamente um parceiro financiador do projeto para os maiores usos de seus recursos, com o objetivo de motivar o cuidado, o esforço e o julgamento desejados do mutuário. No fim, entretanto, o monitoramento direto de um processo de aprovação financeira, projeto a projeto, é impossibilitado pela definição do problema e pelo fato de que os banqueiros não são especialistas em todos os negócios para os quais prestam serviço, mas, quanto mais próximo o mecanismo de governança chegar deste resultado, menos prováveis serão os calotes.

A contratação de talentos gerenciais envolve um problema similar de risco moral porque o esforço gerencial é inerentemente não observável. Em particular, os gestores são pagos por sua criatividade para resolver problemas de forma proativa; são pagos para pensar sobre problemas que ainda não aconteceram. Desta forma, eles podem facilmente se esquivar de suas obrigações, e, em vez disso, dedicar sua criatividade a atividades não relacionadas com o trabalho (o chamado "trabalho clandestino mental"). Graças a esta incapacidade de observar diretamente os esforços gerenciais, às vezes culpamos erroneamente os gestores por um rendimento fraco atribuível a nada mais do que má sorte, e fracassamos ao reconhecer o mérito gerencial em alguns momentos porque assumimos incorretamente que o bom desempenho é atribuível à boa sorte. Na próxima seção, veremos que a "contratação por incentivos", com um salário mínimo garantido e um bônus baseado em desempenho (por exemplo, uma opção de ação ou uma concessão restrita de ações), pode ser uma solução eficaz para o problema do risco moral na contratação gerencial.

No entanto, existe outra questão na contratação gerencial incompleta, que se relaciona com as renovações contratuais. Quando os executivos adquirem conhecimento e habilidade exclusivos e específicos da companhia, além de encargos e pacotes de indenizações não reutilizáveis por outros, eles ficam em uma posição favorável para negociar com os comitês de remuneração do conselho de diretores. A memória institucional do executivo é, de qualquer forma, algo insubstituível. Em consequência, quando chega a hora de renovar seus contratos, os executivos seniores geralmente optam por "quebras contratuais".

Há muitas evidências dessas quebras contratuais: grandes "empréstimos" executivos são perdoados, remunerações com base em incentivos perdidas diante de baixos rendimentos são restabelecidas ou substituídas através de indenizações generosas ativadas por uma aquisição hostil, e os preços de exercício são redefinidos a níveis mais baixos em mercados inferiores. Esforços consideráveis para manter gestores seniores experientes claramente maximizam o valor, mas o comitê de remuneração do conselho precisa ser um órgão independente e preparado para monitorar, comparar e denunciar essas renovações de contrato se necessário. Além das quebras contratuais, embustes e fraudes continuam sendo um problema frequente. Por exemplo, retrodatar concessões de opções para datas em que o preço de exercício estivesse *in the money* é claramente um evento criminal; a Comissão de Valores Mobiliários está tratando esta ação como tal. A Tabela 15.2 apresenta uma lista de mecanismos de implementação da governança corporativa disponíveis para atender a esta questão das quebras contratuais.

TABELA 15.2 Mecanismos de implementação da governança corporativa

- Monitoramento interno feito por quadros de comitês diretores independentes
- Monitoramento interno/externo por grandes credores
- Monitoramento interno/externo por proprietários de grandes blocos de ações
- Auditorias e análises de variância
- Benchmarking interno
- Cultura corporativa de responsabilidades éticas
- Alta moral dos funcionários em apoio aos denunciantes

© Cengage Learning

O QUE DEU CERTO • O QUE DEU ERRADO

Risco moral e quebras contratuais na Enron e WorldCom[8]

Erros de contabilidade em gastos empresariais de curto prazo assim como investimentos de capital de longo prazo exigiram uma reformulação de US$3,8 bilhões de lucros operacionais mais baixos na WorldCom no ano fiscal de 2000. Os executivos da Enron esgotaram as contas de reserva de pensão enquanto anunciavam a atratividade de planos de opções de ações para funcionários que planejavam a aposentadoria. As notícias de um escândalo empresarial após outro durante a crise financeira de 2007-2009 tornaram claro que os mecanismos de governança são necessários, mas uma questão ainda permanece: "Por que, exatamente?". Por que contratos de dívida de portadores de títulos, contratos de empréstimo pessoal que executivos seniores usam para mudar de residência e contratos de incentivo baseados em desempenho que alinhem os interesses do proprietário e da gestão não evitam esses abusos? É só porque muitos pagamentos injustificáveis foram extraídos dos comitês de remuneração, muitos empréstimos executivos foram perdoados e muitas opções de ações adiadas foram reconfiguradas a preços de exercícios mais baixos quando os preços caíram? Isto é, os incentivos em todas essas contratações por incentivos estão desajustados? A resposta é decisivamente não. O problema mais fundamental é que contratos incompletos atraem comportamentos oportunistas pós-contratuais, o que exige mecanismos de governança corporativa vigorosos, mesmo com a presença de fortes incentivos.

---

[8] Baseado em Taken for a Ride. *The Economist*, 13 jul. 2002, p. 64; e WorldCom Aide Conceded Flaws. *Wall Street Journal*, 16 jun. 2002, p. A3.

O MODELO DO PRINCIPAL-AGENTE

Muitos tipos de principais-proprietários contratam agentes-gestores para substituí-los e conduzir suas transações de negócios. Companhias-mãe estabelecem relações de principal-agente com subsidiárias. Diretores de fabricantes empregam agentes de distribuição em varejo e de publicidade. E, mais importante, acionistas contratam executivos sob contratos de incentivos gerenciais. O objetivo dos proprietários nessas relações de principal-agente é oferecer incentivos aos gestores para que abram mão de oportunidades alternativas de emprego e ajam de forma a maximizar o valor a favor dos principais-proprietários.

A eficiência de acordos de contratação alternativos

Contratos gerenciais podem assumir várias formas puras ou híbridas, incluindo salário fixo, faixa salarial ou divisão de lucros. Em contratos de salário fixo, o gestor e a empresa concordam com um pacote de remuneração total e condições específicas de emprego. Em outros contextos, como consultoria, o consultor gerencial pode receber uma faixa salarial por hora igual à melhor alternativa de oportunidade de emprego no mercado competitivo para seu tipo de serviço. Na Figura 15.3, digamos que o consultor gerencial é contratado para 50 horas por semana

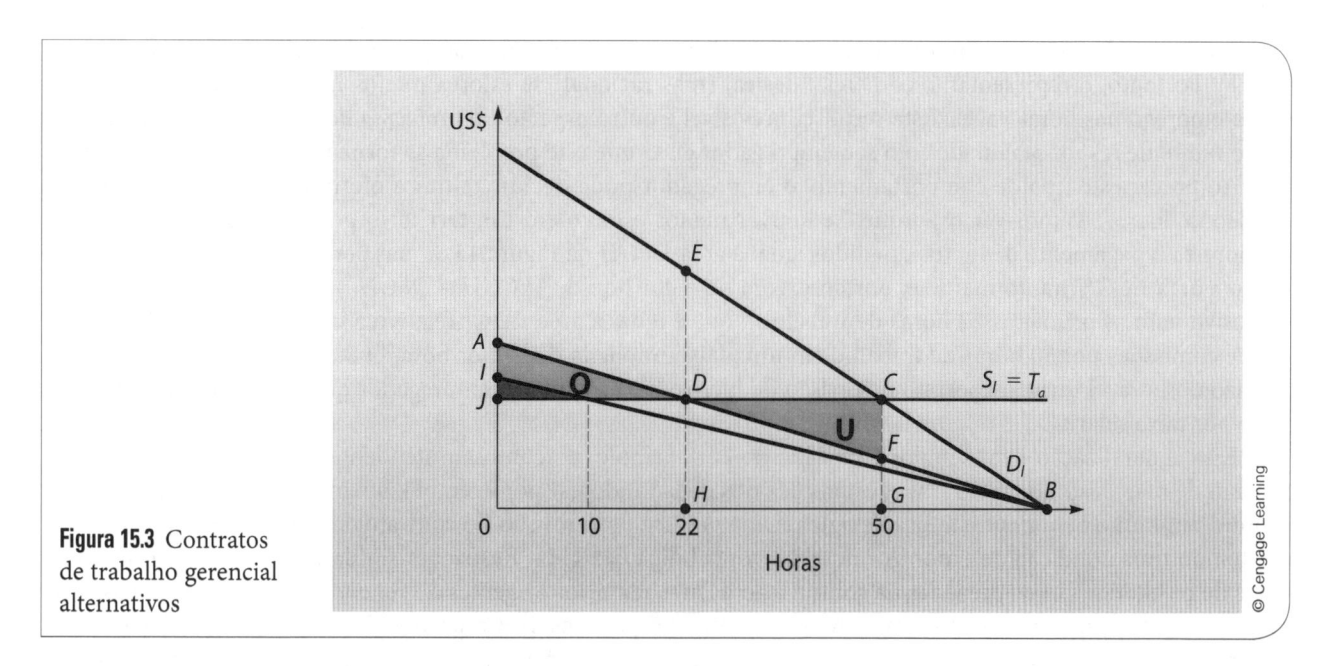

Figura 15.3 Contratos de trabalho gerencial alternativos

por uma faixa salarial T_a. D_l é a demanda de entrada da empresa, que é a receita marginal produzida por esses serviços – ou seja, o rendimento marginal das horas adicionais multiplicada pela receita marginal da venda desse resultado adicional. Como cada empresa é atomística no mercado para esses serviços de consultoria gerencial, S_l é o fornecimento perfeitamente elástico enfrentado por qualquer empregador em relação ao salário existente no mercado. Acima de 50 horas, D_l em declínio não excede mais o custo de entrada adicional ao lado de S_l.

Os gestores também podem garantir o emprego por meio de um contrato puro de divisão de lucros. Como vendedores ou representantes de vendas dos fabricantes comissionados, os gestores podem aceitar uma porcentagem (por exemplo, 40%) do valor recebido diretamente atribuível aos seus esforços em vez de um salário ou faixa. Pense na porcentagem de "remuneração por indicação" oferecida às vezes por sugestões redutoras de custos em grandes corporações ou no governo federal. Novamente, na Figura 15.3, podemos representar esta terceira alternativa de acordo de contratação como a linha AB, em que o gestor recebe 40% da disposição do proprietário a pagar por cada hora de serviços gerenciais. Inicialmente, essa divisão de lucros vai exceder a alternativa de faixa salarial. Por exemplo, durante as primeiras 22 horas de trabalho, o contrato de divisão de lucros vai compensar em excesso a área ADJ (área sombreada **O**). Dali em diante, a divisão de lucros vai cair abaixo da faixa salarial do gestor por hora.

Se 40% se mostra ser uma divisão de lucros equilibrada, a compensação em excesso (área sombreada ADJ, chamada **O**) vai ser igual à subcompensação pelas últimas 28 horas de trabalho (área sombreada DCF, chamada **U**). Este nível deixa os proprietários e o gestor indiferentes entre este acordo de contratação e a alternativa de contrato com faixa salarial de 50 horas por semana em T_a. Se a divisão de lucros fosse reduzida para 35% (representado pela linha IB), por exemplo, a quantia sombreada de compensação excessiva pelas primeiras 10 horas não compensaria a enorme subcompensação das horas 10 a 50. O gestor teria, então, de rejeitar o contrato de divisão de lucros em favor da oferta de faixa salarial. Ao aumentar a divisão de lucros de volta para 40%, a empresa se mostra capaz de restaurar a atratividade de cada contrato, pelo menos para determinados tipos de trabalhadores. Na realidade, como veremos agora, a situação real da contratação de um talento gerencial geralmente é um pouco diferente.

Capacidade criativa e o problema do risco moral na contratação gerencial

Contratos puros de divisão de lucros contêm as sementes para sua própria destruição. Suponha que vários indivíduos estejam envolvidos na geração de vendas farmacêuticas e a contribuição do divisor de lucros à produção da equipe seja amplamente não observável. Nenhum cartão de ponto pode monitorar de forma bem-sucedida a contribuição, talvez porque uma medida de esforço de trabalho que não as horas trabalhadas seja realmente o necessário. O funcionário racional considera, então, suas alternativas. Desde que a remuneração com divisão de lucros exceda a faixa salarial alternativa, ele dedica esforços não observáveis a este trabalho. Passando de 22 horas de esforço de trabalho, no entanto, o funcionário pode obter mais ao trabalhar para oura pessoa pela faixa alternativa T_a. Portanto, o representante comercial desleal (mas racional) se esforça menos no seu território, e assume outro emprego nas horas vagas. Esta resposta previsível é outro aspecto do *problema do risco moral*. Somente um senso *moral* de responsabilidade com seu empregador evita que este problema se torne um *risco* real ao negócio.

Ao prever este tipo de comportamento, o empregador pode decidir retirar a oferta de um contrato puro de divisão de lucros. Vamos ver o porquê. Se houver menos esforço em um território por 28 horas, o empregador economiza o pagamento de lucros divididos igual à área *DFGH* na Figura 15.3, mas perde uma produção avaliada como a área *ECGH* muito maior, e, portanto, fora do valor líquido [*ECGH* – *DFGH* – *AD* (a área de pagamento excessivo para as primeiras 22 horas de trabalho), que é igual à área EDC] relativo a um contrato por faixas que pague comissões por 50 horas de trabalho em uma faixa implícita de T_a por hora. O fato de o esforço de trabalho ser não observável torna o contrato de divisão de lucros não atraente ao empregador quando comparado ao contrato por faixa salarial.

Essa generalização nem sempre é verdadeira. Por exemplo, ao contratar atendentes para estacionamentos, o horário de marcação do cartão e as reclamações dos consumidores (por exemplo, buzinas ou cancelas quebradas) monitoram muito bem a contribuição exigida. Uma política de demissão no contrato de trabalho que torna tarefas em tempo uma condição de emprego motiva a contribuição exigida. Restrições similares de tarefas em tempo e cotas de resultados são empregadas na contratação de arrendatários e agentes de vendas de varejo. Nesses casos, as empresas e seus funcionários desenvolvem formas eficazes para resolver o problema do risco moral. O ganhador do Prêmio Nobel Ronald Coase enfatizou que a negociação voluntária privada entre os diretores e agentes geralmente vai encontrar formas de contratação em torno desses problemas.[9]

O problema do risco moral surge, então, quando as contribuições de um funcionário forem diretamente observáveis apenas por um custo proibitivo. Considere novamente o representante de vendas da indústria farmacêutica, para quem os diários de anotações e monitoramentos aleatórios simplesmente não conseguem detectar o esforço persuasivo necessário para garantir pedidos dos clientes médicos. Alguém pode seguir a trilha do representante de vendas e entrevistar cada médico, depois que os chamados de vendas fossem completados, para tentar detectar a criatividade e a perseverança mostradas por ele, mas, obviamente, esta prática de monitoramento seria proibitivamente cara. Em vez disso, diante de verdadeiras "ações às escondidas", a companhia farmacêutica está mais propensa a apoiar alguns contratos de incentivo com base em desempenho que envolvam benchmarking, em vez de um contrato puro de divisão de lucros.

Durante um período de **benchmarking**, o empregador atribui territórios de vendas que antes registraram baixa produtividade a representantes de vendas acima da média para ver se seus esforços podem alterar a taxa de sucesso por chamados de vendas. Em caso positivo, o empregador conclui que a falta de esforço dos representantes de vendas anteriores foi responsável pelo nível baixo de vendas. Depois de vários benchmarkings, o empregador consegue identificar os representantes de vendas que devem ser mantidos e os que devem ser dispensados. É importante destacar que os "mantidos" poderão continuar com todas as contas produtivas que tiverem desenvolvido.

Para serviços de gestão, no entanto, o problema do risco moral é significativamente mais difícil de resolver. A contribuição de uma gestão sênior à produção da equipe não é o tempo gasto em sua mesa trabalhando na tarefa; em vez disto, temos o que é chamado *capacidade criativa*: formular de forma criativa e proativa a resolução de problemas que podem ainda nem ter surgido. Os gestores são pagos para pensar, não para revirar papéis. A dificuldade surge ao detectar quando a capacidade criativa está sendo aplicada no negócio do empregador, em vez de em outra empresa para a qual o gestor possa estar trabalhando mentalmente. É claro, com o tempo a diferença vai aparecer no desempenho da companhia, mas durante qual período e quão grande será a diferença? Essas questões são difíceis de se responder satisfatoriamente depois que um gerente sênior tenha fugido de suas responsabilidades em detrimento do valor do acionista.

De forma mais problemática, o gestor que faz corpo mole pode nunca entregar os pontos, e aquele que se esforça pode não ser recompensado jamais. Se perturbações aleatórias afetam o desempenho da companhia, é difícil, mesmo depois do fato, separar o "corpo mole" não observável de distúrbios aleatórios negativos. Como, então, os proprietários podem saber quando culpar os gestores seniores por desempenhos fracos da companhia e quando lhes dar o crédito por viradas de mesa positivas? Um mecanismo de governança usado com frequência para analisar essas variações é a **auditoria da companhia**. Os gestores relatam as fontes e usos dos recursos de

---

9 Ver J. Farrell. Information and the Coase Theorem. *Journal of Economic Perspectives*, outono 1987, p. 113-29.

acordo com princípios contábeis geralmente aceitos. Quaisquer variações período a período são, então, avaliadas e verificadas por auditores independentes.[10] Apesar dos esforços especializados, os auditores raramente conseguem separar os efeitos de decisões gerenciais de perturbações aleatórias no desempenho da companhia. Isto é, o problema do risco moral é muito mais difícil de se resolver quando combinado à incerteza do desempenho enfrentada pela maioria das empresas.

Algumas companhias resolvem o problema do trabalho paralelo de gestores ao realizar o benchmarking de um gestor em relação ao outro (em plantas ou regiões geográficas comparáveis). Elas esperam que os efeitos dos fatores do ciclo de negócios e perturbações em séries temporais aleatórias sejam altamente correlacionados entre plantas e divisões, e que os esforços e a criatividade do gestor, portanto, corresponderão ao desempenho diferencial da planta ou divisão. Infelizmente, em geral eles estão errados. Como resultado, companhias japonesas contam com exercícios intensos de construção de lealdade, pressão de grupo e contratos de emprego vitalícios (seguidos de um período probatório) para reduzir o trabalho paralelo mental e outras formas de "corpo mole".

Isolados, nem o esforço escondido (incapacidade de observação) nem a incerteza de desempenho são uma dificuldade especial para principais-proprietários contratando agentes-gestores. O risco moral resultante da incapacidade de observação da contribuição de um gestor pode, por si só, ser resolvido ao designar ao gestor créditos de renda residual atrasados (por exemplo, opções de ações diferidas ou ações restritas). A liquidação *ex post* com um gestor, depois que todos os efeitos de seus esforços e criatividade tenham tido tempo para influenciar o desempenho, cria incentivos baseados em desempenho mais eficientes.

De forma similar, a incerteza do desempenho considerada sozinha cria um problema de alocação de risco que pode ser resolvido facilmente com seguros. De certa forma, os gestores são menos capazes de diversificar do que os proprietários por causa do capital humano específico que geralmente investem em uma relação de longo prazo com seu empregador corporativo. Esta situação resulta em proprietários e gestores avessos ao risco, frequentemente construindo algum tipo de acordo de compartilhamento de risco, como um salário-base garantido combinado com um bônus baseado em desempenho.

EXEMPLO — Opções de ações indexadas na Adobe Systems, Dell e Cisco[11]

Para alinhar incentivos gerenciais e interesses dos acionistas, a maioria das companhias concede regularmente opções de ações diferidas aos seus gestores. Esses bônus baseados em desempenho habilitam o detentor a comprar ações da companhia com um leve desconto do seu valor atual. Se o desempenho da empresa aumenta de modo subsequente, o valor capitalizado aumenta, e tanto os acionistas quanto os gestores saem ganhando. Para usufruir de suas opções, os gestores devem esperar de três a cinco anos, mas, às vezes, conseguem ganhos de 50% a 80%, ou mais. Em 2009, a remuneração dos CEOs nas companhias da *Fortune 500* chegou a uma média de US$7 milhões, 71% dos quais estavam envolvidos com remunerações em ações diferidas ou opções de ações por desempenhos superiores.

Para adquirir ações nesses programas de remuneração diferida, algumas companhias reduzem a equidade expelindo novos papéis, enquanto outras recompram papéis no mercado aberto. Para reduzir os custos dessas "recompras", especialmente em um mercado crescente, algumas companhias, como Adobe Systems, Dell e Cisco, indexam o preço de exercício dessas opções diferidas ao preço médio das ações do setor. Quando todas as companhias relacionadas vão bem, o valor das opções aumenta, assim como o preço de exercício. Como resultado, os gestores não usufruem de suas opções nesta conjuntura, mas, em vez disso, são motivados a superar o desempenho de seus colegas das companhias relacionadas nos momentos bons e ruins.

---

11 Baseado em Stock Options That Don't Reward Laggards. *Wall Street Journal*, 30 mar. 1999, p. A26; Corporate America Faces Declining Value of Options. *Wall Street Journal*, 16 out. 2000, p. A1; The Gravy Train Just Got Derailed. *BusinessWeek*, 19 nov. 2001, p. 118; e CEO Compensation Survey. *Wall Street Journal*, 11 abr. 2005, p. R1.

---

10 Este mecanismo de auditoria é explorado de forma mais profunda no fim do capítulo, no primeiro exercício de caso.

> **EXEMPLO** P&G paga executivos de anúncios com base no seus desempenhos
>
> Procter & Gamble investe mais de US$3 bilhões por ano em publicidade através da Saatchi & Saatchi, Leo Burnett e outras agências de publicidade. Tradicionalmente, as agências ganhavam taxas fixas avaliadas em 15% do valor dos anúncios gasto pelo cliente. Nos anos 1990, Ford, Colgate-Palmolive e P&G romperam este sistema de taxas fixas e começaram a pagar uma tarifa base fixa mais uma bonificação por desempenho. Agora, os executivos de contas dessas agências ganham um salário fixo se as comunicações criativas forem pouco convincentes e as vendas da P&G permanecerem uniformes. Por outro lado, uma campanha publicitária de muito sucesso pode gerar bônus de milhões de dólares se o crescimento de vendas da P&G puder ser atribuído à propaganda. Tanto os clientes quanto os donos das agências e seus executivos de contas agora partilham os riscos das excentricidades dos consumidores, mas um salário-base proporciona uma rede de segurança caso algum infortúnio aleatório ocorra.

Formalizando o problema do principal-agente

A verdadeira dificuldade da contratação gerencial surge, então, quando a impossibilidade de observar a capacidade criativa da gestão e a incerteza do desempenho ocorrem simultaneamente. A coexistência desses problemas constitui o chamado **problema do principal-agente** que a maioria das empresas enfrenta. Determinar *ex post facto* com as equipes de gestão não cria mais os incentivos desejados. Alguns gestores não têm sorte e são culpados quando não merecem, e outros, com sorte, recebem crédito sem ter ganhado.

O problema do principal-agente pode ser formalizado como do tipo de otimização sujeito a restrições duplas. O diretor escolhe uma taxa de divisão de lucros e uma garantia de salário do gerente para maximizar a utilidade esperada do lucro dos principais-proprietários avessos ao risco, em que o lucro depende dos esforços do agente-gestor, do custo do contrato de incentivos gerenciais e de distúrbios aleatórios. Uma **restrição de compatibilidade de incentivos** alinha o esforço escolhido pelo gestor em resposta à participação e ao salário oferecido com o esforço que maximize a utilidade esperada dos principais-proprietários. Isto é, uma divisão de lucro e salário compatível com os incentivos provoca o esforço gerencial e a capacidade criativa exigidos para maximizar o valor para o proprietário. Por fim, a **restrição de participação** garante que o gestor vai rejeitar sua próxima melhor oferta de emprego alternativo.

Na próxima seção, ilustraremos o significado de cada um desses três elementos com um contrato de incentivos linear otimizado, que pode resolver o problema do principal-agente. Entretanto, entenda que um contrato de incentivos gerenciais otimizado é mais fácil de se descrever do que de conquistar.[12] Veja o segundo exercício de caso, no fim deste capítulo, para experimentar equilibrar todos os objetivos concorrentes envolvidos.

Triagem e classificação de talentos gerenciais com contratos de incentivos otimizados

Informações assimétricas surgem em todas as decisões de contratação, mas geralmente têm um papel importante nas decisões de contratação gerencial. Os candidatos ao emprego conhecem todas as informações, mas os possíveis empregadores só têm acesso à informação que os candidatos selecionaram para seus currículos. Assim, entre 19 possíveis informações de currículo que o departamento pessoal possa querer saber, o candidato divulga somente 14. Vamos ver como contratos de divisão linear podem ser usados para selecionar talentos gerenciais com base nessas características não divulgadas – ou seja, a aversão ao risco de um gestor.

Suponha que um grande banco tem duas vagas para as quais deseja gerentes com diferentes aversões ao risco. Um cargo é de vice-presidente assistente para empréstimos de construção comercial em uma cidade com centros

---

[12] Mesmo a solução que descrevemos é limitada a funções separáveis em esforço e rendimento financeiro. O problema geral do principal-agente com proprietários e gestores avessos tem múltiplas soluções, e requer contratos de incentivos *não lineares*, relacionando salário e divisão de lucros ao desempenho da companhia. Ver J. Tirole. *The Theory of Industrial Organization*. Cambridge, MA: MIT Press, 1988, p. 35-54; e D. Kreps. *A Course in Microeconomic Theory*. Princeton, NJ: Princeton University Press, 1990, Capítulo 16.

comerciais sobrecarregados e, consequentemente, taxas de disponibilidade muito altas. O outro é de vice-presidente assistente para gerenciar o portfólio de empréstimo de capital de risco, interagir com os donos de novas empresas start-ups e representar o banco no clube de empresários da cidade. Como você pode suspeitar, o banco tem duas pessoas bem diferentes em mente como candidatos ideais para essas vagas. Na área de construção comercial, o banco busca por um gestor instintivamente cauteloso e consciente em termos de segurança, que vai aproveitar todas as oportunidades para reduzir o grande risco padrão já presente nesta fatia dos negócios do banco. Ambos os trabalhos são listados simplesmente como cargos de vice-presidente assistente, sem mais detalhes.

Dois gestores com treinamento e experiência exigidos candidataram-se. Seus currículos são parecidos. Entretanto, sem o conhecimento do banco, um deles dirige um Porsche antigo, sem seguro contra colisões, e tem o paraquedismo como um antigo hobby não divulgado. Em vez do paraquedismo, esse indivíduo (vamos chamá-lo de Arrojado) hoje prefere bungee jumping, que, compreensivelmente, decidiu que seria inapropriado listar como hobby em uma seleção de emprego em um banco. O outro (você adivinhou, a Tranquila) dirige um Land Rover atendido pela concessionária para o qual ela tem o máximo de cobertura de seguro automotivo. Apesar de nunca sair da cidade, Tranquila mantém o Rover no modo de tração nas quatro rodas o tempo todo para garantir a tração extra. Certa vez, ao participar de um coquetel formal com um pequeno grupo de amigos próximos, Tranquila revelou que gastou seu bônus de Natal em "mais seguro", é claro. Pensando que nenhum desses detalhes sejam realmente significativos para o banco, ela também omitiu essas informações no preenchimento do formulário de emprego.

O problema do banco é selecionar esses dois tipos de indivíduos, ambos bem qualificados, para os trabalhos adequados às suas diferentes aversões ao risco. Na Figura 15.4, exibimos o salário-base garantido e a taxa de divisão de lucros, dois componentes de um **contrato de incentivos lineares**. No eixo horizontal estão as várias porcentagens que representam as adições ou *subtrações* ao pagamento de um indivíduo que podem ocorrer como resultado de um acordo de divisão de lucros. Uma taxa de divisão maior inicialmente gera maior esforço e criatividade e resulta em maior contribuição de lucro esperado das atividades do gestor. Com o tempo, com taxas ainda altas, a contribuição de fato cai. As curvas com formato de duas colinas na Figura 15.4 representam os pagamentos com divisão de lucro esperados que permitiriam que a empresa apenas se equilibrasse, sem prejuízo nem lucro, para os pagamentos de incentivos de seus dois gestores. A curva de lucro esperado mais baixa corresponde ao trabalho de empréstimos de construção comercial, e a mais alta é a do trabalho de empréstimo de capital de risco.

Vamos supor que o banco tenha vendas esperadas de US$100 milhões e um fluxo de caixa líquido das vendas de 12%. Portanto, os lucros esperados disponíveis para distribuição aos donos e gerentes chegam a US$12 milhões. Primeiro, o banco obtém respostas para duas ofertas de contratos experimentais para suas vagas de vice-presidentes assistentes. O Contrato A oferece um salário de US$48.000, mais ou menos 0,1% do fluxo de caixa líquido, ou US$12.000, que implica uma possível variação de US$36.000 a US$60.000 de rendimentos. O Contrato B oferece um salário de US$96.000, mais ou menos 0,2%, ou uma variação de US$72.000 a US$120.000. Ambos os contratos não são igualmente atrativos. Um supera o outro; o resultado mínimo do Contrato B excede o rendimento máximo

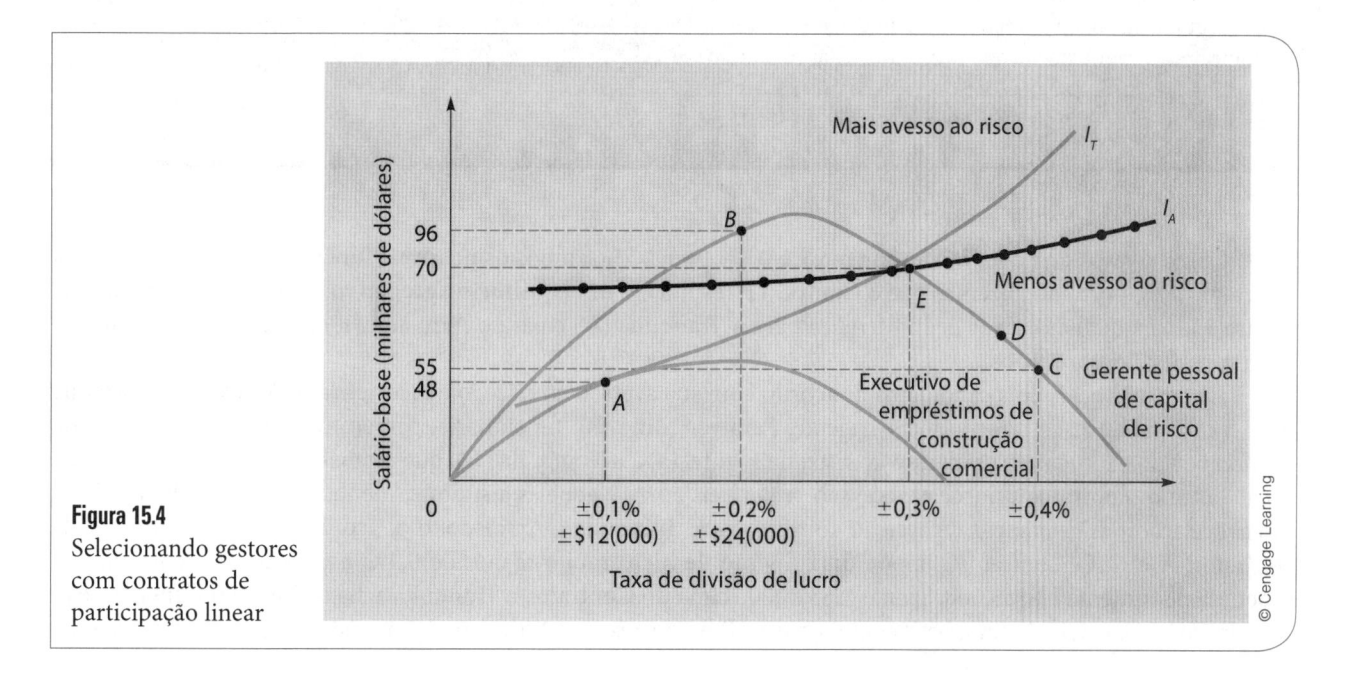

Figura 15.4 Selecionando gestores com contratos de participação linear

O QUE DEU CERTO • O QUE DEU ERRADO

Por que as concessões de ações restritas substituíram opções de ações executivas na Microsoft?[13]

Em 2004, a Microsoft anunciou que usaria aproximadamente US$30 bilhões dos seus US$60 bilhões em dinheiro e investimentos em curto prazo para comprar de volta ações para ser usadas como bonificações. Entre 1995 e 2005, o uso de ações restritas cresceu de 18% para 22% da remuneração dos CEOs. Mas a Microsoft foi além. A companhia se uniu a várias outras empresas que concedem ações restritas, em vez de opções de ações como bônus baseados em desempenho a mais de 10.000 de seus funcionários. Por que mudar as bonificações por desempenho da Microsoft?

Várias razões estão por trás desta mudança. Primeiro, ações restritas não podem ser vendidas se o executivo deixar a companhia. Em contrapartida, uma vez que a opção de ação se torna exercível, ela é tipicamente vendida. Durante o auge da economia de informação, no fim dos anos 1990, as opções da Microsoft criaram literalmente milhares de multimilionários entre seus gerentes seniores. Muitos desses valiosos recursos humanos simplesmente optaram por se aposentar cedo e seguir para outras ocupações. Um antigo executivo adotou o boliche profissional. Outro executivo sênior, Paul Allen, comprou um time de basquete e construiu um museu de guitarras. Espera-se que a mudança dos contratos de remuneração para apresentar ações restritas aumente a retenção de funcionários essenciais em relação à concessão de opções.

Uma segunda razão para o conselho diretor preferir ações restritas é que os gestores seniores geralmente conseguem negociar características que agem contra a contratação por incentivos otimizada. Por exemplo, poucos preços de exercício de opções são indexados em relação ao grupo industrial ou concorrentes estratégicos. Portanto, as opções de ações recompensam a mediocridade quando todos os preços do setor aumentam juntos. Terceira, muitas opções de executivos seniores são "recarregadas". Logo que o contrato de opções se torna exercível (em 2-5 anos), e assim é, os gestores negociam a expedição de novas opções com novos preços de exercício, mas com a data de expiração antiga (geralmente 10 anos). Esta cláusula permite que os executivos lucrem com a instabilidade induzida dos preços das cotas. Eles dão um incentivo poderoso para "lutar com todas as forças" por projetos de alto risco sempre que as opções *in the money* possam ser convertidas em dinheiro imediatamente e, em seguida, substituídas por novas opções que expirem nas datas originais.

Por fim, poucos contratos com opções de ações restringem de alguma forma a capacidade de um executivo "relaxar" sua exposição ao risco ao cobrir os riscos que as opções criam. A venda descoberta de uma opção de posição comprada que una a riqueza do gestor com a dos acionistas é dificilmente justificável, já que o objetivo do pagamento baseado em desempenho é o alinhamento dos incentivos gerenciais com os interesses do acionista. No entanto, o escândalo do fundo de cobertura da Goldman Sachs, em abril de 2010, sugere que este tipo de venda descoberta de posições de consumidores ocorre em Wall Street.

As corporações devem estar determinadas a evitar esta prática na economia real. Ações restritas não têm nenhuma dessas desvantagens.

---

13 Microsoft Ushers Out Era of Options. *Wall Street Journal*, 9 jul. 2003, p. A1; L. Bebchuk et al. Managerial Power and Rent Extraction in the Design of Executive Compensation. *University of Chicago Law Review*, n. 69, 2002, p. 751-846; B. Hall e K. Murphy. The Trouble with Stock Options. *Journal of Economic Perspectives*, verão 2003; Finance 2.0: An Interview with Microsoft's CFO. *The McKinsey Quarterly*, n. 1, 2005; CEOs Get Paid. *Knowledge Wharton*, 3 maio 2006, p. 3.

---

do A. Como o risco aumenta modestamente de 0,1% para 0,2%, ambos os possíveis funcionários são propensos a selecionar B, e, portanto, dizemos que o Contrato B resulta em um **equilíbrio agregativo**. Este efeito é ilustrado na Figura 15.4, na qual as curvas de indiferença para a Tranquila (I_T) e para o Arrojado (I_A) indicam que o Contrato B seria preferido por ambos.

Para separar esses dois candidatos de acordo com sua aversão ao risco, o banco retira o Contrato B e introduz uma transação de risco-retorno mais exigente. Para ver como isto funcionaria, começamos indicando a curva de indiferença do candidato mais avesso ao risco na Figura 15.4, a Tranquila (I_T), que estabelece uma linha de demarcação entre os contratos a noroeste, que são preferíveis ao A, e aquelas a sudeste, menos preferíveis. Para induzir uma revelação das diferenças de aversão ao risco entre Tranquila e Arrojado, o banco oferece, então, um par de contratos, A e C. O Contrato C impõe uma divisão de lucro muito maior, de 0,4%, e oferece uma base salarial esperada de somente US$55.000, apenas US$7.000 acima do Contrato A. Tranquila acha o Contrato C menos atrativo do que o A original e imediatamente diz isto. Em contraste, o Arrojado (I_A), menos avesso ao risco, está tão perto de ser neutro ao risco (isto é, com curvas de indiferença quase planas entre o salário esperado e a divisão de lucros) que prefere o Contrato C.

Esse **equilíbrio separador** no qual Tranquila revela sua forte aversão ao risco rejeitando C em favor de A, enquanto o Arrojado faz o contrário, alcança vários dos objetivos do empregador. Primeiro, esses contratos de divisão de lucros são compatíveis com incentivos, já que produzem esforços e criatividade adequados dos dois gestores enquanto maximizam o valor para os acionistas. Segundo, classificam o Arrojado como o gestor para liderar esse grupo pessoal de capital de risco do banco, e Tranquila como gerente do grupo de construção comercial. As reduções do lucro esperado para remunerar cada gestor teriam sido maiores sem esta combinação de aversão ao risco e tipo de trabalho.

No entanto, um aspecto de contratos de incentivos otimizados permanece sem resposta. A restrição de participação ainda não foi satisfeita. Um empregador alternativo pode oferecer o Contrato D, que atrai Tranquila com um salário esperado maior e um risco de lucro menor, enquanto mantém as propriedades separadas do par de contratos (A, C). Desde que tais melhorias de risco e retorno sejam possíveis, Tranquila continuará se demitindo e seguindo. Somente com o par de contratos (A, E) a compatibilidade de incentivos e as restrições de participação serão satisfeitas; Arrojado seleciona o Contrato E, enquanto Tranquila opta pelo Contrato A, e ambos permanecem como funcionários do banco. Além de resolver a seleção de talentos gerenciais, induzir o esforço apropriado de ambos os gestores e evitar que eles sejam atraídos por ofertas de oportunidades de emprego alternativas, esses contratos de incentivos lineares constituem uma solução para o problema do principal-agente na contratação gerencial.

ESCOLHENDO A FORMA ORGANIZACIONAL MAIS EFICIENTE

No fim das contas, a escolha da forma organizacional (por exemplo, transações em mercado spot, contratação relacional, franquias com divisão de lucros ou integração vertical) depende do que melhor se adapte às necessidades de governança dos donos dos ativos envolvidos. Ativos podem ser **específicos não reimplementáveis** com pouco ou nenhum valor de segundo uso, como plantas remotas e estoques operacionais, ou investimentos não específicos totalmente reimplementáveis, como uma aeronave corporativa, mercadorias finalizadas populares em estoque e caixa do Tesouro Nacional. Além disso, alguns ativos são investimentos dependentes ou exclusivamente complementares (por exemplo, um hardware especialmente projetado e um software com arquitetura fechada), enquanto outros não (por exemplo, uma central elétrica projetada para funcionar com gás natural, carvão ou biodiesel). Um exemplo clássico dessas dicotomias características dos ativos é uma fábrica de aço laminado pertencente a uma companhia como Republic ou U.S. Steel, que exige um forno de combustão, um conversor, um forno de redução e um laminador. Como a fusão do minério e depois do metal requer energia substancial, essas plantas são localizadas perto umas das outras para evitar despesas com reaquecimento. No entanto, a questão da organização não é se as operações serão fisicamente integradas e em locais adjacentes, mas se serão pertencentes e administradas de forma conjunta ou separada.

Em uma ponta do espectro, a recontratação no mercado spot é eficiente para ativos duráveis reimplementáveis que não dependem de outros ativos complementares. Veículos de locadoras são uma boa ilustração desses ativos que podem ser alocados entre mercados spot sem perda de eficiência, como mostrado no canto superior esquerdo da Tabela 15.3. A característica limitadora desta forma organizacional, no entanto, é o potencial inerente de "quebras contratuais" na renovação frequente de contratos no mercado spot. Se uma das partes tem ativos não reimplementáveis (por exemplo, um forno de combustão de uma siderúrgica ou um estádio de uma franquia de esportes), a recontratação no mercado spot proporciona muitas oportunidades para engenheiros ou atletas exclusivos se apropriarem do valor excedente em qualquer relação de negócios. Donos de ativos não reimplementáveis desejam evitar este risco de quebra contratual ao garantir contratos de fornecimento de longo prazo.

Ativos dependentes são ativos duráveis não reimplementáveis que devem ser revendidos em mercados de derivativos por menos do que seu valor no primeiro uso. Estes são altamente específicos para seu uso atual por causa do investimento de custos incorridos não recuperáveis na aquisição, distribuição ou promoção. Equipamentos especiais em localizações remotas, como uma mina de bauxita, são o tipo de ativo dependente mais comum. Onde os ativos são dependentes de complementos únicos (como uma fábrica de alumínio) para obter qualquer valor adicional substancial, tem-se o potencial máximo para quebras contratuais na recontratação no mercado spot. Além de todos os custos de negociação que este tipo de situação produz, essas iniciativas "tudo em um" tendem a receber investimentos mais baixos do que seria ideal.

Relações de dependência entre ativos podem ser uni ou bilaterais. Fabricantes com distribuidores independentes são um bom exemplo de relação dependente bilateral envolvendo ativos dependentes. Cada uma das partes da relação fabricante/distribuidor de um Volvo GM Heavy Truck Corporation é igualmente dependente da outra. Nestes casos, revendedores independentes gravitam em direção a contratos com restrições verticais com uma divisão de lucros fixa, como mostrado no canto inferior direito da Tabela 15.3.

Quando os ativos dependem de complementos únicos, mas não são dependentes por causa de sua substancial capacidade de ser reimplementados, as partes geralmente adotam **contratos relacionais** de longo prazo baseados em desempenho. Jatos e pilotos corporativos reimplementáveis são uma boa ilustração. Os pilotos não precisam ser donos das aeronaves ou obter contratos fixos de divisão de lucros para operá-las. Em vez disso, como indicado na Tabela 15.3, a forma organizacional eficiente para uma companhia de frete aéreo é normalmente composta por contratos relacionais de longo prazo com pilotos em prontidão que reportam em curto prazo tarefas fragmentadas. Esta aliança funciona bem, e tanto os pilotos quanto os donos das aeronaves entendem que a longevidade e confiabilidade da relação aumenta o valor relativo à recontratação no mercado spot.

Pepsi e Starbucks firmaram uma aliança para vender o Frappuccino gelado em máquinas de refrigerantes. Os ativos da Starbucks nesta aliança são reimplementáveis, mas dependem unilateralmente de qualquer uma das várias companhias com dezenas de milhares de máquinas de refrigerantes. Portanto, novamente citando a Tabela 15.3, a aliança Starbucks-Pepsi é uma forma organizacional eficiente. Para usar um exemplo relacionado, a biotec-

TABELA 15.3 Formas organizacionais eficientes dependem das características dos ativos

	Ativos duráveis totalmente reimplementáveis	Ativos dependentes não reimplementáveis
Complementos não dependentes ou únicos	Recontratação no mercado spot	Contratos de fornecimento em longo prazo + gestão de risco
Ativos dependentes unilateralmente	Contratos relacionais (alianças)	Integração vertical
Ativos dependentes bilateralmente	Contratos relacionais (*joint ventures*)	Contratos com divisão de lucros fixa

© Cengage Learning

EXEMPLO Revendedores Schwinn e Sylvania ofereceram territórios exclusivos[14]

As companhias Schwinn e Sylvania vendiam suas bicicletas e TVs através de revendedores autorizados que eram proibidos de revender para lojas de bicicletas e de eletrônicos não autorizadas. Embora os revendedores possam carregar outras linhas de produtos, a restrição de revendas lhes dava um território exclusivo. Promotores do Departamento de Justiça dos EUA viram esta restrição territorial vertical como anticompetitiva, não como uma alternativa contratual de transações redutoras de custos aos mecanismos de governança que seria necessária para proteger o capital das marcas Schwinn e Sylvania.

Felizmente para a Sylvania, em Continental T.V., Inc., et al. *v.* GTE Sylvania Inc., 433 U.S. 36 (1977), a Suprema Corte discordou. Neste caso, a Corte reconheceu explicitamente que o capital da marca é um ativo especializado não reimplementável que poderia estar comprometido se revendedores terceirizados pudessem vender o produto Sylvania com planos de marketing não autorizados. Os territórios exclusivos se tornaram, assim, sujeitos a uma análise de razoabilidade, que reconhece o interesse legítimo de um fabricante em esforços de pré-venda e serviços pós-venda compensados pela margem de varejo extra-atribuível ao território exclusivo. Os contratos de divisão de lucro fixos da Sylvania com seus revendedores, quando combinados com territórios exclusivos, são uma forma organizacional eficiente e legal.

---

14 Ver S. Dutta, J. Heide e M. Bergen. Vertical Territorial Restrictions and Public Policy. *Journal of Marketing*, n. 63, out. 1999, p. 121-34.

nologia da Genentech é totalmente reimplementável, mas depende unilateralmente de parceiros de mercado gigantes, como Pfizer ou GlaxoSmithKline. Como resultado, a Genentech entrou sistematicamente em 10 parcerias de marketing, 20 acordos de licenciamento e inúmeras alianças de desenvolvimento de produtos com grandes produtores de medicamentos. Em contraste, Coca-Cola e Nestlé desfizeram uma aliança recentemente para vender os chás gelados Nestea e Lipton e máquinas de refrigerantes. Nenhuma das empresas é dependente unilateralmente da outra, já que cada uma tem diversos outros parceiros disponíveis.

Em contraste, considere a dependência bilateral de um contrato relacional entre um montador de PCs e um fornecedor de chips. Sem os chips de computadores especialmente desenvolvidos da Motorola, os iMacs da Apple

O QUE DEU CERTO • O QUE DEU ERRADO

Cable Allies se recusa a adotar a WebTV da Microsoft como padrão do setor[15]

A demanda por televisores interativos com acesso à Internet, compras on-line, esportes interativos e e-mail cresceu rapidamente em salas de espera de hotéis e aeroportos, mas lentamente em outros lugares. Companhias de cabo, como AT&T e Time Warner, parecem mais propensas a impulsionar a adoção dessas smart TVs em domicílios por meio do aluguel de decodificadores a clientes residenciais. Depois de adquirir a WebTV (agora renomeada MSN TV) por US$425 milhões em 1997, a Microsoft mudou para uma estratégia de alianças para garantir a adoção de seu complexo software pelas operadoras de TV a cabo. O produto interativo de WebTV da Microsoft, conhecido como UltimateTV, foi amplamente implementado entre companhias concorrentes de serviço a cabo que lutavam para se manter totalmente reimplementáveis entre os provedores de softwares de TV interativos. Como a Microsoft/UltimateTV era unilateralmente dependente de provedores de cabo, que tinham inúmeras outras formas de gerar valor sem ela, uma aliança era a forma organizacional eficiente para essas características de ativos.

A oferta de produtos da Microsoft exigia a inconveniente arquitetura de software do Windows CE. Decodificadores padrão não tinham memória ou microprocessadores rápidos o suficiente para suportar seu sistema operacional. Em consequência, a Microsoft investiu mais de US$10 bilhões para coprojetar redes de entretenimento digital e novos decodificadores com sete companhias de cabo de todo o mundo (AT&T: US$5 bilhões; Telewest Comm, no Reino Unido: US$2,6 bilhões; Comcast: US$1 bilhão; e outros US$1,2 bilhões com Rogers, NTL e UPC, no Canadá e na Europa). Em troca, a AT&T Broadband e sua subsidiária TCI prometeram contratos de vendas futuros para um total de 10 milhões de decodificadores que empregavam o software Microsoft CE em uma unidade fabricada pela Motorola, o DCT5000. Hoje, 250.000 DCT5000 aguardam amontoados em um armazém de Seattle. O software da Microsoft era simplesmente muito complexo, muito caro, e chegou muito atrasado.

Os custos totais de instalação das redes de cabo do DCT5000 da Microsoft decolaram para US$500 por decodificador residencial. Ainda assim, pesquisas de marketing mostraram que os assinantes de pacotes a cabo estavam dispostos a acrescentar apenas US$5 por mês a suas contas com o objetivo de garantir esses serviços aprimorados. Atrasos contínuos induziram a maior companhia de TV a cabo da Europa, a UPC, a encomendar um software de entretenimento digital para decodificadores da Liberate, rival da Microsoft. A AT&T anunciou então que não tinha planos de implantar o software da UltimateTV, e que a Microsoft poderia construir apenas o substituto para o Guia de TV on-line. Se as empresas de TV a cabo tivessem permitido que a UltimateTV da Microsoft se tornasse um padrão do setor, uma integração vertical total teria sido garantida. Os ativos de entretenimento digital da Microsoft teriam sido, então, unilateralmente dependentes dos provedores de serviços a cabo, cujos ativos não seriam mais reimplementáveis. Certa vez, quando Bill Gates estava apresentando a UltimateTV como um possível padrão do setor, o presidente de uma empresa de TV a cabo, Brian Roberts, brincou, sugerindo que a Microsoft comprasse todo o setor.

Recentemente, Google TV e Apple introduziram parcerias de canal alternativas para alcançar o usuário final. A Intel lançou sua própria WebTV.

---
15 Baseado em Microsoft's Blank Screen. *The Economist*, 16 set. 2000, p. 74; Set-Top Setback: Microsoft Miscues. *Wall Street Journal*, 14 jun. 2002; Intel to Launch WedTV. *Wall Street Journal*, 13 fev. 2013, p. B1.

teriam pouco valor, e sem os iMacs, esses chips da Motorola também teriam pouco valor. Ainda assim, cada fabricante faz investimentos de confiança específicos para as decisões de projeto do outro parceiro. Portanto, como indicado na parte inferior esquerda da Tabela 15.3, *uma joint venture* é a forma organizacional eficiente. O termo *joint venture* geralmente é reservado para relações bilaterais que estabelecem uma identidade legal corporativa separada. O Apêndice 15A aborda mecanismos de revelação compatíveis com incentivos para extrair informações de custos assimétricas de parceiros de *joint ventures* que permanecem como companhias separadas e distantes.

Por fim, quando ativos dependentes são recursos unilateralmente dependentes ou complementos exclusivos, a forma organizacional mais eficiente é a integração vertical. Fábricas remotas de alumínio são unilateralmente dependentes das minas de bauxita próximas. Em contraste, como a bauxita pode ser enviada para qualquer lugar, os donos da mina não dependem da fábrica de alumínio local. Ambos os ativos envolvem custos substanciais de investimento não reembolsáveis, mas apenas a fábrica de alumínio remota é um ativo durável não reimplementável (isto é, com pouco valor para outras companhias se a fonte de bauxita dos arredores não estivesse mais disponível). Nesta situação, é necessária uma integração vertical estabelecida pelo fabricante de alumínio com o objetivo de evitar quebras de contrato oportunistas feitas pelos donos da mina de bauxita.

Às vezes o valor capitalizado é unilateralmente dependente de uma empresa complementar *posterior* única. O enorme sucesso que o eBay tem tido ao atrair vendedores de itens exclusivos para sua rede de compradores tornou necessária uma plataforma de pagamentos eletrônicos. Em 2002, PayPal capturou este mercado, registrando 12 milhões de domicílios e 3 milhões de empresas (28.000 novos usuários por dia) que desejavam autorizar cobranças de cartão de crédito com nada mais em troca do que um endereço de e-mail e uma quantia a ser cobrada. Em certo ponto, 61% dos 30 milhões de pagamentos no PayPal eram transações geradas pelas 150 milhões de postagens do eBay. Em consequência, em julho de 2002 o eBay pagou US$1,4 bilhões para adquirir o PayPal, e assim integrar verticalmente a empresa adquirida. PayPal se tornou um complemento único para os ativos não reimplementáveis do eBay, e, como indica a Tabela 15.3, a integração vertical foi a forma organizacional eficiente.

EXEMPLO Samsung cria subsidiária de sua unidade de discos rígidos[16]

Samsung, Hynix e Toshiba são os reis do negócio de chips de acesso direto aleatório e de memória flash, com 40%, 30% e 10% de participação de mercado respectivamente. Samsung e Toshiba desfrutam de margens brutas de 20% em parte porque seus rendimentos fabris são altos, mas também porque uma única planta de fabricação pode produzir 10 milhões de chips por mês e geralmente requer até US$1 bilhão de investimento de capital. Essas barreiras para a entrada (economias de escala e necessidades de capital) estão se afastando dadas as pequenas margens líquidas, especialmente se as plantas forem não reimplementáveis para outros usos. Certa vez a Samsung investiu em uma unidade de discos rígidos, um ramo de *commodity* no qual Seagate e Western Digital ganham apenas 4% de margens brutas, e obteve 7%. Com frquência, a Dell negocia seu contrato de fornecimento para comprar discos rígidos, acabando com a competição de um concorrente com o outro a cada três meses. Recentemente, a Samsung vendeu seu negócio de discos rígidos para a Seagate por US$7,4 bilhões depois do fracasso ao conseguir o retorno líquido do investimento durante vários anos. A questão é se as características do ativo realmente garantiram a integração vertical da Samsung dentro da unidade de discos rígidos.

Comparando a Tabela 15.3, as fábricas de chips da Samsung eram ativos dependentes não reimplementáveis sujeitos unilateralmente às unidades fabris de discos rígidos. Porém, as fábricas de discos rígidos poderiam adquirir componentes de uma variedade de fornecedores substituíveis. A Western Digital constrói muitos dos outros componentes da unidade de disco em uma cadeia de suprimentos total e verticalmente integrada. A Samsung aparentemente descobriu que a construção de todos os componentes de seus discos rígidos, exceto os chips necessários, não era lucrativa. Por isso, mais integração vertical, e não menos, foi o que se provou eficiente.

---

16 Baseado em S. Mumudi. Samsung Consider Sales of Hard-Drive Unit. *MarketNotes*, 17 abr. 2011.

PERSPECTIVAS INTERNACIONAIS

ECONOMIAS DE ESCALA E *JOINT VENTURES* INTERNACIONAIS NA FABRICAÇÃO DE CHIPS[17]

Aproximadamente 12 grandes companhias de eletrônicos dos Estados Unidos, Europa e Japão já estiveram envolvidas na produção de chips de memória. Os custos iniciais para cada geração de chips eram incríveis. Por exemplo, o custo do desenvolvimento do design e produção da tecnologia de um chip de 64 megabit de memória estava estimado em algo entre US$600 milhões e US$1 bilhão. Uma vez desenvolvidos, os chips exigem, então, um investimento de US$600 milhões a US$750 milhões em uma fábrica que produz até 10 milhões de chips por mês.

Por causa das características do ativo e das enormes economias de escala disponíveis nessa estrutura de custos, muitas das companhias semicondutoras envolvidas nesses esforços de pesquisa e desenvolvimento formaram *joint ventures* internacionais para dividir os altos custos fixos e riscos envolvidos. Algumas dessas parcerias incluem:

Companhia norte-americana	Parceiro estrangeiro
AT&T	NEC (Japão)
Texas Instruments	Hitachi (Japão)
Motorola	Toshiba (Japão)
IBM	Siemens (Alemanha)

Inicialmente, essas *joint ventures* tinham várias formas. Por exemplo, AT&T e NEC concordaram em trocar tecnologias básicas de fabricação de chips. Seus segredos comerciais reimplementáveis foram aprimorados pelo conhecimento complementar exclusivo do parceiro de *joint venture*, em coerência com a Tabela 15.3. De forma similar, a Texas Instruments e a Hitachi concordaram em desenvolver um processo de design e manufatura comum, e, em seguida, realizar a produção em baixo volume juntas, mas a produção e a comercialização em massa permaneceriam separadas. A comercialização conjunta não era reimplementável a outras companhias, mas exigia a coordenação de um acordo de divisão de lucros fixo. Veja novamente a Tabela 15.3.

Por fim, uma *joint venture* entre Motorola e Toshiba consolidou a produção de milhões de chips de memória por mês para concretizar o potencial de sólidas economias de escala em sua terceirização codependente e totalmente reimplementável.

---

17 Baseado em The Costly Race Chipmakers Cannot Afford to Lose. *BusinessWeek*, 10 dez. 1990, p. 185-87; e Two Makers of Microchips Broaden Ties. *Wall Street Journal*, 21 nov. 1991, p. 84.

Teoria do prospecto motiva *full-line forcing*

Por vezes, a amplitude do controle hierárquico (isto é, os limites da empresa) é determinada pelo marketing mais eficiente. Psicólogos sociais já notaram, há tempos, que pessoas compram tanto bilhetes de loteria quanto seguros contra invalidez. Daniel Kahneman e Amos Tversky criaram uma hipótese de que as pessoas preferem risco em níveis de riqueza abaixo de sua posição socioeconômica atual e são avessas ao risco acima (como mostra a Figura 15.5). Isto é, o valor absoluto de suas perdas de utilidade é percebido como maior, às vezes muito maior, do que um ganho de utilidade com um mesmo valor monetário.[18]

Em uma categoria de produto como minivans, sua observação foi que os indivíduos que contemplam um modelo de Caravan SE com opções completas por US$22.000 perceberão a queda na satisfação ao reduzir para um modelo básico de Caravan de US$17.000 como muito maior do que o aumento da satisfação associado a abrir mão de mais US$5.000 para comprar um modelo Caravan LX ou SXT de US$27.000. O fato de que as perdas percebidas superam possíveis ganhos do mesmo valor reflete o teorema da **teoria do prospecto**, que tem muitas implicações sobre os limites ideais de uma empresa.

Primeiro, os comerciantes são bem aconselhados a distribuir produtos de teste ("experimente agora, pague depois"), porque a perda de utilidade se o consumidor considerar a devolução do produto e ficar sem nada vai ser maior do que a utilidade obtida pelo possível consumo adicional com o dinheiro economizado. Segundo, os geren-

---

18 D. Kahneman e A. Tversky. Prospect Theory: An Analysis of Decision under Risk. *Econometrica* 47, n. 2, mar. 1979, p. 263-91; e C. Camerer. An Experimental Test of Several Generalized Utility Theories. *Journal of Risk and Uncertainty* 2, n. 1, abr. 1989, p. 61-104.

tes de recebimentos são aconselhados a pedir aos consumidores que renunciem a algo futuro para pagar pelo produto (por exemplo, um bônus previsto para o fim do ano, restituição de impostos ou um programa de passageiro frequente). Novamente, o pagamento em forma de consumo adicional antecipado será percebido como menos indesejável do que um gasto em dinheiro equivalente, que significa desistir de outro consumo atual.

Por fim, as empresas com marcas caseiras de boa qualidade devem encorajar marcas premium no canal, estas, por sua vez, devem encorajar a introdução de marcas superpremium. Se nenhum arranjo do canal de distribuição puder ser obtido, a implicação é que a empresa que vende marcas com preços moderados deve comprar marcas premium. Se não existir nenhuma, as empresas são aconselhadas a desenvolver suas próprias marcas e introduzi-las no canal. Hanes Hosiery segue uma estratégia de produto "bom, melhor, excelente" com marcas privadas L'eggs e Hanes. Marriott desenvolveu seus Fairfield Inns, Courtyard by Marriott, Marriott Resorts e International Hotels, e agora o Ritz Carlton. A Gap lançou não só a marca popular Old Navy, como também adquiriu a luxuosa Banana Republic.

Vamos voltar à Figura 15.5 para ver exatamente por que o *full-line forcing* funciona. Revendedores automotivos enfrentam um ambiente competitivo especialmente difícil, com consumidores móveis, inúmeros fabricantes, modelos substitutos e ferramentas de busca pela Internet que comparam os descontos de preços dos revendedores concorrentes em tempo real. Mover a compra repetida de "clientes de toda a vida" para um espectro de produtos do carro básico ao de luxo é uma das chaves para a lucratividade neste ramo. Outra é evitar vender somente automóveis básicos.

Na Figura 15.5, baixar o nível de uma minivan modelo SE completa para um modelo básico faz o consumidor economizar US$5.000, mas sacrifica 50% do valor percebido da linha de produto da minivan (–160 unidades de satisfação, *utiles*, de um total de 320). Gastar mais US$5.000 para subir para um modelo de luxo SXT ou LX coleta somente 30% adicional (+100/320) do valor percebido da linha de produto. Embora as vendas unitárias da concessionária não mudem, a simples presença de modelos LX e SXT leva o consumidor a justificar o gasto de US$5.000 para evitar a falta de utilidade maior do modelo básico, enquanto se parabeniza por evitar pagar mais US$5.000 por um aumento relativamente pequeno na satisfação.

Depois de fornecer serviço e manutenção de alta qualidade (e alta margem) para o SE completo durante vários anos, o revendedor planeja, então, ver o mesmo cliente de volta no showroom dando uma olhada nos modelos SXT. Novamente, o *full-line forcing* pode encorajar a venda do modelo SXT de US$27.000. A economia de US$5.000 ao continuar comprando os SEs com opcionais vai resultar em um falta de utilidade de 30% (–100/320), enquanto a compra de um modelo Town and Country, US$5.000 mais caro, na Figura 15.5, aumentaria a satisfação em apenas 40 *utiles*, 12,5%. Igualmente, o comprador cuidadoso, depois de comparar os custos e benefícios marginais, decide sair com o SXT, e o revendedor se alegra.

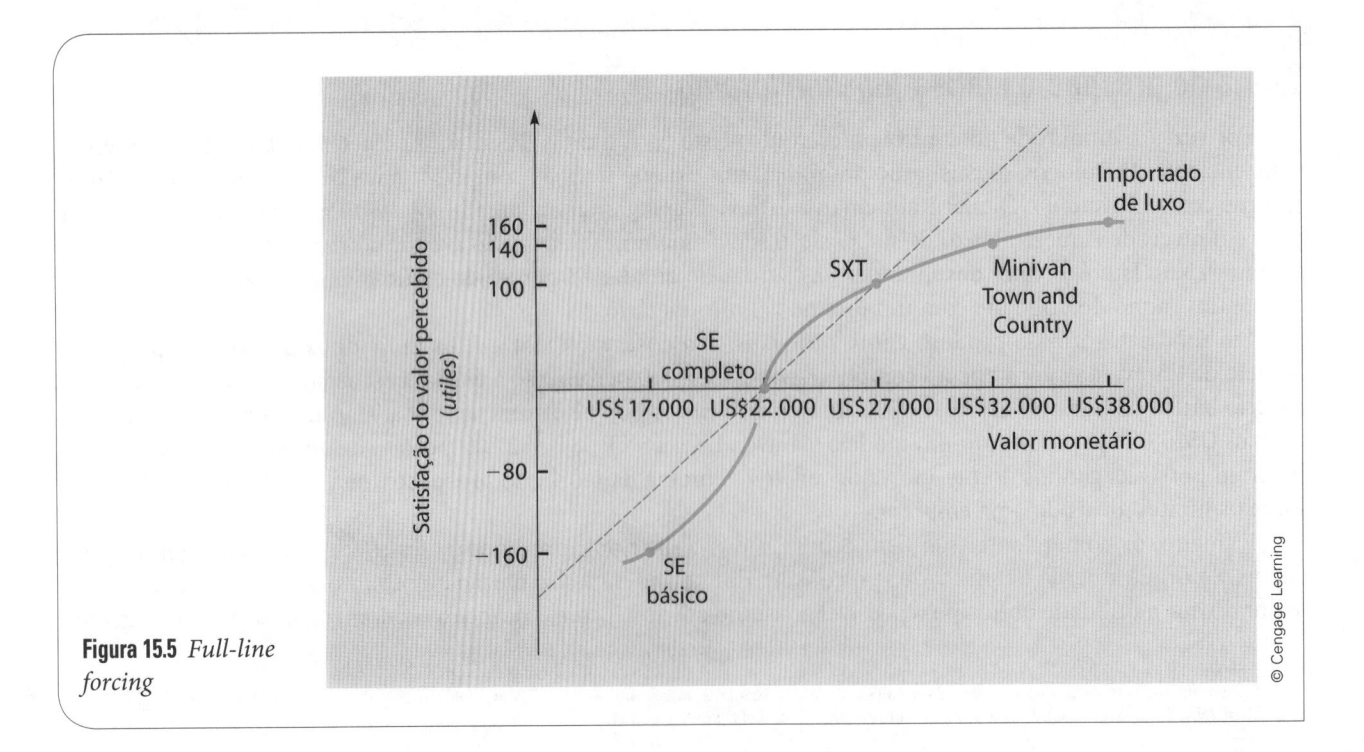

Figura 15.5 *Full-line forcing*

> **EXEMPLO** Full-line forcing em canetas, aspirinas e multivitamínicos na Walgreens e CVS
>
> Talvez o aspecto mais incrível da teoria do prospecto seja o grau com que as participações de mercado do varejo podem ser alteradas pela prática do *full-line forcing*. Walgreens e CVS controlam totalmente a política do canal de distribuição de suas drogarias. Marcas próprias das lojas podem ser vendidas ao lado de marcas nacionais. Suponha que a Aspirina da CVS, 100 tabletes de 80 mg, por US$2,89 garanta uma participação de mercado de 30% contra um produto genérico da aspirina com 100 unidades de 80mg por US$1,50. A CVS pode alocar espaço adicional em prateleira para analgésicos de outras marcas, como Bayer, por US$2,70, e Tylenol, por US$4,29. Não surpreendentemente, a participação de mercado da aspirina da CBS cai se um produto da Bayer for introduzido. Mas o que é flagrante é que, em todos os casos, a introdução do Tylenol aumenta as vendas da aspirina da CVS para 40% da participação de mercado, reduz a aspirina genérica de 70% para 40%, enquanto o Tylenol atrai 20% do mercado.
>
> Como algumas pessoas sofrem os efeitos colaterais da Aspirina mas não do Tylenol, uma comparação mais justa talvez seja investigar o mesmo experimento com multivitamínicos absolutamente idênticos. As vitaminas da CVS, de US$3,49 por 100 tabletes, podem garantir novamente 30% do mercado em relação aos multivitamínicos genéricos de US$1,99, com 70% da participação de mercado. Introduzir a marca de vitaminas One-A-Day por US$5,19 no canal vai, na verdade, aumentar a participação de mercado do produto da CVS. Isto é, com a estratégia de produto "bom, melhor, excelente", as participações de mercado devem ser assim distribuídas: 40% genérico, 40% CVS e 20% One-A-Day. A falta de utilidade do valor de consumo percebido perdido supera os ganhos de utilidade de mesmo valor. Esta descoberta surge na CVS para tudo, desde multivitamínicos a canetas.

INTEGRAÇÃO VERTICAL

Custos de busca, negociação e quebras contratuais são reduzidos quando transferências internas e sistemas de monitoramento e incentivo internos da empresa substituem a contratação e a recontratação de mercado spot exigidas ao se operar em condição de igualdade com fornecedores externos e distribuidores independentes. Como vimos, os ganhadores do Prêmio Nobel Ronald Coase e Oliver Williamson defendem que esses fatores explicam por que a empresa surgiu como uma forma organizacional, apesar da falta de economia de extensões cada vez mais amplas de controle gerencial.[19] Outro motivo para um fabricante integrar-se verticalmente a montante com fornecedores ou a jusante com distribuidores varejistas envolve a ineficiência da monopolização sucessiva (isto é, a presença de poder de mercado acima do preço em mais de um estágio da produção). Por exemplo, a transferência do controle acionário do Studio Disney para a Pixar (provedor de conteúdo de entretenimento digital) é um método de pré-comprometimento da Pixar para exercer uma restrição de preço superior e não cometer um estrago no mercado inferior. Agora, ilustraremos essas ideias mais a fundo com um estudo detalhado da integração vertical no setor de meias.

Considere, primeiro, um fornecedor de fios que opera em um mercado de produção intermediário competitivo e um fabricante de meias que desfruta de poder de mercado para aumentar o preço de atacado de meias-calças acima de seu custo marginal. A Figura 15.6 ilustra a situação enfrentada por cada empresa quando as entradas de fios são combinadas em proporções fixas com a mão de obra e as máquinas da fábrica para gerar a produção de meias. A curva de demanda externa e sua receita marginal representam as oportunidades de receita do fabricante no mercado atacadista de meias-calças. Devido ao custo marginal da produção de meias (CM_m) e ao preço competitivo do fio ($P_f = CM_f$), o fabricante determina os custos marginais somados da produção de meias e das entradas de fios ($CM_m + CM_f$) igual à receita marginal das meias (RM_m) com produção Q^*. Essa decisão de maximização de lucro da produção conjunta maximiza os lucros das meias ao fixar o custo marginal do fio igual ao produto da receita marginal líquida do fornecedor de fios. Portanto, subtrair o custo marginal a jusante (CM_m) das receitas marginais a jusante (RM_m) deixa a oportunidade de receita *líquida* disponível para o fornecedor de fios a montante

---

[19] Para uma discussão mais abrangente deste assunto, ver S. Hamilton e K. Stiegert. Vertical Coordination. *Journal of Law and Economics*, abr. 2000, p. 143-56.

– isto é $RM_m - CM_m$. Estabelecer essa demanda derivada por fios igual aos custos marginais a montante (CM_f) identifica Q^* como a taxa de transferência preferida pelo fornecedor de fio, bem como a taxa de produção preferida pelo fabricante de meias. Assim, o fornecedor que estabelece o preço do fio de modo a apenas recuperar o custo marginal não impõe restrições de transferência nas operações de meias.

O fabricante de meias da Figura 15.6 não mudaria os preços de entrada dos fios, nem os preços de saída para o atacado, nem a quantidade de transferência se fosse para integrar verticalmente e operar com o fornecedor de fios. Portanto, a integração vertical só pode resultar em desvantagens associadas com uma grande extensão de controle gerencial. Para os lucros $ABCD$ se manterem inalterados, essas desvantagens precisarão ser compensadas por outro fator, como custos de transações reduzidos. Em geral, na ausência de outros fatores, podemos concluir que, na Figura 15.6, o fabricante de meias não tem motivo lucrativo para a integração reversa no ramo competitivo do fornecedor de fios.

Em contraste, no entanto, considere o caso em que o fornecedor tem um processo patenteado exclusivo que, portanto, acrescenta um valor substancial ao processo de manufatura das meias. Na Figura 15.7, a demanda derivada pelo componente fio é novamente $RM_m - CM_m$, e todo o resto a respeito das operações da fábrica de meias permanece como na Figura 15.6, exceto que agora a empresa tem poder de mercado para aumentar seu próprio custo marginal (CM_f). Ao adotar uma segunda marginalização da receita, subtraindo os custos de produção das meias e definindo $RMM_m - CM_m = CM_f$, o fornecedor de fios maximiza os lucros $EFGH$ a montante ao escolher um preço P'_f com a produtividade Q'. Se P'_f excede o custo marginal CM_f a montante, o custo marginal somado enfrentado pelo fabricante de meias agora é maior e, consequentemente, o retorno desejado cai de Q^* para Q'. Embora os preços das meias tenham caído para P'_m, os custos mais altos e a produção menor das operações fizeram que os lucros da empresa (fabricante) caíssem (isto é, $IJKL$ na Figura 15.7 < $ABCD$ na Figura 15.6). Ou seja, a presença de margens de lucro resulta em uma restrição de transferência que de forma inequívoca reduz a lucratividade.[20]

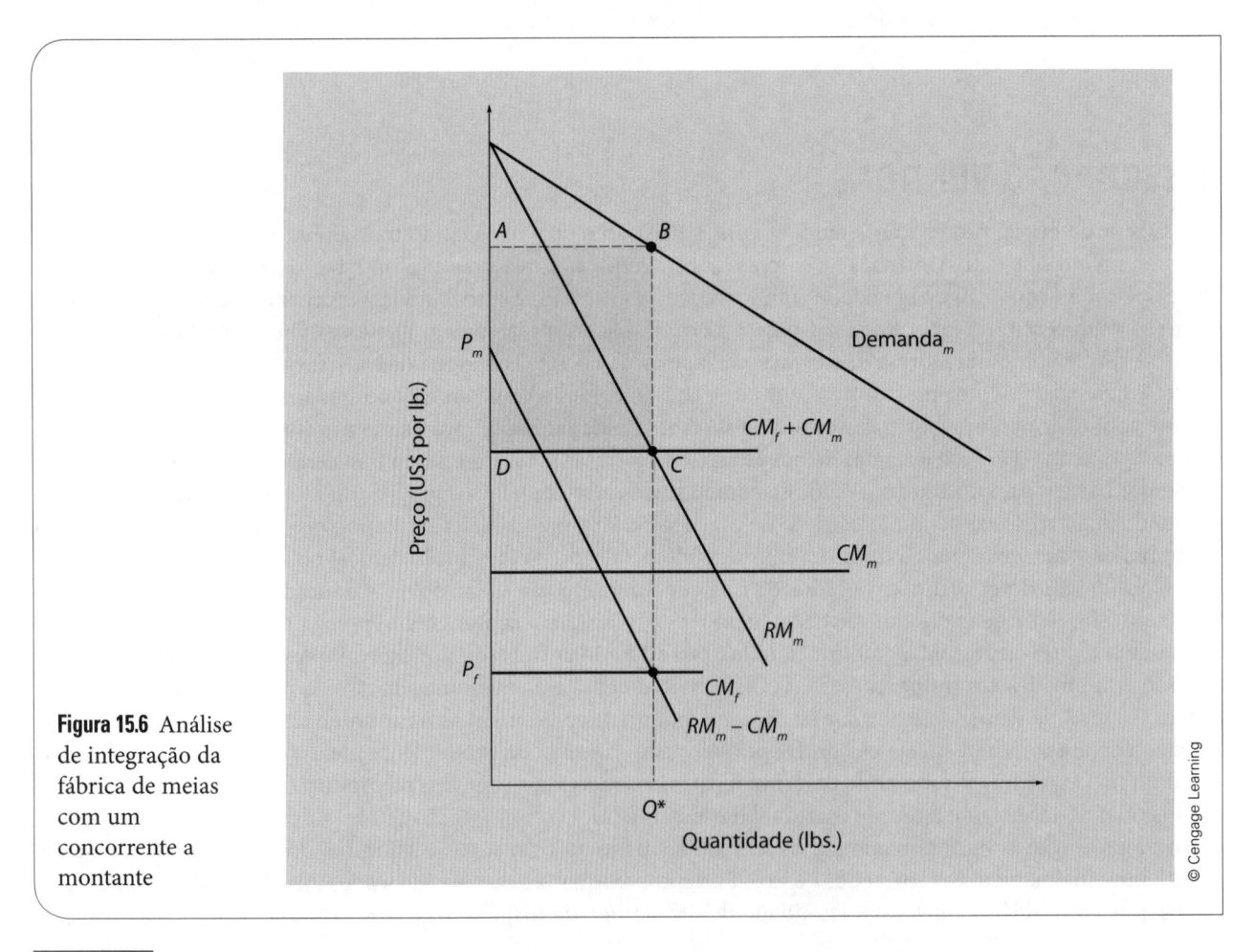

Figura 15.6 Análise de integração da fábrica de meias com um concorrente a montante

---

[20] Esta implicação acontece aqui sem qualificação por causa da produção de proporções fixas, isto é, o mix eficiente de entradas permanece inalterado, apesar da redução nos resultados. Sob proporções variáveis, a integração vertical pode ser motivada ou não, dependendo da sustentabilidade da entrada e das possíveis economias de custo.

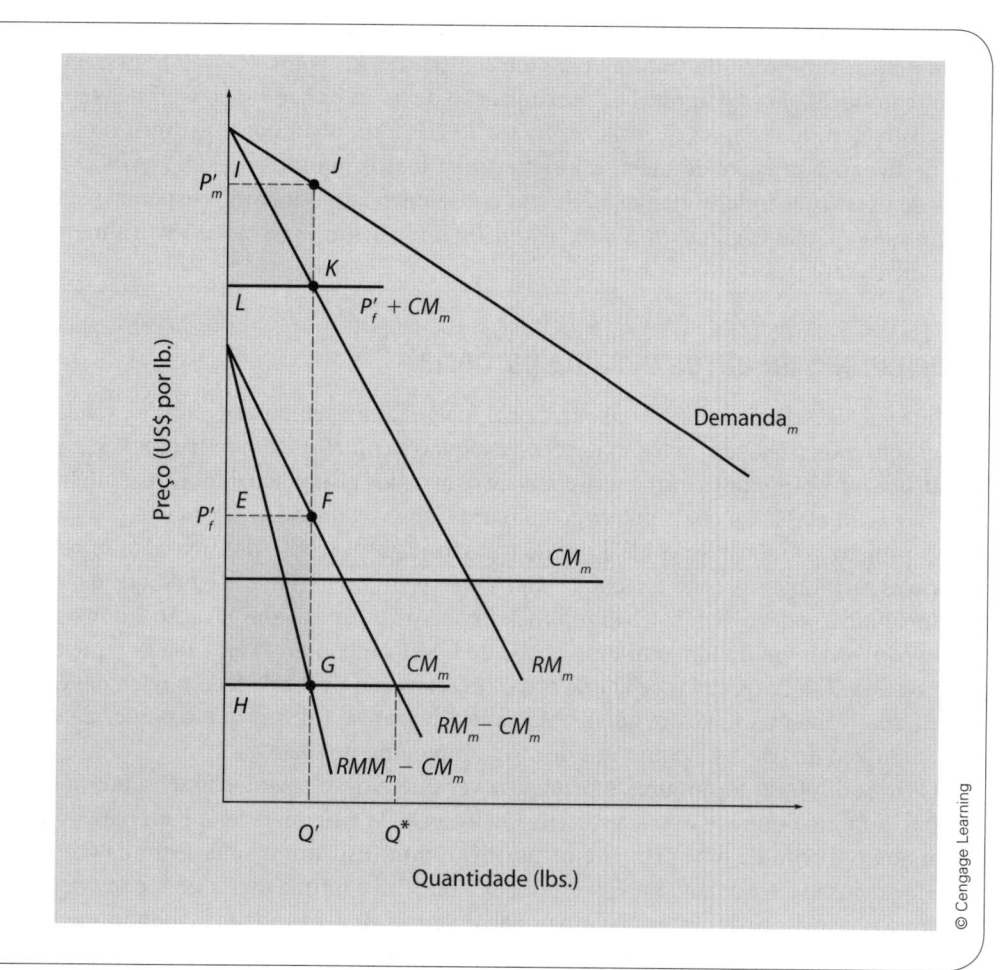

Figura 15.7 Análise de integração da fábrica de meias com um poder de mercado a montante

O QUE DEU CERTO • O QUE DEU ERRADO

Dell substitui integração vertical por virtual[21]

Novos avanços na tecnologia da informação, como o sistema de planejamento de recursos empresariais SAP, aumentaram a amplitude eficiente do controle hierárquico. Em vez de permitir companhias maiores integradas verticalmente, o SAP permite a integração virtual. A Dell Inc. possui quase nenhuma operação de manufatura de componentes para PCs. Em vez disso, terceiriza suas necessidades a centenas de parceiros fornecedores que são ligados em um sistema de monitoramento, adaptação e controle em tempo real através da Internet. Seu modelo de negócios patenteado "feito sob encomenda" deve lidar de forma eficaz com um conjunto extraordinariamente complexo de fluxos de componentes *just-in-time* para dar suporte à montagem do produto final, que envia 10.000 possíveis configurações de produto direto ao consumidor.

A tecnologia da informação tem um papel central nos mecanismos de governança para este tipo de gestão de cadeia de suprimentos quase integrada. Quando este modelo de negócios é bem-sucedido, os requisitos de fábricas e equipamentos caem, o estoque diminui e a alavancagem operacional cresce substancialmente. Com menos investimento de capital fixo do que um concorrente integrado verticalmente, o retorno do capital investido sobe na mesma proporção. As ações da Dell valorizaram 300 vezes nos seus primeiros 15 anos de operações.

---

21 Baseado em Identity Crisis. *Wall Street Journal*, 10 out. 2000, p. C1; Direct Hit. *The Economist*, 9 jan. 1999, p. 55-58; e J. Margretta. The Power of Virtual Integration. *Harvard Business Review*, mar./abr. 1998, p. 72-85.

A integração vertical reversa feita pelo fabricante de meias pode eliminar as margens a montante ao simplesmente definir um preço de transferência interna para o fio como $P_f = CM_f$. Essa mudança vai trazer de volta o rendimento ideal para Q^*, o nível de maximização de lucro para o fio consolidado e as operações de fabricação de meias. Isto é, mesmo depois de pagar os lucros EFGH a montante para garantir os direitos de controle da companhia de fios, o fabricante de meias a jusante tinha lucros líquidos maiores (ABCD − EFGH) do que seu lucro a partir de operações independentes IJKL. Em consequência, poderíamos esperar que essas duas empresas coordenassem suas operações como uma *joint venture* ou um fabricante de meias verticalmente integrado com sua própria distribuição varejista.

A dissolução de ativos em uma parceria

Integração vertical é a forma organizacional mais extrema, em uma escala que vai da terceirização com transações no mercado spot, passando por contratações relacionais e contratos com restrições verticais, até alianças e *joint ventures*. No Apêndice 15A veremos a forma sutil com que os arranjos institucionais podem alinhar os interesses dos parceiros em uma *joint venture*. Mas, o que acontece quando uma *joint venture* ou uma parceria precisam ser desfeitas?

O projeto do mecanismo ideal para a divisão justa necessita de uma análise sequencial da teoria dos jogos quando as recompensas estão em queda com a passagem do tempo à medida que os jogadores negociam. Suponha que uma parceria deva dividir US$3 milhões em ativos. A única complicação é que os ativos, que os dois parceiros devem concordar em dividir, têm uma queda de US$1 milhão no valor cada vez que uma das partes recusa a divisão proposta. Talvez os ativos sejam fármacos perecíveis ou propriedade intelectual que perde valor rapidamente. Ou, alternativamente, uma vez que os mercados de capital saibam que a parceria está sendo rompida, qualquer valor sinérgico dos dois subconjuntos de ativos rapidamente evapora.

Os dois diretores jogam uma moeda para ver quem deve fazer a primeira oferta sobre como repartir os US$3 milhões. Suponha que Joe vença o sorteio. Quanto ele deveria oferecer a Kim para garantir que aceite sua oferta e abra mão do direito de uma primeira recusa? Kim pode estruturar uma segunda oferta se a primeira divisão proposta for recusada, e ela também vai responder à terceira e última oferta de Joe se a segunda proposta for recusada. Note que o estágio final deste problema ocorre depois de três rodadas, quando os ativos acabarem. Pense sobre quão pouco Kim estaria disposta a aceitar na terceira e última rodada. Kim poderia insistir em mais do que esta quantia na segunda rodada? Qual, portanto, é o máximo que Joe precisa oferecer para desencadear uma aceitação na primeira rodada? Esta partida apresenta uma "vantagem do precursor" ou é melhor ficar em segundo lugar e ser o respondente na terceira e última rodada?

Estas e outras questões relacionadas podem ser respondidas com as técnicas sequenciais da teoria dos jogos do Capítulo 13. Na Figura 15.8, Joe faz a oferta final na extrema direita, mas, como você pode suspeitar, de certa forma o direito de recusa de Kim controla o fim desta partida. Como US$100.000 é preferível a zero, a melhor resposta de Kim é aceitar uma oferta para dividir o milhão final em US$900.000 para Joe e US$100.000 para Kim. Esta análise indica que na rodada anterior (segunda), Kim pode oferecer US$1 milhão a Joe (isto é, US$100.000 a mais do que o resultado final de Joe), e a melhor resposta dele é aceitar. Voltando mais um pouco à indução reversa, esta análise da segunda rodada indica que se Joe oferecer US$1,1 milhão a Kim na primeira rodada (isto é, US$100.000 mais do que o resultado de Kim para a segunda rodada) ela aceitará. Note que estamos ignorando riscos e formas de comunicação que não sejam simplesmente declarar as ofertas. E, também, que partimos do pressuposto de que cada parte acredita que a outra está maximizando o ganho absoluto sem levar em conta a distribuição relativa. Em tais circunstâncias, fazer a primeira *e a última* oferta parece ser vantajoso a Joe.

As características do projeto de mecanismos deste problema incluem a oferta rotativa e o direito de recusa, a falta de comunicação a respeito de objetivos e ameaças verossímeis, e o "cara ou coroa" para decidir quem oferece primeiro. Qualquer uma delas pode ser mudada, o que pode fazer grande diferença. Por exemplo, suponha que a reputação de Kim seja de que ela buscava riqueza relativa, e não absoluta. Neste caso, o resultado (US$0; US$0) seria literalmente preferível à alternativa em que seu parceiro Joe teria US$800.000 a mais do que ela (US$900.000; US$100.000). Mesmo a divisão do último milhão de dólares (US$500.000; US$500.000) não seria preferível a (US$0; US$0). Portanto, somente uma distribuição assimétrica *a favor* de Kim (ou seja, US$400.000; US$600.000, no quadro sombreado) provocaria sua aceitação.

Nas primeiras rodadas, Joe agora sabe que deve aumentar a distribuição desigual em favor de Kim para garantir sua aceitação, e Kim sabe que o mesmo não é verdade no caso de Joe. Devido ao aumento mínimo de US$100.000, Kim considera por meio da indução reversa do resultado da terceira rodada (US$400.000; US$600.000)

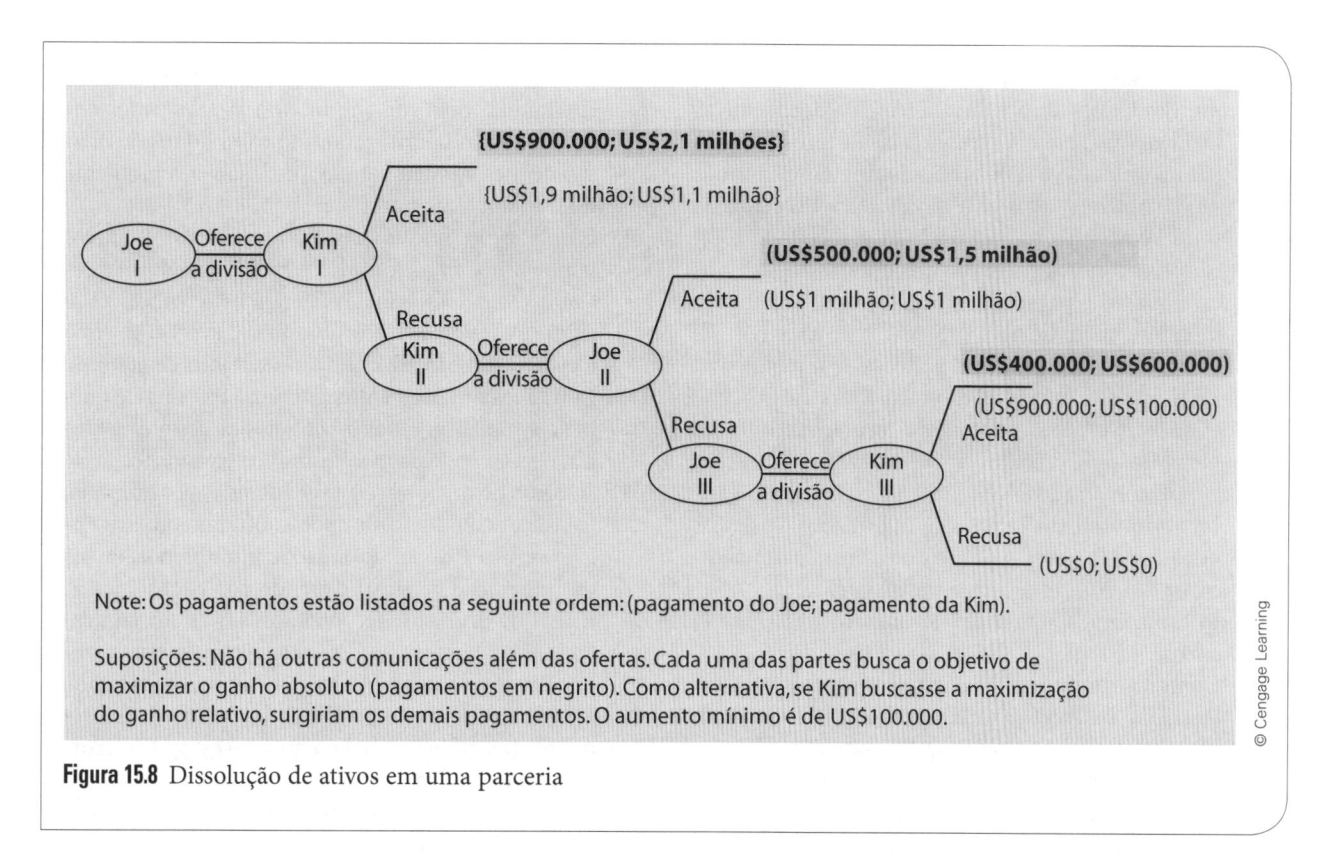

Figura 15.8 Dissolução de ativos em uma parceria

Nota do diagrama:
- Joe I — Oferece a divisão → Kim I
  - Aceita: **{US$900.000; US$2,1 milhões}** / {US$1,9 milhão; US$1,1 milhão}
  - Recusa → Kim II — Oferece a divisão → Joe II
    - Aceita: **(US$500.000; US$1,5 milhão)** / (US$1 milhão; US$1 milhão)
    - Recusa → Joe III — Oferece a divisão → Kim III
      - Aceita: **(US$400.000; US$600.000)** / (US$900.000; US$100.000)
      - Recusa: (US$0; US$0)

Note: Os pagamentos estão listados na seguinte ordem: (pagamento do Joe; pagamento da Kim).

Suposições: Não há outras comunicações além das ofertas. Cada uma das partes busca o objetivo de maximizar o ganho absoluto (pagamentos em negrito). Como alternativa, se Kim buscasse a maximização do ganho relativo, surgiriam os demais pagamentos. O aumento mínimo é de US$100.000.

que pode oferecer apenas (US$500.000; US$1,5 milhão) para garantir a aceitação de Joe na segunda rodada. Por fim, este resultado intermediário indica, pelo raciocínio de ganho relativo que motiva Kim, que Joe deve obter sua aceitação no início das operações ao oferecer uma divisão de (US$900.000; US$2,1 milhões) na primeira rodada. A comparação das ofertas em negrito e as demais na Rodada 1 gera US$1 milhão de diferença se o projeto de mecanismo permitir a comunicação da motivação de Kim de maximizar os ganhos relativos (e não absolutos) em oposição a um mecanismo com parceiros desconhecidos e silenciosos respondendo através de intermediários. Pequenas alterações nos procedimentos institucionais ou na arquitetura da organização fazem uma grande diferença em encontros táticos.

RESUMO

- As empresas fazem escolhas sobre a forma organizacional que define a extensão do controle hierárquico de uma companhia de petróleo verticalmente integrada em um extremo até a fabricante virtual Dell, que terceiriza a fabricação e a montagem de parceiros fornecedores.
- Todas as relações empresariais externas e internas exigem uma solução para os problemas gêmeos de coordenação e controle. Relações empresariais externas podem ser organizadas por meio de transações no mercado spot, contratos de longo prazo ou efeitos de reputação na contratação relacional. Essas formas de organização diferem em tempo, participantes, aplicação e estrutura de informação.
- Contratos com restrições verticais de longo prazo criam uma estrutura *ex ante* para resolver problemas de coordenação e controle entre fabricantes, fornecedores e distribuidores. Como todos os contratos são propositalmente incompletos, o comportamento oportunista *ex post* exige mecanismos de governança para reduzir vários tipos de riscos contratuais. O *problema do risco moral* surge por causa da incapacidade de se observar os esforços no desempenho contratual. O *comportamento oportunista pós-contratual* chamado "quebra contratual" é outro risco contratual comum.
- Problemas de risco moral podem ser mitigados por contratos de incentivos que aliem os interesses de uma das partes com os da outra através de termos

- cuidadosamente escolhidos. Em contratos de empréstimo, esses termos de alinhamento de incentivos incluem cauções de segurança, taxa de juros, período para pagamento e o tamanho do diretor. Os termos são complementados pelo monitoramento pós-contratual e mecanismos de governança, incluindo auditorias, condições não pecuniárias, gráficos escalonados e pagamentos progressivos, proibição e monitoramento de tipos específicos de alterações de balancetes e limitações nas políticas de recebimento.
- As trocas sob informações incompletas e assimétricas são diferentes. *Informação incompleta* trata da incerteza que é predominante em todas as transações e motiva mercados de seguro. *Informação assimétrica*, por outro lado, refere-se à informação particular que uma das partes possui e que a outra parte não é capaz de verificar de forma independente.
- Informações assimétricas levam ao *problema da seleção adversa*.
- Contratos raramente são completos porque *contratos de crédito condicional* totais geralmente são proibitivamente caros. A contratação intencionalmente incompleta permite um *comportamento oportunista pós-contratual* e leva a quebras de contrato. Resolver o *problema das quebras contratuais* na gestão de contratos exige o uso de *mecanismos de governança*.
- Mecanismos de governança incluem o monitoramento interno de subcomitês diretores e grandes credores, monitoramento interno/externo feito por grandes acionistas, auditorias e análises de variância, benchmarking, cultura corporativa que respeite a ética e denúncia de irregularidades.
- A mão de obra gerencial pode ser contratada de diversas formas; por exemplo, salário direto, taxas fixas ou divisão de lucros. Contratos com divisão pura de lucros, entretanto, resultam em trabalhos paralelos porque as contribuições dos gestores (esforços e capacidade criativa) são amplamente não observáveis. O esforço não observável leva ao *problema do risco moral*, que pode ser resolvido ao estabelecer *ex post facto* (por exemplo, com opções de ações diferidas).
- Combinados, perturbações aleatórias no desempenho da empresa e esforço gerencial não observável apresentam um *problema do principal-agente* mais difícil de se resolver. Os principais-proprietários não sabem quando culpar os agentes-gestores por um desempenho fraco ou lhes dar crédito por bons resultados. *Contratos de incentivos otimizados* envolvendo um salário garantido e um bônus de divisão de lucro podem, em teoria, resolver o problema do principal-agente.
- Combinações lineares de salário e divisão de lucros também podem ser usadas para extrair informações assimétricas a respeito de preferências gerenciais, classificar os gestores de acordo com sua aversão ao risco e evitar a seleção adversa na contratação de gestores. Conselhos diretores enfrentam um problema de quebra contratual ao renovar contratos de gestores seniores, necessitando de mecanismos de governança.
- A forma de organização a ser adotada (por exemplo, transações em mercado spot, contratos com exigências verticais de longo prazo, contratos relacionais ou integração vertical) depende dos riscos contratuais que precisam ser evitados. Os riscos contratuais que surgem em relações empresariais dependem das características do ativo, capacidade de reutilização ou especificidade dos ativos fixos e da relativa dependência entre esses ativos fixos e ativos complementares únicos.
- As perdas de utilidade percebidas são frequentemente maiores (em valor absoluto) do que ganhos de utilidade de valor equivalente, o que implica uma função de utilidade híbrida sugerida pela teoria do prospecto.
- A teoria do prospecto indica que os vendedores devem distribuir produtos teste, obter renda prospectiva em pagamentos e realizar *full-line forcing*.
- Integração vertical é a forma organizacional ideal quando os ativos são unilateralmente dependentes de ativos complementares e amplamente não reimplementáveis.
- O projeto de mecanismos otimizados busca motivar comportamentos que maximizem valor enquanto reduz os custos de transação.
- Características do projeto de mecanismos, como primeira oferta, direito da primeira recusa, falta de comunicação e ameaças verossímeis na dissolução de ativos em uma parceria, podem ser analisadas como um jogo sequencial.
- Pequenas mudanças nos procedimentos institucionais fazem uma grande diferença na produção e distribuição de pagamentos.

EXERCÍCIOS

As respostas para os exercícios destacados estão no Apêndice D, no final do livro.

1. Suponha que ocorra uma melhora na efetividade de uma publicidade cooperativa se o distribuidor dividir suas informações superiores imediatas sobre tendências atuais do mercado com o fabricante. Explique como cada um dos itens a seguir poderia afetar o objetivo de divisão de informações:

a. Todos os detalhes da publicidade cooperativa são fixados previamente no contrato de franquia.
b. A publicidade é implementada de forma independente pelo fabricante e pelo distribuidor varejista.
c. Licenças de publicidade cooperativa são descontadas das taxas de franqueamento do distribuidor.

2. Se promessas contratuais não fossem perdoadas por causa de atos de guerra, os clientes de liquidação e compensação do Bank of New York teriam mudado seu comportamento? Se sim, como? Que tipo de comportamento de segurança seria considerado eficiente? Que tipo de comportamento de confiança seria considerado excessivo?

3. No modelo da teoria dos jogos de *workouts* e *rollovers* (Figura 15.2), identifique as consequências específicas de termos de empréstimo que agravam o problema do risco moral.

4. De que forma o credor da Figura 15.2 usa o conhecimento do tipo de ativo alocado pelo mutuário em seu balanço patrimonial para compensar a responsabilidade pela extensão do empréstimo? Condições de empréstimos comerciais geralmente incluem uma restrição precisamente nessa tomada de decisão do balanço – por exemplo, restringir a alocação de ativos estrangeiros de compensação.

5. Se a tonelagem de uma mina de carvão pode ser enviada para qualquer lugar por um baixo custo, mas a central elétrica movida a carvão das redondezas não pode ser implementada para outros usos, que forma organizacional deveria ser adotada pelos donos da central elétrica? Por quê?

6. Operadores de depósitos devem insistir em ter suas próprias companhias transportadoras? Por que sim ou por que não? Quais problemas de coordenação e controle e riscos contratuais essas companhias podem encontrar?

7. Que forma organizacional operadores de depósitos e companhias de transporte por caminhão devem adotar?

8. Ao realizar o benchmarking de alguns representantes de vendas em relação aos outros, quais problemas surgem ao continuar designando representantes acima da média a territórios de vendas improdutivos?

9. Explique como contratos com incentivos otimizados poderiam diferir se o funcionário do banco menos avesso ao risco (Arrojado na Figura 15.4) tivesse gerado o menor lucro esperado (ou seja, a curva mais baixa).

10. No jogo da Divisão de uma Empresa em Decomposição, quanto você ofereceria se os ativos no início da partida fossem US$4 milhões em vez de US$3 milhões? Agora há uma vantagem do precursor ou do segundo jogador? Por quê?

11. Analise as estratégias de equilíbrio de Nash puro e equilíbrio de Nash misto no seguinte jogo de coordenação fabricante-distribuidor. Como você recomendaria reestruturar o jogo para garantir o lucro esperado mais alto para o fabricante?

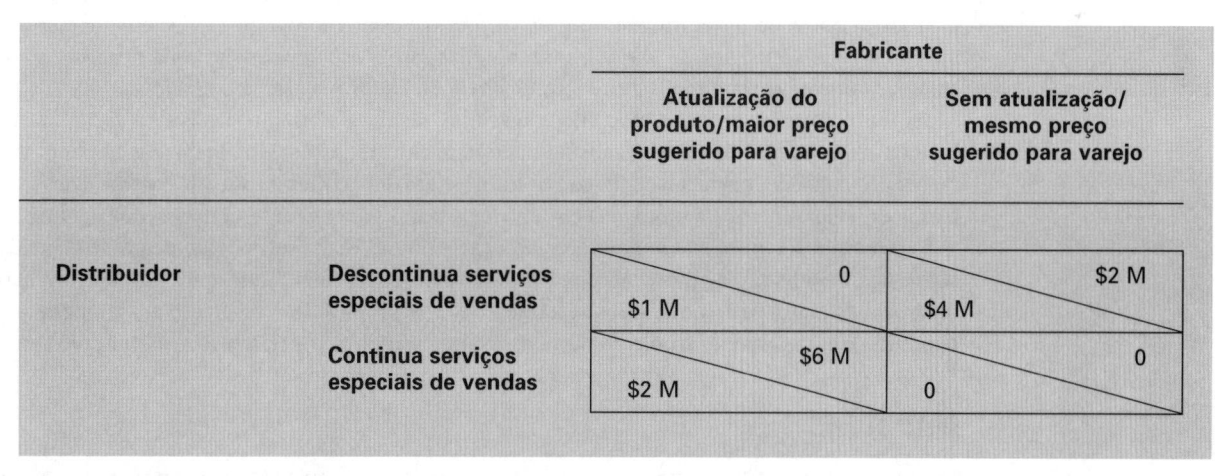

		Fabricante	
		Atualização do produto/maior preço sugerido para varejo	Sem atualização/mesmo preço sugerido para varejo
Distribuidor	Descontinua serviços especiais de vendas	$1 M / 0	$4 M / $2 M
	Continua serviços especiais de vendas	$2 M / $6 M	0 / 0

CASO

BORDERS BOOKS E AMAZON.COM DECIDEM TRABALHAR JUNTAS

A Borders Books, antiga líder da cadeia de livrarias de varejo, entrou em um acordo com a Amazon.com, varejista on-line, para completar os pedidos recebidos pela Internet no seu site Borders.com. Usando a Tabela 15.3 e as questões a seguir, que forma organizacional você indicaria para esta relação de negócios?

Questões

1. Os depósitos, páginas da Web e métodos de venda por um clique da Amazon.com são totalmente reimplementáveis para outros produtos? Se sim, cite alguns deles. Se não, justifique.
2. Os ativos fixos da Borders são totalmente reimplementáveis? Se sim, indique como. Se não, justifique.
3. A Borders depende da Amazon como um complemento exclusivo? Isto é, a Amazon.com é a única potencial companhia que poderia processar os pedidos da Borders feitos pela Internet?
4. A Amazon depende da Borders para indicações ou já tem seu próprio fluxo de pedidos na Internet?
5. Sua resposta é coerente com o contrato plurianual de taxa por serviço entre a Borders e a Amazon.com, segundo o qual a Amazon processa o pedido, envia o livro, registra as vendas e paga uma taxa de indicação à Borders? Um dos executivos da Borders descreveu esta abordagem de vendas on-line como sendo de "baixo risco e baixo retorno", enquanto mantinha o foco da empresa em sua missão central de administrar livrarias. Esta abordagem leva em conta a atração de segmentos do mercado-alvo da Borders pela compra de livros on-line, mas fracassa ao reconhecer que a revolução dos e-books ainda está percorrendo o ramo do comércio de livros. A Borders declarou falência e foi liquidada; a estratégia de negócios não é garantida por uma contratação eficiente.

Desenvolvendo um contrato de incentivos gerenciais

Lembre-se de que, no Capítulo 1, a Specific Electric Co. pediu que você implementasse um contrato de incentivos com pagamento por desempenho para seu novo CEO. Usando seu conhecimento mais aprofundado a respeito do problema do principal-agente, tente novamente.

Divisão de taxas de investimento bancário em um consórcio

Você é o principal subscritor em um consórcio (ou sindicato) de cinco bancos de investimento compostos por você, o coadministrador do sindicato e os membros 3, 4 e 5. O consórcio descobre um acordo com valor de US$100 milhões em taxas. Você deve enviar uma proposta sobre como as taxas devem ser divididas e o sindicato vota, então, pela regra da maioria.

Seu sindicato é racional e democrático no sentido de que a divisão de taxas será decidida com base na maximização dos ganhos absolutos nesta única transação, e os membros também têm razões por conta de reputação em negócios futuros (em que os membros com classificações mais baixas esperam obter mais influência e subir de posição) para obedecer à decisão da maioria.

Se sua proposta for rejeitada por votos no consórcio, você será retirado do cargo de principal subscritor, removido da transação e substituído pelo coadministrador, que, por sua vez, fará uma proposta aos quatro membros restantes. Se essa proposta for rejeitada, ele também será removido e o membro do sindicato número 3 fará a proposta aos restantes, e assim por diante.

Questões

1. O que você, como o principal subscritor, deve oferecer e a quem? [*Dica*: Empregue os métodos de raciocínio de jogo sequencial. Comece pelo fim da partida e trabalhe de trás para a frente.]
2. Existe algo incomum a respeito da divisão dessas taxas entre o sindicato?
3. À luz da surpreendentemente leve alocação para os coadministradores do consórcio, por que algum banco de investimento buscaria este tipo de função?

APÊNDICE 15A

Design de leilões e economia da informação

Neste apêndice, discutiremos desenhos otimizados de mecanismos para leilões e vários outros procedimentos institucionais. Priceline vende passagens aéreas e ingressos para concertos ao solicitar concorrências privadas garantidas por um cartão de crédito, enquanto o eBay posta ofertas com preço ascendente com privilégios de emenda e cancelamento. Estes são exemplos de projetos de mecanismos alternativos para leilões. Geralmente, o objetivo dessas opções de desenho de mecanismos é induzir a revelação de informações assimétricas necessárias para maximizar o valor dos acionistas para os compradores ou vendedores de leilões.

O desenho ou projeto de mecanismos também pode abordar problemas de coordenação e controle em *joint ventures* e parcerias. Especificamente, um contrato compatível com incentivos (CI) pode levar os parceiros a revelar suas informações internas privadas sobre os benefícios percebidos ou projeções de custos preliminares uns aos outros. Sob um contrato CI, cada parceiro arcará com os efeitos de custos líquidos da revelação de suas informações ao outro. Portanto, este tipo de contrato impõe um desenho de mecanismo para a divisão de lucros que serve melhor aos interesses próprios de cada parceiro por meio da revelação completa e verdadeira de informações ao outro. Quando combinado com a compra cruzada de participação acionária, este mecanismo de revelação CI proporciona uma ferramenta poderosa com recursos únicos para parcerias empresariais.

DESIGN OTIMIZADO DE MECANISMOS
Regras do serviço de filas

Uma aplicação simples do conceito de **design otimizado de mecanismos** é a regra do serviço de filas para atender a pedidos de consumidores que esperam pela compra. O método tradicional de atendimento por ordem de chegada cria um padrão ineficiente de chegada de clientes, por exemplo, no local de um concerto. Se a bilheteria abre às 9h, poucos potenciais consumidores chegarão três horas antes ou mesmo na noite anterior. Outros ficarão na fila por duas horas e muitos chegarão para esperar na fila quando a cabine abrir.

O valor que os consumidores estão dispostos a pagar pelos ingressos certamente é afetado pela inconveniência dessa espera. E a subpopulação de clientes que tem menores custos de oportunidade do tempo (e, portanto, estão dispostos a chegar mais cedo, esperar mais e ter maior probabilidade de obter os ingressos) pode não ser a subpopulação que pagará mais pelos ingressos. Por esta razão, muitas agências não se opõem a um cliente rico pagar alguém com menor custo de oportunidade do tempo para ficar na fila, comprar o ingresso e transferi-lo pelo valor nominal a um consumidor com mais disposição a pagar.[1] Em todo caso,

---

[1] Cambistas, é claro, cobrando preços ainda maiores, mas note que este tipo de mercado paralelo revela à agência quanto esses consumidores que não estão dispostos a comparecer nas bilheterias e esperar estão, de fato, propensos a pagar. Esta informação ajuda a agência a definir o preço ideal.

todo esse tempo de espera é desperdiçado, e tempo é dinheiro. Como resultado, se outras regras do serviço de fila mais eficazes forem adotadas, uma parte maior da disponibilidade dos consumidores a pagar poderá ser capturada pelos vendedores de ingressos, promotores de eventos e equipes esportivas.

PRIMEIRO A CHEGAR, PRIMEIRO A SER SERVIDO *VERSUS* ÚLTIMO A CHEGAR, PRIMEIRO A SER SERVIDO

Como alternativa temporária, considere o método "último a chegar, primeiro a ser servido". Sob esta norma do serviço de filas, um consumidor não é incentivado a ficar na fila e esperar. Na verdade, no momento em que a fila se forma, todas as pessoas que estão na frente do último a chegar têm um incentivo para ir embora e ir "cuidar de suas vidas", voltando depois, quando provavelmente houver menos pessoas. Em essência, o projeto de mecanismo do "último a chegar, primeiro a ser servido" removeu os incentivos a comportamentos ineficazes criados artificialmente pela regra da ordem de chegada. Os clientes não preferem chegar cedo e ter picos de demanda. Pelo contrário, foi a regra de serviço de filas não otimizada que criou artificialmente incentivos para chegar cedo e esperar.

Com a regra do último a chegar ser atendido primeiro, em contraste, os consumidores têm um incentivo para dividir suas chegadas ao longo do horário de funcionamento normal da bilheteria. Sempre que uma distribuição de consumidores mais ou menos uniforme durante o dia puder ser estabelecida, a agência de ingressos pode ajustar sua capacidade e configurar seu nível de serviço para lidar com o fluxo constante de clientes que chega e compra com pouca ou nenhuma espera.

Poucas operações de bilheterias adotaram a regra do último a chegar, primeiro a ser atendido. Por quê? Sob esta condição, lembre-se de que qualquer consumidor deve deixar a fila sempre que a chegada de alguém impeça sua prioridade como última pessoa da fila. Mas os clientes não querem voltar muitas vezes à bilheteria. Novamente, tempo é dinheiro. Por isso, os consumidores que estão à frente na fila são propensos a pagar "propinas" para induzir os recém-chegados a partir. De forma previsível, aqueles com maiores custos de oportunidade do tempo vão acabar subornando os que têm custos de oportunidade menores para que voltem depois.

O problema é que este sistema de pagamentos paralelos reduz os recebimentos da agência, porque de muitas formas só substituiu a ineficácia de se chegar cedo e esperar pela ineficácia de chegar, partir e retornar. Os receptores dos pagamentos paralelos não ficam em pior situação porque voluntariamente decidem partir e voltar mais tarde, mas aqueles que pagam os subornos, se voltam à bilheteria, certamente oferecem menos do que teriam pago normalmente. Como o projeto de mecanismo da agência de ingressos pode lidar com esta delicada complicação?

EXEMPLO Envio por contêineres na Sea-Land/Maersk

Historicamente, as taxas de envio de carga por oceano têm sido fortemente regulamentadas com base na categoria da carga (por exemplo, papel, filme, peixe congelado) e rotas de navegação (como Roterdã a Nova York, Liverpool a Jacksonville, Seul a São Francisco). Conferências de companhias de transporte marítimo anunciaram taxas de transporte comum para clientes em ordem de chegada. Mais da metade da carga mundial ainda é movimentada sob contratos de transporte marítimo públicos com essas tarifas uniformes.

Sem a capacidade de ajustar preços, os vendedores maximizaram o volume das cargas. Como espaços vazios em um navio cargueiro perecem como oportunidade de receita no momento em que o navio sai do porto, o único bom navio é um navio cheio. Um navio cargueiro como *Regina Maersk* tem espaço sobre os deques para mais de 700 contêineres. Como resultado, as transportadoras enfileiram grandes volumes de carga antes da partida de cada navio. Neste desenho de mecanismo, o tempo de espera do consumidor se torna um custo implícito substancial, totalizando milhões de dólares por dia que, em outro contexto, poderiam ter ido para o transportador como receita adicional.

Hoje, a desregulamentação está se aproximando rapidamente do setor de transporte marítimo, e um leilão de mercado spot surgiu para espaço em navios com contêineres. A consequên-

Cont.

cia imediata foi o atraso de envios de baixa prioridade, como bobinas de jornal, de uma viagem para a próxima em favor de cargas com impostos maiores, como fármacos perecíveis. Em resposta a este novo ambiente de negócios, a Sea-Land/Maersk otimiza a localização de seus contêineres ao redor do mundo. É designada uma oportunidade de receita líquida prevista para cada contêiner vazio em cada terminal de frete em sua localização atual e nas possíveis localizações ao longo da rota de navegação. As transportadoras que oferecem menos tempo de espera podem cobrar taxas maiores; políticas de "último a chegar, primeiro a ser atendido" estão sendo exploradas para determinados tipos de cargas com altas margens.

Loterias estratificadas para concertos

Loterias e leilões on-line podem ser a chave para um desenho eficiente de mecanismos para a venda de ingressos. Vendas on-line são mais baratas do que por telefone porque não exigem operadores nem os custos de uma linha gratuita, já que os clientes aceitam um ingresso enviado pela Internet ou fax, fazendo que o agente economize, assim, os gastos com o envio. Somente três em cada dez ingressos para entretenimento ao vivo são distribuídos on-line hoje em dia, mas este canal está crescendo muito mais rápido do que as vendas do setor como um todo. Suponha que, em vez de anunciar com antecedência qual posição da fila de clientes será servida primeiro, a agência simplesmente selecione uma posição de forma aleatória. Com efeito, isto é exatamente o que um sorteio pelo direito de comprar ingressos faz. A qualquer momento antes do dia das vendas um consumidor entra no website para obter um número de loteria.

Como os consumidores com baixa disposição a pagar são igualmente propensos a ganhar números de loteria do que aqueles com alta disposição, as agências, como a Ticketmaster, geralmente adotam um esquema de **loteria estratificada**. Os direitos de comprar assentos caros são distribuídos em uma loteria, aqueles com preços médios em outra, e os mais baratos em uma terceira. Em uma data designada, os números vencedores são escolhidos aleatoriamente e registrados no site e em canais de TV de acesso público. Apenas os consumidores com os bilhetes vencedores chegam para comprar os ingressos; e já que a disponibilidade de assentos é garantida, eles não têm motivo para chegar cedo e esperar na fila. Como este projeto de mecanismo de loteria reduz o tempo de espera, a agência de ingressos pode cobrar preços uniformemente altos para cada classe de assentos.

EXEMPLO Leilões on-line e loterias estratificadas na Ticketmaster[2]

A realização de leilões on-line pode apresentar um conflito de interesses à linha de negócios tradicional da Ticketmaster, de adicionar uma taxa de conveniência de US$3 a US$5 pela distribuição computadorizada de ingressos por correio e lojas de música. Como o vendedor de ingressos exclusivo de 70 milhões de assentos anualmente, no valor de US$3 bilhões, a Ticketmaster é cautelosa com a venda de ingressos acima do valor nominal. As equipes esportivas, casas de shows e promotores de eventos suspeitariam, então, que ela estaria cobrando preços menores pelos ingressos originais a fim de cobrar taxas de conveniência em duas, e não uma venda. A Ticketmaster poderia, é claro, simplesmente acatar a determinação dos valores nominais feita pelas arenas e promotores, mas uma alternativa melhor pode estar disponível.

A Ticketmaster e o StubHub.com começaram a conduzir leilões "oficiais" pela Internet para várias equipes esportivas. No ano passado, os New York Jets ganharam quase US$100 milhões com as vendas de ingressos por leilão em nome de detentores de bilhetes sazonais que não poderiam ir às partidas. A maioria das transações ocorreu por cerca de 30% do valor nominal. O time recebeu aproximadamente 10% de sua "entrada" (receita adicional), e o resto foi para o detentor do ingresso. A questão é: que tipo de leilão a Ticketmaster deve projetar?

---

2 Baseado em Ticket Scalpers Find a Home on the Web. *Wall Street Journal*, 4 fev. 1999, p. B1; A Winning Ticket. *The Economist*, 22 ago. 1998, p. 52; S. Rosen e A. Rosenfeld. Ticket Pricing. *Journal of Law and Economics* 40, n. 2, 1997, p. 351-77; e Don't Scalp Us. We'll Scalp You. *BusinessWeek*, 19 abr. 2004, p. 44.

LEILÕES
Tipos de leilão

Nos últimos anos, tudo, desde o *Monday Night Football* a direitos minerários, áreas florestais, passagens aéreas, equipamentos usados, até a frequência eletromagnética, foi alocado ao seu valor mais elevado através de leilões. As opções no design de leilões são inúmeras, como mostrado na Tabela 15A.1. Os lances podem ser *sequenciais* com oportunidades de novas ofertas, como no eBay e na maioria dos leilões imobiliários, ou *simultâneos*, como no Priceline. O valor dos lances pode ser *contínuo* ou restrito por aumentos de *lances mínimos distintos*. Por exemplo, a Bolsa de Valores de Nova York mudou das históricas restrições de um oitavo em aumentos de oferta mínimos para uma decimalização contínua dos preços de seus leilões. Os lances podem ser *selados*, revelados à *viva voz*, ou *registrados* de forma anônima, como no eBay. As ofertas podem ser únicas ou *dinâmicas*, repetidas em rodadas múltiplas com permissão de cancelamento e emendas de lances anteriores (o chamado *lance aberto*). Além disso, os proprietários podem estabelecer um preço de reserva mínimo (a *reserva*), abaixo do qual o item não será vendido, ou permitir que o leilão prossiga *sem mínimo*.

Talvez as diferenças de design mais importantes entre os principais tipos de leilão sejam quem paga, qual quantidade e como o vencedor é determinado. Em alguns leilões, *todos os ofertantes pagam* (por exemplo, no Priceline.com, onde as informações de cartão de crédito precisam acompanhar todas as ofertas). É claro, a maioria dos leilões adota a regra de alocação do *lance mais alto vence e é pago*. O que o vencedor paga (se será seu *lance mais alto* ou, às vezes, o *segundo lance mais alto*) e como o leiloeiro chega ao lance vencedor pode diferir. **Leilões ingleses** ascendem a preços cada vez mais altos com lances em viva voz ou registrados até que o último concorrente faça uma oferta que exceda todas as outras e seja declarado o vencedor.

Leilões holandeses funcionam na direção oposta, identificando o primeiro concorrente a registrar a aceitação à medida que o leiloeiro anuncia uma sucessão de preços de oferta decrescentes. O mercado atacadista de flores na Holanda opera desta forma, por isto o nome: *leilão holandês*. Em *leilões com preços ascendentes* o vencedor leva tudo, mas, em *leilões com preços descendentes*, o vencedor recebe a oportunidade de comprar menos do que a capacidade total disponível para venda, e o leilão continua até que o fornecimento seja esgotado.

Quais dessas e outras características do design de leilões maximizam a receita para o vendedor e quais alocam recursos ao seu uso mais valioso são importantes questões de negócios. Uma ideia bem entendida da teoria do projeto de mecanismos é que a informação assimétrica vai levar a lances tímidos em leilões com preço ascendente, em razão da relutância natural de dar lances mais do que o necessário para ganhar – fenômeno chamado *maldição do vencedor*. Para ilustrar esta maldição, considere a seguinte situação de leilão:[3] Você está desenvolvendo uma estratégia de lances para um ativo cujo valor para o vendedor é uma variável aleatória distribuída uniformemente entre US$0 e US$100. O vendedor conhece este valor, mas não impõe um preço mínimo de reserva ao leilão. No entanto, insiste em pelo menos um pequeno lucro além do US$1 exigido para cobrir os gastos da condução do leilão; todas as outras ofertas serão recusadas. O ativo pode ser um conjunto de direitos de patente ou um terreno para desenvolvimento comercial. Por causa dos diferentes ativos complementares e habilidades, suponha que seu valor seja certamente 50% mais alto do que o valor do ativo do vendedor. Que oferta você deve fazer?

TABELA 15A.1 Uma comparação entre as características do desenho de mecanismos de leilões

eBay	Priceline
Sequencial	Simultâneo
Aumento mínimo de lance	Contínuo
Preços registrados	Ofertas de compra registradas (leilão reverso)
Rodadas múltiplas	Apenas uma vez se o comprador tiver "sucesso"
Lance aberto	Cartão de crédito autorizado imediatamente
Reserva	Sem reserva
Mais alto ganha e é pago	Todos os lances aceitos pagam
Primeiro (maior) preço	Qualquer preço ofertado
Preço ascendente inglês	Preço discriminatório descendente holandês
Feedback consolidado ao vendedor	Vendedor anônimo

---

3 Adaptado de M. Bazemane W. Samuelson. I Won the Auction But Don't Want the Prize. *Journal of Conflict Resolution*, dez. 1983, p. 618-34. Ver também R. McAfee e J. McMillan. Auctions and Bidding. *Journal of Economic Literature*, set. 1987, p. 699-738.

Maldição do vencedor em jogos de lances com informações assimétricas

Se nenhuma das partes conhecer o valor real do terreno em desenvolvimento ou dos direitos de patente, mas apenas a distribuição do valor, um valor esperado de US$50 mais um pequeno prêmio (por exemplo, US$55) inicialmente parece ser uma oferta razoável e que será aceita. No entanto, se o vendedor souber o valor real, considere quais ofertas razoáveis serão aceitas e quais recusadas. Para simplificar a análise, suponha que apenas três ofertas de US$0, US$55 e US$100, e três execuções do valor de mercado conhecido do vendedor, US$0, US$50 ou US$100, são possíveis, como mostra a Figura 15A.1. Vemos que, se o comprador oferecer US$0, sua oferta será recusada qualquer que seja o valor real do ativo. Se o comprador oferecer US$55, o vendedor aceitará a oferta somente quando o ativo valer US$0. Quando o comprador oferece US$100, o vendedor aceita somente quando o ativo vale US$0 ou US$50. Isto é, apenas as ofertas que paguem mais pelo ativo serão aceitas. Essas compensações são mostradas nos quadros pintados à direita da árvore de decisões.

Se todos os três resultados, US$0, US$50 e US$100, são igualmente possíveis, então, o valor esperado para o ofertante no ramo central da árvore de jogo, condicionado à melhor resposta dada pelo vendedor, é 1/3 (–US$55) + 1/3 (US$0) + 1/3 (US$0) = –US$18,33. De forma similar, no ramo mais baixo da árvore do jogo, o valor esperado pelo ofertante é 1/3(–US$100) + 1/3(–US$45) + 1/3(US$0) = –US$48,33. Em resumo, como todas as ofertas razoáveis que permitem que o proponente e o vendedor lucrem serão recusadas, o proponente não deve oferecer nada! Se você ganhar um leilão como este, estará amaldiçoado ao ter pago muito pelo ativo. Bem-vindo à **maldição do vencedor**!

A Tabela 15A.2 lista várias sequências de preço de leilões para tratos de petróleo offshore e direitos de frequência da FCC. A enorme lacuna entre o lance vencedor e o segundo lance mais alto sugere que houve uma maldição do vencedor. O ofertante vencedor do petróleo offshore no canal de Santa Bárbara pagou US$11,4 milhões a mais do que o segundo maior lance. De forma similar, a Wireless Co. pagou US$12,2 milhões a mais do que a oferta da GTE pela licença de frequência de celulares na área metropolitana de Dallas. Sequências de lances para estrelas do esporte profissional são parecidas.

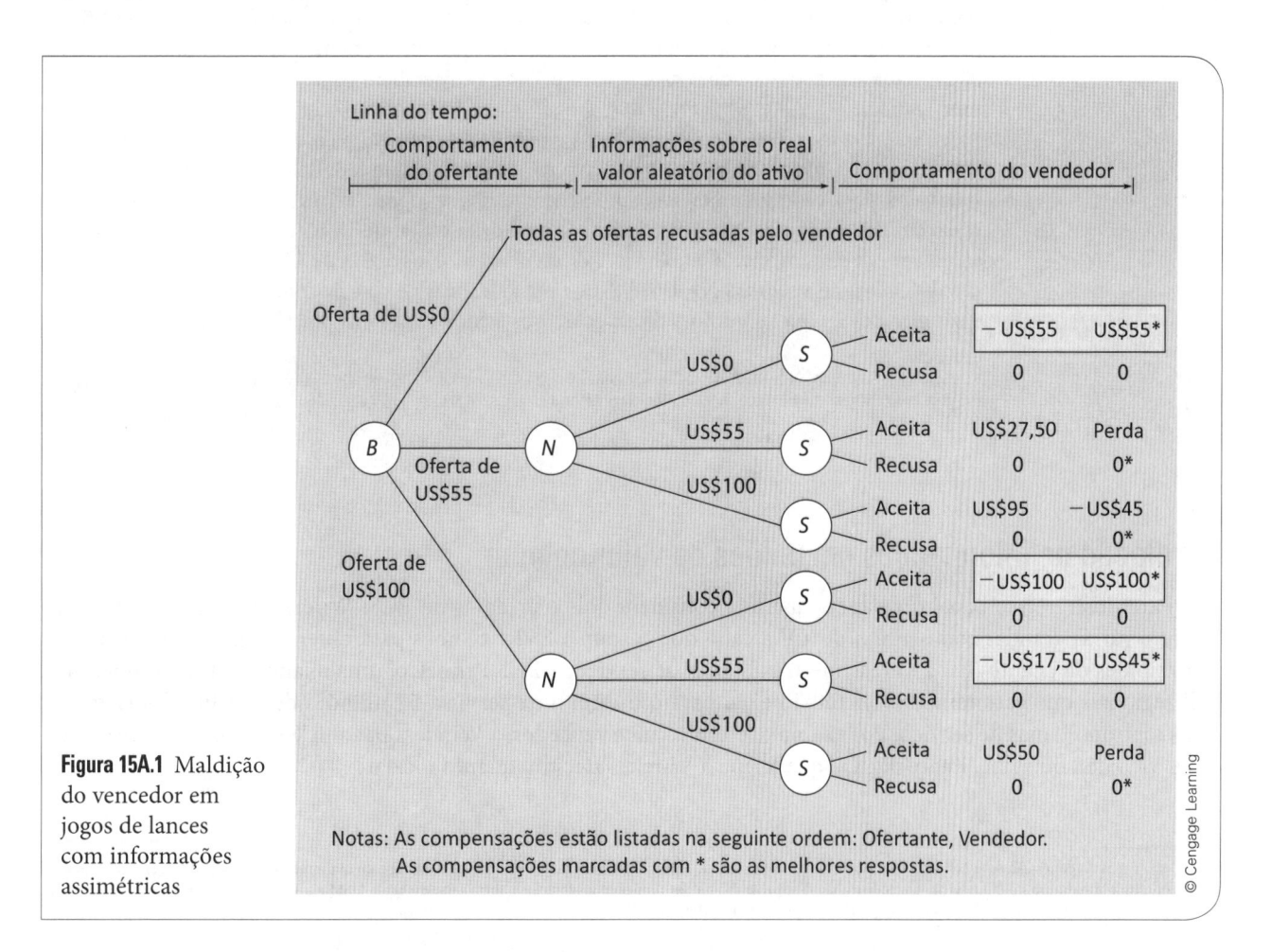

Figura 15A.1 Maldição do vencedor em jogos de lances com informações assimétricas

A teoria do projeto de mecanismos revela vários insights sobre esse jogo de lances com informações assimétricas. Primeiro, a maioria dos ofertantes vai perceber a maldição do vencedor no projeto de um leilão como na Tabela 15A.2, e, portanto, dar lances de forma tímida, quando der.[4] Para induzir lances mais agressivos nessas situações, a DeBeers descobriu que precisava oferecer estímulos adicionais aos participantes de seus leilões de diamantes. Em versões repetidas com muitas rodadas de jogos com informações assimétricas, a DeBeers classifica cuidadosamente seus diamantes brutos, qualificando-os em "atrações". A reputação de confiança ao classificar as atrações de forma mais econômica do que os ofertantes poderiam selecionar, separar e revender os rejeitos é o que traz os compradores de volta à DeBeers, leilão após leilão.

Segundo, se a informação assimétrica puder ser descoberta por avaliações, pesquisas de marketing ou outros serviços similares, outro insight da teoria de design de leilões é que o vendedor deve conduzir um leilão com rodadas múltiplas e lances abertos. Estes últimos permitem que os ofertantes reajam às informações assimétricas reveladas em rodadas anteriores, e, assim, reduzem a maldição do vencedor. Essa ideia foi usada pela FCC nos leilões de frequência para sistemas de comunicação pessoal (PCSs), como telefones celulares, serviços de dados e fax, e pagers de correio de voz.

EXEMPLO Maldição do vencedor na ESPN[5]

A ABC estreou o *Monday Night Football* e vende suas cotas de publicidade há 30 anos, mas elas foram pagas em excesso e acabaram perdendo aproximadamente US$150 milhões por ano. Quando foram considerados lances para o direito de exibir este programa entre 1998 e 2005 por US$4 bilhões, a NBC decidiu que o vencedor seria amaldiçoado com perdas e saiu da concorrência. A ABC (uma companhia da Disney) continuou dando lances e, no fim, ganhou o "prêmio" por US$4,4 bilhões (US$550 milhões por ano). Para as temporadas de 2006-2011, outra divisão de mídia da Disney, a ESPN, concordou em pagar quase o dobro (US$1,1 bilhão por ano) pelos próximos oito anos, esperando obter receita suficiente para equilibrar as taxas de assinantes a cabo que cobra da Comcast e Time Warner, bem como as tradicionais cotas de propaganda.

A audiência caiu 33%, para 26 milhões de domicílios, desde o pico de interesse pelo futebol americano, no início dos anos 1980. Embora os novos direitos de televisão permitam mais intervalos para vender comerciais, US$50 milhões por jogos de três horas resultam em 84 inserções de 15 segundos (28 por hora), cada uma delas custando US$600.000, que serão necessárias apenas para manter o equilíbrio. Por comparação, inserções de 15 segundos na premiação do Oscar são vendidas por US$840.000 para alcançar de 40 a 50 milhões de espectadores, e o Super Bowl, com 90 milhões de espectadores, vende cada faixa por US$1,25 milhão.

5 Baseado em NFL on Monday Shifts to ESPN in Record Deal. *Wall Street Journal*, 19 abr. 2005, p. B3; A Ball ESPN Couldn't Afford to Drop. *BusinessWeek*, 2 maio 2005, p. 42; e Marketers Rely on Oscar. *Wall Street Journal*, 2 fev. 2006, p. B3.

Revelação de informações em leilões de valor comum

Para ilustrar esse papel dos lances abertos, considere dois ofertantes de PCS: Wireless Co., uma aliança da Sprint e várias grandes companhias de TV a cabo que gastam US$2,1 bilhões para obter os direitos de atender a 145 milhões de clientes em 29 áreas metropolitanas de serviço, e PCS PrimeCo, uma aliança de três companhias Bell regionais que gastaram US$1,1 bilhão e ganharam o direito de servir a 57 milhões de consumidores em 11 áreas metropolitanas de serviço. Por exemplo, em um lance vencedor, a Wireless pagou US$46,6 milhões pela área de serviço de Louisville, Kentucky. De que forma a Wireless decidiu quanto ofertar?

---

4 Note que a mesma conclusão se aplica a uma versão de lances contínuos do leilão, embora evidências experimentais sugiram que a maioria dos jogadores em sua primeira vez não percebe a natureza da informação assimétrica do direito de recusa do vendedor e oferece de forma incorreta de US$50 a US$75. Ver C. Camerer. Progress in Behavioral Game Theory. *Journal of Economic Perspectives* 11, n. 4, outono 1997, p. 167-88.

TABELA 15A.2 Lances para contratos de petróleo offshore e direitos de frequência da FCC

Petróleo offshore[a]			Frequência da FCC[b]		
Canal de Santa Barbara	Encosta norte do Alasca	Área metropolitana de Miami	Área metropolitana de Dallas		Ofertante
US$43,5	US$10,5	US$131,7	US$84,2		Wireless Co.
32,1	5,2	126,0	72,0		GTE Inc.
18,1	2,1	125,5	68,7		Wireless Co.
10,2	1,4	119,4			
6,3	0,5	119,3			
	0,4	113,8			
		113,7			
		108,4			

a Em milhões de dólares em 1969.
b Em milhões de dólares em 1995.

Fonte: Adaptado das Tabelas II e IV em R. Weber. Making More for Less. *Journal of Economics and Management Strategy* 6, n. 3, outono, 1997, p. 529-48.

Suponha que ambos os ofertantes saibam que o valor presente líquido dos direitos de transmissão de serviços de PCS em Louisville é uma variável aleatória distribuída de forma uniforme entre US$10 milhões e US$60 milhões, com seis valores possíveis – em particular, US$10 milhões, US$20 milhões, US$30 milhões, US$40 milhões, US$50 milhões e US$60 milhões. Suponha também (de forma provisória) que ambas as partes valorizem o ativo igualmente, o chamado **leilão de valor comum**. O problema, do ponto de vista do ofertante, é obter informações suficientes do ambiente de mercado e das ofertas dos outros participantes para identificar corretamente o valor e garantir um lucro (isto é, não pagar em excesso pelo ativo). Antecipadamente, cada companhia conduz experimentos de pesquisa de marketing para limitar os possíveis resultados e, assim, informar melhor seu próprio lance. Suponha que os resultados da pesquisa de marketing da Wireless Co. sejam incapazes de excluir dois extremos da distribuição uniforme dos possíveis valores (ou seja, US$10 milhões e US$60 milhões), mas possam, com certeza, excluir US$20 milhões, US$30 milhões e US$50 milhões. Por si só, esta informação permite que a Wireless reduza suas estimativas de probabilidade para US$10 milhões, US$40 milhões e US$60 milhões.

Ponderando cada resultado igualmente, temos um lance de valor esperado de US$36,7 milhões, conforme a seguir:

$$\frac{1}{3}(\text{US\$10 milhões}) + \frac{1}{3}(\text{US\$40 milhões}) + \frac{1}{3}(\text{US\$60 milhões}) = \text{US\$36,7 milhões}$$

De forma similar, a PCS PrimeCo conduz sua própria pesquisa de marketing que, vamos supor, exclui os possíveis resultados de US$10 milhões, US$30 milhões e US$50 milhões para a área de serviço de Louisville. Ou seja, a PCS PrimeCo tem acesso a informações separadas que a fazem calcular um valor de lance esperado diferente:[6]

$$\frac{1}{3}(\text{US\$20 milhões}) + \frac{1}{3}(\text{US\$40 milhões}) + \frac{1}{3}(\text{US\$60 milhões}) = \text{US\$40 milhões}$$

---

6 As probabilidades igualmente ponderadas de 1/3 são, na verdade, probabilidades bayesianas para cada valor restante possível com base em uma previsão perfeitamente fiel de que US$10 milhões, US$30 milhões e US$50 milhões (os números primos no conjunto de possíveis valores do ativo) foram excluídos. Isto é útil se pensarmos na pesquisa de marketing identificando números primos e não primos entre 1 e 6 multiplicados por 10 milhões. Assim, a probabilidade bayesiana (US$20 milhões/previsão perfeita de não principais) = (0,167 × 1,0)/[0,167 + (0,833 × 0,4)] = 0,33, onde 0,167 é a probabilidade prévia, antes de a pesquisa de marketing ser conduzida, de que US$20 milhões seria o valor do ativo. O número 1,0 é a acurácia do instrumento de previsão; por exemplo, a probabilidade condicional de que quando US$20 milhões for o valor real, a conclusão da pesquisa de marketing será de que o valor não é principal, o que quer dizer que "não é um número primo entre 1 e 6". O número 0,833 é a probabilidade anterior de que o valor do ativo será algo diferente de US$20 milhões. E, por fim, o número 0,4 é a probabilidade de que quando algo diferente de US$20 milhões for o valor real do ativo, o instrumento de previsão perfeitamente fiel ainda vai dizer "não primo". Isto ocorre com US$40 milhões e US$60 milhões (ou seja, duas vezes em cinco possibilidades).

A análise aqui é facilmente modificada para incorporar previsões não perfeitas da pesquisa de marketing, o que é útil porque previsões imperfeitas são a realidade dos negócios. Ver E. Rasmussen. *Games and Information.* 3. ed. Cambridge: Basil Blackwell, 2001, Capítulo 13, Seção 5.

Essas melhores estimativas do valor comum são baseadas nas informações assimétricas disponíveis às duas empresas. Por consequência, em um leilão com lances selados simultâneos, o máximo que um vendedor pode esperar obter é US$40 milhões. Com os lances selados, nenhuma informação é levada ao concorrente, e a estratégia de lances ideal é, portanto, simplesmente esconder sua oferta levemente abaixo do valor bayesiano esperado com base em seu próprio conjunto de informações. A PCS PrimeCo deveria, então, dar um lance um pouco abaixo de US$40 milhões (talvez US$39,6 milhões) e ganhar os direitos de frequência pela área de serviço de Louisville.

Estratégia bayesiana com design de leilão aberto

Note, no entanto, que, do ponto de vista do vendedor *ex post facto* (depois de receber os lances selados), o conjunto de informações unidas das duas partes sugere que a PCS PrimeCo pagou um valor baixo. Para revisar, a união dos dois conjuntos de resultados da pesquisa de marketing exclui US$10, US$20, US$30 e US$50 milhões. Dito de outra forma, os resultados *combinados* da pesquisa de marketing limitaram os possíveis resultados para o valor da área de serviço de Louisville para US$40 milhões e US$60 milhões. Nenhuma das empresas tem acesso a esta informação. Cada uma simplesmente conhece um subconjunto de toda a pesquisa de marketing disponível. Mas, como vendedor neste ambiente, a FCC deseja obter a revelação completa de *toda* informação assimétrica, porque isto afeta o lance vencedor. Se US$40 milhões e US$60 milhões são igualmente prováveis, e os ofertantes podem de alguma forma discernir esta informação, a área de serviço de Louisville vale pouco menos de US$50 milhões, e não a oferta da PCS PrimeCo de menos de US$40 milhões.

Uma forma de colocar toda a informação assimétrica em jogo é adotar um design de leilão aberto sequencial, no qual cada companhia é escolhida aleatoriamente para registrar seu lance (em uma rodada, depois a ordem aleatória do procedimento de registro é refeita para a rodada dois, para a três, e assim por diante).[7] Então, qualquer que seja a companhia a dar o primeiro lance, a outra deduzirá os resultados da pesquisa de marketing adicionais do primeiro ofertante e seguirá aumentando sua oferta à luz da informação mais completa disponível. Por exemplo, se a PCS PrimeCo dá o primeiro lance de US$40 milhões com base em sua própria informação assimétrica, a Wireless Co. estará, então, em posição para deduzir que a pesquisa de marketing da PCS PrimeCo excluiu os possíveis valores de US$10, US$30 e US$50 milhões.

Esta é a única informação que seria coerente com uma oferta de US$40 milhões em um leilão com lances selados e simultâneos de um ativo com uma distribuição uniforme de US$10 milhões a US$60 milhões com apenas esses seis possíveis resultados. Sabendo por sua própria pesquisa de marketing que US$20, US$30 e US$50 milhões também foram excluídos, a Wireless vai imediatamente fazer um lance vencedor de pouco menos que US$50 milhões:

$$\frac{1}{2}(US\$40 \text{ milhões}) + \frac{1}{2}(US\$60 \text{ milhões}) = US\$50 \text{ milhões}.$$

Com muito mais do que esses dois ofertantes e outras áreas de serviço nas quais a Wireless Co. teria de dar o lance primeiro, e nas quais a PCS PrimeCo tinha sua vez como o segundo rápido, esse projeto de leilão sequencial com lance aberto funcionaria bem. Lances vencedores surgiriam com os valores bayesianos do ativo refletindo todas as informações variáveis, e os usuários com maior valor receberiam os ativos.

EXEMPLO Leilão com lances abertos simultâneos dos direitos de frequência de PCS[8]

Trinta empresas participaram dos leilões de frequência de banda larga. A FCC especificou dois blocos de 30-MHz para cada uma das 51 áreas metropolitanas de serviço. Uma característica especial dessas áreas metropolitanas de serviço era a forte interdependência ao fornecer servi-

Cont.

---

[7] Lances abertos com uma sequência não aleatória e estruturada de inversão de papéis em leilões múltiplos permitem que os ofertantes sinalizem e punam uns aos outros (olho por olho) e, portanto, aumentem a probabilidade de uma combinação tácita.

ço em áreas de serviço contíguas. Os ofertantes eram encorajados, portanto, a unir e reunir pacotes eficientes de licenças à medida que o leilão progredia. Assim, a FCC adotou leilões simultâneos com rodadas múltiplas e lances abertos para alocar os direitos de frequência. Cada ofertante ficou sabendo que haveria várias rodadas de lances, que todos seriam anunciados e que poderiam cancelar ou emendar os lances de uma rodada a outra. Todos os lances em cada área metropolitana permaneceram abertos enquanto a atividade de lances continuava em qualquer área de serviço. O leilão durou 112 rodadas durante um período de quatro meses. Usando este design de leilões, a FCC ganhou US$7,7 bilhões. A AT&T pagou US$49,3 milhões e a Wireless Co. US$46,6 milhões pelos direitos de frequência nos blocos A e B em Louisville.

8 Baseado em Market Design and the Spectrum Auctions. Edição especial do *Journal of Economics and Management Strategy* 6, n. 3, outono 1997, p. 425 s.; e Sale of Wireless Frequencies. *Wall Street Journal*, 25 mar. 1998, p. A3.

Underbidding estratégico em leilões de valor privado[9]

Uma séria desvantagem dos leilões ingleses com viva voz é a reticência estratégica (tendência a dar lances menores) que os ofertantes exibem. Se os ofertantes têm informações comuns, mas avaliações diferentes (isto é, o chamado **leilão de valor privado**), aqueles com alta disposição a pagar têm um incentivo para se privar dos lances agressivos em uma tentativa de apenas exceder a oferta do jogador com a segunda maior avaliação. Por exemplo, nos leilões de frequência da FCC, as operadoras de telefonia celular já estabelecidas em uma área metropolitana têm uma avaliação mais alta do que outros ofertantes. Nas primeiras rodadas de qualquer leilão com lances abertos e valores privados, os eventuais proponentes altos se contêm. Análises de dados da FCC sugerem que somente 53% dos futuros vencedores eram os proponentes altos depois das primeiras rodadas. Os vendedores se preocupam que esta reticência estratégica desencoraje o nível geral de lances ao longo do leilão e possa reduzir em muito a receita final.

Suponha que dois proponentes avaliem um serviço ou ativo entre US$0 e US$10 milhões. Nenhuma informação sobre os valores presentes líquidos reais é conhecida. Isto é, nenhuma informação de valor comum, assimétrica ou não, está disponível. Nesse leilão puramente privado, que dura apenas uma rodada, os lances são selados e o maior deles vence. Sua avaliação é US$6 milhões. Quanto você ofertaria?

Com dois proponentes presentes, cada um precisa considerar que o outro vai oferecer algo menor do que o seu valor privado, isto é $k \times v$, onde k é a proporção e v o valor privado.[10] Qualquer lance feito por Alice (P_a) que seja maior do que k vezes o valor de Bob (v_b) vai ganhar.

Ou seja, toda vez que o valor para Alice $v_a = P_a/k > v_b$, ela ganha o leilão e recebe um lucro de $v_a - P_a$. Com uma densidade uniforme, a probabilidade de que o valor de Bob seja determinado número entre US$0 e US$10 milhões é de 1/10 milhões. Novamente, Alice vence quando esse valor estiver entre US$0 e P_a/k dólares. Portanto, a probabilidade cumulativa de Alice vencer é P_a/k eventos, cada um dos quais com uma probabilidade marginal de 1/10 milhões – isto é, a probabilidade cumulativa de Alice vencer é $P_a/(k \times 10$ milhões). O lucro esperado de Alice no leilão pode ser, portanto, escrito como segue:

$$E(\text{Lucro}_a) = (v_a - P_a)\frac{P_a}{k \times 10.000.000} \quad [15A.1]$$

Diferenciando a Equação 15A.1 em relação a P_a e definindo a derivativa igual a zero, o lucro esperado de Alice pelo leilão é maximizado quando

$$(v_a - 2P_a)\frac{1}{k \times 10.000.000} = 0 \quad [15A.2]$$

---

9 Duas excelentes elaborações sobre este e o tópico a seguir são J. McMillan. Bidding in Competition. *Games, Strategies, and Managers.* Nova York: Oxford University Press, 1992, Capítulo 11; e E. Rasmussen. Auctions. *Games and Information.* 2. ed. Cambridge, MA: Basil Blackwell, 1993, Capítulo 12.

10 Este exemplo consta em McMillan, *op. cit.*, p. 138, 208-09.

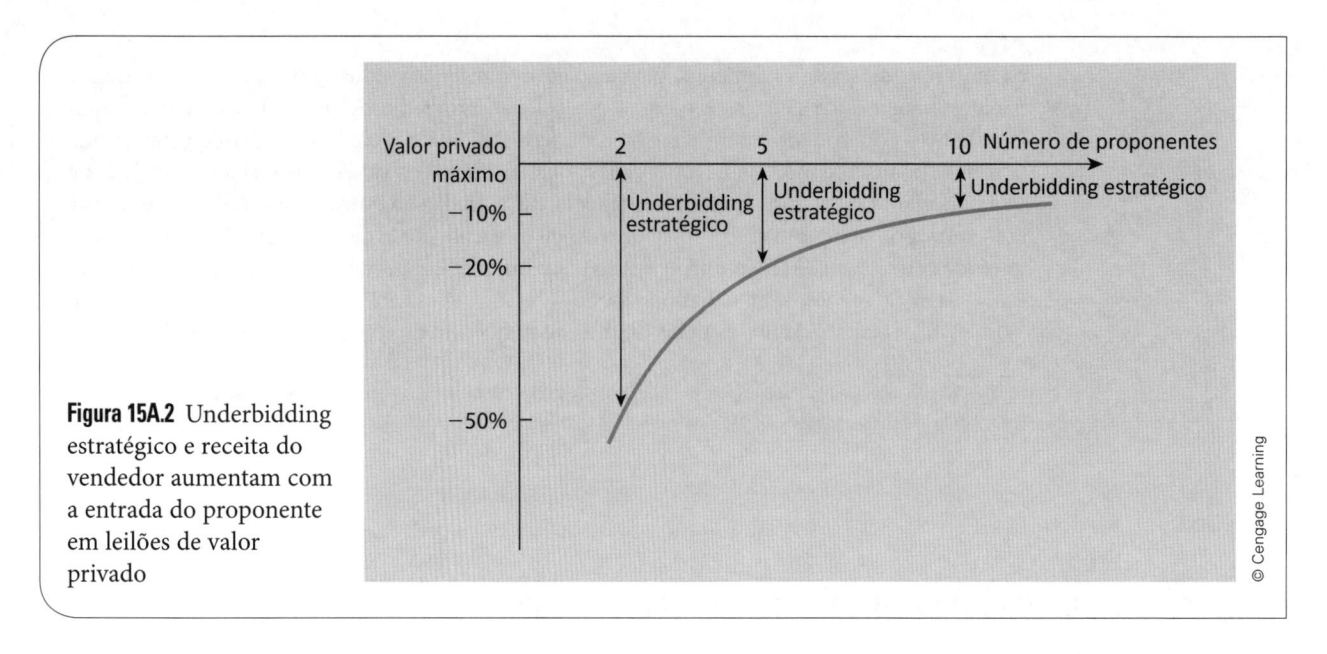

Figura 15A.2 Underbidding estratégico e receita do vendedor aumentam com a entrada do proponente em leilões de valor privado

Isto é, quando $P_a = v_a/2$. Alice maximiza seu lucro esperado por participar do leilão, dependendo da escolha de Bob por uma regra de lances kv_b, optando por reduzir seu próprio valor privado pela metade. Como Alice e Bob estão simetricamente situados nesse jogo de lances, Bob também deve reduzir seu valor privado pela metade. Com $k = 1/2$, os jogadores estão em um equilíbrio de Nash. Cada um maximiza seus interesses, de acordo com o lance do outro jogador $v/2$, ao oferecer a metade de seu próprio valor privado. Em um leilão simultâneo, com lances selados, dois jogadores e no qual o preço mais alto ganha e é pago, a magnitude do underbidding racional é 50%!

No caso de cinco ofertantes, é fácil mostrar que um participante racional reduziria o valor privado real em um quinto, e se houver n ofertantes, por $1/n$.[11] Intuitivamente, portanto, quanto mais proponentes, menor é o underbidding racional. Veja a Figura 15A.2. Os vendedores que entendem este raciocínio oferecem serviços de classificação (no caso da DeBeers) e belos catálogos e exibições ao vivo (no caso da Christie's) para atrair os concorrentes ao processo de leilão. Paul Klemperer, da Oxford University, descreve como este insight fundamental determinou muitas das ações de design de leilões de frequência britânicos. Treze diferentes companhias entraram nos lances do Reino Unido, resultando na maior receita *per capita* obtida por todos os leilões de 3G da Europa e da Ásia.

EXEMPLO Exponential Valley Inc. leiloa a patente de um chip[12]

Exponential Valley Inc., uma startup de microprocessadores do Vale do Silício, decidiu leiloar seu portfólio de 45 patentes emitidas e pendentes, em vez de colocar em produção. As patentes de chips de computadores incluem recursos que podem permitir que um concorrente compatibilize seus produtos de chips futuros com os do líder do setor, a Inter Corp. A Intel regularmente entra com ações contra companhias que fazem clones de seus chips, e tem sido eficiente ao determinar entradas com esta estratégia. As patentes da Exponential Valley parecem oferecer uma oportunidade de criar uma proteção contra os processos de violação de patente da Intel. Por um valor considerável, a Exponential desenvolveu um grande prospecto de informações técnicas e de lances focado nos possíveis proponentes: AMD, Chromatic Research Inc. e Texas Instruments; e fez isto porque, quanto maior o número de proponentes, menos underbidding estratégico ocorrerá.

---

12 Baseado em An Auction of Chip Patents May Ignite Bidding War. *Wall Street Journal*, 1º ago. 1997, p. B5.

---

11 Ver Rasmussen, *op. cit.*, p. 296; e P. Klemperer. Spectrum Auctions. *European Economic Review* 46, 2002, p. 829-45.

Se os vendedores gastarem recursos suficientes para expandir a reserva dos ofertantes, no limite, o vendedor pode obter $(n - 1)/n$ do valor privado máximo ($v_{máx}$). Cinco proponentes implicam 80% do $v_{máx}$. Dez proponentes implicam 90% do $v_{máx}$. Vinte proponentes implicam 95% do $v_{máx}$. Se o aumento do número de proponentes de dois a cinco resulta em um aumento de 30% do valor, então, dobrar o número deles de cinco a dez resulta em um acréscimo de 10% no valor, e dobrá-los novamente resulta em apenas 5% de aumento no valor. Retornos decrescentes desses esforços feitos pelos vendedores para expandir a reserva dos ofertantes indicam que o problema fundamental do underbidding estratégico vai ser reduzido, mas nunca eliminado.

Claro, o underbidding em um leilão de valor privado é racional apenas se os proponentes puderem ter certeza de que vão vencer a última rodada. Uma forma de reduzir o underbidding estratégico em leilões de valor privado é reduzir as informações disponíveis a respeito de outras avaliações por meio da selagem dos lances. Uma abordagem menos extrema é encerrar o leilão sem avisar, depois de várias rodadas preliminares, selando, assim, os lances de modo inesperado. É claro que, como vimos na seção anterior, pode ser interesse do vendedor induzir a revelação de todas as informações assimétricas. De fato, como já notado, vendedores geralmente têm um incentivo para preanunciar estimativas de valor feitas por especialistas (como as casas de leilão Christie's e Sotheby's) com o objetivo de reduzir a maldição do vencedor.

Essa preocupação é importante no design de leilões, mas nem sempre dominante. O motivo é que algumas informações organizadas assimetricamente podem, se reveladas, diminuir os lances racionais (veja o primeiro exercício de caso no fim deste Apêndice). Portanto, a selagem de lances é uma alternativa de projeto que se torna mais atrativa quanto maior for a variação dos valores privados e mais simétrica a informação relacionada às avaliações entre os proponentes. Obviamente, lances abertos ou estimativas preanunciadas são mais atrativas quando informações favoráveis são conhecidas pelo vendedor. No entanto, mesmo quando o vendedor está no escuro, os lances abertos têm um valor esperado positivo para ele, porque a troca de informações de valor comum sempre reduz a maldição do vencedor.

Leilões selados com segundo preço mais alto: um mecanismo de revelação

O underbidding estratégico é especialmente problemático, é claro, se o vendedor estiver coletando os rendimentos dos lances de todos os participantes do leilão. Um "vendedor" pode estar tentando estimar se a disposição a pagar de um comprador justifica o investimento em uma nova instalação (por exemplo, um campo de beisebol, uma piscina, uma quadra de tênis ou um clube). Cada potencial usuário é questionado sobre quanto pagaria para entrar se tal instalação fosse construída. Se houver demanda suficiente, o gerente da unidade constrói, então, a instalação e coleta os preços discriminatórios altamente divergentes de cada "proponente". A chave para este tipo de avaliação é projetar um **mecanismo de revelação compatível com incentivos.** O mesmo é verdade quando se projeta um leilão de valor privado. Se, como designer de leilões, um indivíduo consegue remover os incentivos ao underbidding e, ao mesmo tempo, evitar a maldição do vencedor, ele consegue alinhar incentivos com revelação de valor. Pense nisso através da ilustração a seguir de um engenhoso desenho de mecanismo de leilão CI que rendeu a William Vickrey o Prêmio Nobel![13]

Vickrey questionou, em vez de exigir que o ofertante vencedor pagasse o lance mais alto, como seria se o desenho de mecanismo do leilão especificasse antecipadamente que o lance mais alto vence, mas o vencedor pagaria somente uma quantia reduzida igual ao segundo maior lance? Pense nas consequências desta ideia radical. Por definição, sob as regras de um leilão selado em que o lance mais alto paga o segundo maior, o pagamento desencadeado pelo oferecimento do valor privado real de alguém não pode exceder o melhor preço alternativo de venda seguinte. Esta utilização de uma segunda opinião verificável e uma opção de saída para apoiar a proteção do proponente contra uma maldição do vencedor foi a ideia-chave do desenho de mecanismo CI de William Vickrey. A verdadeira revelação da disposição máxima a pagar prova-se compatível, por meio de um engenhoso desenho de mecanismo, com o desejo de o proponente evitar a maldição do vencedor.

Para resumir, nenhum proponente de um **leilão de Vickrey** tem qualquer incentivo para realizar underbidding. Reduzir seu lance para abaixo do seu valor privado não tem nenhum efeito sobre o pagamento devido caso você ganhe. Em vez disso, o underbidding em um leilão selado, em que se paga o segundo maior lance quando você

---

[13] Todos os livros de teoria dos jogos e teoria de desenho de mecanismos descrevem o leilão de Vickrey, também conhecido como leilão selado de segundo preço ou com preço uniforme. O artigo original de Vickrey também é revelador e esclarecedor. Ver W. Vickrey. Counterspeculation, Auctions, and Competitive Sealed Tenders. *Journal of Finance* 16, n. 8, 1961, p. 37.

> **EXEMPLO** Leilão selado de segundo preço: bilhetes do Tesouro dos EUA[14]
>
> Decisões do projeto de leilões em mercados de segurança selecionam procedimentos que vão aumentar a maior receita para os emissores. Sobre esta questão, atualmente há um debate mundial sobre o desenho otimizado de leilões de novas emissões de segurança de Bilhetes do Tesouro. Dinamarca e Suécia adotam desenhos absolutamente opostos. Os suecos vendem bilhetes e títulos do governo por preços discriminatórios de leilão holandês; os dinamarqueses vendem em leilões de Vickrey com lances selados e o pagamento uniforme do segundo maior lance. Dada a diversidade de opiniões e práticas de especialistas, o Federal Reserve dos EUA autorizou o Federal Reserve de Nova York a testar os dois tipos de leilão para fazer anotações de dois e cinco anos. A maioria dos leilões do Tesouro nos Estados Unidos (e ao redor do mundo) são do tipo com preço discriminatório descendente (holandês); os compradores pagam o que tiverem ofertado por quantidades de títulos do Tesouro ao longo de uma tabela de demanda enviada por cada ofertante. Se o preço de limpeza de mercado implica um rendimento de 5,03%, um proponente típico pode obter um valor de US$5 milhões em títulos do Tesouro pelo preço apresentado mais alto rendendo 5%, títulos de US$7 milhões pelo preço mais baixo rendendo 5,02%, e talvez mais US$10 milhões pelo preço de limpeza de mercado (mais baixo) rendendo 5,03%.
>
> Leilões selados com preços uniformes e o segundo maior lance são diferentes. Todo proponente deste leilão de Vickrey deve pagar o preço uniforme levemente mais alto associado com um rendimento de 5,02%, e o custo marginal do aumento do capital endividado do Tesouro vai cair de 5,03% para 5,02%. No entanto, algumas transações com preços mais altos não ocorrem mais, assim como outras com preços baixos. Portanto, não está claro analiticamente o que vai acontecer com a receita do Tesouro; depende da elasticidade da taxa de juros da demanda dos bilhetes.
>
> Este resultado destaca a ideia de que as principais vantagens dos leilões de Vickrey não são os aumentos na receita do vendedor, e sim a minimização do underbidding estratégico, a revelação dos valores privados reais e a redução da colusão dos ofertantes entre pequenos números de participantes. Em contraste, mercados de segurança são altamente eficientes, com inúmeros possíveis compradores dispostos a pagar um valor comum por esses ativos de bilhetes e títulos do Tesouro. Assim, um desenho de mecanismo de leilão selado de segundo preço é mais adequado para a colocação privada do mercado IPO empregada no Google IPO. Combinar insights gerenciais sobre o design de leilões com uma análise cuidadosa das particularidades do ambiente de negócios se torna crucialmente importante.
>
> ---
> 14 Baseado em Bidding Up Debt Auctions. *BusinessWeek*, 8 set. 1997, p. 26; e S. Nandi. Treasury Auctions: What Do the Recent Models and Results Tell Us? *Federal Reserve Bank of Atlanta Economic Review*, out.-dez. 1997, p. 4-15.

é o participante com maior disposição a pagar, simplesmente aumenta a probabilidade de perder o ativo do leilão que você possivelmente adquiriria por menos do que ele vale para você. E se alguém atribui um valor maior do que o que você atribui a ele, nenhum pagamento é desencadeado ao dar um lance maior do que seu próprio valor privado. Assim, em todos os casos possíveis, a revelação real do valor privado domina o underbidding como uma estratégia de lances. E como os lances são selados e o leilão dura apenas uma rodada, nenhum lance estratégico, blefe ou aviso pode ter qualquer efeito sobre os outros participantes do leilão. Portanto, não realizar underbidding é uma estratégia de equilíbrio dominante para todos os proponentes.[15] É claro que a receita concretizada ainda é reduzida pela diferença total entre as avaliações do primeiro e do segundo maior lance, mas pelo menos o vendedor descobre o valor real do ativo leiloado.

---
15 O grau de aversão ao risco do proponente não tem influência sobre este resultado. No entanto, participantes mais avessos a riscos asseguram-se contra perdas em leilões selados em que o vencedor leva tudo pelo maior preço ao aumentar seus lances em relação à receita do vendedor em um leilão selado de segundo preço. Discutiremos o papel da aversão ao risco mais à frente, na próxima seção.

Equivalência de receita de tipos alternativos de leilão[16]

Em determinadas circunstâncias, os quatro tipos mais simples de leilão (inglês com preço ascendente, holandês com preço descendente uniforme, selado de primeiro preço, e selado de segundo preço) geram receitas equivalentes ao leiloeiro vendedor. Por exemplo, os participantes de leilões selados de primeiro preço e de leilões holandeses com preços uniformes descendentes devem pagar o que ofereceram se seus lances forem os de limpeza de mercado vencedores. Além disso, os participantes desses dois tipos de leilão não têm acesso a informações sobre proponentes com avaliações menores do que as suas. Por consequência, a estratégia de lances ideal em um leilão holandês com preço uniforme ou leilão selado de primeiro preço é idêntica, e, portanto, os lances vencedores serão idênticos (ver Tabela 15A.3).

De forma similar, em leilões de valor privado, à medida que os participantes de leilões ingleses descobrem cada vez mais sobre as avaliações independentes dos outros ofertantes no decorrer dos lances, a pessoa com a maior avaliação vai acabar oferecendo uma quantia que excede a segunda maior oferta. Leilões selados de segundo preço induzem, como vimos, a revelação de valores reais de todos os proponentes, mas o vencedor também paga uma quantia igual ao segundo maior lance. Portanto, o leilão inglês com preços ascendentes e o leilão selado de segundo preço geram essencialmente a mesma receita esperada ao vendedor em leilões de valor privado. Na verdade, acontece que, com participantes neutros ao risco e valores privados, todos os quatro tipos simples de leilões resultam na mesma receita esperada (ou seja, uma quantia igual ao valor mais alto menos a diferença total entre o próximo lance mais ato). Da perspectiva do vendedor, este teorema de equivalência de receitas (TER) é um resultado deprimente; qualquer um esperaria sair-se melhor.

Em vários casos, um tipo de leilão acumula mais receita esperada do que outro. Essas diferenças otimizadas de desenho de mecanismo dependem da preferência de risco dos participantes e da natureza do valor comum ou privado do item leiloado. Pensando primeiro nos leilões de valor privado, se os proponentes forem avessos ao risco e estiverem operando com falta de informação em um leilão holandês ou selado de primeiro preço, eles vão tentar reduzir a probabilidade de perder o item quando sua avaliação for a mais alta. Por consequência, em relação a uma situação de um leilão inglês ou selado de segundo preço, no qual o participante vencedor paga essencialmente o segundo maior lance, os participantes avessos ao risco de leilões holandeses ou selados de primeiro preço aumentam seus lances com o objetivo de reduzir a probabilidade de serem superados por uma segunda avaliação próxima. O underbidding estratégico para evitar a maldição do vencedor ainda está presente, mas é mitigado pela aversão ao risco. Por isso, o leiloeiro vendedor pode obter mais receita, na média, quando os participantes são avessos ao risco e os valores são independentes e privados, quando conduz um leilão holandês ou um leilão selado de primeiro preço. Esses resultados de leilões de valor privado para itens como licenças de patentes, territórios de vendas, antiguidades e obras de arte são resumidos na parte superior da Tabela 15A.3.

Assim como em leilões de valor comum de itens que têm amplo mercado de revenda, como petróleo, arrendamento de minérios, direitos de exploração de florestas, títulos de capital e de dívida, e equipamentos excedentes facilmente reimplementáveis, como caminhões para entregas comerciais e aeronaves corporativas, a fonte de incerteza da avaliação é uma estimativa de risco. Todo ofertante sabe que o valor real de revenda é igual entre todos os

TABELA 15A.3 Receita esperada pelo vendedor por tipo de leilão

Leilões de valor privado (licença de patente, territórios de vendas, imóveis antigos)				
Participantes neutros ao risco	Holandês = Preço uniforme	Primeiro preço = Lances selados	Inglês =	Selado de segundo preço
Participantes avessos ao risco	Holandês = Preço uniforme	Primeiro preço > Lances selados	Inglês =	Selado de segundo preço
Leilões de valor comum (arrendamento de minérios, direitos de exploração de madeira, aeronaves)				
Participantes neutros ao risco	Inglês >	Segundo preço > Lance selado	Holandês = Preço uniforme	Selado de primeiro preço
Participantes avessos ao risco	Inglês >	Segundo preço ≷ Lance selado	Holandês = Preço uniforme	Selado de primeiro preço

---

[16] Para uma discussão mais ampla sobre este tema, ver A. Dixit; D. Reiley e S. Skeath. *Games of Strategy*. 3. ed. Nova York: Norton, 2009, Capítulo 15; e E. Rasmussen, *op. cit.*, Capítulo 12.

participantes do leilão; só que este valor real é desconhecido enquanto o petróleo ainda está no solo, a lenha ainda está na floresta, as IPOs ainda não foram emitidas, e assim por diante. Cada proponente precisa, portanto, analisar este valor real em sua própria previsão de informações em um leilão holandês com preço uniforme ou leilão selado de primeiro preço, e qualquer informação adicional que possa ser coletada na sequência de lances em um leilão inglês. A atualização bayesiana das estimativas iniciais no processo sequencial de um leilão inglês tende a resultar em uma fusão das informações dos ofertantes; assim, os lances vencedores em um leilão inglês tendem à estimativa média da população de previsões. Mecanismos que facilitam o aprendizado desta melhor estimativa imparcial de qual é realmente o valor comum do recurso reduzem o underbidding estratégico para evitar a maldição do vencedor.

Assim, como mostrado na parte inferior da Tabela 15A.3, na venda de itens de valor comum, um leiloeiro pode obter a maior receita com um leilão inglês com preço ascendente. E, como vimos na seção anterior, leilões selados de segundo preço também podem reduzir substancialmente a maldição do vencedor nesses leilões de valor comum, aumentando a receita projetada do vendedor em relação a leilões holandeses com preço uniforme e leilões selados de primeiro preço, que tornam difícil para os participantes reduzir sua estimativa de risco.[17]

Uma questão do projeto de leilões ainda maior é se se deve continuar com procedimentos tradicionais de leilões com preço ascendente (inglês) ou adotar o preço descendente (holandês). Basement.com e OutletZoo.com começam com preços altos e diminuem até que todas as unidades à venda tenham sido demandadas. Claramente,

---

EXEMPLO Design de leilões para Internet torna-se um grande debate dos e-negócios: eBay versus Priceline[18]

Os sites de leilão on-line agora são milhares; eBay Inc. cresceu para 150 milhões de listagens. Na economia da informação, leilões on-line são um modelo de negócio essencial que pode substituir os dois processos tradicionais de definição de preços: (1) negociação um a um (barganha), e (2) um menu de cotas de preço fixas fornecido pelo vendedor. Transações B2B podem continuar exigindo uma negociação um a um durante as dimensões tempo, qualidade, disponibilidade e entrega do "acordo", mas, em transações de empresas para consumidores, os preços de leilões por si só estabelecem a maior parte do que é necessário para um "acordo".

Outro site bem-sucedido, Priceline, emprega um desenho de mecanismo de leilão com preços ascendentes registrados, no qual o lance mais alto ganha e é o valor pago. Os lances são listados de forma anônima, para reduzir a colusão, e registrados continuamente para mitigar o underbidding estratégico que acompanha qualquer leilão de valor privado (ou seja, a maldição do vencedor). Os pagamentos dos lances devem ser garantidos com um cartão de crédito no momento em que as ofertas são realizadas; os lances não podem ser cancelados logo em seguida, e são executados automaticamente se a oferta for aceita.

O eBay tem um desenho de leilão com preço ascendente mais transparente para declarar o vencedor, com preços registrados e regras que dizem que o lance mais alto vence, mas o segundo valor é que é pago. Em vez de permitir que os compradores permaneçam anônimos até que decidam "alcançar" a oferta postada por um comprador, como no Priceline, o eBay consolida feedbacks sobre o desempenho anterior do vendedor com links para o site dos lances. Além disso, também diferente do Priceline, o eBay permite lances abertos (isto é, as ofertas são repetidas em rodadas múltiplas e podem ser canceladas ou emendadas). Se os lances abertos provarem ser ideais para leiloar passagens aéreas, carros e equipamentos, o eBay vai ter sucesso, em vez do Priceline.

---

18 Baseado em The Heyday of the Auction. *The Economist*, 24 jul. 1999, p. 67-68; Redesigning Business: Priceline. *Harvard Business Review*, nov./dez. 1999, p. 19-21; Dotty about dot.commerce? *The Economist*, 26 fev. 2000, p. 24; Going, Going, Gone, Sucker! *Business Week*, 20 mar. 2000, p. 124-25; e Inside: Is PricelineVulnerable? *Harvard Business Review*, 3 dez. 1999, p. 19-21.

---

17 A aversão ao risco introduz a mesma complicação de antes da análise – isto é, participantes de leilões holandeses com preço uniforme e leilões selados de primeiro preço aumentam seus lances para reduzir a probabilidade de perder um item para o segundo concorrente próximo. Ainda assim, os benefícios da combinação de informações tendem a favorecer projetos de leilões ingleses ou selados de segundo preço para leilões de valor comum.

os vendedores podem obter mais receita em leilões holandeses discriminatórios cobrando preços diferencialmente altos dos primeiros participantes do que obteriam com leilões holandeses com preços uniformes ou leilões ingleses, que identificam um preço de limpeza do mercado. Naturalmente, compradores institucionais e industriais sofisticados também entendem este conceito; este segmento pode preferir um website tradicional sem leilões, como o Grainger.com, no qual os vendedores postam as melhores ofertas iniciais e depois focam em disponibilidade, entrega, instalação, assistência técnica e outros serviços pós-venda. O estabelecimento do valor de uso desses extras na "oferta total" pode se mostrar tão crítico quanto as garantias do vendedor e garantias de substituição para clientes B2B.[19]

Abordagens contratuais para informações assimétricas em leilões on-line

De certa forma, Priceline.com é como o uso de cupons sem a exposição da marca. Isto proporciona uma maneira para discriminar os preços para segmentos de consumidores sensíveis ao preço sem degradar a identidade de uma marca. Talvez isto explique por que a Delta Airlines tem uma participação acionária substancial na Priceline; ela pode liquidar seu estoque sem canibalizar as vendas de tarifas mais caras. No entanto, vendedores anônimos oferecendo produtos ou serviços não verificáveis na Priceline precisam se comprometer com produtos de alta qualidade se esperam atrair mais do que preços mínimos. Como vimos, mecanismos de garantia ou de ligação são a chave para compromissos verossímeis.

Mecanismo de estimação Primeiro, os vendedores podem investir e disseminar **estimativas** para tentar distinguir suas ofertas em leilão de produtos fraudulentos. Estimativas certificadas independentes, como garantias de recompra, estabelecem um nível mínimo de valor para o produto a ser vendido. Talvez uma extensão de um território em desenvolvimento ou a propriedade intelectual em uma concessão de patente sejam aptas para lances; o vendedor pode pagar por uma estimação sobre a variedade de valores geralmente pagos em mercados de revenda para ativos territoriais ou de propriedade intelectual com características similares. No entanto, duas desvantagens evitam a adoção frequente desta abordagem. Estimativas certificadas são caras e raramente estabelecem o valor máximo ou único do ativo.

Garantias e reposições A segunda abordagem contratual que os vendedores podem adotar a fim de estabelecer credibilidade para seus leilões é indicar sua respectiva qualidade ao oferecer *garantias e reposições*. Esses recursos de sinalização do produto oferecido são observáveis pelo comprador no ponto de venda e altamente correlacionados à qualidade não observável do produto ou serviço em questão. Fabricantes de pneus automotivos que pegam atalhos vulcanizando as carcaças de pneus e incorporam fios de aço na rodagem dos pneus terão garantias contra desgaste mais curtas e menores contra danos de furos. O comprador pode, portanto, pagar mais por pneus com amplas garantias e se sentir confiante de que a qualidade do produto está acima da oferecida pelo fornecedor sem garantias. Encorajar os compradores a buscar desta forma por fornecedores alternativos alcança um equilíbrio separador de fornecedores fraudulentos *versus* confiáveis sem a ampla estimativa independente e mais cara de cada pneu.

Locações fechadas com residuais fixos Outra forma de os vendedores se comprometerem de forma crível com a entrega de um produto durável de alta qualidade é oferecer o aluguel em vez da venda do produto, aceitando *períodos de locação com alto valor residual*. Este recurso de locação oferece uma vantagem líquida sobre a compra, na qual vendedores com vantagens de informação comprometer-se-ão de forma verossímil a transmitir valor através das disposições de retorno da locação. Se um vendedor diz que você pode alugar com 60% de valor residual no fim de quatro anos, e outro determina um residual de 40% no fim do mesmo período, com tudo mais igual, os pagamentos do aluguel vão se recuperar da depreciação somente dois terços a mais do que a locação com 60% residual. Neste caso, os compradores podem estar dispostos a alugar um produto de mais qualidade/maior preço. Certamente, esta abordagem para estabelecer credibilidade não será adotada se o vendedor prever um risco de obsolescência substancial. Portanto, residuais altos raramente ocorrem sozinhos; normalmente outros termos de locação (tais como encargos financeiros, preços iniciais dos ativos ou taxas de encerramento de aluguel) são ajustados mais para cima para cobrir o risco extra do vendedor quando os residuais aumentam.

---

[19] Ver A. Kambil e E. van Heck. *Making Markets*. Boston: HBS Press, 2002; J. Anderson e J. Narus. *Business Market Management*. Nova York: Prentice Hall, 1999; e R. Oliva. Sold on Reverse Auctions. *Marketing Management*, mar.-abr. 2003, p. 45.

Mecanismos de pagamento contingente Por fim, os vendedores podem concordar em aceitar **pagamentos contingentes** – isto é, a receita do vendedor depende do desempenho que o comprador sente. Suponha que a diligência necessária para estabelecer um valor claro na venda de um ativo seja proibitivamente cara. Se uma extensão de terreno em desenvolvimento tem tanques de combustível enterrados, que precisam de um reparo ambiental substancial, mas cuja presença é desconhecida, o vendedor do terreno pode concordar *ex ante* em pagar pela restauração do lote. Assim, o risco contingente é segurado por um compromisso crível do vendedor de restaurar o terreno caso se mostre danificado. De forma similar, se a venda de áreas madeireiras ou campos de petróleo se provam particularmente produtiva, o comprador e o vendedor podem concordar em pagamentos maiores do que caso as explorações fossem desapontadoras.

Esses contratos de pagamentos contingentes podem ser organizados como progressivos, de modo que o comprador e o vendedor deem pequenos e contínuos passos enquanto o dinheiro continua a ser devido. Listas de controle de problemas de construção que devem ser corrigidos geralmente desencadeiam o pagamento contingente final entre novos donos de casas e suas construtoras. Às vezes, corporações empregam pagamentos contingentes enquanto trocam garantias na venda de um ativo ao exigir que o vendedor tenha uma participação financeira (talvez 15% do fluxo de caixa aos acionistas) na subsidiária alienada do comprador para gerenciar os novos ativos. Devido à baixa prioridade de um acionista se a subsidiária declarar falência e precisar ser liquidada, os pagamentos de contingência aumentam os incentivos do vendedor para revelar características escondidas que determinam os verdadeiros fluxos de caixa obtidos pelo ativo.

MECANISMOS DE REVELAÇÃO COMPATÍVEIS COM INCENTIVOS

Talvez a ferramenta mais poderosa do desenho de mecanismos para extrair informações assimétricas privadas seja o mecanismo de revelação autoaplicável de William Vickrey. Mais tarde, Edward Clarke e Ted Groves adicionaram a ideia de múltiplos agentes em tomadas de decisão em grupo, já que o objetivo do desenho de mecanismos se tornou a revelação de demanda ou custo em uma parceria que tinha de ser compatível com os incentivos de todas as partes: um mecanismo de revelação compatível com incentivos (CI).

EXEMPLO Intel e Analog Inc. formam parceria para desenvolver chip DSP[20]

A Intel Corp. dominou a fabricação de chips semicondutores para microprocessadores de computadores por mais de uma década. Com a AMD e a Siemens começando a ser ameaças em seu mercado tradicional e o mercado de smartphones crescendo exponencialmente, a Intel formou uma *joint venture* com a Analog Devices Inc. para entrar no mercado de chips para dispositivos de comunicação, como smartphones, pagers e videoconferências wireless. Intel e Analog desenvolveram conjuntamente uma nova linha de chips processadores de sinal digital (DSP). Esses chips recebem sinais analógicos, como voz, imagens e vídeos, e os converte em sinais digitais para ser transmitidos por sistemas wireless. Novos recursos de compressão e encriptação de sinais do chip da Intel-Analog competiam bem com os fornecedores de DSP rivais Texas Instruments (TI) e Lucent Technologies. Os chips DSP também têm aplicações em modems e outros dispositivos de rede que proporcionam acesso de alta velocidade à internet e em sistemas de reconhecimento de voz para processos automatizados em carros e fábricas. O crescimento de vendas dos chips DSP se aproximou recentemente de 30% por ano, alcançando vendas totais de US$5,7 bilhões.

Grupos de engenheiros da Intel e da Analog vão colaborar no projeto da arquitetura central do chip, e as duas companhias vão desenvolver e vender os produtos separadamente com base no projeto. As compensações contingentes de cada empresa são, portanto, baseadas em parte em seu sucesso de projeto cooperativo e em parte no desenvolvimento do produto e esforços de marketing separados. Este contrato de *joint venture* apresenta incentivos para continuar a cooperação muito além do que aqueles gerados por um acordo de divisão simples de lucros, ainda que preserve a opção de cada companhia de seguir alguns planos de negócios de forma privada.

20 Baseado em *Intel Corporation and Analog Design Inc. joint press releases*, 3 fev. 1999; e TI Lays Out DSP Plans until 2010. *Hardware Reviews and News on the The-View.com*, 6 dez. 1999.

Revelação de custos em *joint ventures* e parcerias

Quando a verificação por terceiros é inviável ou indesejada, companhias podem adotar procedimentos que geram revelação verdadeira de informações assimétricas essenciais para o sucesso da parceria. Considere uma *joint venture* para desenvolver vários novos produtos de computadores pessoais entre um designer-fabricante de PCs, como a Apple Computer e a Motorola, e um fornecedor líder de chips para computadores.[21] O sistema operacional da Apple depende dos recursos dos chips da Motorola, e os chips são produzidos antes das exigências do sistema operacional. Os parceiros acreditam que podem manter melhor vantagem competitiva nessa tecnologia dinâmica ao desenvolver novos produtos de forma conjunta. Depois que a *joint venture* cobre os custos de desenvolvimento e produção, eles concordam em dividir os lucros igualmente.

Cada parceiro da *joint venture* tem informações privadas sobre custos às quais o outro parceiro não tem acesso. Por exemplo, enquanto desenvolve o iPad, a Apple descobre os custos de seu sistema operacional e a Motorola os custos do design e da produção do chip. Embora nenhum deles possa verificar de forma independente as informações assimétricas do parceiro, o sucesso de uma *joint venture* depende da capacidade do parceiro gerar lucros operacionais suficientes para recuperar esses custos de desenvolvimento. À medida que a parceria atinge os marcos projetados, a determinação do lucro potencial exige uma revelação precisa dos custos reais. Vejamos o porquê e o que pode ser feito para alcançar esta meta.

O estudo dos mecanismos de revelação CI pode dar algumas respostas. Cada parceiro enfrenta distúrbios aleatórios em seus fatores de custo.[22] Às vezes, o desenvolvimento do software é atrasado por bugs imperceptíveis, porém debilitantes, na programação, o que aumenta o custo de, digamos, US$80 para US$120 milhões. De forma parecida, às vezes o desenvolvimento e a produção do chip precisam de um replanejamento (assim como os problemas da Intel com o chip Pentium), elevando os custos de, por exemplo, US$50 para US$70 milhões. Nenhum dos parceiros pode esperar descobrir e corrigir todos esses problemas com antecedência. No entanto, podem detectar sinais precoces de aviso de excesso de custos e, se necessário, cancelar este aspecto da *joint venture*.

Custos excedentes em parcerias simples com divisão de lucros

Quando dois excessos de custos ocorrem simultaneamente a *joint venture* deve ser cancelada, porque os custos de desenvolvimento de levá-la adiante para a produção em grande escala (US$120 milhões + US$70 milhões) vão ultrapassar a receita projetada disponível de US$180 milhões. Esses lucros e perdas operacionais projetados aparecem na Tabela 15A.4. Se a Apple tiver um custo de US$120 milhões (a coluna chamada Custos Altos), a parceria vai cancelar o projeto sempre que a Motorola tiver um custo alto de US$70 milhões (a linha chamada Custos Altos), porque seguir adiante resultaria em uma perda operacional de US$10 milhões. Pela mesma lógica, quando apenas um parceiro, ou nenhum deles, tiver custos altos, o projeto da *joint venture* deve seguir e obter lucros de US$30 milhões, US$10 milhões e US$50 milhões, respectivamente. Só com decisões corretas de operação e fechamento é que a *joint venture* consegue gerar seu valor máximo.

O problema de incentivo é que inicialmente cada parceiro tem um incentivo para exagerar os custos reais com o objetivo de ser compensado em demasia pelas receitas da *joint venture*. Por exemplo, na Tabela 15A.4, se a Apple revelasse os custos reais de US$80 milhões e a Motorola alegasse custos de US$70 milhões, quando na verdade os custos reais são US$50 milhões, a participação de lucro conjunto da Motorola cai US$10 milhões, da metade de US$50 milhões (célula superior esquerda) para a metade de US$30 milhões (célula inferior esquerda). Porém, com o reembolso extra de US$20 milhões por exagerar seus custos, a Motorola acaba com (1/2) US$30 milhões + US$20 milhões, o que ultrapassa os US$50 milhões em US$10 milhões. De forma similar, se a Apple exagerar seus custos, sua participação nos lucros cai de US$25 milhões para US$5 milhões, mas esta queda é mais do que compensada pelo reembolso de US$40 milhões obtidos ao exagerar os custos reais de US$80 milhões para US$120 milhões.

Se os custos baixos e os estouros de orçamento são igualmente prováveis na Motorola, e se a probabilidade de um estouro de custos na Apple é de 0,3, então, os custos esperados são de US$60 milhões na Motorola e US$92

---

[21] A estrutura geral desta seção pode ser encontrada em A. Dixit e B. Nalebuff. *Thinking Strategically*. Nova York: Norton, 1991, p. 306-19. A ilustração aqui é baseada em Apple Wants Other PC Makers to Build Computers to Use Macintosh Software. *Wall Street Journal*, 28 jan. 1994, p. B5; e IBM, Apple in PC Design Accord. *Wall Street Journal*, 8 nov. 1994, p. B5.

[22] Argumentos similares podem ser usados a respeito de informações assimétricas em relação a distúrbios aleatórios da demanda.

milhões na Apple. Com a revelação verdadeira dos custos, o lucro líquido esperado da *joint venture* é, portanto, (0,5 × 0,7) US$50 milhões + (0,5 × 0,3) US$10 milhões + (0,5 × 0,7) US$30 milhões + (0,5 × 0,3) US$0 = US$29,5 milhões, ou US$14,75 milhões para cada parceiro.[23] Entretanto, se um ou os dois parceiros exagerar os custos, os projetos com custos mistos nas células sudoeste e nordeste da Tabela 15A.4 também serão cancelados, e o lucro líquido esperado pela *joint venture* cairá. Por exemplo, se a Apple revela falsamente US$120 milhões quando custos baixos de US$80 milhões estão presentes, o projeto de desenvolvimento conjunto é cancelado sempre que a Motorola tiver um custo de US$70 milhões. Este cancelamento resulta os parceiros abdicando de US$30 milhões de lucro no projeto de custos mistos da célula sudoeste e reduz o valor esperado da *joint venture* para US$19 milhões (ou seja, US$9,5 milhões por parceiro).[24] Gestores que visam à maximização de valor diante de informações assimétricas procuram por um mecanismo de revelação que forneça incentivos adequados para induzir à revelação dos custos reais, assim preservando e capturando o valor esperado total de US$14,75 milhões por parceiro para os projetos de custo baixo e de custo misto.

TABELA 15A.4 Lucros conjuntos (em milhões) de uma parceria simples com divisão de lucros e US$180 milhões de receita

		Apple	
		Custos Baixos (US$80)	Custos Altos (US$120)
Motorola	Custos Baixos (US$0)	US$50	US$10
	Custos Altos (US$70)	US$30	–US$10

Mecanismo de revelação compatível com incentivos de Clarke-Groves

Um dos mecanismos de revelação é conhecido como mecanismo CI.[25] A ideia pioneira era criar incentivos apropriados para a revelação de custos (ou demanda) assimétricos em uma parceria; a revelação de cada parte deveria desencadear uma imposição dos custos esperados sobre os outros parceiros (e as perdas de oportunidades de lucros sofridas). Desta forma, a maximização de incentivos de cada um dos parceiros assimetricamente informados pode ser compatibilizada. Para nosso exemplo de desenvolvimento de produtos para PCs, a Tabela 15A.5 indica a divisão de receita que cada parceiro receberia sob um mecanismo de taxação de Clarke. O participante da linha, Motorola, recebe o pagamento abaixo da diagonal de cada célula, e o da coluna, Apple, o pagamento acima da diagonal de cada célula.

TABELA 15A.5 Compartilhamento da receita líquida individual dos custos do parceiro (milhões)

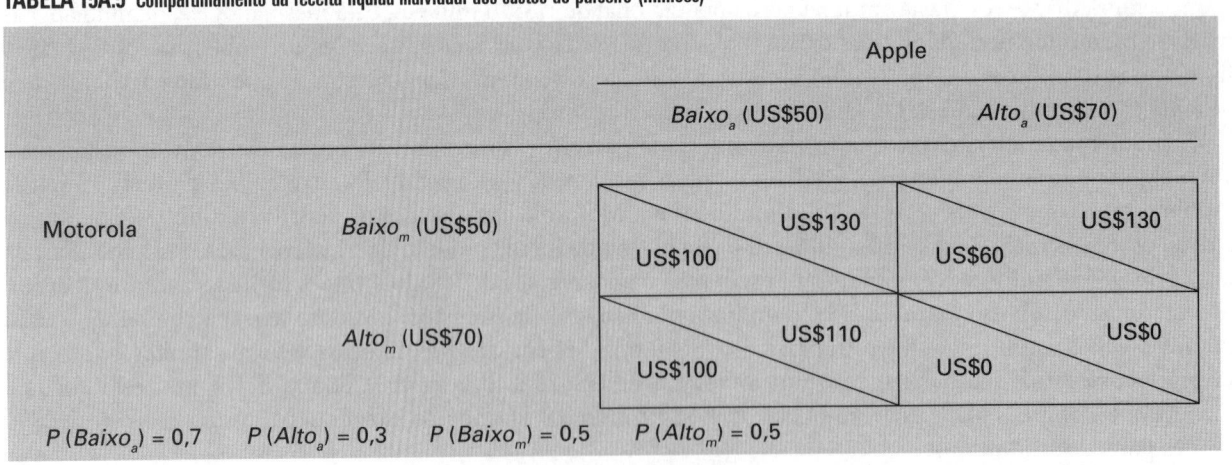

		Apple	
		$Baixo_a$ (US$50)	$Alto_a$ (US$70)
Motorola	$Baixo_m$ (US$50)	US$130 / US$100	US$130 / US$60
	$Alto_m$ (US$70)	US$110 / US$100	US$0 / US$0

$P(Baixo_a) = 0,7$ $P(Alto_a) = 0,3$ $P(Baixo_m) = 0,5$ $P(Alto_m) = 0,5$

Nota: As compensações do participante da coluna estão acima da diagonal. As compensações do participante da linha estão abaixo da diagonal.

---

23 Note que o projeto da célula sudeste da Tabela 15A.5 é cancelado por causa dos alertas prévios mútuos de alto custo, e, portanto, uma perda operacional projetada.

24 Este valor esperado é calculado como (0,5 × 0,7) US$50 milhões + (0,5 × 0,3) US$10 milhões = US$19 milhões.

25 Este mecanismo de revelação também é chamado mecanismo de revelação de Clarke-Groves, em homenagem a Ted Groves, que formalizou o conceito, mostrando assim uma conexão diferente com o trabalho anterior de William Vickrey sobre desenho de leilões CI.

Depois que os custos esperados da outra parte são cobertos, a compensação de cada parceiro é então recalculada com base na divisão de receita residual ou líquida de todos os projetos não cancelados desencadeados por sua própria revelação de custos. Para ilustrar, se a Motorola revela o custo $Baixo_m$, o projeto atual vai ocorrer independentemente do custo da Apple, e a Motorola vai gerar US$88 milhões, que é a receita total da parceria de US$180 milhões menos os custos esperados de US$92 milhões da Apple:

$$\text{Divisão de receita líquida esperada (Baixo para Motorola)}$$
$$= \text{US\$180 milhões} - [(0{,}7 \times \text{US\$80 milhões}) + (0{,}3 + \text{US\$120 milhões})]$$
$$= \text{US\$88 milhões}$$

Esses números aparecem na terceira coluna da Tabela 15A.6. No entanto, se a Motorola anuncia um custo $Alto_m$, o projeto será cancelado sempre que a Apple detectar sinais precoces de que seu custo será $Alto_a$. Em consequência, se a Motorola decidir revelar um custo alto quando o custo baixo estiver presente, sua receita líquida cairia de US$88 milhões para 0,7 (US$180 milhões − US$80 milhões) + 0,0 (US$180 milhões − US$129 milhões) = US$70 milhões, também listado na terceira coluna (Divisão de receita líquida) da Tabela 15A.6. A divisão de receita líquida da Motorola cai por causa da probabilidade zero de obter US$60 milhões em receitas da célula nordeste da Tabela 15A.5. A falsa declaração de custos feita pela Motorola resulta no cancelamento daquele projeto, e todos perdem. Sob um mecanismo de taxação de Clarke, não só as ações, mas as revelações de informação também têm consequências. E, como veremos, colocar essas consequências em um sistema de reembolsos pode levar à revelação real dos custos de uma parceria.

A importância da descoberta desses mecanismos de revelação CI dificilmente pode ser superestimada; eles levaram a muitas aplicações pioneiras do setor privado e de políticas públicas. Clarke desenvolveu o conceito no contexto das revelações reais de demanda necessárias em parcerias de consumo para financiar um parque, piscina ou playground de uso coletivo.[26] O problema da revelação de demanda ao avaliar a divisão de taxas de usuário ideal em uma parceria de consumo é análogo ao de revelação de custos ao avaliar a divisão de lucros ideal em uma parceria de negócios.

Um contrato de incentivos otimizado

Organizar uma *joint venture* ou uma parceria ao redor de um mecanismo de revelação de Clarke-Groves geralmente envolve a implantação do chamado **contrato de incentivos otimizado.** Cada uma das partes concorda previamente com um conjunto de divisões da receita líquida da parceria associadas às compensações esperadas por um mecanismo de revelação (ver a terceira coluna da Tabela 15A.6). É importante reconhecer que o problema de verificar informações assimétricas de forma independente não desapareceu. Um terceiro tentando impor o contrato (por exemplo, um tribunal distrital dos EUA) ainda pode ter os mesmos problemas ao verificar as solicitações de reembolso, decorrentes deste contrato que as partes tinham, ao tentar verificar os custos de seu próprio parceiro. A entrada em um contrato de incentivos de parcerias não foge do problema da informação de custos assimétrica. Em vez disso, o mecanismo de revelação cria incentivos para uma **relação de confiança autoaplicável** entre os parceiros, não diferente das restrições de compatibilidade de incentivos que descrevemos no Capítulo 15 como características do contrato de incentivos otimizado entre principais-proprietários e agentes-gestores.

Incrivelmente, a estrutura de incentivos que baseia a Tabela 15A.6 é totalmente capaz de induzir os parceiros a revelar seus custos reais; cada um deles sairia prejudicado se não o fizesse. Já vimos como a Motorola se sairia pior ao exagerar seus custos. De forma parecida, se a Apple exagerasse seus custos, os projetos lucrativos da célula sudoeste da Tabela 15A.5 seriam cancelados. Em vez de obter 0,5 (US$130 milhões) + 0,5 (US$110 milhões) = US$120 milhões da boa sorte de incorrer o custo $Baixo_a$, a Apple ficaria com somente 0,5 (US$130 milhões) = US$65 milhões, que não cobre seu próprio custo baixo de realização de US$80 milhões. Além disso, essa falsa declaração de custos e o cancelamento do projeto lucrativo da célula sudoeste reduzem a receita esperada pela Apple da parceria para apenas (0,5 × 0,7) US$130 milhões + (0,5 × 0,3) US$130 milhões = US$65 milhões, enquanto

---

26 A construção de um parque urbano ou uma piscina com tamanhos adequados exige informações privadas sobre valor de uso e disposição a pagar. No entanto, se alguém questiona possíveis demandantes que supõem que sua resposta vai determinar a quantidade de impostos, os respondentes minimizarão sua disposição a pagar. Ver Edward Clarke. *Demand Revelation and the Provision of Public Goods.* Boston: Ballinger, 1980. Para saber mais sobre as aplicações de mecanismos de revelação, ver R. Cornes e T. Sandler. Clarke's Demand-Revealing Mechanism. *Theory of Externalities, Public Goods, and Club Goods.* Nova York: Cambridge University Press, 1986, p. 105-08; e Hal Varian. *Intermediate Microeconomics.* 8. ed. Nova York: Norton, 2009.

com a revelação do valor real obteria US$103,5 milhões: (0,5 × 0,7) US$130 milhões + (0,5 × 0,7) US$110 milhões + (0,5 × 0,3) US$130 milhões = 0,7 (US$120 milhões) + 0,3 (US$65 milhões) = US$103,5 milhões. A verdade domina a falsa revelação para ambos os parceiros.

Agora podemos explicar também por que a Apple e a Motorola deveriam adotar um contrato de incentivos otimizado que comprometa de forma verossímil cada parceiro com a revelação real de informações assimétricas de custo. A Apple obtém um lucro líquido esperado com a revelação real de US$103,5 milhões de receita esperada menos os custos esperados de US$74 milhões (ou seja, US$29,5 milhões), mostrado na última coluna da Tabela 15A.6. De forma similar, a Motorola consegue um lucro esperado líquido de US$79 milhões de receitas esperadas menos US$49,5 milhões de custos esperados (ou seja, US$29,5 milhões). Cada uma dessas quantias se iguala aos US$29,5 milhões de lucros conjuntos potencialmente disponíveis no contrato original de divisão simples de lucros da Tabela 15A.4. No entanto, lembre-se de que as partes sabem com antecedência que a outra terá informações privadas sobre estouros de orçamentos. Elas podem, portanto, prever que a parceria de divisão simples de lucro levaria a uma declaração de custos exagerada, ao cancelamento de projetos de custo misto e à perda de valor. Este raciocínio proativo indica que só o resultado mútuo de baixo custo da Tabela 15A.4 vai escapar do cancelamento e realmente gerar lucro. Assim, apenas um lucro esperado muito menor – isto é, 0,5 × 0,7 (US$50 milhões) = US$17,5 milhões – é garantido pelo contrato de divisão simples de lucros. Esta quantia menor é o que parceiros racionais que estão escolhendo um contrato de parceria devem comparar com os US$29,5 milhões de lucro líquido esperado por um contrato de incentivos otimizado.

TABELA 15A.6 Divisão de lucro líquido esperado (milhões) com revelação de custos reais sob um contrato de incentivos otimizado

		Apple		
	Probabilidade	Divisão de receita líquida	Custos projetados	Divisão de lucro líquido
Baixo$_a$	0,7	US$120	US$80	US$28
Alto$_a$	0,3	US$65	US$60	US$1,5
Valor esperado		US$103,5	US$74	US$29,5

		Motorola		
	Probabilidade	Divisão de receita líquida	Custos projetados	Divisão de lucro líquido
Baixo$_m$	0,5	US$88	US$50	US$19
Alto$_m$	0,5	US$70	US$49	US$10,5
Valor esperado		US$79	US$49,5	US$29,5

PERSPECTIVAS INTERNACIONAIS

JOINT VENTURE DE CHIPS DE MEMÓRIA: IBM, SIEMENS E TOSHIBA[27]

A IBM entrou em um acordo com a Siemens e a Toshiba para coproduzir chips de memória para computadores. Ao mesmo tempo, AMD e Intel anunciaram *joint ventures* parecidas para desenvolver chips de memória flash com Fujitsu e Sharp, respectivamente. Chips flash retêm a informação necessária para reiniciar o sistema operacional dos computadores quando a energia é interrompida. Em todos os três casos, a empresa japonesa vai contribuir com suas habilidades superiores de fabricação, e as companhias americanas e alemãs com o design de produto e recursos de inovação em pesquisa.

A questão-chave neste tipo de *joint venture* é se as companhias ocidentais vão simplesmente revelar seu conhecimento tecnológico enquanto seus parceiros japoneses revelam pouca informação assimétrica em troca. Para garantir uma parceria equilibrada uniformemente, o know-how de fabricação dos japoneses será decomposto, e informações sobre custos de produção sob várias condições de mercado serão reveladas e analisadas pelos parceiros da *joint venture*.

27 Baseado em Pragmatism Wins as Rivals Start to Cooperate on MemoryChips. *Wall Street Journal*, 14 jul. 1993, p. B1.

A aplicação de mecanismos de revelação CI e contratos de incentivos otimizados levou a muitos novos tipos de procedimentos de parceria. Os mesmos princípios também baseiam o conceito de uma quebra de contrato eficiente na economia do direito contratual. Quando um parceiro rompe uma relação contratual, os remédios legais levam em conta as oportunidades perdidas e os custos de danos de expectativas impostos sobre o parceiro que não violou o contrato.[28] Esses conceitos se tornaram uma chave para obter sucesso em parcerias ou *joint ventures* em empresas pequenas ou grandes corporações com informações assimétricas.

Implementação de contratos CI

Contratos CI são implementados com a contratação de créditos condicionais, uma forma padrão de instrumento para relações de negócios sofisticadas. As partes concordam com as probabilidades projetadas para os vários níveis de custo, o lucro operacional conjunto auditável provável da parceria e o custo reembolsável não observável para cada parte em cada contingência. Esses acordos formam as expectativas do contrato e definem os danos contratuais caso eventos não previstos façam que uma das partes entre com uma **quebra eficiente** do contrato.

A revelação de informações de custos leva ao cancelamento ou decisões de continuação eficientes. De forma mais geral, é claro, as consequências diferentes do cancelamento do projeto podem resultar da revelação de infor-

---

PERSPECTIVAS INTERNACIONAIS

JOINT VENTURE DA WHIRLPOOL PARA ELETRODOMÉSTICOS MELHORA A COMPRA DIRETA DA HOOVER PELA MAYTAG[29]

Às vezes, *joint ventures* ocorrem durante a redução gradual de uma empresa porque podem aumentar o valor dos ativos da companhia em relação a uma venda direta. Como potencial compradora da divisão europeia de eletrodomésticos da Philips, a Whirlpool procurou ter acesso a informações mais privadas do que aquelas que as diligências feitas por seus advogados de fusão e aquisição poderiam revelar. A Philips tem uma franquia de consumo de nove marcas de eletrodomésticos e uma rede pan-europeia de revendedores varejistas que só ficava atrás da Electrolux em participação de mercado. Mas, assim como outros ativos intangíveis (por exemplo, recursos humanos centrais e know-how tecnológico), as marcas e relações de distribuição são notoriamente difíceis de se avaliar. Em uma nova organização e cultura corporativa, as marcas da Philips poderiam ser reorganizadas sem a forte reputação da Philips entre os eletrônicos europeus? A rede fragmentada de revendedores independentes continuaria fiel quando o nome da Whirlpool passasse a ser adotado em vez do da Philips? E, mais importante, quanto custo poderia ser economizado ao adquirir todo o design, suprimentos e produção dos componentes da Whirlpool e Philips globalmente para obter economia de escala?

Essas questões seriam mais bem respondidas por uma *joint venture* na qual a Philips mantivesse 47% de participação acionária e a Whirlpool assumisse imediatamente o controle administrativo em troca de US$381 milhões. Depois que as duas partes dividiram os custos e as informações de demanda por três anos e avaliaram totalmente o valor potencial, o restante do negócio foi vendido à Whirlpool por US$610 milhões.

Em contraste, a Maytag satisfez seu plano estratégico de entrar no mercado europeu ao realizar a compra direta da Chicago Pacific Corporation, cuja divisão de eletrodomésticos Hoover tinha uma rede substancial de revendedores de varejo na Inglaterra. No entanto, a Maytag sabia pouco sobre o crescente poder de varejo de redes de superlojas perto de shoppings britânicos, e menos ainda sobre pesquisas de marketing em residências britânicas. Assim, a Maytag tropeçou em um erro promocional após o outro, e, no fim, vendeu a subsidiária europeia da Hoover com uma perda de US$130 milhões. Novamente, com incentivos projetados cuidadosamente, uma *joint venture* teria provocado a revelação de informações assimétricas valiosas para um sucesso maior da iniciativa europeia da Maytag.

---

29 Baseado em A. Nanda e P. Williamson. Use Joint Ventures to Ease the Pain of Restructuring. *Harvard Business Review*, nov./dez. 1995, p. 119-28.

---

28 Uma excelente leitura complementar sobre quebra de contratos eficiente pode ser encontrada em R. Cooter e T. Ulen. *Law and Economics*. 5. ed. Glenview, IL: Pearson Addison-Wesley, 2007.

mações de um parceiro. Por exemplo, a informação revelada em uma parceria pode causar uma expansão ou uma redução do setor de P&D, desenvolvimento de protótipos, esforços de pesquisa de marketing etc. do outro parceiro. E qualquer revelação de más informações evita que ambos possam concordar previamente com o que seria o curso de ações ideal em cada estado eventual. São essas perdas de oportunidade esperadas que o mecanismo CI deduz dos lucros conjuntos para encontrar a receita do contrato CI. A elaboração deste tipo de contrato de parceria com créditos condicionais apresenta um grande desafio para a equipe negociadora de advogados corporativos, mas o desempenho aprimorado da parceria compensa, e muito, os gastos legais.

Por fim, você pode já ter notado uma questão adicional. A soma das divisões individuas de receita líquida em cada célula da Tabela 15A.5 quando o projeto é levado adiante é maior do que US$180 milhões, o lucro operacional projetado para a parceria. Assim, os mecanismos de revelação CI geralmente fracassam ao equilibrar as finanças; em vez disso, eles "excedem o orçamento". Especificamente, se ambas as partes declararem custo alto, cada uma terá direito a um pagamento CI (US$100 milhões no caso da Motorola, e US$130 milhões no da Apple), que juntos excedem o orçamento. Para enfatizar o caráter geral deste resultado, o exemplo particular da Tabela 15A.6 foi construído para exibir a "quebra de orçamento" em cada evento contingente, exceto cancelamento. Mais tipicamente, em contratações CI do mundo real algumas células devem exibir excessos e outras déficits. Ainda assim, as células com déficit podem surgir primeiro. O que a parceria deve fazer? Qual procedimento de implementação pode lidar com este problema de déficit orçamentário?

Lembre-se de que os dois parceiros têm divisões de lucro líquido maiores com o contrato CI (US$29,5 milhões) do que o lucro esperado por um acordo de divisão simples de lucros (US$17,5 milhões). A obtenção da revelação de informações reais tem seu valor, e ambas as partes estarão dispostas a firmar compromissos *ex ante* para cobrir esses déficits na parceria. Uma análise da terceira coluna da Tabela 15A.6 mostra que a fatia de receita líquida esperada da Apple é de US$103,5 milhões, enquanto a da Motorola é de US$79 milhões. Em consequência, US$182,5 milhões – US$180 milhões = US$2,5 milhões por período (talvez US$2,5 milhões/0,05 = US$50 milhões como soma de capital para cobrir o déficit esperado contínuo) devem ser lançados como vínculo para implementar o procedimento de contrato CI. Cada parceiro deverá estabelecer seu comprometimento verossímil com a parceria de contrato CI investindo US$25 milhões *ex ante* para obter um aumento no lucro esperado de (US$29,5 milhões – US$17,5 milhões) por período, talvez com um valor de US$12 milhões/0,05 = US$240 milhões.[30] Embora o alinhamento perfeito de incentivos seja perdido, esses contratos CI podem claramente aumentar o desempenho da parceria para gestores que desejam maximizar o valor.

RESUMO

- Ordem de chegada é um desenho de mecanismo para atender filas que reduz a receita do vendedor por causa de congestionamentos imprevisíveis e do tempo de espera. A técnica do "último a chegar, primeiro a ser atendido" introduz custos de transações de idas e vindas, e, portanto, também reduz a receita do vendedor.
- Loterias estratificadas e leilões podem aliviar congestionamentos e reduzir custos de transação nas filas, aumentando a receita do vendedor.
- Opções de design de leilão são multifacetadas, mas, no nível mais simples, sempre incluem quem paga, qual quantia e como o vencedor será determinado. Tipos simples de leilão incluem leilões ingleses com preço ascendente, leilões holandeses com preços descendentes, leilões selados de primeiro preço e leilões selados de segundo preço.
- Leilões também diferem nas oportunidades de revenda disponíveis aos participantes. Leilões de valor comum têm mercados de revenda abundantes, nos quais os itens podem ser facilmente revendidos por um valor de mercado justo e consensual. Itens de leilões de valor privado não têm valor de revenda comum; em vez disso, envolvem ativos avaliados de formas diferentes pelos participantes do leilão.
- A maldição do vencedor indica que o underbidding estratégico é racional quando o vendedor ou outros compradores têm informações assimetricamente privilegiadas sobre um leilão de valor comum.

---

[30] Tecnicamente, o investimento para cobrir déficits projetados vai mudar o comportamento de uma família, a não ser que seja imposto a restrição de preferências semilineares. No ambiente de uma companhia, esta suposição é plausível. Ver Varian, *op. cit.*, p. 274-77.

- Lance aberto é um procedimento para registrar as ofertas em rodadas múltiplas com privilégios de cancelamento e modificação para induzir os participantes do leilão a agrupar suas informações sobre estimativas de valor. Lances abertos reduzem a maldição do vencedor e aumentam a receita esperada em leilões de valor comum.
- Tipos simples de leilão que despertam a maior receita esperada para o vendedor leiloeiro dependem da natureza de valor comum ou privado do item leiloado e da aversão ao risco dos participantes.
- Leilões holandeses e leilões selados de primeiro preço têm estruturas de informação e estratégias de lances idênticas, e, portanto, geram uma receita esperada idêntica ao vendedor.
- Em relação a leilões selados de primeiro preço, ou holandeses, os ingleses com preço ascendente e os selados de segundo preço aumentam a receita esperada do vendedor em leilões de valor comum para itens como petróleo, direito de exploração de florestas e aeronaves porque encorajam uma maior combinação de informações dos participantes. Em leilões de valor privado, proponentes avessos ao risco oferecem lances mais altos, e, portanto, geram mais receita ao vendedor em leilões holandeses e leilões selados de primeiro preço.
- Escapar da seleção adversa e obter bens leiloados de alta qualidade exige algum tipo de mecanismo de ligação para induzir relações de confiança autoaplicáveis entre compradores e vendedores. Garantias, avaliações independentes, locações com altos residuais, cauções, garantias de reembolso irrevogáveis, pagamentos contingentes e marcas proporcionam segurança aos compradores de que o vendedor não vai deturpar a qualidade do produto. Esses mecanismos de garantia apoiam a troca de informações assimétricas.
- *Joint ventures* e parcerias enfrentam um problema de informação assimétrica ao reembolsar cada membro por custos privados não verificáveis. Tanto nos problemas de revelação de demanda ao fundir bens públicos quanto nos problemas de revelação de custos em parcerias, cada membro tem um incentivo inicial para revelar de forma falsa (exagerar) sua informação privada (custo).
- A atenuação da demanda e a declaração de custos exagerados podem resultar no cancelamento de projetos de parceria lucrativos. Ainda assim, cada membro individual pode se sair melhor ao obter reembolsos de custos exagerados do que com uma divisão simples de lucro. Preservar o valor máximo da parceria exige um mecanismo de revelação CI.
- Sob um mecanismo CI, os parceiros que revelam custos arcam com os custos esperados impostos e as oportunidades perdidas por outros parceiros. Cada parceiro concorda que não só os leilões, mas a revelação de informações por si só tem consequências no pagamento de divisão de lucros. No entanto, um mecanismo de governança deve ser autoaplicável porque o problema das informações assimétricas não desapareceu. Um tribunal teria tanto problema ao verificar as reivindicações de reembolso sob esse contrato de incentivos quanto sob um contrato inicial de divisão simples de lucro.
- Mecanismos de revelação CI motivam os parceiros a revelar suas projeções reais de custos.
- Mecanismos de revelação são implementados por meio de contratos de créditos condicionais e geralmente exigem um registro *ex ante* de um vínculo para resolver o problema de quebra de orçamento. Preferências semilineares são, então, necessárias para garantir um mecanismo de revelação CI exclusivo e eficiente.

EXERCÍCIOS

As respostas para os exercícios destacados estão no Apêndice D, no final do livro.

1. Quais recursos de design de leilões reduzem a maldição do vendedor e, por consequência, o underbidding estratégico?

2. Por que as companhias aéreas e redes hoteleiras não se preocupam com a canibalização autodestrutiva de suas vendas ao vivo e com preços altos quando listam assentos e quartos para venda no mercado virtual no Priceline.com?

3. Quais vantagens os lances abertos do eBay proporcionam aos vendedores? Por quê?

4. Selecione dois dos exemplos a seguir que são claramente itens de leilões de valor comum: carros esportivos Viper, eletricidade, licenças de patente, bilhetes do Tesouro, antiguidades ou obras de arte.

5. Se alguns dos participantes de um leilão de arrendamento de campos de petróleo estimam que o petróleo no solo vale US$1,2 milhão, US$1,3 milhão ou US$1,5 milhão com certeza; outros participantes têm estimativas de que o mesmo arrendamento do campo de petróleo vale US$1,1 milhão, US$1,3 milhão ou US$1,5 milhão com certeza; e um terceiro grupo de participantes estima o valor em US$1,1 milhão, US$1,2 milhão e US$1,3 milhão, e todas as três previsões contêm o valor comum real, qual é este valor? De que forma você, como vendedor leiloeiro, projetaria um leilão para reduzir o underbidding estratégico e obter este valor real?

6. Diferencie leilões de valor comum de leilões de valor privado; dê exemplos de cada um. Diferencie leilões de preço descendente (holandês) de leilões de preço ascendente (inglês); dê exemplos de cada um deles.

7. Você está desenvolvendo uma estratégia de lances para um leilão selado com preço ascendente de um campo de petróleo com valor entre US$1 milhão e US$51 milhões para o vendedor. Como seus custos de extração são mais baixos, seu valor é 20% maior do que o do vendedor. O vendedor enfrenta custos de transação por conduzir a venda, e, portanto, não vai aceitar uma oferta a não ser que ultrapasse seu valor pessoal. Quanto você ofereceria?

8. Como um design de leilão selado com segundo preço ascendente pode diminuir a maldição do vencedor e reduzir o underbidding estratégico que surge em leilões típicos em que a maior oferta vence e é paga com valor ascendente e lances selados?

9. Alguns bilhetes do Tesouro recém-emitidos são leiloados por leilões holandeses com preços discriminados, enquanto outros são leiloados em leilões selados de segundo preço com valores ascendentes e uniformes. Qual design de leilão é mais parecido com a disposição privada de vínculos e ações IPO recém-emitidos? Qual design de leilão tem mais probabilidade de aumentar a receita do vendedor?

10. Fast Second e Speedo estão tentando decidir quanto ofertar por uma licença em um leilão de telefonia celular em que os valores possíveis da nova licença são US$10 milhões, US$20 milhões, US$30 milhões, US$40 milhões, US$50 milhões e US$60 milhões, todos igualmente prováveis. O leilão é sequencial e com apenas uma rodada; ambas as partes dão exatamente o mesmo valor para o ativo, mas nenhuma delas sabe o valor real da possível distribuição (isto é, o chamado leilão de valor comum), e a Fast Second vai dar o lance depois da Speedo.

    As duas companhias investiram em pesquisa de marketing sobre o valor da licença, que pode ter duas formas: possíveis valores de US$20, US$30 ou US$50 milhões ou US$20, US$40 ou US$60 milhões. Qualquer resultado que surgir é 100% preciso (ou seja, a licença vale um dos três valores identificados com certeza). Speedo segue com um lance de US$33 milhões. A Fast Second tem uma pesquisa de marketing que diz que o valor da licença é US$20, US$40 ou US$60 milhões. Quanto a Fast Second deve oferecer? Determine a regra de probabilidade bayesiana para a Fast Second de PROB BAY (valor de US$40 milhões/Previsão de US$33 milhões ofertada pela Speedo).

11. Mostre que a declaração exagerada de custos e a atenuação deste valor são dominadas pela verdade na *joint venture* Motorola e Apple.

12. Quais compensações seriam exigidas em um contrato de incentivos otimizado, parecidas com a Tabela 15A.6, se os custos excedentes da Apple se tornassem tão prováveis quanto os da Motorola?

13. No Apêndice 15A, assumimos que as avaliações dos proponentes são independentes, mas suponha agora que sejam associadas. Isto é, suponha que você deseje se associar ao eBay com aqueles que pensam que os álbuns dos Beatles são valiosos e que isto afeta sua avaliação pessoal. De que forma essa mudança de avaliações independentes para avaliações associadas pode afetar a estratégia de lances no eBay? Você observa este tipo de comportamento no site?

CASO — LEILÃO DE FREQUÊNCIA

Continuando a análise de leilões de frequência de banda larga do apêndice, suponha que dois participantes saibam que o valor presente líquido dos direitos de transmissão de serviços PCS em Louisville é uma variável aleatória uniformemente distribuída de US$10 milhões a US$60 milhões, com seis valores distintos possíveis: US$10 milhões, US$20 milhões, US$30 milhões, US$40 milhões, US$50 milhões e US$60 milhões. Suponha também que as duas partes valorizem o ativo de forma idêntica, tornando a ação um leilão de valor comum. Anteriormente, as duas companhias conduziram experimentos de pesquisa de marketing para limitar os possíveis resultados e assim informar melhor seu próprio lance. Suponha que os resultados da pesquisa de marketing da Wireless Co. excluam os dois extremos da distribuição uniforme dos possíveis valores (ou seja, US$10 milhões e US$60 milhões), bem como US$40 milhões. De forma parecida, a PCS PrimeCo conduz sua própria pesquisa de marketing que exclui US$10 milhões, US$30 milhões e US$50 milhões como possíveis resultados para a área de serviço de Louisville.

Questões

1. Quanto a Wireless Co. deve oferecer em um leilão selado de valor comum com rodada única? Quanto a PCS PrimeCo deve oferecer no mesmo leilão?
2. Se a Wireless for a primeira em um leilão sequencial com preços registrados e rodadas múltiplas, como a PCS PrimeCo deveria responder na segunda rodada? Na terceira rodada, a Wireless vai desejar corrigir seu lance anterior? Por que sim ou por que não?
3. Que design de leilão seria melhor para o interesse do vendedor: leilão selado de rodada única ou leilão com lances abertos e rodadas múltiplas?
4. Identifique outros fatores que podem afetar o design de leilões otimizado.

Depurando softwares de computadores: versionamento na Intel[31]

Depuração tem sido um modo de vida no setor de informática desde seu início. Na verdade, a origem do termo *depuração* deriva do processo diário de remover traças mortas dos milhares de tubos eletrônicos do Eniac, primeiro computador eletrônico. Cada peça de hardware ou software de computadores enviada provavelmente tinha falhas lógicas. Na verdade, a maioria dos programas de software populares continha milhares de "bugs" conhecidos em sua primeira geração de produtos. Em 1994, a depuração incompleta da calculadora de divisão de ponto flutuante do chip do computador Pentium I causou um enorme recall do produto, que custou à Intel US$475 milhões de dólares. Em 2010, foi descoberto um bug em um chip de acesso ao processador Sandy Ridge Quad Core, da Intel, que ocasionou um recall do produto de US$700 milhões. Em ambientes com dados intensos, a falha de design faz que o desempenho do chip se degrade com o tempo – por exemplo, no processamento de vídeos digitais dos avançados PCs da HP e Dell.

Por que os fabricantes de componentes para computadores lançam produtos com bugs conhecidos? Uma resposta óbvia é que o lançamento atrasado pode permitir que os concorrentes se apropriem do mercado com novas tecnologias que tornem seu produto obsoleto. Outra resposta importante é uma visão central da economia gerencial de que tudo que vale a pena ser feito não necessariamente vale a pena ser bem-feito. Empresas de design e fabricação de computadores enfrentam um custo marginal crescente para corrigir milhares de bugs detectados por seus processos de teste beta. Em determinado ponto, a empresa precisa equilibrar seus custos de vendas perdidas e substituições dos recalls de produtos com o custo sempre crescente da perfeição do design obtida com mais depurações.

Uma terceira e surpreendente resposta pode, no entanto, ser a chave: corrigir bugs em gerações subsequentes de softwares gera venda de atualizações. Os primeiros produtos Microsoft Windows tinham um bug desagradável que fazia que o programa travasse com a finalidade de uma mensagem insolúvel de erro – "erro de aplicação não recuperável". A Microsoft consertou o bug e seguiu vendendo milhões de cópias da atualização. Bugs em programas limitam sua durabilidade, e, no ramo da tecnologia, a venda de atualizações é uma parte do plano de negócios. Hal Varian, economista chefe do Google, chama esta prática de "versionamento". É claro que o sistema operacional Microsoft Windows construiu o poderoso e fundamental negócio de venda de atualizações.

Questões

1. Discuta a prática da venda de atualizações como desenho de mecanismo.
2. Quais objetivos duplos são alcançados quando um novo produto avançado não está equipado com todos os seus recursos conhecidos de valor adicionado?
3. De que forma o versionamento de produtos resolve os problemas de um monopolista de bens duráveis que precisa concorrer com seus próprios produtos usados com desconto que ainda têm um bom funcionamento?

---

31 Baseado em It's Not a Bug, It's a Feature. *Forbes*, 13 fev. 1995, p. 192; Intel Finds Design Flaw. *Wall Street Journal*, 1º fev. 2011, p. B1.

CAPÍTULO 16

Regulação governamental

TEMAS DO CAPÍTULO

As decisões administrativas projetadas para maximizar a riqueza dos acionistas enfrentam muitas limitações. Algumas delas surgem das responsabilidades sociais e morais de uma empresa. Outras tomam forma de leis ou obrigações legais. Uma ampla gama de regulações governamentais são limitadoras (por exemplo, proibindo a colusão de fixação de preços), mas, em outros casos, são permissivas (por exemplo, protegendo segredos comerciais). Para tomar decisões que maximizem valor, os gestores devem entender totalmente os aspectos regulatórios de seu ambiente. Este capítulo explora vários tipos de questões regulatórias: antitruste, permissão de empresas, licenciamento e patentes, e a abordagem de limitação e comércio (*cap-and-trade*) baseada no mercado para regulação ambiental.

Desafio gerencial
Limitação e comércio, desregulação e o Teorema de Coase

O professor Ronald Coase, da University of Chicago Law School, recebeu o Prêmio Nobel de Economia por seu trabalho sobre a relação entre os direitos de propriedade, custos de transação e o papel do governo. Coase desafiou a visão predominante de que as externalidades econômicas, como água, ar e poluição sonora, poderiam ser resolvidas somente através de ações governamentais. Ele alegou que essas externalidades não deveriam ser frequentemente vistas como uma parte causando danos sobre a outra, mas como imposição e recebimento recíprocos de efeitos colaterais. Por exemplo, uma planta de fabricação de aço deve usar os edifícios fabris dos arredores para absorver o barulho de seus processos de produção. Os proprietários de antigas fábricas vizinhas podem demoli-las para limpar o território para um anfiteatro onde menos ruídos poderiam atrair mais clientes.

O teorema de Coase alegava que essas externalidades recíprocas poderiam ser resolvidas sem a intervenção do governo se os custos de transação de se chegar a uma solução de negociação voluntária privada fossem mantidos baixos. Coase argumentava que essa era uma das questões de especificação e atribuição adequadas dos direitos de propriedade. Por exemplo, aeronaves pousando em Boston podem precisar evitar a violação de um sensível direito de nível de decibéis atribuído a donos de propriedades nas cidades de Winthrop e Revere nos arredores do Aeroporto Logan. De outro modo, queixas por danos ilícitos civis vão surgir nos tribunais e a compensação monetária ou outras soluções à prova de ruídos serão outorgados.

No controle da poluição do ar, essa abordagem de Coase para alocar "direitos de poluição" foi adotada quase mundialmente. Sob as condições do U.S. Clean Air Act, a Agência de Proteção Ambiental dos EUA, a EPA, concede permissões para cerca de 50% das emissões de dióxido de enxofre das plantas de serviço de eletricidade. O Congresso deu aos poluidores o direito de comerciali-

Cont.

zar esses créditos de poluição entre eles. Por exemplo, se um limpador a seco já tem níveis de emissão em suas instalações dentro dos limites da EPA, pode vender as concessões excedentes. Se a Duke Power não atingir os padrões de emissão, pode escolher comprar os créditos de poluição ou instalar o equipamento de redução de poluição necessário – o que for mais barato. A Junta Comercial de Chicago rapidamente criou um mercado no qual essas concessões de poluição são ativamente comercializadas. Dê uma olhada nos preços de leilões para concessões de dióxido de enxofre (um componente da chuva ácida) em www.epa.gov/airmarkets.

O interesse por essa abordagem, chamada limitação e comércio, que permite que forças de mercado operem de maneira limitada em vez de contar com regulações de comando e controle da poluição, continua a crescer. Depois do desenvolvimento bem-sucedido do comércio de emissões de dióxido de enxofre nos EUA nos anos 1990, a União Europeia introduziu em 2005 um sistema de comércio de emissões de dióxido de carbono para enfrentar as emissões de gases de efeito estufa e o aquecimento global.

O comércio inicialmente fraco fez que o preço de mercado de uma tonelada de emissões de queima de carvão subisse para um valor quase tão alto quanto o do carvão. Já que historicamente a maior parte da eletricidade básica vem de plantas movidas a carvão, o preço da energia elétrica subiu acentuadamente e depois oscilou, até que as instituições regulatórias se estabilizaram.

Uma consequência desejada era que o gás natural, que custa levemente mais do que o carvão por 1.000 BTU, mas polui o ambiente com a metade das emissões de dióxido de carbono, se tornasse o combustível preferido para geradores de eletricidade. Se fosse adotado nos Estados Unidos, os custos adicionais por uma taxa de emissão de dióxido de carbono projetados pela U.S. Energy Information Administration seriam de 1% a 3% abaixo da produção industrial e de 0,5% a 1% do PIB durante o período de 2012-2030.[1]

Hoje, com créditos de emissão de carbono vendidos por US$10 a tonelada na Califórnia e na Europa, a taxa de carbono otimizada foi estimada em US$0,07 por galão de US$3,50 de gasolina (um aumento de +2%) ou US$3 por barril de petróleo de US$80 (+4%), US$0,008 por kWh de eletricidade a US$0,12 (+7%) ou US$14 por tonelada de carvão de US$70 (+20%) e US$0,41 por pé cúbico de gás natural de US$4 (+10%). Estima-se que um domicílio americano típico pague de US$226 a US$726 em taxas de carbono, dependendo de sua renda e hábitos de consumo.

Questões para discussão

- Diferencie as experiências dos EUA e da União europeia com políticas de limitação e comércio.
- Por que as companhias elétricas apoiam a legislação de limitação e comércio?
- Por que você acha que a cobrança de limitação e comércio do dióxido de carbono ficou estagnada na Câmara dos Representantes dos EUA mesmo com as companhias elétricas apoiando a legislação?
- Com o objetivo de reduzir a emissão de gases de efeito estufa, como o dióxido de carbono, você apoiaria o pagamento de 10% a mais pela eletricidade? E de 5% a mais? Por que sim, ou por que não? (Para conhecer mais sobre gases de efeito estufa, ver os exercícios de caso no Capítulo 17.)

---

1 Cumulative Impact of House Cap-and-Trade Bill. *The Economist*, 15 ago. 2009, p. 24.

A REGULAÇÃO DA ESTRUTURA E CONDUTA DE MERCADO

A regulação antitruste é projetada para aumentar a concorrência, eliminando tentativas de monopolizar um setor (de outra forma que não seja com produtos ou gestão melhores), bem como atacando determinados padrões de condutas ilegais propriamente ditas, como fixação de preços e contratos excludentes que impeçam os negócios do concorrente.

Desempenho de mercado

Em última análise, o que uma sociedade gostaria de ter são produtores de bens e serviços que

1. Aloquem recursos eficientemente,
2. Desenvolvam e adotem rapidamente novas tecnologias que resultem em custos menores, mais qualidade ou maior diversidade de produtos, e
3. Operem de forma que encoraje o *pleno emprego*.

Conduta de mercado

Um modelo de estrutura de desempenho e conduta dos fatores que influenciam o desempenho de mercado é ilustrado na Figura 16.1, incluindo o seguinte:

1. Comportamento de preço
2. Decisões de produto

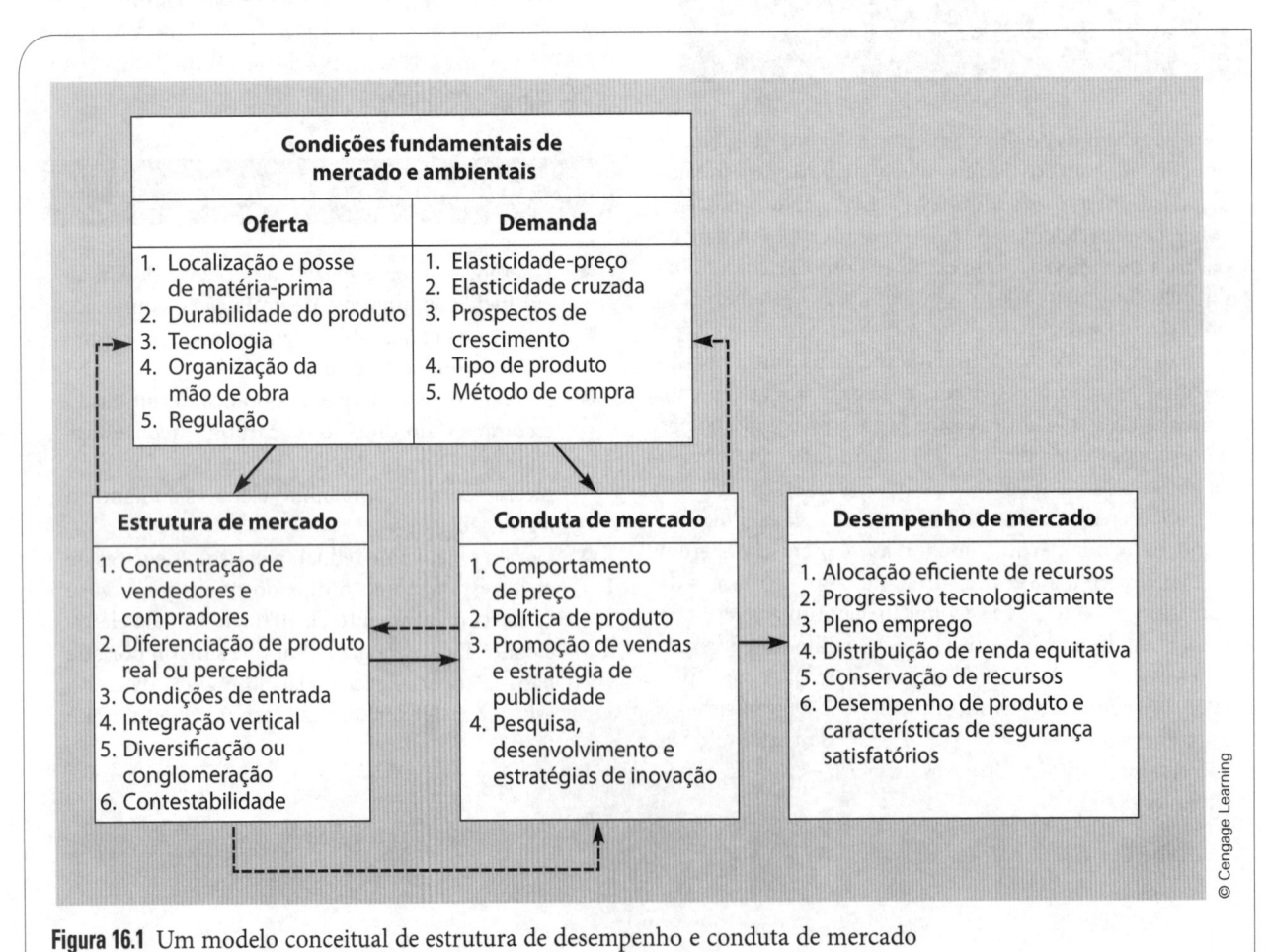

Condições fundamentais de mercado e ambientais

Oferta	Demanda
1. Localização e posse de matéria-prima	1. Elasticidade-preço
2. Durabilidade do produto	2. Elasticidade cruzada
3. Tecnologia	3. Prospectos de crescimento
4. Organização da mão de obra	4. Tipo de produto
5. Regulação	5. Método de compra

Estrutura de mercado
1. Concentração de vendedores e compradores
2. Diferenciação de produto real ou percebida
3. Condições de entrada
4. Integração vertical
5. Diversificação ou conglomeração
6. Contestabilidade

Conduta de mercado
1. Comportamento de preço
2. Política de produto
3. Promoção de vendas e estratégia de publicidade
4. Pesquisa, desenvolvimento e estratégias de inovação

Desempenho de mercado
1. Alocação eficiente de recursos
2. Progressivo tecnologicamente
3. Pleno emprego
4. Distribuição de renda equitativa
5. Conservação de recursos
6. Desempenho de produto e características de segurança satisfatórios

Figura 16.1 Um modelo conceitual de estrutura de desempenho e conduta de mercado

3. Promoção de vendas e políticas de publicidade
4. Pesquisa, desenvolvimento e estratégias de inovação

Estrutura de mercado   O desempenho e a conduta do mercado dependem da estrutura do mercado em particular. O conceito de estrutura de mercado refere-se a três características principais:

1. O grau de *concentração de vendedor e comprador* no mercado, bem como da distribuição de tamanho. Lembre-se do modelo das Cinco Forças de Porter do Capítulo 10, em que a concentração de vendedores afeta a intensidade da rivalidade, e a concentração de compradores o poder de negociação do canal para limitar os aumentos de preço dos vendedores.
2. O *grau de diferenciação objetiva ou percebida* entre produtos ou serviços de produtores concorrentes.
3. As *condições que envolvem a entrada e a saída* do mercado: Quando existem barreiras significativas à entrada, a concorrência pode deixar de se tornar uma força disciplinadora sobre as empresas existentes. Barreiras à saída diminuem o exercício competitivo imposto por possíveis (em oposição a reais) concorrentes. Barreiras à entrada permitem que vendedores estabelecidos aumentem preços acima do custo mínimo de produção e distribuição da média sem motivar novos vendedores a entrar na indústria. Barreiras à entrada podem ser classificadas em quatro tipos: diferenciação de produto, vantagem de custo absoluto, economias de escala e acesso limitado à distribuição. A forma como essas barreiras surgem e suas consequências estão resumidas na Tabela 16.1.

Mercados disputados

Um mercado perfeitamente disputado é tanto facilmente acessível para potenciais candidatos quanto fácil de sair, porque os investimentos de capital são totalmente reimplementáveis em usos alternativos (como caminhões,

TABELA 16.1 Tipos e consequências das barreiras à entrada

Tipos	Consequências para novos participantes
A. Barreiras de diferenciação de produto surgem de: 1. Preferências dos compradores, condicionadas pela publicidade, por marcas estabelecidas. 2. Controle de patente de designs de produto superiores por empresas existentes. 3. Posse ou controle de sistemas de distribuição favorecidos (como concessionárias de automóveis exclusivas).	A. 1. Novos participantes não conseguem vender seus produtos por um preço tão alto quanto o das empresas existentes. 2. Custos de promoção de vendas para novos candidatos podem ser proibitivos. 3. Novos participantes podem ser incapazes de obter capital suficiente para estabelecer um sistema de distribuição competitivo.
B. Vantagens de custo absoluto da produção e distribuição de empresas estabelecidas surgem de: 1. Controle de técnicas de produção superiores por patentes ou sigilo. 2. Propriedade exclusiva de depósitos de recursos naturais superiores. 3. Incapacidade de novas empresas adquirirem fatores de produção necessários (gestão, mão de obra, equipamentos). 4. Melhor acesso a recursos financeiros por custos mais baixos.	B. 1. Custos de novos participantes são mais altos do que para empresas existentes, por isso, embora elas possam cobrar um preço que resulte em lucros normais acima da média, novos candidatos podem ser incapazes de obter até um lucro normal por esse preço.
C. Economias de produção e distribuição (ou promoção de vendas) em grande escala surgem de: 1. Natureza de capital intensivo dos processos de produção industrial. 2. Custos iniciais altos.	C. 1. A entrada de uma nova empresa em uma escala suficiente vai resultar em uma redução de preço do setor e no desaparecimento dos lucros antecipados pelos novos participantes. 2. Novas empresas podem ser incapazes de adquirir uma participação de mercado suficiente para sustentar operações eficientes.
D. Acesso limitado ao canal de distribuição.	D. Espaço em prateleira fechado ou portais na Internet vão exigir investimentos massivos e podem impedir determinados modelos de negócios.

invenções patenteadas, informações). Nesses mercados, os possíveis concorrentes avaliam continuamente se o preço de pré-entrada do operador torna a inserção lucrativa. Com liberdade de entrada e saída e ativos totalmente reimplementáveis, os potenciais participantes não estão preocupados com as reações de preço de um operador. Se o produto desaparecer logo depois de uma entrada inicial, novos candidatos simplesmente deixam o setor. A possibilidade sempre presente de incursões especulativas de possíveis concorrentes faz que até mesmo que uma empresa dominante não coloque os preços acima do custo médio. Como resultado, mercados disputados geram um desempenho perfeitamente competitivo a despeito de uma estrutura de mercado que inclui somente duas ou três empresas.

> **EXEMPLO** Por que as companhias aéreas em cidades pares não são mercados disputados?
>
> Aeronaves, é claro, parecem ser o clássico ativo reutilizável, sujeitando companhias de transporte aéreo a poucas, se houver, barreiras à saída. Coloque uma aeronave no mercado de revenda e, dentro de poucas semanas, você será capaz de obter o valor de substituição do ativo quase completo. No entanto, várias outras características do setor aéreo não atendem à condições de mercados disputados. Primeiro, investimentos em aeroportos são custos não reembolsáveis e que não podem ser implementados em outras estruturas de rotas aéreas. Segundo, os custos para trocar de uma companhia aérea para outra geralmente são aumentados por programas de usuários frequentes, programação de voos e promoções de passagens que restringem as transferências entre linhas. Por fim, dirigentes de companhias aéreas mudam os preços duas ou três vezes por dia, ajustando-os a ameaças competitivas de forma muito mais rápida do que participantes de incursões especulativas podem entrar ou sair de mercados de cidades pares. Por isso, pense em transporte por caminhões (e não companhias aéreas) como um exemplo de mercado disputado.

ESTATUTOS ANTITRUSTE E SUA APLICAÇÃO REGULATÓRIA

Leis federais antitruste nos Estados Unidos eram inicialmente dirigidas aos grandes acionistas de trustes, como Standard Oil, American Tobacco e vários trustes de carvão e linhas férreas. Sob um acordo de truste, os direitos de voto das ações de inúmeras empresas diretamente competitivas eram conduzidos a um truste legal. O truste administrava as empresas de forma coletiva, maximizando assim os lucros, mas altos preços e produção restrita surgiram como resultado.

Sherman Act (1980)

As cláusulas importantes do Sherman Act são breves, mas abrangentes. Ele declara ilegal "todo contrato e combinação em forma de truste ou outra, ou conspiração para restringir o comércio entre os vários Estados ou com nações estrangeiras[...] [e] todos que monopolizar, ou tentar, combinar ou conspirar com qualquer outra pessoa ou grupo para monopolizar qualquer parte do comércio entre os vários Estados ou nações estrangeiras devem ser considerados culpados[...]."

Clayton Act (1914)

O Clayton Act proibiu quatro práticas de negócio anticoncorrenciais:

1. *Discriminação de preços* no atacado foi considerada ilegal, exceto quanto fosse baseada em diferenças de categoria, qualidade e quantidade do produto vendido.
2. A Seção 3 proibiu os vendedores de alugar ou fazer "uma venda ou contrato para venda[...] sob a condição de que o locatário ou comprador não deveria usar ou negociar na[...] commodity[...] de um concorrente".

Essa proibição de "*contratos de negociação exclusiva* e *venda casada*" não era absoluta. Ela se aplica na medida em que a prática impede clientes de realizar acordos de compra que desejavam.

3. A Seção 7, *antifusão*, barrava qualquer corporação envolvida no comércio a partir da aquisição de ações [ou ativos] de uma empresa concorrente ou na compra de ações de duas ou mais empresas concorrentes que resultasse em danos substanciais à concorrência.
4. *Compartilhamento de diretores (Interlocking directorates)*, definido como um caso em que a mesma pessoa está no conselho diretor de duas ou mais empresas, foi declarado ilegal se servisse para eliminar a concorrência entre as partes que deveriam competir.

EXEMPLO Por que é tão difícil encontrar cerveja Miller no México?[2]

O México é o oitavo maior mercado de cerveja do mundo. Desde o acordo Nafta, de 1994, as exportações das cervejas Corona e Modelo cresceram cinco vezes, chegando a 11% do mercado norte-americano. Anheuser Busch detém 50% de ações não controladoras da cerveja Modelo. A Miller Brewing Co. teve pouco sucesso ao penetrar no mercado doméstico mexicano. Modelo e FEMSA têm 99% do mercado. Alguns bares são pagos para distribuir exclusivamente a Modelo. A FEMSA possui grandes canais de lojas de conveniência no México, e a Miller não está em suas prateleiras. Essas restrições exorbitantes no comércio têm consequências no preço. Um pacote com seis Modelo Especial custa US$4,60 no México *versus* US$1,80 pela mais vendida no Brasil e US$2,20 pela mais vendida no Chile. Esses contratos de negociação exclusiva que impedem que os consumidores da Modelo façam negócios com um concorrente seriam proibidos nos Estados Unidos.

[2] Baseado em Why Corona Is Big Here. *Wall Street Journal*, 17 jan. 2003, p. B1.

EXEMPLO Práticas de exclusão na Gore-Tex e Intel[3]

Como empresa dominante com 81% de participação no mercado de microprocessadores em 2000 e 82% em 2010, a Intel está sujeita a restrições em suas práticas de marketing e vendas que ameacem retaliações contra consumidores da HP, Apple e Dell que desejam comprar produtos concorrentes da AMD. A UE multou a Intel em US$1,45 bilhão em 2010, e, já que a FTC não pode impor multas, a Intel se estabeleceu nos EUA com a AMD por outros US$1,25 bilhão.

Os fabricantes da Gore-Tex, com 70% a 90% do mercado de tecidos porosos impermeáveis, são suspeitos de ter ameaçado negar o licenciamento de seu produto a fábricas de roupas esportivas que compravam tecido concorrente da Outdry Technologies (que não era da Columbia Sportswear) ou da eVent, da General Electric. A Columbia Sportswear e a REI juntaram-se a outros reclamantes na investigação da FTC do embargo da Gore no setor de tecidos impermeáveis de Columbia.

[3] Baseado em Intel Slapped in Antitrust Case. *Wall Street Journal*, 25 ago. 2010, p. B1; Gore-Tex Runs into Antitrust Probes. *Wall Street Journal*, 22 jun. 2011, p. B1.

Robinson-Patman Act (1936)

O Robinson-Patman Act é aqui resumido:

1. A Seção 2(a) torna ilegal discriminar preços no atacado durante a venda de mercadorias de "categoria e qualidade similares" quando o efeito seria "uma concorrência substancialmente menor". Um vendedor acusado de discriminação de preço tem duas defesas afirmativas enumeradas na Seção 2(b): Primeira, a

"defesa de custo" permite diferenças no preço que "façam apenas as devidas considerações às diferenças no custo de fabricação, venda ou entrega". Segunda, o ato permite que um preço mais baixo seja cobrado em um segmento do mercado para atender a "um preço igualmente baixo de um concorrente".

2. As Seções 2(d) e 2(e) proíbem o vendedor de oferecer descontos secretos a um cliente e não a outro. Por exemplo, Liz Claiborne não pode dar um desconto de 15% à Gap sem oferecer o mesmo acordo a lojas de departamento como a Macy.

Hart-Scott-Rodino Antitrust Improvement Act (1976)

O Hart-Scott-Rodino Act exige que companhias com ativos acima de US$100 milhões ofereçam notificações e informações a respeito de qualquer fusão proposta à Divisão Antitruste do Departamento de Justiça e à Federal Trade Comission. Dentro de 30 dias, essas agências contestam a fusão proposta no tribunal federal ou permitem que seja concretizada, possivelmente com algumas modificações. Promotores públicos estaduais também podem iniciar processos antitruste federais.

EXEMPLO Ação coletiva da Califórnia contra a Microsoft resolvida por US$1,1 bilhão

Em janeiro de 2003, um tribunal distrital de Washington declarou a Microsoft culpada de manter um monopólio de 92% do software de sistema operacional de desktop usando práticas anticompetitivas. Dois anos e meio depois, em 2005, a ré entrou com uma ação coletiva movida pelo procurador-geral da Califórnia em nome dos 13 milhões de indivíduos e empresas da Califórnia. A Microsoft concordou em pagar vouchers de US$5 e US$29 para cada comprador californiano que licenciou o Windows 95 ou 98 entre 1995 e 2001 como compensação pelas supostas sobrecargas. Os vouchers poderiam ser usados para comprar laptops, desktops ou tablets e para softwares de qualquer outra companhia. Embora tenha perdido US$1,1 bilhão, a Microsoft tinha US$61 bilhões em dinheiro e investimentos em curto prazo em 2005.

EXEMPLO Aquisição da AEG pela Live Nation (da Ticketmaster) aprovada pelo Departamento de Justiça[4]

A Ticketmaster, que dominava o mercado de ingressos para shows musicais com uma participação de mercado de 80% há 15 anos, propôs adquirir, em 2010, a Live Nation, a maior promotora de concertos, que controla 142 locais ao redor do mundo, incluindo o San Manuel Amphiteathre, no sul da Califórnia, com 65.000 lugares. O promotor de concertos Anschutz Entertainment Group (AEG) controla mais 105 locais, incluindo o Staples Center, em Los Angeles, e a O2 Arena, em Londres, ambos com 20.000 lugares. Em 2009, a Live Nation lançou o sistema de ingressos Paciolan para operadores/proprietários de locais evitar a Ticketmaster e iniciar sua própria venda de ingressos.

O Departamento de Justiça aprovou a fusão entre a Ticketmaster e a Live Nation com condições e uma ordem de alienação. Foi exigido que a Ticketmaster/Live Nation licenciasse sua tecnologia de ingressos para a AEG e se privasse de vender quaisquer ingressos para locais da AEG depois de um período de transição de cinco anos. Além disso, foi ordenado que a Live Nation vendesse sua linha de negócios Paciolan a um terceiro, a Comcast-Spectator. Esses remédios estruturais foram empregados para garantir concorrentes adicionais na venda de ingressos para concertos musicais com a reputação e a credibilidade necessárias para desafiar o domínio da Ticketmaster.

4 Baseado em Promoter Crowds Ticketmaster. *Wall Street Journal*, 2 fev. 2011, p. B1; Christine Varney. Ticketmaster/Live Nation Merger Review and Consent Decree. *Speech*, 18 mar. 2010, Austin, TX.

Agências do governo podem usar vários métodos para aplicar a legislação antitruste. Muitos casos antitruste são esclarecidos com *termos de compromisso* negociados entre a companhia e os agentes de execução. Sob um termo de compromisso, a companhia compromete-se a realizar determinadas ações (ou cessar e desistir de outras) em troca de um acordo do governo em não buscar penalidades adicionais no tribunal. Em casos registrados por agências antitruste contra uma companhia, o tribunal pode emitir uma *injunção* exigindo (ou proibindo) determinadas ações da companhia. O tribunal também pode impor *multas* e, em certos casos, *sentenças de prisão*.

Em casos envolvendo acusações de monopólio, o tribunal pode exigir a *alienação* de determinados ativos pela companhia. Por exemplo, em 2002, os departamentos de Justiça e de Transportes dos Estados Unidos, além da Competition Commissioner da União Europeia, insistiram para que a British Airways (BA) se desfizesse de 353 locais de pouso no Heathrow Airport de Londres se desejar se fundir com a American Airlines. Em vez de perder seus ativos muito valorizados, a BA decidiu continuar competindo com a American.

PROIBIÇÃO ANTITRUSTE DE DECISÕES DE NEGÓCIO SELECIONADAS
Colusão: fixação de preços

Acordos explícitos entre concorrentes para fixar preços ao lado de outras formas claras de colusão, como acordos de divisão de mercado, são por si só ilegais segundo o Sherman Act. Isto é, os tribunais geralmente declaram tais acordos proibidos, independentemente de eles causarem ou não danos óbvios à concorrência.[5] Durante 2010, o Grupo EMI, a Sony BMG Music Corp., a Bertelsmann Inc., a Vivendi SA do Universal Music Group e a Warner Music Group Corp. foram acusadas de criar joint ventures (com 85% do mercado) para conspirar para inflar e manter os preços da música digital. Os réus alegaram que era necessária uma coordenação para lidar com o duplo problema apresentado pelo download de músicas pirateadas (Napster e seus sucessores) e o amplamente popular iTunes, da Apple, que tinha capturado 72% do mercado de músicas on-line. Estes protestos foram em vão, e os réus se acertaram fora do tribunal com a Divisão Antitruste do Departamento de Justiça dos EUA, concordando em cessar e desistir, bem como com o pagamento de altas multas.

A UE é igualmente agressiva ao processar cartéis. Entre 2005 e 2011, o diretor de concorrência da UE Neelie Kroes cobrou enormes multas de 10 conjuntos de fabricantes envolvidos em conspirações de fixação de preço de elevadores (US$1,47 bilhão), switches NG (US$1,1 bilhão), borracha sintética (US$768 milhões), gás plano (US$728 milhões), peróxido de hidrogênio (US$574 milhões), gás acrílico (US$511 milhões), grampeadores (US$485 milhões), ligas de cobre (US$466 milhões), detergentes para roupas (US$452 milhões) e equipamento de ensacamento industrial (US$431 milhões).[6]

> **EXEMPLO** Fixadores de preço de e-books, tenham cuidado[7]
>
> Em setembro de 2012, três editoras de livros (Hachette, Simon & Schuster e Harper-Collings) se resolveram com o Departamento de Justiça e concordaram em encerrar seus contratos de precificação restritiva com a iBookstore da Apple. Em troca de 30% da receita das vendas de varejo, a Apple permitiu que as editoras definissem o preço de varejo de seus títulos distribuídos digitalmente como e-books. Iniciado com a introdução do iTablet, em 2010, esse modelo de precificação de agência para e-books desalojou a precificação por atacado, pela qual as editoras vendiam seus títulos à Amazon, Barnes and Noble, Walmart e redes de lojas de departamento por cerca da metade do preço projetado de varejo, e então o varejista da livraria escolhia o *markup* que preferisse.
>
> Como resultado das novas políticas de preço, os preços dos produtos finais para todos os e-books mais vendidos subiu de US$9,99 para US$12,99, US$14,99 ou mais. As margens sobre e-books médios são US$5,92/US$12,99 = 46% *versus* US$5,85/US$26,00 = 22% para livros de capa dura (ver Figura 16.2). Ainda assim, as vendas de e-books dobraram em 2011, e o setor

Cont.

---

[5] Poucos setores, como de açúcar e de transporte marítimo, foram eximidos pela legislação de leis antitruste e têm permissão para definir preços e produção de forma conjunta.

[6] Baseado em Europe's Antitrust Chief Defies Critics and Microsoft. *Wall Street Journal*, 25 fev. 2008, p. A1.

projetava um crescimento exponencial contínuo quando, em abril de 2012, a Divisão Antitruste do Departamento de Justiça processou a Apple e as cinco editoras de livros. A acusação federal alegava que o contrato da Apple impedia que as editoras vendessem o mesmo título a qualquer livraria de varejo que definisse um preço mais baixo. Duas editoras (Penguin e Macmillan), além da Apple, continuam entrando com apelos contra o acordo proposto, mas a Amazon já começou a novamente dar desconto para alguns títulos para US$9,99.

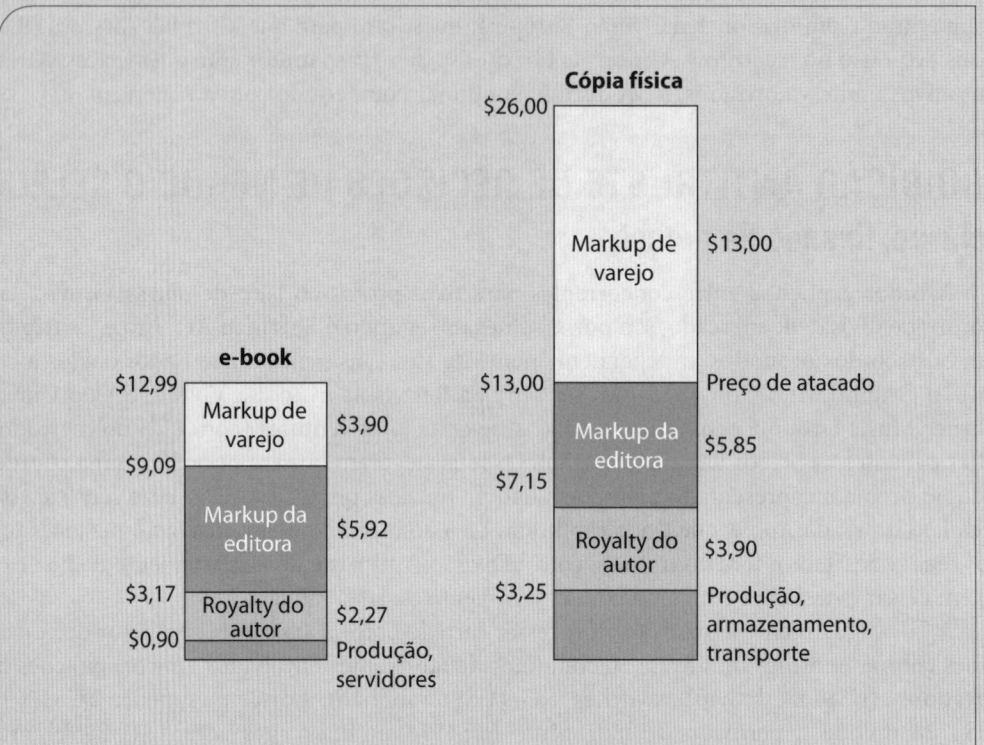

Figura 16.2 Markups de bestsellers para vendedores e editoras
Fonte: Wall Street Journal, 12 de setembro de 2011, p. B1.

---

7 Baseado em Get Ready for eBook Price Cuts in the Near Future. Wall Street Journal, 10 set. 2012, p. B1; Publishers Sued over eBook Price Collusion. Financial Times, 12 abr. 2012, p. A1; U.S. Warns Apple, Publishers. Wall Street Journal. 8 mar. 2012, p. B1.

Fusões que diminuem substancialmente a concorrência

Quando as vendas de um setor estão concentradas em poucas mãos, a conduta e o desempenho de mercado são menos propensos a ser competitivos por natureza. Um índice amplamente utilizado de concentração de mercado é a **taxa de concentração de mercado**. Ela pode ser definida como a porcentagem de produção total do setor (medida em termos de vendas, empregos, valor adicionado ou valor de carregamentos) atribuível às 4, 8, 20 ou 50 maiores companhias.

Dados sobre taxas de concentração de mercado são regularmente disponibilizados pelo Census Bureau, com base no *Census of Manufacturers*.

A Tabela 16.2 apresenta as taxas de concentração para setores selecionados. Alguns ramos tornaram-se amplamente concentrados, como o de cereais matinais, geradores de turbinas, alumínio e lâmpadas. Outros setores, como de meias, blocos e tijolos de concreto e artigos esportivos, são altamente fragmentados em nível nacional e, portanto, espera-se que exibam um desempenho mais competitivo. Alguns setores tornaram-se concentrados por causa de produtividade. Fusões de consolidação para reduzir o excesso de capacidade ocorrem regularmente.

TABELA 16.2 Taxas de concentração e Índice de Herfindahl-Hirschman para setores selecionados

SIC	Nome do setor	Quantidade de valor adicionado estimado para as 4, 8 e 20 maiores companhias em cada setor fabricante			
		Taxa para 4 empresas	Taxa para 8 empresas	Taxa para 20 empresas	Índice de Herfindahl-Hirschman
31123	Cereais matinais	82	93	100	3.000
311511	Leite	46	57	71	1012
31511	Meias e roupas íntimas	35	45	64	318
32561	Sabão e detergentes	49	62	72	949
32411	Refino de petróleo	47	67	92	809
32721	Vidro plano	76	98	100	1.677
327331	Blocos e tijolos de concreto	24	32	44	206
331315	Folhas, placas e lâminas de alumínio	75	89	98	2.286
333611	Turbinas e conjuntos de geradores de turbinas	88	91	96	2.403
33511	Lâmpadas elétricas	90	94	98	2.848
32992	Artigos esportivos	24	32	46	199
33991	Joias e prataria	18	26	39	142

Fonte: Census of Manufacturers, U.S. Department of Commerce.

Economias de escala, curvas de aprendizado e descontos por volume em componentes também proporcionam possíveis ganhos de eficiência de fusões. No entanto, consideráveis prêmios por fusões são oferecidos aos acionistas de empresas-alvo. Como resultado, os retornos aos acionistas da empresa adquirente são sistematicamente negativos.

Outra medida importante da concentração de mercado é o **Índice de Herfindahl-Hirschman**, ou *HHI*:

$$HHI = \sum_{i=1}^{N} S_i^2$$

onde S_i é a participação de mercado da empresa i e N é o número de empresas no setor. Por exemplo, em um mercado relevante que consiste em apenas três empresas, como o de alimentos para bebês (onde a Gerber tem 70%, Beech-Nut 16% e Heinz 14% de participação de mercado), o *HHI* é $70^2 + 16^2 + 14^2$, que é igual a 5.352. O *HHI* tem um valor máximo de 10.000, e cai à medida que o número de empresas (*N*) aumenta e seus tamanhos se tornam mais igual. Valores de *HHI* para setores selecionados também são mostrados na Tabela 16.2.[8]

Diretrizes para fusões (2010)

A FTC e a Divisão Antitruste do Departamento de Justiça emitiram em 2010 novas diretrizes para fusões. O *HHI* apresenta um fator que as agências usam para decidir se vão contestar uma fusão proposta:

1. Para mercados com um *HHI* maior do que 2.500, o governo provavelmente contestará a fusão que aumente o índice em 100 a 200 pontos ou mais.
2. Para mercados com um *HHI* entre 1.500 e 2.500, uma contestação da fusão pelo governo é improvável, a não ser que o índice aumente 200 ou mais pontos. Na prática, 87% das fusões contestadas pela FTC ou pelo DOJ nos últimos anos tinha *HHI* maior do que 2.400.
3. Para mercados com um *HHI* menor do que 1.500, é improvável que o governo conteste a fusão.

Uma fusão aumenta o *HHI* duas vezes o produto das participações de mercado das empresas candidatas. Portanto, quando a Beech-Nut (com 16% de participação de mercado) e a divisão de alimentos para bebês da Heinz

---

[8] Não foi mostrado na tabela o caso mais extremo de todos. A participação de mercado da Microsoft em 1992, de 92%, torna o *HHI* de sistemas operacionais 8.526.

(com 14% de participação de mercado) desejaram se fundir, a proposta foi contestada porque o *HHI* de 5.352 pontos mudava 448 pontos, conforme a seguir:

$$HHI \text{ before} = S^2_{Gerber} + S^2_{Beech\text{-}Nut} + S^2_{Heinz} = 5.352$$
$$HHI \text{ after} = S^2_{Gerber} + (S_{Beech\text{-}Nut} + S_{Heinz})^2$$
$$= S^2_{Gerber} + (S^2_{Beech\text{-}Nut} + S^2_{Heinz} + 2S_{Beech\text{-}Nut}S_{Heinz})$$
$$= 70^2 \quad + (16^2 + 14^2 + 2 \cdot 16 \cdot 14)$$
$$= 5.352 \; + \Delta HHI$$
$$= 5.352 \; + 448 = 5.800$$

As diretrizes para fusão de 2010 enfatizam que os cálculos de concentração devem ser subestimados em favor de experimentos naturais e comparações diretas baseadas em experiências. A definição de mercado deve ser determinada com base na identificação de um conjunto de produtos que são razoavelmente intercambiáveis, como indicados pelos "aumentos de preço pequenos, porém significativos, e não transitórios" (SSNIP, do inglês *small but significant and nontransitory increases in price*) atribuíveis à fusão. Outros fatores que são explicitamente levados em conta na análise regulatória incluem a probabilidade de fracasso da empresa a ser adquirida sem a fusão, os possíveis ganhos de eficiência ou inovação da empresa (combinada) e a facilidade com a qual os concorrentes entraram no setor historicamente.

Em 2012, no entanto, o Departamento de Justiça bloqueou uma fusão de US$550 milhões entre a Avery, líder na fabricação de etiquetas, e a 3M, líder fabricante do Post-it Notes, embora Staples e Office Depot tenham entrado recentemente nos dois ramos com produtos de marcas próprias.[9]

Monopolização

Companhias que atuam sozinhas podem ser acusadas pelo Sherman Act por tentar ilegalmente monopolizar um mercado ou se envolver em práticas monopolistas. No entanto, provar essas supostas violações legais geralmente é bem difícil. Antes do caso da Microsoft, em 1998, o último grande caso de monopólio trazido por agentes antitruste dos EUA resultou na dissolução da AT&T, em 1984.

> **EXEMPLO** O retorno dos caçadores de truste: fusão da DISH Network e DIRECTV desaprovada[10]
>
> Em 2007, a FTC proibiu uma fusão entre a Whole Foods Inc. e o Wild Oats Markets nos supermercados premium naturais e orgânicos, onde são concorrentes líderes. De forma similar, em 2005 as autoridades antitruste europeias bloquearam a fusão de US$41 bilhões entre a General Electric e a Honeywell por razão de concentração de mercado. As duas companhias dominam o mercado de motores a jato para aeronaves corporativas. Novamente, em 2011 o Departamento de Justiça bloqueou uma fusão proposta de US$39 bilhões entre a AT&T e a T-Mobile para telefones sem fio.
>
> Em 2000, a FTC bloqueou uma fusão proposta entre a Heinz e a Beech-Nut, com 16% e 14% do mercado de alimentos para bebês respectivamente. A razão foi que o *HHI* para alimentos para bebês media 5.352, relativos ao referencial presumível de 1.800 que causa preocupação. A gigante Gerber tem 70% do mercado e é responsável por 4.900 dos 5.352 pontos do *HHI*. A FTC não aceitou o argumento da Heinz e da Beech-Nut de que, juntas, poderiam obter economias de escala, custos de distribuição e de P&D menores e, assim, concorrer de forma mais eficiente com a empresa dominante.
>
> Por fim, a EchoStar (DISH Network), mantida de forma privada por Charlie Ergen, lançou um leilão de US$26 bilhões pela DirecTV, subsidiária da Hughes Electronics, em 2007. DISH

Cont.

---
9 3M Drops Deal on Sticky Threat. *Wall Street Journal*, 7 set. 2012, p. B1.

Network e DirecTV eram os dois principais provedores de TV via satélite dos EUA. Ergen alegava que o mercado relevante incluía sistemas de TV a cabo, com uma distribuição de participação no setor combinada conforme a seguir:

Comcast	33%
DirecTV	17
Time Warner	17
DISH Network	13
Charter Comm.	10
Cox Comm.	10
HHI	2.036

A FTC e a Divisão Antitruste discordavam, definindo o mercado relevante apenas como TVs via satélite, e proibiram a fusão.

Sob as novas diretrizes para fusões em 2012, foi permitido que a EchoStar comprasse a Hughes Communications. As duas companhias vão obter eficiências de custo ao remover custos redundantes de marketing e fabricação. Mais importante, no entanto, é que, embora a concentração do setor aumente bastante, a fusão de US$1,35 bilhão vai permitir que a DISH Network ofereça programação baseada na Internet em concorrência com a DirecTV, que já firmou parcerias com a TimeWarner e outras companhias de cabo. A FTC agora vê a fusão proposta como algo que aumenta a competição no entretenimento via satélite.[11]

---

10 Baseado em Competition Policy. *The Economist*, 3 maio 2007, p. 79; Is the FTC Defending Goliath? *BusinessWeek*, 18 dez. 2000), p. 160-62; Murdoch Wins DIRECTV. *Wall Street Journal*, 10 abr. 2003, p. B1.

11 Baseado em EchoStar to Buy Hughes for $1.35 Billion. *Wall Street Journal*, 15 fev. 2011, p. B1.

Discriminação de preço no atacado

Uma grande companhia que opera como fabricante ou distribuidor em dois (ou mais) mercados geográficos (ou produtores) diferentes e corta preços para o atacado em um deles, mas não no outro, pode ser acusada, sob o Robinson-Patman Act, de envolvimento em discriminação ilegal de preços. A precificação diferencial diretamente ao consumidor do produto final é permitida (e geralmente baseada "no que o mercado vai suportar"), mas não é para preços de revendedores de produtos intermediários (atacadistas, distribuidores etc.).

Por exemplo, a editora Penguin Books pagou, após um grande julgamento, a livrarias independentes depois que ficou provado que ela oferecia descontos por volume e outras promoções comerciais para Barnes & Noble e Borders que não estavam relacionados com os custos de servir essas contas. De forma similar, seis companhias de máquinas de vendas automáticas processaram a Philip Morris, alegando que outros distribuidores e varejistas recebiam descontos, recompras e concessões promocionais com o objetivo de diminuir os custos e permitir que os distribuidores favorecidos tirassem os reclamantes do mercado. O Robinson-Patman Act foi projetado para proibir exatamente este tipo de favoritismo no comércio atacadista.

EXEMPLO Práticas potencialmente anticoncorrenciais: acordos de venda casada da Microsoft[12]

A Netscape alegou que a fabricante de software Microsoft usava sua posição dominante no mercado de sistemas operacionais para obter uma vantagem anticompetitiva no mercado de aplicações, como Internet Explorer e Media Player. A Microsoft ligava seu software de acesso à Internet (Microsoft Explorer) às vendas do Windows 95, que proporcionou ao sistema operacional 92% de todos os computadores pessoais dos EUA. A companhia distribuía o Explorer gratuitamente com cada venda do Windows 95 em computadores Compaq e Dell, determinava o preço do Windows 95 sem o Explorer muito mais alto e ameaçava remover a licença do Windows 95 se algum outro navegador fosse pré-instalado nos PCs que a Compaq enviava.

Cont.

Durante quatro trimestres no fim de 1996 e 1997, a participação da Microsoft no mercado de navegadores Web cresceu de 20% para 39%. Em 1999, a participação da Netscape tinha caído de 84% para 47%, e o produto da Microsoft, acompanhado pelas supostas práticas anticoncorrenciais, resultou em uma participação de 53%. Hoje, a Netscape tem cerca de 8% de um mercado dominado pelo Internet Explorer. Isso foi uma evidência de "dano substancial à concorrência" ou apenas dano substancial a um determinado concorrente?

Acordos de venda casada que ampliem o poder de monopólio de uma empresa dominante de um mercado para outro distinto de produtos são ilegais. Como as práticas de venda da Microsoft impediram que a Netscape vendesse seu navegador, foi exigido sob um acordo judicial que a Microsoft separasse os dois produtos e mudasse suas práticas de precificação. Mesmo assim, em maio de 1998, o Departamento de Justiça e 20 procuradores-gerais estaduais entraram com uma ação alegando acordos de venda casada ilegais e outras práticas anticoncorrenciais. A Microsoft foi declarada culpada das supostas violações e condenada a cessar e desistir.

Em 2004, o Tribunal de Justiça Europeu pronunciou-se contra a Microsoft em uma reclamação parecida registrada primeiro pela Sun Microsystems, que dizia que a Microsoft agrupava de forma ilegal seu produto Media Player com o Windows. O software Windows sem o Media Player custava mais caro. Como a Microsoft tinha um monopólio de empresa dominante de sistemas operacionais para PCs, com participação de mercado que cresceu de 86% para 93% entre 1997 e 2005, o Tribunal de Justiça Europeu declarou que a empresa deveria desagrupar o Media Player e oferecer a versão do Windows com recursos reduzidos mais barata do que a versão expandida. O Tribunal impôs uma multa de €497 milhões. Em 2006, outra multa de €281 milhões foi imposta pelo não cumprimento. Por fim, em 2009, a Microsoft perdeu a apelação final e pagou (com juros) €1,4 bilhão.

Em um acordo judicial no fim de 2009, a Microsoft também prometeu oferecer até 2014 uma tela de escolha nos PCs vendidos na UE, permitindo que o usuário selecionasse Firefox ou Mozilla em vez do Internet Explorer como navegador. Quando 15 milhões de cópias do Windows 7 foram enviadas sem a tal tela de escolha, a UE notificou a Microsoft em 2012 com uma multa de mais US$732 milhões. Claramente, perdas dessa magnitude sugerem que assegurar o cumprimento das políticas antitruste é uma prioridade adequada de gestores que desejam maximizar os lucros dos acionistas.

---

12 Baseado em Browse This. *U.S. News & World Report*, 5 dez. 1997, p. 59; U.S. Sues Microsoft over PC Browser. *Wall Street Journal*, 21 out. 1997, p. A3; Knowing the ABCs of the Antitrust Case against Microsoft. *Wall Street Journal*, 30 out. 1997, p. B1; Microsoft's Browser: A Bundle of Trouble. *The Economist*, 25 out. 1997, p. 74; Microsoft on Trial. *Wall Street Journal*, 4 abr. 2000, p. A16; Microsoft Is Dealt Blow by EU Judge. *Wall Street Journal*, 23 dez. 2004, p. A3; Europe's Antitrust Chief Defies Critics. *Wall Street Journal*, 25 fev. 2008, p. A1; Microsoft's Antitrust Fine: Sin of Omission. *The Economist*, 9 mar. 2012, p. 66.

Recusas de negociação

Em geral, um fabricante pode se recusar a negociar com qualquer distribuidor varejista que não consiga seguir as políticas da companhia que são baseadas em um interesse de negócios legítimo. No entanto, essa autoridade é sujeita a três limitações. Primeira, os pedidos de um descontador podem ser recusados se, e somente se o fabricante atuar independentemente de revendedores confiáveis cujas vendas com os níveis de preço mais alto estiverem sofrendo por causa do aumento na concorrência (*Estados Unidos v. GM*, 1966). Segunda, uma política explícita e bem justificada deve ser implantada previamente; o fabricante não pode pressionar revendedores individuais, ameaçar a suspensão de carregamentos de novos produtos ou oferecer a reintegração caso aqueles que praticam descontos ilegais concordem em aumentar os preços (*FTC v. Stride Rite*, 1996).

Por fim, fabricantes não podem "prender" compradores de produtos duráveis recusando o fornecimento de partes para organizações de serviços independentes (ISOs, do inglês *independent service organizations*), especialmente se os preços das ISOs estiverem bem abaixo dos serviços do fabricante. No caso *Eastman Kodak v. Image Technical Services* (1992), a Suprema Corte argumentou que os consumidores devem ser capazes de selecionar fornecedores de serviços independentes e reparos fora da garantia de quem quer que escolham. A defesa da Kodak de que a manutenção e o reparo da ISO não atendiam aos padrões de qualidade da marca foi refutada pelas evidências apresentadas na Corte.

Acordos de manutenção de preço de revenda

Fabricantes geralmente desejam limitar a flexibilidade de seus distribuidores ao introduzir descontos de preço. Acordos de manutenção do preço de revenda (RPM, do inglês *resale price maintenance*) mínimo proíbem varejistas de cortar o preço que vendem o produto abaixo do preço de varejo sugerido pelo fabricante (MSRP, do inglês manu facturer's suggested retail price). A maioria dessas restrições é ilegal, especialmente quando parecem ser motivadas pelo desejo de revendedores varejistas concorrentes reduzir a competição de preços. Por exemplo, as concessionárias Chevrolet em Los Angeles certa vez abordaram a GM sobre o uso de um acordo de RPM para punir os descontos excessivos de um revendedor "rebelde" em Orange County, Califórnia, que tinha cortado acentuadamente suas margens de lucro substanciais. No caso *Estados Unidos v. GM* (1966), a Suprema Corte declarou essa prática anticoncorrencial ilegal, já que era motivada por um desejo expresso de diminuir a competição de preços.

No caso *Leegin Creative Products, Inc. v. PSKS, Inc., DBA Kay's Kloset, 551, U.S.* (2007), a Suprema Corte mudou de opinião, permitindo que a regra da razão fosse aplicada aos acordos de RPMs mínimos. O réu, Leegin, de Dallas, Texas, fabrica acessórios luxuosos de couro semelhantes aos artigos de couro da Coach. Kay's Kloset tinha um contrato padrão de fabricante-varejista para transportar produtos da Leegin como um distribuidor de varejo independente. Quando a Kay's Kloset persistiu no desconto de seus acessórios de couro para abaixo do MSRP, a Leegin cortou os carregamentos adicionais.

Depois de várias decisões concorrentes de instâncias inferiores, pela primeira vez na história a Suprema Corte aceitou a alegação de que o modelo de negócios de um fabricante pode ser tão dependente do posicionamento superior que uma *regra da razão* deveria ser aplicada em acordos de RPM. Em outras palavras, este fabricante poderia legitimamente se recusar a negociar com um varejista independente somente com base no fato de que o varejista estava violando o MSRP do fabricante. Esse tipo de prática já tinha sido considerado uma violação dos estatutos antitruste – especificamente, uma restrição anticoncorrencial do comércio. Contudo, no caso *Leegin*, a Suprema Corte decretou que o desconto de terceiros sobre artigos de luxo poderia danificar gravemente a imagem da marca e desencorajar completamente serviços luxuosos prestados por distribuidores de preço total que, cortando os descontadores rebeldes, pode refletir na lei um interesse legítimo do fabricante. Discutiremos este caso marcante em um exercício de debate no fim do capítulo.

RESTRIÇÕES REGULATÓRIAS DE COMANDO E CONTROLE: UMA ANÁLISE ECONÔMICA

Governos federais, estaduais e locais estão envolvidos na regulamentação de empresas. A Tabela 16.3 contém uma lista parcial de agências e departamentos regulatórios federais norte-americanos. Além da Federal Trade Commission e da Divisão Antitruste do Departamento de Justiça, discutidos anteriormente, muitas outras agências regulamentam decisões corporativas. Regulamentações estaduais abrangem uma ampla variedade de atividades, incluindo a regulamentação de companhias de serviços públicos e o licenciamento de várias empresas, como instalações de saúde, e diversas profissões, como advocacia e contabilidade. Governos locais determinam e reforçam leis de zoneamento e códigos de construção. Restrições regulatórias podem ser impostas de formas não discriminatórias em qualquer conjunto de empresas similares. Por exemplo, a União Europeia proíbe a propaganda direta de medicamentos prescritos ao consumidor. Essas limitações podem afetar os custos operacionais (fixos e variáveis), custos de capital e receitas de uma empresa.

EXEMPLO RPM mínimo nos produtos Stride Rite e Leegin Creative[13]

No fim dos anos 1990, Nintendo, New Balance Athletic e Stride Rite pagaram multas multimilionárias para liquidar os encargos de tribunais de carregamentos dos fabricantes a outlets de varejo que se recusavam a cobrar o valor MSRP total. No caso da Stride Rite, os principais varejistas seriam cortados quando se recusassem a vender seis estilos de Keds femininos pelo preço MSRP total e sem desconto de US$45. Embora insistisse que poderia suspender os contratos com os varejistas que violassem políticas e procedimentos de comercialização de outras companhias, a Stride Rite se recusou a negociar somente com aqueles determinados revendedores que deram descontos nos Keds. O tribunal a declarou culpada de práticas de negócio anticompetitivas porque os revendedores suspensos foram pressionados a aumentar os preços. Contratos com

Cont.

restrições verticais entre revendedores e fabricantes sobre questões *diferentes do preço de revenda* são disseminados e perfeitamente legais.

Ocasionalmente, no entanto, um fabricante ou distribuidor pode demonstrar um "interesse legítimo do fabricante" em padrões regulatórios ou setoriais que coloquem os preços de revenda de seus produtos um nível abaixo (por exemplo, um distribuidor de livros raros). Quando uma dessas exceções especiais é feita e um acordo de RPM é permitido, os novos contornos das normas de políticas antitruste são cuidadosamente examinados.

Um desses eventos ocorreu em junho de 2007. A Leegin Creative Leather Products, de Dallas, cortou os carregamentos de suas sofisticadas bolsas, carteiras e chaveiros para a Kay's Kloser, um varejista independente que se recusou a parar de conceder descontos aos produtos da Leegin. A marca argumentou que seu modelo de negócios para concorrer com Coach e Gucci contava com o valor da marca como uma linha de acessórios de couro sofisticados, e que este valor era maculado de forma irreparável com descontos. Por esse motivo, acordos de preço restritivos que melhorem a concorrência intermarcas (entre Leegin e Coach) podem ser permitidos, mesmo que diminuam a concorrência intramarca (entre os distribuidores da Leegin). A Suprema Corte dos EUA concordou em parte, decidindo que os RPMs devem ser sujeitos a uma "regra da razão", em vez de serem ilegais por si só. A política da Leegin de recusar fornecer a revendedores que violam o MSRP agora é coerente com uma lei federal antitruste, mas permanece ilegal em vários estados (como Kansas, Nova York e Califórnia).

---

13 Baseado em G. Gensler. The Derivatives Debate. *Wall Street Journal*, 21 abr. 2010, p. A21; L. Ausbel e P. Cramton. Auction Design Critical for Rescue Plan. *The Economist's Voice*. Berkeley Electronic Press, set. 2008.

TABELA 16.3 Lista parcial de agências reguladoras do governo federal dos EUA

Departamento/Agência	Objetivo
Environmental Protection Agency (EPA)	Regulamenta poluição do ar, água e solo
Consumer Product Safety Commission (CPSC)	Protege contra riscos excessivos de danos associados a produtos de consumo
Equal Employment Opportunity Commission (EEOC)	Reforça leis sobre discriminação no emprego com base em raça, religião e sexo
Labor: Employment Standards Administration	Aplica leis de salário-mínimo e horas extras
Labor: Occupational Safety and Health Administration (Osha)	Regulamenta condições de segurança e saúde no local de trabalho
Labor: National Labor Relations Board (NLRB)	Regulamenta as relações trabalhistas entre funcionários e empregadores (e seus sindicatos)
Interstate Commerce Commission (ICC)	Regulamenta o transporte de superfície interestadual
Nuclear Regulatory Commission (NRC)	Regulamenta uso civil de energia nuclear
Securities and Exchange Commission (SEC)	Regulamenta a emissão de novos valores mobiliários e o comércio de valores existentes
Federal Communications Commission (FCC)	Regulamenta transmissões de rádio e de televisão e serviços telefônicos interestaduais
Federal Reserve System	Regulamenta bancos comerciais e holdings deste setor
Agriculture: Food Safety and Inspection Service	Regulamenta o setor de carnes e aves para segurança e classificação precisa
Health and Human Services: Food and Drug Administration (FDA)	Regulamenta a segurança de alimentos, medicamentos e cosméticos
Energy: Federal Energy Regulatory Commission (Ferc)	Regulamenta taxas interestaduais de transporte e venda de gás natural e transmissão e venda de eletricidade
Transportation: Federal Aviation Administration (FAA)	Regulamenta a segurança de aviões, aeroportos e operações de linhas aéreas
Transportation: National Highway Traffic Safety Administration (NHTSA)	Regulamenta a segurança de veículos a motor e pneus
Labor: Mine Safety and Health Administration	Regulamenta a segurança e saúde em minas
Treasury: Office of Comptroller of the Currency	Regulamenta bancos nacionais
Treasury: Bureau of Alcohol, Tobacco, and Firearms (BATF)	Regulamenta a fabricação e a venda de bebidas alcoólicas, tabaco, explosivos e armas de fogo

O QUE DEU CERTO • O QUE DEU ERRADO

A necessidade de um centro de coordenação regulamentado para controlar o risco de contraparte no AIG[14]

O American International Group (AIG) vendeu um patrimônio de US$2 trilhões (US$2.000 bilhões) de proteção de perda contra o risco de inadimplência hipotecário a todos os bancos comerciais do país, como Bank of America, Wells Fargo e Wachovia. Ao se referir a esses contratos financeiros derivativos como *swaps* de risco de inadimplemento (CDSs, do inglês *credit default swaps*), o AIG escapou da regulamentação do setor de seguros. Quando as taxas de inadimplência da hipoteca subiram em 2007 de sua média histórica de 0,5% a 1% para 2% no principal mercado hipotecário e de 2% para 13% no mercado hipotecário de alto risco, o AIG ficou imediatamente insolvente, o que quer dizer que suas dívidas excediam o valor presente de seus fluxos de caixa e outros ativos futuros. De fato, com menos de US$100 bilhões em capital e uma dívida de US$2.000 bilhões em posições derivadas aos bancos, o AIG era uma contraparte insolvente de grandes proporções. Apenas 1 em 20 contratos de dívidas contingentes de CDS sob os quais o AIG prometeu cobrir as perdas hipotecárias dos bancos nacionais poderia ser honrado. Devido ao risco sistêmico a todo o sistema bancário, o Federal Reserve socorreu o AIG em setembro de 2008, e ofereceu uma garantia de que todas as suas perdas seriam pagas.

De que forma este tipo de violação de requerimentos de adequação de fundos na regulação de bancos e companhias seguradoras acontece? A resposta completa para a crise financeira global dos derivados financeiros de 2007 a 2009 é complexa, mas um ingrediente-chave foi a ausência de uma contraparte coordenadora central e seus valores de cobertura associados à medida que a exposição a perdas do AIG piorava. Em uma transação típica de segurança de derivados, exige-se que os investidores mantenham capital de garantia em suas contas de corretagem para compensar possíveis perdas, já que o preço de segurança base sobre o qual escreveram ou adquiriram um contrato futuro ou de opções se move em direção contrária à posição que escolheram. Especificamente, o centro de coordenação que lida com a liquidação de contratos de commodities a prazo de trigo, soja e petróleo ou outros derivados comercializados precisa desses chamados valores de cobertura nas contas de garantia dos corretores. E os corretores, em troca, exigem depósitos de garantia adicionais de seus clientes. Mas isso não ocorreu no caso do AIG! Por que não? Um motivo é que títulos derivados garantidos por hipotecas, como CDSs, não eram comercializados através de uma troca regulamentada ou centro de coordenação de liquidação.

Esta ruptura na regulamentação de seguros aconteceu embora o mercado de CDS em seu pico totalizasse US$42 trilhões, três vezes o tamanho do PIB dos EUA! Em 2003, o Congresso norte-americano aceitou o conselho do então diretor do Federal Reserve, Alan Greenspan, para isentar derivados garantidos por hipoteca desses procedimentos de liquidação e compensação. Greenspan declarou que estes instrumentos poderiam ser efetuados de forma confiável sobre o balcão (OTC, do inglês *over the counter*) sem a análise de uma troca regulamentada ou central de coordenação. No entanto, o que foi sacrificado foram exatamente os requisitos de margem cruciais que o processo de liquidação e compensação regulamentado impôs. Em vez disso, o AIG simplesmente se envolveu em contratos privados OTC com bancos comerciais que buscavam se livrar do risco de inadimplência hipotecária. Com 20 a 1 alavancando seu capital à exposição a perdas, o AIG se tornou muito grande e muito interconectado ao sistema bancário dos EUA para que o deixassem fracassar. Por isso, os bancos continuaram a comprar os produtos de risco de inadimplência hipotecária do AIG, mesmo que fosse perfeitamente óbvio que, se o mercado imobiliário azedasse, um grande número de donos de hipoteca não iria pagar, criando, assim, dívidas muito maiores do que o AIG poderia pagar.

Assim como as contrapartes de bancos comerciais em milhares de contratos CDS de proteção contra perda de hipoteca, normalmente se exigiria que o AIG caucionasse capital adicional, já que as propriedades na Califórnia e na Flórida tiveram um colapso no valor de 20%, 30% e até 45%. Com esses valores de ativos baixos, mutuários de hipoteca descobriram que seus imóveis valiam significativamente menos do que as obrigações hipotecárias, desencadeando o enorme número de inadimplemento. Em um centro de coordenação regulamentado, o AIG seria obrigado a obter mais capital para cobrir essas perdas iminentes, mas, em vez disso, permitiram-lhe que simplesmente escrevesse ainda mais contratos de proteção contra perdas hipotecárias. O Dodd-Frank Financial Reform Act de 2010 reverte essa triste decisão equivocada de 2003, que permitiu que derivados garantidos por hipoteca fossem negociados sobre o balcão com pouca supervisão regulatória.

---

[14] Baseado em G. Gensler. The Derivatives Debate. *Wall Street Journal*, 21 abr. 2010, p. A21; L. Ausbel e P. Cramton. Auction Design Critical for Rescue Plan. *The Economist's Voice*. Berkeley Electronic Press, set. 2008.

O movimento de desregulamentação

Começando no fim dos anos 1970 e continuando até os anos 2000, o ambiente de negócios se moveu em direção a confiar menos na regulação do governo e mais no mercado para alcançar os objetivos econômicos desejados. Por exemplo, o Ocean Shipping Reform Act, de 1998, desregulamentou as taxas de frete para os contêineres de 12 metros que transportavam eletrodomésticos, eletrônicos de consumo, automóveis e minérios da Ásia aos Estados Unidos e enviavam softwares de computadores, produtos florestais e grãos de volta à Ásia. O custo apenas de ida de US$3.500 por um contêiner com 6.000 peças de roupas rapidamente caiu para US$1.500. Outro sucesso consensual da desregulamentação é o das companhias aéreas, vias férreas, telefones e gasodutos de gás natural. Entretanto, a supervisão regulatória reduzida já se mostrou problemática. Muitos grandes bancos de investimento, bancos comerciais e companhias seguradoras (por exemplo, Bear Stearns, Lehman Brothers, Wachovia e AIG) fracassaram ou foram socorridos por gastos de contribuintes durante a crise financeira de 2007--2009, quando a alavancagem financeira excessiva expôs as empresas a um enorme risco de inadimplência. A desregulamentação do setor de serviços financeiros em 2003 foi, pelo menos em parte, culpada.

REGULAMENTAÇÃO DE EXTERNALIDADES

No curso normal de negócios, toda empresa enfrenta decisões que impõem custos excedentes a terceiros. O debate mais acentuado hoje em dia é sobre poluição do ar, pegada de carbono e a necessidade de reduzir emissões de gases de efeito estufa para prevenir o catastrófico aquecimento global. Tanto os gestores quanto o público têm um grande interesse em implementações de baixo custo dos remédios que a sociedade estabelece para controlar essas externalidades.

Externalidades surgem quando um terceiro recebe benefícios ou arca com custos de atividades de produção ou consumo para as quais o sistema de mercado não permite que receba o pagamento total. Subprodutos de poluição de entregas por caminhões, por exemplo, combinam-se com determinadas condições atmosféricas e causam *smog* (fumaça de poluição). Em locais como Los Angeles, o *smog* pode impor custos significativos a residentes com asma e a algumas empresas, como a Pasadena Sightseeing Company. Em resumo, as externalidades surgem com qualquer interdependência de utilidade doméstica ou funções de produção empresariais que não são refletidas em preços de mercado.

Apenas externalidades que não são conduzidas ao longo do sistema de preço resultam em ineficiências. Assim, quando a doença da vaca louca faz que a preferência por carne mude da bovina para o frango, o preço da carne bovina vai cair e o do frango subir, colocando produtores de carne e consumidores de frango em pior situação, e os produtores de frango e consumidores de carne em melhor situação por causa da mudança de preços. Mas, todas essas chamadas **externalidades pecuniárias** têm operado através do sistema de preço de mercado e, assim, não representam ineficiência.

A doutrina legal de "chegar ao incômodo" no caso *Spur Industries v. Del Webb Development*, em S.C. Arizona, 1972 (108 Ariz. 178, 494 P.2d 700), ilustra por que externalidades pecuniárias resultam em zero ineficiência. Se o terreno que um desenvolvedor compra para a criação de uma subdivisão está localizado próximo a uma criação de gado, o preço pago por acre vai refletir o mau cheiro. O preço reduzido do terreno internaliza os efeitos de arrasto. Em seguida, se os residentes da subdivisão reclamarem do mau cheiro e o terreno for declarado uma perturbação pública, o desenvolvedor pode ter de pagar para realocar o negócio de criação de gado. Novamente, quando efeitos externos *são* refletidos em preços, todas as partes afetadas participam diretamente da transação e não há ineficiência.

Quando externalidades não pecuniárias estão presentes, no entanto, é provável que os recursos sejam mal alocados. Produtores ou consumidores são menos propensos a se envolver em uma ação que contribua para o bem-estar social se não forem totalmente compensados por todos os benefícios gerados. De forma similar, no caso de externalidades negativas, um produtor ou consumidor provavelmente vai alocar recursos em excesso para uma atividade de produção ou consumo se parte do custo for transferida a outros.

Em geral, um custo externo deve ser reduzido ao ponto em que os custos marginais de excedentes economizados por qualquer redução adicional se igualem aos lucros marginais perdidos pela atividade geradora da externalidade. De forma similar, uma ação que gera benefícios externos deve ser expandida ao ponto em que os benefícios marginais da expansão para toda a sociedade se igualem aos custos marginais. Ilustramos a utilização prática desses conceitos para encontrar impostos ideais a fim de reduzir os gases de efeito estufa na próxima seção. Primeiro, no entanto, vamos explorar as ideias de Ronald Coase de que externalidades são geralmente internalizadas por negociações voluntárias privadas e a subsequente contratação entre um pequeno número de partes afetadas.

Negociação de Coase para externalidades recíprocas

Em muitos casos, as externalidades surgem por causa de utilizações incompatíveis de recursos de ar, terra ou água. Por exemplo, decolagens e aterrissagens noturnas de aeronaves da FedEx podem atrapalhar o sono em casas ao redor do aeroporto. Alimentar milhares de animais em um terreno fechado e pequeno cria odores desagradáveis em subdivisões adjacentes. O escoamento de água rica em nutrientes em terras agrícolas pode afetar de forma adversa seu uso por uma fábrica de água engarrafada. Nenhuma consequência adversa ocorreria se uma das partes estivesse ausente.

O famoso artigo de Ronald Coase, "The Problem of Social Cost", ilustra uma **externalidade recíproca** entre uma via férrea que lança fagulhas e um fazendeiro com campos inflamáveis adjacentes. O argumento engenhoso e intrigante de Coase era de que, sob determinadas condições envolvendo informações totais e custos de transação baixos, a resposta à questão "Quem é responsável e, portanto, deve pagar pelos danos?" não tinha efeito nenhum sobre as decisões de alocação de recursos dessas partes. Em particular, se a via férrea tivesse o direito de propriedade para lançar fagulhas ao longo de seu direito de passagem, os trens programados para essa linha e a área plantada ao longo dela, seria exatamente o mesmo se a via férrea tivesse a responsabilidade por todos os danos causados pelo fogo das fagulhas ao longo dos trilhos.

EXEMPLO Via férrea de Coase

Para ver como esses resultados extraordinários surgem através da negociação coaseana, considere as compensações da Tabela 16.4. Se a via férrea tiver o direito de propriedade, isto é, o Painel (a), o fazendeiro arca com US$600 pela destruição da colheita por trem a cada 10 acres plantados ao longo dos trilhos. Inicialmente, a via férrea ignora esses custos de repercussões externas e opta por um nível de atividade dos trens que maximize seus lucros, ou seja, dois trens na linha final do Painel (a). O fazendeiro plantaria 10, em vez de 20 acres, ao longo dos trilhos para ganhar US$300 e evitar perder US$800 (na célula do extremo sudeste). Se impedimentos substanciais à negociação estiverem presentes, nenhuma ação adicional será realizada em um ambiente de mercado não regulamentado. Ainda assim, uma oportunidade de negociação voluntária privada benéfica vai existir.

Em particular, se a via férrea tiver que reduzir para um trem, o lucro do fazendeiro aumentaria de US$300 para US$900, enquanto os lucros da ferrovia cairiam para US$500 (de US$1.500 a US$1.000). Consequentemente, US$501 é um suborno minimamente suficiente para gerar o nível mais baixo de atividade dos trens, e US$600 são as economias com menos colheitas queimadas. Assim, Coase previu que, se as partes tivessem menos impedimentos à negociação, o fazendeiro ofereceria um pagamento paralelo suficiente para diminuir o trem adicional (segundo) e os danos de suas fagulhas, porque o segundo trem vale menos (para a via férrea) do que os custos das perdas agrícolas ao fazendeiro. A forma como o fazendeiro irá pagar e o mínimo que a ferrovia vai aceitar não foram abordados, mas uma coisa é clara: os potenciais ganhos da transação motivam uma negociação para reduzir a atividade da ferrovia de dois trens para um e a extensão plantada ao lado dos trilhos de 20 para 10 acres.

Agora, considere o caso em que a via férrea seja responsável por danos às plantações causados por faíscas. Inicialmente, o fazendeiro se prepara para plantar 20 acres ao longo dos trilhos, já que este nível de atividade maximiza seu lucro independente (em US$1.600). No entanto, nenhum trem é lucrativo com esse tamanho de produção, porque US$600 em danos por trem a cada 10 acres (isto é, US$1.200 ao todo) são devidos quando a ferrovia tem US$1.000 de lucro bruto com um trem, e US$2.400 são devidos quando a ferrovia oferece compensar o fazendeiro não só pelos danos à colheita, mas também pelo lucro perdido se o fazendeiro plantar em menos acres. Em especial, a via férrea pode oferecer US$101 ao fazendeiro para que ele plante 10 acres em vez de 20, já que o lucro bruto do fazendeiro difere em apenas US$100 (isto é, US$1.500 versus US$1.600). Se a ferrovia também compensar o fazendeiro em US$600 pelos danos de um trem a 10 acres da colheita, ela deverá US$701 e obterá um lucro bruto de US$1.000.

Cont.

> O Painel (b) da Tabela 16.4 mostra os lucros brutos antes dos danos à colheita serem compensados. Como mostrado na linha do meio do Painel (b), a ferrovia oferece ao fazendeiro uma compensação que excede US$100 (talvez US$101) para reduzir a extensão plantada de 20 acres, para a qual o lucro do fazendeiro é de US$1.600, para 10 acres, em que ele obtém um lucro bruto de US$1.500. Essa realocação de atividades vale US$600 economizados pela ferrovia. Novamente, a negociação coaseana leva as partes a concordar com um trem e 10 acres.

O **Teorema de Coase** determina que geradores e receptores de externalidades recíprocas vão escolher níveis de atividades eficientes qualquer que seja a atribuição de responsabilidade inicial. Ele não faz nenhuma afirmação a respeito das consequências distribucionais de se reverter a direção de uma atribuição de responsabilidade. Bem obviamente, tornar a via férrea responsável em um exemplo, em vez de pedir ao fazendeiro que cubra suas perdas da colheita pelos campos queimados em outro, cria resultados de lucro líquido bem diferentes. No entanto, o que o Teorema de Coase afirma é que, em ambientes de externalidades recíprocas com números pequenos de partes afetadas, a alocação de recursos para níveis de atividades geradoras e receptoras de externalidades ficará inalterada independente da atribuição de responsabilidades inicial; um trem será agendado e 10 acres serão plantados.

Qualificações do Teorema de Coase

Algumas qualificações estão em ordem, e muitas delas foram reconhecidas pelo próprio Coase. Primeiro, os custos técnicos de transações da busca e identificação dos responsáveis e partes afetadas, da detecção de violações dos direitos de propriedade de alguém e da negociação interna de pagamentos paralelos dentro de um grupo de requerentes devem permanecer baixos e não afetados se atribuições de responsabilidade forem revertidas. Segundo, nenhuma das partes pode operar em um mercado puramente competitivo, porque os lucros líquidos exigidos para o pagamento de subornos seriam inexistentes. Terceiro, e talvez o mais importante, uma parte só faz uma oferta que o outro está disposto a aceitar quando a informação a respeito das compensações da Tabela 16.4, Painéis (a) e (b), for completa, exata e conhecida por ambas as partes.

Quando a informação é incompleta, a negociação voluntária privada não necessariamente leva a uma alocação de recursos que não varia de acordo com a direção da atribuição de responsabilidade. Essa qualificação do Teorema de Coase se dá mesmo quando os direitos de propriedade são totalmente especificados, completamente atribuídos e reforçados a pouco ou nenhum custo. Em todos os processos judiciais com usos incompatíveis envolvendo informações de custos assimetricamente conhecidas, as ações de precaução do queixoso e do defendente têm alguma influência sobre a atribuição de responsabilidade. Por exemplo, as partes envolvidas no exemplo da ferrovia de

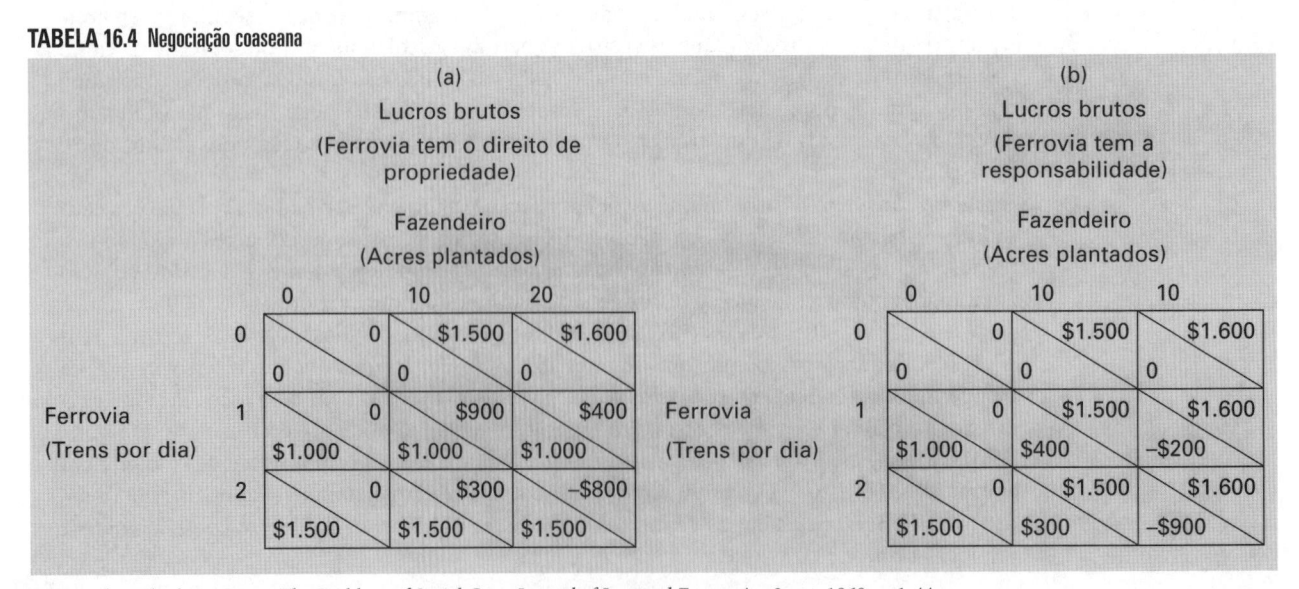

TABELA 16.4 Negociação coaseana

		(a) Lucros brutos (Ferrovia tem o direito de propriedade) Fazendeiro (Acres plantados)				(b) Lucros brutos (Ferrovia tem a responsabilidade) Fazendeiro (Acres plantados)		
		0	10	20		0	10	10
Ferrovia (Trens por dia)	0	0 / 0	$1.500 / 0	$1.600 / 0	0	0 / 0	$1.500 / 0	$1.600 / 0
	1	0 / $1.000	$900 / $1.000	$400 / $1.000	1	0 / $1.000	$1.500 / $400	$1.600 / −$200
	2	0 / $1.500	$300 / $1.500	−$800 / $1.500	2	0 / $1.500	$1.500 / $300	$1.600 / −$900

Fonte: Adaptado de R. Coase. The Problem of Social Cost. *Journal of Law and Economics*, 2 out. 1960, p. 1-44.

Coase poderiam evitar a responsabilidade ao empregar supressores de faíscas ou afastamentos nas terras, já que o benefício de menos perdas nas colheitas superaria os custos. Entretanto, o problema criado por informações assimétricas é que alguns aspectos de precaução são inerentemente não observáveis ou não verificáveis (por exemplo, atenção a sinais sutis de riscos iminentes), enquanto outros são observáveis, mas afetam a prevenção de acidentes de forma não determinística (bons freios podem prender em estradas lisas molhadas pela chuva, enquanto freios menos eficazes podem não prender). Lembre-se de que incapacidade de observação e distúrbios aleatórios juntos resultam no problema do risco moral, que discutimos no Capítulo 15.

Nenhum mecanismo compatível com incentivos consegue preservar a natureza voluntária da negociação coaseana e gerar a revelação real de danos não observáveis. Assim, contrariando o entendimento tradicional do Teorema de Coase, pode-se esperar que os interessados em conflitos de externalidades recíprocas se envolvam em negociações voluntárias privadas sozinhos, mas especialmente para delegar a questão de avaliação e recuperação de danos para sistemas judiciais de terceiros.[15] Normas de conduta civis em um sistema judiciário imparcial podem ser vistas como mecanismos de comprometimento verossímeis. Por meio destes mecanismos, os potenciais interessados se submetem a atribuições de responsabilidade e soluções para transferência de riqueza que motivam a prevenção eficiente de acidentes apesar da informação frequentemente assimétrica. Assim, a implicação do Teorema de Coase conclui: Partes que estão disputando usos incompatíveis vão reduzir seu caminho para uma alocação eficiente de recursos, a não ser que custos de transação altos impeçam a negociação necessária.

Impedimentos à negociação

A regulamentação vai continuar tendo um papel, no entanto, por causa de impedimentos à negociação. Vários impedimentos são reconhecidos no sistema legal. Notificação proibitiva e custos de busca (para identificar proprietários ausentes e notificar todas as partes afetadas) são a justificativa para autorizar **ações coletivas** no caso de vazamento de óleo e outras externalidades de grande escala afetando muitos requerentes. A negociação voluntária privada de usos incompatíveis também pode ser impedida pela necessidade de monitoramento contínuo de uma negociação não verificável, como um acordo para restringir a captura ao nível máximo sustentável de pesca no mar profundo. Portanto, agências públicas precisam regular a captura.

Por fim, o impedimento mais significativo da negociação em casos de externalidades de grandes números é a resistência estratégica e o parasitismo. Quando um tribunal concede uma liminar contra as operações de um poluidor, a ajuda da liminar pode exigir que o poluidor obtenha uma abdicação unânime de todas as partes afetadas. Se muitos requerentes são certificados como detentores de um direito de abdicação, cada um deles tem um incentivo para resistir e exigir mais compensação do que seria necessário para cobrir seus danos. A presença previsível de **resistências estratégicas** causa um curto-circuito na hipótese da negociação voluntária privada de Coase. Nestes casos, os tribunais adotam outros mecanismos, como atribuição de responsabilidade para o pagamento de danos permanentes.

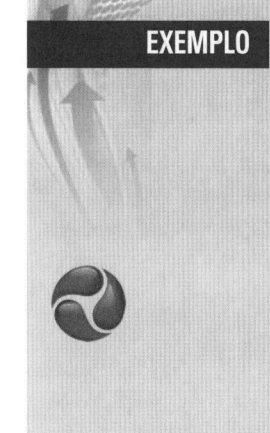

> **EXEMPLO** Caso Boomer *versus* Atlantic Cement Co., Inc., 26 N.Y. 2d 219
>
> Uma grande fábrica de cimento avaliada em quase US$200 milhões emitiu poeira de cimento regularmente ao redor de um bairro de Albany, Nova York. Algumas das residências afetadas ficaram incapazes de continuar com suas operações de lavanderia; pequenas partículas em suspensão exigiam a lavagem e a pintura frequente de carros e casas. Asmáticos sofriam mais problemas de saúde. A planta da Atlantic Cement foi declarada uma perturbação pública e o tribunal escolheu entre três tipos de injunções: (1) uma ordem para encerrar as operações até que a poluição do ar pudesse ser diminuída, (2) uma ordem para encerrar operações até que possa ser obtida uma abdicação de cada uma das residências afetadas, ou (3) uma ordem declarando a fábrica de cimento responsável por US$740.000 em danos permanentes e exigindo o fim das operações até que esses danos especificados pelo tribunal fossem pagos.

---

15 Para mais detalhes, ver F. Harris. Economic Negligence, Moral Hazard, and the Coase Theorem. *Southern Economic Journal* 56, n. 3, jan. 1990, p. 698-704.

Como a primeira injunção dependia de tecnologia não desenvolvida e a segunda criava resistências estratégicas, o Tribunal de Recursos de Nova York de fato licenciou a perturbação existente da Atlantic Cement Co. por uma taxa única de US$740.000 em 2006. Nenhum tipo de negociação voluntária privada para reduzir a poeira de cimento poderia ter superado o problema do parasita/resistente estratégico. E, como resultado de ter de pagar por danos impostos em tribunal, os donos da fábrica começaram a internalizar o custo social da produção de cimento ao estabelecer novas plantas.

Resolução de externalidades por diretrizes regulatórias

Outra abordagem para solucionar problemas de externalidades é proibir a ação que gera os efeitos externos. Na maioria dos casos, entretanto, essa abordagem simplista é subaproveitada e frequentemente impraticável. Emissões automotivas podem ser cortadas a zero se os carros forem banidos, mas os efeitos econômicos de tal ação, pelo menos em curto prazo, seriam desastrosos para todas as economias desenvolvidas. Além disso, raramente uma solução ideal exige que externalidades sejam completamente eliminadas; uma política rígida de poluição zero geralmente exige custos excessivos de redução de poluição.

EXEMPLO Inspeções automotivas obrigatórias

Inspeções veiculares são um bom exemplo de uma solução por diretriz regulatória. Ao reconhecer que benefícios externos significativos podem ser obtidos ao reduzir acidentes automotivos sérios causados por equipamentos com manutenção pobre, nenhum governo estadual dá ao consumidor a escolha de recusar a inspeção e manutenção regular de freios, luzes e outros equipamentos de segurança; ele simplesmente obriga a inspeção e o reparo de todos os veículos. Aditivos causadores de câncer na gasolina e a diminuição da camada de ozônio por gases de clorofluorcarbono (CFC) de refrigeração também foram amplamente reduzidos por essas diretrizes reguladoras obrigatórias (ver Figura 16.3).

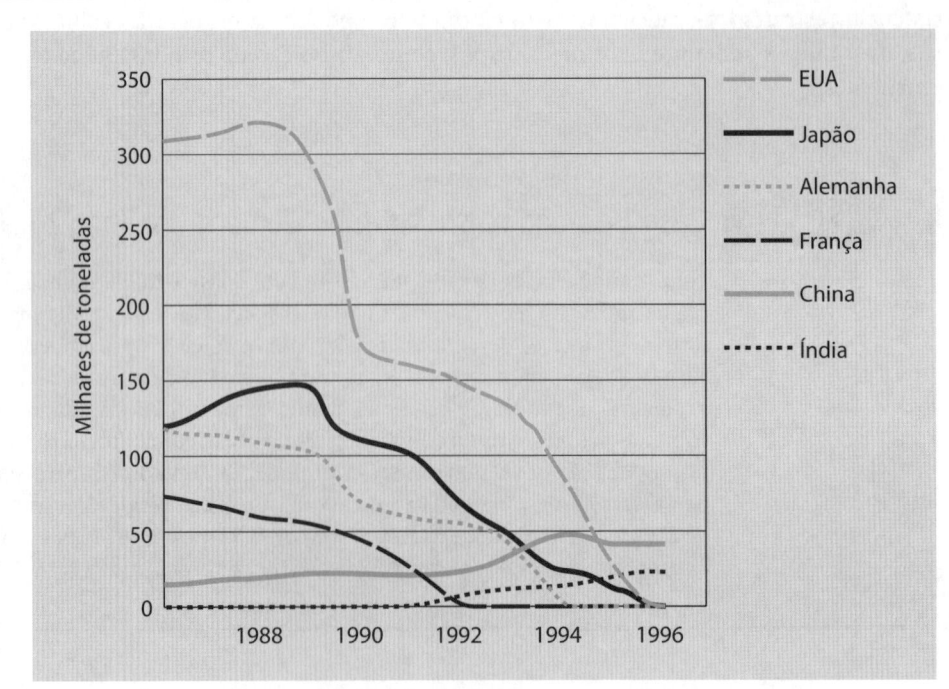

Figura 16.3 Produção de CFC

Fonte: Tomorrow's Markets, Global Trends and Their Implications for Business. World Resources Institute, 2002, p. 27. Reimpresso com permissão.

Entretanto, raramente fica claro qual diretriz reguladora emitir. Considere o problema da determinação de um padrão geral de emissões quando fontes múltiplas de poluição estão presentes, como a acidificação da chuva nas florestas orientais proveniente de usinas elétricas movidas a carvão no meio-oeste dos EUA. Sob regulamentações de comando e controle, cada uma das entidades poluentes (cada fonte pontual) deve ser direcionada sobre como agir. Uma simples distribuição proporcional de "direitos de poluição" para cada planta não levaria em conta a dramática diferença no custo de abatimento de uma fábrica a outra. Em vez disso, a otimização equalizaria a efetividade marginal do último dólar gasto por cada poluidor com redução da poluição. Por isso, uma fonte pontual de diretriz regulatória de baixo custo deve exigir mais abatimentos do que este tipo de permissão de custo alto. Ainda assim, este tipo de regulação de fonte pontual raramente é alcançado.

Resolução de externalidades por meio de impostos e subsídios

Outra solução potencialmente eficiente para os problemas de externalidade é fornecer subsídios (em forma de dinheiro ou de abatimento de impostos) para aqueles cujas atividades geram benefícios externos significativos e cobrar impostos daqueles cujas atividades criam custos externos. Este esquema de impostos e subsídios exige, no entanto, uma grande quantidade de informação para administrar o programa de forma eficiente.

Considere a análise necessária para uma taxa por unidade de poluição ou imposto por gás de efeito estufa T* na Figura 16.4. A demanda por caminhões é a particular disposição a pagar (WTP, do inglês *willingness to pay*) por entregas terrestres ao longo da região de Los Angeles. Ao definir o custo marginal privado (MCP, do inglês *marginal private cost*) igual à WTP, a companhia transportadora vai propor 80.000 quilômetros por ano em seu caminhão de entregas típico. Quilômetros adicionais de entrega são evitados pelos gestores porque o preço que os consumidores adicionais estão dispostos a pagar pela entrega é menor do que o MPC de operar o caminhão. O problema é que a quilometragem do caminhão gera dois subprodutos – dióxido de carbono (CO_2) e óxido nitroso (NO_2), que causam aquecimento global e *smog*. Para focar no menos controverso custo do *smog*, suponha que, através de uma cuidadosa ciência ambiental, empresas como a Pasadena Sightseeing Co. e cidadãos asmáticos de Los Angeles estimem que a poluição atmosférica cause danos de perda de negócios turísticos, bem como irritações de olhos, nariz e garganta na área BCD. Consequentemente, embora o benefício marginal (P_o) seja igual ao MPC no Ponto A de equilíbrio de mercado privado, os custos adicionais atribuídos à externalidade de NO_2 – ou seja, CB a 80.000 quilômetros – sugerem que custos totais são substancialmente mais altos: no Ponto E, MPC (AB) + MExC (CB) > P_o.

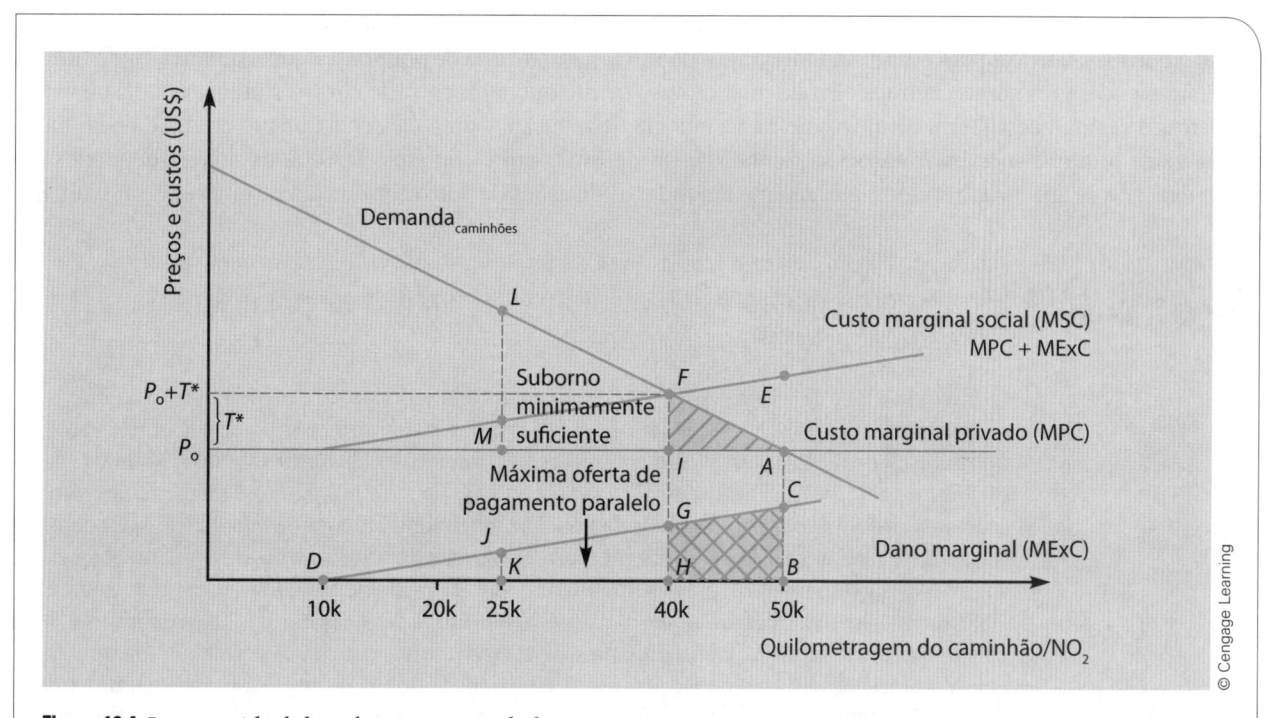

Figura 16.4 Imposto ideal de poluição por unidade

Quando a soma dos custos privados e externos supera os benefícios marginais para os consumidores do caminhão de entrega a 80.000 quilômetros, o produto conjunto da quilometragem do caminhão/NO_2 é produzido acima de seu nível ótimo. Oitenta mil quilômetros por ano é muito transporte. Entretanto, a questão, como sempre, se torna *quanto menos* transporte e redução associada de gases de efeito estufa e poluição de *smog* é o ideal?

Na Figura 16.4, a redução de quilometragem ao custo marginal social (MSC, do inglês marginal social cost), que é a soma do MPC e do MExC, iguala a disposição marginal a pagar por viagens de caminhão é 64.000 no Ponto F. É claro que as vítimas do *smog* têm danos (área *GHBC*) grandes o suficiente para compensar a companhia transportadora por seu lucro perdido (área *FIA*) associado com a redução de 16.000 quilômetros. O pagamento paralelo máximo que as vítimas de *smog* ofereceriam pela próxima redução de 16.000 quilômetros, de 64.000 para 48.000 (área *JKHG*) é menor do que o suborno minimamente suficiente (área *LMIF*) que a transportadora aceitaria.

Mas, zerar em 64.000 quilômetros como a quilometragem ideal (não 56.000, 61.000, 67.000 ou 72.000) é difícil porque a informação de custo marginal externo precisa é difícil de se obter. Um imposto por unidade otimizado de T^* cobrado por quilometragem de entrega por caminhão reduz a quilometragem escolhida de 80.000 para 64.000 por meio de tarifas de usuário na quantidade $P_o + T^*$ que reflete o custo marginal social do produto conjunto (entrega/NO_2). Mas, novamente, T^* assume heroicamente que os reguladores sabem que 64.000 é a quilometragem ideal.

Na prática, um imposto por carbono ou uma tarifa de emissão de poluição deveria ser infligido aos poluentes de uma empresa, como matéria particulada emitida por um caminhão ou pela chaminé de uma estação elétrica. Uma empresa pode continuar poluindo se pagar a taxa por unidade, ou perceber que é mais barato comprar um equipamento de controle de poluição. Se, depois de um período de tempo razoável, uma comunidade ainda acreditar que o nível de material particulado no ar é muito alto, o imposto por libra de poluente será aumentado de forma gradativa até que a comunidade esteja satisfeita com o resultado. A solução de imposto por unidade evita a rigidez de diretrizes reguladoras "tudo ou nada", mas a quantia exata de um imposto residual otimizado para poluição da água, um imposto por carbono otimizado ou um imposto otimizado por emissões de poluentes do ar é extremamente difícil de estimar.

Resolução de externalidades por meio da venda de direitos de poluição: limitação e comércio

Como vimos, outra abordagem para o problema da poluição é a emissão de direitos de poluição transferíveis. Com efeito, licenças que dão a seus detentores o direito de poluir até um limite específico durante determinado período de tempo são vendidas. Essa abordagem foi adotada sob o Clean Air Act, de 1990. A EPA dos EUA determina o nível máximo de alguns poluentes que pode ser emitido em uma área com segurança. O governo federal então vende, em leilões, licenças para empresas individuais, dando a elas o direito de poluir até aquela quantia especificada. As licenças podem ser comercializadas livremente, o que permite que o preço varie com as flutuações de demandas do mercado e com a descoberta de inovações na tecnologia de redução. Como é essencialmente orientada pelo mercado e exige muito menos informações, essa abordagem de limitação e comércio faz que os níveis adequados de custos externos sejam reconhecidos internamente em todas as decisões de preço e produção de empresas individuais.

EXEMPLO Expansão de planta exige a compra de direitos de poluição no mercado aberto: Times Mirror Co.

Os Estados Unidos e a União Europeia têm mercados ativos para direitos de emissão de dióxido de enxofre e óxido nitroso. Esses mercados permitem que companhias elétricas, transportadoras e fábricas comprem e vendam créditos de poluição em leilões contínuos. Além disso, existe um mercado de colocação no qual corretores, bem como alguns estados, organizam contratos customizados para créditos de poluição entre companhias que têm direitos excedentes para vender àquelas que precisam de direitos para cumprir com as regulamentações ambientais. Por exemplo, a Times Mirror Company foi capaz de completar uma expansão de US$120 milhões da sua fábrica de papel perto de Portland, Oregon, depois de comprar o direito de emitir 150 toneladas adicionais de hidrocarbonetos na atmosfera anualmente. Os direitos de poluição foram adquiridos por US$50.000 de donos de duas empresas que tinham direitos de emissão excedentes – uma indústria química que saiu dos negócios e uma empresa de lavagem a seco que adotou um fluido de limpeza livre de poluição.

Além disso, como esta abordagem cria novos ativos de poluição comercializáveis que são colocados no balanço geral de companhias afetadas, muitas iniciativas de limitação e comércio aproveitam o apoio de empresas e indústrias.

PROTEÇÃO GOVERNAMENTAL DE EMPRESAS

Além de regulamentar empreendimentos, inúmeros programas e políticas governamentais protegem as empresas.

Licenciamento e permissão

Quando o governo exige e emite uma licença permitindo que alguém pratique determinado negócio, profissão ou comercialização, ele está, por definição, restringindo a entrada de alguns outros concorrentes naquele negócio. O licenciamento geralmente é usado para proteger o público de fraudes ou incompetência nos casos em que um potencial de risco é grande. Todavia, ao restringir a produção, o licenciamento governamental aumenta os preços ao gerar poder de mercado para detentores de licenças ou permissões.

Em 2003, o condado de Mecklenburg, na Carolina do Norte, que envolve Charlotte, percebeu que seu papel como centro de transporte terrestre estava ameaçado porque as permissões de *smog* autorizadas pela North Carolina Environmental Commission não estavam disponíveis. As agências regulatórias da Carolina do Norte vetaram a construção de novos terminais de frete até que alguma outra instalação geradora de poluição fosse fechada. Se nenhuma permissão adicional for autorizada, os negócios com permissões existentes se tornarão mais valiosos.

Patentes

Patentes são, por definição, uma concessão governamental de poder de monopólio legal. Um detentor de patente pode evitar que outros fabriquem ou vendam um produto ou processo patenteado e conceder uma licença que permita que outros façam uso limitado da patente em troca do pagamento de royalties. Entretanto, este monopólio permitido pela patente não é absoluto. Primeiro, ele é limitado a um período de 17 anos e poucas renovações são permitidas. É possível que um período mais curto de monopólio de patente ofereça incentivos suficientes para encorajar um alto nível de atividade inventiva. Por exemplo, propostas sérias sugerem a redução do período de patentes para softwares de computadores para apenas quatro anos.

Segundo, empresas concorrentes não são proibidas de empregar engenharia em uma patente existente e criar um design alternativo concorrente. Essas execuções desencadearam uma "corrida armamentista" para a aquisição de arsenais de patentes. Em 2011, o Google pagou US$12,5 bilhões para comprar a famosa empresa de engenharia de telecomunicações Motorola Mobility, com o objetivo de proteger melhor seu smartphone Google Android de processos de violação de patente pela Apple, Microsoft e Oracle. Terceiro, muitas patentes são confrontadas com sucesso pelos concorrentes, especialmente na União Europeia, onde os pedidos de patente não são mantidos em segredo. O U.S. Patent Office está irremediavelmente abarrotado com 708.000 pedidos de patente esperando por análise, com um atraso médio de 34 meses em 2011.[16] O sistema da União Europeia é muito mais rápido, mas, por causa de sua transparência, tem menos chance de garantir direitos exclusivos.

A DECISÃO DE IMPLANTAÇÃO IDEAL: LICENCIAR OU NÃO LICENCIAR

Por fim, discutimos a decisão de se licenciar ou não patentes e segredos comerciais a concorrentes. Pense no código-fonte da interface gráfica de usuário da Apple, na tecnologia de descoberta de medicamentos automatizada da Pfizer e nos filmes e personagens da Disney. Cinquenta anos atrás, 78% dos ativos de corporações não financeiras dos EUA eram tangíveis (imóveis, estoques, fábricas e equipamentos). Hoje, este número é de apenas 47%; ativos intangíveis, como patentes, direitos autorais e *goodwill*, cresceram até praticamente dominar o balanço geral.

Em 2006, dez empresas ultrapassaram o recorde de Thomas Edison de 1.093 patentes adquiridas (ver Tabela 16.5). A IBM adquiriu 2.972 patentes, a Canon tem 1.837 e a Hewlett-Packard 1.801. A IBM Corporation estava buscando por proteção de patente em uma média surpreendente de 10 pedidos por dia útil. A AT&T estava preenchendo sete pedidos por dia, com um total de 30.000 concedidas, incluindo as patentes dos primeiros: transistores

---
16 Baseado em The Spluttering Invention Machine. *The Economist*, 19 mar. 2011, p. 69.

TABELA 16.5 Top 10 das empresas com patentes concedidas em 2006

Empresa	Patentes
IBM	2.972
Canon	1.837
Hewlett-Packard	1.801
Matsushita	1.701
Samsung	1.645
Micron Technology	1.561
Intel	1.551
Hitachi	1.293
Toshiba	1.149
General Eletric	906

Fonte: *The Economist*, 10 maio 2008, p. 75.

de telecomunicações, lasers, aparelhos de fax, telefones celulares via satélite e o telefone com imagem.[17] Em 1984, com o desmanche da AT&T, seu portfólio de patentes foi avaliado em US$4,7 bilhões. Em 2012, o valor tinha crescido para US$31 bilhões.

Parte desta atividade é o patenteamento estratégico de portfólios de tecnologia, em que a companhia não deseja fabricar um novo dispositivo imediatamente, mas podem descrever de forma plausível como deseja fabricá-lo, para que o dispositivo é utilizado e a novidade da ideia. Essas exigências probatórias são necessárias para se obter uma patente norte-americana.

Não só dispositivos eletrônicos, engenharia genética e softwares de computadores, mas métodos de processos de negócios também são áreas "quentes" da atividade de patentes. Registros de patentes para processos empresariais ultrapassaram a marca de 10.000 por ano pela primeira vez em 2007. A Dell recebeu uma patente do modelo de negócios direto ao consumidor. Advogados de patentes acreditam que caixas eletrônicos, programas de milhagem e até cartões de crédito poderiam ser patenteados como processos de negócios se fossem inventados hoje.

Mercados financeiros estão definitivamente capitalizando este "capital de conhecimento" no valor corrente de mercado de companhias com patentes, segredos comerciais e know-how exclusivo. Quase metade do valor de mercado de US$22 bilhões da Dow Chemical e mais de um terço do valor de mercado de US$140 bilhões da Merck são fluxos de caixa descontados de ativos intangíveis, a maioria propriedade intelectual. Grande parte do valor de mercado de US$11 bilhões da Amazon.com é proveniente de taxas de licenciamento de suas patentes de métodos de negócios. Entre 1994 e 1999, a IBM impulsionou suas receitas anuais ao licenciar sua propriedade intelectual por mais de 200%, de US$500 milhões a US$1,6 bilhões. No caso de produtos de consumo, a Reebok pagou recentemente US$250 milhões em royalties para obter uma licença exclusiva de 10 anos para comercializar uniformes, bonés e equipamentos com a marca da National Football League e ter sua logomarca nos uniformes dos jogadores de todos os times da NFL. Assim, uma receita substancial fica disponível através do licenciamento, mas é claro que licenciar melhor permite que os concorrentes afastem os consumidores regulares de uma empresa.

Prós e contras da proteção de patente e licenciamento de segredos comerciais

Ainda há muito debate sobre se a proteção de patente e de segredos comerciais motiva companhias pioneiras a inovar ou reprime a pesquisa tecnológica da companhias que vêm na sequência. Imitadores avançam substancialmente alguns aspectos de uma nova tecnologia, mas precisam licenciar as patentes originais ou correr o risco de se defender em processos de violação de patente. Jeff Bezos, da Amazon.com, propôs que a proteção de patente de 20 anos para softwares de computadores e métodos de negócios fosse reduzida para somente de três a cinco anos. A proteção de patente fora dos Estados Unidos já foi diminuída. Na Europa, solicitações de patente convidam a um desafio legal porque são publicadas e porque a maioria das patentes iniciais da UE foi derrubada. A União Europeia também decidiu não emitir patentes para softwares ou métodos de negócios. Neste ambiente, segredos comerciais, know-how exclusivo e práticas internas de negócios têm uma importância maior.

---

17 Baseado em The Knowledge Monopolies. *The Economist*, 8 abr. 2000, p. 75-78; Business Methods Patents. *Wall Street Journal*, 3 out. 2000, p. B14; Mind over Matter. *Wall Street Journal*, 4 abr. 2002, p. A1; Innovation. *Forbes*, 5 jul. 2004, p. 142-46.

O QUE DEU CERTO • O QUE DEU ERRADO

Lançamento atrasado na Aventis[18]

A lista a seguir mostra as 10 principais drogas patenteadas em 2000, 2006 e 2011. A instabilidade da lista é impressionante. Uma vez que um medicamento perde a patente (por exemplo, Prozac em 2001, Zocor em 2004 e Norvasac em 2008), as vendas evaporam rapidamente. Medicamentos genéricos se tornaram 46% do mercado de remédios prescritos dos EUA. Os genéricos normalmente entram no mercado com um desconto de 60% a 75% e são vendidos por até 80% do preço da droga original patenteada. Blue Cross e Blue Shield estimam que essa diferença de preços seja de US$84 por prescrição. Em 2011, mais do que o dobro da quantidade de fármacos patenteados (um valor de US$42 bilhões) estava perdendo patentes do que no ano anterior.

Quando a patente do Prozac, da Eli Lilly, acabou, a empresa perdeu 70% de suas vendas para os concorrentes genéricos *em um mês*. Mais tipicamente, a perda de vendas de medicamentos com o fim da patente para genéricos nos Estados Unidos é de 85% no primeiro ano. Para evitar esses choques desordenados na recuperação dos enormes custos fixos de P&D, algumas companhias farmacêuticas arquivam rotineiramente extensões de patente frívolas que mudam somente o revestimento ou o sistema de entrega (por exemplo, de comprimido para líquido). Quando o Prilosec, a pílula antiácida, perdeu a patente em 2005, a AstraZeneca introduziu a droga imitadora Nexium. Nos quatro anos que seguiram, de 2010 a 2014, a empresa perdeu ou iria perder a proteção de patentes do antidepressivo Seroquel, de US$5,83 bilhões, do medicamento anticolesterol Crestor, de US$3,8 bilhões, e do seu mais vendido, o remédio para úlcera Nexium, de US$6,3. Essa soma sugere por que a Aventis (um grupo farmacêutico franco-alemão com sede em Estrasburgo, França) foi acusada de pagar para a Andrix, fabricante de genéricos americana, uma propina de US$90 milhões para atrasar a introdução de seu medicamento mais barato contra ataques cardíacos.

---

18 Baseado em Don't Look Down. *The Economist*, 6 jan. 2001, p. 62; Bloom and Blight. *The Economist*, 26 out. 2002, p. 60; Protection Racket. *The Economist*, 19 maio 2001, p. 58; <www.imshealth.com>. Acesso em: set. 2006; Friends for Life. *The Economist*, 25 ago. 2009, p. 55-56; Something Rotten. *The Economist*, 8 ago. 2009, p. 12; Generics. *Wall Street Journal*, 18 mar. 2013, p. B6.

Medicamentos patenteados mais vendidos, 2000

Medicamento	Titular da patente	Tratamento	Medicamento	Titular da patente	Tratamento
1. Losec	AstraZeneca	úlcera	6. Prozac	Eli Lilly	depressão
2. Lipitor	Pfizer	colesterol	7. Celebrex	Pfizer	artrite
3. Zocor	Merck	colesterol	8. Seroxat	GlaxoSmithKline	depressão
4. Norvasc	Pfizer	pressão alta	9. Claritin	Schering-Plough	alergia
5. Orgastro	Abbott Labs	úlcera	10. Zyprexa	Eli Lilly	esquizofrenia

Medicamentos patenteados mais vendidos, 2006

Medicamento	Titular da patente	Tratamento	Medicamento	Titular da patente	Tratamento
1. Lipitor	Pfizer	colesterol	6. Enbel	Amgen Wyeth	artrite
2. Nexium	AstraZeneca	refluxo ácido	7. Effexor	Wyeth	depressão
3. Plavix	Sanofi	aglutinação de plaquetas	8. Orgastro	Abbott Labs	úlcera
4. Serenitide	GlaxoSmithKline	alergia	9. Zyprexa	Eli Lilly	esquizofrenia
5. Norvasc	Pfizer	pressão alta	10. Singulair	Schein	alergia

Medicamentos patenteados mais vendidos, 2011

Medicamento	Titular da patente	Tratamento	Medicamento	Titular da patente	Tratamento
1. Lipitor	Pfizer	colesterol	6. Seroquel	AstraZeneca	depressão
2. Plavix	Bristol-Myers-Squibb	aglutinação de plaquetas	7. Singulair	Merk	alergia
3. Nexium	AstraZeneca	refluxo ácido	8. Crestor	AstraZeneca	colesterol
4. Abilify	Bristol-Myers-Squibb	depressão	9. Cymbalta	Eli Lilly	depressão
5. Advantix	GlaxoSmithKline	asma	10. Humira	Abbott Labs	anti-inflamatório

A decisão de "enterrar" os segredos comerciais ou reconhecer abertamente sua existência e licenciá-los aos concorrentes é um momento estratégico significativo dos mecanismos de contratação e governança da empresa. Não menos importante é a decisão do outro lado da moeda, sobre desenvolver know-how interno ou licenciar este conhecimento de concorrentes. Muitos executivos acreditam que gestores de fábricas e especialistas em P&D devem interagir constantemente com o objetivo de desenvolver um reservatório de conhecimento tácito não codificável. Se o licenciamento é o que se busca, o licenciamento de segredos comerciais em duas partes representa a troca de garantias recomendada por teóricos de jogos para relações de confiança verossímeis de longo prazo.

Na Tabela 16.6, Motorola e Lucent Technologies (uma subsidiária da Bell Labs, da AT&T) estão tentando decidir se vão desenvolver segredos comerciais exclusivos de engenharia e softwares de telecomunicações inter-

EXEMPLO Planos de negócios concorrentes na Celera Genomics e Human Genome Sciences

Os genomas revolucionaram a descoberta e o desenvolvimento de medicamentos, com alguns analistas respeitados do setor prevendo que "todos os esforços de descoberta de medicamentos serão, em breve, baseados em genomas".[19] Celera Genomics, a companhia que terminou de ler a sequência do genoma humano no ano 2000, espera vender informações (efetivamente para licenciar sua base de dados de genoma) por até US$90 milhões por ano. Espera-se que a comparação entre os genes que são expressos e os que permanecem recessivos em várias doenças vá levar cientistas de medicamentos a novas terapias bem-sucedidas e à detecção precoce de efeitos colaterais prejudiciais. Entretanto, um entendimento profundo da biologia dos mecanismos terapêuticos em nível molecular também será a chave. A Human Genome Sciences (HGS) decidiu se posicionar como fabricante de medicamentos, tentando patentear processos de drogas, e não simplesmente licenciar informações genéticas às companhias farmacêuticas tradicionais. O primeiro produto da HGS é uma terapia de genes que acelera a cicatrização de feridas.

19 *BusinessWeek*, 8 jan. 2001, p. 113.

O QUE DEU CERTO • O QUE DEU ERRADO

Licenças de tecnologia custam à Palm sua liderança no ramo de PDAs[20]

Em 1996, a Palm criou sozinha a febre dos assistentes pessoais digitais (PDA, do inglês personal digital assistant). Assim como a Apple com seu iPhone e o BlackBerry da RIM, a Palm construiu seus próprios software e hardware. Inicialmente, o sistema operacional da Palm executava três quartos de todos os dispositivos portáteis capazes de navegar na Internet. Os dispositivos Pre e Pixi da Palm são US$150 e US$80 mais baratos do que o iPhone da Apple, respectivamente, mas suas aplicações (apps) chegam a cerca de 1.000, enquanto o iPhone tem 300.000. A Palm decidiu licenciar sua tecnologia de sistema operacional a fabricantes concorrentes, como Handspring e Sony, decisão oposta à tomada pela Apple, que tem seu software com código-fonte fechado. Dentro de dois poucos anos, a Handspring ultrapassou a Palm na venda de PDAs, oferecendo slots de expansão e equipamentos periféricos, como telefones e reprodutores de música.

O licenciamento sempre envolve riscos, mas a Palm realmente tinha poucas opções. A gigante dos celulares Nokia tinha licenciado seu software de celular Series 60 para Siemens e Matsushita. As três empresas juntas controlam 47% da fabricação global de telefones celulares. A tecnologia Series 60 permite que um telefone celular envie e receba fotos digitais e e-mails e, mais importante, navegue na rede. A Palm sabia que se a Nokia tivesse sucesso ao conseguir que seu sistema operacional fosse adotado como um padrão da indústria para navegação portátil na web, ela colocaria em funcionamento um círculo virtuoso de retornos crescentes. Recentemente, Palm e Handspring se fundiram formando a palmOne para alcançar uma base instalada maior, porque mundialmente a Palm sozinha tinha sido reduzida a menos de 10% da participação de mercado da Nokia.

20 Matsushita to Use Nokia's Cellphone Software. *Wall Street Journal*, 20 dez. 2000, p. B10; One Palm Flapping. *The Economist*, 2 jun. 2001, p. 65; As Its Phones Flop, Palm Shares the Blame. *Wall Street Journal*, 26 fev. 2010, p. B1.

namente ou licenciar de terceiros. Devido à longa experiência da Lucent nesta área, se a Motorola desenvolver e patentear os processos e dispositivos, a Lucent espera ter sucesso como imitador ganhando US$9 bilhões. Se o licenciamento de parte do know-how exclusivo se mostrar necessário, a Lucent acredita que uma licença limitada e barata será o suficiente. Consequentemente, a Motorola será incapaz (nesta circunstância) de recuperar seus custos de pesquisa e desenvolvimento totalmente alocados e irá, portanto, perder dinheiro (isto é, a compensação de US$1 bilhão na célula sudeste). Em contraste, se Lucent desenvolver e patentear o processo necessário, sua vantagem de pioneiro poderá trazer taxas de licença substanciais para a Motorola, que vai precisar do conhecimento exclusivo obtido através da licença do segredo comercial. Então, os pagamentos que descrevem essa situação são US$4 bilhões/US43 bilhões na célula nordeste.

Para completar a descrição da matriz de compensações, se nenhuma das empresas desenvolver o processo, nenhuma delas acumula lucros. E se elas disputarem de forma acirrada em uma corrida de patentes, assumimos que os custos de desenvolvimento vão crescer tanto que os lucros totais cairão de US$7 bilhões para US$6 bilhões, dividindo de US$5 a US$1 entre a líder de tecnologia Lucent e a seguidora Motorola. O que a Lucent deve fazer?

Se a Lucent pudesse ter certeza de que a Motorola estava seguindo, ela preferiria esperar e ser a "segunda rápida". Em relação aos US$5 bilhões da célula noroeste, US$9 bilhões da célula sudoeste certamente são atraentes. No entanto, pode-se esperar que a Motorola evite os gastos de desenvolvimento e tente esperar, imitar e licenciar conforme necessário para preencher as lacunas de seus próprios segredos comerciais e know-how

TABELA 16.6 Licenciar expertise ou desenvolvê-la internamente?

Lucent		Motorola	
		Desenvolver/Patentear	Imitar/Licenciar
	Desenvolver/Patentear	$5 bilhões / $1 bilhão	$4 bilhões / $3 bilhões
	Imitar/Licenciar	$9 bilhões / –$1 bilhão	0 / 0

O QUE DEU CERTO • O QUE DEU ERRADO

Motorola: O que os olhos não viram o coração sentiu[21]

A Motorola, Inc. foi pioneira em engenharia de comunicação com muitos dos primeiros dispositivos analógicos em rádio, televisão e processamento de sinal militar. Mais recentemente, ela desenvolveu e lançou com sucesso os primeiros telefones celulares portáteis e também foi líder em comunicações sem fio via satélite com o Iridium, um projeto de rede celular global. Projetos ambiciosos futuros incluem uma rede de videoconferência via satélite com alta velocidade e segurança para clientes corporativos e uma conexão transcontinental e transoceânica por satélite para companhias de telefones celulares em terra.

Problemas de segurança de rede começaram a surgir, no entanto, quando a Motorola insistiu em desenvolver lentamente seu próprio know-how exclusivo de wireless digital, em vez de licenciar os segredos comerciais e patentes necessárias da Lucent ou QUALCOMM Incorporated. A Motorola tinha pouca expertise em switches digitais, equipamentos de computação e softwares de comunicação. Ainda assim, o conhecimento próprio nessas áreas se mostrou crítico ao tentar integrar o sistema de satélites da Motorola com redes de telefones celulares em terra. Em determinado ponto, a Motorola lançou um sistema de telefonia celular cujo software essencialmente bloqueou qualquer outro usuário de se conectar simultaneamente por meio da mesma torre de celular e estação de recebimento. De fato, esse dispositivo quebrava a rede celular local toda vez que utilizado.

Talvez não seja surpreendente que a QUALCOMM e a Lucent tenham passado por menos problemas ao adicionar know-how em tecnologia wireless à sua antiga expertise em redes de telecomunicações com fio do que a Motorola passou ao tentar adicionar know-how em switches digitais e softwares de comunicação à sua antiga expertise em hardware wireless analógico. A Motorola deveria ter licenciado o know-how exclusivo, em vez de tentar desenvolvê-lo internamente.

21 Baseado em Unsolid State: Motorola Struggles to Regain Its Footing. *Wall Street Journal*, 22 abr. 1998, p. A1; How Motorola Roamed Astray, *Wall Street Journal*, 26 out. 2000, p. B12.

exclusivo. Na verdade, a Motorola tem uma estratégia dominante de esperar, imitar e licenciar. Consequentemente, Lucent antecipa que o pagamento (US$4 bilhões/US$3 bilhões) da célula nordeste vai surgir como um equilíbrio dominante repetido. Lembre-se de que a estratégia de equilíbrio dominante repetido é uma ação que maximiza o interesse pessoal da Lucent, coerente com as respostas de estratégia dominante da Motorola. Na célula nordeste (US$4 bilhões/US$3 bilhões), nenhuma das partes deseja se desviar para outra ação; assim, {Desenvolver$_{Lucent}$, Licenciar$_{Motorola}$} é uma estratégia de equilíbrio de Nash e o único equilíbrio de Nash da Tabela 16.6.

Embora os números da Tabela 16.6 sejam somente ilustrativos, pensar através da análise da teoria dos jogos pode proporcionar *insights* para prever a reação dos rivais às ações e reações da companhia. Neste caso, uma análise como a da Tabela 16.6 indica claramente as vantagens da alternativa de licenciamento em vez do desenvolvimento interno que a Motorola realmente buscava.

Conclusões sobre licenciamento

A decisão de licenciar depende em parte da disponibilidade de retornos crescentes e da sustentabilidade da vantagem competitiva de uma companhia, proveniente da redução de custos. Na Europa, onde surgiram poucos padrões setoriais para produtos de tecnologia da informação e as patentes geralmente são contestadas com sucesso, empresas pioneiras têm licenciado a concorrentes, em vez de simplesmente ficar vendo seus segredos comerciais e know-how exclusivo serem constantemente desgastados por imitadores. O resultado é uma maior competição, preços mais baixos para os consumidores e uma taxa mais rápida de adoção tecnológica. Por exemplo, na Europa, os preços de alguns componentes de TVs digitais (por exemplo, chips de transmissão digital de vídeos) continuam caindo e a tecnologia digital está sendo rapidamente incorporada em produtos relacionados, como telefones celulares, pagers e redes seguras de vídeos empresariais para reuniões corporativas.

Nos Estados Unidos, a Red Hat usou uma licença pública geral e programação de código-fonte aberto para penetrar o mais rápido possível no mercado de sistemas operacionais com seu software baseado em Linux, que pretende concorrer com o Windows NT e até mesmo com o Windows. A Red Hat permite que seus fornecedores e consumidores copiem, modifiquem e redistribuam seu software sem cobrar nada, desde que eles também o façam sem cobrar. Essa estratégia de software com código aberto é uma tentativa de alcançar o ponto de inflexão para retornos crescentes que os concorrentes da Microsoft, incluindo a Apple, nunca alcançaram. A Apple seguiu a estratégia oposta de não licenciar, desacelerando de forma eficiente a adoção de Macs, e perdeu para a IBM e Microsoft. Hoje, o Google segue a estratégia de código aberto da Red Hat com o sistema operacional para sua nova oferta de smartphones, o Android.

Uma vantagem tática final do licenciamento vem da redução dos riscos de recontratação. Ao comprar chips Alpha avançados da Digital Equipment Corporation (hoje uma divisão da Hewlett-Packard), muitos fabricantes de estações de trabalho se preocupam com o fato de estarem sujeitos a "resistências" futuras. Na renovação de contrato, uma vez que seus projetos estejam otimizados para a tecnologia Alpha, os fabricantes ficam vulneráveis a grandes aumentos de preço desses chips fornecidos exclusivamente. A Digital pode se comprometer de forma verossímil com preços mais estáveis, e, assim, aumentar a taxa de adoção de seus produtos, licenciando-os tanto para a AMD quanto para a Intel. Ao permitir que os consumidores tenham duas fontes para a tecnologia de chips Alpha, a Digital se compromete a renovar seus contratos de fornecimento sem superfaturamento.

RESUMO

- *Desempenho de mercado* refere-se à eficiência da alocação de recursos dentro e entre as empresas, ao seu progresso tecnológico, sua tendência de empregar recursos totalmente e ao impacto sobre a distribuição equitativa de recursos.
- *Conduta de mercado* refere-se ao comportamento de preços; à política de produtos; à promoção de vendas e política de publicidade; às estratégias de pesquisa, desenvolvimento e inovação e às táticas legais empregadas por uma empresa ou grupo de empresas.
- *Estrutura de mercado* refere-se ao grau de concentração de vendedores e compradores em um mercado, ao grau de diferenciação de produto real ou imaginária entre produtos ou serviços de produtores concorrentes e às condições em torno da entrada no mercado.

- Supõe-se que mercados disputados apresentem liberdade de entrada e saída para possíveis concorrentes, empresas com reações lentas e baixos custos de transferência para consumidores. Em um mercado perfeitamente disputado, o conjunto de preços e produção resultantes se aproxima do que é esperado em uma concorrência perfeita.
- Medidas de concentração de mercado incluem:
  - a taxa de concentração do mercado, definida como a porcentagem da produção total do setor atribuível às 4, 8, 20 ou 50 maiores companhias.
  - O Índice de Herfindahl-Hirschman (*HHI*), que é igual à soma dos quadrados das participações de mercado de todas as empresas de um setor.
- Um grupo de leis antitruste foi aprovado para evitar o monopólio e encorajar a concorrência na indústria norte-americana. As mais importantes delas são o Sherman Act, de 1980; a FTC e o Clayton Act, de 1914; o Robinson-Patman Act, de 1936; o Hart-Scott-Rodino Antitrust Improvement Act, de 1976, e as Diretrizes para Fusões, de 2010.
- Governos federais, estaduais e locais impõem regulamentações sobre empresas. Restrições regulatórias podem afetar os custos operacionais (fixos e variáveis), custos de capital e rendimentos de uma empresa.
- O ambiente político e econômico atual favorece uma redução significativa na quantidade de regulação e interferência governamental na operação do setor privado da economia. Desregulamentações recentes incluem os setores de bancos, transportes, gasodutos de gás natural, companhias elétricas e telecomunicações.
- Diversas políticas regulatórias, como licenciamento e emissão de patentes, são projetadas para restringir a concorrência e proteger oportunidades de negócios.
- Externalidades ocorrem quando um terceiro recebe benefícios ou arca com custos provenientes de uma transação econômica da qual ele não é um participante direto. O impacto das externalidades é sentido fora (externamente) dos mecanismos de precificação normais do mercado e de alocação de recursos.
- Externalidades pecuniárias, cujos efeitos de arrasto são refletidos no mecanismo de precificação de mercado, têm como resultado nenhuma ineficiência.
- Ronald Coase mostrou que uma alocação de recursos eficiente geralmente pode ser alcançada em casos com pequenos números de externalidades por meio da negociação contratual entre o criador e o receptor da externalidade.
- Impedimentos à negociação privada voluntária incluem custos proibitivos de busca e notificação, custos de negociação internos entre um grande número de partes afetadas, de monitoramento proibitivos, e uma ausência de excedentes necessários para realizar os pagamentos paralelos.
- Existem muitas possíveis soluções para o problema das externalidades, incluindo: solução por pagamento paralelo voluntário, proibição governamental, diretrizes regulatórias, imposição de impostos ou subsídios sobre poluição, fusões, e a venda de direitos para criar a externalidade, seguida por um mercado de limitação e comércio.
- A escolha entre desenvolver e licenciar ou esperar e imitar é uma forma de decisão organizacional sobre a proteção proporcionada pelas patentes, importância relativa de know-how exclusivo, disponibilidade de padrões industriais, bloqueio tecnológico, complementos que aumentam o valor e outras fontes de retornos crescentes.

EXERCÍCIOS

As respostas para os exercícios destacados estão no Apêndice D, no final do livro.

1. Se o iPod da Apple só executa músicas do iTunes, e o iTunes só pode ser ouvido neste iPod, a Apple pode precificar o pacote tecnologicamente integrado da forma que desejar? Se outras músicas eletrônicas pudessem ser reproduzidas no iPod, o que determinaria a existência de limitações na precificação agrupada dos iPods e do iTunes? Quais seriam essas limitações?

2. Um setor é composto pela Empresa 1, que controla 70% do mercado; Empresa 2, com 15%; e Empresa 3, com 5% do mercado. Cerca de 20 empresas com aproximadamente o mesmo tamanho dividem os 10% restantes do mercado. Calcule o Índice de Herfindahl-Hirschmann antes e depois da fusão da Empresa 2 com a Empresa 3 (suponha que a participação de mercado combinada depois da fusão seja de 20%). Você vê a fusão entre essas empresas como pró-concorrencial ou anticoncorrencial? Explique.

3. Suponha que um setor seja composto por oito empresas com as seguintes participações de mercado:

A	30%	E	8%
B	25	F	5
C	15	G	4
D	10	H	3

Com base nas diretrizes para fusões (revisadas em 2010), a Divisão Antitruste provavelmente contestaria uma fusão proposta entre as:

a. Empresas C e D (suponha que a participação de mercado combinada seja de 25%)?
b. Empresas F e G (suponha que a participação de mercado combinada seja de 9%)? Explique sua resposta.

4. Quais são os incentivos para inovar de uma empresa monopolista em relação a outra em um mercado competitivo se a proteção de patentes não estiver disponível?

5. Você consideraria o setor de táxi aéreo de propriedade fracionada (NetJets, FlexJets etc.) como um mercado disputado? Justifique sua resposta.

6. A função de demanda do setor de materiais plásticos é representada pela equação a seguir:

$$P = 800 - 20Q$$

onde Q representa milhões de quilos de plástico.

A função de custo total do setor, exclusiva para o retorno esperado do capital investido, é:

$$CT = 300 + 500Q + 10Q^2$$

onde Q representa milhões de quilos de plástico.

a. Se o setor age como monopolista na determinação de preço e produção, calcule o nível de maximização de lucros do preço e da produção.
b. Quais são os lucros totais com este nível de preço e produção?
c. Suponha que o setor seja composto por muitas (500) pequenas empresas, de forma que a função de demanda diante de cada empresa individual seja:

$$P = US\$620$$

Calcule o nível de maximização dos lucros do preço e da produção sob essas condições (a função de custo total do setor permanece a mesma).
d. Quais serão os lucros totais dadas as suas respostas ao item c?
e. Devido ao risco deste setor, investidores exigem uma taxa de 15% de retorno sobre o investimento. Os investimentos totais do setor chegam a US$2 bilhões. Se a solução de monopólio prevalecer, como calculado nos itens a e b, como você descreveria os lucros do setor?
f. Se a solução concorrencial descrever o setor de forma mais adequada, ele estará operando em condições de equilíbrio? Por que sim, ou por que não? O que você espera que aconteça?
g. A Clean Water Coalition propôs padrões de controle de poluição para o setor que poderiam mudar a curva de custos para:

$$CT = 400 + 560Q + 10Q^2$$

Qual é o impacto dessa alteração no preço, produção e lucros totais sob a solução de monopólio?
h. Suponha que esses padrões estão sendo propostos apenas no estado do Texas, que abriga 50 dos 500 produtores. Qual impacto os novos padrões teriam sobre as empresas do Texas? E sobre o resto do setor?

7. Discuta os problemas de ruídos de aeronaves ao redor de um aeroporto sob a perspectiva de externalidades e proponha uma possível solução se (a) as residências existiam na área antes da construção do aeroporto e (b) as casas foram construídas ao lado do aeroporto depois da sua construção.

8. Uma pastora de ovelhas arrendou os direitos minerais abaixo de sua área de pastagem para uma companhia petrolífera. Ela teme que as descargas dos poços de petróleo poluam seus recursos subterrâneos de água. Consequentemente, o contrato da venda dos direitos minerais exige que a pastora e a companhia petroleira encontrem uma solução de mútuo acordo para o problema de contaminação da água caso ocorra. Se a negociação não chegar a uma conclusão aceitável para ambas as partes, o arrendamento de direitos minerais será finalizado automaticamente e a pastora terá que devolver uma parte dos lucros do arrendamento para a companhia de petróleo. A porção a ser devolvida será determinada por meio de um processo de arbitragem vinculativa. Discuta os possíveis resultados caso esse problema surja.

9. Branding Iron Products, um fabricante de aço especial, opera uma fábrica na cidade de West Star, Texas. A cidade cresceu rapidamente devido às recentes descobertas de petróleo e gás na região. Muitos dos novos residentes decla-

raram preocupação com a quantidade de poluição (principalmente matéria particulada no ar e água residual no rio da cidade) emitida pela Branding Iron. Foram feitas três propostas para solucionar o problema:
a. Criar um imposto sobre as quantidades de matéria particulada e de água residual emitidas pela empresa.
b. Proibir a poluição gerada pela empresa.
c. Oferecer incentivos de impostos para que a empresa limpe seus processos de produção.

Avalie cada uma das alternativas sob a perspectiva de eficiência econômica, equidade e o provável impacto em longo prazo sobre a empresa.

10. Uma indústria gera seu produto, Scruffs, a um custo marginal constante de US$50. A demanda do mercado pelo Scruffs é igual a:

$$Q = 75.000 - 600P$$

a. Qual é o valor para um monopolista capaz de desenvolver um processo patenteado para a produção de Scruffs a um custo de apenas US$45?
b. Se o setor que produz os Scruffs é puramente competitivo, qual é o benefício máximo que o inventor de um processo que reduzirá US$5 do custo de produção por unidade do Scruffs pode esperar receber por licenciar sua invenção às empresas do setor?

11. Se a decisão de desenvolver e licenciar ou esperar e imitar da Tabela 16.6 for um jogo repetido simultâneo entre Lucent e Motorola para cada nova geração de tecnologia, o que aconteceria se a compensação da Motorola na célula sudoeste fosse de US$2 bilhões positivos? Como a Motorola deveria agir nesse jogo de licenciamento modificado? Como a Lucent deveria agir?

CASO

FABRICANTES DE ARTIGOS DE LUXO TÊM UM INTERESSE LEGÍTIMO NA MANUTENÇÃO DO PREÇO MÍNIMO DE REVENDA: LEEGIN x KAY'S KLOSET?

Conduza um debate em sala de aula sobre um recente caso antitruste e se ele foi decidido corretamente. O caso é *Leegin Creative Products, Inc. v. PSKS, Inc., DBA Kay's Kloset*, 551, EUA (2007). A empresa Leegin, de Dallas, Texas, fabrica acessórios luxuosos de couro semelhantes aos artigos de couro da Coach. Kay's Kloset tinha um contrato padrão de fabricante-varejista para transportar os produtos da Leegin como um distribuidor varejista independente. Quando a Kay's Kloset continuou dando descontos em seus acessórios de couro abaixo do preço sugerido pelo fabricante, a Leegin cancelou os carregamentos futuros. Depois de várias decisões contrárias em instâncias inferiores, pela primeira vez a Suprema Corte dos EUA aceitou a alegação de que o modelo de negócios de um fabricante pode ser tão dependente de um posicionamento superior que uma *regra da razão* seria atender aos acordos de manutenção de preço mínimo de revenda. Em outras palavras, um fabricante pode legitimamente se recusar a negociar com um varejista independente apenas alegando que o vendedor estava violando o preço mínimo de varejo sugerido por ele. Essa prática tinha sido anteriormente definida como uma violação de estatutos antitruste propriamente dita – especificamente uma restrição anticoncorrencial do comércio.

Questões para debate

1. A ré Leegin tem o direito de minar e substituir empresas dominantes como a Coach com seu modelo de negócios com posicionamento superior apoiado por restrições de preço mínimo de varejo?
    Sim (aqui estão alguns argumentos iniciais para ajudá-lo): Essa prática causa danos ao concorrente, e não à concorrência; a Leegin conseguiu participação de mercado porque tem melhores produtos, marcas, gestão, custos mais baixos e boa sorte; essa prática reduz a concorrência intramarcas, mas aumenta a concorrência intermarcas.

Não (aqui estão alguns argumentos iniciais para ajudá-la): Preços mínimos de revenda (RPM) são uma tentativa de monopolização com uma intenção declarada de restringir o comércio; encerramento de opções do consumidor é uma limitação do comércio.

2. A Leegin firmou um acordo ilegal com a Kay's Kloset?

    Não: Limitações verticais são apropriadas para relações entre fabricante e distribuidor; o posicionamento superior exige coordenação ao longo dos canais de distribuição; o acordo foi iniciado pelo fabricante, e não por outros distribuidores da Leegin buscando proteção contra os descontos da Kay's Kloset; nenhum acordo contratual sobre preços mínimos de revenda (RPM) está em evidência.

    Sim: Preços mínimos de revenda (RPM) estão altamente correlacionados com aumentos de preço de 19% a 27%; varejistas independentes devem ter incentivos para oferecer eficiência na distribuição, e não proteção de preços de outlets com custos mais baixos; lojas que dão desconto por volume, como a Macy, serão menos capazes de negociar com a Leegin por preços mais baixos.

3. Quando a Leegin ameaçou e se recusou a negociar com a Kay's Kloset, isso já constituiu uma violação da proibição de práticas anticoncorrenciais do Sherman Act?

    Não: Deve-se aplicar uma regra da razão; o interesse legítimo do fabricante considera o cliente-alvo, a marca e o posicionamento do produto para um item de luxo; serviços que acrescentam valor no ponto de venda são desencorajados por descontadores rebeldes; nenhuma motivação para serviço de varejo de ponta pode sobreviver se o parasitismo for desenfreado.

    Sim: Preços mínimos de revenda (RPM) restringem o comércio varejista contratualmente; preços mínimos de revenda excluem aqueles que buscam por uma experiência de compras com descontos por excesso de estoque; o interesse legítimo do fabricante em motivar um serviço de varejo superior pode ser obtido de outras formas, sem diminuir a concorrência de preços; a prática não vai permanecer exclusiva aos itens de luxo se a proibição for substituída por uma regra da razão.

Acordos de venda casada da Microsoft

1. Qual das opções a seguir é uma violação das leis antitruste dos EUA e por quê? (a) A Microsoft monopoliza o mercado de sistemas operacionais para PCs com uma participação de mercado de 92%; (b) A Microsoft tenta monopolizar o mercado de portais da Internet com um padrão de táticas anticoncorrenciais (acordos de venda casada, recusas de negociação etc.); (c) A Microsoft vende o Windows mais o Microsoft Internet Explorer por um valor menor do que o Windows sem o Internet Explorer instalado como navegador padrão; (d) A Microsoft dá o Internet Explorer gratuitamente para adotantes individuais com custo variável estimado em US$0,0067; (e) A Microsoft ameaça cortar o licenciamento da Compaq e da Dell, que ficariam, então, incapazes de pré-instalar o Windows nos PCs que vendem, a não ser que excluam o navegador Netscape da interface do usuário.

2. Que diferença faria às questões de acordo de venda casada se o Internet Explorer fosse um componente funcionalmente integrado do Windows? E se ele fosse mais como um rádio do que como um dispositivo de bloqueio de direção em um veículo?

3. Como a Microsoft deveria comercializar serviços telefônicos de longa distância em novos dispositivos de telecomunicação sem fio que também incluem portais da Internet?

Setor de gravação musical com consolidação bloqueada

Dadas as seguintes distribuições de participação de mercado, a Divisão Antitruste dos Estados Unidos impediu uma fusão entre a BMG e a EMI em 2001, e a Comissão Europeia bloqueou uma fusão entre a divisão de música da Time Warner e a EMI em 2000. Analise essas decisões e apresente argumentos pró e contra.

Participação de mercado nos EUA	(%)	Participação de mercado no mundo	(%)
Vivendi Universal	20	Vivendi Universal	21
Sony	20	Sony	19
BMG	15	EMI	13
Time Warner	13	Time Warner	12
EMI	11	BMG	12

O que mais poderia estar envolvido nas políticas de fusão?

CAPÍTULO 17

Análise de investimento de longo prazo

TEMAS DO CAPÍTULO

Análise de investimento (orçamento de capital) é o processo de planejamento de compras de ativos cujos retornos (fluxos de caixa) devem continuar por mais de um ano. Ao tomar decisões sobre orçamento de capital, os gestores da empresa comprometem recursos para a expansão de sua capacidade produtiva, o aperfeiçoamento de sua eficiência de custos ou diversificação de sua base de ativos. Cada uma destas decisões afeta os fluxos de caixa futuros que a empresa espera gerar e seu respectivo risco. Despesas de capital são uma ponte entre decisões de curto prazo de preço e produção e as decisões estratégicas de longo prazo que os gestores maximizadores da riqueza devem tomar para permanecer competitivos. Os gestores do setor público usam as análises custo-benefício e custo-eficácia ao levar em consideração muitas decisões de distribuição de recursos no longo prazo.

Desafio gerencial
Renascimento industrial nos Estados Unidos: Internalização de eletrodomésticos da GE[1]

Várias companhias industriais importantes começaram a transportar a produção de utensílios domésticos da China de volta para os Estados Unidos. A Whirpool está voltando a fabricação de seu mixer de cozinha para Ohio, a Otis trouxe seus elevadores domésticos de volta para a Carolina do Sul e, mais impressionante, a General Electric está trazendo a produção de inúmeros eletrodomésticos da China para Louisville, Kentucky.

Em 1973, o GE Appliance Park empregava 23.000 funcionários sindicalizados e com folha de ponto em seis complexos de fábricas que produziam 60.000 utensílios por semana, de máquinas de lavar louça a fogões e aquecedores de água. Em 2010, as contratações caíram para 1.864 e somente uma das fábricas não tinha sido fechada. Nos últimos 18 meses, a GE decidiu investir US$800 milhões para trazer sua divisão norte-americana de produção de eletrodomésticos em Louisville de volta à vida. Seu CEO, Jeff Immelt, disse acreditar que a análise de orçamento de capital mostrou que a companhia pode ganhar mais dinheiro fabricando em Louisville do que na China. Como isso é possível?

Primeiro, as modernas lavadoras e secadoras da GE com abertura frontal programadas para uma nova linha de montagem no Edifício Fabril 1 são como as novas linhas de refrigeradores com "portas francesas"; elas exigem novos recursos de design e adição de valor a cada dois ou três anos. O ciclo de vida de produtos eletrodomésticos diminuiu drasticamente de sete para três anos. Onde antes era possível ter engenheiros de projeto nos Estados Unidos e gerentes de planta e funcionários líde-

Cont.

res na China falando diferentes línguas e voando pelo Pacífico para fazer pequenas alterações adicionais nos produtos, os ciclos de inovação tornaram-se febris. A tecnologia da computação alavancou a necessidade de recursos inovadores que possam capturar a imaginação do público nos mercados de novas residências e de substituição de utensílios. Engenheiros de projeto, de fabricação, trabalhadores da linha de montagem e equipe de marketing e vendas precisam estar em um só lugar para alcançar um ambiente de fabricação consultivo e com melhorias contínuas.

Um aquecedor de água da GE sendo preparado para montagem no Edifício Fabril 2 é uma boa ilustração. O aquecedor GeoSpring usa 60% menos eletricidade do que um aquecedor de água comum. A chave é uma pequena bomba de calor no topo do objeto, que extrai calor do ar ambiente ao redor do utensílio. Na China, a máquina tinha uma complexa amarração de tubos, que precisava de difíceis emendas e acionava inúmeras questões de controle de qualidade. Um novo design completo reduziu o tempo de montagem de dez para duas horas, cortou os custos de material em 10% e reduziu o tempo da fábrica até os armazéns da Lowe's Home Improvement e Home Depot de seis semanas para cinco dias. O aquecedor GeoSpring fabricado na China era vendido por US$1.599; o fabricado em Louisville é vendido por US$1.299.

Uma recém-adotada estrutura de remuneração dupla com remunerações sindicais começando em US$13,50, em vez de US$21,35, por hora no Louisville Appliance Park está claramente envolvida. Em contraste, os pagamentos nas plantas chinesas da GE subiram de US$0,52 em 2000 para US$3 por hora atualmente, e um aumento notável, mas não espetacular, de 18% no custo de remuneração está projetado no orçamento de capital da GE na China. Mas também estão envolvidas técnicas de fabricação *lean* (enxuta), causando inovações de design e vantagens de tempo para o mercado da produção norte-americana no mercado de utilidades domésticas.

Até agora, somente meio milhão dos empregos fabris voltaram para os EUA em 2011-2012, em relação aos 6 milhões de cargos que foram perdidos com a terceirização durante 2000-2010. No entanto, a internalização líquida parece ser uma tendência crescente para restaurar a base industrial das companhias americanas líderes. O motivo é que suas análises de orçamento de capital mostram um valor presente líquido (VPL) mais alto com a produção doméstica do que com a produção estrangeira.

Questões para discussão

- Que custo de capital você aplicaria como taxa de desconto para o gasto de capital do GE Appliance Park?
- Por que a GE espera que as taxas de remuneração na China continuem dobrando a cada quatro anos? Com essa taxa de crescimento de 18%, os custos de remuneração da linha de montagem chinesa vão alcançar os custos dos EUA dentro de um projeto de orçamento de capital de 20 anos?
- Explique as técnicas de fabricação *lean*. Por que essa abordagem de produção seria mais difícil de ser executada na China?
- Você concorda com a decisão da GE? Justifique sua resposta.

1 Baseado em C. Fisherman. The Insourcing Boom. *The Atlantic Monthly*, dez. 2012, p. 1-10; Outsourcing and Offshoring; Here, There and Everywhere. A Supplement to *The Economist*, 17 jan. 2013, p. 1-22.

A NATUREZA DAS DECISÕES SOBRE DESPESAS DE CAPITAL

Os capítulos anteriores diziam mais respeito a ferramentas analíticas e modelos de tomada de decisão que ajudavam os gerentes a fazer uso mais eficiente dos recursos existentes. Este capítulo leva em consideração as decisões para substituir ou ampliar a base de recursos de capital. Este capítulo leva em consideração as decisões para substituir ou ampliar a base de recursos de capital. Desembolsos de capital têm, por definição, um impacto de grande alcance ao determinar itens que serão produzidos, mercados a se ingressar, a localização de fábricas e instalações e o tipo de tecnologia (que é associado aos custos) a ser usado. Despesas de capital exigem uma análise cuidadosa porque são custosas para fazer e ainda mais custosas para reverter.

Investimento de capital é um desembolso de capital esperado para gerar um fluxo de futuros benefícios de caixa que perdurem por mais de um ano. Distingue-se de uma despesa operacional normal, que deve resultar em benefícios de caixa durante o ano seguinte. **Orçamento de capital** é um processo de planejamento e avaliação das despesas de capital. Além das decisões sobre substituição de ativos e expansão, outros tipos de decisão que podem ser analisados usando-se as técnicas de orçamento de capital incluem despesas com pesquisa e desenvolvimento, investimentos na formação e treinamento de empregados, decisões sobre arrendamento (*leasing*) *versus* compra, e fusões e aquisições.

UMA ESTRUTURA BÁSICA PARA ORÇAMENTO DE CAPITAL

Essa estrutura básica para tomada de decisões de orçamento de capital é ilustrada na Figura 17.1. Suponha que uma companhia esteja considerando nove projetos de investimentos, chamados A, B, C, ..., I. O modelo assume que todos os projetos têm os mesmos riscos. Essa agenda de projetos geralmente é chamada *curva de oportunidade de investimentos*. Por exemplo, o Projeto A exige um investimento de US$2 milhões e tem uma taxa de retorno esperada de 24%. O Projeto B vai custar US$1 milhão (US$3 milhões menos US$2 milhões do eixo horizontal) e gerar uma taxa de retorno de 22%, e assim por diante. Graficamente, os projetos estão organizados em ordem decrescente de suas taxas de retorno, indicando que nenhuma empresa tem um número ilimitado de possíveis novos projetos que vão gerar altas taxas de retorno. À medida que são criados novos produtos, novos mercados são penetrados e tecnologias com economia de custo adotadas, e o número de oportunidades de investimento lucrativas tende a cair.

A *curva de custo marginal do capital* representa o custo marginal do capital para a empresa, ou seja, o custo de cada dólar adicional de investimento de capital levantado no Mercado de capitais. Usando este modelo básico, a empresa deve empreender os Projetos A, B, C, D e E porque seus retornos excedem o custo marginal do capital da empresa.

O PROCESSO DE ORÇAMENTO DE CAPITAL

O processo de seleção de projetos de investimento de capital consiste das seguintes etapas importantes:

1. Gerar propostas alternativas de projeto de investimento de capital.
2. Estimar os fluxos de caixa para as propostas de projeto.
3. Avaliar e escolher, dentre as alternativas disponíveis, aqueles projetos de investimento a serem implantados.
4. Revisar os projetos de investimento após terem sido implantados para garantir que as suposições e premissas foram precisas. Caso contrário, alguém poderia modificar as suposições premissas conforme necessário para projetos futuros similares.

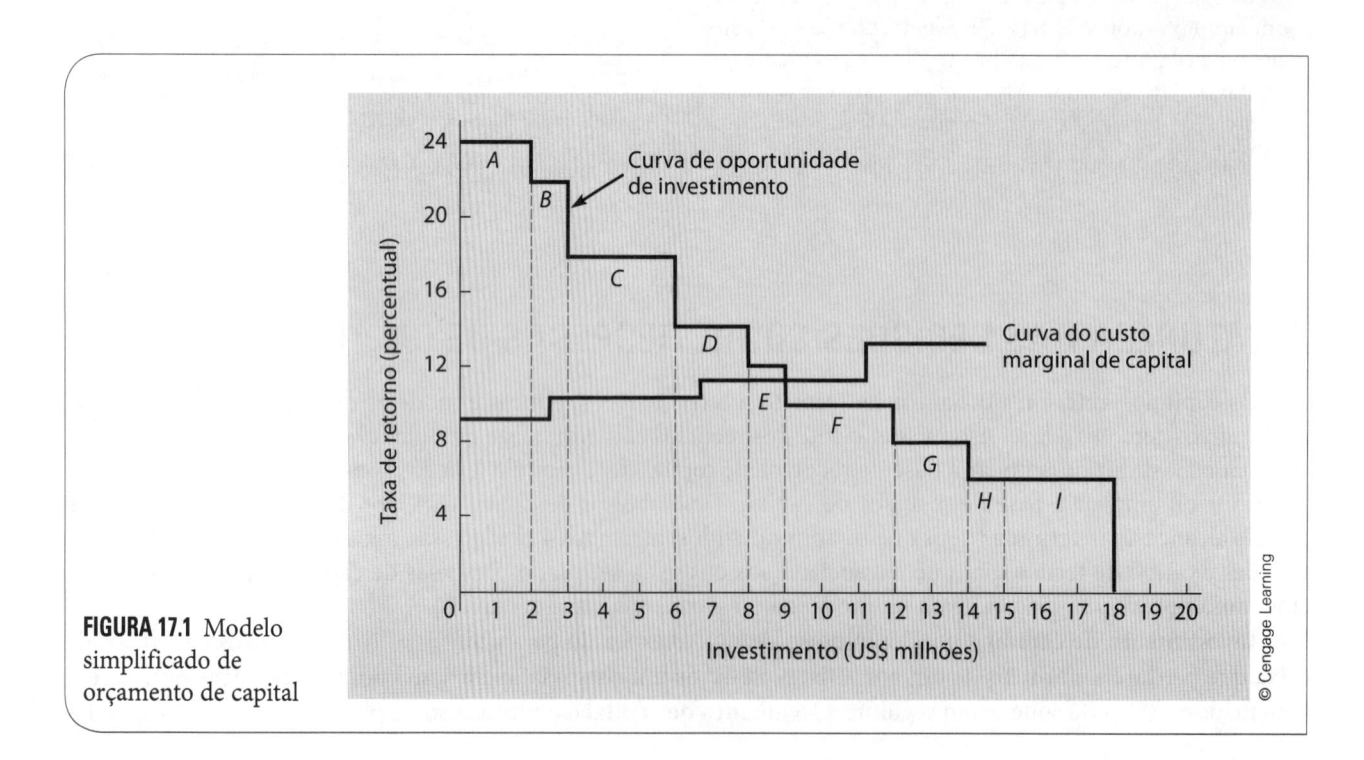

FIGURA 17.1 Modelo simplificado de orçamento de capital

Geração de projetos de investimento de capital

As ideias para novos investimentos de capital podem vir de várias fontes, dentro e fora da empresa. As propostas podem ter origem em todos os níveis da organização, desde os operários da fábrica até o conselho de administração. A maioria das empresas de médio e grande portes possui departamentos cujas responsabilidades incluem a busca e a análise de projetos de investimento de capital. Estes departamentos incluem pessoal de contabilidade de custos, engenharia industrial, pesquisa de mercado, pesquisa e desenvolvimento e planejamento corporativo.

EXEMPLO Despesas de capital na Chrysler: o Grand Cherokee[2]

A Chrysler Corporation desenvolveu seu novo veículo utilitário esportivo Grand Cherokee usando uma abordagem incomum (para a Chrysler) de "equipe de plataforma". Cerca de 700 a 800 pessoas das equipes de engenharia, pesquisa de marketing e design levaram o veículo para o mercado de forma mais rápida e por um custo mais baixo do que era comum em outras companhias automotivas. O Grand Cherokee foi desenvolvido e uma nova fábrica em Detroit construída para produzi-lo, tudo por cerca de US$1,1 bilhão em despesas de capital. A Chrysler planejava vender até 175.000 desses veículos por ano a um preço de US$32.000, obtendo um lucro de US$5.500 por unidade. Por quase duas décadas as projeções de fluxo de caixa foram concretizadas.

O investimento de capital do Grand Cherokee contêm elementos de gerenciamento da curva de demanda e de redução de custos. Além disso, a decisão de construí-lo em uma nova fábrica eficiente em Detroit, em vez de fazê-lo em sua fábrica pouco utilizada e mais antiga em Toledo, refletiu um comprometimento visando conter os custos de produção em um nível mínimo. A Chrysler viu as vendas de seu Jeep Cherokee mais antigo e menor declinar de um máximo de quase 200.000 unidades por ano para cerca de 125.000. A intenção da Chrysler era reduzir o preço de seu antigo Jeep Cherokee e vendê-lo de modo mais agressivo como um veículo utilitário esportivo de baixo custo alternativo. Assim, a Chrysler criou para si própria a opção de manter o modelo antigo se vendesse bem a um preço mais baixo, ou de interromper a fabricação do modelo mais antigo e fechar a fábrica de Toledo. O processo de avaliação deste e de muitos outros projetos importantes de investimentos de capital contêm elementos de redução de custos, gerenciamento de demanda e criação de opções estratégicas.

---

2 Baseado em Iacocca's Last Stand at Chrysler. *Fortune*, 20 abr. 1992, p. 63 ss.

Estimando fluxos de caixa

Algumas diretrizes básicas são úteis ao se analisar as alternativas de investimento. Primeiro, os fluxos de caixa deverão ser medidos em uma base *incremental*. Em outras palavras, o curso do fluxo de caixa para o projeto deverá representar a diferença entre os cursos dos fluxos de caixa da empresa com e sem a aceitação do projeto de investimento. Em segundo lugar, os fluxos de caixa deverão ser medidos em uma base *após os impostos*, usando a alíquota de imposto marginal da empresa. Em terceiro lugar, todos os *efeitos indiretos* do projeto, por toda a empresa, deverão ser incluídos nos cálculos do fluxo de caixa. Caso um departamento ou divisão da empresa esteja ponderando sobre um investimento de capital que alterará as receitas ou os custos de outros departamentos ou divisões, então estes efeitos externos serão incorporados às estimativas de fluxo de caixa. Em quarto lugar, os *custos irrecuperáveis* (*sunk costs*) não serão levados em consideração ao se avaliar um projeto.

Um custo irrecuperável é um desembolso feito (ou que se comprometeu fazer). Uma vez que os custos irrecuperáveis não podem ser reavidos, não serão levados em consideração na decisão de aceitar ou rejeitar um projeto. Em quinto lugar, o valor dos recursos usados no projeto deverá ser medido em termos de seus *custos de oportunidade*. Lembre-se, do Capítulo 8, que o custo de oportunidade é o valor de um recurso em seu próximo melhor uso alternativo.

Para um projeto de investimento típico, é feito um investimento inicial no ano 0, que gera uma série de fluxos de caixa líquidos anuais durante a vida do projeto (n). O investimento líquido (IL) de um projeto é definido como sendo o desembolso de capital líquido inicial no ano 0. Este inclui o custo de aquisição de quaisquer novos ativos, acrescido dos custos de instalação e lançamento dos efeitos tributários.[3]

Os fluxos de caixa líquidos incrementais após os impostos ($FCLs$) de um projeto de investimento específico são iguais aos recebimentos de caixa menos os pagamentos de caixa. Para qualquer ano durante a vida do projeto, estes podem ser definidos como sendo a diferença no lucro líquido após os impostos (ΔLL) com e sem o projeto, acrescido da diferença na depreciação (ΔD):

$$FCL = \Delta LL + \Delta D \quad [17.1]$$

ΔLL é igual à diferença no lucro líquido antes do imposto de renda ($\Delta LAIR$) vezes ($1 - T$), onde T é a alíquota de imposto de renda corporativa (marginal):

$$\Delta LL = \Delta LAIR\,(1 - T) \quad [17.2]$$

$\Delta LAIR$ é definida como sendo a diferença nas receitas (ΔR) menos as diferenças nos custos operacionais (ΔC) e na depreciação (ΔD):

$$\Delta LAIR = \Delta R - \Delta C - \Delta D \quad [17.3]$$

Substituindo a Equação 17.3 pela 17.2, chega-se a

$$\Delta LL = (\Delta R - \Delta C - \Delta D)(1 - T) \quad [17.4]$$

Substituindo esta pela Equação 17.1, chega-se à seguinte definição de fluxo de caixa líquido:

$$FCL = (\Delta R - \Delta C - \Delta D)(1 - T) + \Delta D \quad [17.5]$$

EXEMPLO Estimativa de fluxo de caixa: Hamilton Beach/Proctor-Silex, Inc.

Para ilustrar os cálculos de fluxo de caixa, leve em consideração o seguinte exemplo. Suponha que a Hamilton Beach/Proctor-Silex, uma fabricante de aparelhos elétricos pequenos, tenha recebido a oferta de um contrato para fornecer a uma empresa comercial regional uma linha de processadores de alimentos, a serem vendidos com o nome comercial privado da empresa varejista. O executivo da Hamilton Beach/Proctor-Silex estima que o investimento inicial nos novos equipamentos necessários para a produção dos processadores seria de US$1 milhão. Os

Cont

---

[3] Quando o novo ativo está substituindo um existente, deve-se também incluir no cálculo do investimento líquido os produtos líquidos da venda do ativo existente e os tributos associados à sua venda. Ver R. Charles Moyer, James R. McGuigan, William J. Kretlow. *Contemporary Financial Management*, 12. ed. Cincinnati, OH: South-Western, 2010, p. 336-38, para uma discussão sobre os cálculos de fluxo de caixa para decisões sobre substituição.

equipamentos seriam depreciados (usando o método linear)[4] em cinco anos com um valor residual estimado de zero (0) ao final deste período contratual. Com base nas especificações do contrato, o executivo estima que as receitas incrementais (vendas adicionais) seriam de US$800.000 por ano. Os custos incrementais, caso seja aceito o contrato, serão de US$450.000 por ano. Estes incluem desembolsos de capital para mão de obra direta e materiais, transporte, serviços públicos, aluguel de edificação e despesas gerais *adicionais*. A alíquota de imposto de renda marginal da empresa é de 40%.

Com base nas informações, pode-se calcular o *IL* e o *FCL* para o projeto. O investimento líquido (*IL*) é igual ao desembolso inicial de US$1 milhão para os novos equipamentos. A diferença nas receitas (ΔR) com e sem o projeto é igual a US$800.000 por ano e a diferença nos custos operacionais (ΔC) é igual a US$450.000 por ano. A diferença na depreciação (ΔD) é igual ao desembolso inicial (US$1 milhão) dividido por 5, ou US$200.000 por ano. Substituindo estes valores, junto com $t = 0{,}40$, na Equação 17.5, chega-se a:

$$FCL = (\$800.000 - \$450.000 - \$200.000)(1 - 0{,}40) + \$200.000$$
$$= \$290.000$$

A Hamilton Beach/Proctor-Silex deve decidir se deseja investir US$1 milhão agora para receber $290.000 por ano nos fluxos de caixa líquidos durante os próximos cinco anos. A seção a seguir ilustra dois dos critérios usados na avaliação das propostas de investimento.

---
4 Este método de depreciação é apenas um dos vários possíveis que podem ser usados. Ver Moyer, McGuigan, Kretlow, op. cit., p. 349-52 para uma discussão sobre os vários métodos de depreciação.

Avaliação e escolha de projetos de investimento a ser implantados

Uma vez identificado o projeto de investimento de capital e estimados os fluxos de caixa, é necessário tomar uma decisão sobre aceitar ou rejeitar o projeto. A aceitação do projeto resulta em um curso do fluxo de caixa para a empresa; ou seja, uma série de entradas ou de saídas de caixa durante vários anos no futuro. Normalmente, um projeto resultará em uma saída (investimento) inicial (primeiro ano), seguido de uma série de entradas de caixa (retornos) durante vários anos subsequentes.

São usados vários critérios para se avaliar projetos de investimento. Esta seção focaliza dois métodos de fluxo de caixa descontado amplamente usados:[5]

- Taxa interna de retorno (*r*)
- Valor presente líquido (*VPL*)

Taxa interna de retorno A **taxa interna de retorno (TIR)** é definida como a taxa de desconto que equipara o valor presente dos fluxos de caixa líquidos do projeto com o investimento líquido. A equação abaixo é usada para se encontrar a taxa interna de retorno:

$$\sum_{t=1}^{n} \frac{FCL_t}{(1+r)^t} = IL \qquad [17.6]$$

onde *n* é a vida do investimento e *r* a taxa interna de retorno.

Um projeto de investimento deverá ser aceito caso a taxa interna de retorno seja maior ou igual à taxa de retorno exigida da empresa (custo de capital); caso não o seja, o projeto deverá ser rejeitado.

---
5 Para aqueles não familiarizados com as técnicas de desconto (valor presente), o Apêndice A ao final deste livro fornece uma revisão destes conceitos.

EXEMPLO — Cálculo da taxa interna de retorno: Hamilton Beach/Proctor-Silex

A taxa interna de retorno do projeto de investimento da Hamilton Beach/Proctor-Silex é calculada como segue:

$$\sum_{t=1}^{5} \frac{290.000}{(1+r)^t} = 1.000.000$$

$$\sum_{t=1}^{5} \frac{1}{(1+r)^t} = \frac{1.000.000}{290.000} = 3,4483$$

O termo $[\sum_{t=1}^{5} 1/(1+r)^t]$ representa o valor presente de uma anuidade de US$1 por cinco anos, descontado ao percentual r e é igual a 3,4483. O valor de 3,4483 na linha *Período 05* na Tabela A4 do Apêndice A cai para entre 3,5172 e 3,4331, que correspondem a taxas de desconto de 13% e 14%, respectivamente. A interpolação entre estes valores chega a uma taxa interna de retorno de

$$r = 0,134 + \frac{3,5172 - 3,4483}{3,5172 - 3,4331}(0,14 - 0,13)$$

$$= 0,1382$$

ou 13,8%.

Caso a Hamilton Beach/Proctor-Silex exija uma taxa de retorno de 12% sobre projetos deste tipo, então o projeto deverá ser aceito, pois a taxa esperada (13,8%) é superior à exigida (12%). Mais adiante, neste capítulo, veremos como determinar a taxa exigida (ou seja, o custo de capital da empresa).

Valor presente líquido O **valor presente líquido (VPL)** de um investimento é definido como sendo o valor presente, descontado pela taxa de retorno exigida (custo de capital) da empresa, dos fluxos de caixa líquidos do projeto menos o investimento líquido do projeto. Algebricamente, o valor presente líquido é igual a

$$VPL = \sum_{t=1}^{n} \frac{FCL_t}{(1+k)^t} - IL \qquad [17.7]$$

onde n é a vida esperada do projeto e k a taxa de retorno exigida (custo de capital) da empresa.

Um projeto de investimento deverá ser aceito caso o valor presente líquido seja maior ou igual a zero, e rejeitado caso este valor seja menor do que zero. Isto ocorre porque um valor presente líquido positivo traduz-se diretamente em aumentos nos preços das ações e na riqueza do acionista.

EXEMPLO — Cálculo do valor presente líquido: Hershey Foods

A Hershey Foods está levando em consideração um investimento em uma nova máquina empacotadora para os seus chocolates Kiss. A máquina tem um custo inicial (investimento líquido) de US$2,5 milhões. Espera-se gerar economia de custos em razão da redução de mão de obra e gerar receitas adicionais em razão do aumento de sua confiabilidade e produtividade. Durante sua vida econômica prevista de cinco anos, espera-se que a nova máquina empacotadora do Kiss gere os seguintes fluxos de caixa líquidos (FCL_t).

Ano (t)	Fluxo de caixa líquido (FCL_t)
1	$600.000
2	800.000
3	800.000
4	600.000
5	250.000

Caso a Hershey exija um retorno (k) de 15% sobre um projeto deste tipo, deveria fazer o investimento?

A Hershey pode resolver este problema ao calcular o valor presente líquido dos fluxos de caixa deste projeto (usando a Equação 17.7) como segue:

Ano (1)	Fluxo de caixa (2)	Fator de juros do valor presente a 15%* (3)	Valor presente (4) = (2) x (3)
0	($2.500.000)	1,00000	($2.500.000)
1	600.000	0,86957	521.742
2	800.000	0,75614	604.912
3	800.000	0,65752	526.016
4	600.000	0,57175	343.050
5	250.000	0,49718	124.295
			($379.985)

* Apêndice A, Tabela A3.

Como este projeto possui um valor presente líquido negativo, não contribui para a meta de maximização da riqueza do acionista. Devendo, então, ser rejeitado.

Valor presente líquido* versus *taxa interna de retorno Ambos os métodos de valor presente líquido e de taxa interna de retorno resultam em decisões idênticas para aceitação ou rejeição de projetos individuais. O valor presente líquido é maior do que (menor do que) zero se, e apenas se, a taxa interna de retorno for maior do que (menor do que) a taxa de retorno exigida k. No caso de projetos *mutuamente excludentes* – ou seja, projetos em que a aceitação de uma alternativa impede a aceitação de uma ou mais outras alternativas – os dois métodos podem gerar resultados contraditórios; um projeto pode apresentar uma taxa interna de retorno *mais alta* do que o outro e, ao mesmo tempo, um valor presente líquido *mais baixo*.

Leve em consideração, por exemplo, os projetos mutuamente excludentes X e Y demonstrados na Tabela 17.1. Ambos exigem um investimento líquido de US$1.000. Com base na taxa interna de retorno, o Projeto X é preferido, com uma taxa de 21,5%, comparada à taxa de 18,3% do Projeto Y. Com base no valor presente líquido com uma taxa de desconto de 5%, o Projeto Y (US$270) é preferido ao Projeto X (US$240). Assim, é necessário determinar qual dos dois critérios é o correto para se usar nesta situação. O resultado depende de quais *premissas* o tomador de decisões escolhe fazer com respeito à *taxa de reinvestimento presumida* para os fluxos de caixa líquidos gerados de cada projeto. O método do valor presente líquido supõe que os fluxos de caixa são *reinvestidos pelo custo de capital da empresa*, enquanto o método da taxa interna de retorno supõe que estes fluxos de caixa são *reinvestidos pela taxa interna de retorno calculada*. Em geral, o custo de capital é considerado como sendo uma taxa de reinvestimento mais realista do que a taxa interna de retorno calculada, por ser a taxa que o próximo projeto de investimento (marginal) poderá auferir. Na Figura 17.1, o último projeto investido, Projeto E, oferece uma taxa de retorno quase igual ao custo de capital marginal da empresa. Em consequência, a abordagem do valor presente líquido é, em geral, superior à taxa interna de retorno ao se escolher dentre investimentos mutuamente excludentes. A Tabela 17.2 resume as duas técnicas.

TABELA 17.1 Valor presente líquido *versus* taxa interna de retorno para projetos de investimento mutuamente excludentes

	Projeto X	Projeto Y
Investimento líquido	$1.000	$1.000
Fluxos de caixa líquidos		
Ano 1	667	0
Ano 2	667	1.400
Valor presente líquido a 5%	$240	$270
Taxa interna de retorno	21,5%	18,3%

TABELA 17.2 Resumo dos critérios de decisão de orçamento de capital

Critério	Regra de decisão de aceitação do projeto	Vantagens	Desvantagens
Método do valor presente líquido (VPL)	Aceitar o projeto caso este tenha um VPL positivo ou igual a zero; ou seja, se o valor presente dos fluxos de caixa líquidos, avaliado pelo custo de capital da empresa, é igual ou superior ao investimento líquido exigido	Leva em consideração o momento dos fluxos de caixa Fornece um critério objetivo e com base no retorno para aceitação ou rejeição; abordagem mais exata conceitualmente	Dificuldade na interpretação do significado do cálculo do VPL
Método da taxa interna de retorno (TIR)	Aceitar o projeto se a TIR for igual ou superior ao custo de capital da empresa	É fácil interpretar o significado da TIR Leva em consideração o momento dos fluxos de caixa Fornece um critério objetivo e com base no retorno para aceitação ou rejeição	Algumas vezes resulta em uma decisão que entra em conflito com o VPL; problema de taxas de retorno múltiplas*

* Ver Moyer, McGuigan, Kretlow, op. cit., p. 365, para uma discussão sobre o problema de taxas múltiplas internas de retorno.

ESTIMANDO O CUSTO DE CAPITAL DA EMPRESA

O **custo de capital** tem em mira o que uma empresa precisa pagar pelo capital (ou seja, a dívida, ações preferenciais, lucros retidos e ações ordinárias) que usa para financiar novos investimentos. Também pode ser pensado como sendo a taxa de retorno exigida pelos investidores nos títulos mobiliários da empresa. Como tal, o custo de capital da empresa é determinado nos mercados de capitais e está profundamente relacionado ao grau de risco associado aos novos investimentos, ativos existentes e à estrutura de capital da empresa. Em geral, quanto maior o risco de uma empresa, do ponto de vista dos investidores, maior o retorno que estes exigirão e maior será o custo de capital.

O custo de capital também pode ser pensado como sendo a taxa de retorno mínima exigida sobre novos investimentos. Caso um novo investimento aufira uma taxa interna de retorno que seja maior do que o custo de capital, o valor da empresa aumenta. Da mesma forma, caso um novo investimento aufira um retorno menor do que o custo de capital da empresa, o valor da empresa diminui.

A discussão a seguir focaliza as duas principais fontes de recursos para a maioria das empresas: dívida e ações ordinárias. Cada uma destas fontes de recursos possui um custo.

Custo da dívida

O custo da dívida antes dos impostos para a empresa é a taxa de retorno exigida pelos investidores. Para uma emissão de títulos de dívida, esta taxa de retorno k_d compara o valor presente de todas as receitas futuras esperadas – juros I e amortização do principal M – com o preço ofertado V_0 do título de dívida:

$$V_0 = \sum_{t=1}^{n} \frac{I}{(1 + k_d)^t} + \frac{M}{(1 + k_d)^n} \qquad [17.8]$$

O custo da dívida k_d pode ser encontrado usando-se os métodos para a determinação da taxa de desconto (ou seja, o rendimento até o vencimento) discutidos no Apêndice A.

A maior parte da dívida de longo prazo *nova* (sob a forma de títulos) emitida pelas empresas é vendida pelo, ou próximo ao, valor nominal (em geral, US$1.000 por título) e a taxa de juros é fixada pela taxa exigida pelos investidores. Quando a dívida é emitida pelo valor nominal, o custo da dívida antes dos impostos, k_d, é igual à taxa de juros. Os pagamentos de juros feitos aos investidores, todavia, são dedutíveis do lucro tributável da empresa. Assim, o custo da dívida *após impostos* é calculado pela multiplicação do custo antes dos impostos por 1, menos a alíquota de imposto marginal da empresa t:

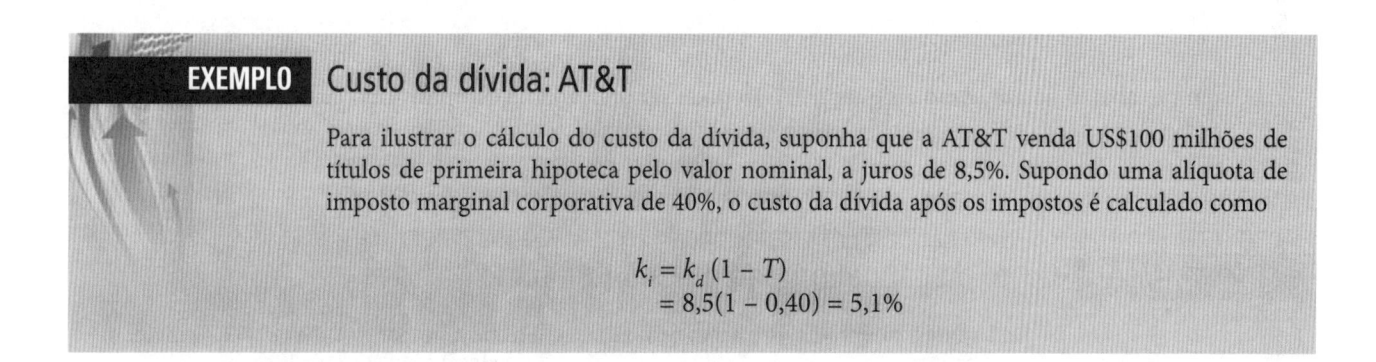

$$k_i = k_d (1 - T) \qquad [17.9]$$

> **EXEMPLO** Custo da dívida: AT&T
>
> Para ilustrar o cálculo do custo da dívida, suponha que a AT&T venda US$100 milhões de títulos de primeira hipoteca pelo valor nominal, a juros de 8,5%. Supondo uma alíquota de imposto marginal corporativa de 40%, o custo da dívida após os impostos é calculado como
>
> $$k_i = k_d (1 - T)$$
> $$= 8,5(1 - 0,40) = 5,1\%$$

Custo do capital próprio

Como ocorre com o custo de dívida, o custo do capital próprio da empresa é a taxa de retorno de equilíbrio exigida pelos investidores em ações ordinárias da empresa.

As empresas levantam o capital próprio de duas formas: (1) *internamente*, por meio de lucros retidos, e (2) *externamente*, por meio da venda de novas ações ordinárias. O custo do capital próprio interno da empresa é menor do que o custo das novas ações ordinárias, pois a venda das novas ações exige o pagamento de custos de colocação.

O conceito do custo do capital acionário (ou simplesmente *capital próprio*, como é geralmente usado) pode ser desenvolvido pelo uso de várias abordagens diferentes, inclusive o *modelo de avaliação de dividendo*.

Modelo de avaliação de dividendos Lembre-se do Capítulo 1, em que a riqueza do acionista foi definida como o valor presente, descontado pela taxa de retorno exigida do acionista k_e, dos retornos futuros esperados gerados por uma empresa (ver a Equação 1.1). Para uma empresa típica, estes retornos futuros podem tomar duas formas: o pagamento de dividendos para o acionista ou um aumento no valor de mercado das ações da empresa (ganho de capital). Para o acionista que planeja deter indefinidamente as ações, o valor da empresa (riqueza do acionista, de acordo com o **modelo de avaliação de dividendos**) é

$$V_0 = \sum_{t=1}^{\infty} \frac{D_t}{(1 + k_e)^t} \qquad [17.10]$$

onde D_t é o dividendo pago pela empresa no período t.[6] Caso o acionista decida vender as ações depois de n anos, sua riqueza (V_0) é

$$V_0 = \sum_{t=1}^{n} \frac{D_t}{(1+k_e)^t} + \frac{V_n}{(1+k_e)^n}$$ [17.11]

onde V_n é o preço de mercado do investimento do acionista no período n. A Equação 17.11 é idêntica à 17.10, pois o valor da empresa no período n tem como base os retornos futuros (dividendos) da empresa nos períodos $n+1$, $n+2, \ldots$.[7]

Caso espere-se que os dividendos da empresa cresçam *perpetuamente* a uma *taxa composta constante* de g por ano, então o valor da empresa (Equação 17.10) pode ser expresso como

$$V_0 = \frac{D_1}{k_e - g}$$ [17.12]

onde D_1 é o dividendo que deve ser pago no período 1 e V_0 é o valor de mercado da empresa. Caso D_1 seja o dividendo *por ação* (em vez de dividendos totais) pago no período 1, então V_0 representa o preço de mercado *por ação* das ações ordinárias. Resolvendo a Equação 17.12 para k_e, chega-se a

$$k_e = \frac{D_1}{V_0} + g$$ [17.13]

O exemplo abaixo ilustra como a Equação 17.13 pode ser aplicada na estimativa do custo do capital próprio.

EXEMPLO Custo do capital próprio: Fresno Company

Suponha que o preço atual das ações ordinárias da Fresno Company (V_0) é US$32. O dividendo por ação da empresa no próximo ano, D_1, deve ser US$2,14. Os dividendos vêm aumentando a uma taxa anual média composta de 7% durante os últimos 10 anos, e esta taxa de crescimento deve ser mantida em um futuro próximo. Com base nestas informações, o custo do capital próprio é estimado como

$$k_e = \frac{2,14}{32} + 0,07 = 0,137$$

ou 13,7%.[8]

---

8 Outra técnica que pode ser usada para estimar o custo de capital próprio é o modelo de precificação de ativos financeiros (MPAF). Ver Moyer, McGuigan, Kretlow, *op. cit.*, Capítulos 6 e 12, para uma discussão mais detalhada da teoria do MPAF e sua utilização para calcular o custo de capital próprio.

---

6 Uma empresa lucrativa que reinveste todos os seus lucros e nunca distribui quaisquer dividendos ainda teria um valor positivo para os acionistas, pois seu valor de mercado estaria aumentando, e os acionistas poderiam vender suas ações e obter um ganho de capital sobre seu investimento na empresa.

7 O valor da empresa no período n é

$$V_n = \sum_{t=(n+1)}^{\infty} \frac{D_t}{(1+k_e)^{t-n}}$$

Quando esta expressão é substituída na Equação 17.11 obtém-se a Equação 17.10.

Custo do capital próprio externo

O custo do capital próprio externo é maior do que o custo do capital próprio interno pelos seguintes motivos:

- Os custos de colocação associados às novas ações são, em geral, suficientemente altos para não ser ignorados realisticamente.
- O preço de venda ao público das novas ações deve ser inferior ao preço de mercado das ações antes do anúncio da nova emissão, ou as ações não podem ser vendidas. Antes de qualquer anúncio, o preço de mercado corrente de uma ação representa, em geral, um equilíbrio entre oferta e demanda. Caso a oferta esteja aumentada (todas as outras coisas sendo iguais), o novo preço de equilíbrio será menor.

Quando se espera que os pagamentos de dividendos futuros de uma empresa cresçam para sempre a uma taxa constante por período de g, o custo do capital próprio externo k'_e é definido como

$$k'_e = \frac{D_1}{V_{líq}} + g \qquad [17.14]$$

onde $V_{líq}$ é o produto líquido da empresa em uma base por ação.

EXEMPLO Custo do capital próprio externo: Fresno Company

Para ilustrar, considere o exemplo da Fresno Company, usado na discussão sobre o custo do capital próprio interno, onde V_0 = US$32, D_1 = US$2,14, g = 0,07 e k_e = 13,7%. Supondo que possam ser vendidas novas ações ordinárias a US$31 para que a empresa lucre US$30 por ação após os custos de colocação, k'_e é calculado usando-se a Equação 17.14, como segue:

$$k'_e = \frac{2,14}{30} + 0,07$$

$$= + 0,141 \text{ ou } 14,1\%$$

Em razão do custo relativamente alto do novo capital próprio emitido, muitas empresas tentam evitar este meio de captação de recursos. A questão de se a empresa deve captar recursos com as ações ordinárias recém-emitidas depende das oportunidades de investimento da empresa.

Custo ponderado de capital

As empresas calculam seu custo de capital para determinar uma taxa de desconto a ser usada na avaliação dos projetos de investimento de capital propostos. Lembre-se de que o propósito da análise de investimento de capital é determinar quais os projetos *propostos* a empresa deverá empreender *de fato*. Assim, é lógico que *o capital cujo custo é medido e comparado com os benefícios esperados destes projetos propostos deverá ser o capital seguinte ou marginal que a empresa capta*. Tipicamente, as empresas estimam o custo de cada componente do capital como o custo que esperam ter que pagar sobre estes recursos durante o próximo ano.[9]

Além disso, à medida que uma empresa avalia os projetos de investimento de capital propostos, em geral não especifica as proporções de financiamento com dívida e capital próprio para cada projeto. Em vez disso, supõe-se que cada projeto seja financiado na mesma proporção de dívida e capital próprio contidos na estrutura de capital alvo da empresa.

---

9 Dito de outra forma, o custo do capital adquirido pela empresa nos períodos anteriores (o custo de capital *histórico*) *não* é usado como a taxa de desconto na determinação das despesas de capital do próximo ano.

Assim, o valor do custo de capital apropriado a ser usado no orçamento de capital não tem apenas como base o próximo capital a ser levantado, mas também é pesado pelas proporções dos componentes de capital na estrutura de capital alvo de longo prazo da empresa. Este valor é chamado *custo ponderado,* ou, em geral, *de capital.*

A expressão geral para o cálculo do custo ponderado de capital k_a é como segue:

$$k_a = \begin{bmatrix} \text{fração do} \\ \text{capital próprio} \\ \text{da estrutura} \\ \text{de capital} \end{bmatrix} \begin{bmatrix} \text{custo do} \\ \text{capital} \\ \text{próprio} \end{bmatrix} + \begin{bmatrix} \text{fração da} \\ \text{dívida na} \\ \text{estrutura de} \\ \text{capital} \end{bmatrix} \begin{bmatrix} \text{custo} \\ \text{da} \\ \text{dívida} \end{bmatrix}$$

$$= \left[\frac{E}{D+E} \right] (k_e) + \left[\frac{D}{D+E} \right] (k_i)$$

[17.15]

onde D é o valor da dívida e E o valor do capital próprio (ou acionário) na estrutura de capital alvo.[10]

EXEMPLO Custo ponderado de capital: Columbia Gas Company

Para ilustrar, suponha que a Columbia Gas possua uma estrutura de capital (e alvo) atual de 75% de capital próprio e 25% de dívidas. (As proporções de dívida e capital próprio deverão ser aquelas pelas quais a empresa pretende captar recursos no futuro). Para uma empresa que não está planejando uma mudança na estrutura de capital alvo, estas proporções deverão ter como base os *pesos de valor de mercado* atuais de cada componente (dívida e ações ordinárias). A empresa planeja financiar o orçamento do próximo ano com US$75 milhões de lucros retidos (k_e = 12%) e US$25 milhões de dívidas de longo prazo (k_d = 8%). Suponha uma alíquota de imposto marginal de 40%. Usando estes valores, o custo de capital ponderado a ser levantado para o financiamento do orçamento de capital do próximo ano é calculado usando-se a Equação 17.15 como

$$k_a = 0{,}75 \times 12{,}0 + 0{,}25 \times 8{,}0 \times (1 - 0{,}40)$$
$$= 10{,}2\%$$

Esta taxa de desconto deverá ser usada para a avaliação de projetos de risco médio.

ANÁLISE CUSTO-BENEFÍCIO

O restante deste capítulo dedica-se a algumas técnicas de análise que podem ser usadas para auxiliar as decisões sobre alocação de recursos dos setores público e sem fins lucrativos. O principal modelo analítico examinado é a análise custo-benefício, embora também sejam discutidos os estudos sobre custo-eficácia.

A **análise custo-benefício** é usada para avaliar programas e investimentos com base em uma comparação de seus benefícios e custos. Esta análise é a contraparte lógica do setor público às técnicas de orçamento de capital discutidas anteriormente.

---

10 Caso a estrutura de capital alvo contenha ações preferenciais, uma expressão referente a essas ações é adicionada na Equação 17.15, que, neste caso, fica

$$k_a = \left(\frac{E}{E+D+P} \right)(k_e) + \left(\frac{D}{E+D+P} \right)(k_i) + \left(\frac{P}{E+D+P} \right)(k_p)$$

onde P é o valor das ações preferenciais na estrutura de capital alvo e k_p o componente de custo das ações preferenciais.

Decisões de aceitar-rejeitar

A análise custo-benefício pode ser usada para determinar se uma despesa específica é economicamente justificável. Por exemplo, pode-se examinar um programa projetado para erradicar a tuberculose, levando em consideração os custos atuais da doença que poderiam ser evitados graças a uma despesa específica de recursos. Os benefícios (custos evitados) podem ser divididos em quatro categorias:

1. Despesas com assistência médica, incluindo honorários pagos a médicos e enfermeiros, custos de medicação e encargos do hospital e dos equipamentos
2. Perda de rendimentos brutos durante a doença
3. Redução dos rendimentos brutos após a doença, devido a menores oportunidades de emprego resultantes do estigma social vinculado à doença
4. A dor e o desconforto associados à doença

Suponha que um programa específico para a erradicação da tuberculose exija um desembolso único de US$250 milhões (Tabela 17.3). Assuma que se espere que os benefícios totais (custos evitados da doença) deste programa de um ano se acumulem durante um período de cinco anos. Caso seja aceito, hoje, que uma **taxa de desconto social** apropriada seja de 15%, o programa pode ser avaliado na estrutura da análise do valor presente líquido desenvolvida na discussão de orçamento de capital. A regra de decisão é aceitar o projeto caso os benefícios (descontados) sejam maiores ou iguais aos custos (descontados). Como o programa possui um benefício descontado líquido calculado positivo, neste caso de US$81,83 milhões, trata-se de um projeto aceitável.

Os critérios alternativos de tomada de decisão incluem a taxa interna de retorno e o coeficiente custo-benefício. De acordo com o critério da taxa interna de retorno, um projeto é aceitável quando a TIR é maior ou igual à taxa de desconto social apropriada. No caso do programa de erradicação da tuberculose, a TIR para os benefícios e custos da Tabela 17.3 é de 32,4%. Como isto é superior à taxa de desconto social de 15%, o projeto é aceitável. De acordo com o critério do coeficiente custo-benefício, um projeto é aceitável quando o coeficiente custo-benefício é maior ou igual a 1,0, onde o **coeficiente custo-benefício** é igual ao valor presente dos benefícios (descontados pela taxa de desconto social) dividido pelo valor presente dos custos (igualmente descontados). Para o programa de erradicação da tuberculose, o coeficiente custo-benefício é igual a

$$\text{Coeficiente custo-benefício} = \frac{130{,}50 + 94{,}50 + 65{,}80 + 28{,}60 + 12{,}43}{250}$$

$$= 1{,}33$$

Como este coeficiente é superior a 1,0, o projeto é aceitável de acordo com este critério. Todos os três critérios de decisão fornecem decisões idênticas para a aceitação ou rejeição de projetos individuais.

TABELA 17.3 Análise custo-benefício líquido

Fim do ano (1)	Benefício (custo) em $corrente (2)	Fator de juros do valor presente a 15%* (3)	Benefício e custos descontados ($milhões) (4) = (2) x (3)
0	($250)	1,000	(250,00)
1	150	0,870	130,50
2	125	0,756	94,50
3	100	0,658	65,80
4	50	0,572	28,80
5	25	0,497	12,43
			Benefícios líquidos = $81,83

* Apêndice B, Tabela 4.

Análise de nível de programas

Além de ser usada para avaliar se um programa inteiro é economicamente justificável, a análise custo-benefício também pode determinar se o tamanho de um programa existente deverá ser aumentado (ou reduzido) e, se sim, por quanto. Esta determinação pode ser feita usando-se a análise marginal tradicional, conforme desenvolvido antes neste texto.

Voltando novamente ao programa de controle da tuberculose, suponha que, em razão do forte *lobby* da AMA [*American Medical Association* – Associação Médica Americana], uma série de níveis de despesas além dos US$250 milhões originalmente propostos está sendo levada em consideração. A Tabela 17.4 resume estes programas propostos e os seus benefícios esperados. Uma análise que visou apenas um destes níveis de despesas do programa proposto teria concluído que qualquer dos níveis do programa valia a pena, pois cada proposta gera benefícios líquidos positivos previstos.

Ao serem analisados como um grupo, todavia, estes níveis do programa mostram de modo claro uma limitação da despesa economicamente justificável de recursos para o controle da tuberculose. A análise exigida está resumida na Tabela 17.5. Um nível de despesa de US$300 milhões é melhor por gerar US$164,17 milhões (marginais) adicionais em benefícios, mas o custo marginal do programa (em comparação com o nível do programa de US$250 milhões) é de apenas US$50 milhões. Seria contraprodutivo aumentar o programa para US$350 milhões, pois apenas US$44 milhões em benefícios são gerados para o desembolso adicional de US$50 milhões (custos marginais superiores aos benefícios marginais).

TABELA 17.4 Cronograma de benefícios do programa para vários níveis de custo

Custo do programa ($milhões)	Benefícios descontados do programa ($milhões)	Benefícios líquidos do programa ($milhões)
250	331,83	81,83
300	496,00	196,00
350	540,00	190,00
400	565,00	165,00

TABELA 17.5 Análise marginal de benefícios e custos

Custo do programa ($milhões)	Custo marginal ($milhões)	Benefícios marginais descontados ($milhões)
0	–	–
250	250	331,83
300	50	164,17
350	50	44,00
400	50	25,00

ETAPAS DA ANÁLISE CUSTO-BENEFÍCIO

Os princípios gerais da análise custo-benefício podem ser resumidos pela resposta ao seguinte conjunto de questões:

1. Qual a função objetivo a ser maximizada?
2. Quais as limitações da análise?
3. Quais os custos e benefícios a serem incluídos, e como podem ser avaliados?
4. Quais critérios de avaliação do investimento deverão ser usados?
5. Qual a taxa de desconto apropriada?

O processo de tomada de decisão, na análise custo-benefício, pode ser traçado no fluxograma da Figura 17.2. Os objetivos do programa são estabelecidos pelo público por meio de seus representantes políticos. As alternativas são enumeradas, exploradas e revisadas à luz das limitações que podem ser eficazes no sistema. Estas alternativas são, então, comparadas pela enumeração e avaliação dos benefícios e custos do programa em uma estrutura de valor presente. Os benefícios descontados são comparados com os custos descontados, e os intangíveis são levados em consideração, de modo que seja feita uma recomendação sobre os méritos de um ou mais programas alternativos.

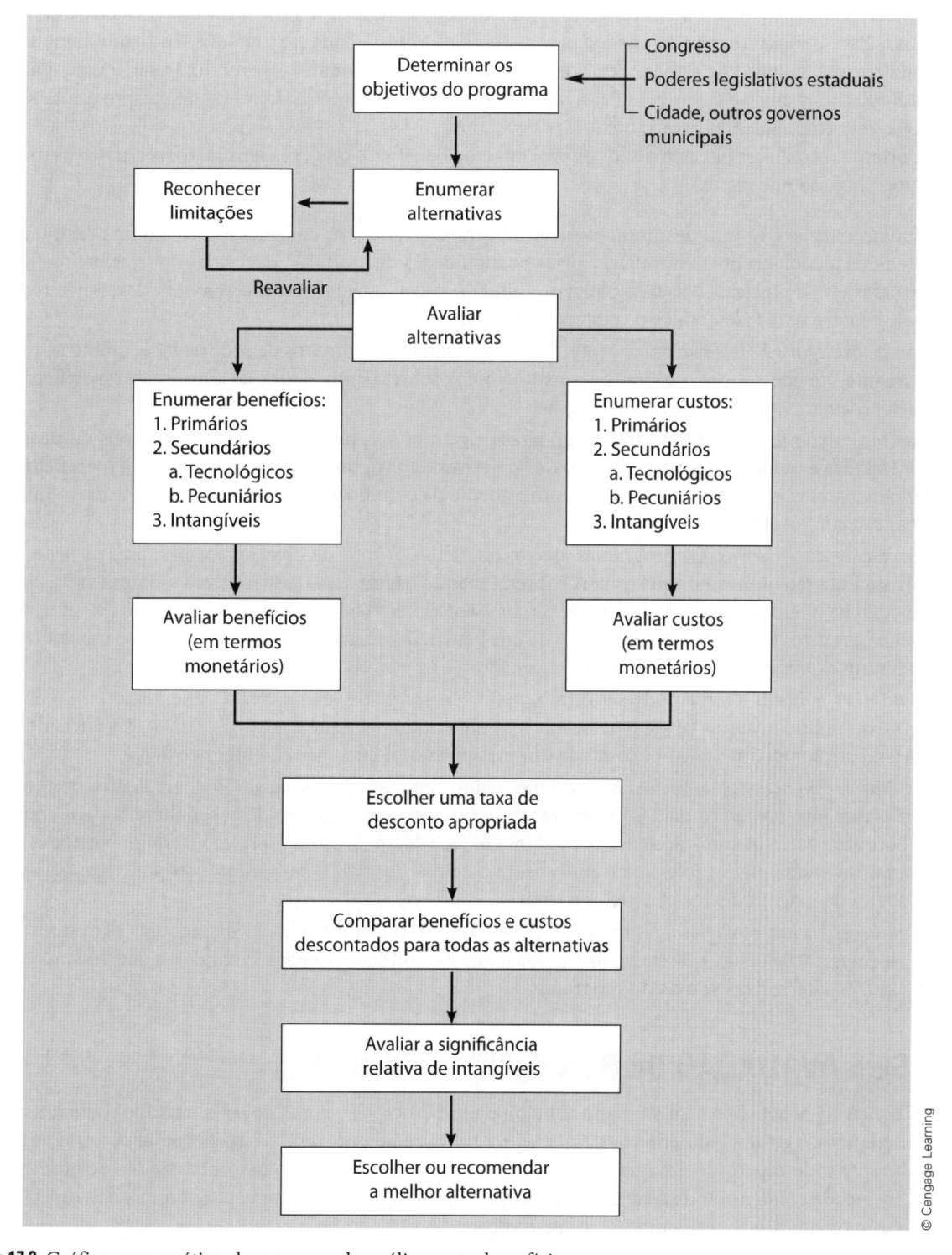

Figura 17.2 Gráfico esquemático do processo da análise custo-benefício

OBJETIVOS E LIMITAÇÕES DA ANÁLISE CUSTO-BENEFÍCIO

A análise custo-benefício é apenas uma forma de avaliar opções alternativas na tomada de decisões. Como tal, precisamos examiná-la à luz dos vários critérios propostos pelos economistas do bem-estar como algo importante para a avaliação das alternativas. Um desses critérios é o Ótimo de Pareto. Uma mudança é dita como desejável ou consistente com o Ótimo de Pareto se pelo menos uma pessoa está em melhor situação (em sua própria opinião) e ninguém está em pior situação (em suas próprias opiniões).

A análise custo-benefício geralmente está vinculada a uma noção mais fraca de aperfeiçoamento social, algumas vezes chamada critério Kaldor-Hicks, ou simplesmente a noção de um aperfeiçoamento "potencial" de Pareto. Sob este critério, uma mudança (ou um programa econômico) é desejável se gerar ganhos suficientes que, quando distribuídos, sejam o bastante para deixar todas as pessoas da comunidade pelo menos tão bem quanto estavam antes da mudança. O fato de que os beneficiários não compensam realmente os perdedores não é uma questão de consideração direta na análise custo-benefício, mas os impactos distributivos da renda de um programa são uma questão colateral extremamente importante.

É importante reconhecer que nem todos os projetos com benefícios que excedem custos serão necessariamente adotados por causa do que segue:

1. *Limitações físicas*. O tipo de alternativas do programa levadas em consideração é, no final, limitado pelo estado da tecnologia hoje disponível e pelas possibilidades de produção derivadas do relacionamento entre entradas e saídas físicas. Por exemplo, não é ainda possível prevenir o câncer; assim, deve ser direcionada maior ênfase para a detecção e o tratamento precoces.

2. *Limitações legais*. As leis nacionais e internacionais relativas aos direitos de propriedade, direito ao domínio eminente, devido processo e limites constitucionais sobre as atividades de um órgão específico, dentre outros, devem ser levadas em consideração.

3. *Limitações administrativas*. Programas eficazes exigem que as pessoas estejam disponíveis ou possam ser contratadas e treinadas para a realização dos objetivos do programa. Mesmo o programa mais bem concebido de nada vale a menos que pessoas com a adequada combinação de habilidades técnicas e administrativas estejam disponíveis.

4. *Limitações distributivas*. Os programas afetam diferentes grupos de diversas formas, pois os beneficiários dificilmente são os mesmos que os perdedores. Quando os impactos distributivos são uma preocupação, o objetivo da análise custo-benefício pode ser apresentado em termos da maximização dos benefícios totais menos os custos totais, sujeito à limitação de que benefícios-menos-custos para um grupo específico alcance um nível previamente especificado.

5. *Limitações políticas*. O que pode ser ótimo, pode não ser plausível em razão da lentidão ou ineficácia do processo político. Muitas vezes, o que é *melhor* é suavizado pelo que é *possível*, dada a existência de grupos fortemente competitivos, assim como de um mecanismo político geralmente ineficiente.

6. *Limitações financeiras ou orçamentárias*. Com maior frequência, os órgãos trabalham dentro dos limites de um orçamento predeterminado. Em outras palavras, a função objetivo deve ser alterada para a forma de subotimização da maximização dos benefícios em face de um orçamento fixo. Virtualmente, todos os programas possuem algum teto financeiro absoluto acima do qual o programa não pode ser expandido, a despeito da magnitude dos benefícios sociais.

7. *Limitações sociais e religiosas*. É inútil dizer aos hindus que comam as vacas sagradas para resolver seus problemas nutricionais. Este exemplo é apenas uma das limitações sociais e religiosas que podem restringir a gama de alternativas viáveis do programa.

ANÁLISE E AVALIAÇÃO DE BENEFÍCIOS E CUSTOS

A análise custo-benefício é bem similar à contabilidade de lucros e perdas do setor privado tradicional. Neste setor ela, a empresa é guiada pelo critério de que as receitas privadas devem ser iguais ou superiores aos custos privados durante todo o período em que sobreviva. Em oposição, na análise custo-benefício o economista pergunta se a sociedade como um todo estará em melhor situação com a adoção ou não de um projeto específico, ou com a aceitação de um projeto excluindo-se as alternativas.

Benefícios podem ser medidos pelo preço de mercado dos resultados de um programa público ou pelo preço que os consumidores estariam *dispostos* a pagar com base em determinadas suposições da análise. Essas suposições obviamente importam, e o analista precisa considerar uma variedade de valores plausíveis. Além disso, qualquer suposição às quais as recomendações sejam sensíveis precisam ser relatadas ao tomador de decisão. Em geral, uma *análise de sensibilidade* deve sempre acompanhar recomendações de custo-benefício.

Benefícios diretos

Os benefícios e custos podem ser categorizados de várias formas. Os benefícios *primários* ou *diretos* de um projeto consistem do valor dos produtos ou serviços produzidos caso o projeto seja realizado em comparação com as condições sem sua realização. O benefício primário de um projeto de irrigação é o valor das safras adicionais produzidas no terreno irrigado menos o custo das sementes, da mão de obra e dos equipamentos necessários para a produção das safras. Os benefícios primários atribuíveis a uma formação universitária devem ser considerados como o aumento na receita bruta do formando sobre o que poderia auferir sem um diploma universitário.

Custos diretos

Os *custos diretos* ou *primários* são, em geral, mais fáceis de medir do que os benefícios diretos. Eles incluem os custos de capital necessários para a realização do projeto, os custos operacionais e de manutenção incorridos durante a vida do projeto, e as despesas com pessoal. Lembre-se de que os custos a serem medidos são custos de oportunidade, ou o valor social abandonado devido aos fatores de produção em uma área alternativa de atividade. Caso um projeto proposto venha a retirar 20% da mão de obra necessária das fileiras de desempregados, o custo de mercado (pagamentos de salários) dos serviços desses trabalhadores será maior do que o custo social real. Uma conclusão similar se aplica ao uso da terra ociosa. Com *nenhum* uso alternativo, o custo de oportunidade do uso desta terra é zero (enquanto não existam usos alternativos produtivos), independentemente do que o governo possa vir a pagar ao proprietário como indenização. Tal indenização ao proprietário apenas afeta a *distribuição* dos benefícios derivados do uso da terra.

Custos e benefícios indiretos e intangíveis

Além dos impactos primários de um projeto, o investimento do governo invariavelmente cria efeitos *secundários* ou *indiretos*. Os custos e benefícios secundários podem ser de dois tipos: efeitos *reais* e efeitos *pecuniários*. Os benefícios reais secundários podem incluir reduções nos desembolsos necessários para outros projetos do governo quando, por exemplo, uma campanha que visa à detecção precoce do glaucoma reduz o número de pessoas que ficam cegas, reduzindo, assim, os pagamentos de governos futuros em razão de doença. Da mesma forma, uma represa para irrigação pode reduzir a inundação e criar uma área recreativa. Estes benefícios secundários deverão ser incluídos em um estudo de custo-benefício. O mesmo argumento aplica-se na contabilização dos custos secundários. Por exemplo, o Projeto da Represa Wallisville, no Texas, foi considerado como tendo causado mais de US$500.000 em danos por ano à pesca em água salgada em razão do seu impacto nas marés das áreas pantanosas. Este custo secundário real deveria ter sido incluído na análise custo-benefício do Projeto Wallisville.

Os benefícios *pecuniários* não devem, normalmente, ser incluídos na enumeração dos benefícios "calculáveis" em um estudo. Eles surgem, em geral, sob a forma de custos de insumos mais baixos, volumes aumentados de negócios ou mudanças nos valores dos terrenos resultantes de um projeto. Por exemplo, uma rodovia melhorada pode levar a um maior volume de negócios e à lucratividade de postos de gasolina, lojas de souvenires e restaurantes ao longo dessa estrada, assim como a valores mais altos dos terrenos e, em consequência, aluguéis mais altos para os locadores. Muitos desses benefícios são puramente distributivos por natureza, pois alguns negócios virão de empresas ao longo das vias assim que a nova rodovia estiver concluída.

Um grupo final de benefícios e custos do programa são intangíveis. Para estes impactos reconhecíveis de um projeto é extremamente difícil ou impossível calcular o valor em unidade monetária. Os intangíveis podem incluir tais noções como qualidade de vida e contribuições (ou danos) estéticos. Os intangíveis podem ser analisados ao relacioná-los com os bens tangíveis de tal forma que o custo dos incrementos adicionais da melhoria dos intangíveis, por exemplo, possa ser comparado aos benefícios tangíveis abandonados de um projeto.

Taxa de desconto apropriada

Quando os benefícios ou custos de um programa são prorrogados além do limite de um ano, devem ser descontados de volta a algum ponto comum no tempo para fins de comparação. A maioria das pessoas prefere o consumo atual ao consumo futuro, então a taxa de desconto social é usada para se ajustar de acordo com esta preferência.[11] Como vimos no Desafio Gerencial deste capítulo, a escolha de uma taxa de desconto apropriada para avaliar investimentos públicos é crítica para as conclusões de qualquer análise de custo-benefício. Projetos que podem se apresentar justificáveis a uma taxa de desconto baixa, como 5%, podem parecer uma grande alocação errada de recursos a uma taxa mais alta, como 15%. A escolha de uma taxa de desconto provavelmente causará um impacto profundo no tipo de projetos a ser aceitos. Uma taxa baixa favorece os investimentos de longa duração, a maior parte dos quais será do tipo físico durável, enquanto uma taxa alta favorece aqueles cujos benefícios se tornam disponíveis logo após o investimento inicial.

A taxa de desconto tem a função de alocar recursos entre os setores público e privado; e a taxa de desconto apropriada deverá ser escolhida para indicar de modo adequado quando os recursos deverão ser transferidos de um setor para outro. Simplesmente, então, se os recursos podem gerar 10% no setor privado, não devem ser transferidos para o setor público a não ser que possam gerar algo maior do que 10% sobre os recursos investidos. A taxa de desconto correta para a avaliação de um projeto governamental é a taxa percentual de retorno que os recursos utilizados ofereceriam no setor privado.

EXEMPLO Custos e benefícios de uma montadora de automóveis Toyota no Kentucky

A Toyota construiu uma montadora perto de Lexington, Kentucky, que é capaz de produzir 200.000 automóveis por ano. Para que a Toyota instalasse a fábrica no Kentucky, o estado concordou em investir cerca de US$325 milhões durante um período de 20 anos. Esses gastos incluem:

- Terreno e preparação do local — $33 milhões
- Construção de rodovia local — 47 milhões
- Centro de treinamento de empregados e de formação de trabalhadores — 65 milhões
- Educação de trabalhadores japoneses e famílias — 5 milhões
- Juros sobre títulos de desenvolvimento econômico — 167 milhões

Os retornos para o estado durante o período de 20 anos são estimados em US$632 milhões em receitas, vendas e impostos sobre a folha de pagamentos da Toyota, de seus fornecedores e das empresas relacionadas.

Estes números alcançam uma taxa interna de retorno de 25%, de acordo com a equipe de pesquisas da Universidade de Kentucky. Como os recursos econômicos do estado são limitados, deve-se levar em consideração se estes recursos deveriam ter sido investidos em outros projetos que teriam gerado taxas de retorno até mais altas. Todavia, como explica Brinton Milward, diretor do Centro de Negócios e Pesquisa Econômica da universidade, "Teria sido possível colocar estes recursos em melhorias na educação e no transporte e conseguir um coeficiente custo-benefício melhor? Acho que não. A fabricação é um multiplicador bem alto" (em termos do giro repetido de dinheiro sob a forma de empregos e vendas).

ANÁLISE CUSTO-EFICÁCIA

Embora a análise custo-benefício possa ser aplicada a uma ampla gama de áreas, em muitos tipos de atividade do governo ela é simplesmente não viável, em razão dos problemas de medição do valor dos resultados do programa. Por exemplo, análises de programas nos setores de defesa nacional, de saúde e segurança e de redistribuição de

---
11 Uma revisão dos conceitos de desconto e valor presente é fornecida no Apêndice A.

renda são conduzidas com mais frequência usando-se a estrutura custo-eficácia, em vez da custo-benefício. Em essência, a **análise custo-eficácia** *começa* com a premissa de que alguns resultados identificados do programa são úteis, e passa a explorar (1) como estes resultados podem ser alcançados de modo mais eficiente *ou* (2) quais são os custos de se alcançar vários níveis do resultado pré-especificado.

Esta análise é amplamente aplicada nos estudos de programas no Departamento de Defesa. Os benefícios da maior parte das atividades de devesa podem ser vistos como geradores de níveis de intimidação. Durante muitos anos, por exemplo, a força estratégica de bombardeio nuclear proporcionou um nível de benefício intimidativo contra um primeiro ataque nuclear praticamente impossível de se quantificar.

Estudos de custo mínimo

O tipo mais frequente de análise de custo-eficácia são os *estudos de custo mínimo*. Como se pode esperar, a ênfase destes estudos é identificar o modo menos dispendioso de gerar alguma quantidade de um resultado. Por exemplo, uma cidade pode decidir que quer reduzir em 20% o número de roubos que ocorrem a cada ano em seus limites jurisdicionais. Uma abordagem poderia ser a ampliação do tamanho da força policial, o aumento do número de policiais a pé e o aumento do número de viaturas policiais nas ruas a qualquer hora. Outra possibilidade seria exigir que os construtores instalassem grades de segurança nas janelas de todas as novas residências e fornecer dinheiro ou incentivos fiscais para que os proprietários residenciais atuais melhorem seus sistemas de segurança pessoal. Uma terceira alternativa poderia ser o empenho da comunidade dando apoio ao programa *Operation Identification*,[12] em que as pessoas colocam marcações de identificação permanente em seus pertences para dificultar sua "receptação". Combinações destes programas são também possíveis. Cada uma destas alternativas é avaliada em termos dos gastos exigidos para se alcançar o objetivo desejado: uma redução em 20% nos roubos.

Estudos de nível do objetivo

Um segundo tipo de análise custo-eficácia são os *estudos de nível do objetivo*. Estes tentam estimar os custos de se alcançar vários níveis de desempenho alternativos do mesmo objetivo. Esta abordagem pode ser ilustrada com o caso da redução dos níveis de emissão dos automóveis. A Tabela 17.6 fornece alguns dados hipotéticos referentes aos vários padrões de controle de emissão. Embora as estimativas na tabela possam ser realistas para o motor alternativo de combustão interna, podem superestimar os custos efetivos caso a tecnologia alternativa, como um motor híbrido-elétrico, fosse utilizada.

A Tabela 17.6 *ilustra* que, à medida que o nível do alcance do objetivo aumenta, os custos associados frequentemente aumentam a uma taxa muito mais rápida. Estas informações podem ajudar o tomador de decisão a chegar a decisões mais racionais. Por exemplo, o gasto de US$2,5 bilhões necessários para reduzir as emissões para 20% dos seus níveis em 2008 pode ser razoável. O que fica menos claro é se uma redução adicional de emissões de 19% (de 20% para 1%) vale o gasto incremental necessário de US$137,5 bilhões (US$140 bilhões menos US$2,5 bilhões).

TABELA 17.6 Dados hipotéticos referentes ao custo de alcance de vários níveis de reduções de emissão de automóveis

Percentual de níveis de emissão em 1998	Custos ($milhões – incluindo consumo de combustível, manutenção mais frequente e custos adicionais com novo carro)
90	200
70	250
40	500
20	2.500
10	7.500
5	38.000
1	140.000

---

12 Programa de prevenção contra roubos em residências e empresas nos Estados Unidos, com gravação de número de identificação, em geral o número da Carteira de Habilitação, em bens ou objetos de valor. (N.T.)

RESUMO

- *Investimento de capital* é um desembolso corrente de recursos que se espera forneça um fluxo de futuros benefícios em dinheiro.
- O processo de decisão sobre despesas de capital deve consistir das seguintes etapas: geração de propostas alternativas de investimento, estimativa dos fluxos de caixa, avaliação e escolha dos projetos a realizar e revisão dos projetos após a implantação.
- A *taxa interna de retorno (TIR)* é a taxa de desconto que equipara o valor presente dos fluxos de caixa líquidos do projeto com o investimento líquido. Um projeto de investimento deve ser aceito (rejeitado) caso a sua taxa interna de retorno seja maior (menor) ou igual à taxa de retorno exigida da empresa (ou seja, custo de capital).
- O *valor presente líquido (VPL)* de um investimento é o valor presente dos fluxos de caixa líquidos do projeto, descontado pela taxa de retorno exigida da empresa (ou seja, custo de capital), menos o investimento líquido do projeto. Um projeto de investimento deve ser aceito (rejeitado) caso seu valor presente líquido seja maior ou igual (menor) a zero.
- *Custo de capital* é o custo dos recursos que são fornecidos à empresa. Ele é influenciado pela capacidade de risco da empresa, tanto em termos de sua estrutura de capital, quanto de sua estratégia de investimento.
- O custo da dívida após os impostos (emitido pelo valor nominal) é igual à taxa de juros declarada multiplicada por 1 menos a alíquota de imposto marginal da empresa.
- O custo do capital próprio pode ser estimado usando-se uma série de abordagens diferentes, inclusive os modelos de avaliação de dividendo e o de precificação de ativos de capital (MPAF).
- O custo ponderado de capital é calculado ao se pesar os custos das fontes específicas de recursos, como dívida e capital próprio, pelas proporções de cada um dos componentes de capital na estrutura de capital alvo de longo prazo da empresa.
- A *análise custo-benefício* é a contrapartida do setor público às técnicas de orçamento de capital usadas nas decisões de alocação de recursos.
- A análise custo-benefício envolve as seguintes etapas:
  1. Determinar os objetivos do programa.
  2. Enumerar os meios alternativos de alcance dos objetivos, sujeitos a limitações legais, políticas, tecnológicas, orçamentárias e outras que restringem o escopo de ação.
  3. Avaliar todos os benefícios e custos primários, secundários e intangíveis associados a cada alternativa.
  4. Descontar os benefícios e custos usando uma taxa de desconto social para chegar a uma medida total da conveniência de cada alternativa (ou seja, coeficiente custo-benefício).
  5. Escolher (ou recomendar) a melhor alternativa com base na medida total de conveniência e na magnitude relativa dos intangíveis não quantificáveis.
- Em razão dos problemas de medição surgidos dos impactos intangíveis e das externalidades econômicas de muitos dos programas públicos, a análise custo-benefício é mais útil na comparação de projetos com objetivos e magnitudes similares de intangíveis e externalidades.
- Nos casos em que não é viável determinar valores monetários em resultados finais do programa, a *análise custo-eficácia* pode ser usada. Esta análise supõe *a priori* que os objetivos do programa valem a pena ser alcançados e focaliza o método do custo mínimo para alcançá-los.

EXERCÍCIOS

As respostas para os exercícios destacados estão no Apêndice D, no final do livro.

1. Uma empresa tem a oportunidade de investir em um projeto que tem um desembolso inicial de US$20.000. Os recebimentos líquidos de caixa (antes da depreciação e dos impostos) devem ser de US$5.000 por ano durante cinco anos. A empresa usa o método linear de depreciação com um valor residual de zero e tem uma alíquota de imposto de renda (marginal) de 40%. O custo de capital da empresa é de 12%.
   a. Calcule a taxa interna de retorno e o valor presente líquido.
   b. A empresa deverá aceitar ou rejeitar o projeto?

2. Espera-se que uma máquina que custa US$12.000 opere por 10 anos. O valor residual estimado ao final dos 10 anos é de US$0. Espera-se que a máquina economize US$2.331 por ano para a empresa, antes dos impostos e da depreciação. A empresa deprecia seus ativos em uma base linear e tem uma alíquota de imposto marginal de 40%. O custo de capital da empresa é de 14%. Com base no critério da taxa interna de retorno, esta máquina deverá ser comprada?

3. Uma empresa está planejando investir US$75.000 (antes dos impostos) em um programa de treinamento de pessoal. O desembolso de US$75.000 será lançado como despesa da empresa neste ano (Ano 0). Os retornos estimados do programa, sob a forma de maior produtividade e uma redução na rotatividade dos empregados, são como segue (em uma base após os impostos):

Anos 1-10: US$7.500 por ano

Anos 11-20: US$22.500 por ano

A empresa estimou seu custo de capital como sendo de 15%. Suponha que os US$75.000 integrais sejam satisfeitos no momento zero (no início do projeto). A alíquota de imposto marginal para a empresa é de 40%.

Com base no critério do valor presente líquido, a empresa deverá realizar o programa de treinamento?

4. A Alliance Manufacturing está levando em consideração a compra de uma nova furadeira de bancada automática para substituir a antiga. A máquina em funcionamento hoje possui um valor contábil de zero e um valor residual de zero. Todavia, está em boas condições de funcionamento, com uma vida prevista de mais 10 anos. A nova furadeira de bancada é mais eficiente do que a utilizada hoje e, se instalada, proporcionará uma economia de custo estimada (em mão de obra, materiais e manutenção) de US$6.000 por ano. A nova máquina custa US$25.000, entregue e instalada. Ela tem uma vida útil prevista de 10 anos, e um valor residual de US$1.000 ao final deste período. O custo de capital da empresa é de 14% e sua alíquota de imposto de renda marginal é de 40%. A empresa usa o método linear de depreciação.

a. Qual o fluxo de caixa líquido no ano 0 (ou seja, no desembolso inicial)?
b. Quais os fluxos de caixa líquidos após os impostos em cada um dos próximos 10 anos?
c. Qual o valor presente líquido do investimento?
d. A Alliance deve substituir sua furadeira de bancada existente?

5. Os Charlotte Bobcats, uma equipe de basquete profissional, recebeu uma oferta para comprar o contrato de um astro jogador de basquete mais velho de outra equipe. O gerente geral dos Bobcats quer analisar a oferta como um problema de orçamento de capital. Os Bobcats teriam que pagar à outra equipe US$800.000 para ficar com o astro. Já veterano, o jogador de basquete deve ser capaz de jogar por apenas mais uns quatro anos. O gerente geral imagina que a frequência e, por isso, as receitas, aumentariam significativamente caso os Bobcats conseguissem o astro. Ele estima que os retornos *incrementais* (receitas dos bilhetes adicionais menos o salário do astro) seriam como abaixo durante o período de quatro anos:

Ano	Retornos incrementais ($)
1	450.000
2	350.000
3	275.000
4	200.000

O gerente geral foi avisado pelos proprietários da equipe que quaisquer despesas de capital devem render, pelo menos, 12% após os impostos. A alíquota de imposto de renda (marginal) da empresa é de 40%. Ademais, uma verificação das regulamentações fiscais indica que a equipe pode depreciar o desembolso inicial de US$800.000 durante o período de quatro anos.

a. Calcule a taxa interna de retorno e o valor presente líquido para determinar a conveniência deste investimento.
b. Os Bobcats devem assinar com o astro?

6. A Panhandle Industries, Inc., paga hoje um dividendo anual relativo às ações ordinárias de US$2,20 por ação. O dividendo da empresa cresceu de modo constante durante os últimos 10 anos a 8% ao ano; esta tendência de crescimento deve continuar durante o futuro previsível. O atual índice de distribuição de dividendos da empresa, que também se espera vá continuar, é de 40%. Além disso, as ações são vendidas hoje por oito vezes seu lucro corrente, ou seja, seu "múltiplo" é 8.

Calcule o custo do capital próprio da empresa usando a abordagem do modelo de capitalização de dividendos.

7. A empresa Gordon paga hoje um dividendo anual relativo às ações ordinárias de US$4,00 por ação. Seus pagamentos de dividendos vêm crescendo a uma taxa constante de 6% ao ano, e esta taxa de crescimento deve continuar durante o futuro previsível. As ações ordinárias da Gordon são vendidas hoje por US$65,25 por ação. A empresa pode vender ações ordinárias adicionais após os custos de colocação a um preço líquido de US$60,50 por ação.

Com base no modelo de capitalização de dividendos, determine o custo do
a. Capital interno (lucros retidos)
b. Capital externo (novas ações ordinárias)

8. A Williams possui uma estrutura de capital atual (que considera ótima) que consiste em 30% de dívidas de longo prazo e 70% de capital próprio. A empresa planeja financiar o orçamento de capital do próximo ano com uma dívida de longo prazo adicional e lucros retidos. A nova dívida pode ser feita a uma taxa de juros de 10%. O custo do lucro retido (capital interno) é estimado em 15%. A alíquota de imposto marginal da empresa é de 40%.

Calcule o custo ponderado de capital da empresa para o próximo ano.

9. O estado de Glottamora possui US$100 milhões restantes em seu orçamento para o ano em curso. Uma alternativa é dar aos habitantes de Glottamora um abatimento único de imposto. Como alternativa, foram feitas duas propostas para gastos do governo destes fundos.

O primeiro projeto proposto é investir em uma nova usina elétrica, custando US$100 milhões e com uma vida útil prevista de 20 anos. Os benefícios projetados decorrentes deste projeto são:

Anos	Benefícios por ano ($milhões)
1-5	0
6-20	20

A segunda alternativa é realizar um programa de reciclagem no trabalho, também custando US$100 milhões e gerando os seguintes benefícios:

Anos	Benefícios por ano ($milhões)
1-5	20
6-10	14
11-20	4

O Departamento de Energia estadual argumenta que deverá ser usado um fator de desconto de 5% na avaliação dos projetos, pois esta é a taxa de empréstimo praticada pelo governo. O Departamento de Recursos Humanos sugere o uso de uma taxa de 12%, pois isto se iguala de modo mais próximo à taxa de oportunidade real da sociedade.

a. O que está subentendido nos desejos dos vários departamentos de usar diferentes taxas de desconto?
b. Avalie os projetos usando as taxas de 5% e de 12%.
c. Qual taxa você acredita ser mais apropriada?
d. Faça uma escolha entre os projetos e a alternativa de abatimento de imposto. Por que você fez esta escolha?

10. O Departamento de Transportes deseja escolher entre dois programas alternativos de prevenção de acidentes. Foram identificados três benefícios que podem ser obtidos de tais programas:
- Redução de danos materiais, tanto para os veículos envolvidos em um acidente quanto para outros bens (ou seja, propriedades que podem ser danificadas no local de um acidente)
- Redução de lesões
- Redução de mortes

Os peritos do departamento desejam fornecer estimativas monetárias das economias relativas aos danos materiais que devem decorrer de qualquer programa, mas apenas estimarão o número de lesões e mortes que podem ser evitadas.

O primeiro programa é relativamente moderado em seus custos e estará concentrado em uma grande cidade. Envolve a modernização de sinais de trânsito, o aperfeiçoamento de sinalizações nas ruas e a nova pavimentação de algumas ruas com buracos. Em razão da concentração e do valor das propriedades na cidade, espera-se que a economia decorrente da redução de danos materiais seja significativa. Da mesma forma, um número moderado de mortes e lesões no trânsito poderia ser evitado.

O segundo programa é mais ambicioso. Envolve endireitar grande parte das estradas rurais perigosas e instalar melhores muretas. Embora a economia em danos materiais deva ser pequena em relação ao custo total, a redução nas mortes e lesões no trânsito será significativa.

A tabela da página seguinte resume os custos e as compensações que se espera dos dois programas.

Suponha que uma taxa de desconto de 10% seja apropriada para a avaliação dos programas do governo:
a. Calcule os custos presentes líquidos dos dois programas.
b. Produza quaisquer outras tabelas que possa considerar úteis para a escolha entre os programas.
c. Você pode chegar a alguma escolha clara entre as duas alternativas? Quais são os fatores que você pode pesar na escolha final feita?

Ano	1	2	3	4	Total
Alternativa 1					
Custo ($000)	200	200	100	50	550
Redução de danos materiais ($000)	50	100	250	100	500
Vidas salvas	60	40	35	25	160
Prevenção de lesões	500	425	300	150	1.375
Alternativa 2					
Custo ($000)	700	1.800	1.100	700	4.300
Redução de danos materiais ($000)	150	225	475	300	1.150
Vidas salvas	50	75	100	125	350
Prevenção de lesões	800	850	900	900	3.450

CASO

ALÍVIO FISCAL E INCENTIVOS AO DESENVOLVIMENTO INDUSTRIAL

A competição por alívios fiscais entre os estados que buscam empregos industriais com altos salários ameaçam pagar mais por quaisquer benefícios líquidos concebíveis. Em 1993, o Alabama pagou mais de US$300 milhões em investimentos rodoviários, ferroviários, de esgoto e outros investimentos de infraestrutura para obter uma fábrica da Mercedes de US$300 milhões com 1.500 empregos. De 2006 a 2009, a Carolina do Norte construiu uma nova pista de decolagem no Triad Airport por US$130 milhões e ofereceu capacitação profissional e isenção de impostos com valor de outros US$142,3 milhões para obter um hub de US$300 milhões da FedEx.

Questões

1. Avalie os benefícios prováveis de tal instalação ou *hub* e como devem ser analisados.
2. Que forma deve ter um relatório para a Comissão de Desenvolvimento Industrial? Delineie os componentes necessários.

Efeitos multigeracionais da redução da camada de ozônio e dos gases de efeito estufa[13]

Os efeitos de longo prazo da redução da camada de ozônio devido às emissões de hidroclorofluorcarbono (HCFC), CO_2 e outros gases de efeito estufa provenientes da queima de combustíveis fósseis são controversos. Cientistas ambientais insistem que o lançamento de HCFCs abriu um buraco na camada de ozônio, que nos protege dos raios ultravioleta (UV) do sol. Mais recentemente, alguns cientistas têm argumentado que a crescente concentração de gases de efeito estufa aumentou as temperaturas globais. O menos controverso é que esses eventos ambientais têm consequências enormes sobre a saúde e a riqueza humanas. A incidência cada vez maior de casos de câncer de pele, derretimento de calotas polares e aumento do nível do mar implica perdas tangíveis de proporções catastróficas – talvez muitos bilhões de dólares anualmente. Algumas dessas perdas são imediatas, mas outras talvez só vejamos daqui a 100 anos.

Análises de custo-benefício normalmente consideram projetos por não mais do que 20 a 30 anos e empregam taxas de descontos de 2% a 8%. Como alguém poderia descontar um futuro incerto e distante como o que está envolvido na redução da camada de ozônio e na emissão de gases de efeito estufa? Supondo uma taxa de desconto constante igual à taxa de retorno de acor-

---

[13] Baseado em Richard Newell e William Pizer. Discounting the Benefits of Climate Change Mitigation. *Resources for the Future*, dez. 2001; Martin Weitzman. Gamma Discounting. *American Economic Review*, mar. 2001; Frederick Harris. Alternative Energy: A Symposium. Wake Forest University, 19 set. 2008; California Sells Out of First Pollution Permits. *Wall Street Journal*, 20 nov. 2012, p. B2; Europe's Dirty Little Secret: The Unwelcome Renaissance. *The Economist*, 5 jan. 2013, p. 47-50.

dos governamentais de longo prazo (5,43%), o fator de desconto que deve ser aplicado para encontrar o valor presente dos benefícios projetados ou perdas evitadas no ano 100 seria de $(1/1,057^{100}) = 0,003913$, ou um valor presente de US$3.913.780 por bilhões de dólares de futuras perdas evitadas no ano 100. Note o que acontece, no entanto, se a incerteza a respeito da taxa de desconto adequada variar de 2% a 8%. O fator de desconto em 100 anos teria uma variação de $(1/1,02^{100}) = 0,13803$ ou US$138.032.967 por bilhão de dólares com 2%, até mínimos $(1/1,08^{100}) = 0,000454$ ou US$454.595 por bilhão de dólares com 8%.

A possibilidade de taxas de desconto menores indica que mais de US$138 milhões de dólares devem ser gastos hoje para evitar o US$1 bilhão projetado em danos daqui a 100 anos! É claro que a taxa mais alta, 8%, implica um gasto menor do que meio milhão para evitar a perda futura de US$100 bilhões. Essa faixa de estimativas de valor presente de US$138 milhões a US$454.595 está além do que qualquer analista pode utilizar ao trabalhar com uma análise de sensibilidade. O que o analista de custo-benefício deve concluir? E o que as empresas cujos fluxos de caixa dependem de "recreação ao sol", como campos de golfe, parques temáticos, hotéis no litoral ou ativos físicos construídos perto do nível do mar, como os distritos comerciais de Nova York e Xangai, devem concluir a respeito dos gastos de capital justificáveis para desacelerar ou reverter o aquecimento global?

Uma ideia é que não é a taxa de desconto média de 5% entre 2% e 8% que importa nessas circunstâncias, já que somente a profundidade média de uma piscina não determina o risco para alguém que não sabe nadar. Em vez disso, a menor taxa de desconto aplicável determina amplamente o valor presente de fluxos de caixa distantes, porque cenários com maiores taxas de desconto, como 7% e 8%, inevitavelmente somam basicamente zero em 100 anos.

Martin Weitzman calculou qual taxa de desconto está implícita ao supor que a taxa de desconto começa em 4% e depois segue um caminho aleatório com taxas altas e baixas equiprováveis e um desvio padrão de 3%. O resultado o levou a recomendar uma taxa de desconto com escala móvel de 2% por um período de 25 a 75 anos e 1% para os fluxos de caixa dos anos 76 a 300. O fato de que taxas de desconto menores têm efeitos dramaticamente não simétricos sobre o valor presente quando benefícios muito distantes estão envolvidos quer dizer que o valor presente da redução de emissões de CO_2 e outros gases do efeito estufa pode ser muito mais alto do que foi pensado anteriormente.

Já que os tomadores de decisão ao redor do mundo levam em conta as opções para reduzir as emissões de gases do efeito estufa (CO_2, metano, óxido nitroso etc.), um fato notório surge rapidamente. A U.S. Energy Information Administration estima que 41% de todas as emissões de CO_2 que são geradas nos EUA venham da produção de energia elétrica, e que 83% delas são provenientes da queima de carvão (ver Figura 17.3). Por isso, 34% (0,41 × 0,83) de toda a emissão de CO_2 dos Estados Unidos vêm de usinas de energia movidas a carvão. Não é surpresa que grande parte do interesse na prevenção do aquecimento global tenha, assim, focado em fontes alternativas para a geração de energia elétrica. A famosa inequação ER < C refere-se a fontes de energia renovável (ER) que podem ser mais baratas do que carvão (C) para fornecer energia para nossas residências e locais de trabalho.

O que exatamente são fontes alternativas de energia elétrica? Energia eólica, energia solar, biomassa, hidroelétricas, biocombustíveis, geotermal e energia das marés contêm algumas características comuns atraentes para os Estados Unidos. Eles são recursos renováveis em oferta local abundante com baixas pegadas de carbono. Até então, somente 5% da geração de energia elétrica vem dessas fontes de energia alternativas diferentes do carvão (83%), gás natural (15%) ou o insignificante óleo combustível (ver novamente a Figura 17.3). A unidade térmica britânica (BTU) do gás natural é hoje muito mais barata do que a do carvão, mas sua pegada de carbono (80% mais limpo do que o carvão) ainda é bem substancial. Em vez de gastar quase US$1 bilhão por dia em transferências de patrimônio líquido por petróleo estrangeiro, os norte-americanos agora percebem que o gás natural é seu recurso energético mais abundante. Na verdade, com os níveis atuais de consumo, os Estados Unidos têm mais reservas comprovadas de carvão (100 anos) e gás natural (válidas por 110 anos) do que a Arábia Saudita tem de reservas comprovadas de petróleo (85 anos).

No entanto, uma tonelada de carvão gera um megawatt de eletricidade *mais* uma tonelada de subproduto CO_2. O custo marginal do carvão entregue variou de US$45 a US$82 por tone-

Por gás, 2008 (milhão de toneladas métricas)

Emissões de CO_2 provenientes da geração de energia por tipo de combustível, 2008

Total = 7.052,6

Dióxido de carbono relacionado à energia
5.735,5
81,3%

Outro dióxido de carbono
103,8
1,5%

Gases com alto potencial de aquecimento global (PAG)
175,6
2,5%

Óxido nitroso
300,3
4,3%

Metano
737,4
10,5%

Carvão
83%

Gás natural
15%

Óleo combustível
2%

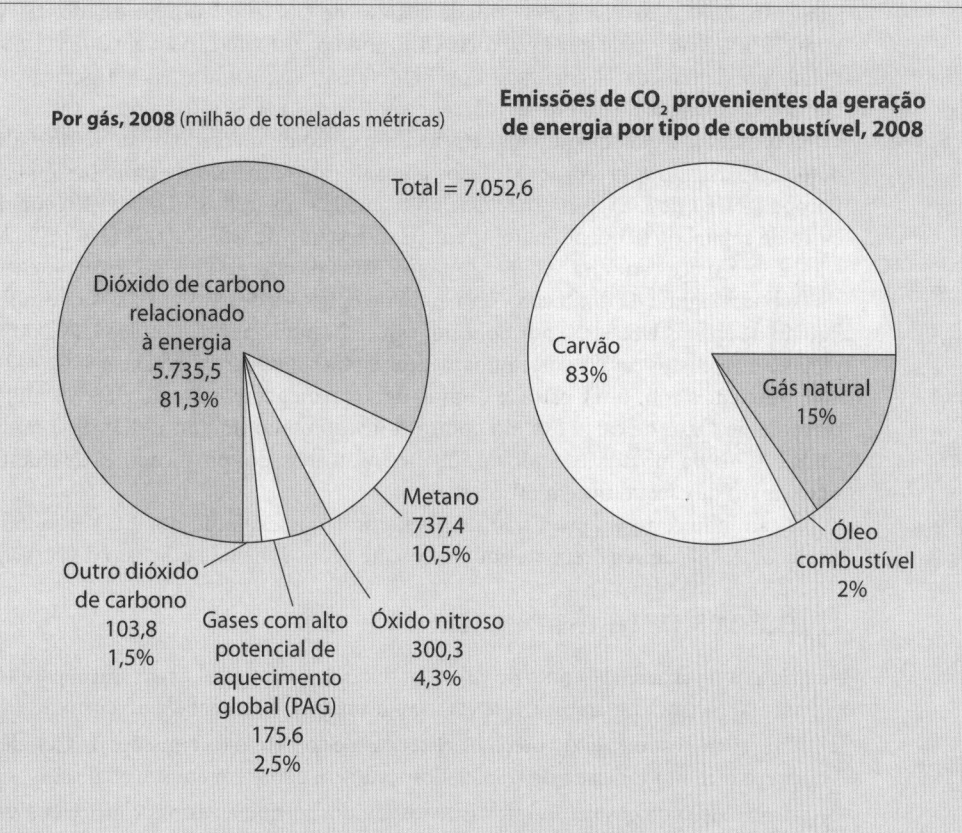

Figura 17.3 Emissões de gases de efeito estufa nos Estados Unidos
Fonte: U.S. Energy Information Administration. *Greenhouse Gases in the United States*, dez. 2009.

lada entre 2007 e 2012, e a eletricidade custava de US$0,06/kWh no estado de Washington a US$0,12/kWh no estado de Nova York. Utilizando o custo do carvão em 2013 (US$88) e o valor médio ponderado da eletricidade nos EUA (US$0,11), a indústria de geração elétrica paga US$80 por tonelada de carvão no mercado spot e produz US$110 em megawatts de eletricidade.

O problema é que, quando alguém inclui o custo de mercado de uma tonelada de subproduto CO_2, usando o preço de 2013 dos contratos de comércio de emissões de CO_2 na União Europeia (UE) de US$10,[14] uma instalação pública típica dos EUA deve recuperar todo seu custo de capital do pequeno lucro operacional restante de US$12 (US$110 − US$88 − US$10 = US$12) por megawatt hora. Até mesmo uma usina de energia gigante de 500 megawatt projetaria (sob um regime de limitação e comércio de emissões de carbono), assim, um fluxo de caixa líquido de apenas US$6.000 por hora por talvez 20 horas por dia, ou US$120.000 por dia, para recuperar os custos capitais de equipamentos e obter um lucro. Isso chega a US$42 milhões por ano, suficientes com um Custo de Capital de 5% para gerar somente US$840 milhões de valor presente do fluxo de caixa líquido contra o investimento líquido de US$900 milhões de uma usina de energia movida a carvão de 500 megawatt além dos purificadores de chaminés, mesmo se os fluxos de caixa durarem 50 anos.

O caminho certo é a produção de gás natural, que explodiu nos EUA, resultando em uma redução de 84% de seu preço de equilíbrio, que agora é metade do custo do carvão por BTU.

Questões para discussão

1. Com uma taxa de desconto de 7%, qual fluxo de caixa anual é necessário para tornar a usina de 500 megawatt lucrativa? E se ela usar gás natural pela metade do custo do carvão?
2. Que efeito o aumento do preço das licenças de comércio de emissões de CO_2 de US$20 até o preço pico por tonelada de US$39 alcançado em 2008 tem em sua análise?
3. A revolução do gás natural nos Estados Unidos tornou as usinas elétricas movidas a carvão mais ou menos lucrativas? Por quê?
4. O que tem mais chances de ser adotado: a) um imposto otimizado sobre o carbono de 7% a mais do que o custo da eletricidade e 2% a mais do que o custo da gasolina ou b) um sistema de limitação e comércio das emissões de carbono? Por quê?

---

14 A Califórnia lançou o primeiro esquema de limitação e comércio de carbono dos EUA; 1 tonelada de emissões de carbono em 2013 era liberada por US$10,09.

APÊNDICE A

O valor do dinheiro no tempo

INTRODUÇÃO

Muitas decisões econômicas envolvem custos e benefícios com expectativa de ocorrerem em diferentes ocasiões. Por exemplo, a construção de um complexo de escritórios exige um desembolso imediato de dinheiro e resulta em um fluxo de receitas de caixa esperadas (benefícios) durante muitos anos futuros. Para determinar se as entradas de caixa esperadas são suficientes para justificar o desembolso inicial, precisamos de uma maneira para comparar fluxos de caixa que ocorrem em ocasiões diferentes. No Capítulo 1, vimos que o valor de uma empresa é igual ao valor descontado (ou presente) de todos os retornos esperados. Esses retornos futuros são descontados a uma taxa de retorno coerente com os riscos dos retornos esperados. Quando os retornos futuros são mais certos, a taxa de desconto usada é menor, resultando em um maior valor presente da empresa, *tudo mais permanecendo constante*. Do contrário, quando os retornos futuros são mais arriscados ou mais incertos, são descontados a uma taxa maior, resultando em um valor presente da empresa menor, *tudo mais permanecendo constante*.

Uma solução explícita para o problema de comparar custos e benefícios de uma transação econômica que ocorre em ocasiões de tempo diferentes exige respostas aos seguintes tipos de perguntas: US$1 a ser recebido em um ano vale menos que US$1 disponível hoje? Em caso afirmativo, por que vale menos? Qual é o valor a menos?

As respostas a essas perguntas dependem dos usos alternativos disponíveis para aquela quantia entre hoje e um ano mais tarde. Suponha que o dólar possa ser investido em uma conta de poupança garantida que produza um retorno anual (taxa de juros) de 6%. Um dólar investido hoje resultará em US$1 (1,06) = US$1,06 no intervalo de um ano. Para receber exatamente US$1 após um ano, somente US$1/(1,06) = US$0,943 teria de ser investido hoje na conta de poupança. Existindo a oportunidade para investir a uma taxa de retorno de 6%, observamos que US$1 a ser recebido em um ano vale realmente menos que US$1 disponível hoje, seu valor sendo apenas US$0,943. Portanto, a existência de oportunidades para investir o dólar a taxas de retorno positivas faz que US$1 a ser recebido em qualquer ocasião futura valha menos que US$1 disponível hoje.[1] É isto que se considera *valor do dinheiro no tempo*. A taxa de retorno exigida pelo investidor é denominada *taxa de desconto*.

VALOR PRESENTE DE UM PAGAMENTO ÚNICO

Podemos generalizar esse resultado para qualquer série futura de fluxos de caixa e qualquer taxa de juros. Suponha que exista a oportunidade de investir a uma taxa composta

---

[1] Nesta análise, não levamos em conta considerações sobre o nível de preço. Alterações no nível de preços (o valor do dólar em termos da quantidade de bens e serviços que ele comprará) também podem afetar o valor do dólar. Em teoria, aumentos (ou diminuições) de preço futuros *previstos* pelo mercado se refletirão na taxa de juros.

de r ao ano. Portanto, o *valor presente* (VP – valor hoje) de US$1 a ser recebido no final do ano n, descontado a r %, é

$$VP_0 = \frac{1}{(1+r)^n} \qquad [A.1]$$

O termo $1/(1+r)^n$ é frequentemente denominado fator de juros do valor presente, ou $FJVP_{r,n}$. A Tabela A.3 no fim deste apêndice contém valores do FJVP para várias taxas de juros r e períodos futuros n.

EXEMPLO Valor presente

Caso exista uma oportunidade de investir a uma taxa interna de retorno de 12%, então o valor presente de US$1 a ser recebido em quatro anos ($n = 4$) a partir de hoje é

$$VP_0 = \frac{1}{(1+0{,}12)^4} = (FJVP_{12\%,4})$$
$$= \$1\,(0{,}6355)$$
$$= \$0{,}6355$$

Como vemos na Tabela A1, investindo US$0,6355 hoje a uma taxa de juros de 12% ao ano dará US$1 ao final de quatro anos.

Por outro lado, os fatores FJVP da Tabela A3 poderiam ser usados para se chegar ao valor presente de US$1 que se espera receber em quatro anos ($n = 4$), supondo-se uma taxa de juros de 12% ($r = 12\%$), como segue:

$$VP_0 = \$1\,(FJVP_{12\%,4})$$
$$= \$1\,(0{,}6355)$$
$$= \$0{,}6355$$

TABELA A.1 Valor presente de US$1 a ser recebido no final de quatro anos

Ano	Retorno recebido no final do ano ($)	Valor do investimento no final do ano ($)	
0 (presente)	—	0,6355	← Valor inicial investido
1	0,6355(0,12) = 0,0762	0,6355 + 0,0762 = 0,7117	
2	0,7117(0,12) = 0,0854	0,7117 + 0,0854 = 0,7971	
3	0,7971(0,12) = 0,0957	0,7971 + 0,0957 = 0,8928	
4	0,8928(0,12) = 0,1072	0,8928 + 0,1072 = 1,0000	

EXEMPLO Valor presente de um legado diferido

Qual é o valor presente de um legado esperado de US$2 milhões para sua universidade, caso o tempo de vida restante previsto do doador seja de oito anos e a universidade use uma taxa de juros de 9% para avaliar legados deste tipo?

$$VP_0 = \$2.000.000\,(FJVP_{9\%,8})$$
$$= \$2.000.000\,(0{,}50187)$$
$$= \$1.003.740$$

Seria indiferente para sua universidade receber US$1.003.740 hoje ou US$2 milhões em oito anos.

Obtenção da taxa de juros ou da taxa de crescimento

Os fatores de juros do valor presente (FJVP) também podem ser usados para obter taxas de juros. Por exemplo, suponha que hoje você queira tomar emprestado US$5 mil de um colaborador, que está disposto a emprestar o dinheiro caso você se comprometa a devolver US$6.802 no intervalo de quatro anos. A taxa de juros composta que seu colaborador está cobrando pode ser determinada da seguinte maneira:

$$VP_0 = \$6.802(FJVP_{r,4})$$
$$\$5.000 = \$6.802(FJVP_{r,4})$$
$$FJVP_{r,4} = \frac{\$5.000}{\$6.802}$$
$$= 0,735$$

Observando a linha correspondente a quatro anos na Tabela A3, 0,735 (arredondado para três casas decimais para simplificar) encontra-se na coluna 8%. Portanto, a taxa de juros efetiva do empréstimo é de 8% ao ano, composta anualmente.

EXEMPLO Cálculo das taxas de crescimento dos ganhos para a Hanamaker Paper

outra aplicação comum do uso dos fatores *FJVP* da Tabela A3 é o cálculo da taxa interna de crescimento de um ganho ou fluxo de dividendos. Por exemplo, a Hanamaker Paper Company teve ganhos por ação de US$2,56 em 2010. Os analistas de títulos mobiliários previram ganhos por ação em 2015 como sendo de US$6,37. Qual é a taxa anual composta de crescimento prevista para os ganhos por ação da Hanamaker Paper Company? Podemos usar os fatores *FJVP* da Tabela A3 para resolver este problema como segue:

$$\$2,56 = \$6,37 \, (FJVP_{r,5})$$
$$FJVP_{r,5} = 0,40188$$

Analisando a linha correspondente ao Período 5 na Tabela A3, encontramos um *FJVP* igual a 0,40188 sob a coluna de 20%. Assim, a taxa anual composta de crescimento para os ganhos da Hanamaker Paper Company é de 20%. (Pode-se usar a interpolação para os valores de *FJVP* entre os valores encontrados nas tabelas. Na prática, as calculadoras financeiras são normalmente usadas para estes tipos de cálculos.)

Valor presente de uma série de pagamentos iguais (anuidade)

O valor presente de uma série de pagamentos *iguais* de US$1 a serem recebidos no final de cada um dos *n* anos (uma *anuidade*), descontados a uma taxa de *r*%, é

$$VP_0 = \frac{1}{(1+r)^1} + \frac{1}{(1+r)^2} + \ldots \frac{1}{(1+r)^n}$$

$$VP_0 = \sum_{t=1}^{n} \frac{1}{(1+r)^t}$$

[A.2]

TABELA A.2 Valor presente de US$1 a ser recebido no final de cada um dos próximos quatro anos

Ano	Retorno recebido no final do ano ($)	Quantia retirada no final do ano ($)	Valor do investimento no final do ano ($)		
0 (presente)	—	—	3,0374	←	Quantia inicial investida
1	3,0374(0,12) = 0,03645	1,00	3,0374 + 0,3645 − 1,00 =	2,4019	
2	2,4019(0,12) = 0,2882	1,00	2,4019 + 0,2882 − 1,00 =	1,6901	
3	1,6901(0,12) = 0,2028	1,00	1,6901 + 0,2028 − 1,00 =	0,8929	
4	0,8929(0,12) = 0,1071	1,00	0,8929 + 0,1071 − 1,00 =	0,0000	

Por exemplo, o valor presente de US$1 a ser recebido no final de cada um dos próximos quatro anos, descontado a 12%, é

$$VP_0 = \sum_{t=1}^{4} \frac{1}{(1+0,12)^t}$$

$$= \frac{1}{(1+0,12)^1} + \frac{1}{(1+0,12)^2} + \frac{1}{(1+0,12)^3} + \frac{1}{(1+0,12)^4}$$

$$= 0,89286 + 0,79719 + 0,71178 + 0,63552 = \$\ 3,0374$$

Conforme indicado na Tabela A.2, o investimento de US$3,0374 hoje a 12% acarretará um retorno de exatamente US$1 ao final de cada um dos próximos quatro anos, nada restando a pagar após o quarto ano. Novamente, em vez de fazer os cálculos do valor presente (Equação A.2), podemos usar uma tabela para obter os valores de que necessitamos. A Tabela A4 no final deste apêndice contém os valores presentes de US$1 para várias taxas de juros a serem recebidas no final de cada ano para vários períodos. Os valores na Tabela A4 são denominados fatores de juros do valor presente para anuidades, ou FJVPA$_{r,n}$, em que r é a taxa de juros por período e n o número de períodos (normalmente anos).

Usando os fatores FJVPA da Tabela A4, o valor presente de uma anuidade (FJVPA) pode ser calculado como

$$FJVP_0 = P(FJVPA_{r,n}) \qquad [A.3]$$

onde P = o valor da anuidade a ser recebida em cada período.

> **EXEMPLO** Valor presente de uma renda anual
>
> Você comprou recentemente o bilhete premiado da loteria da Flórida e ganhou US$30 milhões, a serem pagos em incrementos (*PMT*) iguais de US$3 milhões ao final de cada um dos próximos dez anos. Quanto vale os seus ganhos hoje usando uma taxa de juros de 8%? Os fatores *FJVPA* da Tabela A4 podem ser usados para resolver este problema, como segue:
>
> $$FJVPA_0 = \$3.000.000\ (FJVPA_{8\%,10})$$
> $$= \$3.000.000\ (6,7101)$$
> $$= \$20.130.300$$
>
> Assim, o seu prêmio de US$30 milhões vale apenas US$20.130.300 hoje.

Obtenção da taxa de juros

O valor presente dos fatores de juros para uma anuidade também pode ser usado para obter a taxa de retorno esperada de um investimento. Essa taxa de retorno muitas vezes é indicada como *taxa de retorno interna* de um investimento. Suponha que a Big Spring Tool Company compre uma máquina por US$100 mil. Espera-se que a máquina gere fluxos de caixa anuais de US$23.740 para a empresa ao longo dos próximos cinco anos. Qual é a taxa de retorno esperada desse investimento?

Usando a Equação A.3, podemos determinar a taxa esperada de retorno:

$$FJVPA_0 = PMT(FJVPA_{r,5})$$
$$\$100.000 = \$23.740(FJVP_{r,5})$$
$$FJVPA_{r,5} = 4,2123$$

Observamos, na linha correspondente a cinco anos na Tabela A4, que um FJVPA de 4,2123 se refere à coluna de 6%. Portanto, esse investimento proporciona uma taxa de retorno esperada (interna) de 6%.

Valor presente de uma série de pagamentos diferentes

O valor presente de uma série de pagamentos *diferentes* (P_t, $t = 1, ..., n$) a serem recebidos no final dos próximos n anos, descontados a uma taxa de $r\%$, é

$$VP_0 = \sum_{t=1}^{n} \frac{P_t}{(1+r)^t}$$

$$= \sum_{t=1}^{n} P_t(FJVP_{r,t})$$

[A.4]

Os valores $FJVP_{r,t}$ são os fatores de juros da Tabela A3. Portanto, o valor presente de uma série de pagamentos diferentes é igual à soma do valor presente dos pagamentos individuais.

EXEMPLO Avaliação de projeto para a Intel

A Intel Corporation está avaliando um investimento em uma nova instalação de fabricação de chips. Espera-se que a instalação tenha uma vida útil de cinco anos e gere o seguinte fluxo de caixa depois do desembolso inicial de investimento:

Final do ano t	Fluxo de caixa PMT_t
1	+ $1.000.000
2	+ 1.500.000
3	− 500.000
4	+ 2.000.000
5	+ 1.000.000

O fluxo de caixa negativo no Ano 3 surge devido à necessidade prevista de instalação de equipamentos de controle de poluição durante aquele ano. O valor presente desta série de pagamentos desiguais pode ser calculado com o uso dos fatores *FJVP* da Tabela A.3, supondo-se uma taxa de juros (exigida) de 10% sobre o investimento:

$$\begin{aligned}
VP &= \$1.000.000\,(FJVP_{10\%,1}) + \$1.500.000\,(FJVP_{10\%,2}) \\
&\quad - \$500.000\,(FJVP_{10\%,3}) + \$2.000.000\,(FJVP_{10\%,4}) \\
&\quad + \$1.000.000\,(FJVP_{10\%,5}) \\
&= \$1.000.000\,(0,90909) + \$1.500.000\,(0,82645) \\
&\quad - \$500.000\,(0,75131) + \$2.000.000\,(0,68301) \\
&\quad - \$1.000.000\,(0,62092) \\
&= \$3.760.050
\end{aligned}$$

O valor presente destes fluxos de caixa (US$3.760.050) deverá ser comparado com o desembolso inicial de caixa exigido para determinar se se deve investir na nova instalação de fabricação.

TABELA A.3 Valor presente de US$1 (FJVP)

Período	1%	2%	3%	4%	5%	6%	7%	8%	9%	10%	Período
01	0,99010	0,98039	0,97007	0,96154	0,95233	0,94340	0,93458	0,92593	0,91743	0,90909	01
02	0,98030	0,96117	0,94260	0,92456	0,90703	0,89000	0,87344	0,85734	0,84168	0,82645	02
03	0,97059	0,94232	0,91514	0,88900	0,86384	0,83962	0,81639	0,79383	0,77228	0,75131	03
04	0,96098	0,92385	0,88849	0,85480	0,82270	0,79209	0,76290	0,73503	0,70883	0,68301	04
05	0,95147	0,90573	0,86261	0,82193	0,78353	0,74726	0,71299	0,68058	0,64993	0,62092	05
06	0,94204	0,88797	0,83748	0,79031	0,74622	0,70496	0,66634	0,63017	0,59627	0,56447	06
07	0,93272	0,87056	0,81309	0,75992	0,71063	0,66506	0,62275	0,58349	0,54705	0,51316	07
08	0,92348	0,85349	0,78941	0,73069	0,67684	0,62741	0,58201	0,54027	0,50187	0,46651	08
09	0,91434	0,83675	0,76642	0,70259	0,64461	0,59190	0,54393	0,50025	0,46043	0,42410	09
10	0,90529	0,82035	0,74409	0,67556	0,61391	0,55839	0,50835	0,46319	0,42241	0,38554	10
11	0,89632	0,80426	0,72242	0,64958	0,58468	0,52679	0,47509	0,42888	0,38753	0,35049	11
12	0,88745	0,78849	0,70138	0,62460	0,55684	0,49697	0,44401	0,39711	0,35553	0,31683	12
13	0,87866	0,77303	0,68095	0,60057	0,53032	0,46884	0,41496	0,36770	0,32618	0,28966	13
14	0,86996	0,75787	0,66112	0,57747	0,50507	0,44230	0,38782	0,34046	0,29925	0,26333	14
15	0,86135	0,74301	0,64186	0,55526	0,48102	0,41726	0,36245	0,31524	0,27454	0,23939	15
16	0,85282	0,72845	0,62317	0,53391	0,45811	0,39365	0,33873	0,29189	0,25187	0,21763	16
17	0,84436	0,71416	0,60502	0,51337	0,43630	0,37136	0,31657	0,27027	0,23107	0,19784	17
18	0,83602	0,70016	0,58739	0,49363	0,41552	0,35034	0,29586	0,25025	0,21199	0,17986	18
19	0,82774	0,68643	0,57029	0,47464	0,39573	0,33051	0,27651	0,23171	0,19449	0,16354	19
20	0,81954	0,67297	0,55367	0,45639	0,37689	0,31180	0,25842	0,21455	0,17843	0,14864	20
21	0,81143	0,65978	0,53755	0,44883	0,35894	0,29415	0,24151	0,19866	0,16370	0,13513	21
22	0,80340	0,64684	0,52189	0,42195	0,34185	0,27750	0,22571	0,18394	0,15018	0,12285	22
23	0,79544	0,63414	0,50669	0,40573	0,32557	0,26180	0,21095	0,17031	0,13778	0,11168	23
24	0,78757	0,62172	0,49193	0,39012	0,31007	0,24698	0,19715	0,15770	0,12640	0,10153	24
25	0,77977	0,60953	0,47760	0,37512	0,29530	0,23300	0,18425	0,14602	0,11597	0,09230	25

TABELA A.3 Valor presente de US$1 (FJVP) (*Continuação*)

Período	11%	12%	13%	14%	15%	16%	17%	18%	19%	20%	Período
01	0,90090	0,89286	0,88496	0,87719	0,86957	0,86207	0,85470	0,84746	0,84043	0,83333	01
02	0,81162	0,79719	0,78315	0,76947	0,75614	0,74316	0,73051	0,71818	0,70616	0,69444	02
03	0,73119	0,71178	0,69305	0,67497	0,65752	0,64066	0,62437	0,60863	0,59342	0,57870	03
04	0,65873	0,63552	0,61332	0,59208	0,57175	0,55229	0,53365	0,51579	0,49867	0,48225	04
05	0,59345	0,56743	0,54276	0,51937	0,49718	0,47611	0,45611	0,43711	0,41905	0,40188	05
06	0,53464	0,50663	0,48032	0,45559	0,43233	0,41044	0,38984	0,37043	0,35214	0,33490	06
07	0,48166	0,45235	0,42506	0,39964	0,37594	0,35383	0,33320	0,31392	0,29592	0,27908	07
08	0,43393	0,40388	0,37616	0,35056	0,32690	0,30503	0,28478	0,26604	0,24867	0,23257	08
09	0,39092	0,36061	0,33288	0,30751	0,28426	0,26295	0,24340	0,22546	0,20897	0,19381	09
10	0,35218	0,32197	0,29459	0,26974	0,24718	0,22668	0,20804	0,19106	0,17560	0,16151	10
11	0,31728	0,28748	0,26070	0,23662	0,21494	0,19542	0,17781	0,16192	0,14756	0,13459	11
12	0,28584	0,25667	0,23071	0,20756	0,18691	0,16846	0,15197	0,13722	0,12400	0,11216	12
13	0,25751	0,22917	0,20416	0,18207	0,16253	0,14523	0,12989	0,11629	0,10420	0,09346	13
14	0,23199	0,20462	0,18068	0,15971	0,14133	0,12520	0,11102	0,09855	0,08757	0,07789	14
15	0,20900	0,18270	0,15989	0,14010	0,12289	0,10793	0,09489	0,08352	0,07359	0,06491	15
16	0,18829	0,16312	0,14150	0,12289	0,10686	0,09304	0,08110	0,07073	0,06184	0,05409	16
17	0,16963	0,14564	0,12522	0,10780	0,09293	0,08021	0,06932	0,05998	0,05196	0,04507	17
18	0,15282	0,13004	0,11081	0,09456	0,08080	0,06914	0,05925	0,05083	0,04367	0,03756	18
19	0,13768	0,11611	0,09806	0,08295	0,07026	0,05961	0,05064	0,04308	0,03669	0,03130	19
20	0,12403	0,10367	0,08678	0,07276	0,06110	0,05139	0,04328	0,03651	0,03084	0,02608	20
21	0,11174	0,09256	0,07680	0,06383	0,05313	0,04430	0,03699	0,03094	0,02591	0,02174	21
22	0,10067	0,08264	0,06796	0,05599	0,04620	0,03819	0,03162	0,02622	0,02178	0,01811	22
23	0,09069	0,07379	0,06014	0,04911	0,04017	0,03292	0,02702	0,02222	0,01830	0,01509	23
24	0,08170	0,06588	0,05322	0,04308	0,03493	0,02838	0,02310	0,01883	0,01538	0,01258	24
25	0,07361	0,05882	0,04710	0,03779	0,03038	0,02447	0,01974	0,01596	0,01292	0,01048	25

TABELA A.4 Valor presente de uma anuidade de US$1 (FJVPA)

Período	1%	2%	3%	4%	5%	6%	7%	8%	9%	10%	Período
01	0,9901	0,9804	0,9709	0,9615	0,9524	0,9434	0,9346	0,9259	0,9174	0,9091	01
02	1,9704	1,9416	1,9135	1,8861	1,8594	1,8334	1,8080	1,7833	1,7591	1,7355	02
03	2,9410	2,8839	2,8286	2,7751	2,7233	2,6730	2,6243	2,5771	2,5313	2,4868	03
04	3,9020	3,8077	3,7171	3,6299	3,5459	3,4651	3,3872	3,3121	3,2397	3,1699	04
05	4,8535	4,7134	4,5797	4,4518	4,3295	4,2123	4,1002	3,9927	3,8896	3,7908	05
06	5,7955	5,6014	5,4172	5,2421	5,0757	4,9173	4,7665	4,6229	4,4859	4,3553	06
07	6,7282	6,4720	6,2302	6,0020	5,7863	5,5824	5,3893	5,2064	5,0329	4,8684	07
08	7,6517	7,3254	7,0196	6,7327	6,4632	6,2093	5,9713	5,7466	5,5348	5,3349	08
09	8,5661	8,1622	7,7861	7,4353	7,1078	6,8017	6,5152	6,2469	5,9852	5,7590	09
10	9,4714	8,9825	8,7302	8,1109	7,7217	7,3601	7,0236	6,7101	6,4176	6,1446	10
11	10,3677	9,7868	9,2526	8,7604	8,3064	7,8868	7,4987	7,1389	6,8052	6,4951	11
12	11,2552	10,5753	9,9589	9,3850	8,8632	8,3838	7,9427	7,5361	7,1601	6,8137	12
13	12,1338	11,3483	10,6349	9,9856	9,3935	8,8527	8,3576	7,9038	7,4869	7,1034	13
14	13,0088	12,1062	11,2960	10,5631	9,8986	9,2950	8,7454	8,2442	7,7860	7,3667	14
15	13,8651	12,8492	11,9379	11,1183	10,3796	9,7122	9,1079	8,5595	8,0607	7,6061	15
16	14,7180	13,5777	12,5610	11,6522	10,8377	10,1059	9,4466	8,8514	8,3126	7,8237	16
17	15,5624	14,2918	13,1660	12,1656	11,2740	10,4772	9,7632	9,1216	8,5435	8,0215	17
18	16,3984	14,9920	13,7534	12,6592	11,6895	10,8276	10,0591	9,3719	8,7556	8,2014	18
19	17,2201	15,2684	14,3237	13,1339	12,0853	11,1581	10,3356	9,6036	8,9501	8,3649	19
20	18,0457	16,3514	14,8774	13,5903	12,4622	11,4699	10,5940	9,8181	9,1285	8,5136	20
21	18,8571	17,0111	15,4149	14,0291	12,8211	11,7640	10,8355	10,0168	9,2922	8,6487	21
22	19,6605	17,6581	15,9368	14,4511	13,1630	12,0416	11,0612	10,2007	9,4424	8,7715	22
23	20,4559	18,2921	16,4435	14,8568	13,4885	12,3033	11,2722	10,3710	9,5802	8,8832	23
24	21,2435	18,9139	16,9355	15,2469	13,7986	12,5503	11,4693	10,5287	9,7066	8,9847	24
25	22,0233	19,5234	17,4181	15,6220	14,9039	12,7833	11,6536	10,6748	9,8226	9,0770	25

Tabela A.4 Valor presente de uma anuidade de US$1 (FJVPA) (*continuação*)

Período	11%	12%	13%	14%	15%	16%	17%	18%	19%	20%	Período
01	0,9009	0,8929	0,8850	0,8772	0,8696	0,8621	0,8547	0,8475	0,8403	0,8333	01
02	1,7125	1,6901	1,6681	1,6467	1,6257	1,6052	1,5852	1,5656	1,5465	1,5278	02
03	2,4437	2,4018	2,3612	2,3216	2,2832	2,2459	2,2096	2,1743	2,1399	2,1065	03
04	3,1024	3,0373	2,9745	2,9137	2,8550	2,7982	2,7432	2,6901	2,6386	2,5887	04
05	3,6959	3,6048	3,5172	3,4331	3,3522	3,2743	3,1993	3,1272	3,0576	2,9906	05
06	4,2305	4,1114	3,9976	3,8887	3,7845	3,6847	3,5892	3,4976	3,4098	3,3255	06
07	4,7122	4,5638	4,4226	4,2883	4,1604	4,0386	3,9224	3,8115	3,7057	3,6046	07
08	5,1461	4,9676	4,7988	4,6389	4,4873	4,3436	4,2072	4,0776	3,9544	3,8372	08
09	5,5370	5,3282	5,1317	4,9464	4,7716	4,6065	4,4506	4,3030	4,1633	4,0310	09
10	5,8892	5,6502	5,4262	5,2161	5,0188	4,8332	4,6586	4,4941	4,3389	4,1925	10
11	6,2065	5,9377	5,6869	5,4527	5,2337	5,0286	4,8364	4,6560	4,4865	4,3271	11
12	6,4924	6,1944	5,9176	5,6603	5,4206	5,1971	4,9884	4,7932	4,6105	4,4392	12
13	6,7499	6,4235	6,1218	5,8424	5,5831	5,3423	5,1183	4,9095	4,7147	4,5327	13
14	6,9819	6,6282	6,3025	6,0021	5,7245	5,4675	5,2293	5,0081	4,8023	4,6106	14
15	7,1909	6,8109	6,4624	6,1422	5,8474	5,5755	5,3242	5,0916	4,8759	4,6755	15
16	7,3792	6,9740	6,6039	6,2651	5,9542	5,6685	5,4053	5,1624	4,9377	4,7296	16
17	7,5488	7,1196	6,7291	6,3729	6,0472	5,7487	5,4746	5,2223	4,9897	4,7746	17
18	7,7016	7,2497	6,8389	6,4674	6,1280	5,8178	5,5339	5,2732	5,0333	4,8122	18
19	7,8393	7,3650	6,9380	6,5504	6,1982	5,8775	5,5845	5,3176	5,0700	4,8435	19
20	7,9633	7,4694	7,0248	6,6231	6,2593	5,9288	5,6278	5,3527	5,1009	4,8696	20
21	8,0751	7,5620	7,1016	6,6870	6,3125	5,9731	5,6648	5,3837	5,1268	4,8913	21
22	8,1757	7,6446	7,1695	6,7429	6,3587	6,0113	5,6964	5,4099	5,1486	4,9094	22
23	8,2664	7,7184	7,2297	6,7921	6,3988	6,0442	5,7234	5,4321	5,1668	4,9245	23
24	8,3481	7,7843	7,2829	6,8351	6,4338	6,0726	5,7465	5,4509	5,1822	4,9371	24
25	8,4217	7,8431	7,3300	6,8729	6,4641	6,0971	5,7662	5,4669	5,1951	4,9476	25

APÊNDICE B

Cálculo diferencial: técnicas em gerenciamento

A análise de decisão envolve a determinação da ação que melhor alcança uma meta ou um objetivo desejado. Significa encontrar a ação que otimiza (ou seja, maximiza ou minimiza) o valor de uma função objetiva. Por exemplo, podemos estar interessados em determinar o nível de produção que maximiza os lucros. Em um problema de produção, a meta pode ser encontrar a combinação de fatores de produção que minimizam o custo da produção de um nível desejado de produtos. Em um problema de orçamento de capital, o objetivo pode ser selecionar aqueles projetos que maximizam o valor presente líquido do investimento escolhido. Muitas técnicas estão disponíveis para a resolução de problemas de otimização como esses. Este apêndice focaliza o uso do cálculo diferencial.

RELAÇÃO ENTRE ANÁLISE MARGINAL E CÁLCULO DIFERENCIAL

No Capítulo 2, a análise marginal foi introduzida como um dos conceitos fundamentais da tomada de decisão em microeconomia. Na estrutura da análise marginal, as decisões sobre alocação de recursos são tomadas ao se comparar os benefícios marginais de uma mudança proposta no nível de uma atividade com os custos marginais daquela mudança. A mudança proposta poderá ser feita desde que os benefícios marginais sejam superiores aos custos marginais. Ao seguir essa regra básica, os recursos podem ser alocados de modo eficiente e os lucros ou a riqueza dos acionistas podem ser maximizados.

De início, vamos supor que o objetivo que buscamos otimizar, Y, pode ser expresso algebricamente como uma função de *uma* variável de decisão, X.

$$Y = f(X) \qquad [B.1]$$

Lembre-se de que o lucro marginal é definido como a mudança no lucro resultante da mudança de uma unidade na produção. Em geral, o valor marginal de qualquer variável Y, que é uma função de outra variável X, é definido como a mudança no valor de Y resultando da mudança de uma unidade em X. O valor marginal de Y, M_y, pode ser calculado a partir da mudança em Y, ΔY, que ocorre em consequência de uma dada mudança em X, ΔX:

$$M_y = \frac{\Delta Y}{\Delta X} \qquad [B.2]$$

---

1 Por exemplo, caso X seja uma variável contínua medida em pés, libras e assim por diante, então ΔX pode, em teoria, adotar valores fracionais como 0,5, 0,10, 0,05, 0,001, 0,0001 pé ou libra. Quando X é uma variável contínua, ΔX pode ser o menor desejado.

Desafio gerencial
Um esqueleto no armário do Stealth Bomber[2]

Em 1990, a Força Aérea dos Estados Unidos revelou publicamente o seu mais novo bombardeiro estratégico de longo alcance, o B-2 ou *Stealth Bomber*. Esta aeronave se caracteriza por ser um projeto único de asa voadora planejado para esquivar-se da detecção pelo radar inimigo. A aeronave esteve sujeita a controvérsias em razão do seu alto custo. Todavia, uma controvérsia menos conhecida está relacionada com o seu design básico.

O projeto da asa voadora teve origem em um estudo sigiloso que concluiu que o alcance máximo de uma aeronave poderia ser alcançado se, virtualmente, todo o volume fosse contido na asa. Um apêndice matemático complexo foi anexado ao estudo.

Contudo, o professor de engenharia Joseph Foa descobriu que havia um erro fundamental no relatório inicial. Verificou-se que os pesquisadores iniciais usaram a primeira derivada de uma equação complexa e descobriram haver duas soluções. Os pesquisadores iniciais concluíram erroneamente que o projeto *allwing* maximizava o alcance quando, de fato, ele *minimizava* o alcance.

Neste capítulo, introduzimos algumas das mesmas técnicas de otimização aplicadas ao projeto do *Stealth Bomber*. Desenvolvemos ferramentas projetadas para maximizar os lucros e minimizar os custos. Felizmente, as funções matemáticas com que lidamos neste capítulo e por todo o livro são muito mais simples do que aquelas com que se confrontaram os engenheiros iniciais da "asa voadora". Introduzimos técnicas que podem ser usadas para verificar se uma função, como lucros ou custos, está sendo minimizada ou maximizada em um nível específico da produção.

2 Baseado em W. Biddle, Skeleton Alleged in the Stealth Bomber's Closet. *Science*, 12 maio 1989, p. 650-1.

Quando calculadas com essa expressão, podem ser obtidas diferentes estimativas para o valor ΔY, dependendo do tamanho da mudança incremental em X que usamos no cálculo. O verdadeiro valor marginal de uma função é obtido com a Equação B.2, quando ΔX é o menor possível. Caso ΔX possa ser visto como uma variável contínua (e não discreta) que pode adotar valores fracionais, então, ao calcularmos My pela Equação B.2, podemos deixar ΔX se aproximar de zero.

Conceitualmente, o cálculo diferencial usa esta abordagem. A derivada, ou mais precisamente a *primeira derivada*,[3] dY/dX, de uma função é definida como o *limite* do quociente $\Delta Y/\Delta X$ à medida que ΔX se aproxima de zero; ou seja,

$$\frac{dY}{dX} = \lim_{\Delta X \to 0} \frac{\Delta Y}{\Delta X} \qquad [B.3]$$

Graficamente, a primeira derivada de uma função representa a *inclinação* da curva em um dado ponto na curva. A definição de uma derivada como o limite da mudança em Y (ou seja, ΔY) à medida que ΔX se aproxima de zero está ilustrada na Figura B.1(a).

Suponha que estamos interessados na derivada da função $Y = f(X)$ no ponto X_0. A derivada dY/dX mede a inclinação da linha tangente ECD. Uma estimativa desta inclinação, apesar de ser uma estimativa fraca, pode ser obtida pelo cálculo do valor marginal de Y pelo intervalo X_0 até X_2. Usando a Equação B.2, um valor de

$$M'_y = \frac{\Delta Y}{\Delta X} = \frac{Y_2 - Y_0}{X_2 - X_0}$$

3 Também é possível calcular as segundas, terceiras, quartas derivadas e assim por diante. As segundas derivadas são discutidas mais adiante neste apêndice.

Figura B.1 Primeira derivada de uma função

(a) Mudança marginal em $Y = f(X)$ quando ΔX se aproxima de 0

(b) Medição da inclinação $Y = f(X)$ no ponto C

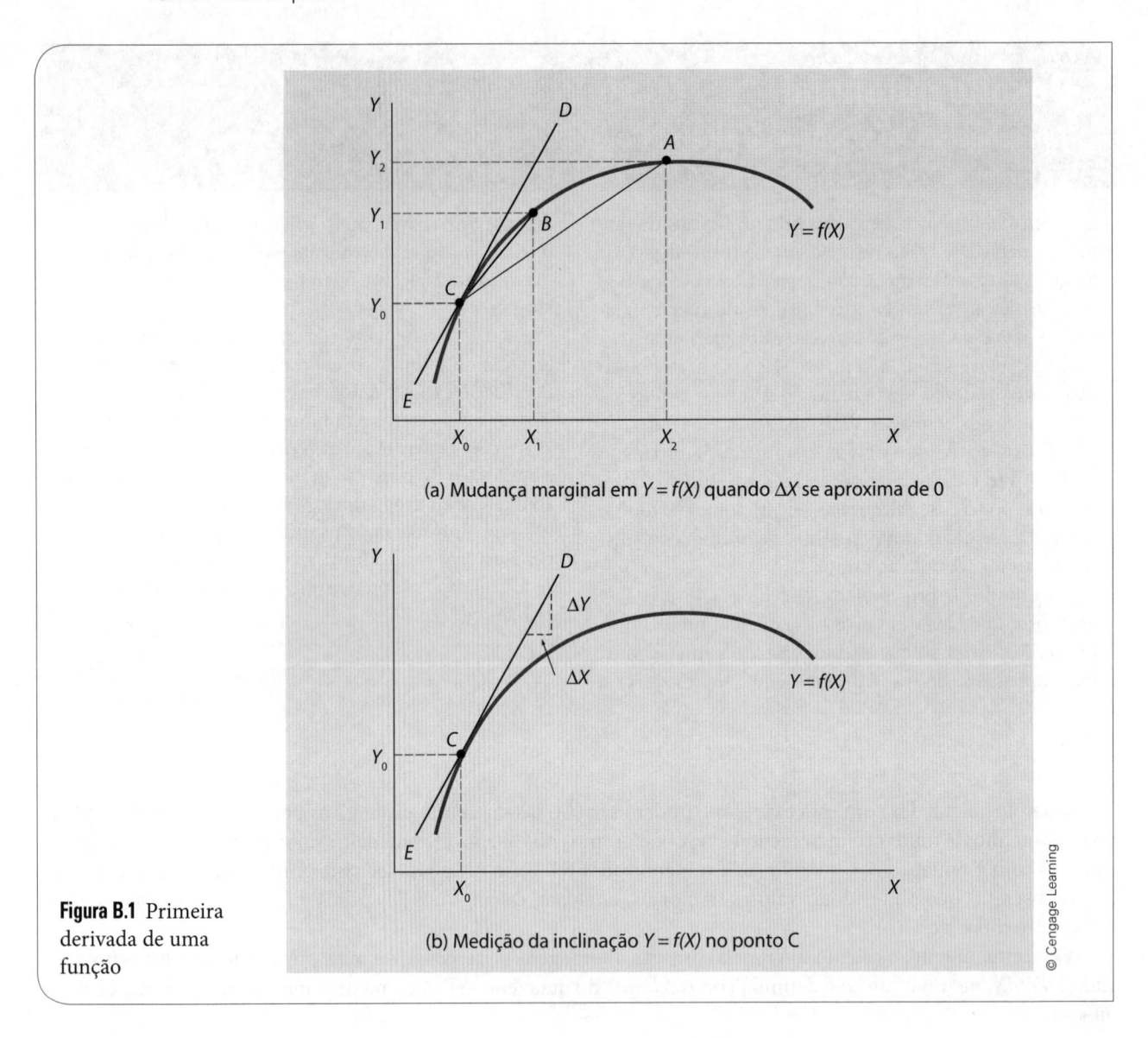

é obtido da inclinação da linha CA. Agora, vamos calcular o valor marginal de Y usando um intervalo menor, por exemplo, X_0 até X_1. A inclinação da linha CB, que é igual a

$$M''_y = \frac{\Delta Y}{\Delta X} = \frac{Y_1 - Y_0}{X_1 - X_0}$$

dá uma estimativa bem melhor do valor marginal real representado pela inclinação da linha tangente ECD. Assim, vemos que quanto menor o valor ΔX, melhor a estimativa da inclinação da curva. Deixar ΔX se aproximar de zero nos permite encontrar a inclinação da curva $Y = f(X)$ no ponto C. Como mostrado na Figura B.1(b), a inclinação da linha tangente ECD (e a função $Y = f(X)$ no ponto C) é medida pela mudança em Y, ΔY, dividida pela mudança em X, ou ΔX.

Processo de diferenciação

O processo de diferenciação – ou seja, encontrar a derivada de uma função – envolve a determinação do valor limite do quociente $\Delta Y/\Delta X$ quando ΔX se aproxima de zero. Antes de oferecermos algumas regras gerais para a determinação da derivada de uma função, ilustramos com um exemplo o processo algébrico usado para obter a derivada sem o auxílio dessas regras gerais. As regras específicas que simplificam esse processo são apresentadas na seção a seguir.

> **EXEMPLO** Processo de diferenciação: maximização do lucro na Illinois Power
>
> Suponha que o lucro, π, da Illinois Power pode ser representado como uma função do nível de produção Q, usando-se a expressão
>
> $$\pi = -40 + 140Q - 10Q^2 \qquad [B.4]$$
>
> Queremos determinar $d\pi/dQ$ encontrando primeiro a expressão do lucro marginal $\Delta\pi/\Delta Q$ e, então, tomando o limite dessa expressão quando ΔQ se aproxima de zero. Vamos começar representando o novo nível de lucro ($\pi + \Delta\pi$) que resultará de um aumento na produção para ($Q + \Delta Q$). A partir da Equação B.4, sabemos que
>
> $$\pi + \Delta\pi = -40 + 140Q (Q + \Delta Q) - 10(Q + \Delta Q)^2 \qquad [B.5]$$
>
> Desenvolvendo essa expressão e, então, fazendo alguma simplificação algébrica, obtemos
>
> $$\pi + \Delta\pi = -40 + 140Q + 140\Delta Q - 10[Q^2 + 2Q\Delta Q + (\Delta Q)^2]$$
> $$= -40 + 140Q - 10Q^2 + 140\Delta Q - 20Q\Delta Q - 10(\Delta Q)^2 \qquad [B.6]$$
>
> Subtraindo a Equação B.4 da Equação B.6 chegamos a
>
> $$\Delta\pi = 140\Delta Q - 20Q\Delta Q - 10(\Delta Q)^2 \qquad [B.7]$$
>
> Formando o quociente do lucro marginal $\Delta\pi/\Delta Q$, e cancelando algumas parcelas, obtemos
>
> $$\frac{\Delta\pi}{\Delta Q} = \frac{140\Delta Q - 20Q\Delta Q - 10(\Delta Q)^2}{\Delta Q}$$
> $$= 140 - 20Q - 10\Delta Q \qquad [B.8]$$
>
> Tomando o limite da Equação B.8 à medida que ΔQ se aproxima de zero, chega-se à expressão para a derivada da função de lucro da Illinois Power (Equação B.4).
>
> $$\frac{d\pi}{dQ} = \underset{\Delta Q \to 0}{\text{limite}} [140 - 20Q - 10\Delta Q]$$
> $$= 140 - 20Q \qquad [B.9]$$
>
> Se estamos interessados na derivada da função de lucro em um valor específico de Q, a Equação B.9 pode ser avaliada para este valor. Por exemplo, suponha que queremos saber o lucro marginal, ou a inclinação da função de lucro, em $Q = 3$ unidades. Substituindo $Q = 3$ na Equação B.9, chega-se a
>
> $$\text{Lucro marginal} = \frac{d\pi}{dQ} = 140 - 20(3) = \$80 \text{ por unidade}$$

Regras de diferenciação

Felizmente, não precisamos passar por este longo processo a cada vez em que queremos a derivada de uma função. Uma série de regras gerais, derivada de um modo similar ao processo aqui descrito, existe para a diferenciação dos vários tipos de funções.

Funções constantes   Uma função constante pode ser expressa como

$$Y = a \qquad [B.10]$$

onde *a* é uma constante (ou seja, *Y* é independente de *X*). A derivada de uma função constante é igual a zero:

$$\frac{dY}{dX} = 0 \qquad \text{[B.11]}$$

Por exemplo, considere a função constante

$$Y = 4$$

que está representada graficamente na Figura B.2(a). Lembre-se de que a primeira derivada de uma função (dY/dX) mede a inclinação da função. Em razão do fato de essa função constante ser uma linha reta horizontal com inclinação zero, a sua derivada (dY/dX) é, então, igual a zero.

Funções potência   Uma função potência toma a forma de

$$Y = aX^b \qquad \text{[B.12]}$$

onde *a* e *b* são constantes. A derivada de uma função potência é igual a:

$$\frac{dY}{dX} = b \cdot a \cdot X^{b-1} \qquad \text{[B.13]}$$

Um par de exemplos é usado para ilustrar a aplicação desta regra. Primeiro, considere a função

$$Y = 2X$$

que está representada graficamente na Figura B.2(b). Note que a inclinação desta função é igual a 2 e é constante por todo o alcance dos valores *X*. Aplicando a regra da função potência a este exemplo, onde $a = 2$ e $b = 1$, chega-se a

$$\frac{dY}{dX} = 1 \cdot 2 \cdot X^{1-1}$$
$$= 2X^0 = 2$$

Note que qualquer variável levada à potência zero, ou seja, X^0, é igual a 1.

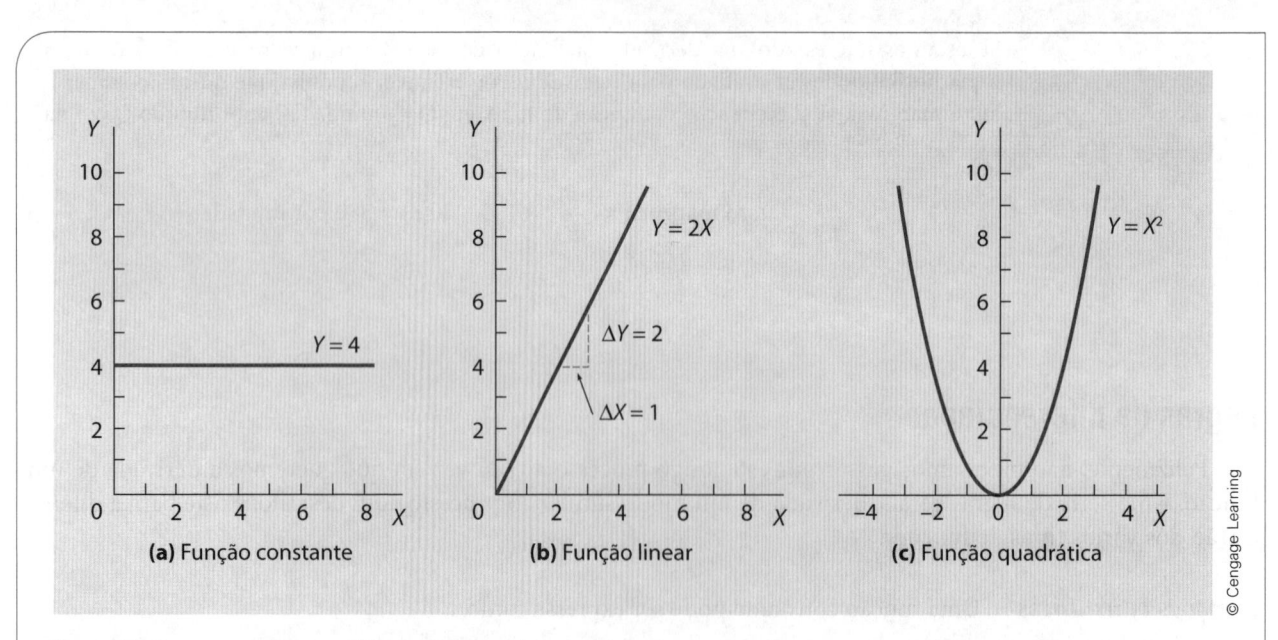

Figura B.2 Funções constante, linear e quadrática

A seguir, considere a função

$$Y = X^2$$

que está representada graficamente na Figura B.2(c). Note que a inclinação desta função varia dependendo do valor de X. A aplicação da regra da função potência a este exemplo nos leva a ($a = 1$, $b = 2$):

$$\frac{dY}{dX} = 2 \cdot 1 \cdot X^{2-1}$$
$$= 2X$$

Como podemos ver, esta função derivada (ou inclinação) é negativa quando $X < 0$, é zero quando $X = 0$, e é positiva quando $X > 0$.

Soma de funções Suponha que a função $Y = f(X)$ representa a soma de duas (ou mais) funções separadas, $f_1(X)$, $f_2(X)$, ou seja,

$$Y = f_1(X) + f_2(X) \qquad [\text{B}.14]$$

A derivada de Y com respeito a X é encontrada pela diferenciação de cada uma das funções separadas e, então, pela soma dos resultados:

$$\frac{dY}{dX} = \frac{df_1(X)}{dX} + \frac{df_2(X)}{dX} \qquad [\text{B}.15]$$

Esse resultado pode ser ampliado para a determinação da derivada da soma de qualquer número de funções.

EXEMPLO **Regras de diferenciação: maximização do lucro na Illinois Power (continuação)**

Como um exemplo da aplicação dessas regras, considere novamente a função de lucro para a Illinois Power, dada na Equação B.4:

$$\pi = -40 + 140Q - 10Q^2$$

Neste exemplo, Q representa a variável X e π representa a variável Y; ou seja, $\pi = f(Q)$. A função $f(Q)$ é a soma de *três* funções separadas: uma função constante, $f_1(Q) = -40$, e duas funções potência, $f_2(Q) = 140Q$ e $f_3(Q) - 10Q^2$. Assim, aplicando-se as regras de diferenciação chegamos a

$$\frac{d\pi}{dQ} = \frac{df_1(Q)}{dQ} + \frac{df_2(Q)}{dQ} + \frac{df_3(Q)}{dQ}$$
$$= 0 + 1 \cdot 140 \cdot Q^{1-1} + 2 \cdot (-10) \cdot Q^{2-1}$$
$$= 140 - 20Q$$

Esse resultado é o mesmo que o obtido na Equação B.9 pelo processo de diferenciação.

Funções de duas variáveis Suponha que a variável Y é igual ao produto de duas funções separadas $f_1(X)$ e $f_2(X)$:

$$Y = f_1(X) \cdot f_2(X) \qquad [\text{B}.16]$$

Neste caso, a derivada de Y com respeito a X é igual à soma da primeira função vezes a derivada da segunda, acrescida da segunda função vezes a derivada da primeira.

$$\frac{dY}{dX} = f_1(X) \cdot \frac{df_2(X)}{dX} + f_2(X) \cdot \frac{df_1(X)}{dX} \qquad [B.17]$$

Por exemplo, suponha que estamos interessados na derivada da expressão

$$Y = X^2 (2X - 3)$$

Use $f_1(X) = X^2$ e $f_2(X) = (2X - 3)$. De acordo com a regra anterior (e com as regras anteriores para a diferenciação das funções constante e potência), obtemos

$$\frac{dY}{dX} = X^2 \cdot \frac{dY}{dX} = [(2X-3)] + (2X-3) \cdot \frac{dY}{dX} [X^2]$$
$$= X^2 \cdot (2-0) + (2X-3) \cdot (2X)$$
$$= 2X^2 + 4X^2 - 6X$$
$$= 6X^2 - 6X$$
$$= 6X(X-1)$$

Quoeficiente de duas funções Suponha que a variável Y é igual ao quociente de duas funções separadas $f_1(X)$ e $f_2(X)$:

$$Y = \frac{f_1(X)}{f_2(X)} \qquad [B.18]$$

Para tal relação, a derivada de Y com respeito a X é obtida como segue:

$$\frac{dY}{dX} = \frac{f_2(X) \cdot \frac{df_1(X)}{dX} - f_1(X) \cdot \frac{df_2(X)}{dX}}{[f_2(X)]^2} \qquad [B.19]$$

Como um exemplo, considere o problema de descobrir a derivada da expressão

$$Y = \frac{10X^2}{5X - 1}$$

Usando $f_1(X) = 10X^2$ e $f_2(X) = 5X - 1$, temos

$$\frac{dY}{dX} = \frac{(5X-1) \cdot 20X - 10X^2 \cdot 5}{(5X-1)^2}$$
$$= \frac{100X^2 - 20X - 50X^2}{(5X-1)^2}$$
$$= \frac{50X^2 - 20X}{(5X-1)^2}$$
$$= \frac{10X(5X-2)}{(5X-1)^2}$$

Funções de uma função (Regra da cadeia)   Suponha que Y é uma função da variável Z, $Y = f_1(Z)$; e Z é, por sua vez, uma função da variável X, $Z = f_2(X)$. A derivada de Y com respeito a X pode ser determinada primeiro ao se achar dY/dZ e dZ/dX e, então, multiplicar as duas expressões juntas:

$$\frac{dY}{dX} = \frac{dY}{dZ} \cdot \frac{dZ}{dX}$$

$$= \frac{df_1(Z)}{dZ} \cdot \frac{df_2(X)}{dX} \qquad \text{[B.20]}$$

Para ilustrar a aplicação dessa regra, suponha que estamos interessados em encontrar a derivada (com respeito a X) da função

$$Y = 10Z - 2Z^2 - 3$$

onde Z está relacionada a X da seguinte forma:[4]

$$Z = 2X^2 - 1$$

Primeiro, encontramos (pelas regras de diferenciação acima)

$$\frac{dY}{dX} = 10 - 4Z$$

$$\frac{dY}{dX} = 4X$$

e, então,

$$\frac{dY}{dX} = (10 - 4Z) \cdot 4X$$

Substituindo-se a expressão por Z em termos de X nesta equação, chegamos a

$$\frac{dY}{dX} = [10 - 4(2X^2 - 1)] \cdot 4X$$
$$= (10 - 8X^2 + 4) \cdot 4X$$
$$= 40X - 32X^3 + 16X$$
$$= 56X - 32X^3$$
$$= 8X(7 - 4X^2)$$

Essas regras para a diferenciação de funções estão resumidas na Tabela B.1.

APLICAÇÕES DO CÁLCULO DIFERENCIAL A PROBLEMAS DE OTIMIZAÇÃO

O motivo do estudo do processo de diferenciação e das regras para a diferenciação das funções é que esses métodos podem ser usados para se encontrar soluções ótimas para muitos tipos de problemas de maximização e minimização em economia gerencial.

---

[4] Como alternativa, pode-se substituir $Z = 2X^2 - 1$ por $Y = 10Z - 2Z^2 - 3$ e diferenciar Y com respeito a X.

TABELA B.1 Resumo das regras para as funções de diferenciação

	Função	Derivada
1.	Função constante $Y = a$	$\dfrac{dY}{dX} = 0$
2.	Função potência $Y = aX^b$	$\dfrac{dY}{dX} = b \cdot a \cdot X^{b-1}$
3.	Somas das funções $Y = f_1(X) + f_2(X)$	$\dfrac{dY}{dX} = \dfrac{df_1(X)}{dX} + \dfrac{df_2(X)}{dX}$
4.	Produto de duas funções $Y = f_1(X) \cdot f_2(X)$	$\dfrac{dY}{dX} = f_1(X) \cdot \dfrac{df_2(X)}{dX} + f_2(X) \cdot \dfrac{df_1(X)}{dX}$
5.	Quociente de duas funções $Y = \dfrac{f_1(X)}{f_2(X)}$	$\dfrac{dY}{dX} = \dfrac{f_2(X) \cdot \dfrac{df_1(X)}{dX} - f_1(X) \cdot \dfrac{df_2(X)}{dX}}{[f_2(X)]^2}$
6.	Funções de uma função $Y = f_1(Z)$, onde $Z = f_2(X)$	$\dfrac{dY}{dX} = \dfrac{dY}{dZ} \cdot \dfrac{dZ}{dX}$

Problemas de maximização

Como você pode se lembrar da discussão sobre análise marginal, uma condição necessária (mas não suficiente) para se encontrar o ponto de máximo em uma curva (ou seja, os lucros máximos) é que o valor marginal ou inclinação da curva nesse ponto deve ser igual a zero. Podemos agora expressar essa condição dentro da estrutura do cálculo diferencial. Devido ao fato de que a derivada de uma função mede a inclinação ou valor marginal a qualquer ponto dado, uma condição necessária equivalente para se encontrar o valor máximo de uma função $Y = f(X)$ é que a derivada dY/dX nesse ponto deve ser igual a zero. Essa exigência é conhecida como **condição de primeira ordem** para a localização de um ou mais pontos de máximo ou de mínimo de uma função algébrica.

EXEMPLO Condição de primeira ordem: maximização do lucro na Illinois Power (continuação)

Usando a função de lucro (Equação B.4)

$$\pi = -40 + 140Q - 10Q^2$$

discutida anteriormente, podemos ilustrar como encontrar o nível de produção de maximização do lucro Q por meio dessa condição. Igualando a primeira derivada dessa função (que foi calculada antes) a zero, obtemos

$$\dfrac{d\pi}{dQ} = 140 - 20Q$$

$$0 = 140 - 20Q$$

A resolução dessa equação para Q resulta em $Q^* = 7$ unidades como o nível de produção de maximização do lucro. As funções de lucro e da primeira derivada e a solução ótima estão demonstradas na Figura B.3. Como podemos ver, os lucros são maximizados no ponto em que a função não aumenta ou diminui; em outras palavras, onde a inclinação (ou primeira derivada) é igual a zero.

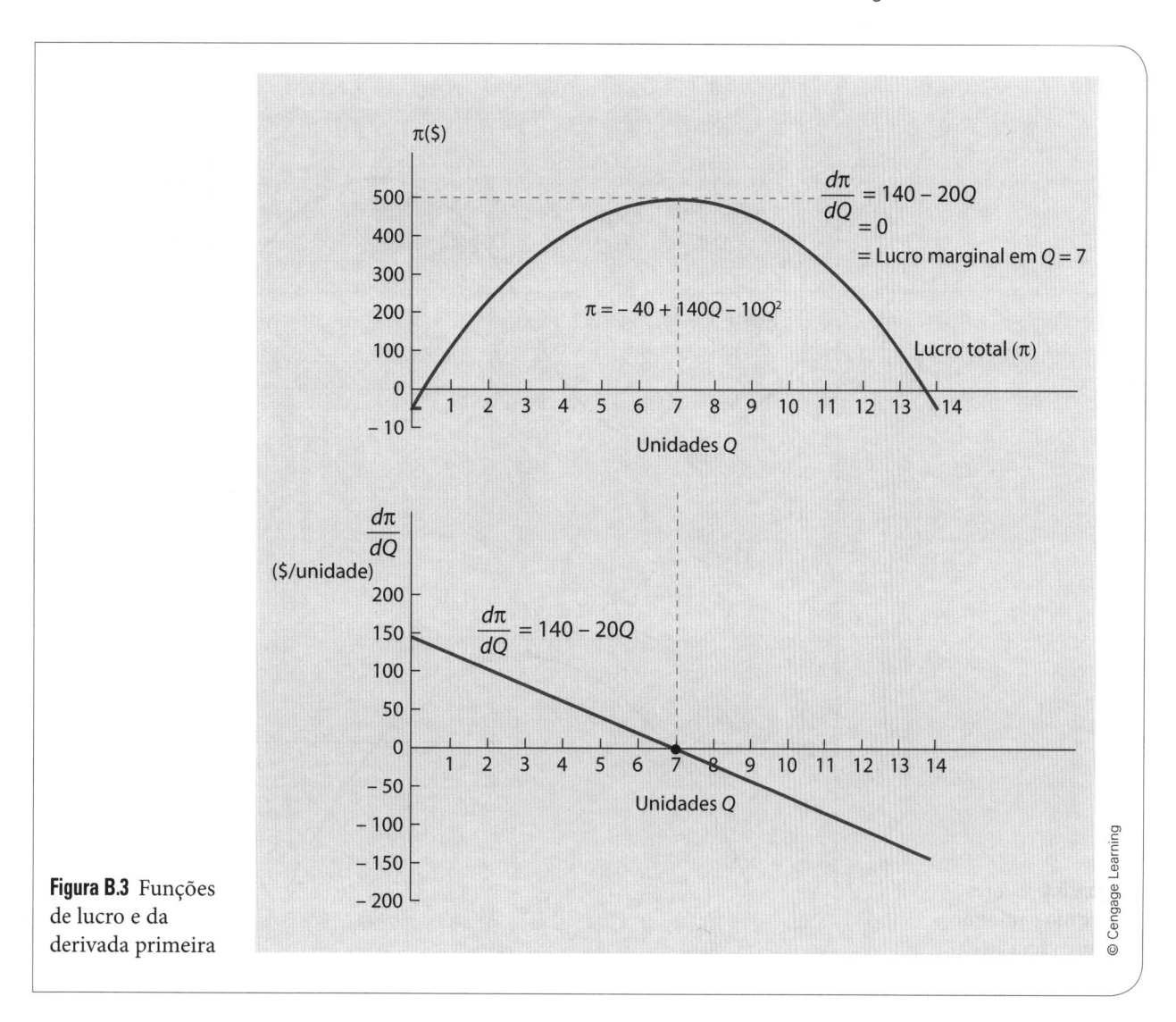

Figura B.3 Funções de lucro e da derivada primeira

Derivada segunda e a condição de segunda ordem

Calculando a derivada de uma função igual a zero e resolvendo a equação resultante em busca do valor da variável de decisão, não é garantido que será obtido o ponto em que a função assume o seu valor máximo. (Lembre-se do exemplo do *Stealth Bomber* no início do Apêndice). A inclinação de uma função em U também será igual a zero no seu ponto mais baixo e a função adotará o seu valor *mínimo* no ponto dado. Em outras palavras, igualar a derivada a zero é apenas uma condição *necessária* para se encontrar o valor máximo de uma função; não é uma condição *suficiente*. Outra condição, conhecida como condição de segunda ordem, é exigida para se saber se um ponto que foi determinado a partir da condição de primeira ordem é um ponto de máximo ou um ponto de mínimo da função algébrica.

Esta situação está ilustrada na Figura B.4. Em ambos os pontos *A* e *B*, a inclinação da função (derivada primeira, dY/dX) é zero; todavia, apenas no ponto *B* a função adota o seu valor máximo. Notamos, na Figura B.4, que o valor marginal (inclinação) está *decrescendo* de modo contínuo na proximidade do valor máximo (ponto *B*) da função $Y = f(X)$. Primeiro, a inclinação é positiva até o ponto em que $dY/dX = 0$, e, daí em diante, a inclinação se torna negativa. Assim, devemos determinar se o valor marginal da inclinação (inclinação da inclinação) está diminuindo. Para testar se o valor marginal está decrescendo, tome a derivada do valor marginal e determine se está negativa no ponto dado na função. De fato, precisamos encontrar a derivada da derivada – ou seja, a *derivada segunda* da função – e, então, testar se é menor do que zero. Formalmente, a segunda derivada da função $Y = f(X)$ é descrita como d^2Y/dX^2 e é determinada pela aplicação dás regras de diferenciação já descritas para a derivada primeira. Um *ponto máximo é obtido caso a derivada segunda seja negativa; ou seja, $d^2Y/dX^2 < 0$.*

Figura B.4 Valores máximo e mínimo de uma função

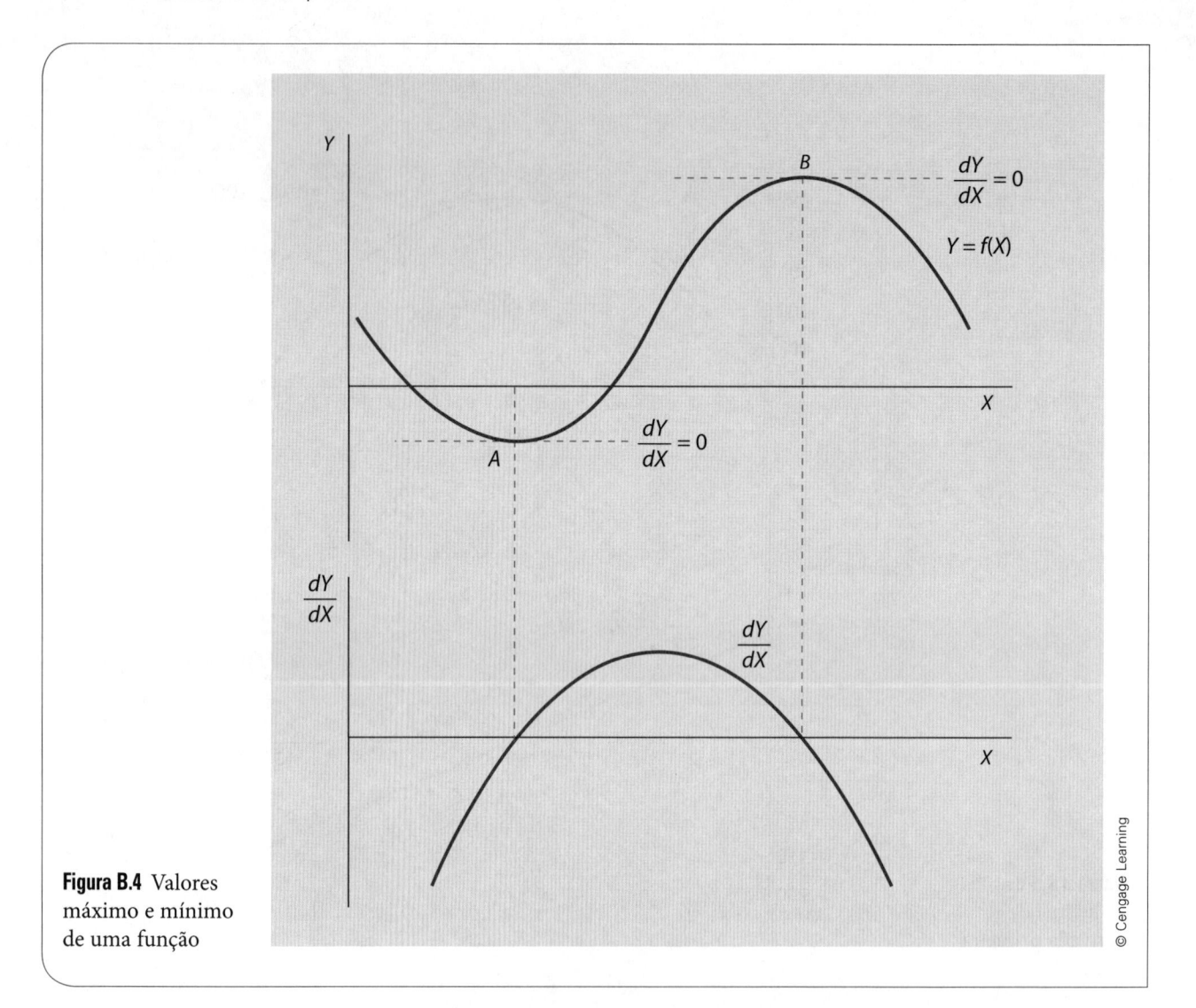

EXEMPLO Condição de segunda ordem: maximização do lucro na Illinois Power (continuação)

No exemplo sobre maximização do lucro, a derivada segunda é obtida a partir da derivada primeira, como abaixo:

$$\frac{d\pi}{dQ} = 140 - 20Q$$

$$\frac{d^2\pi}{dQ^2} = 0 + 1 \cdot (-20) \cdot Q^{1-1}$$

$$= -20$$

Como $d^2\pi/dQ^2 < 0$, sabemos que foi obtido um ponto de maximização do lucro.

Existe uma condição oposta para a obtenção do ponto em que a função adota um valor mínimo. Note, de novo, na Figura B.4, que o valor marginal (inclinação) está *aumentando* de modo contínuo na proximidade do valor mínimo (ponto A) da função Y = (X). Primeiro, a inclinação é negativa até o ponto em que $dY/dX = 0$, e, daí em diante, a inclinação se torna positiva. Assim, testamos para ver se $d^2Y/dX^2 > 0$ no ponto dado. Um *ponto mínimo é obtido caso a derivativa segunda seja positiva; ou seja, $d^2Y/dX^2 > 0$.*

Problema de minimização

Em algumas situações de tomada de decisão, a minimização do custo pode ser a meta. Como ocorre em problemas de maximização do lucro, o cálculo diferencial pode ser usado para localizar os pontos ótimos.

EXEMPLO Minimização do custo: Keyspan Energy

Suponha que estamos interessados em determinar o nível de produção que minimiza os custos totais médios da KeySpan Energy, em que a função do custo total médio pode ser aproximado pela seguinte relação (Q representa a produção):

$$C = 15 - 0{,}040Q + 0{,}000080Q^2$$

Diferenciar C com respeito a Q nos dá

$$\frac{dC}{dQ} = -0{,}040 + 0{,}000160Q$$

Estabelecendo esta derivada igual a zero e resolvendo para Q, chega-se a

$$0 = 0{,}040 + 0{,}000160Q$$
$$Q^* = 250$$

Tomando a derivada segunda, obtemos

$$\frac{d^2C}{dQ^2} = +0{,}000160$$

Como a derivada segunda é positiva, o nível de produção de Q = 250 é certamente o valor que minimiza os custos totais médios.

Resumindo, vemos que as *duas* condições são necessárias para a localização de um valor máximo ou mínimo de uma função usando o cálculo diferencial. A condição *de primeira ordem* determina o(s) ponto(s) em que a derivada primeira dY/dX é igual a zero. Após obtermos um ou mais pontos, é usada uma condição *de segunda ordem* para determinar se a função adota um valor máximo ou mínimo no(s) ponto(s) dado(s). A derivada segunda d^2Y/dX^2 indica se um ponto dado é um valor máximo ($d^2Y/dX^2 < 0$) ou valor mínimo ($d^2Y/dX^2 > 0$) da função.

DIFERENCIAÇÃO PARCIAL E OTIMIZAÇÃO MULTIVARIADA

Até aqui neste capítulo, a análise foi limitada a um critério variável Y que pode ser expresso como uma função de *uma* variável de decisão X. Todavia, muitas das relações econômicas mais usadas contêm duas ou mais variáveis de decisão. Por exemplo, uma *função de demanda* relaciona as vendas de um produto ou serviço a variáveis tais como preço, publicidade, despesas promocionais, preço de produtos substitutos e receita.

Derivadas parciais

Considere uma variável critério Y que é uma função de duas variáveis de decisão X_1 e X_2.[5]

$$Y = f(X_1, X_2) \qquad [B.21]$$

Vamos agora analisar a mudança em Y que resulta em uma dada mudança tanto em X_1 quanto em X_2. Para isolar o efeito marginal em Y de uma dada mudança em X_1 (ou seja, $\Delta Y/\Delta X_1$), devemos manter X_2 constante. Da mesma forma, se desejamos isolar o efeito marginal em Y a partir de uma dada mudança em X_2 (ou seja, $\Delta Y/\Delta X_2$), a variável X_1 deve ser mantida constante. Uma medida do efeito marginal de uma mudança em qualquer variável sobre a mudança em Y, mantendo-se constantes todas as outras variáveis da relação, é obtida da **derivada parcial** da função. A derivada parcial de Y com respeito a X_1 é escrita como $\partial Y/\partial X_1$ e é encontrada ao se aplicar as regras de diferenciação já descritas para a função $Y = f(X_1, X_2)$, onde a variável X_2 é tratada como uma constante. De modo similar, a derivada parcial de Y com respeito a X_2 é descrita como $\partial Y/\partial X_2$ e é encontrada ao se aplicar as regras de diferenciação para a função, onde a variável X_1 é tratada como uma constante.

EXEMPLO — Derivadas parciais: Indiana Petroleum Company

Para ilustrar o procedimento para a obtenção de derivadas parciais, vamos considerar a seguinte relação em que a variável do lucro, π, é uma função do nível de produção de dois produtos (óleo combustível e gasolina) Q_1 e Q_2:

$$\pi = -60 + 140Q_1 + 100Q_2 - 10Q_1^2 - 8Q_2^2 - 6Q_1 Q_2 \qquad [B.22]$$

Tratando Q_2 como uma constante, a derivada parcial de π com respeito a Q_1 é obtida:

$$\frac{\partial \pi}{\partial Q_1} = 0 + 140 + 0 + 2 \cdot (-10) \cdot Q_1 - 0 - 6Q_2$$
$$= 140 - 20Q_1 - 6Q_2 \qquad [B.23]$$

Da mesma forma, com Q_1 tratado como uma constante, a derivada parcial de π com respeito a Q_2 é igual a

$$\frac{\partial \pi}{\partial Q_1} = 0 + 0 + 100 - 0 + 2 \cdot (-8) \cdot Q_2 - 6Q_1$$
$$= 100 - 16Q_2 - 6Q_1 \qquad [B.24]$$

EXEMPLO — Derivadas parciais: função de demanda para a Pasta Dental Shield

As derivadas parciais podem ser úteis na análise da demanda, especialmente em estudos quantitativos. Suponha que a demanda para a pasta dental Shield está estimada em tubos por ano,

$$Q = 14{,}6 + 2{,}2P + 7{,}4A \qquad [B.25]$$

Cont.

---

[5] A seguinte análise não está limitada a duas variáveis de decisão. As relações contendo qualquer número de variáveis podem ser analisadas nesta estrutura.

onde Q = quantidade vendida, P = preço de venda e A = campanhas publicitárias, as derivadas parciais de Q com respeito a P e a A são

$$\frac{\partial Q}{\partial P} = -2{,}2 \quad \text{e} \quad \frac{\partial Q}{\partial A} = 7{,}4$$

Tomando outro exemplo, para a função de demanda exponencial multiplicativa

$$Q = 3{,}0 P^{-0{,}50} A^{0{,}25}$$

A derivada parcial de Q com respeito a P é

$$\frac{\partial Q}{\partial P} = 3{,}0 A^{0{,}25} (-0{,}50 P^{-0{,}50-1})$$
$$= -1{,}5 P^{-1{,}50} A^{0{,}25})$$

Da mesma forma, a derivada parcial de Q com respeito a A é

$$\frac{\partial Q}{\partial P} = 3{,}0 P^{-0{,}50} (0{,}25 A^{-0{,}25-1})$$
$$= -0{,}75 P^{-0{,}50} A^{-0{,}75})$$

Problemas de maximização

As derivadas parciais podem ser usadas para a obtenção da solução ótima para um problema de maximização ou minimização contendo duas ou mais variáveis X. Conforme as condições de primeira ordem discutidas acima para o caso de uma variável, estabelecemos *cada uma* das derivadas parciais iguais a zero e resolvemos o conjunto resultante de equações simultâneas para os valores ótimos de X.

EXEMPLO Maximização do lucro: Indiana Petroleum Company (continuação)

Suponha que estamos interessados em determinar os valores de Q_1 e Q_2 que maximizam os lucros da empresa dados na Equação B.22. Neste caso, cada uma das duas funções da derivada parcial (Equações B.23 e B.24) seriam determinadas como iguais a zero:

$$0 = 140 - 20Q_1 - 6Q_2$$
$$0 = 100 - 16Q_2 - 6Q_1$$

Esse sistema de equações pode ser resolvido para os valores de maximização do lucro de Q_1 e Q_2.[6] Os valores ótimos são $Q_1^* = 5{,}77$ unidades e $Q_2^* = 4{,}08$ unidades.[7] O lucro total ótimo é

$$\pi^* = -60 + 140(5{,}77) + 100(4{,}08) + 10(5{,}77)^2 - 8(4{,}08)^2 - 6(5{,}77)(4{,}08) = 548{,}45$$

---

6 As condições de segunda ordem para a obtenção de um máximo ou mínimo no caso de variáveis múltiplas são algo complexas. Uma discussão sobre essas condições pode ser encontrada em textos mais básicos de cálculo.
7 O Exercício 10, ao final deste apêndice, exige a determinação destes valores ótimos.

RESUMO

- A *análise marginal* é útil para a tomada de decisões sobre a expansão ou a contração de uma atividade econômica.
- O *cálculo diferencial*, que mantém uma relação próxima com a análise marginal, pode ser aplicado sempre que uma relação algébrica pode ser especificada entre as variáveis de decisão e o objetivo ou critério variável.
- A *derivada primeira* mede a inclinação ou taxa de mudança de uma função em um ponto dado e é igual ao valor limite da função marginal, à medida que o valor marginal é calculado em intervalos cada vez menores, ou seja, à medida que o intervalo se aproxima de zero.
- Várias regras estão disponíveis (ver Tabela B.1) para se encontrar a derivada de tipos específicos de funções.
- Uma condição necessária, mas não suficiente, para que se encontrem os pontos máximo ou mínimo de uma função é que a derivada primeira seja igual a zero, o que é conhecido como a *condição de primeira ordem*.
- Uma *condição de segunda ordem* é necessária para determinar se um ponto dado é um ponto máximo ou mínimo. A *derivada segunda* indica que um ponto dado é um máximo se for menor do que zero, ou um mínimo se for maior do que zero.
- A *derivada parcial* de uma função multivariada mede o efeito marginal de uma mudança em uma variável sobre o valor da função, mantendo-se constantes todas as outras variáveis.

EXERCÍCIOS

1. Defina Q como o nível de produção produzida e vendida e suponha que as funções de receita total (RT) e de custo total (CT) da empresa podem ser representadas em uma tabela como consta a seguir.
   a. Calcule as funções de receita marginal e de receita média.
   b. Calcule as funções de custo marginal e de custo médio.
   c. Em um único gráfico, plote as funções de receita total, custo total, receita marginal e custo marginal.
   d. Determine o nível de produção, no *gráfico*, que maximiza os lucros (Lucro = Receita total − Custo total), encontrando o ponto em que a receita marginal é igual ao custo marginal.
   e. Verifique o seu resultado na parte (d), encontrando o nível de produção, nas *tabelas*, desenvolvido nas partes (a) e (b) que também satisfaz a condição de que a receita marginal é igual ao custo marginal.

Produção (Q)	Receita total (RT)	Custo total (CT)	Produção (Q)	Receita total (RT)	Custo total (CT)
0	0	20	11	264	196
1	34	26	12	276	224
2	66	34	13	286	254
3	96	44	14	294	286
4	124	56	15	300	320
5	150	70	16	304	356
6	174	86	17	306	394
7	196	104	18	306	434
8	216	124	19	304	476
9	234	146	20	300	520
10	250	170			

2. Considere novamente as funções de receita total e de custo total mostradas na tabela do problema anterior.
   a. Calcule as funções de lucros total, marginal e médio.
   b. Em um único gráfico, plote as funções de lucro total e de lucro marginal.
   c. Determine o nível de produção no gráfico e na tabela, onde a função de lucro total adota o seu valor máximo.
   d. Como o resultado da parte (c) deste exercício se compara com o resultado da parte (d) do exercício anterior?
   e. Determine os lucros totais no nível de produção de maximização do lucro.

3. Diferencie as seguintes funções:
   a. $TC = 50 + 100Q - 6Q^2 + 0{,}5Q^3$
   b. $ATC = 50/Q + 100 - 6Q + 0{,}5Q^2$
   c. $MC = 100 - 12Q + 1{,}5Q^2$
   d. $Q = 50 - 0{,}75P$
   e. $Q = 0{,}40X^{1,50}$

4. Diferencie as seguintes funções:
   a. $Y = 2X^3/(4X^2 - 1)$
   b. $Y = 2X/(4X^2 - 1)$
   c. $Y = 8Z^2 - 4Z + 1$, onde $Z = 2X^2 - 1$ (diferencie Y com respeito a X)

5. Defina Q como sendo o nível de produção produzido e vendido, e suponha que a função de custo da empresa seja dada pela relação

   $TC = 20 + 5Q + Q^2$

   Ainda, suponha que a demanda pela produção da empresa seja uma função do preço P dada pela relação

   $Q = 25 - P$

   a. Defina o lucro total como a diferença entre a receita total e o custo total, e expresse em termos de Q a função do lucro total da empresa. (*Nota:* A receita total é igual ao preço por unidade vezes o número de unidades vendidas).
   b. Determine o nível de produção em que os lucros totais são maximizados.
   c. Calcule os lucros totais e o preço de venda no nível de produção de maximização do lucro.
   d. Caso os custos fixos aumentem de $20 para $25 no custo total da relação, determine os efeitos de tal aumento sobre o nível de produção de maximização do lucro e os lucros totais.

6. Use as funções de custo e de demanda do Exercício 5 para calcular o seguinte:
   a. Determine as funções de receita marginal e de custo marginal.
   b. Mostre que, no nível de produção de maximização do lucro determinado na parte (b) do exercício anterior, a receita marginal é igual ao custo marginal e ilustre o princípio econômico de que os lucros são maximizados no nível de produção onde a receita marginal é igual ao custo marginal.

7. Determine as derivadas parciais com respeito a todas as variáveis nas seguintes funções:
   a. $TC = 50 + 5Q_1 + 10Q_2 + 0{,}5Q_1Q_2$
   b. $Q = 1{,}5L^{0,60}K^{0,50}$
   c. $Q_A = 2{,}5P_A^{-1,30}Y^{0,20}P_B^{0,40}$

8. A Bounds Inc. determinou, por meio da análise de regressão, que as suas vendas (S) são uma função do valor da publicidade (medido em unidades) em duas mídias diferentes. Esta relação é dada pela seguinte equação (X = jornais, Y = revistas):

   $S(X, Y) = 200X + 100Y - 10X^2 - 20Y^2 + 20XY$

   a. Encontre o nível de publicidade em jornais e revistas que maximize as vendas da empresa.
   b. Calcule as vendas da empresa pelos valores ótimos de publicidade em jornais e revistas determinados na parte (a).

9. A Santa Fe Factory está considerando uma expansão de seu negócio de biscoitos de pinhão a varejo para outras cidades. Os proprietários da empresa não possuem os recursos necessários para realizar a expansão por conta própria e estão considerando um acordo de franquia para os novos pontos de venda. A empresa incorre em custos variáveis de $6 por meio quilo de biscoitos vendidos. Os custos fixos da operação de um ponto de venda a varejo típico são estimados como sendo de $300.000 por ano. A função de demanda de cada ponto de venda a varejo é estimada como sendo

   $P = \$50 - 0{,}001Q$

   onde P é o preço por meio quilo de biscoitos e Q é a quantidade deste meio quilo de biscoitos vendida. [*Nota:* A receita total é igual ao preço (P) vezes a quantidade (Q) vendida].
   a. Qual o preço, a produção, a receita total, o custo total e o nível de lucro total de cada franquia que vise a maximização do lucro?

b. Suponha que a franqueadora cobre de cada franqueado uma taxa igual a 5% da receita total, e recalcule os valores na parte (a).

c. A Santa Fe Factory está considerando uma estrutura de taxa de franquia fixa/variável combinada. Sob este arranjo, cada franqueado pagaria à franqueadora $25.000 acrescidos de 1% da receita total. Recalcule os valores na parte (a).

d. Qual o arranjo de taxa de franquia que você recomenda à Santa Fe Factory? Quais são as vantagens e desvantagens de cada plano?

10. Mostre que a solução ótima para se determinar as equações simultâneas no exemplo da Indiana Petroleum são $Q_1^* = 5,77$ e $Q_2^* = 4,08$.

APÊNDICE C

Tabelas

TABELA C.1 Valores da função de distribuição normal padronizada*

Z	0	1	2	3	4	5	6	7	8	9
−3,0	0,0013	0,0010	0,0007	0,0005	0,0003	0,0002	0,0002	0,0001	0,0001	0,0000
−2,9	0,0019	0,0018	0,0017	0,0017	0,0016	0,0016	0,0015	0,0015	0,0014	0,0014
−2,8	0,0026	0,0025	0,0024	0,0023	0,0023	0,0022	0,0021	0,0021	0,0020	0,0019
−2,7	0,0035	0,0034	0,0033	0,0032	0,0031	0,0030	0,0029	0,0028	0,0027	0,0026
−2,6	0,0047	0,0045	0,0044	0,0043	0,0041	0,0040	0,0039	0,0038	0,0037	0,0036
−2,5	0,0062	0,0060	0,0059	0,0057	0,0055	0,0054	0,0052	0,0051	0,0049	0,0048
−2,4	0,0082	0,0080	0,0078	0,0075	0,0073	0,0071	0,0069	0,0068	0,0066	0,0064
−2,3	0,0107	0,0104	0,0102	0,0099	0,0096	0,0094	0,0091	0,0089	0,0087	0,0084
−2,2	0,0139	0,0136	0,0132	0,0129	0,0126	0,0122	0,0119	0,0116	0,0113	0,0110
−2,1	0,0179	0,0174	0,0170	0,0166	0,0162	0,0158	0,0154	0,0150	0,0146	0,0143
−2,0	0,0228	0,0222	0,0217	0,0212	0,0207	0,0202	0,0197	0,0192	0,0188	0,0183
−1,9	0,0287	0,0281	0,0274	0,0268	0,0262	0,0256	0,0250	0,0244	0,0238	0,0233
−1,8	0,0359	0,0352	0,0344	0,0336	0,0329	0,0322	0,0314	0,0307	0,0300	0,0294
−1,7	0,0446	0,0436	0,0427	0,0418	0,0409	0,0401	0,0392	0,0384	0,0375	0,0367
−1,6	0,0548	0,0537	0,0526	0,0516	0,0505	0,0495	0,0485	0,0475	0,0465	0,0455
−1,5	0,0668	0,0655	0,0643	0,0630	0,0618	0,0606	0,0594	0,0582	0,0570	0,0559
−1,4	0,0808	0,0793	0,0778	0,0764	0,0749	0,0735	0,0722	0,0708	0,0694	0,0681
−1,3	0,0988	0,0951	0,0934	0,0918	0,0901	0,0885	0,0869	0,0853	0,0838	0,0823
−1,2	0,1151	0,1131	0,1112	0,1093	0,1075	0,1056	0,1038	0,1020	0,1003	0,0985
−1,1	0,1357	0,1335	0,1314	0,1292	0,1271	0,1251	0,1230	0,1210	0,1190	0,1170
−1,0	0,1587	0,1562	0,1539	0,1515	0,1492	0,1469	0,1446	0,1423	0,1401	0,1379
−0,9	0,1841	0,1814	0,1788	0,1762	0,1736	0,1711	0,1685	0,1660	0,1635	0,1611
−0,8	0,2119	0,2090	0,2061	0,2033	0,2005	0,1977	0,1949	0,1922	0,1894	0,1867
−0,7	0,2420	0,2389	0,2358	0,2327	0,2297	0,2266	0,2236	0,2206	0,2177	0,2148
−0,6	0,2743	0,2709	0,2676	0,2643	0,2611	0,2578	0,2546	0,2514	0,2483	0,2451
−0,5	0,3085	0,3050	0,3015	0,2981	0,2946	0,2912	0,2877	0,2843	0,2810	0,2776
−0,4	0,3446	0,3409	0,3372	0,3336	0,3300	0,3264	0,3228	0,3192	0,3156	0,3121
−0,3	0,3821	0,3783	0,3745	0,3707	0,3669	0,3632	0,3594	0,3557	0,3520	0,3483
−0,2	0,4207	0,4168	0,4129	0,4090	0,4052	0,4013	0,3974	0,3936	0,3897	0,3859
−0,1	0,4602	0,4562	0,4522	0,4483	0,4443	0,4404	0,4364	0,4325	0,4286	0,4247
−0,0	0,5000	0,4960	0,4920	0,4880	0,4840	0,4801	0,4761	0,4721	0,4681	0,4641

*Nota: Os valores da tabela indicam o valor de a probabilidade *ser menor que z* desvios padrão da média.

Nota 1: Se uma variável aleatória X não estiver na forma "padrão", seus valores precisam ser "padronizados": $z = \frac{(X - \mu)}{\sigma}$, isto é,

$$P(X \leq x) = N\left(\frac{x - \mu}{\sigma}\right)$$

Nota 2: Para $z \geq -4$, $N(z) = 0$ a 4 casas decimais; para $z \geq 4$, $N(z) = 1$ a 4 casas decimais.

TABELA C.1* Valores da função de distribuição normal padronizada (*continuação*)

Z	0	1	2	3	4	5	6	7	8	9
0,0	0,5000	0,5040	0,5080	0,5120	0,5160	0,5199	0,5239	0,5279	0,5319	0,5359
0,1	0,5398	0,5438	0,5478	0,5517	0,5557	0,5596	0,5636	0,5675	0,5714	0,5753
0,2	0,5793	0,5832	0,5871	0,5910	0,5948	0,5987	0,6026	0,6064	0,6103	0,6141
0,3	0,6179	0,6217	0,6255	0,6293	0,6331	0,6368	0,6406	0,6443	0,6480	0,6517
0,4	0,6554	0,6591	0,6628	0,6664	0,6700	0,6736	0,6772	0,6808	0,6844	0,6879
0,5	0,6915	0,6950	0,6985	0,7019	0,7054	0,7088	0,7123	0,7157	0,7190	0,7224
0,6	0,7257	0,7291	0,7324	0,7357	0,7389	0,7422	0,7454	0,7486	0,7517	0,7549
0,7	0,7580	0,7611	0,7642	0,7673	0,7703	0,7734	0,7764	0,7794	0,7823	0,7852
0,8	0,7881	0,7910	0,7939	0,7967	0,7995	0,8023	0,8051	0,8078	0,8106	0,8133
0,9	0,8159	0,8186	0,8212	0,8238	0,8264	0,8289	0,8315	0,8340	0,8365	0,8389
1,0	0,8413	0,8438	0,8461	0,8485	0,8508	0,8531	0,8554	0,8577	0,8599	0,8621
1,1	0,8643	0,8665	0,8686	0,8708	0,8729	0,8749	0,8770	0,8790	0,8810	0,8830
1,2	0,8849	0,8869	0,8888	0,8907	0,8925	0,8944	0,8962	0,8980	0,8997	0,9015
1,3	0,9032	0,9049	0,9066	0,9082	0,9099	0,9115	0,9131	0,9147	0,9162	0,9177
1,4	0,9192	0,9207	0,9222	0,9236	0,9251	0,9265	0,9278	0,9292	0,9306	0,9319
1,5	0,9332	0,9345	0,9357	0,9370	0,9382	0,9394	0,9406	0,9418	0,9430	0,9441
1,6	0,9452	0,9463	0,9474	0,9484	0,9495	0,9505	0,9515	0,9525	0,9535	0,9545
1,7	0,9554	0,9564	0,9573	0,9582	0,9591	0,9599	0,9608	0,9616	0,9625	0,9633
1,8	0,9641	0,9648	0,9656	0,9664	0,9671	0,9678	0,9686	0,9693	0,9700	0,9706
1,9	0,9713	0,9719	0,9726	0,9732	0,9738	0,9744	0,9750	0,9756	0,9762	0,9767
2,0	0,9772	0,9778	0,9783	0,9788	0,9793	0,9798	0,9803	0,9808	0,9812	0,9817
2,1	0,9821	0,9826	0,9830	0,9834	0,9838	0,9842	0,9846	0,9850	0,9854	0,9857
2,2	0,9861	0,9864	0,9868	0,9871	0,9874	0,9878	0,9881	0,9884	0,9887	0,9890
2,3	0,9893	0,9896	0,9898	0,9901	0,9904	0,9906	0,9909	0,9911	0,9913	0,9916
2,4	0,9918	0,9920	0,9922	0,9925	0,9927	0,9929	0,9931	0,9932	0,9934	0,9936
2,5	0,9938	0,9940	0,9941	0,9943	0,9945	0,9946	0,9948	0,9949	0,9951	0,9952
2,6	0,9953	0,9955	0,9956	0,9957	0,9959	0,9960	0,9961	0,9962	0,9963	0,9964
2,7	0,9965	0,9966	0,9967	0,9968	0,9969	0,9970	0,9971	0,9972	0,9973	0,9974
2,8	0,9974	0,9975	0,9976	0,9977	0,9977	0,9978	0,9979	0,9979	0,9980	0,9981
2,9	0,9981	0,9982	0,9982	0,9983	0,9984	0,9984	0,9985	0,9985	0,9986	0,9986
3,0	0,9987	0,9990	0,9993	0,9995	0,9997	0,9998	0,9998	0,9999	0,9999	1,0000

Fonte: De Chov, Statistical Analysis®. 1. ed. © 1969. Cengage Learning.

TABELA C.2 A distribuição F – 5% superiores

δ_1 \ δ_2	1	2	3	4	5	6	7	8	9	10	12	15	20	24	30	40	60	120	∞
1	161,4	199,5	215,7	224,6	230,2	234,0	236,8	238,9	240,5	241,9	243,9	245,9	248,0	249,1	250,1	251,1	252,2	253,3	254,3
2	18,57	19,00	19,16	19,25	19,30	19,33	19,35	19,37	19,38	19,40	19,41	19,43	19,45	19,45	19,46	19,47	19,48	19,49	19,50
3	10,13	9,55	9,28	9,12	9,01	8,94	8,89	8,85	8,81	8,79	8,74	8,70	8,66	8,64	8,62	8,59	8,57	8,55	8,53
4	7,71	6,94	6,59	6,39	6,26	6,16	6,09	6,04	6,00	5,96	5,91	5,86	5,80	5,77	5,75	5,72	5,69	5,66	5,63
5	6,61	5,79	5,41	5,19	5,05	4,95	4,88	4,82	4,77	4,74	4,68	4,62	4,56	4,53	4,50	4,46	4,43	4,40	4,36
6	5,99	5,14	4,76	4,53	4,39	4,28	4,21	4,15	4,10	4,06	4,00	3,94	3,87	3,84	3,81	3,77	3,74	3,70	3,67
7	5,59	4,74	4,35	4,12	3,97	3,87	3,79	3,73	3,68	3,64	3,57	3,51	3,44	3,41	3,38	3,34	3,30	3,27	3,23
8	5,32	4,46	4,07	3,84	3,69	3,58	3,50	3,44	3,39	3,35	3,28	3,22	3,15	3,12	3,08	3,04	3,01	2,97	2,93
9	5,12	4,26	3,86	3,63	3,48	3,37	3,29	3,23	3,18	3,14	3,07	3,01	2,94	2,90	2,86	2,83	2,79	2,75	2,71
10	4,96	4,10	3,71	3,48	3,33	3,22	3,14	3,07	3,02	2,98	2,91	2,85	2,77	2,74	2,70	2,66	2,62	2,58	2,54
11	4,84	3,98	3,59	3,36	3,20	3,09	3,01	2,95	2,90	2,85	2,79	2,72	2,65	2,61	2,57	2,53	2,49	2,45	2,40
12	4,75	3,89	3,49	3,26	3,11	3,00	2,91	2,85	2,80	2,75	2,69	2,62	2,54	2,51	2,47	2,43	2,38	2,34	2,30
13	4,67	3,81	3,41	3,18	3,03	2,92	2,83	2,77	2,71	2,67	2,60	2,53	2,46	2,42	2,38	2,34	2,30	2,25	2,21
14	4,60	3,74	3,34	3,11	2,96	2,85	2,76	2,70	2,65	2,60	2,53	2,46	2,39	2,35	2,31	2,27	2,22	2,18	2,13
15	4,54	3,68	3,29	3,06	2,90	2,79	2,71	2,64	2,59	2,54	2,48	2,40	2,33	2,29	2,25	2,20	2,16	2,11	2,07
16	4,49	3,63	3,24	3,01	2,85	2,74	2,66	2,59	2,54	2,49	2,42	2,35	2,28	2,24	2,19	2,15	2,11	2,06	2,01
17	4,45	3,59	3,20	2,96	2,81	2,70	2,61	2,55	2,49	2,45	2,38	2,31	2,23	2,19	2,15	2,10	2,06	2,01	1,96
18	4,41	3,55	3,16	2,93	2,77	2,66	2,58	2,51	2,46	2,41	2,34	2,27	2,19	2,15	2,11	2,06	2,02	1,97	1,92
19	4,38	3,52	3,13	2,90	2,74	2,63	2,54	2,48	2,42	2,38	2,31	2,23	2,16	2,11	2,07	2,03	1,98	1,93	1,88
20	4,35	3,49	3,10	2,87	2,71	2,60	2,51	2,45	2,39	2,35	2,28	2,20	2,12	2,08	2,04	1,99	1,95	1,90	1,84
21	4,32	3,47	3,07	2,84	2,68	2,57	2,49	2,42	2,37	2,32	2,25	2,18	2,10	2,05	2,01	1,96	1,92	1,87	1,81
22	4,30	3,44	3,05	2,82	2,66	2,55	2,46	2,40	2,34	2,30	2,23	2,15	2,07	2,03	1,98	1,94	1,89	1,84	1,78
23	4,28	3,42	3,03	2,80	2,64	2,53	2,44	2,37	2,32	2,27	2,20	2,13	2,05	2,01	1,96	1,91	1,86	1,81	1,76
24	4,26	3,40	3,01	2,78	2,62	2,51	2,42	2,36	2,30	2,25	2,18	2,11	2,03	1,98	1,94	1,89	1,84	1,79	1,73
25	4,24	3,39	2,99	2,76	2,60	2,49	2,40	2,34	2,28	2,24	2,16	2,09	2,01	1,96	1,92	1,87	1,82	1,77	1,71
26	4,23	3,37	2,98	2,74	2,59	2,47	2,39	2,32	2,27	2,22	2,15	2,07	1,99	1,95	1,90	1,85	1,80	1,75	1,69
27	4,21	3,35	2,96	2,73	2,57	2,46	2,37	2,31	2,25	2,20	2,13	2,06	1,97	1,93	1,88	1,84	1,79	1,73	1,67
28	4,20	3,34	2,95	2,71	2,56	2,45	2,36	2,29	2,24	2,19	2,12	2,04	1,96	1,91	1,87	1,82	1,77	1,71	1,65
29	4,18	3,33	2,93	2,70	2,55	2,43	2,35	2,28	2,22	2,18	2,10	2,03	1,94	1,90	1,85	1,81	1,75	1,70	1,64
30	4,17	3,32	2,92	2,69	2,53	2,42	2,33	2,27	2,21	2,16	2,09	2,01	1,93	1,89	1,84	1,79	1,74	1,68	1,62
40	4,08	3,23	2,84	2,61	2,45	2,34	2,25	2,18	2,12	2,08	2,00	1,92	1,84	1,79	1,74	1,69	1,64	1,58	1,51
60	4,00	3,15	2,76	2,53	2,37	2,25	2,17	2,10	2,04	1,99	1,92	1,84	1,75	1,70	1,65	1,59	1,53	1,47	1,39
120	3,92	3,07	2,68	2,45	2,29	2,17	2,09	2,02	1,96	1,91	1,83	1,75	1,66	1,61	1,55	1,50	1,43	1,35	1,25
∞	3,84	3,00	2,60	2,37	2,21	2,10	2,01	1,94	1,88	1,83	1,75	1,67	1,57	1,52	1,46	1,39	1,32	1,22	1,00

(*Continua*)

Tabela C.2 A distribuição F – 1% superiores (continuação)

δ_1 \ δ_2	1	2	3	4	5	6	7	8	9	10	12	15	20	24	30	40	60	120	∞
1	4052	4999,5	5403	5625	5764	5859	5928	5982	6022	6056	6106	6157	6209	6235	6261	6287	6313	6339	6366
2	98,50	99,00	99,17	99,25	99,30	99,33	99,36	99,37	99,39	99,40	99,42	99,43	99,45	99,46	99,47	99,47	99,48	99,49	99,50
3	34,12	30,82	29,46	28,71	28,24	27,91	27,67	27,49	27,35	27,23	27,05	26,87	26,69	26,60	26,50	26,41	26,32	26,22	26,13
4	21,20	18,00	16,69	15,98	15,52	15,21	14,98	14,80	14,66	14,55	14,37	14,20	14,02	13,93	13,84	13,75	13,65	13,56	13,46
5	16,26	13,27	12,06	11,39	10,97	10,67	10,46	10,29	10,16	10,05	9,89	9,72	9,55	9,47	9,38	9,29	9,20	9,11	9,02
6	13,75	10,92	9,78	9,15	8,75	8,47	8,26	8,10	7,98	7,87	7,72	7,56	7,40	7,31	7,23	7,14	7,06	6,97	6,88
7	12,25	9,55	8,45	7,85	7,46	7,19	6,99	6,84	6,72	6,62	6,47	6,31	6,16	6,07	5,99	5,91	5,82	5,74	5,65
8	11,26	8,65	7,59	7,01	6,63	6,37	6,18	6,03	5,91	5,81	5,67	5,52	5,36	5,28	5,20	5,12	5,03	4,95	4,86
9	10,56	8,02	6,99	6,42	6,06	5,80	5,61	5,47	5,35	5,26	5,11	4,96	4,81	4,73	4,65	4,57	4,48	4,40	4,31
10	10,04	7,56	6,55	5,99	5,64	5,39	5,20	5,06	4,94	4,85	4,71	4,56	4,41	4,33	4,25	4,17	4,08	4,00	3,91
11	9,65	7,21	6,22	5,67	5,32	5,07	4,89	4,74	4,63	4,54	4,40	4,25	4,10	4,02	3,94	3,86	3,78	3,69	3,60
12	9,33	6,93	5,95	5,41	5,06	4,82	4,64	4,50	4,39	4,30	4,16	4,01	3,86	3,78	3,70	3,62	3,54	3,45	3,36
13	9,07	6,70	5,74	5,21	4,86	4,62	4,44	4,30	4,19	4,10	3,96	3,82	3,66	3,59	3,51	3,43	3,34	3,25	3,17
14	8,86	6,51	5,56	5,04	4,69	4,46	4,28	4,14	4,03	3,94	3,80	3,66	3,51	3,43	3,35	3,27	3,18	3,09	3,00
15	8,68	6,36	5,42	4,89	4,56	4,32	4,14	4,00	3,89	3,80	3,67	3,52	3,37	3,29	3,21	3,13	3,05	2,96	2,87
16	8,53	6,23	5,29	4,77	4,44	4,20	4,03	3,89	3,78	3,69	3,55	3,41	3,26	3,18	3,10	3,02	2,93	2,84	2,75
17	8,40	6,11	5,18	4,67	4,34	4,10	3,93	3,79	3,68	3,59	3,46	3,31	3,16	3,08	3,00	2,92	2,83	2,75	2,65
18	8,29	6,01	5,09	4,58	4,25	4,01	3,84	3,71	3,60	3,51	3,37	3,23	3,08	3,00	2,92	2,84	2,75	2,66	2,57
19	8,18	5,93	5,01	4,50	4,17	3,94	3,77	3,63	3,52	3,43	3,30	3,15	3,00	2,92	2,84	2,76	2,67	2,58	2,49
20	8,10	5,85	4,94	4,43	4,10	3,87	3,70	3,56	3,46	3,37	3,23	3,09	2,94	2,86	2,78	2,69	2,61	2,52	2,42
21	8,02	5,78	4,87	4,37	4,04	3,81	3,64	3,51	3,40	3,31	3,17	3,03	2,88	2,80	2,72	2,64	2,55	2,46	2,36
22	7,95	5,72	4,82	4,31	3,99	3,76	3,59	3,45	3,35	3,26	3,12	2,98	2,83	2,75	2,67	2,58	2,50	2,40	2,31
23	7,88	5,66	4,76	4,26	3,94	3,71	3,54	3,41	3,30	3,21	3,07	2,93	2,78	2,70	2,62	2,54	2,45	2,35	2,26
24	7,82	5,61	4,72	4,22	3,90	3,67	3,50	3,36	3,26	3,17	3,03	2,89	2,74	2,66	2,58	2,49	2,40	2,31	2,21
25	7,77	5,57	4,68	4,18	3,85	3,63	3,46	3,32	3,22	3,13	2,99	2,85	2,70	2,62	2,54	2,45	2,36	2,27	2,17
26	7,72	5,53	4,64	4,14	3,82	3,59	3,42	3,29	3,18	3,09	2,96	2,81	2,66	2,58	2,50	2,42	2,33	2,23	2,13
27	7,68	5,49	4,60	4,11	3,78	3,56	3,39	3,26	3,15	3,06	2,93	2,78	2,63	2,55	2,47	2,38	2,29	2,20	2,10
28	7,64	5,45	4,57	4,07	3,75	3,53	3,36	3,23	3,12	3,03	2,90	2,75	2,60	2,52	2,44	2,35	2,26	2,17	2,06
29	7,60	5,42	4,54	4,04	3,73	3,50	3,33	3,20	3,09	3,00	2,87	2,73	2,57	2,49	2,41	2,33	2,23	2,14	2,03
30	7,56	5,39	4,51	4,02	3,70	3,47	3,30	3,17	3,07	2,98	2,84	2,70	2,55	2,47	2,39	2,30	2,21	2,11	2,01
40	7,31	5,18	4,31	3,83	3,51	3,29	3,12	2,99	2,89	2,80	2,66	2,52	2,37	2,29	2,20	2,11	2,02	1,92	1,80
60	7,08	4,98	4,13	3,65	3,34	3,12	2,95	2,82	2,72	2,63	2,50	2,35	2,20	2,12	2,03	1,94	1,84	1,73	1,60
120	6,85	4,79	3,95	3,48	3,17	2,96	2,79	2,66	2,56	2,47	2,34	2,19	2,03	1,95	1,86	1,76	1,66	1,53	1,38
∞	6,63	4,61	3,78	3,32	3,02	2,80	2,64	2,51	2,41	2,32	2,18	2,04	1,88	1,79	1,70	1,59	1,47	1,32	1,00

Fonte: E. S. Pearson e H. O. Hartley. *Biometrika Tables for Statisticians*, vol. 1, Table 18.

Apêndice D

Respostas para os exercícios selecionados do final dos capítulos

Capítulo 1
Caso – Projetando um contrato de incentivos gerenciais

1. US$240 milhões
7. US$167 milhões
8. US$205 milhões

Capítulo 2

3. Orçamento = US$875 milhões
5. c. F v = 0,067

Capítulo 3

2. 44%
5. P = US$90
6. a. E_D = –0,59
8. a. E_X = 1,34
   Substitutos próximos.
9. Q_{2006} = 5.169
   Q_{2007} = 3.953

Capítulo 4

3. d. r^2 = 0,885
9. a. Y' = –14,7351 + 3,9214 área + 3,5851 cômodos – 0,1181 idade – 2,8317 garagem anexa

Caso – Estimativa de demanda de refrigerantes

2. E_D = –3.38

Apêndice 4A

2. a. Y' = 1,210 + 0,838 gastos de venda, r^2 = 0,93
4. a. (i) S' = 247,644 + 0,3926 Propaganda – 0,7339 preço
   (ii) $Log(S')$ = 2,4482 + 0,7296 Log Propaganda – 0,2406 Log preço

Capítulo 5

3. b. Soma (real/previsão)/6 = 636,6%/6 = 106,1%, portanto, +6%
4. b. PIB = C + I + G = 635 + 120 + 200 = 955
7. b. Y'_{2007} = 259,03
8. a. Dezembro de 2007 = 468

Capítulo 6

1. Ambos aumentam
3. Terceirizar no exterior e comprar ativos estrangeiros
6. Queda de 15%. Paridade relativa do poder de compra.

Capítulo 7

3. b. 10 ou 11 homens
5. c. $AP_X = 6X - 0,4X^2$
7. a. 4,88%

Caso – Função de produção da Wilson Company

4. $E_K = 0{,}415$, $E_L = 1{,}078$

Capítulo 8

2. b. (US$90.000)

Caso – Análise de custo

1. US$4,55

Capítulo 9

2. a. Q^* US$574,08 (milhões)
5. a. US$30.000.000

Caso – Funções de custo

5. $Q^* = 1.675$

Caso – Decisões de operação da Charter Airline

3. Custos indiretos fixos = US$23.900

Capítulo 10

8. b. $P^* = $ US$1.220
9. b. US$900.000 em propaganda

Capítulo 11

2. c. $Q^* = 125$
3. e. $\pi^* = $ US$263.625
4. b. $P^* = $ US$60
8. a. $ROI = 14{,}2\%$
9. a. $ROI = 12{,}98\%$

Capítulo 12

2. a. $P^* = $ US$145
   $Q^*_A = 30$
5. a. $P^* = $ US$9.666,70, $Q^* = 666{,}7$
6. c. $P^* = $ US$125, $Q^* = 50$

Capítulo 13

3. b. A estratégia dominante para a AMC é "não obedecer"
5. {US$150, Combinar}, Não
6. *Mínimo* deve passar. *Mais* deve sempre atacar o *Máximo* e, sabendo disso, o *Máximo* deve sempre atacar o *Mais*. Se eles passarem, o *Mínimo* terá uma segunda oportunidade de atacar um oponente que já foi mais forte, mas que agora está enfraquecido.
8. {Atrasado, Atrasado} é um dos dois equilíbrios de Nash puros.

Capítulo 14

1. $P_{EUA} = $ US$80, $P_{EXTERIOR} = $ US$22,50
3. a. $\pi = -20 + 96Q_1 + 76Q_2$
   $-2Q_2^1 - Q_2^2$

Apêndice 14A

3. 22 assentos

Capítulo 15

3. Altas taxas de juros, grandes diretores, longo prazo, sem garantia
5. Integração vertical se a usina de energia for dependente deste tipo de carvão. Se não, contratos de fornecimento em longo prazo.

Caso – Divisão de taxas de investimento bancário em um consórcio

1. Principal subscritor = US$97 milhões
   Coadministrador do consórcio = 0
   Membro do consórcio 3 = US$1 milhão
   Membro do consórcio 4 = 0
   Membro do consórcio 5 = US$2 milhões

Apêndice 15A

4. Eletricidade, Bilhetes do Tesouro
5. US$1,3 milhão. Uso de lances abertos e rodadas múltiplas em que o lance mais alto vence e é pago.

11. O lucro esperado da Apple é US$1,5 menos ao declarar um valor menor.

Capítulo 16

3. a. *HHI* antes = 1.964. Por isso, em geral não, embora argumentos de compensação de eficiência possam surgir, já que 1.984 está abaixo do padrão de 2.500.

6. b. $\pi^* = $ US$450 milhões.

11. Coordenar em equilíbrio de Nash (Lucent Imita, Motorola Desenvolve) em uma joint venture com pagamento de pelo menos US$1 bilhão à Motorola.

Capítulo 17

2. *TIR* = 9,1%. Portanto, não.

4. b. $NCF_{10} = $ US$5.560

5. a. *TIR* = 14,94%, *VPL* = US$45.176

6. $k_e = 13,4\%$

7. b. $k_e = 13\%$

8. $k_a = 12,3\%$

9. b. Usina de energia:
$VPL_{@12\%} = -$US$22,71 milhões,
$VPL_{@5\%} = $ US$62,65 milhões

Caso – Análise de custo-benefício

1. Coeficiente *B/C* = 1,90

GLOSSÁRIO

Ações coletivas Um procedimento legal para reduzir os custos de busca e notificação de se prestar uma queixa.

Agrupamento misto Vender múltiplos produtos juntos e separadamente por menos do que a soma dos preço separados.

Alavancagem financeira Consiste na capacidade de trabalhar com recurso de terceiros (empréstimos, debêntures, ações preferenciais, entre outros) de modo a maximizar os efeitos da variação do lucro operacional (LAJIR) sobre os lucros por ação dos acionistas.

Alavancagem operacional O uso de ativos com custos fixos em um esforço para aumentar os retornos esperados.

Ameaça crível Uma estratégia condicional em que é pior ignorar o causador da ameaça do que lidar com sua implementação.

Análise custo-eficácia Uma ferramenta analítica projetada para ajudar tomadores de decisão públicos em suas decisões de alocação de recursos quando os benefícios não podem ser facilmente mensurados em termos financeiros mas os custos são monetariamente quantificados.

Análise da margem de contribuição Uma comparação entre as margens obtidas e os custos diretos fixos atribuíveis a uma decisão.

Análise de alteração de vendas no ponto de equilíbrio Um cálculo do aumento percentual das unidades vendidas necessário para justificar um desconto de preço, dada a margem de contribuição.

Análise de contribuição adicional Uma decisão gerencial adicional que analisa a mudança nos lucros operacionais (receita – custos variáveis – custos diretos fixos) disponível para cobrir os custos indiretos fixos.

Análise de custo-benefício Um modelo de alocação de recursos que pode ser usado pelo setor público e organizações sem fins lucrativos para avaliar programas ou investimentos com base na magnitude dos custos e benefícios descontados.

Análise do ponto de equilíbrio Um cálculo do nível de produção no qual as contribuições totais cobrem os custos diretos e indiretos fixos.

Análise do setor Avaliação das forças e das fraquezas de um conjunto de concorrentes ou linhas de negócios.

Análise marginal Uma base para tomar diversas decisões econômicas que analisa os benefícios adicionais (marginais) derivados de uma determinada decisão e os compara com os custos adicionais (marginais) incorridos.

Arbitragem Comprar um item barato e vendê-lo em outro lugar para obter lucro imediato.

Área de livre-comércio Um grupo de nações que concordaram em reduzir tarifas e outras barreiras comerciais.

Arrendamentos de finais fechados com valores residuais fixos Um mecanismo de compromisso crível para a limitação da intensidade de promoções de preço e da taxa de obsolescência planejada.

Árvore de jogo Um diagrama esquemático de um jogo sequencial.

Ativo com reputação não realocável Uma reputação cujo valor é perdido se for vendido ou licenciado.

Ativos de capital Um insumo durável que se deprecia com o uso, tempo e obsolescência.

Ativos dependentes Ativos duráveis pelo menos parcialmente não reimplementáveis.

Ativos específicos não reimplementáveis Ativos cuja base de custos de substituição para o valor é substancialmente maior do que seu valor de liquidação.

Auditoria da companhia Um mecanismo de governança para separar perturbações aleatórias de variações em esforços não observáveis.

Autocorrelação Um problema econométrico caracterizado pela existência de um padrão significativo nos valores sucessivos dos termos de erro em um modelo de regressão linear.

Barreiras à saída Perdas econômicas resultantes de ativos não reimplementáveis ou restrições contratuais em termos de empresas.

Benchmarking Uma comparação de desempenho em trabalhos, empresas, fábricas, divisões (e assim por diante) similares.

Bens complementares Complementos no consumo cuja demanda diminui quando o preço do produto focal aumenta.

Bens duráveis Bens que geram benefícios ao proprietário durante vários períodos futuros de tempo.

Bens não realocáveis Ativos cujo valor na segundo melhor utilização é quase zero.

Bens públicos Bens que podem ser consumidos por mais de uma pessoa ao mesmo tempo com pouco ou nenhum custo, e pelos quais é difícil ou impossível excluir aqueles que não pagam.

Bens substitutos Produtos alternativos cuja demanda cresce quando o preço do produto focal aumenta.

Cartel Um acordo formal ou informal entre empresas em um setor oligopolista que influencia questões como preços, produção total do setor, participações de mercado e divisão de lucros.

Ceteris paribus Expressão em latim para "todas as outras coisas permanecem constantes".

Cobertura interna Um balanço de compensação ou dívidas de compensação estrangeiras para flutuações em rendas estrangeiras atribuíveis ao risco cambial.

Coeficiente de custo-benefício A relação entre o valor presente dos benefícios de um projeto com programa (descontado pela taxa de desconto social) e o valor presente dos custos (igualmente descontado).

Coeficiente de determinação Uma medida da proporção da variação total na variável dependente que é explicada pela(s) variável(is) independente(s).

Coeficiente de variação A relação entre o desvio-padrão e o valor esperado. Uma medida relativa de risco.

Cointegradas Séries estocásticas com uma ordem de integração comum, exibindo a tal ponto uma relação de equilíbrio que não se afastam permanentemente uma da outra.

Complementares Empresas independentes que melhoram a proposição de valor da empresa focal.

Comportamento oportunista pós-contratual Ações que tiram vantagem das vulnerabilidades de um parceiro contratual e não são especificamente proibidas pelos termos do contrato.

Compromisso crível Uma promessa de que o promitente ficaria pior ao violar do que ao cumprir com seu compromisso.

Concessionárias de serviços públicos Um grupo de empresas, a maioria nos setores de energia elétrica, gás natural e comunicações, que é fortemente regulamentado por uma ou mais agências do governo. As agências de controle entram no negócio, determinam preços, estabelecem padrões de qualidade do produto e influenciam os lucros totais que podem ser obtidos pelas empresas sujeitas a economias de escala.

Concorrência monopolista Uma estrutura de mercado muito parecida com a concorrência pura, cuja principal distinção é a existência de um produto diferenciado.

Concorrência pura ou perfeita Uma estrutura de mercado caracterizada por um grande número de compradores e vendedores de um produto homogêneo (não diferenciado). A entrada e a saída do setor são gratuitas, ou quase sem custos. A informação é livremente disponível a todos os participantes do mercado e não há colusão entre as empresas do setor.

Condição de primeira ordem Um teste para localizar um ou mais pontos de máximo ou de mínimo de uma função algébrica.

Condição de segunda ordem Um teste para saber se um ponto determinado pela condição de primeira ordem é um ponto de máximo ou de mínimo na função algébrica.

Consolidado Um mercado relevante cujo número de empresas caiu por meio de aquisições, fusões e compras de controle acionário.

Contrato com restrições verticais Um acordo executável entre terceiros que ocorre entre os estágios de produção na cadeia de valor de um produto.

Contrato de crédito condicional total Um acordo sobre todos os possíveis eventos futuros.

Contrato de incentivos lineares Uma combinação linear entre salário e divisão de lucros que pretende aliar incentivos.

Contrato de incentivos otimizado Um acordo sobre compensações e penalidades que cria incentivos adequados.

Contratos Acordos executáveis entre terceiros projetados para facilitar trocas deferidas.

Contratos de vendas adiantadas Um acordo consensual para a troca de bens entregues no futuro por dinheiro hoje, sem a possibilidade de justificativa de desempenho.

Contratos relacionais Acordos promissórios de desempenho coordenado entre donos de ativos altamente interdependentes.

Crédito carbono Título lançado no mercado internacional, que tem como principal objetivo auxiliar na redução do aquecimento global, permite às indústrias e nações reduzirem seus índices de emissão de gases do efeito estufa por um sistema de compensação.

Curto prazo O período de tempo em que um (ou mais) recurso empregado em um processo de produção é fixo ou incapaz de ser variado.

Curva de oferta Uma relação entre preço e quantidade fornecidos por unidade de tempo, mantendo constantes outros determinantes da oferta.

Curva de penetração de vendas Uma curva em forma de S que relaciona a participação de mercado atual com a probabilidade de adoção pelo cliente-alvo seguinte, refletindo a presença de retornos crescentes.

Curva limiar de vendas Um nível de vendas antecipadas que ativa a realocação de capacidade.

Custo de capital O custo dos fundos que são fornecidos a uma empresa. O custo do capital é a taxa mínimo de retorno que deve ser obtida em novos investimentos assumidos por uma empresa.

Custo do fator marginal (CFM_L) A quantia que uma unidade adicional do insumo variável acrescenta ao custo total.

Custo marginal O aumento adicional no custo variável total que resulta de um aumento na produção de uma unidade.

Custo não recuperável Um custo incorrido independente da ação alternativa escolhida em um problema de tomada de decisão.

Custos de agência Custos associados com a resolução de conflitos de interesse entre acionistas, gestores e credores.

Custos de oportunidade O valor de um recurso em seu segundo melhor uso alternativo.

Custos fixos Os custos de insumos para o processo de produção que são constantes em curto prazo.

Custos variáveis de entrada Os custos de insumos variáveis para o processo de produção.

Dados de série temporal Uma série de observações colhidas em uma variável econômica em vários momentos diferentes.

Dados transversais Uma série de observações colhidas em diferentes unidades de observação (ex. lares, estados ou países) no mesmo período de tempo.

Derivada parcial Uma medida do efeito marginal de uma mudança em uma variável sobre o valor de uma função multivariada enquanto todas as outras variáveis se mantêm constantes.

Derivada Uma medida do efeito marginal de uma mudança em uma variável sobre o valor de uma função. Graficamente, ela representa a inclinação da função em um determinado ponto.

Desconto por volume Custo variável reduzido atribuível a pedidos de compra maiores.

Deseconomia externa de escala Um aumento nos custos unitários que reflete preços maiores de insumos.

Deseconomias de escala Custos médios totais crescentes em longo prazo à medida que o nível de produção aumenta.

Design otimizado de mecanismos Um procedimento eficiente que cria incentivos para motivar o resultado comportamental desejado.

Despesa de capital Um desembolso financeiro projetado para gerar um fluxo de benefícios financeiros futuros durante um período de tempo que se estende por mais de um ano.

Desvio-padrão Uma medida estatística da dispersão da variabilidade de possíveis resultados.

Discriminação de preço O ato de vender o mesmo bem ou serviço, distribuído em um único canal, por preços diferentes a compradores diferentes durante o mesmo período de tempo.

Doutrina de frustração de propósito Uma ilustração de regra padrão do direito contratual que pode resultar na dispensa das promessas contratuais.

Economias de escopo Economias que existem sempre que o custo da fabricação de dois (ou mais) produtos de forma conjunta por uma planta ou empresa é menor do que o custo da fabricação destes produtos separadamente.

Economias internas de escala Queda de custos médios em longo prazo à medida que a taxa de produção de um produto, instalação ou empresa aumenta.

Efeito da curva de aprendizagem Queda no custo unitário atribuível a um cumulativo maior de ciclos de produção mais longos.

Efeitos de rede Uma exceção da lei dos retornos marginais decrescentes que ocorre quando a base instalada de um produto de rede torna os esforços para adquirir novos consumidores cada vez mais produtivos.

Efeitos sazonais Variações em uma série temporal de um ano que tendem a surgir regularmente a cada ano.

Eficiência de produção geral Uma medida de eficiência distributiva e técnica.

Eficiência distributiva Uma medida de como a produção alcança o mix de insumos ou processos com custos mínimos, dado o nível desejado de produção.

Eficiência técnica Uma medida de como a produção alcança o resultado potencial máximo, dado o mix de insumos ou processos.

Elasticidade-preço cruzada A relação entre o percentual de variação da quantidade demandada do Bem A e o percentual de variação do preço do Bem B, supondo que todos os outros fatores que influenciam a demanda permaneçam inalterados.

Elasticidade-preço da demanda A relação entre a porcentagem de variação da quantidade demandada e a porcentagem de variação do preço, supondo que todos os outros fatores que influenciam a demanda se mantenham inalterados.

Elasticidade-renda A relação entre a variação percentual da quantidade demandada e a variação percentual da renda, supondo que todos os outros fatores que influenciam a demanda permaneçam inalterados (*ceteris paribus*).

Empresa maquiladora Linha de montagem estrangeira no México que importa e monta componentes livres de impostos para exportação e permite que seus proprietários paguem impostos apenas sobre o valor agregado.

Entidades sem fins lucrativos Entidade com objetivos e ideais comuns de natureza não econômica, como, social, ambiental, cultural etc., o que não significa que não possa vender produtos ou prestar serviços, bem como, apurar resultados positivos.

Equilíbrio agregativo Uma estrutura de decisão que produz um comportamento indistinguível.

Equilíbrio separador Uma estrutura de decisão que produz um comportamento distinguível.

Erro-padrão da estimativa O desvio-padrão do termo de erro em um modelo de regressão.

Escala eficiente mínima (EEM) A menor escala na qual os custos mínimos por unidade são alcançados.

Especificidade do ativo A diferença de valor entre a primeira e a segunda melhor utilização.

Especulação Comprar um item barato e vendê-lo mais tarde para obter lucro atrasado (ou prejuízo).

Estimativas Uma estimativa de valor feita por um especialista independente.

Estratégia baseada em custos Uma estratégia de nível empresarial que depende de operações, marketing ou distribuição de baixo custo.

Estratégia de diferenciação de produto Uma estratégia de nível empresarial que se baseia nas diferenças de produtos ou processos que afetam o valor percebido pelo consumidor.

Estratégia de equilíbrio de Nash Um conceito de equilíbrio para jogos com estratégia não dominante.

Estratégia de equilíbrio perfeito de subjogo Um conceito de equilíbrio para jogos sequenciais não cooperativos.

Estratégia de gatilho de mão trêmula Um mecanismo de punição que perdoa erros aleatórios e falhas de comunicação.

Estratégia de tecnologia de informação Uma estratégia de nível empresarial que conta com recursos de TI.

Estratégia do gatilho sinistro Uma estratégia hipersensível que envolve esquemas de punição infinitamente longos.

Estratégia dominante reiterada Uma regra de leilão que maximiza o interesse próprio à luz do comportamento previsível da estratégia dominante de outros jogadores.

Estratégia dominante Uma regra de leilão que maximiza o bem-estar do tomador de decisão independente das ações dos outros jogadores.

Estratégia *maximin* Um critério para selecionar ações que minimizem perdas absolutas.

Estratégia mista de equilíbrio de Nash Um conceito de equilíbrio estratégico que envolve comportamento aleatório.

Exposição ao risco de operação Uma mudança no fluxo monetário de vendas domésticas ou estrangeiras, resultante de flutuações cambiais.

Exposição ao risco de transação Uma mudança no fluxo de caixa resultante de compromissos contratuais para pagar ou receber moeda estrangeira.

Exposição ao risco de translação Um ajuste contábil no valor da moeda doméstica de ativos ou passivos externos.

Externalidade pecuniária Um excedente que é refletido em preços e, portanto, resulta em nenhuma ineficiência.

Externalidade recíproca Um excedente que resulta de usos competitivos incompatíveis.

Externalidade Um excesso de benefícios ou custos de uma produção ou função de serviço público a outra.

Fidelidade à marca Uma regra de seleção dos consumidores favorável para as empresas consolidadas.

Flexibilização quantitativa Política monetária de expansão que foca em vínculos de longo prazo e títulos hipotecários.

Forma normal do jogo Uma representação das compensações em um jogo simultâneo.

Fragmentado Um mercado relevante cujas participações de mercado são uniformemente pequenas.

Função de demanda Uma relação entre a quantidade demandada por unidade de tempo e todos os determinantes da demanda.

Função de oferta Uma relação entre a quantidade ofertada e todos os determinantes da oferta.

Função de produção Cobb-Douglas Um tipo particular de modelo matemático, conhecido como função exponencial multiplicativa, usado para representar a relação entre os insumos e a produção.

Função de produção Um modelo matemático, planilha ou gráfico que relaciona a quantidade máxima exequível de produção que pode ser obtida a partir de determinadas quantidades de insumos variados.

Gestão de receita Um processo multifuncional de aceitação e recusa de pedidos.

Governança corporativa Sistema pelo qual as empresas e demais organizações são dirigidas, monitoradas e incentivadas. Envolve e compromete todos os sócios e gestores na adoção de princípios que possam preservar e otimizar o valor econômico e social da instituição a longo prazo.

Grau de alavancagem operacional (GAO) A variação percentual dos lucros de uma empresa antes dos juros e do imposto de renda (LAJIR) resultante de uma determinada variação percentual nas vendas ou na produção.

Heterocedasticidade Um problema econométrico caracterizado pela falta de uma variância uniforme dos termos de erro que circundam a linha de regressão.

Importação paralela A compra de um produto estrangeiro para exportação em um país para revenda do mesmo como importação não autorizada em outro país.

Indenizações por danos de expectativa Um recurso para quebra de contrato designado para obter precaução e confiança eficientes em promessas.

Índice de Herfindahl-Hirschman Uma medida de concentração de mercado igual à soma dos quadrados das participações de mercado das empresas em um determinado setor.

Indução retroativa Pensar em ordem temporal reversa.

Informação incompleta Conhecimento incerto de compensações, opções e outros fatores.

Informações assimétricas Conhecimento desigual.

Insumos Um recurso ou fator de produção, como uma matéria prima, habilidade de trabalho ou parte de um equipamento, que é empregado em um processo de produção.

Intervenções esterilizadas Transações bancárias importantes no mercado monetário estrangeiro, acompanhadas por transações de compensação iguais no mercado de obrigações do governo, numa tentativa de alterar taxas de juros de curto prazo sem afetar a taxa cambial.

Isoquanta de produção Uma função algébrica ou uma curva geométrica que representa todas as várias combinações de dois insumos que podem ser usadas para obter um determinado nível de produção.

Jogo cooperativo Estruturas de jogos que permitem a formação de coalizões, pagamentos paralelos e acordos vinculativos de terceiros.

Jogo de duas pessoas e total zero Jogo no qual os ganhos líquidos de um jogador implicam necessariamente perdas líquidas iguais para o outro jogador.

Jogo de estratégia Uma situação de tomada de decisão com um comportamento consciente interdependente entre dois ou mais participantes.

Jogo sequencial Um jogo com uma ordem explícita de jogadas.

Jogo simultâneo Um jogo de estratégia no qual os jogadores precisam escolher suas ações simultaneamente.

Jogos infinitamente repetidos Um jogo que dura para sempre.

Jogos não cooperativos Estruturas de jogos que proíbem a colusão, pagamentos paralelos e acordos vinculativos de terceiros.

Lei da vantagem comparativa Princípio que defende o livre-comércio e a especialização em concordância com o menor custo relativo.

Leilão de valor comum Leilão em que os participantes têm avaliações idênticas quando a informação está completa.

Leilão de valor privado Leilão em que os ofertantes têm avaliações diferentes mesmo quando a informação está completa.

Leilão de Vickrey Um mecanismo de revelação compatível com incentivos para obter lances selados iguais ao valor privado.

Leilão holandês Um leilão com preço descendente.

Leilão inglês Um leilão com preço ascendente.

Lemons markets Troca de informações assimétricas leva a um cenário em que produtos e serviços de baixa qualidade afastam produtos ou serviços de alta qualidade.

Liderança de preços Uma estratégia de precificação seguida em muitos setores oligopolistas. Uma empresa normalmente anuncia todas as novas mudanças de preço. Por meio de um acordo explícito ou implícito, outras empresas do setor seguem regularmente as mudanças de preço de um líder do setor.

Longo prazo O período de tempo em que todos os recursos empregados em um processo de produção podem ser variados.

Loteria estratificada Um mecanismo randomizado para alocar capacidade escassa entre segmentos de demanda.

Lucro econômico A diferença entre receita total e custo econômico total. Custo econômico inclui uma taxa "normal" de retorno das contribuições de capital dos parceiros da empresa.

Maldição do vencedor Preocupação com o pagamento em excesso ao dar o lance mais alto em um leilão.

Margem bruta de lucro Receita menos a soma dos custos variáveis e custos diretos fixos, também conhecida como custos diretos de bens vendidos na manufatura.

Margem de contribuição A diferença entre preço e custo variável por unidade.

Mecanismo de garantia Uma troca de ativos que vale mais para quem oferece a garantia do que ao seu receptor, com o objetivo de estabelecer credibilidade de ameaças ou compromissos.

Mecanismo de revelação compatível com incentivos Um procedimento para obter revelações reais de informações mantidas de forma privada de agentes com interesses conflitantes.

Mecanismos de governança Processos para detectar, resolver e reduzir o oportunismo pós-contratual.

Mecanismos de vinculação Um procedimento para estabelecer confiança ao prometer um valioso contingente no caso do não cumprimento de um acordo.

Mercado concentrado Um mercado relevante em que a maioria das vendas totais ocorre nas quatro maiores empresas.

Mercado disputado Um setor com entrada excepcionalmente aberta e saída fácil, em que os participantes têm reações lentas.

Mercados maduros É definido quando a demanda cresce de forma lenta e torna nivela-se de forma quase automática após atingir certo patamar.

Mercado relevante Um grupo de empresas que pertence ao mesmo grupo estratégico de concorrentes.

Modelo de avaliação de dividendos Um modelo (ou fórmula) que declara que o valor de uma empresa (isto é, a riqueza do acionista) é igual ao valor presente dos futuros pagamentos de dividendos da empresa, descontados pela taxa de retorno exigida pelo acionista. É um método para estimar o custo de capital próprio de uma empresa.

Monopólio natural Um setor no qual a eficiência econômica máxima é obtida quando a empresa produz, distribui e transmite toda a commodity ou serviço produzidos naquele setor. A produção de monopolistas naturais geralmente é caracterizada por retornos crescentes à escala ao longo da variedade relevante de produção.

Monopólio Uma estrutura de mercado caracterizada por uma empresa que fabrica um produto altamente diferenciado em um mercado com barreiras significativas para a entrada.

Multicolinearidade Um problema econométrico caracterizado por um alto grau de intercorrelações entre variáveis explicativas em uma equação de regressão.

Nível de autorização Capacidade com venda autorizada em segmentos com margens mais baixas.

Nível de proteção Capacidade reservada para venda em segmentos com margens mais altas.

Oligopólio Uma estrutura de mercado na qual o número de empresas é tão pequeno que as ações de qualquer uma das empresas provavelmente terão impactos notáveis sobre o desempenho das outras empresas do setor.

Orçamento de capital O processo de planejamento e avaliação de gastos de capital.

Overbooking ótimo Uma técnica de análise marginal para equilibrar o custo da capacidade ociosa (spoilage) em relação ao custo de oportunidade da demanda não atendida (spill).

Pagamentos contingentes Uma tabela de preços condicionada aos resultados de futuros eventos incertos.

Paradoxo de cadeia de lojas Uma previsão de comportamento sempre acomodatício de empresas estabelecidas que enfrentam ameaças de entrada.

Paridade do poder de compra relativa Uma relação entre taxas de inflação diferenciais e tendências em longo prazo de taxas cambiais.

Patente Uma concessão governamental legal de poder de monopólio que evita que outros fabriquem ou vendam um artigo patenteado.

Ponto focal conspícuo Um resultado que atrai cooperação mútua.

Precificação de congestionamento Uma taxa que reflete o verdadeiro custo marginal imposto pela demanda em excesso de capacidade.

Precificação dinâmica Um preço que varia com o tempo com base no equilíbrio da demanda e da oferta, geralmente associado com vendas pela Internet.

Precificação no ciclo de vida Precificação que varia ao longo do ciclo de vida do produto.

Precificação para retorno do investimento Um método de precificação no qual um lucro esperado, definido como a taxa de lucro desejada pelo investimento x ativos operacionais brutos totais, é alocado para cada unidade de produção para chegar a um preço de venda.

Precificação por custo total Um método para determinar preços que cubram as despesas gerais e outros custos indiretos fixos, bem como os custos variáveis e os diretos fixos.

Preços de reserva O preço máximo que um consumidor vai pagar para reservar um produto ou serviço até seu próprio uso.

Principais habilidades Expertise baseada em experiência ou conhecimentos sobre os quais uma companhia pode focar sua estratégia.

Probabilidade A chance percentual de um determinado resultado ocorrer.

Problema de identificação Uma dificuldade encontrada ao estimar empiricamente uma função de demanda por análise de regressão. Esse problema surge da relação simultânea entre duas funções, como oferta e demanda.

Problema de resolução Uma falha de cooperação em jogos com duração finita.

Problema do principal-agente Um conflito de incentivos ao delegar a autoridade de tomada de decisões.

Problema do risco moral Um problema de oportunismo pós-contratual que surge de um desempenho contratual não verificável ou não observável.

Processo de produção Uma relação de produção com proporções fixas.

Produção ótima para um determinado tamanho de instalação Taxa de produção que resulta na média de custo total mais baixa para um determinado tamanho de instalação.

Produto marginal Variação incremental no produto total que pode ser obtido pelo uso de uma ou mais unidades de um insumo em um processo de produção (enquanto todas as outras entradas se mantêm constantes).

Produto médio A relação entre a produção total e a quantidade de insumos variáveis usados para obter o produto.

Produtos de experiência Produtos e serviços cuja qualidade não é detectável no momento da compra.

Produtos de pesquisa Produtos e serviços cuja qualidade pode ser detectada através de pesquisa de mercado.

Proposição de valor Uma declaração da(s) fonte(s) específica(s) de valor percebido, o(s) criador(es) de valor, para clientes em um mercado-alvo.

Quebra de contrato eficiente Um conjunto de procedimentos compatíveis com incentivos para indenizar danos de expectativas em processos de quebra de contrato.

Raciocínio de jogo final Uma análise da decisão final em um jogo sequencial.

Racionamento aleatório Uma regra de seleção dos consumidores que reflete o comportamento de compra aleatório.

Racionamento com intensidade inversa Uma regra de seleção dos consumidores que afirma que consumidores com baixa disposição a pagar absorvem a capacidade de entrantes com preços baixos.

Racionamento eficiente Uma regra de seleção dos consumidores na qual a alta disposição a pagar absorve a capacidade de entrantes com preços baixos.

Reação de melhor resposta Uma ação que maximiza o interesse próprio a partir de opções viáveis.

Receita marginal A mudança na receita total que resulta de uma alteração unitária na quantia demandada.

Receita marginal do produto (RMP_L) A quantia que uma unidade adicional do insumo de produção variável acrescenta à receita total; também conhecido como valor marginal adicionado.

Relação de confiança autoaplicável Um acordo não contratual mutuamente benéfico.

Relações de confiança Acordos mutuamente benéficos de longo prazo, geralmente informais.

Rendimento máximo sustentável (RMS) A maior extração de produção que pode ser obtida pelo estoque de recursos de forma permanente.

Rendimentos em escala O aumento proporcional em uma produção que resulta de um determinado aumento proporcional em *todos* os insumos empregados no processo de produção.

Resistência estratégica Um negociador que tem demandas irracionais no fim de um processo de consentimento unânime.

Restrição de compatibilidade de incentivos Uma garantia de alinhamento de incentivos.

Restrição de participação Uma garantia de envolvimento contínuo.

Resultados focais de interesse Compensações envolvidas em uma análise de estratégia de equilíbrio.

Rigidez de custo Uma medida de custos fixos a totais correlacionada com margens de lucro brutas.

Riqueza dos acionistas Uma medida do valor de uma empresa. A riqueza do acionista é igual ao valor das ações de uma companhia, que, por sua vez, é igual ao valor presente de todos os retornos de caixa esperados para serem gerados no futuro pela empresa em benefício de seus proprietários.

Risco empresarial A variabilidade ou incerteza inerentes dos lucros operacionais de uma empresa (lucros antes dos juros e imposto de renda).

Risco Uma situação de tomada de decisão na qual existe uma variabilidade nos possíveis resultados, e as probabilidades desses resultados podem ser especificadas pelos tomadores de decisão.

Seleção adversa Uma escolha limitada de alternativas de baixa qualidade atribuível às informações assimétricas.

Sinalização de preços Uma comunicação de planos de mudança de preços proibida pelas leis antitruste

Skimming de preço Uma estratégia de precificação de um produto novo que resulta em um preço inicial alto que será reduzido com o tempo, à medida que a demanda no preço mais alto seja satisfeita.

Slippery slope Uma tendência de guerras de atrito para gerar perdas mútuas que pioram ao longo do tempo.

Spill (rejeição) Pedidos confirmados que não podem ser atendidos.

Spoilage (desperdício) Produção perecível que não é vendida.

Stockout (falta de estoque) Demanda maior do que a capacidade disponível.

Tamanho de instalação ótimo para uma determinada taxa de produção Tamanho de instalação que resulta na média de custo total mais baixa para uma determinada produção.

Tamanho de instalação ótimo Tamanho de instalação que obtém a menor média de custo total em longo prazo.

Taxa de concentração de mercado Porcentagem de produção total do setor gerada pelas 4, 8, 20 ou 50 maiores companhias.

Taxa de desconto social A taxa de desconto usada ao avaliar benefícios e custos de investimentos do setor público.

Taxa interna de retorno (TIR) Taxa de desconto que iguala o valor presente do fluxo de caixa líquido de um projeto com seu investimento líquido.

Taxa marginal de substituição técnica (TMST) A taxa à qual um insumo pode ser substituído por outro para obter uma determinada quantidade de produção

Técnica de custo da engenharia Um método para estimar funções de custo derivando a combinação com menor custo de mão de obra, equipamento capital e matéria prima necessários para obter vários níveis de produção, usando somente informações de engenharia industrial.

Técnica do sobrevivente Um método para estimar funções de custo a partir das parcelas de produção do setor provenientes de cada classe de porte com o tempo. Supõe-se que as classes de porte cujas produções do setor são crescentes (decrescentes) com o tempo se tornem relativamente eficientes (ineficientes) e tenham custos médios mais baixos (altos).

Tendência secular Mudanças a longo prazo (crescimento ou declínio) em uma variável econômica de série temporal.

Teorema de Coase Uma previsão sobre o surgimento de negociações voluntárias privadas em externalidades recíprocas com custos de transação baixos.

Teorema de Folk Uma conclusão sobre cooperação em um Dilema do Prisioneiro repetido.

Teoria do prospecto Uma base para a formulação de uma hipótese de que a satisfação ao se evitar perdas excede a da antecipação de ganhos futuros de igual valor.

Teoria dos jogos Uma teoria de tomada de decisão interdependente feita pelos participantes de uma situação de conflito de interesse ou oportunidade de colaboração.

Termos de troca reais Comparação de custos relativos de produção entre economias.

Transação de mercado spot Uma troca instantânea e única de bens tipicamente padronizados entre compradores e vendedores anônimos.

Utilidade marginal O valor de uso obtido a partir da última unidade consumida.

Valor de uso A diferença entre o valor que os consumidores dão para as funções, economia de custos e relações atribuíveis de um produto ou serviço e os custos do ciclo de vida para adquirir, manter e descartar este produto ou serviço.

Valor de uso marginal Valor adicional do consumo de mais uma unidade; quanto maior a utilização, menor o valor de uso restante.

Valor em risco A noção de valor de uma transação exposta à apreciação ou depreciação por causa do risco cambial.

Valor esperado A média ponderada dos possíveis resultados, onde os pesos são as probabilidades dos respectivos resultados.

Valor marginal adicionado O aumento na receita acrescentado por um estágio de produção ou serviço.

Valor presente líquido (VPL) Valor presente dos fluxos de caixa líquidos resultantes de um projeto, descontados pela taxa de retorno exigida (custo de capital), menos o investimento líquido do projeto.

Valor presente O valor atual de uma quantidade futura de dinheiro ou de uma série de futuros pagamentos avaliado com base na taxa de desconto adequada.

Vantagem do custo absoluto Comparação de custos nominais em duas locações, empresas ou economias.

Vantagens competitivas sustentáveis Características difíceis de imitar de processos ou produtos de uma companhia.

Variações cíclicas Grandes expansões e contrações em uma série econômica que geralmente duram mais do que um ano.

Versionamento Uma estratégia de implantação de novos produtos para encorajar a adoção precoce com preços mais altos.

ÍNDICE REMISSIVO

A

ABC, rede, 542
Abegglen, James, 273
Ação coletiva, 568, 581
Ações, 54
    biotecnologia, 54
    deferidas, 13
    mercados emergentes, 54
    restritas, 13
Accord (veículos), 4-5, 6
Acionistas, e compensação pelo desempenho de executivos, 12-13
Aço, 173-174, 193, 197, 198, 203, 204
Acordo
    de manutenção de preço de revenda, 575
    de venda casada, 573-574
Acordo de Livre Comércio da América do Norte (North American Free Trade Agreement – Nafta), 36, 200-207
    barreiras comerciais de tarifa, 203
    custos de mão de obra e, 36
    e montadoras de automóveis, 36
    elasticidade-preço da demanda, 80-81
    exportações, 202-204
    membros do, 194
    moeda única no, 202
    vs. União Europeia, 204-205
Acordo Geral de Tarifas e Comércio (Gatt – General Agreement on Tariffs and Trade), 80, 586
Administradores
    problema do risco moral, 6-7
    responsabilidades dos, 5-6
Adobe Systems, 519
Advanced Micro Devices (AMD), 354, 425-426, 546, 557
Aerotek, 401-402
Agências regulatórias, 576
Airbus, 176, 178, 197, 199, 200, 285, 293, 382
Alavancagem operacional, 298
Alisamento exponencial, 141-143
    de primeira ordem, 141-143
    exemplo da Walker Corporation, 141, 143
Allstate Insurance, 312
Alocação de recursos, 10
    análise marginal e, 40
Alta alavancagem financeira (LBO – *leveraged buyout*), 12

Altria, 404
Aluguel de carros, 64-65
Amazon.com, 325, 490
AMD, 425-426
Ameaça
    crível, 437
    de substitutos, 315-316
América do Sul, 166, 193
American Airlines, 28, 313, 399, 427, 502
American International Group (AIG), 578
Amgen, Inc., 14
Amoco, 182, 207
Análise(s)
    da alteração de vendas no ponto de equilíbrio, 321
    da variância, 105, 110
    de contribuição incremental, 487-489
    de correlação, 92
    de sensibilidade, 5
    do setor, 311-312
    estocástica de série temporal, 150-152
    input-output, 153
    investigativas de novas drogas, 14
Análise custo-benefício, 608-609
    de benefícios diretos, 613
    de custos diretos, 613
    de nível de programas, 610
    decisões de aceitar-rejeitar, 609
    definição, 19, 608
    etapas na, 610-611
    gráfico esquemático da, 611
    indiretos e intangíveis, 613
    limitações, 612
    objetivos, 612
Análise custo-eficácia
    definição, 614-615
    estudos de custo mínimo, 615
    estudos de nível do objetivo, 615
Análise de custo
    avaliação do estoque, 261-262
    custos irrecuperáveis de instalações subutilizadas, 262
    medida de custos de depreciação, 259-261
    visão geral, 257
Análise de contribuição
    definição, 296
    e composição de custos operacionais, 298
    e incerteza, 296

    e produtos múltiplos, 296
    inconsistência do horizonte de planejamento da, 296
    limitações da, 298
    vs. análise do ponto de equilíbrio, 297
Análise de investimento
    análise custo-benefício, 608-611
    análise custo-eficácia, 614-615
    custo de capital, 604-610
    despesa de capital, 597
    orçamento de capital, 598-604
    taxa de desconto, 614
Análise de regressão, 92
    múltipla, 284
Análise de tendência determinística
    componentes de uma série temporal, 131-132
    dados de séries temporais, 131
    dados em cortes transversais, 131
    modelos de séries temporais, 132-138
    tendências seculares, 133-136
    variações sazonais, 136-138
Análise do ponto de equilíbrio
    definição, 292-293
    e composição de custos operacional, 298
    e incerteza, 296
    e produtos múltiplos, 296
    e risco inerente, 300
    gráfico linear, 293-294
    inconsistência do horizonte de planejamento, 296
    limitações da, 296
    margem de contribuição, 295
    método algébrico, 293-294
    método gráfico, 293
    vs. análise de contribuição, 297-298
Análise marginal
    alocação de recursos, 40-41
    decisões de orçamento de capital, 41-42
    definição, 40
    estaleiro Tenneco e, 40-41
    Mini Cooper vs. Chevy Volt, 42-43
    Sara Lee Corp. e, 41-42
Analog Inc., 552
Andino, grupo 193
Apple, lojas, 10
Apólices de seguros, 343
Apple Computer, 10, 174, 184, 200, 208, 308-309, 356-358, 436, 490, 553-554, 555-556, 588, 590
Apple iTunes, 76

Arábia Saudita
    preço de petróleo bruto, 254-255, 393-394
    produção de petróleo bruto, 254-256, 394-395
Aramco, 390
Arbitragem, 179, 187-189
Archer Daniels Midland (ADM), 387
Áreas de livre comércio
    monetárias ótimas, 200-201
    choques macroeconômicos correlacionados com, 202
    comércio intrarregional, 201
    definição, 200-201
    mobilidade do trabalho, 201-202
    Nafta, 200-206
    União Europeia, 200-203
    valor em risco, 201
Argentina, 193
Arrendamentos de final fechado com valores residuais fixos, 445
Artes cênicas, 18
Árvore
    de decisão, 432
    de jogo, 432
Asian-Pacific Economic Cooperation (APEC), 194
Assistentes pessoais digitais (PDAs – *personal digital assistants*), 588
AstraZeneca, 318, 587
Ativos
    com reputação não realocável, 438
    de capital, 259
    dependentes, 523
    dissolução de, 532-534
    especificidade dos, 347
    específicos não reimplementáveis, 523
    não reutilizáveis, 346-347, 452-454
Atlantic Cement Co., Inc., 581-582
Auditoria da companhia, 518
Aumento do retorno/rendimento, 199
    com efeitos de rede, 224, 355-358
    e função do produto total (PT), 225-226
    e serviços de informação, 255
    no Blu-ray da Sony, 224
    no Microsoft Windows, 224
Autocorrelação, 117-120
    definição, 117
    negativa, 117, 118
    positiva, 117, 118
Avaliação do estoque, 261-262
Aventis, 577
Aviões
    comerciais, 381, 384
    de grande porte, 285
Avis, 384

B

Balanço de pagamentos, 177, 207-208
Baltimore Orioles, 503
Bananas, 197
Banco Central da Philadelphia, 150
Banco do Japão, 178
Banco Mundial, 196
Bancos, eficiência técnica e alocativa, 239
Barreira à entrada, 316-319, 565
    e compromisso de preço incumbente, 436-437
    excesso de capacidade como ameaça crível, 452
    insights táticos sobre bolas de neve, 459-460
    pré-compromissos com ativos não-reutilizáveis, 452-455
    regras de classificação de clientes, 455-459
Barreiras à saída, 323
Beecham vs. Europharm, 206
Beisebol, 398, 503
Bell Sports, 457-458
Benchmarking, 518-519
Benefícios
    indiretos, 613
    pecuniários, 613
    primários, 613
Bens/produtos
    complementares, 32, 33, 83, 84, 103
    de pesquisa, 340-341
    de renda superiores, 82, 83
    duráveis, 66
    experiência de, 340-341
    inferiores, 82
    negociados, 34
    públicos, 18
    substitutos, 32, 80, 103-104, 315
Berkshire Hathaway, Inc., 9, 444
Bernanke, Ben, 515
Bertelsmann Inc., 569
Best Buy, 438-439, 459-460
Bíblias de Guttenberg, 29
Birkenstocks, 183
Blockbuster, Inc., 336-337
Blocos de comércio, 192-195
Blue Chip, indicadores econômicos, 150
Boeing, 166, 167, 171, 173, 176, 197, 199, 200, 223, 285, 293, 384
Bolas de neve, 459
Bolívia, 193
Boomer vs. Atlantic Cement Co., Inc., 581
Boston Scientific, 465
Branch Banking and Trust (BB&T), 239
Brasil, 17163-164, 171, 193, 196-198, 203, 205
Bristol-Myers-Squibb, 368, 486
British Telephone, 487
Brooke Group Ltd. vs. Brown and Williamson Tobacco Company, 427
Brown and Williamson Tobacco Company, 427
Buffett, Warren E., 9
Bureau of Alcohol, Tobacco, and Firearms (BATF), 576
Bureau of Economic Analysis (Department of Commerce), 146, 153
Burlington industries, 440

C

Cadbury Schweppes, 324
Caduet (droga), 487
Café
    acordo sobre preço do, 391
    elasticidade de preço do, 78
Califórnia, desregulamentação do setor de eletricidade, 217-218
California Public Utility Commission, 218
Call centers, 203
Camry (veículo), 4–5
Canal do Panamá, 171-172
Canon, 585, 586
Capacidade criativa, definição, 518
Capacidade de produção, 296
Capital de conhecimento, 586
Capoten (remédio), 368, 369, 486
Carburadores, 195
Cardumes de atum-rabilho, 249
Cartéis
    alocação de produção restrita, 389-394
    análise de, 396-397
    da Opep, 391
    definição, 387
    fixação de preço de produção, 387-388
    formas de conluio, 387
    maximização dos lucros, 389-394
CDs de música, 206
Celera Genomics, 588
Celofane, 84
Celulares, 430
Ceteris paribus, 364
Chanel No. 5, 365
Chapas de aço, 198
Chase Econometric Associates, 150
ChemChina, 167, 174
Chevron Corp, 281-282
Chevy Volt (veículo), 42-43, 66
    vs. Mini Cooper (veículo), análise marginal, 42-43
Chicago Pacific Corporation, 557
Chief executive officers (CEOs), compensação aos, 12-13
China International Trust and Investment Corp., 173
China Mobile, 174
Chips de memória, 173, 195-196, 199, 556
    de computador, 195
Chips processadores de sinal digital (DSP), 552

China
    comércio internacional, 192-193, 207, 196-197
    direitos de propriedade, 175
    exportação, 163-164
    importação dos Estados Unidos, 163-165, 173-174
    investimento em infraestrutura, 176
    investimento estrangeiro na, 174
    parceiros comerciais, 173-174, 197
    produto interno bruto (PIB), 164, 174, 181, 185
    produto nacional bruto, 165
    região de Hangzhou, 175-176
    região de Xangai, 171-172, 175-176
    taxa de crescimento, 179-180
Choques macroeconômicos, 202-203
    correlacionados, 202
Chromatic Research Inc., 546
Chrysler Corp., 67, 599
Ciclo de vida
    do preço, 486
    do produto, 485
Ciclos de negócio, 144-145
Cifunsa SA, 204
Cinema, 443
Circuit City, 459
Cisco, 441-442, 519
Claritin (medicamento), 368
Clayton Act, 566-567
Clean Air Act de 1990 (CAA), 2, 562, 584
CMEL. *Veja* Custo médio de longo prazo
Coase, Ronald, 562, 579
Cobertura interna, 198, 212-213
Coca-Cola, 166, 200-201, 213, 319, 320-321, 404, 420-423
Coeficiente
    de determinação, 105
    de variação, 51-52
    de regressão da população, 97-98, 101-102
Coeficiente de correlação, 104
    negativo, 104
    positivo, 104
    valor do, 104
    zero, 104
Coleta e depósito de lixo, 272
Colgate-Palmolive, 173
Colômbia, 193
Comcast, 542
Comércio
    de emissões, 563
    eletrônico 313-314
    intrarregional, 201
Comércio internacional
    áreas de livre comércio, 200-203
    aumento do retorno, 199
    blocos de comércio regionais, 192-195

cobertura interna, 198, 212-213
controle de importações, 196-197, 200
déficit comercial, 207-208
externalidade em rede, 199
imitações, 205-206
importação paralela, 205-206
livre comércio, 193-194–
mercados cinzas (paralelos), 205, 206
participações no, 192-195
tarifas, 193-194, 196-197, 200
termos de troca reais, 195
vantagem absoluta de custo, 195
vantagem comparativa, 194-195
Comissão de Títulos e Câmbios, 146, 576
Comissão Europeia (CE), 205
Companhia de Serviços Públicos do Novo México (PNM – Public Service Company of New Mexico), 370
Companhias
    de gás natural, 371
    de transporte marítimo, 538
Compaq Computer, 311
Compensação para executivos, 12-13
Complementos, 316
Comportamento do consumidor
    direcionamento, 66-67
    e efeito substituição, 64-66
    e posicionamento de produto e efeito-renda, 63-64
    pesquisas, 147
Comportamento oportunista pós-contratual, 513
Compradores
    frequentes, 67
    poder dos, 319-320
Compromisso
    crível, 437, 440
    não crível, 440
Computer Tree, 10
Concessionárias de serviços públicos, 369
Concorrência de preços, 320-321
Concorrência monopolista
    curto prazo, 334
    definição, 326-327
    determinação da relação preço-produção sob, 333-336
    longo prazo, 331-333
Conference Board, 145
Conflito de agência, 11
Conluio
    ameaça de retaliação, 389
    estruturas de custo, 388
    heterogeneidade do produto, 388
    número e distribuição por tamanho dos vendedores, 388
    porcentagem de produção externa, 389

tamanho e frequência dos pedidos, 388
Consumer Product Safety Commission (CPSC), 576
Contêineres (transporte), 538-539
Continental Airlines, 488
Continental T.V., Inc., et al. vs. GTE Sylvania Inc., 524
Contratos
    com restrições verticais, 509
    comportamento oportunista pós-contratual, 513
    crédito condicional total, 512
    de incentivos otimizados, 555-556
    de vendas adiantadas, 510
    definição, 509
    dispensas de promessas, 510
    doutrina de frustração de propósito, 510
    funções dos comerciais, 509-511
    incentivos lineares, 521, 523
    incentivos, 520-523
    indenizações por danos de expectativas, 510
    informações incompletas, 512-513
    jogos cooperativos, 508-510
    mecanismos de governança, 513-516
    problema do risco moral, 513-515
    quebra eficiente de, 557
    relacionais, 524-525
    transações de mercado *spot*, 510, 511
    vendas adiantadas, 510
Contratos gerenciais
    acordos de contratação alternativos, 516
    de incentivos otimizados, 520-523
    problema do risco moral, 517-518
Controle de importação, 196-197, 200
    e exportação de vendas, 167-171
    produtos negociados, 34
Coors, 408
Cordis, 465
Corpo de Engenheiros do Exército dos Estados Unidos, 227
Corporação Southland, 313
Critério equimarginal, 235
Crocs, calçados, 130
Cruzeiro Carnival, 420
Cummins Engine Co., 34-35, 169-171, 176-177, 180, 182, 187-188, 209
Cupom, 479
    de desconto, 64-65
    promocionais para clientes-alvo, 82
Curto prazo, 220-221, 327-328
Curva
    de oportunidade de investimentos, 598
    de penetração de vendas, 355-356
    limiar de vendas, 499
Curva de oferta, 36. *Veja também* Curvas de demanda

movimentação dada pela, 36
mudança na, 36
Curvas de demanda. *Veja também* Curva de oferta
definição, 31-32
em oligopólio, 404
movimento pelas, 33, 36, 62
mudança nas, 33-36
para gasolina, 62-63
perfeitamente elástica, 72-73
perfeitamente inelástica, 72-73
Custo(s). *Veja também* Precificação/Preços
aquisição, 261-262
cálculo do, 259-262
comportamento do, 263
contábeis, 259-262
da dívida, 605
de agência, 12
de aquisição, 262
de oportunidade, 8, 259-260, 600
de produtos vendidos (CPV), 365
de recontratação, 17
de reposição, 261-262
depreciação de, 259-260
diretos, 282-283, 613
do fator marginal, 228
econômicos, 8, 259-262
excedentes, 553-554
explícitos, 259
fixos, 263, 289-290, 295-296
fixos médio (CFM), 263, 265
fixos indiretos, 282-283
indiretos, 271, 613-614
insumo variável, 263
irrecuperáveis, 262
marginais, 264
marginal privado (MPC – *marginal private cost*), 583
maximização da produção sujeita a uma limitação, 236
médio de longo prazo (CMEL), 336
minimização sujeita a uma restrição de produção, 234-235
ponderado de capital, 607
primários, 613
revelação de, 552-554
significado de, 259-262
total, 329
total médio (CTM), 263-266, 292
transferência de, 66-67
transporte, 272
variável, 199, 200, 263
Custo de capital
definição, 602
dívida, 605
ponderado, 607-608
próprio, 605-606
próprio externo, 607-608
Custo irrecuperável, 262, 456
de instalações subutilizadas, 262

na Dunbar Manufacturing Company, 262
Customização em massa, curva de aprendizado, 269-270
Custos contábeis, 259-263
três contrastes entre econômico e de contabilidade, 259-263
vs. custos econômicos, 259-263
Custos econômicos, 8, 259-262
contábeis *vs.*, 259-262
três contrastes entre custos contábeis e, 259-262
Custos marginais, 264-265
curva de capital, 598
de propaganda, 337-338
definição, 31, 40-41
e benefício marginal, 40-41
Custos operacionais, composição dos, 298, 299
CTM. *Veja* Custo total médio
CVS, 529

D

Dados em cross-sections (cortes transversais), 131, 241
Daimler-Benz, 34
Danos de expectativas, 510
débito por, 510
De Beers Consolidated Mines Ltd., 355
Déficit do comércio, 207-208
Dell Computer, 10, 308, 311, 312, 357, 519-520, 531
Delta Airlines, 313
Demanda. *Veja também* Oferta
de elasticidade unitária, 73-75
e efeito substituição, 64-66
e oferta, 29-31
e preço de equilíbrio de mercado, 29-31
efeito combinado de elasticidades, 86
efeito-renda, 63-64
elástica, 68, 72-73
elasticidade constante da, 123
elasticidade cruzada, 83-86
elasticidade da, 68, 73
elasticidade-preço da, 60, 67-80
elasticidade-renda da, 81-83
especulativa, 38, 39
fatores e efeitos esperados, 33
individual, 31-32
inelástica, , 68, 72-73, 368
lei da, 62
mudança na, 34-35
para jogos da NFL, 71
tabela de, 31
taxas de câmbio, 34-35
Departamento de Comércio dos Estados Unidos, 128, 146, 153
Departamento de Energia dos EUA, 37
Department of Business, Enterprise,

and Regulatory Reform do Reino Unido, 46
Depreciação, 283
medida de custo, 259-261, 283
pelo tempo, 283
Desconto
na parcela de ganho, 320
no volume, 269
Deseconomia externa de escala, 331
Design de leilão aberto, 544
Design otimizado de mecanismos, 537
Desnatação de preço (*skimming*), 485
Despesas de capital, 597-598
Desregulação, 562-563, 578
Desvio padrão, 52-53
Detergente, 190-191
Determinação do preço de produção
abordagem algébrica, 361
abordagem da planilha, 359-363
abordagem gráfica, 360
e elasticidade-preço da demanda, 362-363
monopólio natural da, 372
monopolista, 359-363
na concorrência monopolista, 333-336
na concorrência perfeita (ou pura), 327-333
Diamantes, 347, 355
investimentos em, 54
na De Beers, 347
naturais, 29
zircônia cúbica, 29
Diferenciação
dos produtos percebidos, 319
objetiva do produto, 319
Digital Equipment Corp, 590
Dilema do Prisioneiro, 419-423
abstenção mútua e cooperação no, 425
efeitos da reputação Bayesiana, 426
estratégia de gatilho de mão trêmula, 423
estratégia do gatilho sinistro, 423
estratégias vencedoras, 426-428
garantias de igualação de preços, 428-429
jogos infinitamente repetidos, 424
padrões de mercado, 430-431
paradoxo da cadeia de lojas, 423-425
problema de resolução, 423
raciocínio de jogo final, 424
teorema de Folk, 423
Direcionamento, ao consumidor, 66-67
DIRECTV, 572-573
Direito(s)
autorais, 174
de poluição, 584
de reprodução, 355
residuais, 17

Direitos de poluição negociáveis (TPAs – *tradable pollution allowances*), 2-3, 16
Discriminação de preço, 483-484, 573-574
　no atacado, 573
Discriminação de preço perfeita (DPP), 484
Discriminação proativa de preços, 498
DISH Network, 572-573
Disney World, 223, 354, 480
Dispensas
　de formação, 510
　por desempenho, 510, 512
Disposição a pagar (WTP – *willingness to pay*), 583
Distribuições de probabilidade, 48-49
　fluxo de caixa líquido (FCL) anual, 48
　normal, 50-51
　probabilidade, definição, 48
　risco e, 48-49
Distúrbio ou erro estocástico, 96
Dólar americano
　depreciação, 167, 176, 180, 190-191
　moeda estrangeira e seu mercado, 176-179
　preço de equilíbrio, 178
Dooney & Burke, 344
Doutrina de frustração de propósito, 510
DPP. *Veja* Discriminação de preço perfeita
Drogarias, 529
Duke Power, 3, 16
Dulles Toll Road, 475
Dunbar Manufacturing Company, 262
Duopólios, 382
DuPont, 84, 171, 181, 182
DVD de alta definição, 224

E

eBay, 526
EchoStar, 572-573
Econometria, 92
Economia de empresas, 4
　específicas da empresa, 271-272
Economias de escala
　customização em massa, 269-270
　descontos no volume, 269
　e *joint ventures* internacionais, 527
　e monopólios, 355
　efeito de curva de aprendizado, 269
　efeitos globais das, 273-275
　em nível de fábrica, 270-271
　em nível de produto interno, 269-270
　específicas da empresa, 271-272
　internas, 269
　no setor de TV a cabo, 289
　percentual de aprendizado, 270-271
　vs. economias de escopo, 290

Economias de escopo
　controlando variáveis, 283-284
　definição, 290
　no setor bancário, 290
　vs. economias de escala, 290
Economias intervias de escala em nível de fábrica, 270-271
Edison, Thomas, 46
Efeito
　da reputação bayesiana, 426
　de curva de aprendizado, 269
　de enquadramento, 405
　de rede, 222-223, 316, 355-358
　substituição, 63-66
Efeito-renda, 63-64
　como parâmetro comparativo de crescimento, 184
　Concorrência pura ou perfeita características da, 324-325
　determinação da relação preço-produção na,
　índice da taxa cambial ponderada no comércio, 189-190
　índice do Big Mac, 188
　longo prazo, 331-333
　maximização de lucro na, 330-331
　mercados contestáveis, 326
　paridade do poder de compra absoluta, 183
　qualificações de, 186-187
　relativa, 185-186
　uso da, 188
Efeitos sazonais, 131
　método *ratio-to-trend*, 136
　variáveis binárias (*dummys*), 137
Eficiência
　de produção geral, 238
　técnica, 237
Elasticidade
　do capital, 241
　do trabalhador fora da produção, 241
　do trabalhador na produção, 241
Elasticidade-preço cruzada da demanda
　definição, 84
　e leis de livre concorrência, 84
　negativa, 84
　por eletricidade, 86
　positiva, 84
　uso combinado com as elasticidades da demanda, 86-87
Elasticidade-preço da demanda
　definição, 60, 68
　e bens substitutos, 80
　e níveis de preço para monopolistas, 363
　e período de ajuste, 81
　e precificação diferencial, 470-474
　e posicionamento de produto como superior, 81
　e receitas, 71-72, 76-78

　em concessionárias de automóveis, 67-68
　em restaurantes, 67-68
　em valores absolutos, 71-72
　empírica, 83
　fatores que afetam, 80-82
　livre comércio e, 80
　para gasolina, 69-70
　para o café, 78
　porcentagem do orçamento, 80
　receita marginal e, 73-74, 74-75
　relógios Seiko e, 87
　uso combinado com demanda de, 86
　uso da eletricidade, 85-86
Elasticidade-renda da demanda
　definição, 81-82
　do uso da eletricidade, 86-87
　estimativas empíricas, 83
　interpretação da, 82
　relógios Seiko e, 87
　uso com elasticidade da demanda, 86-87
Eli Lilly, 14, 206, 318, 368, 486, 587
Emerson Corporation, 270
EMI, grupo 569
Emissões de dióxido de enxofre (SOX/ SO_2), 2-3, 16
Emissões de óxido nitroso (NOX/ N_2O), 2-3
Employment Standards Administration, 576
Empregos em processamento de dados, 203
Empresas
　de convênios médicos, 319
　de venda de gasolina, 384
　desacreditadas, 341-343
　japonesas, 273
Empresas de energia
　desregulamentação, 217-218
　elasticidades do uso da eletricidade, 85-86
　função de custo médio, 288-289
　funções de custo de curto prazo, 286-287
　funções de custo de longo prazo, 287-288
　precificação dinâmica, 477
　regulamentação de, 366-367
　subutilizadas, 268
　sustentabilidade, 2-4
　tecnologias de energia sustentável, 217-218
Empréstimos em progresso ou em execução, 239
Enciclopédia Britânica, 271
Enron, 516
Enterprise Rent-A-Car, 384
Entidades sem fins lucrativos (ESFL)
　características das, 18
　objetivo, 18-19

objetivo de eficiência, 19
serviços, 18-19
Environmental Protection Agency (EPA), 2, 16, 576
Epogen (medicamento), 15
Equador, 193
Equal Employment Opportunity Comission (EEOC), 576
Equilíbrio
agregativo, 522
separador, 523
Equipe
importância da, 6
problema de risco moral em, 6-7
Erro quadrado médio (EQM), 130
Erro-padrão da estimativa, 100
Erros
de especificação, 119
de medida, 119-120
Escala eficiente mínima (EEM), 273
Escala ótima de operação, 287-290
Escassez de recursos/matérias-primas, valor de mercado e, 30
ESPN, 542
Especulação, 179
petróleo, 39
Estados Unidos
blocos de comércio, 192-195
comércio bilateral com o Japão, 195
déficit do comércio, 207-208
destino das exportações, 205
exportação, 163-166, 179-180, 192-195
exportação para China, 163-166
oligopólio nos, 380-385
parceiros comerciais, 173, 202-203
política de energia, 254
produto interno bruto (PIB), 164-166, 179, 181, 193
reservas de petróleo, 254-256
Estaleiro Tenneco, análise marginal e, 40-41
Estatística Durbin-Watson, 118
Estimação de fluxos de caixa, 599-600
Estoque (inventário), 139, 146
Estratégia
baseada em custo, 312
competitiva 310-312
de diferenciação de produto, 312
de equilíbrio de Nash, 420-421
de equilíbrio perfeito de subjogo, 433
de gatilho de mão trêmula, 423
de liderança de custos, 312-313
do gatilho sinistro, 423
dominante, 416, 417, 419, 420-424
dominante reiterada, 417
mista de equilíbrio de Nash, 422
tecnologia da informação, 312-313
vencedoras, 426-427
Estrutura de mercado
concorrência monopolista, 326-327

concorrência pura, 324-325
definição, 324-325
mercado contestável, 326
monopólio, 326
oligopólio, 327
Estudos
de custo mínimo, 615
de nível do objetivo, 615
Euro, 168, 169, 176--178, 179, 180, 200
Evista (droga), 318
Excesso de capacidade, 452
Exide Batteries, 207
Expansão de capacidade, 4-5
Exponential Valley Inc., 546
Exportação, 163-166, 193-195, 204-205
Exposição ao risco
de conversão, 168, 212-213
de transação, 168, 212-213
operacional, 169, 170, 179
Exposições ao risco cambial, 168-172
conversão, 168, 212
operacional, 169, 170-171, 179
transação, 168, 212-213
Externalidades
definição, 578
em rede, 199
impedimentos à negociação, 581
negociação de Coase, 579-580
pecuniárias, 578
recíprocas, 579-580
resolução pela venda de direitos de poluição, 584
resolução por diretrizes regulatórias, 582-583
resolução por meio de impostos e subsídios, 584-585
teorema de Coase, 580-581
Exxon Mobil, 11, 38, 39, 384

F

Fábrica de unidade de discos rígidos, 526
Fabricantes de semicondutores, 199, 425-426, 527
Falta de estoque (*stockouts*), 494, 497, 500
Fator de valor presente dos juros (FVPJ), 45
FCL. *Veja* Fluxo de caixa líquido
FDA. *Veja* Food and Drug Administration
Federal Aviation Administration (FAA), 576
Federal Communications Commission (FCC), 128, 542, 544-545, 576
Federal Energy Regulatory Commission (FERC), 576
Federal Reserve System, 515, 576
Federal Trade Commission (FTC), 85
FEMSA, 567

Ferrero Rocher, 91
Fidelidade à marca, 407-408, 455
FlexJets, 444
Flutuação
aleatória, 131-132
controlada, 164, 176, 184
Fluxo de caixa líquido (FCL), 48, 600
de investimento, 48
distribuições de probabilidade de, 48-49
Food and Drug Administration (FDA), 318, 576
Food Lion, 17
Food Safety and Inspection Service, 576
Ford Explorer (carro esportivo), 62-63
preço da gasolina, 62-63
Ford Motor Co., 36, 67-68, 77, 174, 207, 223, 257-258, 272-273, 274, 338
concessionária, 82
custo de mão de obra e, 36
Forma
normal do jogo, 416
organizacional, 523-533
Fornecedores
de chassis, 238
poder dos, 319
Fornecedores independentes de software (ISVs – *independent software vendors*), 356
Fortune, revista, 146
França, 171, 179, 190, 192, 200, 201, 203, 204-205
Franquia autorizada pelo governo, 355
Freightliner, 203
Fuji, 316
Full-line forcing, 527-529
Função de demanda
definição, 32
estimativa estatística, 92-95
inversa, 93
modelo exponencial multiplicativo, 94-95
modelo linear, 93-94
Função de oferta, 35
Função de produção
Cobb-Douglas, 219, 240-241
com um insumo variável, 221-222
curto prazo, 220-221
definição, 219
determinação da combinação ótima dos insumos, 233-234
em uma montadora de automóveis, 223
insumo, 219
insumo fixo, 220-221
insumo variável, 220-221
insumos variáveis múltiplos, 229-232
isoquanta de produção, 229-230
lei dos retornos marginais decrescentes, 222
longo prazo, 220-221

marginal, 221-222
para Major League Baseball, 242-243
produto médio, 221-222
produtos total, 225-226
retornos crescentes com efeitos de rede, 223-224
taxa marginal de substituição técnica, 231-232
Função de produção de Cobb-Douglas, 219, 240-241
estudos empíricos da, 240-241
retorno a escola e, 240
Funções de custo
curto prazo, 263-267
definição, 263
longo prazo, 267-268
marginal, 263-267
médio, 263-267
Funções de custo de curto prazo, 263-267
estimadas estatisticamente, 286-287
exemplo da companhia mineradora Deep Creek, 263-264
funções de custo médio e de custo marginal, 263-267
funções de custo médio, total e custo marginal, 265
Funções de custo de longo prazo
estimativa estatística das, 287
na geração de energia, 287
utilização ótima da capacidade, 268
Funções de custo marginal, 263-267
Funções de custo médio, 263-266, 288.
de longo e curto prazos, 267
Fundo Monetário Internacional (FMI), 164, 184
Fundos
de capital, 272
desembolso histórico, 259
Fusca (veículo), 77-78
demanda inelástica, elevação de preços e, 84, 85
Fusões, 570-571
de banco, 239
Índice de Herfindahl-Hirschman(HHI), 571-572
taxa de concentração de mercado, 570

G

GAO. *Veja* Grau de alavancagem operacional
Garantias/coberturas (*hedges*)
coberturas financeiras, 168, 212-213
hedge de balanço, 168, 212-213
internas, 198, 212-213
operacionais, 212-213
previstas, 213
Garantias de igualação de preços, 428-429
Garantias de pagamento do dobro da diferença de preços, 438-439
Garantias de reposição
compromissos críveis, 441-442
definição, 439-440
mecanismos de garantia, 440, 441-442
obsolescência planejada, 441-442
preços de locação e riscos antecipados, 444-445
risco de desconto no pós-renda, 443-445
Gases do efeito estufa, 619-621
Gasolina
componentes do preço, 395-396
custos de produção de petróleo bruto, 330-331
demanda das famílias norte-americanas, 63
elasticidade-preço da demanda de, 68-69
escassez de recursos e, 37
impostos, 37
preço de equilíbrio de mercado da, 36-40
tabela de demanda, 62-63
Gateway Inc., 312
Genentech, 358
General Mills, 339, 404-405
General Motors (GM), 5, 6, 77, 166, 167, 187, 203, 238, 296, 442
estrutura de custo, 257-258, 266
Gerenciamento de receitas (GR)
decisões, 498-503
definição, 496
discriminação proativa de preços no, 498
falta de estoque (*stockouts*), 494
fontes de vantagens de preço sustentáveis, 496
multifuncional, 495-496
no *baseball*, 503
realocação de capacidade, 498-499
sobrelotação (*overbooking*) ótima, 501-502
spill, 594-595
spoilage (desperdício), 594-595
Gerenciamento de rendimentos. *Veja* Gerenciamento de receitas (GR)
Gillette Co., 166, 407
GlaxoSmithKline, 14
Global Crossing Inc., 95, 127-128
Goldman Sachs, 257
Governança corporativa, 513-516
mecanismos de implementação, 516
necessidade de, 515
Grand Cherokee (veículo utilitário esportivo), 599
Grande Recessão (2007), 515
Grau de alavancagem operacional (GAO), 298, 299
Gravadoras, 75-76

Guerras de atrito, 458-459
Guttenberg, Johannes, 29

H

Hadley vs. Baxendale, 511
Hamilton Beach/Proctor-Silex, Inc., 600, 601, 602
Hanes Corp., 322
Hangzhou, China, 175-176
Harsanyi, John, 417
Hart-Scott-Rodino Antitrust Improvement Act, 568
HCFC. *Veja* Hidroclorofluorcarbono
Herfindahl-Hirschman, Índice de (HHI), 571
Hershey Foods, 602-603
Hertz, 384
Heterocedasticidade119
Hewitt Associate LLC, 172
Hewlett-Packard (HP), 171, 174, 273, 357, 358, 585-586, 590
Hidroclorofluorcarbono (HCFC), 619
Highway Safety Act of 1996 , 78
Hitachi Ltd., 273, 586
Hon Industries, 324
Honda Motors, 4-5, 187, 196, 203, 213
Hughes-JVC, 443
Human Genome Sciences, 588
Hynix, 389, 526
Hyundai, 453-454

I

IBM Corp., 167, 171, 173, 180, 271, 308, 311, 312, 356, 357, 436,, 440, 442, 556, 585-586
Identificação de variáveis, 92-93
Imitações, 205-206
Immelt, Jeff, 13
Importação paralela, 205-207
Impostos, 583, 591
Impostos sobre cigarros, 60-62
Index of Leading Economic Indicadores, 144-145
coincidentes, 144-145
líderes, 144-145
retardatários, 144-145
Indicadores barométricos. *Veja* Indicadores econômicos
Indicadores econômicos, 144-145
coincidentes, 144-145
líderes, 144-145
retardatários, 144-145
Índice
da taxa cambial ponderada no comércio, 189-190
de Herfindahl-Hirschman (HHI), 571
de preços de computadores, 334
do Big Mac, 188
Indução retroativa, 423, 425, 433

Indústria
　de cereais, 329, 384
　de cerveja, 383, 384, 404
　de computadores pessoais, 308-309, 333-334, 353, 357-358
　de ostras, 251
　farmacêutica, 14
　nascentes, 197
Indústria de aviões
　análise do ponto de equilíbrio na, 299
　custos marginais, 285
　parcelas de mercado, 384
Indústria de cereais matinais prontos para comer (*ready-to-eat* – RTE), 339, 404, 405
Infineon Technologies, 389
Inflação, 182
　de custos, 182-183, 189
Informações
　assimétricas, 17, 340-344, 541-543
　incompletas, 340, 512
Ingram Book Group, 335
Inovação, 406-407
Inspeções veiculares/automotivas, 582
Instalações para recreação, 18
Insumo(s)
　combinação ótima de, 233-235
　definição, 219
　fixos, 220-221
　variáveis, 220-221
Insumo variável
　curto prazo, 220-221
　custo do fator marginal, 228
　definição, 220-221
　determinação da utilização ótima do, 227-228
　longo prazo, 220-221
　múltiplos, 229-232
　nível ótimo de insumo, 228
　receita marginal do produto, 228
Intangíveis, custos e benefícios, 613-614
Integração vertical, 529
Intel Corp., 172, 199, 271, 353-354, 425-426, 546, 552, 586
Intensidade das táticas rivais, 320-324
Interlink, aço cirúrgico, 407
Internet, 128, 489-491
Internet Explorer, 224, 317, 358
Interstate Commerce Commission (ICC), 576
Intervenções esterilizadas, 178
Inversão da intensidade de racionamento, 455
Investimentos
　fluxo de caixa líquido, 48
　valor presente líquido dos, 44-45
Investimento de capital, 270
　projetos, 601-602
Iogurte, 80
Isoquanta de produção, 229-230
iTunes, 569

J

Japão
　comércio bilateral com Estados Unidos, 195
　PIB, 184-185
J.D. Powers, 6
J.P. Morgan, 487
JetBlue, 413,, 456
Jiangsu Changzhou Pharmaceutical, 206
Jobs, Steve, 10, 309
Jogo(s)
　com/de duas pessoas, 418-419
　componentes de, 416
　cooperativos, 418, 424, 508-510
　de coordenação sequencial, 432-434
　de duas pessoas e total zero, 418
　de estratégia, 414-416
　de período único, 418
　de soma não zero, 418
　estratégia dominante reiterada, 417
　estratégia *maximin*, 419
　forma normal do, 416
　infinitamente repetidos, 424
　não cooperativo, 418
　repetidos, 418
　sequencial, 419
　simultâneo, 419-423
Jogo sequencial, 419
　análise, 431-434
　árvore de jogo, 432
　definição, 419
　estratégia de equilíbrio perfeito de subjogo e, 433
　jogo de coordenação sequencial, 432-434
　rivalidade nos negócios como, 434-437
Joint ventures, 527, 552-553, 556
Junta Comercial de Chicago, 563

K

Keebler's, 381
Kellogg's, 166 , 339, 366, 404-405
Ketchup Heinz, 200
Kodak, 11, 316, 406, 427
Kohlberg Kravis Roberts & Co. (KKR), 11

L

Lâmpadas fluorescentes compactas (LFC), 46-47
　e valor presente líquido, 47
　economia de custo no ciclo de vida, 47
　economia de energia e, 46-47
Lee, jeans, 103
Leegin Creative Leather Products, 576
Lei(s)
　da demanda, 62
　de livre concorrência, e elasticidades-preço cruzadas, 84
　de vantagem comparativa, 194
　dos retornos marginais decrescentes, 222
Leis antitruste
　Clayton Act, 566-567
　Hart-Scott-Rodino Antitrust Improvement Act, 568
　Robinson-Patman Act, 567-568
　Sherman Act, 85 , 566
Leilões
　com *design* aberto, 544
　de valor comum, 542-543
　de valor privado, 545-546
　de Vickrey, 547-548
　design otimizado de mecanismo, 537
　equivalência de receita de tipos alternativos de, 549-550
　holandeses, 540, 549-550
　ingleses, 540, 549-550
　jogos de lances com informações assimétricas, 541-543
　maldição do vencedor, 541-542
　mecanismo de revelação compatível com incentivos, 547-549
　on-line, 539, 550-552
　pela internet (on-line), 539, 550
　regras do serviço de fila, 537
　revelação de informações em, 542-543
　selados de primeiro preço, 549-550
　selados com segundo preço mais alto, 547-548
　tipos de, 540-541
　underbidding em, 545-546
Lemons markets (mercado de limões), 340, 343
Letras do Tesouro, 53, 54 , 146, 595
　retorno sem risco, 53
Lewis, Michael, 242
Licenciamento, 585-586
Liderança de preços
　barométrica, 399-400
　definição, 399
　empresa dominante, 400-401
Liga de Futebol Nacional (NFL – National Football League), 148
Limitação
　de preços, 367-368, 486
　e comércio, 562-563, 584
Lindor, 91
Lingotes de aço, 291
Linha(s)
　de isocusto, 233-234
　de produção, 236-237
Linha de regressão
　da amostra, 97-98
　teórica, 96
Lipitor (remédio), 369

Livre comércio, 194-195
　elasticidade-preço da demanda, 80
Loja de roupas Bentley, 260
　custos de oportunidade na, 259-260
　demonstrativo econômico do lucro da, 260
　lucratividade da, 260
Long-Term Capital Management (LTCM), 52
　derivativos de taxas de juros e, 52
　principal atividade, 52
　volatilidade do retorno, 52
Longo prazo, 220, 331-332
Loterias, 539
　estratificadas, 539
Lotus, 358
Lucent Technologies, 552, 588,
Lucro
　cartéis, 389-394
　associado à inovação, teoria do, 9
　associado à eficiência gerencial, teoria do, 9
　associado ao monopólio, teoria do, 8
　associado ao risco, teoria do, 8
　em desequilíbrio temporário, teoria do, 8
　compensação aos executivos baseada no desempenho, 12-13
　maximização do, 361
　vs. maximização dos lucros, 359-360
Lucro econômico, 8, 259
　negativo, 261
Lucro líquido
　antes do imposto de renda (ΔLAIR), 600
　após os impostos (ΔLL), 600
Lucro marginal, 41–44
　de contribuição, 337
　funções 43-44
　lucro médio e, 41-42
　lucro total e, 41-42
　taxa marginal de substituição técnica, 231-232
Lucro médio, 41-44
　funções, 43-44
　lucro marginal e, 41
　lucro total e, 41
Lucro total, 41-45
　funções, 44-45
　lucro marginal e, 41
　lucro médio e, 41
Lufthansa Airfreight, 170

M

Madeiras nobres, 30
Major League Baseball, 242, 312
Maldição do vencedor em jogos, 541-542
Mão de obra/trabalho
　custos de, 36
　mobilidade da, 201, 202
Maquiladora, 203
Máquinas de refrigerantes, 321
Marcas, 344-345
Marcas de jeans, 103-104
Margem
　bruta de lucro, componentes da, 365
　de contribuição, 294, 322, 337-338, 363
　preço-custo (MPC), 321
Marketing, 272
Marriott Corp., 406
Marshall, Alfred, 31
Matsushita Electrical Industrial Company, 224, 273, 586
Mavica (câmara digital), 406
Maximin, estratégia, 419
Maytag, 557
McDonald's, 166, 181, 1184, 188, 483
Mecanismo
　de estimação, 551
　de garantia e credibilidade, 343-344, 438, 439-441
　de pagamento contingente, 552
　de revelação compatível com incentivos de Clarke-Groves, 554
Medicamentos
　genéricos, 368-369
　patenteados, 587
Medtronic, 465
Mercado
　a termo, 16
　cinza, 205, 206
　concentrado, 314
　consolidado, 315
　contestáveis, 326, 457-458, 565-566
　de bolsas femininas, 344
　de câmera digital, 406
　de lâminas de barbear, 407
　fragmentado, 314
　futuro, 16
　perfeitamente competitivo, 228
　relevante, 314
Mercados competitivos
　empresa desacreditada, 341-343
　informação incompleta *vs.* assimétrica, 340
　lemons markets (mercados de limões), 340, 343
　produtos de pesquisa *vs.* produtos de experiência, 341
　seleção adversa, 341-343
Mercedes-Benz, 170-171, 176, 182,
Merck vs. Prime crown, 206
Merck, 14, 171, 195, 282
Mercosul, 193, 194
Método *ratio to trend*, 136
Micron Technology, 586
Microprocessadores, 353-354, 426
Miller Brewing Co., 567
Mine Safety and Health Administration, 576
Modelo, 567
Modelo
　de avaliação de dividendos, 605-606
　de oligopólio de Cournot, 384, 386
　de única equação, 147-149
　do principal-agente, contratos gerenciais alternativos, 516-517
　exponencial multiplicativo, 94-95
　linear, 93-94
Modelo estratégico das cinco forças
　ameaça de entrada, 316-317
　intensidade das táticas rivais, 320-324
　mito da participação de mercado, 324
　poder dos compradores e fornecedores, 319-320
　ameaça de substitutos, 315-316
Modelos econométricos
　da economia dos Estados Unidos, 149-150
　definição, 147
　modelos de equações múltiplas, 149
　modelos de única equação, 147-149
　vantagens dos, 147
Mecanismo de revelação compatível com incentivos
　de Clarke-Groves, 554
　definição, 547, 554
　revelação de custos, 553
Mecanismos de governança, 513-516
　implementação de, 516
　necessidade de, 515
Mercados
　barreiras para entrada, 565
　competitivos, 340-343
　conduta de, 564
　contestáveis, 326, 456-457, 656-566
　desempenho de, 564
　estrutura de, 564-565
Método dos mínimos quadrados, 135
　ordinários, 151
México
　comércio de importação e exportação, 202-203
　como parceiro comercial dos EUA, 173, 203
　maquiladora, 203
　PIB do país ajustado à PPC de 2011, 185
　tarifas de *trade-weighted*, 2011, 196
Microsoft Corp., 166, 167, 173, 180, 199-200, 202, 205-206, 223-224, 225, 316, 355-358, 436-437, 442, 506-507, 568, 573-574
　opções de ações, 522
Mini Cooper (veículos), 42-43, 442
　Chevy Volt (veículos), análise marginal, 42-43
　premissas, 96-97

Modelos de equações múltiplas, 149-150
  características dos, 150
  modelos complexos da economia dos Estados Unidos, 149
Modelos de regressão linear
  autocorrelação, 117-119
  erros de especificação e medida, 119-120
  heterocedasticidade, 119
  multicolinearidade, 120-121
  problema da identificação, 121-122
  simples, 95-99
Modelos de regressão linear múltipla
  coeficientes de regressão da população, 108
  definição, 107
  inferências sobre os coeficientes de regressão da população, 108
  previsão com, 107-108
  programas de computador, 107
Modelos de regressão não linear
  transformação logarítmica dupla, 123
  transformação polinomial, 124
  transformação recíproca, 124
  transformação semilogarítmica, 123
Moeda estrangeira
  arbitragem, 179
  demanda especulativa, 178-179
  e taxas de juros, 181-182
  e transação de demanda por moeda, 177
  e transferências governamentais, 178-179
  e vendas de importação-exportação, 167-171
  especulação na, 179
  exposição ao risco de conversão, 168
  exposição ao risco de transação, 168
  exposição ao risco operacional, 169, 179
  flutuação controlada, 176, 184
  flutuações de taxas cambiais de curto prazo, 179
  inflação, 182-183
  intervenção coordenada, 178-179
  intervenções esterilizadas, 178
  mercado de dólar Americano como, 176-179
  risco, 168-169
  taxas de crescimento reais, 179-181
  tendências de longo prazo nas taxas cambiais, 181-182
Monday Night Football, 540
Moneyball (Lewis), 242
Monopólio
  características do, 326-327
  compromissos críveis, 441
  controle de recursos fundamentais, 355
  definição, 326, 355
  determinação do preço e do nível de produção no, 359-363
  diretrizes para fusões, 571-572
  e direito de reprodução, 355
  e franquia autorizada pelo governo, 355
  economias de escala, 355
  fontes de poder de mercado, 355-358
  investimento em capacidade, 366
  limitação de preço, 367
  margem bruta de lucro, 365, 366
  margem de contribuição, 363
  natural, 371-372
  proposta de valor, 365
  regulamentados, 369-371
  retornos crescentes do efeito de rede, 355-357
Monopólios regulamentados, 369-371
  companhias de gás natural, 371
  concessionárias de serviços públicos, 369
  empresas de energia elétrica, 369-370
  fundamentação econômica para a regulamentação, 371-372
Morgenstern, Oskar, 417
Motéis La Quinta, 218
Motores a diesel, taxas de câmbio, 34-35
Motorola, 425-426, 553–554, 556, 588-590
MPC. *Veja* Margem preço-custo
Mudança de preço
  do poder aquisitivo do consumidor, 63
  efeito substituição da, 63-66
Multicolinearidade, 120
Multiplexação por divisão de comprimento de onda (DWDM – *dense wave divisional multiplexing*), 128

N

Nabisco, 381
Nader, Ralph, 78
Nash, John, 417, 433
National Association of Purchasing Agents, pesquisa da, 146
National Bureau of Economic Research, 144, 515
National Highway Traffic Safety Administration (NHTSA), 576
National Industrial Conference Board, 146
National Labor Relations Board (NLRB), 576
National Oceanic and Atmospheric Administration (NOAA), 251
Natural, monopólio, 371-372
Natureview Farms Yogurt, 365
Navegadores na Web, 317, 358, 574
NBC, 542
Negociação de Coase, 579
Negociação, impedimentos à, 581-582
Nestlé, 80, 91
NetJets, 444
Netscape, 224, 356, 358, 573-574
Nível de autorização, 500
Nível de proteção, 500
Nível ótimo de insumo, 228
Nokia, 378-380
Northwest Airlines, 429
Nuclear Regulatory Commission (NRC), 576

O

Oferta. *Veja também* Demanda
  e demanda, 29-32
  efeito e fatores esperados, 35
  especulativa, 38
  mudança na, 36
  preço de equilíbrio de mercado, 29-32
Óleo de esperma de baleia, 30
  custo de produção, 30
Oligopólio
  cartéis, 387-398
  definição, 327
  e fidelidade extrema à marca, 407-408
  e teoria dos jogos, 414-418
  estruturas do mercado no, 380-387
  fatores de conluio, 388-389
  guerra de preços, evitando, 403-408
  interdependência no, 384-385
  liderança de preços, 399-402
  modelo da curva de demanda quebrada, 403
  modelo de Cournot, 384-386
  nos Estados Unidos, 380-385
  participação de mercado, 380-382
  participação relativa de mercado no, 380-385
  segmentado, 407
  visão geral, 380
O.M. Scott & Sons, 12
Objetivos, priorizando, 5
Obsolescência planejada, 441-442
Occupational Safety and Health Administration (OSHA), 576
Office Depot, 85, 318
Office of Comptroller of the Currency, 576
OfficeMax, 85, 318
Ole Musk, 364
Óleo de baleia, 30
Olive Garden, 67-68
Opções
  de ações, 13, 519, 522
  embutidas, 15
Opções reais, 15
  embutidas, 15

Opec, 254-255, 331
Opel, 187
Oracle Corp., 358
Orçamento de capital
    análise marginal e, 41-42
    avaliação e escolha de projetos de investimento, 601-604
    definição, 597-598
    estimação do fluxo de caixa, 599-601
    estrutura básica, 598
    geração de projetos de investimento de capital, 599
    processo de, 598-604
Organização dos Países Exportadores de Petróleo (Opep), 389-390, 391
Organização Mundial do Comércio (OMC) – World Trade Organization (WTO), 154, 174, 192, 194, 199

P

P&D. *Veja* Pesquisa e desenvolvimento
Pacific Gas and Electric, 217
Pacote, 480-482
    misto, 482
Padrões de mercado, 430
Pagamento
    baseado no desempenho, 13
    pelo desempenho dos executivos, 13
Palm, Inc., 358, 588
PalmPilot, 358
Pampers, 166, 201, 207
Paradoxo
    da água e do diamante, 30-31
    da cadeia de lojas, 423-425
Paraguai, 193
Parceria
    custos excedentes, 553
    dissolução de ativos na, 532-533
    revelação de custo na, 553
Paridade
    absoluta do poder de compra, 183
    relativa do poder de compra, 185-186
Parques temáticos, 354
Participação de mercado
    e oligopólio, 380-382
    mito da, 324
Patentes, 355, 368, 486, 585-589
PCS PrimeCo., 542-544
Pedágios, 475, 476
PeopleSoft, 358
Pepperidge Farms, 381
PepsiCo, 123, 320-321, 420-421
Pequenas aciarias, 198
Permissão, 585
Personify, 484
Peru, 193
Pesquisa da força de vendas 147, 147
Pesquisa da McGraw-Hill, 146
Pesquisa e desenvolvimento (P&D), 281-282

PetroChina, 174
Petróleo bruto
    anos de reservas comprovadas, 254-255
    cartel, 391-392
    custos de produção, 331
    demanda de países em desenvolvimento e, 37, 38
    demanda dos americanos por, 40
    demanda por Smartcar-Mini e, 38, 39
    determinação do preço de produção392-393
    e déficit no comércio americano, 209
    especulação do, 39-40
    interrupções da oferta, 37
    preço, 37-40, 252-255, 330-331
    produção da Arábia Saudita, 39, 40, 393-395
    refinarias, 230-231
    reservas comprovadas, 395
Petróleo britânico, 207
Pfizer, 14, 369, 487
Philip Morris, 404
Pickens, T. Boone, 39
Pillsbury, 480
Pittsburgh National, 239
Planos de gasto para instalações e equipamentos, 146
Planos de gastos de consumo, 147
Poder da energia sustentável, 217-218
Política comercial estratégica, 197-198
Ponto
    de equilíbrio, 292-293
    de inflexão, 44, 223
    focal conspícuo, 427
Porter, Michael, 308, 311, 315
Posicionamento
    do produto, 66-67
    estratégico, 312
Post Cereals, 404-405
Postos de gasolina, 330-331
    preço da gasolina e, 37
Precificação/Preço. *Veja também* Custos
    análise de contribuição incremental, 487-488
    baseada em congestionamento, 474-475
    com base em valor, 462-466
    cupons, 479-480
    custo total, 487-488
    de congestionamento, 475
    de nicho, 487-488
    de produtos múltiplos, 469-470
    de supermercados, 470
    desnatação de preço (*skimming*), 485
    diferenciada, em segmentos do mercado-alvo, 474-487
    dinâmica, 476, 490
    discriminação de preço, 473, 583-584
    e segmentação direta, 474-475
    limite, 486

    na internet, 489-
    no ciclo de vida, 485-486
    ótimo diferenciais, 466-474
    pacotes, 480-481
    por custo total, 487-488
    por retorno do investimento, 487-488
    preço de penetração, 485
    preços de reserva, 481
    tarifas em duas partes, 477-478, 479
    valor de uso, 464
Preço
    das moradias, 332
    de locação, 444-445
    de oferta, 29, 31
    de penetração, 485
    de referência, 405
    de reserva, 481
    do cobre, 332
    especiais, 346-347
    pedido, 29, 31-32
    predatório, 427
Preço da gasolina, 330-331
    e postos de gasolina, 37
    Ford Explorer (carro esportivo) e, 62-63
    nos EUA (2005-2011), 36-37
Preço de equilíbrio de mercado, 29-30
    da gasolina, 36-40
    e custo incremental, 31-32
    utilidade marginal, 31-32
Preços ótimos diferenciados
    abordagem algébrica, 468
    abordagem gráfica, 467
    elasticidade-preço da demanda, 470
    estimativa da demanda por segmento de mercado, 466-467
    precificação de produtos múltiplos, 469
Pré-compromisso, 452-455
Premier (cigarro sem fumaça), 11
Previsão
    com tabelas de *input-output*, 153
    da atividade macroeconômica, 146-147
    de vendas, 147
    hierarquia de, 129-130
    modelos econométricos, 147-150
    por consenso, 150
    selecionando uma técnica, 129-130
    significado de, 129
    técnicas alternativas, 131
Priceline, 550-551
Prilosec (drogas), 587
Primeiro a chegar, primeiro a ser servido, 538
Prius (veículo), 66
Problema
    de agência, 12-14
    de resolução, 423
    do principal-agente, 10-14, 520-521
    identificação do, 5

Problema do risco moral, 513-514
   contratação gerencial e, 517-520
   Enron e, 516
   WorldCom e, 516
Processo estratégico, 310
Processos de produção
   avaliação da eficiência da, 237-238
   definição, 236
   e linhas de produção, 236-237
   eficiência de produção geral, 238
   eficiência distributiva, 237
   eficiência técnica, 237
   proporções fixas, 235-236
   tecnicamente ineficiente, 237
Procter & Gamble, 207, 338, 520
Produção
   de aço, 291
   de acordo com o pedido, 282
   de aeronaves, 223
   maximização da, 235-236
Produto
   de escritório, 85
   de experiência, 340-341, 342, 343, 344
   de pesquisa, 340-341
   marginal, 221, 225-226
   médio, 221-222, 225-226
   total, 225-227
Produto interno bruto (PIB), 129, 151, 156, 161, 163-166, 184-185, 192, 193, 207-208
Produtores musicais, 75
Programa de subsídio federal "Cash for Clunkers", 81
Programas de fidelidade ao consumidor, 67
Proibição antitruste
   acordos de manutenção de preço de revenda, 575
   discriminação de preço no atacado, 573-574
   fixação de preço, 569
   fusões, 570-571
   monopolização, 572
   recusas de negociação, 574
Projetores digitais de filmes, 443-444
Promoção de vendas, 272
Proposição de valor, 310, 365
Proteção governamental de empresas, 585
Prozac (droga), 14, 206, 369, 486, 587
Prozac (remédio), 14
Publicidade/propaganda
   agências de, 338, 520
   definição, 337-338
   elasticidade de, 83-84
   intensidade, 338-339
   valor líquido da, 339-340
Purina, 480

Q
QUALCOMM, 589
Quanta Computer, 173

R
Raciocínio
   de indução retroativa, 425
   de jogo final, 424
Racionamento
   aleatório, 455
   de crédito, 343
   eficiente, 455
Rawlings, produtos esportivos, 312
Reabastecimento de viveiros renováveis, 251
Reação de melhor resposta, 421
Realocação de capacidade, 499-501
Receita
   e elasticidade-preço, 71-72
   e elasticidade-preço da demanda, 77-80
   maximização, 359-360
   total, 76, 336
Receita marginal, 328
   definição, 74
   elasticidade-preço da demanda e, 72-73, 73-75
   produto, 228
   marginal igual, 469
Recursos
   matérias-primas, escassez de, 30
   naturais não renováveis, 252-256
   renováveis, economia da produção de, 248-251
Recusas de negociação, 574
Red Hat, 590
Redes de fibra ótica, 127
Redução da camada de ozônio, 619-621
Reestruturação corporativa, 12
Refinarias, 230-231
   de petróleo, 230
Reforma do sistema médico-hospitalar, 60-62
Regras de classificação do cliente
   custos irrecuperáveis na tomada de decisões, 456-457
   em mercados contestáveis, 456-457
   fidelidade à marca, 455
   guerras de atrito, 458-460
   inversão da intensidade de racionamento, 455
   racionamento aleatório, 455
   racionamento eficiente, 455
Regras do serviço de filas, 537
Relação custo-produção
   controle de variáveis na, 283-284
   empírica, 284-286
   polinomial, 284
Relações de confiança, 343-344
   autoaplicável, 555

Rendimento máximo sustentável (MSY), 250
Rendimentos em escala função de produção de Cobb-Douglas, 240-241
   crescentes, 239-240
   decrescentes, 239-240
   definição, 238
   medida dos, 238-239
Research In Motion, 5
Reserva em grupo, 347
Resistências estratégicas, 581
Restrição
   de participação, 520
   orçamentária, 64-65
Resultados focais de interesse, 435
Retorno
   exigido, 53
   marginal, 40-41
   sem riscos, 53
Rigidez de custo, 320
Riqueza dos acionistas
   definição, 9-10
   e alocação de recursos, 10
   maximização, implicações da, 14-20
   medida da, 9
Risco
   coeficiente de variação, 51-53
   de desconto no pós-renda, 443-445
   definição, 48
   desvio padrão, 49-50
   distribuição de probabilidade normal, 50
   do negócio, 300
   e distribuições de probabilidade, 48-49
   e retorno exigido, 53
   e valores esperados, 49
   inerente à atividade empresarial, 300
   medição do, 48-62
   prêmio pelo, 53
   valor presente líquido (VPL), 47-48
Rivalidade, intensidade da, 320-326
R. J. Reynolds, 404
RJR Nabisco, 11
Robinson-Patman Act, 429, 567-568, 573
Rodada de Doha, 197
Royal Caribbean, 419-420, 427-429
Russell Stover Candies, 91-92

S
Sampler da Whitman's, 91-92, 364
   mix de marketing da, 91
Samsung, 354, 387, 389, 411, 453-454, 526, 586
Sanções *antidumping*, 197
Sara Lee Corp., 41-42
   análise marginal, 41-42
   decisões de orçamento de capital, 41-42

Saturn Corporation, 6
Sawyer, Diane, 17
ScalaS.p.A., 190-191
Schering-Plough Corp., 358, 368
Schick-Wilkinson Sword, 407
Schwinn, 524
Seagate, 526
Sea-Land/Maersk, 538-539
Segmentação
  direta, 475-476
  do cliente, 404
  indireta, 477
Segredos comerciais, 586-588
Seiko, 87
Seleção adversa
  e empresa desacreditada, 341-343
  e relações de confiança, 343-344
  especificidade do ativo, 347
  mecanismos de garantia ou vinculação, 344-345
  preços especiais para bens não realocáveis, 346-347
  reputação da marca como garantia, 344-346
  soluções para, 343-347
Selten, Reinhard, 417, 423-424, 433
Semente de jojoba, custo de produção, 30
Séries estocásticas cointegradas, 152
Séries temporais
  componentes das, 131-132
  dados, 131-132
  definição, 117
  efeitos sazonais, 131, 136-138
  flutuações aleatórias, 131
  modelos, 132-133
  modelos fundamentais, 132-133
  técnicas de alisamento, 138-143
  tendências seculares, 131, 133-136
  variações cíclicas, 131-132
Serviços de informação, 225
Setor
  de refrigerantes, 320, 420, 421-422
  de telecomunicações, 357-358
  de TV a cabo, 289, 316-317, 525
  elétrico, 430
  público, 18
Setor de custos
  constantes, 332
  crescentes, 332
Setor industrial
  análise em *cross-section* do, 241-242
  elasticidades da produção, 241
  função de produção de Cobb-Douglas, 240-241
Setor/linha aéreo(a)
  barreiras à entrada no, 414-415
  definição de preços, 385
  descontos com baixos custos, 414-415
  economia de escopo no, 290

liderança barométrica de preços, 399
mercados disputados, 566
parcelas de mercado, 384 , 497
sinalizar, 429
7-Eleven, no Japão, 310
Sewell, Carl, 345
Sewell Cadillac, 345
Sherwin-Williams Company, 92-93, 98-99
  coeficientes de correlação, 120
  equação de regressão simples: da, 99
  linha de regressão estimada, 100
  soma dos quadrados (SQ) para, 106
  soma dos quadrados explicada para, 106
  soma dos quadrados não explicada por, 106
Shanghai Zhong Qi Pharmaceutical, 206
Shapiro, Carl, 442
Shell, 38, 39
Siemens, 396, 397, 556
Sinalização de um esquema de punição de preços altos, 429
Sistema operacional, 308
Sistema operacional Windows, 224, 308-309, 442, 568, 573-574
Sistemas de comunicação pessoal (PCSs), 542-543
Sobrelotação (*overbooking*) ótima, 501-502
Sobretaxa do combustível, 28-29
  aéreo, 28-29
Sony BMG Music Corp., 569
Sony Corp., 224, 225, 329, 406
Sound Warehouse, 438
Southern Company, 2-4, 15
Southern California Edison, 218
Southwest Airlines, 312, 313, 413
Spill (fuga), 494
Spoilage (desperdício), 494-495
Sport Obermeyer, 495, 501
Spur Industries vs. Del Webb Development, 578
Staples, 85, 318
Starbucks Corp., 16
State Grid Corporation, 174
Stents, 465
Stents da CYPHER, 465
Stride Rite, 575-576
StubHub.com, 539
Subsídios, 583, 591
Sun Microsystems, 181, 358, 359, 436, 574
Super Bowl, 542
Superlojas, 85
Surveys, técnicas de
  atividade macroeconômica, 146-147
  Blue Chip Indicadores Econômicos em Aspen, 150-151
  de intenção de compra, 147
  Livingston *surveys*, 150-151

planos de gasto para instalações e equipamentos, 146
planos de gastos de consumo, 147
planos para alterações no nível de estoques e expectativas de vendas, 146
previsão de vendas, 147
visão geral, 145
Survey of Current Business, 146
Survivor (programa de TV), 415
Sustentabilidade2
Sylvania, 524

T

Tabela de demanda. *Veja* Curvas de demanda
Taco Bell, 297
Taiwan Instrument Co., 471-473
Tamanho ótimo da fábrica, 268
Tarifas, 196-199, 200
  em duas partes, 477-479
  protecionistas, 196-197, 198-200
Taurel, Sidney, 14
Taxa cambial efetiva (EER – *effective exchange rate*), 189-190
Taxa de câmbio
  e demanda, 34-35
  e vendas de importação-exportação, 167-170
  efetiva, 189
  exposição ao risco de conversão, 168
  exposição ao risco de transação, 168-169
  exposição ao risco operacional, 169
Taxa de concentração de mercado, 570
Taxa de desconto, 609, 614
  deseconomias de escala definição, 272
  efeitos, 273-276
  externa, 331
  social, 609
Taxas de juros, 146, 151, 153, 181-182
Taxa interna de retorno (TIR)
  definição, 601-602
  vs. valor presente líquido (VPL), 602-603
Técnica
  de engenharia de custos, 291
  do sobrevivente, 291
Técnicas barométricas, 144-145
  indicadores coincidentes, 144-145
  indicadores líderes, 144-145
  indicadores retardatários, 144-145
Técnicas de alisamento (*smoothing*)
  barométricas, 144-145
  exponencial de primeira ordem, 141-143
  médias móveis, 139-141
  visão geral, 138-139

Técnicas de pesquisa de opinião, 145-147
  visão geral, 145
Técnicas de previsão
  acurácia de modelos de, 130
  alternativas, 131
  análise de tendência determinística, 131-137
  análise estocástica de série temporal, 150-152
  análise *input-output*, 153
  modelos econométricos, 147-150
  previsão com tabelas de *input-output*, 153
  previsão da atividade macroeconômica, 146-147
  selecionando, 129-130
  técnicas barométricas, 144-145
  técnicas de alisamento, 138-143
  técnicas de *survey* e pesquisa de opinião, 145-147
Tecnologia da informação, 281-282
  estratégia de, 312-313
Tecnologia de chip da Alpha, 590
Tendência
  com taxa de crescimento constante, 135-136
  com taxa de crescimento declinante, 136
  linear, 134-135
Tendências seculares
  definição, 131, 133
  tendência com taxa de crescimento constante, 135-136
  tendências com taxa de crescimento declinante, 136
  tendências lineares, 133-135
  tipos de, 133
Teorema
  da equivalência de receita, 549-550
  de Coase, 562-563, 580-581
  de Folk, 423
Teoria do lucro associado
  à inovação, 9
  ao monopólio, 8
  ao risco, 8
Teoria do lucro em desequilíbrio temporário, 8
Teoria do prospecto, 527-528
Teoria dos jogos
  ameaças e compromissos críveis, 437-438
  análise da, 414-415
  definição, 414
  Dilema do Prisioneiro, 419-421
  e rivalidade oligopolista, 414-420
  estratégia do equilíbrio de Nash, 420-421
  estratégia dominante, 416, 420-423
  estratégia mista do equilíbrio de Nash, 422
  finalidade gerencial da, 414
  mecanismos para estabelecer credibilidade, 438-439
  reação de melhor resposta, 421
Terceirização, 171-173
Termos reais de troca, 195
Terras agrícolas, 54
Tesco, 206
Texaco, 16
Texas Instruments (TI), 546, 552
Theory of Games and Economic Behavior, The (Von Neumann/Morgenstern), 417
Ticketmaster, 539, 568
Time Warner, 289, 480, 542
Times Mirror Co., 584
TIR. *Veja* Taxa interna de retorno
Títulos, 49, 54
  de dívidas, 53, 54
  do tesouro, 146
  privados, 54
Tomada de decisão
  modelo, 5
  responsabilidade dos administradores na, 5-6
  risco moral em, 6-7
Toshiba, 224, 526, 556, 586
Townsend-Greenspan, 150
Toyota Motors, 4-5, 166, 167, 169, 172, 187, 196, 203, 257-258, 442, 614
Transações
  business-to-business (B2B), 490
  de mercado spot, 510
Transformação
  logarítmica dupla, 123
  polinomial, 124-125
  recíproca, 124
  semilogarítmica, 123
TV
  digital, 507
  em cores, 128
Tversky, Amos, 527

U

Último a chegar, primeiro a ser servido, 538
Uma mente brilhante (Nasar), 417
Underbidding, 545-546
União Europeia (EU), 46, 163, 165, 188, 193, 200-202
  vs. Nafta, 204-205
United Airlines, 313
United Auto Workers (UAW), 36, 258
United Steel Workers (USW), 198
United Airlines, 404
Universal Music Group, 569
Universal Studios, 354
Uruguai, 193
US Airways, 49, 382, 384, 413-414, 456
Utilidade marginal, 31

Utilização ótima da capacidade
  produção ótima para o tamanho da fábrica, 268
  tamanho ótimo da fábrica, 268
  tamanho ótimo da fábrica para nível de produção, 268
UUNet, 128

V

Valor
  de revenda, 442
  de uso marginal, 31
  em risco, 201
  esperado, 49
  marginal adicionado, 228
  presente, 45-46
Valor de mercado, escassez de recursos e, 30
Valor dos acionistas
  direitos residuais, 17
  e custos de recontratação, 17
  e informações assimétricas, 17
  e mercados maduros, 16
Valor presente líquido (VPL)
  análise, 15, 16
  barreiras à entrada e, 47
  definição, 44, 602
  determinação, 45
  e risco, 47-48
  lâmpadas fluorescentes compactas (LFC) e, 46
  necessidade de investimento, 14-15
  positivo, fontes de projetos de, 47
  vs. taxa interna de retorno (TIR), 601-602
Value-Mart Company, 139-140
Vantagem
  absoluta de custo, 195
  comparativa, 194-196
  competitivas sustentáveis, 312
  do primeiro movimentador, 435
  do segundo mais rápido, 435-436
Varejistas de artigos de escritório, 85, 318
Variação de preço, 200
  combinando corte de preços com aumento da propaganda, 408
  e crescimento do mercado, 404
  e inovação, 406-407
  guerra de preços, evitando, 403-408
  preço de referência e efeitos de enquadramento, 405-406
  segmentação do cliente com gerenciamento de receitas, 404
  táticas não relacionadas à precificação na, 408
Variações cíclicas, 131, 132
Varian, Hal, 442
Variáveis nas funções de custo médio.
    Veja também Funções de custo médio

curto, 286-287
definição, 283
estimativa de, 282-292
longo prazo, 287
Variáveis binárias (*dummys*), 137-139
Veículos/carros
   com estrutura de alumínio, 275
   demanda estimada para novos, 109-110
   excesso de capacidade de produção, 453-454
   linha de montagem, 226-227, 238, 614-615
   locadoras de, 64-65, 384, 479
   revendedores/concessionárias, 67-68, 82, 345
Vendas
   e despesas promocionais, 337-340
   e intensidade ótima da propaganda, 338-339
   nível ótimo de, 337-338
   on-line, 490
Verizon, 434, 478
Versioning, 442

VF Corporation, 103
Via férrea, 579-580
Viagem de negócio, opções de consumo em, 64-65
Vickrey, leilão, 547-548
Vickrey, William, 547
Vídeo digital Blu-ray, 224
Virtual Vineyards, 484
Volkswagen (VW), 77-78
Volt, Chevy, 463
Voluntary import restraints (VIRs), 196
Von Neumann, John, 417
VPL. *Veja* Valor presente líquido
   vs. NAFTA, 204-205

W

Wafers de silício, 271
Walgreens, 529
Walker Corporation, 140-141,143,
Walmart, 85, 166, 203, 223
Warner Brothers, 224
Warner Music Group Corp., 569
WebTV, 506-507, 525
Western Digital, 526
Westside Plumbing and Heating Company, 261-262
Wharton Econometric Forecasting Associates, 150
Whirlpool, 557
Whole Foods Inc., 572
Wild Oats Markets, 572
Wireless Co., 543-544
WorldCom, 95, 128, 516

X

Xangai, China, 171-176

Xerox, 311

Y

You Ke (droga), 203
Young, Steve, 71
Yuans chineses, 178, 184

Z

Zantac (medicamento), 486